Lexikon
der
Vereinten Nationen

Herausgegeben
von

Dr. Helmut Volger

Mit einem Vorwort von
UN-Generalsekretär Kofi Annan

R. Oldenbourg Verlag München Wien

Die Deutsche Bibliothek - CIP-Einheitsaufnahme

Lexikon der Vereinten Nationen / hrsg. von Helmut Volger. Mit
einem Vorw. von Kofi Annan. – München ; Wien : Oldenbourg, 2000
 ISBN 3-486-24795-6

© 2000 Oldenbourg Wissenschaftsverlag GmbH
Rosenheimer Straße 145, D-81671 München
Telefon: (089) 45051-0, Internet: http://www.oldenbourg.de

Gedruckt auf säure- und chlorfreiem Papier
Gesamtherstellung: Druckhaus „Thomas Müntzer" GmbH, Bad Langensalza

ISBN 3-486-24795-6

Inhaltsverzeichnis

VIII

Vorwort

Bei dem vorliegenden neuen Lexikon der Vereinten Nationen handelt es sich um eine willkommene Ergänzung der wissenschaftlichen Untersuchungen und politischen Analysen, die sich mit den Vereinten Nationen, ihren komplexen Zielsetzungen nach dem Kalten Krieg und ihrer immer umfassenderen Rolle im kommenden Jahrtausend beschäftigen.

Das Lexikon zieht eine Bilanz der Erfolge und Rückschläge in mehr als einem halben Jahrhundert und zeigt gleichzeitig, wie die Vereinten Nationen das Leben der Menschen überall auf der Welt in vielfältiger Weise berühren. Es hat sich zum Ziel gesetzt, präzise und umfassende Informationen nicht nur über die neueren Entwicklungen und Reformbemühungen im System der Vereinten Nationen zu liefern, sondern auch über die wachsenden globalen Chancen und Herausforderungen, die die Arbeit der Organisation beeinflussen.

An beiden Fronten hat sich in den vergangenen Jahren viel getan, und dies gibt uns Grund für Optimismus. Bei der Reform und der Erneuerung der UNO-Familie wurden entscheidende Fortschritte erzielt. Aber noch bleibt viel zu tun. Wir haben es noch nicht geschafft, die Organisation auf ein solides finanzielles Fundament zu stellen und die Zusammensetzung des Sicherheitsrates entspricht immer noch der geopolitischen Lage des Jahres 1945.

In der ganzen Welt bietet die heutige Situation sowohl Gefahren als auch Chancen für unsere Hoffnung auf Weltfrieden und Wohlstand. Die Ausbreitung demokratischer Grundsätze schafft mehr Freiheit denn je. Und im Zeitalter der Globalisierung erhalten mehr Menschen als jemals zuvor Zugang zu Wissen, Information und wirtschaftlichen Chancen.

Aber das Ende des Kalten Krieges hat zwar neue Hoffnungen auf Frieden und Kooperation genährt, aber gleichzeitig auch nationalistische und ethnische Spannungen entfesselt, die Millionen von Menschen in Krieg und Not gestürzt haben. Die Ära wirtschaftlicher Chancen muß immer noch weiteren Millionen von Menschen, die in verzweifelter Armut leben, eine Perspektive bieten.

Die Kräfte der Globalisierung fordern einen hohen Zoll vom sozialen Zusammenhalt, der kulturellen Vielfalt und der Umwelt. Die Länder stehen zunehmend den gleichen Herausforderungen gegenüber: Terrorismus, Waffenhandel, Finanzkrisen, Klimawandel, Drogenhandel und Geldwäsche.

Diese Herausforderungen kennen keine Grenzen und respektieren keine Abkommen. Sie können auch nicht von einer einzeln agierenden Regierung bewältigt werden. Wenn es darum geht, sich diesen „Problemen ohne Pass" zu stellen, dann sind die Vereinten Nationen als die einzige Weltorganisation, die fähig ist, einen globalen Konsens zu erzielen und im Namen aller Staaten zu handeln, ein unverzichtbares Instrument.

Deshalb empfehle ich dieses Buch im Namen der Vereinten Nationen als eine wertvolle Quelle, nicht zuletzt für die jungen Menschen, die die nächste Generation prägen werden. Es wird ihr Verständnis dafür vertiefen, daß die Anliegen der Vereinten Nationen auch ihre eigenen Anliegen sind, und daß die Fragen, die die Vereinten Nationen beschäftigen alle Menschen angehen. Ich bin davon überzeugt, daß sich dieses Lexikon auch als nützlicher Ratgeber für deutsche Redner aller Altersgruppen erweisen wird, die dazu beitragen möchten, im 21. Jahrhundert eine bessere und gerechtere Welt für alle Menschen zu schaffen.

Kofi Annan

New York, im August 1999

Generalsekretär der Vereinten Nationen

Einleitung des Herausgebers

Es begann mit einer Idee: Es sollte ein „Lexikon der Vereinten Nationen" geben, das übersichtlich, aktuell, verständlich, aber auch kritisch informiert und das zu einem erschwinglichen Preis für Schüler, Lehrer, Studenten, Journalisten und alle anderen, die sich über die UNO informieren wollen – fast eine Utopie.

Anfang 1998 gab mir der zuständige Lektor im Oldenbourg-Verlag grünes Licht für das Projekt, die erste Hürde war genommen. Nun galt es, eine Stichwortübersicht zu erstellen und Autoren zu finden. Beides lief Hand in Hand: Die von mir angesprochenen Autoren machten Vorschläge für Änderungen und Ergänzungen für die Stichwortübersicht und schlugen mir weitere Autoren vor. Hatte ich anfangs noch Skepsis gehabt, ob ich genügend Autoren für das Projekt finden würde, wich die Skepsis bald dem Vergnügen am Projekt: Es klappte vorzüglich, die Zahl der Beitragsautoren wuchs und erstaunlich schnell hatte das Lexikon Gestalt angenommen, die Stichwortübersicht stand fest und ebenso die Beitragsautoren. Es machte Spaß zu sehen, mit wieviel Interesse und Kreativität die Autoren sich am Projekt beteiligten, Vorschläge machten und nachfragten – das Projekt war zum gemeinsamen Projekt aller Autoren geworden.

Beides – der fast utopische Plan am Anfang und die Gruppenaktion, die zu kreativen Problemlösungen führt –sind auch wesentliche Prinzipien der Vereinten Nationen, die heute noch genauso dringend gebraucht werden wie zu ihrer Gründung 1945, um bei der Lösung der manchmal unlösbar erscheinenden globalen Probleme – kriegerische Aggression, Verstöße gegen elementare Menschenrechte, Massenarmut, Mangelernährung, Umweltverschmutzung – Fortschritte machen zu können, um eine Orientierung zu haben im Sinne einer „Weltmeinung" – denn so unvollkommen die Vereinten Nationen auch in ihren Strukturen und in ihren Entscheidungsprozessen sein mögen, sie verkörpern noch am ehesten den Konsens der Weltgemeinschaft.

Wir können uns deshalb auch nicht den Luxus leisten, die UNO nicht zu kennen oder geringzuschätzen, denn sie stellt das einzige - wenn auch unvollkommene – Instrument multilateraler Politik im Weltmaßstab jenseits der regionalen Strukturen dar, über das wir verfügen. Wer sie nicht ernstnimmt, nimmt die Existenz globaler Probleme nicht ernst und redet einer Außenpolitik aus nationalstaatlicher Perspektive das Wort – ein Anachronismus an der Schwelle zum nächsten Jahrtausend.

Deshalb unternimmt dieses Lexikon den Versuch, dem Leser die Vereinten Nationen verständlich zu machen, ihre Strukturen, Aufgaben, Stärken und Schwächen, Mißerfolge und Erfolge, aber auch ihn einzubeziehen in die Diskussion, die in den Mitgliedstaaten der Vereinten Nationen seit ihrer Gründung über sie geführt wird, in der Öffentlichkeit, in den politischen Institutionen, in der Wissenschaft.

Es gehört deshalb zu dem Konzept des Lexikons, daß die Beiträge nicht nur von Wissenschaftlern - Professoren, Assistenten und Studenten - geschrieben wurden, sondern ebenso von aktiven und ehemaligen Mitarbeitern der Vereinten Nationen von aktiven und ehemaligen Diplomaten, Politikern und Journalisten der Mitgliedstaaten, um die Vielfalt der Standpunkte und Erfahrungen in und mit den Vereinten Nationen widerzuspiegeln. Der Begriff „Lexikon" wird in diesem Buch nicht als Nachschlagewerk verstanden, sondern – in der Tradition der Begründer der Encyclopedie FranHaise – als Sammlung kritischer Bestandsaufnahmen verbunden mit Reformvorschlägen. In diesem Sinn ist das „Lexikon der Vereinten Nationen" ein politisches Buch, aber hoffentlich auch ein brauchbares Nachschlagewerk.

Die Autoren vertreten in den Beiträgen ihre persönliche Meinung, die nicht der Standpunkt der Institution zu sein braucht, der sie angehören.

Um den Darstellungen genügend Raum geben zu können, wird bewußt auf längere Literaturhinweise bei den Beiträgen verzichtet, sondern nur auf die wichtigste weiterführende Literatur verwiesen. Gleichzeitig wird den Internetadressen relativ viel

Aufmerksamkeit geschenkt, weil sich mit ihnen kostengünstig und schnell Recherchen bei den Vereinten Nationen und bei den politischen Institutionen und Forschungseinrichtungen in den Mitgliedsländern anstellen lassen. Dabei gilt sowohl bei den Internetadressen wie bei allen anderen Informationen und Daten der Stand vom 1. Januar 1999, soweit kein anderes Datum angegeben ist. Eine Übersicht über die Systematik der UN-Dokumentennummern im Anhang soll zusammen mit entsprechenden Beiträgen über das Dokumentationssystem und die Publikationen der UN im Hauptteil des Lexikons den Umgang mit den UN-Texten erleichtern, ebenso wie eine Zusammenstellung der offiziellen Bezeichnungen der wichtigsten UN-Institutionen in Deutsch, Englisch und Französisch, die der Deutsche Übersetzungsdienst bei den Vereinten Nationen in New York mir freundlicherweise für das Lexikon zur Verfügung gestellt hat. Seinen Mitarbeitern Monika Torrey und Karl Scharf gebührt mein Dank, ebenso Ramona Kohrs, die in der Dag-Hammarskjöld-Library im New Yorker UN-Hauptquartier viele Recherchen für mich durchgeführt hat, sowie Marie-Agnes Heine und Dr. Axel Wüstenhagen vom United Nations Information Centre Bonn für ihre Unterstützung.

Mein besonderer Dank gilt Dr. Hans Arnold und Professor Klaus Hüfner für ihre Ratschläge während des gesamten Projekts sowie Dr. Peter Schulze und meiner Frau Anna Volger für ihre Unterstützung bei der redaktionellen Arbeit und dem Layout.

Mein herzlicher Dank an alle Autoren: Ihr Interesse und Ihr Engagement haben es möglich gemacht, dieses Lexikon fertigzustellen, das – so hoffe ich – dazu beiträgt, das Verständnis für die Vereinten Nationen zu vertiefen.

Helmut Volger

Hinweise für den Benutzer

Die Angaben im Lexikon beruhen auf dem Stand vom 31.12.1998, soweit nichts anderes vermerkt ist. In einigen Fällen konnten neuere Entwicklungen berücksichtigt werden.

Taucht im Text eines Stichworts ein anderes Stichwort des Lexikons erstmals als Begriff auf, so wird auf dieses durch einen vorangestellten Pfeil verwiesen, z.B.:... im Rahmen der → Friedenssicherung...). Soll auf ein anderes Stichwort verwiesen werden, wird an der entsprechenden Textstelle in Klammern nach einem vorangestellten Pfeil das entsprechende Stichwort genannt, z.B. (→ Reform der UN). Wird auf mehrere Stichworte verwiesen, wird jeder Begriff mit einem Pfeil versehen.

Im Lexikon wird häufig Bezug auf UN-Dokumente und amtliche Publikationen genommen. Um dem Benutzer das Auffinden der zitierten Verlautbarungen zu erleichtern, befinden sich im Anhang des Lexikons eine Übersicht über die Dokumenten-Nummern, eine Liste der deutschsprachigen Depotbibliotheken, bei denen UN-Dokumente eingesehen werden können, sowie Informationen über jene Stellen, an die man Anfragen zu UN-Dokumenten richten kann. Weitere Hinweise finden sich im Beitrag „Dokumentationssystem".

Im Lexikon wird mit dem Begriff „UN-Platz" versucht, einen gemeinsamen Oberbegriff zu bilden für diejenigen Orte, an denen sich Institutionen der UN bzw. des UN-Systems befinden, d.h. der Begriff umfaßt den UN-Sitz New York, die UN-Büros (engl. Offices) in Genf, Nairobi und Wien sowie alle weiteren Orte, an denen sich UN-Institutionen befinden. Im Rahmen dieses Lexikons wird jedoch aus Platzgründen außer den genannten vier UN-Plätzen nur der UN-Platz Bonn behandelt.

Die Literatur ist ohne Aufteilung nach Aufsätzen, Monographien etc. in alphabetischer Reihenfolge der Autoren aufgeführt. Bei Zeitschriften werden die im Abkürzungsverzeichnis aufgeführten Abkürzungen verwendet, z.B: AJIL für American Journal of International Law, die auf den Zeitschriftentitel folgende Zahl gibt die Jahrgangs- oder Band.Nummer der Zeitschrift an. Seitenzahlen werden immer ohne „S.", „p." o.ä. angegeben.

Abkürzungen, die sich auf das UN-System beziehen, werden in der „Dreisprachenliste" im Anhang erläutert. Die Liste ist nach den englischen Akronymen bzw. englischen Namen der Institutionen alphabetisch geordnet. Alle übrigen verwendeten Abkürzungen finden sich im Abkürzungsverzeichnis des Lexikons.

Abkürzungsverzeichnis

a. a. O.	am angegebenen Ort
Abs.	Absatz
Abschn.	Abschnitt
AJCL	American Journal of Comparative Law
AJIL	American Journal of International Law
AKP-Staaten	Staaten Afrikas, der Karibik und des Pazifiks, die am Abkommen von Lomé beteiligt sind
APZ	Aus Politik und Zeitgeschichte, Beilage zur Wochenzeitung „Das Parlament"
Art.	Artikel
Aufl.	Auflage
AULRev.	American University Law Review
AVR	Archiv des Völkerrechts
AWZ	Ausschließliche Wirtschaftszone
Bd.	Band
betr.	betreffend
BGBl.	Bundesgesetzblatt
BrooklJIL	Brooklyn Journal of International Law
Bull.	Bulletin
bzgl.	bezüglich
bzw.	beziehungsweise
ca.	circa
CanYIL	Canadian Yearbook of International Law
CLCS	Commission on the Limits of the Continental Shelf
COCOM	Coordination Committee for East-West-Trade Policy
ColJTransL	Columbia Journal of Transnational Law
CPIUN	Convention on Priviliges and Immunities of the United Nations
CSCE	Conference on Security and Cooperation in Europe
DGVN	Deutsche Gesellschaft für die Vereinten Nationen
d. h.	das heißt
Diss.	Dissertation
Doc.	Document
Drs.	Drucksache
dt.	deutsch
Dt.Ges.f.VR	Deutsche Gesellschaft für Völkerrecht
EA	Europa-Archiv
ebd.	ebcnda
ECOSOC	Economic and Social Council (Wirtschafts- und Sozialrat)
ECR	Reports of the Court of Justice of the European Communities (European Court Reports)
EFTA	European Free Trade Association
Einl.	Einleitung
EJIL	European Journal of International Law
EmoryILRev.	Emory International Law Revue
EMRK	Europäische Menschenrechtskommission
engl.	englisch
entspr.	entsprechend
EG	Europäische Gemeinschaft
EPIL	Bernhardt, R. (Hrsg.): Encyclopedia of Public International Law
Erkl.	Erklärung
Erl.	Erläuterung
et al.	et alii (und andere)

etc.	et cetera (usw.)
ETS	European Treaty Series
EU	Europäische Union
EuGRZ	Europäische Grundrechte-Zeitschrift
evtl.	eventuell
FAZ	Frankfurter Allgemeine Zeitung
f. (ff.)	folgende Seite(n)
Fn.	Fußnote
Fontes	Fontes Iuris Gentium
Fs.	Festschrift
FW	Die Friedens-Warte
GA	General Assembly (Generalversammlung)
GAOR	General Assembly Official Records
GASP	Gemeinsame Außen- und Sicherheitspolitik (der EU)
G77	Gruppe der 77
GBl	Gesetzblatt
gem.	gemäß
GG	Grundgesetz
ggf.	gegebenenfalls
ggs.	gegenseitig
GO	Geschäftsordnung
GS	Generalsekretär
GV	Generalversammlung
GYIL	German Yearbook of International Law
HarvardIRev.	Harvard International Revue
HDR	Human Development Report
HRQ	Human Rights Quarterly
Hrsg.	Herausgeber
hrsg.	herausgegeben
HSFK	Hessische Stiftung Friedens- und Konfliktforschung
HuV-I	Humanitäres Völkerrecht, Informationsschriften
IA	International Affairs (Cambridge)
ICJ	International Court of Justice (Internationaler Gerichtshof)
ICJ Reports	International Court of Justice Reports of Judgements, Advisory Opinions and Orders
ICLQ	International and Comparative Law Quarterly
i. d. F.	in der Fassung
i. d. R.	in der Regel
IDS	Institute of Development Studies
i. e. S.	im engeren Sinne
IGH	Internationaler Gerichtshof
IJ	International Journal
ILM	International Legal Materials
insbes.	insbesondere
int.	international
Int.Organ.	International Organization
IO	International Organizations
IP	Internationale Politik (Bonn), früher EA = Europa Archiv
IPG	Internationale Politik und Gesellschaft
i. R.	im Rahmen
i. S.	im Sinne
i. S. d.	im Sinne des/der
ISGH	Internationaler Seegerichtshof
i. S. v.	im Sinne von

ITLOS	International Tribunal for the Law of the Sea (Internationaler Seegerichtshof)
i. V. m.	in Verbindung mit
i. w. S.	im weiteren Sinne
JA	Juristische Arbeitsblätter
Jg.	Jahrgang
Jh.	Jahrhundert
JIR	Jahrbuch für Internationales Recht
JMAS	Journal of Modern African Studies
JSpaceL	Journal of Space Law
JZ	Juristenzeitung
Kap.	Kapitel
KSZE	Konferenz über Sicherheit und Zusammenarbeit in Europa
LDCs	Less developed Countries
lfd.	laufend
LJIL	Leiden Journal of International Law
LLDCs	Least developed Countries
LNTS	League of Nations Treaty Series
LoyLAInt & CompLJ	Loyola of Los Angeles International and Comparative Law Journal
m. E.	meines Erachtens
n. F.	neue Fassung
NGO	Nichtstaatliche Organisation (Non-Governmental Organization)
No.	Number, numéro
Nr.	Nummer
oa.	obenaufgeführt
OAS	Organization of American States
OAU	Organization of African Unity
ÖZA	Österreichische Zeitung für Außenpolitik
OPEC	Organization of Petroleum Exporting Countries
OsteurRecht	Osteuropa-Recht
OSZE	Organisation für Sicherheit und Zusammenarbeit in Europa
para	paragraph
Plen.	Plenary
PLO	Palestine Liberation Organization
Prot.	Protokoll
PVS	Politische Vierteljahresschrift
RdC	Receuil des Cours de l'Académie de Droit International
Rep.	Reports
Res.	Resolution
RIDP	Revue Internationale de droit pénale
Rn.	Randnummer
S.	Seite
s.	siehe
SC	Security Council (Sicherheitsrat)
SCOR	Security Council Official Records
Sess.	Session
S+F	Vierteljahresschrift für Sicherheit und Frieden
SG	Secretary-General (Generalsekretär)
sm	Seemeile(n)
s.o.	siehe oben
sog.	sogenannte(-r, -s)
Sp.	Spalte
SR	Sicherheitsrat

s. u.	siehe unten
Suppl.	Supplement
SWAPO	South West Africa People's Organization
Tab.	Tabelle
TR	Treuhandrat
u.	und
u.a.	unter anderem
Übers.	Übersetzung
UdSSR	Union der Sozialistischen Sowjetrepubliken
UN Chron.	United Nations Chronicle
UN Doc.	United Nations Document
UNITA	Uniao Nacional para Independencia total de Angola
UNTS	United Nations Treaty Series
UNYB	Yearbook of the United Nations
usw.	und so weiter
u. U.	unter Umständen
Verf.	Verfahren, Verfasser
vgl.	vergleiche
VN	Vereinte Nationen
VN	Vereinte Nationen (Zeitschrift)
vol.	volume(s)
vorl.	vorläufig
VR, vr	Völkerrecht, völkerrechtlich
WQ	The Washington Quarterly
WSR	Wirtschafts- und Sozialrat
WÜD	Wiener Übereinkommen über diplomatische Beziehungen vom 18. 1.1961
WÜK	Wiener Übereinkommen über konsularische Beziehungen vom 24.4.1963
WÜV	Wiener Übereinkommen über das Recht der Verträge vom 23.5.1969
YILC	Yearbook of the International Law Commission
ZaöRV	Zeitschrift für ausländisches öffentliches Recht und Völkerrecht
z. B.	zum Beispiel
ZG	Zeitschrift für Gesetzgebung
Ziff.	Ziffer
ZLW	Zeitschrift für Luft- und Weltraumrecht
ZÖR	Zeitschrift für Öffentliches Recht
ZPol	Zeitschrift für Politikwissenschaft
ZRP	Zeitschrift für Rechtspolitik
z. T.	zum Teil
z. Zt.	zur Zeit

Abrüstung

Abrüstung ist ein Ziel der an Kooperation interessierten Großtheorien der Internationalen Beziehungen sowie seit Ende des 19. Jahrhunderts von Aktivitäten der Friedensbewegung. Im 20. Jahrhundert wurde Abrüstung zu einem Politikfeld von Staaten, internationalen Organisationen und Regimen, auf das nichtstaatliche Akteure (→ NGOs) Einfluß nehmen. Abrüstung wird i.w.S. als Oberbegriff benutzt für alle politischen Bemühungen um Abbau und Verminderung militärischer Machtpotentiale, d.h. Waffensysteme, industrieller und technologischer Kapazitäten und Mannschaftsstärken, sowie um Kontrolle und Steuerung des Rüstungsprozesses (Rüstungskontrolle), von Vertrauensbildung und Krisenvermeidung und zur Begrenzung militärischer Optionen benutzt und i.e.S. als Abbau von Rüstungsgütern mit dem Ziel, Konflikte zu vermeiden, den Frieden zu sichern und die äußere Sicherheit der Staaten zu fördern. Das Idealziel ist eine waffenlose Gesellschaft, in der Konflikte ohne Waffen friedlich gelöst werden. Während das Ziel der *allgemeinen und vollständigen Abrüstung* ein Element eines positiven Friedens erfaßt und oft mit dem Modell einer internationalen Ordnung (Weltstaat) verbunden ist, hat die *partielle Abrüstung* das Ziel der Rüstungsabbaus, der Rüstungsbegrenzung, der Einschränkung von Forschung und Entwicklung und der partiellen Optionenverhinderung durch Einsatz-, Ersteinsatz- und Wirkungsverbote.

Unter *Abrüstungspolitik* versteht man institutionelle Bedingungen, Prozesse, Inhalte und Folgen politischen Handelns sowie die Gesamtheit aller freiwillig vereinbarter verbindlicher Maßnahmen, die auf die Begrenzung, Verminderung, Einstellung oder Abschaffung militärischer Rüstung, den Abbau militärischer Mannschaften und die Kontrolle von Forschungs- und Produktionskapazitäten für militärische Mittel gerichtet sind. Eine umfassende Abrüstungsstrategie wird als Mittel zur Erreichung nationaler, internationaler und gemeinsamer Sicherheit, zur Kriegsverhütung, zur Durchsetzung des Gewaltverbots, zur Optionenverhinderung, zur Förderung der internationalen Zusammenarbeit und der Gestaltung des Friedens (→ Frieden/-sbegriff/-sbedrohung) angesehen. Abrüstungspolitik ist gleichermaßen Innen-, Außen- und internationale Politik aber vor allem Objekt der Internationalen Beziehungen und der Friedensforschung.

Abrüstung im *Ost-West-Konflikt* (1946-1989) umfaßte vier konzeptionelle Komponenten: Abrüstung, Rüstungskontrolle, Krisenmanagement und Vertrauensbildende Maßnahmen (Schaubild 1). Während das *Abrüstungskonzept* in den UN benutzt und von der Friedensforschung bevorzugt wurde, war die *Rüstungskontrolle* das zentrale Konzept im Sicherheitsdialog zwischen den Allianzen sowie der Sicherheitsstudien, das Ende der 1950er Jahre in den USA entwickelt wurde, um Kriege wider Willen und Überraschungsangriffe zu verhindern. Seine Kernziele waren Erhöhung der Stabilität, Schadensbegrenzung bei einem Versagen der Abschreckung und Kostensenkung. Bemühungen zum Krisenmanagement dienten der Verbesserung der Kommunikation zwischen den Nuklearmächten in Krisen, um einen Nuklearkrieg als Folge von Fehlperzeptionen zu vermeiden. Dagegen sollten *die Vertrauens- und Sicherheitsbildenden Maßnahmen* (VSBM) durch mehr Transparenz und Berechenbarkeit bessere Voraussetzungen für Rüstungskontrollverträge schaffen.

Abrüstung als Ziel internationaler Politik ist eng mit der Entwicklung internationaler Ordnung verknüpft und sie wird durch die den Betrachter leitenden Großtheorien bestimmt. Aus der Sicht der Pessimisten (Machiavelli, Hobbes, Waltz) ist sowohl das Ziel als auch der institutionelle Rahmen eine Illusion, d.h. für Realisten ist Macht die zentrale Kategorie internationaler Politik und sind Militärallianzen das primäre Mittel für die Herstellung und Bewahrung von Stabilität sowie die Realisierung von nationalen und von Bündnisinteressen. Für die Optimisten (z.B. Kant, Wilson) ist die Schaffung eines 'Völkerbundes' der Rahmen und die Abrüstung ein Mittel zur Schaffung einer friedlichen Weltordnung während für die Pragmatiker (Grotius) Abrüstung ein Ziel und Mittel einer kooperativen und gemeinsamen Sicherheitspolitik ist.

Während die Abrüstungsinitiativen der Zaren Alexander (1815) und Nikolaus II (1899, 1907) auf den Haager Friedenskonferenzen noch am Widerstand der Machtpolitiker scheiterten, wurde Wilsons Völkerbund-Projekt 1919 realisiert und Abrüstung nach Artikel 8 der Satzung zu einem „Grundsatz" der Bundesmitglieder. Dieses Ziel und der institutionelle Rahmen wurden von den drei revisionistischen Mächten der Zwischenkriegszeit (Deutschland, Italien, Japan) ignoriert. Der → Völkerbund scheiterte kläglich, da sowohl der politische Wille seiner Mitglieder als auch der Rahmen und die Mittel fehlten, die Abrüstungspolitik durchzusetzen. Aus der Sicht der Realisten war nach 1945 sowohl das Konzept der Abrüstung als auch das der internationalen Organisationen diskreditiert.

Die Architekten der Nachkriegsordnung - Roosevelt, Churchill und Stalin - schufen zwar 1945 mit den UN einen neuen institutionellen Rahmen (→ Entstehungsgeschichte der UN); das Ziel der Abrüstung und „Rüstungsregelung" findet sich aber nicht in dem mit den „Zielen und Grundsätzen" der neuen Weltorganisation befaßten Kapitel I der → Charta der UN, sondern wurde als Unterthema der Wahrung von Weltfrieden und internationaler Sicherheit zu einem Aufgabenbereich der → Generalversammlung (Art. 11) und des → Sicherheitsrates (Art. 26) herunter gestuft. Im Schlußdokument der ersten Sondertagung der Generalversammlung über Abrüstung (1978) wurde das Ziel der Abrüstung dahin gehend spezifiziert, daß die Staaten das → Gewaltverbot achten und durch Abrüstung nach Sicherheit streben sollten.

Während des Ost-West-Konflikts (1946-1989) war Abrüstung ein politisches Ziel, das primär Gegenstand von Reden als Teil des ideologischen Wettkampfs in einer bipolaren Welt blieb und dessen Realisierung unwahrscheinlich erschien. Aus der Sicht der Realisten verlangte das 'Sicherheitsdilemma' hohe Verteidigungsaufwendungen, um die Stabilität des Gesamtsystems - und damit den Weltfrieden zu bewahren. Mit Ende des Ost-West-Konflikts wurde *Abrüstung* zu einem legitimen politischen Ziel und das in der UN-Charta verankerte System der globalen und regionalen → *kollektiven Sicherheit* zu einem probaten Mittel, solange es mit den Zielen der verbleibenden Supermacht vereinbar war. Die Weigerung der Staaten, seit 1990 das kollektive Sicherheitssystem mit den für die Erfüllung seiner Aufgaben notwendigen Mitteln und Strukturen zu versehen, das institutionelle Eigeninteresse der Militärallianzen sowie die Beharrung des *realistischen* Denkens und des Systems kollektiver Selbstverteidigung haben die Weltordnungsdebatte seit 1990 paralysiert und die Schaffung einer Sicherheitsarchitektur verhindert, in der Mittel und Legitimität im Einklang stehen.

Im Übergang zum 21. Jahrhundert sollten in die *Abrüstungspolitik* verstärkt die neuen globalen Herausforderungen - Bevölkerungswachstum und Umweltkrisen - einbezogen werden, die nicht mit Kategorien des realistischen *Sicherheitsdilemmas* lösbar sind, sondern ein neues konzeptionelles Denken erfordern, das in Kategorien eines - nur kooperativ lösbaren - *Überlebensdilemmas* die Abrüstungsfrage nicht länger im Rahmen nationaler Sicherheit sondern von „human security" thematisiert. Die *Abrüstungsforschung* darf sich nicht mehr allein mit der *Gewaltminderung* beschäftigen, sondern sie sollte Fragen der *Überlebenssicherung* stärker ins Zentrum stellen, wodurch sich auch die Funktion der Abrüstung wandelt, d.h. Abrüstung muß kooperative multilaterale Problemlösungen dadurch fördern, daß sie die Gewaltmittel reduziert, ihren Einsatz beschränkt und deren Weitergabe kontrolliert und damit auch Mittel zur frühzeitigen Lösung der globalen Herausforderungen transferiert.

Seit 1945 stellten die Vereinten Nationen einen Rahmen für die Realisierung von vier Abrüstungsfunktionen: a) Kommunikation; b) Einleitung und c) Durchführung von Verhandlungen und d) für die Überwachung der Abkommen durch spezialisierte Organisationen, wie die Atomenergiebehörde (→ IAEA) sowie die Organisation für den umfassenden Teststoppvertrag (CTBO) in Wien und die Organisation für chemische Abrüstung (OPCW) in Den Haag. Mit ihrer ersten Resolution setzte die → Generalversammlung im Januar 1946 eine *Atomenergiekommission* ein, die sich mit Fragen der atomaren Abrüstung befaßte. 1947 schuf der Sicherheitsrat die *Kommission über konventionelle Abrüstung*. 1952 entstand aus beiden Gremien die *Abrüstungskommission (Disarmament Commission)*. 1959 wurde das *Ten-Nation Committee on Disarmament* zum Hauptforum des Abrüstungsdisputs zwischen den Blöcken, das 1962 durch die Erweiterung um acht neutrale und ungebundene Staaten zur *Eighteen-Nations Conference on Disarmament (ENDC)* wurde. 1969 ging daraus die *Conference of the Committeee on Disarmament (CCD)* hervor, deren Mitgliedschaft 1975 von 26 auf 31 Staaten erweitert wurde. Nach der ersten Sondertagung der Generalversammlung zur Abrüstung (1978) wurde der gemeinsame Vorsitz der Supermächte abgelöst, das Abrüstungsforum als *Committee on Disarmament*. dt. Abrüstungsausschuß - (1979-1983) bzw. als *Conference on Disarmament* – dt. Abrüstungskonferenz - (seit 1983) umbenannt und seine Mitgliedschaft auf 40 Staaten erhöht. 1995 wurde die Mitgliedschaft auf 60 Nationen angehoben.

Seit 1979 befaßte sich der alljährlich von Februar bis August in Genf tagende Abrüstungsausschuß bzw. die Abrüstungskonferenz mit 10 Tagesordnungspunkten: (1) Kernwaffen, (2) chemischer Abrüstung, (3) anderen Massenvernichtungswaffen, (4) konventioneller Abrüstung, (5) Reduzierung der Militärhaushalte, (6) Reduzierung der Streitkräfte, (7) mit Abrüstung und Entwicklung, (8) Abrüstung und internationaler Sicherheit, (9) begleitenden Maßnahmen und (10) dem umfassenden Abrüstungsprogramm.

Das Aktionsprogramm der 1. Sondertagung der Generalversammlung 1978 wurde kaum umgesetzt. Die 2. Sondertagung der Generalversammlung (1982) konnte sich auf keine Handlungsziele einigen mit Ausnahme eines Abrüstungsstipendienprogramms und einer Weltabrüstungskampagne. Auch bei der 3. Sondertagung (1988) konnten die Staatenvertreter sich auf kein Abschlußdokument einigen. Nach der 1. Sondertagung schuf die Generalversammlung 1978 einen Beratungsausschuß zu Abrüstungsfragen und am 1.10.1980 wurde in Genf das UN-Institut für Abrüstungsforschung (→ UNIDIR) errichtet, das durch drei regionale Zentren zu Fragen von Frieden und Abrüstung in Lomé (1986), Lima (1987) und Kathmandu (1988) unterstützt wird.

Während des Ost-West-Konflikts beschränkte sich die Generalversammlung weitgehend auf eine deklaratorische Politik, wobei die meisten der (seit 1945-1993) über 1000 Resolutionen zu Abrüstungsfragen für die nationalen Sicherheitspolitiken und die Abrüstungsverhandlungen folgenlos blieben. *Goldblat* (1994) sah in der Zunahme von Resolutionen einen Hauptgrund, daß die Generalversammlung kaum noch Einfluß auf den Verhandlungsablauf ausübte. Die Rolle des Sicherheitsrats war seit den 1950er Jahren bei Abrüstungsfragen begrenzt. 1968 bot der Sicherheitsrat in einer Resolution den Nichtkernwaffenstaaten schnelle Unterstützung an, falls sie Opfer einer nuklearen Drohung oder eines Angriffs würden. In mehreren Verträgen wurde der SR als Beschwerdeinstanz bei Vertragsverletzungen genannt. Mit der Waffenstillstandsresolution 687 vom 3.4.1991 gegen den Irak beauftragte der

Sicherheitsrat die UN Special Commission on Iraq (UNSCOM) mit der Umsetzung der Vernichtung dessen Massenvernichtungswaffen.

Die Bedeutung der Abrüstungspolitik im Generalsekretariat (→ Sekretariat) wandelte sich. 1983 wurde das Centre for Disarmament zu einem Department for Disarmament (Hauptabteilung für Abrüstungsfragen) aufgewertet, 1993 unter Boutros-Ghali zu einem Office for Disarmament Affairs herabgestuft und 1998 unter Kofi Annan wieder zu einem Department aufgewertet und als kleinstes Department einem Untergeneralsekretär unterstellt. Neben der Vor- und Nachbereitung von Nachfolgekonferenzen einzelner Vertragsregime und der Durchführung von Tagungen zu Abrüstungfragen zählten Veröffentlichungen zu seinen Hauptaufgaben, das „Disarmament Yearbook" (1976-), die Zeitschrift „Disarmament" (1977-1997), ein „Newsletter" sowie zahlreicher Konferenzberichte im Rahmen der Weltabrüstungskampagne, der „Disarmament Studies" sowie der „Topical Papers", von denen die meisten in den 1990er Jahren aus Haushaltsgründen eingestellt wurden.

Seit 1981 führte UNIDIR wissenschaftliche Konferenzen zu Abrüstungsfragen und Tagungen mit Experten und Direktoren von Forschungsinstituten durch und veröffentlichte neben dem „UNIDIR Newsletter" Übersichten zur Abrüstungsforschung (1982, 1990) Bücher und Forschungsberichte zur Abrüstungspolitik. Die Abteilung Menschenrechte und Frieden der → UNESCO veranstaltete mit Organisationen der Friedensforschung Tagungen und veröffentlichte Studien zur Abrüstungs- und Sicherheitspolitik.

Abrüstungserfolge waren vom Zustand der Ost-West-Beziehungen abhängig. In der Phase des ersten (1946-1963) und zweiten (1980-1987) Kalten Krieges wurden keine globalen oder regionalen Abrüstungabkommen vereinbart. Abrüstung verlangte Entspannung zwischen den Konfliktparteien, während Rüstungskontrollbemühungen (SALT I) die Detente zwischen den Supermächten förderte. Im Ost-West-Konflikt wurde mit der B-Waffen-Konvention (1972) nur ein globales Abrüstungsabkommen vereinbart und erst nach dessen Ende konnte die C-Waffen-Konvention (1992) abgeschlossen werden, die im April 1997 in Kraft trat. Die meisten bilateralen (START I, START II) und regionalen Abrüstungsvereinbarungen (KSE, KSE 1A) wurden erst nach Ende des Ost-West-Konflikts seit 1990 möglich. Die globalen, regionalen und bilateralen Rüstungskontrollabkommen entfielen in die Phase der begrenzten Entspannung (1963-1968: Weltraumvertrag, Nonproliferationsvertrag) sowie der ersten (1969 -1974 bzw. 1979) und zweiten (1987-1989) Entspannung (vgl. Schaubild 2). Der globale Kontextwandel seit Herbst 1989 ermöglichte den Abschluß zahlreicher Abrüstungsverträge: auf globaler Ebene der CW-Konvention (1993), in Europa des KSE-(1990) und KSE 1A-Vertrages (1992) und zwischen USA und UdSSR (bzw. Rußland, der Ukraine und Belarus) des START-I (1991) und START-II-Vertrages (1993). Bis April 1999 war der START-II-Vertrag noch nicht in Kraft getreten, weil die russische Duma seine Ratifikation ablehnte. Hinzu kamen regionale Rüstungskontrollabkommen, z.B. der Vertrag über den offenen Himmel (1992) und die Wiener Dokumente zu VSBM von 1990, 1992 und 1994. Dennoch blieben bisher zwei Abrüstungsbereiche weitgehend ausgeklammert: die konventionellen Rüstungsexporte (horizontale Proliferation) und der Waffeninnovationsprozeß (vertikale Proliferation).

Trotz der verbesserten Rahmenbedingungen hat sich das Tempo der Abrüstungsbemühungen nach Abschluß der aus dem Ost-West-Konflikt resultierenden Rüstungskontroll- und Abrüstungsverträge verlangsamt. Die wichtigsten Rüstungsexportländer - auf die fünf ständigen Mitglieder des Sicherheitsrats entfielen von 1990-1994 ca. 80% aller konventionellen Rüstungsexporte - waren bisher nicht bereit, nach dem Abbau ihrer überdimensionierten Produktionskapazitäten auf diese lukrativen Exporte zu verzichten. Der zweite Golfkrieg diente z.B. in den USA dazu, Einbrüche bei der nationalen Rüstungsbeschaffung zu kompensieren. Ein Haupttrend ist gegenwärtig. die weitgehende Erhaltung der Expertise in der Rüstungsforschung, was sich seit 1990 aus dem relativen Anstieg der Rüstungsforschung bezogen auf die Rüstungsbeschaffung in allen Industriestaaten nachweisen läßt. Neben dem Mittleren Osten sind die Rüstungsimporte nach Südasien, Südostasien und in den Fernen Osten angestiegen. Abrüstungsziele dienen gelegentlich auch als Rechtfertigung für neue technologische Rüstungsanstrengungen und im Dezember 1998 wurde ein Bericht der UNSCOM von den USA und Großbritannien als Rechtfertigung für vom Sicherheitsrat nicht gebilligte Gewaltmaßnahmen benutzt. Seitdem die Gefahr eines Atomkrieges gebannt ist, ließ der öffentliche Druck für weitere Abrüstungsmaßnahmen nach und das wissenschaftliche Interesse an Fragen der Abrüstung ging zurück. Mit dem Überleben des „alten Denkens" in Kategorien des Sicherheitsdilemmas bleibt Abrüstung aber eine Aufgabe der internationalen sowie der Außen- und Innenpolitik.

Trotz der neuen „Weltunordnung" bestand seit Ende des Ost-West-Konflikts (1990) erstmals eine Chance, die zwei Definitivartikel von Kants *Ewigem Frieden* (1795): a) Demokratie und b) kollektive Sicherheit zu verwirklichen. Mit der dritten Welle der Demokratisierung ging ein neuer Versuch einher, sowohl auf globaler als auch auf regionaler Ebene Elemente der kollektiven Sicherheitskonzeption zu testen. In Europa legte der Krieg im ehemaligen Jugoslawien die Grenzen der Handlungs- und der Problemlösungskapazität von UNO und OSZE offen. Bisher wurde die dritte Chance seit 1919, ein System kollektiver Sicherheit aufzubauen, unzureichend genutzt. Die Präferenz für eine Ost-Erweiterung der NATO zu Lasten eines Ausbaus der OSZE und des von den

UN gebilligten Einsatzes von NATO-Verbänden (IFOR, SFOR) anstelle der Blauhelme (→ Friedenstruppen) in Bosnien-Herzegowina gibt wenig Hoffnung, ein System kollektiver Sicherheit zu schaffen. Seit 1990 war der Sicherheitsrat bei Maßnahmen zur → Friedenssicherung oft überfordert. Noch immer fehlen die Mittel und Instrumente für eine → präventive Diplomatie, für Friedensschaffung und Friedenskonsolidierung. Eine Arbeitsteilung zwischen globalen und regionalen Systemen kollektiver Sicherheit (Arabische Liga, OAS, OAU und OSZE) findet ansatzweise statt. Diese vier Regionalorganisationen konnten aber wenig zur Problemlösung beitragen, da ihnen die Mittel zur effektiven Problemlösung fehlen. Die Abrüstungserfolge zu Beginn der 1990er Jahre waren eine Folge des globalen Kontextwandels. Nach Ende des Ost-West-Konflikts war bisher aber der Wille der Staatenwelt gering, neue Abrüstungsinitiativen zu vereinbaren.

Mit der →„Agenda für den Frieden" (1992) entwickelte → Generalsekretär Boutros Boutros-Ghali einen neuen konzeptionellen Rahmen für die Abrüstungspolitik, die als Mittel (1) präventiver Diplomatie; (2) von Friedensschaffung; (3) -sicherung und (4) -konsolidierung zu verstehen ist. Im Oktober 1992 konkretisierte Boutros-Ghali sein Konzept, in dem er a) die Integration der Abrüstung in den Rahmen der breiteren Struktur des internationalen Friedens und der Sicherheit; b) die → Globalisierung durch die praktische Einbeziehung aller Staaten; und c) eine Revitalisierung auf Grundlage vergangener Erfolge vorschlug. Er betonte dabei die enge Verschränkung von Abrüstungsfragen mit politischen, ökonomischen und sicherheitspolitischen Problemen als Teil umfassender Friedensbemühungen. Der Generalsekretär hielt vier Aufgaben für vorrangig: a) weitere Reduzierung der Massenvernichtungswaffen; b) erfolgreiche Proliferationskontrolle; c) Begrenzung der Rüstungsexporte und d) Bemühungen um Transparenz im Rü-

stungsbereich und VSBM. Er befürwortete eine stärkere Einbeziehung des
Sicherheitsrats bei der Umsetzung der
Nonproliferationspolitik und eine Überprüfung der Arbeit der Abrüstungskonferenz. 1994 schlug er eine „Mikroabrüstung" im regionalen Rahmen vor,
wobei vor allem leichte Waffen vernichtet werden sollten.

Jenseits der deklaratorischen Politik
gibt es kaum Ansätze zur Realisierung
von VSBM als Teil einer Strategie der
Konfliktprävention. Im Rahmen der
Folgeabkommen von Dayton wurden
erste Bemühungen zu VSBM im Rahmen einer Strategie der Friedenskonsolidierung für Bosnien-Herzegowina eingeleitet.

*Schaubild 1: Wechselbeziehung zwischen den vier Säulen einer umfassenden Abrü-
stungsstrategie*

Vier Säulen einer einer umfassenden Abrüstungsstrategie	
Konzepte - Ziele und Verfahren	*Abrüstung*
politische Ziele	- Frieden und internationale (kollektive) Sicherheit
systemische Ziele	- Dominanz des Völkerrechts
Handlungsziele	- Begrenzung, - Steuerung, - Reduzierung, - Eliminierung von Zerstörung
Objekte	- Rüstungen - Rüstungsindustrie (Forschung, Entwicklung, Produk- tion, Einführung) - Personal - Militärbasen
Raum und Parteien	- global (UN) - (sub)-regional (z.B.Europa) - bilateral - trilateral
Umfang (substantiell)	- Waffen: ABC und konventionell - Industrie: Nichtproduktion, Eliminierung - Personal: Abbau, Abzug - Basen: Abbau
Verfahren	- unilateral - gradualistisch - wechselseitig - reziproke Maßnahmen - Vertrag
Ergebnisse	- B-Waffen-Konvention - C-Waffen-Konvention - KSE-, KSE-1A-Vertäge
V: Verhandlungen E: Ergebnisse; G: global; R: regional; B: bilateral; AWFZ: Atomwaf- fenfreie Zone	

Rüstungskontrolle	Krisenvermeidung	Vertrauensbildung
Kriegsverhütung	Verhinderung einer Eskalation zu einem Krieg	- positives Klima - Entspannung
Stärkung der strategischen Stabilität	- Verhaltenskodex - Krisenkooperation	- Verkürzung der Warnzeit vor Überraschungsangriff
Schadensbegrenzung bei Versagen der Abschreckung Kostensenkung	- Verbesserung der Information - Regime der Nichteinmischung	- Offenheit - Transparenz - Berechenbarkeit
- Rüstungen - Personal - Haushalt - Rüstungsexporte	- Verhinderung des Entstehens von Krisen und von deren Übergreifen von einer Region auf eine andere	- Informationsmechanismus - Verifikationsmechanismus - Ankündigungsmechanismus - Beschränkungen - deklaratorische Maßnahmen
- global - (sub)-regional - bilateral - trilateral	- bilateral (Abkommen) - regional (Verhandlungsziel) - global	- global (UN Dokument) - regional (z.B. KSZE/OSZE) - bilateral (USA - UdSSR bzgl. Atomwaffen)
- Nuklearwaffen - konventionelle Waffen - Industrie	- Krisenkommunikation - Vermeidung von Unfällen	- Beschränkung von Überraschungsangriffsoptionen - Vermeidung einer horizontalen Eskalation - Entflechtung
- unilateral (Beschaffung, Struktur) - gradualistisch - Vertrag	- unilateral (Verhaltensbeschränkungen) - Vertrag	- unilateral - gradualistisch - Vertrag
- NPT, SALT, ABM - Teststopp (CTB) - Atomwaffenfreie Zonen	- Heißer Draht - Unfälle auf See - Kernwaffenkrieg	- KSZE-Schlußakte - Stockholmer Abkommen - Wiener Mandat

V: Verhandlungen E: Ergebnisse; G: global; R: regional; B: bilateral; AWFZ: Atomwaffenfreie Zone

Schaubild 2: Abrüstungsverhandlungen und Ergebnisse der Rüstungskontroll- und Abrüstungsbemühungen nach Phasen des Ost-West-Konflikts (1945-1998)

Vier Säulen einer umfassenden Abrüstungsstrategie	
Konzepte Phasen	*Abrüstung*
Kapitulation	Entmilitarisierung Japans und Deutschlands
Kalter Krieg I *(1946-62)*	V: Baruch-Plan; Abrüstungskommission (DC) 10-Staaten-Abrüstungsausschuß
Begrenzte Entspannung *(1963-68)*	V: 18-Staaten-Abrüstungsausschuß (ENDC) E: keine
Bilaterale Entspannung USA- *UdSSR (1969-74)*	V: Konferenz des Abrüstungsausschusses (CCD) E: B-Waffen-Konvention (1972)
Bilateral wachsende Spannung (1975-1979)	V: CCD (bis 1978), DC Abrüstungsausschuß (CD) ab 1979
Regionale/globale Entspannung *(1969-79)*	V: CCD, DC, CD E: B-Waffen-Konvention (1972)
Kalter Krieg II (1980-86)	V, B: INF, START G: Abrüstungskonferenz seit 1984 R: KSZE
Entspannung II (1987-89)	V, G: CD (C-Waffen) B: INF (1987)
Globaler Strukturbruch (1989-91)	G: CD B: START I (1991) R: KSE I (1990) E(G): keine
Nach dem Ende des Ost-West- Konflikts	B: START II (1993) V: CD G: C-Waffen-Konvention (1993); Landminenvertrag (1997)
V: Verhandlungen E: Ergebnisse; G: global; R: regional; B: bilateral; AWFZ: Atomwaffenfreie Zone	

Rüstungskontrolle	*Krisenvermeidung*	*Vertrauensbildung humanitäres Völkerrecht*
E: Antarktisvertrag (1959)	V: keine E. keine	V: keine E. keine
B: Begrenzter Teststopp (1963) R: Tlatelolco Vertrag AWFZ (1967) G: Weltraumvertrag (1967) Nichtverbreitungsvertrag (1968)	B: Heißer Draht (1963)	V: keine E. keine
SALT-I: Interimsvertrag und ABM-Vertrag (1972)	- verbesserter Heißer Draht (1971) - Nuklearunfälle (1972) - Atomkrieg (1972)	V: KSZE (1973-1975)
SALT-II-Vertrag (nicht ratifiziert, aber beachtet)		
G: Umweltkriegsüberein-kommen (ENMOD) (1977) Mondvertrag (1979) R: KSZE-Schlußakte (1975)		E: KSZE-Schlußakte (1975) V: Belgrader Folgekonferenz (1978); Genfer Protokolle (Minen, Napalm)

R: Raratonga AWFZ (1985)
   Stockholmer KVAE
   Dokument (1986)
		V: Madrider Folgekonferenz (1980-83)
		R: Stockholmer Abk. (1986)

V, B: INF, START B: INF (1987)	B: Zentren zur Senkung des nuklearen Risikos (1987)	V: Wiener Folgekonferenz (1987-90)
B: START I (1991) Stopp friedlicher Tests Schwellenteststopp R: KSE I (1990)		G: UN: Standardisierter Militärhaushalt (1990-) R: KSZE: Wiener Dokument (1990)
B: START II (1993) R: KSE 1A (1992) Offener Himmel (1992) R: Atomwaffenfreie Zonen in Afrika (1995) und Süd-ostasien (1996)	V: Genfer Protokolle (1977-79), Folgekonferenz 1995 E: Protokoll zu Laserblend-waffen (1995)	G: UN-Waffenregister (1993-) R: KSZE: Wiener Doku-mente (1992, 94); Budape-ster Erklärung (1994); OSZE: Lissaboner Doku-ment (1996)
V: Verhandlungen E: Ergebnisse; G: global; R: regional; B: bilateral; AWFZ: Atomwaffenfreie Zone		

9

In Wissenschaft und Politik gibt es bisher kaum Ansätze, Boutros-Ghalis „Agenda für den Frieden" als Grundlage für eine neue Abrüstungsstrategie für die Zeit nach Ende des Ost-West-Konflikts zu nutzen. Während *Daalder* (1992) das Konzept kooperativer Rüstungskontrolle für die Transformation der politischen Beziehungen hin zu einer pluralistischen Sicherheitsgemeinschaft - im Gegensatz zur kompetitiven Rüstungskontrolle des Ost-West-Konflikts - einführte, bevorzugte *Liebert* (1995) das Konzept präventiver Rüstungskontrolle, wodurch neue destabilisierende Rüstungsentwicklungen im Entwicklungsstadium erkannt und vermieden werden sollten. Während präventive Rüstungskontrolle bei der Waffenentwicklung ansetzt, fordert präventive Diplomatie Konfliktvermeidung bzw. Deeskalation von Konflikten. Sie setzt ein Minimum an zwischengesellschaftlichem Vertrauen sowie die Bereitschaft zur Toleranz und zu partnerschaftlichen Beziehungen voraus. Auf der Ebene der zwischenstaatlichen Beziehungen erfordert präventive Rüstungskontrolle die (Selbst)beschränkung sowohl bei der Waffenentwicklung (vertikale Proliferation) und bei Rüstungsexporten (horizontale Proliferation), die sich nicht auf Massenvernichtungswaffen begrenzen dürfen. (*Brauch/v.d. Graaf/Grin/Smit* 1992, 1997). Bisher haben sich allerdings weitgehend ökonomische Exportinteressen gegenüber Forderungen nach vertraglich vereinbarten Exportbeschränkungen durchgesetzt.

Die folgende Übersicht stellt einen Versuch dar, eine Abrüstungsagenda zu entwickeln, die einige der Folgeprobleme des Ost-West-Konflikts lösen und bessere Rahmenbedingungen für eine Strategie der Überlebenssicherung im 21. Jahrhundert schaffen sollen. An der Spitze der Rüstungskontrollagenda der NATO-Staaten steht die Beschränkung der Weitergabe von ABC-Waffen und von Raketen. Im Januar 1993 wurde mit der Unterzeichnung der CWK und im Mai 1995 mit der unbegrenzten Verlängerung des Nichtwei-

tergabevertrags (Non-Proliferation-Treaty -NPT) das Hauptziel erreicht. Als Ergänzung zu den drei Vertragsregimen (BWK, CWK und NPT) stimmen eine ausgewählte Zahl potentieller Lieferländer ihre Strategie außerhalb des UN-Rahmen ab für nukleare Fragen im London Suppliers Club, für biologische und chemische Waffen und Dual-Use Technologien in der Australischen Gruppe und für Trägersysteme im Raketentechnologiekontrollregime (MTCR). Für die Weitergabe militärisch sensitiver Technologien gelten nach der Ablösung der COCOM-Richtlinien (April 1996) das „Wassenaar Arrangement für Exportkontrollen für konventionelle Waffen, Dual-use-Güter und -Technologien", das sich auf vier Staaten (Iran, Irak, Libyen, Nordkorea) konzentriert. Während sich diese Maßnahmen auf die horizontale Proliferation richten, bleibt die vertikale Proliferation, d.h. der Waffeninnovationsprozeß, davon völlig unberührt. Dieser Bereich sollte auf internationaler und nationaler Ebene verstärkt Gegenstand von Kontrollmaßnahmen werden. Dies setzt bessere Informationsverpflichtungen, internationale Überwachungsmittel und wirksame Sanktionen gegen Rechtsbrecher voraus.

Nach Art. 6 des NVV haben sich die Kernwaffenstaaten zur nuklearen Abrüstung verpflichtet. Mit dem INF-Vertrag (1987/1988) und START I (1991) und START II (1993) wurde diese Selbstverpflichtung bisher nur von den USA und der UdSSR (Rußland, Ukraine, Belarus und Kasachstan) eingelöst, während Frankreich, Großbritannien und China keinerlei Pflichten zur nuklearen Abrüstung eingingen. Ein wichtiges Mittel für die Entwicklung neuer Kernwaffen ist ein umfassender Teststoppvertrag, der am 24. September 1996 zur Unterzeichnung aufgelegt wurde. Bis zum 2.2.1999 hatten den CTBT 152 Staaten unterzeichnet und 29 ratifiziert.

Kernwaffenfreie Zonen wurden im Vertrag von Tlatelolco für Lateinamerika (1967), von Rarotonga für den Südpazifik (1985) und de facto im 2+4-

Vertrag für das Gebiet der fünf neuen Bundesländer (1990) vereinbart. Bereits 1971 haben die ASEAN-Staaten ihre Region zu einer Zone des Friedens, der Freiheit und Neutralität (ZOPFAN) erklärt. Am 15.12.1995 unterzeichneten die Staats- und Regierungschefs von zehn Staaten Südostasiens einen Vertrag zur Schaffung einer kernwaffenfreien Zone, wobei sie auch die vier Atomwaffenstaaten USA, China, Frankreich und Großbritannien konsultierten. Auch in Afrika wurde nach 35-jährigen Bemühungen in Johannesburg und in Palindaba ein Vertrag für eine atomwaffenfreie Zone ausgehandelt, der am 23.6.1995 von den afrikanischen Staatsoberhäuptern gebilligt und am 11.4.1996 in Kairo feierlich unterzeichnet wurde. Vorschläge für kernwaffenfreie Zonen im Mittleren Osten, in Süd- und in Nordostasien waren erfolglos.

Die Konvention über das Verbot chemischer Waffen (CWK) trat am 27.4.1997 in Kraft. Bis zum 31.12.1998 wurde die CWK von 169 Staaten unterzeichnet und von 121 ratifiziert. Fast alle arabischen Staaten - mit Ausnahme Algeriens, Jordaniens und Marokkos - weigerten sich bisher, wegen des Atomwaffenbesitzes Israels die CWK zu unterzeichnen, weshalb Israel sich weigerte, die CWK zu ratifizieren. Für die Umsetzung der CWK wurde die OPCW in Den Haag eingerichtet und zwischen Mai 1997 und Ende 1998 fanden die ersten drei Konferenzen der Vertragsstaaten statt. Nach Inkrafttreten der CWK wird es noch 10 bis 15 Jahre dauern, bis die Menschheit von C-Waffen befreit ist. Die CWK betritt Neuland, weil sie nicht nur ein völliges Entwicklungs-, Produktions-, Lagerungs- und Einsatzverbot für diese Waffen ausspricht, sondern auch die chemische Industrie der Vertragsstaaten internationalen Kontrollen unterwirft und den Grenzbereich zur Toxikologie und Pharmazie regelt.

Die Konvention über das Verbot biologischer Waffen (BWK) vom 10.4.1972, die am 26.3.1975 in Kraft trat, hatte am 31.12.1998 insgesamt 141 Vertragsparteien. Einige Staaten hatten die BWK noch nicht ratifiziert, darunter Ägypten, Marokko und Syrien, während Israel die BWK nicht unterzeichnete. Bei der 2. Überprüfungskonferenz (1986) wurden Vertrauensbildende Maßnahmen vereinbart, wonach die Staaten aufgefordert wurden, jährlich Berichte zu ihrer biologischen Forschung vorzulegen, der allerdings nur wenige Staaten nachkamen. Bei der 3. Überprüfungskonferenz (1991) wurde eine Ad-hoc-Gruppe von Regierungsexperten eingesetzt, die sich mit Verifikationsmaßnahmen befaßten und nach ihrer 4. Verhandlungsrunde (1993) einen Abschlußbericht vorlegte. Eine Sonderkonferenz setzte im September 1994 eine Ad-hoc-Gruppe ein, die auch nach der 4. Überprüfungskonferenz im September 1996 ihre Arbeit fortsetzte. Die fünfte Überprüfungskonferenz findet 2001 statt. In den Vertragsregimen für ABC-Waffen stellt die nukleare, chemische und biologische Grundlagenforschung eine Grauzone dar, für die nationale Selbstkontrollen von Wissenschaft und Politik erforderlich sind, um die Entwicklung noch grausamerer Waffen bzw. eine Umgehung bestehender Vertragsregime zu vermeiden.

Während der ABM-Vertrag von 1972 in der Endphase des Ost-West-Konflikts ungeachtet der Forderung nach einer einseitigen Neuinterpretation durch die Reagan-Administration überlebte, ist er seit Anfang der 1990er Jahre in den USA durch den wachsenden Druck der Befürworter einer Gebietsverteidigung durch bodengestützte Raketenabwehrsysteme ernsthaft in Gefahr geraten. Die russische Regierung hat sich bisher allen amerikanischen Bestrebungen nach einer Aufweichung des ABM-Vertrags widersetzt und die Duma hat die Zustimmung zum START-II-Vertrag davon abhängig gemacht, daß die USA sich an den ABM-Vertrag halten. Am 26.9.1997 wurden von den USA, Rußland, der Ukraine, Belarus und Kasachstan 13 Dokumente unterzeichnet. Im Januar 1999 kündigte Präsident Clinton den Aufbau eines umfassenden Raketenabwehrsystems an, was mit dem ABM-

Vertrag unvereinbar wäre. Damit ist die Zukunft dieses Rüstungskontrollvertrages ungewiß.

Die Gespräche um eine Begrenzung konventioneller Rüstungsexporte zwischen den fünf ständigen Mitgliedern des Sicherheitsrats, die für ca. 80 % der Rüstungsexporte verantwortlich sind, blieben nicht zuletzt auch aus innenpolitischen Gründen bisher erfolglos. Bemühungen um die Begrenzung von Rüstungsexporten als Teil einer Konfliktprävention sind nicht erkennbar. Exportinteressen haben bei der Branchenkrise in der Rüstungsindustrie und in rezessiven Phasen gegenüber Rüstungsbegrenzungsinteressen Vorrang. Das Festhalten an dieser Politik steht dem Ziel der Konfliktprävention entschieden entgegen und kann bei Konflikten zu Verwicklungen führen, die den außenpolitischen Handlungsspielraum begrenzen.

Bisher war die Bereitschaft der Staatenwelt zu einer „Mikroabrüstung" bei konventionellen Waffen gering. Nur ein bedingtes Verbot des Einsatzes und der Weitergabe von Laserblendwaffen konnte im Oktober 1995 nach dem massiven moralischen Druck des Internationalen Komitees des Roten Kreuzes vereinbart werden, das aber die Forschung und Entwicklung solcher Waffen - z.B. gegen optische Geräte - weiter gestattet. Ohne die weltweite Kampagne gegen Anti-Personenminen wären diese Waffen kaum Gegenstand von internationalen Begrenzungsbemühungen geworden. Am 3./4.12.1997 wurde in Ottawa ein Übereinkommen über das Verbot des Einsatzes der Lagerung, der Herstellung und der Weitergabe von Anti-Personenminen durch 121 Staaten unterzeichnet. Bis zum 1.12.1998 hatten 173 Staaten diesen Vertrag unterzeichnet, der am 1.3.1999 in Kraft trat. Bis Ende 1998 weigerten sich u.a. China, Rußland und die USA, Indien, Pakistan, Nord- und Südkorea, Ägypten, Syrien, Libanon und Israel diesen Vertrag zu unterzeichnen

Mit Ende des Ost-West-Konflikts sind zwar die Bedrohung als Begründung für die Rüstungskonkurrenz entfallen, das alte Denken wurde aber genausowenig überwunden wie die Interessenstrukturen des nationalen Sicherheitsstaates, deren Vertreter noch immer alte Rezepte für neue Herausforderungen propagieren. Die globalen Herausforderungen im 21. Jahrhundert sind primär nichtmilitärischer Art, die nicht mit militärischen Mitteln lösbar sind. Eine Wissenschaft, die sich dem Ziel des Friedens verpflichtet fühlt, muß diese Herausforderung annehmen und durch ein wissenschaftlich abgesichertes „Vordenken" Voraussetzungen für eine „Überlebensgesellschaft" (Hillmann) im 21. Jahrhundert schaffen, welche die Risikogesellschaft (Beck) des ausgehenden 20. Jahrhunderts und deren Sicherheitsdilemma durch ein „Überlebensdilemma" ablöst.

Hans Günter Brauch

Lit.: *Boutros-Ghali, B.*: An Agenda for Peace 1995 with the New Supplement and Related UN Documents, New York 1995; *Brauch, H.G.*: Paradigma und Praxis: Die Vereinten Nationen und die Abrüstung (1945-2000), in: VN, 44 (1996), 167-174; *Brauch, H.G./Graaf, H.J. v.d./Grin, J./Smit, W. (Hrsg.)*: Controlling the Development and Spread of Military Technology, Amsterdam 1992; *Brauch, H.G. Graaf, H.J.v.d./Grin, J./Smit, W.*: Militärtechnikfolgenabschätzung und Präventive Rüstungskontrolle. Institutionen, Verfahren und Instrumente, Münster/Hamburg 1996; *Brauch, H.G./Mesjasz, C./Møller, B.*: Controlling weapons in the quest for peace: Non-offensive defence, arms control, disarmament, and conversion, in: Alger, C.F. (Hrsg.): The Future of the United Nations System: Potential for the Twenty-first Century, Tokyo /New York /Paris 1998, 15-53; *Daalder, I.*: Cooperative Arms Control: A New Agenda for the Post-Cold War Era, College Park, Md. 1992; *Goldblat, J.*: Arms Control. A Guide to Negotiations and Agreements, Oslo/London 1994; *Liebert, W./ Scheffran, J. (Hrsg.)*: Against Proliferation Towards General Disarmament, Münster 1995.

Afrika als Thema der UN

Zuerst war der Entkolonisierungsprozeß Afrikas in den UN von überragender Bedeutung (→ Entkolonialisierung). Nach der Unabhängigkeit der meisten afrikanischen Länder Anfang der 60er Jahre spielte Afrika eine zunehmende Rolle für die → Sonderorganisationen der UN, die sich mit Entwicklungspolitik (→ Entwicklungszusammenarbeit der UN) befassen (u.a. UNECA, → UNCTAD, → UNDP, → WHO, → FAO, → ILO, → UNIDO, → UNICEF, → UNESCO, → UNEP). Erst in den 1980er Jahren wurde Afrika ein Sonderthema für die UN, zum ersten Mal ein ganzer Kontinent.

Die Entwicklungskrise in den 80er Jahren

Der Grund hierfür lag in der Entwicklungskrise, die sich in den 1980er Jahren in Afrika immer deutlicher zeigte. Das „Jahrzehnt der verlorenen Entwicklung" hinterließ tiefe Spuren in Afrika. Der Zusammenbruch der Rohstoffpreise in diesem Zeitraum traf den Kontinent besonders hart, da die Exporte mit ganz seltenen Ausnahmen fast ausschließlich auf einigen wenigen Rohstoffen beruhen (Monokulturen).
Deshalb gerieten die meisten Länder trotz der vergleichsweise großen volkswirtschaftlichen Bedeutung bilateraler und multilateraler Entwicklungshilfe in Afrika in eine extreme Überschuldung. Konflikte, die durch die Ost-West-Rivalität militärisch eskalierten und korrupte Eliten verstärkten den Auszehrungsprozeß. Auch ein Teufelskreis zwischen menschlichem Raubbau an der Natur und Naturkatastrophen entstand. Die Modernisierungsergebnisse der 1960er und 1970er Jahre brachen zusammen, Verelendung und sozialer Niedergang breiteten sich aus. Staaten zerfielen oder konnten zentrale Aufgaben für das Wohl einer Gesellschaft nicht mehr gewährleisten.
Seitens des → IWF und der Weltbank (→ Weltbank/-gruppe) wurde diese Entwicklungskrise mit den sog. „*Strukturanpassungsprogrammen*" (SAP) angegangen. Sie wirkten aber, wie wenn Durst mit Salzwasser gelöscht wird. Vor allem in ihrer ersten Phase verstärkten die SAPs den Abwärtstrend. Die in ihrem Rahmen durchgeführten Abwertungen der lokalen Währungen und die Liberalisierung der Wechselkurse erhöhten das Überangebot an Rohstoffen auf den Weltmärkten und beschleunigten den Preisverfall. Gleichzeitig verteuerten sich die Importe so, daß die finanziellen Strukturanpassungshilfen oft auch für den Kauf essentieller Güter nicht reichten. Dementsprechend ging die Verschuldung nicht zurück, sondern erhöhte sich sogar weiter. Die binnenwirtschaftlichen Sparmaßnahmen führten zu einer Nachfragekompression sowohl bei den öffentlichen als auch bei den privaten Haushalten mit katastrophalen Folgen für die ersten Industrieentwicklungen im Bereich der Importsubstitution.

Das Aktionsprogramm für Afrika UNPAAERD

Mit ihrem am 1. Juni 1986 von der 13. Sondertagung der → Generalversammlung verabschiedeteten „*Aktionsprogramm der Vereinten Nationen für die wirtschaftliche Gesundung und Entwicklung Afrikas*" *(UNPAAERD)* (UN Doc. A/S-13/16) versuchten die UN diesen wirtschaftlichen und sozialen Niedergang in Afrika umzukehren. Es war ein Rahmenprogramm für alle Entwicklungsakteure in Afrika und für die internationale (Geber)-Gemeinschaft. Anlaß war die Hungerkatastrophe in weiten Teilen Afrikas 1983/84 im Zusammenhang einer vom El-Nino-Phänomen verursachten Dürre, die zum ersten Mal gleichzeitig in Zonen nördlich des Äquators (Sahel und Horn von Afrika) und südlich des Äquators (Sambia, Simbabwe und Mosambik) auftrat. Weltweit kam es zu großen Solidaritätsaktionen auch von Künstlern, Sportlern und Medien (in Deutschland besonders der Afrikatag der ARD). So begleiteten auch die 13. Sondertagung der Generalversammlung Benefizkonzerte und ein von dem Popstar Bob Geldorf initiierter „Wettlauf gegen die Zeit" um die Welt.

13

Im Unterschied zu den SAPs von IWF und Weltbank, bei denen Marktkonformität im Vordergrund steht, umgehen das UNPAAERD und sein von den afrikanischen Regierungen erarbeitetes Basis-Dokument, die „Afrikanische Vorlage" (Africa's submission to the special session of the United Nation General Assembly on Africa's economic and social crisis), dieses Reformthema und ermitteln auf der Grundlage sektoraler Wachstumsprognosen bzw. –Ziele makroökonomische Ziele, die in einem kontinentalen Finanzierungsbedarf münden, der fast vier mal höher liegt, als die Finanzierungslücke, die die Weltbank damals ermittelte.

Zwar gelang es, den von UNPAAERD prognostizierten ausländischen Finanzbedarf von jährlich 9 Mrd US$ annähernd zu füllen, indem während des fünfjährigen Programms der Anteil Afrikas an der weltweiten Entwicklungszusammenarbeit von 34% 1985 auf 37% 1989 erhöht werden konnte. Ansonsten aber waren die Ergebnisse ernüchternd bis erschütternd. Einige Beispiele beleuchten die Mißerfolge bei gleichzeitig beträchtlichen Opfern (UN Doc. A/45/591 vom 8.10.1990 und A/Res/46/151).

So konnten zwar der Anteil der Staatseinnahmen am Sozialprodukt (BIP) von 22% im Jahr 1986 auf 24% 1989 erhöht und das staatliche Defizit von durchschnittlich 7% auf 5% des BIP gesenkt werden, aber zum Preis einer Halbierung der Einkommen der Staatsbediensteten. Die Ausgaben für Gesundheit und Erziehung gingen um 50 v.H. bzw. 25 v.H. zurück. Die Einschulungsquote in der Grundschule sank von fast 80% auf 70%. Ein Drittel der Schüler verließ die Grundschule schon wieder nach zwei Jahren. Trotz Verbesserung des realen Zinssatzes stagnierte die Sparquote bei 16%, 1980 betrug sie noch 24%. Die Investitionsquote ging von 24% auf 19% im Programmzeitraum zurück. Die Selbstversorgungsrate Afrikas mit Nahrungsmitteln sackte auf 85% 1990 ab. 1980 hatte sie noch bei 92% gelegen. In den 5 Programmjahren wuchs die Zahl der absolut Armen von 270 auf 335 Millionen Menschen. Das sind 52% der Bevölkerung Afrikas. Die Zahl der Arbeitslosen erhöhte sich von 100 auf 130 Millionen.

Die Abhängigkeit der meisten Länder von den Rohstoffexporten erhöhte sich im Programmzeitraum, bei vier von fünf Ländern beträgt der Anteil der Rohstoffe an den Exporteinnahmen über 80%. Die Verschuldung schnellte von 212 Mrd. $ 1986 hoch auf 272 Mrd. $ 1990, das sind etwa 110 Prozent des afrikanischen BIP (in Lateinamerika sind es weniger als 50%).

Die „Neue Agenda" für Afrika UN-NADAF

Trotz dieser ernüchternden Ergebnisse beschloß die Generalversammlung der UN am 18. 12. 1991 ein neues, zehnjähriges Sonderprogramm, die *„Neue Agenda der UN für die Entwicklung Afrikas in den neunziger Jahren."* (UN-NADAF). Dieses Programm setzte ein Ziel von 6% für das jährliche Wachstum des Sozialprodukts von ganz Afrika fest. Der Entwicklungsschwerpunkt wurde auf die „menschliche Entwicklung" gelegt, auf Gesundheit und Bildung. Die Förderung des Friedens rückte in den Mittelpunkt, und der Druck auf die afrikanischen Regierungen wurde erhöht, besonders die Demokratisierung zu verstärken, die Regierungsführung zu verbessern („good governance") und die „marktfreundlichen Reformen" vor allem zugunsten von Privatinvestitionen zu beschleunigen.

1996 fand eine Zwischenevaluierung (UN Doc. A/51/228 und Add.1 und A/AC.25/5) statt, die zwar immer noch ein düsteres Bild zeichnete, aber auch erste Zeichen für eine Trendwende erkannte. So wurde festgestellt, daß nur noch wenige Länder ein negatives Pro-Kopf-Wirtschaftswachstum aufwiesen, aber auch nur sieben Länder, die das Wachstumsziel von jährlich mindestens 6% erreicht hatten. Immerhin war die wirtschaftliche Wachstumsrate von 0,7% 1993 auf 2,3% 1995 gestiegen.

Beklagt wurde der Rückgang der öffentlichen Entwicklungsleistungen (ODA) von 25 Mrd. US-Dollar 1992 auf 21 Mrd. 1995. Gleichzeitig wuchsen die Schulden um weitere 50 Mrd. auf 332 Mrd. US-Dollar1995. Dabei erreichte der Anteil der Schulden bei multilateralen Einrichtungen fast ein Drittel aller Schulden. Trotz zahlreicher Verhandlungen im Pariser Club zur Schuldenreduzierung überschritt die Schuldendienstrate im Verhältnis zu den Exporterlösen für ganz Afrika die 30-Prozent-Marke.

Als besonders positiv wurden die Bemühungen bewertet, die regionale Wirtschaftsintegration voranzutreiben. Am 3. Juni 1991 wurde in Abuja, der Hauptstadt Nigerias, der Vertrag zur Schaffung der „Afrikanischen Wirtschaftsgemeinschaft" unterzeichnet, der im Mai 1994 in Kraft trat, nachdem ihn zwei Drittel der afrikanischen Staaten ratifiziert hatten. Im selben Jahr wurde die „Preferential Trade Area of Eastern and Southern Africa" (PTA) zum „Common Market of Eastern and Southern Africa" (COMESA) weiterentwickelt und die „Southern African Development Coordination Conference" (SADCC) zur „Southern African Development Community" (SADC). Auch die Aufgaben der „Economic Community of West African States" (ECOWAS) wurden erweitert. Darüber hinaus gibt es die „Economic Community of Central African States" (ECCAS) und die „Arab Maghreb Union".

Parallel zur Zwischenüberprüfung des UN-NADAF 1996 verkündete der damalige → UN-Generalsekretär, Boutros Boutros-Ghali, am 15. März 1996 eine *„Sonderinitiative der Vereinten Nationen für Afrika"(Special Initiative on Africa – SIA)*. Mit dieser Initiative wurde die *„Inter-Agency Task Force"* (UN-IATF) zu einer festen Zusammenarbeit aller Fachorganisationen der UN ausgebaut, von der Synergieeffekte erhofft werden. Das erschien auch der Weltbank, die selbst schon seit den 80er Jahren ein konkurrierendes „Sonderprogramm für Afrika" (SPA) unterhält,

so attraktiv, daß sie sich dem Verbund angeschlossen und den größten Teil der Finanzierung der Zusammenarbeit übernommen hat.

Die Bedeutung von UNPAAERD und UN-NADAF liegt weniger bei der Entwicklung von Programmen auf der Projektebene, sondern vielmehr auf der konzeptionellen und politischen Ebene. Die Initiativen haben zur Fortsetzung des Afrika-Engagements bei den Regierungen und der UN beigetragen. Noch wichtiger ist ihr Einfluß auf die Reformpolitik. Heute haben sich die wirtschaftlichen und politischen Ordnungsrahmen in Afrika im Vergleich zu den 1970er bis Mitte 1980er Jahre wesentlich geändert. Die marktwirtschaftlichen Reformen setzten in erster Linie die SAPs von IWF und Weltbank durch. Aber die Reform der Reform, d.h. den SAPs ein menschlicheres Antlitz zu verleihen, geht auch auf die Sonderprogramme der UN für Afrika zurück.

Konrad Melchers

Lit: *Melchers, K.:* Afrika: freiwillige und unfreiwillige „Politikreformen". Die 13. Sondergeneralversammlung der Vereinten Nationen (27.Mai-1. Juni 1986), in: VN 34 (1986), 90-94; *Melchers, K.:* Hehre Ziele, klares Scheitern. Die Schlußbilanz des Aktionsprogramms der Vereinten Nationen für Afrika (UNPAAERD), in: VN 40 (1992), 81-87; UNSIA, The United Nations Sytemwide Special Initiative on Africa (UNSIA): One Year Later, June 1997, veröffentlicht über das Internet (http://www.unsia.org unsiarep98.htm); fortlaufende Berichte und Artikel in der Zeitschrift „Africa Recovery" (Internet: http://www.un.org/ecosocdev/geninfo/afrec)
Internet: Information zur UNSIA: http://www. unsia.org; zu UNNADAF: http://www.un.org/esa/africa/un-nadaf.htm

Agenda für Entwicklung

Mit der Resolution 47/181 der → Generalversammlung wurde der UN-Generalsekretär (→ Generalsekretär) am 22. Dezember 1992 aufgefordert, einen Bericht über eine „Agenda für Entwicklung" vorzulegen, gedacht als komplementäres Dokument zur Mitte

1992 vorgelegten → „Agenda für den Frieden", in der die entwicklungspolitischen Aspekte deutlich unterbelichtet blieben. Offensichtlich war ursprünglich nicht nur von den westlichen Industrieländern, sondern auch im → UN-Sekretariat daran gedacht worden, die entwicklungspolitische Führungsrolle den Bretton-Woods-Institutionen, d.h. der Weltbank (→ Weltbank/-gruppe) und dem → IWF, und der im Gründungsprozeß befindlichen internationalen Handelsorganisation WTO (→ WTO/GATT) zu überlassen - eine Form der Arbeitsteilung, die auf heftigen Widerstand der → Gruppe der 77 (G-77) stieß.

Langwieriger Erstellungsprozeß

Der Erstellungsprozeß sollte weitaus länger dauern als im Fall der „Agenda für den Frieden". Zwar hatte der UN-Generalsekretär bereits in seiner ersten Agenda betont, daß er sich auf Gedanken und Vorschläge stützen konnte, die ihm von Regierungen, Regionalorganisationen, → NGOs sowie von Institutionen und Einzelpersonen aus vielen Staaten zugeleitet wurden. Aber die Erstellung seiner zweiten Agenda sollte fast 17 Monate dauern. Dies lag u.a. nicht nur daran, daß der Generalsekretär diesmal mit einem weitaus komplexeren Themenbereich konfrontiert war, so daß die „Agenda für Entwicklung" wesentlich umfangreicher ausfiel, sondern auch daran, daß die Zahl der zu konsultierenden entwicklungspolitischen Akteure im → UN-System weitaus größer war und weil die Generalversammlung als Auftraggeber das gesamte Spektrum der Mitgliedstaaten umfaßte. Ursprünglich sollte der Generalsekretär bereits zur 48. ordentlichen Tagung der Generalversammlung 1993 einen Bericht über eine „Agenda für Entwicklung" vorlegen, die unter anderem Vorschläge zur Stärkung der Rolle der UN im Entwicklungsbereich (→ Entwicklungszusammenarbeit der UN) sowie zum zukünftigen Verhältnis zu den Bretton-Woods-Institutionen enthält. Anstelle des geforderten Berichts legte der Generalsekretär Ende Novem-

ber 1993 lediglich einen Zwischenbericht (UN Doc. A/48/689) vor, in dem er einerseits die Themenfelder seiner zweiten Agenda knapp beschrieb und andererseits auf die 17 Antworten von Mitgliedstaaten auf seine Verbalnote vom 20. Mai 1993 einging, in der er um deren Meinungen zu der auszuarbeitenden Agenda gebeten hatte. Dieser Zwischenbericht wurde am 21. Dezember 1993 von der Generalversammlung zur Kenntnis genommen, die sich damit einverstanden erklärte, daß die „Agenda für Entwicklung" erst im Laufe der ersten Jahreshälfte 1994 vorgelegt wird. Auffällig war die insgesamt geringe Resonanz. Berücksichtigt man, daß Belgien für die EU und Finnland für die nordischen Staaten antworteten, bedeutete die Zahl von insgesamt 30 Staaten eine äußerst geringe Rücklaufquote.

Die Agenda für Entwicklung

UN-Generalsekretär Boutros Boutros-Ghali legte am 6. Mai 1994 eine neue, eher visionär anmutende Konzeption für eine universale, am Menschen orientierte *„ Kultur der Entwicklung"* vor, in der Frieden, Wirtschaft, Umwelt, soziale Gerechtigkeit und Demokratie als fünf eng miteinander verknüpfte Hauptdimensionen der Entwicklung dargestellt werden (vgl. Abschnitt II der Agenda). „Ob diese Vision verwirklicht wird, wird an dem gemessen werden, was die Völker der Welt und ihre Führer während der jetzigen Generationsspanne von den Vereinten Nationen machen oder zu machen verabsäumen" (Ziffer 237).

Die bereits genannten fünf Dimensionen des Entwicklungskonzeptes werden als ein integriertes Ganzes angesehen; denn

- ohne Frieden können die menschlichen Kräfte nicht produktiv eingesetzt werden;
- ohne Wirtschaftswachstum (als „Motor der Entwicklung überhaupt") kann es keine bestandsfähige Verbesserung des materiellen Wohlstands auf breiter Ebene geben;

- ohne Umweltschutz werden die Grundlagen des menschlichen Überlebens ausgehöhlt;
- ohne soziale Gerechtigkeit gefährden zunehmende Ungleichheiten den gesellschaftlichen Zusammenhalt; und
- ohne politische Mitbestimmung in Freiheit bleibt die Entwicklung zerbrechlich und ständig gefährdet.

Boutros-Ghalis Konzept einer '*sozialen Marktwirtschaft*' impliziert, daß 'der Markt' allein nicht in der Lage ist, ein nachhaltiges und bestandsfähiges Wirtschaftswachstum zu sichern: „Die Bestimmung der richtigen Mischung von staatlicher Lenkung der Wirtschaft und Förderung der Privatinitiative ist vielleicht die dringendste Herausforderung an die wirtschaftliche Entwicklung. Es handelt sich hierbei nicht nur um ein Problem der Entwicklungs- und Umbruchländer. An der Suche nach dem schwierigen Mittelweg zwischen Dirigismus und Laissez-faire sind alle Länder beteiligt. Auch die großen Marktwirtschaften mit immer wiederkehrender Rezession und einer anhaltend hohen Arbeitslosigkeit sind mit dieser Aufgabe konfrontiert" (Ziffer 50).

Im Abschnitt III ging der UN-Generalsekretär dann auf die Vielfalt der Akteure im Entwicklungsbereich ein und erläuterte unter Bezugnahme auf die UN-Weltkonferenzen der 90er Jahre (→ Weltkonferenzen) den Prozeß, durch den die Vereinten Nationen diese Akteure in die verschiedenen Entwicklungsdimensionen einbinden könnten. Dabei diskutierte er auch die Arbeit der → *Sonderorganisationen* einschließlich der Bretton-Woods-Institutionen, wobei er ein „Überdenken" der bisherigen Arbeitsteilung forderte: „Die Bretton-Woods-Institutionen bilden einen integralen Bestandteil des Systems der Vereinten Nationen. Sie sind wichtige Quellen der Entwicklungsfinanzierung und der Beratung in grundsatzpolitischen Fragen. In der technischen Hilfe spielen sie eine immer aktivere Rolle, was die Gefahr von Überschneidungen mit der zentralen Finanzierungsrolle des → UNDP sowie auf Gebieten in sich birgt, auf denen auch andere Sonderor-

ganisationen Zuständigkeit besitzen. Es wird besonders zu überlegen sein, wie diese Institutionen und andere Organisationen des Systems unter Zugrundelegung ihrer jeweiligen besonderen Stärken enger zusammenarbeiten können. Bei den operativen Aktivitäten erscheint es angezeigt, systematischer und koordinierter, komplementärer und sich wechselseitig verstärkender Weise von der im Rahmen der Bretton-Woods-Institutionen angebotenen Kapitalhilfe Gebrauch zu machen, wobei das UNDP und die Sonderorganisationen für die Finanzierung der technischen Hilfe aufkommen" (Ziffer 229).

Der UN-Generalsekretär verwies nicht nur auf das „einzigartige" weltweite Netz von UNDP-Landesbüros, sondern empfahl auch eine weitere Stärkung des Systems der residierenden UNDP-Koordinatoren vor Ort. Darüber hinaus sprach er sich für eine Stärkung des → *Wirtschafts- und Sozialrats (ECOSOC)* aus, dessen Koordinierungsmaßnahmen sich nicht nur auf Regierungen und zwischenstaatliche Institutionen erstrecken dürften, sondern auch die Arbeit der zahlreichen nichtstaatlichen Akteure (→NGOs) im Entwicklungsprozeß berücksichtigen müßten.

Boutros Boutros-Ghali stellte fest, daß es auf allen Ebenen zu „einer stetigen Proliferation von Unter- und Nebenorganen" gekommen sei, welche immer weniger eine grundsatzpolitische Kohärenz erkennen ließen (→ Haupt-/Neben-/Vertragsorgane). Als Gründe für die „mangelnde Kohäsion und unklare Ausrichtung" führte er einerseits das Fehlen eindeutiger grundsätzlicher Richtlinien durch die Generalversammlung, andererseits den Mangel an einer „wirksamen grundsatzpolitischen Koordinierung und Kontrolle" durch den ECOSOC an (→ Koordinierungssystem der UN).

Der UN-Generalsekretär verstand seinen Bericht als einen ersten Beitrag auf „der Suche nach einer mit neuem Leben erfüllten Vision der Entwicklung". Sein Versuch, eine umfassende „*Kultur der Entwicklung*" zu erarbeiten

17

und diese mit dem gegenwärtigen Zustand des → UN-Systems zu konfrontieren, hat nicht die erwartete Resonanz gefunden. Vielmehr wurde der Bericht als zu akademisch kritisiert, der keine konkreten Vorschläge enthielte, wie es in der → „Agenda für den Frieden" der Fall sei. Direkte Kritik erfolgte nur ansatzweise an wenigen Stellen, so z. B. bei der Feststellung, daß die fünf ständigen Mitglieder für 86 Prozent der weltweiten Waffenlieferungen verantwortlich seien (Ziffer 32), sowie bei der Forderung nach einer weltwirtschaftlichen Koordinierung durch die G-7-Staaten unter Hinzuziehung wichtiger Entwicklungsländer (Ziffer 59).

Weitere Konsultationen

Der Bericht wurde Anfang Juni 1994 auf einer vom Präsidenten der Generalversammlung einberufenen „globalen Anhörung über Entwicklung" in New York diskutiert. Dies war ein Novum in den Verfahren der Generalversammlung; es kam zu einem offenen Dialog zwischen Experten, ehemaligen Staats- und Regierungschefs, Medienvertretern und Mitarbeitern der → Ständigen Vertretungen der Mitgliedstaaten bei den UN. Die Ergebnisse wurden vom Präsidenten der Generalversammlung zusammengefaßt und auch veröffentlicht (UN Doc. A/49/320). Einerseits bewegte sich dieser Bericht im Rahmen des von Boutros Boutros-Ghali entwickelten analytischen Rasters, andererseits wurde die Kritik deutlich pointierter vorgetragen: Weder die UNO noch die G-7-Staaten und die Bretton-Woods-Institutionen wurden als geeignet angesehen, die Herausforderungen der Weltwirtschaft zu meistern. Neben der Ernennung eines stellvertretenden Generalsekretärs für wirtschaftliche Angelegenheiten wurde ein *Sicherheitsrat für den Wirtschafts- und Sozialbereich* vorgeschlagen, wobei unterschiedliche Organisationsformen präsentiert wurden bis hin zu einem Entwicklungsrat, bestehend aus der G-7, Vertretern der Gruppe der 77 und der OPEC. Dementsprechend kritisch wurde die bisherige Arbeit des ECOSOC betrachtet. Bei den

autonomen Sonderorganisationen wurden unter anderem Zusammenlegungen vorgeschlagen; insgesamt sollten sie unter die Jurisdiktion des UN-Generalsekretärs gebracht werden. Ferner wurden die unterschiedlichen Meinungen über die Verbesserung der Zusammenarbeit zwischen den UN und den Bretton-Woods-Institutionen wiedergegeben.

Im Juli 1994 befaßte sich auf der Jahrestagung auch der ECOSOC mit der „Agenda für Entwicklung". Der UN-Generalsekretär wurde aufgefordert, die dort abgegebenen und von seinem Präsidenten zusammengefaßten Stellungnahmen (UN Doc. E/1994/109) in seinen *Empfehlungen für eine Agenda für Entwicklung* zu berücksichtigen, die er Anfang November der 49. Generalversammlung vorlegte.

Agenda für Entwicklung: Empfehlungen

In diesen *Empfehlungen* sprach sich Boutros Boutros-Ghali für die Umsetzung von drei Zielen aus:
- Stärkung und Neubelebung der internationalen Entwicklungszusammenarbeit überhaupt, um die „Müdigkeit der Geberstaaten" zu überwinden;
- Schaffung eines stärkeren, wirksameren und kohärenteren multilateralen Systems zur Unterstützung der Entwicklung; sowie
- Erhöhung der Wirksamkeit der UNO selbst und des UN-Systems insgesamt.
Der UN-Generalsekretär bedauerte die nachlassenden Bemühungen, das 0,7-Prozent-Ziel, d.h. in den Mitgliedstaaten 0,7% des BSP für öffentliche Entwicklungshilfe auszugeben, zu erreichen, und schlug vor, neue Zwischenziele für eine Erhöhung der öffentlichen Entwicklungshilfe (ODA) zu vereinbaren. Er sprach weiterhin das Verschuldungsproblem an und forderte, den am wenigsten entwickelten und ärmsten Ländern die Schulden überhaupt zu erlassen. Weiterhin schlug er vor, daß die Generalversammlung eine internationale Konferenz zur Entwicklungsfinanzierung in enger Abstimmung mit den Bretton-Woods-Institutionen, den regionalen Entwicklungsbanken und

dem Ausschuß für Entwicklungshilfe (DAC) der OECD durchführen solle.

Seine Empfehlungen für die Umsetzung der zweiten Zielsetzung bezogen sich auf (a) die Generalversammlung, (b) den ECOSOC, (c) die Bretton-Woods-Institutionen und (d) die sektoralen und Fachorganisationen im UN-System:

Die Generalversammlung als oberstes Politikforum sollte sich darauf konzentrieren, „Schwachstellen und Widersprüchlichkeiten" aufzuzeigen und „Grundsätze, Normen und Spielregeln" bei der Steuerung weltwirtschaftlicher Interdependenzen auszuarbeiten.

Der ECOSOC sollte zum Zentrum eines wirksamen multilateralen Entwicklungsspektrums reorganisiert werden:
- der Rat soll über die gesamte Bandbreite der Entwicklungsfragen unter Einbeziehung aller Sonderorganisationen beraten und entscheiden;
- er soll als zentrale Leitstelle die multilaterale Entwicklungshilfe bewerten und überprüfen;
- der Rat soll latente bzw. sich abzeichnende humanitäre Notsituationen erkennen und koodinierte Initiativen ausarbeiten.

Um diesen Aufgaben gerecht zu werden, schlug der UN-Generalsekretär zwei institutionell-organisatorische Änderungen vor:
- Stärkung des Rates durch ein erweitertes Präsidium („bureau"), das zwischen den Tagungen zusammentreffen und bei Bedarf schnell handeln kann;
- Schaffung eines Rates internationaler Entwicklungsberater zur Unterstützung der Generalversammlung und des ECOSOC. „Dieser Rat würde einen unabhängigen jährlichen oder zweijährlichen Bericht herausgeben, Schlüsselfragen der Weltwirtschaft und ihre Auswirkungen auf die Entwicklung analysieren und die Weltöffentlichkeit informieren" (Ziffer 48).

Weiterhin schlug Boutros Boutros-Ghali eine enge Zusammenarbeit zwischen den Bretton-Woods-Institutionen und den Vereinten Nationen vor, wobei er einerseits einzelne Kooperationsfelder konkret benannte, andererseits vor-

schlug, den Verbindungsausschuß zwischen den Vereinten Nationen und den Bretton-Woods-Institutionen wieder zu beleben.

Obwohl die Empfehlungen eher diplomatisch-vorsichtig formuliert waren, gingen sie einigen Mitgliedstaaten, vor allem den USA, zu weit. Insgesamt blieben die Ergebnisse der Diskussionen für die Entwicklungsländer unbefriedigend. Aber die → Gruppe der 77 ließ nicht locker. Am 19. Dezember 1994 beschloß die 49. Generalversammlung mit der Resolution 49/126, eine für alle Mitgliedstaaten offene *Arbeitsgruppe* einzurichten, um eine „handlungsorientierte, umfassende Agenda für Entwicklung" auszuarbeiten.

Mühsamer Arbeitsprozeß

Die Arbeitsgruppe der Generalversammlung führte 1995 drei Sitzungen durch, die insgesamt fünf Wochen in Anspruch nahmen. Es kam bis zum Herbst 1995 aber nur zu einem Zwischenbericht, in dem festgestellt wurde, daß die Agenda nicht fertiggestellt werden konnte. Darauf hin wurde das Mandat der Arbeitsgruppe um ein Jahr verlängert. Aber auch während der Verhandlungen des Jahres 1996 sollte es zu keiner Einigung kommen.

Die bereits 1995 sichtbar gewordenen Gegensätze zwischen Industrie- und Entwicklungsländern führten 1996 zu einer Verhärtung der Fronten. Die Diskussion um die institutionellen Fragen und Folgemaßnahmen ließen die alten Gegensätze aus den 60er Jahren wiederaufleben. Während die Gruppe der 77 vor allem die Kompetenz der Generalversammlung und der → UNCTAD, in denen sie über eine deutliche Mehrheit verfügen, stärken wollten, beharrten die EU und die USA auf einer strikten Aufgabenteilung. Die Vereinten Nationen sollten weiterhin für die „weichen" Themen (Umwelt, Soziales und → Menschenrechte), die WTO, der IWF und die Weltbank-Gruppe für die „harten" ökonomischen Themen zuständig sein. Trotz zahlreicher Kompromisse durch Übernahme von For-

19

mulierungen aus den verschiedenen Aktionsprogrammen der Weltkonferenzen der 90er Jahre konnte kein Konsens erreicht werden, so daß die Generalversammlung am 16. September 1996 beschloß, daß die Arbeitsgruppe ihre Tätigkeit „so bald wie möglich" beenden sollte.

Verabschiedung der Agenda im Juni 1997

In der ersten Jahreshälfte 1997 konnten - offensichtlich unter dem verstärkten allgemeinen Reformdruck (→ Reform der UN), dem der neue Generalsekretär, Kofi Annan, ausgesetzt war - alle strittigen Fragen durch weitere Kompromisse geklärt werden. Die „Agenda für Entwicklung" wurde ohne förmliche Abstimmung als Anhang zur Resolution 51/240 am 20. Juni 1997 von der Generalversammlung angenommen. Fast fünf Jahre hatte es gedauert, bis die Generalversammlung sich auf einen Text einigen konnte, ohne jedoch ihr Ziel zu erreichen, ein umfassendes, handlungsorientiertes Programm für die multilaterale Entwicklungszusammenarbeit des UN-Systems zu erstellen.

Die „Agenda für Entwicklung" der Generalversammlung, die aus drei Teilen besteht (I. Hintergrund und Ziele, II. Politische Rahmenbedingungen und Mittel zur Umsetzung, III. Institutionelle Fragen und Folgemaßnahmen), beansprucht, daß sie einen neuen *Bezugsrahmen für die internationale Zusammenarbeit* erstellt, die Rolle der Vereinten Nationen definiert sowie die Entwicklungsprioritäten und einen Zeitrahmen zur Umsetzung festgelegt hat (Ziffer 42). Im Gegensatz zur „Agenda für Entwicklung" von Boutros Boutros-Ghali, auf die zwar kein direkter Bezug genommen wird, enthält Teil I dessen Grundideen, ohne daß jedoch der Text eine entsprechende analytische Konsistenz aufweist. Dadurch weist auch Teil II eher einen Katalog-Charakter dessen auf, was in den Aktionsprogrammen der Weltkonferenzen der 90er Jahre gefordert wurde. Auch der abschließende Teil III bleibt entsprechend mager. Außer Leer-

formeln über anstehende Notwendigkeiten besagt dieser Teil lediglich, daß entsprechend dem Prinzip Hoffnung Reformen notwendig seien, aber kein Konsensus darüber bestehe, welche Reformen wie und wann zu realisieren seien. Es habe sich ein Konsensus zu einem multidimensionalen, umfassenden und integrierten Entwicklungsansatz entwickelt. Es bestehe eine Notwendigkeit, das System der internationalen Entwicklungszusammenarbeit wiederzubeleben. Die Generalversammlung müsse eine stärkere politische Führungsrolle in Entwicklungsfragen übernehmen. Der ECOSOC müsse fortfahren, seine Rolle als zentraler Koordinierungsmechanismus des UN-Systems zu stärken. Diese und ähnliche Formulierungen dominieren im Text, angereichert durch eine Reihe praktisch-organisatorischer Vorschläge. Insgesamt überwiegen jedoch diplomatisch formulierte Kompromisse mit „Seelenmassagen-Charakter", die von allen Mitgliedstaaten mitgetragen werden konnten.

Bilanzierung

Nach fast fünfjähriger Arbeit ist es nicht gelungen, Vorschläge zur Reform des UN-Systems zu formulieren, die zu einer Stärkung der Kompetenzen der Vereinten Nationen im Entwicklungsbereich führen und damit die G-7/8-Staaten und die Bretton-Woods-Institutionen stärker einbinden. Es fehlt der praktische Wille, notwendige Reformen im Wirtschafts- und Sozialbereich durchzuführen, die auch eine Revision der UN-Charta (→ Charta der UN) notwendig machen. Zwar wurden Probleme und Notwendigkeiten erkannt, aber die von allen Seiten geäußerte Kritik an der von Boutros-Ghali 1994 vorgelegten „Agenda für Entwicklung", daß sie zu wenig handlungsorientiert sei und keine konkreten Vorschläge enthalte, erwies sich als ein Bumerang. Es ist zu befürchten, daß nach dem Scheitern dieses Verhandlungsprozesses zwischen den westlichen Industrieländern und der Mehrzahl der Entwicklungsländer erst weltweite ökonomische, soziale und ökologische Krisen notwendig sind, um die Mitgliedstaaten zu einem konstruktiven Dialog an den Tisch zu zwingen.

Klaus Hüfner

Lit.: *Martens, J.:* Kompendium der Gemeinplätze. Die Agenda für Entwicklung: Chronologie eines gescheiterten Verhandlungsprozesses, in: VN 46 (1998) S. 47-52; *United Nations - General Assembly:* Resolution adopted by the General Assembly - 51/240: Agenda for Development. Annex: Agenda for Development. New York: United Nations, 15. Oktober 1997 (A/RES/51/240); *Vereinte Nationen - Generalversammlung:* Agenda für Entwicklung. Bericht des Generalsekretärs. New York: Vereinte Nationen, 6. Mai 1994 (A/48/935); *Vereinte Nationen - Generalversammlung:* Agenda für Entwicklung: Empfehlungen. Bericht des Generalsekretärs, New York, 11. November 1994 (A/49/665).

Agenda für den Frieden

Nach Ende des Kalten Krieges (1989) verleiteten die Erfolge in Namibia (1989/90 UN-Übergangsverwaltung UNTAG) und in Kuwait (1991 Koalitionsfeldzug mit Ermächtigung des Sicherheitsrates unter Führung der USA, danach UN-Beobachtermission und Sonderkommission zur Ausforschung und Zerstörung von Massenvernichtungswaffen im Irak, desweiteren Unterstützungsmaßnahmen der Alliierten sowie der UNO für Kurden im Nordirak) zu überzogenen Erwartungen, die Vereinten Nationen könnten künftig bei der Aufrechterhaltung des Weltfriedens und der internationalen Sicherheit (→ Friedenssicherung) selbständiger handeln.

Die (teilweisen) Fehlschläge der 1991/92 mit großen Hoffnungen begonnenen Einsätze in Westsahara (UN-Administration der seit 1991 geplanten Wahlen - MINURSO), in Kambodscha (1991-94 UN-Übergangsverwaltung – UNAMIC und UNTAC) und im ehemaligen Jugoslawien (seit Anfang 1992 UN-Truppeneinsatz zuerst in Kroatien, später auch in Bosnien-Herzegowina und Mazedonien – UNPROFOR, UNCRO und UNPREDEP) waren da-

mals noch nicht abzusehen. In der optimistischen Stimmung kurz nach Ende des Kalten Krieges übersahen eifrige UN-Mitarbeiter freilich, daß die UNO letztlich kein Akteur per se ist (auch nie sein sollte), sondern eine Bühne für die Mitgliedstaaten darstellt, daher letztlich auch von deren nationalen Interessen abhängt. Die weitere Entwicklung der neunziger Jahre bestätigte diese Tatsache.

Als bemerkenswertes Relikt dieser kurzen „Aufbruchstimmung" nach 1990/91 ist die „Agenda for Peace" (UN Doc. A/47/277 bzw. S/24111, 17. Juni 1992) - UN-offiziöse deutsche Übersetzung: „Agenda für den Frieden"- zu bewerten, die UN-Generalsekretär (→ Generalsekretär) Boutros Boutros-Ghali 1992 als Studie im Auftrag des Sicherheitsrats anfertigte. Darin sollte er die Möglichkeiten einer Mitwirkung der Vereinten Nationen bei der Lösung drohender oder bestehender Konflikte aufzeigen. Dieses Dokument wurde oft als Definition der verschiedenen Interventionstypen mißverstanden (die darin verwendeten Begriffe bestimmen bis heute die Diskussion; → Friedensoperationen), obwohl Boutros-Ghali eigentlich eine Chronologie eines Konfliktmodells präsentierte:
- Je nachdem könne die Staatengemeinschaft eingreifen,
- bevor sich eine Krise zu einem gewaltsamen Konflikt entwickelt (Vorbeugende Diplomatie oder „preventive diplomacy"; → Präventive Diplomatie),
- zur Beendigung der Kampfhandlungen nach dem Ausbruch des Konflikts (Friedensschaffung oder „peacemaking"),
- zur Sicherung einer Waffenruhe (Friedenssicherung bzw. Friedenserhaltung oder „peace-keeping") sowie
- um einen Waffenstillstand zu einem dauerhaften Frieden reifen zu lassen (Friedenskonsolidierung oder „postconflict peace-building").

Eine graphische Interpretation der „Agenda for Peace" könnte so aussehen:

Die Phasen eines Konflikts und des internationalen Eingreifens gemäß der Agenda for Peace des UN-Generalsekretärs Boutros Boutros-Ghali, 1992

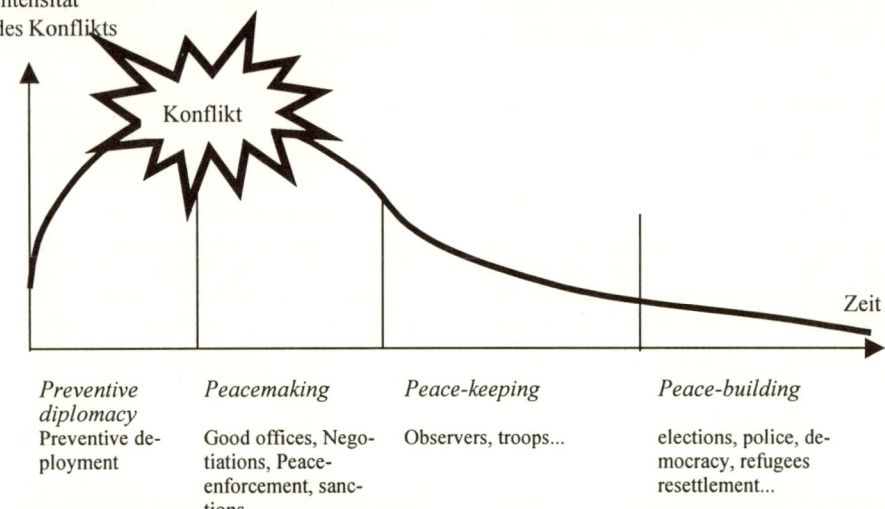

Intensität des Konflikts

Konflikt

Zeit

Preventive diplomacy	*Peacemaking*	*Peace-keeping*	*Peace-building*
Preventive deployment	Good offices, Negotiations, Peace-enforcement, sanctions	Observers, troops...	elections, police, democracy, refugees resettlement...

In allen vier Phasen reichen die möglichen Mittel von diplomatischen Vermittlungsversuchen bis zu massiven militärischen Interventionen. Daher subsummierte Boutros-Ghali die vorbeugende Truppenstationierung („preventive deployment") ebenso wie „fact-finding" („Tatsachenermittlung") oder vertrauensbildende Maßnahmen unter „preventive diplomacy", bzw. den Einsatz von Kampftruppen (als „peace-enforcement" bzw. „Friedensdurchsetzung") unter „peacemaking".

Manche fanden dies verwirrend, da „peacemaking" im engeren Sinne meist nur für diplomatische Bemühungen zur Konfliktlösung verwendet wurde. (In der Neufassung der „Agenda" 1995 führte Boutros Boutros-Ghali dann „enforcement" und → Sanktionen als eigene Kategorien ein und durchbrach damit sein eigenes Modell.)

Insgesamt ist es wohl ein Verdienst Boutros-Ghalis, die Bedeutung der Friedenskonsolidierung betont zu haben. Gerade in innerstaatlichen Konflikten – seien sie aufgrund ethnischer Spannungen oder aus anderen Gründen entstanden – ist die Festigung neuer Strukturen von entscheidender Bedeutung: vom Aufbau einer neuen, verantwortlichen Verwaltung einschließlich einer nach westlichen Grundsätzen operierenden Polizei („community policing"; → UNCIVPOL), vertrauenswürdigen Gerichten und menschenwürdigen Gefängnissen, über die Abhaltung von Wahlen bis zur Wiedereingliederung von ehemaligen Kämpfern und Flüchtlingen in die Gesellschaft. Freilich sind all dies Langzeitprojekte: für den Aufbau einer verläßlichen Polizei etwa ist nach amerikanischen Erfahrungen mit mindestens fünf Jahren zu rechnen, oft noch länger. Die Erhaltung des politischen Willens in den Teilnehmenden Staaten an derartigen Einsätzen ist daher einer der wichtigsten Faktoren für einen Erfolg (oder Mißerfolg) des Einsatzes.

So gut gemeint die „Agenda" (und ähnliche Ideen Boutros Boutros-Ghalis bis hin zur Schaffung schnell verfügbarer UN-Truppen) auch waren, so erwiesen sie sich letztlich als unrealistisch. Der oft schwerfällige Apparat der UNO ist zwar in der Lage, bescheidenere Einsätze (etwa traditionelle Truppentrennungs- bzw. Beobachtereinsätze der → Friedenstruppen) zu verwalten, nicht aber größere militärische Operationen zu führen. Ähnlich wie nach der großen Krise der UNO als Folge des Scheiterns im Kongo-Einsatz (ONUC 1960-64) reagierte die UNO daher mit einer Reduktion auf das Machbare.

Der rasche Anstieg an Zahl und Umfang von Einsätzen der UN-Friedenstruppen (→ Friedenstruppen) bis 1993/94 (von rund 10.000 knapp 80.000 Mann) erwies sich auf Dauer nicht durchhaltbar. Mit der Reduzierung des Gesamtumfanges dieser Einsätze und der Ausgliederung des militärischen Teils der Bosnien-Mission von der UNO an die NATO 1995/96 änderte sich dieses Bild: im Januar 1996 betrug die Gesamtzahl der „Blauhelme" nur noch 29.140, und sank mittlerweile (Juni 1999) weiter auf 12.270. Dies ist wieder eine leichter überschau- und führbare Größenordnung.

Erwin A. Schmidl

Lit.: Johansen, R.: The Future of United Nations Peacekeeping and Enforcement: A Framework for Policymaking, in: Global Governance 2 (1996), 299-333; Otunnu, O.A./Doyle, M. (Hrsg.): Peacemaking and Peacekeeping for the Next Century, Lanham/USA 1998; Schmidl, E.A./ Wimmer, J.: Friedenserhaltende Operationen, Wien 1998; United Nations: Security Council Concludes Debate on Maintenance of Peace and Security and Post-Conflict Peace-Building. Press Release SC/6617, 23 December 1998, New York 1998.

Aggressionsdefinition

I. Völkerrechtliche Normen zum Aggressionsverbot

Die Feststellung einer Bedrohung oder des Bruchs des Friedens (→ Frieden/-sbegriff/-sbedrohung) oder einer Angriffshandlung (Aggression) durch den → Sicherheitsrat der Vereinten Nationen ist Voraussetzung für Zwangsmaßnahmen nach Kapitel VII der → Charta der UN (Art. 39). Eine Aggression, die sich als bewaffneter Angriff darstellt, löst zudem das individuelle und kollektive Selbstverteidigungsrecht des Opfers aus (Art. 51 UN-Charta).

Der *Entwurf* der International Law Commission (→ ILC) *zu einem Vertrag über die Staatenverantwortlichkeit* (1996) stellt die Verletzung des Aggressionsverbots als Musterbeispiel für bedeutende Verstöße gegen den Weltfrieden und die internationale Sicherheit heraus (Art. 19 Abs. 3 lit. b). Aggressionen gelten danach als internationale Verbrechen, die wesentliche Interessen der Staatengemeinschaft berühren und alle Staaten zu Gegenmaßnahmen berechtigen (Art. 40 Abs. 3). Die Aggression ist damit ein zentraler Begriff im Rahmen des völkerrechtlichen → Gewaltverbots und des Rechts der Staatenverantwortlichkeit.

Darüber hinaus sind in den Nürnberger Prozessen die Beteiligten an deutschen Angriffshandlungen des 2. Weltkriegs individuell strafrechtlich zur Verantwortung gezogen worden (Art. 6 lit. a Statut des Internationalen Militärtribunals); Entsprechendes gilt für das Militärtribunal von Tokio. Hingegen ist die Aggression in den vom Sicherheitsrat der Vereinten Nationen beschlossenen Statuten der Strafgerichte für das ehemalige Jugoslawien und Ruanda nicht als Verbrechenstatbestand aufgeführt. Das von einer Staatenkonferenz 1998 im Rom angenommene, aber noch nicht in Kraft befindliche *Statut des Internationalen Strafgerichtshofs* (→ ICC - Internationaler Strafgerichtshof) begründet zwar die Zuständigkeit dieses Gerichts auch für das Verbrechen der Aggression, man konnte sich aber noch nicht auf eine Definition und die Befugnisse des Sicherheitsrats im Zusammenhang mit einer Anklage einigen. Ein entsprechender Straftatbestand fehlt daher noch und muß im Wege einer Vertragsänderung erst eingefügt werden (womit derzeit nicht gerechnet wird), bevor es zu diesbezüglichen Strafverfahren kommen kann. Im Gegensatz dazu ist der Tatbestand der Aggression *im Entwurf* der International Law Commission *zu einem Kodex über Verbrechen gegen den Frieden und die Sicherheit der Menschheit* (1996) enthalten; diesem Entwurf werden jedoch kaum Chancen eingeräumt, in dieser oder ähnlicher Form als völkerrechtlicher Vertrag verbindlich zu werden.

II. Die Aggressionsresolution der Generalversammlung

Vorgeschichte

Die Bemühungen, den Begriff „Aggression" zu definieren, reichen bereits in die Zwischenkriegsära zurück und gingen insbesondere von der Sowjetunion aus. Die nach dem damaligen sowjetischen Außenminister bezeichnete Litwinow-Definition hat die möglichen Aggressionshandlungen abschließend aufgezählt, wobei nach dem Prioritätsprinzip derjenige Aggressor war, der als erster eine solche Handlung beging. Nach dem Zweiten Weltkrieg legte die Sowjetunion 1950 neue Entwürfe vor, die in der Folgezeit in Sonderausschüssen der → Generalversammlung erfolglos beraten wurden. Die westlichen Staaten (zu deren Vorschlägen *Bothe* 1975; *Bruha* 1980) standen diesem Vorhaben sehr zurückhaltend gegenüber und wandten sich insbesondere gegen allzu starre Regelungen.

Inhalt

Erst dem 1967 eingesetzten 4. Sonderausschuß gelang es, eine allgemein akzeptable Definition zu erarbeiten, die von der Generalversammlung als Resolution 3314 (XXIX) am 14. Dezember 1974 im Konsensverfahren (also ohne förmliche Abstimmung), aber begleitet von etlichen interpretativen Erklärungen (*Bruha* 1980) angenommen wurde. Die Resolution richtet zum einen die Aufforderung an alle Staaten, sich jeglicher Angriffshandlung zu enthalten, zum anderen empfiehlt sie sich dem Sicherheitsrat als Orientierungshilfe bei der Feststellung einer Angriffshandlung gemäß Art. 39 UN-Charta. Die acht Artikel des Anhangs der Resolution definieren die Aggression wie folgt:

Nach Art. 1 ist darunter die *Anwendung von Waffengewalt durch einen Staat gegen* die Souveränität, die territoriale Unversehrtheit oder politische Unabhängigkeit eines *anderen Staates* zu verstehen. Eine nicht abschließende (so ausdrücklich Art. 4) *Aufzählung von Angriffshandlungen* gibt Art. 3:

„a) Die Invasion oder der Angriff durch die Streitkräfte eines Staates auf das Gebiet eines anderen Staates, oder jede auch noch so vorübergehende militärische Besetzung als Folge einer solchen Invasion oder eines solchen Angriffs, oder jede gewaltsame Einverleibung des Hoheitsgebietes eines anderen Staates oder eines Teils davon;

b) Die Beschießung oder Bombardierung des Hoheitsgebietes eines Staates durch die Streitkräfte eines anderen Staates, oder die Anwendung von Waffen jeder Art durch einen Staat gegen das Hoheitsgebiet eines anderen Staates;

c) Die Blockade der Häfen oder Küsten eines Staates durch die Streitkräfte eines anderen Staates;

d) Ein Angriff durch die Streitkräfte eines Staates gegen die Land-, See- oder Luftstreitkräfte oder die See- und Luftflotte eines anderen Staates;

e) Der Einsatz von Streitkräften eines Staates, die sich im Hoheitsgebiet eines anderen Staates mit dessen Zustimmung befinden unter Verstoß gegen die in der Zustimmung vorgesehenen Bedingungen, oder jede Verlängerung ihrer Anwesenheit in diesem Gebiet über das Ende der Zustimmung hinaus;

f) Die Handlung eines Staates, die in seiner Duldung besteht, daß sein Hoheitsgebiet, das er einem anderen Staat zur Verfügung gestellt hat, von diesem anderen Staat dazu benutzt wird, eine Angriffshandlung gegen einen dritten Staat zu begehen;

g) Das Entsenden bewaffneter Banden, Gruppen, Freischärler oder Söldner durch einen Staat oder für ihn, wenn sie mit Waffengewalt Handlungen gegen einen anderen Staat von so schwerer Art ausführen, daß sie den oben angeführten Handlungen gleichkommen, oder die wesentliche Beteiligung an einer solchen Entsendung."

Die Aggression beinhaltet damit stets einen Verstoß gegen das Gewaltverbot des Art. 2 Abs. 4 UN-Charta, ist aber begrifflich enger als dieses. Sie setzt zwingend die Anwendung von Waffengewalt voraus; weder die Drohung damit noch die Anwendung sonstiger Zwangsmittel genügen. Weiterhin werden im Vergleich zur Definition des Gewaltverbots in der „Erklärung über völkerrechtliche Grundsätze für freundschaftliche Beziehungen und Zusammenarbeit zwischen den Staaten im Einklang mit der Charta der Vereinten Nationen", der sog. „Friendly-Relations-Deklaration" (GA Res. 2625 (XXV) vom 24.10.1970), bei Übergriffen irregulärer Truppen in Art. 3 lit. g) der Aggressions-Definition erheblich höhere Anforderungen gestellt. Folgerichtig wird die Aggression in Absatz 5 der Präambel auch als schwerwiegendste und gefährlichste Form illegaler Gewaltanwendung bezeichnet. Hingegen ist der Begriff der Aggression weiter als derjenige des bewaffneten Angriffs in Art. 51 UN-Charta, weil letzterer bei Angriffen auf Handelsflotten nicht erfüllt ist (wobei auch für ersteren Angriffe auf einzelne Handelsschiffe nicht ausreichen, *Ferencz* 1992). Zu Recht bezeichnet deshalb Art. 5 Abs. 2 der Aggressions-Definition nur Angriffskriege, nicht aber jeglichen Aggressionsakt als internationales Verbrechen (*Broms* 1977; *Dinstein* 1994), wie es der Entwurf der ILC für einen Vertrag über die Staatenverantwortlichkeit vorsieht.

Verstöße gegen das Aggressionsverbot können durch keine Erwägungen irgendwelcher Art gerechtfertigt, auf Grund der Aggression erlangte Vorteile dürfen – der *Stimson*-Doktrin entsprechend – nicht als rechtmäßig anerkannt werden (Art. 5). Unberührt bleibt das Recht von Völkern, die unter Kolonial- und Rassenherrschaft stehen oder einer anderen Form von Fremdherrschaft unterliegen, sich ihre Rechte auf Selbstbestimmung (→ Selbstbestimmungsrecht), Freiheit und Unabhängigkeit zu erkämpfen und sich dabei der Hilfe anderer Staaten zu versichern (Art. 7), wobei offenbleibt, ob der Freiheitskampf Waffengewalt einschließen darf. *Als Aggressor gilt nach dem ersten Anschein der Staat, der als erster Waffengewalt einsetzt;* jedoch kann auf Grund der Gesamtlage auch anders entschieden werden (Art. 2).

Rechtliche und tatsächliche Bedeutung

Resolutionen der Generalversammlung sind gemäß Art. 13 UN-Charta *Empfehlungen*, die als solche weder die Mitgliedstaaten noch andere UN-Organe rechtlich binden (→ Resolution/Deklaration/Beschluß). Diese Sicht erfaßt jedoch nicht die volle Bedeutung der Resolutionen für das Völkerrecht (allgemein dazu *Fastenrath* 1991). Denn sie können die *Übereinstimmung* der Staaten *über den Inhalt völkervertraglicher Begriffe* wiedergeben, die nach Art. 31 Abs. 3 lit. a des *Wiener Übereinkommens über das Recht der Verträge* (UNTS Bd. 1155 Nr. 18232) bei der Auslegung der Vertragsbestimmungen zu berücksichtigen ist (→ Völkerrechtliches Vertragsrecht). Weiterhin können die Staaten in Resolutionen ihre Rechtsüberzeugung kundtun, die eines der Elemente bei der Entstehung von *Völkergewohnheitsrecht* darstellt. Zumindest können Resolutionen bestehendes Gewohnheitsrecht wiedergeben (→ Völkerrechtsentwicklung im Rahmen der UN). In diesem sehr zurückhaltenden Sinne hat auch der IGH (→ IGH – Internationaler Gerichtshof) in seinem Nicaragua-Urteil auf die Aggressionsdefinition der Generalversammlung Bezug genommen (ICJ Reports 1986, S. 103).

Die *Resolution 3314 (XXIX)* nimmt ihre *rechtlich-definitorische Bedeutung* allerdings selbst *zurück*, indem sie sich als ergänzungsfähig bezeichnet und dem Sicherheitsrat ausdrücklich zugesteht, im Einzelfall abweichend zu entscheiden. Aber auch die *praktische Relevanz* ist *gering*. Der Sicherheitsrat vermeidet es selbst in eindeutigen Fällen wie der irakischen Invasion in Kuwait eine Aggression festzustellen (vgl. Resolutionen 660, 662, 674 (1990)). Stattdessen weicht er zumeist auf die Merkmale des Friedensbruchs oder der Friedensbedrohung aus, die als Grund-

lage für die Verhängung von Zwangsmaßnahmen (→ Sanktionen) ausreichen. Aber auch in Resolutionen, die
das Vorliegen einer Aggression feststellen, fehlt die Bezugnahme auf die
Definitions-Resolution der Generalversammlung (so die Resolutionen 573
(1985), 602 (1987) und 611 (1988)).
Selbst in den Debatten des Sicherheitsrats wird nur selten darauf verwiesen
(*Bruha* 1980).

Die Aggression und ihre Definition
ist also weder rechtlich noch politisch
für das Einschreiten des Sicherheitsrats
entscheidend. Für das Recht auf Selbstverteidigung hingegen genügt das Vorliegen einer Aggression nicht; der insoweit maßgebliche Begriff des bewaffneten Angriffs bleibt aber undefi-
niert.

III. Die Aggressionsdefinition im Völ-
kerstrafrecht

Strafrechtliche Normen müssen naturgemäß auf mögliche Tatbeiträge einzelner Personen abstellen und können
nicht einen Handlungskomplex wie den
der Aggression in seiner Gesamtheit
aufgreifen. Deshalb formuliert die ILC
in Art. 16 ihres Entwurfs für einen *Kodex über die Verbrechen gegen den
Frieden und die Sicherheit der Menschheit* (1996) – in enger Anlehnung an
das Statut des Nürnberger Internationalen Militärtribunals – wie folgt: „Eine
Person, die als Befehlshaber oder Orga-
nisator aktiv an der *Planung, Vorbereitung oder Durchführung der Angriffshandlung eines Staates* beteiligt ist
oder diese befiehlt, macht sich des Verbrechens der Aggression strafbar." Die
Angriffshandlung selbst wird aber nicht
definiert. In ihrem Kommentar zum
Entwurf knüpft die ILC jedoch nicht
etwa an den Begriff der Aggression in
Art. 39 UN-Charta und die Definitions-
Resolution 3314 (XXIX) oder den engeren Begriff des bewaffneten Angriffs
in Art. 51 UN-Charta an, sondern an
den wesentlich weiteren des Gewaltverbots in Art. 2 Nr. 4 UN-Charta (§ 5
des Kommentars der ILC zu Art. 16).
Der völkerstrafrechtliche Tatbestand
der Aggression ist aber in dieser Form

weltweit nicht konsensfähig, wie die
Verhandlungen über das Statut des
Internationalen Strafgerichtshofs gezeigt haben (dazu *Kaul* 1998, *Stahn*
1998).

Ulrich Fastenrath

Lit.: *Bothe, M.:* Die Erklärung der Generalversammlung der Vereinten Nationen über
die Definition der Aggression, in: JIR 18
(1975), 127-145; *Broms, B.:* The Definition
of Aggression, in: RdC 154 (1977 I), 299-
399; *Dinstein, Y.:* War, Aggression and
Self-Defence, 2. Aufl., Cambridge 1994;
Fastenrath, U.: Lücken im Völkerrecht –
Zu Rechtscharakter, Quellen, Systemzu-
sammenhang, Methodenlehre und Funktionen des Völkerrechts, Berlin 1991; *Ferencz,
B. B.:* Aggression, in: Bernhardt, R.(Hrsg.):
EPIL I, Amsterdam u.a.1992, 58-65; *Kaul,
H.-P.:* Durchbruch in Rom – Der Vertrag
über den Internationalen Strafgerichtshof,
in: VN 46 (1998), 125-130; *Röling, B. V.
A.:* Die Definition der Aggression; in: Delbrück, J./Ipsen, K./Rauschning, D. (Hrsg.):
Recht im Dienst des Friedens, Fs. Menzel,
Berlin 1976, 387-404; *Schwebel, S. M.:*
Aggression, Intervention and Self-Defence
in Modern International Law, in: RdC 136
(1972 II), 411-497; *Stahn, C.:* Zwischen
Weltfrieden und materieller Gerechtigkeit –
die Gerichtsbarkeit des Ständigen Internationalen Gerichtshofs, in: EuGRZ 25
(1998), 577-591; *Verosta, S.:* Die Definition
des Angriffs und die Staatenpraxis, in: Tit-
tel, J. (Hrsg.): Multitudo legum ius unum,
Bd. 1, Fs. Wengler, Berlin 1973, 693-704.

Amtssprachen

Die Bezeichnung *„Amtssprache"* (Official Language; Langue officielle) meint
gewöhnlich eine in der Satzung bzw.
Geschäftsordnung der betreffenden
Organisation für mündliche und
schriftliche Äußerungen zugelassene
Sprache, bedeutet jedoch nicht automatisch, daß jede Amtssprache in jede
andere Amtssprache der betreffenden
Organisation übersetzt bzw. gedolmetscht werden muß. Da die Charta der
Vereinten Nationen (→ Charta der UN)
außer für den Internationalen Gerichtshof (→ IGH) keinerlei Sprachregelungen enthält, begannen die Vereinten
Nationen mit den fünf Sprachen der
fünf gleicherweise authentischen Fas-

sungen der Charta, von denen dann jedoch die in den → Geschäftsordnungen der einzelnen Organe festgelegten → „Arbeitssprachen" zu unterscheiden waren, in welche alle amtssprachlichen Äußerungen übersetzt und gedolmetscht werden mußten. Zu den vom → Völkerbund übernommenen Arbeitssprachen Englisch und Französisch kamen in einzelnen Hauptorganen (→ Haupt-/Neben-/Vertragsorgane) nacheinander dann auch das Spanische, Russische und Chinesische hinzu, bis alle fünf Amtssprachen in der → Generalversammlung und im → Sicherheitsrat auch Arbeitssprachen geworden waren und dort somit nur mehr von „Sprachen" (→ Sprachen in den UN) die Rede war. Im Beitrittsjahr der damals zwei deutschen Staaten (1973) kam (vorbereitet durch einen 1955 geschaffenen kleinen Sekretariatsdienst für Arabisch) in der Generalversammlung und bald darauf im Sicherheitsrat auch noch das Arabische als „Amts- und Arbeitssprache" hinzu, das sich anschließend dort und in anderen Gremien wie u.a. den → Weltkonferenzen zur voll etablierten sechsten Sprache der Vereinten Nationen entwickelte. Die einzige weitere im → Sekretariat vertretene Sprache ist Deutsch, das zwar weder Amts- noch Arbeitssprache ist, jedoch offizielle Sprache für Dokumente, insbesondere der Generalversammlung und des Sicherheitsrats.

Ruprecht Paqué

Lit.: *Paqué, R.:* Vielsprachigkeit, Mehrsprachigkeit, Einsprachigkeit. Zu den Sprachen der Vereinten Nationen und zur Resolution 50/11 der Generalversammlung über ‚Multilingualism', in: VN 45 (1997), 61-68.

Arbeitssprachen

Bei den Hauptorganen (→ Haupt-/ Neben-/Vertragsorgane der UN) der Vereinten Nationen meint die Bezeichnung „Arbeitssprache" (Working Language; Langue de travail) eine Sprache, in die alle in den zugelassenen Amtssprachen gehaltenen Reden und verfaßten Dokumente gedolmetscht bzw. übersetzt werden müssen, so daß hier eine „Ar-beitssprache" einen besseren Status als eine → „Amtssprache" hat, da nur in die Arbeitssprachen, nicht aber in alle Amtssprachen übersetzt und gedolmetscht werden muß. Umgekehrt kann „Arbeitssprache" im Rahmen des zahlreiche weitere Gremien und Körperschaften umfassenden Systems der Vereinten Nationen (→ UN-System) ähnlich wie etwa beim Europarat auch einen Minderstatus meinen, bei dem die betreffende Sprache nur begrenzt verwendet wird. So ist z.B. in der Weltgesundheitsorganisation (World Health Organization - → WHO) Deutsch seit der Resolution EUR/RC 25/R vom September 1975 „Arbeitssprache" der Region Europa mit dem Regionalbüro Kopenhagen, es werden dort jedoch nur bestimmte Texte (insbesondere die „Statutory Documents" und „Policy Documents") ins Deutsche übersetzt (abrufbar im Internet unter http://www.who.dk, Suchwort „Distribution").

Ruprecht Paqué

Ausschußsystem

Alle kollegialen Hauptorgane (→ Hauptorgane/Nebenorgane/Vertragsorgane) der Vereinten Nationen, also → Generalversammlung, → Sicherheitsrat, → Wirtschafts- und Sozialrat (ECOSOC) und → Treuhandrat, haben von der ihnen in Art. 7, 2 der Charta eingeräumten Möglichkeit Gebrauch gemacht, Ausschüsse als Nebenorgane bzw. nachgeordnete Organe („subsidiary organs") einzusetzen, um sich von den zeitraubenden und fachliche Expertise erfordernden Details sowohl der organisatorischen und finanziellen Planung, aber auch der Beratung der Berichte, Resolutionstexte oder anderer Tagesordnungspunkte freizuhalten bei einer stets sehr umfangreichen Tagesordnung - so gab es z.B. 153 Tagesordnungspunkte auf der 52. Tagung der Generalversammlung 1997/98. Damit wollen die Gremien Zeit gewinnen, um im Plenum mehr die Grundsätze zu erörtern und Entscheidungen zu treffen.

Weil die Hauptorgane der Vereinten Nationen sich aber nicht nur das übliche

27

Netzwerk von Haupt- und Verfahrensausschüssen zur Organisation ihrer Gremienarbeit geschaffen haben, sondern ebenso – im Rahmen ihrer Kompetenz zur Einrichtung von Nebenorganen – eine Vielzahl von themenspezifischen Ausschüssen und Kommissionen, die sich häufig im Laufe der Zeit institutionell verfestigt haben und zu Unter-Organen bzw. Spezialorganen der Hauptorgane wurden, kann es hier nur um die Ausschüsse gehen, die einen direkten Bezug zur Gremienarbeit haben. Für die übrigen sei auf die Beiträge über das → UN-System, das → Koordinierungssystem der UN sowie auf die jeweiligen Beiträge über die Hauptorgane hingewiesen. Grundsätzlich ist es wegen der Komplexität und der Interdependenz organisatorischer und politischer Aspekte, die bei der Einrichtung von Gremien in internationalen Organisationen eine Rolle spielen, schwer, eine klare Einteilung vorzunehmen und eine eindeutige Funktionsbeschreibung zu geben.

I. Ausschüsse der Generalversammlung

Die Ausschüsse der Generalversammlung tagen grundsätzlich öffentlich. Das Recht, nach der Geschäftsordnung (→ Geschäftsordnung) die Öffentlichkeit auszuschließen, ist auf den Fall beschränkt, daß außergewöhnliche Umstände nach Meinung des Ausschusses den Ausschluß erforderlich machen.

Die Ausschüsse haben die Aufgabe, speziell ihnen zugedachte Themen in einem kleineren Kreis konstruktiv zu beraten, einzelne Vorschläge zu prüfen und Vorschläge für Resolutionen für die Generalversammlung zu erstellen. Die Ausschüsse der Generalversammlung werden in verschiedene Gruppen eingeteilt:

1. Hauptausschüsse

Die erste Gruppe bilden die inhaltlich gegliederten *Hauptausschüsse* (main committees).

Jeder Mitgliedstaat hat das Recht, in jedem der Hauptausschüsse vertreten zu sein („committees of the whole). Die Hauptausschüsse behandeln die meisten Tagesordnungspunkte, und zwar von der ersten Besprechung bis zur Vorbereitung der Resolutionsentwürfe, die danach dem Plenum zur Abstimmung vorgelegt werden. Diejenigen Tagesordnungspunkte, die nicht einem der Hauptausschüsse zugeteilt werden, werden in den Plenarsitzungen der Generalversammlung behandelt. Da die Hauptausschüsse parallel zum Plenum tagen und die unterschiedlichen Standpunkte eruieren sowie herausfinden, ob sich Mehrheiten für ein Projekt finden, kommt ihnen eine Auslesefunktion zu. Zwar ist in den Hauptausschüssen für den Beschluß, eine Vorlage dem Plenum zuzuleiten, die einfache Mehrheit erforderlich, es hat sich aber eingebürgert, nur solche Vorlagen zur Abstimmung zu stellen, bei denen eine Zweidrittelmehrheit bereits im Hauptausschuß sichergestellt ist. Nur äußerst selten kommt es zu deutlichen Stimmverschiebungen zwischen Ausschußentscheidung und Endabstimmung im Plenum.

Die Hauptausschüsse der Generalversammlung sind (Die relevanten Dokumentennummern erscheinen in den nachfolgenden Klammern.):

Erster Ausschuß – Ausschuß für Abrüstung und Internationale Sicherheit (A/C.1/sess./-): Dieser Ausschuß beschäftigt sich mit Fragen der → Abrüstung und Fragen der internationalen Sicherheit, manchmal in Übereinstimmung, aber auch im Dissens zur Arbeit des Sicherheitsrates;

Zweiter Ausschuß – Ausschuß für Wirtschaft und Finanzen (A/C.2/sess./-): Er widmet sich den wirtschaftlichen Problemen der Mitgliedsländer, den Fragen der Unterentwicklung, des Bevölkerungswachstums, der Welternährung, des Welthandels und dem internationalen Schuldenproblem;

Dritter Ausschuß – Ausschuß für soziale, humanitäre und kulturelle Fragen (A/C.3/sess./-): Er befaßt sich mit dem Schutz der Menschenrechte (→ Menschenrechtsschutz) und der Arbeit des Hohen Flüchtlingskommissars (→ UNHCR);

Vierter Ausschuß – Ausschuß für besondere politische Fragen und Entkolonialisierung (A/C.4/sess./-): dieser Ausschuß befaßt sich mit denjenigen politischen Themen, die nicht im Ersten Ausschuß behandelt werden, z.B. mit dem gesamten Spektrum der → friedenssichernden Operationen und der → Entkolonialisierung;

Fünfter Ausschuß – Verwaltungs- und Finanzausschuß (A/C.5/sess./-): Er behandelt Fragen der Organisation, er berät die Finanzberichte und die Berichte des Ausschusses der Rechnungsprüfer (Board of Auditors) und bespricht die Haushaltsplanung der Organisation (→ Haushalt);

Sechster Ausschuß – Rechtsausschuß (A/C.6/sess./-): Er spielt eine wichtige Rolle bei der Fortentwicklung des Völkerrechts in den UN (→ Völkerrechtsentwicklung im Rahmen der UN), dabei leistet die Völkerrechtskommission (→ ILC) wichtige Vorarbeiten für den Ausschuß. Bei der Aussprache über die Berichte der ILC oder anderer Gremien, die sich mit dem Entwurf völkerrechtlicher Verträge befaßt haben, nimmt der Ausschuß zu den Vertragsentwürfen Punkt für Punkt Stellung. Er spielt damit eine Schlüsselrolle bei der endgültigen Formulierung der Konventionen.

Bis zur 48. Tagung der Generalversammlung gab es sieben Hauptausschüsse, nämlich zusätzlich einen politischen Sonderausschuß, der sich mit ausgewählten Einzelfragen beschäftigte, die ihm die Generalversammlung zuwies, darunter v.a. mit der Palästinafrage und der Apartheid. Der vierte Hauptausschuß war ursprünglich für das Treuhandsystem (→ Treuhandrat) zuständig. Auf ihrer 47. Tagung 1993 faßte die Generalversammlung den Beschluß, beide Ausschüsse zu einem neuen Vierten Ausschuß zu verschmelzen, der nun für besondere politische Fragen und die Entkolonialisierung zuständig ist (GA Res. 47/233).

2. Verfahrensausschüsse

Daneben gibt es zwei *Verfahrensausschüsse*, die für die Organisation der Tagung der Generalversammlung wichtig sind: zum einen werden in jedem Jahr auf Vorschlag des Präsidenten der Generalversammlung neun Mitglieder in den *Mandatsprüfungs-Ausschuß* (Credential Committee) gewählt, dessen Aufgabe es ist, die Beglaubigungsschreiben der einzelnen Regierungsvertreter zu überprüfen. Den zweiten, eminent wichtigen Verfahrensausschuß bildet der *Allgemeine Ausschuß* (General Committee) – im deutschen manchmal auch Präsidial- oder Lenkungsausschuss genannt -, der sich aus dem Präsidenten der Generalversammlung, den 21 Vize-Präsidenten, den Vorsitzenden der o.g. sechs Hauptausschüsse und des Mandatsprüfungs-Ausschusses zusammensetzt. Seine Aufgabe besteht in der Koordination und Steuerung der Arbeit des Plenums und der Ausschüsse, aber auch in der Aufstellung der Tagesordnung für die Generalversammlung.

3. Ständige Ausschüsse

Eine dritte Gruppe bilden die von Experten gebildeten Ständigen Ausschüsse mit dem *Beratenden Ausschuß für Verwaltungs- und Haushaltsfragen (ACABQ)* und dem *Beitrags-ausschuß*. Beide unterstützen in erster Linie die Arbeit des Fünften Ausschusses: Der ACABQ befaßt sich dabei vorbereitend vor dem Fünften Hauptausschuß mit der Haushaltsaufstellung, der Beitragsausschuß berät über den Verteilungsschlüssel für die Mitgliedsbeiträge und über die Behandlung säumiger Zahler.

Die sachverständigen Mitglieder dieser beiden Ausschüsse, die nicht nur während der regulären Sitzungsperiode des Plenums zusammentreten, werden - im Gegensatz zu den obenerwähnten Ausschüssen, die jeweils für eine Sitzungsperiode gewählt werden – von der Generalversammlung für jeweils drei Jahre gewählt.

4. Ad-Hoc-Ausschüsse und andere Spezialkommissionen

Für die Erfüllung einzelner, festumrissener Aufgaben hat die Generalversammlung darüber hinaus eine Vielzahl weiterer Ausschüsse und Ad-Hoc-Arbeitsgruppen eingesetzt. Zu ihnen gehören u.a. *Reform-Arbeitsgruppen*, die sich mit der Ausarbeitung von Reformvorschlägen (→ Reform der UN) befassen, und zwar für die Bereiche Finanzen, Sicherheitsrat, → Agenda für den Frieden, → Agenda für Entwicklung, Wirtschaft und Soziales und UN-Reform allgemein.

II. *Ausschüsse des ECOSOC*

Auch um das Plenum des Wirtschafts- und Sozialrats hat sich ein ähnlich dichtes Netz von Ausschüssen gebildet, die ihm bei der Erfüllung seiner Aufgaben (Durchführung von Untersuchungen, Abfassung von Berichten und Koordination der Tätigkeit der Sonderorganisationen sowie der Beziehung zu den nichtstaatlichen Organisationen (→ NGOs)) helfen:
1. zwei *Sitzungsausschüsse* (sessional committees) für Wirtschaft und Soziales;
2. *Ständige Ausschüsse* (standing committees), darunter:
- der Ausschuß für Programmplanung (CPC), der für die Arbeitsplanung und Koordinierung im gesamten UN-System eine wichtige Rolle spielt und der - durch massiven Druck der USA durch Beitragsverweigerung (→ Finanzkrisen) 1986 - durch eine Resolution der Generalversammlung eine wichtige Rolle in der Haushaltsplanung bekommen hat;
- der Ausschuß für Nichtstaatliche Organisationen;
- fünf *regionale Wirtschaftskommissionen* (→ Wirtschaftskommissionen, regionale);
- *funktionale Kommissionen,* darunter die Statistische Kommission; die Bevölkerungskommission; die Kommission für gesellschaftliche Entwicklung; die → Menschenrechtskommission; die Kommission für die Rechtsstellung der Frau und die Suchtstoffkommission;
- als spezieller Ausschuß der *Verwaltungsausschuß für Koordinierung* (ACC), in dem sich unter dem Vorsitz des → Generalsekretärs die Leiter aller Spezialorgane und → Sonderorganisationen mit den Fragen der Koordinierung im UN-System befassen.

III. *Ausschüsse des Sicherheitsrats*

Der Sicherheitsrat ist mit der Bildung von Ausschüssen bisher relativ zurück-

haltend gewesen, das mag an der geringen Zahl seiner Mitglieder liegen, die eine Delegation von Aufgaben an kleinere Gremien seltener erforderlich macht:

1. *Generalstabsausschuß*
Er besteht gem. Art. 47 der Charta aus den Stabschefs der fünf ständigen Ratsmitglieder und soll den Rat in allen militärischen Fragen unterstützen; er trifft sich zwar regelmäßig zu formellen kurzen Sitzungen, ist aber bisher ohne militärische und politische Bedeutung geblieben, weil die fünf Ratsmitglieder ihre Planung lieber individuell konzipieren oder in regionalen Militärbündnissen diskutieren möchten.

2. *Ständige Ausschüsse:*
- Sachverständigenausschuß für die Geschäftsordnung; ist seit langem nicht mehr zusammengetreten;
- Ausschuß für die Aufnahme neuer Mitglieder; er überprüft die Aufnahmeanträge beitrittswilliger Staaten;
- Ausschuß für Sitzungen des Rats außerhalb des Amtssitzes, zur Vorbereitung der Ratssitzungen außerhalb New Yorks (1972, 1973 und 1990) geschaffen, seither nicht mehr zusammengetreten.

3. *Ad-Hoc-Ausschüsse und Sonderkommissionen*
Für bestimmte Aufgaben werden – meist vorübergehend – Ad-Hoc-Ausschüsse eingesetzt. So wurden zur Überwachung und Durchführung der vom Rat verhängten → Sanktionen eine Reihe von Sanktionsausschüssen (Juli 1999: 8) gebildet, in denen alle Mitglieder des Sicherheitsrats vertreten sind und Entscheidungen nur einstimmig getroffen werden können. Im Zuge der Waffenstillstandsvereinbarung mit dem Irak im April 1991 wurden zwei weitere Sonderkommissionen zur Überwachung der Zerstörung der Massenvernichtungswaffen im Irak und zur Verwaltung eines Entschädigungsfonds aus irakischen Erdöleinnahmen gebildet.

Peter M. Schulze/Helmut Volger

Lit.: *Schaefer, M.:* Kommentar zu Art. 21, in: Simma, B. (Hrsg.): Charta der Vereinen

Nationen, Kommentar, München 1991, 326-347; *Lindemann, B./Hesse-Kreindler, D.:* Ausschußsystem, in: Wolfrum, R. (Hrsg.): Handbuch Vereinte Nationen, 2. Aufl., München 1991, 26-34; *Unser, G.:* Die UNO. Aufgaben und Strukturen der Vereinten Nationen, 6. neubearb. u. erw. Aufl., München 1997.

Beobachter

Beim Begriff „Blauhelme" denkt man üblicherweise an die → Friedenstruppen der UNO. Demgegenüber werden die *UN-Beobachter* oft übersehen, obwohl sie ein wesentliches Element von → Friedensoperationen darstellen. Im wesentlichen gibt es drei Gruppen, die getrennt oder gemeinsam zum Einsatz kommen:
- Militärbeobachter (UN Military Observers, UNMOs),
- Polizeibeobachter, sowie
- Zivilbeobachter.

Militärbeobachter sind in der Regel Offiziere der Dienstgrade Hauptmann bis Oberstleutnant, wie sie seit 1948 (Griechenland, Indonesien, Palästina, Kashmir) zum Einsatz kommen. Mitte 1999 waren 776 Militärbeobachter im UN-Einsatz, die meisten in Westsahara (204), Kuwait-Irak (194), Israel und den Nachbarstaaten (143) und Georgien (103), weiters kleinere Kontingente in Kashmir (45), Tadjikistan (30), Kroatien (Halbinsel Preklava, 28) und Sierra Leone (18).

Ihre Aufgaben umfassen in der Regel die Beobachtung von Waffenstillständen u.ä. Vereinbarungen, sowie die ständige Verbindung mit den Konfliktparteien (insbesondere mit Armeen und bewaffneten Gruppen). Die Teams (üblicherweise zwei bis vier Offiziere unterschiedlicher Nationalität) berichten regelmäßig über ihre Beobachtungen (etwa die Verletzung von Trennungslinien oder Bewaffnungslimits). Der wichtigste Effekt ist freilich die internationale Präsenz im Konfliktgebiet, die eine objektive Kontrolle gewährleistet und daher (im Idealfall) zur Vertrauensbildung zwischen den Konfliktparteien beiträgt. Die Militärbeobachter tragen die Uniform ihres Heimat-

staates, dazu UN-Abzeichen sowie blaue Kappen bzw. Barette und sind grundsätzlich unbewaffnet.

Die Aufgaben der Polizeibeobachter bestehen vor allem in der Überwachung und Unterstützung lokaler Polizeikräfte in innerstaatlichen Konflikten (→ UNCIVPOL).

Daneben kommen in zahlreichen Konflikten und Krisengebieten immer mehr zivile Beobachter und Experten zum Einsatz, sei es zur Unterstützung von Friedens- und Versöhnungsprozessen, sei es zur Vorbereitung und Überwachung von Wahlen. Neben den Vereinten Nationen sind in diesem Bereich auch andere Organisationen (EU, OSZE, OAU, Commonwealth, OAS usw.) tätig. Ein Beispiel war die UN Observer Mission in South Africa (UNOMSA, 1991-94), die den südafrikanischen Friedensprozeß unterstützte und während der Wahlen im April 1994 kurzzeitig auf 2.120 Personen verstärkt wurde.

Auch bei den zivilen Beobachtern ist die wichtigste Wirkung weniger in ihren Berichten zu sehen, als vielmehr in ihrer (oft langfristigen) Präsenz vor Ort und im dadurch erreichten Vertrauensgewinn der Konfliktparteien. Der Frauenanteil ist unter den zivilen Beobachtern meist höher als unter Militärs und Polizisten; die Teilnahme von Frauen an derartigen Einsätzen ist besonders positiv.

Erwin A. Schmidl

Beobachterstatus

Der *Beobachterstatus* räumt Staaten und Völkerrechtssubjekten, die keine regulären Mitglieder der Vereinten Nationen sind, das Recht ein, als „*Teilnehmer ohne Stimmrecht"* an Sitzungen der → Generalversammlung und der anderen Gremien der UN (→ UN-System) teilzunehmen. In der → Charta der UN ist dies nicht explizit festgelegt, die Anwendung des Beobachterstatus ist jedoch im Völkergewohnheitsrecht verankert. Art. 2 Abs. 6 der Charta besagt, daß die Organisation dafür Sorge trägt, daß auch Nichtmitgliedstaaten nach den in der Charta festgelegten

Prinzipien handeln, soweit dies zur Wahrung des Weltfriedens und der internationalen Sicherheit erforderlich ist. Diesem Universalitätsanspruch (→ Universalität) werden die Vereinten Nationen gerecht, indem sie Regionalorganisationen, Nichtmitgliedstaaten und nationale Befreiungsorganisationen als *Beobachter* in die Arbeit der Vereinten Nationen einbinden.

Die Stellung der *Beobachter* (oberserver) ist in dem *„Wiener Übereinkommen über die Vertretung von Staaten in ihren Beziehungen zu internationalen Organisationen"* (UN Doc. A/CONF.67/16, abgedruckt in: AJIL 69 (1975), 730) vom 14.3.1975 geregelt, die allerdings bis heute nicht in Kraft getreten ist und somit keine generelle völkerrechtliche Grundlage bietet (→ Völkerrechtliches Vertragsrecht).

Artikel 7 des Übereinkommens gewährt Beobachtern folgende Rechte:
- die Vertretung und Wahrung der Interessen des Sendestaates und die Aufrechterhaltung einer permanenten Verbindung mit der Organisation;
- die Beobachtung der Tätigkeiten in der Organisation und die Berichterstattung darüber an den Sendestaat;
- die Förderung der Zusammenarbeit mit der Organisation und Verhandlung mit dieser.

Für die konkrete Ausgestaltung des Beobachterstatus bleibt dabei ein Spielraum. In der Praxis werden die Teilnahmerechte in den → Geschäftsordnungen der einzelnen Gremien geregelt. Nach Art. 11 Abs.2 i.V. mit Art. 35 Abs. 2 der UN-Charta sind Nichtmitgliedstaaten dazu berechtigt, die Aufmerksamkeit des → Sicherheitsrates oder der Generalversammlung auf Themen zu lenken.

Wie aktiv die Rolle des Beobachters ist, bemißt sich danach, ob er *autorisierten Zugang* zu dem jeweiligen Gremium hat, ob er dazu befugt ist, *Anträge* zur Tagesordnung bzw. zur Abstimmung zu stellen und *Dokumente* durch das Gremium verteilen zu lassen und zu beziehen, und ob ihm unter Umständen sogar das *Recht auf Erwiderung* eingeräumt wird. Dabei sind die *„perma-*

nenten Beobachter" (permanent observers), die zur Teilnahme an allen Sitzungen berechtigt sind, von Beobachtern zu unterscheiden, die nur an einer Sitzung, bzw. nur an Sitzungen zu bestimmten Themenkreisen teilnehmen dürfen.

In den einzelnen Gremien kann es dabei der Fall sein, daß es sich bei einem Beobachter zwar um den Repräsentanten eines Mitgliedstaates der Vereinten Nationen handelt, der jedoch nicht Mitglied des betreffenden Forums, z.B. des Sicherheitsrates ist. Zudem entsenden → Sonderorganisationen Beobachter in die Gremien der UN.

Die Rolle der Beobachter hat sich seit dem Bestehen der Vereinten Nationen von einer eher passiven zu einer aktiven, von schlichtem „Präsent sein" zu aktiver „Beteiligung" gewandelt. *(vgl. Bartram* 1991*)*

In der Geschichte der Vereinten Nationen war der Beobachterstatus für viele Staaten ein Schritt auf dem Weg zur Vollmitgliedschaft (→ Mitgliedschaft). Heute gibt es unter den Nichtmitgliedstaaten nur noch zwei Beobachter: Die Schweiz und den Heiligen Stuhl. Beide streben wegen ihrer außenpolitischen Verpflichtung, neutral zu bleiben, bzw. „allen weltlichen Streitigkeiten fern zu bleiben" *(Verdross/Simma* 1984*)* keine Vollmitgliedschaft in den Vereinten Nationen an.

Neben diesen beiden Staaten und dem Internationalen Komitee vom Roten Kreuz werden inzwischen vor allem Regionalorganisationen wie die Europäische Union (→ EU, GASP in den UN), die Organisation für Afrikanische Einheit (OAU) und die Karibische Gemeinschaft, und nationale Befreiungsorganisationen wie die PLO (der innerhalb des Systems der UN die Bezeichnung „Palästina" zugestanden wurde) als Beobachter in die Arbeit der Vereinten Nationen mit eingebunden. Sie sind heute meist permanent in den Gremien der UN vertreten und zu einer aktiven Teilnahme an den Debatten berechtigt (vgl. Liste der permanenten Beobachter über die UN-Homepage:

http://www.un.org/Overview/missions.h
tml#nperm).

Ebenso können die nichtstaatlichen
Organisationen (→ NGOs) nach einer
Vorauswahl durch den Wirtschafts- und
Sozialrat der Vereinten Nationen
(ECOSOC) einen Beobachterstatus
zugesprochen bekommen. Dabei gibt es
drei unterschiedliche Kategorien des
NGO-Beoabchterstatus, der sich hinsichtlich der Rechte und Mitwirkungs-
befugnisse unterscheidet und den einzelnen NGOs je nach ihrer Bedeutung
für die Arbeit der Vereinten Nationen,
ihrer fachlichen Kompetenz und über-
regionalen Bedeutung verliehen wird
(vgl. dazu UN Doc. ECOSOC Res. 288
(X) vom 27.2.1950 und UN Doc.
ECOSOC Res. 1296 (XLIV) vom
23.5.1968). Ihre Beteiligung an der
Arbeit der Vereinten Nationen als Beobachter kommt angesichts der von
ihnen gesammelten Informationen aus
den Mitgliedstaaten und ihres großen
fachlichen Know-Hows eine große
Bedeutung zu im → Menschenrechtsschutz und bei Vorbereitung der Weltkonferenzen zur Lösung globaler Probleme (→ Weltkonferenzen)

Anne-Kathrin Dippel

Lit.: *Bartram, B.:* Beobachterstatus, in:
Wolfrum, R. (Hrsg.): Handbuch Vereinte
Nationen, 2. Aufl., München 1991, 54-62;
Mower, A.G.: Oberserver Countries: Quasi-
Members of the United Nations, in: IO 20
(1966), 266-283; *Suy, E.:* The Status of
Oberservers in International Organizations,
in: RdC 160 (1978 II), 75-109; *Verdross,
A./Simma B.:* Universelles Völkerrecht –
Theorie und Praxis, Berlin 1984.
Internet: a) Information über die Liste der
permanenten Beobachter: http://www.-
un.org/Overview/missions.html#nperm;
b) Information über die NGOs mit Beobachterstatus: http://www.org/esa/coordina-
tion/ngo/ngo.htm

Blockfreienbewegung und die UN

Die *Blockfreienbewegung (Non-Aligned
Movement – NAM)* ist eine Interessen-
vertretung von Staaten in den internationalen Beziehungen und in den UN,
die keinem Militärbündnis angehören
wollen und für die Beendigung des
Kolonialismus, die Verwirklichung des
→ Selbstbestimmungsrechtes der Völker, die Gleichberechtigung der Rassen
und Völker, atomare → Abrüstung und
friedliche internationale Zusammenarbeit aller Völker und Staaten eintreten.

Diese Bewegung spielt seit den 70er
Jahren eine zentrale Rolle bei der stärkeren Hinwendung der UN zu Entwicklungsfragen und deren Politisierung (→ Entwicklungszusammenarbeit
der UN). Sie betrachtet sich als einen
wichtigen Impulsgeber gegenüber der
Gruppe der 77 (→ Gruppe der 77 und
die UN).

Ziele und *Aufgaben* der Bewegung
werden auf Gipfelkonferenzen erarbeitet und in Konferenzdokumenten festgehalten. *Gipfelkonferenzen* tagen in
der Regel im Dreijahresabstand. Am
Sitz der UN in New York gibt es ein
Koordinierungsbüro, das einmal jährlich auf Ministerebene und bei Bedarf
auf der Ebene der UN-Botschafter der
Mitgliedstaaten tagt (→ Ständige Vertretungen). Solche Sitzungen dienen der
Vorbereitung der Gipfelkonferenzen
der Bewegung sowie der Abstimmung
der Außenpolitik vor der jährlichen
Tagung der → Generalversammlung
der UN.

Die Bewegung geht auf die Ban-
dungkonferenz zurück, die vom 18. bis
24. April 1955 stattfand und einen ersten Versuch darstellte, das weltpolitische Gewicht der Staaten der Dritten
Welt zu erhöhen und eine Verbesserung
ihrer ökonomischen und sozialen Lage
in der Welt zu erreichen. Als Grün-
dungsdatum der Bewegung gilt der 1.
September 1961, an dem sich die Vertreter von 25 Staaten in Belgrad zu-
sammenfanden und zusammenschlossen. 1997 gehörten der Bewegung 113
Staaten an.

Auf den Gipfelkonferenzen sowie
den Tagungen des Koordinierungsbüros
beraten die Mitgliedstaaten der Bewegung Initiativen und gemeinsame
Standpunkte zu Grundfragen der internationalen Politik, die auf der Tagesordnung der Generalversammlung der
UN, von Sondertagungen der Generalversammlung sowie von Tagungen

anderer Hauptorgane der UN (→ Haupt-/Neben-/Vertragsorgane; → UN-System) stehen. Sie treten in den UN vor allem zu wichtigen internationalen politischen Fragen als Staatengruppe (→ Gruppenbildung in den UN) auf und erläutern ihre gemeinsamen Initiativen und Standpunkte. Das geschieht in der Regel durch den Vertreter desjenigen Mitgliedstaates der Bewegung, der zu dem jeweiligen Zeitpunkt den Vorsitz der Staatengruppe innehat. Weltwirtschaftliche und vor allem entwicklungspolitische Fragen werden von der Bewegung in den UN über die Gruppe der 77 eingebracht und vertreten. Die Gruppe der blockfreien Staaten stellt für die Großmächte innerhalb und außerhalb der UN eine große politische Herausforderung dar. Das war so zu Zeiten des Ost-West-Konflikts und des kalten Krieges und ist dies auch heute. Insbesondere in den UN spielt allein die Tatsache eine wichtige Rolle, daß die Gruppe der blockfreien Staaten zwei Drittel der Mitgliedstaaten der Organisation auf sich vereint und dadurch naturgemäß einen wesentlichen Einfluß auf den Inhalt von Resolutionen und Beschlüssen (→ Resolution/Deklaration/Beschluß) der Generalversammlung der UN ausüben kann. Die blockfreien Staaten waren und sind bestrebt, ihren Einfluß und ihre angemessene Repräsentanz in den verschiedenen Organen und Gremien der UN zu verstärken. Insbesondere fordern sie eine gleichberechtigte Mitwirkung von Staaten der Bewegung im → Sicherheitsrat, vor allem im Hinblick auf Rechte und Pflichten der Ständigen Mitglieder des Rates. Sie treten für eine Revision der → Charta der UN ein (→ Reform der UN).

Der Zerfall des sozialistischen Lagers und der UdSSR brachte auch für die Bewegung der blockfreien Staaten gravierende Veränderungen. Jugoslawien als einer der wichtigen Mitbegründer der Bewegung zerfiel ebenfalls. Einige Stimmen in der Bewegung äußerten Zweifel an der Relevanz der Blockfreiheit, nachdem keine militärischen Blöcke mehr einander gegenüberstanden.

Auf den Gipfelkonferenzen der Bewegung 1989 in Belgrad und 1992 in Jakarta begann die Suche nach *neuen Schwerpunkten* angesichts der weltpolitischen Veränderungen. Solche Schwerpunkte sind die Gestaltung einer neuen Weltordnung, die auf Frieden, Gleichberechtigung, Gerechtigkeit und der Achtung der Völker- und → Menschenrechte beruht und in der die gravierenden Unterschiede zwischen armen und reichen Völkern beseitigt werden. Dazu gehören die Umgestaltung der bestehenden *Weltwirtschaftsordnung* (→ Weltwirtschaftsordnung/ NWWO) und das Eintreten für eine *nachhaltige Entwicklung*, die ökonomisches Wachstum, soziale Entwicklung und Schutz der Umwelt einschließt (→ Umweltschutz). Die Bewegung setzt auf die Stärkung der UN und tritt für deren *Neustrukturierung* und *Demokratisierung* (→ Demokratisierung und die UN) ein. Bei der Bewertung der realen politischen Rolle der Bewegung in den UN ist aber zugleich die Tatsache zu berücksichtigen, daß diese Bewegung letztlich sehr heterogen zusammengesetzt ist und vor allem im Vergleich zu den Hauptakteuren in der heutigen Weltwirtschaft – den transnationalen Konzernen, den USA, der Europäischen Union und Japan – über ein sehr geringes ökonomisches und finanzielles Potential verfügt. Zu den Staaten der Bewegung gehören große und sehr kleine Staaten, neben wenigen reichen vor allem mehrheitlich sehr arme Staaten unterschiedlichen sozioökonomischen Niveaus und unterschiedlicher politischer Systeme, Monarchen und Militärs, religiöse Fundamentalisten und Demokraten. Diese beträchtliche Differenziertheit der Bewegung und die gravierenden inneren Entwicklungsprobleme sowie unterschiedliche Interessen erschweren ein gemeinsames Handeln und die Durchsetzung der zahlreichen und nützlichen Initiativen und Forderungen der Tagungen der Gipfelkonferenzen und Ministerkonferenzen der Bewegung und erklären, daß das Auftreten vieler Mitgliedstaaten der blockfreien Bewegung in den UN mitunter weit hinter den vereinbarten gemeinsamen Standpunkten zurückbleibt.

Wolfgang Spröte

Lit.: *Sauvant, K.P.:* The Group of 77, Oceana Publications New York 1981; *Albrecht, U./ Volger,H. (Hrsg.):* Lexikon der Internationalen Politik, München/Wien 1997. **Internet:** Homepage der Blockfreienbewegung: http://www.nonaligned.org

Briefmarken

Die Vereinten Nationen sind die einzige internationale Organisation, die (aufgrund von Abkommen mit den Regierungen der Vereinigten Staaten, der Schweiz und Österreichs) selbst Briefmarken herausgeben darf. Sie sind für Sammler in aller Welt erhältlich, können aber nur für Postsendungen verwendet werden, die in den Postämtern am Amtssitz in New York, im Völkerbundspalast in Genf und im Internationalen Zentrum Wien aufgegeben werden. Sie werden von Künstlern entworfen, die aus einem Kreis von 500 Designern aus 40 Ländern ausgewählt sind, unter denen für jede Ausgabe ein weltweiter Wettbewerb stattfindet, und werden in den besten Wertpapierdruckereien an den verschiedensten Orten der Welt gedruckt. In jedem der drei Postämter werden die gleichen Briefmarken und Dienste angeboten, wobei sich die Briefmarken nur durch die jeweilige Landeswährung (Dollar, Schweizer Franken, Österreichischer Schilling) sowie die drei Sprachen Englisch, Französisch und Deutsch unterscheiden. Bestellungen für postfrische Briefmarken und Ganzsachen sind an die Postverwaltung der Vereinten Nationen (United Nations Postal Administration – UNPA) in New York, Genf oder Wien zu richten (Wiener Adresse: Postverwaltung der Vereinten Nationen (UNPA) in Wien, Internationales Zentrum Wien, A-1400 Wien - Vereinte Nationen, Postfach 900- Österreich; E-Mail: UNPA-Europe@unvienna.un. or.at).

Ruprecht Paqué

Lit.: Postverwaltung der UN (Hrsg.): Die Briefmarken der Vereinten Nationen - eine Einführung

Internet: Homepage der Postverwaltung der Vereinten Nationen (UNPA) in New York: http://www.un.org/Depts/UNPA; Homepage der UNPA in Wien: http://www.un.or.at/unpa

Charta der UN / Ziele und Grundsätze der UN

I. Charta

Die Charta ist der völkerrechtliche Gründungsvertrag für die internationale Organisation der Staatengemeinschaft, die nach dem Willen ihrer Gründungsmitglieder den Namen „Vereinte Nationen" trägt. Die Charta wurde nach Abschluß der am Ausgang des Zweiten Weltkriegs in San Francisco abgehaltenen Gründungskonferenz am 26. Juni 1945 von den Regierungsvertretern der 50 ursprünglichen Mitgliedstaaten (zu denen später noch Polen als 51. Gründungsstaat hinzukam) unterzeichnet und trat am 24. Oktober 1945 in Kraft (→ Entstehungsgeschichte der UN). Sie ist auf unbegrenzte Zeit gültig. Anders als die Satzung des → Völkerbundes, die Bestandteil der nach dem Ende des Ersten Weltkriegs abgeschlossenen Friedensverträge war, wurde der Gründungsvertrag der UN unabhängig von den nach 1945 getroffenen Friedensvertragsregelungen ausgearbeitet und verabschiedet.

Die Charta ist nicht nur die multilaterale Vertragsgrundlage zur Errichtung der zwischenstaatlichen Vereinten Nationen, sondern stellt zugleich auch das grundlegende Verfassungsdokument für die Weltorganisation dar, in dem ihre Zielsetzungen und Zweckbestimmungen sowie ihre Arbeitsprinzipien und Verfahrensregeln festgelegt sind. Da die Charta auch die maßgeblichen Bestimmungen für den institutionellen Aufbau und die Kompetenzverteilung auf die einzelnen UN-Organe (→ Haupt-/Neben-/Vertragsorgane) enthält, ist sie gleichzeitig das verbindliche Organisationsstatut der UN. Im Zuge der universellen Ausweitung der Mitgliedschaft (→ Mitgliedschaft/ Repräsentation von Staaten; → Universalität) und der damit verbundenen weltweiten Anerkennung der in ihr statuierten

Rechtsprinzipien ist die Charta zur Grundordnung des gegenwärtigen universellen Völkerrechts geworden (*Verdross/Simma* 1984, 72).

Die Charta besteht aus einer Präambel und 111 Artikeln, die in 19 Kapitel aufgeteilt sind. Das Statut des Internationalen Gerichtshofs (→ IGH), der nach Art. 92 der UN-Charta als Hauptrechtsprechungsorgan der UN bezeichnet wird, ist Bestandteil der Charta.

Die Urheber der UN haben das Gründungs- und Verfassungsdokument der Weltorganisation mit einer großen Dauerhaftigkeit ausgestattet. Zwar kann die Charta gemäß Art. 108 oder Art. 109 geändert oder revidiert werden, doch bedürfen Änderungen oder Revisionen der Charta grundsätzlich einer Zweidrittelmehrheit der Mitglieder der → Generalversammlung und müssen danach von zwei Dritteln der Mitglieder der UN einschließlich aller ständigen Mitglieder des → Sicherheitsrats nach Maßgabe ihres Verfassungsrechts ratifiziert werden. Bestrebungen zur Änderung oder Anpassung der Charta an die gegenüber der Entstehungszeit der VN gewandelten Rahmenbedingungen des internationalen Systems haben demnach hohe Hürden zu überwinden.

Im Verlaufe der Entwicklungsgeschichte der UN (→ Geschichte der UN) wurde die Charta nur geringfügig geändert. Die Änderungen betrafen bisher im wesentlichen nur die Zahl der Mitglieder im Sicherheitsrat und im → Wirtschafts- und Sozialrat (ECOSOC) und bezogen sich auf die Art. 23, 27, 61 und 109. Im Hinblick auf die gestiegene Zahl der Mitglieder wurde am 17. Dezember 1963 durch die Resolution der Generalversammlung 1991A und B (XVIII) die Zahl der nichtständigen Mitglieder im Sicherheitsrat von ursprünglich sechs auf zehn erhöht (Art. 23) und dementsprechend das Beschlußquorum in diesem entscheidenden Organ auf neun Mitglieder angehoben (Art. 27 Abs. 2 und 3); die Mitgliederzahl des ECOSOC wurde zunächst von 18 auf 27 erhöht (Art. 61). Beide Veränderungen traten am 31. August

1965 in Kraft. In einer weiteren Resolution 2101 (XX) vom 20. Dezember 1965 wurde auch Art. 109 Abs. 1 mit Wirkung vom 12. Juni 1968 der neuen Mitgliederzahl des Sicherheitsrats angepaßt (neun statt bisher sieben Mitglieder). Auf Betreiben der Mitgliedstaaten aus der Dritten Welt wurde die Mitgliederzahl des ECOSOC durch Beschluß der Generalversammlung am 20. Dezember 1971 (Resolution 2847 (XXVI)) nochmals von 27 auf 54 Mitglieder erhöht. Diese zweite Änderung des Art. 61 trat am 24. September 1973 in Kraft. Die erwähnten Änderungen der Jahre 1963/65 und 1971/73 blieben bisher die einzigen formellen Änderungen der Charta. Sie verweisen auf die besondere Beständigkeit, aber auch Starrheit, des Gründungs- und Verfassungsdokuments der Weltorganisation. Alle anderen Bestrebungen zur vertragsförmigen Revision der Charta im Rahmen einer → Reform der UN haben bisher noch nicht zu Ergebnissen geführt.

Außer der (erschwerten) Möglichkeit der formellen Änderung der Charta kennen die UN auch informelle oder faktische Revisionen ihrer Satzung. Diese kommen entweder durch nachdrückliche grundlegende Willenserklärungen der Generalversammlung zustande, durch die die politischen Zielsetzungen oder Verfahrensweisen der Weltorganisation konkretisiert oder spezifiziert werden; eine faktische Satzungsänderung kann sich auch durch die Interpretation der Charta aufgrund einer langjährigen Anwendungspraxis ergeben. Beispiele für diese (zum Teil umstrittenen) Änderungen des Chartaverständnisses sind die → „Uniting-for-Peace-Resolution" 377 (V) der Generalversammlung vom 3. November 1950 oder die Abstimmungspraxis des Sicherheitsrats, wonach auch eine Stimmenthaltung eines ständigen Ratsmitglieds als Zustimmung im Sinne von Art. 27 Abs. 3 der Charta (also nicht als Inanspruchnahme des Vetorechts) gewertet wird (→ Veto/-recht). Ein weiteres Beispiel ist auch die Durchführung von → Friedensoperationen (Peacekeeping Operations), die in der Charta nicht ausdrücklich vorgesehen sind (→ Friedenssicherung; → Friedenstruppen).

Eine zeitlich unbegrenzte Gültigkeit kommt zweifellos den in der Charta statuierten *Zielen und Grundsätzen der UN* zu, die an herausgehobener Stelle in der Präambel und vor allem im ersten Kapitel (Art. 1 und Art. 2) genannt werden. Sie werden in den nachfolgenden Artikeln der Charta weiter konkretisiert.

Ziele

Bereits in der *Präambel*, die erst auf der Gründungskonferenz in San Francisco als integraler Bestandteil der Charta eingefügt wurde, werden die *Kernziele und Grundprinzipien* der UN angesprochen, die danach in Art. 1 (Ziele) und Art. 2 (Grundsätze) näher ausgeführt werden. Zwischen den nicht klar voneinander getrennten Zielen und Grundsätzen besteht ein enger inhaltlicher Zusammenhang. Leitmotiv ist die propagierte Entschlossenheit, „künftige Geschlechter vor der Geißel des Krieges zu bewahren", den „Glauben an die Grundrechte des Menschen, an Würde und Wert der menschlichen Persönlichkeit" zu bekräftigen und Bedingungen zu schaffen, „unter denen Gerechtigkeit und die Achtung vor den Verpflichtungen aus Verträgen und anderen Quellen des Völkerrechts gewahrt werden können" sowie „den sozialen Fortschritt und einen besseren Lebensstandard in größerer Freiheit zu fördern". Zur Erreichung dieser hochgesteckten Ziele verpflichten sich die UN, ihre Kräfte zu vereinen, „um den Weltfrieden und die internationale Sicherheit zu wahren". Waffengewalt soll nur noch im gemeinsamen Interesse angewendet werden. Außerdem sollen internationale Einrichtungen in Anspruch genommen werden, „um den wirtschaftlichen und sozialen Fortschritt aller Völker zu fördern".

Schon diese einleitenden Absichtserklärungen der Präambel weisen auf die hauptsächlichen Zweckbestimmungen der UN hin: Die UN wurden in erster Linie als Weltfriedensorganisation ge-

gründet, deren *Friedenswahrungsauftrag* sogleich mit weiteren Aufgaben zur Förderung des wirtschaftlichen und gesellschaftlichen Zusammenlebens der Völker und Staaten verbunden wird. Schon in den Proklamationen des Charta-Vorspruchs wird demnach der zielbestimmende Friedenssicherungsauftrag nicht abstrakt und bedingungslos erteilt. Vielmehr wird er mit einer Reihe anderer Aufträge oder Selbstverpflichtungen der Mitglieder und ihrer Organisation verbunden, durch die die Grundlagen und Voraussetzungen für das friedliche Zusammenleben innerhalb der Staatengemeinschaft und Gesellschaftswelt geschaffen werden sollen.

Dieser schon in der Präambel angesprochene qualifizierte Friedensauftrag wird sodann im ersten Artikel der Charta näher bestimmt. Der hier niedergelegte *Zielkatalog* umfaßt vier Punkte:

An erster Stelle (Art. 1 Ziff. 1) steht als Kernziel und Generalauftrag die Wahrung des Weltfriedens und der internationalen Sicherheit. Dieses Ziel soll auf zweierlei Weise erreicht werden: internationale Streitigkeiten oder Situationen, die zu einem Friedensbruch führen könnten, sollen zunächst durch friedliche Mittel nach den Grundsätzen der Gerechtigkeit und des Völkerrechts bereinigt oder beigelegt werden; Friedensbedrohungen, Angriffshandlungen und anderen Friedensbrüchen soll dagegen mit „wirksamen Kollektivmaßnahmen" begegnet werden.

In Ziff. 2 steht als weitere Zielvorgabe, freundschaftliche, auf der Achtung des Grundsatzes der Gleichberechtigung und Selbstbestimmung der Völker beruhende Beziehungen zu entwickeln „und andere geeignete Maßnahmen zur Festigung des Weltfriedens zu treffen".

In Ziff. 3 werden die UN und ihre Mitglieder angehalten, „eine internationale Zusammenarbeit herbeizuführen, um internationale Probleme wirtschaftlicher, sozialer, kultureller und humanitärer Art zu lösen und die Achtung vor den Menschenrechten und Grundfreiheiten für alle ohne Unterschied der

Rasse, des Geschlechts, der Sprache oder der Religion zu fördern und zu festigen".

Gemäß Ziff. 4 sollen die UN ein Mittelpunkt sein, „in dem die Bemühungen der Nationen zur Verwirklichung dieser gemeinsamen Ziele aufeinander abgestimmt werden".

Sowohl im Wortlaut der Präambel wie in der Zielansprache des Art. 1 wird das Kernziel der *Friedenssicherung* in zweifacher Weise umschrieben, ohne daß jedoch der verwendete Friedensbegriff (→ Frieden/-sbegriff/-bedrohung) näher definiert wird. Zum einen richten sich die Zielsetzungen auf die Wahrung oder Wiederherstellung des Friedens in dem Sinne, daß Kriege und der Einsatz militärischer Aggressionsgewalt verhindert oder unterbunden werden. Außer der Herbeiführung eines so verstandenen „negativen" Friedens (Abwesenheit von Krieg und Gewalt) enthält die Charta jedoch auch Zielbestimmungen, die auf die Förderung „positiver" Friedensprozesse bezogen sind (Entwicklung freundschaftlicher Beziehungen zwischen den Nationen, Lösung internationaler Probleme, Achtung der Menschenrechte). Wenngleich kein Zweifel bestehen kann, daß die Urheber der Charta in der Erteilung des Friedenssicherungsauftrags das zentrale Ziel der Weltorganisation sahen und zu dessen Realisierung eine Reihe weiterer Ziele und Aufgaben als Mittel zur Erreichung dieses Hauptzwecks postulierten, so sind aufgrund der langjährigen Praxis der Weltorganisation die in Art. 1 Ziff. 3 niedergelegten Ziele zur Herbeiführung einer umfassenden internationalen Zusammenarbeit auch als überaus wichtige eigenständige Zielvorgaben anzusehen.

Grundsätze

Die in Art. 2 in sieben Punkten genannten *Grundsätze* sind in vielfacher Weise mit den in Art. 1 dargelegten Zielen verschränkt. Stichwortartig kann der Prinzipienkatalog wie folgt zusammengefaßt werden:

Die Weltorganisation basiert auf dem Grundsatz der souveränen Gleichheit aller ihrer Mitglieder.

Alle Mitglieder werden angehalten, die ihnen aus der Charta erwachsenden Verpflichtungen nach Treu und Glauben zu erfüllen.

Alle Mitglieder sollen ihre internationalen Streitigkeiten durch friedliche Mittel beilegen, so daß der internationale Frieden, die Sicherheit und die Gerechtigkeit nicht gefährdet werden.

Alle Mitglieder haben in ihren internationalen Beziehungen die Androhung oder Anwendung von Gewalt zu unterlassen (→ Gewaltverbot).

Das fünfte Prinzip sieht die Beistandspflicht der Mitglieder gegenüber der Weltorganisation vor.

Der sechste Grundsatz verpflichtet die Organisation(sorgane), auch auf Nichtmitglieder einzuwirken, um im Interesse des Weltfriedens und der Sicherheit die Beachtung der UN-Grundsätze zu gewährleisten.

Schließlich wird als weiteres Prinzip das Verbot der Einmischung in die inneren Angelegenheiten eines Staates postuliert, von dem jedoch die Anwendung von Zwangsmaßnahmen gemäß Kap. VII ausgenommen ist (→ Interventionsverbot).

Die Aufzählung der Handlungsprinzipien in Art. 2 enthält eine Reihe von Verhaltenspflichten, die schon vor dem Inkrafttreten der Charta Bestandteil des Völkergewohnheitsrechts waren (z. B. Ziff. 1, 2) (*Randelzhofer* 1991, 1153). Darüber hinaus werden in dem Prinzipienkatalog aber auch Grundsätze niedergelegt, durch die das Völkerrecht fortentwickelt wird. Der wichtigste davon ist das in Art. 2 Ziff. 4 verankerte → Gewaltverbot. Mit dieser völkerrechtlichen Verhaltensnorm werden die Mitgliedstaaten der UN verpflichtet, sich in ihren internationalen Beziehungen jeder gegen die territoriale Unversehrtheit oder die politische Unabhängigkeit eines Staates gerichteten oder sonst mit den Zielen der UN unvereinbaren Androhung oder Anwendung von Gewalt zu enthalten. Mit diesem Gewaltverbot (das sich auch schon auf die

Drohung erstreckt) wurde die seit der Zwischenkriegszeit geltende Kriegsächtung (Briand-Kellogg-Pakt aus dem Jahre 1928) auf den Grundsatz eines umfassenden Gewaltverbots ausgeweitet.

Im Laufe der Entwicklungsgeschichte der UN bekräftigte und konkretisierte die Generalversammlung in mehreren Resolutionen diese satzungsmäßig verankerte Fundamentalnorm für die zentrale Friedenssicherungsfunktion der Weltorganisation und ihrer Mitglieder. Besondere Bedeutung in dieser Hinsicht erlangte die Resolution 2625 (XXV) vom 24. Oktober 1970 („Erklärung über die völkerrechtlichen Grundsätze für freundschaftliche Beziehungen und Zusammenarbeit zwischen den Staaten im Einklang mit der Charta der Vereinte Nationen").

Die Charta sieht drei Ausnahmen vom Gewaltverbot vor:
- erstens Maßnahmen gegen ehemalige Feindstaaten, wobei jedoch die diesbezüglichen Bestimmungen (Art. 53 und 107) mit dem Beitritt sämtlicher ehemaliger Feindstaaten zu den UN obsolet geworden sind (→ Feindstaatenklauseln),
- zweitens die vom Sicherheitsrat angeordneten Zwangsmaßnahmen, die die Anwendung militärischer Gewalt einschließen können und
- drittens Maßnahmen individueller und kollektiver Selbstverteidigung gegen einen bewaffneten Angriff gemäß Art. 51.

In engem Zusammenhang mit dem Gewaltverbot steht das in Art. 2 Ziff. 7 normierte Verbot des Eingreifens der UN in die inneren Angelegenheiten anderer Staaten. Ausdrücklich ausgenommen von dieser Vorschrift ist lediglich die Anwendung von Zwangsmaßnahmen nach Kap. VII (bei Friedensbedrohungen und bei Angriffshandlungen). Das Normprinzip des Art. 2 Ziff. 7 bietet seit jeher gewisse Auslegungsprobleme, da bei seiner allzu rigiden Beachtung unter Umständen Spannungen oder Widersprüche zu anderen von der Charta vorgegebenen Zielbestimmungen der UN auftreten

können. So kann beispielsweise ein entschiedenes Eintreten der Weltorganisation für die → Menschenrechte auf die Abwehrhaltung betroffener Staaten stoßen, die sich dabei auf das Interventionsverbot berufen. Auch kann beim Ausbruch von Bürgerkriegen und anderen Ereignissen innerstaatlicher Gewaltanwendung nicht selten die Außenwelt in Mitleidenschaft gezogen werden (u.a. Auslösung von grenzüberschreitenden Flüchtlingsbewegungen).

Die während der letzten Jahre vermehrt aufgetretenen gewaltsamen innerstaatlichen Konflikte (z.B. Somalia, Bosnien-Herzegowina, Kosovo) verstärkten bei der Staatengemeinschaft die Zweifel, ob diese Konflikte noch wesentlich als innerstaatliche Angelegenheiten anzusehen sind, da davon erhebliche internationale Friedensbedrohungen ausgehen können.

Die sich hier unter Umständen ergebenden Dilemmata bei der Respektierung der Ziele und Grundsätze der Charta können satzungskonform dadurch überwunden werden, daß der Sicherheitsrat im Falle einer gravierenden innerstaatlichen Konfliktsituation (z.B. bei massiven Menschenrechtsverletzungen) per Beschluß gemäß Art. 39 feststellt, daß dadurch eine Bedrohung des Weltfriedens und der internationalen Sicherheit vorliegt, die intervenierende Maßnahmen rechtfertigt.

Ein Markstein in dieser neueren Entwicklung der Charta-Interpretation war die Sicherheitsratsresolution 688 vom 5. April 1991, wodurch nach dem zweiten Golfkrieg für die unterdrückte kurdische (und schiitische) Zivilbevölkerung im Irak Hilfsmaßnahmen gegen den Willen der irakischen Regierung angeordnet wurden, wenngleich damals gegen den Irak wegen der massiven Menschenrechtsverletzungen explizit keine Zwangsmaßnahmen beschlossen wurden (*Parsons* 1995, 66-68, 70, 73; *Pape* 1997, 163-183).

Manfred Knapp

Lit.: *Cot, J.-P./Pellet, A.* (Hrsg.): La Charte des Nations Unies. Commentaire article par article, 2. Aufl., Paris 1991; *Goodrich,*

L.M./Hambro, E./Simmons, A.P.: Charter of the United Nations. Commentary and Documents, 3. Aufl., New York/London 1969; *Knapp, M.*: 50 Jahre Vereinte Nationen: Rückblick und Ausblick im Spiegel der Jubiläumsliteratur, in: Zeitschrift für Politikwissenschaft 7 (1997) 2, 423-481; *Ministry of Foreign Affairs and Trade, New Zealand* (Hrsg.): United Nations Handbook 1997, 35. bearb. Aufl., Wellington 1997; *Pape, M.*: Humanitäre Intervention. Zur Bedeutung der Menschenrechte in den Vereinten Nationen, Baden-Baden 1997; *Parsons, A.*: From Cold War to Hot Peace. UN Interventions 1947-1995, London 1995; *Randelzhofer, A.*: Ziele und Grundsätze der UN, in: *Wolfrum, R.* (Hrsg.): Handbuch Vereinte Nationen, 2. Aufl., München 1991, 1151-1158; *Rittberger, V./Mogler, M./Zangl, B.*: Vereinte Nationen und Weltordnung. Zivilisierung der internationalen Politik? Opladen 1997; *Simma, B.* (Hrsg.): Charta der Vereinten Nationen. Kommentar, München 1991; *Unser, G.*: Die UNO. Aufgaben und Strukturen der Vereinten Nationen, 6. Aufl., München 1997; *Verdross, A./Simma, B.*: Universelles Völkerrecht. Theorie und Praxis, 3. Aufl., Berlin 1984; *Volger, H.*: Die Vereinten Nationen, München/Wien 1994; *Volger, H.*: Geschichte der Vereinten Nationen. München/Wien 1995; *Wolfrum, R.* (Hrsg.): Handbuch Vereinte Nationen, 2. Aufl., München 1991.

Charta der wirtschaftlichen Rechte und Pflichten der Staaten

Von dem damaligen mexikanischen Staatspräsident Echevarría auf der → UNCTAD III in Chile 1972 vorgeschlagen, wurde die *„Charta der wirtschaftlichen Rechte und Pflichten der Staaten "* am 12.12.1974 gegen die Stimmen der westlichen Industrieländer auf der 29. UN-Generalversammlung (→ Generalversammlung) mit überwiegender Mehrheit derjenigen Entwicklungsländer verabschiedet, auf deren Interessen sie zugeschnitten war. In Inhalt und Tendenz deckt sich die Charta weitgehend mit den Beschlüssen der 6. Sondertagung der UN-Generalversammlung über Rohstoffe und Entwicklung vom Mai 1974 (→ Weltwirtschaftsordnung/NWWO), die die Notwendigkeit der Neugestaltung der Weltwirtschaft nach den Prinzipien der Gleichheit, Souveränität und internatio-

nalen Zusammenarbeit dokumentieren sollten.

Das insgesamt 34 Artikel umfassende Dokument ist in vier Kapitel gegliedert: „Grundlagen der internationalen Wirtschaftsbeziehungen" (Kap. I a-o); „Wirtschaftliche Rechte und Pflichten der Staaten" (Kap. II, Art. 1-28); "Gemeinsame Verantwortlichkeiten gegenüber der Völkergemeinschaft" (Kap. III, Art. 29-30); „Schlußbestimmungen" (Kap. IV, Art. 31-34) – und enthält folgende vier Kerngedanken:

Erstens: Unterstreichung des Grundsatzes der staatlichen → Souveränität, territorialer Unversehrtheit und politischer Unabhängigkeit und souveräner Gleichheit aller Staaten (Kap. I a-o).

Zweitens: Betonung jener Rechte, die die staatliche Souveränität umfassen. Sie betreffen das unveräußerliche Recht auf Wahl des wirtschaftlichen, politischen, sozialen und kulturellen Systems (Kap. II, Art. 1); das Recht auf Souveränität über nationale Ressourcen, auf Kontrolle auch über fremdes Eigentum und transnationale Gesellschaften, einschließlich des Rechts zur Nationalisierung und der Regulierung der Kompensationsleistungen, die für nationalisierte Waren und Güter zu erbringen sind (Kap. II, Art. 2, a-c).

Drittens: Verwirklichung einer weitgehenden Gleichheit in den internationalen Wirtschaftsbeziehungen. Dazu gehört die Zurückweisung jeglicher Form der Diskriminierung (Kap. II, Art. 4), das Recht, an den Fortschritten der Wissenschaft und Technologie teilzuhaben (Kap. II, Art. 13) und die Pflicht, an der Förderung und Ausweitung und Liberalisierung des Welthandels und Verbesserung des Wohlstands und des Lebensstandards aller Völker, insbesondere in den Entwicklungsländern mitzuwirken (Kap. II, Art. 14). Und schließlich die Forderung nach gleichberechtigter Beteiligung in den führenden Institutionen der Weltwirtschaft wie Weltbank (→ Weltbank/-gruppe) und → IWF.

Eine *vierte* Gruppe von Grundsätzen konkretisieren die in der Charta enthaltenen Forderungen. Neben der Pflicht zum Abschluß von langfristiger mehrseitiger Grundstoffübereinkommen (Kap. II., Art. 6) gehören hierzu jene Forderungen, die die Steigerung ihres Gesamthandels mit sozialistischen Ländern nahelegen (Kap. II, Art. 20) ebenso wie die Förderung und Ausweitung der Handelsbeziehungen und der wirtschaftlichen Zusammenarbeit zwischen den Entwicklungsländern (Kap. II, Art. 21 und 23). Ferner jene Artikel, die die rohstoffproduzierenden Entwicklungsländer berechtigen, sich zu Rohstoffkartellen zusammenzuschließen (Kap. II, Art.5), nichtreziproke (nicht auf Gegenseitigkeit beruhende) Präferenzen im internationalen Handel zugunsten der Entwicklungsländer (Kap. II, Art. 26) und schließlich die Pflicht der Staaten, gemeinsam auf die Anpassung der Ausfuhrpreise der Entwicklungsländer an ihre Einfuhrpreise hinzuwirken (Preisindexierung) (Kap. II, Art. 28).

Nicht alle Regelungen, die in der „Charta" festgelegt sind, sind von gleichrangiger Bedeutung und gleicher zeitlicher Gültigkeit. Eine kritische Würdigung der angestrebten Regelungen muß den aktuellen Stand der Politisierung der internationalen Debatte um die „Neuordnung der Weltwirtschaft" in Rechnung stellen. Dies wird besonders deutlich, wenn man die im Dokument festgelegten Grundsätze und Einzelmaßnahmen miteinander vergleicht. Während jene Artikel, die die Rechte der Entwicklungsländer aufführen, die diese einseitig ausüben können, mit der Formel „alle Staaten haben das Recht..." anheben, beginnen die Artikel der vierten Gruppe mit Grundsätzen, die die bilaterale Aktionen oder Kooperationen postulieren, mit den Worten „alle Staaten sollen..." oder „alle Staaten haben die Pflicht...".

Zudem weisen die in den Dokumenten niedergelegten Absichtserklärungen durchaus Inkompatibilitäten auf, wenn beispielsweise einerseits die Bildung von Rohstoffkartellen empfohlen wird, andererseits aber der Abschluß von Rohstoffabkommen und Rohstoffprogrammen gefordert wird. Oder wenn

die Charta die Reform und Anpassung des internationalen Wirtschaftssystems fordert, aber im Prinzip doch an den überkommenen Mechanismen der internationalen Arbeitsteilung festhält, indem sie alle Staaten verpflichtet, „zur ausgewogenen Ausweitung der Weltwirtschaft beizutragen..." (Kap. IV, Art. 31).

Kurzum: Die in der Charta vielfach geforderte Neuordnung der Weltwirtschaft deutet weit eher auf allgemeine Absichtserklärungen und Tendenzen hin, denn auf Klarheit über ihre Konkretisierung und kodifizierbare Abmachungen.

Mir A. Ferdowsi

Lit.: *Jonas, R./Tietzel, M. (Hrsg.):* Die Neuordnung der Weltwirtschaft, Bonn-Bad Godesberg 1976; *United Nations:* Die Charta der wirtschaftlichen Rechte und Pflichten der Staaten,abgedruckt in: VN 23 (1975), 117-120.

China, UN-Politik

Analog zu ihrer wechselvollen inneren Entwicklung hat die Volksrepublik China (VRCh) in den ersten fünf Jahrzehnten ihrer Geschichte bei der Begegnung mit den Vereinte Nationen mehrere Wendungen vollzogen. Rückblickend lassen sich unter den Stichworten Ablehnung, Revolution und Stabilität deutlich drei Phasen unterscheiden.

1. Phase: Ablehnung der Vereinten Nationen

Die erste Phase begann im Oktober 1950, als die Volksrepublik China zwar einen Vertreter zum → Sicherheitsrat entsandte, dort aber - zusammen mit Nordkorea – als „Aggressor" im Koreakrieg gebrandmarkt wurde. Seit dieser Zeit lehnte Beijing die UNO als ein „Werkzeug des US-Imperialismus" ab und verfolgte vorübergehend, Hand in Hand mit dem 1965 aus der UNO ausgetretenen Indonesien Sukarnos, sogar den Plan, eine Art Gegenorganisation zur UNO - mit Sitz in Jakarta – zu gründen.

2. Phase: Chinas angestrebte Führungsrolle in der Dritten Welt

Die zweite Phase setzte am 25. Oktober 1971 ein, als die UN-Generalversammlung (→ Generalversammlung) – in spontaner Reaktion auf die Ankündigung eines Chinabesuchs des US-Präsidenten Nixon - die Aufnahme der Volksrepublik China und den gleichzeitigen Ausschluß Taiwans beschloß.

Beijing nutzte diese Chance, um fortan drei *Ziele* zu verfolgen, nämlich erstens die Isolierung Taiwans zu betreiben, das bisher unter der Bezeichnung „Republik China" den Konkurrenten Volksrepublik China im diplomatischen Bereich fast an die Wand gedrückt hatte, zweitens den damaligen Hauptgegner, nämlich die „hegemonistische" Sowjetunion verstärkt anzuprangern und, drittens, zu einer Art Sprecher der Dritten Welt zu werden.

Die „Provinz Taiwan" wurde in der Tat Schritt für Schritt nicht nur aus der UNO und den → Sonderorganisationen (→ ILO, → UNESCO, → WHO, → WMO usw.), sondern auch aus den vier Finanzinstitutionen des → UN-Systems, nämlich dem → IWF, der → Weltbank/-gruppe, der IFC und der IDA hinausgedrängt. Hand in Hand damit brachen die meisten Länder ihre diplomatischen Beziehungen zu Taiwan ab. Am Ende blieben den Taiwanern – bis heute - diplomatische Vertretungen in nur noch rund drei Dutzend Ländern (vor allem Mittelamerikas und Afrikas).

Ebenso setzte China seit 1971 alle Hebel in Bewegung, um die „hegemonistische" Sowjetunion, die seit 1968 (Prag, Ussuri-Zwischenfälle) zum Hauptgegner geworden war, „maximal zu isolieren", indem es möglichst viele Länder der Dritten Welt auf seine Seite zu ziehen versuchte. Bereits im Dezember 1971 bereitete es der Sowjetunion im Zusammenhang mit dem indisch-pakistanischen Krieg eine vernichtende Abstimmungsniederlage. Im übrigen instrumentalisierte Beijing vor allem UNO-Ausschüsse (→ Ausschußsystem), wandte sich also z.B. im *Meeresbodenausschuß* (→ Seerecht) gegen die angeblich immer ruchloser ausgreifende Seewegestrategie Moskaus, prangerte

im *Entkolonialisierungsausschuß* (→ Entkolonialisierung) in dem es übrigens schon bald den Vorsitzenden stellen konnte, den sowjetischen Einmarsch in Prag sowie die Moskauer Politik in der Äußeren Mongolei an, und verstand es überdies, auch vor der → UNCTAD und vor dem politischen Sonderausschuß der Generalversammlung die UdSSR als Mitverantwortlichen für zunehmende Armut in der Welt sowie für wachsende Umweltschäden (Folge von ABC-Waffen!) anzuprangern.

Darüber hinaus ging China dazu über, den in der UN-Charta so zentralen *Aggressions-Begriff* (→ Aggressionsdefinition) zu politisieren: Während die kontinentaleuropäischen Vertreter für die Definition eine kurze elegantabstrakte Begriffsbestimmung, die Sowjetunion eine enumerative und die Vertreter des angloamerikanischen Rechtskreises eine Case-Law-Interpretation forderten, stellten die Vertreter der Volksrepublik China von vornherein nicht auf eine „Verrechtlichung", sondern auf eine „Politisierung" des Begriffs ab: „Aggression" sollte demnach sein, was 95% „aller Völker" im jeweils konkreten Fall als „Aggression" *bewerten*. Diese dezisionistische, d.h. im Einzelfall zu treffende und in der damaligen chinesischen Innenpolitik so häufig praktizierte „prozessuale" Lösung sollte nun auch im Rahmen der UNO überall dort greifen, wo es galt, den angeblichen Hauptfeind Chinas und der Dritten Welt, nämlich den „Sowjethegemonismus" „maximal zu isolieren".

Diese Stigmatisierung Moskaus konnte nur gelingen, wenn sich China auf der anderen Seite mit den Ländern der Dritten Welt „maximal solidarisierte" – entsprechend richtete es in der Tat seine Politik aus und vergaß auch nie, darauf hinzuweisen, daß China ein Entwicklungsland und damit ein authentischer Angehöriger der Dritten Welt sei. Überdeutlich wurde diese Gemeinsamkeit 1974 bei Verkündung der „Drei-Welten-Theorie" durch Deng Xiaoping herausgestellt.

3. Phase: Kooperation Chinas in den UN

Im Dezember 1978 - zwei Jahre nach dem Tod Maos und dem Sturz der sogenannten „Viererbande" - begann die *dritte Phase* der chinesischen Außenpolitik: Die Reformer unter Führung Deng Xiaopings stellten die Außenpolitik nun vom „Klassenkampf auf Modernisierung" um, leiteten also eine Wende um 180 Grad ein, und richteten den neuen Kurs nach dem Motto „Friede und Entwicklung" aus. Konkret verlief dieser Wandel in dreifacher Richtung:

Erstens forderte die Volksrepublik China, daß die (von ihr 1954 mit aus der Taufe gehobenen) *„Fünf Prinzipien der friedlichen Koexistenz"* (→ Souveränität, Nichtangriff, Nichteinmischung, Gleichheit und friedliches Nebeneinander) zum Leitmotiv einer neuen internationalen Politik erhoben werden müßten: Ein Verlangen, das sie jedoch keineswegs hinderte, eines von fünf ständigen Mitgliedern des → Sicherheitsrats mit hierarchischer Vorrangstellung zu werden. Anders als die Sowjetunion machte sie jedoch vom Veto-Privileg (→ Veto-/recht) kaum Gebrauch. Bei ihren „Fünf Prinzipien" legte Beijing das Schwergewicht auf die „Nichteinmischung" und entwickelte sich in den nachfolgenden Jahren nicht nur zur Gegnerin von Militäreinsätzen der UNO, sondern wurde überdies zur Hauptverfechterin des Grundsatzes, daß die westliche Menschenrechtsauffassung (→ Menschenrechte) keineswegs „universalistisch" sei, daß vielmehr die verschiedenen Kulturen ihre jeweils eigenen Ansätze hervorgebracht hätten (in China stünden beispielsweise Sozial- vor Individualrechten) und daß die „Menschensrechtsfrage" von „gewissen Supermächten" als Hauptvorwand zur Einmischung in innere Angelegenheiten benutzt werde (→ Menschenrechtsschutz).

Zweitens rückte China nun in aller Eile von seiner (noch unter Mao Zedong so stark betonten) Funktion als revolutionärer Unruhestifter ab und kehrte zu seiner traditionellen Ord-

nungs- und Stabilisierungsrolle zurück. Kein Geringerer als Deng Xiaoping benutzte *„Wending"* (Stabilität) als Lieblingsvokabel, wobei es für ihn als ausgemacht galt, daß Stabilität ihrerseits von wirtschaftlichem Wohlergehen abhänge. Konsequenterweise rückte die Wirtschaft in den 90er Jahren vollends ins „Zentrum" der gesamten Kommunistische Partei China-Politik. Entsprechend dieser Neuorientierung wurden für China nun andere, bisher vernachlässigte UN-Organe interessant, vor allem das → UNDP und die → UNIDO, die ihrerseits positiv auf China reagierten und ihm zahlreiche Entwicklungsprojekte in der Dritten Welt anvertrauten, angefangen von der Süßwasserfischzucht über die Entwicklung von Biogasnutzung und Seidenraupenzucht bis hin zur Akupunktur, zum elementaren Gesundheitsschutz, zu kleinen Wasserkraftstationen und zur „umfassenden Entwicklung auf den Dörfern". UNDP erklärte überdies Chinas HDI- und GEM-Politik (→ Human Development Reports; → Entwicklungszusammenarbeit der UN) für vorbildlich.

In den 90er Jahren unterzeichnete die Volksrepublik zahlreiche Sicherheitsabkommen, u.a. den Atomwaffensperrvertrag und den Vertrag über das allseitige Verbot von Kernwaffentests (→ Abrüstung) und richtete überdies mehrere UN-Konferenzen aus, u.a. 1995 die Bevölkerungs- und die Weltfrauenkonferenz (→ Weltkonferenzen).

Drittens versucht Beijing, die seit Jahrhunderten im Reich der Mitte praktizierten „Beziehungs"-Vorstellungen auf die neuen Interdependenz-Verhältnisse im internationalen System zu übertragen - und damit ein neues Verständnis von Außenpolitik anzumahnen, bei dem nicht mehr, wie noch in der „realistischen" Schule Morgenthaus, die Nation im Vordergrund steht, sondern in dem die Beziehungen *zwischen* den Nationen zum Dreh- und Angelpunkt werden. Wo dies gelingt, geht es in erster Linie nicht mehr um die „Sicherheit" der einzelnen Nation, sondern um Frieden („Harmonie") *zwischen* den am internationalen System Beteiligten, werden Konflikte nicht mehr als unvermeidlich in Kauf genommen („nationale Interessen sind unantastbar!"), sondern möglichst „wegdiskutiert" (kaum ein anderer Terminus wird häufiger verwendet als *„xie"*, d.h. Konsultation und Ausgleich) und es findet kein Nullsummen-, sondern ein positives Summenspiel statt, da von erfolgreich praktizierter Interdependenz ja nicht die einzelne Nation auf Kosten der anderen gewinnen, sondern da - bei „wechselseitiger" Abstimmung - *jeder* Beteiligte profitieren kann. (→ Internationale Organisationen, Theorie der)

Für die Durchsetzung dieses Vermaschungs-Denkens erscheinen den Chinesen die Vereinten Nationen als ideales Forum.

Oskar Weggel

Lit.: *Boardman, R.:* Post-socialist World Orders. Russia, China and the UN System, New York 1994; *Feinerman, J. V.:* Chinese Participation in the International Legal Order. Rogue Elephant or Team Player?, in: The China Quarterly, No.141, March (1995), 186-210; *Fravel, M. T.:* China's Attitude Toward U.N. Peacekeeping Operations since 1989, in: Asian Survey, No.36, November (1996), 1102-1121; *Kim, S.S.:* China, the United Nations, and World Order, Princeton/N.J. 1979, *Kulessa, M.:* China in den Vereinten Nationen, die Vereinten Nationen in China, in: VN 37 (1989), 12-16; *Ogden, S.:* China's Position on U.N. Charter Review, in: Pacific Affairs, 52 (1979), H. 2, 210-240; *Pfeifenberger, W.:* Die UNO-Politik der Volksrepublik China, Erlenbach/Zürich 1978; *Qian Qichen:* Rede vor der UNO-Vollversammlung, in: Beijing Rundschau, Nr.34, 21.10.1997, 8-11.
Internet: Homepage der Ständigen Vertretung Chinas bei den Vereinten Nationen in New York: http://www.undp.org/missions/china

CSD – Kommission für Nachhaltige Entwicklung

Die Kommission für Nachhaltige Entwicklung (Commission on Sustainable Development CSD) wurde auf dem „Erdgipfel", d.h. der Weltkonferenz der Vereinten Nationen für Umwelt und Entwicklung (UNCED) 1992 in Rio geschaffen. (→ Weltkonferenzen, → Umweltschutz, → UNEP).

In der *„Agenda 21"*, dem programmatischen Abschlußdokument der Konferenz, wurde dies (Agenda 21, Abschnitt 38, Ziffer11) so formuliert: „Zur Gewährleistung eines wirksamen Folgeprozesses der Konferenz sowie zur Verbesserung der internationalen Zusammenarbeit und zur Rationalisierung der zwischenstaatlichen Entscheidungskapazität für die Integration von Umwelt- und Entwicklungsfragen und für die Untersuchung des Fortschrittes bei der Umsetzung der Agenda 21 auf nationaler, regionaler und internationaler Ebene soll eine hochrangige Kommission für nachhaltige Entwicklung gemäß Artikel 68 der Charta der Vereinten Nationen geschaffen werden." Die 47.Generalversammlung 1992 (→ Generalversammlung) beschloß daraufhin die Bildung der CSD (GA Res. 47/191 vom 22.12.1992).

Formal ist die CSD eine der neun Fachkommissionen des → Wirtschafts- und Sozialrats der Vereinten Nationen (ECOSOC), ähnlich wie etwa die → Menschenrechtskommission (→ Haupt-/Neben-/Vertragsorgane; → Ausschußsystem). *Hauptaufgabe* der CSD ist es, die nationale und internationale *Umsetzung der umwelt- und entwicklungspolitischen Beschlüsse der Agenda 21* zu überwachen und an die Adresse von Regierungen und Vereinten Nationen Empfehlungen für die weiteren Umsetzungsstrategien zu formulieren.

Die Kommission tagt einmal im Jahr für zwei Wochen im UN-Hauptquartier in New York, in der Regel Ende April. Es ist offensichtlich, daß in diesem Zeitraum eine Bearbeitung des gesamten Themenspektrums der Agenda 21 mit ihren 40 Kapiteln nicht annähernd zu leisten ist. Aus diesem Grund hat die Kommission ihre Arbeit auf mehrere Jahre verteilt. Dies geschieht im Rahmen eines mehrjährigen *Arbeitsprogramms* (1993-1997, 1998-2002). Jede CSD-Sitzung hat ein 2-3tägiges High-Level-Segment, an dem Minister (in der Regel Umweltminister) teilnehmen.

Die CSD hat 53 ordentliche Mitglieder (aus Afrika 13, Asien 11, Lateinamerika und Karibik 10, Osteuropa 6, Westeuropa/Nordamerika/andere 13). Alle Mitglieder werden auf 3 Jahre gewählt. Allerdings können alle anderen Staaten als Beobachter teilnehmen und bis auf die Möglichkeit, ihre Vertreter in gewählte Positionen zu entsenden, genießen sie faktisch die gleichen Rechte. Der Vorsitzende wird auf 1 Jahr gewählt; der Vorsitzende von CSD-2 1994 war der damalige deutsche Umweltminister Klaus Töpfer. Die CSD entscheidet im Konsens, der in der Regel zwischen den Gruppen der EU, den USA und der Gruppe der 77 (→ Gruppe der 77 und die UN) hergestellt wird. Einzige Ausnahme vom Konsensprinzip war ein Antrag Rußlands 1999 zur Kosovo-Krise, über den abgestimmt wurde.

Nach der Rio-Konferenz wurde im Rahmen der Umstrukturierung des → UN-Sekretariats (→ Sekretariat; vgl. auch → Reform der UN) auch eine neue Abteilung für Politikkoordination und nachhaltige Entwicklung (Department for Policy Coordination and Sustainable Development - DPCSD) geschaffen. Sie wird geleitet vom ehemaligen stellvertretenden UNCED-Generalsekretär Nitin Desai. Eine Unterabteilung des DPCSD ist die Division for Sustainable Development, die praktisch als CSD-Sekretariat fungiert. Sie wird geleitet von der Australierin JoAnne DiSano.

Bindende Beschlüsse kann die CSD nicht verabschieden, und aufgrund des Konsensprinzips sind auch über die „agreed language" der Agenda 21 hinausgehende Impulse selten. Die Folgenlosigkeit der CSD hat öfter zu Überlegungen von CSD-Vorsitzenden Anlaß gegeben, dies zu ändern. 1999 versuchte Simon Upton, Neuseelands Umweltminister, als CSD-Vorsitzender das langweilige Ritual einer Abfolge von Dutzenden vorbereiteter Ministerreden durch interaktive Dialoge zwischen den Ministern aufzulockern, da ohne solche Neuerungen die CSD für Minister zur Zeitverschwendung werde.

Es sei dahingestellt, ob die Gestaltung des High-Level-Segments das Hauptproblem der CSD ist. Eine grundlegende Schwäche der CSD ist es jedenfalls, daß insbesondere in den OECD-Staaten die Umweltministerien in den Delegationen weitgehend unter sich bleiben. In vielen Fragen, über die die CSD verhandelt – von Energie über Landwirtschaft bis zu Handel und Finanzpolitik – sind die Umweltministerien national aber oft recht einflußlos. Die praktische Umsetzung von CSD-Beschlüssen läßt daher sehr zu wünschen übrig. Außer den direkt an der Beschlussfassung Beteiligten nimmt sie kaum jemand zur Kenntnis, weder in anderen betroffenen nationalen Ministerien noch gar in den Parlamenten.

Im Rahmen der CSD genießen nichtstaatliche Organisationen (→ NGOs) weitergehende Mitwirkungsrechte als in anderen UN-Gremien. Die Beschlüsse der CSD kommen den Anliegen von Umwelt- und Entwicklungsorganisationen aber nicht nur deswegen oft entgegen. NGOs stellen beim Lobbying außerhalb von Umweltministerien oft fest, daß sie über die CSD selbst weit mehr wissen als ihre Lobby-Gesprächspartner. So gesehen, hat die NGO-Freundlichkeit der CSD auch ihre Kehrseite.

Jürgen Maier

Lit.: *I. Veröffentlichungen des CSD:* Das CSD-Sekretariat publiziert in der Regel alle zwei Monate den Informationsdienst „*CSD Update*", in dem über relevante Entwicklungen, Tagungen und Termine im CSD-Prozeß berichtet wird. Er kann über das Sekretariat (Coordinator, CSD Update, 2 UN Plaza, Room DC2-2202, New York, N.Y. 10017, USA) bezogen werden bzw. im Internet unter folgender Adresse http://www.un.org/esa/sustdev/csdup.htm eingesehen werden. *2. Sekundärlitarur: Martens, J.:* Kommission für nachhaltige Entwicklung: 1. Tagung, in: VN 41 (1993), 206-207; *Martens, J.:* Kommission für nachhaltige Entwicklung: 2. Tagung, in: VN 42 (1994), 141-142; *Unmüßig, Barbara:* Zwischen Hoffnung und Enttäuschung. Die Konferenz der Vereinten Nationen über Umwelt und Entwicklung (UNCED) – eine erste Bewertung, in: VN 40 (1992), 117-122.

Internet: Die Homepage der CSD selbst ist
http://www.un.org/esa/sustdev/. Ein regelmäßig aktualisierter CSD-Leitfaden des
Forums Umwelt & Entwicklung kann unter
http://www.oneworldweb.de/forum abgerufen werden. Die Homepage des internationalen NGO Steering Committees zur
CSD ist http://www.csdngo.org/csdngo

DDR, UN-Politik

Die Deutsche Demokratische Republik
ist vom 18. September 1973 bis zum 2.
Oktober 1990 Mitglied der Organisati-
on der Vereinten Nationen gewesen (→
Mitgliedschaft/Repräsentation von
Staaten).

Sie wurde gemäß Kapitel II Artikel 4
der Charta der Vereinten Nationen (→
Charta der UN) ohne jegliche Einschränkungen auf Empfehlung des →
Sicherheitsrates durch die → Generalversammlung aufgenommen.

Als im September 1973 zur Eröffnung der 28. Tagung der Generalversammlung der Vereinten Nationen auf
der Grundlage der einstimmigen Empfehlung des Sicherheitsrates die beiden
deutschen Staaten mit einer gemeinsamen Resolution per Akklamation als
133. und 134. Mitglied aufgenommen
wurden, ist dies international und ganz
besonders in Europa als ein Erfolg der
sich vollziehenden Entspannungspolitik
und als bedeutender Fortschritt für die
internationale Zusammenarbeit gewertet worden. Es sei auf die Erklärung des
Vertreters der USA Scali verwiesen, der
in seiner Begrüßungsrede feststellte,
daß der Eintritt der zwei deutschen
Staaten ein Kulminationspunkt einer
Diplomatie darstellt, die innerhalb und
außerhalb der Vereinten Nationen stattfand und in dessen Prozeß alle Seiten
dazu gekommen sind, die Realitäten der
heutigen Welt anzuerkennen (GAOR
28th Session, 21117th Plen. Meeting).
Der Vertreter der UdSSR Jakob Malik
vermerkte, dieses Ereignis stelle einen
wirklichen historischen Meilenstein in
der Entwicklung der zwischenstaatlichen Nachkriegsbeziehungen in Europa, in der Welt und in der Geschichte
der Vereinten Nationen dar (GAOR
28th Session, a.a.O). Der damalige

Außenminister der DDR Otto Winzer
erklärte die vorbehaltlose Unterstützung
der Ziele der Vereinten Nationen und
sicherte die Bereitschaft zu einer konstruktiven Mitarbeit zu (GAOR a.a.O).

Für die internationale Staatengemeinschaft erschien mit der Mitgliedschaft
der beiden deutschen Staaten die deutsche Frage geregelt. Die Mitgliedschaft
der DDR ist nur auf dem Hintergrund
der Entwicklung der Gesamtheit der
internationalen Beziehungen, vor allem
des Zeitabschnittes seit 1949 zu verstehen. So wie die Zweistaatlichkeit ein
Ergebnis des Zweiten Weltkriegs, und
auf dem Gebäude des weltpolitischen
und hegemonistischen Blockdenkens
im Ost-West-Gegensatz war, so führte
diese Zweistaatlichkeit eben in diesem
Ost-West-Gegensatz zur UN-
Mitgliedschaft der beiden deutschen
Staaten. Sicher immer mit unterschiedlichen Inhalten und Zielvorstellungen,
aber stets als Teil der jeweiligen Blök-
ke, die konfrontativ und ideologisch
befrachtet waren, sind diese Mitgliedschaften ein Teil des Interessenan-
spruchs und des internationalen Kräfte-
verhältnisses dieser Jahre gewesen.
Dabei ist zu beachten, daß es nur den
beiden deutschen Staaten als geteiltes
Land im Ergebnis des Zweiten Weltkrieges in der Zeit der Ost-West-
Konfrontation möglich war, den Vereinten Nationen beizutreten. Im Zentrum Europas gelegen, waren beide für
das Kräfteverhältnis und die politischen
und militärischen Denkschemata und
Interessenlagen der 60er und 70er Jahre
so wichtig und zugleich so zuverlässig,
daß ihre Mitgliedschaft in der bedeutendsten zwischenstaatlichen Organisation akzeptabel wurde. Mit der Mitgliedschaft in der UNO wurden beide
Staaten gleichgestellt. Für die DDR
vollendete diese die so lange angestrebte weltweite Anerkennung. Es gab
in der Zusammenarbeit - sicher immer
im Rahmen der jeweiligen Partnerschaft
bzw. Blöcke - für beide deutsche Staaten Wirkungsfelder eines konstruktiven
Miteinander in der UNO.

Was die UNO betrifft, so ist die von
Außenminister Genscher in einem In-

terview am 30.09.1988 getroffene Feststellung zu beachten, daß es in den Vereinten Nationen zwischen den beiden deutschen Staaten durchaus übereinstimmende Auffassungen gab. Und es war von beiden Seiten akzeptierte Position, wie es in diesem Interview weiter heißt, daß Probleme, die die Bundesrepublik Deutschland mit der Deutschen Demokratischen Republik auszutragen und zu lösen hätte, besser im Rahmen des Grundlagenvertrages behandelt werden sollten und nicht auf der Bühne der Weltorganisation auszutragen wären, da in der UNO „sehr viel Prestige mit eingebracht würde..., während wir an sachlicher Problemlösung interessiert sind." (zit. nach *Bruns* 1988).

Außenpolitische Zielstellungen und Wirkungsfelder

Im außenpolitischen Konzept der DDR nahm die UNO in Anlehnung an damalige sowjetische Positionen sowohl den Stellenwert einer internationalen Tribüne als auch den des Zugangs zur multilateralen und damit weitgefächerten Teilnahme am Wissenschafts-, Technik- und Kulturaustausch ein. Zum Zeitpunkt der Aufnahme in die UNO zeichneten sich in Europa bereits Konturen einer vielschichtigen Kooperation ab, die dann in dem KSZE-Prozeß ihren Niederschlag fand und die Erkenntnis brachte, internationale und regionale Zusammenarbeit bedeutet nicht nur Systemauseinandersetzung, sondern auch Handel, Wissenschaftstransfer, Kulturaustausch, Partizipation an der Erörterung systemübergreifender Probleme wie Gesundheit, Kommunikation, Umwelt, Funkfrequenzverteilung, Weltraumforschung, Technologietransfer, Normung, Kodifizierung des internationalen Rechts usw.

Dem Wirken der DDR in der UNO lag das Interesse zugrunde, außenpolitische Möglichkeiten für die Gestaltung und Sicherung des Staates zu nutzen und auf die sich wandelnden internationalen Bedingungen entsprechend der eigenen Interessenlage einzuwirken. Ein im Grunde genommen von allen Staaten der Welt im internationalen Bereich anvisiertes Ziel. Dominierend war dabei das Bestreben, auf friedliche internationale Bedingungen ihrer Existenz und Entwicklung hinzuwirken.

Natürlich gab es spezifische Faktoren im Falle der DDR. Da war zunächst die Unterordnung der DDR unter die sowjetische Europapolitik mit hegemonialen Ansprüchen. Zum anderen sind die Wechselbeziehungen zwischen den über 40 Jahre existierenden beiden deutschen Staaten als ein Hauptfeld der Ost-West-Auseinandersetzung zu nennen. Trotz ihrer Gegnerschaft waren beide deutsche Staaten auf Gedeih und Verderb miteinander verkettet, wirkten sie fort-während im guten wie im bösen aufeinander ein.

Auch ist zu berücksichtigen, daß das internationale Gewicht der Existenz der beiden deutschen Staaten und ihrer Beziehungen zueinander die internationale Komponente der „deutschen Frage" bildete und unmittelbar die Interessen der anderen europäischen Staaten und vor allem der USA und der UdSSR berührte. Das Machbare in den Beziehungen zwischen Bundesrepublik Deutschland und Deutschen Demokratischen Republik war immer ein Indikator für weltpolitische positive und negative Entwicklungstrends.

Zudem wurden die Möglichkeiten für ein selbständiges außenpolitisches Handeln der DDR durch den Widerspruch zwischen Innen- und Außenpolitik eingeschränkt.

Die DDR erreichte in der UNO eine beachtliche Akzeptanz. Nicht zu Unrecht stellte Wilhelm Bruns 1988 in der in Bonn herausgegebenen Zeitschrift „Vereinte Nationen" fest: „Eine kontinuierliche Beachtung und Auswertung des Abstimmungsverhaltens führt zu der Feststellung, daß die DDR weit seltener von der Mehrheit abweichen muß als die Bundesrepublik Deutschland". Sein Fazit: „Insgesamt kann die UN-Politik Ostberlins eher als mehrheitsfähig gelten als die Bonns" *(Bruns* 1986, 304f.). Die DDR hat sich in den 17 Jahren ihrer Mitgliedschaft auf den verschiedenen politischen Hauptwirkungsfeldern der Vereinten Nationen engagiert. Sie setzte sich für die Einhaltung und Festigung des 1969 abgeschlossenen Vertrages über die Nichtweiterverbreitung von Kernwaffen (NPT) ein. Sie hat Resolutionen auf dem Gebiet der nuklearen → Abrüstung unterbreitet oder unterstützt. Sie brachte Resolutionsentwürfe zu den Themen Nicht-Einsatz von Kernwaffen, Einstellung des nuklearen Wettrüstens und nukleare Abrüstung sowie zum Verbot der Neutronenkernwaffen ein, die von der Generalversammlung angenommen wurden.

Die DDR forderte Verhandlungen zum Verbot der Kernwaffenversuche sowie zur atomaren Abrüstung. Das fand Zustimmung unter nichtpaktgebundenen und neutralen Staaten. Die Wiederaufnahme der Abrüstungsverhandlungen zwischen den beiden Supermächten in den 80er Jahren ist von der DDR begrüßt und unterstützt worden. In dieser Zeit veränderte sich die Haltung der Warschauer Vertragsstaaten zur Kontrollfrage. Von da an unterstützte die DDR Bemühungen, die die Bundesrepublik Deutschland mittrug, Leitlinien für Vertrauensbildung und Transparenz zu vereinbaren. Der Durchbruch in der Kontrollfrage wirkte sich am nachhaltigsten auf die Verhandlungen zum Verbot der chemischen Waffen aus. Die DDR betonte die hohe Priorität dieses Problems. In dieser Zeit traten die DDR und die Bundesrepublik Deutschland wie auch die CSSR für die Schaffung einer chemiewaffenfreien Zone in Europa als Vorläufer eines weltweiten Verbots ein. Obwohl die Resolution in den Vereinten Nationen von der Bundesrepublik Deutschland nicht direkt unterstützt wurde, hatte sie zur Folge, daß seit 1984 regelmäßig Konsultationen zwischen Vertretern aller drei Staaten zu C-Waffen geführt wurden. Bekanntlich sind unter dem Vorsitz eines Vertreters Deutschlands die Verhandlungen zum Abschluß einer C-Waffenkonvention schließlich 1992 zum Erfolg geführt worden.

Auf wirtschaftlichem Gebiet ist auf das starke Engagement der DDR zur Ausarbeitung der Schlußdokumente für die Sondertagung 1974 der Generalversammlung zur Schaffung einer neuen internationalen Wirtschaftsordnung (→ Weltwirtschaftsordnung/NWWO) zu verweisen. Im Sonderausschuß zur Ausarbeitung eines Verhaltenskodex für multinationale Kooperation in den Wirtschaftsbeziehungen war die DDR von Anfang an beteiligt und stellte über längere Zeit den Vorsitzenden. In der Europäischen Wirtschaftskommission der UNO (→ Wirtschaftskommissionen, regionale) beteiligte sich die DDR an Resolutionen zur Überwindung von Handelshemmnissen, zur Schaffung eines europäischen Binnenwassersystems, zur Modernisierung der Straßenverkehrsregeln und zur Schaffung von Umweltverhaltensregeln.

Besondere Anstrengungen sind im Wirkungsfeld Kolonialismus unternommen worden (→ Entkolonialisierung). Alljährlich wurden diese Themen in Resolutionsentwürfen meist gemeinsam mit Vertretern Afrikas behandelt. Deshalb genoß die DDR bei den Ländern der sogenannten Dritten Welt beachtliches Ansehen. Engagiert und prononciert wirkte sie als Mitglied des Antiapartheidausschusses.

Internationale Wertschätzung erfuhr sie auch für das Engagement bei der Umsetzung des von der Bundesrepublik Deutschland initiierten Namibia-Plans. In Namibia waren 1989 erstmals Kontingente aus beiden deutschen Staaten an einer UN-Friedensmission beteiligt (→ Geschichte der UN).

Zu den freiwilligen Entwicklungshilfe-Programmen der UNO leistete die DDR bescheidene Beiträge (→ Entwicklungszusammenarbeit der UN). Die DDR verfuhr wie alle osteuropäischen Länder so, daß sie Staaten Asiens, Afrikas und Lateinamerikas über bilaterale Kanäle unterstützte. 1988 war die DDR z. B. an den freiwilligen Hilfsprogrammen der UNO in Höhe von 2,6 Mrd. US-Dollar in nationaler Währung nur mit 0,1 % des Gesamtaufkommens beteiligt.

Die DDR hat das Thema Neofaschismus in der UNO mehrfach auf die Tagesordnung gebracht. Es ist zu vermerken, daß die 39. Tagung der Generalversammlung auf Vorschlag der DDR den 8. und 9. Mai 1985 zu Gedenktagen des Sieges über Nazismus und Faschismus im Zweiten Weltkrieg und des Kampfes gegen neofaschistische Erscheinungen erklärte.

Die DDR gehörte periodisch im Rotationsverfahren der üblichen UN-Praxis verschiedenen UN-Organen an (→ Haupt-/Neben-/Vertragsorgane). Die Bundesrepublik Deutschland und die DDR verständigten sich, der Wahl der Vertreter des einen oder anderen Staates keine Schwierigkeiten in den Weg zu legen.

Beide Seiten gaben der Wahl des anderen Staates in den Sicherheitsrat bzw. der Wahl ihres Vertreters zum Präsidenten der Generalversammlung ihre Zustimmung. Die DDR war 1980 bis 1981 nichtständiges Mitglied des Sicherheitsrates, der Stellvertreter des Außenministers der DDR Peter Florin wurde 1987 zum Präsidenten der 42. Tagung der Generalversammlung der Vereinten Nationen gewählt (GAOR 42nd Session)

Von außenpolitischer Wirkung war das Auftreten der DDR auf der Seerechtskonferenz der UNO von 1974 bis 1983 (→ Seerecht). Hier hat die DDR als sogenanntes „land-locked country" in weitgehender Interessenübereinstimmung mit anderen Ländern dieser Gruppe, oft auch im Gegensatz zu den großen Meeresstaaten (wozu auch die damalige UdSSR gehörte) nach Maßgabe ihrer Möglichkeiten eigene Interessen vertreten. Sie hat auch den Wunsch der Bundesrepublik Deutschland unterstützt, den Internationalen Seegerichtshof (→ ITLOS) in Hamburg anzusiedeln.

Die DDR betonte einseitig die wirtschaftlichen und sozialen → Menschenrechte. Ihre Resolutionsentwürfe zur Unteilbarkeit und gegenseitigen Abhängigkeit der ökonomischen, sozialen, kulturellen, zivilen und politischen Rechte sind von der UN-Generalversammlung angenommen worden. Vorhandene Defizite in der Menschenrechtspraxis der DDR wurden hier und da angesprochen; es kam aber nicht zu einer Verurteilung oder zur Einleitung irgendeines Untersuchungsverfahrens.

In der letzten Phase der Existenz der DDR hat die Regierung de Maizière gegenüber den Vereinten Nationen weiterhin eine aktive Außenpolitik betrieben. Im außenpolitischen Teil seiner Regierungserklärung hatte Ministerpräsident de Maizière ausdrücklich das Festhalten an einer der UN-Charta entsprechenden internationalen Politik betont (*Maizière* 1990a, 210ff.).

Ende der UN-Mitgliedschaft

Die Regierung der DDR beschloß, mit Wirkung vom 3.10.1990 die Mitgliedschaft der Deutschen Demokratischen Republik in den Vereinten Nationen und in anderen zwischenstaatlichen Organisationen nicht fortzuführen. In einem Schreiben vom 27.9.1990, das dem → Generalsekretär der Vereinten Nationen Pérez de Cuéllar überreicht wurde, erklärte die Regierung der Deutschen Demokratischen Republik, mit dem Beitritt zum Geltungsbereich des Grundgesetzes der Bundesrepublik Deutschland gemäß Artikel 23 des Grundgesetzes seien die völkerrechtlichen Voraussetzungen für ein Fortbestehen der Mitgliedschaften entfallen. Lothar de Maizière unterstrich in diesem Schreiben die Gewißheit, das vereinte Deutschland werde dementsprechend künftig allein als Mitglied der Organisation der Vereinten Nationen den Bestimmungen der Charta im Sinne der am 12.07.1973 abgegebenen feierlichen Erklärungen beider deutscher Staaten verpflichtet bleiben (*Maizière* 1990b, 157).

Außenminister Hans-Dietrich Genscher versicherte in einem Schreiben vom 3.10.1990 an den Generalsekretär der Vereinten Nationen, daß sich durch Beitritt der Deutschen Demokratischen Republik zur Bundesrepublik Deutschland mit Wirkung vom 03.10.1990 beide deutsche Staaten zu einem souveränen Staat vereinigt haben, der als Mitglied in den Vereinten Nationen auf die Vorschriften der Charta verpflichtet bleibt, wie dies der feierlichen Erklärung vom 12.6.1973 entspricht. Von diesem Zeitpunkt an tritt die Bundesrepublik Deutschland unter der Bezeichnung „Deutschland" in den Vereinten Nationen auf (→ Deutschland, UN-Politik). Vor dem Plenum der Vereinten Nationen erklärte Außenminister Genscher, mit der Herstellung der deutschen Einheit werde die Bundesrepublik jetzt mit seinem nun größeren Gewicht „nicht nach mehr Macht" streben, sich aber „der größeren Verantwortung bewußt sein". Sie wolle in der UNO eine „Politik der guten Beispiele betreiben" (GAOR 49th Session).

Vier Phasen der UN-Politik

Die Politik der DDR gegenüber den Vereinten Nationen kann zeitlich in vier Phasen gegliedert werden. Die erste Phase (1949 – 1955) kann als eine der „erzwungenen Reserviertheit" bezeichnet werden. Die zweite Phase reicht von 1955 bis 1966, in der trotz Wirken der Hallstein-Doktrin Formen der Mitwirkung insbesondere in Unterorganen, so in der Europäischen Wirtschaftskommission der Vereinten Nationen praktiziert worden sind. Die dritte Phase ist gekennzeichnet durch den ersten Versuch eines Aufnahmeantrages der DDR in die Vereinten Nationen 1966 und reicht bis 1972/73. Die vierte Phase beginnt mit der Aufnahme der DDR in die Vereinten Nationen und reicht bis 1990.

Was die Phaseneinteilung der UNO-Politik der DDR betrifft, thematisiert Wilhelm Bruns (*Bruns* 1988)die Frage nach deren Beginn: Zu welchem Zeitpunkt kann von einer UNO-Politik der DDR gesprochen werden? Bereits mit Gründung der DDR (1949), mit der Souveränitätserklärung der UdSSR gegenüber der DDR (1955), mit dem Wandel der Majoritätsrelationen in der UN-Generalversammlung (1960), mit dem Aufnahmeantrag der DDR auf Mitgliedschaft in der UNO (1966) oder erst mit ihrer Mitgliedschaft in der →

UNESCO (1972)? Bruns nimmt aus vier Gründen das Jahr 1960 als Beginn der UNO-Politik der DDR an:

Seit diesem Zeitpunkt gibt es kontinuierliche Stellungnahmen der DDR gegenüber der UNO mit Verweis auf eine berechtigte Mitgliedschaft.

Im Programm und Statut der SED von 1963 wurde erstmalig der Anspruch auf Mitgliedschaft in der UNO formuliert.

Mit Beginn der 60er Jahre lassen sich Anzeichen für eine von der DDR gesuchte Entscheidung über ihren internationalen Status feststellen, die schließlich zum Aufnahmeantrag von 1966 führten.

Es wird das Jahr 1960 in der DDR selbst als Beginn der UNO-Politik im weitesten Sinne angegeben (*Steininger* 1964).

In der ersten Phase bemühte sich die DDR um Mitgliedschaft in → Sonderorganisationen der Vereinten Nationen. Im Februar 1952 unterstützte die sowjetische Kontrollkommission für Deutschland (SKK) das Bestreben der DDR um Mitgliedschaft im Weltpostverein (→ UPU), etwas später auch im Internationalen Fernmeldeverein (→ ITU) und im Jahre 1953 in der Weltorganisation für Meteorologie (→ WMO) (Dokumente zur Außenpolitik der DDR, Bd. 1, 1966, 360ff.). Seit 1947 nahmen Experten der vier Besatzungszonen als Beobachter unter der Ägide der vier Besatzungsmächte an den Weltpostkongressen teil. In gleicher Weise geschah das auch auf dem 2. Weltpostkongreß 1952 in Brüssel (*Sasse* 1959, 13). Seit 1947 zahlten die jeweiligen Besatzungszonen, später die Bundesrepublik Deutschland und die DDR anteilig den Mitgliedsbeitrag für Deutschland. Die Bundesrepublik Deutschland bezahlten 70 von 100, und die DDR 30 von 100 des Mitgliedsbeitrages an den Weltpostverein. Gemäß Artikel XIX des Schlußprotokolls des Weltpostvertrages von 1952 war für die Mitgliedschaft Deutschlands im Weltpostverein ein erleichtertes Aufnahmeverfahren festgelegt worden. Der Beitritt sollte der belgischen Regierung mitgeteilt werden, die dann die anderen Mitglieder des Weltpostvereins zu unterrichten hatte. Die Regierung der DDR übergab dem Depositarstaat Belgien mit Unterstützung der sowjetischen Kontrollkommission für Deutschland am 11.2.1955 ihre Beitrittserklärung für den Weltpostverein. Die belgische Regierung nahm zwar diese Erklärung in Empfang, zirkulierte sie jedoch nicht. Als indes die Bundesrepublik Deutschland am 21.3.1955 ihren Beitritt erklärte, benachrichtigte Belgien alle anderen Mitgliedstaaten des Weltpostvereins.

In der zweiten Phase ihrer Politik gegenüber den Vereinten Nationen versuchte die DDR die Mitgliedschaft in der → UNESCO, der → ILO und dem Internationalen Fernmeldeverein zu erreichen und bemühte sich, in der Europäischen Wirtschaftskommission (→ Wirtschaftskommissionen, regionale) aktiv an der Erörterung von gesamteuropäischen Sachfragen mitzuwirken.

Die dritte Phase ist im wesentlichen charakterisiert durch den ersten Antrag der Regierung der DDR zur Aufnahme in die Vereinten Nationen im Jahre 1966.

Teilweise wurde der Aufnahmeantrag der DDR mit Überraschung zur Kenntnis genommen. (s. FAZ v. 3.3.1966: „Der Vorstoß Ost-Berlins zu diesem Zeitpunkt hat Überraschung in New York ausgelöst.") Der Zeitpunkt der Antragstellung muß jedoch als logische Folge jahrelanger Forderungen der DDR auf Mitgliedschaft in der UNO verstanden werden (s. Erklärung des Ministeriums für Auswärtige Angelegenheiten „Berechtigter Anspruch auf Mitarbeit in den Vereinten Nationen", in: AK 38/60, 1; Erklärung des Ausschusses für Auswärtige Angelegenheiten der Volkskammer vom 26.11.1962, in: AK 46/62, 1; „Chruschtschow-Besuch in Berlin", in: Neues Deutschland vom 28.7.1962; „DDR-Außenminister Lothar Bolz befürwortete auf der 9. Volkskammertagung vom 19.11.1964 die Aufnahme beider deutscher Staaten in die UNO",

in: Neues Deutschland vom 20.11.1964).

In dem Memorandum zum Mitgliedsantrag leitet die DDR ihre Berechtigung auf Mitgliedschaft (Dokumente zur Außenpolitik der DDR, Bd. 1, 1966, 650-652) aus dem Universalitätsprinzip (→ Universalität) und der in Art. 4 der Charta der UN festgelegten Erfordernisse ab.

Die USA, Großbritannien und Frankreich setzten durch, daß dieser Antrag nicht auf die Tagesordnung des Sicherheitsrates gesetzt wurde. Auch war völlig klar, daß der Aufnahmeantrag der DDR im Sicherheitsrat am Veto (→ Veto/-recht) der drei westlichen ständigen Mitglieder gescheitert wäre. Da der Präsident des Sicherheitsrates die Verteilung des Antrages wegen der umstrittenen Staatsqualität ablehnte, ließ Generalsekretär U Thant diesen den Sicherheitsratsmitgliedern inoffiziell zukommen und die drei westlichen ständigen Mitglieder erklärten in einem Schreiben, die „SBZ" sei kein freier Staat und habe daher keinen Rechtsanspruch auf UN-Mitgliedschaft (zit. nach *Czempiel* 1985, 185ff.).

Mit diesem Mitgliedsantrag verstärkte sich die Diskussion über die Mitgliedschaft Deutschlands in den Vereinten Nationen und bereitete den Boden für die spätere Aufnahme der beiden deutschen Staaten vor. Für diese Phase ist die Aussage von Walter Gehlhoff, Ständiger Vertreter der Bundesrepublik Deutschland (→ Ständige Vertretungen) bei den Vereinten Nationen von 1971 bis 1974, charakteristisch: „Meine Vorgänger hatten stets genauestens darauf achten müssen, daß nicht etwa die DDR von den Vereinten Nationen anerkannt würde. Diese Aufgabe spielte auch zu meiner Zeit noch eine Rolle. Allerdings handelte es sich dabei ... um ein Rückzugsgefecht" (*Gehlhoff* 1991, 21).

Bernhard Neugebauer

Lit.: *Bruns, W.:* 15 Jahre Mitgliedschaft der beiden deutschen Staaten in den Vereinten Nationen, in: VN 34(1986) 304ff.; *Bruns, W.:* Die Uneinigen in den Vereinten Nationen. Bundesrepublik Deutschland und die DDR in der UNO, Köln1988; *Czempiel, E.-O.:* Deutschland und die Vereinten Nationen, in: VN 33 (1985), 185-190; *Gehlhoff, W.*: Der Weg der Bundesrepublik Deutschland in die Vereinten Nationen, in: Deutsche Gesellschaft für die Vereinten Nationen (Hrsg.): Die Vereinten Nationen und deutsche Politik – aus persönlicher Sicht. Deutsche UN-Botschafter berichten, Bonn 1991, 18-39; *Maizière, L. de:* Regierungserklärung des Ministerpräsidenten der DDR vor der Volkskammer. Protokoll der Volkskammer der DDR, April 1990, 210-212 (*Maizière* 1990a); *Maizière, L. de:* Schreiben des Ministerpräsidenten der DDR an den Generalsekretär der Vereinten Nationen, abgedruckt in: VN 38 (1990), 157 (*Maizière* 1990b); *Ministerium für Auswärtige Angelegenheiten der DDDR:* Dokumente zur Außenpolitik der DDR, Bd. 1, Berlin 1966; *Sasse, H.:* Der Weltpostverein, Frankfurt/M. 1959; *Steininger, P. A.:* UNO-Bilanz, 1964.

Demokratisierung und die UN

Der Begriff der „Demokratisierung" ist seit etwa 10 Jahren - seit dem Ende des realsozialistischen Lagers unter Führung der Sowjetunion - weltweit, mit zumeist zustimmendem Unterton, als politische Programmatik akzeptiert. In einem „technisch eingeschränkten" Sinn wird darunter - ausgehend von einer autoritär-einseitigen Machtbalance - die politische und organisatorisch-logistische Vorbereitung, Durchführung und Kontrolle von allgemeinen, gleichen und geheimen Wahlen von Vertretern mehrerer konkurrierender Parteien im nationalen (und kommunalen) Kontext verstanden. In einem weiteren funktionalen Sinn, dessen konzeptionelle Umsetzung viele Jahre, wenn nicht Jahrzehnte in Anspruch nehmen kann, werden unter „Demokratisierung" auch Prozesse des „Institution-Building" (z.B. unabhängige Justiz- und kontrollierter Polizeiapparat, freie und verantwortliche Medien) und der Veränderung der internalisierten Werthaltungen der jeweiligen Bevölkerungen verstanden (Toleranz von Pluralismus, Wertbindung an demokratische Verfahren).

Neu ist, daß die UNO seit 10 Jahren in etwa 70 Fällen um „technische Hil-

fe" zur Unterstützung von Demokratisierungsbemühungen gebeten wurde.

Eine weitere Dimension der zeitgenössischen Demokratisiesrungsdebatte sind die konfliktträchtigen Verbindungen und Zusammenhänge zwischen Demokratisierung auf der lokalen und nationalen Ebene einerseits und auf der globalen oder menschheitlichen Ebene andererseits.

In diesem Beitrag werden einige Eckpunkte der Entwicklung der Diskussion um Demokratisierung im UNO-Kontext seit 1945 skizziert. Aus einer allgemeineren sozialwissenschaftlich-analytischen Perspektive betrachtet, geht es dabei nicht um ein grundsätzlich neues Phänomen, sondern um die zeitgenössische Variante eines nachhinkenden politisch-sozialen Anpassungsprozesses an die bisher nur ansatzweise zur Kenntnis genommene und kaum verstandene Integrationsdynamik der Weltgesellschaft bzw. des kapitalistischen Weltsystems.

1) Von der Gründung der UNO (1945) zum Höhepunkt des Vietnam-Krieges (um 1972)

Der Begriff der Demokratie oder Demokratisierung taucht in der Charta der Vereinten Nationen (→ Charta der UN) an keiner Stelle auf. Er war zu präzise, zu kontrovers und zu amerikanisch, um von den Großen und Kleinen der 50 Staaten umfassenden antifaschistischen Kriegsallianz als gemeinsames Ausgangscharakteristikum oder auch nur als langfristige Zielperspektive akzeptiert zu werden. Gleichwohl widerspiegelt der Charta-Text in der verwendeten Begrifflichkeit und den vorgesehenen Verfahrensregularien zentrale ideologische Prämissen der Philosophie der Aufklärung und der parlamentarischen Demokratie. So wird typischerweise von der „Achtung vor den Menschenrechten und Grundfreiheiten für alle ohne Unterschied der Rasse, des Geschlechts, der Sprache und der Religion" gesprochen, die es zu fördern und zu festigen gelte (so z.B. Artikel 1 und 2 UN-Charta). Und das Prinzip der souveränen Gleichheit der Mitgliedsstaaten findet in Parallele zum Konzept des gleichberechtigten Bürgers seine prozessuale Übersetzung in das passive und in das aktive Staaten-Wahlrecht (1 Bürger/1 Staat = 1 Stimme); dabei wird der Vollversammlung der „Staaten-Bürger", der → Generalversammlung, im Prinzip die politische All-Kompetenz des obersten Souveräns zuerkannt, insbesondere die Kompetenz, den Haushalt zu prüfen und mit qualifizierter Mehrheit zu genehmigen. Die Kriterien für den einzelstaatlichen Beitrag zum Haushalt werden vom Souverän, der Vollversammlung, festgelegt (d.h. prinzipiell unabhängig vom „gleichen Stimmrecht", orientiert an Kriterien der wirtschaftlichen Leistungsfähigkeit der Mitgliedstaaten). Formal werden alle Entscheidungen auf der Grundlage des (qualifizierten) Mehrheitsprinzips getroffen. Diese, in den jeweiligen Gründungsverträgen festgelegten Organisations- und Verfahrensprinzipien sind im Kern für alle Sonderorganisationen und Programme des → UN-Systems identisch, mit der prominenten Ausnahme des → Sicherheitsrats und der Bretton-Woods-Institutionen (→ Weltbank (IBRD), → IWF).

Im Sicherheitsrat gilt die qualifizierte Mehrheit von sieben Stimmen (neun nach seiner Erweiterung 1965) nur dann, wenn keines der fünf ständigen Mitglieder sein Veto (→ Veto/-recht) einlegt; die Stimmrechte in den Bretton-Woods-Institutionen sind nach dem „Kapitaleignerprinzip" extrem ungleich gewichtet: weniger als eine Handvoll der wirtschaftlich stärksten Staaten verfügen über die Sperrminorität bzw. die Stimmenmehrheit.

Es ist wichtig hervorzuheben, daß es in der Gründungsphase des UN-Systems
- noch keine zeitgenössische und in irgend einer Form allgemein akzeptierte Spezifizierung von „Menschenrechten und Grundfreiheiten" gab (wohl aber bürgerlich-liberale und sozialistische Traditionslinien der Deutung dieses Wertkomplexes);

- sehr große Teile der „südlichen Welt" Kolonien und Protektorate westeuropäischer Staaten waren, deren Status in der Charta nur kurz unter der Perspektive der Förderung ihres Wohls und ihrer „Selbstregierung" (nicht aber: Entkolonialisierung) angesprochen wird.

Die Welt wuchs aber 1947 sehr rasch in die Konfrontationsdynamik des Ost-West-Gegensatzes hinein, die gleichzeitig immer eng verbunden war mit der Kette von Krisen und Kriegen der an Momentum gewinnenden → Entkolonialisierung. De facto führte dies sehr schnell zu einer weitgehenden Marginalisierung des UN-Systems, weil sich in West und Ost das Hauptgewicht der politischen Aktivitäten auf die Schaffung, den Ausbau und die Förderung regionaler politischer, militärischer und wirtschaftlicher Bündnisstrukturen verlagerte.

Gleichwohl blieben die UNO und ihre → Sonderorganisationen eine geschätzte Bühne der symbolischen Politik für die Minderheit der sozialistischen Länder und der „jungen Staaten", um ihre Minderheitenposition offensiv zu vertreten, für den Westen (und speziell die USA), weil sie mit Hilfe der lateinamerikanischen Länder bis Ende der 50er Jahre über die Stimmenmehrheit verfügten. Darüber hinaus wurde deutlich, daß die Verwaltungen des UN-Systems Schritt für Schritt zahlreiche technische Kompetenzen in vielen Sachfragen der internationalen Kooperation entwickelt hatten und eine verfahrensmäßige und organisatorische Infrastruktur für multilaterale Expertisen, Verhandlungen und Diplomatie entstanden war.

Ein wichtiges Arbeitsfeld war der geduldige, sehr konfliktreiche und langwierige Versuch der Spezifizierung von → Menschenrechten, vom ersten Schritt der seinerzeit (1948) kaum wahrgenommenen „Allgemeinen Erklärung der Menschenrechte" (→ Menschenrechte, Allgemeine Erklärung der) bis hin zu den Menschenrechtspakten über zivile und politische, über wirtschaftliche, soziale und kulturelle Rechte (1966) und einer Reihe weiterer Menschenrechtskonventionen (→ Menschenrechtskonventionen und ihre Durchführungsorgane).

Als ein weiteres, immer komplexer werdendes Arbeitsfeld entwickelten sich im gesamten UN-System seit Anfang der 50er Jahre wissenschaftlich-statistische Kompetenzen für eine Vielzahl funktional-spezifischer Weltprobleme und die Herausbildung administrativer Kompetenzen für die Handhabung entsprechender Projekte der Technischen Zusammenarbeit (→ Entwicklungszuammenarbeit der UN).

Durch die Aufnahme zahlreicher entkolonialisierter „junger Staaten" in die UNO und die Sonderorganisationen entstand zwischen 1959 und 1965 ein politisch-strukturell „neues" UN-System mit einer Staaten- und Stimmenmehrheit des Südens. Damit waren die Bedingungen für die „Nagelprobe" des Funktionierens der formalen staatendemokratischen Organisationsstruktur des UN-Systems gegeben. Wie weit würde die Minderheit des „Nordens" (und innerhalb dieser der „Westen" bzw. Teile des „Westens") bereit sein, die mehrheitlichen Prioritätssetzungen des „Südens" zu akzeptieren, zumindest in solchen Fragen der „Entwicklungspolitik", die nicht unmittelbar und direkt mit Kriegen und Krisen verbunden sind?

Viele liberale, westliche Politikwissenschaftler und Völkerrechtler glaubten (oder hofften, zusammen mit ihren Kollegen im „Süden"), daß sich der „Westen" auf diese Herausforderung einlassen würde und müsse, weil es letztlich um die Spielregeln des „demokratischen Nordens" ging. Sie hatten sich aber insofern geirrt, als der „Westen" (vorneweg die Führungsmacht) die Spielregeln des Völkerrechts de facto bis heute (aber nie de jure) außer Kraft setzte: Die formale Regel der qualifizierten Mehrheit der Generalversammlungen für die Verabschiedung des → Haushalts der UNO und ihrer Sonderorganisationen (und damit der Billigung von Aufgabenerweiterungen und ihrer Finanzierung über den Schlüssel für die Pflichtbeiträge) wurde

de facto zum „Konsensprinzip" verändert, wodurch praktisch den großen Beitragszahlern ein „finanzielles Veto" eingeräumt wurde.

So konnte auch gleichzeitig die Diskussion über Weltsteuern oder -abgaben zur Finanzierung von UN-Aktivitäten (für die nach wirtschaftlicher Leistungskraft gestaffelte Pflichtbeiträge ein funktionales Äquivalent gewesen wären) abgeblockt werden, hier gelindert durch die süße Pille des Versprechens freiwilliger Finanzierungsbeiträge im Rahmen der jeweiligen nationalen Möglichkeiten (bevorzugterweise nicht als Dotationen für die in Form von „verlorenen Zuschüssen" gewährte Entwicklungshilfe des UN-Systems, sondern als günstige, aber rückzahlbare Kredite der Entwicklungsagentur (IDA) der Weltbank).

Die zunehmende Verstrickung der USA in den Vietnam-Krieg seit Mitte der 60er Jahre hat zu dieser politischen Option der westlichen Führungsmacht stark beigetragen. Trotz vieler Distanzen der anderen westlichen Länder zur Vietnam- und zur Entwicklungspolitik der USA wurden die Grundzüge dieser Politik von ihnen geteilt (am wenigsten von den skandinavischen Ländern, den Niederlanden und Kanada).

2) Von der Ölkrise (1973) bis zum Ende des sozialistischen Lagers (1989)

Die „politische Großwetterlage" in Bezug auf das UN-System und seine Rolle in der Weltpolitik läßt sich für die 70er Jahre als Fortsetzung der Konfliktlinien und Kräfteverhältnisse der späten 60er Jahre charakterisieren, wobei der Süden seine strukturellen Forderungen in der Form der → „Neuen Weltwirtschaftsordnung" offensiv (aber erfolglos) vertrat, beflügelt durch den Erfolg der OPEC-Politik. Die westlichen Länder insgesamt verfolgten weiterhin ihre Politik der defensiven und sehr begrenzten Kooperationsbereitschaft, wobei erinnert werden muß, daß die USA verunsichert und gedemütigt aus dem Vietnam-Krieg hervorgegangen waren (1973/75).

Diese „Großwetterlage" verschlechterte sich markant in der (letzten) Phase der zunehmenden Ost-West-Konfrontation und des verschärften Wettrüstens in der ersten Hälfte der 80er Jahre und der damals begonnenen und noch immer anhaltenden Rückzugs- und Boykottpolitik der USA (→ USA, UN-Politik), die von den anderen westlichen Ländern in dieser Schärfe zwar nicht geteilt, in ihren desaströsen finanziellen Auswirkungen für das UN-System und darüber hinaus die gesamte Entwicklungspolitik aber auch nicht kompensiert wurde. Oberflächlich betrachtet sehr schnell und nachhaltig - strukturell gesehen aber nur wenig - verbesserten sich seit Mitte der 80er Jahre die Arbeits- und Wirkungsmöglichkeiten des UN-Systems durch Gorbatschows Glasnost- und Perestroika-Politik und schließlich die Transformation Osteuropas.

Ganz bewußt wurde in diesen Zeilen das Bild von den „politischen Großwetterlagen" benutzt: Es gibt sie und sie sind von größter Bedeutung. In unserem Problemzusammenhang scheinen aber Mikro-Klimata ebenfalls wichtig zu sein und künftig vielleicht noch bedeutsamer zu werden. Ich beziehe mich damit auf qualitative Veränderungen in den politischen Öffentlichkeiten, die vor allen Dingen in den westlichen Industrieländern während der letzten zwei bis drei Jahrzehnte sichtbar geworden sind, inzwischen aber auch in vielen Ländern des Südens und Ostens eine Rolle spielen: Sie werden als „Zivilgesellschaft", „Neue soziale Bewegungen" oder „nichtstaatliche Organisationen" (non-governmental organizations – NGOs) bezeichnet und verweisen auf Assoziationen und Organisationen, die sich jenseits traditioneller Massenorganisationen wie Parteien, Gewerkschaften und Kirchen für Probleme des öffentlichen Wohls engagieren.

Während die Wahlbeteiligung und der Organisationsgrad in herkömmlichen Großorganisationen in vielen etablierten Demokratien inzwischen seit Jahrzehnten sinken, spielen derartige → NGOs offensichtlich eine zunehmend wichtige Rolle als kritische und kompetente Teilöffentlichkeiten und Akteure.

Es scheint in der Tat gute empirische Gründe für die Bedeutung derartiger NGOs für die rationale Behandlung weltgesellschaftlicher Probleme auch in etablierten Demokratien zu geben, in ihrer Funktion als sachliche und politische Kontrolle der Verwaltungen und der Exekutive, vor allem aber von deren eventuellen Versuchen zur opportunistischen Manipulierung von populistischen Ängsten und Stimmungen ihrer Wählerbasis.

3) Seit 1990: Der Siegeszug der neoliberalen Globalisierung und die Hoffnung auf zivilgesellschaftliche Gegenkräfte

Ein Rom oder Mekka der orthodoxen Kritik an den Paradigmen der liberalen Marktwirtschaft oder Demokratie gibt es nicht mehr. Aber es gab und gibt als konstitutiven Bestandteil einer „liberal-bürgerlichen" Gesellschaftskonzeption immer auch ein beachtliches und mittelfristig konsequenzenreiches Potential der Selbstbeobachtung und Selbstkritik, und das UN-System ist ein erster Institutionalisierungsschritt in Richtung auf ein derartiges selbstreflexives politisches System auf menschheitlicher Ebene.

Im Lauf der letzten 10 Jahre ist der „Human Development Report" (→ Human Development Reports) des Entwicklungsprogramms der Vereinten Nationen (→ UNDP) zum anerkannten intellektuellen Zentrum der kritischen Kommentierung des zeitgenössischen Globalisierungsschubes (→ Globalisierung) und der ordnungspolitischen Interventionsnotwendigkeiten und -chancen auf einzelstaatlicher und menschheitlicher Ebene geworden. Inzwischen sind von über 120 Ländern mehr als 260 nationale Berichte erarbeitet worden, die demselben Ansatz folgen.

Am Anfang und im Mittelpunkt der Arbeiten des HDR stand die Entwicklung einer zusammenfassenden Kennziffer, um die Qualität der menschlichen Wahl- und Partizipationsmöglichkeiten in weltweiter Perspektive angemessener zu charakterisieren, als dies mit dem kaum brauchbaren Wohlstandsindikator „Bruttosozialprodukt pro Kopf" bis dahin möglich war. Im analytischen Mittelpunkt steht damit das Ausmaß und die Entwicklung der verschiedenen Dimensionen der Ungleichheit in den menschlichen Lebensbedingungen und die Problematik, wie diese u.a. durch ordnungspolitische Veränderungen der Rahmenbedingungen auf nationaler und internationaler Ebene, aber auch durch bestimmte Interventionen und Transfers möglichst verringert oder doch zumindest gehalten werden könnten: So wird auf der Grundlage von Weltbankdaten festgestellt, daß 1960 die 20% der Weltbevölkerung in den reichsten Ländern über ein dreißigmal so hohes Einkommen als die ärmsten 20% verfügten, und daß sich diese Schere auf vierundsiebzigmal bis 1997 weiter geöffnet hat.

In den Berichten werden technische Vorarbeiten der Sonderorganisationen und Programme der UNO aufgegriffen, relevante Diskussionen zusammengefaßt und auf dieser Basis Empfehlungen ausgesprochen. Die Berichte sind keine von Regierungen akzeptierte und legitimierte politische Programme. Diese jährlichen „Armuts- und Reichtumsberichte" können als eine pointierte sozialwissenschaftliche Ergänzung der staatlichen Rechenschaftsberichte betrachtet werden, die regelmäßig zur Überprüfung der Einhaltung der Menschenrechtskonventionen erstellt werden.

Stichwortartig seien einige der Vorschlagsbündel auf der UNO-Ebene charakterisiert, die in den verschiedenen Berichten unterschiedlich breit diskutiert wurden:
- Eine veränderte internationale Finanzarchitektur: Dazu gehört die Abschaffung des IWF in seiner gegenwärtigen Form, weil sein Mandat zu schmal und einseitig ist (keine Berücksichtigung der menschlichen Wohlfahrt) und seine Entscheidungsstrukturen undemokratisch sind, d.h. die Abschaffung des extremen Übergewichts der reichen

Länder: Gefordert wird eine Weltzentralbank mit einem wesentlich größeren geldpolitischen Interventionspotential als beim gegenwärtigen IWF und mit Kompetenzen für eine effektive Bankenaufsicht.
- Eine Revision der gegenwärtig bestehenden Welthandelsorganisation WTO (→ WTO/GATT), die zur Zeit ausschließlich und einseitig Freihandelsinteressen verfolgt. Ein erweitertes Mandat sollte die globale Wettbewerbspolitik mit einschließen, einschließlich kartellrechtlicher Bestimmungen und der Kompetenz zur Festlegung von Verhaltenskodices für multinationale Konzerne in den Bereichen Arbeits- und Umweltstandards.
- Ein internationaler Strafgerichtshof (→ ICC) mit einem erweiterten Mandat für Menschenrechte; dabei muß das Ziel sein, Einzelpersonen für massive Menschenrechtsverletzungen (nicht nur „Kriegsverbrechen" und „Verbrechen gegen die Menschlichkeit") haftbar zu machen, auch wenn sie als Repräsentanten einer Regierung, Verwaltung oder eines Unternehmens gehandelt haben.
- Ein Weltinvestitionstrust mit Umverteilungsfunktionen, der über Weltsteuern und -abgaben finanziert wird und vorrangig den Ausbau des Bildungs- und Gesundheitswesens, die Katastrophenhilfe, den Kampf gegen das organisierte Verbrechen und bestimmte vernachlässigte Bereiche der Forschungsförderung unterstützen soll. Als Finanzierungsquellen wurden u.a. vorgeschlagen eine internationale Steuer von DM 0,10 auf 1 Liter Rohöl (bzw. das Äquivalent anderer fossiler Energieträger), eine Steuer von 0,05% auf internationale Kapitaltransfers, eine jährliche Vermögenssteuer in Höhe von 1% auf das Vermögen der reichsten Privatpersonen der Welt (die Vermögenswerte der 200 reichsten Personen wuchsen zwischen 1994 und 1998 von 440 auf 1.042 Mrd. Dollar und überstiegen damit das jährliche Gesamteinkommen von 41% der Weltbevölkerung). Das jährliche Haushaltsvolumen dieses Fonds sollte in der Größenord-

nung von jährlich ca. 260 Mrd. Dollar liegen, dies entspräche etwa dem 26fachen des heutigen Haushaltsvolumens des UN-Systems oder dem doppelten Volumen des gegenwärtigen EU-Haushalts.

- Ein erweitertes und reformiertes UN-System (→ Reform der UN) mit einem neu-strukturierten Sicherheitsrat und → Wirtschafts- und Sozialrat (ohne Veto, mit qualifizierten Mehrheitsentscheidungen), sowie neben der Generalversammlung eine zweite Kammer mit Vertretern international tätiger NGOs.

All dies sind mittel- und langfristige Veränderungen, für die gleichwohl erste Schritte, ggf. von wenigen Staaten, eingeleitet werden sollten. Aus der Palette zahlreicher weiterer Vorschläge für erste kleine Veränderungen sei an dieser Stelle das Plädoyer für eine Verstärkung der anwaltlichen Unterstützung und der politikwissenschaftlichen Beratung (durch das UNDP und NGOs) von einzelnen oder Gruppen von Entwicklungsländern erwähnt, um in internationalen Verhandlungen der (einseitigen) technischen Verhandlungskompetenz der EU und der USA Paroli bieten zu können.

All diese Vorschläge setzen voraus, daß die politischen Eliten (einschließlich der Opposition) zumindest einiger Länder des Zentrums und der Peripherie die ersten Schritte tun. *Boutros-Ghali* (1999) schildert aber eindringlich den deplorablen Niedergang der amerikanischen UN-Politik und das Fehlen kompensierender europäischer Initiativen (oder hat er zu wenig aktiv danach gesucht?). Insofern könnte man pessimistischerweise auch meinen, die „Human Development Reports" seien das Pfeifen der unermüdlichen Optimisten im unkontrolliert wachsenden Unterholz der „Beggar-thy-neighbour-Liberalisierung".

Jens Naumann

Lit.: *Boutros-Ghali, B:* Unvanquished, London/New York 1999; *Elias, N.:* Wandlungen der Wir-Ich-Balance. in: Elias, N. (Hrsg): Die Gesellschaft der Individuen, Frankfurt/Main 1987, 207-315; *UNDP:* Bericht über die menschliche Entwicklung

1999, dt. Ausgabe Bonn 1999; *Wallerstein, I.:* Die Sozialwissenschaft „kaputtdenken". Die Grenzen der Paradigmen des 19. Jahrhunderts, Weinheim 1995.

Depotbibliotheken

Um Informationen über die Vereinten Nationen weltweit zu verbreiten und einem möglichst großen Publikum Zugang zu den Dokumenten (→ Dokumentationssystem) und den → Publikationen der UN zu bieten, unterhalten die UN ein Netz von derzeit 370 Bibliotheken in 141 Ländern, die offiziell als Depotbibliotheken ausgewiesen sind und denen UN-Dokumente und –Publikationen regelmäßig zugesandt werden.

In der Bundesrepublik Deutschland bestehen 11 Depotbibliotheken: in Berlin (Bibliothek der Freien Universität und Staatsbibliothek Preußischer Kulturbesitz), Bochum (Bibliothek der Ruhr-Universität), Bonn (Bibliothek des Deutschen Bundestages), Hamburg (Bibliothek im HWWA-Institut für Wirtschaftsforschung), Heidelberg (Max-Planck-Institut für Ausländisches Öffentliches Recht und Völkerrecht), Jena (Thüringer Universitäts- und Landesbibliothek), Kiel (Walther-Schücking-Institut für Internationales Recht an der Christian-Albrechts-Universität), Leipzig (Deutsche Bibliothek), München (Bayerische Staatsbibliothek) und Potsdam (Universitätsbibliothek). Österreich verfügt über 2 Depotbibliotheken in Salzburg (Dr.-Herbert-Batliner-Europainstitut) und Wien (Österreichische Nationalbibliothek). In der Schweiz gibt es 3 Depotbibliotheken in Bern (Eidgenössische Parlaments- und Zentralbibliothek) und Genf (Bibliothek des Institut universitaire des hautes etudes internationales und Bibliotheque publique et universitaire). Außerdem ist auch die UN-Bibliothek im Palais des Nations des Genfer UN-Büros mit ihrer vollständigen Sammlung an UN-Dokumenten und -Publikationen öffentlich zugänglich. Eine Adressenliste aller hier genannten Depotbibliotheken befindet sich im Anhang.

Die Nationalbibliothek sowie die Parlamentsbibliothek eines Landes, falls öffentlich zugänglich, erhalten das Depot kostenlos, während andere Bibliotheken einen Pauschalbetrag entrichten, der zur Unterhaltung des Systems der Depotbibliotheken beiträgt. Bibliotheken enthalten entweder ein Teildepot, das die UN-Publikationen, das offizielle Protokoll sowie die Dokumente der regionalen Wirtschaftskommissionen (→ Wirtschaftskommissionen, regionale) (für Europa die Europäische Wirtschaftskommission) umfaßt, oder ein Volldepot, das zusätzlich alle allgemein verteilten UN-Dokumente wie z.B. Briefe, Berichte und Sitzungsprotokolle enthält. Depotbibliotheken verpflichten sich, ihre UN-Dokumentensammlungen vorschriftsmäßig zu organisieren, durch fachkundiges Personal zu betreuen und der Öffentlichkeit uneingeschränkt und kostenlos zugänglich zu machen. Benutzer, die eine Depotbibliothek nicht persönlich aufsuchen können, haben Anspruch darauf, daß ihnen UN-Dokumente und Publikationen über die Fernleihe oder in Photokopie zur Verfügung gestellt werden.

Depotbibliotheken bieten Zugang zu wichtigen Hilfsmitteln für die Dokumentenrecherche (→ Dokumentationssystem), wie z.B. den *Indexes to proceedings*. Fast alle oben genannten Bibliotheken verfügen über die relativ kostspielige *Datenbank UNBIS-Plus on CD-ROM*; nur einige wenige können sich zusätzlich noch den gebührenpflichtigen Anschluß an das sogenannte Optische Speicherplattensystem der Vereinten Nationen (*United Nations Official Documents*, http://www.ods.un.org) leisten.

Das System der Depotbibliotheken wird durch ein Netz von Informationszentren und –diensten der Vereinten Nationen unterstützt, die zwar in erster Linie für → Öffentlichkeitsarbeit zuständig sind, jedoch auch über meist kleinere Bibliotheken mit aktuellen UN-Dokumentensammlungen sowie über kostenlosen Anschluß an das *Optische Speicherplattensystem* verfügen. UN-Informationszentren oder –dienste

bestehen in Bonn, Genf und Wien und sind im Adressenverzeichnis der Depotbibliotheken im Anhang aufgeführt.

Der Internationale Gerichtshof (→ IGH) sowie die → Sonderorganisationen der UN, wie z.B. die Weltbank (→ Weltbank/-gruppe), → UNESCO oder die Weltgesundheitsorganisation (→ WHO) verteilen ihre Dokumente und Publikationen unabhängig von den UN. Viele Depotbibliotheken der Vereinten Nationen sammeln jedoch auch Dokumente und Publikationen des IGH und der Sonderorganisationen. Die recherchierbare Datenbank *Depolib* (http://www.unsystem.org/depolib/) enthält Hinweise auf Depotbibliotheken für das Gesamtsystem der Vereinten Nationen.

Ramona Kohrs

Lit.: Instructions for depository libraries receiving United Nations material, UN doc. ST/LIB/13/Rev.5.
Internet: Homepage der United Nations Depository Libraries: http://www.un.org/Depts/dhl/dls.htm; Suchmaschine für Depotbibliotheken: http://www.unsystem.org/depolib

Deutscher Bundestag, Haltung der Parteien zu den UN

Der Beitritt der Bundesrepublik Deutschland 1973 zu den Vereinten Nationen verhalf der Weltorganisation kaum zu größerer Beachtung in der politischen Öffentlichkeit (→ Deutschland, UN-Politik; → Öffentliche Meinung und die UN). Das änderte sich erst mit dem Strukturwandel des internationalen Systems gegen Ende der achtziger Jahre, der Deutschland die Einheit und der Weltorganisation eine enorme Aufwertung als Friedensinstanz brachte.

Seitdem haben alle im Bundestag vertretenen Parteien ihre Grundpositionen zu den Vereinten Nationen in Anträgen und Wahlkampfplattformen in den neunziger Jahren programmatisch dargelegt. Sie sind sich einig, daß die Weltorganisation durch Reformen (→ Reform der UN) institutionell gestärkt werden muß, um in zentralen Politikfeldern handlungsfähig zu sein. Trotz

zahlreicher programmatischer Überein-
stimmungen zeigen Gegenüberstellun-
gen in Bezug auf bestimmte Politikfelder „Auslandseinsätze und internationale Friedenssicherung", „Reform" und
„Finanzen" doch auch deutliche Unterschiede.

SPD

Die SPD trat entschieden für den Ausbau der UNO zu einem funktionsfähi-
gen globalen System → kollektiver
Sicherheit ein. Dennoch lehnte sie Ende
der 80er Jahre jegliche deutsche Beteiligung an *Auslandseinsätzen*, die über
rein humanitäre Aufgaben hinausgehen,
kategorisch ab. Politisch war man überzeugt, daß die Belastungen der deutschen Geschichte Zurückhaltung bei
militärischen Einsätzen gebieten.
Rechtlich glaubten die Sozialdemokra-
ten, daß das Grundgesetz Einsätze bewaffneter Einheiten im Ausland nicht
zuläßt. Die Partei sah sich jedoch im
Laufe der Debatte gezwungen, ihre
ursprüngliche Haltung nach und nach
zu revidieren. Nach dem Urteil des
Bundesverfassungsgerichts zur Grundgesetzkonformität von Auslandseinsätzen unterstützt die SPD die Beteiligung
an friedenserzwingenden Maßnahmen
(→ Friedenssicherung; → Friedensoperationen) als ultima ratio, wenn andere
Mittel gegen Friedensbrüche (→ Frie-
den/-sbegriff/-sbedrohung) und schwere
Menschenrechtsverletzungen (→ Menschenrechte) unwirksam geworden sind.
Da den UN die nötigen Instrumente
und Ressourcen für eine robuste oder
militärische Friedensdurchsetzung fehlen, hält sie es für richtig, daß die
NATO verstärkt Funktionen des Krisenmanagements wahrnimmt. Die Sozi-
aldemokraten beharren aber auf der
Mandatierung der Einsätze durch die
UN, weil es internationalem Recht entspricht und weil sie am Gewaltmonopol
der UNO (→ Gewaltverbot) festhalten
möchten. Die von der SPD-geführten
Regierung unterstützten NATO-
Luftangriffe auf Restjugoslawien im
Frühjahr 1999 betrachten sie als Ausnahme.

Die SPD-Bundestagsfraktion hat in
ihren Anträgen sehr frühzeitig den *Reform*bedarf der Weltorganisation betont.
Ihren Vorstellungen nach wird ein um
Deutschland, Japan und bestimmte
Länder der Dritten Welt erweiterter →
Sicherheitsrat die Legitimität und die
Einschränkung des Vetorechts (→ Ve-
to/-recht) die Effektivität des Gremiums
erhöhen. Eine Neustrukturierung halten
sie auch im Bereich von Entwicklung
(→ Entwicklungszusammenarbeit der
UN) und Umwelt (→ Umweltschutz)
für nötig. Dazu zählen sie eine Aufwertung des → Wirtschafts- und Sozialrates (ECOSOC), die Verwirklichung
der Steuerungs- und Koordinierungsfunktion des → UNDP und die finanzielle Stärkung durch die Erfüllung der
Forderung, 0,7% des BSP für Entwicklungshilfe bereit zu stellen. Ob die
von der rot-grünen Bundesregierung
angekündigte Verbesserung der multilateralen Zusammenarbeit im Rahmen
der UN eine Erhöhung der freiwilligen
Beiträge zur Folge hat, bleibt angesichts
der begonnenen Haushaltskonsolidierung abzuwarten.

CDU/CSU

CDU/CSU änderten in der Frage der
Auslandseinsätze der Bundeswehr nach
Ausbruch des Zweiten Golfkriegs rasch
ihre Position, der zufolge das Grundgesetz einer Teilnahme der Bundeswehr
an Friedensaktionen nicht im Wege
steht. Der vorbehaltlose Beitritt
Deutschlands zu den Vereinten Nationen fordert die Erfüllung aller Rechte
und Pflichten. Die „Bündnisfähigkeit"
Deutschlands mit den Militärallianzen
NATO und WEU rangiert bei der Union eindeutig vor der friedenspolitischen
Stärkung der Weltorganisation. Sie
bestreitet das Gewaltmonopol der UNO
und betont das Recht auf individuelle
und kollektive Selbstverteidigung. Ein
Mandat der UN für Auslandseinsätze
der Bundeswehr ist willkommen, aber
nicht notwendig, um jede Abhängigkeit
von den Vetomächten Rußland und
China zu vermeiden. Daß die Union
dadurch „in nicht unerheblichem Maße
das Recht der Gewaltanwendung von

den Vereinten Nationen wieder auf die Einzelstaaten und Staatenbündnisse zurückverlagert[e]"(*Löwe* 1994, 4), entspricht ihrer realpolitischen Grundhaltung, die souveränen Staaten (→ Souveränität) Vorrang vor internationalen Organisationen einräumt und Systeme kollektiver Verteidigung für wirksamer hält als Systeme kollektiver Sicherheit.

Nach Ansicht von CDU/CSU sind die UN reformbedürftig, aber nur schwer reformfähig. Die Regierungsarbeit der unionsgeführten Ressorts zeigte eine eher skeptische Haltung gegenüber den UN. Bundeskanzler Kohl hat die vom liberal geführten Auswärtigen Amt betriebene Erweiterung des Sicherheitsrats und die ständige Ratsmitgliedschaft Deutschlands nicht wirklich unterstützt. Der christdemokratische Bundesverteidigungsminister lehnte einen Beitrag der Bundeswehr zu den Verfügungsbereitschaftsabkommen (stand-by-arrangements) für UN-Friedenstruppen-Einsätze (→ Friedenstruppen), durch die das Auswärtige Amt die deutsche Kandidatur für einen ständigen Sitz begünstigen wollte, ab. Der Finanzminister betrieb eine Politik des Nullwachstums (→ Haushalt). Reformen durften nichts kosten, die Straffung der Organisation durch den Abbau von Bürokratie hatte faktisch Priorität. Trotz der Verpflichtung, die Ausgaben für öffentliche Entwicklungshilfe auf 0,7% zu steigern, reduzierte man die freiwilligen Leistungen immer stärker, am Ende der Regierungszeit betrugen sie nur noch 0,26% des BSP.

Bündnis 90/Die Grünen

Die Grünen verstehen die UN als wichtiges Bezugssystem ihrer außenpolitischen Vorstellungen. Durch Krisenprävention, herkömmliches Peacekeeping und eine langfristige Zivilisierung der internationalen Politik sollen die UN friedenspolitisch gestärkt werden. Mit der Ablehnung der Ausweitung des Aufgabenspektrums und des Einsatzgebietes der Bundeswehr wollten sie einer befürchteten Militarisierung der deutschen Außenpolitik entgegenwirken.

Außerdem sahen sie die Gefahr, daß sich der Sicherheitsrat zu einem Instrument westlicher Hegemonialinteressen entwickelt. Die Tatsache, daß die Vereinten Nationen gerade gegen die Kriegstradition des 20. Jahrhunderts gegründet und daß sie, im Unterschied zum → Völkerbund, mit dem allgemeinen → Gewaltverbot und der Befugnis, gegen Friedensbrecher notfalls mit Zwangsmitteln (→ Sanktionen) vorzugehen, ausgestattet wurden, spielte keine Rolle. Wie schwierig der Verzicht auf die Unterscheidung zwischen legitimer und rechtsverletzender Gewalt ist, zeigte der Krieg in Bosnien-Herzegowina. Angesichts der Hilflosigkeit des rigorosen Pazifismus gegenüber Greueltaten änderten Teile der Bundestagsfraktion und der Partei von Bündnis 90/ Die Grünen ihre Haltung zur Gewaltfrage. Sie sind überzeugt, daß schweren Menschenrechtsverletzungen notfalls mit militärischen Mitteln entgegengetreten werden muß (→ Menschenrechtsschutz). Das Gewaltmonopol der UN ist dabei unbedingt zu wahren. Wie die SPD betrachtet auch Bündnis90/Die Grünen die von der NATO ohne Mandat der UN durchgeführten Luftangriffe gegen Restjugoslawien nicht als Präzedenzfall.

Ziel der institutionellen Reform ist die Aufwertung und → Demokratisierung der UN. Die Grünen fordern ständige Sitze für unterrepräsentierte Regionen, lehnen jedoch einen ständigen Sitz Deutschlands im Sicherheitsrat ab. Das Vetorecht muß entfallen. Auf wirtschafts- und sozialpolitischen Gebiet sollen asymmetrische Entscheidungsstrukturen zugunsten einer gleichberechtigten Beteiligung der Staaten des Südens korrigiert werden. Außerdem streben die Grünen nach einer Aufwertung des → Wirtschafts- und Sozialrats (ECOSOC) zu einem demokratischen Wirtschafts-, Sozial- und Umweltrat.

Zur Behebung der Finanzkrise der Vereinten Nationen (→ Finanzkrisen) schlagen die Grünen die Abkehr von der Politik des realen Nullwachstums und die Einführung eigenständiger Finanzquellen vor.

FDP

Anders als ihr Koalitionspartner CDU/CSU nahm die FDP anfangs eine rechtlich und politisch restriktive Haltung zu Auslandseinsätzen der Bundeswehr ein. 1989 befürwortete sie lediglich die Teilnahme deutscher Soldaten an der UN-Friedenserhaltung. In rechtlicher Hinsicht hielt sie eine Grundgesetzänderung für notwendig. Konsequenterweise klagte sie wie die SPD vor dem Bundesverfassungsgericht, als Bundeswehrpiloten an Aufklärungsflügen der AWACS im ehemaligen Jugoslawien teilnahmen. Dennoch führte der einsetzende Meinungswandel zu einer schrittweisen Annäherung an die Position der Unionsparteien. Zunächst rang sie sich unter dem Eindruck des Golfkriegs zu einer Zustimmung zu Kampfeinsätzen durch, allerdings mit der Einschränkung, daß ein Mandat der UN vorliegen müsse. Später übernahm sie im gemeinsamen Entwurf einer Verfassungsänderung die Position der CDU/CSU, wonach Kampfeinsätze auch ohne UN-Mandat akzeptabel sind.

Nach anfänglichem Zögern der Regierung erhob das FDP-geleitete Auswärtige Amt einen ständigen deutschen Sitz im Sicherheitsrat zum Kernpunkt seines Engagements für eine UN-Reform. Zur Begründung verwies der Außenminister auf das Mitspracherecht Deutschlands, das sich aus seiner Rolle als drittgrößter Beitragszahler ableite. Andere Reformziele gerieten darüber in den Hintergrund. Die FDP vermochte den ständigen Rückgang der deutschen Finanzmittel an die UN nicht zu stoppen, sie konnte sich jedoch erfolgreich der Versuche aus dem Finanzministerium erwehren, die Pflichtbeiträge nicht mehr voll zu bezahlen.

PDS

Die PDS nimmt hinsichtlich der Bundeswehreinsätze die restriktivste Position ein. Selbst nach dem Urteil des Bundesverfassungsgerichts lehnt sie jeden Einsatz deutscher Streitkräfte im Ausland, auch im Bündnisfall, ab. Ihrer Meinung nach soll sich die Bundeswehr auf die Verteidigungsaufgaben innerhalb der Landesgrenzen beschränken. Alles, was darüber hinaus reicht, kritisiert sie als „Militarisierung der Außenpolitik". Im Bundestagswahlprogramm 1994 forderte sie „das Verbot des Bundeswehreinsatzes außerhalb der Grenzen der BRD". Der Sicherheitsrat gilt als verlängerter Arm der Großmächte und wird kurzerhand unter den Verdacht des „globalen Interventionismus" gestellt. Es gibt weder eine rechtliche Verpflichtung, noch eine politische Notwendigkeit, der UNO Soldaten für ihre Missionen zur Verfügung zu stellen. Anfragen des UN-Generalsekretärs (→ Generalsekretär) an die deutsche Regierung können die PDS offenbar nicht umstimmen. Eine Renationalisierung der deutschen Außen- und Verteidigungspolitik nimmt sie in Kauf. Sie scheut sich denn auch nicht, auf Wahlplakaten mit Blauhelmen und dem Motto „Frieden schaffen ohne Waffen" zu suggerieren, daß es primär die UN sind, die Gewalt in die internationalen Beziehungen bringen.

Eine Reform der Weltorganisation soll der PDS zufolge die Abschaffung des Unterschieds zwischen ständigen und nichtständigen Mitgliedern des Sicherheitsrates, die Schaffung eines Umweltrates, der Verbindlichkeit der Resolutionen (→ Resolution/Deklaration/Beschluß) der → Generalversammlung und einer Sicherung der finanziellen Grundlage der UN, die v.a. aus Reduktionen der Rüstungshaushalte zu gewinnen sind, umfassen.

Fazit

Auf deklarativer Ebene geben sich alle im Bundestag vertretenen Parteien ein UN-freundliches Image. Ein Grund dafür liegt darin, daß die in den Anträgen der Parteien formulierten Ziele und Forderungen auf so hoher Abstraktionsebene angesetzt sind, daß sie sich oft des Tests auf politische Realitätstauglichkeit und der parlamentarischen Prüfung entziehen. Die Kataloge haben nur selten die Form konkreter Handlungsanweisungen. Die Programme der Regierungsparteien lassen sich an der Regierungspraxis überprüfen. Das gilt auch für die neugewählte rot-grüne Koalition. Sie hat durch ihre Koalitionsvereinbarung und andere Willensbekundungen große Erwartungen auf ein konstruktives UN-Engagement geweckt. Ob die Haushaltskonsolidierung eine Umsetzung der selbstgesetzten Ziele erlaubt, bleibt abzuwarten. Wenn sie nicht schafft, zumindest auf einigen Feldern eine Politik des guten Beispiels zu geben, dann werden die Enttäuschungen tief und die Kritik der → NGOs, der Opposition und der politischen Öffentlichkeit heftig sein.

Wolfgang Ehrhart

Lit.: Friedenspolitische Positionen der Parteien. Gegenüberstellung der Wahlprogrammaussagen, in: Wissenschaft und Frieden 1994, H.1/1994, Dossier Nr. 16; *Hoffmann, O.:* Deutsche Blauhelme bei UN-Missionen. Politische Hintergründe und rechtliche Aspekte, in: Koch, E. (Hrsg.): Die Blauhelme. Im Einsatz für den Frieden, Frankfurt/M. u.a. 1991, Stellungnahmen der Parteien des Deutschen Bundestages zum Thema UNO-Einsätze der Bundeswehr, 246 - 255; *Löwe, V.:* Unendliche Geschichte, notwendiger Streit. Die Auseinandersetzung um deutsche Blauhelme, in: VN 42 (1994), 1-7; *Philippi, N.:* Bundeswehr-Auslandseinsätze als außen- und sicherheitspolitisches Problem des geeinten Deutschland, Frankfurt/M.1997; *SPD:* Protokoll vom Außerordentlichen Parteitag Bonn 16.-17. November 1992

Deutscher Bundestag, Unterausschuß Vereinte Nationen

Der Deutsche Bundestag entschloß sich eher spät, der Politik der Vereinten Nationen einen eigenen Ausschuß zu widmen. Achtzehn Jahre vergingen nach dem Beitritt der Bundesrepublik Deutschland zur Weltorganisation, bis man in den Fraktionen und dem Auswärtigen Ausschuß übereinkam, einen *Unterausschuß Vereinte Nationen* (UA VN) einzusetzen, der sich als einziger Ausschuß des Deutschen Bundestages ausschließlich mit den Vereinten Nationen befaßt. Es bedurfte einiger Jahre beharrlicher Arbeit engagierter Abgeordneter, namentlich der Unermüdlichkeit der sozialdemokratischen Parlamentarierin Helga Timm, bis es gelang,

ihn im Hauptausschuß konsensfähig zu machen. Hatte sich das Parlament in den zurückliegenden Jahren eher „geschäftsmäßig und lustlos" (*Skupnik* 1980) mit dem Thema Vereinte Nationen befaßt, so zeigte es sich zu Beginn der 12. Legislaturperiode entschlossen, der Politik der UNO organisatorisch wie inhaltlich einen höheren Stellenwert in seiner Arbeit einzuräumen und mit dem Unterausschuß für eine institutionalisierte Interaktion zwischen ihm und der Regierung zu sorgen. Angesichts des weltpolitischen Umbruchs 1989/90 und der damit einhergehenden Aufwertung der Weltorganisation, die neue außenpolitische Anforderungen ankündigten, wollten die Parlamentarier die deutsche UN-Politik nicht länger der Exekutive zu überlassen. Deshalb wurde am 6. September 1991 erstmalig ein „Unterausschuß Vereinte Nationen/Weltweite Organisationen" des Deutschen Bundestages eingesetzt.

1. Einsetzung und Status des Unterausschusses

Nach der Geschäftsordnung des Deutschen Bundestages können die Ausschüsse Unterausschüsse einrichten, um bestimmte Themen über das politische Tagesgeschäft hinaus gründlicher und kontinuierlicher behandeln zu können. Der Auswärtige Ausschuß hat auf diese Möglichkeit häufig zurückgegriffen. Die Entscheidung darüber wird in der Regel zu Beginn jeder neuen Legislaturperiode getroffen. Sie ist an politische Interessenabstimmung und Konsensbildung zwischen der regierungstragenden Mehrheit und der oppositionellen Minderheit im Ausschuß gebunden, denn gegen den ausdrücklichen Willen von einem Drittel der Ausschußmitglieder ist die Einsetzung eines Unterausschusses nicht möglich.

Die Bezeichnung "Unterausschuß" markiert bereits, daß die jeweilige Einrichtung dem Hauptausschuß nachgeordnet ist. Das betrifft sowohl seine Einrichtung wie seine Rechenschaftspflicht. Wie die anderen Unterausschüsse arbeitet auch der UA VN dem Auswärtigen Ausschuß zu und gibt ihm

Rechenschaft über seine Aktivitäten; in der Regel geschieht dies in der Form eines jährlichen Berichts des Vorsitzenden des Unteraussschusses an den Hauptausschuß. Normalerweise stammen die Mitglieder eines Unterausschusses fast ausnahmslos aus dem Hauptausschuß. Beim Auswärtigen Ausschuß hingegen ist es üblich, daß sich die Mitgliedschaften seiner Unterausschüsse aus verschiedenen Ausschüssen rekrutieren. So setzt sich der Unterausschuß VN aus Mitgliedern des *Auswärtigen Ausschusses*, des *Ausschusses für wirtschaftliche Zusammenarbeit* und des *Verteidigungsausschusses* zusammen; der Vorsitzende war allerdings immer Mitglied des Auswärtigen Ausschusses.

2. Arbeitsprogramm und Funktionen

Während die Fachausschüsse die Programme und Aktivitäten der UNO nur unter ressortspezifischen Aspekten behandeln, sind die parlamentarischen Beratungen des UA VN *ressortübergreifend* ausgerichtet und können im Prinzip sämtliche Bereiche der Vereinten Nationen oder anderer globaler Organisationen, die zur UN-Familie (→ UN-System) gehören, erfassen. Das Arbeitsprogramm des UA VN ist weniger sektoral, sondern durch Querschnittsaufgaben bestimmt. Dadurch wird er in die Lage versetzt, verschiedene thematische Stränge, die durch die Ausschüsse aus fachlichen Gründen aufgesplittert werden, zu bündeln und in den Zusammenhang des UN-Systems zu rücken. Ressortübergreifende Fragestellungen wie die nach der Stärkung und der Reform der Weltorganisation (→ Reform der UN) können hier ohne fachspezifischen Blickwinkel systematisch angegangen werden.

Das Arbeitsprogramm des UA VN ist durch eine doppelperspektivische, gleichsam nach innen wie nach außen gerichtete Aufgabenstellung bestimmt. Nach innen begleitet er mit parlamentarischen Mitteln die UN-Politik der Bundesregierung (→ Deutschland, UN-Politik) ; außerdem bietet er der Fachöf-

fentlichkeit, die vornehmlich aus nichtstaatlichen Organisationen (→ NGOs), UN-Institutionen und Wissenschaftlern besteht, die Möglichkeit, auf die parlamentarische Arbeit Einfluß nehmen zu können, indem er ihre Vertreter und Experten zu Sitzungen einlädt, Anhörungen veranstaltet oder auf andere Weise einen Informationsaustausch herstellt. Nach außen soll der UA wirksam werden, indem er parlamentarische Kontakte zu den Vereinten Nationen und ihren → Sonderorganisationen aufbaut und unterhält und an internationalen parlamentarischen Initiativen mitwirkt, die die Stärkung der UNO zum Ziel haben. Dazu gehört auch die verstärkte Beteiligung der deutschen Politik an der internationalen UN-Reformdiskussion.

Neben der Beratung von Vorlagen aus dem Plenum widmet sich der UA VN hauptsächlich dem politischen Dialog über aktuelle und grundsätzliche Fragen der UN-Politik. Da die Gesetzgebung des Parlaments auf dem Gebiet der Außenpolitik nur eine geringe Rolle spielt, gewinnt das Selbstbefassungsrecht im Auswärtigen Ausschuß und seinen Unterausschüssen an Gewicht. Für den UA VN bedeutet dies, daß er seine Tagesordnung selber bestimmen kann, einer Absprache mit dem Auswärtigen Ausschuß bedarf es nicht. In der Regel bittet der UA die Bundesregierung um einen Bericht zum jeweiligen Tagesordnungspunkt. An ihn schließt sich eine vertiefende Befragung des Vertreters des Auswärtigen Amtes oder anderer Ministerien und eine Aussprache unter den Mitgliedern des UA VN an. In der Regel tagt der UA VN nicht öffentlich, er kann jedoch auf Beschluß öffentlich tagen.

Kontrolle, Information und Mitwirkung an der Politik der Bundesregierung sind die wichtigsten Funktionen, denen der politische Dialog im UA dient. Durch die Berichte der Bundesregierung und die Befragung von Experten sicherten sich die Mitglieder des UA VN einen ständigen Informationszufluß zu Themen, auf die sich ihr politisches Interesse richtete. Informationsbeschaffung ist eine der entscheidenden Voraussetzungen, um politisch agieren und d.h auch, die Regierung kontrollieren zu können. In erster Linie bezieht sich die Kontrolle auf die Überprüfung des Regierungshandelns mit den deklarierten eigenen Zielsetzungen (politische Richtungskontrolle); sie erstreckt sich auch auf den ökonomischen Einsatz zieladäquater und wirksamer Mittel (Effizienzkontrolle). Da in der parlamentarischen Demokratie nicht der Dualismus von Parlament und Regierung, sondern das Gegenüber von Regierung und parlamentarischer Mehrheit einerseits und Minderheitsopposition andererseits kennzeichnend ist, zeigten die Vertreter der Opposition auch im UA VN naturgemäß ein stärkeres Interesse an der Regierungskontrolle. Sie nutzen deshalb den UA stärker als Instrument der Information und des kritischen Hinterfragens; umgekehrt achteten ihre Kollegen aus den Regierungsfraktionen darauf, daß bei Abstimmungen über konkurrierende Anträge die Koalition ihre Mehrheit zur Geltung bringen konnte. Allerdings wollte die Opposition nicht allein auf das kritische Geschäft setzen, sie versuchte auch, die Positionen der Bundesregierung zu beeinflussen und mit ihren eingeschränkten Mitteln die deutsche UN-Politik mitzugestalten. Ein Weg dazu war, gemeinsame Positionen im UA auszuloten und in fraktionsübergreifende Anträge - etwa zur UN-Friedenspolitik in der Westsahara - einfließen zu lassen.

3. Thematische Schwerpunkte

In der 12. und 13. Legislaturperiode des Deutschen Bundestages hat der UA VN ein weitgefächertes Arbeitsprogramm absolviert. Schwerpunkte der Ausschußsitzungen bildeten die aktuellen Krisenherde, in denen die UN friedenspolitisch engagiert waren und sind, die Reform und Stärkung der Weltorganisation, die Finanzkrise (→ Finanzkrisen), die → Weltkonferenzen und die UN-Politik der Bundesregierung (→ Deutscher Bundestag, Haltung der Parteien zur UN).

Der Bedeutungsgewinn der VN auf dem Gebiet der internationalen → Friedenssicherung seit dem Ende des Ost-West-Konflikts währte nur einige Jahre. Nach den Fehlschlägen einiger friedenserhaltenden Missionen (→ Friedensoperationen; → Friedenstruppen) ging deren Zahl Mitte der neunziger Jahre fast so schnell zurück, wie sie in der ersten Hälfte der Dekade gestiegen war. Deshalb erschienen die Friedenserhaltenden Missionen in der 13. Legislaturperiode weniger häufig auf der Tagesordnung des UA VN als in der 12. Einigen Krisenherden wandte er seine besondere Aufmerksamkeit zu; dazu gehörten neben Zypern und Zentralafrika vor allem die Konflikte in der Westsahara und auf dem Balkan. Am Anfang des Jahrzehnts rückte die Frage des Engagements Deutschlands bei UN-Missionen in den Mittelpunkt der außenpolitischen Diskussion. Streitthema war nicht der Einsatz deutschen Personals mit humanitärem oder polizeilichem Auftrag jenseits der Grenzen des Nato-Bündnisses, den es schon vor der deutschen Vereinigung, z.B. in Namibia und in Mittelamerika gegeben hatte; kontrovers war vielmehr, ob die Teilnahme bewaffneter Bundeswehreinheiten an Friedenserhaltenden Missionen oder militärischen Zwangsmaßnahmen (→ Sanktionen) mit dem Grundgesetz vereinbar sei. Die Auseinandersetzungen verliefen nicht nur zwischen der konservativ-liberalen Regierung und der sozialdemokratischen bzw. grünen Opposition, sondern auch innerhalb des Regierungs- und des Oppositionslagers. Die Gesetzesanträge zur Klarstellung der Grundgesetzkonformität von Bundeswehreinsätzen „out-of-area" von SPD-Opposition (Drs. 12/2893) und Koalition (Drs. 12/4107) drangen erst gar nicht bis zum UA VN vor. Mangels politischer Einigung wurde die Rechtslage schließlich vom Bundesverfassungsgericht mit seinem Urteil vom 12. Juli 1994 klarstellt. Zwar ist damit die Entscheidung über einen Einsatz „out of area" primär eine politische Frage; gleichwohl bleiben auch künftig Rechtsfragen zu beantworten, denn zum einen wird das Parlament über sein Entscheidungsrecht wachen, zum anderen wird es immer wieder mit der Frage konfrontiert werden, ob Einsätze mit dem geltenden Völkerrecht in Einklang stehen.

Von Anfang an war der UA VN bestrebt, den Haushaltsausschuß bei der Kontrolle der Finanzausgaben zu unterstützen. Sein Einfluß ist hier jedoch sehr begrenzt. Mitwirken kann der UA VN nur auf indirektem Weg, entweder über die Änderungsvorschläge der Berichterstatter oder über ein Votum des Hauptausschusses. Zwar gelang es ihm 1998, die rabiaten Kürzungen beim Entwicklungsprogramm der UN (→ UNDP) zu entschärfen, aber mit seinem Petitum, die restliche Beitragsschuld der DDR mit einer Einmalzahlung zu begleichen, konnte er sich, trotz Unterstützung vom Auswärtigen Amt, nicht durchsetzen.

Einer der herausragenden Arbeitsschwerpunkte des UA ist die *Reform* der UN, eine permanente politische Aufgabe. Am 9. November 1992 hielt der UA eine öffentliche Anhörung zum Thema „Reform der Vereinten Nationen" ab. Einig waren sich alle Experten darin, daß die wachsende Zahl der Aufgabenbereiche der UN und deren schwierige Finanzlage tiefgreifende Reformen dringend erfordern. Dazu gehört die Erneuerung der Zusammensetzung des → Sicherheitsrates. Sie stuften die Arbeit des → Wirtschafts- und Sozialrates (ECOSOC) als unbefriedigend ein und forderten zur Verbesserung der Zahlungsmoral, Sanktionsmaßnahmen wie der konsequentere Entzug des Stimmrechts in der → Generalversammlung und die Erhebung von Zinsen für nicht geleistete Beitragsleistungen (→ Haushalt). Im Bereich der → Menschenrechte kommt es nach Ansicht der Sachverständigen weniger auf neue Normen als vielmehr auf deren Durchsetzung an (→ Menschenrechtsschutz; → Menschenrechtskonventionen und ihre Durchführungsorgane). Von der Bundesregierung verlangten sie eine effizientere Koordinierung der UN-Politik auf nationaler

Ebene zwischen den Ressorts, zwischen Regierung und Parlament sowie eine noch engere Abstimmung im EG-Rahmen angeregt (→ EU, GASP in den UN). Die Ergebnisse und Hinweise der Anhörung gaben dem UA zahlreiche Anregungen für seine Arbeit.

Zur Positionsbestimmung und Vertiefung der Diskussion über die Erneuerung der Weltorganisation erarbeiteten die im Bundestag vertretenen Parteien jeweils eigene Anträge. Nachdem die SPD- Opposition bereits 1991 einen Antrag mit dem Titel „Reform der Vereinten Nationen" (Drs. 12/1719) eingebracht hatte, legte die Koalition Ende 1992 ihre Auffassungen in zwei Anträgen (Drs. 12/3702, 12/3703) vor; später folgten die Bündnisgrünen (Drs. 12/5728) und die PDS (Drs. 12/4568) mit jeweils eigenen Vorlagen. Unstrittig war der Reformbedarf und die Notwendigkeit einer Stärkung der UN, Prioritäten und Schwerpunkte der Erneuerung wurden hingegen unterschiedlich akzentuiert. Daran scheiterte auch der Versuch, im UA VN einen gemeinsamen Antrag von Koalition und SPD-Opposition zustande zu bringen. In den folgenden Jahren hat sich der UA immer wieder mit einzelnen Fragen der UN-Reform auseinandergesetzt; im Vordergrund stand die Anpassung des Sicherheitsrates an die Veränderungen des internationalen Systems, die Verbesserung der friedenserhaltenden Operationsfähigkeit der Vereinten Nationen sowie die Finanzkrise der UN. Die Funktionsfähigkeit des Wirtschafts- und Sozialrates diskutierte der UA ebenso wie den Reformbedarf einzelner Sonderorganisationen und Programme.

Ein weiteres zentrales Anliegen des UA VN war die verbesserte Durchsetzung des Völkerrechts. Infolgedessen wurden der Internationalen Gerichtshof (→ IGH), die Ad-hoc-Strafgerichtshöfe für Ex-Jugoslawien und Ruanda und die Einrichtung eines UN-Seegerichtshof (→ ITLOS) in Hamburg mehrfach Gegenstand seiner parlamentarischen Beratungen. Er regte die Anerkennung der obligatorischen Rechtsprechung des IGH an und überzeugte sich durch eine

Reise nach Den Haag von der Arbeit des Tribunals für Ex-Jugoslawien. Darüber hinaus unterstützte der UA die von der Bundesregierung betriebene Gründung eines ständigen Internationalen Strafgerichtshofs (→ ICC).

Die Reisen des UA VN dienen der Information aus erster Hand und dem Aufbau eines eigenen Netzes außenpolitischer Kontakte. Bei ihren Besuchen in New York wurden die Mitglieder des UA von → Generalsekretären Boutros Boutros-Ghali und Kofi Annan empfangen. Neben Besuchen bei den UN-Institutionen in New York, Genf, Wien und Nairobi (→ UN Platz New York, → UN-Platz Genf, → UN-Platz Wien, → UN-Platz Nairobi) reiste der UA auch nach Schweden, um sich über die Ausbildung von Peacekeepern zu informieren. 1994 besuchten sie die Westsahara und konferierten mit den beiden Konfliktparteien über die Lösung des Konflikts; dabei trugen mit ihren Mitteln zur Freilassung von Gefangenen bei.

Der UA thematisierte wiederholt die *Personalpolitik der Bundesregierung* in *der Weltorganisation* (→ Personal). Die Bundesregierung wurde im UA mehrfach zur Herstellung einer angemessenen personellen Repräsentanz Deutschlands in den UN, zur Verbesserung der Einkommens- und Pensionsbedingungen und der Nachwuchsförderung sowie zur interministeriellen Koordinierung dieser Fragen gebeten. Der Verband für deutsche Bedienstete in internationalen Organisationen (VDBIO) hatte den UA immer wieder auf die Probleme der deutschen Personalpolitik aufmerksam gemacht. Die SPD-Opposition griff die Kritik des VDBIO auf und drängte die Bundesregierung mit einer detaillierten Kleinen Anfrage zu einer Offenlegung über den Anteil deutscher Bediensteter bei den UN und ihren Sonderorganisationen (Drs. 13/4067). Die Einrichtung einer Staatssekretärsrunde im Bundeskanzleramt zur Koordinierung der Personalpolitik kann als Teilerfolg dieser Bemühungen gelten.

4. Bilanz

Die Tatsache, daß die Vereinten Nationen nicht länger ein vernachlässigtes Thema im Deutschen Bundestag sind, ist nicht zuletzt den Aktivitäten des UA VN zu verdanken. Als Impulsgeber und Katalysator hat er dazu beigetragen, daß das Plenum in den neunziger Jahren deutlich mehr Debatten über die Weltorganisation als in den vorangegangenen Jahrzehnten führte. Er lud auch mehrfach, eher unüblich, andere Ausschüsse zu gemeinsamen Sitzungen ein, um bestimmte Anliegen der UN-Politik im Parlament voranzubringen. Die Arbeit des UA hat eine Reihe sichtbarer Resultate vorzuweisen, z.B. die Erhöhung des deutschen Beitrags an das Menschenrechtsbüro in Genf (→ Menschenrechte – Zentrum für Menschenrechte/Hoher Kommissar für Menschenrechte), die Verhinderung des Austritts Deutschlands aus der → UNIDO, die Mitwirkung bei der Freilassung von Gefangenen in der Westsahara oder die Entschärfung von Kürzungen freiwilliger Beiträge an Einrichtungen der UNO.

Gleichwohl blieb sein Einfluß innerhalb des Parlaments wie auf die UN-Politik der konservativ-liberalen Bundesregierung begrenzt. Bei öffentlichkeitswirksamen Plenardebatten über Angelegenheiten der Vereinten Nationen kamen die Mitglieder des UA oft nur als nachgeordnete Redner zum Zuge. Meist plazierte der Ältestenrat die Tagesordnungspunkte so spät, daß die Chance für eine öffentliche Resonanz von vornherein gering war. Der UA konnte sich ferner nicht mit seinem fraktionsübergreifenden Vorschlag durchsetzen, eine Feier im Deutschen Bundestag zum 50jährigen Bestehen der Vereinten Nationen zu veranstalten. Auch die Regierung war, wie das Fernbleiben Bundeskanzlers Kohls von der zentralen Feier in New York zeigte, desinteressiert. Ernüchternd wirkte schließlich die personelle Verkleinerung des UA, die er zu Beginn der 13. Legislaturperiode hinnehmen mußte.

Zu berücksichtigen bleibt, daß der Arbeit des UA strukturelle Grenzen gesetzt sind. Er ist ein Beratungs-, kein Entscheidungsgremium. Sein Votum über Anträge hat lediglich empfehlenden Charakter, ein Initiativrecht genießt er nicht. Als einheitlicher politischer Akteur kann er nur bedingt wirken, da auch er sich nicht den Spielregeln der politischen Konkurrenz zwischen parlamentarischer Mehrheit und oppositioneller Minderheit entziehen kann. Außerdem ist der Aktionsradius eines Unterausschusses geringer als der eines Hauptausschusses. Beratungen z.B. über einen Antrag der Bundesregierung über einen Auslandseinsatz der Bundeswehr finden im Auswärtigen Ausschuß statt, der UA VN kommt erst gar nicht zum Zuge. Dessen Nachordnung ist auch personell spürbar: Minister oder der Generalsekretär der UN erscheinen im Haupt-, nicht im Unterausschuß.

Daß der UA VN in der 14. Legislaturperiode wieder eingerichtet wurde, ist ein Erfolg für ihn und die Sache der UN im Deutschen Bundestag. Der Umstand, daß seine offizielle Bezeichnung nur noch "Unterausschuß Vereinte Nationen" lautet und der Zusatz „weltweite Organisationen" entfallen ist, bedeutet keinen Kompetenzverlust, sondern signalisiert mehr seine Konzentration auf das UN-System. Um seinen Einfluß innerhalb und außerhalb des Parlaments zu steigern, wird er seine Kooperation mit den nichtstaatlichen Organisationen (NGOs) und der Fachöffentlichkeit verstärken müssen. Der UA könnte sich die Tatsache, daß sich in den letzten Jahren eine wachsende Zahl deutscher NGOs der Arbeit der UN zuwenden, energischer zunutze machen. Mehr Anhörungen, häufigere öffentliche Sitzungen mit geladenen Vertretern der UN-Institutionen, der NGOs und der Medien, eine regelmäßige Berichterstattung sowie klare Prioritätensetzungen beim Arbeitsprogramm bieten sich als Optionen an. Aber auch die NGOs sollten den UA VN gezielter für ihre Anliegen angehen; die Verteilung von Thesenpapieren und Forderungskatalogen reicht nicht aus. Ein verbessertes Zusammenspiel zwischen NGOs und dem UA VN kann der deutschen UN-Politik nur förderlich sein. Die neugewählte Bundesregierung aus SPD und Bündnis90/Die Grünen hat angekündigt, die Vereinten Nationen stärker als bisher zu fördern. Ob der UA VN dadurch die Chance erhält, seinen parlamentarischen Einfluß zu stärken, bleibt vorerst offen.

Eberhard Brecht/Wolfgang Ehrhart

Lit.: *Ehrhart, W.:* UN-Politik: nicht mehr allein der Exekutive überlassen. Der neue Unterausschuß 'Vereinte Nationen/ Weltweite Organisationen' des Deutschen Bundestages, in: VN 41 (1993), 132 -137; *Ehrhart, W.:* Deutscher Bundestag: Vorschläge zur UN-Reform, in: VN 41 (1993),. 205-206; *Ehrhart, W.:* Bericht über die UN-Politik im Deutschen Bundestag, in: VN 44 (1996), 156-158; *Ehrhart, W.:* Deutscher Bundestag: Große Anfrage zur Reform der Vereinten Nationen, in: VN 45 (1997), 185-187; *Ehrhart, W.:* Nicht im Rampenlicht, aber wirkungsvoll. Der Unterausschuß 'Vereinte Nationen/Internationale Organisationen' des Deutschen Bundestages nach zwei Legislaturperioden, in: VN 46 (1998), 131-135; *Hüfner, K.:* Deutsche VN-Politik im Bundestag, in: DGVN (Hrsg.): 20 Jahre deutsche Mitgliedschaft in den VN auf dem Prüfstand, (Blaue Reihe Nr. 52) Bonn 1994, 37-47; *Jung, K.:* Deutscher Bundestag: UN-Politik der Bundesregierung unter der Lupe, in: VN 37 (1989), 126-127; *Münzing, E. /Pilz, V.:* Der Auswärtige Ausschuß des Deutschen Bundestages: Aufgaben, Organisation und Arbeitsweise, in: Zeitschrift für Parlamentsfragen, Heft 4/1998, 575-604; *Skupnik, W.:* UNO: notwendig, nützlich und ziemlich unbeachtet. Die Vereinten Nationen als Thema des 8. Deutschen Bundestages, in: VN 28 (1980), 131-136; *Unser, G.:* Die UNO. Aufgaben und Strukturen der Vereinten Nationen, 6. neubearb. u. erw. Aufl., München 1998.

Deutscher Übersetzungsdienst

Aufgrund einer gemeinsamen Initiative der damals drei deutschsprachigen Mitgliedsländer (Österreich, Bundesrepublik Deutschland, Deutsche Demokratische Republik) wurde mit GA Res. 3355 (XXIX) vom 18.12.1974 ein voll ins → Sekretariat integrierter kleiner

Deutscher Übersetzungsdienst geschaffen, der über einen Treuhandfonds separat (inzwischen von Deutschland und Österreich, unter Beteiligung von Liechtenstein und des Nicht-Mitglieds Schweiz) finanziert wird und mit Wirkung vom 1. Juli 1975 alle → Resolutionen des → Sicherheitsrats und der → Generalversammlung (samt den ggf. im Anhang enthaltenen Übereinkommen), die auch in Jahresbänden erscheinen, die Jahresberichte des Sicherheitsrats, des Generalsekretärs und anderer Organe an die Generalversammlung sowie eine Reihe von anderen wichtigen Texten (so z.B. auch die Geschäftsordnungen der Generalversammlung und des Sicherheitsrats) offiziell ins Deutsche übersetzt und in gleicher Form wie in den sechs → Amtssprachen veröffentlicht.

Zwischenüberschrift

Eine Übersichtsliste sämtlicher bisher übersetzten deutschsprachigen UN-Texte, die auch wichtige, schon vor 1975 verabschiedete und im deutschen Übersetzungsmanuskript vorliegende Resolutionen einschließt, kann über das Internet (http://www.un.org/Depts/german/gts-0/gts-0.htm) abgerufen werden. Eine Auswahl dieser übersetzten deutschsprachigen Texte, darunter die neueren Resolutionen, kann ebenfalls über die Internetadresse des Deutschen Übersetzungsdienstes abgerufen werden (http:/www.un.org/Depts/german/h2-d. htm). Der Deutsche Übersetzungsdienst hat damit innerhalb der Vereinten Nationen Pionierarbeit geleistet, indem er als erster Sprachendienst eine Website eingerichtet hat, die es ermöglicht, deutsche Übersetzungen von aktuellen Texten der Vereinten Nationen auf elektronischem Weg zu veröffentlichen und sie so rascher einem breiteren Publikumskreis zugänglich zu machen.

Alle gedruckt vorliegenden deutschsprachigen UN-Texte können bei allen Organen bzw. Organisationen des → UN-Systems und bei den offiziellen → Depotbibliotheken der UN eingesehen oder über den Buchhandel bzw. die Vertriebsstellen (Sales Section) der Vereinten Nationen in Genf oder New York (→ Publikationen der UNO; Internet: http://www.un.org/Pubs/ sales.htm) sowie über die Deutsche Gesellschaft für die Vereinten Nationen (Poppelsdorfer Allee 55, D-53115 Bonn, Tel. 0228-949000, Fax: 0228-217492) bestellt werden. Die wichtigsten Resolutionen werden auch regelmäßig in deutscher Übersetzung nachgedruckt in der von der DGVN herausgegebenen Zeitschrift „Vereinte Nationen" sowie in der Zeitschrift „Internationale Politik".

Der Deutsche Übersetzungsdienst hat ferner 1986 die bisher umfassendste, in deutsch, englisch und französisch gehaltene und daher auch von anderen UN-Sprachendiensten benutzte Zusammenstellung sämtlicher Organisationsnamen, Akronyme, Titel, Deklarationen etc. des gesamten Systems der Vereinten Nationen herausgegeben. In dieser sogenannten „Dreisprachenliste" sind die einzelnen Organe und Unterorgane nicht nur alphabetisch, sondern im Hauptteil auch hierarchisch dargestellt und werden Entstehung, Zweck, Sitz, Mitgliedschaft etc. der wichtigsten Organe und Konferenzen in deutschsprachigen Fußnoten erläutert. Die Liste, deren → Terminologie in allen Sprachen dem offiziellen Sprachgebrauch der Vereinten Nationen entspricht, kann als „Dreisprachenliste Vereinte Nationen" (Trilingual Compendium of United Nations Terminology; Compendium trilingue de terminologie -des Nations Unies) über den Buchhandel oder die genannten Vertriebsstellen bestellt werden (Band I-IV, 1665 S., $ 75.-, United Nations Publication Sales No. E/F/G.86.I.20). Die inzwischen in einer Datenbank erfaßte Terminologie wird laufend aktualisiert und erweitert, eine Neuauflage der Dreisprachenliste ist vorgesehen. Der Deutsche Übersetzungsdienst beantwortet auch Anfragen zur Terminologie (Ansprechpartner Karl Scharf, Tel. 001-212-963-4489, Telefax: 001-212-963-2577, E-Mail: deutsch@ un.org).

Nach dem Vorbild des Arabischen, dessen ähnlicher, im Beitrittsjahr Österreichs (1955) geschaffener kleiner

Dienst 18 Jahre später, im Beitrittsjahr der damals zwei deutschen Staaten (1973), zum Amtssprachendienst umgewandelt wurde, war auch der Deutsche Dienst als Vorstufe zu einem späteren Deutschen Amtssprachendienst gedacht. Obwohl die nötige Mehrheit in der → Generalversammlung dafür gesichert schien und sich die Kosten zwar verzehnfacht hätten, aber für die deutschsprachigen Länder mit ihrem etwa 10prozentigen Anteil am → Haushalt etwa gleichgeblieben wären, hat der Deutsche Dienst jedoch mangels entsprechender Initiativen bis heute seinen Status als Übersetzungsdienst einer weiteren *offiziellen Sprache* für bestimmte Dokumente, wenn auch nicht einer Amtssprache, behalten.

Der *Nutzen* der deutschen Texte liegt daher weniger in einer operativen Verwendung (bei der nur Amtssprachen verwendet werden können und die meist eng miteinander verflochtenen Texte vollständig vorliegen und unmittelbar zitierbar sein müssen) als vielmehr in der einheitlichen *Zitierbarkeit* wichtiger Texte der Vereinten Nationen im gesamten deutschen Sprachgebiet sowie vor allem darin, daß - wie es im „Erläuternden Memorandum" der Antragsteller heißt - deutsche Texte „die entsprechende Arbeit von Regierungs- und Verwaltungsstellen sowie von parlamentarischen Körperschaften beträchtlich erleichtern, die Arbeit von politischen und wissenschaftlichen Institutionen voranbringen" und insbesondere „die Aufmerksamkeit der Allgemeinheit für Ziele, Aufgaben und Tätigkeit der Vereinten Nationen erhöhen, die internationale Verständigung fördern und damit zur Verwirklichung der Ziele der Charta beitragen" (UN Doc. A/9705 vom 16.8.1974, Orig. Englisch).

Ruprecht Paqué

Lit.: *Ammon,U.:* Die internationale Stellung der deutschen Sprache, Berlin/New York 1991; *Paqué, R.:* Deutsch im Rahmen der Vereinten Nationen? (Stiftung Wissenschaft und Politik Ebenhausen, SWP-AZ 1094 vom Dezember 1972), Ebenhausen 1972; *Paqué, R.:* Deutsche Sprachentscheidungen im politischen Umfeld der Vereinten Nationen, in: Multilingua 2 (1983) H.1 u. H. 4; *Paqué, R.:* Vielsprachigkeit, Mehrsprachigkeit, Einsprachigkeit – Zu den Sprachen der Vereinten Nationen und zur Resolution 50/11 der Generalversammlung über ‚Multilingualism‘, in: VN 45 (1997), 61-68; *Scharf, K./Böhm, B.:* Arbeitgeber Internationale Organisation. Als Übersetzer bei den Vereinten Nationen, in: Kurz, I./Moisl, A. (Hrsg.): Berufsbilder für Übersetzer und Dolmetscher, Wien 1997, 62-69. **Internet:** Homepage des Deutschen Übersetzungsdienstes: http://www.un.org/ Depts/german

Deutschland, UN-Politik

Deutschland und später Japan waren der Anlaß für die UNO. Sie wurde aus den Erfahrungen des von Deutschland entfachten Zweiten Weltkriegs von den 50 Staaten gegründet, die in ihm Deutschland den Krieg erklärt hatten. Dieser Ursprung fand seinen Niederschlag in den → Feindstaatenklauseln der UN-Charta (Art. 53 und 107) (→ Charta der UN). Sie sind freilich spätestens seit 1973 für Deutschland obsolet geworden, als die Bundesrepublik und die DDR (→ DDR, UN-Politik) als „friedliebende Staaten" in die UNO aufgenommen wurden, da sie „nach dem Urteil der Organisation fähig und willens sind, die Verpflichtungen der UNO zu erfüllen" (Art. 4 der Charta). Das Verhältnis Deutschland-UNO entwickelte sich bis zu seinem heutigen Zustand in drei Phasen.

Phase 1: 1945 - 1949

In den wenigen ersten Jahren zwischen dem Ende des Zweiten Weltkriegs 1945 und der Gründung der Bundesrepublik Deutschland und der Deutschen Demokratischen Republik (DDR) 1949 war das besiegte und besetzte Deutschland zum Teil Objekt der UNO. Die UN Relief and Rehabilitation Administration (UNRRA), die bereits 1943 noch während des Entstehens der UNO für die Repatriierung der von Deutschland verschleppten Menschen gegründet worden war, und weitere UN-Organisationen zur Betreuung dieses Personenkreises (→ UNHCR) sowie die

69

Organisation zum Schutze der Kinder → UNICEF operierten auf dem Terrain des von den Besatzungsmächten regierten Deutschland.

Zweimal war auch die mit dem Kalten Krieg einhergehende Teilung Deutschlands Thema der UNO. 1948/49 befaßte sich der → Sicherheitsrat mit der Blockade Berlins durch die Sowjetunion, konnte jedoch wegen des von dieser eingelegten Vetos zu keinem Beschluß gelangen. Die Blockade wurde durch unmittelbare Verhandlungen zwischen den USA und der Sowjetunion beendet (→ Geschichte der UN).

Zwei Jahre später und in dem die europäische Politik nun schon prägenden Kalten Krieg baten die Bundesrepublik und die drei westlichen Besatzungsmächte die → Generalversammlung, die Abhaltung von freien Wahlen zu einer deutschen Nationalversammlung in den vier Besatzungszonen prüfen zu lassen. Das Unternehmen endete damit, daß der von der Generalversammlung eingesetzten Prüfungskommission 1952 die Einreise in die DDR verweigert wurde. Von da ab war die Teilung Deutschlands kein Thema der UNO mehr. Die Bundesrepublik und ihre Alliierten entwickelten im übrigen auch die Politik, die deutsche Teilung wegen der damit verbundenen Unwägbarkeiten nicht mehr zum UN-Thema werden zu lassen.

Phase 2: 1949 - 1973

In ihrer zweiten Phase, die von der Gründung der Bundesrepublik und der DDR (1949) bis zum Beitritt der beiden deutschen Staaten zur UNO (1973) reicht, waren die Beziehungen Deutschlands zur UNO die Sache der Bundesrepublik.

Diese orientierte sich bereits mit ihrer Gründung auf eine möglichst baldige Teilnahme an internationalen Organisationen. Ferner war ihre Gründung Teil der Einbindung Westdeutschlands in Westeuropa und in die NATO. Der Artikel 24 des Grundgesetzes, der vorsieht, daß sich die Bundesrepublik unter Abgabe von Hoheitsrechten „einem

System gegenseitiger kollektiver Sicherheit einordnen" kann, entstand vor dem Hintergrund der UNO als dem einzigen damals bestehenden solchen System (→ Kollektive Sicherheit) und vor dem Hintergrund des entstehenden Militärbündnisses NATO. Im Deutschlandvertrag von 1954, mit dem das Besatzungsregime beendet und der Beitritt der Bundesrepublik zur NATO vorbereitet wurde, verpflichtete sich die Bundesrepublik, „ihre Politik im Einklang mit den Prinzipien der Vereinten Nationen zu führen".

Generell wurde in den Anfangsjahren der Bundesrepublik, in denen deren außenpolitisches Hauptziel die Rückkehr in die internationale Völkergemeinschaft war, die UNO in der deutschen Politik häufig als eine Art übergeordnete Institution und Berufungsinstanz verstanden. In wichtigen Erklärungen mit internationalem Bezug wurde im Bundestag und bei anderen Gelegenheiten immer wieder bekennend auf die „Grundsätze und Ziele der Vereinten Nationen" Bezug genommen.

Noch vor dem für ihre Politik in Europa wichtigen Beitritt zum Europarat (1951) konnte die Bundesrepublik bereits 1950 in eine der großen → Sonderorganisationen der UNO aufgenommen werden: in die Welternährungsorganisation (→ FAO). Dank der Unterstützung ihrer Alliierten konnte sie in der (bis zur Entstehung der Dritten Welt in den sechziger Jahren westlich beherrschten) UNO 1952 in New York (wie die Schweiz und der Vatikanstaat) eine Beobachtermission (→ Beobachterstatus) einrichten. 1954 folgte eine weitere solche Mission am zweiten → UN-Platz Genf.

1955 - sechs Jahre nach ihrer Gründung und zu dem Zeitpunkt, zu dem sie ihre (wenn auch eingeschränkte) → Souveränität erhielt und der NATO beitrat - war die Bundesrepublik Mitglied in allen UN-Sonderorganisationen geworden, wie etwa der Kulturorganisation → UNESCO, der Gesundheitsorganisation → WHO und der Arbeitsorganisation → ILO. Zudem war sie, was nicht unbedingt von den Themen her, aber UN-politisch von Bedeutung war, auch Mitglied all derjenigen Spezialorganisationen, die der Generalversammlung unmittelbar zugeordnet sind, wie etwa der Kinderschutzorganisation UNICEF und der Flüchtlingsorganisation UNHCR. Die UN-Mitgliedschaft der Bundesrepublik (→ Mitgliedschaft/Repräsentation von Staaten) unterschied sich somit von einer Vollmitgliedschaft im Grunde nur dadurch, daß sie zum einen nicht in der Generalversammlung und zum anderen nicht im Sicherheitsrat Mitglied war.

Die Bundesrepublik nutzte bis zur Herstellung der deutschen Einheit (1990) ihre UN-Mitgliedschaft zurückhaltend. Ihre UN-Politik war ein zwar nicht unwichtiger, aber doch eher beigeordneter Teil ihrer Außenpolitik. Es gab für sie - anders als etwa für die ehemaligen europäischen Kolonialmächte (→ Entkolonialisierung), keine weltpolitischen Vorgaben. Ferner hatte auch für die UN-Politik der Bundesrepublik - wie für ihre gesamte Außenpolitik - während der Jahrzehnte des Kalten Krieges ihre Zugehörigkeit zum Westblock Vorrang vor allen anderen Überlegungen. Auch die deutsche UN-Politik war gemäß der damaligen internationalen Position der Bundesrepublik vorwiegend nicht national, sondern im westeuropäischen (EU) und im westeuropäisch-amerikanischen Verbund angelegt.

In diesem Rahmen betrieb die Bundesrepublik bis zu ihrer UN-Vollmitgliedschaft (1973) das, was häufig und am zutreffendsten als eine „aktive Nicht-Mitgliedschaft" umschrieben worden ist. Mit ihr gewann sie in gewisser Weise gerade dadurch Ansehen und Gewicht, daß sie keine besonderen nationalen Ansprüche und (wie die ehemaligen europäischen Kolonialmächte) Interessen vertrat und daß sie - auch da sie eben zwar in allen UN-Organisationen (→ UN-System), nicht aber in den beiden betont machtpolitisch orientierten Gremien Generalversammlung und Sicherheitsrat Mitglied war - keine welt- oder machtpolitischen Ambitionen entwickelte.

Das einzige im klassischen Wortsinn wirklich nationale Ziel der damaligen Außenpolitik und damit auch der UN-Politik der Bundesrepublik war die Durchsetzung des sogenannten „Alleinvertretungsanspruchs", d.h. des Anspruchs, der einzige legitime deutsche Staat zu sein. Um ihm gerecht zu werden, mußte die Bundesrepublik verhindern, daß die DDR von anderen als den kommunistischen Staaten völkerrechtlich anerkannt würde.

Das Mittel hierfür war die nach dem damaligen Staatssekretär in Auswärtigen Amt benannte sogenannte „Hallstein-Doktrin". Sie besagte, daß die Bundesrepublik ihre diplomatischen Beziehungen zu jedem Staat abbrechen werde, der die DDR völkerrechtlich anerkenne. Sie war ein Kernelement der Außenpolitik der alten Bundesrepublik. Daher nahm diese z.B. auch mit den kleinsten und entferntesten Staaten, die durch die Dekolonialisierung entstanden, diplomatische Beziehungen auf, war in ihnen - im Gegensatz zu vielen anderen Staaten - mit Botschaften präsent.

In der UNO war es das Ziel dieser Politik, die Aufnahme der DDR in UN-Organisationen zu verhindern. Dies - nämlich die Verhinderung von Mehrheiten zugunsten einer Aufnahme der DDR - war in diesen Organisationen eine teilweise kompliziertere Aufgabe als die Verhinderung einer Anerkennung der DDR durch einzelne Staaten. Doch gelang es bis kurz vor der Aufnahme der beiden deutschen Staaten als Vollmitglieder in die UNO (1973). Die Grundlage für die Praktizierung der Hallstein-Doktrin waren die starre Konfrontation zwischen Ost- und Westblock, die eingeschränkten Möglichkeiten der DDR und der übrigen Ostblockstaaten außerhalb ihres Blocks und die wirtschaftlichen Möglichkeiten der Bundesrepublik.

Phase 3: 1973 -1990

Die dritte und letzte Phase bis zu dem heutigen Verhältnis Deutschland-UNO sind die 17 Jahre der Mitgliedschaft von zwei deutschen Staaten in der UNO

(1973-90). Sie war ein Ergebnis bzw. eine Folgeerscheinung der von der CDU-CSU-SPD-Regierung (1966-69) eingeleiteten und von der SPD-FDP-Regierung (1969-82) durchgeführten Ost- und Entspannungspolitik.

Der doppelten deutschen UN-Mitgliedschaft waren die Revidierung der Hallstein-Doktrin und der Grundlagenvertrag zwischen den beiden deutschen Staaten (1972) vorausgegangen. Schon 1967 hatte die Bundesrepublik diplomatische Beziehungen zum kommunistischen Rumänien aufgenommen. 1968 nahm sie die Beziehungen zu Jugoslawien wieder auf, die 1957, als Jugoslawien Beziehungen zur DDR aufgenommen hatte, gemäß der Hallstein-Doktrin abgebrochen worden waren. Die Tiefe dieses Einschnitts in die Außenpolitik der Bundesrepublik zeigte sich u.a. daran, daß diese noch zu einem Zeitpunkt, in dem der Grundlagenvertrag abgeschlossen wurde und die Aufnahme der DDR in die UNESCO bevorstand, vehement und erfolgreich gegen die Aufnahme der DDR in die Weltgesundheitsorganisation (WHO) kämpfte.

Insgesamt hatte der Alleinvertretungsanspruch der Bundesrepublik deren Bewegungsspielraum innerhalb der UNO eingeschränkt. Er hatte zu einer gewissen außenpolitischen Selbstfesselung bis hin zur Erpreßbarkeit geführt und gegenüber den westlichen Alliierten und gegenüber Staaten der Dritten Welt gelegentlich einen hohen politischen und wirtschaftlichen Preis gefordert.

Die 17-jährige deutsche Doppelrolle mit zwei gleichberechtigten deutschen Mitgliedstaaten in der UNO (1973-90) war deutschlandpolitisch neutral. Die beiden deutschen Staaten befaßten die Weltorganisation nicht mit dem, was nach dem deutsch-deutschen Grundlagenvertrag (1972) noch als „deutsche Frage" verstanden werden konnte. Die internationale Staatengemeinschaft betrachtete diese Frage mit der Aufnahme der beiden deutschen Staaten in die UNO als geregelt. Beide Staaten unterschieden sich in nichts von den anderen UN-Mitgliedern. So übernahmen sie z.B. wie alle anderen UN-Mitglieder auch turnusmäßig Vorsitze in der Generalversammlung (1980 die Bundesrepublik, 1987 die DDR) und allen anderen Gremien.

Die Phase der Ost-West-Entspannung in der ersten Hälfte der siebziger Jahre, die den west-östlichen Konsens über eine Aufnahme der beiden deutschen Staaten in die UNO ermöglicht hatte, erleichterte auch das deutsch-deutsche Nebeneinander in der UNO. Freilich blieben die Positionen der beiden deutschen Staaten durch deren Zugehörigkeit zum West- bzw. Ostblock gemäß den jeweiligen internen Blockverhältnissen konditioniert, die der Bundesrepublik etwas weniger, die der DDR etwas mehr.

Die Bundesrepublik setzte als Vollmitglied im Grunde mit verbessertem Status auf der ganzen Bandbreite der UN-Aktivitäten das fort, was sie bereits als „aktives Nicht-Mitglied" getan hatte. Die DDR nahm an der UNO eher selektiv teil. Einige Organisationen, wie etwa die der → Weltbankgruppe (→ Weltbank/-gruppe), mied sie aus ideologischen Gründen, andere, wie etwa einige entwicklungspolitische Organisationen, mied sie aus Devisenmangel.

Deutlich kamen die unterschiedlichen Positionen der beiden deutschen Staaten in deren Abstimmungsverhalten zum Ausdruck, insbesondere in der Generalversammlung. Die Stimmabgabe der Bundesrepublik war immer durch eine doppelte Rücksichtnahme bestimmt: einmal durch Rücksicht auf Westblock und transatlantische Allianz und zum anderen durch die aus ihrer Position an der Nahtstelle zwischen Ost und West zu berücksichtigenden ostpolitischen Zusammenhänge. Dies führte häufig zu einer Stimmenthaltung (die von einigen ihrer Alliierten gelegentlich freundschaftlich-spöttisch als das typische „german vote" bezeichnet wurde).

Die DDR hingegen lag in ständiger strikter Ostblock-Disziplin mit ihren Stimmabgaben meistens im Hauptstrom der Meinungsbildung in der Generalversammlung, der in den siebziger und in der ersten Hälfte der Achtziger Jahre, wie gesagt, durch die Staaten des Ostblocks und Mehrheiten von Staaten der Dritten Welt geprägt war.

Die Beziehungen zwischen den beiden deutschen Vertretungen in den UN-Organisationen waren ebenso wie die zwischen den beiden Botschaften in dritten Ländern korrekt aber substanzlos. Es ist bezeichnend, daß als Beispiel für die damalige deutsch-deutsche Gemeinsamkeit in der UNO immer nur die Initiative von Bundesrepublik, DDR und Österreich zur Einrichtung eines deutschen Übersetzungsbüros (→ Deutscher Übersetzungsdienst) im UN-Generalsekretariat (→ Sekretariat) genannt werden kann.

Die Bundesrepublik hatte durch die Erreichung ihrer Vollmitgliedschaft in der UNO - ebenso wie zuvor durch das Herausnehmen der Deutschlandfrage aus der internationalen Politik sowie durch ihre ostpolitischen Initiativen - ihren außenpolitischen Spielraum generell und insbesondere auch in der UNO - trotz bzw. gerade durch ihre unverändert fortbestehende Einbindung in die EG und die NATO - vergrößert. Sie nutzte ihn, indem sie den fortbestehenden Mangel an eigener nationaler Macht mit den Machtfaktoren NATO und EG kombinierte.

Die Bundesrepublik kompensierte so ihre machtpolitischen Mängel durch die Tatsache, daß sie als Mitglied der Staatenverbünde EG und NATO, wie man so sagt, „etwas im Rücken hatte". Sie folgte damit an sich der außenpolitischen Linie der kleineren Mitgliedstaaten von EG und NATO, doch dank ihrer größeren in EG und NATO eingebrachten Potenzen mit größerer Legitimierung. Auf dieser Linie nutzte sie auch innerhalb der UNO intensiv die Möglichkeiten der Europäischen Politischen Zusammenarbeit (EPZ) der Staaten der EG (→ EU, GASP in den UN), der heutigen GASP, die 1970 zeitgleich mit dem deutsch-deutschen Grundlagenvertrag, der Aktivierung der deutschen Ostpolitik und der Aufnahme der beiden deutschen Staaten in die UNO entstanden war.

Die UN-Politik nach der deutschen Einigung 1990

Die UN-Politik des geeinten Deutschland steht in ihrer Gesamtheit in der Kontinuität der Außenpolitik der früheren Bundesrepublik. Neu hinzugekommen ist seit der Herstellung der deutschen Einheit eine machtpolitische Komponente. Mit dem Leitsatz, das größere Deutschland müsse bzw. wolle mehr internationale Verantwortung übernehmen, strebte das geeinte Deutschland einen ständigen Sitz im UN-Sicherheitsrat an und es begann, militärische Macht für politische Zwecke einzusetzen. Beide neuen Komponenten hängen miteinander zusammen und waren in Deutschland umstritten.

Der Anspruch auf einen ständigen deutschen Sicherheitsratssitz wurde im September 1992 in der 42. Generalversammlung im Rahmen der im Vorfeld des 50. Jahrestages der UNO (1995) einsetzenden Diskussion über eine Reform der UNO (→ Reform der UN) angemeldet. Er wurde damit begründet, daß Deutschland der drittgrößte Beitragszahler der UNO und insgesamt - wie auch das ebenfalls einen ständigen Ratssitz anstrebende Japan (→ Japan, UN-Politik) - ein „natürlicher Kandidat" für einen ständigen Sicherheitsratssitz sei.

Demgemäß diente die deutsche Beteiligung an der Reformdebatte weniger der Reform, mehr der Verfolgung dieses Anspruchs, der freilich selbst innerhalb der EU nur geteilte Resonanz fand. Für die Reform der UNO war diese deutsche Politik eher hinderlich als förderlich. Anfang 1998 schlief in der UNO die Diskussion über eine - für die Schaffung von zwei ständigen Sitzen für Deutschland und Japan im Sicherheitsrat erforderliche und in der Geschichte der UNO erstmalige fachliche - Änderung der UN-Charta ein.

Das geeinte Deutschland beteiligte sich schrittweise immer mehr an militärischen Einsätzen im Rahmen der UNO, insbesondere in Somalia und im ehemaligen Jugoslawien (1993). 1994 entschied das Bundesverfassungsgericht, daß solche - nicht der Landesverteidigung, sondern politischen Zwecken dienende - Einsätze der Bundeswehr gemäß Art. 24 des Grundgesetzes verfassungsgemäß sind, sofern ihnen ein Mandat des UN-Sicherheitsrats und ein Beschluß des Bundestags zugrundeliegen (→ Friedenssicherung; → Friedensoperationen, → Friedenstruppen).

Parallel hierzu unterstützte Deutschland als Mitglied der NATO die von dieser unter der Führung der USA seit dem Golfkrieg (1990/91) mit einer neuen Strategie (1991) betriebene Politik, immer mehr selbständig und letztlich ohne Mandat des UN-Sicherheitsrats zu agieren. Den Kosovo-Krieg führten die 19 NATO-Staaten von vornherein außerhalb der UNO und insbesondere ohne Mandat des UN-Sicherheitsrats. Sie verletzten damit als UN-Mitglieder das mit der UN-Charta gesetzte Völkerrecht; Deutschland verletzte zudem sein Verfassungsrecht.

Die seit 1998 amtierende SPD-Bündnisgrüne-Regierung scheint den Anspruch auf einen ständigen deutschen Sitz im UN-Sicherheitsrat nicht weiter zu verfolgen. Sie beteiligte sich am Krieg der NATO gegen Serbien, ergriff aber als erste der Regierungen der NATO-Staaten eine Initiative für die Zurückführung des Krisenmanagements in die UNO.

Hans Arnold

Lit.: *Albrecht, U.*: Deutschland und die Vereinten Nationen, in: Hüfner, K. (Hrsg.): Die Reform der Vereinten Nationen, Opladen 1994, 253-271; *Arnold, H.*: Deutschlands Größe - Deutsche Außenpolitik zwischen Macht und Mangel, München 1995; Auswärtiges Amt: 25 Jahre Mitgliedschaft Deutschlands in den Vereinten Nationen, Bonn 1998; *Brecht, E./Florin, P./Weyel, V.*: Kaum miteinander, selten gegeneinander, meist nebeneinander. Ein Gespräch über die Zeit der deutschen Zweistaatlichkeit in den Vereinten Nationen, in: VN 41 (1993), 125-132; *Bruns, W.*: Vom Nebeneinander zum Miteinander? Bundesrepublik Deutschland und Deutsche Demokratische Republik 15 Jahre nach dem UN-Beitritt, in: VN 36 (1988), 141-146; *Könitzer, B./Martens, J.* (Hrsg.): UN-williges Deutschland - der WEED-Report zur deutschen UNO-Politik, Bonn 1997; *Tomuschat, C.*: Deutschland und die Vereinten Nationen, in: *Kaiser, K./Krause, J.* (Hrsg.): Deutschlands neue Außenpolitik, Bd. 3, München 1996, 97-106; *Unser, G.*: Die UNO Aufgaben und Strukturen der Vereinten Nationen (Kap. 8: Deutschland und die Vereinten Nationen), 6. Aufl., München 1997; *Volger, H.*: Geschichte der Vereinten Nationen, München/Wien 1995; *van Well, G.*: Deutschland und die UNO, in: Wolfrum, R. (Hrsg.): Handbuch Vereinte Nationen, 2. Aufl., München 1991;. 71-77.

Internet: 1. Homepage des Auswärtigen Amtes der Bundesrepublik Deutschland, Abteilung für Vereinte Nationen, Menschenrechte, humanitäre Hilfe und globale Fragen: htpp://www.auswaertiges-amt.de/ 3-auspol/3/index.htm (Informationen über die Vereinten Nationen, UN-Institutionen in Deutschland und die UN-Politik Deutschlands); 2. Homepage der Ständigen Vertretung Deutschlands bei den Vereinten Nationen, New York: http://www.germany-info.org/UN/index.htm; 3. Homepage der Ständigen Vertretung Deutschlands bei den Vereinten Nationen, Genf: http://www3.itu.int/Missions/Germany

Dokumentationssystem

Einleitung

Wer sich ernsthaft mit Fragen und Themen im Bereich internationaler Beziehungen und ihrer Behandlung durch die Vereinten Nationen beschäftigt, wird sich Zugang zu den Dokumenten und Veröffentlichungen der UN verschaffen wollen. Die Komplexität des UN-Dokumentationssystems sollte nicht unterschätzt werden: es spiegelt die hierarchische und stark ausdifferenzierte Organisationsstruktur des UN-Systems wieder.

Mit einer systematischen Vorgehensweise und unter Ausnutzung der vielfältigen Nachschlagewerke und Dokumentenverzeichnisse lassen sich zumeist die gesuchten Dokumente, Veröffentlichungen und Informationen auffinden. Ziel dieses Artikels soll nicht sein, einen weiteren stark durchstrukturierten Dokumentenführer vorzustellen; diese existieren bereits: *United Nations documentation: research guide* (http://www.un.org/Depts/dhl/resguide/) der Dag Hammarskjöld Library oder der von Ilona Stölken zusammengestellte

Dokumentenführer Vereinte Nationen (in: Handbuch Vereinte Nationen, hrsg. von R. Wolfrum, 2. Aufl., 1991, 1159ff.). Vielmehr soll hier ein Einblick in die praktische Arbeit mit UN-Dokumenten gegeben werden, wie er in langjährigem Umgang mit diesen Materialien im Auskunftsdienst für UN-Dokumente der Dag Hammarskjöld Library gewonnen wurde.

Im folgenden werden die wichtigsten Nachschlagewerke zu den UN vorgestellt, Definitionen und Dokumentenkennungen gegeben, die verschiedenen Dokumentengruppen beschrieben, die vielfältigen Hilfsmittel für die Dokumenten-Recherche dargestellt und die Zugangsmöglichkeiten zu UN-Dokumenten genannt.

1. Allgemeine Nachschlagewerke zu den Vereinten Nationen

Seit wann ist Belize Mitglied der Vereinten Nationen? Welche Rolle spielten die Vereinten Nationen im Korea-Krieg? Wer hat die Allgemeine Erklärung der Menschenrechte verfaßt? Welche UN-Organe beschäftigen sich mit dem Thema Umweltschutz? Diese und viele andere Fragen lassen sich meist mit den wichtigsten Nachschlagewerken zu den Vereinten Nationen beantworten, die von allgemeinen Einführungen über detaillierte Handbücher und Aktivitätsberichte zu Dokumentenverzeichnissen reichen.

Einen ersten Einblick in die Entstehung, Struktur und Aufgabengebiete der Vereinten Nationen gibt der thematisch angeordnete Führer *Basic facts about the United Nations*. Einen ähnlichen Ansatz, jedoch knapper gehalten, verfolgt die von der Bayerischen Landeszentrale für Politische Bildungsarbeit veröffentlichte Einführung *Die Vereinten Nationen: Geschichte, Struktur, Perspektiven*. Eine alphabetisch nach Stichwörtern angeordnete Übersicht bietet das vom Auswärtigen Amt herausgegebene *ABC der Vereinten Nationen*.

Detailliertere und für die weitere Recherche zentrale Informationen lassen sich in einer Reihe von *Handbüchern*

finden. Die verschiedenen Ausgaben von *Everyone's United Nations* geben einen Überblick über die wichtigsten Ereignisse in der Geschichte der Vereinten Nationen und nennen die Gremien (Hauptorgane, Sonderorgane, UN-Konferenzen, etc.), in denen ein Thema oder Konflikt behandelt oder eine Konvention oder ein Aktionsprogramme erarbeitet wurde. Die von Edmund Jan Osmanczyk zusammengestellte *Encyclopedia of the United Nations and international relations*, das vorliegende *Lexikon der Vereinten Nationen* oder auch das von Rüdiger Wolfrum herausgegebene *Handbuch Vereinte Nationen* liefern ebenfalls umfassende Informationen über die Tätigkeitsfelder der Vereinten Nationen und die in ihnen agierenden Organe. Noch ausführlicher berichtet das *Yearbook of the United Nations* über die Aktivitäten der Vereinten Nationen jeweils während eines bestimmten Jahres. Es enthält zahlreiche Dokumentenverweise und reproduziert die Texte der wichtigsten Resolutionen. Zugang zur Primärliteratur, d.h. den Dokumenten, verschafft der *Index to proceedings* (siehe unter Hilfsmittel für die Dokumentenrecherche).

Informationen zu Entstehung, Aufgabenstellung und Zusammensetzung der zahlreichen UN-Organe (Haupt-, Neben-, Spezialorgane, Ausschüsse, Kommissionen, Sonderorganisationen) lassen sich am besten in dem jährlich vom New Zealand Ministry of Foreign Affairs and Trade herausgegebenen *Handbook of the United Nations* oder in der von Klaus Hüfner erstellten Orientierungshilfe *Die Vereinten Nationen und ihre Sonderorganisationen* finden.

Ebenfalls eine ausgezeichnete Informationsquelle ist das seit 1995 bestehende Informationsangebot der Vereinten Nationen im *Internet* (http://www.un.org) (→ Internetzugang/Homepage der UN). Sollte die UN-Homepage nicht zugänglich sein, liefern das Global Policy Forum (http://www.globalpolicy.org), die United Nations Association of the USA (http://www.unausa.org) oder das UN-Informationszentrum in Bonn (http://www.uno.de) über ihre Home-pages einen Einstieg in die Struktur und Tätigkeitsfelder der UN.

Einen thematischen Zugriff auf grundlegende Nachschlagewerke und Veröffentlichungen des UN-Systems ermöglicht die Dag Hammarskjöld Library mit dem *United Nations System Pathfinder* (http://www.un.org/Depts/-dhl/pathfind/frame/start.htm). Mit dem *Pathfinder* lassen sich u.a. die wichtig-sten Berichte und Studien, Handbücher, Bibliographien und Dokumentenver-zeichnisse sowie Vertrags- und Stati-stiksammlungen in den Themenberei-chen identifizieren, die für Personen, die sich mit den UN beschäftigen, von besonderem Interesse sind: internatio-nale Sicherheit und Friedensoperatio-nen, wirtschaftliche und soziale Ent-wicklung, Umweltschutz, Menschen-rechte, etc. Sofern vorhanden werden Links zu elektronischen Ausgaben der aufgeführten Titel angegeben.

Um sich über die Aktivitäten der Vereinten Nationen auf dem laufenden zu halten, bieten sich die Zeitschriften *UN Chronicle* und *Vereinte Nationen* (hrsg. von der Deutschen Gesellschaft für die Vereinten Nationen) an sowie die über die UN-Homepage verfügba-ren Pressemitteilungen (http://www.un. org/News).

2. Veröffentlichungen der Vereinten Nationen

Im wesentlichen lassen sich die Veröf-fentlichungen der Vereinten Nationen in zwei große Gruppen einteilen: die *offiziellen Dokumente*, zu denen auch das offizielle Protokoll (*official re-cords*) gehört, und die zum *Verkauf angebotenen Publikationen* (*sales pu-blications*). UN-Dokumente sind Texte, die einem Haupt-, Neben-, oder Spe-zialorgan unter einem oder mehreren Tagesordnungspunkten zur Verhand-lung vorgelegt werden. Im oberen Teil des Titelblattes tragen sie das Emblem und den Namen des jeweiligen Organs sowie eine (manchmal auch mehrere) zur genauen Identifizierung des Doku-mentes dienende *Dokumentennum-mer(n)* (*document symbol*). Das offizi-elle Protokoll ist immer als solches auf dem Titelblatt kenntlich gemacht. Die von den Vereinten Nationen zum Ver-kauf angebotenen Publikationen werden durch eine sogenannte *sales number* gekennzeichnet.

Die inoffiziellen *Pressemitteilungen* der Vereinten Nationen gehören zwar streng genommen nicht zu den UN-Veröffentlichungen, sollen jedoch we-gen ihrer Aktualität und ihres hohen Informationswertes hier nicht ausgelas-sen werden. Sie sind mit einem oder mehreren *press release symbol(s)* ge-kennzeichnet.

Dokumentennummern, sales numbers und press release symbols

Eine *Dokumentennummer* besteht aus einer Reihe von Buchstaben und Zah-len, die jeweils durch Schrägstrich von-einander getrennte Elemente bilden. Diese Elemente bezeichnen u.a. das Organ, dem das Dokument vorgelegt wurde, die Tagung oder das Jahr, die Art des Dokumentes und Veränderun-gen des Originaltextes. So wird Reso-lution 30 der 53. Tagung der General-versammlung (GA) mit der Dokumen-tennummer A/RES/53/30, das Kurz-protokoll der 2. Sitzung im Jahr 1998 des Wirschafts- und Sozialrates (WSR) mit der Dokumentennummer E/1998/ SR.2 oder das 318., dem Sicherheitsrat (SC) im Jahr 1998 vorgelegte Doku-ment mit der Nummer S/1998/318 ge-kennzeichnet. Eine detaillierte Über-sicht mit zahlreichen Beispielen befin-det sich in *United Nations documentati-on: research guide* (http://www.un.org /Depts/dhl/resguide/symbol.htm). Jedes UN-Organ erhält bei seiner Entstehung eine bestimme Dokumentenreihe (series symbol) zugewiesen. Alle einem spezi-fischen Organ vorgelegten Dokumente erscheinen in dieser Dokumentenreihe. Zur Identifizierung dieser Reihen sind die folgenden Hilfsmittel erschienen:
- United Nations document series sym-bols, 1946-1977
- UN Doc. ST/LIB/SER.B/5/Rev.3, UN Sales No. 79.I.3
- United Nations document series sym-bols, 1978-1984

- UN Doc. ST/LIB/SER.B/5/Rev.3/ Add.1, UN Sales No. 85.I.21
- United Nations document series symbols, 1946-1996
- UN Doc. ST/LIB/SER.B/5/Rev.5, UN Sales No. 98.I.6

Dieselben Informationen sind in der Datei „Documentation series" auf „UNBIS Plus on CD-ROM" enthalten, die nach Stichwörtern im Namen eines UN-Organs, Schlagwörtern und Dokumentenreihen suchbar ist.

Eine *sales number* besteht aus jeweils vier Elementen, die die Sprache und das Jahr der Veröffentlichung, eine Sachkategorie und die laufende Nummer bezeichnen.

Beispiel: E.95.XIII.12, World urbanization prospects, eine englischsprachige, 1995 in der Sachkategorie Demographie erschienene Veröffentlichung.

Eine Liste dieser Sachkategorien befindet sich in *United Nations documentation: research guide* (http://www.un.org/Depts/dhl/resguide/symbol1.ht).

Ein press release symbol besteht aus jeweils zwei oder drei Elementen (Buchstaben und Zahlen), die ein Thema oder das Organ, über das berichtet wird, bezeichnen und die laufende Nummer in der Reihe angeben.

Beispiel: HR/CN/875, eine Pressemitteilung über eine Sitzung der Menschenrechtskommission.

Ein Verzeichnis der Reihen, in denen Pressemitteilungen erscheinen, befindet sich im „United Nations documentation: research guide" (http://www.un.org/Depts/dhl/resguide/press1.htm).

3. Dokumentenarten und –gruppen

Für die effektive Arbeit mit UN-Dokumenten und eine gezielte Recherche nach relevanten Informationen ist es hilfreich, sich mit den wichtigsten Dokumentenarten und –gruppen sowie mit ihrer Funktion, ihrem Informationsgehalt und ihrer Erscheinungsweise vertraut zu machen. Will sich jemand ein Bild über die Aktivitäten der UN auf dem Gebiet der Frauenförderung machen, so bieten sich am besten die Berichte der für dieses Arbeitsfeld zu-ständigen UN-Organe an. Die Reaktion der UN-Mitgliedstaaten auf die im Mai 1998 von Indien und Pakistan durchgeführten Atomwaffentests lassen sich in ihren Briefen sowie den Stellungnahmen ihrer Regierungsvertreter im → Sicherheitsrat nachlesen. Großes Interesse besteht auch am kollektiven Willen der in den UN vertretenen Staatengemeinschaft, der in den Resolutionen und Beschlüssen der UN-Gremien zum Ausdruck kommt (→ Resolution/Deklaration/Beschluß). Die folgende Übersicht soll die Orientierung im komplexen UN-Dokumentationssystem erleichtern.

Journal of the United Nations/Bulletin of meetings in the Palais des Nations at Geneva

Das täglich erscheinende Journal bzw. Bulletin informiert über die jeweils an einem bestimmten Tag stattfindenden Sitzungen der UN-Organe. Es gibt an, welche Fragen und Themen zur Verhandlung stehen und nennt die dazu vorgelegten wichtigsten Dokumente (Berichte, Resolutionsentwürfe). Im Teil "Summary of meetings" wird eine knappe Zusammenfassung der Sitzungen des Vortages gegeben, die Hinweise auf verabschiedete Resolutionen oder andere Verhandlungsergebnisse (z. B. Wahlen und Ernennungen) enthalten kann.

Tagesordnung (agenda)

Die Tagesordnung verzeichnet die für eine bestimmte Tagung bzw. Sitzung der UN-Organe zur Verhandlung stehenden Fragen und Themen. Sie sind oft mit Annotationen versehen, d.h. sie enthalten Hintergrundinformationen und Dokumentenverweise zu jedem Tagesordnungspunkt. Während die → Generalversammlung (GV), der → Wirtschafts- und Sozialrat (WSR) und ihre Neben- und Sonderorgane mit einer alle Tagesordnungspunkte enthaltenden Tagesordnung für die Gesamtdauer ihrer Tagungen arbeiten, erscheint für den Sicherheitsrat (SR) eine separate Tagesordnung für jede Sitzung in der Dokumentenreihe S/Agenda/.

Die Aufstellung der Tagesordnung der Generalversammlung durchläuft mehrere Phasen und dauert von der ersten vorläufigen Liste der Tagesordnungspunkte (preliminary list of agenda items) bis zur Verabschiedung der endgültigen Tagesordnung (adopted agenda) durch die Generalversammlung etwa sechs Monate. Die annotierte vorläufige Liste der Tagesordnungspunkte (annotated preliminary list of agenda items) ist ein grundlegendes Hilfsmittel zur Vorbereitung auf die Tagungen der Generalversammlung: sie gibt einen historischen Überblick über die Behandlung der verschiedenen Themen mit Verweisen auf die wichtigsten Dokumente (Berichte und Resolutionen) vorhergehender Tagungen und zeigt an, welche Dokumente für die kommende Tagung erwartet werden. Außerdem enthält sie Listen der Präsidenten und Vize-Präsidenten der Generalversammlung (ab 1946), der Vorstandsmitglieder der Hauptausschüsse (ab der 20. Tagung), der nicht-ständigen Mitglieder des Sicherheitsrats (ab 1946), der Mitglieder des Wirtschafts- und Sozialrats (ab 1946) sowie der UN-Mitgliedstaaten. Über die endgültige Zusammensetzung der Tagesordnung entscheidet der Präsidialausschuß (General Committee) der Generalversammlung. Sein Bericht gibt Aufschluß darüber, welche Tagesordnungspunkte gestrichen oder auf spätere Tagungen aufgeschoben wurden.

Ein Schlagwortverzeichnis zur Tagesordnung der jeweils laufenden Tagung der GV befindet sich in United Nations documentation: research guide (http://www.un.org/Depts/dhl/resguide/gasess.htm).

Berichte (reports)

Zu den wichtigsten Tagungsunterlagen der UN-Organe gehören die Berichte, die die Diskussionsgrundlage für die Verhandlungen liefern.

Der → Generalsekretär wird von den Hauptorganen (GV, SR, WSR) und einigen Nebenorganen per Resolution beauftragt, zu den Fragen und Themen auf ihren Tagesordnungen Berichte abzuliefern. Besonders hervorzuheben sind die Berichte des Generalsekretärs zu Konfliktsituationen, über den Fortgang der Friedensoperationen sowie der Bericht über die Tätigkeit der Vereinten Nationen, der stets als Beilage 1 zum offiziellen Protokoll der Generalversammlung erscheint. Die Berichte des Generalsekretärs können wichtige Empfehlungen enthalten, z.B. die Mitte 1997 in der Generalversammlung unterbreiteten Vorschläge zur Reform der Organisation oder im Sicherheitsrat zur Aufstellung neuer Friedensoperationen.

Die Hauptausschüsse der Generalversammlung (→ Ausschußsystem) erstellen jeweils einen Bericht für jeden der von ihnen behandelten Tagesordnungspunkte. Sie enthalten eine Zusammenfassung der Diskussionen, die endgültige Fassung der Resolutions- bzw. Beschlußentwürfe sowie die Abstimmungsergebnisse im Ausschuß, falls eine aufgezeichnete Abstimmung beantragt wurde.

Die Neben- und Sonderorgane (→ Haupt-/Neben-/Vertragsorgane) sowie die für die Durchführung der Menschenrechtsverträge zuständigen Organe (→ Menschenrechtsschutz) sind verpflichtet, dem jeweils übergeordneten Organ regelmäßig über ihre Aktivitäten Bericht zu erstatten. Diese Berichte enthalten die vom dem jeweiligen Gremium verabschiedeten Resolutionen, Beschlüsse oder sonstigen Empfehlungen und erscheinen als Beilagen zum offiziellen Protokoll der Hauptorgane. Der Sicherheitsrat, der Wirtschafts- und Sozialrat und der Internationale Gerichtshof (→ IGH) sind der GV berichtspflichtig. Ihre Berichte erscheinen als Beilagen zum offiziellen Protokoll der Generalversammlung.

Neben den Berichten der zahlreichen UN-Gremien sind die folgenden Berichtsarten von besonderem Interesse:

Die → Völkerrechtskommission und die → Menschenrechtskommission setzen Sonderberichterstatter (special rapporteurs) ein mit der Aufgabe, spezifische Fragen auf dem Gebiet des Völkerrechts und der Menschenrechte oder die Lage der Menschenrechte in bestimmten Ländern zu untersuchen und über ihre Beobachtungen Bericht zu erstatten.

Die Vertragstaaten der Menschenrechtspakte und –konventionen (→ Menschenrechtskonventionen und ihre Duchführungsorgane) sind verpflichtet, regelmäßig einen Bericht über die Umsetzung der Vertragsbestimmungen an das jeweils zuständige Vertragsorgan abzuliefern (initial reports und periodic reports).

Die Berichte der von der Generalversammlung oder vom Wirtschafts- und Sozialrat einberufenen Konferenzen (→ Weltkonferenzen) enthalten die von der Konferenz ausgehandelten Erklärungen, Aktionsprogramme und Vertragstexte.

Die Dokumentennummern für die hier genannten Berichte und viele andere Berichtsarten lassen sich bequem mit Hilfe der Datenbank *United Nations Info Quest (UN-I-QUE)* (http://www.un.org/Depts/dhl/unique) feststellen.

Briefe (letters)

Hier lassen sich im wesentlichen zwei Gruppen unterscheiden: Briefe der Mitgliedstaaten und Briefe des Generalsekretärs. Briefe der Mitgliedstaaten haben meist den Zweck, das UN-Organ, dem sie zugesandt werden, über die Position der Regierung zu bestimmten Fragen zu informieren. Sie können jedoch wichtige Dokumente wie Verträge, Abschlußdokumente der Gipfeltreffen zwischenstaatlicher Organisationen (z.B. → Blockfreienbewegung, Gruppe der 8) oder Berichte internationaler, nicht zum UN-System gehörender Kommissionen, übermitteln. So wurde das Abkommen von Dayton der GV und dem SR durch einen Brief der Vereinigten Staaten zugeleitet (UN Doc. A/50/790-S/1995/999). Bei den Briefen des Generalsekretärs dreht es sich hauptsächlich um die Friedensoperationen betreffenden Personal- und Verwaltungsfragen, sie können jedoch auch die Funktion haben, insbesondere den SR über aktuelle Entwicklungen in Krisengebieten, in denen die UN mit → Friedensoperationen (→ Friedenstrup-

pen) aktiv sind, auf dem laufenden zu halten.

Resolutionen (resolutions) und Beschlüsse (decisions)

Resolutionen, Beschlüsse und die Erklärungen des Präsidenten des Sicherheitsrats (presidential statements) geben die offizielle Meinung eines UN-Organs wieder oder drücken seinen Willen aus. Sie erscheinen in unterschiedlichen Formen.

Resolutionen der Generalversammlung und des Sicherheitsrats sowie die Erklärungen des Präsidenten des Sicherheitsrats erscheinen zuerst als Einzeldokumente in den Dokumentenreihen A/RES/, S/RES/ und S/PRST/. Sie werden dann in einer inoffiziellen Sammlung als Pressemitteilung herausgegeben, die auch die Abstimmungsergebnisse liefert. Einige Monate später erscheinen sie in ihrer offiziellen Form als Beilage zum oder Teil des offiziellen Protokolls. *United Nations documentation: research guide* enthält aktuelle Listen kürzlich verabschiedeter Resolutionen: http://www.un.org/Depts/dhl/ resguide/res.htm (Generalversammlung) und http://www.un.org/Depts/ dhl/resguide/scact.htm (Sicherheitsrat). Beschlüsse der Generalversammlung und des Sicherheitsrats werden nicht als Einzeldokumente herausgegeben und sind nur über die Sammlungen greifbar.

Resolutionen und Beschlüsse des Wirtschafts- und sozialrats erscheinen ausschließlich in Form von Sammlungen: die vorläufige Fassung in der Dokumentenreihe E/INF/ und die offizielle Fassung als Beilage zum offiziellen Protokoll.

Resolutionen und Beschlüsse der Neben- und Sonderorgane bilden Bestandteil ihrer Berichte an das jeweils übergeordnete Organ.

Eine interessante Erscheinung stellen Vertrags- und Erklärungstexte dar. Der GV werden gelegentlich Resolutionsentwürfe vorgelegt, die ihr empfehlen, Texte von Verträgen und Erklärungen zu verabschieden. Diese Texte durchlaufen die Hierarchie der UN-Gremien und werden dem jeweils nächsthöheren Organ in Form eines Berichts oder einer Resolution zugeleitet. Ein Beispiel dafür ist die sogenannte „Erklärung über Verteidiger der Menschenrechte", die von einer von der Menschenrechtskommission eingesetzten Arbeitsgruppe verfaßt wurde: Bericht der Arbeitsgruppe an die Menschenrechtskommission (UN Doc. E/CN.4/1998/98) Resolution 1998/7 der Menschenrechtskommission Resolution 1998/33 des WSR Resolution 53/144 der GV. Eine Liste der seit 1946 von der GV verabschiedeten Vertrags- und Erklärungstexte befindet sich in *United Nations documentation: research guide* (http://www.un.org/Depts/dhl/resguide/resins.htm).

Vorläufige Abstimmungsergebnisse (voting records) für Resolutionen und Beschlüsse lassen sich in den Pressemitteilungen, der als Pressemitteilung erscheinenden Sammlungen der Resolutionen der GV und des SR, in der Abstimmungstabelle in den *Indexes to proceedings* (GV und SR), sowie in der Datei „voting information" auf *UNBIS Plus on CD-ROM* finden. Offizielle Abstimmungsergebnisse sind ausschließlich in den Sitzungsprotokollen verzeichnet.

Sitzungsprotokolle (meeting records)

Sitzungsprotokolle enthalten die Reden und Stellungnahmen der Delegierten während der Tagungen der UN-Organe sowie die offiziellen Abstimmungsergebnisse für Resolutionen und Beschlüsse. Die GV, der Erste Ausschuß der GV und der SR haben Anrecht auf ein Wortprotokoll (proces verbales oder verbatim records), in der Dokumentennummer am Element „/PV." zu erkennen. Der Zweite bis Sechste Ausschuß der GV und der WSR erhalten ein Kurzprotokoll (summary records), in der Dokumentennummer mit dem Element „/SR." gekennzeichnet. Nur sehr wenige Neben-, Sonder- und Vertragsorgane haben Anrecht auf ein Kurzprotokoll; für alle anderen UN-Gremien sowie die meisten UN-Konferenzen werden keine Sitzungsprotokolle erstellt. In diesem Fall geben nur die Pressemitteilungen oder die Berichte Auskunft über die Verhandlungen und deren Ergebnisse. Die Sitzungsprotokolle der Hauptorgane und einiger Nebenorgane werden mit mehrjährigem Zeitverzug als offizielles Protokoll (official records) neu herausgegeben.

Pressemitteilungen (press releases)

Die Pressemitteilungen der UN sind trotz ihres inoffiziellen Charakters vor allem wegen ihrer Aktualität sehr geschätzt. Sie berichten täglich über die Sitzungen der wichtigsten UN-Organe, geben Hintergrundinformationen (background press release) und Zusammenfassungen (round-up press release) bei Abschluß der Tagungen und ersetzen vorübergehend die aufgrund der Haushalts- und Personalkürzungen immer später erscheinenden offiziellen Berichte und Sitzungsprotokolle. Die Resolutionen der GV und des SR sowie die Erklärungen des Präsidenten des SR werden als Sammlung zuerst als Pressemitteilung herausgegeben, ebenfalls lange bevor die offiziellen Sammlungen erscheinen. Pressemitteilungen sind außerdem die einzige Informationsquelle für die vom Generalsekretär vor Foren außerhalb der UN gehaltenen Reden sowie für Biographien hochgestellter UN-Beamter oder der ständigen Vertreter der Mitgliedstaaten.

4. Hilfsmittel für die Dokumentenrecherche

Um das Auffinden von Dokumenten und Publikationen der UN zu erleichtern, stehen eine Reihe von *Dokumentenverzeichnissen* und *Datenbanken* zur Verfügung.

Die *Indexes to proceedings* decken jeweils die Verhandlungen der GV, des SR und des WSR während einer Tagung oder eines Jahres ab. Sie beinhalten zwei Teile, ein Schlagwortverzeichnis (subject index), das alle Dokumente (Berichte, Briefe, Resolutions- und Beschlußentwürfe, Sitzungsprotokolle und Resolutionen/Beschlüsse) auflistet, und ein Redeverzeichnis (index to speeches), das Einträge unter dem Land oder der Organisation, dem Namen des

Redners sowie unter Schlagwörtern enthält. Die *Indexes to proceedings* für die GV und den SR sind außerdem mit einer Abstimmungstabelle ausgestattet.

Das seit 1998 erscheinende, umfassende Dokumentenverzeichnis *United Nations documents index* und seine Vorläufer UNDOC, UNDI und UNDEX bieten über Schlagwörter Zugriff auf das volle Spektrum der von den zahlreichen UN-Organen herausgegebenen Dokumente.

UNBIS Plus on CD-ROM, vom Verlag Chadwyck-Healey für die UN produziert und vertrieben, beinhaltet die diversen Datenbanken der Dag Hammarskjöld Library, u.a. eine bibliographische Datenbank der seit 1979 erschienenen UN-Dokumente, ein Redeverzeichnis, Dateien mit den Abstimmungsergebnissen (voting information) und den Dokumentenreihen (documentation series) sowie die englischen Volltexte der Resolutionen der GV, des SR und des WSR. Dokumente lassen sich mit Hilfe eines benutzerfreundlichen Suchmechanismus nach einer Vielzahl von Suchkriterien (u.a. Volltextsuche in den Resolutionen) recherchieren.

United Nations Info Quest (UN-I-QUE) (http://www.un.org/Depts/dhl/unique) bietet Zugang zu den Dokumentennummern und sales numbers der am meisten nachgefragten UN-Dokumente. Hierzu gehören u.a. die Berichte der UN-Organe, die während der Generaldebatte der GV gehaltenen Reden oder die zentralen, die Friedensoperationen betreffenden Dokumente. *UN-I-QUE* enthält vollständige, bis 1946 zurückreichende Listen, und wird täglich von der Dag Hammarskjöld Library auf den neuesten Stand gebracht.

Das sogenannte *Optische Speicherplattensystem der Vereinten Nationen* (*United Nations Official Documents*) und auch die *UN-Homepage* (siehe unten) bieten begrenzte Recherchemöglichkeiten, haben jedoch den Vorteil, daß sie eine Volltextsuche in den gespeicherten Dokumenten erlauben.

Speziell für das Auffinden von Resolutionen eignen sich die folgenden Verzeichnisse:
- Index to resolutions of the General Assembly, 1946-1970. 2 vols.
- UN Doc. ST/LIB/SER.H/1, UN Sales No. 72.I.3 (pt. I) und 72.I.14 (pt. II)
- Index to resolutions of the Security Council, 1946-1996
- UN Doc. ST/LIB/SER.H/5/Rev.1, UN Sales No. 98.I.4
- Tables of vetoed draft resolutions in the United Nations Security Council, 1946-1993, [London] : International and Commonwealth Section, Research and Analysis Dept., Foreign and Commonwealth Office, 1994
- Index to resolutions of the Economic and Social Council, 1946-1970
- UN Doc. ST/LIB/SER.H/4, UN Sales No. 81.I.16

Documents Alert (http://www.un.org/Depts/dhl/da/), ein Informationsdienst der Dag Hammarskjöld Library, gibt Hinweise auf die wichtigsten neu herausgekommenen UN-Dokumente (überwiegend Berichte des Generalsekretärs zu den UN-Friedensoperationen). Die Einträge, die jeweils zwei Monate lang auf der Liste bleiben, können nach Erscheinungsdatum oder nach Dokumentennummer durchgesehen werden und sind mit einer knappen Annotation versehen.

5. Zugang zu UN-Dokumenten

Nach einer erfolgreichen Dokumentenrecherche bestehen verschiedene Möglichkeiten, sich Zugang zu den Dokumenten und Publikationen der UN zu verschaffen.

Sie können in → Depotbibliotheken, der UN-Bibliothek in Genf sowie den UN-Informationszentren (siehe Liste im Anhang) eingesehen und benutzt werden oder vom Verkaufsbüro der UN in Genf erworben werden.

United Nations Publications Sales Office and Bookshop
Palais des Nations
CH-1211 Genf 10
Tel.: + 41 (22) 917-2613/14
Fax: + 41 (22) 917-0027

oder + 41 (22) 917-0084
E-mail: unpubli@unog.ch
Das sogenannte Optische Speicherplattensystem der Vereinten Nationen (*United Nations Official Documents - ODS*, http://www.ods.un.org) bietet die größte Sammlung an UN-Dokumenten in allen Amtssprachen in elektronischer Form. Die Benutzung ist gebührenpflichtig. Das ODS enthält im wesentlichen zwei Datenbanken: eine nahezu vollständige Sammlung der seit 1993 erschienenen offiziellen UN-Dokumente, die überwiegend als Texte, gelegentlich jedoch als Photos gespeichert sind, und einer Sammlung aller von den UN-Hauptorganen seit 1946 gefaßten Resolutionen und Beschlüsse (ausschließlich in Form von Photos). Während die als Texte gespeicherten Dokumente herunterladbar sind, können die als Photos gespeicherten Resolutionen lediglich am Bildschirm eingesehen und ausgedruckt werden.

Eine *Auswahl* an *UN-Dokumenten* ist über das Informationsangebot der UN auf dem *Internet* (http://www.un.org) verfügbar. Die folgende Liste gibt die Internetadressen für die wichtigsten Dokumentensammlungen (Stand: 1. März 1999):
Berichte des Generalsekretärs:
http://www.un.org/Docs/SG/
GV-Dokumente:
gopher://gopher. un.org/11/ga
SR-Dokumente:
http://www.un.org/ Docs/sc.htm
WSR-Dokumente:
gopher://gopher. un.org:70/11/esc
Journal:
http://www.un.org/News/
Pressemitteilungen:
http://www.un. org/News/
Konferenzberichte:
http://www.un. org/ events/
UN-Reform:
http://www.un.org/reform/
Internationaler Gerichtshof:
http:// www. icj-cij.org
Abrüstungskonferenz:
http://www.unog.ch/frames/disarm/ disdoc.htm
Völkerrechtskommission:
http:// www.un. org/law/ilc/index.htm
UNCITRAL:
http://www.un.or.at/ uncitral/ index.html

UNCTAD:
http://www.unctad.org/ en/pub/pudoc.htm
UNDP/UNFPA:
http://www.undp. org/execbrd/
UNEP:
gopher://unephq.unep.org:70/ 11/un/unep/govcoun
Habitat/CSD:
http://www.unhabitat. org/
UN-Drogenkontrollprogramm:
http:// www.undcp.org/documentation/index.html
UNSCOM:
http://www.un.org/Depts/unscom/ unscmdoc.htm
Europäische Wirtschaftskommission (ECE):
http://www.unece.org
Menschenrechte:
http://www.unhchr.ch/ html/abo-intr.htm
Hochkommissar für Flüchtlinge:
http://www.unhcr.ch/refworld/ welcome.htm
Palästinafrage:
http://www.un.org/ Depts/dpa/qpal/ index.html
UN-Dokumente in deutscher Sprache:
http://www.un.org/Depts/german/h2-d.htm

Ramona Kohrs

Lit.: *Stölken, I.*: Dokumentenführer Vereinte Nationen In: Wolfrum, R. (Hrsg.): Handbuch Vereinte Nationen, 2. Aufl., München 1991, 1159-1171; *United Nations:* United Nations documentation: a brief guide, UN Doc. ST/LIB/34/Rev.2 + Corr.1-2.
Internet: United Nations Documentation: Research Guide: http:// www.un.org/Depts /dhl/resguide

Entkolonialisierung

1945, bei der Gründung der UN, lebten 750 Millionen Menschen in nichtsouveränen Staaten. Folgt man der Definition, die unter *Entkolonialisierung* die Erlangung der Unabhängigkeit eines früher rechtlich abhängigen Territoriums versteht, kann dieser Prozeß heute als weitgehend abgeschlossen gelten.

An dieser Entwicklung waren die UN nur am Rande beteiligt, obwohl die UN-Charta (→ Charta der UN) mit dem Recht auf Selbstbestimmung der Völker (Art. 1 und 55) (→ Selbstbestimmungsrecht) einen wesentlichen völkerrechtlichen Grundsatz der Entkolonialisierung verankerte. Zur Umsetzung dieses Rechtes enthält die Charta das UN-

Treuhandsystem (Art. 75-91), das neben der früheren italienischen Kolonie Somaliland die ehemaligen Mandatsgebiete des Völkerbundes, insgesamt elf Länder, umfaßte. Aufgrund dieser Beschränkung hat der → Treuhandrat im Entkolonialisierungsprozeß keine entscheidende Rolle gespielt. Die ihm unterstellten Gebiete haben inzwischen alle die Unabhängigkeit erreicht.

Alle anderen „abhängigen Gebiete" - und damit die überwiegende Mehrzahl der damaligen Kolonien - wurden aufgrund des Widerstands der Sieger- und damaligen Kolonialmächte nicht vom Treuhandsystem erfaßt. Für sie waren nur zwei Artikel in der Charta vorgesehen (Kapitel XI). Die Kolonialmächte sollten mit Art. 73 u.a. darauf verpflichtet werden „den politischen, wirtschaftlichen, sozialen und erzieherischen Fortschritt, die gerechte Behandlung und den Schutz dieser Völker gegen Mißbräuche unter gebührender Achtung vor ihrer Kultur zu gewährleisten" und „die Selbstregierung zu entwickeln, die politischen Bestrebungen dieser Völker gebührend zu berücksichtigen und sie bei der fortschreitenden Entwicklung ihrer freien politischen Einrichtungen zu unterstützen". Darüber hinaus gibt der Art. 73 den Kolonialmächten lediglich vor, „dem Generalsekretär mit der durch die Rücksichtnahme auf Sicherheit und Verfassung gebotenen Einschränkung zu seiner Unterrichtung regelmäßig statistische und sonstige Informationen technischer Art über das Wirtschafts-, Sozial- und Erziehungswesen in den nicht unter die Kapitel XII und XIII fallenden Hoheitsgebieten zu übermitteln".

Die Entkolonialisierung war bis in die 70er Jahre ein erklärter Schwerpunkt der UN. Gewichtiger als eine direkte Einflußnahme der UN ist dabei die „Entkolonialisierung durch Resolutionen" zu bewerten. Vor allem in der → Generalversammlung wurde die Völkergemeinschaft wiederholt aufgefordert, das Selbstbestimmungsrecht und einen Rechtsanspruch auf Entkolonialisierung bedingungslos umzusetzen. Die

UN waren so ein Forum für die Idee der Selbstbestimmung und die neu entstandenen Staaten. Eine zentrale Rolle spielt dabei die Resolution 1514 (XV) vom 14.12.1960, die „Erklärung über die Gewährung der Unabhängigkeit an koloniale Länder und Völker", in deren Folge 1961 von der Generalversammlung (GA Res. 1654 (XVI)) ein Sonderausschuß, der sog. Entkolonialisierungsausschuß, eingerichtet wurde (→ Ausschußsystem). In einzelnen Fällen (so z.B. Somalia oder Indonesien) waren die UN an einem friedlichen Entkolonialisierungsprozeß aktiv beteiligt. Ob die Entkolonialisierung jedoch durch einen Befreiungskrieg erreicht wurde oder auf dem Verhandlungswege - darauf hatten die UN keinen Einfluß. „Die UNO wurde nur ins Spiel gebracht, wenn - wie im einstigen Kongo - die friedliche Entkolonialisierung mißlang; sie wurde angerufen, wenn es irgendwo in der Welt brannte - aber sie konnte selten die Brände löschen, weil ihr die für das Feuer Verantwortlichen die geeigneten Einsatz- und Löschmittel verweigerten." (*Nuscheler* 1981,197)

Bei der Entstehung der UN (→ Geschichte der UN) war die erste Phase der Entkolonialisierung bereits abgeschlossen, Nord- und Südamerika waren unabhängig. Erst die zweite Phase, die Entkolonialisierung Afrikas und Asiens, fand teilweise seit Gründung der UN statt. Inzwischen befaßt sich der Entkolonialisierungsausschuß nur noch mit 17 Gebieten (überwiegend kleinen Inselstaaten, Stand 31.12.1998). Konfliktreich ist derzeit vor allem noch die Auseinandersetzung um die Entkolonialisierung der Westsahara und Ost-Timors. Der Zerfall der ehemaligen Sowjetunion mit der nachfolgenden Bildung der Gemeinschaft Unabhängiger Staaten (GUS) fand außerhalb des → UN-Systems statt, das in der Praxis den Begriff „Kolonie" auf überseeische Gebiete beschränkte.

Die UN erfuhren durch die Entkolonialisierung gravierende Veränderungen: Am Ende der wichtigsten Entkolonialisierungsphase (etwa um 1975) hatten die UN 144 Mitglieder, die in der

Generalversammlung den Staaten Afrikas, Asiens und Lateinamerikas eine Mehrheit verschafften (→ Mitgliedschaft/Repräsentation von Staaten; → Gruppe der 77 und die UN). Durch diese Ländergruppe wurden neue Themen und Tätigkeitsfelder für die UN in der Generalversammlung aufgegriffen. So entstand in den 70er Jahren eine intensive Diskussion über die ökonomische Dimension des Selbstbestimmungsrechtes bzw. einen erweiterten Souveränitätsbegriff (→ Souveränität), der wirtschaftliche Abhängigkeiten einbezieht (→ Weltwirtschaftsordnung/ NWWO).

Heike Henn

Lit.:*El-Ayouty, Y.:* The United Nations and Decolonization: the Role of Afro-Asia, The Hague 1971; *El-Ayouty, Y.:* Der historische Imperativ der Entkolonialisierung, in: VN 33 (1985), 170-173; *Kunig, P.:* Entkolonialisierung, in: Wolfrum, R. (Hrsg.): Handbuch Vereinte Nationen, 2. Aufl. München 1991, 104-110; *Nuscheler, F.:* Die Entkolonialisierungsbilanz der Vereinten Nationen, in: VN 29 (1981), 195-199; *Schümperli, W.:* Die Vereinten Nationen und die Dekolonisation, Bern 1970.

Entstehungsgeschichte der UN

Im Kern geht das Konzept, ein kollektives Sicherheitssystem (→ Kollektive Sicherheit) zur Friedenssicherung und Verhinderung von Friedensbrüchen zu schaffen, auf das Bündnis der Staaten gegen Deutschland, Italien und Japan im Zweiten Weltkrieg zurück. Obwohl der → Völkerbund, den seine Gründerstaaten mit wenig Kompetenzen ausgestattet hatten und der nicht in der Lage gewesen war, in größeren Konflikten völkerrechtliche Aggressionsakte und Kriegshandlungen zu verhindern, weiter existierte, gab es unter den Staaten der Anti-Achsenmächte-Koalition wenig Neigung, den Völkerbund nach dem Zweiten Weltkrieg fortzusetzen.

Eine neue Organisation sollte die Hoffnung auf eine „neue Weltordnung" ausdrücken, in welcher der Friede besser und wirksamer als bisher geschützt werden sollte. Außerdem sollte diese neue Organisation sich in einem Punkt vom Völkerbund unterscheiden: sie sollte die Vereinigten Staaten einschließen, deren Abwesenheit im Völkerbund aufgrund der ablehnenden Haltung des US-Senats für die entscheidende Schwächung der Organisation gesorgt hatte. Das bedeutete, daß die neuzuschaffende Organisation von vornherein die Interessen der amerikanischen Außenpolitik Rechnung zu tragen hatte, damit überhaupt Aussicht bestand, im US-Senat eine Billigung des Gründungsvertrages zu erreichen.

Präsident Roosevelt war schon vor dem Kriegseintritt der USA nach dem Angriff Japans auf Pearl Harbour am 7. Dezember 1941 von der Notwendigkeit überzeugt, eine Weltorganisation zur Friedenssicherung schaffen zu müssen: Er vertrat dabei das Konzept einer Weltorganisation unter Führung der beiden Großmächte USA und Großbritannien. (vgl. *Russell/Muther* 1958, 96)

1. Erste Umrisse für eine internationale Organisation: Die Atlantik-Charta vom August 1941

Um die eigenen Vorstellungen über die Nachkriegsordnung - unter Einbeziehung der zu gründenden Weltorganisation - mit Churchill abzustimmen, lud Roosevelt Churchill im Sommer 1941 zu einem Treffen auf einem Kriegsschiff im Atlantik vor der Küste Neufundlands ein.

Die Vorstellungen beider Staatsmänner wichen zu diesem Zeitpunkt gerade in bezug auf die neue Weltorganisation erheblich voneinander ab: Churchill wollte eine internationale Organisation nach dem Vorbild des Völkerbundes schaffen, ergänzt durch das Prinzip der regionalen Vertretung. Roosevelt war dagegen für eine Organisation unter Führung der USA und Großbritanniens, die mit einer starken britisch-amerikanischen Streitmacht die Abrüstung der ehemaligen Feindstaaten, der Achsenmächte und ihrer Verbündeten, kontrollieren sollte. Churchill war dafür, in der Abschlußerklärung die Schaffung einer internationalen Sicherheitsorganisation zu erwähnen, Roosevelt war dagegen. Er war der Ansicht, der US-Kongreß und die öffentliche Meinung in den USA seien aufgrund der immer noch einflußreichen isolationistischen Strömungen noch nicht bereit, ein solches Konzept zu akzeptieren.

In der als „Atlantik-Charta" bezeichneten Abschlußerklärung der beiden Staatsmänner vom 14. August 1941 hatte sich Roosevelt weitgehend durchgesetzt, die neuzuschaffende Weltorganisation wird nur in einem Nebensatz erwähnt: In der Atlantik-Charta definieren Roosevelt und Churchill gemeinsame Prinzipien der nationalen Außenpolitik ihrer Länder: Sie sprechen sich u.a. gegen jegliche territoriale Expansionsbestrebungen aus und gegen „territoriale Veränderungen, die sich nicht in Übereinstimmung befinden mit den frei geäußerten Wünschen der betreffenden Völker." Sie treten ein für das Recht aller Völker, das Regierungssystem zu wählen, unter dem sie leben wollen, und sie wünschen, die souveränen Rechte und die Selbstregierung dort wiederhergestellt zu sehen, wo Völker mit Zwang derselben beraubt wurden. Auf wirtschaftlichem Gebiet treten sie für gleiche Zugangschancen beim Welthandel und auf den Rohstoffmärkten ein und für eine Zusammenarbeit im Interesse verbesserter Arbeitsbedingungen, des wirtschaftlichen Fortschritts und der sozialen Sicherheit. Schließlich sprechen sich beide Staatsmänner aus für eine Absage an den Gebrauch von Gewalt in der Außenpolitik: „Sie glauben, daß alle Nationen der Welt, aus realistischen wie aus geistigen Gründen, zu einer Absage an den Gebrauch von Gewalt kommen müssen. Da kein zukünftiger Friede aufrechterhalten werden kann, wenn Land-, See- oder Luftstreitkräfte weiterhin eingesetzt werden von Nationen, die Aggression außerhalb ihrer Grenzen androhen oder androhen können, glauben sie, daß - bis zur Errichtung eines weiterreichenden und dauerhaften Systems der allgemeinen Sicherheit - die Abrüstung solcher Nationen wesentlich ist." (Yearbook of the United Nations 1946-47, 2)

Obwohl sie in ihrer Erklärung die Prinzipien der zukünftigen Weltorganisation definieren, erwähnen Roosevelt und Churchill - aus den schon erwähnten Gründen - die Organisation selber nur in dem oben zitierten Nebensatz, und zwar nur in bezug auf ihre Funktion, ein allgemeines Sicherheitssystem zu schaffen.

Stalin war zu dem Treffen von Roosevelt und Churchill im Atlantik nicht eingeladen worden, obwohl durch den deutschen Angriff auf die UdSSR im Juni 1941 und das britische-sowjetische Abkommen über das gemeinsame Vorgehen beider Staaten gegen Deutschland vom Juli 1941 sich die weltpolitische Situation und die Bündnissituation entscheidend geändert hatte (*McNeill* 1953).

2. Die Erklärung der Vereinten Nationen vom 1.1.1942

Nachdem die USA und Großbritannien nach dem japanischen Überfall auf Pearl Harbour am 8. Dezember 1941 Japan den Krieg erklärt hatten und Deutschland und Italien am 11. Dezember 1941 dies mit der Kriegserklärung gegenüber den Vereinigten Staaten beantworteten, waren die USA an einer breiten Koalition von Staaten in einem militärischen und politischen Bündnis interessiert, um den Krieg gegen die Achsenmächte auf eine sichere Grundlage zu stellen.

Nach einem Treffen zwischen Roosevelt und Churchill am 22. Dezember 1941 in Washington kam es am 1. Januar 1942 zu einem solchen politischen Bündnis in Form der „Erklärung der Vereinten Nationen" [im englischen Original „Declaration By United Nations"], in welcher die Unterzeichnerstaaten ausdrücklich die „Atlantik-Charta" billigten und dann erklärten, gemeinsam zur Verteidigung der Freiheit, Unabhängigkeit und der Menschenrechte gegen Deutschland, Japan, Italien und die mit ihnen verbündeten Staaten zusammenarbeiten zu wollen. Die 26 Unterzeichnerstaaten dieser Erklärung waren die USA, Großbritannien, die UdSSR, China, Australien,

Belgien, Costa Rica, die Dominikanische Republik, El Salvador, Griechenland, Guatemala, Haiti, Honduras, Indien, Jugoslawien, Kanada, Kuba, Luxemburg, Neuseeland, Nicaragua, die Niederlande, Norwegen, Panama, Polen, Südafrika und Tschechoslowakei. Im Laufe des Krieges traten noch weitere 21 Staaten dem Bündnis bei: 1942 Mexiko, die Philippinen und Äthiopien, 1943 Irak, Brasilien, Bolivien, Iran, Kolumbien, 1944 Liberia, Frankreich, 1945 Ecuador, Peru, Chile, Paraguay, Venezuela, Uruguay, Türkei, Ägypten, Saudi-Arabien, Libanon und Syrien.

Die Unterzeichnerstaaten der Washingtoner Erklärung vom 1. Januar 1942 nannten sich „Vereinte Nationen", ein Name, der – auf Wunsch von Präsident Roosevelt - später auf die zu schaffende Weltorganisation übergehen sollte. Inhaltlich enthielt die Erklärung noch keinerlei konkrete Hinweise auf die zu schaffende Nachkriegsordnung, im Gegenteil, die USA suchten die vorzeitige Erörterung konkreter Details, die kontrovers waren, zu verhindern, um die Kriegsallianz nicht zu gefährden.

3. Die Konzeptionen der Großmächte 1942/43: Zweier-Hegemonie oder Quadrupel-Allianz

Roosevelt war ursprünglich davon ausgegangen, daß die Nachkriegsordnung durch die beiden Ordnungsmächte USA und Großbritannien bestimmt werden könne. Später war er bereit, die UdSSR und China einzubeziehen, blieb aber der Ansicht, daß die weltpolitische Kontrolle in der Hand weniger mächtiger Staaten liegen sollte und die übrigen Staaten komplett abzurüsten hätten. Auf diese Weise würden die früheren Feindstaaten, die Roosevelt als die einzig echte Gefahr für den Weltfrieden ansah, daran gehindert, erneut eine Bedrohung zu werden und die kleineren Staaten könnten in Frieden ihren Geschäften nachgehen (vgl. *Luard* 1982, 19f.). Ein solches Konzept der Weltorganisation schlug Roosevelt Molotow vor, als dieser im Mai 1942 Washington besuchte. Die Sowjetunion ihrerseits gab

zu diesem Zeitpunkt noch nicht zu erkennen, welche Vorstellungen sie von der Nachkriegsordnung hatte.

Churchill mißtraute Roosevelts Idee, daß die neue internationale Organisation auf der Zusammenarbeit der „Großen Vier" beruhen sollte: Er bezweifelte, daß China, zu diesem Zeitpunkt noch unter japanischer Besetzung, die ihm zugedachte Rolle wirklich einnehmen konnte und vor allem sah er Schwierigkeiten in der Zusammenarbeit mit der Sowjetunion voraus. Außerdem erkannte er die Schwachstelle in jedem System kollektiver Sicherheit, die auch das Rooseveltsche Konzept aufwies: das Problem, ein genügendes Engagement bei der Verteidigung angegriffener Staaten bei denjenigen Bündnis-Staaten zu erreichen, die so weit entfernt vom Konfliktherd sind, daß ihre Sicherheit nicht unmittelbar davon berührt wird (vgl. *Churchill* 1940, 802f.). Er sah Großbritanniens eigene Interessen stärker in Europa lokalisiert und befürwortete eine größere Rolle regionaler Organisationen innerhalb der zu schaffenden internationalen Organisation.

So schlug Churchill bei einem Besuch in Washington im Mai 1943 vor, daß unter einem „Weltrat" der USA, Großbritanniens und der UdSSR - drei regionale Räte errichtet werden sollten, einen für die westliche Hemisphäre, einen für Europa und einen für den Fernen Osten. Die regionalen Räte sollten mit weitreichenden eigenen Befugnissen versehen werden, mit eigenen Truppen, die ihre Entscheidungen durchsetzen und erneute Aggressionen und Kriegsvorbereitungen verhindern konnten. Die Großmächte sollten dabei in mehreren, die USA am besten in allen drei Räten vertreten sein. Sollten die Regionalräte bei der Streitschlichtung scheitern, würde der Weltrat zum Einsatz kommen (vgl. *Luard* 1982, 21).

Roosevelt schien im Frühjahr 1943 ähnliche Konzepte wie Churchill zu verfolgen: In einem Zeitungsartikel in der „Saturday Evening Post" vom 10. April 1943, der von Forrest Davies - mit Wissen und Billigung des Präsidenten - verfaßt worden war, schlug dieser die Bildung von zwei Sicherheitskommissionen vor: eine, welche die USA, Großbritannien und die UdSSR einschließen sollte, sollte sich um die Sicherheitsprobleme Europas kümmern, die andere, unter der Beteiligung Chinas, um jene in Asien. Nur die genannten Großmächte sollten das Monopol an Streitkräften besitzen, und daher würden keine internationalen Verbände oder Stützpunkte erforderlich sein. Die kleineren Nationen sollten zur Abrüstung veranlaßt werden.

Roosevelts Konzept des Waffenmonopols der Großmächte stieß bei den Außenministerien in den USA und in Großbritannien auf Skepsis. Sie glaubten, daß Frankreich oder andere westeuropäische Staaten nicht auf Dauer zur Abrüstung gezwungen werden könnten und lehnten auch die Regionalstruktur der Weltorganisation ab. Im Sommer 1943 rückte auch Präsident Roosevelt von der Regionalkonzeption ab, während Churchill weiter an dieser Konzeption festhielt.

Roosevelt war zu diesem Zeitpunkt an konkreten Entscheidungen über die Weltorganisation interessiert, wobei es für ihn klar war, daß die Initiative bei den Großmächten liegen sollte. In einer ersten Stufe sollten sich in Roosevelts Konzept die vier Großmächte auf eine Erklärung zu den Prinzipien der Nachkriegsordnung einigen, dann sollten die Großen Drei (USA, Großbritannien, UdSSR) ein Protokoll über die Grundzüge der von ihnen geplanten Weltorganisation aushandeln. Nachdem er sich darüber mit Churchill verständigt hatte, arbeiteten die USA in einer Konferenz mit Großbritannien in Quebec im August 1943 einen Entwurf für eine Deklaration über die zukünftige Weltorganisation aus. In dieser Erklärung anerkannten, so der amerikanisch-britische Entwurf, die vier Regierungen „die Notwendigkeit, zum frühestmöglichen Zeitpunkt eine allgemeine internationale Organisation für die Wahrung des internationalen Friedens und der Sicherheit zu errichten, die auf der Grundlage der souveränen Gleichheit

aller Nationen basiert und offen ist für die Mitgliedschaft aller Nationen..." (zitiert nach *Luard* 1982, 22).

4. Der Konsens der Vier: Die Moskauer Erklärung der Vier Mächte vom 30. Oktober 1943

Roosevelts Politik der Betonung der Gemeinsamkeiten hatte auf der Moskauer Außenministerkonferenz im Oktober 1943 Erfolg: Die Briten verzichteten darauf, ihre Regionalkonzeption weiter zu verfolgen, sie erklärten sich ebenso wie die Sowjetunion damit einverstanden, China in den Kreis der vier für den Frieden hauptverantwortlichen Mächte einzubeziehen. Der von den USA und Großbritannien ausgearbeitete Deklarations-Entwurf der Konferenz von Quebec wurde von der Sowjetunion akzeptiert, sie fügte lediglich dem Passus über die Mitgliedschaft zwischen „allen" und „Nationen" das Wort „friedliebenden" ein, um sicherzustellen, daß die ehemaligen Feindstaaten nicht automatisch Mitglieder der neuen Weltorganisation werden konnten. In Paragraph 4 der „Deklaration der Vier Mächte über Allgemeine Sicherheit", die von den Außenministern der USA, der UdSSR und Großbritanniens und vom Botschafter der Republik China am 30. Oktober 1943 unterzeichnet wurde, erklärten die Staaten, „daß sie die Notwendigkeit anerkennen, zum frühestmöglichen Zeitpunkt eine allgemeine internationale Organisation zu errichten, die auf dem Prinzip der souveränen Gleichheit aller friedliebenden Staaten gegründet ist und für die Mitgliedschaft dieser Staaten, groß oder klein, offen ist, zur Aufrechterhaltung des internationalen Friedens und der Sicherheit" (*Goodrich/Hambro/Simmons* 1949, 571f.).

Bevor die Diskussion der Details der Organisation beginnen konnte, mußten zwischen den Regierungschefs noch einige Grundsatzprobleme geklärt werden. Auf der Konferenz der drei Alliierten in Teheran im November 1943 beschrieb Roosevelt Stalin sein Konzept der „Vier Polizisten", welche die

Hauptverantwortung, wenn nicht sogar die ausschließliche Verantwortung für den Weltfrieden nach dem Krieg übernehmen sollten. Die Weltorganisation sollte daher aus drei Gremien bestehen: zum einen eine *Versammlung aller Nationen* der Welt, die sich an unterschiedlichen Orten in der Welt versammeln, internationale Probleme diskutieren und Empfehlungen abgeben sollte; daneben ein *Exekutivkomitee* der vier Großmächte zusammen mit den Vertretern anderer Ländergruppen, das sich hauptsächlich mit nicht-militärischen Problemen, Fragen der Ernährung, Gesundheit und Wirtschaft, beschäftigen sollte, und schließlich die *„Vier Polizisten"*, das Hauptexekutivorgan, mit der Macht ausgestattet, mit jeder Friedensbedrohung in einer plötzlichen Krise fertigzuwerden.

Stalin wandte ein, daß eine solche Konzentration der Macht bei den Großen Vier auf Widerstand bei den kleineren Staaten stoßen würde, außerdem verfüge China nicht über genügend Macht, um ein allgemein akzeptiertes Mitglied eines Organs sein zu können, das Machtbefugnisse in Europa ausüben sollte. Er schlug ein System vor, das mehr Churchills Regionalplänen ähnelte: ein Komitee für Europa, unter Beteiligung Großbritanniens, der UdSSR und der USA und vielleicht noch einem weiteren Staat, zusammen mit einem ähnlichen Gremium für den Fernen Osten. Aber Roosevelt bezweifelte, ob der US-Kongreß die Mitgliedschaft der USA in einem überwiegend europäischen Gremium, welche den Einsatz amerikanischer Truppen nach sich ziehen konnte, billigen würde. Schließlich schien aber auch Stalin sich Roosevelts Ansicht anzuschließen, daß eine einzige weltweite Organisation besser sei als eine Organisation mit regionaler Gliederung.

Nach dieser Einigung im Grundsatz begannen die drei Großmächte Anfang 1944 wie vereinbart, ein detailliertes Dokument über die Nachkriegsorganisation zu erarbeiten, d.h. die USA gingen daran, denn der britische Außenminister Eden meinte, die USA sollten die Initiative übernehmen und die UdSSR, die zu diesem Zeitpunkt über keine eigenen Konzepte verfügte, hatte nichts dagegen. Das Ergebnis war, daß im folgenden Diskussionsprozeß bis zur endgültigen Formulierung der → UN-Charta die USA die Initiative übernahmen und Vorschläge ausarbeiteten, auf welche die anderen reagierten. So ist es nicht verwunderlich, daß die UN-Charta, als sie schließlich fertiggestellt war, eine nur geringfügig veränderte Version des ursprünglichen US-Vorschlags darstellte.

5. Erste Konturen der neuen Weltorganisation: Der „Outline-Plan" der USA

So entwickelte das State Department der USA im Dezember 1943 einen relativ detaillierten Plan für die neue Weltorganisation, den es als „Plan für die Errichtung einer internationalen Organisation für die Aufrechterhaltung des Weltfriedens und der internationalen Sicherheit" in einem Memorandum am 29. Dezember 1943 dem Präsidenten übermittelte und den Roosevelt im Februar im Grundsatz akzeptierte. In seinen Grundzügen enthält dieser Plan, der sogenannte *„Outline-Plan"* (*U.S. Department of State* 1950, Publication 3580, Appendix 33, 576ff.) bereits alle Strukturmerkmale der späteren Charta der Vereinten Nationen: Die Hauptaufgaben der internationalen Organisation sollen zum einen „die Wahrung des Weltfriedens und der internationalen Sicherheit" sein und zum anderen, „die gemeinsamen Anstrengungen unter den Nationen zu fördern für die fortschreitende Verbesserung der allgemeinen Wohlfahrt". Die Organisation soll „den Gebrauch von Gewalt oder die Drohung, Gewalt anzuwenden, in internationalen Beziehungen verhindern mit Ausnahme derjenigen, die namens der internationalen Organisation selbst ausgeübt wird"; sie soll „Streitigkeiten zwischen Nationen, die geeignet sind, zu einem Friedensbruch zu führen, schlichten"; „die Herrschaft des Rechts in internationalen Beziehungen stärken und fortentwickeln"; „die Änderung von Bedingungen zu erleichtern, die geeignet sind, die Sicherheit zu gefährden und die allgemeine Wohlfahrt der friedliebenden Nationen zu untergraben," und „den politischen, ökonomischen und sozialen Fortschritt der Nationen und Völker durch gemeinsame internationale Bemühungen fördern."

Als Organe sollte die Organisation drei Gremien aufweisen: einen *Exekutivrat*, eine *Generalversammlung* und einen *Internationalen Gerichtshof.* Während der Generalversammlung alle Mitgliedstaaten angehören sollten, sollte die Mitgliedschaft im Exekutivrat beschränkt sein. Außer den ständigen Mitgliedern USA, Großbritannien, UdSSR und China sollte der Rat andere, auf Zeit gewählte Mitglieder enthalten. Die gewählten Mitglieder des Exekutivrats sollten mit Zweidrittelmehrheit von der Generalversammlung gewählt werden. Änderungen sollten mit Zwei-Drittel-Mehrheit der Generalversammlung beschlossen werden, vorausgesetzt, alle ständigen Mitglieder des Exekutivrats sind unter den Ja-Stimmen.

Der Exekutivrat sollte sowohl auf Initiative jedes Mitgliedstaats als auch auf eigene Initiative hin Streitigkeiten, friedensgefährdende Situationen und Friedensbrüche untersuchen dürfen, Empfehlungen an die beteiligten Staaten richten können und die Bedingungen für die Beilegung von Streitigkeiten vorschreiben und die Durchsetzung ihrer Entscheidungen sichern können. Er sollte das Recht haben, „die Existenz einer Aggressionsdrohung oder eines Akts der Aggression festzustellen und... Maßnahmen einzuleiten, um eine solche Drohung oder einen solchen Akt zu unterbinden." Derartige Entscheidungen des Exekutivrates sollten mit allen Stimmen der ständigen Mitglieder - alternativ mit Dreiviertelmehrheit aller ständigen Mitglieder - erfolgen.

Die Generalversammlung sollte sich einmal jährlich treffen und darüber hinaus auf eigene Initiative und auf Initiative des Exekutivrats zu Sonder-

sitzungen einberufen werden können. Die Generalversammlung sollte sich wegen aller friedensbedrohenden Situationen, auf die ihre Mitglieder ihre Aufmerksamkeit gelenkt haben, an den Exekutivrat wenden, der für entsprechende Maßnahmen zuständig ist. Die Generalversammlung sollte darüber hinaus Studien initiieren und „Empfehlungen abgeben... über die Interpretation und Revision der Regeln des Völkerrechts und... die Förderung der internationalen Zusammenarbeit". Sie sollte mit Zweidrittelmehrheit andere Nationen in die internationale Organisation aufnehmen können. Der Internationale Gerichtshof sollte auf Anforderung des Exekutivrates ein Rechtsgutachten über die juristischen Aspekte jeder Angelegenheit, die der Rat behandelt, abgeben können.

Alles in allem bereits im Kern die charakteristischen Strukturen der späteren Vereinten Nationen: ein *Rat* mit ständigen und nichtständigen Mitgliedern für Maßnahmen der Friedenssicherung, eine *Generalversammlung* mit der Kompetenz, neue Mitglieder aufzunehmen und Empfehlungen abzugeben, aber ohne Handlungskompetenz in Fragen des Weltfriedens und der internationalen Sicherheit und ein *Internationaler Gerichtshof* mit der Kompetenz, auf Anforderung Rechtsgutachten zu internationalen Streitfragen zu erstellen.

6. Erster vorläufiger Konsens über die Strukturen: Die „Tentative Proposals"

Diesen „Outline-Plan" stimmte die Regierung der USA mit den anderen drei Mächten ab und arbeitete daraufhin eine überarbeitete Fassung des Plans aus, die sog. „Tentative Proposals for a General Organisation" (*Russell/Muther* 1958, 995ff.). Sie unterschieden sich vom „Outline-Plan" im wesentlichen in zwei Punkten: zugunsten Frankreichs waren fünf statt bisher vier ständiger Mitglieder im „Executive Council" vorgesehen und mit Rücksicht auf Vorbehalte in Großbritannien und Lateinamerika waren regionale Absprachen und Organisationen im Rahmen des vorgesehenen Sicherheitssystems berücksichtigt worden. Die „Tentative Proposals" stießen – bei einigen Vorbehalten – im Prinzip auf Zustimmung bei den übrigen drei Staaten, sodaß der amerikanische Entwurf auch die Grundlage für die nun folgende Konferenz bildete: Man hatte sich nämlich im Frühjahr 1944 geeinigt, eine Konferenz in Dumbarton Oaks nahe Washington abzuhalten, um einen konkreten gemeinsamen Statutenentwurf für die künftige Weltorganisation zu erarbeiten. Weil die chinesisch-sowjetischen Beziehungen zu diesem Zeitpunkt noch sehr schlecht waren - die Sowjetunion war offiziell noch mit Japan verbündet, mit dem China sich im Krieg befand -, war man übereingekommen, daß die beiden Mächte nicht gleichzeitig an der Konferenz teilnehmen sollten: die UdSSR würde am ersten Teil der Konferenz teilnehmen, China am zweiten Teil.

7. Entwurf für eine Charta der Vereinten Nationen: Die Konferenz der Vier Mächte in Dumbarton Oaks im Sommer 1944

Tatsächlich brachte die Konferenz von Dumbarton Oaks vom 21. August bis 9. Oktober 1944 die große Leistung zustande, einen Statutenentwurf fertigzustellen: die „Dumbarton Oaks Proposals for the Establishment of a General International Organization" (Yearbook of the United Nations 1946-47, 4-9), aus dem später mit nur geringen Änderungen die Charta der Vereinten Nationen geworden ist. Die Verhandlungsdelegation leitete bei den USA Undersecretary Edward R. Stettinius aus dem Außenministerium, bei Großbritannien Alexander Cadogan, der britische Botschafter in Washington und bei der UdSSR Andrej Gromyko, der sowjetische Botschafter in Washington.

Man kam relativ schnell überein, die Vorschläge der USA als Verhandlungsgrundlage zu nehmen, die anderen Konferenzdelegationen waren wenig daran interessiert, die grundlegende Struktur, welche die „Tentative Proposals" der USA beschrieben, in Frage zu stellen. In einigen wichtigen Punkten wurde das Konzept der „Tentative Proposals"jedoch in Dumbarton Oaks erweitert (vgl. *Luard* 1982, 27ff.):

So hatten die USA vorgeschlagen, daß die Charta die Mitgliedstaaten verpflichten sollte, ihre Streitigkeiten durch eine Serie bilateraler Verhandlungs- und Schlichtungsverfahren einer Lösung zuzuführen. Erst wenn dies fehlschlagen sollte, wären sie verpflichtet, sich an den Exekutivrat zu wenden. In Dumbarton Oaks kam man nun auf sowjetischen Druck überein, daß der Rat von sich aus die Parteien auffordern konnte, eine Schlichtungslösung zu erreichen oder den Streitenden sogar Prozeduren und Methoden der Schlichtung vorschlagen konnte.

Was die Zusammensetzung des Exekutivrats anbetraf, einigte man sich darauf, Frankreich einen ständigen Sitz im Rat anzubieten. Der Rat sollte insgesamt fünf ständige und sechs nichtständige Mitglieder umfassen. Im Unterschied zum Völkerbundrat sollte er in der Lage sein, ständig zu tagen, so daß jedes Ratsmitglied einen ständigen Vertreter an den Sitz der Organisation schicken sollte.

Der amerikanische Vorschlag enthielt hinsichtlich des Abstimmungsverfahrens in der Vollversammlung ein gewichtetes Stimmrecht bei Entscheidungen über Finanzfragen, ähnlich dem Stimmrecht bei der Weltbank. Dies war für die anderen Delegationen unakzeptabel, da es der USA den größten Teil der Stimmen gegeben hätte. Man einigte sich auf eine einfache Mehrheit für die meisten Fragen in der Vollversammlung und auf eine Zweidrittelmehrheit nur für wichtige Fragen, einschließlich der Budget-Fragen.

Was die Wahl des Generalsekretärs anbetraf, hatten die USA vorgeschlagen, er solle von der Vollversammlung gewählt und vom Rat bestätigt werden, so daß die Initiative bei der Vollversammlung gelegen hätte. Die UdSSR, unterstützt von den übrigen, wünschte dagegen, daß der Rat als erstes durch seine Mehrheit der Vollversammlung eine Person vorschlagen sollte, welche die Vollversammlung dann wählen konnte. Diese Lösung wurde auf der Konferenz schließlich angenommen. Wie dieses Beispiel deutlich macht, verfolgte die Sowjetunion auf dieser Konferenz eine Politik der Stärkung des Sicherheitsrats, in dem sie über ein Vetorecht verfügen würde.

Großbritannien und China wollten die Rolle des Generalsekretärs aufwerten und schlugen vor, daß er die Befugnis erhalten sollte, jede Angelegenheit vor den Rat bringen zu können, die er als eine Bedrohung für den Weltfrieden betrachtete - ein Recht, daß der Generalsekretär des Völkerbundes nicht gehabt hatte. Die USA und die UdSSR akzeptierten dies in Dumbarton Oaks und diese Regelung wurde schließlich in der Konferenz von San Francisco der bekannte Artikel 99 der → UN-Charta.

Nicht einigen konnte man sich lediglich in zwei wichtigen Fragen, der Frage des Vetorechts im Rat und der Frage der Mitgliedschaft. Die Sowjetunion bestand darauf, das Vetorecht auch ausüben zu können, wenn sie selber in einen Streitfall oder behaupteten Friedensbruch verwickelt sein sollte. Die übrigen drei Staaten waren der Ansicht, in diesem Falle solle die betreffende Macht kein Stimmrecht und damit auch kein Vetorecht haben, allerdings mit der Ausnahme, daß sie das Vetorecht wiedererhalten sollten, wenn es um Ratsbeschlüsse zur Durchführung von Sanktionen ginge. Obwohl Roosevelt eine persönliche Botschaft an Stalin sandte, kam es auf der Konferenz in diesem Punkt zu keiner Einigung. Der zweite Streitpunkt war die Mitgliedschaft. Die Sowjetunion wollte, daß alle 16 Sowjetrepubliken als Mitglieder in die Organisation aufgenommen werden sollten. Die Forderung wurde von den anderen Mächten zurückgewiesen, aber die Sowjetunion hielt daran fest. Auch hier beschloß man, die Angelegenheit zu vertagen.

Die erste Konferenzphase mit den Russen dauerte fünf Wochen, die zweite Phase mit den Chinesen nur eine Woche. Dies lag zum Teil daran, weil man sie für weniger wichtig hielt, zum Teil weil sie meistens den Vorschlägen der anderen Mächte ohne Diskussion zustimmten. Am 9. Oktober 1944 veröffentlichte man schließlich als Konferenzergebnis die „Proposals for the Establishment for a General International Organisation" Sie bildeten die Grundlage für die Gründungskonferenz der Vereinten Nationen in San Francisco, auf deren Einberufung sich die Gipfelkonferenz der Großen Drei in Jalta im Februar 1945 einigte.

8. Einigung in Jalta über die Streitpunkte im Charta-Entwurf

Die ungelösten Konflikte von Dumbarton Oaks wurden auf der Gipfelkonferenz von Jalta im Februar 1945 auf dem Wege des Kompromisses gelöst. Für das Zugeständnis Roosevelts und Churchills, den sowjetischen Unionsrepubliken Weißrußland und Ukraine die volle Mitgliedschaft der Weltorganisation mit Stimmrecht in der Vollversammlung zu gewähren, erklärte sich Stalin mit einer modifizierten Abstimmungsformel im Sicherheitsrat einverstanden. Sie besagte, daß der Sicherheitsrat Entscheidungen mit den Stimmen von sieben Mitgliedern treffe, in Nichtverfahrensangelegenheiten die Stimmen der fünf ständigen Vertreter darin eingeschlossen. Nur in Angelegenheiten der friedlichen Streitbeilegung und der Streiterledigung durch regionale Einrichtungen sollten sich ständige Mitglieder der Stimme enthalten, soweit sie selbst betroffen seien.

Man beschloß mit der Errichtung der neuen Organisation so zügig wie möglich fortzufahren, d.h. sie möglichst zu errichten bevor der Krieg zu Ende sei. Einer der Gründe für diese Eile war sicherlich die Überlegung, daß man die öffentliche Meinung in den USA eher für eine Mitgliedschaft in der neuen Organisation gewinnen könne, wenn der Krieg noch nicht beendet wäre. Man beschloß, eine Konferenz der Vereinten Nationen am 25. April 1945 in San Francisco einzuberufen.

Die USA, Großbritannien und die UdSSR luden China und Frankreich ein, gemeinsam mit ihnen die Schirmherrschaft (engl. Sponsorship) zu übernehmen. China akzeptierte, Frankreich lehnte ab, weil es sich nicht mit seiner Forderung durchsetzen konnte, daß seine Abänderungsvorschläge zu den Vorschlägen von Dumbarton Oaks gleichberechtigte Verhandlungsgrundlage auf der Gründungskonferenz bilden sollten. Eingeladen wurden alle Staaten, welche die „Erklärung der Vereinten Nationen" vom 1. Januar 1942 unterzeichnet oder sich den Alliierten später durch die Unterstützung der Erklärung und durch Kriegserklärung an die Achsenmächte angeschlossen hatten, insgesamt 45 Staaten mit Ausnahme Polens, weil hier ein Dissens zwischen der Sowjetunion und den Westmächten über die Vertretungsbefugnis bestand, der erst nach Abschluß der Konferenz von San Francisco entschieden wurde. Die Sowjetunion wollte, daß das ihr nahestehende Lubliner Komitee Polen auf der Konferenz vertreten sollte, während die Westmächte zumindest die Beteiligung der dem Westen nahestehenden Londoner Exilregierung Polens sicherstellen wollten.

9. Die Charta der Vereinten Nationen wird geschaffen: Die Konferenz von San Francisco 1945

Kurz bevor die Konferenz am 25. April 1945 beginnen sollte, starb Präsident Roosevelt am 12. April 1945. Da Roosevelt sich so intensiv mit der Entwicklung der vorläufigen Entwürfe der Charta befaßt und im US-Kongreß und in der öffentlichen Meinung der USA um Unterstützung für die neue Organisation geworben hatte, gab es in vielen Staaten die Besorgnis, daß der Wechsel im Präsidentenamt der USA den Impuls zur Gründung der Weltorganisation schwächen könnte. Aber der neue Präsident Harry S. Truman erklärte bereits kurz nach seiner Vereidigung als Präsident, die Konferenz werde wie geplant abgehalten und die Unterstützung der USA für dieses Projekt sei unvermindert groß (vgl. *Luard* 1982, 39f.).

Am 25. April 1945 wurde die Konferenz mit 45 Teilnehmerstaaten im Opernhaus von San Francisco unter dem Vorsitz von US-Außenminister Edward Stettinius eröffnet. Nach einem kurzen Geplänkel zwischen den USA und der UdSSR, das symptomatisch für den Verlauf der ganzen Konferenz war, wurde die Frage des Vorsitzes im Kompromiß entschieden: Die UdSSR, vertreten durch Molotow, hatte ziemlich brüsk verlangt, daß der Vorsitz zwischen den vier einladenden Sponsor-Staaten USA, UdSSR, Großbritannien und China rotieren sollte. Schließlich einigte man sich auf den Kompromißvorschlag des britischen Außenministers Eden, daß der Vorsitz in den öffentlichen Plenarsitzungen der Konferenz rotieren sollte, während in den Sitzungen der Lenkungs- und Exekutivausschüsse und in den informellen Sitzungen der vier Delegationsleiter Stettinius den Vorsitz einnehmen sollte.

Die nächste Kontroverse ergab sich in der Frage der Einladung weiterer Konferenzteilnehmer: Im Vorfeld der Konferenz hatte man sich innerhalb der vier Mächte geeinigt, Weißrußland und die Ukraine einzuladen. Dagegen opponierten auf der Konferenz die lateinamerikanischen Staaten, weil sie ihrerseits die Einladung Argentiniens erreichen wollten. Argentinien gehörte nicht zu den Unterzeichnerstaaten der „Erklärung der Vereinten Nationen" und war deshalb nicht eingeladen worden. Weil es aber kurz zuvor in die Organisation lateinamerikanischer Staaten aufgenommen worden war, fühlten sich die anderen lateinamerikanischen Staaten dafür zuständig, Argentiniens Teilnahme an der Konferenz von San Francisco zu erreichen. Jetzt sah die UdSSR die Chance, auch die Teilnahme Polens, d.h. des Lubliner Komitees, zu erreichen, indem sie ein Junktim zwischen der Teilnahme Argentiniens und Polens herstellte. Schließlich einigte sich die Konferenz am 27. April in einer Resolution darauf, die Einladung an Polen solange zu vertagen, bis eine polnische Regierung gebildet worden sei, die von den vier einladenden Mächten USA, UdSSR, Großbritannien und China anerkannt werde (Res. der Konferenz von San Francisco vom 27.4.1945), sowie am 30. April darauf, Weißrußland, die Ukraine und Argentinien zur Teilnahme an der Konferenz einzuladen. Am 5. Juni wurde auch Dänemark, das gerade von der deutschen Besatzung befreit worden war, zur Teilnahme eingeladen.

Bestimmend für den Verlauf der Konferenz und für den endgültigen Text der Charta war eine Entscheidung der Konferenz gleich zu ihrem Beginn, am 27. April: Sie entschied auf einem Treffen der Delegationsleiter, daß die Vorschläge von Dumbarton Oaks, ergänzt durch die Beschlüsse der Jalta-Konferenz und die chinesischen Vorschläge sowie die inzwischen eingegangenen Kommentare der Teilnehmerstaaten zu den Vorschlägen, die Verhandlungsgrundlage bilden sollten. Dieses Verfahren bot große Vorzüge für die Sponsorstaaten, denn es bedeutete, daß jeweils eine Zweidrittelmehrheit der Konferenzstaaten erforderlich war, um die Vorschläge der Sponsorstaaten zu verändern. Mit anderen Worten, weil die Diskussion sich an den Vorschlägen von Dumbarton Oaks orientierte, statt bei Null anzufangen, entwickelte sich die Charta der Vereinten Nationen mehr oder weniger als eine Variation der Ideen von Dumbarton Oaks. Allerdings ist es auch schwer vorstellbar, daß die Großmächte eine völlig neue Konzeption der Weltorganisation, die beträchtlich von ihren in Dumbarton Oaks entwickelten Ideen abgewichen wäre, akzeptiert hätten.

9.1. Der Sicherheitsrat und seine Befugnisse

Die heftigsten Diskussionen in San Francisco gab es verständlicherweise bei dem Kernstück der Charta, dem → *Sicherheitsrat*. In Jalta hatten sich die Großen Drei auf eine Formel geeinigt, die in San Francisco von den übrigen Nationen heftig kritisiert wurde: Die Formel sah vor, daß für Verfahrensfragen, einschließlich der Entscheidung, eine Frage auf die Tagesordnung des Sicherheitsrats zu setzen, eine Mehrheit von sieben Stimmen erforderlich war, wobei nicht die Stimmen aller ständigen Mitglieder darunter zu sein brauchten, d.h. ohne eine Vetomöglichkeit für die letzteren. Bei den auf die Verfahrensfragen folgenden Entscheidungen würde dann das Veto gelten, d.h. die Stimmen aller ständigen Mitglieder müßten unter den sieben Ja-Stimmen sein. Außerdem durfte - so die Einigung in Jalta - ein ständiges Mitglied, daß beteiligte Partei in einem Streitfall war, nicht vom Vetorecht Gebrauch machen bei Entscheidungen des Sicherheitsrats über die Durchführung von Maßnahmen der friedlichen Streitbeilegung. Die Auswirkung dieser Veto-Formel bestand offensichtlich darin, daß keine ständiges Mitglied durch ein Veto verhindern konnte, daß eine Streitfrage, bei der es selber Konfliktbeteiligter war, im Sicherheitsrat diskutiert wurde, daß es aber verhindern konnte, daß irgendwelche Zwangsmaßnahmen gegen solch ein Mitglied beschlossen werden konnten.

Diese Veto-Formel wurde in San Francisco heftig von den übrigen Staaten kritisiert. Man hielt sie für unklar und unpräzise und man fürchtete, daß in der Praxis diese Formel die ständigen Mitglieder doch in die Lage versetzen würde, die Diskussion einer Streitfrage gänzlich zu verhindern. Die Großen Fünf wollten jedoch nicht auf dieses Recht verzichten, im Gegenteil, die UdSSR wollte jetzt sogar von der Jalta-Formel abrücken, die vorsah, daß kein ständiges Mitglied allein durch ihr Veto verhindern könne, daß eine Angelegenheit überhaupt diskutiert wurde. Der sowjetische Vertreter verlangte jetzt, daß auch bei der Frage, ob eine Angelegenheit eine Verfahrensfrage sei oder nicht, die ständigen Mitglieder vom ihren Vetorecht Gebrauch machen konnten, d.h. ein doppeltes Vetorecht bei Verfahrensfragen und bei inhaltlichen Entscheidungen. Die Westmächte versuchten dieses Problem zu bewältigen, indem sie Präsident Trumans Sonderbotschafter Harry Hopkins beauftragten, diese Frage bei seinem Gespräch am 6. Juni 1945 in Moskau mit Stalin zu verhandeln. Stalin gab zwar ein Stück weit nach, indem er meinte, die Frage sei trivial und er akzeptiere die westliche Position, daß das Veto nicht dazu verwendet werden könne, die Diskussion einer Frage generell zu verhindern. Jedoch bedeutete die schließlich in San Francisco am 7. Juni 1945 von den vier Sponsor-Mächten USA, UdSSR, Großbritannien und China abgegebene Erklärung, der sich Frankreich am 8. Juni anschloß, in der Praxis die Übernahme der sowjetischen Position: Die Entscheidung, ob eine Frage eine Verfahrensfrage ist, die nicht dem Veto unterliegt, oder nicht, muß in einem Abstimmungsverfahren getroffen werden, bei dem die ständigen Mitglieder das Vetorecht ausüben können: Mit anderen Worten, in all den Fällen, wo kein ständiges Mitglied am Konflikt beteiligt ist, kann das Veto sogar die Entscheidung über friedliche Streitbeilegungsmaßnahmen (→ Streitbeilegung, friedliche) verhindern. Die Großmächte kündigten in ihrer Erklärung vom 7. Juni auch an, daß sie bei anderen Regelungen über das Abstimmungsverfahren - ohne ein derart umfassendes Vetorecht für sie - die Beschlüsse des Sicherheitsrats nicht befolgen würden.

Diese Interpretation des Vetorechts (→ Veto/-recht) durch die Großen Fünf setzte sich - trotz aller Kritik von anderen Konferenzmitgliedern - in San Francisco durch und sollte in den folgenden Jahrzehnten dafür sorgen, daß in vielen internationalen Konflikten der Sicherheitsrat durch das Veto seiner ständigen Mitglieder selbst bei der Erörterung friedlicher Streitbeilegungsmaßnahmen blockiert werden konnte (vgl. *Luard* 1982, 47ff.).

Ebenso erhob sich heftige Kritik in der Konferenz gegen das Vetorecht der ständigen Mitglieder gegenüber Chartaänderungen. Die Großen Fünf wehrten jedoch alle Kritik der übrigen Konferenzteilnehmer ab. Das einzige Zugeständnis bestand darin, daß sie einem Charta-Artikel (Art. 109) zustimmten, der die Einberufung einer Konferenz

zur Revision der Charta durch eine Zwei-Drittel-Mehrheit der Mitglieder der Generalversammlung und des Sicherheitsrats ohne Vetorecht der ständigen Mitglieder vorsieht, allerdings ist für die Rechtswirksamkeit der mit Zwei-Drittel-Mehrheit zu fassenden Beschlüsse der Revisionskonferenz die Ratifizierung durch eine Zwei-Drittel-Mehrheit aller Mitglieder der Vereinten Nationen einschließlich aller ständigen Mitglieder des Sicherheitsrats erforderlich, d.h. hier findet sich erneut ihr Vetorecht.

Auch um die Zusammensetzung des Sicherheitsrats gab es Kontroversen in San Francisco, was die ständigen Ratsmitglieder, aber auch was die Zahl und die Zusammensetzung der nichtständigen Mitglieder anbetraf: So forderten die lateinamerikanischen Staaten einen ständigen Sitz für einen lateinamerikanischen Staat oder wenigstens drei nichtständige Sicherheitsratssitze für ihren Kontinent. Indien wollte bei der Verteilung der nichtständigen Sitze die Berücksichtigung der Bevölkerungszahl und der wirtschaftlichen Ressourcen, Liberia wollte eine alphabetische Rotation unter den nichtständigen Mitgliedern, um eine Chancengleichheit zwischen kleinen und großen Mitgliedsländern zu erreichen. Keiner dieser Vorschläge wurde angenommen.

Auf Initiative der Niederlande nahm man schließlich in Art. 23 der Charta einen Passus hinsichtlich der nichtständigen Mitglieder auf, der als Gesichtspunkt für ihre Wahl den „Beitrag von Mitgliedern der Vereinten Nationen zur Wahrung des Weltfriedens und der internationalen Sicherheit... sowie ferner eine angemessene geographische Verteilung der Sitze" festschrieb.

9.2. Die Rechte der Generalversammlung

So wie die kleineren und mittleren Staaten versuchten, in der Charta die Machtposition der Großmächte im Sicherheitsrat zu verringern, waren sie auch bemüht, die Rolle der → *Generalversammlung* aufzuwerten: Im Bereich der → Friedenssicherung hatte sie nach dem Entwurf von Dumbarton Oaks so gut wie keine Kompetenzen: Sie konnte allgemeine Prinzipien zur Friedenssicherung aufstellen, aber alle Fragen, die Maßnahmen erforderlich machten, sollten an den Sicherheitsrat überwiesen werden. Die Generalversammlung hatte danach keine Befugnis, irgendwelche Abmachungen oder Regelungen hinsichtlich der Wahrung des Weltfriedens und der internationalen Sicherheit zu treffen. In diesem Punkt wollten viele Konferenzdelegationen eine Änderung, sie wollten zumindest eine konkurrierende Zuständigkeit der Generalversammlung für die Wahrung des Weltfriedens. Schließlich gaben die Großen Fünf etwas nach: Auf Vorschlag der USA wurde ein neuer Artikel in die Charta eingefügt - der spätere Artikel 11 der Charta -, der festhielt, daß die Generalversammlung sich nicht nur mit den allgemeinen Grundsätzen zur Wahrung des Weltfriedens und der internationalen Sicherheit befassen und Empfehlungen an die Mitglieder und den Sicherheitsrat richten kann, sondern daß die Generalversammlung alle die Wahrung des Weltfriedens und der internationalen Sicherheit betreffenden Fragen erörtern kann, die ihr ein Mitglied der Vereinten Nationen vorlegt, und daß sie zu diesen Fragen Empfehlungen an den oder die betreffenden Staaten und/oder den Sicherheitsrat richten kann. Macht eine derartige Frage Maßnahmen erforderlich, wird sie von der Generalversammlung vor oder nach der Erörterung an den Sicherheitsrat überwiesen. Ebenso kann die Generalversammlung die Aufmerksamkeit des Sicherheitsrats auf Situationen lenken, die geeignet sind, den Weltfrieden und die internationale Sicherheit zu gefährden.

Allerdings steht diese Befugnis der Generalversammlung unter einem wichtigen Vorbehalt: Sobald und solange der Sicherheitsrat sich mit einem internationalen Konflikt bzw. einer friedensbedrohenden Situation befaßt, darf die Generalversammlung dazu keine Empfehlung abgeben, es sei denn, auf ausdrückliches Ersuchen des Sicherheitsrats (Art. 12 Abs. 1 UN-Charta). Auf diesem Vorbehalt hatten die Großen Fünf bestanden, um eine Schwächung der Autorität des Sicherheitsrats zu verhindern. Immerhin stellte das Zugeständnis der Großen Fünf eine wichtige Kompetenzerweiterung der Generalversammlung in bezug auf die Friedenssicherung dar.

Vielen kleineren Staaten reichte diese Kompetenzerweiterung jedoch nicht aus. So vertraten z.B. Australien und Neuseeland den Standpunkt, daß die Generalversammlung die Befugnis erhalten müsse, jede beliebige Frage diskutieren zu können. Die Großmächte waren in dieser Frage sehr reserviert, vor allem die Sowjetunion opponierte heftig gegen diesen Vorschlag. Wenige Tage vor Ende der Konferenz gab die UdSSR jedoch nach und in Artikel 10 der Charta wurde festgeschrieben, daß die Generalversammlung „alle Fragen und Angelegenheiten erörtern [kann], die in den Rahmen dieser Charta fallen oder Befugnisse und Aufgaben eines in dieser Charta vorgesehenen Organe betreffen". Auch hier gilt allerdings der Vorbehalt des Artikels 12, d.h. die Generalversammlung kann sich nur mit solchen Angelegenheiten befassen, mit denen sich nicht der Sicherheitsrat befaßt.

Zweifellos wurde mit der Einfügung des Artikels 10 die Stellung der Generalversammlung gegenüber dem Sicherheitsrat gestärkt und ihr zumindest solange und soweit eine Kompetenz in der Friedenssicherung und allen anderen internationalen Fragen eingeräumt, solange sich der Sicherheitsrat nicht mit einer Frage befaßt. Allerdings beschränkt sich die Kompetenz der Generalversammlung auf *Stellungnahmen* zu internationalen Problemen und Konflikten, zum Beispiel in Form von *Empfehlungen* an alle Konfliktbeteiligten und im Falle eines Aggressionsaktes in Form einer politischen und moralischen Verurteilung des Aggressors oder auch als Empfehlung an den Sicherheitsrat, Sanktionsmaßnahmen zur Abwendung einer Friedensbedrohung zu ergreifen.

Auch in bezug auf die Aufnahme von neuen Mitgliedern (→ Mitgliedschaft/Repräsentation von Staaten) versuchten die übrigen Staaten, den Einfluß der ständigen Sicherheitsratsmitglieder zu verringern: So gab es Bestrebungen auf der Konferenz von San Francisco, die Regelung von Dumbarton Oaks, daß die Aufnahme nur auf Empfehlung des Sicherheitsrats erfolgen könne, zu ersetzen durch die Aufnahme nur durch die Generalversammlung, d.h. ohne Veto-Möglichkeit der Großmächte. Da sich in dieser Frage alle Großmächte einig waren, konnte sich der Änderungsvorschlag nicht durchsetzen.

In die gleiche Richtung zielte auch der Vorschlag, den → Generalsekretär direkt durch die Generalversammlung wählen zu lassen, d.h. ohne eine vorherige Empfehlung des Sicherheitsrats, in dem die Großmächte von ihrem Veto Gebrauch machen konnten. Auch dieser Vorschlag scheiterte am Widerstand der Großen Fünf.

Alles in allem brachte die Konferenz von San Francisco eine nur unwesentliche Erweiterung der Kompetenzen der Generalversammlung, die klare Unterordnung unter den Sicherheitsrat blieb aus dem Konzept von Dumbarton Oaks erhalten.

9.3. Der Generalsekretär: Kompetenzen und Wahlmodus

Erheblich weniger Kontroversen gab es in San Francisco um die Stellung des *Generalsekretärs*: Er sollte als höchster Verwaltungsbeamter der Organisation organisatorische Funktionen für alle UN-Organe übernehmen und der Generalversammlung jährlich über Tätigkeit der Organisation Bericht erstatten.

Unstrittig war auch der Vorschlag von Dumbarton Oaks, daß der Generalsekretär das Recht haben soll, „die Aufmerksamkeit des Sicherheitsrats auf jede Angelegenheit [zu] lenken, die nach seinem Dafürhalten geeignet ist, die Wahrung des Weltfriedens und der internationalen Sicherheit zu gefährden" (Art. 99 UN-Charta). Dieses Recht sollte, wie die Geschichte der Vereinten

Nationen zeigt, für die Generalsekretäre eine wichtige Grundlage für eine allmähliche Ausweitung ihrer Rolle innerhalb des Systems der Vereinten Nationen (→ UN-System) bilden, vor allem als der Sicherheitsrat während des Kalten Krieges durch die Kontroversen zwischen den Großmächten in seiner Handlungsfähigkeit weitgehend blokkiert war.

Lediglich über die Dauer der Amtszeit des Generalsekretärs und über die Frage der Wiederwahl gab es Diskussionen sowie über die Wahl von stellvertretenden Generalsekretären: Die UdSSR schlug eine zweijährige Amtszeit vor und wollte eine unmittelbare Wiederwahl ausschließen. Dieselbe Regelung sollte für vier Stellvertreter gelten, die ebenso wie der Generalsekretär Staatsangehörige der fünf ständigen Sicherheitsratsmitglieder sein sollten. Jeder Stellvertreter sollte einmal Generalsekretär werden, so daß innerhalb von zehn Jahren jede Großmacht zwei Jahre den Generalsekretär stellen würde. Die anderen Großmächte wollten demgegenüber eine Amtszeit des Generalsekretärs von drei Jahren und waren zwar auch für die Wahl von Stellvertretern, doch brauchten diese ihrer Meinung nach nicht Staatsangehörige der Großmächte zu sein. Die Konferenz entschied sich schließlich gegen eine Festlegung der Amtszeit des Generalsekretärs - erst die 1. Generalversammlung entschied sich per Resolution für eine Amtszeit von fünf Jahren mit der Möglichkeit der Wiederwahl für weitere fünf Jahre (GA Res. 11 (I) vom 1.2.1946). Auch die Wahl von Stellvertretern fand keine Mehrheit auf der Konferenz, obwohl die fünf Großmächte dafür eintraten. Ihre Vorschläge wurden von einer großen Mehrheit der Konferenz abgelehnt. Man war der Meinung, daß die Wahl von Stellvertretern die Unabhängigkeit des Generalsekretärs verringern würde (vgl. *Luard* 1982, 65f.).

Die Stellvertreterfrage ist ein Beispiel dafür, daß trotz der Dominanz der Großmächte in der Vorbereitungsphase und während der Gründungskonferenz und trotz ihrer Möglichkeit, durch ihr Veto das Inkrafttreten der Charta zu verhindern, sie gegen den geschlossenen Widerstand einer großen Zahl von Teilnehmerstaaten ihr Konzept nicht in jedem Fall durchsetzen konnten, sondern Kompromisse schließen bzw. auf einzelne Regelungen sogar verzichten mußten.

9.4. Der Internationale Gerichtshof

Lange wurde über die Zuständigkeit des *Internationalen Gerichtshofs (→ IGH)* diskutiert. Der Vorschlag aus den Reihen der Konferenzdelegationen, jedes UN-Mitglied solle die obligatorische Gerichtsbarkeit des IGH anerkennen, wurde von den USA und der UdSSR abgelehnt. Auch der Kompromißvorschlag Neuseelands, jeder Mitgliedstaat solle die obligatorische Zuständigkeit des IGH anerkennen, aber zugleich allgemeine, gleichlautende Vorbehalte machen können, wurde von diesen beiden Großmächten abgelehnt. Würde dieser Kompromiß verabschiedet, so kündigten sie an, würden sie das Statut des IGH nicht ratifizieren. Daraufhin verzichtete die Mehrheit der Konferenzdelegationen, die zuvor die obligatorische Zuständigkeit des IGH gewünscht hatte, darauf, ihren Standpunkt durchzusetzen, und schloß sich dem Standpunkt der beiden Großmächte an.

Der andere Punkt, über den es auf der Konferenz zu einer heftigen Kontroverse kam, war die Frage, wie Entscheidungen des IGH durchgesetzt werden sollten. Man war sich einig, daß in der Charta die allgemeine Verpflichtung niedergelegt werden sollte, daß den Entscheidungen des Gerichts Folge zu leisten sei. China schlug zusätzlich vor, daß der Sicherheitsrat für den Fall, daß ein Staat nicht einer Gerichtsentscheidung Folge leiste, Maßnahmen ergreifen könne, die er für erforderlich halte, um dem Urteil Wirksamkeit zu verleihen. Norwegen wollte aus der Kann-Bestimmung eine Verpflichtung des Sicherheitsrats machen, solche Maßnahmen zu ergreifen. Die USA, die UdSSR und Großbritannien waren gegen beide

Vorschläge. Die überwältigende Mehrheit der Konferenzstaaten war jedoch für eine solche Bestimmung in der Charta und setzte schließlich eine Formulierung durch, die sich eng an den chinesischen Vorschlag anlehnte: „Kommt eine Streitpartei ihren Verpflichtungen aus einem Urteil nicht nach, so kann die andere Partei sich an den Sicherheitsrat wenden; dieser kann, wenn er es für erforderlich hält, Empfehlungen abgeben oder Maßnahmen beschließen, um dem Urteil Wirksamkeit zu verschaffen." (Art. 94 Abs. 2 UN-Charta)

Die Großmächte einigten sich jedoch in San Francisco, den Vorbehalt „wenn er [der Sicherheitsrat] es für erforderlich hält" dahingehend zu interpretieren, daß dieser Vorbehalt Sanktionsmaßnahmen des Sicherheitsrat nur rechtfertigen würde, wenn Frieden und Sicherheit bedroht wären. Das heißt, sie sahen in Art. 94 Abs. 2 keine Ausweitung der Befugnisse des Rats. Denn im Falle einer Friedensbedrohung hatte er nach Kapitel VI und VII der Charta ohnehin weitreichende Befugnisse zur friedlichen Streitbeilegung bzw. zur Durchsetzung von → Sanktionen bei Friedensbedrohungen, Friedensbruch oder Angriffshandlungen.

10. Die UN-Charta - ein Kompromiß?

Vergleicht man die Ergebnisse der Konferenz von San Francisco mit den Vorschlägen der Konferenz von Dumbarton Oaks, wird deutlich, daß es zwar in einer Reihe von Punkten Meinungsverschiedenheiten zwischen den Großen Fünf und der Mehrheit der Konferenzteilnehmer gab und daß als Folge davon an dem ursprünglichen Entwurf eine Anzahl kleinerer Veränderungen vorgenommen wurde. Keine dieser Modifikationen veränderte jedoch die Grundstrukturen der Organisation und die Kompetenzen ihrer Hauptorgane entscheidend: Sie blieb im wesentlichen die Organisation, wie sie die USA, die UdSSR, Großbritannien und China in Dumbarton Oaks konzipiert hatten.

Obwohl viele teilnehmenden Staaten der Konferenz von San Francisco andere Vorstellungen von der Weltorganisation hatten, haben sie in vielen Punkten den Großmächten nachgegeben, weil ohne deren Beitritt die Gründung einer Weltorganisatioen zur Friedenssicherung kaum Sinn gemacht hätte. Die Struktur der UNO spiegelt diese Entstehungsgeschichte deutlich wider, d.h. die Vereinten Nationen sind eine Organisation, in der die Großmächte einen beherrschenden Einfluß ausüben, in der sie vor allem in der Friedenssicherung jede Aktion verhindern können, die sie nicht billigen. Viele Konferenzteilnehmer in San Francisco hofften, daß die Großmächte gerade wegen ihrer einflußreichen Stellung in der UNO die Weltorganisation unterstützen würden und diese deshalb erfolgreich mit internationalen Krisen würde umgehen können. Andere befürchteten, daß umgekehrt gerade der Einfluß der Großmächte in friedensbedrohenden Situationen die Vereinten Nationen unfähig machen würde, wirksam einzugreifen.

Die Charta war, das läßt sich wohl sagen, zum Zeitpunkt ihrer Entstehung das Maximum dessen, was als Kompromiß zwischen den Großmächten einerseits und den Mittel- und Kleinstaaten andererseits für eine internationale Organisation an Kompetenzen zu erreichen war.

11. Der Geburtstag der Vereinten Nationen: 24. Oktober 1945

Am 25. Juni 1945 wurde die Charta der Vereinten Nationen vom Plenum der Gründungskonferenz einstimmig angenommen, einen Tag später erfolgte die Unterzeichnung der Charta. Zu den Gründungsmitgliedern zählten 51 Staaten – Polen hatte aus den oben erwähnten Gründen an der Konferenz nicht teilnehmen können und unterschrieb später. Nachdem die erforderliche Anzahl von Staaten die Urkunde der Charta ratifiziert hatte, trat die Charta am 24. Oktober 1945 in Kraft. Dieser Gründungstag wird auf Beschluß der Generalversammlung seit 1972 alljährlich als „Tag der Vereinten Nationen" begangen.

Anfang 1946 nahmen die Generalversammlung der Vereinten Nationen und der Sicherheitsrat ihre Arbeit auf. Die Entstehungsgeschichte der Vereinten Nationen hatte ihren Abschluß gefunden, die → Geschichte der Vereinten Nationen begann.

Helmut Volger

Dokumente: *United Nations:* United Nations Conference on International Organization, San Fransisco 1945, 18 Bde., 1945-1954; *U.S. Department of State:* Dumbarton Oaks Documents on International Organization. Conference Series 56, Publication 2192, abgedruckt in: Yearbook of the United Nations 1946-47, Lake Success/New York 1947, 4-9; *U.S. Department of State:* The United Nations Conference on International Organization. Selected Documents, Washington, D.C. 1946.
Lit.: *Goodrich, L.M./Hambro, E./Simmons, A.P.:* Charter of the United Nations. Commentary and Documents, 3. Aufl., New York 1969; *Luard, E.:* A History of the United Nations, Bd. 1: 1945-1955, London 1982; *Russell, R.B./Muther, J.E.:* A History of the United Nations Charter. The Role of the United States 1940-1945, Washington, D.C. 1958; *Volger, H.:* Geschichte der Vereinten Nationen, München/Wien 1995; *Weber, H.:* Entstehungsgeschichte der UN, in: Wolfrum, R. (Hrsg.): Handbuch Vereinte Nationen, 2. Aufl., München 1991, 110-117.

Entwicklungstheorien und -strategien des UN-Systems

Einleitung

Das → UN-System verfügte schon immer über viele Entwicklungstheorien. Grund dafür ist, daß die verschiedenen Organisationen, die das UN-System bilden, zwischenstaatliche Foren sind. Da Regierungen jedoch weit davon entfernt sind, mit einer Stimme zu sprechen, sondern vielmehr die Bandbreite ihrer jeweiligen Wählerschaften widerspiegeln, sind ihre Ansichten typischerweise synthetischer Natur: ein „Mischmasch" der Theorien, die ihre unterschiedlichen Wählerkreise bevorzugen. Heute liegt die Zahl der UN-Mitgliedstaaten bei über 180. Das bedeutet, daß die gegenwärtigen Verhandlungen in UN-Gremien wahrscheinlich hunderte, wenn nicht gar tausende verschiedener Theorien widerspiegeln – zumindest aber hunderte oder tausende Variationen der vorherrschenden Haupttheorien.

In diesem Betrag werde ich der Frage nachgehen, wie dieser Theorien-„Mischmasch", der den Diskussionen über Entwicklung innerhalb der UN zugrundeliegt, sich im Lauf der Zeit verändert hat. Verblüffenderweise ergibt die Untersuchung, daß die Fortschritte im Entwicklungsdenken der UN ziemlich geradlinig, fast logisch verliefen. Die Entwicklungslinie erstreckt sich vom ursprünglichen Paradigma „Der Süden muß den Norden einholen" (50er und 60er Jahre) zum immer stärker werdenden Paradigma der „Nachhaltigen Globalisierung" (→ Globalisierung) jetzt an der Jahrhundertwende.

Ein weiteres interessantes Ergebnis dieses historischen Überblicks ist, daß der „Mischmasch" oft mehr war als bloß die Summe seiner Bestandteile: Die UN waren die Wiege zahlreicher innovativer entwicklungspolitischer Konzepte, darunter z.B. „nachhaltige" bzw. „menschliche Entwicklung" oder das Konzept der „Globalen Öffentlichen Güter".

Dieser Beitrag entwickelt das Thema in drei Schritten: Zuerst erläutere ich die Struktur und Funktionsweise des UN-Systems und die Wirkung dieser beiden Elemente auf den Umgang mit Entwicklungstheorien innerhalb des Systems sowie die Beiträge des Systems zur Herausbildung neuer theoretischer Konzepte. In einem zweiten Schritt werde ich mit wenigen Strichen die fünf historischen Perioden des Entwicklungsdenkens in den Vereinten Nationen skizzieren. Im abschließenden dritten Schritt werde ich auf einige der innovativen Neuerungen eingehen, die aus den Arbeiten und Diskussionen innerhalb der Vereinten Nationen hervorgegangen sind.

I. Wie die Vereinten Nationen „theoretisieren"

Die Vereinten Nationen sind im Grunde genommen ein Treffpunkt von Regierungen. Zumindest waren sie das zum Zeitpunkt ihrer Gründung in den ausgehenden 40er Jahren. Zwar spielt die Zusammenarbeit zwischen Regierungen im Ensemble der UN-Organisationen immer noch die Hauptrolle, das System hat sich aber, verstärkt in den letzten Jahren, nichtstaatlichen Organisationen (→ NGOs) geöffnet und gewährt ihnen einen → Beobachter-Status. Seit den frühen 90er Jahren gibt es auch verstärkte Anstrengungen von zumindest einem Teil der UN-Organisationen, engere Partnerschaften mit dem Privatsektor aufzubauen. Trotz der wichtigen Beratungsfunktion, die nichtstaatliche Akteure mittlerweile innehaben, bleibt die abschließende Entscheidungsfindung das Vorrecht der Regierungen.

Die Denkprozesse, die einer Entscheidungsfindung jedoch vorausgehen, sind ganz offensichtlich extrem komplex und haben zahlreiche Erscheinungsformen. Bevor Regierungen Verhandlungen auf der internationalen Ebene aufnehmen, beraten sie sich normalerweise mit den Interessierten in ihrer Wählerschaft und anderen Interessengruppen in ihrem Heimatland. Außerdem müssen sie sich eventuell mit ihren Partnern in verschiedenen regionalen oder sub-regionalen Bündnissen oder anderen, geographisch nicht gebundenen Gruppierungen wie der NATO, der G7/G8-Gruppe der führenden Industriestaaten oder der Gruppe der 77, dem Beratungsgremium der Entwicklungsländer, abstimmen. Wenn die Angelegenheit dann auf der globalen Ebene angekommen ist, auf der die meisten UN-Organisationen agieren, müssen die Regierungen wieder miteinander verhandeln, individuell oder in Gruppen, und gleichzeitig beherzigen, was internationale nichtstaatliche Akteure an Konzepten oder Handlungsvorschlägen fordern.

So nimmt es nicht Wunder, daß Verhandlungen in den Vereinten Nationen die gesamte Bandbreite von Einstellungen und Ansichten zu jeder diskutierten Angelegenheit widerspiegeln. Dieser Pluralismus verstärkte sich selbstverständlich in demselben Maße, wie Demokratie und politischer Pluralismus in der Welt stärker wurden. In Teil II dieses Beitrags wird es deshalb von Interesse sein, herauszufinden, wie insbesondere das Verschwinden des Ost-West-Gegensatzes nach Ende des Kalten Krieges die Denkweise und Theoriebildung in den Vereinten Nationen beeinflußt hat.

Unter irgendeinem Aspekt beschäftigen sich alle Organisationen des UN-Systems mit Entwicklung. Um das Thema im Rahmen dieses Beitrags überschaubar zu halten, werde ich mich jedoch auf die Organisationen und Einrichtungen der UN konzentrieren, die sich spezifischer und sektorübergreifend mit Entwicklung beschäftigen. Deswegen werden hauptsächlich Einrichtungen wie die → Generalversammlung und ihre verschiedenen Untereinrichtungen wie der → Wirtschafts- und Sozialrat (ECOSOC), das Entwicklungsprogramm der Vereinten Nationen (→ UNDP) und die Weltbank (→ Weltbank/-gruppe) untersucht. Die oben gemachten Bemerkungen über internationale Verhandlungen als Prozesse, die auf vielen Ebenen und unter verschiedenen Blickwinkeln stattfinden, treffen auf all diese UN-Einrichtungen zu.

Das Herz jeder UN-Organisation ist ihr jeweiliges „gesetzgebendes" Gremium: Die Generalversammlung oder der ECOSOC im Fall der Vereinten Nationen als solche; das „Executive Board" bei UNDP oder das „Development Committee" bei der Weltbank. Zur Unterstützung dieser „gesetzgebenden" Gremien hat jede Organisation ein „Sekretariat". Obwohl Aufgabe dieser Sekretariate die Zuarbeit zu den „gesetzgebenden" Gremien ist, entwickeln sie oft eine eigene Identität. Wenn es zum Beispiel Kritik an „den" Vereinten Nationen gibt, ist meist nicht die Generalversammlung, sondern das → Sekretariat gemeint. Wenn UNDP für

die eine oder andere Verfehlung getadelt wird – oder wenn es Lob erfährt –, werden diese lobenden oder tadelnden Bemerkungen meist nicht an sein „Executive Board" gerichtet, sondern an sein Management. Genauso erging es dem Weltbank-Präsidenten und seinem Team, die ein Großteil des Mißfallens von NGOs an der Weltbank auszuhalten hatten. Das alles ist natürlich kein Zufall: Sekretariate verfügen oftmals über beachtliche Spielräume, politische Vorschläge an die Regierungsforen zu unterbreiten – eine Tatsache, die dem komplexen Prozeß internationaler Verhandlungen eine weitere Dimension zufügt.

Wegen dieser Komplexität werde ich im folgenden meine Ausführungen auf eine Beschreibung der Wirkungen verschiedener Denkrichtungen beschränken und nicht im einzelnen den jeweiligen präzisen Ursprung analysieren. Wenn ich dennoch eine solche Zuschreibung mache, dann nur auf einer sehr abstrahierten Ebene unter Hinweis auf Quellen wie „Entwicklungsländer", „Industrieländer" oder „Nichtstaatliche Organisationen" (Lit.hinweise am Ende des Beitrags).

II Die Entwicklungstheorien der Vereinten Nationen
– ein historischer Rückblick

Viele der in diesem Abschnitt angesprochenen Ideenkonglomerate verdienen nicht eigentlich das Etikett „Theorie". Ich werde dennoch aus Vereinfachungsgründen diese Bezeichnung benutzen, um auf die verschiedenen Erklärungen über die Funktionsweise von Entwicklung, die im Laufe der letzten fünf Jahrzehnte im Kontext der UN eine Bedeutung hatten, hinzuweisen. In bezug auf Entwicklung gab es fünf wichtige theoretische Konstruktionen.

1. Entwicklung als ein Prozeß des Südens, den Norden „einzuholen"

Die frühen Diskussionen über Entwicklung innerhalb der Vereinten Nationen – aber auch überall sonst in der Welt – drehten sich hauptsächlich um die Gruppe von Staaten, die dann als

„Entwicklungsländer" bekannt wurden. Das Kriterium für die Beurteilung eines Landes war damals eine Bevölkerungswachstumsrate von über zwei Prozent. Heute ist dieses Kriterium durch das der Armut ersetzt worden, wohlgemerkt: Armut gemessen als Armut an Einkommen.

Konsequenterweise konzentrierten sich die Diskussionen über Entwicklung dann auch auf den Aspekt der Hilfe und nahmen sich natürlich den Marshallplan, das US-Programm für den Wiederaufbau Europas und anderer vom Krieg betroffener Staaten, als Vorbild. Die Vereinten Nationen waren ebenfalls Geburtsstätte der Vorschlags, 0,7 % des jährlichen Volkseinkommens als Entwicklungshilfe zur Verfügung zu stellen. Entwicklungshilfe – die sowohl aus dem Transfer finanzieller Ressourcen (um die Finanzierungslücken der Entwicklungsländer zu schließen) wie auch aus technischer Hilfe (zum Aufbau nationaler Kapazitäten) besteht – wurde damals als Initiative angesehen, die sich die nationalen Entwicklungsprioritäten des jeweiligen Empfängerlandes zur Richtschnur nahm. Tatsächlich gab es seinerzeit eine starke Betonung der nationalen → Souveränität in bezug auf die politische Entscheidungsfindung. Ein Grund dafür war die aufkommende Ost-West-Konfrontation mit ihrer Systemrivalität, ein weiterer bestand in der Tatsache, daß viele der Empfängerländer gerade ihre politische Unabhängigkeit errungen hatten und ängstlich darauf bedacht waren, diese neugewonnene Freiheit zu bewahren.

Es war übrigens genau dieser Ost-West-Gegensatz, der zu dieser Zeit der multilateralen Hilfe, wie sie durch das UN-System geleistet wurde, eine bedeutende Rolle ermöglichte: Sie diente als Brücke zwischen Ost und West, da beide Blöcke in der Regel Hilfeleistungen der Vereinten Nationen, wie die von UNDP finanzierten Programme, unterstützten.

Aus diesen Gründen konzentrierten sich die Entwicklungsaktivitäten der UN auf den Süden, wurden weitestgehend von nationalen Prioritäten geleitet

und waren eher operationaler als normbildender Art.

Die „anderen" ökonomischen, sozialen und auf die Umwelt bezogenen Aktivitäten des UN-Systems – viele davon würden wir heute unter Entwicklung einsortieren – waren das ganze Gegenteil. Verhandlungen über solche Fragen wurden oftmals auf einen unverbindlichen Austausch von Ansichten und Erfahrungen reduziert, in denen die Mitglieder der Blöcke die Vorzüge ihres jeweiligen ökonomischen Systems hervorhoben. Das hatte ganz sicher wenig Einfluß auf die ausführenden Aktivitäten der UN. Verbindlichere Vereinbarungen betrafen typischerweise zwischenstaatliche Themen oder, anders ausgedrückt, „internationale Verkehrsregeln", wie die Benutzung der Ozeane (→ IMO) oder die Ausarbeitung technischer Standards und Verfahren in der internationalen Luftfahrt (→ ICAO).

2. Verstärkte Betonung einer neuen internationalen Wirtschaftsordnung – und die Entdeckung der Grundbedürfnisse

Bis in die achtziger Jahre hatten sowohl die damaligen „sozialistischen" wie auch die „marktorientierten" Volkswirtschaften einen „starken" Staat. Planung spielte in beiden Systemen eine Rolle, und insbesondere wurde Entwicklung als ein vom Staat gelenkter Prozeß betrachtet. Deswegen überrascht es kaum, daß gegen Ende der 70er Jahre eine Bewegung hin zu einer stärker geplanten internationalen Ökonomie – einer Neuen Weltwirtschaftsordnung (NWWO) – aufkam (→ Weltwirtschaftsordnung/NWWO). Das Argument dafür war, daß ungünstige Entwicklungen im internationales System – wie z. B. fallende Rohstoffpreise oder die Patentierung von Schlüsseltechnologien – leicht die Ergebnisse nationaler Entwicklungsanstrengungen in Entwicklungsländern zunichte machen konnten. Deswegen gab es den Vorschlag, Maßnahmen auf globaler Ebene dagegen zu ergreifen, wie z. B. einen Stabilisierungsfonds für Rohstoffpreise zur Sicherstellung einer erhöhten Vorhersagbarkeit und Verläßlichkeit der Exporteinkünfte des Südens, um so einen stabileren Kontext für seine Entwicklungsstrategien zu ermöglichen.

Die NWWO-Debatte kam zu einer Zeit auf, als sich die ökonomische Liberalisierung langsam durchzusetzen begann. 1973 kollabierte das Bretton-Woods-System der fixen Wechselkurse. Handelsliberalisierungen und ein erweiterter Zugang von Entwicklungsländern zu den Märkten des Nordens, besonders den US-amerikanischen, wurde aus ökonomischen, aber auch aus politischen Gründen – um die Bildung von Allianzen zu begünstigen - gefördert. Entwicklungsländer hatten eine steigende Auslandsverschuldung zugelassen, verführt durch die relativ „einfache" Verfügbarkeit von Krediten im Vorfeld der Ölkrisen zu Beginn der 70er Jahre. Abhängig von einer begrenzten Anzahl an Exportprodukten, steigerten die verschuldeten Staaten deren Produktion, um ihren Schuldendienstverpflichtungen nachkommen zu können. Aber ihnen wurde schon bald klar, daß je härter sie arbeiteten und je mehr sie produzierten, sie desto mehr die Preise ihrer Exportprodukte nach unten trieben und ihre Auslandsschulden ihnen immer teurer zu stehen kamen. Andere ungünstige Faktoren, welche die zunehmende Verschärfung der Schuldenkrise in den achtziger Jahren vorantrieben, waren die hohen Zinsen und der technologische Fortschritt, der die Nachfrage nach Produkten aus den Entwicklungsländern, besonders nach Primärgütern, begrenzte.

Verständlicherweise waren die Entwicklungsländer über diese Entwicklungen besorgt; genauso verständlich riefen sie nach einem für sie zuträglicheren internationalen Umfeld. Sie fanden Unterstützung für ihre Forderungen bei einigen westlichen Lenkern und Denkern. Ein Zeugnis dafür ist zum Beispiel der sogenannte „Brandt-Report" derIndependent Commission on International Development Issues : „Das Überleben sichern - Gemeinsame Interessen der Industrie- und Entwick-

lungsländer" 1980) (→ Unabhängige Kommissionen, Berichte). Aber insgesamt wurden die NWWO-Vorschläge vehement abgelehnt. Zuerst wurde der Ruf nach einer NWWO von den Industrieländern mit dem Hinweis abgelehnt, daß die Entwicklungsländer doch in erster Linie selbst die Verantwortung dafür trügen, die Entwicklung in ihren Ländern voranzubringen, und daß sie dieser Verantwortung noch nicht ganz nachgekommen seien. Kritiker verwiesen auf die Ausbreitung vermeidbarer Armut und meinten damit Armut, die hätte vermindert werden können – den politischen Willen dazu vorausgesetzt. Der „Grundbedürfnis"-Ansatz wurde oft als Alternative zu den NWWO-Vorschlägen angebracht, um zu demonstrieren, daß auch ohne die geforderten systemischen Reformen ökonomische Armut gelindert werden kann. Der Ansatz der „Grundbedürfnisbefriedigung" wurde zu einem ersten Versuch, ein „Rezept" zu formulieren – und dabei auf interne, nationale politische Entscheidungen, die ein Land getroffen hat oder treffen möchte, einzuwirken. Das war der Beginn der politischen „Konditionalisierung", die zu einem wichtigen Bestandteil der nachfolgenden Periode entwicklungspolitischen Denkens und Handelns werden sollte.

3. Die ökonomischen Fundamente werden wieder auf die Füße gestellt

Als in den achtziger Jahren die Schuldenkrise immer prekärer wurde, wurde die Konditionalität ein zunehmend diskutiertes und praktiziertes politisches Instrument. Die zugrundeliegende „Theorie" war, daß für wirtschaftliches Wachstum – und Entwicklung – die Länder ihre Volkswirtschaften anzupassen hätten, um so eine Reihe von Zielen „guter Politik" zu erreichen – darunter insbesondere eine zurückhaltende Fiskalpolitik, eine tragbare Schuldenlast, Privatisierung und ökonomische Liberalisierung. Zur Erreichung dieser Ziele war eine drastische Reduzierung der staatlichen Ausgaben für öffentliche Zwecke Hauptbestandteil der Stabilisierungs- und Strukturanpassungsprogramme, wie sie gewöhnlich vom Internationalen Währungsfonds und von der Weltbank verschrieben wurden. In vielen Fällen war steigende Armut die Folge dieser Maßnahmen, ein politisches Ergebnis, das in starkem Gegensatz zu dem Anliegen der Grundbedürfnisbefriedigung stand, das ursprünglich von den Industriestaaten während der NWWO-Debatte so stark betont worden war. Interessanterweise kam dann der Impetus, den Strukturanpassungsprogrammen ein „menschlicheres Antlitz" zu verleihen, von Mitgliedern eben der akademischen Gruppen, die an der Formulierung des Grundbedürfniskonzepts mitgearbeitet hatten (*Cornia/Jolly/Stewart* 1988) und es waren die Vereinten Nationen selbst; insbesondere → UNICEF, das Kinderhilfswerk der Vereinten Nationen, welche diese konzeptionelle Umformulierung förderten.

Die Stabilisierungs- und Strukturanpassungsprogramme trafen in den Entwicklungsländern auf erheblichen Widerstand und verursachten dort auch große soziale Notlagen. Die Programme der zweiten und dritten Generation nahmen dann zwar mehr Rücksicht auf die Abfederung der sozialen Kosten der Anpassung, aber sie waren unelastisch in der Frage der politischen Konditionalität. Sie waren darin so erfolgreich, daß heutzutage Konditionalität ein kaum noch umstrittenes Thema ist. Im Gegenteil, heute sind weitaus mehr Themen als die ökonomischen Grundbedingungen Gegenstand internationaler Konditionalisierung. Man denke nur an „Good Governance", inklusive den Erfordernissen nach Transparenz und Verläßlichkeit, oder, eine ganz neue Entwicklung, die Forderung nach erweiterter finanzpolitischer Regulation oder Überwachung von Banken. Die heutigen Prozesse des Zusammenwachsens von Märkten und der fortschreitenden → Globalisierung wären wohl undenkbar ohne die „grundlegenden Durchbrüche", die die Strukturanpassungsprogramme erreicht hatten.

4. Menschenorientierte und zukunftsfähige Entwicklung

Seit den frühen 70er Jahren erlangten Frauen- und Umweltthemen im UN-System zunehmende Beachtung (→ Frauen und die UN; → Umweltschutz). Die *Stockholm Conference on the Environment and Human Settlement* fand 1972 statt; die erste Konferenz über Frauen und Entwicklung 1975 in Mexiko-Stadt. In vielen Fällen wurden diese Themen von nichtstaatlichen Organisationen wie Frauengruppen oder Umweltaktivisten gefördert. Diese Gruppen erkannten die Chance, mehr Gehör durch einen grenzübergreifenden Zusammenschluß und internationale Lobbyarbeit gegenüber Regierungen zu finden, als wenn sie vereinzelt und nur auf nationaler Ebene agieren würden.

Das Bevölkerungswachstum und frühere Erfolge im Sinne von menschlicher Entwicklung verliehen den Forderungen mehr Nachdruck, die Menschen mehr in den Mittelpunkt von Entwicklungsanstrengungen zu stellen (sich also nicht allein um Wirtschaftswachstum zu kümmern, sondern auch darum, wie dieses Wachstum in eine Verbesserung menschlicher Lebensumstände umgesetzt werden kann). Überall auf der Welt stieg die Lebenserwartung und setzte so das „Altern" ganzer Bevölkerungen in Gang. Ein Ergebnis davon war, daß das Thema „Ältere Menschen" große Beachtung erlangte, und – auf dem Höhepunkt der NWWO-Debatte – auch im UN-System Aufmerksamkeit fand. Genauso wie die Belange Behinderter und der Jugend. Letztere war ja schließlich besonders in den Entwicklungsländern eine schnell wachsende Bevölkerungsgruppe, und ihre Probleme, wie zum Beispiel Jugendarbeitslosigkeit, verdienten folgerichtig größere politische Aufmerksamkeit. Eine ganze Serie spezieller „Jahre", „Dekaden" und „Konferenzen" wurden für all diese Bevölkerungsgruppen abgehalten. Tatsächlich war die erste Weltkonferenz, die es je im UN-Kontext gab, der Kindergipfel, der sich unter der Schirmherrschaft von

UNICEF 1990 zusammenfand (→ Weltkonferenzen).

Aber viele dieser sozialen Anliegen – und auch die Umweltthemen – blieben für lange Zeit nur „weitere", „zusätzliche" Punkte auf der Tagesordnung der Entwicklungspolitik, Anhängsel von primär wachstumsorientierter Entwicklungsstrategien. Es ist erst zehn Jahre her, daß 1990 der „Bericht über die menschliche Entwicklung" (→ Human Development Reports – HDR), erstellt im Auftrag des Entwicklungsprogramms der Vereinten Nationen (→ UNDP), diese Situation änderte. Der Bericht stellte die Entwicklungspolitik wieder auf die Füße. Ihm zufolge sind politische Ergebnisse wie ein ausgeglichener Haushalt oder niedrige Inflationsraten nur die Mittel auf dem Weg zum Ziel menschlicher Entwicklung – größere Wahlfreiheiten für alle Menschen.

Der Bericht kehrte auch der traditionellen Meßlatte für Entwicklung den Rücken. Sein „Index der menschlichen Entwicklung" (Human Development Index – HDI) stellt eine Rangfolge aller Länder auf – im Süden wie im Norden – auf der Grundlage ihrer Fortschritte im Sinne menschlicher Entwicklung. Diese Reihenfolge weicht bei etlichen Ländern signifikant von der Rangfolge ab, die diese Länder nach ihrem Einkommen einordnet, also nach dem Bruttoinlandsprodukt pro Kopf der Bevölkerung. Der Bericht tritt also für eine Globalisierung der sozialen Dimensionen von Entwicklung ein. Er gab auch einen beträchtlichen Anstoß dazu, die Balance zwischen ökonomischen und sozialen Belangen neu zu suchen, und erinnerte die internationale Gemeinschaft deutlich daran, daß Einkommenssteigerung und Wohlstand nicht der Hauptsinn des menschlichen Lebens darstellen. Erfolgskriterium sollte vielmehr sein, daß es am Ende des Tages den Menschen besser geht – allen Menschen, nicht nur der kleinen Gruppe Privilegierter.

Was der *„Bericht über die menschliche Entwicklung"* für die sozialen Aspekte von Entwicklung leistete, tat

im Bereich der Umwelt die „Weltkonferenz über Umwelt und Entwicklung", der sogenannte „Erd-Gipfel" von Rio 1992: Er machte Nachhaltigkeit zu einer Hauptanforderung an Entwicklung – und führte damit zu einem umfassenderen Konzept von nachhaltiger menschlicher Entwicklung. Die Weltmenschenrechtskonferenz 1993 und die Weltbevölkerungskonferenz 1994 und insbesondere auch 1995 der „Weltgipfel über Soziale Entwicklung" und zuvor im selben Jahr die „Weltkonferenz über Frauen und Entwicklung" festigten die Beachtung einer nachhaltigen und auf den Menschen orientierten Entwicklung. So enden die 90er Jahren mit einer beinahe weltweiten Anerkennung der „good economic principles" und der „good social principles". Die erstgenannten wurden hauptsächlich durch die Bretton-Woods-Institutionen IWF und Weltbank ausgearbeitet, die letzteren hauptsächlich im Kontext der anderen Organe des UN-Systems, besonders der Generalversammlung, diskutiert und gefördert. Heute haben jedoch auch die Bretton-Woods-Institutionen viele der sozialen und Umweltanliegen „aufgenommen" und ihre Empfehlungen entsprechend angepaßt. In einer Gegenbewegung haben die anderen Teile des UN-Systems ihr Denken näher an dem der Bretton-Woods-Institutionen ausgerichtet.

Es gibt eine wachsende Übereinstimmung über die grundlegenden Ziele von Entwicklung – nachhaltige menschliche Entwicklung; ebenfalls gibt es eine wachsende Übereinstimmung über die Tatsache, daß die Unterscheidung zwischen „entwickelten" (oder Industrie-) und „Entwicklungsländern" zunehmend fragwürdig geworden ist. Es gibt keine Gruppe von Ländern, die „das Ende der Entwicklungsleiter erreicht haben". Entwicklung ist keine Einbahnstraße, Länder mit hohem Einkommen können zum Beispiel arm sein an sozialem Zusammenhalt; und Länder mit niedrigem Einkommen sind oftmals reich an natürlichen Ressourcen – insbesondere, wenn wir die Möglichkeit eines Landes, einen wichtigen Beitrag zur Vermeidung der globalen Erderwärmung zu leisten, als natürliche Ressource einstufen. Zum Ausgang des 20. Jahrhunderts sind sich die Entwicklungsdebatten im UN-System der Tatsache bewußt, daß es globale Entwicklung – ein besseres Leben für alle in Harmonie mit der Umwelt – schwerlich geben wird, wenn Entwicklung nicht ein aktiver Bestandteil der politischen Agenda aller Staaten – arm und reich – bleibt. Aber wir sind uns auch im klaren darüber, daß wir immer noch nicht recht wissen, wie wir diese Agenda vorantreiben können. Tatsächlich sahen wir manches Mal, daß Entwicklung auch rückwärts schreitet. Die letzten Jahre des zu Ende gehenden Jahrhunderts waren eine turbulente Periode, in der eine Krise nach der anderen im Zentrum der politischen Bühne stand. Woraus besteht das fehlende Element?

5. Das „missing link": Globale öffentliche Güter

Zum Ausgang des Jahrhunderts wächst das Unbehagen in vielen Bevölkerungsgruppen in bezug auf die Globalisierung. Prozesse wie Marktintegration, das Schrumpfen von Raum und Zeit, aber auch immer zahlreichere ökologische Notlagen werden als unwiderruflich empfunden. Deswegen verlagert sich die Debatte von der Frage „Globalisierung – ja oder nein?" zu „Wie gehen wir am besten mit der Globalisierung um?". Und wieder hat wie zu früheren Gelegenheiten die UN an sich, und hier insbesondere das UNDP, die Debatte mit dem Vorschlag vorangebracht, die heutigen Krisen als Ausdruck einer ernsthaften Unterversorgung mit öffentlichen Gütern zu betrachten. In der offenen und interdependenten Welt hat sich die Trennlinie zwischen „innen-" und „außenpolitischen" Themen immer mehr verwischt. Infolgedessen benötigen viele Güter, die bislang durch rein nationale Aktivitäten produziert werden konnten – wie zum Beispiel finanzielle Stabilität oder Gesundheit – nun internationale Zusammenarbeit. Inzwischen rufen auch traditionelle globale öffentliche Güter wie die Ozonschicht oder die Atmosphäre nach abgestimmten Taten auf nationaler Ebene, damit sie nicht der Gefahr der Überbeanspruchung und, noch schwerwiegender, sogar irreversibler Schädigung ausgesetzt sind. Internationale Zusammenarbeit muß heute ein integraler Bestandteil nationaler Politik sein.

Das Konzept der Globalen Öffentlichen Güter legt nahe, daß die Herausforderung heute nicht darin liegt, daß die Globalisierung zu weit gegangen sei, sondern daß die Regierungen noch nicht weit genug gegangen seien: Sie versuchen immer noch, Probleme durch rein nationales Handeln zu lösen – „Einzelkämpfertum" da, wo eigentlich internationale Zusammenarbeit gefragt ist. Zusammenarbeit bedeutet aber nicht die Schaffung eines aufgeblähten Systems internationaler Organisationen. Zuerst und am dringendsten meint sie das Erreichen eines demokratisch zustandegekommenen internationalen Konsenses über eine grenzüberschreitende Harmonisierung der Politik – wie zum Beispiel eine Übereinkunft zur Reduzierung bestimmter Schadstoffe zur Rettung der Erdatmosphäre.

Das Konzept der Globalen Öffentlichen Güter soll auf keinen Fall das Konzept von Entwicklungszusammenarbeit ersetzen. Die Armut in der Welt ist zu überwältigend, um das zu rechtfertigen. Aber es zeigt, daß es eine erweiterte Tagesordnung gibt. Eine Aufgabe bleibt immer noch, den ärmeren Staaten bei der Finanzierung ihres Entwicklungsprozesses beizustehen. Eine weitere besteht darin, die Welt im Gleichgewicht zu halten. Um das zu erreichen, muß die internationale Gemeinschaft aber noch die Wege und Instrumente finden, eine gemeinsame politische Tagesordnung zu finden und umzusetzen. Wichtige Anfänge sind gemacht. Ein Beispiel ist die „Global Environment Facility", die Ländern dann Hilfe anbietet, wenn diese Umweltinitiativen angehen, die einem globalen Ziel dienen.

Die Debatte um das Konzept der Globalen öffentlichen Güter hat gerade erst begonnen. Die Zukunft wird zeigen, wie wichtig es letztlich sein wird – für das UN-System, aber auch für die ganze Welt.

III. Ausblick: von nationaler über internationaler zu globaler Entwicklung

Wie gezeigt spiegeln die Debatten des UN-Systems über Entwicklung während der vergangenen fünf Jahrzehnte einen interessanten Trend wider. Sie reflektieren die Entwicklung der Welt während dieser Zeit von einer mehr oder weniger engen Gemeinschaft von Nationalstaaten zu einer Welt, die gezeichnet ist von zunehmender Globalisierung, die nicht allein ökonomische Aspekte und Anliegen betrifft, sondern auch soziale, politische und ökologische. Menschenrechte, „good governance", gesundes makroökonomisches Management, Überwachung des Bankensystems oder Gleichheit der Geschlechter – all diese Themen sind in großem Umfang „universalisiert" oder „globalisiert" worden. Sicherlich gibt es immer noch viele Themen, die erst nationalstaatlich gelöst werden müssen, um sie für andere akzeptabel zu machen. Aber politische Konvergenz über nationalstaatliches Denken hinaus ist heute politische Realität.

Die Debatte zeigt auch, daß verschiedene politische „Fraktionen" jeweils ihre Nische im UN-System gefunden haben. Die eher ökonomistischen, neoliberalen Ansichten über Entwicklung haben traditionsgemäß ihre Heimat in den Bretton-Woods-Institutionen. Die eher sozial orientierten, egalitären Ansichten findet man eher in den UN selbst, besonders im Umfeld der Generalversammlung und des ECOSOC oder in Organisationen wie UNDP oder UNICEF. Wenn man in diesen Überblick auch spezifischere Themen einbeziehen wollte – wie z.B. Bevölkerung oder Arbeit –, wären auch noch Organisationen wie → UNFPA, → ILO oder → WHO zu erwähnen gewesen – also mehr oder weniger alle Nicht-Bretton-Woods-Einrichtungen. Die Unterschiede in der politischen Ausrichtung der verschiedenen Teile des Systems reflektieren zweifelsohne das unterschiedliche Abstimmungsverhalten in den Aufsichtgremien der jeweiligen Organisationen. Aber heute sind diese Unterschiede zunehmend aufgeweicht und scheinen in Auflösung begriffen, genauso wie sie überall auf der Welt auf dem Rückzug zu sein scheinen – zumindest in den zwischenstaatlichen Beziehungen. Heute herrschen politische Differenzen eher *zwischen* verschiedenen Gruppen von Akteuren, besonders zwischen Regierungen und Zivilgesellschaft, als zwischen Regierungen verschiedener Länder.

Die Entwicklungsdebatte im UN-System sieht sich jetzt vor eine zweifache Herausforderung gestellt: Erstens darf das neu auf der Tagesordnung erscheinende Konzept der Globalen Öffentlichen Güter die Hilfe für die Ärmsten nicht verdrängen. Man muß beide mit der gleichen Sorgfalt behandeln.

Die zweite Herausforderung liegt bei den UN-Organisationen selbst, insbesondere bei ihren jeweiligen Sekretariaten. Sie müssen aktiver und systematischer die globalen politischen Anreize durchdenken, um die Risiken von „free-riding" und kollektiver Inaktivität in bezug auf die Bereitstellung globaler öffentlicher Güter zu minimieren. Keine Regierung auf der Welt hat großes Eigeninteresse daran, diese Rolle zu übernehmen, aber alle würden von einer gut funktionierenden Zusammenarbeit profitieren. Wer könnte aber besser neue, innovative Ideen über verstärkte internationale Zusammenarbeit propagieren als die UN und ihre Organisationen?

Angesichts dieser Herausforderungen kann die UN ganz selbstbewußt sein und ihre unentbehrliche Rolle im gegenseitigen Interesse aller Staaten und auch aller nichtstaatlichen Akteure übernehmen.

Inge Kaul

Lit.: *Brandt, W. et. al.:* Der Brandt-Report: Das Überleben sichern. Gemeinsame Interessen der Industrie- und Entwicklungsländer,. Bericht der Nord-Süd-Kommission, Frankfurt/M. 1980; *Cornia, G./Jolly, R./Stewart, F.:* Adjustment with a Human Face: Protecting the Vulnerable and Promoting Growth, New York 1988; *Emmerij, L. (Hrsg.):* Economic and Social Development in the 21st Century, Baltimore, MD 1997; *International Labour Organisation:* Employment, Growth and Basic Needs: A One-World Problem, New York 1997; *International Monetary Fund (IMF):* IMF Annual Report 1998, Washington, DC 1998; *Kaul, I./Grunberg, I./Stern, M. (Hrsg):* Global Public Goods: International Cooperation in the 21st Century, New York 1999; *Taylor, L./Piper, U.:* Reconciling Economic Reform and Sustainable Human Development: Social Consequences of Neo-Liberalism, New York 1996; United Nations: „Report of the United Nations Conference on the Human Environment." A/CONF.48/141/ Rev.1., Stockholm 1972; nachgedruckt in: *ILM* 31(1992), 849-873; *United Nations:* World Social Situation. Adopted at the 97th plenary meeting, UN Doc. A/RES/31/84. 13 December 1976; *United Nations:* Restructuring of the Economic and Social Sectors of the United Nations System. Adopted at the 109th plenary meeting, UN Doc. A/RES/32/197, 20 December 1977;. *United Nations:* „World Social Situation." Adopted at the 105th plenary meeting, UN Doc. A/RES/34/152, 17 December 1979; *United Nations:* Global Negotiations Relating to International Economic Co-operation for Development. Adopted at the 104th plenary meeting, UN Doc. A/RES/34/138, 14 December 1979; *United Nations:* Agenda 21. Adopted by the United Nations Conference on Environment and Development, UN Doc A/CONF.151/26/Rev.1, Vol.1, Rio de Janeiro, Brazil 1992; *United Nations:* „Vienna Declaration and Programme of Action." A/CONF.157/24, Vienna, Austria 1993; *United Nations:* Report of the International Conference on Population and Development, UN Doc. A/CONF.171/13/Rev.1, Cairo 1994; *United Nations:* Report of the World Summit for Social Development, UN Doc. A/CONF.166/9, Copenhagen 1995; *United Nations:* Report of the Fourth World Conference on Women, UN Doc. A/CONF.177/20/Rev.1, Beijing 1995; *United Nations Development Programme:* Bericht über die menschliche Entwicklung 1990-1999. (Human Development Report.), New York 1990-1999; seit 1995 auch: UNO-Verlag, Bonn.

Entwicklungszusammenarbeit der UN

Vorbemerkung

Dieser Beitrag präsentiert einen historischen Überblick der Entwicklungszusammenarbeit der UN und konzentriert sich dabei insbesondere auf die operationale, weniger auf die Normen und Standards setzende Seite des Systems. Jedoch wird sich im Verlauf der Betrachtung ergeben, daß die beiden Seiten, die in den vergangenen fünf Jahrzehnten ziemlich unabhängig voneinander bestanden, seit einiger Zeit zusammenwachsen. Hauptgrund dafür ist die wachsende Interdependenz zwischen Staaten, oder – wie es einige Beobachter formulieren – der gegenwärtige Prozeß der → Globalisierung.

Entwicklungszusammenarbeit im UN-System: Die beiden Hauptfelder

Eine wichtige Rolle, wenn nicht gar die wichtigste überhaupt, der verschiedenen Organisationen und Körperschaften des → UN-Systems liegt in der Vermittlung und dem Austausch politischer Erfahrungen zwischen den Mitgliedstaaten, um so das Verständnis untereinander und mit internationalen Normen und Standards zu erleichtern. Man denke nur an Konventionen wie die *Allgemeine Erklärung der Menschenrechte* (→ Menschenrechte, Allgemeine Erklärung der) oder Verträge wie das *Montreal-Protokoll* über die Reduzierung der ozonschichtabbauenden Substanzen (→ Umweltschutz), an Entscheidungen, die innerhalb des Rahmens des Internationalen Währungsfonds (→ IWF) über die Überwachung der Finanzmärkte getroffen wurden, oder an die vielen Resolutionen, die im Kontext der Internationalen Arbeitsorganisation → ILO zu Arbeitsrecht und -standards verabschiedet wurden, um nur ein paar Beispiele aufzuführen. Durch diese Art politischer Vereinbarungen zwischen Regierungen wurde ein beträchtliches Maß an internationaler Zusammenarbeit erreicht.

Es gibt jedoch ein zweites Hauptfeld der internationalen Entwicklungszusammenarbeit, auf das sich dieser Beitrag konzentrieren wird. Ich bezeichne es als die operationale oder Ausführungsseite der internationalen Entwicklungszusammenarbeit. Diese Ausführungsseite beinhaltet gemeinsame Follow-up-Aktivitäten wie z.B. die Bereitstellung multilateraler Entwicklungshilfe oder die Schaffung anderer gemeinsamer Einrichtungen, wie die Etablierung eines ,Streitschlichtungsmechanismus' innerhalb der Welthandelsorganisation WTO (→ WTO/GATT).

Die Ursprünge der UN-
Entwicklungszusammenarbeit

1948 forderte die → Generalversammlung den → Generalsekretär auf, ein Team von Experten zusammenzustellen – entweder durch die UN selbst oder durch eine ihrer → Sonderorganisationen –, das Entwicklungsländer darin unterstützen soll, eigene Kapazitäten aus eigener Kraft aufzubauen. Aufgrund der großen Nachfrage und seiner schnellen Erfolge beschloß der → Wirtschafts- und Sozialrat (ECOSOC) ein *Expanded Programme of Technical Assistance for Economic Development of Underdeveloped Countries* (EPTA) einzurichten. EPTA war eine tatsächlich das gesamte UN-System umfassende Initiative. Neben seinem Führungsgremium, dem Technical Assistance Committee, dem Regierungsvertreter angehörten, besaß das *Programm* auch einen „Aufsichtsrat", das Technical Assistance Board, dem Vertreter vieler UN-Organisationen und –Körperschaften angehörten.

Es wurde jedoch schnell offensichtlich, daß „gute Ratschläge" allein nicht ausreichend sein würden, denn den Entwicklungsländern fehlte es an finanziellen Mitteln. Sicherlich, da gab es die Weltbank (→ Weltbank/-gruppe), die solche Bedürfnisse erfüllen sollte. Nichtsdestotrotz war die Generalversammlung der Auffassung, daß es hilfreich sein würde, einen weiteren speziellen Fonds einzurichten, der andere Kapitalhilfen effektiver umsetzen könnte. So schuf die Generalversammlung 1957 den *Special United Nations Fund for Economic Development* (SUNFED), der seine Arbeit im Jahr

1959 aufnahm. Sechs Jahre später, 1965, wurden EPTA und SUNFED zusammengeführt und daraus → UNDP gegründet, das Entwicklungsprogramm der Vereinten Nationen.

Das ursprüngliche UNDP war der zentrale Fonds des gesamten UN-Systems für Technische Zusammenarbeit. Die ausführende Verantwortung für seine Projekte lag in großem Maße bei den UN-Sonderorganisationen wie der *Food and Agriculture Organisation* (→ FAO), der *International Civil Aviation Agency* (→ ICAO) oder der Weltgesundheitsorganisation (→ WHO). Zu einem wichtigen Werkzeug und einer Basis für UNDP wurde seitdem das stetig wachsende Netzwerk von Länderbüros – mittlerweile umfaßt es ungefähr 115 Vertretungen, die Programme in mehr als 130 Ländern unterstützen.

Frühe Prinzipien „guter" Entwick-
lungszusammenarbeit

Entwicklungszusammenarbeit führt zu internationalen Aktivitäten, die von außen innerhalb der Grenzen der Empfängerländer wirken, das ist unbestritten. Von Beginn an wurde diese Tatsache als besonders sensible Angelegenheit im Rahmen der UN-Entwicklungszusammenarbeit gesehen. Insbesondere, weil die typischen Empfängerländer zu der Zeit gerade ihre politische Unabhängigkeit errungen hatten und darauf drängten, souveräne Nationen zu sein, die über eigene politische Entscheidungskraft verfügen. Mit der Etablierung von EPTA 1949 legte ECOSOC deswegen explizite Richtlinien zur Einführung von Hilfsprogrammen und –projekten fest. So wurde zum Beispiel gefordert, daß Hilfe nur auf Anforderung des jeweiligen Entwicklungslandes geleistet wird und frei von jeglicher politischer Erwägung sein muß.

Diese grundlegenden Ansprüche führten zu einer zunehmenden Beachtung der „multilateralen" – im Gegensatz zur „bilateralen" – Zusammenarbeit. Von Entwicklungsaktivitäten der Vereinten Nationen wurde erwartet, daß sie neutral und ohne Interessen Dritter waren, sie sollten allein Länder darin unterstützen, die jeweils eigenen nationalen Ziele zu erreichen. Darüber hinaus wurde von den UN erwartet, daß sie universell sind und jedem Land in seinen Anstrengungen helfen, ob es nun Teil des „Ostblocks", des „Westens" oder blockfrei war. Weltbank und IWF waren auf Grund ihrer anderen, westlich ausgerichteten Entscheidungswege so etwas wie eine Ausnahme von dieser Regel.

Folgerichtig basierte die Technische Zusammenarbeit des UN-Systems auf dem *Development Assistance Country Programme* des entsprechenden Empfängerlandes – einem Arrangement zwischen drei Parteien: der Regierung des Empfängerlandes, UNDP als geldgebender Organisation und den UN-Sonderorganisationen als technisch ausführender Körperschaft. Gerade wegen ihrer Neutralität und ihres Universalismus' diente in der Ära des Kalten Krieges die UN-Entwicklungszusammenarbeit als wichtige Brücke zwischen den rivalisierenden Machtblöcken. Sie konnte sich dort bewegen, wo weder der „Osten" noch der „Westen" hingehen wollten. Vor diesem Hintergrund ist es auch wenig überraschend, daß das Verschwinden der „Ost-West-Teilung" zu einem – wenigstens vorübergehenden – Einbruch bei der Finanzierung der Hilfseinrichtungen des UN-Systems führte.

„Wind of Change": Die achtziger und neunziger Jahre

Die Ausführungsaktivitäten des UN-Systems blieben bis in die Mitte der 80er Jahre relativ stabil. Zweifelsohne gab es auch in früheren Perioden Höhen und Tiefen in bezug auf die finanzielle Ausstattung, aber das grundlegende Muster, wie Hilfe zu leisten ist, hatte sich durchgesetzt: auf Projekten basierende Unterstützung anhand der nationalen Entwicklungsziele, die das Empfängerland selbst gesetzt hat. Gegen Ende der 80er Jahre begann sich dieses Muster jedoch zu wandeln. Sechs Trends sind hier einer besonderen Erwähnung wert:

Ein erster Wandel ergab sich durch *die wachsenden Management-Fähigkeiten in den Entwicklungsländern* – das ermutigte so manche Regierung dazu, mehr Ausführungsverantwortung selbst zu übernehmen („government execution"). Damit traten sie in gewisser Weise in Konkurrenz zu der Ausführung durch Organisationen des UN-Systems, die bislang als selbstverständlich vorausgesetzt wurde. Natürlich verlassen sich einige Regierungen bei der Umsetzung von Projekten weiterhin auf den Rat und die Unterstützung von UN-Organisationen, aber heutzutage sind es in zunehmenden Maße Regierungen – anstelle von internationalen Organisationen –, die die Verantwortung für Hilfsprojekte übernehmen.

Ein zweiter Faktor, der in den bislang fest etablierten Tripartismus der Entwicklungszusamenarbeit des UN-Systems einbrach, war der weltweite Politikwechsel zugunsten *ökonomischer Liberalisierung und Privatisierung.* Von den Sonderorganisationen der UN wird zunehmend erwartet, daß sie mit anderen Dienstleistern – der Privatwirtschaft genauso wie den nichtstaatlichen Organisationen (→ NGOs) – um die Projektdurchführung in Wettbewerb treten. Das öffnete die Tore für eine weitaus umfangreichere Politikberatung, als die Entwicklungsländer sie bislang erfahren haben.

Zum dritten wurde immer deutlicher, daß neben sektoral ausgerichteten Entwicklungsanstrengungen eine übergreifend wirkende Entwicklung von einer kompetenten Beherrschung einer Anzahl themenübergreifender Fragen – wie z.B. Umwelt, Gleichheit der Geschlechter, Menschenrechte, gute Regierungsführung und Technologie – abhängt. UNDP, das bislang primär Finanzierungsaufgaben wahrnahm, übernahm eine Anzahl dieser sektorübergreifenden Themen in sein Hauptaufgabengebiet. Ähnlich tat es die Weltbank und änderte damit ihren Charakter von einem Kreditgeber zu einer Entwicklungsorganisation.

Viertens wurde der gerade erwähnte Wandel in bezug auf die Hilfsangebote der Weltbank durch ein wachsendes Zutrauen einer Reihe von Entwicklungsländern in *private Investitionen* gefördert. In dem Maße, wie Entwicklungsländer in der Lage waren, Zugang zu den privaten Finanzmärkten zu finden, verloren die Kredite der Weltbank ihre Wichtigkeit für sie und veranlaßten die Weltbank dazu, nach etwas Ausschau zu halten, das mehr ist, als nur Kreditinstitution zu sein. In diesem Prozeß hat die Weltbank dann tatsächlich ihre Möglichkeiten ausgeweitet, nicht-rückzahlbare Zuschüsse zu gewähren. Das führte zu einer Aufweichung der Trennlinie zwischen ihrem Mandat und dem anderer Einheiten des UN-Systems, insbesondere gegenüber dem UNDP.

Fünftens haben in der jüngsten Vergangenheit Regierungen in Industrie- wie auch Entwicklungsländern zuerst auf dem Gebiet der Umwelt (→ Umweltschutz), dann aber auch zunehmend in anderen Bereichen verstärkt bemerkt, daß ihre eigene nationale Entwicklung von der (gemeinsamen) Handlungsweise anderer Länder abhängig ist. Die Gefahr der globalen Erderwärmung kann zum Beispiel nur abgewehrt werden, wenn alle Staaten – oder mindestens alle Hauptenergieverbraucher – darin übereinkommen, ihre Energiepolitik auch in der Praxis zu ändern. Ähnlich sieht es auch in bezug auf die Zerstörung der Ozonschicht aus. Wenn man das Gebiet der Gesundheit betrachtet, kann eine seuchenfreie Welt angesichts der heutigen gegenseitigen Abhängigkeiten nur durch grenzübergreifende Kooperation erreicht werden, damit infektiöse Krankheiten nicht umherreisen und die menschliche Sicherheit bedrohen können. Oder man nehme den Fall der finanziellen Stabilität. Solange Finanzmärkte nicht überall gut funktionieren, existiert das Risiko einer Finanzkrise, in deren Schatten dann auch andere Länder betroffen sein können. Die asiatische Finanzkrise Ende der 90er Jahre hat das überdeutlich demonstriert. Es ist offensichtlich,

daß viele *Öffentliche Güter* mittlerweile auf globaler Ebene angesiedelt sind. Ihre ausreichende Bereitstellung verlangt heute internationale Zusammenarbeit, um die notwendige politische Konvergenz – und die entsprechenden Ergebnisse – weltweit auch in nationalen Zusammenhängen zu erreichen. In der Tat fließt heute ein wachsender Anteil der Gelder für Entwicklungszusammenarbeit in die Angelegenheiten der globalen öffentlichen Güter wie finanzielle Stabilität, Markteffizienz, Gesundheit, zukunftsfähige Umwelt oder Frieden (→ Frieden/-sbegriff/-sbedrohung). Einigen Schätzungen zufolge wird heute schon jeder vierte Dollar der öffentlichen Entwicklungshilfe (ODA) für globale Aufgaben ausgegeben. Dies entspricht somit nicht mehr der Entwicklungshilfe im traditionellen Sinn (Hilfe für die Ärmsten), sondern ist vielmehr eine Investition in die Zukunft der gesamten internationalen Gemeinschaft.

Sechstens – und eng verbunden mit dem vorhergehenden Punkt – gibt es eine verstärkte Betonung der *Konditionalisierung* von Entwicklungshilfe, die das ursprüngliche Prinzip multilateraler Hilfe, nach der es in der → Souveränität eines Landes lag, die Hilfsprioritäten zu bestimmen, ersetzte. Teilweise hängt das mit der Tatsache zusammen, daß sich ein Teil internationaler Entwicklungszusammenarbeit heutzutage auf die Bereitstellung globaler öffentlicher Güter ausrichtet. Es ist allerdings mehr ein „Handel" mit globalen öffentlichen Gütern und Dienstleistungen als Entwicklungshilfe – z.B. Kompensationszahlungen, um natürliche Waldressourcen zu erhalten, anstatt sie abzuholzen. Oder es wird eher Hilfe gewährt zur Förderung globaler Effizienz als zur Herstellung globaler Gerechtigkeit. Dazu würde zum Beispiel gehören, ein Land lieber bei der Stärkung seiner finanziellen Regulierungsfähigkeit zu unterstützen, als auf die nächste finanzielle Krise zu warten und dann deren (meist höhere) Kosten zu tragen.

Die Frage lautet natürlich: „Wer entscheidet, welche globalen öffentlichen

Güter wünschenswert sind und wie sie bereitgestellt werden?" In den 80er und 90er Jahren wurde ein bemerkenswerter Anteil der Entwicklungshilfe für einigermaßen umstrittene Strukturanpassungsprogramme verwandt. Zwar werden wohl die meisten Länder darin übereinstimmen, daß makro-ökonomische Stabilität, inklusive einer gewissen politischen Konvergenz innerhalb nationaler Grenzen, ein globales öffentliches Gut darstellt, aber genauso gibt und gab es weit divergierende Ansichten darüber, welcher Politik denn zu folgen wäre. Eine erfolgreiche Bereitstellung von globalen öffentlichen Gütern muß auf einer demokratischen Entscheidungsfindung beruhen: einer Globalisierung „von unten" anstelle einer Globalisierung „von oben herab". Deshalb sind institutionelle Reformen zur Unterstützung einer stärker als bisher partizipatorischen Entwicklung – und Entwicklungszusammenarbeit – eine der Schlüsselherausforderungen, vor die sich die internationale Gemeinschaft gestellt sieht.

Schlußfolgerung und Ausblick

Während das Jahrhundert zu Ende geht, sind wir offensichtlich auch Zeugen des Endes des ersten Kapitels internationaler Entwicklungszusammenarbeit.

Internationale Entwicklungszusammenarbeit ist bereits heute mehr als nur Entwicklungshilfe: Sie ist Hilfe *plus* Erweiterung der globalen öffentlichen Güter.

Aber was ist das Spezifische an der heutigen Rolle des UN-Systems in diesem Kontext? Der traditionelle Multilateralismus – Neutralität und nationale Souveränität in der Festlegung der Prioritäten – scheint weitgehend verschwunden zu sein. Entwicklungszusammenarbeit ist fokussiert und zielorientiert. Gibt es da etwas wie einen neuen, modernen Multilateralismus?

Die Antwort ist ja!

Seine Rolle liegt jedoch nicht mehr in der Brückenbildung zwischen Ost und West, wie es in den letzten fünf Jahrzehnten war, sondern seine Aufgabe ist vielmehr, die internationale Gemeinschaft vor kollektiver Irrationalität zu schützen: die Probleme kollektiver Handlungsunfähigkeit, wie sie typischerweise im Zusammenhang mit öffentlichen Gütern auftritt – und globale öffentliche Güter sind da keine Ausnahme. Internationale Studien haben es gezeigt: Regierungen agieren auf internationaler Ebene so, wie es Privatakteure auf nationaler Ebene tun: lediglich in der Verfolgung privater (nationaler) Eigeninteressen. Positiv ausgedrückt, liegt die spezifische Aufgabe des Multilateralismus' heute in der Unterstützung internationaler Zusammenarbeit – normativ und operational – in bezug auf globale öffentliche Güter. Diese Rolle veranlaßt die beiden Seiten des UN-Systems dazu, immer enger zusammenzuarbeiten und die Konditionalitäten verstärkt miteinander abzustimmen, nicht nur innerhalb der Bretton-Woods-Institutionen, sondern auch mit anderen Einrichtungen des UN-Systems. Aber wir sollten nicht vergessen: Internationale Entwicklungszusammenarbeit besteht heute nicht allein aus „Hilfe", sondern auch aus „Handel" mit öffentlichen Gütern – und Handel gründet in der Regel auf Verträgen.

Tatsächlich sind die Organisationsstrukturen des UN-Systems bereits heute geeignet, die Bereitstellung von globalen öffentlichen Gütern zu fördern. Die Bretton-Woods-Institutionen reflektieren verstärkt die globalen Anforderungen, insbesondere die des Marktes, während die Aufsichtsgremien des UN-Systems wie auch das Netzwerk von über 130 UN-Länderbüros eine partizipatorische Zusammenarbeit eher von unten unterstützen. So bildet das UN-System die Schlüsselfigur in der Vollendung des Globalisierungsgedankens: Die Integration von Prozessen und Erwartungen in beide Richtungen – von unten nach oben wie umgekehrt – in ein funktionierendes, legitimiertes globales System.

Bewegung in diese Richtung ist bereits sichtbar. Dennoch müssen die Mitgliedstaaten die Rolle der UN-Einrichtungen überlegt und zielgerichtet neu definieren, damit das System seine mögliche zukünftige Rolle gut ausfüllen kann und auch wieder seine ausgeprägte Identität zurückgewinnt.

In der heutigen globalisierten Welt werden die Vereinten Nationen wahrscheinlich mehr als je zuvor gebraucht. Das trifft auch für die operationale Seite des Multilateralismus' zu. Aber die Aufgabe des UN-Systems bedarf noch einer überzeugenderen Ausformulierung. Es ist insbesondere vonnöten, die operationale Seite klarer zu fassen und zwischen folgenden Szenarien zu unterscheiden:

- Hilfen, die Ländern gewährt wird, weil diese arm sind und nicht im Hauptblickfeld bilateraler Geber stehen;
- Hilfe, die es Ländern ermöglicht, an internationalen Verhandlungen teilzunehmen (so daß sie ein Gefühl für *ownership* an den getroffenen Abkommen entwickeln, was wichtig für ein wirkungsvolles „follow-up" ist);
- Hilfe zur Unterstützung von Ländern, damit diese ihre Beiträge zu den globalen öffentlichen Gütern leisten können (um so zukünftige Risiken öffentlicher „Übel" zu vermeiden);
- finanzielle Kompensationen für Länder (ob arm oder nicht so arm) für die Bereitstellung globaler öffentlicher Güter oder Dienstleistungen (wie Schutz der Wälder).

Es gibt an vielen Stellen noch Unklarheit, wie diese neuen Formen von Hilfs- und Kompensationsleistungen präzise organisiert werden sollen. Weitere Forschungen, Debatten und praktische Erfahrungen sind notwendig, bevor das zweite Kapitel der internationalen Entwicklungszusammenarbeit geschrieben werden kann.

Inge Kaul

Lit.: *Browne, S.:* Beyond Aid: From Patronage to Partnership (in Vorbereitung); *Griffith, K.:* New Approaches to Development Cooperation. ODS Discussion Paper No. 7 - UNDP/Office of Development Studies, New York, 1996; *Kaul, I./Grunberg, I./Stern, M.A. (Hrsg.):* Global Public Goods: International Cooperation in the 21st Century, New York 1999; *Riddell, R.:* Aid in the 21st Century. ODS Discussion Paper No. 6 - UNDP/Office of Development Studies. New York 1996; *Stokke, O. (Hrsg.):* Foreign Aid Toward the Year 2000: Experience and Challenges, London 1996; *United Nations Development Programme:* Generation: Portrait of the United Nations Development Programme, New York 1985.

EU, GASP in den UN

Die Gemeinsame Außen- und Sicherheitspolitik (GASP) der Europäischen Union (EU) und die UNO

Die derzeit 15 Staaten der Europäischen Union (EU) streben mit ihrer Gemeinsamen Außen- und Sicherheitspolitik, (GASP) die Koordinierung, Harmonisierung und nach Möglichkeit Vereinheitlichung ihrer nationalen Außen- und Sicherheitspolitiken an. Die GASP ist die Fortsetzung der Europäischen Politischen Zusammenarbeit (EPZ), die 1970 von den - damals sechs - Staaten der Europäischen Gemeinschaft (EG) begonnen worden war.

1. Von der EPZ zur GASP

Die EPZ war eine zwischenstaatliche außenpolitische Kooperation, die sich außerhalb des EG-Vertrages und zunächst auf der Grundlage informeller zwischenstaatlicher Vereinbarungen entwickelte. 1974 gründeten die EG-Staaten als oberstes Organ für die EPZ - ebenfalls außerhalb des EG-Vertrages - den Europäischen Rat der Staats- und Regierungschefs (ER). 1981 erhielt die EPZ mit der „Londoner Erklärung" der Außenminister der EG-Staaten eine schriftliche Verfahrensgrundlage. 1986 erhielt sie im Rahmen der „Einheitlichen Europäischen Akte" (EEA) eine vertragliche Grundlage.

1992 wurde die EPZ um eine gemeinsame Sicherheitspolitik zur GASP erweitert und Teil des Vertrages von Maastricht über die Europäische Union (EUV - Art. 11-28). Die GASP ist neben der EG und der Justiz- und innenpolitischen Zusammenarbeit (JIZ) einer der drei Hauptteile der EU, eine der drei „Säulen" des bekannten Bildes vom „EU-Tempel". Gleichzeitig wurde mit dem EUV der Europäische Rat (ER) das höchste Organ für die gesamte EU.

Die Grundlage der GASP sind die aus vielfach sehr unterschiedlichen Voraussetzungen, Traditionen und Interessen entstandenen Außen- und Sicherheitspolitiken der EU-Staaten. Die GASP ist daher auch - anders als die EG und Teile des JIZ - nicht integratorisch, sondern ohne Einschränkung der Souveränität der EU-Staaten rein zwischenstaatlich verfaßt. Das sie insgesamt und in ihren einzelnen Teilen, sowie insbesondere bei Beschlüssen und Aktionen tragende Grundprinzip ist der Konsens - die Einstimmigkeit - der EU-Staaten. Fehlt der Konsens, kommt keine GASP zustande.

Der somit unumgängliche Zwang zum Konsens führt gelegentlich zu einer selektiven bzw. zu einer unscharfen oder von einem niedrigen gemeinsamen Niveau her gestalteten GASP. Mit dem Vertrag von Amsterdam (1997) wurde der EUV durch einige Verfahren ergänzt, durch die das Zustandekommen von Konsens dadurch verbessert werden soll, daß seine Verweigerung etwas erschwert wird. Das Grundprinzip des Konsenses wurde dadurch jedoch nicht beeinträchtigt. Die Organe und Verfahren der EPZ/GASP entsprechen diesem ihrem zwischenstaatlichen Zuschnitt.

Die Organe sind der ER, der Rat der Außenminister, das Politische Komitee hoher Beamter der Außenministerien und ein besonderes Kommunikationssystem zwischen den Außenministerien (COREU). Die politische Führung der GASP liegt bei der jeweiligen Präsidentschaft der EU. Seit 1999 gibt ein Hoher Vertreter der GASP, der sog. „Mr. GASP", der gemeinsamen Außen- und Sicherheitspolitik der EU-Staaten dauerhaft - d.h. unabhängig von den halbjährlich wechselnden EU-Präsidentschaften - Gesicht und Stimme. Auf dieser Grundlage sind die Verfahren der GASP Konsultationen zwischen den Regierungen der EU-Staaten, ferner zwischen ihren Botschaften in den Staaten außerhalb der EU und in den internationalen Organisationen zwischen ihren Delegationen.

Die GASP entspricht nicht nur strukturell, sondern auch inhaltlich noch weitgehend der rein außenpolitischen früheren EPZ. Die gemeinsame Sicherheitspolitik der aus elf NATO-Mitglieder und vier neutralen Staaten bestehenden EU umfaßt keine gemeinsame Verteidigungspolitik. Sie versteht sich als Politik mit politisch bedingten militärischen Interventionen außerhalb der Gebiete von EU und NATO. Diese Interventionen sollen jedoch nicht von der EU selbst, sondern von der Westeuropäischen Union (WEU) durchgeführt werden. Ihr gehören 27 Staaten mit unterschiedlichem Status an, von denen die zehn Vollmitglieder gleichzeitig Mitglieder der NATO und der EU sind. Ferner soll die GASP innerhalb der NATO die Entwicklung einer sogenannten „europäischen sicherheitspolitischen Identität" fördern.

2. Die GASP in der außenpolitischen Praxis der EU

Die GASP verwirklicht sich in ihrem vorrangigen außenpolitischen Teil in erster Linie durch gemeinsame Meinungsbildung in Form der zahlreichen für sie typischen gemeinsamen Erklärungen und Stellungnahmen der EU-Staaten zu Fragen der internationalen Politik. Darüber hinaus und konkreter agiert die GASP am leichtesten immer dort, wo ein eigener interner Fundus von Gemeinsamkeit vorgegeben ist, wie z.B. in politischen Bereichen, die dem gemeinsamen Wirtschaften, das die EU trägt, benachbart sind. Günstige Voraussetzungen bestehen für die GASP auch, wenn es um Verbindungen und Austausch zwischen der Staatengruppe EU und anderen Staatengruppen geht, wie etwa bei den Beziehungen der EU zu den Mittelmeeranrainern oder zur Vereinigung der südostasiatischen Staaten (ASEAN).

Für die GASP günstige Voraussetzungen bestehen ferner immer dann, wenn für sie die wirtschaftlichen Möglichkeiten der EU nutzbar gemacht werden können. Dies gilt nicht zuletzt auch für die entwicklungs- und außenpolitische Kooperation mit den sogenannten AKP-Staaten, den Staaten in den ehemaligen Kolonialgebieten von EU-Staaten in Afrika, in der Karibik und im Pazifik (AKP). Wobei freilich innerhalb der EU-Gemeinsamkeit die ehemaligen Kolonialmächte präponderieren.

Insgesamt hat die GASP - dank der Gemeinsamkeit der EU-Staaten in Grundinteressen und dank des inzwischen langen außenpolitischen Umgangs der EU-Staaten miteinander - im Rahmen ihrer außenpolitischen Möglichkeiten eine beträchtliche Konsistenz erreicht. Unverkennbar ist aber auch, daß wie früher die EPZ so heute die GASP mit jeder Erweiterung der EU komplizierter wird.

Erheblich eingeschränkt bleiben bisher die Möglichkeiten der GASP in betont machtpolitisch akzentuierten Teilen der gemeinsamen Außenpolitik und damit auch in der gemeinsamen Sicherheitspolitik. Hier erweisen sich die nationalen Interessen einzelner EU-Staaten häufig als gewichtiger als der Wunsch nach EU-Gemeinsamkeit. Dies zeigte sich z.B. in den Irak-Krisen von 1991 und 1998 und bei den Versuchen der EU, sich in den Israel/Palästina-Konflikt oder in den inneralgerischen Konflikt einzuschalten. Beispiele für ein durch Machtkonstellationen und nationale Interessen bedingtes niedriges gemeinsames Niveau in der GASP sind auch die EU-Politik gegenüber dem Iran und die stille Liquidierung der EU-Menschenrechtspolitik gegenüber → China, bei der schließlich die gemeinsamen wirtschaftlichen Interessen über die Durchsetzung der gemeinsamen Wert obsiegten (→ Menschenrechte).

Am stärksten gefordert war die GASP in ihrem sicherheitspolitischen Teil bisher durch den Konflikt im ehemaligen Jugoslawien, zunächst im Bosnien-Konflikt und dann im Kosovo-Krieg. Im ersteren Falle war sie bis zur Beendigung des Konflikts durch das von den USA durchgesetzte Dayton-Abkommen (1995) durch tiefgreifende außen- und machtpolitische Interessenunterschiede innerhalb der EU gekennzeichnet.

Im Kosovo-Krieg verzichteten die EU-Staaten auf eigene Politik zugunsten des Vorgehens der NATO. Doch entwickelten sie dann in einem kritischen Stadium der Kriegführung der NATO auf deutsche Initiative eine Politik, die die Beendigung des Krieges förderte. In beiden Fällen war die EU jedoch angesichts der machtpolitischen Rolle der USA und der von ihnen geführten NATO kein machtpolitischer Faktor.

3. Die Bedeutung der GASP in der UNO

In der UNO wird die GASP etwas weniger erkennbar als außerhalb, doch hält sich auch hier ihr Agieren in den beschriebenen Grenzen ihrer Möglichkeiten. Ihr Gewicht in der UNO bestimmt sich - wie in allen anderen internationalen Organisationen auch - zunächst nicht unwesentlich durch die beträchtlichen finanziellen Leistungen der EU-Staaten für die Weltorganisation. (Haushalt)

Operativ besteht in der UNO - und wegen deren Bedeutung noch mehr als in anderen internationalen Organisationen - der Hauptteil der GASP aus den ständigen Konsultationen im Kreise der Vertreter der EU-Staaten mit dem Ziel der UN-politischen Koordinierung bzw. Vereinheitlichung. Damit werden die umfassenderen unmittelbaren GASP-Konsultationen zwischen den Regierungen der EU-Staaten vervollständigt und vor Ort in operative UN-Politik umgesetzt. Diese Konsultationen sind gerade unter den besonderen Bedingungen der permanenten Konferenzdiplomatie in der UNO ein Mittel von hohem Wert für die Bildung von EU-Gemeinsamkeit.

Ähnlich wie in einzelnen EU-Staaten ist allerdings auch innerhalb der GASP keine gemeinsame UN-Politik als solche oder gar aus einem Guß entstanden, sondern nur eine politische Koordinierung bzw. Vereinheitlichung gegenüber den innerhalb der UNO sich stellenden politischen Problemen. Bemerkenswert war freilich der erwähnte europäische Schritt im Kosovo-Krieg. Mit ihm wurde nicht nur das eindimensional auf Waffengewalt gegründete Krisenmanagement der NATO aus der Sackgasse geführt. Es wurde auch das Krisenmanagement, das von der NATO unter amerikanischem Vorangehen in eklatanter Verletzung des mit der UN-Charta (→ Charta der UN) gesetzten Völkerrechts gezielt an der UNO vorbei geführt worden war, wieder in die UNO zurückgeführt, ohne die ein Konfliktlösung nicht möglich gewesen wäre.

4. Die drei Ebenen der GASP in der UNO

Im einzelnen verwirklicht sich die GASP in der UNO auf deren drei Ebenen: In der UN-Generalversammlung (New York) (→ Generalversammlung), in den wirtschaftlichen, humanitären, wissenschaftlichen und technischen → Sonderorganisationen (v.a. Genf, ferner Nairobi, Paris, Rom) und im → UN-Sicherheitsrat (New York) (→ Sicherheitsrat).

Charakteristika der GASP sind hier:
(1) In der UN-Generalversammlung hat sich das einheitliche Verhalten der EU-Staaten bei-Abstimmungen im Lauf der Jahre immer mehr verbessert. Es liegt derzeit (1998) bei den Abstimmungen über alle - einschließlich der nicht mit Mehrheitsvotum, sondern im Konsens angenommenen - Resolutionen (→ Resolution/Deklaration/ Beschluß) bei über 95 Prozent. Es liegt bei den mit Mehrheitsvotum angenommenen Resolutionen bei über 80 Prozent.
(2) In den wirtschaftlichen und humanitären → Sonderorganisationen der UNO, in denen die Themen spezialisierter und die Interessen der Staaten variierter sind, werden in Verbindung mit einem einheitlichen Abstimmungsverhalten der EU-Staaten von einzelnen von ihnen gelegentlich ergänzende Stellungnahmen abgegeben.

Auf beiden Ebenen ist das gemeinsame Handeln der EU-Staaten in der UNO ebenso wie in anderen multilateralen Organisationen immer dann besonders wirkungsvoll, wenn es auf gemeinsamen Grundwerten und −vorstellungen beruhend weniger auf eine Vertretung gemeinsamer Interessen, sondern mehr auf eine Verbesserung der internationalen Zusammenarbeit als solcher gerichtet ist, so z.B. bei der → Reform der UNO und - unbeschadet des zitierten Falles China - bei der Menschenrechtspolitik → Menschenrechtsschutz). Vergleichbares gilt im übrigen auch für die GASP in der sich als Regionalorganisation der UNO verstehenden Organisation für Sicherheit und Zusammenarbeit in Europa (OSZE).
(3) Im UN-Sicherheitsrat liegen die Dinge wegen dessen betont machtpolitischer Ausrichtung und der besonderen Stellung von Frankreich (→ Frankreich, UN-Politik) und Großbritannien (→ Großbritannien, UN-Politik) als zweien seiner fünf Ständigen Mitglieder anders. Frankreich und Großbritannien nehmen in New York, wie alle EU-Staaten, an den Konsultationen innerhalb der GASP über die im Sicherheitsrat behandelten Fragen teil. Doch die eigentlichen operativen Vorgespräche für die Sitzungen des Sicherheitsrates über aus europäischer Sicht interessante Themen finden weniger im formellen EU-Rahmen, sondern mehr informell - vorzugsweise zwischen den USA (→ USA, UN-Politik), Deutschland (→ Deutschland, UN-Politik), Frankreich, Großbritannien und Rußland (→ Rußland, UN-Politik) - statt.

Bei allem bleibt eindeutig und für die GASP in der UNO konditionierend, daß Frankreich und Großbritannien ihre Positionen als Ständige Mitglieder des Sicherheitsrats unter keinen Umständen als europäische, sondern ausschließlich als nationale Positionen verstehen. Der lange Zeit innerhalb der EU ventilierte Gedanke eines gemeinsamen Sitzes im Sicherheitsrat für alle Mitglieder der EU hatte nie eine Chance der Verwirklichung.

Wie außerhalb so war die EPZ/GASP auch innerhalb der UNO in den Jahrzehnten des Kalten Krieges durch dessen bipolare Weltordnung konditioniert und durch die gemeinsame, von USA geführte Westblockpolitik eingegrenzt. Seit dem Ende des Kalten Krieges mehren sich die Anzeichen dafür, daß die EU-Europäer mittels der GASP eine eigenständigere gemeinsame europäische Rolle in der Weltpolitik spielen wollen. Die Zeichen reichen von dem Vertrag von Maastricht (1992) über den Vertrag von Amsterdam (1997) bis zu dem Kölner EU-Gipfeltreffen vom Juni 1999, auf dem dieser Wunsch vor dem Hintergrund der geringen europäischen Rolle im Kosovo-Konflikt stark artikuliert wurde.

Dem steht allerdings die tatsächliche Politik der EU-Staaten gegenüber, wie z.B. - wie dargestellt - die Rolle der elf EU-Staaten, die gleichzeitig Mitglieder der NATO sind, im Kosovo-Konflikt und die Rolle der EU-Staaten im UNO-Sicherheitsrat. Die Vorstellung von einer machtpolitisch einheitlich handelnden EU mag attraktiv sein, doch der Weg zu ihrer Verwirklichung dürfte, wenn überhaupt gangbar, lang und beschwerlich sein.

Hans Arnold

Lit.: *Arnold, H.:* Europa neu denken - Warum und wie weiter Einigung?, Bonn 1999; *Auswärtiges Amt* (Hrsg.): Gemeinsame Außen- und Sicherheitspolitik der Europäischen Union (GASP). Dokumentation, 10. Aufl. Bonn o.J. (1995); *Borkenhagen, F.:* Europa braucht GASP, Bonn 1993; *Dembinski, M.:* Langer Anlauf - kurzer Sprung - Die Außenpolitik der Europäischen Union nach der Reform von Amsterdam, HSFK-Report 7/1997, Frankfurt a.M. 1997; *Leurdijk, D.A.:* Gemeinschaft und Gemeinsamkeiten. Die EG und die Vereinten Nationen, in: VN 39 (1991),. 5, 157-162; *Regelsberger, E.:* Gemeinsame Außen- und Sicherheitspolitik, in: Weidenfeld, W./Wessels, W. (Hrsg.): Europa von A - Z, 6. Aufl., Bonn 1997, 221-228, *Stadler, K.-D.:* Die Europäische Gemeinschaft in den Vereinten Nationen, Baden-Baden 1993.
Internet: Informationen über die GASP der EU und die UNO: http://europa.eu.int/comm/dg1a/un/index.htm

FAO – Ernährungs- und Landwirtschaftsorganisation der Vereinten Nationen

Gründung und Mitglieder

Die in Rom ansässige → Sonderorganisation der Vereinten Nationen wurde am 16.10.1945 auf einer Staatenkonferenz in Quebec als ständiges Forum der internationalen Zusammenarbeit im landwirtschaftlichen Bereich gegründet. Im wesentlichen hat sie die Aufgaben des 1905 gegründeten Internationalen Landwirtschaftsinstituts übernommen, das 1948 in ihr aufgegangen ist. Ihre Mitgliederzahl ist bis 1998 von ursprünglich 42 auf 175 Staaten angestiegen. Seit November 1991 ist zudem die Europäische Union als einzige regionale Organisation Mitglied.

Ziele und Aufgaben

In der Präambel der FAO-Satzung werden folgende *Ziele* aufgeführt: Anhebung des Ernährungs- und Lebensstandards aller Völker, Steigerung der Effizienz bei der Erzeugung und Verteilung von Nahrungsmitteln und anderer landwirtschaftlicher Produkte, Verbesserung der Lebensbedingungen der Landbevölkerung, Ausweitung der Weltwirtschaft und, seit einer Satzungsänderung im Jahr 1965, die Befreiung der Menschheit von Hunger.

Um diese Ziele zu erreichen, soll die FAO nach Art. 2 ihrer Satzung insbesondere folgende *Aufgaben* wahrnehmen. Die Erforschung von Fischerei, Land- und Forstwirtschaft und die Bereitstellung von Informationen aus diesen Bereichen; die Förderung und Empfehlung von innerstaatlichen und internationalen Maßnahmen bezüglich der Forschung, Ausbildung und Verwaltung im Bereich von Ernährung und Landwirtschaft, des Erhalts natürlicher Ressourcen und der Verbesserung von Methoden landwirtschaftlicher Produktion, Vermarktung und Verteilung. Zudem ist sie zuständig für die Gewährung von nationalen und internationalen Krediten und den Abschluß von Abkommen im landwirtschaftlichen Bereich. Auf Wunsch der Regierungen ihrer Mitgliedstaaten stellt sie darüber hinaus auch technische Hilfe bereit.

Struktur

Die drei *Hauptorgane* der FAO sind die *Mitgliederkonferenz*, der *Rat* und der *Generaldirektor*. In der alle zwei Jahre zusammentretenden *Konferenz* hat jedes Mitglied eine Stimme, mit der es über die Richtlinien der Politik der Organisation, den → Haushalt, das zukünftige Arbeitsprogramm und auszusprechende Empfehlungen für nationale und internationale Maßnahmen entscheiden kann. Zudem wählt die Konferenz alle drei Jahre nach einem festgelegten regionalen Proporz die 49 Mitglieder des *Rates*. In der Zeit zwischen den Sitzungen der Konferenz trifft dieser unter Leitung eines „unabhängigen Vorsitzenden" und mit Unterstützung von acht Komitees alle wichtigen Entscheidungen. Auch der mit großer Machtfülle ausgestattete *Generaldirektor* wird durch die Konferenz auf sechs Jahre gewählt. Seit einer Satzungsänderung im Jahr 1977 ist eine Wiederwahl möglich. Der derzeitige Generaldirektor Jaques Diouf löste 1993 seinen Vorgänger Edouard Saouma ab, der in drei Amtsperioden, die Arbeit der Organisation wesentlich beeinflußt hat.

Arbeit und Budget

Die Tätigkeit der FAO gliedert sich in zwei Bereiche. Das *Reguläre Programm* beschäftigt sich im wesentlichen mit der Bereitstellung von finanzieller Hilfe und mit Politikberatung in allen landwirtschaftlichen Fragen. Das reguläre Budget, das sich 1998/99 auf US-$ 698 Mill.belief, wird durch ordentliche Beiträge der Mitgliedstaaten finanziert, die sich nach der Höhe des Bruttosozialprodukts berechnen. In Zusammenarbeit mit der Weltbank (→ Weltbank/-gruppe) versucht die FAO zudem im Rahmen eines Investitionsprogrammes, die Finanzierung von Entwicklungshilfe-Projekten sicherzustellen.

Immer wichtiger wurde in den letzten Jahren der zweite Bereich, die sogenannten *Feldprogramme*, die oft in Zusammenarbeit mit anderen Organisationen wie dem →UNDP, der →WHO, der →UNESCO, dem →UNEP, aber auch den nationalen Regierungen durchgeführt werden. Die Finanzierung der Feldprogramme wird zu 60 Prozent von nationalen Treuhandfonds, zu 22 Prozent durch das UNDP und zu 16 Prozent durch das „Technical Cooperation Programme" der FAO bestritten.

Entwicklung

In der Nachkriegszeit leistete die FAO hauptsächlich *technische Hilfe* für den Wiederaufbau der landwirtschaftlichen Produktion. Heute ist sie die größte Entwicklungshilfeorganisation (→ Entwicklungszusammenarbeit der UN), deren Arbeitsschwerpunkt sich im Rahmen der Feldprogramme immer mehr auf die *Katastrophenhilfe* (→ Humanitäre Hilfe) konzentriert. Erfolgreiche Stationen auf ihrem Weg waren die *„World Hunger Campaign"* von 1960, die Gründung des → *„World Food Programme"* (→ WFP) 1961, die *Welternährungskonferenz 1974* (→ Weltkonferenzen) und der daraus entstandene *„World Food Council"* (→ WFC), die Entwicklung eines „Global Information and Early Warning System" und in Zusammenarbeit mit der WHO des „Codex Alimentarius" zum Konsumentenschutz und zur Entwicklung von Qualitätskriterien, die *Welternährungskonferenz* von 1996 und das seit 1994 operierende *„Special Programme for Food Security"*. Das Ziel dieses Programmes ist es, die Zahl der unterernährten Menschen bis zum Jahr 2015 zu halbieren. Das Budget des Programmes für den Zweijahreshaushalt 1998/99 beträgt 10 Millionen US-$.

Bewertung

Seit der Gründung der FAO vor über 50 Jahren hat sich die Welt und damit auch der Aufgabenbereich der FAO wesentlich verändert. In den 50er und 60er Jahren standen wirtschaftliche und außenpolitische Ziele im Vordergrund der *Entwicklungshilfe*. Die Ernährungskrise der 70er Jahre verhalf zu einer Wende, hin zu entwicklungspolitischen Zielen und damit auch zu mehr Feldarbeit. Seit dem Beginn der 90er Jahre ging die direkte Bereitstellung von Hilfe durch einzelne Staaten zurück und wurde von multilateralen Organisationen übernommen. Die Notwendigkeit *Katastrophenhilfe* zu leisten, ist in den letzten Jahren um ein Vielfaches gestiegen. Der Höhepunkt dieser Entwicklung wurde 1994 erreicht als mehr als 35% der gesamten Nahrungsmittelhilfe für

Notfälle bereitgestellt wurde. In den 70er Jahren stellte diese Art von Hilfe nur knapp 10% dar. Diese Entwicklung kann man sowohl auf das Ende des Kalten Krieges, als auch auf wachsende Probleme durch Überbevölkerung und Naturkatastrophen zurückführen. Durch politische Instabilität, wie beispielsweise in den osteuropäischen Staaten und den Staaten der früheren UdSSR, ist der ständige Zugang zu Nahrungsmitteln weiterhin nicht gewährleistet. Darüber hinaus wächst in den Ländern, die den größten Anteil an Entwicklungshilfe erhalten und in denen der Hunger am größten ist, die Bevölkerung am schnellsten. Nach offiziellen Zahlen der Vereinten Nationen soll der Anteil Afrikas an der Weltbevölkerung im Jahr 2050 bei 20% liegen, und sich verglichen mit heute, mehr als verdoppelt haben. Hinzu kommen vermehrt „Notfälle", die sowohl auf Naturkatastrophen, als auch auf Konflikte, in und zwischen vielen Staaten der Welt, zurückzuführen sind.

Diese ständige Erweiterung ihres Aufgabenbereiches stellt die FAO in Zukunft sowohl vor finanzielle als auch organisatorische Probleme. Außerdem gibt es zunehmende Kompetenzstreitigkeiten mit dem WFP, die durch das Engagement der FAO in ursprünglichen Aufgabenbereichen des WFP, wie Notstandshilfe und Feldprogramme, bedingt sind. Die FAO selbst hat ihre Reformbedürftigkeit bereits erkannt und versucht derzeit *strukturelle Änderungen* vorzunehmen. Diese bestehen in einer Verschiebung der Prioritäten zu mehr fachspezifischer Beratung und Entwicklung von Management Strategien, aber auch in dem Versuch, ihre Arbeit besser mit anderen Organisationen und Institutionen, wie WFP und WFC, abzustimmen. Ein weiteres Ziel ist die bessere Abgrenzung ihrer eigenen Programme und ein teilweiser Rückzug aus der Katastrophenhilfe.

Barbara Hofner

Lit.: *Abbott, J.C.:* Politics and poverty - a critique of the Food and Agriculture Organization, London 1991; *Food and Agricul-* *ture Organization:* FAO: the first 40 years, Rome 1985; *Food and Agriculture Organization:* Sustainable development and the environment: FAO policies and actions, Stockholm 1972 - Rio 1992, Rom 1992; *Food and Agriculture Organization:* Elements for Policy Inclusion in a Draft Policy Document and Plan of Action on Universal Food Security, Dokument CL 108/12 für die 108te Sitzung des Rates, Rom 1995; *Food and Agriculture Organization:* Food, Agriculture and Food Security: The Global Dimension. Historical development, present situation, future prospects, Dokument WFS 96/Tech/1b für die Welternährungskonferenz, Rom 1995; *Food and Agriculture Organization:* World Food Report (jährlich); *Schütz, H.-J.:* FAO – Ernährungs- und Landwirtschaftsorganisation der Vereinten Nationen, in: Wolfrum, R. (Hrsg.): Handbuch Vereinte Nationen, 2. Aufl., München 1991, 130-143; *Talbot, RB:* Historical dictionary of the international food agencies: FAO, WFP, WFC, IFAD, Metuchen/NY 1994; *Uvin, P.:* The International Organization of Hunger, London 1994.
Internet: Homepage der FAO: http://www.fao.org

Feindstaatenklauseln

Die Vereinten Nationen sind als Allianz der Sieger des Zweiten Weltkriegs gegründet worden. An keiner Stelle der UN-Charta (→ Charta der UN) wird dies so deutlich wie in den als „Feindstaatenklauseln" apostrophierten Art. 53 Abs. 1 Satz 2 i.V.m. Abs. 2 und Art. 107 UN-Charta. „Feindstaat" ist nach der Legaldefinition des Art. 53 Abs. 2 „jede[r] Staat, der während des zweiten Weltkriegs Feind eines Unterzeichners dieser Charta war". Diese Voraussetzung erfüllen Deutschland, Japan und Italien, aber auch Bulgarien, Finnland, Rumänien und Ungarn, wohl auch Thailand, nicht aber Österreich, dessen „Anschluß" nach dem Krieg als völkerrechtswidrige Annexion qualifiziert wurde, und Korea (*Ress* 1994a, Rn. 39 ff.; *Blumenwitz* 1995, 91). Umstritten ist, ob bereits mit der Aufnahme dieser Staaten in die UNO (Thailands bereits 1946, zuletzt - 1973 - der beiden deutschen Staaten) deren „Feindstaat"-Qualität entfallen ist (*Ress* 1994a, Rn. 43). Für die Unvereinbarkeit der Begriffe „Unterzeichner dieser Charta" und „Feindstaaten" spricht, daß nach dem strengen Wortlaut des Art. 53 UN-Charta der UN-Beitritt von Feindstaaten auch deren Besieger zu „Feindstaaten" machte, womit der Zweck der Bestimmung pervertiert würde. In der Literatur wird außerdem darauf hingewiesen, daß die Qualifikation als „friedliebender Staat" - nach Art. 4 UN-Charta Voraussetzung für die Aufnahme in die Organisation - mit der als „Feindstaat" in unauflösbarem Widerspruch stehe. Eine „Zweiklassen-Mitgliedschaft" in den UN sei mit dem „Grundsatz der souveränen Gleichheit *aller* ihrer Mitglieder" (Art. 2 Abs. 1 UN-Charta) nicht zu vereinbaren (*Blumenwitz* 1995, 93). Wer dieser Argumentation nicht folgt, muß Art. 53 und 107 der Charta als Ausnahmebestimmungen zu Art. 2 UN-Charta betrachten.

Die „Feindstaatenklauseln" waren darauf gerichtet, die Verliererstaaten des Zweiten Weltkriegs - Deutschland, Japan und ihre Verbündeten - *vorübergehend* aus dem System friedenssichernder Maßnahmen gemäß UN-Charta auszuschließen. Während Zwangsmaßnahmen auf Grund regionaler Abmachungen oder seitens regionaler Einrichtungen nur mit Ermächtigung des Sicherheitsrates ergriffen werden dürfen, sind nach Art. 53 Abs. 1 Satz 2 UN-Charta Maßnahmen gegen den Feindstaat, soweit sie in Art. 107 UN-Charta oder "in regionalen, gegen die Wiederaufnahme der Angriffspolitik eines solchen Staates gerichteten Abmachungen vorgesehen sind", hiervon grundsätzlich ausgenommen. Entbunden wird nur von verfahrensrechtlichen Erfordernissen, nicht aber von der Pflicht zur Beachtung des völkerrechtlichen → Gewaltverbots, das ius-cogens-Wirkung hat (Art. 53 des Wiener Übereinkommens über das Recht der Verträge 1969; → Völkerrechtliches Vertragsrecht), also durch völkerrechtliche Vereinbarung nicht abbedungen werden kann (*Heberlein* 1991, 91f.; *Ress* 1994a, Rn. 29). Art. 107 verfügt, daß „Maßnahmen, welche die hierfür verantwortlichen Regierungen als Folge

des Zweiten Weltkriegs in bezug auf einen Staat ergreifen oder genehmigen, der während dieses Krieges Feind eines Unterzeichnerstaats dieser Charta war", durch die Charta „weder außer Kraft gesetzt noch untersagt" werden. Anders als Art. 53 Abs. 2 UN-Charta, auf den sich jeder Mitgliedstaat einer „Anti-Feindstaat-Koalition" berufen kann, gilt Art. 107 nur für die wichtigsten Siegerstaaten des Weltkriegs (die Vier Mächte in bezug auf Deutschland und China im Verhältnis zu Japan; nur diese sind „hierfür verantwortlich"). In sachlicher Hinsicht beschränkt sich die Bestimmung auf Maßnahmen „als Folge des Zweiten Weltkriegs"; dieser Begriff schließt Friedensverträge ein. Die von der Sowjetunion vertretene Auffassung, Art. 107 schränke die Befugnisse des Sicherheitsrates ein, wurde von den westlichen Alliierten abgelehnt (*Ghebali* 1991, 1421f.).

In der Völkerrechtspraxis haben die „Feindstaatenklauseln" - obschon die Sowjetunion mehrfach (zuletzt 1968) mit ihrer Anwendung drohte (*Ghebali* a.a.O.) - nie Bedeutung erlangt. Mit dem UN-Beitritt der „Feindstaaten" war überdies der Anwendbarkeit der Klauseln wenn nicht in rechtlicher, so doch zumindest in faktischer Hinsicht ein Ende gesetzt. Allerspätestens seit dem „2+4-Vertrag" vom 12.9.1990, der die Verantwortung der alliierten Mächte für Deutschland als Ganzes beseitigte, ist Art. 107 UN-Charta auf Deutschland nicht mehr anwendbar (*Heberlein* 1991, 100ff; *Ress* 1994a, Rn. 47ff.). In früher mit den Alliierten geschlossenen Verträgen war der Deutschland nur die Beachtung der in Art. 2 UN-Charta niedergelegten Grundsätze zugesichert, nicht aber der Verzicht auf die Rechte gegenüber Feindstaaten erklärt worden. Hält man UN-Mitgliedschaft und Feindstaaten-Eigenschaft für kompatibel, wird man die Unanwendbarkeit der Klauseln überall dort, wo keine Vereinbarungen vom Range des „2+4-Vertrages" bestehen, mit ihrem dauerhaften Nichtgebrauch (desuetudo) begründen oder die von vornherein als transitorisch angelegte Bestimmung für rechtlich erledigt (obsolet) halten müssen. Es ist damit zu rechnen, daß die politisch und juristisch als anachronistisch empfundenen Feindstaatenklauseln (*Ghebali* 1994, 1424) der nächsten Revision der UN-Charta zum Opfer fallen werden.

Jörn Axel Kämmerer

Lit.: *Blumenwitz, D.:* Feindstaatenklauseln - Die Rechtsordnung der Sieger, München 1972; *Blumenwitz, D.:* Enemy State Clause in the United Nations Charter, in: EPIL II (1995), 90-95; *Ghebali, V. Y.:* Article 107, in: Co, J.-P. /Pellet, A. (Hrsg.): La Charte des Nations Unies. Commentaire article par article, 2. Aufl., Paris 1991, 1417-1424; *Heberlein, H.:* Geltungsbeendigung der Feindstaatenklauseln - ein äußerer Aspekt der deutschen Einheit, in: AVR 29 (1991), 85-103; *Ress, G.:* Article 53, in: Simma, B. (Hrsg.): The Charter of the United Nations. A Commentary, München 1994, 722-752 (zitiert: Ress 1994a); *Ress, G.:* Article 107, in: Simma, B. (Hrsg): The Charter of the United Nations, a.a.O.., 1152-1162.

Finanzkrisen

I. Einleitung

Die Debatten um das angemessene Volumen des UN-Haushalts (→ Haushalt), die Bezahlung der internationalen Beamten (→ Personal), die Ermittlung der Beitragsschlüssel für die einzelnen Mitgliedstaaten sind so alt wie die Organisation selbst. Das mühsame Geschäft, Kompromisse zum Ausgleich divergierender Interessen zu erreichen, ist sowohl bei der Beschaffung der notwendigen Finanzmittel als auch bei der Verteilung dieser Ressourcen für alternative Zwecke wohlbekannt.

Gefährlich für das Fortbestehen einer Organisation wird die Situation dann, wenn einzelne Mitglieder der Vereinten Nationen, die zwar zahlungsfähig wären, aber aus politischen Gründen zahlungsunwillig sind und damit ihre rechtlichen Verpflichtungen, die sich aus der Mitgliedschaft ergeben, bewußt verletzen. Insbesondere dann, wenn es sich um Mitglieder mit einem hohen Beitragsschlüssel handelt, führt dieses Verhalten, den ökonomischen Hebel eines „finanziellen Vetos" einzusetzen,

zu einer ernsthaften Existenzgefährdung der Organisation.

Die Vereinten Nationen haben in ihrer Geschichte drei Finanzkrisen erlebt, wobei die dritte heute noch andauert. Im folgenden sollen diese drei Finanzkrisen kurz dargestellt und abschließend zusammenfassend bewertet werden.

II. Die erste Finanzkrise: Der Streit um die Finanzierung der Friedensoperationen 1956/57

Bei der Finanzierung der ersten UN-Friedenstruppe, der UN Emergency Force I (UNEF I) zur Überwindung des Suez-Konfliktes (→ Friedensoperationen, → Friedenstruppen) gab es drei unterschiedliche Gruppen von Zahlungsverweigerern:

(a) Mitgliedstaaten, die in der UNEF-Resolution der → Generalversammlung auf der Grundlage der „Vereint-für-den-Frieden"-Resolution 377 (V) vom 3. November 1950 (→ Uniting-for-Peace-Resolution) einen Bruch der Bestimmungen der → Charta sahen. Zu dieser Gruppe gehörten die UdSSR und die mit ihr verbündeten Ostblock-Staaten. Ihrer Ansicht nach durfte ein militärischer Einsatz nur auf der Grundlage des Art. 42 der Charta erfolgen. Danach hätte nur der → Sicherheitsrat die Befugnis, gemäß Art. 43 der Charta Sonderabkommen mit den Mitgliedstaaten zu vereinbaren.

(b) Mitgliedstaaten, die zwar eine Handlungsbefugnis der Generalversammlung auch in Fragen des Weltfriedens und der internationalen Sicherheit anerkannten, jedoch die von der Generalversammlung im Zusammenhang mit UNEF I beschlossene Finanzierungsregelung der kollektiven Verantwortung entsprechend Artikel 17, Absatz 2 Charta mißbilligten. Hierzu zählten u.a. die arabischen und lateinamerikanischen Staaten;

(c) Mitgliedstaaten, die aufgrund ihrer wirtschaftlichen Situation und mangels konvertierbarer Währungen nicht in der Lage waren, ihre Pflicht-Anteile zu den relativ hohen Kosten zu erbringen, die mit der Durchführung der Friedensoperationen verbunden waren.

Dementsprechend gab es auch eine Reihe alternativer Finanzierungskonzepte:

- Die UdSSR sowie die arabischen Staaten forderten eine Finanzierung nach dem Verursacher-Prinzip, wonach ausschließlich die Aggressoren kostenpflichtig gemacht werden sollten. Im Falle von UNEF I waren damit Frankreich, Großbritannien und Israel gemeint.
- China schlug vor, die Kosten auf alle am Konflikt beteiligten Staaten aufzuteilen.
- Frankreich forderte eine ausschließliche Finanzierung auf der Grundlage freiwilliger Beitragsleistungen.
- Die lateinamerikanischen Staaten bestanden darauf, daß bei einer Kostenumlage nach dem Beitragsschlüssel die Entwicklungsländer einen geringeren Anteil zahlen sollten.
- Spanien forderte, den größten Anteil der Kosten von Friedensoperationen auf die ständigen Mitglieder des Sicherheitsrates zu verteilen.

Deutlich wurde, daß diese alternativen Finanzierungsvorschläge sich gegen die von der Generalversammlung beschlossene Kostenaufteilung auf alle Mitgliedstaaten entsprechend dem Beitragsschlüssel zum ordentlichen UN-Haushalt richteten.

Einzige konkrete Reaktion auf diese Vorschläge war der Beschluß der Generalversammlung vom Februar 1957, die Erhöhung des Kostenrahmens um 6,5 Mill. US-Dollar allein durch freiwillige Beitragsleistungen zu finanzieren. Wiederholte Appelle des UN-Generalsekretärs (→ Generalsekretär) und der Generalversammlung an die Hauptbeitragszahler zum ordentlichen UN-Haushalt, die immer größer werdende Finanzierungslücke durch freiwillige Beitragsleistungen zu schließen, blieben jedoch ohne Erfolg.

Existenzbedrohend für die Organisation wurde die Finanzsituation jedoch erst, als die Vereinten Nationen am 14. Juli 1960 in den Kongo-Konflikt eingriffen. Die Kosten für die UN-Friedenstruppe ONUC waren um ein Vielfaches höher als für UNEF I. Ob-

wohl ONUC mit Zustimmung der UdSSR vom Sicherheitsrat eingesetzt wurde, hielt diese wiederum ihre Beiträge mit der gleichen Begründung wie im Fall von UNEF I zurück, wonach ausschließlich der Sicherheitsrat befugt sei, über die Finanzierung von Friedensoperationen zu entscheiden. Hinzu kam, daß Frankreich, damals viertgrößter Beitragszahler, seine Beteiligung an der Finanzierung dieser Friedensoperation ebenfalls verweigerte.

Nur aufgrund der hohen freiwilligen Leistungen der USA (→ USA, UN-Politik) gelang es dem Generalsekretär, die Finanzierungslücke in Grenzen zu halten. Es kam jedoch zu keinem Konsens über einen neuen Finanzierungsmodus; vielmehr entschied die Generalversammlung Ende 1960, die Kosten für UNEF I und ONUC für 1961 in Höhe von 139 Mill. US-Dollar erneut entsprechend dem Beitragsschlüssel auf alle Mitgliedstaaten umzulegen. Damit war ein Anstieg des Defizits vorprogrammiert, das Ende 1961 85 Mill. US-Dollar betrug (zum Vergleich: die Veranlagungen zum ordentlichen UN-Haushalt 1961 betrugen insgesamt 69,4 Mill. US-Dollar).

Vor diesem Hintergrund beauftragte die Generalversammlung Ende 1961 den Generalsekretär, eine Anleihe in Höhe von 200 Mill. US-Dollar aufzulegen, die in Höhe von rund 170 Mill. US-Dollar gezeichnet wurde, wobei die USA einen Anteil von etwa 45 Prozent übernahmen. Dadurch wurde ein finanzieller Kollaps der Vereinten Nationen zunächst abgewendet, auch konnten die Pflichtbeiträge für Entwicklungsländer auf 20 Prozent ihres Beitragsschlüssels zum ordentlichen Haushalt reduziert werden.

Da sich kein Konsens über die zukünftige Finanzierung von UN-Friedensoperationen abzeichnete, forderte die Generalversammlung am 20. Dezember 1961 beim Internationalen Gerichtshof (→ IGH) ein Gutachten über die Frage der Anwendbarkeit des Artikels 17, Absatz 2 UN-Charta auf die Ausgaben für UN-Friedensoperationen an.

Der Internationale Gerichtshof machte in seinem Gutachten deutlich, daß
- die Generalversammlung die alleinige Kompetenz in Haushaltsangelegenheiten besitze; dazu gehören auch diejenigen Ausgaben, welche bei der Durchführung von Friedensoperationen entstehen;
- gemäß Artikel 11 und 14 Charta die Generalversammlung ermächtigt sei, Maßnahmen zu empfehlen, welche die Wahrung des Weltfriedens und der internationalen Sicherheit zum Ziele haben, es sei denn, es handele sich um „militärische Zwangsmaßnahmen".

Nach langen Beratungen nahm die 17. Generalversammlung das Gutachten des Internationalen Gerichtshofes am 19. Dezember 1962 mit 75 Ja-Stimmen bei 18 Nein-Stimmen und 44 Enthaltungen zustimmend zur Kenntnis. In Übereinstimmung mit dem Gutachten erkannte sie gleichzeitig an, daß der Beitragsschlüssel für UN-Friedensoperationen nicht identisch mit dem für den ordentlichen Haushalt sein müsse. Da die beitragsverweigernden Mitgliedstaaten trotzdem zu erkennen gaben, an ihren bisherigen Positionen festzuhalten, wurde erneut ein Sonderausschuß beauftragt, möglichst schnell einen Ausweg zu finden, denn die kumulierten Außenstände für beide Friedensoperationen hatten Ende 1962 eine Höhe von 142 Mill. US-Dollar erreicht (zum Vergleich: die Veranlagungen zum ordentlichen Haushalt 1962 betrugen 82,1 Mill. US-Dollar). Ferner hatten die USA angedroht, ihre Beiträge auf ihren festgesetzten Pflicht-Anteil von damals 32,02 Prozent zu begrenzen, falls die Zahlungsmoral der anderen Staaten sich nicht ändern sollte (bisher hatten die USA rund 50 Prozent der Kosten für beide Friedensoperationen übernommen).

Höhepunkt der ersten Finanzkrise war ohne Zweifel das Jahr 1964, als vor Beginn der 19. Generalversammlung eine Mehrheit unter der Führung der USA drohte, Artikel 19 UN-Charta im Falle der UdSSR zur Anwendung zu bringen. Dieser Artikel sieht vor, einem Mitgliedstaat das Stimmrecht in der Generalversammlung zu entziehen, „wenn der rückständige Betrag die Höhe der Beiträge erreicht oder übersteigt, die dieses Mitglied für die vorausgegangenen zwei vollen Jahre schuldet".

Die UdSSR drohte daraufhin mit dem sofortigen Austritt aus der Organisation, falls Artikel 19 zur Anwendung käme. Diese Konsequenz lag jedoch nicht im Interesse der USA, so daß man sich auf ein einzigartiges Verfahren einigte, um diesem rechtlichen Dilemma zu entgehen. Es wurde auf jegliche Abstimmungen verzichtet, man bemühte sich um ein Konsultationsverfahren, bei dem die Vertreter der Mitgliedstaaten dem Vorsitzenden ihr Votum ins Ohr flüsterten, der dann das Ergebnis feststellte. Es wurde ein weiterer Sonderausschuß für Friedensoperationen eingesetzt, welcher eine Vereinbarung über die Nichtanwendung von Artikel 19 UN-Charta bei UNEF I und ONUC erzielte, so daß für die 20. Generalversammlung im Herbst 1965 die Beschlußfähigkeit wiederhergestellt werden konnte.

Als Reaktion darauf machten die → USA eine Ankündigung, die heute von besonderer Aktualität ist. In einer Art antizipatorischer Freizeichnungsklausel behielten sie sich das Recht vor, für sich ebenfalls Ausnahmen vom Grundsatz der kollektiven Verantwortlichkeit in Anspruch zu nehmen, falls dafür zwingende Gründe vorlägen.

Zwar konnte die politische Krise auf diese Weise gemeistert werden, aber ein grundsätzlicher Konsens über die zukünftigen Friedensoperationen konnte auch in den folgenden Jahren nicht erreicht werden. Die Vereinten Nationen entgingen einem finanziellen Bankrott nur dadurch, daß ONUC im Jahre 1964 auslief, so daß die schwerste finanzielle Belastung danach wegfiel.

Ende Oktober 1973 verabschiedete der Sicherheitsrat eine Resolution, innerhalb von 24 Stunden eine zweite United Nations Emergency Force (UNEF II) aufzustellen. Zu den Bedingungen zählte einerseits, daß kein ständiges Mitglied des Sicherheitsrates sich an der Aktion beteiligen durfte, anderseits die alleinige Verantwortung beim Sicherheitsrat lag. Der → Generalsekretär war verpflichtet, dem Sicherheitsrat ständig über den Verlauf dieser Friedensoperation zu berichten sowie alle Entscheidungen in Abstimmung mit ihm zu fällen.

Hinsichtlich der Finanzierung von UNEF II bestand von Anfang an Einigkeit darüber, daß sämtliche Kosten als Ausgaben der Organisation nach Art. 17 Abs. 2 UN-Charta zu betrachten seien - eine Regelung, welche bei UNEF I und ONUC noch heftige Kontroversen ausgelöst hatte. Sowohl die UdSSR als auch Frankreich rückten von ihren bisher vehement vertretenen Positionen ab.

Nachdem die kollektive Verantwortung für UNEF II im Sicherheitsrat festgestellt worden war, beschloß die Generalversammlung am 11. Dezember 1973, ein Sonderkonto außerhalb des ordentlichen Haushalts für sämtliche im Zusammenhang mit UNEF II entstehenden Kosten einzurichten. Dieser Betrag sollte jedoch nicht allein auf der Grundlage des Beitragsschlüssels zum ordentlichen Haushalt von allen Mitgliedstaaten erbracht werden. Vielmehr wurde ein sogenanntes Vier-Klassen-Finanzierungsmodell angenommen, das zwar vom Beitragsschlüssel ausging, aber dann bestimmte Abstufungen vornahm. Die Höhe der Be- bzw. Entlastungen zwischen den Gruppen ergab sich aus der Verrechnung der jeweiligen Gruppenbeiträge zueinander, wobei die ständigen Mitglieder des Sicherheitsrates am höchsten und die am wenigsten entwickelten Länder am niedrigsten veranlagt wurden. Es wurden folgende Gruppen gebildet:

Gruppe A: Die Ständigen Mitglieder des Sicherheitsrates

Die fünf ständigen Mitglieder wurden in dieser Gruppe mit ihrem Beitragsschlüssel zum ordentlichen Haushalt veranlagt. Darüber hinaus trugen sie den Differenzbetrag, der sich aus der Mindestveranlagung der Entwicklungsländer in den Gruppen C und D

ergab und proportional zum Beitragsschlüssel aufgeteilt wurde.

Gruppe B: Die wirtschaftlich entwickelten Staaten

Zu dieser Gruppe zählten sämtliche westlichen Industriestaaten sowie einige Ostblockstaaten und Südafrika. Anfangs waren es (mit Ausnahme der ständigen Mitglieder des Sicherheitsrates) die 23 wirtschaftlich am höchsten entwickelten Länder, die entsprechend dem Beitragsschlüssel zum ordentlichen Haushalt veranlagt wurden.

Gruppe C: Die Entwicklungsländer

Diese Gruppe bestand aus der höchsten Zahl der damals insgesamt 135 Mitgliedstaaten (1973: 82). Ihre Pflichtbeiträge zu UN-Friedensoperationen wurden mit 20 Prozent ihrer jeweiligen Beitragsschlüssel zum ordentlichen Haushalt veranlagt.

Gruppe D: Die am wenigsten entwickelten Staaten

Diese Gruppe der ärmsten Länder („least developed countries") bestand 1973 aus 25 Mitgliedstaaten. Sie mußten nur 10 Prozent ihres Mindestsatzes von 0,01 Prozent zahlen.

Dieses neue Finanzmodell stellte einen Kompromiß dar zwischen der Zahlungsfähigkeit der Mitgliedstaaten, orientiert am Beitragsschlüssel zum ordentlichen Haushalt, und der Berücksichtigung der wirtschaftlichen Schwierigkeiten der Entwicklungsländer insgesamt einerseits und andererseits der besonderen Verantwortung der fünf ständigen Mitglieder des Sicherheitsrates zur Wahrung des Weltfriedens und der internationalen Sicherheit. Die Grundkonzeption des Modells blieb bis 1995 erhalten.

Entscheidend für diesen Kompromiß war das Abrücken der UdSSR vom Verursacherprinzip als einzig akzeptierbarer Finanzgrundlage für UN-Friedensoperationen. Allerdings sollte es noch bis 1987 dauern, bis die UdSSR sich bereit erklärte, ihre Rückstände ratenweise abzubauen. Dies begann ausgerechnet zu einem Zeitpunkt, als die USA erstmals Beiträge für UN-Friedensoperationen zurückhielten.

III. Die zweite Finanzkrise: USA fordert Nullwachstum

Für den UN-Haushalt 1982-83 wurde von den USA ein reales Nullwachstum („zero real growth") gefordert, d.h. der Haushalt sollte nur noch um die Inflationsrate ansteigen. Für den UN-Haushalt 1984-85 forderte die Reagan-Administration der USA sogar ein nominales Nullwachstum, d.h. das Haushaltsvolumen sollte auf dem Stand von 1982-83 „eingefroren" werden. Die USA drohten, bei Nichtbeachtung ihren eigenen Beitrag entsprechend zu kürzen oder ihre Zahlungen zu verzögern.

Die Mehrheit der Generalversammlung billigte 1981 jedoch bei den Gegenstimmen der USA, Großbritanniens, der Bundesrepublik Deutschland und Japans den Haushalt 1982-83, der eine Steigerung um 12 Prozent vorsah (ein reales Nullwachstum hätte einer nominalen Steigerung um 1-2 Prozent entsprochen). Darauf beschloß der US-Kongreß, bestimmte Gelder für UN-Programme, welche die USA politisch nicht unterstützten, zurückzuhalten. Um ihren Druck zu erhöhen, kündigte die US-Administration an, die Überweisungen ihrer Pflichtbeiträge auf das vierte Quartal im Jahr zu verschieben. Die ausstehenden Pflichtbeiträge der USA zum ordentlichen Haushalt in der zweiten Hälfte der 80er Jahre stiegen von zunächst 35 Prozent (1985) auf knapp 80 Prozent (1989) der insgesamt ausstehenden Pflichtbeiträge drastisch. Die Funktionsfähigkeit der Vereinten Nationen war damit aufs Höchste gefährdet.

Um aus dieser Krise herauszukommen, wurde auf Initiative → Japans eine Gruppe, bestehend aus 18 hochrangigen Sachverständigen („Gruppe der 18"), beauftragt, die administrative und finanzielle Effizienz der Vereinten Nationen zu überprüfen. Die „Gruppe der 18" schlug vor, ein Verfahren zu entwickeln, „bei dem die Mitgliedstaaten von Beginn des Planungs- und Haushaltsaufstellungsprozesses an und während seines gesamten Verlaufs die erforderliche zwischenstaatliche Autorität zur Geltung bringen können, insbe-

sondere was die Setzung der Prioritäten im Rahmen der voraussichtlich verfügbaren Ressourcen betrifft". Die Generalversammlung beschloß ein neues Haushaltsverfahren, das den Hauptbeitragszahlern durch die Erhöhung der Mitgliederzahl im Programm- und Koordinierungsausschuß (CPC; Committee for Programme and Coordination) und die Einführung des Konsensus-Verfahrens ein faktisches Veto-Recht (→ Veto/-recht) einräumte. Diese Konzession gegenüber den USA und anderen (westlichen und östlichen) Hauptbeitragszahlern bedeutete eine De-facto-Revision der Charta: Durch die notwendigen vorgeschalteten Entscheidungsprozesse im CPC im Konsensus-Verfahren wurde das Plenum der Generalversammlung faktisch entmachtet, in der nach Artikel 18, Absatz 2 UN-Charta mit Zwei-Drittel-Mehrheit der anwesenden und abstimmenden Mitglieder über den ordentlichen Haushalt zu entscheiden ist, wobei jedes Mitglied eine Stimme hat.

III. Die dritte Finanzkrise: USA verweigert weiterhin Pflichtzahlungen

Die durch diesen Kompromiß erhoffte Bereitschaft der USA, ihren Pflichten nachzukommen, d.h. wenn schon nicht pünktlich und vollständig innerhalb von vier Wochen nach Benachrichtigung durch den Generalsekretär, so doch zumindest innerhalb des Haushaltsjahres ihren Pflichtbeitrag zum ordentlichen Haushalt vollständig zu zahlen, sollte sich jedoch nicht erfüllen. Damit ging die zweite Finanzkrise der Vereinten Nationen in den 80er Jahren quasi nahtlos in die dritte Finanzkrise in den 90er Jahren über.

Zwar versprach die Bush-Administration (und später die Clinton-Administration), angesichts der neuen Herausforderungen an die Vereinten Nationen nach dem Ende des Ost-West-Konfliktes die Arbeit der Organisation voll zu unterstützen, dies kam aber im Finanzierungsverhalten der USA nicht zum Ausdruck. Die USA zahlten in den Jahren 1991 und 1992 zwar ihren vollständigen Pflichtbeitrag, aber weiterhin verspätet, d.h. im letzten Quartal. Außerdem trugen sie ihren Schuldenberg aus den vergangenen Jahren nicht ab, obwohl zugesagt wurde, diese Rückstände in fünf Jahresraten abzuzahlen.

Die USA schlugen 1995 vor, die Vereinten Nationen radikal neu zu gliedern und zu verkleinern sowie bestimmte Funktionen, wie z.B. die Öffentlichkeitsarbeit, zu privatisieren. Die US-Zahlungen an die Vereinten Nationen sollten von „UN-Reformen" (→ Reform der UN) abhängig gemacht werden, was einer wirtschaftlichen Erpressung der Organisation gleichkam. Darüber hinaus erklärten die USA einseitig, daß sie aufgrund eines Gesetzes des Kongresses ab Oktober 1995 maximal 25 Prozent zu den Kosten der UN-Friedenstruppen beitragen werden, obwohl aufgrund einer Vereinbarung von 1973 die ständigen Mitglieder des Sicherheitsrates zusätzliche Verpflichtungen übernehmen, die im Fall der USA etwa sechs zusätzlichen Prozentpunkten entsprechen.

Ende 1997 schuldeten die Mitgliedstaaten 473 Mill. US-Dollar für den ordentlichen Haushalt 1997, davon die USA allein 373 Mill. US-Dollar. Hinzu kamen Rückstände in Höhe von 1574 Mill. US-Dollar für Friedensoperationen, darunter die USA mit 940 Mill. US-Dollar. Obwohl es sich um „eine bedingungslose völkerrechtliche Verpflichtung aller Mitgliedstaaten und nicht einfach eine Verpflichtung politischer oder freiwilliger Art" handelt, steht die Überwindung der Liquiditätskrise angesichts der gegenwärtigen Beitragsrückstände an erster Stelle. In diesem Zusammenhang schlug der Generalsekretär 1994 einerseits eine Erhöhung des Reservefonds für Friedensoperationen von 150 auf 800 Mill. US-Dollar, andererseits die Errichtung eigener Reserven für unvorhergesehene Friedensoperationen durch die Mitgliedstaaten vor. 1997 schlug der Generalsekretär vor, einen revolvierenden Kreditfonds in Höhe von einer Mrd. US-Dollar als Finanzierungsreserve einzurichten; ferner sollten die Mitgliedstaaten auf die ihnen zustehenden Haushaltsüberschüsse verzichten - Vorschläge, die auf wenig Gegenliebe bei den Mitgliedstaaten stoßen, weil sie den Hauptschuldner USA nicht aus seiner Verantwortung entlassen wollen.

V. Ausblick

Die bisherige Entwicklung der Finanzierung von UN-Friedensoperationen hat deutlich gemacht, daß es sich nicht nur um Fragen der Finanzierung und des effizienten Managements handelt. Deutlich überlagert wird die gegenwärtige Diskussion auch von der Frage einer Erhöhung der Mitgliederzahl des Sicherheitsrates. Eine ständige Mitgliedschaft z.B. Deutschlands und Japans hätte erhebliche Auswirkungen auf die zukünftige Gestaltung eines neuen Mehr-Klassen-Modells. Offen ist dann noch die Frage, ob die bisherigen Gruppen B und C zu einer Gruppe zusammengefaßt werden sollen. Diese Frage hängt wiederum von der zukünftigen Gestaltung der Beitragstabelle zum ordentlichen Haushalt ab, wo die USA eine Absenkung ihres Höchstbeitrags von 25 auf 20 Prozent im Jahre 2000 verlangen.

Klaus Hüfner

Lit.: *Hüfner, K.:* Die Vereinten Nationen und ihre Sonderorganisationen. Teil 3: Finanzierung des Systems der Vereinten Nationen 1971-1995. Teil 3A: Vereinte Nationen - Friedensoperationen − Spezialorgane (DGVN-Texte 45), Bonn 1997; *Koschorreck, W.:* Finanzkrise, in: Wolfrum, R. (Hrsg.): Handbuch Vereinte Nationen, 2. Aufl., München 1991, 148-155.

Forschung über die UN

Internationale Organisationen mit politischen Zielsetzungen sind eine Errungenschaft des 20. Jahrhunderts. Der erste in die Praxis umgesetzte Versuch, internationale Friedenssicherung zu institutionalisieren, war die Gründung des → Völkerbundes nach dem Ersten Weltkrieg. Trotz seines Scheiterns griffen die Initiatoren auf der Suche nach einer neuen Weltordnung für die Zeit nach dem Zweiten Weltkrieg wiederum auf die Modellvariante „Frieden durch eine internationale, weltumspannende

Organisation" zurück: Die Vereinten Nationen traten 1945 an die Stelle des aufzulösenden Völkerbundes (1946).

Beide Organisationen beruhen auf theoretischen Ansätzen und Konzeptionen, die insbesondere seit dem 17. Jahrhundert in Westeuropa entwickelt worden waren (→ Internationale Organisationen, Theorie der). Politisch realisiert wurden beide von zwei US-amerikanischen Präsidenten. Es liegt deshalb nahe, daß sich vor allem in den USA Wissenschaft und Publizistik mit dem Wirken und den Erfolgschancen dieser neuartigen internationalen Einrichtungen ausführlich und intensiv befaßten. Dies gilt in besonderem Maße für die Entstehungs- und Frühphase der Vereinten Nationen. Noch heute wird das UN-Schrifttum, das inzwischen Regale füllt, von englischsprachigen Publikationen dominiert.

Die Anfänge der deutschen UN-Forschung (1948 – 1972)

Nach der totalen Niederlage Deutschlands im Zweiten Weltkrieg dauerte es über ein Jahrzehnt, bis in den 1949 entstandenen beiden deutschen Staaten die Vereinten Nationen als Thema von der Wissenschaft aufgegriffen wurden. In der Aufbauphase des Wissenschaftsbetriebs konzentrierte sich das hier wie dort von außen verordnete Interesse der einzelnen Fachdisziplinen und der politischen Bildung zunächst auf die jeweilige innenpolitische Entwicklung und die ideologische Absicherung des eigenen politischen Systems – „Demokratiewissenschaft" einerseits, „Aufbau des Sozialismus" andererseits.

In einer der ersten westdeutschen Sammelbesprechungen über neuerschienene UN-Literatur beklagte der Rezensent Volker Rittberger 1968 „die Armut an kompetenter deutschsprachiger Literatur über die Vereinten Nationen" (*PVS* 1968*)*, und im Vorwort zu einer im gleichen Jahr erschienenen UN-Bibliographie zieht Gilbert Ziebura eine ähnlich kritische Bilanz - nicht nur zum Stand der UN-Forschung in der Bundesrepublik: Es sei zu bedauern, „daß den Vereinten Nationen bei uns

weder in der öffentlichen Meinung noch in der wissenschaftlichen Forschung jener Platz eingeräumt wird, der ihnen trotz, ja gerade wegen aller Unvollkommenheiten zugebilligt werden sollte" (*Hüfner/Naumann* 1968). Die zunächst nur bedingte Teilhabe Bonns an den UN-Aktivitäten (→ Deutschland, UN-Politik) dürfte dabei ein wichtiger Grund für das offensichtliche Forschungsdesinteresse gewesen sein.

Obwohl die Bundesrepublik bereits 1950 mit der Aufnahme in die → FAO Zugang zum → UN-System gefunden hatte, in den folgenden Jahren weiterer UN-Sonderorganisationen (→ Sonderorganisationen) beitrat und in zahlreichen UN-Unterorganen (so etwa ab 1956 in der Wirtschaftskommission für Europa ECE) mitarbeitete (→ Haupt-/Neben-/Vertragsorgane), erschienen in der Tat die ersten deutschsprachigen UN-Monographien nicht vor Mitte der 60er Jahre. Es waren dies zumeist deskriptiv angelegte Überblicke über das gesamte → UN-System (*Siegler* 1966) und die → Friedenssicherung der UNO (*Schlüter* 1966) sowie eine erste umfassende Arbeit über die Beteiligung der Bundesrepublik am System der Vereinten Nationen, präsentiert vom Forschungsinstitut der Deutschen Gesellschaft für Auswärtige Politik (*Dröge u.a.* 1966). Mit der Übersetzung eines Erfahrungsberichtes eines britischen Journalisten (*Boyd* 1967) lag 1967 ein erstes Taschenbuch zum UN-Thema in deutscher Sprache vor.

In der Bundesrepublik befaßten sich in den 50er und 60er Jahren nur wenige Fachzeitschriften mit der Weltorganisation. Eine Sonderstellung als Fachorgan kam dabei der Zweimonatsschrift „Vereinte Nationen" zu, die von der – nach dem Vorbild der United Nations Associations anderer Länder – von der in Heidelberg gegründeten „Deutschen Gesellschaft für die Vereinten Nationen" (DGVN) herausgegeben wurde. Im Vordergrund der wissenschaftlichen UN-Publizistik der Bundesrepublik, die quantitativ und qualitativ weit hinter der angelsächsischen zurücklag, stand – vornehmlich aus völkerrechtlicher Sicht – die allgemeine UN-Problematik, mit der UN-Charta (→ Charta der UN) als Interessenschwerpunkt. Spezifische Probleme, wie etwa Friedenssicherung, Entwicklungspolitik (→ Entwicklungszusammenarbeit der UN), Menschenrechtsproblematik (→ Menschenrechtsschutz) oder Finanzen (→ Haushalt), wurden hingegen weitgehend ignoriert.

Die Weltorganisation als politisches Phänomen zu begreifen und zu verorten, fand auch in der akademischen Ausbildung an westdeutschen Universitäten zunächst nicht die gebührende Aufmerksamkeit. Mit der UN-Thematik in der Lehre befaßten sich praktisch nur Völkerrechtler (*Czempiel* 1971). Noch im Schatten der Ordinarien der Nachkriegszeit wie Georg Dahm, Wilhelm Grewe (er publizierte bereits 1948 eine Textausgabe der Charta der Vereinten Nationen mit Übersetzung und einer Einleitung), Karl Josef Partsch oder Ignaz Seidl-Hohenveldern stehend, entwickelten insbesondere jüngere Mitarbeiter – ein Reservoir, aus dem zahlreiche der heutigen UN-Völkerrechtsexperten hervorgingen – eine zunehmende Bereitschaft, Kenntnisse über internationale Organisationen und somit auch über die Vereinten Nationen zu vermitteln. Dieses mangelnde Interesse der Sozialwissenschaften spiegelt sich auch in der Verteilung der Fachdisziplinen der Dissertationen ab 1945 in Deutschland zum Thema Vereinte Nationen: Ihre Zahl blieb über drei Jahrzehnte nahezu konstant und die völkerrechtlichen Dissertationen dominierten eindeutig: Von den 35 Dissertationen aus den Jahren 1948 bis 1959 waren 32 Arbeiten aus dem Bereich des Völkerrechts und nur 3 aus dem Bereich der Wirtschafts-, Politik- und Sozialwissenschaften, das sind 9%. In den 60er Jahren stieg der Anteil etwas, von den 30 Doktorarbeiten aus den Jahren 1960 bis 1969 waren 6 Arbeiten aus dem letztgenannten Bereich, das sind 20%. Auch in den 70er Jahren blieb dieser Trend im wesentlichen erhalten, es dominierten weiter die Arbeiten aus dem Bereich des Völker-

rechts: Von den 37 Arbeiten der Jahre 1970-1979 stammten neun – also 24% - aus dem Bereich der Politik-, Sozial- und Wirtschaftswissenschaften, die übrigen 28 waren völkerrechtliche Dissertationen.

Erst in den 80er Jahren vollzog sich ein Wandel: Das wissenschaftliche Interesse an den Vereinten Nationen nahm offenbar zu (50 Dissertationen gegenüber 37 in den 70er Jahren), der Anteil der Wirtschafts-, Politik- und Sozialwissenschaften stieg langsam weiter: Von den 50 Arbeiten stammten 16 Dissertationen – 32% - aus diesem Bereich, 34 aus dem Völkerrecht.

Auch in den 90er Jahren (1990-1998) scheint sich diese Entwicklung fortzusetzen: Von den 53 Dissertationen bis Ende 1998 stammten 15 (entspricht 28%) aus den Wirtschafts-, Politik- und Sozialwissenschaften, 38 aus dem Völkerrecht. (Die Zahlen stammen aus einer Recherche von Helmut Volger in der Datenbank des Deutschen Hochschulschriftenverzeichnisses von 1945 bis 1998). Dieses anhaltende Desinteresse der Politik- und Sozialwissenschaften an den Vereinten Nationen spiegelte sich auch bei der Einrichtung von Lehrstühlen und im Lehrangebot wider. Nur zögernd und mit zeitlichem Abstand nahm sich die Politikwissenschaft dieser Thematik an, und erst mit der Einrichtung der ersten Lehrstühle für internationale Politik in der Bundesrepublik Anfang der 60er Jahre fanden die Vereinten Nationen Eingang in das politologische Lehrangebot. Selbst an einer Technischen Hochschule, wie der RWTH Aachen, konnte der Politikwissenschaftler und Publizist Klaus Mehnert bereits Mitte der 60er Jahre im Rahmen des sog. Studium Generale Studierende für das Thema Vereinte Nationen interessieren.

In der Deutschen Demokratischen Republik, die sich seit den 50er Jahren vergeblich bemüht hatte, im UN-System Fuß zu fassen (→ DDR, UN-Politik), konzentrierte sich die UN-Forschung bis 1973 vorwiegend auf die wissenschaftliche Fundierung des DDR-Anspruchs, „gleichberechtigtes

Mitglied" der Weltorganisation zu werden (*Bruns* 1978). Ausgeprägter als in der Bundesrepublik entwickelte sich jedoch eine UN-Zeitschriftenliteratur, und eine Reihe regelmäßiger Veröffentlichungen wurde von der 1954 gegründeten „Liga für die Vereinten Nationen" verantwortet (etwa eine jährlich erscheinende UNO-Bilanz).

UN-Forschung im Aufwind (1973 – 1989)

Die Aufnahme der beiden deutschen Staaten in die Vereinten Nationen am 18. September 1973 führte zu einem regen Anstieg des rechtswissenschaftlichen wie auch des politologischen Interesses am UN-System und an der bisherigen und künftigen Rolle der „Spätberufenen".

Um das wachsende Informationsbedürfnis der westdeutschen Öffentlichkeit zu befriedigen, erschien eine Reihe einführender Studienbücher über Strukturen, Funktionen, Arbeitsweise und Entwicklungsgeschichte der Weltorganisation (z.B. *Unser* 1973; *Hüfner/Naumann* 1974). Auch die Bundeszentrale und die Landeszentralen für politische Bildung, zuvor vielfach auf innerstaatliche Fragen fixiert, nahmen nunmehr Publikationen über die Vereinten Nationen in ihr Programm auf; so erschien bereits 1970 anläßlich des 25-jährigen UN-Jubiläums ein eigenständiger Übersichtsband (*Hüfner/Naumann* 1970).

Wichtige Impulsgeber für eine Aktivierung der UN-Forschung in beiden deutschen Staaten waren die jeweiligen UN-Gesellschaften, DGVN einerseits, Liga für die Vereinten Nationen andererseits. Sie regten Projekte für eine intensivere wissenschaftliche Beschäftigung an und initiierten die Herausgabe anspruchsvoller Standardwerke. So entstand 1977 unter der Federführung der Forschungsstelle der DGVN das „Handbuch Vereinte Nationen", das in 111 Stichwortbeiträgen das inzwischen gefestigtere Niveau der bundesdeutschen UN-Forschung augenfällig widerspiegelte (*Wolfrum u.a.* 1977).

In der damaligen DDR starteten bereits 1974 zwei der prominentesten UN-Forscher, beide leitende Mitarbeiter des Instituts für Internationale Beziehungen an der Akademie für Staats- und Rechtswissenschaft in Potsdam-Babelsberg – einer Art Leitinstitution in der DDR-Außenpolitikforschung – ein ehrgeiziges Publikationsprojekt. Im Staatsverlag sollten jährlich zwei Bände einer zunächst auf 17, später auf 20 Bände erweiterten Dokumentenreihe über das UN-System erscheinen, wobei die jeweils mit einer Einleitung versehenen UN-Texte (im wesentlichen Satzungen, Resolutionen) in den UN-Amtssprachen Englisch und Französisch (→ Amtssprachen) sowie in deutscher Sprache abgedruckt wurden (*Spröte/Wünsche* 1974ff.).

Dem ersten Band 1974 folgten bis 1985 13 weitere; 1988, kurz vor der Wende, erschienen die letzten beiden. Die sachkundig edierte Dokumentensammlung fand als Nachschlagewerk auch im Westen durchweg Anerkennung.

Kontinuierlich politikbegleitende UN-Berichte und UN-Analysen fanden sich, was die wissenschaftlichen Zeitschriften in der Bundesrepublik betraf, nach wie vor überwiegend nur in der Zeitschrift „Vereinte Nationen", wenn auch Periodika wie „Archiv des Völkerrechts" und „Europa-Archiv" (heute „Internationale Politik") vermehrt UN-Themen behandelten.

In der DDR enthielt die seit 1975 in Zusammenarbeit mit der UN-Liga und dem Potsdamer Institut herausgegebene Monatsschrift „Deutsche Außenpolitik" in jedem Heft zumindest zwei aktualitätsbezogene UN-Aufsätze; eine Reihe weiterer Zeitschriften (z.B. „Staat und Recht") räumten UN-Themen ebenfalls Platz ein.

Im Gegensatz zum heterogenen westdeutschen UN-Schrifttum mit einem zunehmend breiteren Spektrum von Fragestellungen und einer Vielzahl konkurrierender Wahrnehmungen und Einschätzungen, gab es in der DDR-Forschung nur eine UN-Sichtweise: Diese gipfelte in dem Versuch, den

Nachweis zu führen, daß die DDR und ihre sozialistischen Bruderländer eine aktive und konstruktive Rolle spielten und Seite an Seite mit den Entwicklungsländern die Vereinten Nationen – gegen den Widerstand der „imperialistischen" Staaten – zu einem „Friedensinstrument" ausbauten (*Bruns* 1978).

Deutsche UN-Forschung findet internationalen Anschluß (1990 – 1995)

Politikforschung ist hinsichtlich ihrer Gegenstände und Fragestellungen sehr stark aktualitätsbezogen, und es ist deshalb nicht verwunderlich, daß historische Umbruchsituationen stets zu einem wahren Forschungs- und Publikationsboom führen. Dies gilt im besonderen auch für die nunmehr gesamtdeutsche UN-Forschung in den wechselvollen 90er Jahren.

Mit der Annäherung der beiden Supermächte USA und UdSSR in der zweiten Hälfte der 80er Jahre begann ein weltpolitischer Wandlungsprozeß, der sich zunächst am augenfälligsten in den Vereinten Nationen als dem Mikrokosmos der internationalen Politik widerspiegelte. Die Auswirkungen des veränderten Klimas schlugen sich vor allem in dem UN-Organ nieder, das zuvor über Jahrzehnte hinweg in seiner Handlungsfähigkeit weitgehend blockiert war: im → Sicherheitsrat (→ Geschichte der UN). Zahlreiche bis dahin unlösbar erscheinende Regionalkonflikte konnten zunächst mittels Einsatz von UN-Friedenstruppen (→ Friedenstruppen) beigelegt oder einer Befriedung nähergebracht werden, selbst militärische Zwangsmaßnahmen (→ Sanktionen) gegen einen Aggressor kamen im Zweiten Golfkrieg (1990/91) auf der Grundlage von Kapitel VII der UN-Charta einvernehmlich zustande. Von einer „Renaissance" der Vereinten Nationen war die Rede, den Entwicklungsländern wurde eine „Friedensdividende" in Aussicht gestellt, und eine „Neue Weltordnung" mit den Vereinten Nationen als dem weltpolitischen Akteur schien nicht nur ein Traumgespinst. Doch der vorschnellen Euphorie folgte bald die Ernüchterung, und auch die Vereinten Nationen erlitten – gerade im Bereich der Friedenssicherung – herbe Rückschläge. Anläßlich des 50jährigen UN-Jubiläums sprachen nicht nur die Medien von einem „überlasteten Geburtstagskind" (Die Welt) und einer „reformbedürftigen Jubilarin" (Frankfurter Allgemeine Zeitung) – insgesamt wurde „wenig Grund zum Feiern" (die tageszeitung) konstatiert.

In der bundesdeutschen UN-Forschung nach der Vereinigung der beiden Staaten spiegelte sich sowohl das anfängliche „Hoch" als auch das anschließende „Tief" der Weltorganisation augenfällig wider, so wie sich auch die Forschungsschwerpunkte an den konkreten UN-Aktivitäten und -Problemen orientierten. Dem auch in der Öffentlichkeit vorübergehend sprunghaft gewachsenen Interesse an den Vereinten Nationen trugen Anfang der 90er Jahre zwei fast gleichzeitig vorliegende gewichtige Publikationen Rechnung, die die Leistungsfähigkeit der deutschen UN-Forschung nachdrücklich unter Beweis stellten und die inzwischen zur – auch international – anerkannten UN-Standardliteratur zählen (*DGVN* 1996): Nach langwierigen Vorbereitungen konnte 1991 der von dem Völkerrechtler Bruno Simma zusammengestellte, von rund 60 Wissenschaftlern, Diplomaten und UN-Bediensteten erarbeitete, mehr als 1200 Seiten umfassende, erste deutschsprachige Kommentar zur Charta der Vereinten Nationen erscheinen (*Simma* 1991); 1994 folgte eine überarbeitete englische Ausgabe (*Simma* 1994). Ebenfalls 1991 veröffentlichte der Völkerrechtler Rüdiger Wolfrum eine völlig neugestaltete Auflage des nunmehr 158 Stichworte umfassenden „Handbuchs Vereinte Nationen", an dem mehr als 90 Experten (vorwiegend Völkerrechtler, aber auch Politologen und UN-Praktiker) beteiligt waren. Dieses, das gesamte Spektrum der Vereinten Nationen durchleuchtende und kritisch bewertende Nachschlagewerk fand - überarbeitet und nun in zwei Bände aufgeteilt - 1995 unter dem Titel „Uni-

129

ted Nations: Law, Policies and Practice" Eingang in den englischsprachigen Raum (*Wolfrum* 1995). Zweisprachig veröffentlicht wurde 1995 und 1996 zudem eine umfangreiche dreibändige Dokumentensammlung zum „System der Vereinten Nationen und seinen Vorläufern" (*Knipping u.a.* 1995/96).

Mit den genannten Werken ist – auch in deutscher Sprache - ein solides wissenschaftliches Fundament vorhanden, das eine wichtige Klammer für die Vielzahl der Untersuchungen zu Einzelfragen darstellt.

Ergänzt werden sie durch eine wichtige Pioniertat Helmut Volgers, die erste deutschsprachige „Geschichte der Vereinten Nationen" (*Volger* 1995), die von der deutschen Geschichtsschreibung ausdrücklich begrüßt wurde (vgl. *Dülffer* 1995).

Die realpolitische „Wiederentdeckung der Vereinten Nationen" - so der Titel eines Sammelwerkes (*Doeker/Volger* 1990) - führte Mitte der 90er Jahre zu einem Anschwellen des deutschen UN-Schrifttums. Unter den jährlich bis zu 15 Neuerscheinungen befanden sich fundierte Studienbücher (z.B. *Volger* 1994 oder *Rittberger/Mogler/Zangl* 1997), wegweisende Analysen zu einzelnen Aufgaben- und Problembereichen (z.B. *Kühne* 1993), aber auch – insbesondere auf dem Taschenbuchmarkt – verlegerische Schnellschüsse von oftmals selbsternannten UN-Experten.

Angesichts der sprunghaften Zunahme der Peacekeeping-Einsätze (→ Friedensoperationen) Ende der 80er, Anfang der 90er Jahre und der sich verändernden Einsatzformen wurde diese Thematik intensiv in vergleichenden Fallstudien hinterfragt (*Knapp* 1997). Während die „klassischen" Missionen in der Fachliteratur eine durchweg positive Bewertung fanden, lösten die Operationen der zweiten und dritten Generation ebenso kontroverse Diskussionen aus wie die ganz anders gelagerte Ermächtigung des Sicherheitsrats zu Militäreinsätzen, vor allem im Zweiten Golfkrieg. Zum wissenschaftlichen Streitfall – speziell unter Völkerrechtlern – entwickelte sich die Frage nach der Berechtigung humanitärer Interventionen (→ Humanitäres Völkerrecht) bei schwerwiegenden Menschenrechtsverletzungen (z.B. *Pape* 1997).

Mit dem Schutz der Menschenrechte (→ Menschenrechte; → Menschenrechtsschutz) befaßte sich besonders anläßlich des 50jährigen Jubiläums der Verabschiedung der Allgemeinen Menschenrechtserklärung von 1948 (→ Menschenrechte, Allgemeine Erklärung der) eine Vielzahl von Projekten, Symposien und Publikationen (z.B. *Baum/Riedel/Schaefer* 1998).

Zumindest quantitativ blieben demgegenüber in Deutschland die Forschungsanstrengungen im Hinblick auf die →Entwicklungszusammenarbeit der UN zurück; so wurde etwa der 1994 vom damaligen UN-Generalsekretär (→ Generalsekretär) vorgelegten → „Agenda für Entwicklung" (Agenda for Development) kaum Beachtung geschenkt. Erst als das Schlagwort von der „nachhaltigen Entwicklung" in geradezu inflationärer Weise in das gesamte Entwicklungspolitik Eingang fand, wurde dieses Politikfeld im UN-Rahmen eingehender analysiert – wenn auch bis zur Gegenwart in deutscher Sprache keine übergreifende Monographie über die Entwicklungszusammenarbeit im UN-System vorliegt, allerdings mit der Studie von Klingebiel (1998) über die Leistungsfähigkeit und Reform des UN-Entwicklungsprogramms → UNDP ein wichtiger Baustein dazu. Ein Aspekt dieses – gemessen an dem Ressourcenaufwand – gewichtigen Politikfeldes der Vereinten Nationen hat sich allerdings als forschungsrelevanter Dauerbrenner erwiesen: der Wildwuchs bei den Hilfsprogrammen und Fonds, die Überschneidungen und die unzureichende Koordination zwischen den UN-Einrichtungen - ein weites Feld für Reformvorschläge.

Dominantes Thema: UN-Reformen seit 1995

Die breitgefächerte Thematik einer UN-Reform (→ Reform der UN) nimmt seit Mitte der 90er Jahre in der Forschung einen herausragenden Rang ein. Kaum eine Publikation über die Weltorganisation bezieht hierzu nicht Stellung, wobei die Reformnotwendigkeit grundsätzlich unumstritten ist, weniger Einigkeit besteht hingegen über Umfang und Tiefe, über Konzepte und Strategien.

Hinsichtlich ihrer Zielsetzungen und Reichweite lassen sich in der UN-Literatur drei miteinander in Verbindung stehende Reformkategorien unterscheiden:

Reformen, die vorrangig auf eine größere Leistungsfähigkeit und Wirkungsmöglichkeit in den zentralen UN-Aufgabenbereichen abzielen. Durch klarere Zielsetzungen, Modifizierungen im Instrumentarium und wirksamere Koordination soll die Handlungs- und Durchsetzungsfähigkeit erhöht werden. Hierzu gehören Forderungen nach administrativen Verbesserungen ebenso wie Reformen im Finanz- und Haushaltsbereich (→ Finanzkrisen, → Haushalt)

Reformansätze zur strukturell-institutionellen Umgestaltung der Vereinten Nationen. Darunter fällt die in Deutschland vielerorts zur „nationalen" Frage hochstilisierte Sicherheitsratsreform sowie Vorschläge zur Zusammenlegung bzw. Auflösung bestehender UN-Organe oder die Schaffung neuer Organe. Des weiteren wird eine → Demokratisierung der Vereinten Nationen angemahnt.

Reformen, die auf eine grundsätzliche Veränderung der Prinzipien und des Charakters der Weltorganisation gerichtet sind. Nahezu allen Ansätzen dieser Kategorie gemeinsam ist der Wunsch nach einer Reform an Haupt und Gliedern, letztlich nach einer „neuen" UNO. Vielfach laufen die Vorschläge auf eine Transformation der intergouvernementalen Organisation in eine weltumspannende supranationale Organisation mit eigenständigen Kompetenzen hinaus. Das bereits vor einigen Jahrhunderten angedachte Weltstaatmodell übt dabei immer noch eine gewisse theoretisch-utopische Faszination aus.

Zu allen drei Reformkategorien lieferten im Gefolge der internationalen Diskussion auch deutsche Wissenschaftler – zudem unabhängige Arbeitsgruppen, nichtstaatliche Organisationen (→ NGOs) und UN-Praktiker – Problemanalysen mit z.T. prognostischem Anspruch, ausgefeilte Konzepte oder Detailvorschläge. Genannt seien hier die umfassende Strukturanalyse von Dicke (*Dicke* 1990), die auf die UN-Friedenssicherung zentrierten Reformüberlegungen Czempiels (*Czempiel* 1994) oder die beiden von Klaus Hüfner herausgegebenen Sammelbände (*Hüfner* 1994 und 1995): Das 1994 herausgekommene Buch „Die Reform der Vereinten Nationen" faßt die Diskussionsergebnisse einer „Berlin-Arbeitsgruppe"von 12 UN-Forschern aus der Bundesrepublik und der ehemaligen DDR über UN-Reformen zusammen. Das zweite, „Agenda for Change" (1995), ist Ausdruck eines neuen, begrüßenswerten Trends in der deutschen UN-Forschung, nämlich der Vernetzung mit der angelsächsischen und französischsprachigen UN-Forschung: Es präsentiert die Ergebnisse eines internationalen Workshops des International Institute for Peace in Wien 1993.

Über das weitere hierzu seit 1993 erschienene facettenreiche Schrifttum gibt eine sachkundig kommentierende, umfangreiche Übersicht Auskunft (*Knapp* 1997). Auch in einer Reihe entsprechender Fachzeitschriften fand seit Anfang der 90er Jahre das gesteigerte Interesse an den Vereinten Nationen in Einzelbeiträgen und auch Schwerpunktheften (z.B. anläßlich des 50jährigen Bestehens der Weltorganisation) seinen Niederschlag.

Die deutsche UN-*Forschung* ist nach wie vor auf eine begrenzte Zahl universitärer Standorte (etwa Kiel, Bonn, München, Tübingen, Berlin, Hamburg und neuerdings Bochum, Duisburg, Potsdam und Jena) und einige durchweg renommierte, staatliche wie auch privat geförderte Forschungseinrichtungen konzentriert: Zu nennen wären das Heidelberger Max Planck-Institut für ausländisches und öffentliches Recht, die Forschungsstelle der Deutschen Gesellschaft für die Vereinten Nationen in Bonn, das Forschungsinstitut der Deutschen Gesellschaft für auswärtige Politik in Berlin, das Institut für Friedensforschung und Sicherheitspolitik an der Universität Hamburg sowie das Deutsche Übersee-Institut in Hamburg, das Deutsche Institut für Entwicklungspolitik in Berlin, die Stiftung Entwicklung und Frieden in Bonn oder die Stiftung Wissenschaft und Politik in Ebenhausen (demnächst Berlin).

Hingegen hat sich das Angebot im universitären Lehrbereich an Veranstaltungen zum Thema Vereinte Nationen in den 90er Jahren sprunghaft erweitert. Ein Blick in die neueren Vorlesungsverzeichnisse zeigt, daß nicht zuletzt aktualitätsbezogene UN-Themen (mit den Schwerpunkten UN-Aufgaben und Strukturen, Friedenssicherung, Menschenrechte und Reformen) vermehrt insbesondere im Rahmen der Politikwissenschaft angeboten werden.

Fazit

Bilanzierend bleibt festzustellen, daß die deutsche UN-Forschung inzwischen zweifellos ein beachtliches Niveau erreicht hat. Politikberatung und Politische Bildung profitieren von diesen Erkenntnissen, wenn auch die Transfermöglichkeiten sicherlich nicht voll ausgeschöpft werden.

Um international, vor allem im angelsächsischen Sprachraum noch größere Beachtung und Anerkennung zu finden, sollten jedoch die Forschungsergebnisse vermehrt in englischer Sprache zugänglich sein.

Günther Unser

Lit.: *Bibliographien und Literaturberichte: Deutsche Gesellschaft für die Vereinten Nationen (Hrsg.):* Die Vereinten Nationen in der Literatur, Blaue Reihe Nr. 63, Bonn 1996; *Dülffer, J.:* Eine Chance für die UNO,

in: Handelsblatt, 8.12.1995, g07; *Hüfner, K./Naumann, J.:* Zwanzig Jahre Vereinte Nationen. Internationale Bibliographie, Berlin 1968; *Knapp, M.:* 50 Jahre Vereinte Nationen: Rückblick und Ausblick im Spiegel der Jubiläumsliteratur, in: Zeitschrift für Politikwissenschaft, 7 (1997), 423–481. *Dokumentenbände: Knipping, F./Mangoldt, H. von/Rittberger, V.:* Das System der Vereinten Nationen und seine Vorläufer, 3 Bde. München 1995/96; *Spröte, W./Wünsche, H. (Hrsg.):* Die Vereinten Nationen und ihre Spezialorganisationen. Dokumente. 16 Bde. Berlin (Ost) 1974–1988. *Handbücher und Kommentare: Simma, B.:* Charta der Vereinten Nationen. Kommentar, München 1991; *Simma, B.:* The Charta of the United Nations. A Commentary, New York 1994; *Unser, G.:* Die UNO, München 1973; 6. Aufl., München 1997; *Wolfrum, R. (Hrsg.):* Handbuch Vereinte Nationen, München 1977; *Wolfrum, R. (Hrsg.):* Handbuch Vereinte Nationen, 2. Aufl., München 1991; *Wolfrum, R. (Hrsg.):* United Nations: Law, Policies and Practice, 2 Bde. Dordrecht u.a. 1995. *Studienbücher und Monographien: Boyd, A.:* Die Vereinten Nationen, Frankfurt/M. 1967; *Baum, G./Riedel, E./Schaefer, M. (Hrsg.):* Menschenrechtsschutz in der Praxis der Vereinten Nationen, Baden-Baden 1998; *Bruns, W.:* Die UNO-Politik der DDR, Stuttgart 1978; *Czempiel, E.-O.:* Macht und Kompromiß. Die Beziehungen der BRD zu den Vereinten Nationen 1956–1970, Düsseldorf 1971; *Czempiel, E.-O.:* Die Reform der UNO, München 1994; *Dicke, K.:* Effizienz und Effektivität internationaler Organisationen. Darstellung und kritische Analyse eines Topos im Reformprozeß der Vereinten Nationen, Berlin 1994; *Doeker, G./Volger, H. (Hrsg.):* Die Wiederentdeckung der Vereinten Nationen, Opladen 1990; *Droege, H. u.a.:* Die Bundesrepublik Deutschland und die Vereinten Nationen, München 1966; *Hüfner, K. (Hrsg.):* Die Reform der Vereinten Nationen, Opladen 1994; *Hüfner, K.. (Hrsg.):* Agenda for Change. New Tasks for the United Nations, Opladen 1995; *Hüfner, K./Naumann, J.:* 25 Jahre Vereinte Nationen, Bundeszentrale für politische Bildung, Bonn 1970; *Hüfner, K./Naumann, J.:* Das System der Vereinten Nationen, Düsseldorf 1974; *Klingebiel, S.:* Leistungsfähigkeit und Reform des Entwicklunsgprogramms der Vereinten Nationen, Köln 1998; *Kühne, W.:* Blauhelme in einer turbulenten Welt, Baden-Baden 1993; *Pape, M.:* Humanitäre Intervention. Zur Bedeutung der Menschenrechte in den Vereinten Nationen, Baden-Baden 1997; *Ritt-*

berger, V./Mogler, M./Zangl, B.: Vereinte Nationen und Weltordnung, Opladen 1997; *Schlüter, H.W.*: Diplomatie der Versöhnung. Die Vereinten Nationen und die Wahrung des Weltfriedens, Stuttgart 1966; *Siegler, H. von:* Die Vereinten Nationen – Eine Bilanz nach 20 Jahren, Bonn u.a. 1966; *Volger, H.*: Die Vereinten Nationen, München/Wien 1994, *Volger, H.*: Geschichte der Vereinten Nationen, München/Wien 1995. *Zeitschriften:* Archiv des Völkerrechts, Tübingen; Blätter für deutsche und internationale Politik, Bonn; Die Friedenswarte, Berlin; Humanitäres Völkerrecht – Informationsschriften, Bonn; S.+F. Vierteljahresschrift für Sicherheit und Frieden, Baden-Baden; Vereinte Nationen, Baden-Baden; Zeitschrift für ausländisches öffentliches Recht und Völkerrecht, Stuttgart

Frankreich, UN-Politik

Die Französische Republik ist neben den USA, Großbritannien, Rußland und China das fünfte ständige Mitglied mit Vetorecht (→ Veto/-recht) im → Sicherheitsrat. Als große Kolonialmacht und alliierte Siegermacht am Ende des zweiten Weltkriegs wurde Frankreich Gründungsmitglied der Vereinten Nationen (→ Entstehungsgeschichte der UN).→ Entkolonialisierung und nukleare Aufrüstung prägten in den ersten Jahrzehnten das schwierige und distanzierte Verhältnis Frankreichs zu den Vereinten Nationen. Ungefähr ab 1965 entspannte sich das Verhältnis, Frankreich profilierte sich als Fürsprecher der Dritten Welt. Allerdings stellten verschiedene französische Aktivitäten wie Interventionen in Afrika die Glaubwürdigkeit dieser Rolle in Frage. Das Ende des Ost-West-Konflikts eröffnete neue Möglichkeiten. Frankreich engagiert sich in nun handlungsfähigen Sicherheitsrat vor allem im Bereich des Peacekeeping (→ Friedenssicherung; → Friedensoperationen), die Beteiligungen an diesen Missionen sind sehr hoch. Mit einem Beitrag von 68,37 Millionen US-Dollar im Jahr 1998 ist Frankreich der viertgrößte Beitragszahler der Vereinten Nationen (→ Haushalt).

Die Prinzipien der französischen UN-Politik

Die Vereinten Nationen hatten und haben für die französische Außenpolitik nicht die erste Priorität. Oberste Prinzipien der Außenpolitik sind der Grundsatz der Unabhängigkeit und der Wahrung der Rolle Frankreichs in der Welt. Den Vereinten Nationen wird vor diesem Hintergrund nur ein relativ geringer Einfluß zugestanden. Für Frankreich sind die Vereinten Nationen ein Instrument der Außenpolitik, gleichzeitig auch Informationsquelle und Stimmungsmesser der internationalen Diplomatie. Das Interesse und der Informationsstand der französischen Bevölkerung bezüglich der Vereinten Nationen sind nicht groß, dementsprechend ist auch der innenpolitische Druck auf die jeweiligen Regierungen und deren Politik bei den Vereinten Nationen schwach.

Frankreich und die Gründung der Vereinten Nationen

Bei der Gründungsphase der Vereinten Nationen war Frankreichs Einfluß gering. Zwar hat Frankreich eine herausgehobene Position mit Veto und ständigem Sitz im Sicherheitsrat. Diese wurde Frankreich aber erst im Juni 1944 mit den „Tentative Proposals for a General Organization", den Grundlagen für den ersten Statutenentwurf der Vereinten Nationen, zugestanden. Zu den folgenden entscheidenden Konferenzen von Dumbarton Oaks und Jalta wurde die inzwischen anerkannte provisorische Regierung General de Gaulles sehr zu ihrem Mißfallen nicht eingeladen. Erst während der Gründungskonferenz von San Francisco (25.4.-26.6.1945) gelang es, Einfluß zu nehmen und wichtige Ziele zu erreichen (→ Entstehungsgeschichte der UN). Französisch wurde offizielle Sprache (→ Sprachen in den UN) und eine der → Arbeitssprachen der Vereinten Nationen. Pläne für internationale Treuhandschaften und Mandate der französischen Kolonialgebiete wurden verhindert (→ Treuhandrat). Frankreich ist eines der Gründungsmitglieder der Vereinten Nationen und unterzeichnete die UN-Charta (→ Charta der UN) auf der Konferenz von San Francisco.

Frankreich und die Entkolonialisierung

Die → Entkolonialisierung belastete das Verhältnis Frankreichs zur UNO. Die Vereinten Nationen übten starken Druck auf die französische Kolonialmacht aus, beispielsweise mit der „Erklärung über die Gewährung der Unabhängigkeit an koloniale Länder und Völker" aus dem Jahr 1960 (GA Res. 1514 (XV) vom 14.12.1960). Dieser Druck ging nicht nur von den ehemaligen Kolonien aus, sondern auch von den USA und der UdSSR. Die französische Regierung betrachtete dies als Einmischung in innere Angelegenheiten (→ Souveränität). Die Kolonien wurden als französisches Staatsgebiet betrachtet und das → Selbstbestimmungsrecht der Völker war aus französischer Sicht auch innerhalb des eigenen Empire gewährleistet. Zahlreiche Kolonialkriege zeigten die unnachgiebige Haltung Frankreichs und riefen internationale Kritik hervor. Daraufhin war Frankreich bei den Vereinten Nationen weitgehend isoliert.

1954 endete der achtjährig Krieg in Indochina, 1956 erkannte Frankreich die Unabhängigkeit Marokkos und Tunesiens an. Im selben Jahr wurden den Kolonialmächten Frankreich und Großbritannien in der Suez-Krise endgültig ihre Grenzen gezeigt (→ Geschichte der UN), die friedliche Entkolonialisierung Schwarz-Afrikas begann. Mit Beendigung des Algerienkriegs (1954-1962) war die Entkolonialisierung weitestgehend abgeschlossen. Dies nahm den internationalen Druck von der französischen Regierung und ermöglichte es, das Verhältnis zu den Vereinten Nationen zu normalisieren.

Mit der Frankophonie, zahlreichen bilateralen Verträgen und der Franc-Zone (Communauté Financière Africaine) bleiben die ehemaligen Kolonien in Afrika französisches Einflußgebiet und zentrales Interessengebiet. Wegen der Sonderstellung in Afrika definierte sich die Französische Republik als Treuhänder der Dritten Welt. Auch der Sitz im Sicherheitsrat war damit aus französischer Sicht legitimiert. Die Aufgabe des Fürsprechers der Dritten Welt verstand Frankreich in Afrika als die einer Ordnungsmacht. Zahlreiche französische Interventionen in afrikanischen Staaten Ende der siebziger Jahre zeigen dies. Häufig wurden Vorwürfe des Neokolonialismus laut.

Frankreich im Sicherheitsrat

Der ständige Sitz im Sicherheitsrat ist zentral für die französische UN-Politik. Das Vetorecht ist aus französischer Sicht die angemessene Anerkennung für Frankreichs Rang in der Welt. Die Möglichkeiten Frankreichs als mittelgroße Macht, sicherheitspolitisch die eigenen Interessen alleine durchzusetzen, waren und sind beschränkt. Deshalb ist bis heute die Handlungsfähigkeit des Sicherheitsrats für Frankreich wichtig. Während des Ost-West-Konflikts übte Frankreich an beiden Hauptverantwortlichen Kritik. Dies geschah vor allem wegen des paralysierten Zustands des Sicherheitsrats, da die französischen Interessen dort nicht wahrgenommen werden konnten. Die ständigen Mitglieder, in erster Linie die Sowjetunion und die Vereinigten Staaten, entzogen sich ihrer Verantwortung für den Weltfrieden (→ Frieden/sbegriff/-sbedrohung). Frankreich war immer fest im Westen verankert, wich aber von der US-amerikanischen Linie beispielsweise im Nahostkonflikt ab. Die französische Regierung unterstützte 1967 die Verurteilung der israelischen Aggression und nimmt seitdem eine den arabischen Staaten und der PLO zugeneigte Haltung ein.

Frankreich nutzte sein Vetorecht seit 1945 nur 18-mal (bei insgesamt 237 Vetos). Nach dem Ende des Kalten Krieges geschah dies nicht mehr. Das aufsehenerregendste Veto legte Frankreich im Jahr 1956 gemeinsam mit Großbritannien bezüglich der Suez-Krise ein. Die beiden Staaten blockierten dabei aus Kolonialinteressen die Handlungsfähigkeit des Sicherheitsrats.

Alleine nutzte Frankreich das Veto nur zweimal, einmal 1947 in einem Konflikt zwischen den Niederlanden und Indonesien, das andere Mal 1976 bei der Frage der Selbstbestimmung der Komoren, einer ehemaligen französischen Kolonie. Zehn der achtzehn Vetos betrafen direkt oder indirekt Südafrika. Gemeinsam mit den USA und Großbritannien verhinderte Frankreich im Zeitraum von 1974 bis 1977 Resolutionen gegen das Apartheid-Regime. Der daraus resultierende Gesichts- und Glaubwürdigkeitsverlust Frankreichs in Afrika und der Dritten Welt war nicht unbedeutend. Erst als Frankreich 1977 einem Waffenembargo gegen Südafrika zustimmte, entspannte sich die Lage und der Stand Frankreichs in der Dritten Welt verbesserte sich.

Die Atommacht Frankreich

Frankreich wurde mit Zündung der ersten französischen Atombombe 1960 Atommacht. Damit war der Grundstein der französischen Nuklearstreitmacht gelegt. Als Garant der Unabhängigkeit und Attribut einer Großmacht ist die „force de frappe" seitdem essentieller Bestandteil französischer Politik. Frankreich verfolgte dabei die Strategie der Minimalabschreckung. Nicht die Quantität der Sprengköpfe, sondern Glaubwürdigkeit und politische Entschlossenheit waren für die abschreckende Wirkung entscheidend.

Die Mehrheit der UN-Mitglieder verurteilte die französischen Nukleartests. Frankreich sah dies als Propaganda der Atommächte Großbritannien, USA und Sowjetunion, die Frankreich den Status der Atommacht verweigern wollten. Frankreich wies Kritik von sich und lehnte Abrüstungsgespräche (→ Abrüstung) im Rahmen der UNO ab. Aus französischer Sicht dienten diese dazu, die Überlegenheit der USA und der UdSSR zu erhalten. Frankreich forderte, daß die anderen Atommächte auf das Niveau Frankreichs abrüsten sollten, erst dann wären weitere Verhandlungen möglich. Da die eigenen Ansichten zuwenig berücksichtigt wurden, boykottierte Frankreich ab 1962 die Genfer Abrüstungskommission. Statt dessen wurden französische Nuklearanlagen in alle Welt exportiert, unter anderem nach Israel und in den Irak.

Mit dem Ende des Kalten Krieges verloren die Atomwaffen teilweise ihre Bedeutung. Im Jahr 1992 trat Frankreich dem Vertrag über die Nichtverbreitung von Kernwaffen bei. 1995 führte die französische Regierung nochmals Atomversuche auf dem Mururoa-Atoll durch. Gleichzeitig wurde der Beitritt zum Allgemeinen Teststoppabkommen zugesagt. Diese Demonstration französischer Unabhängigkeit rief weltweit große Proteste bei den Mitgliedstaaten der Vereinten Nationen hervor.

Das sicherheitspolitische Engagement Frankreichs seit Ende des Ost-West-Konflikts

Nach Ende des Ost-West-Konflikts engagierte sich Frankreich stark bei den auftretenden Konflikten. Im wieder handlungsfähigen Sicherheitsrat nutzte Frankreich die Möglichkeit, als Mittelmacht eine nicht unbedeutende Rolle bei den nun auftretenden Konflikten zu spielen. Dabei mußte Frankreich die zentrale Stellung der USA und die Grenzen des eigenen Einflusses akzeptieren. Trotzdem trägt auch Frankreich die Verantwortung für Erfolg oder Mißerfolg der UN-Operationen und hat dabei in der Dritten Welt als traditioneller Treuhänder noch viel an Einfluß zu verlieren. Generell ist ein UN-Mandat des Sicherheitsrats für jede französische Regierung Voraussetzung für eine militärische Intervention. → Präventive Diplomatie im Rahmen der UNO soll verstärkt zur Konfliktvermeidung eingesetzt werden. Frankreich befürwortet die Einbeziehung regionaler Sicherheitsorganisationen und erachtet Friedenskonferenzen als sinnvolles Mittel in Verhandlungsprozessen, beispielsweise auch im Nahostkonflikt.

Die französische Beteiligung an UN-Operationen ist seit Ende des Kalten Krieges sehr hoch. Frankreich übernahm im Jahr 1997 fast 8% der Beiträge zu friedenserhaltenden Einsätzen, was einem Aufwand von 80,6 Millionen US-Dollar entspricht. Überproportional ist auch der Truppeneinsatz (→ Friedenstruppen). Mitte der 90er Jahre stellte Frankreich mehr als ein Sechstel des Personals der UN-Streitkräfte. Damit war der französische Beitrag zeitweise doppelt so hoch wie derjenige der USA. Frankreich stellte Truppen vorzugsweise für Einsätze im eigenen Interessengebiet, vor allem in ehemaligen Kolonialgebieten, für die Frankreich sich nach wie vor verantwortlich fühlt.

Die erste französische Beteiligung an einem Blauhelmeinsatz fand 1978 im Libanon statt. Besonders engagiert zeigte sich Frankreich in seiner ehemaligen Kolonie Kambodscha. Dort hatte Frankreich maßgeblichen Anteil an den Verhandlungen zwischen den Bürgerkriegsparteien, die zur Unterzeichnung eines Friedensabkommens in Paris 1991 führten. Während der UN-Interimsverwaltung bis 1993 war Frankreich in Kambodscha mit insgesamt 14.000 Mann vertreten. Im zweiten Golfkrieg nahm Frankreich an der Allianz gegen den Irak mit einem Kontingent von 12.000 Mann teil. Seit dem Ende des Krieges steht Frankreich einer militärischen Reaktion auf die ständigen Krisen und Probleme im Irak bezüglich der zu erfüllenden UN-Sanktionen zurückhaltend gegenüber. Bei den folgenden UN-Operationen in Somalia, Ruanda und auf dem Balkan zeigte Frankreich starke Präsenz, beispielsweise bei der ersten humanitären Intervention der Vereinten Nationen in Somalia (UNOSOM II). Die „Operation Türkis" in Ruanda vom 22.6.-22.8.1994 fand unter französischem Kommando statt. Es wurde eine humanitäre Schutzzone geschaffen und damit eine regionale Flüchtlingskatastrophe verhindert. Des weiteren engagiert sich Frankreich seit 1997 im Kosovo als Mitglied der Kontaktgruppe, die eine politische Lösung des Konflikts sucht. Auch im Balkankonflikt war Frankreich nicht nur bei UNPROFOR beteiligt, sondern auch an der Implementation Force IFOR und der Stabilisation Force SFOR.

Frankreich und die Reform des Sicherheitsrat

Eine Reform des Sicherheitsrats (→ Reform der UN) lehnt Frankreich nicht ab. Allerdings müssen die eigenen Privilegien, also vor allem das Vetorecht, gewahrt bleiben. Weitere Voraussetzung für die Erweiterung ist, daß der Sicherheitsrat handlungsfähig bleibt. Frankreich befürwortet deshalb eine Erweiterung um fünf ständige Mitglieder ohne Vetorecht. Die Bundesrepublik Deutschland und Japan sollen jeweils einen dieser Sitze erhalten, die drei weiteren sollen an Staaten des Südens gehen. Die Zahl der nichtständigen Mitglieder soll ebenfalls erhöht werden, auf eine genaue Anzahl legt man sich nicht fest.

Frankreich lehnt einen europäischen Sitz mit Vetorecht, der den französischen und den britischen Sitz ersetzen soll, ab. Der Maastrichter Vertrag aus dem Jahr 1992 verpflichtet Frankreich aber nicht nur, die anderen Mitgliedstaaten der Europäischen Union zu informieren, sondern sich auch mit ihnen über die Entscheidungen im Sicherheitsrat zu beraten (→ EU, GASP in den UN). Bis jetzt ist noch kein gemeinsamer europäischer Standpunkt erkennbar, beispielsweise unterscheidet sich Frankreichs Haltung zum Irak-Konflikt erheblich von der Großbritanniens. Doch unter Berücksichtigung der Prinzipien der französischen Außenpolitik ist nicht davon auszugehen, daß Frankreich jemals eine Entscheidung gegen die eigenen Interessen im Sicherheitsrat treffen wird.

Frankreich und Entwicklungspolitik

Die Entwicklungspolitik Frankreichs konzentriert sich vor allem auf Afrika. Sie begann im wesentlichen nach der schwierigen Phase der Entkolonialisierung. Frankreich versuchte nicht wie andere Industriestaaten, Entwicklungshilfe von der Übernahme des Gesellschaftssystems des Geberlandes abhängig zu machen. Dies erleichterte die Zusammenarbeit mit vielen Ländern und stärkte die französische Position in der UNO. Trotzdem wurde die Rolle Frankreichs als Vermittler im Nord-Süd-Dialog (→ Nord-Süd-Beziehungen und die UN) zunehmend problematisch. Zwar wurde das Mitbestimmungsrecht des Südens generell anerkannt, wegen des eigenen, mit der Umsetzung einhergehenden Machtverlusts aber nicht realisiert.

Im Jahr 1998 ist Frankreich der zweitgrößte Geldgeber öffentlicher Entwicklungshilfe. Generell profitieren vor allem afrikanische Staaten von Frankreichs Entwicklungsgeldern. Diese Gelder werden hauptsächlich als bilaterale Hilfe oder über die Europäische Union vergeben. Der Schwerpunkt der französischen Entwicklungspolitik liegt damit nicht bei den Vereinten Nationen (→ Entwicklungszusammenarbeit der UN). Innerhalb der Vereinten Nationen unterstützt Frankreich 1998 mit freiwilligen Beiträgen vor allem das → UNDP (13,3 Mill. US-Dollar), den → UNHCR (8,3 Mill.. US-Dollar), → UNICEF (8 Mill. US-Dollar) und das World Food Programme (→ WFP) (3,3 Mill. US-Dollar). In den 90er Jahren lag die Betonung der französischen UN-Politik im Bereich der Sicherheit und nicht im Bereich der Entwicklung.

Frankreich und der Menschenrechtsschutz

Dem Schutz der Menschenrechte ist Frankreich traditionell verbunden (→ Menschenrechtsschutz). Ein wichtiger Schritt zur Wahrung der → Menschenrechte sind aus französischer Sicht die humanitären Interventionen unter UN-Mandat, die auf Initiative Frankreichs etabliert wurden. Besondere Unterstützung gewährt Frankreich dem Hohen Flüchtlingskommisar den Vereinten Nationen (UNHCR). Eine große Errungenschaft ist für Frankeich die Gründung des Internationalen Strafgerichtshofes (→ ICC) 1998 in Rom. Betont wird die Rolle der → UNESCO wegen des kulturellen Sendungsbewußtseins Frankreichs. So entstand bereits 1925 auf französische Initiative eines der Vorbilder der UNESCO, das Internatio-

nal Institute for Intellectual Cooperation.

Frankreich ist ein wichtiges Mitglied der Vereinten Nationen, trotz der schwierigen Anfangsphase. Die Verdienste Frankreichs liegen besonders im sicherheitspolitischen Bereich, wo sich Frankreich vor allem im letzten Jahrzehnt engagierte. Für die Staaten der sogenannten Dritten Welt war und ist Frankreich ein Fürsprecher, obwohl der französische Einfluß dort zurückgegangen ist. Dem Schutz der Menschenrechte ist Frankreich traditionell verbunden.

Ursula Stiel

Lit.: *Dulphy, A.:* La politique extérieure de la France depuis 1945, Paris 1994; *Grand, C.:* Kleine Geschichte der Force de frappe, in: Blätter für deutsche und internationale Politik 41 (1996), 474-485; *Lewin, A.:* France and the United Nations (1945-1995), Paris 1995; *Pons, F.:* Les Casques bleus francais - 50 ans au service de la paix dans le monde, Paris 1995; *Smouts, M.-C.:* France and the United Nations system, in: Alger, C.F. u.a. (Hrsg.): The United Nations system: The policies of member states, New York 1995, 186-230; *Woyke, W.:* Frankreichs Außenpolitik von de Gaulle bis Mitterand, Opladen 1987; *Zorgbibe, C.:* La France, l'ONU et le maintien de la paix, Paris 1996.
Internet: Homepage der ständigen Vertretung Frankreichs bei der UNO: http://www.undp.org/missions/france; Webseite des französischen Außenministeriums zur UNO: http://www.france.diplomatie.fr/frmonde/nuoi/index.htm

Frauen und die UN

Die Charta der Vereinten Nationen (→ Charta der UN) von 1945 ist das erste internationale Dokument, das die Gleichberechtigung von Frauen und Männern gleichermaßen anerkennt. Ihre Ziele sind die Verwirklichung des Weltfriedens, die Selbstbestimmung der Völker (→ Selbstbestimmungsrecht) sowie die Achtung der → Menschenrechte. Mit der Frage, inwieweit die Gleichberechtigungsmaxime die Umsetzung der Chartaziele geleitet hat, zeichnet dieser Beitrag im historischen Rückblick die Rolle von Frauen und die

Behandlung geschlechtsspezifischer Problemlagen in der Politik und Arbeit der Vereinten Nationen nach.

Der Anfang: Schaffung der rechtlichen Grundlagen zur Gleichberechtigung

In nur 30 der 51 Gründerstaaten der UN (→ Entstehungsgeschichte der UN) hatten Frauen 1945 das aktive und passive Wahlrecht (*UN - DPI* 1996). Die Schaffung der rechtlichen Gleichstellung von Frauen im Bereich der zivilen und politischen Rechte (→ Menschenrechtskonventionen, Internationaler Pakt über bürgerliche und politische Rechte) stand im Kern der UN-Frauenpolitik von 1945 bis Mitte der 60er Jahre (*UN - DPI* 1996). Die Konzentration der Aktivitäten in den UN auf die individuellen Schutz- und politischen Teilhaberechte war nicht nur eine Reaktion auf die weltweite Diskriminierung von Frauen in diesen Bereichen, sondern spiegelte auch die zahlenmäßige Dominanz der westlichen Staaten in der neuen Weltorganisation, die zusammen mit den lateinamerikanischen Staaten die Förderung dieser sog. Erstgenerationsrechte favorisierten.

Das institutionelle Zentrum der frauenpolitschen Arbeit war – und ist noch heute - die Kommission zur Rechtsstellung der Frau (*Commission on the Status of Women*, CSW), kurz *Frauenrechtskommission*. Sie wurde im Februar 1946 als Unterausschuß der → Menschenrechtskommission und wenige Monate später als eigenständiges, ihr formal gleichrangiges Gremium etabliert. Bis Mitte der 70er Jahre blieb CSW das einzige frauenspezifische Gremium in den Vereinten Nationen. Bestand es bei seiner konstituierenden Sitzung 1947 noch aus 15 stimmberechtigten Mitgliedstaaten plus Beobachterstaaten, so beschließen heute auf den jährlichen Tagungen 45 Regierungsdelegationen über die frauenpolitischen Leitlinien der Weltorganisation. Das ursprüngliche Mandat beauftragt die Kommission, Berichte und Empfehlungen an den → Wirtschafts- und Sozialrat (ECOSOC) zur Förderung der Rechte von Frauen in den politischen, wirtschaftlichen und sozialen Bereichen zu erarbeiten. Es wurde 1988 dahingehend erweitert, daß die Kommission auch die Umsetzung der Beschlüsse der *Weltfrauenkonferenzen* (s.u.) in den UN-Institutionen und den Staaten überwachen sollte.

Zusammen mit den weiblichen Delegierten der Menschenrechtskommission setzte die Frauenrechtskommission bei den Verhandlungen über den Text der 1948 verabschiedeten Allgemeinen Erklärung der Menschenrechte (→ Menschenrechte, Allgemeine Erklärung der) geschlechtsneutrale Formulierungen sowie die ausdrückliche Bekräftigung der Gleichberechtigung von Männern und Frauen durch. Erst auf ihren Druck heißt Artikel 1 nicht wie ursprünglich geplant „All men are created equal" sondern „All humans are created equal". Erklärung und Charta bilden die inhaltliche und programmatische Grundlage für weitere Initiativen von CSW zur völkerrechtlichen Kodifizierung der politischen und zivilen Rechte von Frauen (sog. *standard setting*). So verabschiedete die UN-Generalversammlung (→ Generalversammlung) auf Empfehlung des Gremiums folgende Konventionen:
- Übereinkommen über die politischen Rechte der Frau (1952) (UNTS Bd. 193, 135)
- Übereinkommen über die Staatsangehörigkeit von verheirateten Frauen (1957) (UNTS Bd. 309, 65)
- Übereinkommen über die Einwilligung bei Eheschließung, Mindestalter für Eheschließung und Registrierung der Ehen (1962) (UNTS Bd. 521, 231)

Nicht von der Frauenrechtskommission erarbeitet, aber dennoch von frauenpolitischer Relevanz ist die „Konvention zur Unterdrückung des Menschenhandels und der Ausbeutung von Prostituierten" von 1949 (UNTS Bd. 96, 271; Gesetzblatt der DDR 1975 II, 2). Sie ist das bis heute gültige internationale Instrument zur Bekämpfung des Frauenhandels.

Diese Rechtsdokumente sehen trotz formeller völkerrechtlicher Bindung für die Unterzeichnerstaaten keine Verfahren vor, ihre Implementierung zu überprüfen. Anders steht es mit der wichtigsten und umfassendsten frauenrechtlichen Konvention, welche die Frauenkommission erarbeitet hat: dem *Übereinkommen zur Beseitigung jeglicher Form der Diskriminierung gegen Frauen* von 1979, dessen Umsetzung ein unabhängiges Expertinnengremium überprüft (→ Menschenrechtskonventionen, Übereinkommen zur Beseitigung jeder Form von Diskriminierung der Frau) (UNTS Bd. 1249, 13; BGBl. 1985 II, 548). Die CSW wurde auch bei den Konventionen gegen Diskriminierung der Internationalen Arbeitsorganisation (→ ILO) und der → UNESCO konsultiert:

- ILO Übereinkommen Nr. 100 über die Gleichheit des Entgelts (1953)
- ILO Übereinkommen Nr. 111 über die Diskriminierung (Beschäftigung und Beruf) (1960)
- ILO Übereinkommen Nr. 156 über Arbeitnehmer mit Familienpflichten (1956)
- UNESCO Konvention gegen Diskriminierung in der Bildung (1962)

Die Frauenrechtskommission selbst bekam nie die Kompetenz, individuelle Beschwerden über Rechtsverletzungen zu untersuchen, oder Staaten zur Respektierung der Frauenrechte anzuhalten. 1983 erhielt das Gremium nach jahrzehntelangen Debatten die Befugnis, Beschwerden über die Diskriminierung von Frauen entgegenzunehmen, ohne jedoch nennenswerte Konsequenzen ziehen oder eigene Ermittlungen anstellen zu dürfen, wie das bei der Menschenrechtskommission der Fall ist. Problematisch für die Arbeit der Frauenrechtskommission war und ist außerdem die im Vergleich mit der Menschenrechtskommission geringere Ausstattung mit institutionellen Ressourcen. Während diese jährlich sechs Wochen tagt, kam das Frauengremium bis 1986 nur alle zwei Jahre für zwei Wochen zusammen – seither trifft sie sich jährlich. Die Frauenkommission verfügt auch nicht wie die Menschenrechtskommission über einen ganzen Stab von Arbeitsgruppen und Berichterstattern. Bis Ende der 60er Jahre wurden ihre Studien und Empfehlungen, etwa zu frauendiskriminierenden traditionellen Praktiken, der Unterrepräsentation von Frauen in den UN-Organisationen (→ Personal) oder die frühen Berichte zur Situation von Frauen in den Entwicklungsländern, wenig beachtet (*Reanda* 1996). Insgesamt betrachtet genoß die Frauenpolitik, abgesehen von der Schaffung der Frauenkonventionen, in den ersten fünfundzwanzig Jahren der Weltorganisation keine hohe Priorität.

Die Internationale Frauendekade 1976-1985 im Zeichen der Entwicklung

Am 18. Dezember 1972 erklärte die UN-Generalversammlung 1975 zum Internationalen Jahr der Frau und berief die erste *Weltfrauenkonferenz* 1975 in Mexiko ein. Damit erkannte die UN die weltweite Benachteiligung von Frauen erstmals als umfassendes politisches Aufgabenfeld an. Die Suche nach neuen entwicklungspolitischen Lösungskonzepten bildete den Hintergrund für diesen Wendepunkt, denn Ende der 60er Jahre zeichnete sich das Scheitern der Modernisierungsstrategie (→ Entwicklungstheorien und –strategien des UN-Systems) ab: Hunger, Armut und schlechte Gesundheit stiegen in den Ländern des Südens weiterhin dramatisch an, wobei Studien erstmals zeigten, daß Frauen davon besonders betroffen waren. Mit Beginn der 70er Jahre begannen die großen entwicklungspolitischen UN-Agenturen zu begreifen, daß bei ihren neuen basisorientierten Programmen zur Armutsbekämpfung, etwa im Rahmen der Weltbankstrategie (→ Weltbank/-gruppe) der *Grundbedürfnisbefriedigung* Frauen als Zielgruppe eine Schlüsselfunktion zukam (vgl. *Pietlä/Vickers* 1994; *Staudt* 1997). Im Vorfeld der ersten Weltbevölkerungskonferenz in Bukarest 1974 identifizierten schließlich die industrialisierten Geberstaaten die Kontrolle des

Bevölkerungswachstums in den Ländern des Südens als Voraussetzung für wirtschaftliche Entwicklung, wobei der damalige Weltbankpräsident McNamara in Bukarest feststellte, daß Bildung und wirtschaftliche Möglichkeiten von Frauen die Fruchtbarkeitsrate reduziere. Mit der Gründung des UN-Bevölkerungsfonds (→ UNFPA) 1969 spielten Familienplanungsprogramme, deren Adressatinnen ausschließlich Frauen waren, eine immer größere Rolle in der Entwicklungspolitik.

Ein anderer Grund für das Zustandekommen des Internationalen Frauenjahrs waren die wachsenden nationalen Frauenbewegungen, die über den Protest gegen die anhaltende Ungleichheit der Frauen politischen Handlungsdruck auf ihre Regierungen ausübten. Gleichermaßen enttäuscht über den mangelnden Fortschritt der UN-Politik schlugen die nichtstaatlichen Organisationen (→ NGOs) bei der Frauenrechtskommission das Internationale Frauenjahr vor (*Pietilä/Vickers* 1994).

Die Zielformulierung für das Frauenjahr und den Gipfel von Mexiko umfaßte drei Bereiche: *Gleichberechtigung* von Männern und Frauen (*equality*), die *Integration von Frauen in den Entwicklungsprozeß* (*development*) und die Beteiligung von Frauen an der Schaffung des *Weltfriedens* (*peace*). Die 133 Staaten verabschiedeten einstimmig einen *Aktionsplan*, der u.a. die folgenden Elemente enthielt: Aktivitäten zur Erhöhung des Anteils von Frauen als politische Entscheidungsträgerinnen und ihrer Chancen auf dem Arbeitsmarkt und im Bildungssektor, sowie Programme zur besseren Ernährung, Gesundheitsversorgung, Wohnsituation und Familienplanung. Auch die heute aktuellen Themen Frauenhandel, Zwangsprostitution und die Probleme von Migrantinnen wurden schon kurz diskutiert (*UN - DPI* 1996).

Damit legte Mexiko den Grundstein für die frauenpolitische UN-Agenda, deren Schwerpunkt zunächst die Entwicklungspolitik bildete. Die Integration von Frauen in den Entwicklungsprozeß (Women in Development -

WID, die durch die Verbesserung ihres wirtschaftlichen, sozialen, politischen und rechtlichen Status erreicht werden sollte, wurde zum Leitmotiv der folgenden Frauendekade. Denn da das Wissen um das Ausmaß der weltweiten Diskriminierung der Frauen sich in den internationalen Organisationen erst allmählich zu verbreiten begann und der Verständigungsprozeß über Ursachen und politische Maßnahmen 1975 erst am Anfang stand, wurde beschlossen, das Jahr zu einer Dekade (1976-1985) unter demselben Motto auszuweiten und zwei weitere Konferenzen zur Bewertung der Umsetzung der Ziele zu planen. Für die ca. 6.000 am NGO-Forum beteiligten Frauen war Mexiko der Auftakt des internationalen Zusammenschlusses von Frauengruppen und –bewegungen.

Auf der zweiten *Weltfrauenkonferenz* 1980 in Kopenhagen kristallisierten sich die im Konferenzuntertitel genannten Themen *Beschäftigung, Gesundheit, Bildung* als die zentralen Aufgabenfelder der Dekade heraus. Die *Weltfrauenkonferenz zur Überprüfung und Bewertung der Ergebnisse der Frauendekade der Vereinten Nationen* von 1985 in Nairobi mußte schließlich feststellen, daß die hochgesteckten Ziele zur Verbesserung der globalen Lebenssituation von Frauen nicht erreicht worden waren, und daß nur ein verschwindend geringer Anteil der Frauen von den neuen nationalen oder internationalen Programmen profitierten. Das ging u.a. aus dem erstmalig erstellten und seither alle fünf Jahre neu aufgelegten *World Survey on the Role of Women in Development* hervor (vgl. *UN - DPI* 1996). Dennoch gab es auch Erfolge, vor allem institutioneller Art: 1985 wurde der 1976 eingerichtete Fonds für die Finanzierung der Frauendekade in den ständigen UN-Entwicklungsfonds für Frauen umgewandelt (→ UNIFEM).

Das UN-Forschungs- und Ausbildungsinstitut zur Förderung der Frau (*United Nations Research and Training Institute for the Advancement of Women* - → INSTRAW), nahm 1980 provisorisch die Arbeit in New York auf. Seit 1983 hat es seinen ständigen Sitz in Santo Domingo in der Dominikanischen Republik. Viele UN-Organisationen, darunter → UNDP, Weltbank, ILO, schufen kleine administrative Einheiten, sog. *Women-in-Development – Desks (WID Desks)*.

Schließlich hatte die Dekade auch auf *nationaler Ebene* rechtliche und politische Maßnahmen sowie die Bildung von Institutionen (sog. *national machineries*) zur Frauenförderung und Bekämpfung von Diskriminierung angestoßen. Das weltweite Bewußtsein über die systematische Unterdrückung von Frauen war gewachsen, und die UN-Organisationen hatten dazu ein umfassendes statistisches Datenmaterial erarbeitet. Die Unterstützung einer Vielzahl von Frauenorganisationen führte zur Vernetzung der Frauen, von denen 15.000 am NGO-Forum in Nairobi teilnahmen.

Die offizielle Konferenz verabschiedete mit den *Zukunftsstrategien von Nairobi zur Förderung der Frau bis zum Jahr 2000* (BMJFFG 1988) einen ausführlichen Maßnahmenkatalog zur Umsetzung der Ziele Gleichberechtigung, Entwicklung und Frieden für die Zukunft. Unter dem Stichwort Gleichberechtigung (Ziff. 43-92) werden detaillierte politische, gesetzgeberische, sozioökonomische Maßnahmen zur Beseitigung der De-facto-Diskriminierung von Frauen und zur Teilhabe von Frauen an der gesellschaftlichen Macht genannt. Im Bereich der Entwicklung (Ziff. 93-231) hebt das Dokument erstmals den *Subjektstatus von Frauen* als politische Entscheidungsträgerinnen, administrative Planerinnen und als Nutznießerinnen hervor. Die konkreten Maßnahmenvorschläge erstrecken sich auch auf die Bereiche Energie, Wissenschaft und Technologie, Industrie und Kommunikationswesen. Der Oberbegriff *Frieden* (Ziff. 232-276) bekommt in Nairobi erstmals größere Bedeutung. Die Staaten mahnen die Partizipation von Frauen an friedenspolitischen Bemühungen auch auf internationaler Ebene und in der

Friedensforschung an, und sie erkennen, daß Frieden (→ Frieden/-sbegriff/-sbedrohung) auch ein Ende aller Formen von Gewalt gegen Frauen bedeuten muß. Die Zukunftsstrategien empfehlen bis zum Jahre 2000 eine weitere *Weltfrauenkonferenz* – sie fand 1995 in Peking statt.

Mit dem *mittelfristigen Plan für Frauen und Entwicklung 1986-1991* (System-wide medium-term Plan for Women and Development) wurde nach Nairobi die erste UN-weite institutionelle frauenpolitische Strategie installiert. Der Plan für alle mit UN-Sekretariat (→ Sekretariat) verbundenen Organisationen (→ UN-System) wird alle fünf Jahre überarbeitet und von der Frauenrechtskommission koordiniert.

Der *Integrations-* oder *Women-in-Development-Ansatz* war nicht unumstritten (vgl. *Wichterich* 1995; *Staudt* 1997). Die Kritikerinnen wiesen darauf hin, daß er Frauen als defizitäre Wesen mit Nachholbedarf begreife, ohne nach den Ursachen der Ungleichverteilung von Ressourcen, und damit auch nach den Macht- und Herrschaftsbeziehungen zwischen den Geschlechtern zu fragen. In der Projektplanung wurden Frauenfördermaßnahmen nicht in einen konzeptionellen Kontext mit den anderen Projekten gestellt, sondern als einzelne frauenspezifische Projekte oder zusätzliche Frauenkomponenten von den WID-Desks entworfen. Zudem stellte sich Ende der 80er Jahre heraus, daß die Projekte in der Praxis für die schon ausgelasteten Frauen zusätzliche Arbeit für einen meist unregelmäßigen Zusatzverdienst bedeuteten, der keine wirkliche finanzielle Unabhängigkeit und soziale Absicherung ermöglichte. Damit wurde WID – insbesondere bei den Weltbankprojekten - mit seinem strategischen Fokus auf einkommensschaffende Maßnahmen vorgeworfen, die Arbeitskraft von Frauen primär unter wirtschaftlichen Effizienzkriterien als brachliegendes Potential zu sehen und für den formellen Sektor auszubeuten.

Mit der *entwicklungspolitischen Orientierung* wurde der ursprünglich *frauenrechtliche Ansatz* in den Vereinten Nationen zurückgedrängt. Bis Ende der 80er Jahre dominierten trotz der 1981 in Kraft getretenen CEDAW-Frauenrechtskonvention (Übereinkommen zur Beseitigung jeder Form von Diskriminierung der Frau) in der Weltorganisation insgesamt betrachtet die entwicklungs- und sozialpolitischen Strategien zur Bekämpfung der Diskriminierung von Frauen.

Paradigmenwechsel: Frauenrechte sind Menschenrechte

Heute bestimmt *der menschenrechtliche Ansatz* die frauenpolitischen Strategien in den UN-Organisationen. Im Unterschied zu den Anfängen der UN sollen Frauenrechte nicht mit einem eigenen Instrumentarium verwirklicht, sondern in den Menschenrechtsdiskurs und alle anderen Politikfelder integriert werden. Hinter diesem Wandel stehen die *internationalen Frauen-NGOs,* die in den 90er Jahren zur Durchsetzung ihrer Interessen auch auf den nicht frauenspezifischen → Weltkonferenzen als internationale Pressure-Groups auftraten (vgl. *Chen* 1996). Das geschah erstmals auf der UN-Konferenz über Umwelt und Entwicklung 1992 in Rio de Janeiro (→ Umweltschutz), deren Abschlußdokument, die „Agenda 21", in der Folge an vielen Stellen Bezug auf die Beteiligung und Förderung von Frauen im Umweltbereich und bei der Verwirklichung von *nachhaltiger Entwicklung* nahm.

Doch der Durchbruch gelang der transnational vernetzten Frauenbewegung auf der Weltmenschenrechtskonferenz 1993 in Wien. Mit dem Argument, Frauenrechte seien keine weniger wichtigen separaten Rechte, banden Frauen im Rahmen der globalen Kampagne *Frauenrechte sind Menschenrechte*, ihre Forderungen an den universalen Menschenrechtskatalog (*Tomasevski* 1993). Die Sichtbarmachung und Verurteilung aller Formen der Gewalt gegen Frauen als Menschenrechtsverletzungen standen im Zentrum der Aktion, deren Abschluß in Wien ein öffentlichkeitswirksames „Tribunal" war, auf dem Betroffene über ihre verschiedenen Gewalterfahrungen sprachen. Kampagne, Tribunal und professionell vorbereitetes Lobbying trafen auf die erhöhte Sensibilisierung der Delegierten durch die Massenvergewaltigungen im Jugoslawienkrieg (vgl. *Joachim* 1996). Das Resultat wird als größter Erfolg des Gipfels gewertet: Im Abschlußdokument *Wiener Erklärung und Aktionsprogramm* (DGVN 1994) bestätigt die Staatengemeinschaft erstmals offiziell: "Die Menschenrechte der Frauen und der minderjährigen Mädchen sind ein unveräußerlicher, integraler und unabtrennbarer Bestandteil der allgemeinen Menschenrechte... Geschlechtsspezifische Gewalt und alle Formen sexueller Belästigung und Ausbeutung... sind mit der Würde und dem Wert der menschlichen Person unvereinbar" (Kapitel 1, Ziff. 18). In Paragraph 38 ruft die Konferenz dazu auf, „auf die Beseitigung der Gewalt gegen Frauen im öffentlichen und privaten Leben... hinzuwirken". Die UN erkennen damit den Schutz von Frauen in der Privatsphäre als völkerrechtliche Aufgabe an.

In der Folge verabschiedete die UN-Generalversammlung 1993 *die Erklärung über die Beseitigung der Gewalt gegen Frauen* (UN Doc. GA Res. 48/104 vom 20.12.1993). Zwar ist die Deklaration völkerrechtlich nicht bindend (→ Resolution/Deklaration/Beschluß), doch sie formuliert einen internationalen Konsens über die Definition von Gewalt gegen Frauen und staatliche Maßnahmen zu deren Beseitigung, und dient damit als Standard und Bezugsdokument für die Arbeit der Menschenrechtsgremien und anderen UN-Organisationen, aber auch den NGOs zur Untermauerung ihrer Forderungen. Der Gewaltbegriff umfaßt körperliche, sexuelle und psychologische Gewalthandlungen in der Familie, der Gesellschaft, und solche, die vom Staat ausgeübt oder geduldet sind.

1994 nahm die Sonderberichterstatterin der Menschenrechtskommission zu *Gewalt gegen Frauen, ihren Ursachen und Auswirkungen* ihre Arbeit auf. Seither hat die Juristin Radhika Coomaraswamy aus Sri Lanka auf den jährlichen Tagungen in Genf Berichte mit Analysen über den Status quo, Ursachen und Abhilfemaßnahmen vorgelegt. Zudem führt sie Untersuchungsreisen in einzelne Länder durch: 1995 war sie in Nord-, Südkorea und Japan, um die Menschenrechtsverletzungen von koreanischen und philippinischen Frauen zu recherchieren, die im zweiten Weltkrieg von der japanischen Armee verschleppt und als sog. "Trostfrauen" sexuell versklavt wurden (UN Doc. E/CN.4./1996/53/ Add.1). 1996 besuchte sie u.a. Polen zum Thema Frauenhandel (UN Doc. E/CN.4/1997/47/ Add.1), 1997 Ruanda wegen der Vergewaltigung von Frauen im Krieg (UN Doc. E/CN.4/ 1998/54/Add.1), und 1999 veröffentlichte sie u.a. einen Bericht zu Gewalt gegen weibliche Gefangene in US-amerikanischen Gefängnissen (UN Doc. E/CN.4/1999/68/Add.2). Ihre Arbeit und jährlichen Berichte ziehen unzählige Frauenrechtsorganisationen nach Genf, und sie sind so der Katalysator für die *frauenrechtlichen Debatten bei der Menschenrechtskommission*.

Jenseits der Gewaltthematik setzte sich das Menschenrechtskonzept auf Druck der Frauenorganisationen auch auf den übrigen Weltkonferenzen der frühen 90er Jahre durch: Mit der Einführung des Begriffs *reproduktive Rechte* in Verbindung mit dem Recht auf *reproduktive Gesundheit* fand auf der Weltbevölkerungskonferenz 1994 in Kairo eine *Neuorientierung der Bevölkerungspolitik* statt, die die Rechte und Selbstbestimmung von Frauen in den Mittelpunkt stellte, und die Verbesserung ihres sozialen, wirtschaftlichen und politischen Status im Kontext der Veränderung der Machtbeziehungen zwischen den Geschlechtern als eigenständiges Ziel ansah. Dies war auch eine Reaktion auf die Kritik der Frauenbewegung in den 70er und 80er Jahren, die der Familienplanungspolitik vorwarf, Frauen als Objekte zu behandeln. Es wurde argumentiert, daß die

Anreizsysteme zur Verwendung von Kontrazeptiva faktisch die Armut der Frauen ausnutzten, indem sie in der Praxis die Teilnahme an Bildungs-, Gesundheitsprojekten oder einkommenschaffenden Maßnahmen an die Verwendung von Verhütungsmitteln banden. Auch der Einsatz von gesundheitsschädigenden Kontrazeptiva und mangelnder Gesundheitsbetreuung im Kontext der Vergabe von Verhütungsmitteln war angeprangert worden (vgl. *Wichterich* 1995).

In der *frauenspezifischen Entwicklungszusammenarbeit* vollzog sich mit Beginn der 90er Jahre so der Wechsel vom *Basic-Needs*-Ansatz der 70er und 80er Jahre zum *Basic-Rights*-Konzept. Es betont einerseits die staatlichen Verpflichtungen zur Umsetzung der Rechte von Frauen und andererseits den Anspruch von Frauen auf selbstbestimmte Entscheidungsmöglichkeiten in allen Lebensbereichen, der mittels wirtschaftlicher, sozialer, politischer Ermächtigung von Frauen – *empowerment* - eingelöst werden soll. Obwohl die Frauenrechtsfrage eine eigene, emanzipative Logik hat und damit in vielen Staaten auf spezifischen Widerstand stößt, ist diese Neuorientierung auch ein Ausdruck der generellen Trendwende der bilateralen und multilateralen Entwicklungszusammenarbeit (→ Entwicklungszusammenarbeit der UN), die seit dem Ende des Ost-West Konfliktes die Demokratisierungsförderung und den Schutz der Menschenrechte zu einer wichtigen Priorität erklärt.

Der Begriff *empowerment* wurde vom Frauennetzwerk *Development Alternatives with Women for a New Era* (DAWN) geprägt und enthält in seiner ursprünglichen Version neben dem von UN-Dokumenten betonten Element der individuellen wirtschaftlichen, sozialen und rechtlichen Autonomie auch eine machtkritische Dimension. Mit dieser im Prozeß der begrifflichen Institutionalisierung verloren gegangenen Ausrichtung beansprucht das DAWN-Konzept auch die Transformation des Geschlechterverhältnisses in Richtung einer herrschaftsfreien Ausübung von

Entscheidungsrechten und Verfügungsmöglichkeiten von Frauen und Männern über alle gesellschaftlichen, wirtschaftlichen und politischen Ressourcen.

Die Debatten der vierten Weltfrauenkonferenz 1995 in Peking und ihr Abschlußdokument, die *Pekinger Aktionsplattform* (*BMFSFJ* 1996) waren schließlich durchgehend von der Frauenmenschenrechtssprache und dem *Empowerment*-Begriff bestimmt. Im Vorfeld der Konferenz konnten auf der Grundlage des UNDP-*Berichts über die menschliche Entwicklung* von 1995 (→ Human Development Reports), der die Gleichstellung der Geschlechter thematisierte, und den statistischen Erhebungen im UN-Bericht *The World's Women 1995* (*UN - DPI* 1995a) erstmals Fortschritte für Frauen festgestellt werden. Die Bildungslücke zwischen Männern und Frauen hatte sich seit 1975 zur Hälfte geschlossen, die durchschnittliche Lebenserwartung von Frauen ist auch in Entwicklungsländern schneller als die der Männer gestiegen und der Zugang von Frauen zur Gesundheitsversorgung hat sich erheblich verbessert. Doch daraus folgt, so das Fazit des UNDP-Berichts, nicht automatisch eine höhere wirtschaftliche und politische Mitwirkung von Frauen, und auch Armut hat mit 70% Frauenanteil weiterhin ein weibliches Gesicht.

Die Verhandlungen zwischen den 189 Staaten in Peking gestalteten sich kontrovers und zäh, gerade weil es um umfassende Rechtsansprüche von Frauen in allen Bereichen ging. Der Entwurf für das Abschlußpapier enthielt zu Beginn der Tagung so viele eingeklammerte und damit strittige Textabschnitte wie keiner zuvor. So konnte im Ergebnis inhaltlich nicht viel mehr als eine Bekräftigung der bisherigen internationalen Beschlüsse und völkerrechtlichen Standards erreicht und damit Rückschritte verhindert werden. Neu ist in dem Aktionsplan jedoch die noch in Kairo abgelehnte und auch in Peking umstrittene sexuelle Selbstbestimmung von Frauen. In 12 strategischen Aktionsbereichen werden neben Gewalt gegen Frauen, Frauen und Armut, Frauen und die Wirtschaft, auch die Menschenrechtsverletzungen an Frauen in bewaffneten Konflikten und die Rechte von Mädchen als besondere Handlungsfelder identifiziert. Allerdings konnten die Staaten sich nicht über die Festschreibung des gleichberechtigten Rechts von Mädchen und Jungen zu erben, verständigen. Obwohl das NGO-Forum des Gipfels mit ca. 30.000 TeilnehmerInnen das größte in der Geschichte der UN-Konferenzen war (*UN - DPI* 1996), konnten die Frauen und wenigen Männer kaum Einfluß auf die Regierungsverhandlungen nehmen, da ihr Versammlungsort 35 km entfernt von der offiziellen Konferenz lag und der Bustransport unzureichend war.

Die *Aktionsplattform* ist ein programmatischer Leitfaden für die globale Frauenpolitik auf allen Ebenen – an der lokalen Basis, auf nationaler wie internationaler Ebene. Sie entwickelt Aufgaben für die Staaten, das UN-System und NGOs, die von der Frauenrechtskommission seither in Form von Empfehlungen weiter ausdifferenziert wurden. Der Nachfolgeprozeß ist der Schlüssel für die Wirksamkeit der Plattform, die von vielen Frauenorganisationen als Legitimationsgrundlage für ihre frauenpolitischen Forderungen an die Regierungen genutzt wird. Denn ebenso wie in Kairo untermauerten die Staaten ihre Beschlüsse in Peking mit nur wenigen konkreten Zusagen und finanziellen Verpflichtungen. Doch die Aktionsplattform fordert die Staaten auf, nationale Umsetzungsstrategien vorzulegen, die von der UN-Abteilung zur Förderung der Frau (*Division for the Advancement of Women*, DAW; sie ist das Sekretariat der Frauenrechtskommission und des CEDAW-Ausschusses) bis zur Sondersitzung der UN-Generalversammlung zur *Überprüfung der Umsetzung der Pekinger Beschlüsse und der Nairobi Zukunftsstrategien bis zum Jahr 2000* im Juni 2000 ausgewertet und debattiert werden sollen. Damit wird der 1975 begonnene frauenpolitische Prozeß in den UN zumindest vorläufig zu einem Abschluß kommen.

Mainstreaming Gender

Mit der vierten *Weltfrauenkonferenz* erlebte die Strategie des *Gender Mainstreaming* ihren Durchbruch in den Organisationen der UN. Der *Gender*-Begriff rekurriert auf die unterschiedlichen sozialen Rollenzuweisungen an Männer und Frauen in einem *Geschlechterverhältnis*, das Unterordnungsbeziehungen konstituiert. Im Unterschied zum rein frauenspezifischen Fokus kommen so beide Geschlechter, die Strukturen ihrer Beziehungen und auch die Rolle von Männern in den Blick. Im feministischen Wissenschaftskontext war das *Gender and Development*-Konzept *(GAD-Konzept)* Ende der 80er Jahre als Antwort auf die Kritik an WID entstanden: mit dem Anspruch einer Veränderung des Geschlechterverhältnisses analysiert der GAD-Ansatz die Situation von Frauen nun im gesamtgesellschaftlichen Kontext. Operationalisiert werden sollte dieser Ansatz in den Entwicklungsorganisationen durch die systematische Integration der *Gender*-Perspektive in alle Ebenen der Programm- und Projektaktivitäten, das *Gender Mainstreaming*. Nach dem Wiener Gipfel 1993 wurde *Gender Mainstreaming* auch in die UN-Menschenrechtsarbeit eingeführt, und 1997 rief der Wirtschafts- und Sozialrat in einer Resolution (ECOSOC Res. 1997/17 vom 21.7.1997, Ziff. 2) alle Organisationen der UN-Familie auf, Gleichberechtigung zwischen den Geschlechtern herzustellen, eine geschlechterdifferente Perspektive in allen Inhalten und Aspekten ihrer Aktivitäten - Forschung, Programmerstellung, Projektplanung und –durchführung sowie Evaluationen - anzuwenden.

Ziel des institutionellen *Gender Mainstreaming* ist, die Verantwortung für die Umsetzung der Gleichberechtigung von Männern und Frauen auf alle MitarbeiterInnen einer Organisation zu übertragen. Wichtige Instrumente dafür sind das *Gender*-Training, um Veränderungen in den Einstellungen, Verhaltensweisen und Motivationen der MitarbeiterInnen zu erreichen, sowie Leitfäden zur Anwendung der *Gender*-Perspektive für die spezifischen Sektoren und Arbeitsaufgaben. Gleichzeitig bleiben frauenspezifische Posten für die Implementierung des *Gender Mainstreaming* erhalten.

Zur Koordination der Implementierung des *Gender Mainstreaming* wurde nach Peking das *Inter-Agency Committee on Women and Gender* einberufen, deren Vorsitzende gleichzeitig die Sonderberaterin zu *Gender*fragen des UN-Generalsekretärs (→ Generalsekretär) ist. Die erste Zusammenkunft 1996 betraf die Personalsituation im UN-Sekretariat selbst: Trotz der selbstgesetzten Quote von 25% für 1995 betrug auch 1998 der Anteil von Frauen in den Fach- und Führungspositionen, den sog. *Policy-Level*- (P-1 bis P-5) und *Decision-Making*-Positionen (D-1 bis Untergeneralsekretär) erst 22 %. Unter den 18 UntergeneralsekretärInnen ist derzeit nur eine Frau (UN Doc. E/CN.6/1998/8).

Die alljährlichen Berichte des Generalsekretärs zur Umsetzung der Ergebnisse der vierten *Weltfrauenkonferenz* (UN Doc. A/51/322; A/52/281) und die Halbzeitauswertung des nach Peking verabschiedeten UN-Frauenförderplans 1996-2001 (UN Doc. E.CN.6/1998/3) kommen zu dem Schluß, daß, obwohl mittlerweile fast alle UN-Sonder- und Unterorganisationen (→ Haupt-/Neben-/Vertragsorgane; → Sonderorganisationen) das Ziel der Gleichberechtigung von Männern und Frauen und die Strategie des *Gender Mainstreaming* in ihren Programmen nennen, die Umsetzung noch unbefriedigend ist. Bei einer Befragung 1997 von 417 neuen UNDP Projekten hatten nur wenige *Gender* in die grundsätzliche Planung und Umsetzung einbezogen (UN Doc. E.CN.6/1998/3).

Trotz vorliegender *Gender*-Analysen, prozeduraler Leitfäden und inhaltlicher Konzepte scheitert die Implementierung vor allem an unzulänglichen finanziellen Ressourcen und der Abwesenheit von systematischen und für alle Abteilungen verbindlichen Strategien und Vorgaben, über deren Umsetzung Rechenschaft abzulegen ist. So hat UNDP 1996 trotz seines neuen *Gender-in-Development*-Programms insgesamt nur 10 % seiner globalen Ausgaben zur Förderung der Frauen und für *Gender Mainstreaming* festgelegt. Die Ursache liegt häufig v.a. in der fehlenden Prioritätensetzung durch die oberen Führungsetagen sowie in den strukturellen Schwächen der zuständigen Frauen/*Gender*-Stellen, die nur über geringe Einflußmöglichkeiten und institutionelle Kapazitäten verfügen. Auffällige Ausnahme ist das von einer Frau geleitete Welternährungsprogramm (→ WFP), das in solchen Ländern, in denen Frauen bei ausgewählten sozioökonomischen Schlüsselindikatoren zu mehr als 25% benachteiligt sind, 60% seiner Mittel der Verbesserung dieser Situation gewidmet hat (UN Doc. A/51/322). Eine Studie zu *Gender Mainstreaming* in ILO, UNDP und Weltbank zeigt, daß Druck von außen, z.B. von einzelnen Mitgliedstaaten, die Kompatibilität des Gender-Ansatzes mit dem Mandat einer Organisation und die organisationsweite Verinnerlichung des *Gender*-Ansatzes die Erfolgschancen des *Gender Mainstreaming* erhöhen (*Razavi, S./Miller, C.* 1995). So bekamen frauenspezifische Projekte in der Weltbank erst dann Relevanz, als erkannt wurde, daß sich diese Investitionen positiv auf die wirtschaftlichen Eckdaten eines Landes und die Reduktion von Armut auswirken.

In der institutionellen Umsetzung geht allerdings der ursprünglich mit dem GAD-Konzept verbundene Anspruch an die Transformation der Machtverhältnisse zwischen den Geschlechtern zugunsten eines Verständnisses, das sich auf die Integration einer geschlechterdifferenten Perspektive in bereits vorhandene Aktivitäten beschränkt, weitgehend verloren. Bei einem Überblick über die Projektpraxis der mulitlateralen Entwicklungszusammenarbeit läßt sich außerdem feststellen, daß hinter den programmati-

schen Begriffen *Gender, Gender Mainstreaming* oder *Gender Integration* auf operationaler Ebene weiterhin die Strategie der Frauenförderung zur Behebung der Geschlechterungleichheiten durchscheint.

In der Menschenrechtsarbeit ist *Gender Mainstreaming* ein jüngeres Konzept. Hier existieren bisher kaum Richtlinien oder verbindliche Vorgaben. 1995 hat eine Arbeitsgruppe Leitlinien entworfen (UN Doc. E.CN.4/1996/106), die von UNIFEM für die Arbeit der Sonderberichterstatter bei der Menschenrechtskommission konkretisiert wurden (UN Doc. E./CN.4/1997/131). In der Praxis der Kommission ist das *Gender Mainstreaming* abhängig vom individuellen Engagement der Experten, Regierungsdelegierten oder Mitgliedern der Arbeitsgruppen (*Gallagher* 1997). Ein hervorragendes Beispiel ist der Sonderberichterstatter zu innerstaatlichen Vertriebenen Personen (*Internally Displaced Persons*), der in seinen Berichten regelmäßig die besonderen Diskriminierungen von weiblichen Flüchtlingen, sowie das menschenrechtliche und humanitäre Instrumentarium zu ihrer Bekämpfung analysiert und in einem Bericht 1995 (UN Doc. E/CN.4/ 1995/50/Add.1) die Frauenrechtssituation in Burundi im Rahmen ihrer Rolle beim Wiederaufbau des Landes analysiert hat. Während der Anti-Rassendiskriminerungsausschuß (→ Menschenrechtsvonventionen, Internationales Übereinkommen zur Beseitigung jeder Form von Rassendiskriminierung) und der Antifolterausschuß (→ Übereinkommen gegen Folter und andere grausame, unmenschliche oder erniedrigende Behandlung oder Strafe) in ihrer Arbeit keine frauenspezifischen Dimensionen erkennen können, zeigen sich der Ausschuß zum Internationalen Pakt über wirtschaftliche, soziale und kulturelle Rechte (→ Menschenrechtskonventionen, Internationalen Pakt über wirtschaftliche, soziale und kulturelle Rechte) und der → Menschenrechtsausschuß offener. Gewalt gegen Frauen, Armut, Diskriminierung von Frauen auf dem Arbeitsmarkt oder in den Sozial-versicherungs- und Gesundheitssyste-men wurden von ersterem, und die Diskriminierung im Ehe- und Familien-recht sowie in den traditionellen Rechtssystem wurden von letzterem verstärkt berücksichtigt.

Frauen, Kriegsprävention und Frie-denspolitik – neue Aufgabenfelder

Die traditionell bei der Ahndung von Kriegsverbrechen ignorierten ge-schlechtsspezifischen Gewaltverbre-chen gegen Frauen in bewaffneten Kon-flikten sind im Zuge der Kampagne *Frauenrechte sind Menschenrechte* in den Menschen- und Frauenrechtskom-missionen diskutiert worden und auch auf die internationale strafrechtliche und humanitäre Agenda gelangt. Die Statuten der Ad-hoc-Tribunale für die Kriegsverbrechen im ehemaligen Jugo-slawien und in Ruanda enthalten Ver-gewaltigung als Verbrechen gegen die Menschlichkeit (Art. 3) und das Ruan-da-Tribunal nennt Vergewaltigung und Nötigung zur Prostitution als schweren Verstoß gegen den gemeinsamen Arti-kel 3 der Genfer Konventionen (→ ICC - Internationaler Strafgerichtshof). Als Resultat intensiven Lobbyings eines Netzwerkes von Frauenrechtsorganisa-tionen (*Women's Caucus on Gender Justice*) geht das 1998 angenommene Statut zum Internationalen Strafge-richtshof darüber hinaus: Vergewalti-gung, Zwangsprostitution, sexuelle Sklaverei, Zwangssterilisation und Zwangsschwangerschaften werden erst-mals explizit als eigenständige Tatbe-stände unter die Kategorien Verbrechen gegen die Menschlichkeit (Art. 7) und Kriegsverbrechen (Art. 8) subsumiert. Auch die Verfolgung einer Gruppe aufgrund ihrer Geschlechtszugehörig-keit in Friedenszeiten fällt unter die Jurisdiktion des zukünftigen Gerichts. Dies würde z.B. auf die Situation von Frauen im von den Taliban beherr-schten Afghanistan zutreffen. Eine ZeugInnenschutzeinheit wird u.a. für den Schutz und die Betreuung der aus-sagebereiten Überlebenden von ge-schlechtsspezifischer Gewalt zuständig sein.

Während sich Bewußtsein und Maß-nahmen für Frauen als Opfer interna-tionaler und nationaler Konflikte in den UN weiterentwickelt haben, ist ihre Teilhabe an Macht- und Entscheidungs-positionen in der Friedens- und Sicher-heitspolitik noch immer marginal. Die Beteiligung von Frauen an allen ge-waltpräventiven und friedenspolitischen Aktivitäten auf der nationalen und in-ternationalen Ebene wird schon 1982 in der *UN-Erklärung über die Mitwirkung der Frau an der Förderung des Welt-friedens und der internationalen Zu-sammenarbeit* (UN Doc. A/Res/37/63 vom 3.12.1982) gefordert und ist von den Zukunftsstrategien der Nairobi-Konferenz (Ziff. 239) und der Pekinger Aktionsplattform (Ziff. 142) bekräftigt worden. Dennoch schließen die UN-Aktivitäten zu → präventiver Diploma-tie, etwa die Fact-Finding Missions, Frauen und ihre speziellen lebensweltli-chen Erfahrungen noch immer weitge-hend aus (*Birckenbach* 1998). In den laufenden Peacekeeping-Missionen (→ Friedensoperationen; → Friedenstrup-pen) betrug der Anteil von Frauen an den zivilen Komponenten 1993 ein Drittel, an dem militärischem Personal und zivilen Polizeieinheiten allerdings nur 1, 7% (*UNDAW* 1995) (→ UNCIV-POL; → UN-Guards). Zwar entspricht das vor allem der Unterrepräsentierung von Frauen in diesen Funktionen in den UN-Mitgliedstaaten, doch auch in den UN-Entscheidungspositionen sind Frauen nicht vertreten: nur zwei aller Blauhelm-Operationen wurden je von Frauen geleitet. In der Abteilung für Peacekeeping Operationen hatten 1997 7,7% Frauen eine Leitungsfunktion (D-1 bis USG), in der Abteilung für huma-nitäre Angelegenheiten war in diesen Positionen keine Frau vertreten, und in der Abteilung für politische Angele-genheiten waren immerhin 24% dieser Stellen mit Frauen besetzt (UN Doc. E/CN6./1997/7).

Die Auswertung von Fallstudien, wie etwa der UNTAG Mission in Namibia 1989-1990 und in der rein zivilen Be-obachtermission (→ Beobachter) UNO-MSA in Südafrika zeigt, daß Missionen, die mit einem starken Mandat für zivile und friedenskonsolidierende Aufgaben ausgestattet waren und gleichzeitig eine hohe Beteiligung weiblichen Personals in diesen Funktionen hatte, die höchsten Erfolge in der Erfüllung ihrer Ziele aufwiesen (*UNDAW* 1995). Die Präsenz von Frauen half insgesamt eine gute Kooperation mit der lokalen Bevölkerung aufzubauen und konstruktive Lösungen für Konflikte zu finden, sowie das Risiko von sexuellen Übergriffen durch Peacekeeping Soldaten zu verringern. Der Kontakt zu den UN-Mitarbeiterinnen erleichterte es nicht nur weiblichen Flüchtlingen und Kriegsopfern, ihre häufig tabuisierten Bedürfnisse und Interessen vorzubringen, sondern mobilisiert auch die lokalen Frauen dazu, eigene Organisationen aufzubauen und sich mit ihren spezifischen Anliegen als Akteurinnen in den Friedensprozess einzubringen.

Im Rahmen ihres Programmes zur Schaffung einer Friedenskultur (*A Culture of Peace*) fördert die UNESCO in kleinen Projekten friedenspolitische Initiativen von Frauen in Ostafrika, der Karibik und Lateinamerika und stärkt damit ihren Beitrag zum Aufbau friedlicher und demokratischer Strukturen. Die Mitgestaltung von Frauen an friedenskonsolidierenden und Transitionsprozessen ist auch eine Voraussetzung für die Sicherung ihrer Rechte in Nachkriegszeiten und die Durchsetzung ihrer wirtschaftlichen und sozialen Interessen, die sich häufig aus der spezifischen Betroffenheit von Frauen während und nach bewaffneten Konflikten ergibt (*Sørenson* 1998). In der Region der Großen Seen in Afrika macht UNIFEM mit einzelnen Projekten zur Rehabilitation von Frauen, zum wirtschaftlichen und politischen *Empowerment* und mit politischen Führungstrainings für Frauen in diesem Bereich einen Anfang.

Konfliktprävention, zivile Konfliktbearbeitung und Friedenskonsolidierung mit dem Ziel, stabile gesellschaftliche und staatliche Strukturen herzustellen, sind die wichtigen zukünftigen Herausforderungen der Vereinten Nationen gerade in den Ländern des Südens. Bei der Suche nach Strategien und Instrumenten hierfür lösen sich die Grenzen zwischen den Aufgabenfeldern Menschenrechtsschutz, Entwicklungszusammenarbeit und Friedenspolitik zunehmend auf. Dabei gilt es nicht nur die bisherigen Fortschritte zur Verwirklichung der Gleichberechtigung von Frauen und Männern in diesen Bereichen fortzusetzen, sondern auch die dort gewonnen Erkenntnisse über die weltweiten Situationen der Frauen und über frauenpolitische Strategien in den UN-Organisationen in die Entwicklung neuer Konzepte und Programme einfließen zu lassen.

Sonja Wölte

Lit.: *Birckenbach, H.:* Gleichheit und Reform: Zur Teilhabe von Frauen an der Gewaltprävention in internationalen Konflikten, in: Klingebiel, R./Randeria, S. (Hrsg): Globalisierung aus Frauensicht. Bilanzen und Visionen, Bonn 1998, 136-158; *BMFSFJ (Bundesministerium für Familie, Senioren, Frauen und Jugend):* Dokumentation der Erklärung und Aktionsplattform von Peking der 4. Weltfrauenkonferenz 1995. Gleichberechtigung – Entwicklung - Frieden, Bonn 1996; *BMJFFG (Bundesministerium für Jugend, Familie, Frauen und Gesundheit):* Abschlußdokument „Zukunftsstrategien von Nairobi zur Förderung der Frau", Weltfrauenkonferenz vom 15. Juli 1985 bis 27. Juli 1985 in Nairobi, Kenia, Bonn 1988; *Chen, M.:* Engendering World Conferences: The International Women's Movement and the UN, in: Weiss, T.G./Gordenker, L. (Hrsg.): NGOs, the UN, and Global Governance, Boulder/London 1996, 139-158; *DGVN (Deutsche Gesellschaft für die Vereinten Nationen e.V.) (Hrsg.):* Gleiche Menschenrechte für alle. Dokumente zur Menschenrechtsweltkonferenz der Vereinten Nationen in Wien 1993, DGVN-Texte 43; Bonn 1994; *Gallagher, A.:* Ending the Marginalization: Strategies for Incorporating Women into the United Nations Human Rights System, in: HRQ, Vol.19 (1997), 283-333; *Joachim, J.:* Internationaler Wandel durch Nicht-Regierungsorganisationen? Wie das Thema Gewalt gegen Frauen auf die Agenda der UNO kam, in: Schleswig Holsteinisches Institut für Friedensforschung SCHIFF-Texte, Nr. 40, Kiel 1996; *Krell, G./Wölte, S.:* Gewalt gegen Frauen und die Menschenrechte, HSFK, Report Nr. 2, Frankfurt/M. 1995;

Pietilä, H./Vickers, J.: Making Women Matter. The Role of the United Nations, London/New Jersey 1994; *Razavi, S./Miller, C.:* Gender Mainstreaming. A study of efforts by the UNDP, the World Bank and the ILO to Institutionalize Gender Issues, United Nations Research Institute for Social Development, Genf 1995; *Reanda, L.:* The Commission on the Status of Women, in: Alston, P.: The United Nations and Human Rights. A Critical Appraisal, Oxford 1996, 265-303; *Sørensen, B.:* Women and Post-Conflict Reconstruction; United Nations Research Institute for Social Development, Geneva 1998; *Staudt, K. (Hrsg.):* Women, International Development and Politics, Philadelphia 1997; *Stamatopoulou, E.:* Women's Rights and the United Nations; in: Peters, J./Wolper, A. (Hrsg.): Women's Rights, Human Rights. International Feminist Perspectives, London/New York 1995, 36-48; *Tomasevski, K.:* Women and Human Rights, London/New York 1993; *UN - DPI (United Nations - Department for Public Information):* The United Nations and the Advancement of Women 1945-1996, UN Blue Book Series Vol VI, New York 1996; *UN - DPI.:* The World's Women 1995: Trends and Statistics, New York 1995 (1995a); *UN - DPI.:* The 1994 World Survey on the Role of Women in Development: Women in a Changing Global Economy, New York 1995 (1995b); *UNDAW (United Nations Division for the Advancement of Women):* The Role of Women in United Nations Peace-keeping, in: Women 2000, No. 1/1995, New York December 1995; *Wichterich, C.:* Frauen der Welt. Vom Fortschritt der Ungleichheit, Göttingen 1995. **Internet:** *Frauenspezifische Homepages:* Website der UNO: http://www.un.org/ womenwatch/; Website zum internationalen Strafgerichtshof: http://www.iwrn.org/wcgj; Website der Weltbank: http://www.world bank.org/gender/; Website von UNDP: http: //www.undp.org/gender/homepage.html; Website von UNIFEM: http://www.unifem. undp.org

Frieden/-sbegriff/-sbedrohung

Frieden als politische Kategorie

Frieden ist ein Zustand gesellschaftlicher Beziehungen auf allen Ebenen, der es Menschen erlaubt, sich in Würde, gegenseitigem Respekt und ohne Beeinträchtigung durch direkte oder indirekte Gewalt zu entfalten. Er kann definiert werden als ein „Prozeßmuster des internationalen Systems, das gekennzeichnet ist durch abnehmende Gewalt und zunehmende Verteilungsgerechtigkeit" (*Czempiel* 1984). Ziel aller Politik ist der Frieden (*Platon*). Dieser Gedanke hat noch heute Gültigkeit: „Der Gegenstand und das Ziel der Politik ist der Friede. Das Politische müssen und wollen wir zu begreifen versuchen als den Bereich der Bestrebungen, Frieden herzustellen, Frieden zu bewahren, zu gewährleisten, zu schützen und freilich auch zu verteidigen. Oder, anders ausgedrückt: Der Friede ist die politische Kategorie schlechthin." (*Sternberger* 1960) Angesichts von Massenvernichtungswaffen kann für unsere Zeit ohne Übertreibung festgestellt werden, daß der Frieden die Bedingung des Überlebens ist, die „Lebensbedingung des technischen Zeitalters" (*C.F. von Weizsäcker* 1963).

Das Verhältnis von Krieg und Frieden

Im Laufe der Geschichte haben sich Kriegs- und Friedenszeiten immer wieder abgelöst. Alle Kulturen kennen jedoch den Begriff des Friedens als höchste *ethische Verpflichtung*, die in der sogenannten Goldenen Regel zum Ausdruck kommt, die schon von *Kung Fu Tze* (*Konfuzius*) aufgestellt wurde (Was Du selbst nicht wünscht, das tue auch nicht anderen Menschen an), im Neuen Testament sich wiederfindet (Alles was ihr wollt, daß die Menschen euch tun, das tut ihr auch ihnen ebenso) und von *Immanuel Kant* im modernen Rechtsverständnis als Kategorischer Imperativ formuliert wurde und allgemein anerkannt ist (Handle so, daß die Maxime Deines Willens zugleich als Prinzip einer allgemeinen Gesetzgebung gelten könne). Die in dieser Aussage enthaltene *Friedenspflicht* wurde in der Regel durch das ebenso alte Recht auf Notwehr (Verteidigung) eingeschränkt, das schon zu Zeiten des Römischen Reiches als „Gerechter Krieg" (*bellum iustum*) in die Literatur Eingang gefunden hatte (*Cicero*). Im 4. Jahrhundert knüpfte *Augustinus* den Gerechten Krieg an drei entscheidende Bedingungen: ein gerechter Grund

149

(*causa iusta*) und eine sittliche gute *Absicht (recta intentio)* mußten gegeben sein und die Entscheidung mußte von einer legitimen Autorität (*legitima potestas*) getroffen werden (zu Zeiten des *Augustinus* war dies der römische Kaiser). Wenn Krieg schon nicht aus der Welt zu schaffen war, weil erst nach Ankunft des Reiches Gottes endgültiger Friede herrschen werde, so sollte er dank dieser Bedingungen zumindest eingehegt, gewissermaßen domestiziert werden. Im Hochmittelalter ergänzte *Thomas von Aquin* diese drei Kriterien um eine vierte Bedingung, derzufolge im Krieg, wenn er gerecht geführt werden sollte, die Verhältnismäßigkeit der Mittel zu beachten sei. Da zu dieser Zeit die Macht des Kaisers zur Aufrechterhaltung von Frieden nicht mehr ausreichend erschien, weitete *Thomas* den Begriff der legitimen Obrigkeit (*legitima potestas*) auf die öffentliche Gewalt der Fürsten oder Landesherren (*auctoritas principis*) aus, so daß gegen Ende des Mittelalters der Gerechte Krieg durch das Recht auf Krieg (*ius ad bellum*) abgelöst wurde. *Niccolò Machiavelli* forderte in seiner 1532 veröffentlichten Schrift „Der Fürst" (*Il Principe*), daß ohne Rücksicht auf moralische Bedenken allein die Staatsräson einen Landesherren in seinen Entscheidungen über Krieg und Frieden leiten dürfe. Die philosophische Begründung lieferte rund 100 Jahre später (1651) *Thomas Hobbes*, der den Staat als ein künstliches Gebilde, als einen *Leviathan* (so der Titel seines Werkes, hebr. Ungeheuer) darstellte, der zur Zähmung des Menschen, der sich als sein eigener Wolf (*homo homini lupus*) auszeichne, notwendig sei und in der Person des Fürsten Befriedung nach innen und Vertretung der Interessen nach außen erzwinge: „Muß die höchste Gewalt (der Fürst) Krieg gegen andere Staaten nach Gutdünken beschließen oder Frieden mit ihnen machen, das heißt beurteilen können, ob ein Krieg ihrem Staaten vorteilhaft oder nachteilig sein wird oder nicht". Damit war das staatliche Gewaltmonopol als Gewährleistung des Friedens begründet.

Frieden als Völkerrechtsnorm

Dieses Verständnis von Krieg und Frieden wurde durch den Westfälischen Frieden bestätigt und hatte bis zum Ersten Weltkrieg als *Völkerrechtsnorm* Geltung. Besonders grausame und die Zivilbevölkerung schädigende Exzesse der Kriegshandlungen sollten durch völkerrechtliche Vereinbarungen und Konventionen, das sogenannte Kriegsvölkerrecht (*ius in bello*), vermieden oder zumindest gemildert werden (→ Völkerrechtsentwicklung im Rahmen der UN). Erst mit dem → Völkerbund und schließlich in der Charta der Vereinten Nationen (→ Charta der UN) wurde die *Friedenspflicht* mit der *Ächtung des Krieges* zur Grundlage der Internationalen Beziehungen erklärt. In der Charta setzen sich die UN in Artikel 1 als erstes zum Ziel, „den Weltfrieden und die internationale Sicherheit zu wahren und zu diesem Zweck wirksame Kollektivmaßnahmen zu treffen, um Bedrohungen des Friedens zu verhüten und zu beseitigen, Angriffshandlungen und andere Friedensbrüche zu unterdrücken und internationale Streitigkeiten oder Situationen, die zu einem Friedensbruch führen können, durch friedliche Mittel nach den Grundsätzen der Gerechtigkeit und des Völkerrechts zu bereinigen oder beizulegen" (→ Gewaltverbot; → Souveränität; → Streitbeilegung, friedliche). In Art. 51 gesteht die Charta ihren Mitgliedern ausdrücklich das „naturgegebene Recht zur individuellen und kollektiven Selbstverteidigung" zu.

Friedensbedrohung

Unter Bedrohungen des Friedens sind an erster Stelle Angriffe mit dem Ziel der Veränderung bestehender Grenzen zum Zwecke der gewaltsamen Durchsetzung von Machtinteressen zu nennen, zum Beispiel der irakische Überfall auf Kuwait, der den zweiten Golfkrieg auslöste (Aggressionsdefinition). Auch gravierende Verletzungen der Menschenrechte rechnen inzwischen zu Bedrohungen des Friedens und können zum Gegenstand eines Eingreifens der UN werden (→ Menschenrechte; → Humanitäres Völkerrecht; → Friedensoperationen; → Friedenssicherung). Eng verbunden mit dem Friedensbegriff ist der Begriff der *Sicherheit* als wesentliche Voraussetzung der *Friedenswahrung*. Eine *friedensgestaltende Sicherheitspolitik* muß immer auch den Interessen aller Konfliktpartner Rechnung tragen (→ Kollektive Sicherheit; → Sanktionen/Embargo; → Sicherheitsrat; → Agenda für den Frieden).

Friedens- und Konfliktforschung

Die Friedensproblematik ist Gegenstand der *Friedens- und Konfliktforschung (Friedenswissenschaft)*. Sie erforscht die Bedingungen, die ein Zusammenleben der Völker ohne Gewaltanwendung gewährleisten können. Da Frieden durch kollektive Gewalt - in der Vergangenheit vor allem zwischenstaatliche Kriege, heute mehr und mehr soziale und ethno-nationale Gewaltausbrüche - immer wieder gestört wird, gehört die Untersuchung der Kriegs- und Gewaltursachen zu den wichtigsten Gegenständen der Friedens- und Konfliktforschung. Der nächste Schritt sind Untersuchungen darüber, wie kriegerische Gewalt beispielsweise durch völkerrechtliche Vereinbarungen im Rahmen der Vereinten Nationen oder anderer regionaler Staatenbündnisse, z.B. die Organisation für Sicherheit und Zusammenarbeit in Europa OSZE (→ Regionalisierung) eingehegt oder vermieden werden kann. Untersuchungen über Rüstung und Abrüstung (→ Abrüstung), vor allem über nukleare Waffen und andere Massenvernichtungsmittel, spielen eine entscheidende Rolle, insbesondere die Konzepte der „vertrauensbildenden Maßnahmen", der „wechselseitigen Vorleistungen" und der „gemeinsamen Sicherheit", die im Laufe der 70er und 80er Jahre in Friedensforschungsinstituten entwickelt worden waren und - wenn auch unzureichend - in die internationalen Beziehungen Eingang gefunden haben. Dieser Bereich der Friedenswissenschaft wird als *Kriegsursachenforschung* bezeichnet und zielt auf den sogenannten negativen

Frieden (Abwesenheit von Krieg).als eine der entscheidenden Voraussetzungen für die Beendigung internationaler Gewalt hin.

Eine neue Qualität der Friedens- und Konfliktforschung wurde in den 60er Jahren mit der Entwicklung des Konzeptes der „strukturellen Gewalt" (Johan Galtung) erreicht. Inzwischen besteht weitgehend Übereinstimmung darüber, daß politische Unterdrückung, wirtschaftliche Ausbeutung (→ Entwicklungszusammenarbeit der UN; → Entwicklungstheorien-und -strategien des UN-Systems), soziale Verelendung, kurzum mangelnde Entwicklung (→ UNDP) sowie zunehmend Umweltzerstörung (→ Umweltschutz; → UNEP) zum Nährboden für terroristische und kriminelle Gewalt geworden sind und in letzter Konsequenz zu gewaltsamen Konflikten führen (Irak, Jugoslawien, die Kaukasusregion, Somalia, Ruanda sind nur einige Beispiele). Friedens- und Konfliktforschung untersucht deshalb zunehmend die Ursachen solcher Gewalt und entwickelt Modelle, wie ihr bereits im Vorfeld durch Prävention (→ Präventive Diplomatie) und nach Ausbruch von Gewalt durch Mediation begegnet werden kann. Konzepte nichtmilitärischer Konfliktbearbeitung stehen dabei im Vordergrund und werden mit Mitgliedern von Gruppen erörtert, die vor Ort praktische Friedens-, Entwicklungs- oder Umweltarbeit leisten (→ NGOs). In diesem Zusammenhang stößt Friedens- und Konfliktforschung mehr und mehr zur Kritik an gesellschaftlichen Grundformationen vor, die durch patriarchalische Strukturen und Militarisierung der Gesellschaft - auch in den klassischen Demokratien - gekennzeichnet sind. Mittels solcher Ansätze werden neue Erklärungen für friedlose gesellschaftliche Zustände gesucht und Perspektiven zu ihrer Überwindung durch den Aufbau ziviler Gesellschaften aufgezeigt. Daraus hat sich in den letzten Jahren das Forschungskonzept der Friedensursachenforschung entwickelt, in deren Mittelpunkt die Gestaltung positiven Friedens steht.

Friedensutopien und Friedensdenkschriften

Wesentliches Merkmal *positiven Friedens* ist neben der Wahrung der Menschenrechte und der Gleichheit aller Menschen vor dem Recht die Gewährleistung bzw. Herstellung von *Gerechtigkeit* besonders im sozialen Bereich. Der Gedanke der Gerechtigkeit wurde schon in frühen Friedensvorstellungen aller Kulturen hervorgehoben. Erneut war es *Augustinus*, der diese Verknüpfung als Prinzip formulierte: Frieden ist das Werk der Gerechtigkeit (*pax iustitiae opera*). Dieser Gedanke wurde von den Utopisten nachhaltig vertreten. Der Begriff der *Utopie* (gr. *u topia* = kein Land) taucht erstmals in der Geschichte als Darstellung einer idealen Staats- oder Gesellschaftsverfassung auf, 1516 vom englischen Gelehrten und Staatsmann *Thomas Morus* in Form einer Reisebeschreibung veröffentlicht. Auch wenn heute die verschiedensten Idealvorstellungen als „Utopien" ausgegeben werden, war die Utopie ursprünglich an die Vorstellung einer nach außen und innen friedfertigen und gerechten Gesellschaft geknüpft. Das gilt besonders für die drei klassischen Utopien der beginnenden Neuzeit, neben der „Utopia" von *Thomas Morus*, der „Sonnenstaat" (*Citta del Sole, 1602*) von *Tommaso Campanella* und „Neu-Atlantis" (*Nova Atlantis, 1624*) von *Francis Bacon*. *Morus* und *Campanella* erwarteten den inneren Frieden im wesentlichen über die Neuordnung der Eigentumsverhältnisse und eine Erneuerung der Sozialmoral, *Bacon* vom technischen Fortschritt. Den Gedanken der Gerechtigkeit als Friedensbedingung hat *William Penn* in seinem „Essay über den gegenwärtigen und künftigen Frieden Europas" (1692) am deutlichsten zum Ausdruck gebracht: „Da die Gerechtigkeit eine Erhalterin ist, fördert sie den Frieden mehr als der Krieg. ... Die Gerechtigkeit ist der Weg zum Frieden zwischen der Regierung und dem Volk, zwischen einem Menschen und dem anderen, zwischen einer Gemeinschaft und der anderen. Sie verhütet Zwist und setzt ihm schließlich

ein Ende. ... So wird der Friede durch die Gerechtigkeit gewahrt."

Die letzte der großen Friedensdenkschriften vor der Französischen Revolution stammt aus der Feder von *Immanuel Kant*, der in seinem „Traktat zum Ewigen Frieden" (1795) die klare Vision eines dauerhaften Friedens unter zwei Bedingungen entwickelt: unabhängige Rechtsprechung und republikanische Verfassung nach den Grundsätzen der Gewaltenteilung, wie sie *Charles de Montesquieu* 50 Jahre zuvor entwickelt hatte. *Kant* lehnt das Recht auf Krieg entschieden ab und verwundert sich, „daß das Wort Recht aus der Kriegspolitik noch nicht pedantisch hat ganz verwiesen werden können."

Friedensgesellschaften/Pazifismus

Die Friedensutopien und Friedensdenkschriften hatten bis zu Beginn des 19. Jahrhunderts kaum öffentliche Reaktionen ausgelöst. Dann erst entstanden „Friedensgesellschaften", die Vorläufer der modernen Friedensbewegungen, nach dem Vorbild der in London 1816 gegründeten *Peace Society*. Aus dem Jahr 1817 ist die Tätigkeit einer *Massachusetts Peace Society* bekannt, 1848 besteht in Belgien eine *Société de la Paix*. Zum Ausgang des 19. Jahrhunderts bürgert sich der Begriff „Pazifismus" ein. Wesentlichen Anstoß gab die Österreicherin *Bertha von Suttner*, die 1889 den Roman „Die Waffen nieder" veröffentlichte und *Alfred Nobel* zur Stiftung des Friedensnobelpreises anregte. Gemeinsam mit *Alfred H. Fried* gründete sie 1891 die Österreichische Friedensgesellschaft und ein Jahr darauf die Deutsche Friedensgesellschaft. Ab 1899 erschien „Die Friedenswarte", die wichtigste Zeitschrift der pazifistischen Bewegung, die in den Jahren der Naziherrschaft in die Schweiz übersiedelte und noch heute sporadisch erscheint. Renommierte Historiker wie *Ludwig Quidde* und Völkerrechtler wie *Walther Schücking* bestimmten die Debatte.

Im Mittelpunkt der pazifistischen Bewegung in der Zwischenkriegszeit standen Abrüstung, Völkerrecht und Kampf gegen die faschistischen Regime in Italien, Deutschland und Spanien. In England wurde die Vereinigung *War Resisters International* (WRI), in Bern 1919 das Internationale Friedensbüro *(International Peace Bureau)* gegründet. Die sogenannten „Völkerrechtspazifisten" setzten alle ihre Hoffnung – wenn auch vergebens - auf den → Völkerbund. In der Frage „gerechte Verteidigung" kam es zum Bruch innerhalb der Bewegung. Während französische und britische Pazifisten bedingungslos Krieg und Kriegsdienst ablehnten, waren die deutschen Pazifisten in dieser Frage gespalten. Das sogenannte „Friedenskartell" deutscher pazifistischer Gruppen löste sich in den zwanziger Jahren wegen dieses Streits auf. Bezeichnend für das Dilemma der Pazifisten war *Albert Einstein*, einerseits prominentester und konsequentester Pazifist, der andererseits schon frühzeitig militärisches Eingreifen der demokratischen Staaten gegen Hitler und Mussolini forderte, obwohl er nach eigenen Worten weiterhin „Militär verabscheute".

Friedensbewegung

Nach 1945 erhielt die *Friedensbewegung* ihre wichtigsten Impulse aus der Kritik an der atomaren Rüstung, zu deren Sprechern sich *Albert Einstein* und *Bertrand Russell* gemacht hatten. Sie wurde zunächst in England mit den sogenannten „Ostermärschen", Sitzblockaden vor Atomwaffenstandorten und der *Campaign for Nuclear Disarmament* bekannt. In den Vereinigten Staaten wurde die Friedensbewegung Ende der sechziger Jahre durch ihren Protest gegen den Vietnamkrieg populär. Der amerikanische Rückzug aus Vietnam war zum großen Teil auf die innenpolitische Verweigerungsstimmung zurückzuführen. Auch die amerikanische Anti-Rassismus-Kampagne *(Martin Luther King)* hat der Friedensbewegung starke Impulse verliehen. Weiter erhielt die Friedensbewegung entscheidende Anstöße durch *Mohandas Karamchand Gandhi*, der im Kampf Indiens gegen die britische Ko-

lonialherrschaft mit Erfolg das Mittel der gewaltfreien Aktion einsetzte.

In der Bundesrepublik Deutschland trat die Friedensbewegung erst relativ spät in Erscheinung, nachdem in den fünfziger Jahren die „Ohne mich" und „Kampf dem Atomtod" Kampagnen zunächst wenig Anklang gefunden hatten. Die Ostermärsche standen lange Zeit unter dem (fälschlichen) Verdacht, von Kommunisten gesteuert und unterwandert zu sein. Tatsächlich sind sie von christlichen gewaltfreien Gruppen (Quäker, Mennoniten, Versöhnungsbund) initiiert worden. Eine wichtige Rolle spielte die zunehmende Kriegsdienstverweigerung. Den Höhepunkt erreichte die Friedensbewegung – wie in fast allen anderen westeuropäischen Staaten – Ende der siebziger Jahre mit der Unterstützung der „Helsinkiakte", die eine Entschärfung des Ost-West-Konflikts herbeiführte, und vor allem mit dem Kampf gegen den sogenannten „Nachrüstungsbeschluß". Unterstützung erhielten die Friedensgruppen von der Anti-Atomkraft-Bewegung, zahlreichen kirchlichen Gruppen und der Ökologie-Bewegung. Laut Umfragen haben zeitweilig 70 Prozent der deutschen Bevölkerung die Proteste und Ziele der Friedensbewegung unterstützt, die nicht zu Unrecht als „Atompazifismus" bezeichnet wurde.

UN und Friedensbewegung

Die Vereinten Nationen und ihre Unterorganisationen (→ UN-System) spielten und spielen in der Friedensbewegung überraschender Weise keine große Rolle, mit Ausnahme der → UNESCO, die sich immer wieder von friedensorientierten Organisationen) beraten läßt und seit mehreren Jahren die Kampagne „Kultur des Friedens" betreibt und fördert. Die Friedensbewegung sieht zwar in den UN den richtigen Ansatz zur Überwindung der Staatenanarchie und damit zur Gestaltung von Frieden, sie hat sich auch die → „Agenda für den Frieden" des ehemaligen → Generalsekretärs Boutros Boutros-Ghali zu eigen gemacht, hat aber den Glauben an ihre Wirksamkeit ange-

Friedensoperationen

sichts des Einflusses der mächtigen Staaten, vor allem der USA, weitgehend verloren.

Mit dem Beginn der atomaren Abrüstungsverhandlungen (→ Abrüstung), vor allem aber mit der Beendigung des „Kalten Krieges" und der deutschen Wiedervereinigung, ließ der Schwung der Friedensbewegung nach. Weder der Golfkrieg noch die Gewalteruptionen im ehemaligen Jugoslawien und auch nicht die zwar verminderte, aber anhaltende atomare Rüstung konnten sie reaktivieren. Sie ist seither auf den früheren Kern der Pazifisten reduziert und konzentriert sich vornehmlich auf Protest gegen Militarismus, Rechtsextremismus und Ausländerfeindlichkeit sowie auf humanitäre und vermittelnde Hilfe in Kriegsgebieten. Dem Konzept der Regierungen, Kriege durch Militäreinsatz zu beenden, setzt die Friedensbewegung heute das Konzept der zivilen Einmischung (Ziviler Friedensdienst) entgegen, um Gewalt auf allen Ebenen der Gesellschaft einzudämmen. Leitgedanke ist dabei die Umkehrung des römischen Satzes *Si vis pacem, para bellum* (Wenn Du den Frieden willst, bereite den Krieg vor) in *Si vis pacem, para pacem* (Wenn Du den Frieden willst, bereite den Frieden vor).

Karlheinz Koppe

Lit.: Czempiel, E.O.: Friedensstrategien. Systemwandel durch Internationale Organisationen, Demokratisierung und Wirtschaft, Paderborn 1984; Holl, K.: Pazifismus in Deutschland, FrankfurtM. 1986; Imbusch, P./Zoll, R. (Hrsg.): Friedens- und Konfliktforschung. Ein Einführung mit Quellen, Opladen 1996; Küng, H.: Weltethos für Weltpolitik und Weltwirtschaft, München 1998; Mader, G./Eberwein, W.-D./Vogt, W. R. (Hrsg.): Frieden durch Zivilisierung? Probleme – Ansätze – Perspektiven, Münster 1996; Meyers, R.: Begriff und Probleme des Friedens, Opladen 1994; Senghaas, D. (Hrsg.): Den Frieden Denken. Si vis pacem, para pacem, Frankfurt/M. 1995; Senghaas, D. (Hrsg.): Den Frieden machen, Frankfurt/M. 1997; Sternberger, D.: Die Politik und der Friede, Frankfurt/M. 1984; Vogt, W. R./Jung, E. (Hrsg.): Kultur des Friedens – Wege zu einer Welt ohne Krieg, Darmstadt 1998.

Internet: Webseite der Arbeitsstelle Friedensforschung Bonn mit dem Peace Research Index, der Adressen von europäischen Friedensforschungsinstitutionen enthält: http:/www.bonn.iz-soz.de/afb/pri/ pri.htm

Friedensoperationen

Friedenserhaltende (auch: friedenssichernde) Operationen gehören zu den wichtigsten Aktivitäten der UNO. Konkret versteht man darunter entweder

- den Einsatz von Militärbeobachtern (→ Beobachter) und/oder leichtbewaffneten → Friedenstruppen zur Überwachung von Waffenstillstandslinien und Truppentrennungszonen in zwischenstaatlichen Konflikten oder aber
- den Einsatz von Beobachtern, Truppen und/oder Polizei (→ UNCIVPOL) und anderen zivilen Experten zur Überwachung bzw. Durchführung von Wahlen, zur Übergangsverwaltung eines Gebiets (etwa während der Überleitung einer früheren Kolonie in die Unabhängigkeit), zur Rückführung von Flüchtlingen, Aufbau einer stabilen Verwaltung und demokratischen Polizei, insbesondere in innerstaatlichen Konflikten (Bürgerkriegen, ethnischen Auseinandersetzungen usw.).

Während bis 1989 die meisten UN-Einsätze zwischenstaatlichen Konflikten, vor allem im Nahen Osten, galten (und weiter andauern), kamen nach Ende des Kalten Krieges zahlreiche innerstaatliche Konflikte zum Ausbruch; und nahmen in der Folge die entsprechenden Friedensoperationen deutlich zu. Die zunächst gehegten Hoffnungen, die Vereinten Nationen könnten aktiver als bis dahin zur Friedenswahrung beitragen (→ Agenda für den Frieden), führten zu einer Ausweitung der UN-Einsätze an Zahl und Umfang: standen bis 1990 in der Regel knapp 10.000 „Blauhelme" im Einsatz, waren es um 1993/94 bis zu 80.000 (Einsätze in Kambodscha, Somalia, und im ehemaligen Jugoslawien). Dies stellte die Weltorganisation vor gewaltige finanzielle und organisatorische Probleme. Generell sind friedenserhaltende Einsätze in innerstaatlichen Konflikten meist komplexer und durch die Vielfalt der Komponenten (militärisch, polizeilich, zivil) wesentlich schwieriger zu führen, zumal häufig Kommunikationsprobleme zwischen den Komponenten auftreten und eine Vielzahl von → NGOs (in Bosnien-Herzegowina beispielsweise waren um 1995 bis zu 400 akkreditiert) mitwirken. Mittlerweile trat eine gewisse Ernüchterung und Beschränkung auf das Machbare ein; die Zahl der Blauhelme sank bis Mitte 1999 auf rund 12.000.

Da der Begriff „Peacekeeping" in der UN-Charta (→ Charta der UN) nicht vorkommt, diese Aktivitäten aber gewissermaßen zwischen den Kapiteln VI (friedliche Streitbeilegung) und VII (Zwangsmaßnahmen) angesiedelt sind, wird „Peacekeeping" gelegentlich auch als „Kapitel VI ½" bezeichnet.

In der Regel beruht eine friedenserhaltende Operation auf einem Mandat des → Sicherheitsrates (in Ausnahmefällen der → Generalversammlung) und wird durch den → Generalsekretär geführt, wobei jedoch die truppenstellenden Staaten ebenso wie die Gastgeberländer in der Praxis ein Mitspracherecht genießen.

Obwohl jeder Einsatz unterschiedlich abläuft, gelten als Grundsätze friedenserhaltender Operationen der Verzicht auf Gewaltanwendung (außer zur Selbstverteidigung) und die Zustimmung des Gastgeberlandes. Da die „Blauhelme" polizei-ähnliche Aufgaben haben und offen auftreten, spricht man gelegentlich auch von „Polizeieinsätzen"

Der Erfolg einer friedenserhaltenden Operation hängt stark von den örtlichen Bedingungen und dem politischen Willen aller Beteiligten – der Konfliktparteien, der Truppensteller und der hegemonialen Mächte – ab. Eine wesentliche Rolle spielen das jeweilige Mandat für eine Mission, die Auslegung dieses Mandats durch die Führung der Operation (Special Representative of the Secretary-General) und die – oft überhöhten – Erwartungen der Öffentlichkeit, sowohl im Gastgeberland als

auch in den truppenstellenden Staaten. Der Versuch, erfolgreiche Einsätze (wie die Truppentrennung auf den Golanhöhen zwischen Israel und Syrien, UNDOF, seit 1974) unter anderen Bedingungen zu kopieren, endete meist als Fehlschlag (Beispiel Südlibanon, UNIFIL, seit 1978).

Ähnlich problematisch verliefen bisher die Versuche, friedenserhaltende Einsätze mit Anwendung militärischer Gewalt durchzuführen („Peace Enforcement", Friedenserzwingung, auch „Kapitel VI ¾"). Da die Vereinten Nationen nicht über das notwendige Instrumentarium verfügen, komplexe militärische Operationen, die auch Kampfeinsätze einschließen können, zu führen (im Gegensatz zur Verwaltung traditioneller Missionen), wurden Einsätze wie im Kongo (ONUC, 1960-64) oder in Somalia (UNOSOM I und II, 1991-94) vielfach als Fehlschläge beurteilt, was letztlich den Ruf der Weltorganisation schwer schädigte.

Obwohl friedenserhaltende Operationen und UNO gelegentlich gleichgesetzt werden, ist doch darauf zu verweisen, daß sich multinationale Friedensoperationen seit dem 19. Jahrhundert langsam entwickelt haben und auch außerhalb des Systems der Vereinten Nationen (mit oder ohne Ermächtigung des Sicherheitsrates) durchgeführt wurden bzw. werden.

Erwin A. Schmidl

Lit.: *Annan, K.A.:* Peace Operations and the United Nations: Preparing for the Next Century, New York 1996; *Bellamy, C.:* Knights in White Armour; London 1996; *Durch, W.J. (Hrsg.):* The Evolution of UN Peacekeeping, New York 1993; *Chopra, J. (Hrsg.):* The Politics of Peace-Maintenance, Boulder u.a. 1998; *Collins, C./Weiss, T.G.:* An Overview amd Assessment of 1989-1996 Peace Operations Publications (Occasional Papers No. 28), Providence 1996; *Kühne, W. (Hrsg.):* Winning the Peace: Concept and Lessons Learned of Post-Conflict Peacebuilding, Ebenhausen 1996; *Ramsbotham, O./Woodhouse, T.:* Encyclopedia of International Peacekeeping Operations, Santa Barbara 1999; *Schmidl, E.A./Wimmer, J.:* Friedenserhaltende Operationen, Wien 1998; *United Nations De-*

partment of Peacekeeping Operations: Multidisciplinary Peacekeeping: Lessons From Recent Experience, New York 1999. **Internet:** Homepage des United Nations Headquarters, Department of Peacekeeping Operations: http://www.un.org/ Depts/dpko

Friedenssicherung

Diese Art der Konfliktschlichtung bzw. friedlichen Streitbeilegung (→ Streitbeilegung, friedliche) wird in der → Charta der Vereinten Nationen nicht erwähnt, geschweige denn näher erläutert. Während der Epoche des Kalten Krieges entstand diese Methode als eine Maßnahme zur Eindämmung bewaffneter regionaler Konflikte. Zuweilen konnte so das Machtvakuum, das die Auswirkungen der → Entkolonialisierung geschaffen hatten, ausgefüllt werden und einige regionale Konflikte konnten aus dem Wirkungsbereich des Ost-West-Gegensatzes des Kalten Krieges herausgehalten werden, z.B. in Palästina, auf Zypern und im Kongo.

Friedenssicherung beinhaltet den Einsatz von militärischem Personal, das durch die UN-Mitgliedstaaten zur Verfügung gestellt wird, um die Einhaltung von Abkommen über Feuerpausen und Waffenstillstandsabkommen zu beobachten und zu überwachen und um für die Konfliktparteien einen Vorwand und einen Anreiz zu schaffen, die Feindseligkeiten nicht wiederaufzunehmen.

Bei friedenssichernden Maßnahmen (peacekeeping operations) hat man sich in der Regel auf Kapitel VI der Charta „Friedliche Beilegung von Streitigkeiten" berufen. Solche Operationen erfordern sowohl Unparteilichkeit und Neutralität auf Seiten der UN-Friedenstruppen (→ Friedenstruppen) als auch die Zustimmung aller Konfliktparteien. Außerdem dürfen die Soldaten einer Friedenssichernden Maßnahme nach Kapitel VI der Charta physische Gewalt nur als letztes Mittel anwenden zur Selbstverteidigung oder um Versuche abzuwehren, ihre Friedensmission schwerwiegend zu beeinträchtigen.

Friedenstruppen werden in einem Konfliktgebiet stationiert, oft entlang Demarkationslinien, um als Puffer zwischen früheren Feinden zu fungieren. Seit der zweite UN-Generalsekretär (→ Generalsekretär), Dag Hammarskjöld, ihre Uniform und Ausrüstung festgelegt hat, sind sie an ihren hellblauen Kopfbedeckungen, entweder Barette oder Helme, zu erkennen, als „Blauhelme".

Friedenserhaltende Maßnahmen werden in der Regel durch den → *Sicherheitsrat* beschlossen, der nach der UN-Charta die Hauptverantwortung für die Aufrechterhaltung des Weltfriedens und der internationalen Sicherheit trägt. Der Rat schafft das politische *Mandat* für diese Operationen, wohingegen die → Generalversammlung die nötigen Finanzmittel per Haushaltsbeschluß (→ Haushalt) bereitstellt.

Anfänglich fungierten die militärischen Oberkommandierenden von Friedenserhaltenden Maßnahmen als Missionschefs. Inzwischen ist der Sonderbeauftragte des Generalsekretärs (SRSG) der politische Leiter und Missionschef, während der Truppenkommandeur oder Leitende Militärbeobachter über den Sonderbeauftragten dem Generalsekretär und über ihm dem Sicherheitsrat Rechenschaft ablegt. Diese Mitglieder der Führungsstruktur werden durch den Generalsekretär mit Zustimmung des Sicherheitsrats ernannt. Die zusammengestellten Truppenkontingente innerhalb einer Friedenstruppe ebenso wie die militärischen Beobachter, die als Einzelpersonen entsandt werden, werden auf freiwilliger Basis durch die Regierungen der Mitgliedstaaten zur Verfügung gestellt.

Die Unkosten der truppenbereitstellenden Staaten werden im Prinzip von den UN zurückerstattet. Zu diesem Zweck werden die Friedenserhaltenden Maßnahmen aus einem besonderen Friedenssicherungs-Unterstützungs-Fonds bezahlt, der durch einen besonderen Veranlagungsbeitrag aller Mitglieder der Vereinten Nationen finanziert wird.

Die frühesten Aktivitäten, die man später als „Friedenserhaltende Maßnahmen" bezeichnet hat, waren Missionen von unbewaffneten Militärbeobachtern (→ Beobachter), die Waffenstillstände 1948 in Palästina und 1949 in Kaschmir überwachten. Beide Missionen existieren immer noch: UNTSO (United Nations Truce Supervision Organisation in Palestine - Organisation der Vereinten Nationen zur Überwachung des Waffenstillstands in Palästina) und UNMOGIP (United Nations Military Oberserver Group in India and Pakistan - Militärbeobachtergruppe der Vereinten Nationen in Indien und Pakistan).

1956 machte die Suez-Krise, welche die Invasion Ägyptens durch Streitkräfte Frankreichs und Großbritanniens und gleichzeitig durch Truppen Israels beinhaltete, ein substantielleres Arrangement erforderlich als nur eine Gruppe unbewaffneter Militärbeobachter. Auf Vorschlag Kanadas wurde durch die Generalversammlung, an die das Problem durch den Sicherheitsrats weitergegeben worden war, das Mandat für UNEF I (United Nations Emergency Force - Noteinsatztruppe der Vereinten Nationen) geschaffen. Diese Friedenstruppe überwachte den Rückzug von drei Invasionsarmeen aus Ägypten und errichtete eine Pufferzone zwischen den Streitkräften Israels und Ägyptens, die bis 1967 existierte, als Ägyptens Forderung nach ihrem Abzug den Anlaß zum Arabisch-Israelischen Krieg von 1967 bildete.

Nachfolgende Friedenserhaltende Maßnahmen nach dem Modell von UNEF I wurden auf Zypern, im Kongo, auf syrischem Gebiet. im Südlibanon und an anderen Orten eingerichtet (siehe untenstehende Liste).

Unter diesen war die größte Friedensmission vor dem Ende des Kalten Krieges die ONUC-Mission (United Nations Operation in the Congo – Friedensmission der Vereinten Nationen im Kongo). Obwohl die Charta der Vereinten Nationen sich mit der Aufrechterhaltung des Friedens nur im Kontext der internationalen Sicherheit, d.h. im Verhältnis zwischen souveränen Staaten (→ Souveränität), befaßt, operierte ONUC innerhalb der Grenzen eines einzelnen Staates und –hatte deshalb auch eine breite zivile Komponente. Solch eine Verlagerung des Schwerpunktes der UN von der internationalen zur intra-nationalen Intervention bereitete den Boden für die Mehrheit der Friedenserhaltenden Maßnahmen in den 90er Jahren nach dem Ende des Kalten Krieges.

Diese in jüngster Zeit initiierten Friedensmissionen unterscheiden sich deutlich von den früheren Friedenserhaltenden Maßnahmen, indem sie meist innerhalb eines Staates operieren mit dem Ziel, Gewalt einzudämmen und die Ordnung wiederherzustellen. Diese Missionen habe einen großen Umfang von Funktionen, darunter → humanitäre Hilfe und Flüchtlingshilfe, alle Arten von zivilgesellschaftlichen Funktionen, die Überwachung der Einhaltung der → Menschenrechte, die Entwaffnung und Unterbringung des militärischen Personals, zivile Polizeiarbeit, sowie die Vorbereitung, Beobachtung und sogar Abhaltung von Wahlen (→ Wahlbeobachtung).

Die Mehrzahl der Friedensmissionen in der 90er Jahren war recht erfolgreich, obwohl ihre positiven Ergebnisse oft unbeachtet blieben; so z.B. die Missionen in Namibia, El Salvador und Mosambik. Im Gegensatz dazu wurden jene Missionen, deren Mandat entweder völlig unklar war oder auf falschen Annahmen basierte, weithin als Fehlschläge angesehen, trotz der unbezweifelbaren Tatsache, daß die Situation in dem betreffenden Konfliktgebiet ohne eine UN-Intervention erheblich schlimmer gewesen wäre.

Im Fall Somalia wurden die Vereinten Nationen durch die Initiative der USA in den Konflikt hineingezogen. Es gab dort keinen Waffenstillstand, geschweige denn einen Frieden, dessen Einhaltung man hätte überwachen können, sondern es wütete hier Gewalt zwischen verschiedenen Konfliktparteien. Die Mandate, mit denen man die UNOSOM-Missionen I und II (Operation der Vereinten Nationen in Somalia II und II) ausstattete, sahen den militärischen Schutz vor für die humanitäre Hilfe für die Bevölkerung, die unter Hungersnöten litt. Dieser Teil der Mission wurde erfolgreich durchgeführt und Millionen überlebender Somalis legen Zeugnis ab für dieses außerordentliche Ergebnis. Aber der zweite Teil des UN-Auftrages, nämlich einen zerfallenden Staat in eine stabile demokratisch strukturierte Gesellschaft umzuwandeln, lag außerhalb der Reichweite jeder ausländischen Intervention. Der Tod von 18 amerikanischen Soldaten in einer US-amerikanischen (!) Operation in Mogadischu und sein Echo in den US-Medien löste eine breite Opposition in Washington aus gegen jede Zustimmung zu neuen Friedenserhaltenden Maßnahmen unter der Flagge der Vereinten Nationen.

Infolgedessen zögerte der Sicherheitsrat in der Folgezeit zunehmend, die notwendigen Schritte zu ergreifen, selbst bei humanitären Notfällen. Dieser Mangel an politischem Willen erwies sich in seinen Wirkungen als katastrophal, als der Rat sich weigerte, auf irgendeine konkrete Art und Weise auf den Beginn des Völkermordes in Ruanda im Frühling 1994 zu reagieren.

Im ehemaligen Jugoslawien, vor allem in den Territorien von Kroatien, Bosnien-Herzegowina und Mazedonien, wurden die Vereinten Nationen aufgefordert zu intervenieren, als sich europäische Institutionen als erfolglos erwiesen hatten. Der Sicherheitsrat verabschiedete zahlreiche Resolutionen, meistens unter Berufung auf Kapitel VI der Charta, aber die Ressourcen, die zur Verfügung gestellt wurden, reichten für die anspruchsvollen Operationen nicht aus, insbesondere als „Schutzzonen" (Safe Areas) durch den Rat geschaffen wurden und geschützt werden sollten. Der Versuch, die Friedenserhaltende Maßnahme mittendrin höherzustufen von einer Kapitel-VI-Operation zu einer Kapitel-VII-Operation, erwies sich als undurchführbar. Die NATO war zuerst gebeten worden, Unterstützung in Form einer Kontrolle des Luftraums zu gewähren, später wurde eine humanitäre Luftbrücke hinzugefügt sowie eine

Überwachung eines See-Embargos (→ Sanktionen). Schließlich, im Dezember 1995, nachdem ein Friedensabkommen in Dayton/Ohio ohne die Mitwirkung der Vereinten Nationen ausgehandelt und unterzeichnet worden war, mußten die Vereinten Nationen die Verantwortung für die gesamte militärische Operation in Bosnien-Herzegowina einer 60.000 Mannn starken NATO-geführten „Implementation Force" (Durchführungs-Truppe) IFOR übergeben.

Die Zahl der Blauhelme ist geschrumpft von nahezu 80.000 im Jahr 1993 auf rund 10.000 zum gegenwärtigen Zeitpunkt (Juni 1999). Der Schwerpunkt hat sich zu „Regionalen Abmachungen" (Regional Arrangements), wie sie in Kapitel VII der Charta angesprochen werden, verlagert. Jedoch ist – mit Ausnahme der NATO – ihr Potential für Friedenserhaltende Maßnahmen eher als unterentwickelt einzuschätzen, wenn es denn überhaupt existiert.

Nichtsdestoweniger wird es wahrscheinlich erst eines fundamentalen Wechsels der politischen Ausrichtung in Washington und einer neue Generation internationaler Notfälle bedürfen, bevor sich dieser Trend umkehrt und bevor die Friedenssicherung der Vereinten Nationen zu ihrem eigentlichen Wesen zurückfindet.

Das folgende ist eine chronologische Aufstellung aller Friedenserhaltenden Maßnahmen der Vereinten Nationen. (Die Zahlen in Klammern beziehen sich auf die Zahl der Todesopfer während der Missionen):

UNTSO (UN Truce Supervision Organisation, dt. Organisation der UN zur Überwachung des Waffenstillstands); Palästina/Israel; 1948 bis heute; (38)
UNMOGIP (UN Military Observer Group in India and Pakistan, dt. Militärbeobachtergruppe der UN in Indien und Pakistan); 1949 bis heute; (9)
UNEF I (I st. UN Emergency Force, dt. 1. Noteinsatztruppe der UN); Ägypten/Israel; 1956-1967; (106)
UNOGIL (UN Observation Group in Lebanon, dt. Beobachtergruppe der UN in Libanon); 1958-1958;

ONUC (UN Operation in the Congo, dt. Operation der UN im Kongo); 1960-1964; (250)

UNSF (UN Security Force in West New Guinea [West Irian], dt. Sicherheitstruppe der UN in West-Neuguinea [West-Irian]); 1962-1963;

UNYOM (UN Yemen Observation Mission, dt. Beobachtermission der UN im Jemen); 1963-1964;

UNFICYP (UN Peacekeeping Force in Cyprus, dt. Friedenstruppe der UN in Zypern); 1964 bis heute; (168)

DOMREP (Mission of the Representative of the Secretary-General in the Dominican Republic, dt. Mission des Beauftragten des Generalsekretärs in der Dominikanischen Republik); 1965-1966;

UNIPOM (UN India-Pakistan Observation Mission, dt. Beobachtermission Indien-Pakistan der Vereinten Nationen); 1965-1966;

UNEF II (2nd UN Emergency Force, dt. 2. Noteinsatztruppe der UN); Ägypten/Israel; 1973-1979; (55)

UNDOF (UN Disengagement Observer Force, dt. Beobachtertruppe der UN für die Truppenentflechtung); Syrien/Israel; 1974 bis heute; (39)

UNIFIL (UN Interim Force in Lebanon, dt. Interimstruppe der UN in Libanon); 1978 bis heute; (228)

UNGOMAP (UN Good Offices Mission in Afghanistan and Pakistan, dt. Gute-Dienste-Mission der Vereinten Nationen in Afghanistan und Pakistan); 1988-1990;

UNIIMOG (UN Iran-Iraq Military Observer Group, dt. Militärische Beobachtergruppe der Vereinten Nationen für Irak und Iran); 1988-1991; (1)

UNAVEM I (UN Angola Verification Mission I, dt. Verifikationsmission der UN für Angola I); 1989-1991;

UNTAG (UN Transition Assistance Group, dt. Unterstützungseinheit der UN für die Übergangszeit); Namibia; 1989-1990; (19)

ONUCA (UN Observer Group in Central America, dt. Beobachtergruppe der UN in Zentralamerika); 1989-1992; (250)

UNIKOM (UN Iraq-Kuwait Observation Mission, dt. Beobachtermission der UN für Irak und Kuwait); 1991 bis heute; (13)

UNAVEM II (UN Angola Verification Mission II, dt. Verifikationsmission der UN für Angola II); 1991-1995; (5)

ONUSAL (UN Observer Mission in El Salvador, dt. Beobachtermission der UN in El Salvador); 1991-1995; (5)

MINURSO (UN Mission for the Referendum in the Western Sahara, dt. Mission der UN für das Referendum in Westsahara); 1991 bis heute; (8)

UNAMIC (UN Advance Mission in Cambodia, dt. Vorausmission der UN in Kambodscha); 1991-1992;

UNPROFOR (UN Protection Force, dt. Schutztruppe der UN); Kroatien/Bosnien/Mazedonien; 1992-1995; (212)

UNTAC (UN Transitional Authority in Cambodia, dt. Übergangsbehörde der UN in Kambodscha); 1992-1993; (84)

UNOSOM I (UN Operation in Somalia I, dt. Operation der UN in Somalia I); 1992-1993; (8)

ONUMOZ (UN Operation in Mozambique, dt. Operation der UN in Mosambik); 1992-1994; (24)

UNOSOM II (UN Operation in Somalia II); 1993-1995; (148)

UNOMUR (UN Observer Mission in Uganda-Rwanda, dt. Beobachtermission der UN für Uganda und Ruanda); 1993-1994;

UNOMIG (UN Observer Mission in Georgia, dt. Beobachtermission der UN in Georgien); 1993 bis heute; (3)

UNOMIL (UN Observer Mission in Liberia, dt. Beobachtermission der UN in Liberia); 1993-1997;

UNMIH (UN Mission in Haiti, dt. Mission der UN in Haiti); 1993-1996; (8)

UNAMIR (UN Assistance Mission in Rwanda, dt. Hilfsmission der UN für Ruanda); 1993-1996; (26)

UNASOG (UN Aouzou Strip Observer Group, dt. Beobachtergruppe der UN im Aouzoustreifen); Tschad/Libyen; 1994-1994;

UNMOT (UN Mission of Observers in Tajikistan, dt. Beobachtermission der UN in Tadschikistan); 1994 bis heute; (8)

UNAVEM III (UN Angola Verification Mission III, dt. Verifikationsmission der UN in Angola III // MONUA – United Nations Oberserver Mission in Angola, dt. Beobachtermission der UN in Angola); 1995-1999; (36//13)

UNCRO (UN Confidence Restoration Operation in Croatia, dt. Operation der UN zur Wiederherstellung des Vertrauens in Kroatien); 1995-1996; (17)

UNPREDEP (UN Preventive Deployment Force, dt. Präventiveinsatztruppe der UN); Mazedonien; 1995-1999; (4)
UNMIBH (UN Mission in Bosnia-Herzegovina, dt. Mission der UN in Bosnien und Herzegowina); 1995 bis heute; (6)
UNTAES (UN Transitional Administration for Eastern Slavonia, Baranja and Western Syrmium, dt. Übergangsverwaltung der UN für Ostslawonien, die Baranja und Westsirmien); 1996-1998; (11)
UNMOP (UN Mission of Observers in Prevlaka, dt. Beobachtermission der UN in Prevlaka); Kroatien; 1996 bis heute;
UNSMIH/UNTMIH/MIPONUH (UN Mission in Haiti); 1996 bis heute; (1)
MINUGUA (UN Verification Mission in Guatemala, dt. Verifikationsmission der UN in Guatemala); 1997-1997;
UN CIVILIAN POLICE SUPPORT GROUP (dt. Zivilpolizei-Unterstützungsgruppe der UN); Croatia (Follow-on to UNTAES); 1998; (1)
MINURCA (UN Mission in the Central African Republic, dt. Mission der UN in der Zentralafrikanischen Republik); 1998 bis heute; (1)
UNOMSIL (UN Observer Mission in Sierra Leone, dt. Beobachtermission der UN in Sierra Leone); 1998 bis heute;

Brian Urquhart

Lit.: *James, A.:* Peacekeeping in International Politcs, London 1990; *Paris, R.:* United Nations Peacekeeping after the Cold War, London 1991; *Rikhye, I.J./ Skjaelsbaek (Hrsg.):* The United Nations Peacekeeping: Results, Limitations and Prospects, London 1990.
Internet: Homepage der Hauptabteilung Friedensoperationen des Sekretariats (mit Kartenmaterial und näheren Informationen zu den einzelnen Missionen: http://www.un.org/Depts/dpko

Friedenstruppen

Definition/Aufgabenstellung

In der Charta der Vereinten Nationen (→ Charta der UN)findet man den Begriff „Friedenstruppen" o.ä. nicht. Derartige militärische Kräfte haben sich aus der Praxis der Vereinten Nationen im Bereich der Friedenserhaltung entwickelt. Unter „*UN-Friedenstruppen*" werden Soldaten verstanden, die im Auftrag der Vereinten Nationen, zumeist im Rahmen Friedenserhaltender Maßnahmen („Peacekeeping Operations") eingesetzt werden. Solche Soldaten werden den Vereinten Nationen von ihren Heimatländern entweder einzeln als „Militärbeobachter", oder in geschlossenen militärischen Formationen als nationale Kontingente zur Verfügung gestellt. In einem Einsatzgebiet werden solche Kontingente oder Militärbeobachter als multinationale Friedenstruppe („Peacekeeping Force") zusammengefaßt. Außer Soldaten kommen zunehmend auch Zivilpolizisten zum Einsatz, in einigen Konflikten sogar ausschließlich. Wegen ihrer gemeinsamen Kennzeichnung mit hellblauer Kopfbedeckung (Helm, Barett oder Kappe, jeweils mit UN Emblem) werden UN-Friedenstruppen häufig als „Blauhelme" bezeichnet. Am 10.12.1988 wurde den UN-Friedenstruppen für ihren selbstlosen Einsatz für den Frieden der Friedensnobelpreis verliehen.

1945, als die Charta der Vereinten Nationen unterzeichnet wurde, befanden sich die meisten der 51 Unterzeichnerstaaten im Kriegszustand und hatten in erheblichem Umfang Truppen unter Waffen. Solche aktiven Streitkräfte sollten für die zentrale Aufgabe der neuen Organisation verfügbar gemacht werden, die Aufrechterhaltung des Friedens und der internationalen Sicherheit (Kapitel I, Artikel 1 UN-Charta).

Die ständigen Mitglieder des→ Sicherheitsrates beanspruchten für sich die „strategische Leitung aller dem Sicherheitsrat zur Verfügung gestellten Streitkräfte", während sie die „Fragen bezüglich der Führung dieser Truppen" später regeln wollten (Artikel 47 Abs.3 UN-Charta). Diese Bestimmung wurde bisher jedoch nicht angewandt.

Der jahrzehntelange Ost-West-Konflikt verhinderte auch, daß andere Bestimmungen der Charta zum Truppeneinsatz in aktives Handeln umgesetzt wurden, so etwa die Bereithaltung von Luftstreitkräften, welche die Vereinten Nationen befähigen sollen, drin-

gende militärische Maßnahmen durchzuführen (Artikel 45 UN-Charta).

Auch die Beistandspflicht aller Mitgliedstaaten der Vereinten Nationen, zu
deren Abruf auf Veranlassung des Sicherheitsrates eines oder mehrere Sonderabkommen geschlossen werden
sollten (Artikel 43 UN-Charta), befindet
sich noch in einem weitgehend ver-
tragslosen Zustand. Sogar die Möglichkeiten militärischer Sanktionsmaßnahmen (Artikel 42 UN-Charta), hat der
Sicherheitsrat bisher auf Regionalorganisationen oder Koalitionen delegiert.
Generalsekretär Boutros-Ghali empfahl
dem Sicherheitsrat deshalb, rasch verfügbare Streitkräfte auf Abruf bereitzu-
halten, um durch deren bloße Existenz
Friedensstörer oder Aggressoren abzu-
schrecken. Er sah hier auch eine aktive
Rolle für den seit seiner Gründung 1945
beschäftigungslosen *Generalstabsausschuß* (*„Military Staff Committee"*)
(*Boutros-Ghali* 1995, 55 f.). Angesichts
der allerseits für dringend notwendig
erachteten Reform des Sicherheitsrates
zur Anpassung an die seit seiner Gründung grundlegend veränderte Weltlage,
besonders an die erheblich gestiegene
Zahl der Mitgliedsstaaten der Vereinten
Nationen wird jede Kompetenzzumes-
sung an diesen Ausschuß auf weltweite
Ablehnung stoßen, gilt er doch als
weiterer Ausdruck der überprivilegier-
ten Stellung der Ständigen Mitglieder
des Rates.

Entwicklung der Friedensmissionen

Gestützt auf die Resolution 48 (1948)
vom 23. 04. 1948 des Sicherheitsrates
über die Bildung einer Waffenstill-
standskommission für Palästina (*„UN
Truce Supervision Organization –
UNTSO"*) wurden im Juni 1948 erstmalig 9 Offiziere als Militärbeobachter
nach Palästina entsandt. Diese Mission
gilt seither als erste „Friedenserhaltende
Maßnahme der Vereinten Nationen"
(*„UN Peacekeeping Operation"*). Sie
besteht nunmehr ununterbrochen, wenn
ihre Struktur auch mehrfach wechselte.
Ihre Stärke (1998): 155; Budget (1998):
$ 26,4 Millionen; Todesfälle seit 1948:
38; der französische Commandant René

de Labarrière war 1948 der erste von
insgesamt mehr als 1.550 (1998) Toten
unter den UN-Friedenstruppen. Seiner
Familie wurde 1998 die erste vom Sicherheitsrat aus Anlaß des 50jährigen
Jubiläums der UN Friedenseinsätze
gestiftete Dag-Hammarskjöld-Medaille
überreicht. Eine Besonderheit für die
Verleihung dieser Medaille besteht in
der Bestimmung, daß sie auf Antrag
eines Mitgliedsstaates nur posthum an
uniformierte Angehörige von UN-
Friedensmissionen verliehen wird.

Seit Januar 1949 besteht mit der Mi-
litärbeobachtergruppe in Indien und
Pakistan (*„UN Military Observer
Group in India and Pakistan –
UNMOGIP"*) die zweite sehr langlebi-
ge Friedensmission. Ihre Stärke (1998):
44; Budget (1998): $ 7,8 Millionen;
Todesfälle seit 1949: 8.

Die jüngste friedenserhaltende Ope-
ration der Vereinten Nationen ist die
Beobachtermission in Sierra Leone
(*„UN Observer Mission in Sierra Leone
– UNOMSIL"*). Dort sind seit Juli 1998
90 Blauhelme (70 Militärbeobachter, 5
UN Zivilpolizisten, 15 Sanitäter,) unter-
stützt von 96 Zivilpersonen im Einsatz.
Budget (1998; 6 Monate): $ 18,3 Mil-
lionen.

Insgesamt wurden vom Sicherheitsrat
bisher Mandate für 49 Friedensmissionen erteilt, davon waren Ende 1998
noch 17 aktiv. Da es im gleichen Zeitraum mehr als 150 bewaffnete Auseinandersetzungen in vielen Regionen der
Erde gab, wird deutlich, daß der Sicherheitsrat die Frage einer möglichen
Intervention der Weltorganisation
ziemlich zurückhaltend beurteilt. Dazu
trägt auch das Bemühen vor allem der
Ständigen Mitglieder bei, möglichst
keine Präzedenzfälle zu schaffen, die z.
B. bei Menschenrechtsverletzungen in
einzelnen Mitgliedsstaaten zu einer
internationalen Verpflichtung zum Eingreifen führen könnte (→ Menschenrechtsschutz). Ungefähr 800.000 Blauhelme waren bzw. sind bisher im Einsatz gewesen. Die Gesamtkosten der
Vereinten Nationen für alle UN-
Friedenstruppen belaufen sich auf ca.
18 Milliarden US-Dollar. Im Vergleich

zu den jährlichen Verteidigungsausgaben einiger Mitgliedsstaaten ist das ein sehr bescheidener Betrag. (z. B. USA 1998 ca. $ 280 Milliarden.)

*Bereitstellung von
Friedenstruppen*

Da die Vereinten Nationen nicht über eigene, ständig einsetzbare Truppen für Friedensmissionen verfügen, sind sie auf die Bereitschaft von Mitgliedsstaaten angewiesen, die notwendigen militärischen Mittel dann bereitzustellen, wenn ein Mandat des Sicherheitsrates das fordert. Die in der komplizierten, oft langwierigen politischen Entscheidungsfindung sowohl des Sicherheitsrates als auch der → Generalversammlung begründeten Probleme, in Krisensituationen mit rasch verfügbaren militärischen Kräften einzugreifen, um eine Ausweitung bewaffneter Konflikte zu verhindern, ließen die Vereinten Nationen wiederholt die Forderung nach einer *Schnellen Eingreiftruppe* stellen*(„Rapid Reaction Force - RRF")* (*Boutros-Ghali* 1995, 18). Der für die Verwirklichung einer solchen Idee erforderliche politische Wille der Mitgliedstaaten hat lediglich allgemein die Vorstellung eines Hauptquartiers für eine „RRF" akzeptiert, ohne mehr als symbolische Haushaltsmittel dafür zu genehmigen.

Problematisch wirkt sich bei der Entscheidung über künftige Friedensmissionen ebenso wie bei der Diskussion über eine Verlängerung des Mandats für bereits bestehende Friedenseinsätze die Tatsache aus, daß das Haushaltsrecht nicht bei der politischen Instanz des Sicherheitsrates liegt, sondern bei der Generalversammlung (Artikel 17 der Charta der UN). Selbst wenn die Generalversammlung den Resolutionen des Sicherheitsrates folgt, so führt ihr Mitwirken doch stets zu Verzögerungen, bisweilen aber auch zu Haushaltsentscheidungen (→ Haushalt), welche die Implementierung eines Mandats gefährden.

Die für Friedenseinsätze der Vereinten Nationen zuständige Abteilung des → Sekretariats - *„Department of Pea-*cekeeping Operations – DPKO"*- hat ein *Konzept zur Truppenbereithaltung („Stand-by Forces Concept")* erarbeitet, das der vorstehenden Idee ebenso wie dem Ansatz des Artikels 43 der Charta der UN nach Sonderabkommen gerecht wird und von der Generalversammlung am 10.12.1993 ausdrücklich gebilligt wurde (*Boutros-Ghali* 1995, 100 f.). Danach informieren Mitgliedsstaaten das Sekretariat (DPKO) über solche Truppenteile oder Einzelpersonen, die für Friedenseinsätze der Vereinten Nationen verfügbar gemacht werden sollen. Einzelheiten wie Art und Stärke derartiger Kräfte, Ausrüstung und Leistungsmerkmale, Bereitschaftsgrade, notwendige Vorlaufzeiten und Transportmittelbedarf, Selbstversorgungsmöglichkeiten und truppen- oder landesspezifische Besonderheiten werden nach detaillierter Absprache in einer DPKO-Datenbasis gespeichert. In bilateralen Verhandlungen mit dem Truppenstellerland werden die Modalitäten der Verfügbarkeit ebenso wie Kostenrückerstattungsansprüche nach einem zukünftigen Einsatz in einem *„Stand-by Forces Agreement"* festgeschrieben und als Dokument nach internationalem Recht unterzeichnet. Dabei ist unstrittig, daß es sich hierbei nur um eine politische Absichtserklärung handelt. Die mehr als 70 Mitgliedstaaten, welche bisher derartige Abkommen mit den Vereinten Nationen abgeschlossen haben, behalten sich das Recht vor, über einen tatsächlichen Einsatz nach Maßgabe ihrer jeweiligen politischen Beurteilung und innerstaatlichen rechtlichen Erfordernisse von Fall zu Fall zu entscheiden. Dennoch erleichtert die „Stand-byForces"-Datenbasis die Planung und Einsatzvorbereitung neuer Friedensmissionen durch das Sekretariat (DPKO) erheblich. Damit war DPKO in der Lage, nach der erst am 27.03.1998 verabschiedeten Resolution 1159 (1998) des Sicherheitsrates zur Aufstellung einer neuen Friedensmission in der Zentralafrikanischen Republik („UN Mission in the Central African Republic – MINURCA") bereits zum 15.04.1998, also nach nur 19 Tagen, die

Einsatzbereitschaft der ersten 1.200 von 1.350 genehmigten Blauhelmen in der Hauptstadt Bangui zu melden. Auch die Generalstäbe der großen Mitgliedstaaten hätten Probleme mit der Forderung nach so schneller Reaktion. Sie bekundeten dem Generalsekretär ihren Respekt für die außergewöhnliche Leistung.

Kommandostruktur von Friedensmissionen

Hinsichtlich der Führung von UN Friedensmissionen besteht grundsätzlich Einverständnis unter den Mitgliedsstaaten, daß der Sicherheitsrat die Hauptverantwortung für die allgemeine politische Zielsetzung und die dazu notwendigen Richtlinien besitzt. Dem → Generalsekretär obliegt die Umsetzung dieser politischen Direktiven in aktive Friedensmissionen und deren Führung im Einsatz. Hierfür bedient er sich der dafür verantwortlichen Abteilung (DPKO), in der insbesondere die Kompetenz für die logistische, technische und verwaltungsmäßige Unterstützung friedenserhaltender Maßnahmen vorhanden ist. Im Einsatzgebiet ernennt der Generalsekretär entweder einen Politiker oder Diplomaten als seinen *Sonderbeauftragten ("Special Representative of the Secretary-General – SRSG")* oder einen *Truppenkommandeur ("Force Commander" oder "Chief Military Observer")* zum verantwortlichen Missionschef. (*Boutros-Ghali* 1995, 16). Tatsächlich ist die Kommandogewalt dieser Führungsstruktur eingeschränkt, weil truppenstellende Staaten sich nationale Rechte vorbehalten und ihre Truppen den Vereinten Nationen nicht „in jeder Hinsicht" unterstellen. Truppenstellende Staaten behalten sich im Einzelfall auch Rechte vor, die in die operative Handlungsfähigkeit der Vereinten Nationen eingreifen und diese sogar blockieren können. Handlungsanweisungen der Vereinten Nationen werden deshalb besonders von den Kontingenten aus den Nationen des „Nordens" erst nach Prüfung durch ihre jeweiligen nationalen Kommandobehörden umgesetzt. Wenn solche Prü-

fungen häufiger zu negativen Ergebnissen führen, verlagern sich u. U. Lasten und Verantwortlichkeiten zu den Kontingenten, die nicht am kurzen Zügel ihrer Hauptstädte stehen. So mußte ein Blauhelmkontingent mitten im Einsatz von seinen Aufgaben entbunden werden, weil dessen Regierung einige der Einsatzregeln für seine Soldaten außer Kraft gesetzt hatte. Ein Kontingent von einem anderen Kontinent sprang anstandslos in die Lücke. Zu derartigen Problemen trägt außerdem bei, daß auf der Ebene der Nationen eine eindeutige Definition der Bedeutung von Kommandobeziehungen und Führungsverantwortung fehlt.

Die Disziplinargewalt über UN-Friedenstruppen bleibt unbestritten ein nationales Vorbehaltsrecht. Trotz der allgemeinen Verantwortung der Vereinten Nationen für das Verhalten der Truppen unter ihrer Flagge im Einsatzgebiet gegenüber den dortigen Autoritäten, Regierungen bzw. Konfliktparteien, steht dem Missionschef als einzige Disziplinarmaßnahme die Möglichkeit zur Verfügung, über das Sekretariat (DPKO) die Repatriierung Einzelner oder von Truppenteilen auf Kosten des Entsendestaates zu beantragen.

Wandel der Mandate für Friedensmissionen

Es ist üblich geworden, Einsätze von UN-Friedenstruppen als „klassisch" oder „multifunktional" zu kategorisieren. Erstere setzen die Zustimmung der Konfliktparteien voraus und verpflichten die Blauhelme zu den Prinzipien der Unparteilichkeit und dem Verzicht auf den Gebrauch ihrer Waffen außer im Falle der Selbstverteidigung. Für derartige Einsätze sind UN-Friedenstruppen traditionell nur sehr leicht bewaffnet, weil ihre Funktion fast zivilpolizeilichen Charakter hat. Die Mandate solcher Einsätze orientieren sich an den Grundsätzen *friedlicher Streitbeilegung* (→ Streitbeilegung, friedliche) nach Kapitel VI der Charta der UN. Bis 1988 zählten nahezu alle Friedensmissionen in diese Kategorie. Seither hat das aggressive Verhalten von Konfliktparteien gegenüber UN-Friedenstruppen, besonders bei deren Einsätzen in innerstaatlichen, bürgerkriegsähnlichen Auseinandersetzungen zu einem grundsätzlichen Wandel geführt. Die Mandate des Sicherheitsrates orientieren sich deshalb häufiger an den Richtlinien der *Friedenserzwingung* nach Kapitel VII der Charta der UN. Zugleich sind die *Aufträge*, welche von UN-Friedenstruppen erfüllt werden sollen zunehmend vielfältiger. So müssen sie nicht mehr nur Waffenstillstände überwachen, sondern auch die Entwaffnung, Demilitarisierung und Demobilisierung einer oder mehrerer Konfliktparteien. Gleichzeitig haben sie humanitäre Hilfsmaßnahmen zu schützen, Minenräumprogramme aufzustellen und durchzuführen, demokratische Wahlen zu organisieren und zu kontrollieren, Aufbauhilfe für kriegszerstörte Infrastruktur zu leisten und Führungskader für die Restrukturierung und den Neuaufbau von Streitkräften und Zivilpolizei auszubilden.

Der Unterstützung beim Aufbau einer an den Grundsätzen der Menschenrechte orientierten bürgerfreundlichen Zivilpolizei kommt besonders in Bürgerkriegsszenarien wachsende Bedeutung zu. So leistet die Internationale Polizeitruppe der Vereinten Nationen („International Police Task Force – IPTF") in Bosnien-Herzegowina mit 2.027 Zivilpolizisten aus mehr als 50 Nationen einen bahnbrechenden Einsatz im Bereich der Friedensgestaltung. Das Mandat dieser Zivilpolizei verlangt Beobachtungs-, Aufsichts-, Beratungs- und Ausbildungs-aktivitäten gegenüber der lokalen Polizei im Konfliktgebiet. Dabei besitzt IPTF keine Exekutivbefugnisse und ist darum auch unbewaffnet (→ UNCIVPOL).

Während der Schutz dieser UN Zivilpolizisten in Notwehrlagen von den Soldaten der gleichzeitig im Lande stationierten SFOR-Truppe unter der Flagge der NATO garantiert wird, haben negative Erfahrungen der Vereinten Nationen mit den nur für „klassische" Friedensmissionen ausgebildeten und ausgerüsteten Blauhelmen in einigen Einsätzen (z.B. ehemaliges Jugoslawien, Ruanda, Somalia) dazu geführt, UN-Friedenstruppen für multifunktionale Einsätze zu *„robusten" Friedensmissionen* zu befähigen. Dazu bedarf es vor allem eines Mandats unter Kapitel VII derCharta der UN, das die enge Beschränkung des Waffeneinsatzes auf den Fall der Selbstverteidigung weiter faßt. Für derartige Aufträge müssen UN-Friedenstruppen angemessen ausgebildet und ausgerüstet sein. So bestanden die UN-Friedenstruppen der Übergangsverwaltung für Ost-Slawonien, Baranja und West Syrmien („UN Transitional Administration for Eastern Slavonia, Baranja and Western Sirmium – UNTAES") 1996 bis1998 aus mehreren mit Kampfpanzern verstärkten Panzergrenadierbataillonen. Daneben gab es Artillerie, Kampfhubschrauber und Pioniere. Die Kriegsführungsfähigkeit dieser 5.100 Blauhelme ermöglichte „Friedenserhaltung durch Abschreckung". Als deutlich wurde, daß die Lage im Einsatzgebiet sich entspannt hatte, konnten die Vereinten Nationen ein Panzerbataillon abrücken lassen und es durch Infanterie zu Fuß und Spezialpolizei ersetzen. UN-Friedenstruppen, die nach Ausbildung und Ausrüstung mehr können, als in einem Einsatz von ihnen gefordert wird, sind stets zur Deeskalation befähigt. Der umgekehrte Weg ist nicht möglich. So können Blauhelmkontingente unter einem Mandat nach Kapitel VII jederzeit einen Wechsel des Mandats nach den Prinzipien des Kapitels VI umsetzen. Dagegen kann eine nur für friedliche Konfliktbeilegung nach Kapitel VI vorbereitete Truppe die Anforderungen eines eskalierenden Einsatzes nach Kapitel VII nicht erfüllen.Diese Erkenntnis haben die Vereinten Nationen in Somalia und im ehemaligen Jugoslawien durch bittere Erfahrungen (Mogadischu; Srebreniça) erworben.

Multinationalität

Zu den allgemein gültigen Erkenntnissen internationaler Organisationen gehört die Tatsache ihrer Multinationalität. Während regionale Organisationen darin geographischen oder ethnischen oder religiösen Beschränkungen unterliegen, ist Multinationalität im Sinne der Vereinten Nationen universal. Wer die UN zu Hilfe ruft, weiß, daß die Welt zu Hilfe kommt, nicht nur interessierte Nachbarn. UN-Friedenstruppen sind also immer multinational zusammengesetzt. Als Beispiel mögen die 28 Militärbeobachter der UN Mission auf der kroatischen Prevlaka-Halbinsel an der Grenze zu Montenegro dienen („UN Mission of Observers in Prevlaka – UNMOP"), die aus 27 Nationen kommen. Multinationalität ist politisch eine Stärke als Ausdruck des gemeinsamen politischen Willens der Truppensteller, zur Eindämmung oder Lösung eines Konfliktes beizutragen. Operativ gesehen aber ist Multinationalität eine Schwäche. Anders als in einem von Interessenidentität geprägten Bündnis, das sogar gemeinsame Strukturen entwickeln kann, sind multinationale UN-Friedenstruppen auf ihr Zusammenwirken zumeist nicht vorbereitet. Interoperabilität zwischen bisweilen extrem heterogenen Kontingenten stößt auf viele Schwierigkeiten. Zwar bestimmen die Vereinten Nationen die jeweilige Kommandosprache, meistens Englisch, bisweilen Spanisch, Französisch oder Russisch, aber deren Beherrschung kann häufig nicht erwartet werden, außer von wenigen Führern. So wurde z.B. zwischen drei benachbart eingesetzten westafrikanischen Kontingenten immer in Mandingo kommuniziert, das zwei der Kommandeure sprachen, von denen einer dann jeweils für den dritten ins Englische übersetzen mußte. Zusätzliche Probleme gibt es dadurch, daß die Sprache der Menschen im Konfliktgebiet wieder ganz anders ist. Hier sind trotz des zahlreichen Einsatzes von Dolmetschern und Sprachmittlern unterschiedlichster Qualifikation Anlässe für oft tiefgreifende Mißverständnisse programmiert. In Bosnien wurde es bisweilen kritisch, wenn der Dolmetscher etwa in der Republika Srpska als Kroate oder Muslim erkennbar war. Bei multinational zusammengesetzten Polizeitrupps aus den entgegengesetzten Ecken der Welt war trotz vorheriger

Sprachprüfungen häufig nur der Sprachmittler in der Lage, mit den Vorgesetzten zu sprechen. Es kann vorkommen, daß in einem Team von Militärbeobachtern in einem abgelegenen Winkel des Konfliktgebietes keiner der vier Offiziere die Sprache eines der anderen spricht. Das macht Kommunikation als notwendiges mitmenschliches Gespräch zur Herausforderung.

Das Menschenbild bei manchen Truppenteilen entspricht nicht immer demjenigen, das sowohl der Charta der UN als auch der Allgemeinen Erklärung der Menschenrechte (→ Menschenrechte, Allgemeine Erklärung der) zugrunde liegt. Nicht in allen Regionen der Erde sind die Menschen davon überzeugt, daß alle Menschen Wesen gleicher Würde sind. Besonders problematisch kann dabei die Einstellung zu Frauen sein, sowohl weiblichen Soldaten anderer Nationen gegenüber (→ Frauen und die UN), als auch zu Frauen im Einsatzgebiet. In den gleichen Problemkreis gehören Probleme mit Kindersoldaten. Bürgerkriegsparteien statten oft 12 – 14jährige Kinder mit Waffen aus und mißbrauchen sie zu Aktivitäten, die von keinerlei Rechtsnorm erlaubt sind. Solche bewaffneten Kinder sind wegen ihrer Unreife häufig nicht durch Vernunft zu überzeugen. Sie zu entwaffnen ist darum fast immer sehr problematisch. Die Vereinten Nationen verlangen deshalb, daß zu UN-Friedenstruppen keine Soldaten unter 18 Jahren gehören sollen, während das Mindestalter für Militärbeobachter und Zivilpolizisten auf 25 Jahre festgelegt wurde. Religiöse Vorschriften für Truppenteile aus streng religiös geprägten Gesellschaften haben nicht nur eine Binnenwirkung, sondern können Probleme z.B. bei der Versorgung mit Verpflegung bereiten. Vielfach verlangen Feldgeistliche, daß sie solche Verpflegung vor deren Bereitstellung freigeben. In mancher Lage lehnten Blauhelmkontingente Verpflegungsrationen ab, weil sie wegen des Herkunftslandes der Lebensmittel befürchteten, sie seien von Ungläubigen produziert worden. Sogar die Bereitstellung von Blutkonserven in zivilisationsfernen Gegenden kann auf religiöse Einschränkungen hinsichtlich des Blutes von Ungläubigen stoßen. Die sanitätsdienstliche Betreuung von Blauhelmkontingenten, oft schon durch sprachliche Probleme behindert, kann unter solchen Bedingungen schwierig sein.

Unterschiedliche Ausbildungsinhalte bei den Kontingenten der UN-Friedenstruppen werden durch die meist sehr ähnlichen militärischen Hierarchien und deren Reflexion in Dienstgraden und sogar deren Abzeichen überdeckt. Die Annahme, ein „Hauptmann" sei ein „Hauptmann" bedarf deshalb der Überprüfung, ehe man einem Blauhelm mit diesem Dienstgrad entsprechende Verantwortung übertragen will. Die nationalen Grundsätze für das Verhältnis von Vorgesetzten zu Untergebenen differieren teilweise erheblich. Nur selten kann man Verantwortung auf nachgeordnete Führungsebenen delegieren. Initiativen Untergebener werden in manchen Streitkräften nicht geschätzt, die sich völlig auf ein starres Gehorsamsprinzip stützen. Zusammenarbeit mit Zivilisten ist vielen Soldaten ebenso ungewohnt wie umgekehrt. Interoperabilität im technischen Bereich ist dagegen durch die Verwendung von Adaptern, Schaltkästen und Zwischensteckern verhältnismäßig leicht zu meistern. Dagegen ist die Kompatibilität von Menschen oft schwierig. Das liegt an unterschiedlichen Wertvorstellungen, daraus resultierenden unterschiedlichen Disziplinmaßstäben und anderen Tugendkatalogen. Trotz des gemeinsamen Ziels unter dem Mandat des Sicherheitsrates betonen die Blauhelme ihre nationale Herkunft mit Stolz. Viele Kontingente kommen aus jungen Nationen, die ihre → Souveränität erst in den letzten Jahrzehnten erlangt haben, oft mit Hilfe der Vereinten Nationen. Manche Kontingente werden von ihrem Staatsoberhaupt persönlich in den UN Einsatz entsandt und mit Handschlag verabschiedet. Das hat besonders motivierende Wirkung. Bei unterschiedlichen Auffassungen zwischen der Führung einer UN Mission und einem Kontingentführer müssen auch solche Faktoren berücksichtigt werden. So wird ein hohes Maß an Toleranz gefordert, um unter den Bedingungen der Multinationalität ein zielgerichtetes Zusammenwirken im Sinne des jeweiligen Mandats der UN-Friedenstruppen sicherzustellen. Dabei verlangt das oft erhebliche soziale Gefälle einerseits zwischen den Blauhelmen und der Bevölkerung im Einsatzgebiet, andererseits zwischen Blauhelmkontingenten aus wohlhabenden und armen Ländern sehr viel Fingerspitzengefühl. Zwar bekommen alle Truppenstellerstaaten pro Mann und Monat ihrer Blauhelmsoldaten ca. 1.000 $ aus der Kasse der Vereinten Nationen für Friedenseinsätze („Peacekeeping Support Account") erstattet, aber manche Länder zahlen ihren Soldaten nur ca. 20 $ aus, während ihre Kameraden aus wohlhabenden Staaten deutlich mehr als 1.000 $ erhalten. Dabei ist das Risiko für Leib und Leben gleich.

Trotz solcher Unterschiede müssen die Vereinten Nationen sicherstellen, daß Friedenstruppen unter ihrer Flagge sich an allgemein gültigen *Grundsätzen* orientieren. „Force Commanders" und „Chief Military Observers", zumeist nach ihrer Nationalität ausgewählt und durch den Generalsekretär berufen, werden deshalb durch die Vereinten Nationen auf einen Kanon („Code of Conduct") verpflichtet, der sich an den Grundsätzen der „Allgemeinen Erklärung der Menschenrechte" orientiert. Daneben werden je nach den politischen Gegebenheiten im Krisengebiet oft sehr differenzierte *Einsatzregeln* („*Rules of Engagement*") festgelegt. Damit wird den UN-Friedenstruppen ein detaillierter Handlungskatalog an die Hand gegeben, der versucht, den nationalen Führern für ihre Kontingente, die in der Regel an eine strikt zentralisierte Befehlspraxis gewöhnt sind, eindeutige Anweisungen zu geben. Dennoch bleibt die Frage der Loyalität von Blauhelmen stets ein latentes Problem, weil Situationen denkbar sind, in denen die Verpflichtung gegenüber dem Vaterland und die Herausforde-

166

rung unter der UN-Flagge in Konflikt geraten. Als Beispiel sei auf die Blauhelme in Ruanda verwiesen, die 1994 ungläubig auf den Abzugsbefehl des Sicherheitsrates auf dem Höhepunkt des dortigen Völkermordes reagierten.

Es ist hilfreich, daß UN-Friedenstruppen sich nicht auf ein Gefecht verbundener Waffen unter den Bedingungen eines „normalen Krieges" einstellen müssen. Im UN Friedenseinsatz gibt es keinen Feind. Die Friedenstruppen *kämpfen* also nicht Schulter an Schulter, sondern *arbeiten* kameradschaftlich *zusammen*. Das entspannt die Situationen, in denen Unterschiede in Grundsätzen sonst durchaus Anlaß zu ernsthaften Spannungen schaffen könnten. So vollzieht sich das Zusammenwirken von Blauhelmkontingenten zumeist in einer Atmosphäre des freundlichen Miteinander. Die im Verhältnis zur territorialen Größe des jeweiligen Konfliktgebietes geringe Zahl von Blauhelmen verhindert zudem Reibereien durch räumliche Enge. Das gemeinsame Ziel, den Frieden im Einsatzraum zu erhalten oder wiederherzustellen, verbindet die Blauhelme über alle Unterschiedlichkeiten hinweg. Sie lernen, einander mit Toleranz und gegenseitigem Respekt zu akzeptieren. Gerade das veranlaßt aber manche Armeen, ihre zurückkehrenden Blauhelme durch intensive „Remilitarisierungsprogramme" zu steuern, um den befürchteten verweichlichenden Einfluß eines Einsatzes zur Friedenserhaltung zu überwinden. Die Zielsetzung solcher Programme verlangt deshalb, aus Soldaten des Friedens wieder „Krieger" zu machen. Viele Soldaten und Zivilpolizisten aber werden durch die bestandenen Herausforderungen und ihre Begegnungen mit Menschen aus anderen Gesellschaftsordnungen nach ihrer Rückkehr zu überzeugenden Vertretern demokratischer Wertvorstellungen.

Manfred Eisele

Lit.: *Biermann, W./Vadset, M.*: UN Peacekeeping in Trouble: Lessons Learned from the Former Yugoslavia, Abingdon 1998;*Boutros-Ghali, B.*: An Agenda for Peace. Second Edition, New York 1995;*Hüfner, K.*: Die Vereinten Nationen und ihre Sonderorganisationen. Teil 3 A, Vereinte Nationen – Friedensoperationen - Spezialorgane, Bonn 1997; *Ratner, S.*: The New UN Peacekeeping. New York 1995; *Unser, G.*: Die UNO, München 1997; *Volger, H.*: Geschichte der Vereinten Nationen, München 1995.
Internet: Homepage des UN Department of Peacekeeping Operations: http://www.un.org/Depts/dpko/main.htm; Website der UN Dag-Hammarskjöld-Library zur Friedenssicherung: http://www.un.org/Depts/dhl/resguide/specpk.htm

Gemeinsames Erbe der Menschheit

Der Ausdruck „Gemeinsames Erbe der Menschheit" (common heritage of mankind) bezeichnet Initiativen der Vereinten Nationen zum Schutz von Kultur- und Naturgütern, der Umwelt, und Territorien, die nicht der nationalen → Souveränität eines Staates unterliegen. Der Grundgedanke besteht zunächst darin, Regionen und Güter zu schützen, die im ideellen Sinn oder durch die gemeinsame Nutzung von Ressourcen, für alle Staaten von Wert sind. Außerdem sollen im Umgang mit Kultur- und Naturgütern und der Umwelt die Interessen zukünftiger Generationen gewahrt werden.

Einer der bedeutendsten Schritte zum Schutz des gemeinsamen Erbes ging von der → UNESCO aus. Sie verabschiedete 1972 das *Übereinkommen zum Schutz des Kultur- und Naturerbes der Welt* (gemeinsames Weltkultur- und Naturerbe) (UNTS Bd. 1037 Nr. 15511; BGBl. II, 213) und rief so die *World Heritage List* ins Leben. Momentan befinden sich 582 (Stand: 12/98) Kultur- und Naturgüter aus 114 Ländern auf dieser Liste.

Der Begriff des gemeinsamen Erbes der Menschheit wurde im Rahmen der Vereinten Nationen im Zuge einiger Kodifikationen zum Schutz von Regionen außerhalb der Grenzen nationaler Jurisdiktion geprägt. Der Gedanke der *gemeinsamen Nutzung des Weltraums* durch die Menschheit wurde bereits 1958 und 1963 in zwei Resolutionen der Generalversammlung anerkannt.

Diese bereiteten den 1967 verabschiedeten „Weltraumvertrag" (UNTS Bd. 610, Nr. 8843, 205; BGBl. 1969 II, 1967) vor, mit dem unter anderem die internationale Zusammenarbeit bei der Erforschung des Weltraums, seine gemeinsame und friedliche Nutzung sowie die Vermeidung von Beeinträchtigungen der Umwelt beschlossen wurde (→ Weltraumrecht).

Im Bereich der Nutzung der Meere bahnte sich Ende der 60er Jahre an, daß eine einseitige militärische Verwendung und wirtschaftliche Ausbeutung die Ozeane in ihrer Eigenschaft als gemeinsames Gut der Menschheit gefährdeten. Um dieser Entwicklung entgegenzuwirken, erklärte die → Generalversammlung der Vereinten Nationen 1970 in einer Resolution, der sog. „Meeresboden-Prinzipiendeklaration" (GA Res. 2749 (XXV) vom 17.12.1970) den *Meeresboden* zum *gemeinsamen Erbe der Menschheit.* Es wurde gefordert, den Meeresboden und seine Naturschätze zum Nutzen der gesamten Menschheit auszubeuten und dabei die Bedürfnisse der Entwicklungsländer besonders zu berücksichtigen. Diese Formulierungen wurden in dem 1982 verabschiedeten „Seerechtsübereinkommen" (→ Seerecht) wieder aufgegriffen. Es spezifiziert die zu schützenden Bodenschätze und legt die Unveränderlichkeit dieser Definitionen fest.

Unter der Betonung der Gemeinsamkeit des Erbes der Menschheit fordern die Entwicklungsländer, bei ihren Initiativen zum Erhalt des gemeinsamen Erbes, von den Industrieländern in der Form von Technologietransfers unterstützt zu werden. Diese Forderungen führten dazu, daß in dem Seerechtsübereinkommen von 1982 der Transfer von Technologie und die gleiche Beteiligung aller Staaten an der Ausbeutung der Meere vereinbart wurde. Aber aufgrund des Widerstandes der Industrieländer konnten für einen Transfer von Technologie bis heute weder allgemeine Prinzipien verabschiedet noch konkrete Vorgehensweisen beschlossen werden.

Obwohl der 1959 abgeschlossene *Antarktisvertrag* (UNTS Bd. 402 Nr. 5778) kein Anwendungsfall des gemeinsamen Erbes der Menschheit ist, wird in diesem das *Interesse der Menschheit* erwähnt. Die Prinzipien der Zusammenarbeit, der Nichtaneignung und der Nichtmilitarisierung werden zu einem geringeren Grad umgesetzt als in den anderen staatsfreien Räumen.

Das entscheidende Ereignis, das zur Ausarbeitung einer allgemeinen Konvention zum Schutz des Kultur- und Naturerbes führte, war der Bau des Assuan-Staudammes in Ägypten. Nachdem die Regierungen Ägyptens und des Sudan die UNESCO über die Gefährdung der Tempel von Abu Simbel durch den Staudamm informiert hatten, rief diese eine internationale Kampagne ins Leben. Mit Spenden aus über 50 Ländern konnten die Tempelanlagen abgebaut und an höherer Uferstelle wieder aufgebaut werden. Aus dem Mitwirken mehrerer Länder bei der Umsiedlung der Tempel von Abu Simbel entwickelte sich die Vorstellung, daß die internationale Staatengemeinschaft beim Schutz des Kultur- und Naturerbes zusammenarbeiten sollte. Der Gedanke der Gemeinsamkeit des Welterbes und der Umwelt als gemeinsames Gut der Menschheit wurde dann in die 1972 von der UNESCO verabschiedete Konvention zum Schutz des Kultur- und Naturerbes aufgenommen und weiterentwickelt.

Diese Konvention, der bis zum heutigen Zeitpunkt über 150 Staaten beigetreten sind, beschreibt die Aufgaben des *World Heritage Committee (Welterbe-Komitee)*, macht Vorschläge für die Finanzierung und definiert die Kriterien für die Aufnahme in die *World Heritage List.*

Das Welterbe-Komitee ist verantwortlich für die Umsetzung der in der Konvention verabschiedeten Grundsätze. Es berät einmal im Jahr über die Aufnahme von Kultur- und Naturdenkmälern in die *World Heritage List.* Das Komitee stellt das Budget auf und kümmert sich um die Verteilung der Gelder. Es entscheidet, ob ein Objekt in die *List of World Heritage in Danger* aufgenommen wird. Der Zweck dieses Programms zur Rettung besonders gefährdeter Güter besteht darin, die Aufmerksamkeit der Weltöffentlichkeit auf das gefährdete Objekt zu lenken, um so zusätzliche finanzielle Mittel für dessen Schutz zu erhalten.

Damit ein Objekt in die *World Heritage List* aufgenommen wird, muß es zuerst von dem jeweiligen Land, in dem es sich befindet, vorgeschlagen werden. Um dann als kulturelles Gut unter den Schutz des gemeinsamen Erbes gestellt zu werden, sollte ein Bauwerk oder Denkmal einen bedeutenden Austausch menschlicher Werte verkörpern, Ausdruck menschlicher Kreativität sein oder Eigenschaften einer bestimmten Kultur darstellen. Um als Naturgut geschützt zu werden, muß eine Anlage entweder ein außergewöhnliches Ereignis, oder einen Prozeß in der Entwicklung der Erde darstellen, ein Beispiel für besondere Phänomene der Natur enthalten oder bedrohte Tier- oder Pflanzenarten beheimaten.

Seit 1992 wird die Arbeit des *World Heritage Committee*, dessen 21 Mitglieder von der Generalversammlung der Unterzeichnerstaaten der Konvention gewählt werden, durch das *UNESCO World Heritage Centre* unterstützt. Letzteres wurde geschaffen, um die tägliche Umsetzung der Konvention voranzutreiben und zu überwachen. Es kooperiert mit allen Organisationen, die am Schutz des Welterbes beteiligt sind und ist verantwortlich für die Verwaltung des Haushalts. Dieser setzt sich aus obligatorischen Zahlungen der Unterzeichnerstaaten und freiwilligen Spenden zusammen. Das jährliche Budget beträgt etwa drei Millionen US-Dollar.

Der Schutz des gemeinsamen Erbes ist nach Auffassung des *World Heritage Committee* ein kontinuierlicher Prozeß, der die Gemeinsamkeit und die Weitergabe des Erbes an künftige Generationen betonen soll. Leider lassen sich diese Ziele nicht immer verwirklichen. So ist die Anzahl der in die *World Heritage List* aufgenommenen Güter seit

Inkrafttreten der Konvention auf mehr als 582 angewachsen. Bei dem begrenzten Budget, mit dem das Komitee arbeitet, wird es immer schwieriger, die notwendigen Maßnahmen zum Erhalt der Güter durchführen zu können. Der Gedanke, Kultur- und Naturgüter als gemeinsames Gut der Menschheit zu schützen, wird auch dann vernachlässigt, wenn ein Unterzeichnerstaat seinen Verpflichtungen nicht nachkommt. Dann können die auf seinem Territorium angesiedelten Güter von der *World Heritage List* gestrichen werden.

Von den insgesamt 445 Kultur-, 117 Natur- und 20 „gemischten" Gütern befinden sich 20 in Deutschland. Dazu gehören die Dome in Aachen, Speyer und Köln, die Wieskirche, die Potsdamer Schlösser und seit 1998 das klassische Weimar.

Im Gegensatz zu Natur- und Kulturgütern, die sich unter der Souveränität eines Staates befinden, wird der Schutz der Umwelt (→ Umweltschutz) als globale Herausforderung betrachtet, die durch nationale Initiativen allein nicht bewältigt werden kann. Daher wird seit der ersten Umweltkonferenz 1972 in Stockholm versucht, Leitprinzipien für den Umgang mit der Umwelt und ihren Ressourcen festzulegen. Diese Praxis der multilateralen Abkommen zum Schutz der Umwelt wurde in den 90er Jahren in der Form mehrerer → Weltkonferenzen intensiviert. In diesem Zusammenhang wird zwar der Begriff des gemeinsames Erbes der Menschheit nicht verwendet, doch finden sich in den Abschlußdokumenten die selben Grundgedanken wieder.

Durch die Kodifikationen von Nutzungs- und Schutzbestimmungen in multilateralen Abkommen wurde das Prinzip der Gemeinsamkeit des Welterbes ein Bestandteil des Völkergewohnheitsrechts (→ Umweltvölkerrecht; → Völkerrechtsentwicklung im Rahmen der UN). Dies gilt in erster Linie für den Umgang mit Territorien, die sich nicht unter der Souveränität eines Staates befinden, weniger für den Schutz der Umwelt und von Kultur- und Naturgütern. Da die Implementierung der

169

Schutzbestimmung den nationalen Regierungen vorbehalten bleibt, enthält es kaum spezifische, sondern nur generelle Verpflichtungen.

In Bezug auf den Umgang mit staatsfreien Räumen wird inzwischen das Annexions- und Okkupationsverbot, die Nichtmilitarisierung, die umwelt- und ressourcenschonende Nutzung und der Gedanke der gerechten Verteilung mit besonderer Berücksichtigung der Entwicklungsländer allgemein akzeptiert.

Gregor Kolk

Lit.: *Fitschen, T.:* Gemeinsames Erbe der Menschheit, in: Wolfrum, R.: Handbuch Vereinte Nationen, 2. Aufl., München 1991, 211-220; *Gelhoff, W.:* Krise und Wandel in der UNESCO, in: EA, Folge 19 (1992), 557-565; *Wolfrum, R.:* Common Heritage of Mankind, in: Bernhardt, R. (Hrsg.): EPIL, Bd. 11, Amsterdam 1989, 65-69.
Internet: Homepage des World Heritage Committee mit der World Heritage List: http://www.unesco.org/whc/heritage.htm

Generalsekretär

I. Einführung

Wie kaum eine andere Institution der Vereinten Nationen ist der Generalsekretär in der Weltöffentlichkeit präsent, wird die UNO mit ihm identifiziert, der als reisender Vermittler in internationalen Krisen oder als mahnende Stimme des Gewissen der Welt auf die Armut, den Hunger, die Flüchtlinge und die Menschenrechtsverletzungen in vielen Regionen der Welt hinweist.

Dabei ist seine Stellung, wenn man sich die entsprechenden Bestimmungen in der Charta (→ Charta der UN) ansieht, gar nicht so stark im Vergleich zur → Generalversammlung und zum → Sicherheitsrat, aber die Amtsinhaber, die dieses Amt seit der Gründung der Vereinten Nationen ausübten, haben es verstanden, die Kompetenzen ihres Amtes durch überzeugendes Auftreten in Krisensituationen allmählich in der Praxis auszudehnen, manchmal mit stillschweigender oder ausdrücklicher Duldung von Generalversammlung und Sicherheitsrat, manchmal gegen heftigen Widerstand, vor allem aus den Reihen der ständigen Mitglieder des Sicherheitsrats.

Wenn man sich also mit dem Amt des Generalsekretärs beschäftigt, muß man deshalb zum einen die Chartabestimmungen unter die Lupe nehmen, aber ebenso die politische Praxis der Amtsinhaber, die diesem Amt über seine ursprünglichen Aufgaben und Kompetenzen hinaus weitere Möglichkeiten und Rechte de facto verschafft haben, die heute – so der Konsens der Völkerrechtler – gewohnheitsrechtlich dem Generalsekretär zustehen.

Dabei haben die Amtsinhaber das Amt durchaus verschieden interpretiert und dementsprechend auch die Rolle des Generalsekretärs im System der Vereinten Nationen verändert, soweit die anderen UN-Hauptorgane (→ Haupt-/Neben-/Vertragsorgane) dies zuließen. Das Amt des Generalsekretärs hatten bis heute inne: *Trygve Lie* (Norwegen) vom 1.2.1946 bis 10.4.1953; *Dag Hammarskjöld* (Schweden) vom 10.4.1953 bis 18.9.1961; *U Thant* (Burma) vom 3.11.1961 bis 31.12.1971; *Kurt Waldheim* (Österreich) vom 1.1.1972 bis 31.12.1981; *Javier Pérez de Cuéllar* (Peru) vom 1.1.1982 bis 31.12.1991; *Boutros Boutros-Ghali* (Ägypten) vom 1.1.1992 bis 31.12.1996; *Kofi Annan* (Ghana) seit dem 1.1.1997.

II. Generalsekretär und Sekretariat

Überraschenderweise wird in Artikel 7 der Charta, der die Aufzählung der Hauptorgane der Vereinten Nationen enthält, nicht der Generalsekretär, sondern das → Sekretariat als Hauptorgan genannt. Allerdings machen die Chartabestimmungen zum Sekretariat in Kapitel XV (Art. 97-101) deutlich, daß beide – Sekretariat und Generalsekretär – auf der einen Seite als funktionelle Einheit zusammenwirken sollen, zum anderen aber unterschiedliche Funktionen erfüllen. Das Sekretariat als organisatorisches Zentrum des → UN-Systems, das die Arbeit der übrigen UN-Hauptorgane und sonstigen UN-Gremien vorbereitet und die Umsetzung ihrer Beschlüsse in die Wege leitet sowie den Kontakt zu den Mitgliedstaaten aufrechterhält, besteht aus dem Generalsekretär und den sonstigen Bediensteten, die ihm unterstellt und verantwortlich sind (Art. 97). Darüber hinaus ist der Generalsekretär auch der höchste Verwaltungsbeamte der Vereinten Nationen. Weiter übertragen ihm Art. 98 und 99 wichtige Aufgaben und Funktionen im Bereich der präventiven Diplomatie und der Friedenssicherung. Insofern sind beide Einrichtungen nicht identisch.

III. Stellung des Generalsekretärs

Der Generalsekretär wird auf Empfehlung des Sicherheitsrats von der Generalversammlung ernannt (Art. 97). Im Sicherheitsrat ist dazu eine Zweidrittelmehrheit erforderlich, die ständigen Ratsmitglieder können mit ihrem Veto (→ Veto/-recht) die Wahl eines Kandidaten verhindern, weil die Generalversammlung nicht ohne die Empfehlung des Sicherheitsrats einen Kandidaten ernennen kann. Die Charta enthält keine Ausführungen über die Amtszeit und Wiederwahlmöglichkeiten. So mußte die Generalversammlung eine Entscheidung treffen: Gemäß den bei der Wahl des ersten Generalsekretärs von der Generalversammlung festgelegten Anstellungsbedingungen beträgt die Amtszeit des Generalsekretärs fünf Jahre, eine Wiederernennung auf weitere fünf Jahre wird nicht ausgeschlossen (GA Res. 11 (I) vom 1.2.1946). Ein einziges Mal sind die Vereinten Nationen von dieser Regel abgewichen: Als sich der Sicherheitsrat am Ende der ersten Amtszeit von Trygve Lie nicht auf einen Vorschlag an die Generalversammlung einigen konnte, verlängerte die Generalversammlung ohne eine Empfehlung des Sicherheitsrats – mit 48 Ja-Stimmen, 5 Nein-Stimmen und 8 Enthaltungen – am 1.11.1950 die Amtszeit von Lie um drei Jahre (GA Res. 492 (V) vom 1.11.1950). Diese Umgehung der Charta-Regelung erwies sich jedoch als Pyrrhus-Sieg, weil die osteuropäischen Staaten, welche die Wiederwahl Lies durch das Veto des

UdSSR im Sicherheitsrat hatten verhindern wollen, in der Folgezeit jede Zusammenarbeit mit Lie verweigerten, so daß Lie schließlich am 10. November 1952 vor der Generalversammlung seinen Rücktritt erklärte.

Der Wahlmodus sichert – wie auch das oben erwähnte Beispiel verdeutlicht, den ständigen Sicherheitsratsmitgliedern – einen sehr großen Einfluß auf die Wahl des Generalsekretärs. Da aber beide eng bei der Wahrung des Weltfriedens und der Erfüllung der übrigen Aufgaben der UNO eng zusammenarbeiten müssen – eine Politik der UNO gegen die Großmächte hätte kaum Aussicht auf Erfolg –, ist dies wohl sinnvoll.

Rechtlich gesehen ist der Generalsekretär in seiner Amtsführung von direkten Einflußnahmen aus den Mitgliedstaaten unabhängig: Nach Art. 100 dürfen weder er noch das übrige Personal des Sekretariats Weisungen „von einer Regierung oder von einer Autorität außerhalb der Organisation... erbitten noch entgegennehmen". Die Mitgliedstaaten verpflichten sich in Art. 101 der Charta, nicht zu versuchen, den Generalsekretär und das Personal „bei der Wahrnehmung ihrer Aufgaben zu beeinflussen".

Leider halten sich – oft zum Schaden für das Ansehen des Generalsekretärs – die Regierungen der Mitgliedstaaten oft nicht an diese Bestimmung: Sie nahmen und nehmen oft massiv Einfluß auf die Personalpolitik des Generalsekretärs, versuchen Schlüsselpositionen im Sekretariat mit ihren Wunschkandidaten zu besetzen. So mußte schon der erste Generalsekretär in einem „Gentlemen's Agreement" mit den ständigen Sicherheitsratsmitgliedern akzeptieren, daß alle fünf für ihr Land je eine der ranghöchsten Stellen nach dem Generalsekretär als Leiter einer Hauptabteilung beanspruchen, und diese „Tradition" wurde bis heute fortgesetzt. Aber auch andere Staaten beanspruchen „Erbhöfe" für sich. Dieses Macht- und Besitzstandsdenken erschwert dem Generalsekretär seine Arbeit enorm, weil es auf diese Weise schwierig wird, die Positionen mit der Person mit der besten Qualifikation zu besetzen (→ Personal).

Klug beraten ist dagegen der Generalsekretär, wenn er sich bei seiner alltäglichen politischen Arbeit immer wieder mit den Regierungen der Mitgliedsländer – über deren UN-Botschafter bei den → Ständigen Vertretungen der Staaten in New York – abstimmt, weil er in allen UN-Gremien auf die Unterstützung vieler Staaten angewiesen ist, wenn er Mehrheiten für seine Initiativen bekommen möchte, und erst recht bei der Durchführung der beschlossenen Maßnahmen. Je besser ein Generalsekretär diese Kontakte pflegt, umso mehr kann er in den Gremien der Vereinten Nationen durchsetzen. Ein typisches Mittel für die Umsetzung bestimmter Initiativen des Generalsekretärs sind informelle Gruppen von UN-Botschaftern aus den verschiedenen → Regionalgruppen der UNO, die sich um den Generalsekretär herum zu dem jeweiligen Projekt bilden; sie nennen sich „Freunde des Generalsekretärs" (→ Gruppenbildung in den UN).

IV. Administrative Aufgaben

Der Generalsekretär ist oberster Verwaltungsbeamter der Vereinten Nationen (Art. 97). In dieser Eigenschaft ernennt er sämtliche Beamten der Organisation. Dabei muß er auf die Leistungsfähigkeit des Sekretariats, die fachliche Kompetenz des Personals, deren persönliche Integrität und auf eine ausgeglichene geographische Verteilung achten (Art. 101 Abs. 3) – ein oft schwieriger Balanceakt.

Er erstattet jährlich der Generalversammlung einen Bericht über die Tätigkeit der Organisation, nimmt an den Sitzungen der Generalversammlung, des Sicherheitsrats, des → Wirtschafts- und Sozialrats (ECOSOC) und des → Treuhandrats teil (Art. 98), muß dort auf Verlangen gehört werden und hat nach den Geschäftsordnungen der einzelnen Organe das Recht, die vorläufigen Tagesordnungen des Sicherheitsrats, des ECOSOC und des Treuhandrats vorzubereiten sowie alle ihm wichtigen Fragen auf die vorläufige Tagesordnung der Generalversammlung zu setzen. Die endgültige Entscheidung über die Tagesordnung bleibt allerdings den Organen selbst vorbehalten. Außerdem beruft er die außerordentlichen Tagungen der Generalversammlung auf Antrag des Sicherheitsrats oder der Mehrheit der Mitglieder der Vereinten Nationen ein (Art. 20).

Er hat den Haushaltsplan (→ Haushalt) der Organisation vorzubereiten und ist für die gesamte Finanzverwaltung verantwortlich. Er koordiniert die Sammlung von Informationsmaterial im Sekretariat zu den vielfältigen Arbeitsgebieten der UN sowie die Anfertigung von Studien und Berichten für die einzelnen UN-Organe.

Dabei bietet ihm vor allem der Jahresbericht an die Generalversammlung die politisch bedeutsame Möglichkeit, neben einem knappen Überblick über die Arbeit der Organisation in ihren wichtigsten Aufgabenfeldern Kritik an Abläufen in der Organisation, aber auch am Verhalten der Mitgliedstaaten zu äußern, Anregungen für die Verbesserung der Funktionsfähigkeit der UNO zu unterbreiten sowie auf neue Herausforderungen politischer und sozialer Art hinzuweisen, denen sich die Vereinten Nationen stellen müssen. Der Jahresbericht ist Ausdruck der politischen Verantwortung des Generalsekretärs, seiner politischen Aufgaben, die er neben den administrativen Aufgaben zu erfüllen hat.

Ebenso kommt dem Generalsekretär eine Schlüsselrolle bei der – schwierigen – Koordinierung der Arbeit im gesamten UN-System, vor allem zwischen der UNO und den Sonderorganisationen, die ihre Autonomie gerne betonen. Der Generalsekretär leitet den für die Koordinierung des UN-Systems (→ Koordinierungssystem der UN) zuständigen Ausschuß, den Verwaltungsausschuß für Koordinierung (Administrative Committee on Coordination – ACC), allerdings nur als „primus inter pares" in der Gruppe der Leiter der UN-Spezialorgane und Sonderorganisationen. Effektive Koordinierung kann bei starken völkerrechtlichen Stellung der Sonderorganisationen durch den Generalsekretär kaum bewirkt werden.

Letztendlich gehört zu seiner Verantwortung als oberster Verwaltungsbeamter auch das Bemühen um eine Steigerung der Effizienz und Senkung der Kosten in der UNO –vor allem angesichts der heftigen Kritik seitens der USA (→ USA, UN-Politik), aber auch von Teilen der Medien in aller Welt und angesichts der durch die langjährige Zahlungsverweigerung der USA und die Zahlungsrückstände vieler Mitgliedstaaten ausgelösten immer wiederkehrenden → Finanzkrisen. Deshalb haben sich die Generalsekretäre seit Pérez de Cuéllar verstärkt um eine → Reform der UN bemüht, dazu Berichte vorgelegt, Studien unabhängiger Kommissionen (→ Unabhängige Kommissionen, Berichte) angeregt und eigene Reformmodelle ausgearbeitet. Vor allem Boutros-Ghali und Annan haben detaillierte Reform-Vorschläge vorgelegt und mit Strukturmaßnahmen im Sekretariat – Umgliederung von Abteilungen, Stellenkürzungen usw. begonnen. Was die Reform anderer UN-Hauptorgane und sonstigen Gremien anbetrifft, fehlte es dort bisher an dem nötigen politischen Willen zur Umsetzung der oft sehr realistischen und sinnvollen Vorschläge, z.B. bei der Neustrukturierung des Sicherheitsrats. Hier können die Reformbemühungen des Generalsekretärs nur erfolgreich sein, wenn die anderen Hauptorgane mit ihm zusammenarbeiten und er eine breite Unterstützung in den Mitgliedstaaten findet.

Der Generalsekretär vertritt die Organisation rechtlich in ihrer Gesamtheit nach außen: Die diplomatischen Vertreter der Staaten bei den Vereinten Nationen werden bei ihm akkreditiert, er überprüft die Beglaubigungsschreiben der Vertreter der Staaten und Organisationen, die an den Sitzungen der Organe der UN oder an Konferenzen teilnehmen, die von den UN ausgerichtet werden. Nur bei der Generalversammlung und beim ECOSOC überprüfen eigene Gremien die Beglaubigungs-

schreiben. Er vertritt die UN bei der Aushandlung und beim Abschluß von Übereinkommen mit Staaten und anderen Institutionen auf Antrag eines Organs der UN. Er ist für die Durchführung und Einhaltung der → Sitzstaatsabkommen verantwortlich und führt für die Organisation jede Form von Rechtsstreitigkeiten. Eine Vielzahl multilateraler völkerrechtlicher Verträge sieht den Generalsekretär als Depositar vor, die Verträge sowie die Ratifikationsunterlagen werden bei ihm hinterlegt, registriert und publiziert. Dies gilt darüber hinaus nach Art. 102 für alle völkerrechtlichen Verträge von UN-Mitgliedern, die sie seit Inkrafttreten der Charta abgeschlossen haben – sie werden ebenfalls registriert und in den United Nations Treaties Series (→ UNTS) veröffentlicht. Er ist zuständig für Entgegennahme von Mitteilungen an die UN-Organe sowie für die Weiterleitung von UN-Dokumenten an die Mitgliedstaaten oder andere internationale Organisationen. Außerdem leitet er die gesamte → Öffentlichkeitsarbeit der Vereinten Nationen.

V. Übertragene Aufgaben

Neben seinen administrativen Aufgaben erfüllt der Generalsekretär Aufgaben, die ihm gemäß Art. 98 der Charta durch die Hauptorgane übertragen werden. Dies geschieht vor allem im Bereich der friedlichen Streitbeilegung (→ Streitbeilegung, friedliche) und der → Friedenssicherung.

Auf Anforderung des Sicherheitsrats stellt der Generalsekretär den Konfliktparteien seine „Guten Dienste", d.h. seine Vermittlungsdienste zur Verfügung, bringt sie nach bilateralen Vorgesprächen in „Pendeldiplomatie" an einen Verhandlungstisch und legt ihnen Lösungsvorschläge vor. Er übernimmt außerdem „Fact-finding"-Missionen im Auftrag des Rats, um die Situation in Krisengebieten zu erkunden und dem Rat Informationen als Grundlage für eigene Initiativen im jeweiligen Konflikt zu bieten.

Ebenso überträgt der Sicherheitsrat – oder im Ausnahmefall auch die Generalversammlung (→ Uniting-for-peace-Resolution) dem Generalsekretär die Ausführung und/oder die Kommandogewalt über → Friedenstruppen der UN (vgl. auch → Friedensoperationen). Dabei kann – je nachdem, wie weit sich die Mitglieder im auftraggebenden Hauptorgan einigen können- das Mandat präziser oder offener ausfallen. Im letzteren Fall muß dann der Generalsekretär, unterstützt vom Department of Peacekeeping Operations – DPKO – (Hauptabteilung Friedenssicherungseinsätze) des Sekretariats, die konkreten politischen Entscheidungen über den genauen Auftrag der Friedenstruppe, ihre Zusammensetzung etc. selber treffen Dies war während des Kalten Kriegs durch die mangelnde Zusammenarbeit der Großmächte USA und UdSSR im Sicherheitsrat häufig der Fall und führte anschließend oft zu Kontroversen im Sicherheitsrat und in der Generalversammlung über die Entscheidungen des Generalsekretärs, z.B. über die Entscheidungen Hammarskjölds im Kongo-Einsatz der Friedenstruppen. Nachdem die ständigen Sicherheitsratsmitglieder seit Ende der 80er Jahre in der Regel konstruktiver zusammenarbeiten, sind die Mandate für die Friedensmissionen eindeutiger und detaillierter geworden. Jetzt liegt das Problem für den Generalsekretär eher darin, die komplexen Mandate, die neben der Sicherung von Waffenstillständen oft den Wiederaufbau von Verwaltungen, die Abhaltung von Wahlen u.ä. beinhalten, organisatorisch umzusetzen und – wegen der Vielzahl gleichzeitig laufender Friedensmissionen – die Finanzierung der Missionen haushaltstechnisch sicherzustellen – angesichts der schon erwähnten Zahlungsrückstände bzw. –verzögerungen vieler Mitgliedstaaten keine leichte Aufgabe.

Ebenso werden dem Generalsekretär wichtige Aufgaben im wirtschaftlichen und sozialen Bereich, v.a. bei dem Schutz der Menschenrechte (→ Menschenrechte; → Menschenrechtsschutz), übertragen. Vor allem die Generalversammlung beauftragt den Generalse-

kretär häufig, in einem Mitgliedsland mit geeigneten Mitteln bei der Wiederherstellung der Menschenrechte zu helfen. Dazu kann der Generalsekretär ebenfalls seine „Guten Dienste" anbieten oder eine Untersuchungskommission – die Zustimmung des Mitgliedstaats vorausgesetzt – in das betreffende Land schicken.

VI. Politische Kompetenzen nach Art. 99 UN-Charta

Um seine Stellung gegenüber dem Sicherheitsrat, der die Hauptverantwortung für die Friedenssicherung trägt, zu stärken, und einen Ausgleichsmöglichkeit für auftretende Versäumnisse des Rates in diesem Aufgabenbereich zu schaffen, wurde dem Generalsekretär mit Art. 99 UN-Charta die Möglichkeit gegeben, „die Aufmerksamkeit des Sicherheitsrats auf jede Angelegenheit zu lenken, die nach seinem Dafürhalten geeignet ist, die Wahrung des Weltfriedens und der internationalen Sicherheit zu gefährden".

Dieser Artikel hat sich in der Geschichte der Vereinten Nationen (→ Geschichte der UN) als wichtige Rechtsgrundlage für die politischen Aktivitäten der Generalsekretäre erwiesen. Und zwar nicht direkt, weil sich die Generalsekretäre formal nur sehr selten auf Art. 99 bezogen haben, um den Sicherheitsrat in einer internationalen Krisensituation anzurufen, sondern indirekt, in dem der jeweilige Generalsekretär – unter impliziter Berufung auf seine Kompetenz nach Art. 99 - „stille Diplomatie", d.h. vertrauliche Vermittlungsaktionen ohne Information der Öffentlichkeit, in internationalen Konflikten praktiziert hat.

Die direkte Berufung auf Art. 99 war meistens nicht erforderlich und oft auch nicht empfehlenswert: Zum einen kann auch jeder Mitgliedstaat nach Art. 35, 1 den Sicherheitsrat anrufen, um auf friedensgefährdende Situationen hinzuweisen. Zum anderen würde in einem Krisenfall eine Anrufung des Sicherheitsrat durch den Generalsekretär politisch wenig nützlich sein: Es könnte die Spannung im Krisengebiet erhöhen und zudem liefe der Generalsekretär Gefahr, seine Rolle als unparteiischer Vermittler, der außerhalb der „politischen" Hauptorgane Sicherheitsrat und Generalversammlung und der dort ausgetragenen politischen Streitigkeiten steht, zu gefährden, wenn er den Sicherheitsrat anruft.

Erfolgversprechender ist es – das zeigt die Geschichte der UNO – wenn er ohne Publicity und öffentliche Diskussionen handeln kann, allein ausgestattet mit der politischen und moralischen Autorität seines Amtes bzw. seiner Person. Die „stille Diplomatie" gestattet den Konfliktparteien, ohne Gesichtsverlust Positionen aufzugeben, wenn der Generalsekretär ihnen durch zuverlässige Informationen eine realistische Einschätzung der Situation und durch seine ausgewogenen Vorschläge eine Kompromißlösung bietet, die Aussicht hat, auch von der Staatenmehrheit akzeptiert zu werden. Dabei hat der jeweilige Generalsekretär es in der Regel darauf ankommen lassen, ob Generalversammlung und Sicherheitsrat seine Aktionen nachträglich durch eine entsprechende Resolution unterstützen oder – was häufiger der Fall war – nur stillschweigend dulden. Daß beide Hauptorgane diese wichtige Arbeit des Generalsekretärs letztendlich gutheißen, kann man daran sehen, daß in keinem Fall dem Generalsekretär durch Beschlüsse der beiden Organe nahegelegt wurde, seine Vermittlungtätigkeit zu beenden. Das bedeutet aber nicht, daß nicht häufig viele Mitgliedstaaten, allen voran die Großmächte, hinter den Kulissen ihren Unwillen über einzelne Vermittlungsaktionen ausgedrückt hätten oder auch öffentlich in Sitzungen der beiden Organe Kritik an einzelnen Aktionen geäußert hätten. Dennoch haben alle Generalsekretäre – und das macht ihr politisches Ansehen aus – ihre Vermittlungsrolle gegen alle Kritik verteidigt und beibehalten. Neben direkte Vermittlungsaktionen traten dabei auch zunehmend Fact-Finding-Missionen in Krisengebieten sowie auch im Bereich der Menschenrechte, was sich als sehr hilfreich erwies, wenn

die genuin für den Menschenrechtsschutz zuständigen Gremien sich zu keinem entsprechenden Untersuchungsauftrag entschließen bzw. keine Mehrheiten dafür finden konnten.

Dabei ist die Rechtsgrundlage für die eigenständige Tätigkeit des Generalsekretärs – ohne Auftrag von Hauptorganen - nicht eindeutig: Unstrittig ist wohl, daß ihm die Kompetenz des Art. 99, d.h. seine Mitverantwortung für den Weltfrieden, auch die Möglichkeit einräumt, als Vermittler im Sinne des Kapitels VI der Charta bei der Suche nach einer friedlichen Streitbeilegung behilflich zu sein. Strittig war jedoch lange Zeit seine Kompetenz bei den Factfinding-Missionen. Inzwischen hat man jedoch bei den Mitgliedstaaten weitgehend akzeptiert, daß der Generalsekretär, wenn er die Möglichkeit haben soll, in einem Krisenfall nach Art. 99 den Sicherheitsrat anzurufen, er vorher Gelegenheit haben muß, sich umfassend und rechtzeitig über Krisenherde zu informieren.

VII. Das Verhältnis zwischen Generalsekretär und den Großmächten

Die konkreten politischen Möglichkeiten jenseits der ihm von der Charta gegebenen Kompetenzen wurden bisher bei jedem Generalsekretär letztlich vom Verhältnis der Großmächte zueinander und zum jeweiligen Amtsinhaber bestimmt: Je schlechter das Verhältnis zwischen den Großmächten war, um so geringer waren die Chancen, daß der Sicherheitsrat auf Maßnahmen zur Konfliktbeilegung einigen konnte. An seine Stelle trat z.T. die Generalversammlung, die – auf der umstrittenen Rechtsgrundlage ihrer „Uniting-for-Peace-Resolution" – die Lage in den Krisengebieten diskutierte und Empfehlungen zur Konfliktschlichtung abgab, aber vor allem der Generalsekretär, der die durch die Untätigkeit des Sicherheitsrats entstandene Lücke in der Friedenssicherung zu füllen versuchte.

Dies galt in besonderem Maß für Dag Hammarskjöld, der die Lücke mit Hilfe seiner charismatischen Ausstrahlung und seiner visionären Ideen sehr selbstbewußt füllte und für sich in Anspruch nahm, die Charta kreativ fortzuentwikkeln: „Man kann vom Generalsekretär der Vereinten Nationen erwarten, daß er ohne irgendwelche Direktiven von der Generalversammlung oder dem Sicherheitsrat handelt, wenn ihm dies erforderlich erscheinen sollte, um dazu beizutragen. ein Vakuum zu füllen, das innerhalb des Systems, das die Charta und die traditionelle Diplomatie für die Erhaltung von Frieden und Sicherheit bereitstellen, auftauchen kann" (Übersetzung des Verf., SCOR 13th Year, 837th Meeting, 22.7.1958, 4)

So ist seinem „Mut zur Lücke" die Schaffung der ersten UN-Friedenstruppe UNEF I im Suez-Konflikt 1956 zu verdanken, als er - auf der Grundlage einer Idee des kanadischen UN-Delegierten Lester Pearson – das Konzept für die Friedenstruppen ausarbeitete, die Mehrheit in der Generalversammlung sicherte sowie die Zustimmung der truppenstellenden Staaten und der Konfliktparteien. Dies geschah ohne klare Rechtsgrundlage in der Charta, er interpretierte den Sinn des Kapitels VI extensiv und sicherte sich dafür die Zustimmung der Staatenmehrheit.

Damals hatte das Amt des Generalsekretärs innerhalb des UN-Systems de facto wohl die größte Machtfülle. Dies rief im Zusammenhang mit dem Kongo-Konflikt die heftige Opposition der UdSSR hervor, für die Chruschtschow 1960 vor der Generalversammlung forderte, den Generalsekretär durch ein Dreier-Kollegium mit je einem Vertreter der westlichen Staaten, der sozialistischen Staaten und der blockfreien Staaten zu ersetzen (vgl. *Volger* 1995, 119-121). Die Mehrheit der Mitgliedstaaten sah darin aber die Gefahr der Übertragung der Konfliktstrukturen des Sicherheitsrats auf die Führung des Sekretariats und lehnte den sowjetischen Vorschlag ab: ein handlungsfähiger Generalsekretär, der vielleicht Fehler machte oder seine Kompetenzen überschritt, war ihnen lieber als ein

handlungsunfähiges Dreiergremium im Dauerpatt.

Die folgenden Generalsekretäre waren trotz der andauernden Blockierung des Sicherheitsrats dennoch kaum in der Lage, die von Hammarskjöld begonnene aktive Führungsrolle in den Vereinten Nationen auszufüllen, geschweige denn weiterzuentwickeln. Zum einen fehlte es ihnen an der charismatischen Persönlichkeit, die Hammarskjöld die Unterstützung der Weltöffentlichkeit oft gesichert hatte, zum anderen veränderten sich die Mehrheitsverhältnisse in der Generalversammlung durch die Aufnahme vieler neuer Mitglieder, der Staaten, die ihre Unabhängigkeit erlangten, so gravierend, daß es schwerer wurde, klare Mehrheiten in der Generalversammlung für die Unterstützung des Generalsekretärs zu mobilisieren. Die neuen Mitglieder waren verständlicherweise mehr mit den wirtschaftlichen und sozialen Problemen ihrer Staaten beschäftigt, so verlagerte sich auch der Schwerpunkt der Aktivitäten der Generalsekretäre in diesen Bereich. Hinzu kam, daß in mehreren internationalen Konflikten die Großmächte als Konfliktbeteiligte die Einschaltung der UNO strikt ablehnten. So scheiterten z.B. diplomatische Initiativen von U Thant zur Vermittlung im Vietnam-Krieg an der ablehnenden Haltung der USA.

Eine aktive Rolle des Generalsekretärs in der UNO hat also nicht nur ein Patt der Großmächte im Sicherheitsrat zur Voraussetzung, sondern auch eine selbstbewußte, starke Persönlichkeit des Amtsinhabers sowie – das wird gerne übersehen – die Bereitschaft der ständigen Ratsmitglieder zur stillschweigenden Duldung der Politik des Generalsekretärs.

Die Wiederannäherung der Großmächte an die UNO im Zuge des KSZE-Prozesses und anderer blocküberwindender Entwicklungsdynamiken in den 80er Jahren machte den Sicherheitsrat handlungsfähiger in der Friedenssicherung, der Generalsekretär als „Lückenfüller" wurde nun weniger gebraucht, sein reales politisches Gewicht als aktives Element im UN-System ging zurück. Dafür gewann er an Bedeutung im konzeptionellen Bereich: Sowohl Boutros-Ghali mit den von ihm im Auftrag des Sicherheitsrats verfaßten „Agenda für den Frieden" und „Agenda für Entwicklung" und seinen sonstigen Reform-Konzepten als auch Annan mit seinen Reform-Vorschlägen haben sich auf diesen Bereich konzentriert.

Das größte Problem stellte bzw. stellt für die beiden Generalsekretäre Boutros-Ghali und Annan die seit der Mitte der 80er Jahre bei den USA zunehmend zu beobachtende Tendenz zur Hegemonialpolitik und zum Unilateralismus dar (vgl. *Zitka* 1997, 288ff.; *Volger* 1997): Die USA verringern nicht nur durch ihre Zahlungsverweigerung die Handlungsmöglichkeiten des Generalsekretärs drastisch, sondern ihre selektive, interessenorientierte Haltung zu Friedensmissionen und Menschenrechtsfragen erschwert dem Generalsekretär seine Arbeit enorm. Klarer Ausdruck der Ignoranz der USA gegenüber dem Mann, der das Symbol der multilateralen Diplomatie darstellt, war die polemische Medienkampagne in den USA gegen Boutros-Ghali, die sich im Jahr 1996 noch steigerte, als seine Wiederwahl zur Diskussion stand, und die ablehnenden, respektlosen Äußerungen von US-Politikern, die ihre Entsprechung in der hartnäckigen Veto-Haltung der USA im Sicherheitsrat fanden, als es bei Abstimmungen über Boutros-Ghalis Wiederwahl mehrmals 14:1 Stimmen gab, bis Mitte Dezember 1996 die anderen Ratsmitglieder resignierten und andere Kandidaten präsentierten. Ob also der jetzige Amtsinhaber Annan oder seine Nachfolger die vielfältigen Möglichkeiten nutzen können, die in diesem Amt liegen, wird zu einem wesentlichen Teil davon abhängen, ob die USA zukünftig ihre Haltung gegenüber den Vereinten Nationen revidieren und stärker die multilaterale Komponente ihrer Außenpolitik in den Mittelpunkt stellen.

VIII. Die politische Rolle des Generalsekretärs im internationalen System

Das Dilemma, aber auch die Chance des Generalsekretärs besteht darin, in dem hochkomplizierten, sich ständig verändernden Geflecht der organisierten multilateralen Diplomatie im System der Vereinten Nationen - einer multilateralen Diplomatie, die ihr Terrain stets gegen die Tendenz der Staaten zu bilateraler Diplomatie behaupten muß, und bei der oft weder eine konsistente Politik noch eine genügende Orientierung an den globalen Problemen zu erkennen ist – einen klaren Standpunkt einzunehmen, an dem sich die UN-Organe, genauer gesagt, die in ihr vertretenen Staatenregierungen orientieren sollten, wenn sie ernsthaft an der Lösung der globalen Probleme arbeiten wollen, d.h. der Generalsekretär verkörpert eine Art „kategorischen Imperativ der Weltpolitik".

Bei dieser fast unlösbar erscheinenden Aufgabe, eine integrative Funktion in einer Weltorganisation auszuüben, der die Staaten nur zögernd kleine Teile ihrer → Souveränität überlassen, kommt dem Generalsekretär jedoch zu Hilfe, daß trotz aller Rückschläge und Schwierigkeiten in der Geschichte der Vereinten Nationen die Menschen in den Mitgliedstaaten immer wieder in Krisen ihre Hoffnung auf den UN-Generalsekretär setzen, als Hoffnungsträger für die Konfliktlösung, als Anwalt der Schwachen und Rechtlosen, daß die Menschen ihn als „Weltgewissen", als „Erzieher der Welt" akzeptieren, der zwar nicht die Tagespolitik wirksam beeinflussen kann, jedoch die langfristigen Entwicklungen im internationalen System zur Sprache bringen und neue Initiativen zur Lösung der globalen Probleme wenigstens immer wieder anregen kann.

Helmut Volger

Lit.: *Dicke. K.:* Reformen des Sekretariats und die veränderte Rolle des Generalsekretärs, in: Hüfner, K. (Hrsg.): Die Reform der Vereinten Nationen. Die Weltorganisation zwischen Krise und Erneuerung, Opladen

177

1994, 225-239; *Fiedler, W.:* Kommentar zu Art. 97, in: Simma, B. (Hsrg.): Charta der Vereinen Nationen, München 1991, 965-979; *Franck, T.M./Nolte, G.:* The Good Offices Function of the Secretary-General, in: Roberts, A./Kingsbury, B. (Hrsg.): United Nations, Divided World. The UN's Roles in International Relations, 2. Aufl., Oxford 1993, 143-182; *Morr, H.v.:* Generalsekretär, in: Wolfrum, R. (Hrsg.): Handbuch Vereinte Nationen, 2. Aufl., München 1991, 220-226; *Rivlin, B./Gordenker, L. (Hrsg.):* The Challenging Role of the UN Secretary-General: making „the most impossible job in the world" possible, Westport/USA 1993; 21-26; *Volger, H.:* Geschichte der Vereinten Nationen, München 1995; *Volger, H.:* UN-Reform im Alleingang? Das konfliktreiche Verhältnis zwischen USA und UN, in: Internationale Politik 52 (1997), H. 12, 39-44; Zitka, F.. Wandel und Kontinuität. Amerikanische UNO-Politik 1977-1993, Frankfurt/M. u.a. 1997.
Internet: Website „UN Secretaries-General": http://www.un.org/Overview/SG/index.html (enthält Statements und andere Texte des jetzigen Amtsinhabers sowie UN-Dokumente, Informationen über die früheren Amtsinhaber und eine Bibliographie)

Generalversammlung

I. Entstehungsgeschichte und Befugnisse

In den alliierten Plänen für eine neue Weltorganisation (→ Entstehungsgeschichte der UN) dominierte eindeutig der von den Großmächten kontrollierte → Sicherheitsrat. Auf der Gründungskonferenz von San Francisco bemühten sich die schwächeren Staaten jedoch mit Erfolg, der → Generalversammlung mehr Mitspracherechte zu verschaffen und sie als Koordinierungsorgan ins Zentrum des → UN-Systems zu rücken. In den Frieden (→ Frieden/-sbegriff/-sbedrohung) und Sicherheit betreffenden Fragen blieb die Generalversammlung allerdings dem Sicherheitsrat untergeordnet.

Die Generalversammlung ist eines der sechs Hauptorgane der UN und das einzige, in dem alle Mitglieder Sitz und Stimme haben (→ Haupt-/Neben-/Vertragsorgane). Jedes Land kann bis zu 5 Delegierte entsenden, verfügt aber nur über eine Stimme. Die jährlichen

Tagungen der Generalversammlung, für die jeweils ein Präsident gewählt wird, beginnen stets am dritten Dienstag im September und enden in der Regel zu Weihnachten. In letzter Zeit werden die Tagungen der Generalversammlung häufig im neuen Jahr wiederaufgenommen; sie dauern manchmal bis kurz vor die Eröffnung der neuen Jahrestagung an. Dazu erlaubt die Charta (→ Charta der UN) die kurzfristige Einberufung von Sondertagungen der Generalversammlung durch den → Generalsekretär auf Antrag des Sicherheitsrats oder der Mehrheit der UN-Mitglieder. Für eine solche Aufforderung des Sicherheitsrats an den Generalsekretär gilt ein Vetorecht (→ Veto/-recht) nach Art. 27 Abs. 3 nicht. Bisher haben 19 Sondertagungen der Generalversammlung stattgefunden - u.a. zum Thema → Abrüstung (1978, 1982 und 1988), über internationale wirtschaftliche Zusammenarbeit (1975, 1980 und 1990) oder über das Drogenproblem (1990 und 1998). Darüber hinaus kann die Generalversammlung auf Basis der umstrittenen Resolution 377 A (V) vom 3. November 1950 (→ „Uniting-for-Peace-Resolution") angesichts einer immanenten Friedensbedrohung außerhalb der ordentlichen Tagungen der Generalversammlung durch Verfahrensbeschluß des Rates (der dem Veto nicht unterliegt) oder auf Verlangen einer Mehrheit der Generalversammlung binnen 24 Stunden zu Notstandssondertagungen zusammentreten und Mitgliedern kollektive Zwangsmaßnahmen (→ Sanktionen) empfehlen. Die bisherigen 10 Notstandssondertagungen haben sich u.a. mit dem Koreakrieg (1950-53), der Suezkrise von 1956, der sowjetischen Invasion in Afghanistan (1980) und der israelischen Siedlungspolitik in den besetzten Gebieten (1997) beschäftigt.

Sämtliche Mitgliedsstaaten sind in den sieben Hauptausschüssen der Generalversammlung vertreten (→ Ausschußsystem). Um diese Hauptausschüsse herum bildete sich ein komplexes System von Verfahrensausschüssen, ständigen Ausschüssen und Ad-Hoc-

Ausschüssen, in denen ein großer Teil der praktischen Arbeit geleistet wird. Über den ihr direkt unterstellten → Wirtschafts- und Sozialrat (ECOSOC) soll die Generalversammlung das Ensemble der UN-Agenturen koordinieren (→ Koordinierungssystem der UN). Tatsächlich übt sie aber nur begrenzten Einfluß auf die → Sonderorganisationen aus, die im Laufe der Zeit immer zahlreicher geworden sind.

Nach Art. 11-14 der Charta der UN erfüllt die Generalversammlung *Beratungs-, Kontroll- und Wahlfunktionen.* Für wichtige Entscheidungen, etwa zur Wahrung des Weltfriedens (→ Friedenssicherung), bei der Wahl der nichtständigen Mitglieder des Sicherheitsrats und bei der Neuaufnahme von Staaten (→ Mitgliedschaft/Repräsentation von Staaten) ist eine Zweidrittelmehrheit der anwesenden und abstimmenden Mitglieder erforderlich. In Verfahrensfragen und weniger wichtigen Angelegenheiten genügen einfache Mehrheiten (→ Stimmrecht/Abstimmungsverfahren). Abgesehen von Streitfällen, mit denen der Sicherheitsrat bereits befaßt ist, darf die Generalversammlung alle Fragen und Angelegenheiten erörtern, die in den Rahmen der Charta fallen und hierzu *Empfehlungen* an die Mitgliedstaaten und den Sicherheitsrat richten. Sie ist außerdem befugt, sich mit den allgemeinen *Grundsätzen der Zusammenarbeit zur Wahrung des Weltfriedens* einschließlich der Grundsätze für die Abrüstung und Rüstungsregelung zu beschäftigen; sie kann den *Sicherheitsrat auf friedensgefährdende Situationen aufmerksam machen* und sogar in jenen Fällen Stellungnahmen abgeben, in denen der Sicherheitsrat infolge eines Vetos blockiert ist.

Zu jeder Rechtsfrage kann die Generalversammlung ein Gutachten des Internationalen Gerichtshofs (→ IGH) anfordern. Die Generalversammlung übt eine allgemeine Aufsicht und Kontrolle über die Aktivitäten des → Sekretariats aus. Der für die abhängigen Territorien zuständige → Treuhandrat operiert unter der Autorität der Generalversammlung. Zusammen mit den

Befugnissen zur Förderung der internationalen Kooperation auf den Gebieten von Politik, Recht, Wirtschaft, Sozialwesen und Kultur nach Kapitel IX und X der Charta öffnen diese Bestimmungen der Generalversammlung ein weites Betätigungsfeld.

Die Generalversammlung wählt Mitglieder anderer Organe der UN, v.a. des ECOSOC, sowie die nichtständigen Mitglieder von Sicherheitsrat und Treuhandrat. Auf Empfehlung des Sicherheitsrats wählt sie den Generalsekretär, ernennt die Richter am IGH und beschließt über die Aufnahme neuer Mitglieder in die UN. Sie nimmt die Jahres- und Sonderberichte von Sicherheitsrat, Generalsekretär, ECOSOC und Treuhandrat entgegen; sie prüft und genehmigt den → Haushalt der UN und setzt die Höhe der Mitgliedsbeiträge fest. Mit dem Sicherheitsrat teilt sie sich die Vollmacht, Änderungen der Charta vorzuschlagen und eine Konferenz zur Revision der Charta einzuberufen.

II. Friedenssicherung und Krisenmanagement

Auf diesen Gebieten entfaltete die Generalversammlung in der ersten Zeit wesentlich mehr Aktivitäten, als die Gründer vorgesehen oder erwartet hatten. Einen ersten Höhepunkt bildete die Beschäftigung mit der Palästina-Frage, die im November 1947 durch einen mit Zweidrittelmehrheit in der Generalversammlung angenommenen Teilungsbeschluß gelöst werden sollte. Da die Generalversammlung ihre Entscheidung jedoch vor Ort nicht durchsetzen konnte, trug sie eher zur Verschärfung des Nahost-Konflikts bei. Mitverantwortung übernahm die Generalversammlung auch für die Situation auf der koreanischen Halbinsel. Als der Sicherheitsrat durch sowjetische Vetos blokkiert wurde, verabschiedete die Generalversammlung am 3. November 1950 die „Uniting-for-Peace-Resolution". Auf diese Weise gelang es, den Sicherheitsrat zu umgehen und die militärischen Operationen der UN in Korea zu legitimieren. Auch in der Suezkrise vom Herbst 1956 (Aufstellung der

Friedenstruppe (→ Friedenstruppen) UNEF I durch die Generalversammlung) und in der Kongokrise von 1960-62 gelangte die „Uniting-for-Peace-Resolution" zur Anwendung. Spätere Notstandssondersitzungen, bei denen die Mehrheit beispielsweise die Haltung Israels und der USA im Nahostkonflikt anprangerte, wurden dagegen im Westen häufig als bloße Propagandaveranstaltungen kritisiert. Eine Ausnahme bildete die Tagung vom Januar 1980, auf der die sowjetische Afghanistan-Invasion verurteilt wurde. Nach dem Ende des Kalten Krieges trat die Generalversammlung in Fragen der Friedenssicherung wieder hinter den Sicherheitsrat zurück. Am aktuellen Friedensprozeß im Nahen Osten hat sie wenig Anteil, da sie nach Auffassung der USA zu einseitig Stellung für die Palästinenser bezieht.

III. Entkolonialisierung und Rassendiskriminierung

Über den Treuhandrat war die Generalversammlung von Beginn an in den Prozeß der Auflösung der Kolonialreiche involviert. Sehr früh beschäftigte sie sich mit der rassischen Diskriminierung in Südafrika, wobei es zunächst um die Einwohner indischer Herkunft ging, später jedoch mehr und mehr um die unter der Apartheid-Politik leidende schwarze Bevölkerungsmehrheit. Einen Markstein setzte die Generalversammlung am 14. Dezember 1960 mit der „Erklärung über die Gewährung der Unabhängigkeit an koloniale Länder und Völker" (GA Res. 1514 (XV) vom 14.12.1960). In der Folge drängte die Mehrheit auf eine möglichst rasche Beendigung sämtlicher kolonialer Abhängigkeitsverhältnisse. In der Auseinandersetzung um Südafrika verhängte die Generalversammlung → Sanktionen vom Waffenembargo über wirtschaftliche Sanktionen bis zum Verbot segregierter Sportveranstaltungen. Mit der Durchsetzung freier und gleicher Wahlen in Namibia (1989) und Südafrika (1994) erzielte sie bedeutende Erfolge. Die Aufnahme von Palau signalisierte 1994 den Abschluß der → Entkolonia-

lisierung, nicht jedoch das Ende des Kampfes gegen rassische, ethnische und religiöse Diskriminierung.

IV. Entwicklungshilfe und wirtschaftliche Zusammenarbeit

Mit Hilfe des ECOSOC bemühte sich die Generalversammlung, die Aktivitäten der verschiedenen UN-Organe im Bereich der → Entwicklungszusammenarbeit der UN zu koordinieren und zu intensivieren. Ab 1961 proklamierte sie nacheinander vier „Entwicklungsdekaden", hielt mehrere Sondertagungen der Generalversammlung zu diesem Thema ab und schuf eine große Zahl neuer Organisationen. Hierzu gehören die Welthandelskonferenz → UNCTAD, das Entwicklungsprogramm → UNDP, die → UNIDO, sowie die Durchführung von → Weltkonferenzen zu den Themen Umwelt, Bevölkerung, Ernährung, Wissenschaft und Technologie etc. Das Streben der Entwicklungsländer nach einem globalen ökonomischen Interessenausgleich kulminierte in den 1970er Jahren in der Forderung nach einer neuen Weltwirtschaftsordnung (→ Weltwirtschaftsordnung/NWWO).

Die Industriestaaten machten gewisse Zugeständnisse, verfochten unter Führung der USA insgesamt aber die liberale Alternativstrategie einer Öffnung der Entwicklungsländer für den internationalen Wettbewerb und verstärkte Weltmarktintegration. Diese Linie hat sich in den 1990er Jahren weitgehend durchgesetzt, wodurch die Generalversammlung in dieser Frage an den Rand des Geschehens gedrängt wurde. Wie die seit 1992 erarbeitete *„Agenda for development"*(→ „Agenda für Entwicklung") erkennen läßt, wird die Generalversammlung trotzdem auch weiterhin ein Ort des entwicklungspolitischen Dialogs auf Weltebene bleiben.

V. Menschenrechte und Völkerrechtsentwicklung

Seit der Gründung der → Menschenrechtskommission 1946 und der Verabschiedung der Allgemeinen Erklärung der Menschenrechte (→ Menschenrechte, Allgemeine Erklärung der) am

10. Dezember 1948 ist die Generalversammlung ganz wesentlich an der Kodifizierung und Fortentwicklung der → Menschenrechte beteiligt. Die 1948 formulierten Rechte sind inzwischen - häufig auf Drängen und im Rahmen der Generalversammlung - in Form von über 20 Pakten, Konventionen und Deklarationen konkretisiert worden. Im Zuge dieser Entwicklung setzten die UN einen verbindlichen Menschenrechtsstandard fest und schufen Organe zu dessen Überwachung (→ Menschenrechtsschutz). Von zentraler Bedeutung sind der Internationale Pakt über bürgerliche und politische Rechte (→ Menschenrechtskonventionen, Internationale Pakt über bürgerliche und politische Rechte) und der Internationale Pakt über wirtschaftliche, soziale und kulturelle Rechte (→ Menschenrechtskonventionen, Internationale Pakt über wirtschaftliche, soziale und kulturelle Rechte), die im Dezember 1966 von der Generalversammlung einstimmig angenommen wurden und 1976 in Kraft traten. Danach konzentrierten sich die Bemühungen vor allem auf die Sicherung der Rechte von Frauen und Kindern sowie auf den Kampf gegen die Folter (→ Menschenrechtskonventionen und ihre Durchführungsorgane). In jüngerer Zeit eskaliert allerdings der Streit über die Universalität der Menschenrechte und die Gewichtung zwischen den bürgerlichen und politischen Rechten einerseits sowie den wirtschaftlichen Rechten andererseits. In Zukunft wird wohl noch heftig darüber diskutiert werden, ob es eine „dritte Generation" von Menschenrechten auf Frieden, Entwicklung und gesunde Umwelt gibt, und ob sich neben Individuen auch Völker und Staaten auf solche Rechte berufen können.

Obgleich die Generalversammlung laut Charta nur Empfehlungen aussprechen kann, betrachtet eine Mehrheit der Mitgliedsstaaten ihre Beschlüsse und Deklarationen (→ Resolution/Deklaration/Beschluß) als geeignete Instrumente zur Beschleunigung der Völkerrechtsentwicklung (→ Völkerrechtsentwicklung im Rahmen der UN). Resolu-

tionen als solche können zwar kein Völkerrecht erzeugen, wohl aber die Herausbildung und inhaltliche Ausgestaltung neuen Völkerrechts vorbereiten helfen und Elemente oder Stufen der anerkannten völkerrechtlichen Rechtserzeugungsverfahren darstellen. So ist der Inhalt zahlreicher im Rahmen der UN ausgearbeiteter multilateraler Verträge durch Empfehlungen und Beschlüsse der Generalversammlung vorgeformt worden. Ein markantes Beispiel bildet das „Jahrhundertwerk" des Internationalen Seerechts (→ Seerecht), das auf der 3. Seerechtskonferenz der UN von 1973 bis 1982 ausgehandelt wurde. In jüngerer Zeit sind Fortschritte im Bereich des → humanitären Völkerrechts und bei der Verfolgung von Kriegsverbrechen (→ ICC) erzielt worden.

Im Rahmen ihrer Möglichkeiten hat die Generalversammlung auch auf die Einleitung und Durchführung von Abrüstungsverhandlungen hingewirkt. Die meisten der über 1000 Resolutionen zur Abrüstungsfrage blieben im Klima des Kalten Krieges allerdings ebenso folgenlos wie die Vorschläge und Pläne der von ihr eingesetzten ständigen Genfer Abrüstungskonferenz. Immerhin leistete die Generalversammlung einen Beitrag zum Abschluß des begrenzten Atomwaffen-Teststopps (1963) und des Nichtverbreitungsvertrags (1968). 1972 wurde im Rahmen der UN einen Vertrag über das Verbot der Entwicklung, Herstellung und Lagerung von biologischen und toxikologischen Waffen (B-Waffen-Konvention) ausgehandelt, der seit 1975 in Kraft ist. Nach dem Ende des Kalten Krieges gelangen u.a. die Vereinbarung einer Konvention über das Verbot der Entwicklung, Lagerung und Herstellung chemischer Waffen (1993) und die unbegrenzte Verlängerung des Nichtverbreitungsvertrags (1995). Viele der inzwischen verwirklichten Initiativen waren bereits auf drei Sondergeneralversammlungen der Generalversammlung über Abrüstungsfragen in den Jahren 1978, 1982 und 1988 vorgebracht worden. Obwohl die Anstrengungen derzeit wieder stagnieren, wird die Generalversammlung weiterhin eine multilaterale Fortschreibung des Völkerrechts im Abrüstungssektor anmahnen.

VI. Stellung und Bedeutung der Generalversammlung

Nach Art. 10 der UN-Charta erstreckt sich die Befugnis der Generalversammlung auf die Erörterung aller Fragen und Angelegenheiten, „die in den Rahmen dieser Charta fallen oder Befugnisse und Aufgaben eines in dieser Charta vorgesehenen Organs betreffen". Somit geht der Zuständigkeitsbereich der Generalversammlung ebenso weit, wie sich der Zuständigkeitsbereich der Vereinten Nationen erstreckt, wohingegen alle anderen Organe lediglich in Teilbereichen tätig werden können. Doch sind die über die innere Organisation der UN hinausgehenden Resolutionen der Generalversammlung bloße Empfehlungen, d.h. sie besitzen für den Adressaten keine rechtsverbindliche Wirkung. Insofern ist die reale Macht der Generalversammlung beschränkt. Dies zeigt sich besonders deutlich im Verhältnis der Generalversammlung zum Sicherheitsrat. Dieser ist nur insoweit von der Generalversammlung abhängig, als er ihr jährlich über seine Tätigkeit Bericht zu erstatten hat. Bezeichnenderweise erörtert die Generalversammlung diesen Bericht seit vielen Jahren nicht mehr, sondern nimmt ihn lediglich zur Kenntnis. Darüber hinaus werden Entscheidungen, die den Weltfrieden bzw. die internationale Sicherheit betreffen, allein im Sicherheitsrat getroffen; die Kompetenz der Generalversammlung beschränkt sich auf die Diskussion von Problemen und Abgabe von Empfehlungen.

Im Zuge der Diskussion um eine → Reform der UN hat die Generalversammlung daher Vorschläge zur Stärkung ihrer Kompetenzen unterbreitet. Entsprechende Empfehlungen einer 1995 geschaffenen „Arbeitsgruppe zur Stärkung des Systems der Vereinten Nationen" (UN Doc. A/51/24) wurden von der Generalversammlung im November 1997 ausführlich diskutiert.

Gefordert wird in dem Bericht der Arbeitsgruppe u.a. eine größere Transparenz der Tätigkeit des Sicherheitsrates, die dadurch gewährleistet werden könnte, daß das monatliche Arbeitsprogramm des Rats der Generalversammlung vorgelegt wird. Auch müsse ein institutionalisierter Dialog mit dem Sicherheitsrat hergestellt werden, etwa durch Konsultationen zwischen dem Sicherheitsrat und der Präsidentschaft der Generalversammlung bzw. einem kleineren Komitee aus Generalversammlungs-Mitgliedern. Bei der Wahl des Generalsekretärs soll es beim Vorschlagsrecht des Rats bleiben, eine aktivere Rolle der Generalversammlung könnte sich jedoch in Form von Personalempfehlungen manifestieren. Auch wird über die Begrenzung der Amtszeit des Generalsekretärs auf eine Amtsperiode nachgedacht. Am begrenzten Einfluß der Generalversammlung im System der UN würde die Realisierung dieser Vorschläge jedoch wenig ändern.

Die Bedeutung der Generalversammlung kann allerdings nicht allein nach rechtlichen Kriterien gemessen werden, sie muß vielmehr vor dem Hintergrund ihrer politischen Wirkung als *Kommunikationsforum* betrachtet werden. So bietet sie den einzelnen Mitgliedstaaten nicht nur die Gelegenheit, die eigene Außen- und Wirtschaftspolitik darzustellen, sondern ermöglicht es darüber hinaus jeder Regierung, mit jeder anderen Regierung Kontakt aufzunehmen und Fragen bilateraler und multilateraler Beziehungen zu diskutieren. Dies ist besonders für kleinere Staaten, die sich keine diplomatische Vertretung in jeder Hauptstadt leisten können, von großer Bedeutung (vgl. auch → Ständige Vertretungen). Als periodisch zusammentretende Weltkonferenz schafft die Generalversammlung darüber hinaus den Rahmen zur Diskussion von Fragen der internationalen Politik und Wirtschaft und hilft bei der Suche nach konsensfähigen Lösungsansätzen. Somit bestimmt die Generalversammlung die Agenda der internationalen Zusammenarbeit in wesentlichem Maße mit; durch die Diskussion weltpolitischer Ereignisse bzw. die Stellungnahme in Form von Resolutionen übt sie moralischen Druck auf die Regierungen der Mitgliedstaaten und somit eine gewisse Machtkontrolle aus. Aus diesem Grunde sollte die Generalversammlung allen Schwierigkeiten zum Trotz in der Lage sein, auch im 21. Jahrhundert als *globales Verhandlungsforum* und *metastaatliche Koordinierungsstelle* den „Prozeß der Zivilisation" (*Elias* 1980) mitzubeeinflussen.

Jürgen Heideking

Lit.: *Dicke, K.:* Zwischen weltpolitischer Analyse, politischem Meinungskampf und Ritual der Staatengleichheit. Die Generaldebatte der 41. Generalversammlung, in: VN 36 (1988), 1-7; *Elias, N.:* Über den Prozeß der Zivilisation, Frankfurt/M. 1980; *Fischer, F.:* Rituale, Resolutionen und Frustrationen. Die internationale Verhandlungsmaschinerie, in: VN 31 (1983), 114-118; *Luard, E.:* A History of the United Nations: Bd. 1: The Years of Western Domination, 1945-1955; Bd. 2: The Age of Decolonization, 1955-1965, London 1982/1989; *Marín-Bosch, M.:* How Nations Vote in the General Assembly of the United Nations, International Organization 41 (1987), 705-724; *McWhinney, E.:* United Nations Law Making, New York 1984; *Opitz, P.J./V. Rittberger (Hrsg.):* Forum der Welt: 40 Jahre Vereinte Nationen, München 1986; *Peterson, M.J.:* The General Assembly in World Politics, Boston 1986; *Reisman, M.:* The Constitutional Crisis in the United Nations, in: AJIL 87 (1993), 83-100. **Internet:** Webseite der UN-Generalversammlung: http://www.un.org/ga

Genfer Gruppe

Die *„Genfer Gruppe"* ist ein informeller Zusammenschluß der größten Beitragszahler der Vereinten Nationen. Sie hat keine formelle Satzung oder Geschäftsordnung. Ihr gehören diejenigen UN-Mitgliedstaaten an, die mehr als 1% den ordentlichen Haushalten der → Sonderorganisationen → FAO, → ILO, → UNESCO und → WHO beitragen und pluralistisch-demokratisch nach westlichem Vorbild strukturiert sind. Derzeit sind dies Australien, Belgien, Kanada, Frankreich, Deutschland, Italien, Japan, die Niederlande, die Russische Föderation (die Sowjetunion wurde 1991 aufgenommen; ihre Mitarbeit wird von der Russischen Föderation fortgesetzt), Spanien, Schweden, Großbritannien und die USA sowie die Schweiz.

Die Gründung der „Genfer Gruppe" fand 1964 auf eine Initiative der USA und Großbritanniens vor dem Hintergrund eines starken Wachstums der UN-Mitgliedschaft (→ Mitgliedschaft/Repräsentation von Staaten) von ursprünglich 76 auf 113 im Jahr 1963 einerseits und der ordentlichen UN-Haushalte (→ Haushalt) andererseits statt. Diese Entwicklung ließ den größeren Beitragszahlern eine engere Koordinierung geboten erscheinen, um den Anstieg der Beitragszahlungen und damit der finanziellen Belastungen der Mitglieder der „Genfer Gruppe" zu begrenzen und einen möglichst effizienten Einsatz der vorhandenen Mittel sicherzustellen. Die „Genfer Gruppe" trifft sich zweimal jährlich zu einem breit angelegten Meinungsaustausch über Grundsatzfragen der UN-Haushalte, -Programme, -Finanzen und -Verwaltung, wobei bei ihren traditionell im Frühjahr in Genf stattfindenden Treffen Fragen der UN-Sonderorganisationen wie auch der UN-Fonds und -Programme, bei ihren Herbsttreffen in New York hingegen solche des UN-Sekretariats (→ Sekretariat) die Schwerpunkte der Diskussionen bilden.

Zu den dabei wichtigsten Zielen gehören
- Erarbeitung gemeinsamer Leitlinien vor den jeweiligen Haushaltsdebatten, wobei es nicht nur um die Wachstumsraten der Haushalte geht, sondern auch um Prioritätensetzungen bei den Programmen, Bewertungen von Arbeitsergebnissen der UN-Sonderorganisationen sowie um allgemeine Verwaltungsfragen.
- Auffangen von verspäteten oder ausbleibenden Beitragszahlungen innerhalb der betroffenen Haushalte unter Vermeidung von Kreditaufnahmen und/ oder zusätzlichen Beiträgen

- Erhaltung und Stärkung des gemeinsamen und einheitlichen Gehalts-, Dienstrechts- und Personalsystems (→ Personal) der Vereinten Nationen und ihrer Sonderorganisationen („Common System") bei gleichzeitiger Vermeidung von Abweichungen und Sonderregelungen für einzelne Organisationen. Die „Genfer Gruppe" ist auf den folgenden drei Ebenen organisiert:

- auf der Ebene der für die Vereinten Nationen zuständigen *UN-Abteilungsleiter der Außenministerien (sog. „Consultative Level Meeting", CLM)*. Auf dieser Ebene finden die erwähnten jährlichen Treffen in Genf und New York statt;

- als *„allgemeine" Genfer Gruppe („Geneva Group General", GGG)* auf der Ebene der Botschafter bei den UN-Sonderorganisationen in Genf;

- als *lokale Genfer Gruppe* an allen Sitzorten der Vereinten Nationen, wobei es zu jeder UN-Sonder- oder -Unterorganisation eine eigene Genfer Gruppe gibt, die ebenfalls mindestens einmal im Jahr, häufig aber öfter, zusammentritt.

Über ein förmliches Mandat verfügt die „Genfer Gruppe" auf allen genannten Ebenen aufgrund ihres informellen Charakters nicht.

Aus der Sicht der Mitglieder der „Genfer Gruppe" haben sich die in ihrem Rahmen entwickelten Konsultationsprozesse als eine erfolgreiche Form der Zusammenarbeit erwiesen. Schon seit Mitte der 80er Jahre galt für die ordentlichen Haushalte aller Sonderorganisationen und der Vereinten Nationen als Beschränkung für die Haushaltsentwicklung das reale Nullwachstum; im Zuge anhaltender budgetärer Probleme bei allen großen Beitragszahlern kam der Erarbeitung gemeinsamer Leitlinien in Finanz- und Haushaltsfragen zuletzt zunehmende Bedeutung bei (→ Finanzkrisen).

Auch ist die Haushaltsführung der Organisationen zumindest für die „Genfer Gruppe" transparenter geworden. Die Gegenwehr der Leiter der Sonderorganisationen, die zunächst gemeinsam mit der G 77 (→ Gruppe der 77 und die UN) die „Genfer Gruppe" als „Club der Reichen" heftig kritisierte, weil deren Politik dem Postulat der souveränen Gleichheit der Mitgliedstaaten in den satzungsgemäßen Organen der Sonderorganisationen („one state - one vote") diametral entgegenstünde, ist inzwischen einer nüchternen Einschätzung der Realitäten gewichen. Schließlich trägt die „Genfer Gruppe" heute über 83 (anfangs rund 66) Prozent zu deren Haushalten bei. Bei den friedenserhaltenden Maßnahmen liegt dieser Wert sogar noch deutlich darüber.

Günther Altenburg

Lit.: *Auswärtiges Amt (Hrsg.):* ABC der Vereinten Nationen, 3. überarb. Aufl., Bonn 1998, 47-48.

Geschäftsordnungen (Generalversammlung, Sicherheitsrat)

Art. 21 und 30 der UN-Charta (→ Charta der UN) ermächtigen die → Generalversammlung und den → Sicherheitsrat, sich ihre eigenen *Geschäftsordnungen (rules of procedure)* zu geben. Die Charta folgt damit dem Vorbild moderner Staatsverfassungen, welche die Organisation und den Geschäftsgang kollegialer Verfassungsorgane meist nur umrißhaft regeln und die Normierung der Einzelheiten den jeweiligen Organen selbst überlassen, diesen also ein Selbstorganisationsrecht einräumen.

Die Regeln der Geschäftsordnungen der Generalversammlung und des Sicherheitsrats sind Rechtsnormen. Im Rang stehen sie unter den Normen der UN-Charta und sind an diesen zu messen. Da von ihrer Gestaltung und Anwendung der Verlauf und in gewissem Maße auch das Ergebnis der Beratungen der Generalversammlung und des Sicherheitsrats abhängt, sind sie von erheblicher politischer Bedeutung und waren häufig Gegenstand heftigen Streits.

Die *Generalversammlung* hat ihre Geschäftsordnung in der zweiten Sitzungsperiode am 17.11.1947 verabschiedet. Sie trat am 1.1.1948 in Kraft und ist seitdem mehrfach geändert worden. Die Geschäftsordnung regelt in 163 „rules" das Verfahren der Generalversammlung selbst und ihrer Ausschüsse, insbesondere die Einberufung von Sitzungen, die Tagesordnung, die → Arbeitssprachen, die Prüfung der Vollmachten der Staatenvertreter, die Wahl des Präsidenten und der Vizepräsidenten der Generalversammlung, die Organisation der Debatten, das Abstimmungsverfahren, die Aufnahme neuer Mitglieder der UN (→ Mitgliedschaft/Repräsentation von Staaten) sowie die Wahl der Mitglieder anderer Organe (Sicherheitsrat, → Wirtschafts- und Sozialrat, → Treuhandrat, → IGH). Gemäß Regel 163 bedürfen Änderungen der Geschäftsordnung in der Generalversammlung einer einfachen Mehrheit der sich an der Abstimmung beteiligenden Staaten. Einzelne Regeln der Geschäftsordnung wiederholen wörtlich Bestimmungen der Charta.

Das Verfahren des *Sicherheitsrats* richtet sich bis heute nach der vorläufigen Geschäftsordnung (Provisional Rules of Procedure) vom 24.6.1946. Ihrer Verabschiedung ging erheblicher Streit voraus, insbesondere über das Abstimmungsverfahren und die Ausübung des Vetorechts (→ Veto/-recht) der ständigen Mitglieder. Mehrere Staaten bevorzugten den „case-by-case approach" des Völkerbundrates (→ Völkerbund), der erst 1933 eine Geschäftsordnung angenommen hatte. Für die Annahme und Änderung von Verfahrensregeln des Sicherheitsrats gilt das Mehrheitserfordernis des Art. 27 Abs. 2 der Charta (→ Stimmrecht/Abstimmungsverfahren); das Vetorecht ist ausgeschlossen. Indem sie auf der „Vorläufigkeit" der Verfahrensregeln bestehen, nehmen die Mitglieder des Sicherheitsrats aber für sich in Anspruch, diese auch fallweise und informell ändern zu können. Tatsächlich sind einzelne Regeln in der Praxis des Sicherheitsrats häufig durchbrochen oder ganz ignoriert worden, ohne daß dies aus der Sicht des Sicherheitsrats die Gültigkeit seiner Beschlüsse beeinträchtigt hätte.

Die vorläufige Geschäftsordnung des Sicherheitsrats regelt insbesondere die Aufgaben des (monatlich wechselnden) Präsidenten, die Einberufung von Sitzungen, die Errichtung von Unterorganen, die Beteiligung von nicht dem Sicherheitsrat angehörigen Mitgliedstaaten, die Organisation der Beratungen und das Abstimmungsverfahren. Die vorläufige Geschäftsordnung erwähnt nicht die in der Praxis hochbedeutsamen „informellen Konsultationen", die im Vorfeld einer offiziellen Sicherheitsrats-Sitzung zwischen allen („consultations of the whole"), den ständigen oder den an einer Frage interessierten Mitgliedern des Sicherheitsrats geführt werden, und in deren Verlauf meist jene Entscheidungen vereinbart werden, die dann in den offiziellen Sitzungen nur noch formell verabschiedet oder bekanntgegeben werden. Da diese Konsultationen in der Regel geheim sind, andere Staaten ihnen also nicht beiwohnen können und keine Protokolle veröffentlicht werden, bleiben die Entstehung einer Entscheidung des Sicherheitsrats und die Motive der sie fördernden Mitglieder oft im Dunkeln (dazu kritisch *Reisman* 1993). Der Sicherheitsrat hat die mangelnde Transparenz seines Entscheidungsverfahrens und ihre negativen Folgen für die Legitimität seiner Beschlüsse zwar als Problem erkannt, doch noch keineswegs gelöst.

Bardo Fassbender

Lit.: *1. Texte: a) Generalversammlung: aa) englische Fassung:* United Nations: Rules of Procedure of the General Assembly (UN Doc. A/520/Rev. 15), abgedruckt (mit kleinen Kürzungen) in: *Simma, B. (Hrsg.):* Charta der Vereinten Nationen. Kommentar, München 1991, 1145-1179; *ab) deutsche Fassung: Vereinte Nationen:* Geschäftsordnung der Generalversammlung (UN Doc. A/520/Rev. 15*); aktual. deutsche Fassung der Regeln der Geschäftsordnung unter Einarbeitung des Dokuments A/520/Rev. 15/Amend. 2 und der Resolutionen der Generalversammlung 48/264 und 52/163 (Stand 15.12.1997), Auskunft beim → Deutschen Übersetzungsdienst bei der UN; ebenfalls dt. Fassung in: *Hüfner, K.:* Die UN und ihre Sonderorganisationen. Teil 1,

Bonn 1991,. 54-68; *b) Sicherheitsrat: ba) englische Fassung: United Nations*: Provisional Rules of Procedure of the Security Council (UN Doc. S/96/Rev. 7), abgedruckt in: *Simma*, Charta der Vereinten Nationen, a.a.O., 1180-1188, und in: *Bailey, S.D./Daws, S.*: The Procedure of the Security Council, 3. Aufl., Oxford 1998, 441-454; *bb) deutsche Fassung: Vereinte Nationen:* Vorläufige Geschäftsordnung des Sicherheitsrats (Dezember 1982), Auskunft beim Deutschen Übersetzungsdienst; dt. Fassung ebenfalls in: VN 24 (1976), 188-190, und in: *Hüfner,K.:* Die UN und ihre Sonderorganisationen. Teil 1, Bonn 1991, 86-89. *2. Sekundärliteratur: Bailey/Daws* (s.o. unter Texte); *Reisman, W.M.:* The Constitutional Crisis in the United Nations, in: AJIL 87 (1993), 83-100; *Schaefer, M.:* Kommentar zu Art. 21 der Charta, in: Simma (s.o. unter Texte), 326-347.

Geschichte der UN

Die Vereinten Nationen spiegeln in ihrer Geschichte seit ihrer Gründung 1945, in der Haltung der Regierungen und der öffentlichen Meinung in den Mitgliedsländern gegenüber der Weltorganisation die Situation der internationalen Beziehungen wider. Sie spiegeln die Fähigkeit oder Unfähigkeit der Staatenregierungen wider zur Kriegsverhütung, Konfliktschlichtung und konstruktiven friedlichen Zusammenarbeit.

I. Die Vereinten Nationen 1945 bis 1954: Erste Bewährungsproben für die Weltorganisation

Schon bald nach ihrer Gründung 1945 wurde die Vereinten Nationen durch die zunehmende Konfrontationspolitik zwischen den USA und der UdSSR in ihren Arbeitsmöglichkeiten erheblich beeinträchtigt: Die UdSSR machte ab Februar 1946 im → Sicherheitsrat vom ihrem Vetorecht (→ Veto/-recht) als ständiges Mitglied häufig Gebrauch: Sie verhinderte z.B. die Verabschiedung von Resolutionen (→ Resolution/Deklaration/Beschluß) zum griechischen Bürgerkrieg in den Jahren 1946 und 1947, zur Berlin-Blockade und im Koreakrieg. Außerdem verhinderte sie bis zu einer Einigung im Jahr 1955 durch ihr Veto weitgehend die Auf-

nahme neuer Mitglieder (→ Mitgliedschaft), weil die westlichen Staaten im Sicherheitsrat und der → Generalversammlung die Aufnahme osteuropäischer Staaten ablehnten. So wurden bis 1955 nur Schweden, Thailand, Island, Afghanistan (alle 1946), Jemen, Pakistan (beide 1947), Burma (1948) und Israel (1949) aufgenommen, alles Staaten, die von beiden Seiten, der UdSSR und den westlichen Großmächten als „neutral" angesehen wurden. Rund zwanzig weitere Staaten blieben auf einer Warteliste für die Aufnahme bis 1955 (vgl. *Luard* 1982, 364ff.).

Dennoch kam es nicht zu einer völligen Blockierung der Arbeit der UN. Zum einen gab es Konflikte, bei denen beide Großmächte im Sicherheitsrat zusammenarbeiteten: Das galt für die Konflikte im iranischen Aserbeidschan und in Palästina, bei denen die UdSSR auf den Gebrauch ihres Vetos im Rat verzichtete, obwohl im ersteren Fall die UdSSR direkter Konfliktbeteiligter war und durch die Resolutionen des Rats Druck auf sie ausgeübt wurde, sich aus Aserbeidschan zurückzuziehen, was sie schließlich auch tat.

Bei den übrigen Konfliktfällen, in denen die UdSSR ihr Veto einlegte, zeigte sich, daß die UNO noch über andere Mittel verfügte, die Konfliktschlichtung zu fördern: Im Falle des griechischen Bürgerkrieges wandte der Westen zum ersten Mal die später öfter angewandte Methode an, sich anstelle des durch Veto blockierten Sicherheitsrats an die Generalversammlung zu wenden, deren Resolutionen nicht durch ein Veto blockiert werden können. Die Generalversammlung beschloß im Griechenland-Konflikt die Einsetzung eines - für die weitere UN-Arbeit typischen Instruments -, eines Untersuchungsausschusses zur Tatsachenermittlung (Fact-finding).

Im Falle der Berlin-Blockade, die auf Antrag der Westmächte Ende September 1948 auf die Tagesordnung des Sicherheitsrats gesetzt wurde, konnte die UdSSR zwar die Verabschiedung von Ratsresolutionen verhindern, dennoch kam es in der Folgezeit zu einer Reihe von Vermittlungsaktivitäten im Rahmen der Vereinten Nationen: Die sechs nichtständigen Mitglieder des Sicherheitsrats richteten mit Zustimmung der vier Alliierten einen Ausschuß ein, der Lösungsmodelle für die strittige Währungsfrage finden sollte, UN-Generalsekretär Trygve Lie (→ Generalsekretär) vermittelte auf Bitten des amerikanischen UN-Delegierten Jessup über seine Mitarbeiter Sobolew (UdSSR) und Feller (USA) Gesprächskontakte mit dem stellvertretenden sowjetischen Außenminister Wyschinskij. Beide Verhandlungsinitiativen blieben jedoch ohne Erfolg. Als sich US-Präsident Truman am 31. Januar 1949 entschloß, ein indirektes Verhandlungsangebot, das Stalin in einem Interview mit einer US-Nachrichtenagentur gemacht hatte, mit einem Signal der Gesprächsbereitschaft zu beantworten, wählten die USA für die geheimen Gesprächskontakte bewußt die Vereinten Nationen: Der amerikanische UN-Delegierte Jessup sich wiederholt mit dem sowjetischen UN-Delegierten Malik und handelte die Beendigung der Blockade aus. (Vgl. *Acheson* 1969, 268f.) Trotz des durch Veto blockierten Sicherheitsrats hatten sich die UN im Berlin-Konflikt letztlich als Konfliktschlichtungsinstrument bewährt.

Die größte Bewährungsprobe hatten die Vereinten Nationen in ihrem ersten Jahrzehnt im Korea-Krieg zu bestehen: Sie mußten auf eine militärische Aggression Nordkoreas gegenüber Südkorea reagieren. Der Sicherheitsrat konnte anfangs Maßnahmen gegen den Aggressor ergreifen, weil die UdSSR aus Protest gegen die Weigerung der Sicherheitsratsmehrheit, die Volksrepublik China anstelle der Republik China (Taiwan) in die UNO aufzunehmen, den Ratssitzungen von Januar bis August 1950 fernblieb. In Abwesenheit der UdSSR verurteilte der Rat Nordkorea als Aggressor und forderte die UN-Mitglieder am 27. Juni 1950 in einer Resolution auf, der Republik Korea „diejenige Unterstützung zu leisten, die

sich als notwendig erweisen mag, um den bewaffneten Angriff zurückzuschlagen und den Weltfrieden und die internationale Sicherheit in dem Gebiet wiederherzustellen" (SC Res. 83 (1950)). Es kam zu einer primär von den USA getragenen militärischen Aktion von 16 Staaten unter einem - eher symbolischen als faktischen - UN-Oberkommando gegen Nordkorea und, nach dem Kriegseintritt der Volksrepublik China auf nordkoreanischer Seite, zu einem sich ausweitenden Krieg. Deshalb warnten einige UN-Mitgliedstaaten davor, nachdem die UdSSR im August 1950 in den Sicherheitsrat zurückgekehrt war und dort weitere Beschlüsse im Korea-Konflikt durch ihr Veto blockierte, in der UN-Generalversammlung Entscheidungen gegen die Interessen der UdSSR zu fällen, wie dies die Generalversammlung mit Hilfe des von ihr neugeschaffenen Instruments, der → „Uniting-for-Peace-Resolution" praktizierte; in dieser Resolution vom 3. November 1950 beanspruchte die Generalversammlung das Recht, im Falle einer Untätigkeit des Sicherheitsrats bei Friedensbrüchen oder einer friedensbedrohenden Situation binnen 24 Stunden eine Notstandssondertagung der Generalversammlung einberufen zu können und an Stelle des untätigen Sicherheitsrats Empfehlungen für kollektive Maßnahmen, darunter auch für den Einsatz bewaffneter Kräfte, abgeben zu können. Die Kritiker dieses Verfahrens sahen darin eine Gefahr der Konflikteskalation. Es war symptomatisch für das Spannungsverhältnis zwischen Großmachtinteressen und multilateraler Konfliktschlichtung, daß die Waffenstillstandsverhandlungen, die 1953 zur Beendigung des Krieges führten, nur zwischen den Konfliktbeteiligten - ohne Beteiligung der Vereinten Nationen - geführt wurden.

Der Korea-Krieg war ein wichtiger Einschnitt in der Geschichte der Vereinten Nationen, es war das erste Mal, daß mit ausdrücklicher Ermächtigung des Sicherheitsrats eine multinationale Einheit einem Staat, der von einem Aggressor angegriffen worden war, zu Hilfe eilte, eines der Hauptaufgaben der Vereinten Nationen als kollektivem Sicherheitssystem (→ Kollektive Sicherheit). Dennoch wurde von dieser Möglichkeit, die Kapitel VII der UN-Charta (→ Charta der UN) vorsieht, in der weiteren Geschichte der Vereinten Nationen nur selten (im Kongo 1960/61 und im Golfkrieg 1990/91) Gebrauch gemacht, weil sie große Risiken birgt, wie schon der Korea-Krieg zeigte: Er war der erste Konflikt, bei dem zumindest das große Risiko bestand, daß beide Großmächte unmittelbar militärisch aufeinandertreffen würden. Geschaffen worden war diese Gefahr einer unmittelbaren Konfrontation, welche die UN-Charta durch das Vetorecht der ständigen Mitglieder im Sicherheitsrat verhindern wollte, durch den zeitweiligen Auszug der UdSSR aus dem Sicherheitsrat und später durch die Verlagerung der Entscheidungen in die Generalversammlung mit Hilfe der „Uniting-for-Peace-Resolution".

Fällt die Bilanz der Vereinten Nationen in ihrer ersten Dekade in der Friedenssicherung eher gemischt aus, gelang ihr auf dem Gebiet der → Menschenrechte ein wichtiger Durchbruch, die Verabschiedung der „Allgemeinen Erklärung der Menschenrechte" (→ Menschenrechte, Allgemeine Erklärung der), welche die universelle Gültigkeit aller Menschenrechte betont und alle wichtigen Menschenrechte aufzählt. Obwohl sie als Resolution der Generalversammlung (→ Resolution/Deklaration/Beschluß) keine völkerrechtliche Verbindlichkeit hatte, übte sie in den folgenden Jahrzehnten eine große rechtspolitische Wirkung auf die Menschenrechtsdiskussion in vielen Ländern aus. Zugleich nahm 1946 auch die → Menschenrechtskommission des → Wirtschafts- und Sozialrats ihre Arbeit auf, die seither die Menschenrechtssituation in den Mitgliedstaaten der Vereinten Nationen anhand von Staatenberichten und durch Einsetzung von Berichterstattern prüft und - in nicht-öffentlichen Verfahren - Beschwerden über systematische Menschenrechtsver-

letzungen nachgeht (→ Menschenrechtsschutz).

Außerdem schufen sich die Vereinten Nationen ein System von Neben- bzw. Unterorganen (→ Haupt-/Neben-/Vertragsorgane) für soziale und humanitäre Aufgaben, so z.B. 1946 das Kinderhilfswerk der Vereinten Nationen (→ UNICEF), 1949 den Hohen Flüchtlingskommissar der Vereinten Nationen (→ UNHCR) und ein Programm für Entwicklungshilfe (EPTA), aus dem 1966 zusammen mit dem 1959 gegründeten Sonderfonds (SF) das UN-Entwicklungsprogramm (→ UNDP) gebildet wurde. Allerdings litten schon damals diese Organisationen unter enormer Finanznot, hervorgerufen durch die mangelnde Bereitschaft der westlichen Industriestaaten, ihre Entwicklungshilfe-Mittel über multilaterale Organisationen im Rahmen der Vereinten Nationen an die Empfängerstaaten zu leiten (→ Entwicklungszusammenarbeit der UN).

Berücksichtigt man die schwierige Ausgangssituation im Hinblick auf die Ost-West-Konfrontation, waren den Vereinten Nationen in ihrer ersten Dekade neben unverkennbaren Problemen auch Erfolge vergönnt, vor allem in der Friedenssicherung und im Menschenrechtsschutz, weniger im ökonomischen und sozialen Bereich.

II. Die Vereinten Nationen 1955 - 1970:
Neue Mehrheiten, neue Möglich-
keiten, neue Herausforderungen

1955 kam es nach einer Einigung zwischen den USA und der UdSSR über alle vorliegenden Aufnahmeanträge zu einer Vergrößerung der Mitgliederzahl der Vereinten Nationen von bis dahin 60 auf 76. Die nun einsetzende → Entkolonialisierung führte in den nächsten Jahrzehnten zu einer rapiden Vergrößerung der Mitgliederzahl: 1960 hatten die UN bereits 100 Mitglieder, 1965 118, 1970 127. Auch die Zusammensetzung der Mitgliedschaft nach geographischen Regionen änderte sich: Von den 127 Mitgliedstaaten im Jahr 1970 kamen 42 aus Afrika, 29 aus Asien, 3 aus Ozeanien, 26 aus Amerika und 27 aus Europa. Die tiefgreifende Veränderung in der Mitgliederstruktur hatte Auswirkungen auf die Willensbildung in den UN, die sich in Chartaänderungen niederschlugen, in denen die Zahl der nichtständigen Mitglieder im Sicherheitsrat - von 6 auf 10 - und die Mitgliederzahl des Wirtschafts- und Sozialrats erhöht wurde von 18 auf 27 und dann auf 54. Vor allem aber änderte sich das Diskussionsklima in der Generalversammlung, wo nun jetzt ab die Themen der Entkolonialisierung und der Weltwirtschaftsordnung (→ Weltwirtschaftsordnung/NWWO) ein größeres Gewicht bekamen.

Tatsächlich liegt ein Verdienst der Vereinten Nationen darin, in ihren Institutionen in vielfältiger Weise den schwierigen Entkolonialisierungsprozeß begleitet und erleichtert zu haben. So setzten die Staaten der Dritten Welt ihr wachsendes Stimmengewicht in der Generalversammlung ein, um die Gründung weiterer multilateraler Entwicklungshilfe-Institutionen und einer UN-Konferenz für Handel und Entwicklung (→ UNCTAD), von der sie sich eine Verbesserung ihrer Situation im Welthandel erhofften, durchzusetzen, zumal sie in den existierenden UN-Organisationen in diesem Bereich - der Weltbank (→ Weltbank/-gruppe) und dem Internationalen Währungsfonds (→ IWF) - aufgrund des dortigen Stimmenübergewichts der Industrieländer durch den Stimmrechtsschlüssel nach Kapitaleinlage - kaum Verhandlungschancen für sich sahen. Hier zeichneten sich Konfliktlinien zwischen den Industriestaaten und den Staaten der Dritten Welt für die kommenden Jahrzehnte ab.

In der → Friedenssicherung gab es in diesem Zeitabschnitt drei große internationale Krisen, in denen die Vereinten Nationen in zwei Fällen erfolgreich als Schlichter auftraten (im Suez-Konflikt und in der Kuba-Krise) und in einem Fall sich überforderten (im Kongo). Die zukunftsweisendste Bewährungsprobe stellte der Suez-Konflikt 1956 für die UN dar: Zum einen gelang es den UN, trotz der direkten Beteiligung von zwei ständigen Sicherheitsratsmitgliedern - Großbritannien und Frankreich - handlungsfähig zu bleiben, weil die USA starken politischen Druck auf beide ausübten, einer Vermittlungslösung zuzustimmen, und weil - über die „Uniting-for-Peace-Resolution" - die Generalversammlung in einer Notstandssondertagung Generalsekretär Hammarskjöld grünes Licht für den Vorschlag des kanadischen UN-Delegierten Lester Pearson gab, nämlich leichtbewaffnete UN-Truppen zur Überwachung des vorher ausgehandelten Waffenstillstandes aufzustellen, die ersten UN-Friedenstruppen (→ Friedenstruppen). Dies war eine Weiterentwicklung der Charta, in der solche UN-Truppen, die keine militärischen → Sanktionen nach Kapitel VII durchführen sollen, sondern lediglich mit Zustimmung der Konfliktparteien einen Waffenstillstand sichern, nicht vorgesehen waren. Heute sind sie zweifellos das wichtigste, wenn auch oft überforderte, Instrument der Vereinten Nationen.

Der Einsatz der UN-Friedenstruppen im Kongo 1960 bis 1963 offenbarte erstmals die Grenzen für bzw. die Probleme bei dem Einsatz von Friedenstruppen, wenn sie sich nicht strikt auf die Rolle beschränken, erreichte Waffenstillstände zu sichern, sondern direkt in einen Konflikt militärisch eingreifen, vor allem, wenn es - wie in diesem Fall -, um einen innerstaatlichen Konflikt geht, weil sie dann riskieren, bei den Konfliktbeteiligten das Ansehen als Neutrale und Vermittler zu verlieren.

In der Kuba-Krise 1962 - der brisantesten weltpolitischen Krise überhaupt, welche die akute Gefahr eines nuklearen Krieges zwischen der USA und der UdSSR heraufbeschwor - vollbrachten die Vereinten Nationen einer ihrer wichtigsten Leistungen: Auf dem Höhepunkt der Konfrontation, als sowjetische Schiffe sich auf dem Wege nach Kuba befanden, für deren Seegebiet US-Präsident Kennedy eine Quarantänezone für sowjetische Schiffe definiert hatte, war UN-Generalsekretär U Thant in der Lage, durch Schreiben an Chrushtschow und Kennedy am 24. Oktober, in denen er sie um eine begrenzte Stillhaltefrist bat, und weitere Schreiben am 25. Oktober 1962, in denen er beide Seiten erneut bat, weitere Konfrontationen zu vermeiden, den Eskalationsmechanismus zu stoppen. In seiner Antwort, die U Thant am 26. Oktober erreichte, stimmte Chruschtschow ihm hinsichtlich der Risiken der Lage zu und erklärte, er habe deshalb angeordnet, daß die sowjetischen Schiffe außerhalb der Quarantänezone bleiben sollten. Dies sei aber nur eine zeitweilige Maßnahme. Kennedy sicherte in seinem Schreiben U Thant zu, daß die Schiffe der USA möglichst jede Konfrontation mit Schiffen der UdSSR zu vermeiden suchten, solange diese außerhalb der Quarantänezone blieben. Es müsse aber sofort über den Abzug der Raketen verhandelt werden. Mit diesen Antworten der beiden Politiker war die Eskalation gestoppt und Zeit für Verhandlungen gewonnen worden. Danach kam es in einem direkten Briefwechsel zwischen Chruschtschow und Kennedy zwischen dem 26. und 28. Oktober zu einer Verständigung über die Beilegung der Krise. Am Morgen des 29. Oktober gab die US-Regierung bekannt, daß man sich mit der UdSSR über die Beilegung der Raketenkrise geeinigt habe und verkündete, daß die USA ihre Quarantäne ab 30. Oktober aufheben würde (vgl. *U Thant* 1978, 460ff.; *Department of State* 1966, 437). Die Vereinten Nationen hatten bei dem Krisenmanagement in der Kuba-Krise entscheidenden Anteil: die Initiative von U Thant trug dazu bei, die direkte Konfrontation zu vermeiden, gab beiden Seiten Zeit, nach anderen Lösungen zu suchen und erlaubte ihnen, ohne Gesichtsverlust bisherige Positionen zu räumen, um sich auf eine friedliche Lösung des Problems zu einigen.

Auf dem Gebiet der Menschenrechte bauten die Vereinten Nationen ihr Schutzsystem aus: Sie verabschiedeten 1966 die für alle Unterzeichnerstaaten rechtlich verbindlichen Internationalen Pakte über die bürgerlichen und politischen Rechte sowie über die wirt-

schaftlichen, sozialen und kulturellen Rechte, die beide 1976 in Kraft traten (→ Menschenrechtskonventionen, Internationaler Pakt über bürgerliche und politische Rechte; → Menschenrechtskonventionen, Internationaler Pakt über wirtschaftliche, soziale und kulturelle Rechte). Als Ergänzung zu diesen grundlegenden Menschenrechtspakten verabschiedeten sie in den folgenden Jahrzehnten eine größere Zahl von Konventionen und Resolutionen zum Schutz einzelner Personengruppen und Menschenrechte, die Vertragsausschüsse zur Überwachung der Pakte und zur Entgegennahme von Beschwerden über Menschenrechtsverletzungen schufen (→ Menschenrechtskonventionen und ihre Durchführungsorgane). So entstand ein differenziertes Instrumentarium zum internationalen Schutz der Menschenrechte, das auf der Sammlung von Informationen, vor allem von nichtstaatlichen Organisationen (→ NGOs), und auf - teils vertraulichen, teils öffentlichen - Anhörungen der Staaten, auf die sich die Berichte über Menschenrechtsverletzungen beziehen, beruht und das - für ein internationales Verfahren mit souveränen Staaten als Akteuren - recht wirksam ist (vgl. *Tomuschat* 1988).

Die UNO hatte sich in dieser Phase des Umbruchs durch die Aufnahme vieler neuer Mitglieder als flexibel und belastungsfähig erwiesen: Sie hatte die neuen Mitglieder integriert und neue Institutionen zur Lösung der wirtschaftlichen und sozialen Probleme gegründet, ein Instrumentarium für den Menschenrechtsschutz geschaffen und bei schweren internationalen Krisen (Suez, Kuba) entscheidende Beiträge zu ihrer Entschärfung geleistet – sie hatte sich bewährt.

III. Die Vereinten Nationen 1971 -
1986: Enttäuschte Hoffnungen der
Dritten Welt und Krisen in der
Friedenssicherung und
bei der Finanzierung

Die siebziger Jahre waren in den Vereinten Nationen das Jahrzehnt der großen Hoffnungen der Staaten der Dritten

Welt. Besonders nachdem im Oktober 1971 auf Beschluß der Generalversammlung die Volksrepublik China die Republik China (Taiwan) ersetzte, fühlten sich die Staaten der Dritten Welt gestärkt, da die Volksrepublik China als ständiges Ratsmitglied als Sprecher der Dritten Welt auftrat.

Im Mittelpunkt der Arbeit der UN stand in diesem Zeitabschnitt das Bemühen der Dritten Welt um die Reform der Weltwirtschaft: Im Vertrauen auf ihr Stimmgewicht von rund hundert Staaten versuchte die Dritte Welt in der Generalversammlung und in den UNCTAD-Konferenzen eine durchgreifende Umstrukturierung der Weltwirtschaft zu erreichen. So wurde 1974 von einer Sondertagung der Generalversammlung im Konsensverfahren eine „Erklärung über die Errichtung einer neuen Weltwirtschaftsordnung" (GA Res. 3201 (S-VI) vom 1.5.1974) angenommen. Sie wurde ergänzt durch eine → „Charta der wirtschaftlichen Rechte und Pflichten der Staaten", die als Resolution der 29. UN-Generalversammlung im Dezember 1974 verabschiedet wurde (GA Res. 3281 (XXIX) vom 12.12.1974). Zu den Programmpunkten der Neuen Weltwirtschaftsordnung (NWWO) zählten u.a. faire Preisrelationen für die Dritte Welt, die schrittweise Beseitigung von tarifären und nicht-tarifären Handelshemmnissen, um für die Staaten der Dritten Welt den Zugang zu den Märkten der Industrieländer zu erleichtern, sowie vermehrte öffentliche Entwicklungshilfeleistungen durch die gesamte internationale Gemeinschaft. Weil die Dokumente zur Reform der Weltwirtschaft im Konsens von allen Mitgliedstaaten - auch den Industrieländern des Westens - angenommen wurden, waren die Staaten der Dritten Welt optimistisch, daß die zügige Umsetzung der einzelnen Reformschritte gelingen würde. Tatsächlich gelang es ihnen aber - wegen des diplomatisch geschickten, aber in der Sache harten Widerstandes der Industrieländer - nicht, bei den anschließenden Welthandelskonferenzen der UNCTAD und bei den Verhandlungen in der Weltbank, im

Internationalen Währungsfonds und im Allgemeinen Zoll- und Handelsabkommen GATT über kleinere Zugeständnisse hinaus eine entscheidende Strukturänderung des Welthandelssystems zu erreichen. Die UNCTAD-Konferenz 1983 in Belgrad signalisierte nach der Auffassung vieler Konferenzbeobachter das Scheitern der Bemühungen der Dritten Welt um eine neue „Neue Weltwirtschaftsordnung", mit verheerenden Konsequenzen für die Lebensbedingungen der Bevölkerungsmehrheit in den meisten Staaten der Dritten Welt. Damit waren - und sind bis heute - die Vereinten Nationen bei ihren Bemühungen um eine Reform der Weltwirtschaftsordnung gescheitert.

Auch in der Friedenssicherung befand sich die UNO in den 70er und 80er Jahren in einer tiefen Krise: Sie blieb zwar weiterhin im Nahen Osten und auf Zypern mit einer Reihe von Friedenssicherungsmissionen präsent, aber in beiden Konfliktzonen konnte sie erneute militärische Auseinandersetzungen nicht verhindern. Ebensowenig konnte sie zur Beilegung neuentstehender kriegerischer Konflikte in Nicaragua, der Westsahara, Kambodscha und Afghanistan und des sich ausweitenden Krieges zwischen dem Iran und dem Irak in diesem Zeitraum einen Beitrag leisten. Das Hauptproblem lag in dieser Phase der internationalen Politik darin, daß Empfehlungen und Lösungsvorschlägen der Vereinten Nationen wenig Beachtung geschenkt wurde. So sprach Pérez de Cuéllar in seinem Jahresbericht 1983 an die 38. Tagung der Generalversammlung von einem „Prozeß der Zersetzung des Multilateralismus und des Internationalismus", welcher die Arbeit der Vereinten Nationen sehr beeinträchtige. Er beklagte die Tendenz der Großmächte, sich in regionalen Konflikten mit Waffenhilfe zu engagieren: „In einigen Fällen ging dies so weit, daß regionale Konflikte buchstäblich zu Stellvertreterkriegen der mächtigeren Nationen ausarteten. In solchen Situationen besteht die Tendenz, die beratenden Organe der Vereinten Nationen zu umgehen bzw. auszuschalten oder... sich ihrer ausschließlich zum polemischen Schlagabtausch zu bedienen" (*Pérez de Cuéllar* 1983, 156).

Ausgeweitet wurde die Krise in der Friedenssicherung zu einer allgemeinen Existenzkrise der Vereinten Nationen durch die Beitragsverweigerungspolitik der USA unter Präsident Reagan Mitte der 80er Jahre (→ USA, UN-Politik). Ausgelöst wurde diese Politik durch die Verärgerung der USA über Abstimmungsniederlagen in der Generalversammlung und über Sicherheitsratsresolutionen, wo sich die USA gezwungen sahen, ihr Veto einzusetzen, um Sanktionsmaßnahmen gegen Südafrika und Südrhodesien und Kritik an der Politik Israels gegenüber den Nachbarstaaten und den Palästinensern in Ratsresolutionen zu verhindern. Hinzu kamen Vorwürfe gegenüber dem Verwaltungsapparat der UNO, er arbeite ineffizient und verschwende Geldmittel. 1983 kündigten die USA aus Protest gegen die Politisierung und Verschwendungssucht der → UNESCO, wie die UN-Botschafterin der USA, Jeanne Kirkpatrick geltend machte, ihren Austritt aus der UNESCO zum Jahresende 1984 an, im Dezember 1984 erklärte auch Großbritannien seinen Austritt zum Jahresende 1985, das allerdings — im Gegensatz zu den USA – später der UNESCO wieder beitrat.

Noch gravierender aber waren die Folgen der Weigerung der USA im Jahr 1986, ihren Beitragsverpflichtungen in voller Höhe nachzukommen. Als Auswirkung einer wachsenden Kritik im US-Kongreß, die man dort an dem Prinzip der Stimmengleichheit unabhängig von der Beitragsleistung eines Mitgliedslandes übte, wurde in einem Gesetz, dem sog. Kassebaum-Amendment, beschlossen, bis zur Erreichung eines nach Beitragsanteilen gewichteten Stimmrechts den Beitrag der USA zum regulären → Haushalt der Vereinten Nationen von 25% auf 20% zu senken. Diese einseitige Beitragskürzung führte zu Zahlungsrückständen der USA in Höhe mehrerer Hundert Millionen Dollar. Hinzu kamen die Zahlungsrückstände der UdSSR und der übrigen osteuropäischen Staaten, sowie vieler kleiner Staaten. Um die Zahlungsfähigkeit der UNO zu retten, einigte man sich in den zuständigen Gremien Ende des Jahres 1986 mit den USA auf einen Kompromiß: Man beließ es zwar beim gleichen Stimmrecht aller Staaten auch in Haushaltsfragen, de facto aber wurde ein Vetorecht der großen Beitragszahler eingeführt, weil seitdem in den zuständigen UN-Ausschüssen (→ Ausschußsystem) die Entscheidungen im Konsens, d.h. einstimmig, getroffen werden müssen. Damit war zumindest der absolute Bankrott der Vereinten Nationen abgewendet worden.

In dieser Phase ihrer Geschichte waren die Vereinten Nationen in eine Krise geraten, die ihre Existenzgrundlage zu erschüttern drohte, zugleich aber auch die notwendigen Voraussetzungen für ihre Wirksamkeit demonstrierte: Die UN können nur bei der Schlichtung internationaler Krisen und bei der Lösung wirtschaftlicher und sozialer Probleme helfen, wenn alle Beteiligten dies wollen und bereit sind, im Rahmen der UN nach einem Konsens zu suchen.

V. Die Vereinten Nationen seit 1987: Neue Chancen, aber auch neue Probleme

1. Die Wiederannäherung der USA und der UdSSR an die UNO

Bis Ende der achtziger Jahre waren - vor allem in der Friedenssicherung und Konfliktschlichtung - die Möglichkeiten der Vereinten Nationen relativ beschränkt geblieben, weil das entscheidende UN-Organ, der Sicherheitsrat, durch die mangelnde Zusammenarbeit der beiden Supermächte USA und UdSSR kaum arbeitsfähig war. Zwar war es in der Phase der Entspannungspolitik nach der Kuba-Krise zu einer begrenzten Kooperation der Großmächte in der Abrüstung und in der europäischen Entspannung - KSZE-Prozeß - gekommen, sie wurde aber immer wieder von Krisen unterbrochen. So war der Sicherheitsrat z.B. nicht in der Lage, im Afghanistan-Konflikt und im Golf-Krieg zwischen Iran und Irak wirksam zu handeln, weil in beiden Konflikten beide Großmächte beteiligt waren, im Afghanistan-Konflikt die UdSSR als Aggressor und die USA als Waffenlieferant für die afghanischen Widerstandsgruppen, im Iran-Irak-Krieg beide Großmächte als Waffenlieferanten. Erst ein radikaler Kurswechsel der UN-Politik der UdSSR im Kontext des neuen außenpolitischen Konzepts von Gorbatschow, der nach einigem Zögern von einer – zumindest partiellen Wiederannäherung der USA in den Vereinten Nationen beantwortet wurde, führte zu einem grundlegenden Wandel der Situation der Vereinten Nationen..

Der Kurswechsel der UdSSR wurde in einem Prawda-Artikel Gorbatschows vom 17.9.1987 mit dem Titel „Realität und Garantien für eine sichere Welt - Vorschläge für ein effizienteres VN-System" dokumentiert, in dem Gorbatschow vorschlug, die Rolle des Sicherheitsrats der Vereinten Nationen aufzuwerten - durch regelmäßige Sitzungen der ständigen Mitglieder des Sicherheitsrats auf Außenministerebene und durch die Übernahme einer Garantierolle der fünf ständigen Mitglieder für die Sicherheit in den einzelnen Weltregionen. Weiter forderte er eine Ausweitung der friedensichernden und konfliktvorbeugenden Funktion der UN-Friedenstruppen. Seinen stärksten Ausdruck fand der neue UN-Kurs der UdSSR in einer Rede, die Gorbatschow am 7. Dezember 1988 vor der Generalversammlung hielt: So schlug er vor, die Waffenruhe in Afghanistan durch UN-Friedenstruppen zu überwachen, und forderte die Einberufung einer UN-Afghanistan-Konferenz. Er sprach sich für eine Stärkung der UNO aus und hob die großen Chancen hervor, die sich ihr zum gegenwärtigen Zeitpunkt böten: „Der UNO eröffnen sich neue Möglichkeiten in allen Bereichen, die natürlich in ihren Kompetenzbereich fallen: dem militärpolitischen, dem ökonomischen, dem wissenschaftlich-technischen, dem ökologischen und dem humanitären Bereich" (*Gorbatschow* 1989, 240). Außerdem erklärten die UN-Diplomaten

der UdSSR, ihre rückständigen Beiträge zum regulären UN-Haushalt und zu den UN-Friedenssicherungsmissionen bezahlen zu wollen.

Nach anfänglichem Zögern reagierten die USA auf das sowjetische Angebot zur Kooperation in der UNO verhalten positiv: Das erste Zeichen der neuen Zusammenarbeit innerhalb der UN war die Verabschiedung der Resolution 598 im Juli 1987, durch die der Sicherheitsrat den Irak und Iran aufforderte, mit sofortiger Wirkung das Feuer einzustellen, alle militärischen Aktionen zu beenden und ihre Truppen auf die international anerkannten Grenzen zurückzuziehen. Als nächste Schritte der Kooperation folgten im April 1988 die Unterzeichnung des Afghanistan-Abkommens in Genf und im August 1988 der Abschluß des Waffenstillstandsabkommens zwischen Irak und Iran. In beiden Fällen wurde der Einsatz von UN-Beobachtern (→ Beobachter) bzw. UN-Friedenstruppen beschlossen. Darüber hinaus entwickelten die UN-Diplomaten beider Staaten gemeinsame Initiativen zur Lösung der Konflikte in Angola, Namibia, Kambodscha und der West-Sahara. Dennoch blieb Präsident Reagan weiterhin reserviert gegenüber einer Zusammenarbeit mit der UdSSR in den Vereinten Nationen. Er reagierte kühl auf Gorbatschows Angebot zur Zusammenarbeit in der Rede vom 7. Dezember 1988 vor der UN-Generalversammlung: Reagan betonte in seiner Stellungnahme vor der Presse, daß Vorsicht geboten sei – „die USA müssen bei ihrer Politik der Friedenssicherung durch Stärke bleiben, da die grundsätzlichen Unterschiede zwischen den USA und den UdSSR weiter bestehen." (zit. nach: Daily Telegraph, 8.12.1988; Übers. d. Verf.).

Erst mit dem Wechsel der Präsidentschaft zu George Bush vollzog sich ein größerer Wandel in der Politik der USA gegenüber der UNO. In seiner Rede vor der Generalversammlung im September 1989 betonte Bush: „Die Vereinten Nationen können große Dinge tun. Nein, sie sind nicht perfekt, aber sie sind ein vitales Forum, wo die Nationen der Welt versuchen, Konflikt durch Konsens zu ersetzen, und sie müssen ein Forum für den Frieden bleiben. Die Vereinten Nationen bewegen sich in Richtung auf dieses Ideal und sie haben dabei die Unterstützung der Vereinigten Staaten von Amerika." (Department of State Publication 9815, (1990), 11ff.) Er kündigte außerdem an, die Beitragskürzungen der USA beenden und die Zahlungsrückstände durch Sonderzahlungen reduzieren zu wollen.

Doch den verheißungsvollen Ankündigungen von Präsident Bush sind weder in seiner Amtszeit noch unter seinem Nachfolger Clinton Taten gefolgt: Beide erwiesen sich als unfähig oder nicht willens, den US-Kongreß zu einer Änderung seiner Beitragskürzungsspolitik zu bewegen. So kommen die USA bis heute den Zahlungsverpflichtungen, die sie gegenüber der UNO eingegangen sind, nur unvollständig und verspätet nach und weigern sich zudem, alte Schulden zu begleichen: Ende 1997 betrugen die Schulden der USA für den ordentlichen Haushalt der UN 373 Mill. US-Dollar, für das Budget der Friedensoperationen, das nicht aus dem regulären Haushalt finanziert wird, betrugen ihre Schulden 940 Mill. Dollar (→ Finanzkrisen).

Daneben kam es auch in der Haltung der USA zu Friedensmissionen wieder zu einer – zumindest teilweisen Distanzierung von der UNO. Dies ist auf die Enttäuschung bei den außenpolitisch Verantwortlichen und der öffentlichen Meinung über den Verlauf der Friedensmissionen in Somalia und Jugoslawien zurückzuführen, die zudem durch eine Medienkampagne der Republikanischen Partei in ihrer Wirkung noch verstärkt wurde.

Deutlichster Ausdruck dieser erneuten Betonung des Unilateralismus und Distanzierung vom Multilateralismus ist ein geheimes außenpolitisches Dokument der Clinton-Administration aus dem Jahr 1994, das auszugsweise später der Öffentlichkeit zugänglich gemacht wurde; die sog. „Präsidentielle Entscheidungsdirektive No. 25". In ihr

betont die Clinton-Administration den Vorrang nationaler Sicherheitspolitik vor multilateraler Friedenssicherung: Die USA müßten in der Lage sein, zur Wahrung ihrer Interessen Kriege zu führen, „unilateral, wann immer es notwendig sein sollte.... UN-Friedensoperationen können diese Notwendigkeit nicht ersetzen. Es können sich jedoch Bedingungen ergeben, unter denen eine multilaterale Aktion am besten den Interessen der USA bei der Wahrung oder Wiederherstellung des Friedens dient." (zit. nach: ILM XXXIII (1994), 795-813, Übers. d. Verf.).

Die Haltung der USA im Kosovo-Konflikt 1999 hat erneut deutlich gemacht, daß die USA in Konfliktsitatuationen zur Zeit eher dazu neigen, ihr außenpolitisches Konzept durchsetzen zu wollen, statt sich im Rahmen des Sicherheitsrats mit Rußland und China abzustimmen, weil dies Abstriche an ihrem Konzept des Luftkriegs bedeutet hätte. Diese Haltung führte zu unnötigen Spannungen zwischen Rußland und den USA, die weder für die Lösung der akuten Krise noch für das internationale System insgesamt sehr zuträglich waren, sondern ein Eskalationsrisiko bargen. Gerade wegen der erforderlichen Einigung der fünf ständigen Ratsmitglieder sind Resolutionen des Sicherheitsrats unverzichtbar als Grundlage für militärische Interventionen wie im Kosovo, weil nur bei einem tragfähigen Konsens der Großmächte eine Intervention mittel- und langfristig politisch sinnvoll sein kann: sie benötigt eine breite moralische Legitimation und eine klare völkerrechtliche Grundlage, wenn alle Konfliktparteien sie akzeptieren sollen.

Nicht nur wegen des Unilateralismus der USA stehen die UNO in der Friedenssicherung heute an einem Punkt, wo Reduzierung auf das Machbare und der Abschied von zu großen Erwartungen angesagt sind, nachdem Anfang der 90er Jahre die Erfolge der UNO in der Konfliktschlichtung zu großen Erwartungen in der Weltöffentlichkeit geführt hatten:

Durch die konstruktive Zusammenarbeit der Großmächte seit 1988 nahmen die Möglichkeiten der Vereinten Nationen in der Friedenssicherung erheblich zu, eine Reihe internationaler Konflikte konnte deshalb Anfang der 90er Jahre mit Hilfe der Vereinten Nationen gelöst oder zumindest einer friedlichen Lösung erheblich näher gebracht werden: Südafrika, Namibia, Angola, Kambodscha und Nicaragua. Dabei waren die Friedensmissionen in diesen Krisengebieten schwieriger, ehrgeiziger, umfangreicher und kostspieliger als frühere Friedensmissionen, weil die Mandate nicht mehr nur die klassische Friedenssicherung von Waffenstillständen vorsahen, sondern den Einsatz von UN-Friedenstruppen zum Schutz humanitärer Hilfsaktionen (→ Humanitäre Hilfe) für Bürgerkriegsflüchtlinge, zur Absicherung von Schutzzonen für vom Völkermord bedrohte ethnische Minderheiten und/oder für den Wiederaufbau demokratischer Strukturen inklusive Wahlvorbereitung und -beobachtung in den Konfliktgebieten, wie z.B. in Kambodscha. Zugleich nahm die Zahl der gleichzeitig durchgeführten Friedensmissionen zu, wobei die damit verbundenen Kostensteigerungen nicht auf eine entsprechende Bereitschaft der Mitgliedstaaten stießen, diese zu finanzieren, so daß sich die permanente Finanzkrise der UN erneut verschärfte.

Inzwischen hat sich die Zahl der Friedensmissionen wieder deutlich verringert und hat eine Ernüchterung eingesetzt, was die ehrgeizigen Ziele der Missionen angeht. Die Bilanz der bisherigen Friedensmissionen in den 90er Jahren macht zudem deutlich, daß die Vereinten Nationen einen Großteil ihrer Autorität und Friedenssicherungsfähigkeit einbüßen, wenn sie ohne ausreichenden Rückhalt bzw. Zustimmung der Konfliktparteien Friedensmissionen in Staaten mit Bürgerkriegen (Somalia, Bosnien-Herzegowina) zum Schutz humanitärer Hilfsmaßnahmen oder zur Verhinderung von Genociden durchführen wollen - andererseits lassen das Ausmaß der Menschenrechtsverletzungen ihre Anwesenheit dringend geboten erscheinen - ein schwer lösbarer Konflikt.

2. Die Lösung der globalen Probleme: Weltkonferenzen, aber noch kein Fortschritt

Mußten die Vereinten Nationen in den siebziger und achtziger Jahren - vor allem durch den Widerstand der Industrieländer gegen kostenträchtige Hilfsprogramme und gegen die Forderung nach Umstrukturierung des Weltwirtschaftssystems - in ihrem Bemühen, die zunehmenden sozialen, ökonomischen, ökologischen und humanitären Probleme in vielen ihrer Mitgliedstaaten - vor allem in der Dritten Welt - zu lindern, wiederholt Niederlagen einstecken, versuchten sie in den 90er Jahren, durch intensiv vorbereitete → Weltkonferenzen Lösungskonzepte für die immer akuter werdenden globalen Probleme zu finden: 1992 fand die Konferenz über Umwelt und Entwicklung in Rio de Janeiro statt, 1993 die Weltmenschenrechtskonferenz in Wien, 1994 die Weltkonferenz über Bevölkerung und Entwicklung in Kairo, 1995 die Weltkonferenz für soziale Entwicklung in Kopenhagen und die Vierte Weltfrauenkonferenz in Bejing, 1996 Habitat II, der sog. „Städtegipfel" in Istanbul und die Welternährungskonferenz in Rom und schließlich 1998 die Internationale Konferenz in Rom zur Errichtung eines Internationalen Strafgerichtshofs.

Im Ergebnis sind bei allen Konferenzen sowohl Erfolge als auch Niederlagen zu verzeichnen: Als Erfolg ist bei allen Konferenzen die große Beteiligung der NGOs zu bewerten, die starke Präsenz von Spitzenpolitikern der Mitgliedstaaten und das breite Echo der Konferenzen in den Massenmedien. Damit wurden die dort diskutierten globalen Probleme einer breiten Öffentlichkeit in den Mitgliedstaaten bekannt und bewußt gemacht. Allerdings unterblieben bei allen Konferenzen mit sozialen Themen verbindliche Festlegungen der zahlungskräftigen Staaten über eine zusätzliche Ausstattung der

195

zuständigen UN-Organisationen mit finanziellen Ressourcen; verhandelt wurde jedoch über kooperative Lösungsansätze unter Beteiligung aller Staaten im Sinne eines Interessenausgleichs zwischen Nord und Süd – wenigstens ein Teilerfolg. Nur Teilerfolge gab es auch hinsichtlich völkerrechtlich verbindlicher Abkommen zu verzeichnen, in der Regel ließ man es bei Absichtserklärungen und Aktionsprogrammen bewenden.

Ausnahmen bildeten die Umweltkonferenz in Rio, die Weltmenschenrechtskonferenz in Wien und die Konferenz über den Internationalen Strafgerichtshof: In Rio verabschiedete man immerhin zwei rechtsverbindliche Rahmenkonventionen zum Artenschutz und zum Klimaschutz, die allerdings zu ihrer Wirksamkeit noch inhaltlicher Festlegungen durch weitere Konferenzen bedürfen. Ebenso ist es angesichts der großen Zahl von Menschenrechtsverletzungen in vielen Mitgliedstaaten als ein wichtiger Erfolg der Weltmenschenrechtskonferenz zu werten, daß der Versuch einer Reihe von Mitgliedstaaten, das Prinzip der Universalität der Menschenrechte zu relativieren, abgewehrt werden konnte und - als Reaktion auf ein entsprechendes Votum der Konferenz - die UN-Generalversammlung im Dezember 1993 das Amt einen Hohen Kommissars für Menschenrechte (GA Res. 48/141 vom 20.12.1993) schuf. Als weiterer Erfolg ist die Verabschiedung des Statuts auf der Konferenz 1998 in Rom zu sehen, das die Gründung eines Internationalen Strafgerichtshofs (International Criminal Court - → ICC) für die Ahndung von Kriegsverbrechen, Völkermord und Verbrechen gegen die Menschlichkeit zum Inhalt hat. Er wird – nach Inkrafttreten des Statuts nach erfolgter Ratifizierung durch die Signatarstaaten – seinen Sitz in Den Haag haben.

Sieht man von diesen Fortschritten im Bereich des → Umweltvölkerrechts und des Menschenrechtsschutzes einmal ab, sind die Vereinten Nationen bisher wegen der Uneinigkeit und der mangelnden Bereitschaft vieler Nationen, Elemente ihrer nationalen Souveränität an internationale Organisationen zu übertragen und Einbußen beim nationalen Bruttosozialprodukt zugunsten eines bestandsfähigen Wachstums und einer gerechteren Verteilung der Ressourcen hinzunehmen, nicht ausreichend in der Lage, wirksame Beiträge zur Lösung der globalen Problem zu leisten, sie halten jedoch die notwendige Debatte darüber in Gang.

3. Die Reformdebatte: Müssen die UN reformiert werden?

Sowohl unter dem Eindruck der gewachsenen Handlungsmöglichkeiten als auch der wachsenden globalen Probleme haben die Vereinten Nationen seit dem Ende der 80er Jahre parallel zu der inhaltlichen Diskussion über die Lösung der globalen Probleme eine Strukturdebatte geführt, die nach einem Höhepunkt Mitte der 90er Jahre nun langsam zu versanden droht:

Der erste Kristallisationspunkt dieser Debatte war das Gipfeltreffen der Staats- und Regierungschefs der Sicherheitsratsmitglieder am 31. Januar 1992. Der Rat gab dem UN-Generalsekretär den Auftrag, Empfehlungen zum Ausbau der Friedenssicherung auszuarbeiten. Boutros-Ghali legte diese Studie, die → „Agenda für den Frieden" (UN Doc- DPI/1247) im Juni 1992 vor, sie wurde inzwischen durch Studien zur Abrüstung – „Neue Dimensionen der Rüstungsregulierung und Abrüstung" (UN Doc. A/C.1/47/7) -und zur Entwicklungshilfe – → „Agenda für Entwicklung" (UN Doc. A/48/935) - ergänzt. Die Studien haben zweifellos zu einer wichtigen konzeptionellen Diskussion über präventive Diplomatie, Friedenssicherung und multilaterale Entwicklungszusammenarbeit geführt, aber bisher kaum konkrete Ergebnisse für die praktische Arbeit den UN gezeitigt - dafür waren die Konzepte wohl zu abstrakt und modellhaft.

Gleichzeitig mit der Debatte über die Friedenssicherung und die Entwicklungszusammenarbeit begann Anfang der 90er Jahre die Debatte über eine umfassende Strukturreform der Vereinten Nationen (→ Reform der UN), z.B. durch eine Vergrößerung des Sicherheitsrats durch neue ständige Mitglieder und die Umstrukturierung und neue Aufgabenzuweisung für den → Wirtschafts- und Sozialrat. Während es anfänglich so schien, als ob sich die Generalversammlung bis zum 50jährigen Jubiläums der UNO im Oktober 1995 auf ein Reformkonzept würde einigen können, und – als dies nicht der Fall war - viele Reformbefürworter hofften, mit dem Amtsantritt von Kofi Annan Anfang 1997 würde ein frischer Wind in die Reformdiskussion gebracht, ist die Debatte über die Reform bisher nicht viel weiter gekommen – zu weit liegen Interessen und Standpunkte der Mitgliedstaaten auseinander. Daher hat sich Generalsekretär Annan pragmatisch auf das Machbare in der Reform beschränkt, eine organisatorische Neustrukturierung des Sekretariats in vier Kernbereiche mit kollegialem Leitungsstil, Kosten- und Effizienzkontrolle, alles Reformmaßnahmen, die sinnvoll erscheinen. Problematisch sind dagegen die von der Finanznot erzwungenen Stellenstreichungen, die Boutros-Ghali und Annan durchgeführt haben, sie gehen an die Substanz der Weltorganisation, die – verglichen mit der Vielzahl ihrer Aufgaben - mit einem sehr niedrigen Personalschlüssel arbeitet.

Versucht man, aus der kurzen Betrachtung der Geschichte der Vereinten Nationen eine Lehre für die Reformdiskussion zu ziehen, könnte sie lauten: Chartaänderungen, wie sie in bezug auf den Sicherheitsrat und den Wirtschafts- und Sozialrat vorgeschlagen werden, sind schwierig zu erreichen und waren in der Geschichte der Vereinten Nationen nur selten erforderlich. Die Vereinten Nationen haben - unterhalb der Schwelle von Chartaänderungen - immer wieder praktische Lösungen in akuten Krisen gefunden. Bei der Blockierung des Sicherheitsrats durch Großmachtvetos entschied man sich für die Verlagerung der Entscheidungen in die Generalversammlung; um Waffenstillstände in Konfliktgebieten sichern

zu können, „erfand" man die UN-Friedenstruppen, in beiden Fällen gelang dies ohne jegliche Chartaänderungen.

Wenn die Vereinten Nationen Schwierigkeiten in der Friedenssicherung und der Lösung der anderen globalen Probleme hatten und haben, lag und liegt das nicht an den Strukturen der Vereinten Nationen - sie haben sich als flexibel und effektiv genug erwiesen -, sondern an der mangelnden Einigkeit der Mitgliedstaaten und an ihrer mangelnden Bereitschaft, die entsprechenden politischen und wirtschaftlichen Maßnahmen in einem multilateralen Rahmen durchzuführen. Waren die Regierungen der Staaten in der Vergangenheit dazu bereit, dann waren die Vereinten Nationen stets in der Lage, ihre in der Charta formulierten Aufgaben wirksam zu erfüllen.

Helmut Volger

Lit.: *Acheson, D.:* Present At The Creation. My Years in the State Department, New York 1969; *Gorbatschow, M.:* Rede vor der 43. UN-Generalversammlung am 7.12.1988, abgedruckt in deutscher Übersetzung in: Blätter für deutsche und internationale Politik 34 (1989), 234-250; *Luard, E.:* A History of the United Nations, Bd. 1: 1945-1955, London 1982, Band 2: 1955-1965, London 1989; *Pérez de Cuellar, J:* Bericht des Generalsekretärs über die Arbeit der Organisation an die 38. Generalversammlung. Deutsche Fassung in: VN 35 (1983), 6-10; *Tomuschat, C.:* Die Vereinten Nationen und die Menschenrechte, in: APZ (1988), H. 49, 14-24; *U Thant:* View from the UN, Newton Abbot 1978; *U.S. Department of State:* American Foreign Policy. Current Documents 1962, Vol. I, Washington, D.C. 1966; *U.S. Department of State:* American Foreign Policy. Current Documents 1989, Publication 9815, Washington, D.C. 1990, 11-15; *Volger, H.:* Geschichte der Vereinten Nationen, München/Wien 1995.

Gewaltverbot

Die UN-Charta enthält in ihrem Art. 2 Abs. 4 ein umfassendes Gewaltverbot. Danach ist den Mitgliedstaaten „in ihren internationalen Beziehungen jede gegen die territoriale Unversehrtheit oder die politische Unabhängigkeit eines Staates gerichtete oder sonst mit den Zielen der Vereinten Nationen unvereinbare Androhung oder Anwendung von Gewalt" verboten. Das Gewaltverbot gehört zu den grundlegenden Regeln des modernen Völkerrechts. Der → IGH hat im Nicaragua-Urteil die Verbindlichkeit des Gewaltverbots auch als Völkergewohnheitsrecht anerkannt. Darüber hinaus wird dem Gewaltverbot im Schrifttum und in der Staatenpraxis überwiegend *ius cogens*-Qualität zugeschrieben. Damit gilt das Gewaltverbot nicht nur zwischen UN-Mitgliedern, sondern zwischen allen Staaten. Allerdings kann es im innerstaatlichen Bereich, z.B. in nicht-internationalen bewaffneten Konflikten, keine Geltung beanspruchen.

Im Unterschied zur Völkerbundsatzung und zum Briand-Kellogg-Pakt verbietet Art. 2 Abs. 4 der UN-Charta jegliche Anwendung oder Androhung von Gewalt. Einbezogen sind damit auch die bewaffnete Gewalt „short of war" sowie allein schon die Drohung mit Gewalt. Unter Gewalt i.S.v. Art. 2 Abs. 4 UN-Charta ist die militärische Gewalt zu verstehen. Neben der direkten Anwendung bewaffneter Gewalt, also dem offenen Eindringen offizieller militärischer Einheiten in fremdes Staatsgebiet oder die Beschießung dieses Gebietes über die Grenze hinweg, ist auch die indirekte militärische Gewaltanwendung erfaßt (*Randelzhofer* 1994). Dazu gehören z. B. die Bildung oder Duldung von Freiwilligenverbänden auf dem eigenen Territorium, die gegen andere Staaten tätig werden oder die Unterstützung terroristischer Akte im Ausland. Bisweilen haben insbesondere Entwicklungsländer und die sozialistischen Staaten versucht, daß Gewaltverbot auch auf wirtschaftliche und politische Macht, also Einfuhrsperren, Kontenblockierung etc. auszudehnen. Diese Auffassung findet gegenwärtig in der Staatengemeinschaft jedoch keine Mehrheit.

Ausnahmen von diesem absoluten Gewaltverbot sind abgesehen von den mittlerweile obsoleten → Feindstaatenklauseln nach der UN-Charta nur unter zwei Gesichtspunkten erlaubt: im Falle individueller oder kollektiver Selbstverteidigung auf der Grundlage von Art. 51 und bei kollektiven Zwangsmaßnahmen der Vereinten Nationen im Rahmen des Systems → kollektiver Sicherheit. Darüber hinaus ist in der Staatenpraxis von einigen Staaten versucht worden, die Gewaltanwendung zum Schutze eigener Staatsangehöriger als weitere Ausnahme vom Gewaltverbot durchzusetzen. So unternahm Belgien 1964 eine gewaltsame Befreiungsaktion im Kongo, Israel führte 1976 eine gewaltsame Geiselbefreiung auf dem Flughafen von Entebbe durch, die USA versuchten ähnliche Aktionen 1980 im Iran und 1989 in Panama, die Bundesrepublik Deutschland flog 1997 120 Menschen aus 22 Nationen (darunter 20 Deutsche) unter Feuerbeschuß aus Tirana aus. Neben Versuchen, die Bedrohung der eigenen Staatsangehörigen auf dem fremden Territorium als bewaffneten Angriff zu qualifizieren, der Selbstverteidigungsmaßnahmen nach Art. 51 UN-Charta erfordere, stützten sich die Staaten darauf, das Gewaltverbot dürfe die Staaten nicht ihres Rechts berauben, ihre eigenen Staatsangehörigen notfalls auch mit Gewalt zu schützen, vor allem dann, wenn die Menschenrechte dieser Staatsangehörigen verletzt worden sind. Diese Argumentation birgt jedoch die Gefahr in sich, nur als Vorwand zur Durchsetzung sonstiger Interessen mißbraucht zu werden und letztlich das Gewaltverbot auszuhöhlen. Dem entsprechend ist auch die Staatenpraxis bei der Beurteilung der Intervention zum Schutze eigener Staatsangehöriger uneinheitlich, so daß sich diesbezüglich keine mit dem Völkergewohnheitsrecht begründbare Ausnahme vom Gewaltverbot herausbilden konnte.

Nachdem das Gewaltverbot in der Zeit des Ost-West-Gegensatzes im Rahmen der Blöcke vielfach durchbrochen wurde (vgl. z.B. die sog. Breschnew-Doktrin), kam Anfang der neunziger Jahre nach dem gemeinsamen Vorgehen gegen den Irak als Antwort auf dessen Überfall auf Kuwait die Hoffnung auf, daß das Gewaltverbot nunmehr zur Richtschnur des Handelns der Staatengemeinschaft werden könnte („neue Weltordnung" von US-Präsident Bush). Seither wird die internationale Politik durch eine dramatische Zunahme von Konflikten und den Zerfall politischer Autorität bestimmt. Die Konflikte im früheren Jugoslawien, in Aserbeidschan, Georgien und Tschetschenien, aber auch die Ereignisse in Somalia, Ruanda und Haiti haben gezeigt, daß die neuen Ursachen für eine Bedrohung des Weltfriedens und der internationalen Sicherheit heute weitgehend im innerstaatlichen Bereich zu suchen sind (*Donner* 1995). Damit einhergehend hat die rechtliche Bewertung der humanitären Intervention als weiteres Spezialproblem der Grenzen des Gewaltverbots zunehmend an Bedeutung gewonnen (*Heintze* 1997). Schließlich wird in jüngerer Zeit vermehrt die Durchsetzung des Gewaltverbots als Norm mit Wirkung *erga omnes* diskutiert. Dieser Ansatz betrifft die Frage, ob einzelne Staaten berechtigt sind, notfalls mit bewaffneter Gewalt solche Normen zu wahren, die dem Gemeinschaftsinteresse dienen. Zum gegenwärtigen Zeitpunkt ist jedoch davon auszugehen, daß die einzelstaatliche Berechtigung zur Durchsetzung von *Erga-omnes*-Bestimmungen allenfalls das Recht auf eine Verhängung von Repressalien, nicht aber die Anwendung bewaffneter Gewalt mit einschließt. Für die Durchsetzung des Gewaltverbots wird auch zukünftig das Sicherheitssystem der Vereinten Nationen das zentrale Instrument bleiben.

Brigitte Reschke

Lit.: *Bruha, Th.:* Prohibition of Use of Force, in: Wolfrum, R./Philipp, C. (Hrsg.): United Nations: Law, Policies and Practice, Dordrecht u.a. 1995, 1387-1399; *Dinstein, Y.:* War, Aggression and Self-Defence, 2. Aufl., Cambridge 1994; *Donner, M.:* Die Begrenzung bewaffneter Konflikte durch das moderne jus ad bellum, in: AVR 33 (1995) 1/2,168-218; *Kreß, C.:* Gewaltverbot und Selbstverteidigungsrecht nach der Satzung der Vereinten Nationen bei staatlicher Verwicklung in Gewaltakte Privater, Berlin 1995; *Kreß, C:* Die Rettungsoperation der Bundeswehr in Albanien am 14. März 1997 aus völker- und verfassungsrechtlicher Sicht, in: ZaöRV 57 (1997), 329-358; *Heintze, H.-J.:* Interventionsverbot, Interventionsrecht und Interventionspflicht im Völkerrecht, in: Reiter, E. (Hrsg.): Maßnahmen zur internationalen Friedenssicherung, Graz 1997, 163-194; *Ipsen, K.:* Gewaltverbot - Interventionsverbot - Nichteinmischung, Elemente der Gemeinsamen Sicherheit, in: Heintze, H.-J. (Hrsg.): Von der Koexistenz zur Kooperation, Völkerrecht in der Periode der Ost-West-Annäherung Ende der 80er Jahre, Bochum 1992, 1-12; *Randelzhofer, A.:* Use of Force, in: Bernhardt, R. (Hrsg.), EPIL 4 (1982), 265-275; *Randelzhofer, A.:* Kommentierung zu Article 2 (4), in: Simma, B. (Hrsg.): The Charter of the United Nations, A Commentary, München 1994.

Globalisierung

1. Einführung

Dank moderner Informationstechniken und Kommunikationsmittel, aber auch aufgrund des zunehmend liberalisierten Kapital-, Waren- und Personenverkehrs wächst die Welt immer enger zusammen. Globalisierung kann in einem allgemeinen Sinne als „extension and accelarator of an ongoing process of transnationalization" (*Sur* 1997, 429) oder auch als „Intensivierung weltweiter sozialer Beziehungen" (Messner 1998, 31) verstanden werden. Die psychologischen Auswirkungen auf die Weltbürger des sich abzeichnenden "globalen Dorfs" sind beträchtlich, da mit der Globalisierung ein grundlegender Wertewandel einhergeht. Vor einer drohenden Gefahr für Demokratie und Wohlstand, einer Ausgrenzung der sozial Schwachen, kurz einer „Globalisierungsfalle" (*Martin/Schumann* 1996) oder einem „Globalisierungsschock" (*Messner/Vobruba* 1998, 4) wird gewarnt, ebenso davor, daß verstärkt Arbeitsplätze vernichtet, die Umwelt zerstört, die Politik entmachtet und die Entwicklungsländer marginalisiert werden (bereits heute leben ca. 85 Prozent der Weltbevölkerung in einkommensschwachen Ländern). Zugleich verdeutlichen überregionale Wirtschaftskrisen, Umweltkatastrophen und weltweite

Terroranschläge in beunruhigender Weise, daß die Weltbevölkerung mehr denn je in einer Art Schicksalsgemeinschaft verbunden ist.

Die Vereinten Nationen sind in doppelter Weise von dem Prozeß der Globalisierung berührt. Zum einen haben sie durch ihre Tätigkeit in den vergangenen Jahrzehnten aktiv an der Behandlung von Themen mit globaler Reichweite mitgewirkt (s.u. Abschnitt2); insoweit sind sie ein aktiv handelndes Subjekt im Globalisierungsprozeß.

Zum anderen stellt die Globalisierung die UN selbst vor neue Herausforderungen. Wie Rubens Ricupero, UNCTAD-Generalsekretär im „Trade und Development Report 1997" (→ UNCTAD) hervorhob, besteht zwar die Hoffnung, globaler Wettbewerb würde zu einer weltweiten Annäherung von Einkommen und Lebensstandards führen, doch ist de facto sowohl das Einkommensgefälle zwischen Nord und Süd als auch dasjenige innerhalb der einzelnen Länder seit den frühen 80er Jahren gewachsen; heute verbrauchen die 20 wohlhabendsten Prozent der Weltbevölkerung 86 Prozent aller Güter, während die ärmsten 20 Prozent nur ca. 1,3 Prozent konsumieren. Zu der frappierenden „Asymmetrie" der Globalisierung trägt der Umstand bei, daß die Liberalisierung von Märkten, auf denen die Entwicklungsländer komparative Handelsvorteile besitzen (z.B. Landwirtschaft, Textilien), sich relativ langsam vollzieht.

Während sich die Steuerungs-und Handlungsfähigkeit der UN-Mitgliedstaaten verringert - *Kratochwil* (1997, 76) spricht von „disappearance of the ´public´" und davon, daß Staaten mehr und mehr „price takers" instead of price makers" sind - erstarken parallel dazu Teile der Zivilgesellschaft und fordern Mitspracherechte im UN-Rahmen ein (s.u. 3). Neben der Lösung solcher struktureller Fragen, müssen die UN eine Reihe neuer materieller Aufgaben bewältigen. Wollen sie auch in Zukunft ihr oberstes Ziel, weltweit den Frieden zu sichern, verwirklichen, gilt es insbe-

sondere Instrumentarien zu entwickeln, um globalisierungsbedingte soziale Ungerechtigkeiten abzufedern und Verteilungskonflikte zu lösen (s.u. Abschnitt 5).

2. Die UN im Kontext der Globalisierung

In seiner Rede vor der 53. Generalversammlung (→ Generalversammlung) am 22. Sept. 1998 in New York sagte der deutsche Außenminister, das „Zeitalter der Globalisierung" sei das „Zeitalter der Vereinten Nationen". Er begründete dies damit, daß nur hier alle Staaten der Welt zusammenkommen und daß nur im Rahmen der UN gemeinsame Antworten auf die globalen Herausforderungen der Gegenwart und der Zukunft gefunden werden können. In der Tat begreifen sich die UN gemäß Art. 1 Abs. 4 UN-Charta (→ Charta der UN) als ein „Mittelpunkt", in dem alle Staaten (der Mitgliederkreis der Vereinten Nationen ist mit heute 185 Staaten praktisch universell) zusammenwirken, um gemeinschaftliche Ziele wie → Friedenssicherung, Entwicklungszusammenarbeit (→ Entwicklungszusammenarbeit der UN) und → Menschenrechtsschutz zu erreichen.

Einige UN-Organe haben seit ihrer Gründung in entscheidender Weise an der Entwicklung eines „Weltrechts" bzw. einer „Weltordnung" mitgewirkt. Nur beispielhaft genannt seien an dieser Stelle die UN-Generalversammlung, die zwar kein „Weltparlament" ist, weil ihre Resolutionen (→ Resolution/Deklaration/Beschluß) nur empfehlenden Charakter haben, die jedoch zur Entstehung eines kollektiven Bewußtseins beigetragen hat, nicht zuletzt durch die Ausrufung von Weltgedenktagen und Weltdekaden (z.B. 10. Dezember: Tag der Menschenrechte; 1997-2006: Erste Dekade der UN für die Beseitigung von Armut etc.)

Die 1947 gegründete Völkerrechtskommission (→ ILC), um ein weiteres Beispiel zu geben, entwickelt Regelwerke mit weltumfassendem Geltungsbereich, so geschehen etwa hinsichtlich der Schaffung einer internationalen

Strafgerichtsbarkeit (→ ICC). Kommt es zu einer internationalen Streitigkeit zwischen den UN-Mitgliedstaaten ist das Hauptrechtsprechungsorgan der Vereinten Nationen, der Internationale Gerichtshof (→ IGH) in Den Haag, befugt zu entscheiden; im Wege von Rechtsgutachten vermag auch er einen wesentlichen Beitrag zur Fortentwicklung des universellen Völkerrechts zu leisten.

Der Gründungsbeschluß vom 17. Juli 1998 für einen Internationalen Strafgerichtshof (UN Doc. A/CONF. 183/9) war ebenfalls ein wesentlicher Schritt hin in Richtung einer von den UN gesetzten, im Zeichen der Herrschaft des Rechts stehenden Weltordnung. Die Schaffung dieses Gerichts, ebenso wie der beiden Ad-hoc-Tribunale zur Ahndung von Kriegsverbrechen im ehemaligen Jugoslawien und Ruanda, können als ein Erfolg des im Rahmen der UN entwickelten Konzepts gesehen werden, aus global geltenden Rechtsnormen eine direkte Verantwortlichkeit des einzelnen abzuleiten.

Auch GATT bzw. die Genfer Welthandelsorganisation (WTO) haben durch die von ihnen geförderte weltweite Marktöffnung einen wesentlichen Beitrag zur Globalisierung, zumindest in wirtschaftlicher Hinsicht, geleistet, wenngleich von WTO-Seite unterstrichen wird, daß GATT/WTO (→ WTO/GATT) nicht für die Globalisierung verantwortlich seien, sondern im Gegenteil dafür sorgen, daß der Globalisierungsprozeß sich in einem „rule based system" vollzieht (vgl. Warren Lavorel, in: ASIL 1997, 20).

Den Vereinten Nationen ist es schließlich auch zu verdanken, daß – → Umweltschutz und → Menschenrechte zu globalen Themen gemacht wurden. Kein Staat der Welt vermag heute mehr unter Berufung auf das Prinzip der Nichteinmischung (→ Interventionsverbot) Menschenrechtsverletzungen im Inneren zu legitimieren. Auch wenn einzelne Akteure, seien es Individuen oder Gruppen, noch keine eigenen völkerrechtlichen Rechte und Pflichten besitzen, „the system as a

whole increasingly permeates state boundaries for the sake of protection of individual and group rights" (*Simma/Paulus* 1998, 27). Menschenrechte sind ungeachtet der Bedeutung nationaler und regionaler Besonderheiten unteilbar und gelten für alle Menschen dieser Welt. Davon legte das Bekenntnis der Wiener Weltmenschenrechtskonferenz zur Universalität der Menschenrechte („Wiener Erklärung und Aktionsprogramm" vom 12. Juli 1993, UN Doc. A/CONF.157/23) ebenso Zeugnis ab wie die Ernennung eines weltweit zuständigen Hochkommissars für Menschenrechte (→ Menschenrechte, Zentrum für Menschenrechte/Hoher Kommissar für Menschenrechte) am 20. Dezember 1993 (UN Doc. GA/Res. 48/141 vom 20. Dezember 1993).

Die Lösung ökologischer Probleme hat ebenfalls höchste Priorität für die UN, da allein ein globaler Regelungsansatz es ermöglichen wird, der fortschreitenden Umweltverschmutzung und -zerstörung Einhalt zu gebieten, ein menschenwürdiges Dasein für künftige Generationen zu ermöglichen und Distributionsprobleme (z.B. Wasserknappheit in mehr als 80 Ländern) friedlich zu regeln.

Einbindung der Zivilgesellschaft in die Arbeit der UN

Unsere Welt bewegt sich im Zuge der Globalisierung nicht nur in Richtung Weltökonomie sondern auch in Richtung Weltzivilisation. Durch die Aktivitäten von Amnesty International, Greenpeace, Internationalem Roten Kreuz, der World Wildlife Foundation und anderen → NGOs werden nicht selten verbindliche Regelwerke initiiert, neue Formen der globalen Politik entwickelt und die grenzüberschreitende Kooperation gefördert. Prominentes Beispiel für die Ausübung von zivilgesellschaftlichem Druck war die von nord-amerikanischen NGOs initiierte Kampagne zum Verbot von Personenminen, die Ende 1997 zur erfolgreichen Unterzeichnung einer entsprechenden

Konvention (→ Abrüstung) durch eine Reihe von UN-Mitgliedstaaten führte.

Eine zentrale Aufgabe der UN besteht darin, eine Vermittlerrolle zwischen den staatlichen Akteuren und der „Zivilgesellschaft" zu übernehmen. Unter den Rahmenbedingungen des Ost-West-Konflikts waren die Einflußmöglichkeiten der NGOs auf die Arbeit der UN beschränkt. Erst aufgrund der engagierten NGO-Mitarbeit auf den großen → Weltkonferenzen über Umwelt und Entwicklung in Rio 1992, Menschenrechte in Wien 1993, Bevölkerung und Entwicklung in Kairo 1994, sowie soziale Entwicklung in Kopenhagen 1995 und Frauen in Peking 1995, wurden die Beziehungen zwischen den Vereinten Nationen und den NGOs intensiviert. In der –„Agenda for Development" (→ Agenda für Entwicklung) unterstrich der → Generalsekretär, daß die Zahl und die Bedeutung der NGOs im Laufe des letzten Jahrzehnts außerordentlich gestiegen sei, und Netze nichtstaatlicher Organisationen sich mittlerweile über die ganze Welt erstrecken (Agenda for Development 1994, Ziff. 147).

De facto stellen die NGOs heute wichtige Kooperationspartner für die UN dar. Es läßt sich ein stetig wachsender Einfluß auf die Arbeitsgebiete der Weltorganisation beobachten und Vertreter der Zivilgesellschaft werden immer mehr in globale Lenkungsvorgänge oft mit dem englischen Begriff global governance einbezogen. Die Revision der Resolution 1296 (XLIV) des → Wirtschafts- und Sozialrats (ECOSOC) vom 23. 5.1968 trägt dem Rechnung; nach dreijährigen Verhandlungen erhielten nationale NGOs durch ECOSOC-Resolution 1996/31 mit dem Titel „Consultative Relations between the United Nations and Non-Governmental Organization" verbesserte Mitwirkungsmöglichkeiten in den UN, etwa eine erleichterte Gewährung des Konsultativstatus oder eine unbürokratische Beteiligung an Weltkonferenzen und den dazugehörigen Follow-up-Tagungen. NGOs sind auch zunehmend kritische Ansprechpartner der UN, wenn es um Fragen der wirtschaftlichen Globalisierung geht. So wurde 1998 ein neues NGO-Bündnis, das „International NGO Committee on Human Rights in Trade and Investment" gegründet, das der Tatsache Rechnung zu tragen sucht, daß die die wirtschaftliche Globalisierung begleitenden Prozesse, insbesonders Handels- und Finanzliberalisierung, Verschuldungsregime und Strukturanpassungsprogramme, vielfach in Widerspruch zu der Verwirklichung von wirtschaftlichen, sozialen und kulturellen Menschenrechten stehen.

Weitgehend ungelöst ist bisher die Aufgabe, die wichtigsten „global players", die transnationalen Unternehmen, in die Bemühungen der UN um eine sozial- und entwicklungsverträgliche Globalisierung einzubinden. Diese stellen einen bedeutsamen Teil der Zivilgesellschaft dar (von den 100 größten wirtschaftlichen Entitäten waren 1998 bereits 51 Unternehmen, nur 49 Staaten, vgl. Bulletin Breg. Nr. 64, S. 813, 23. Sept. 1998).Von deutscher Seite wurde die Schaffung einer globalen „public private-partnership" zwischen UN-Mitgliedstaaten, internationalen Finanzorganisationen und Unternehmen ins Spiel gebracht, um mehr Transparenz und insgesamt verläßliche Rahmenbedingungen der Weltwirtschaft zu schaffen.

Kritische Würdigung

Der Einfluß der UN-Mitgliedstaaten über in ihrer Ausrichtung zunehmend transnationale Globalisierungsvorgänge verringert sich, traditionelle Steuerungsinstrumente sind der globalen Handlungsebene vielfach nicht mehr angemessen. Aufgrund dieses Umstandes besteht (theoretisch) die Chance, daß das Geflecht internationaler, im übergeordneten Gemeinwohl handelnder Institutionen sowie der Multilateralismus auf UN-Ebene gestärkt wird.

Ob die UN davon real profitieren können, scheint jedoch fraglich. Es wurde konstatiert, daß es im Zuge der Globalisierungstendenzen nicht nur zu einer Marginalisierung der Generalversammlung und zu einer Umgehung des

→ Sicherheitsrates in kritischen Situationen, sondern auch zu einer Abschwächung der internationalen Konferenzdiplomatie gekommen ist (Sur 1997, 429, vgl. die Erwiderung von Alston 1997, 437 ff.). Nach wie vor vermögen mächtige Akteure die Lösung globaler Probleme zu verschleppen, wie die Klimaverhandlungen zeigen. Hinzu kommt die Tendenz, die Behandlung explosiver sozialer Fragen aus der einflußreichen, von den westlichen Staaten dominierten Weltbankgruppe (→ Weltbank/-gruppe) und der Welthandelsorganisation herauszuhalten und in staatlicher Eigenverantwortung zu belassen. In Verbindung mit dem finanziellen Druck, der seitens des mächtigsten Beitragszahlers seit Jahren auf die UN ausgeübt wird (→ Finanzkrisen, → Haushalt; → USA, UN-Politik), vermag man sich des Eindrucks nicht zu erwehren, als ginge es den Industriestaaten weniger um einen sozial- und entwicklungsverträglich ausgestalteten Transnationalisierungsprozeß, als um eine strategisch günstige Position im Globalisierungswettkampf.

Die westlichen Industrienationen sehen die Hauptfolgeprobleme der Globalisierung in einigen sachorientierten Gebieten wie Korruption, Drogenbekämpfung, Terrorismus, organisiertes Verbrechen, Geldwäsche, Verbreitung von ABC-Waffen, ungehinderter Marktzugang, gesicherte Investitionsbedingungen oder auch Umweltzerstörung, Politikfelder also, deren Regelung ihre nationalen Kapazitäten überschreitet. Folglich drängen sie auf einen Einschluß dieser Bereiche in die Agenda der UN. Erste Erfolge lassen sich auf dem Abrüstungssektor verzeichnen, aber auch die Bemühungen der UN im Kampf gegen Drogen, organisiertes Verbrechen und Terrorismus wurden intensiviert, der Kampf gegen die Korruption wurde inzwischen ein Hauptanliegen von Weltbank und IWF etc.

Humanitäre, die Mehrheit der Weltbevölkerung bedrängende Kernfragen, wie Unterernährung, Obdachlosigkeit, absolute Armut, Flüchtlingsströme, kollabierende Sozial- und Gesundheitssysteme in der Dritten Welt oder auch die Lösung der Verschuldungsproblematik, geraten demgegenüber zunehmend in den Hintergrund (→ Humanitäre Hilfe). Trotz ungestillten Bedarfs wurde die multilaterale Entwicklungshilfe, aber auch Weltbankkredite für Bildung und Gesundheit, abgesenkt. Die Illusion wird genährt, die genannten sozialen Brennpunkte seien im Wege einer Marktlösung regel- und handhabbar, obgleich sowohl der UNCTAD Bericht „Trade und Development"1997 wie der → UNDP-„Human Development Report" 1997 und 1998 (→ Human Development Reports) das Gegenteil aufzeigten: Mit dem erhofften 'trickle down effect', mit dem über Jahre hinweg die wirtschaftliche Liberalisierung legitimiert wurde, kann nicht (mehr) ernsthaft gerechnet werden.

Globale Herausforderungen

Eine der größten Herausforderungen, denen sich die UN gegenübersehen, besteht darin, im Gegenzug zur wirtschaftsliberalen Globalisierung eine an weltweiter Gerechtigkeit, sozialem Ausgleich und an den Interessen künftiger Generationen ausgerichtete, glaubhafte Alternative zu entwickeln. Die Globalisierung kann nicht den Marktkräften überlassen werden, sie muß politisch gestaltet, institutionell eingerahmt und völkerrechtlich abgesichert werden. Grundlage dafür könnte eine Ethik weltweiter Solidarität sein, wie sie bereits in den späten 80er Jahren im Rahmen des „Rechts auf Entwicklung" (→ Menschenrechte; → Menschenrechtsschutz) konzipiert wurde.

Die Verwirklichung der Menschenrechte, aber auch die Durchsetzung von Sozialnormen und Umweltauflagen muß ein Hauptziel nicht nur des internationalen Handels, sondern auch der globalen Investitions- und Finanzpolitik sein (vgl. den Titel einer Resolution der UN Subcommission on Prevention of Discrimination and Protection of Minorities vom 20. August 1998: „Human Rights as the primary objective of trade, investment and financial policy", UN Doc.E/CN.4/Sub.2/RES/1998/12).

Auch die ökologischen Folgen der Globalisierung dürfen nicht länger ausgeblendet werden, gerade weil die globale Marktlogik der Externalisierung von Kosten Vorschub leistet. Ein nachhaltige Entwicklung und eine ausreichende Nahrungsmittelproduktion wird nicht möglich sein ohne eine drastische Aufstockung der Entwicklungshilfe und die Streichung eines Großteils der Schulden.

Dies sind altbekannte entwicklungspolitische Postulate (→ Entwicklungstheorien und –strategien des UN-Systems), und doch ist ihre rasche Umsetzung angesichts der globalisierungsbedingten Polarisierung zwischen entwickelter und unterentwickelter Welt drängender denn je. Andernfalls wird es nicht zu den prognostizierten dauerhaften Wohlstandsgewinnen aller am Gobalisierungsprozeß Beteiligten kommen. Auch die internationale Sicherheit gefährdende soziale Spannungen bzw. Unruhen können nicht ausgeschlossen werden. Die Einberufung eines „Globalisierungsgipfels", der - wie vom früheren EU-Kommissar und Chef des GATT-Sekretariats Peter Sutherland im März 1998 gefordert – die ranghöchsten UN-Vertreter und Regierungschefs aller Regionen an einen Tisch brächte, um über eine gerechtere Verteilung von Wachstum und Entwicklung zu befinden, oder aber ein globaler Pakt zwischen den Vereinten Nationen und der Wirtschaft über gemeinsame Werte und Grundsätze, wie Anfang 1999 von UN-Generalsekretär Kofi Annan vorgeschlagen, könnte den dringend erforderlichen Dialog zwischen Nord und Süd unterstützen. Globalisierung darf sich nicht in wirtschaftlichem Globalmanagement erschöpfen, sondern muß eine neue Dimension der Ethik einschließen.

Sabine von Schorlemer

Lit.: Dokumente: The Commission on Global Governance: Our Global Neighbourhood, Cambridge 1995; UNDPI (Hrsg): The Vienna Declaration and Action Programme, Adopted 25 June 1993 by the World Conference on Human Rights, UN Doc. A/CONF.157/23, 12 July 1993; deutsche Fassung (Wiener Erklärung und Aktionsprogramm) in: Deutsche Gesellschaft für die Vereinten Nationen (Hrsg.) Blaue Reihe, Nr. 50, Bonn 1993. *Sekundärliteratur:* Alston, P.: The Myopia of the Handmaidens: International Lawyers and Globalization, in: EJIL 8 (1997), 435-438; Henkel, H.-O.: Globalisierung der Wirtschaft: eine Herausforderung für die internationale Gemeinschaft. Liberale Bedingungen für Welthandel und Auslandsinvestitionen als Ziel für das 21. Jahrhundert, in: VN 43 (1995), 193-196; Kratochwil F. V.: Globalization and the Disappearance of „Publics", in: Jin-Young Chung (Hrsg.): Global Governance. The Role of International Institutions in the Changing World, Seoul 1997, 71-123; Martin, H.P./Schumann, H.: Die Globalisierungsfalle. Der Angriff auf Demokratie und Wohlstand, 8. Aufl., Reinbek bei Hamburg 1996; Messner, D.: Die Transformation von Staat und Politik im Globalisierungsprozeß, in: epd-Entwicklungspolitik 13 (1998), 31-40; Messner, D.: Globalisierung, Global Governance und Entwicklungspolitik, in: IPG, Bd. 1 (1999), 5-18; Messner D./Nuscheler F.: Globale Trends, Globalisierung und Global Governance, in: Stiftung Entwicklung und Frieden (Hrsg.): Globale Trends 1998, Frankfurt, 27-40; Messner, D./Vobruba, G.: Die sozialen Dimensionen der Globalisierung. INEF-Report Nr. 28, Duisburg 1998; Nunnenkamp, P.: Schreckgespenst Globalisierung. Chancen und Risiken für den Standort Deutschland, in: IP 53 (1998), H.5, 15-24; Simma, B./Paulus A.L.: The „International Community": Facing the Challenge of Globalization, in: EJIL 9 (1998), 266-277; Sur, S.: The State between Fragmentation and Globalization, in: EJIL 8 (1997), 421-434. **Internet:** Informationen und Literaturhinweise über eine Webseite des Global Policy Forum zur Globalisierung: http://www.globalpolicy.org/globaliz/index.htm

Großbritannien, UN-Politik

Die aktive Politik Großbritanniens in bezug auf die Vereinten Nationen begann mit der Unterzeichnung der Atlantik-Charta im August 1941 durch den damaligen britischen Premierminister Winston Churchill schon vor der eigentlichen Gründung der Organisation (→ Entstehungsgeschichte der UN).

Seit diesem Zeitpunkt versuchte Großbritannien (GB) seine außenpolitischen Interessen auch mit Hilfe seiner starken Stellung in den UN durchzusetzen. Auf der anderen Seite orientierte sich Großbritannien bei der Ausübung seiner Außenpolitik teilweise an den Prinzipien und Beschlüssen der UN. Schwerpunkte der UN-Politik Großbritanniens waren: die ständige Mitgliedschaft mit Vetorecht (→ Veto/-recht) im → Sicherheitsrat, sowie seit dem Ende des Kalten Krieges verstärkt die Teilnahme an Friedensmissionen (→ Friedensoperationen; → Friedenssicherung), der Prozeß der → Entkolonialisierung, und die Reform der Vereinten Nationen (→ Reform der UN). Daneben spielte Großbritannien bei der Verabschiedung der → Uniting-for-Peace-Resolution und in der Suez-Krise eine entscheidende Rolle.

Die Gründung der Vereinten Nationen

In der Atlantik-Charta, die eine Reihe von Prinzipien zur Erhaltung des Friedens und der internationalen Sicherheit enthält, einigten sich der amerikanische Präsident Franklin D. Roosevelt und der britische Premierminister Winston Churchill auf einige richtungsweisende Prinzipien für eine Nachkriegsordnung. Auf den Konferenzen von Moskau, Teheran, Dumbarton Oaks und Jalta, versuchte Churchill seine Vorstellungen einzubringen, die sich in mehreren Punkten stark von den Vorschlägen Roosevelts unterschieden. Die Position Großbritanniens bei den Verhandlungen ist unter zwei Gesichtspunkten zu betrachten: In erster Linie versuchte Großbritannien seine schwindende Position als Weltmacht mit einer starken Stellung in den UN zu kompensieren. Zweitens versuchte man das Hauptaugenmerk auf Europa zu lenken, da beide Weltkriege ihren Ursprung auf diesem Kontinent hatten und hauptsächlich dort ausgetragen wurden. So forderte der britische Premierminister an der Stelle des schon im → Völkerbund gescheiterten Systems → kollektiver Sicherheit drei Regionalräte, die Frieden und internationale Stabilität garan-

tieren sollten. 1943 schlug Churchill diese Regionalräte für Europa, für Asien und einen für die westliche Hemisphäre vor. Die Großmächte wären in allen Räten vertreten gewesen, wobei die drei Regionalräte die Basis für einen globalen Rat zur Wahrung der internationalen Stabilität sein sollten (*Volger* 1995, 6f.). In Bezug auf den Geltungsbereich eines möglichen Vetorechtes versuchte Großbritannien dieses nur für inhaltliche Fragen durchzusetzen, die die Interessen der Großmächte direkt berührten. Bis zur Gründung der UN in San Francisco setzte sich Roosevelt mit seinen Positionen in fast allen Punkten gegen den Widerstand Großbritanniens durch. Danach sollten nach dem Zweiten Weltkrieg nur die Großmächte USA, UdSSR, Großbritannien, China und später Frankreich für die internationale Stabilität verantwortlich sein. Auch im Hinblick auf das Vetorecht im Sicherheitsrat konnte sich Großbritannien mit seinen Vorschlägen nicht durchsetzen.

Ein weiterer Brite, der neben Churchill an der Entstehung der UN maßgeblich mitwirkte, war der Ökonom John Maynard Keynes. Er übernahm den britischen Vorsitz für die Verhandlungen über die wirtschaftlichen Institutionen im Gefüge der UN und trug entscheidend zu ihrer heutigen Ausgestaltung bei. Keynes war einer der schärfsten Kritiker des Vertrages von Versailles und sah nach dem Ende des Zweiten Weltkrieges die Möglichkeit, mit der Schaffung eines stabilen Wirtschafts- und Währungssystems den Weltfrieden zu fördern. Seine auf der Konferenz von Dumbarton Oaks gemachten Vorschläge basierten auf drei Prinzipien: erstens eine nachfrageorientierte Wirtschaftspolitik, in dessen Rahmen deficit-spending ein Instrument sein sollte, um das oberste Ziel der Vollbeschäftigung zu erreichen; zweitens die Schaffung der Wirtschafts- und Währungsinstitutionen Weltbank (→ Weltbank/-gruppe) und →Internationaler Währungsfonds (→ IWF) sowie einer internationalen Handelsorganisation; und drittens ein Mechanismus fester Wechselkurse. Auch wenn sich die konkrete Ausgestaltung des wirtschaftlichen Gefüges mehr an den amerikanischen Vorschlägen orientierte, legte Keynes mit der Formulierung seiner Prinzipien und seinen Arbeiten aus den 20er und 30er Jahren den wissenschaftlichen Grundstock. Keynes wurde 1947 der erste Exekutivdirektor des Internationalen Währungsfonds.

Obwohl sich Großbritannien in Person von Churchill und Keynes in bedeutenden Fragen nicht gegen die amerikanischen Vorstellungen durchsetzen konnten, gelang es Großbritannien, seine gewichtige Stellung in der internationalen Politik, die es aufgrund seiner Stellung im 19. Jahrhundert, seiner bedeutenden Rolle im Völkerbund und als Siegermacht des Zweiten Weltkrieges hatte, in den UN festzuschreiben. Dies drückte sich vor allem darin aus, daß Großbritannien einen ständigen Sitz im Sicherheitsrat erhielt, aber auch darin, daß es andere hochrangige Posten, z.B. im → Sekretariat, traditionell besetzte.

Die Politik im Sicherheitsrat

Das Verhalten Großbritanniens als ständiges Mitglied im Sicherheitsrat zeigte, wo seine Schwerpunkte der Außenpolitik innerhalb der UN lagen, mit welchen Staaten primär kooperiert wurde und wo seine Interessen mit der Mehrheit der Mitglieder der UN kollidierten. Hauptindiz dafür sind die 33 Vetos Großbritanniens, die alle vor der Ende des Kalten Krieges eingelegt wurden und bei deren Betrachtung zwei Hauptmerkmale deutlich werden. Zum einen wurden zwei Drittel der britischen Vetos zusammen mit dem Veto der USA eingelegt, was die enge Kooperation der beiden Länder während des Kalten Krieges im Sicherheitsrat hervorhebt. Auf der anderen Seite wird daraus die Bedeutung des Entkolonialisierungsprozesses für Großbritannien und seine speziellen Interessen deutlich, die in diesem Zusammenhang der Mehrzahl der Mitglieder der UN entgegengerichtet waren. Dies zeigte sich vor allem am Beispiel Südrhodesiens, daß

1980 als Simbabwe unabhängig wurde. Großbritannien war im Fall Südrhodesiens nicht bereit, sich dem in den UN vertretenen Mehrheitswillen, der die britischen → Sanktionen gegen Südrhodesien verurteilte, zu beugen, und machte daher in acht Fällen von seinem Vetorecht Gebrauch.

Einer der ersten elementaren Einschnitte, mit denen die Mitglieder der UN die rechtlichen Rahmenbedingungen der UN änderten, erfolgte durch die Uniting-for-Peace-Resolution. Großbritanniens Handeln war in bezug auf diese Resolution (→ Resolution/Deklaration/Beschluß) von gegensätzlichen Zielen bestimmt: Einerseits brachte man die Resolution in der → Generalversammlung mit ein, aber andererseits wurde betont, daß ihre Anwendung auch gegen britische Interessen in Form der Umgehung des Vetorechts im Sicherheitsrat gerichtet sein könnte. Bei der Abstimmung in der Generalversammlung stimmte Großbritannien dann aber für die Resolution.

Die Suez-Krise

Großbritannien war einer der Hauptakteure während der Suez-Krise, bei deren Überwindung die UN eine entscheidende Rolle spielten. Im Juli 1956 erklärte der ägyptische Präsident Nasser die Verstaatlichung des Suez-Kanals, um von Großbritannien, den USA und der Weltbank zurückgezogene Finanzierungszusagen zum Bau des Assuanstaudamms auszugleichen. Nach gescheiterten diplomatischen Bemühungen riefen Großbritannien und Frankreich den Sicherheitsrat an. Dieser forderte in einer Resolution sowohl die Respektierung der → Souveränität Ägyptens, als auch die Ermöglichung eines freien Transitverkehrs durch den Kanal. Weitere Verhandlungen wurden durch den Angriff Israels gegen Ägypten unterbrochen. Großbritannien unterstützte Israel, indem es beide Staaten mit einem Ultimatum und einer Androhung militärischer Gewalt dazu aufforderte, sich auf zehn Meilen hinter die jeweilige Seite des Suez-Kanals zurückzuziehen. Allerdings waren die israelischen Truppen zu diesem Zeitpunkt noch gar nicht bis zu dieser Distanz vorgedrungen. Vor Ablauf des Ultimatums brachten die USA eine Resolution im Sicherheitsrat mit der Forderung nach einem Abzug der israelischen Truppen ein. Diese scheiterte jedoch, weil Großbritannien das erste Mal mit seinem Veto eine Resolution des Sicherheitsrates blockierte. Nach dem Ablauf des Ultimatums am nächsten Tag fing Großbritannien an, Ägypten zu bombardieren. Der Sicherheitsrat beauftragte, mit bezug auf die Uniting-for-Peace-Resolution, die Generalversammlung, sich mit der Situation zu befassen. Großbritannien argumentierte, daß man die Truppen zurückziehen werde, wenn UN-Truppen die ägyptischen und israelischen Streitkräfte trennen würden. Nach der Verabschiedung einer Resolution, die Großbritannien und Frankreich aufforderte, ihre Truppen zurückzuziehen, wurde dieser Vorschlag aufgegriffen. Das Ergebnis war die Entsendung einer UN-Friedenstruppe (→ Friedenstruppen), zu der auch Großbritannien wegen des Drucks der USA und der gesamten Weltöffentlichkeit seine Zustimmung gab. Großbritannien hatte durch das Abrücken von seiner radikalen Position die Wiedereröffnung des Kanals und somit sein Ziel erreicht, wenn auch die Vorgehensweise der UN bei der Lösung des Konflikts nicht den Vorstellungen Großbritanniens entsprach.

Großbritanniens Rolle bei Peacekeeping-Operationen

Das Agieren Großbritanniens in der Suez-Krise war in zweierlei Hinsicht von Bedeutung für dessen Politik in den UN. Zum ersten wurde mit der Stationierung der ersten Friedenstruppe das System kollektiver Sicherheit abgelöst und zum anderen war das Verhalten Großbritanniens untypisch für seine weitere Politik im Sicherheitsrat und seine Beteiligung an Peacekeeping-Operationen. Obwohl Großbritannien bei der Geburtsstunde des Peacekeeping-Konzeptes eine nichtkonsistente Position einnahm, entwickelte sich

Peacekeeping seitdem zu einem seiner primären Anliegen. Großbritannien spielte eine Hauptrolle in Bezug auf die Weiterentwicklung und Durchführung der verschiedenen Friedensmissionen. Großbritannien zählte sowohl zu den Ländern, die maßgeblich zur Finanzierung der Missionen beitrugen, als auch zu denen, die sich für eine qualitative Weiterentwicklung im Hinblick auf eine höhere Effektivität der Blauhelme einsetzten. Ein Ausdruck dieser Politik war die schon in den 60er Jahren immer wieder formulierte Forderung nach einer völkerrechtlichen Ausweitung der Mandate für UN-Friedenstruppen vom traditionellen Peacekeeping hin zu einem Peace-making, sowie eines ständig zur Verfügung stehenden Kontingentes an Blauhelmen. Diese Forderungen wurden vor allem in den 90er Jahren wiederholt aufgegriffen und in Anlehnung an die → „Agenda for Peace" aus dem Jahr 1992 in die Richtung modifiziert, daß Großbritannien sich den Forderungen der Ausweitung von → präventiver Diplomatie und Post-conflict-peace-building verstärkt anschloß.

Der Entkolonialisierungsprozeß

Nach dem Zweiten Weltkrieg entstand für Großbritannien das Problem der Entkolonialisierung, das mehrmals Grund für Spannungen mit den UN war. Denn Großbritannien sah keine Notwendigkeit, das Problem im Rahmen der UN zu lösen. Seine Bereitschaft, die UN in den Entkolonialisierungsprozeß seiner kolonialen Gebiete einzubinden, wurde noch geringer als vor allem in den 60er Jahren frühere Kolonien Mitglied der Vereinten Nationen wurden (→ Mitgliedschaft/Repräsentation von Staaten) und sich in der Generalversammlung über die zu langwierigen und konfliktreichen Prozesse beschwerten. Großbritannien wollte die Einschränkung seiner Handlungsfähigkeit, die durch seine Mitgliedschaft im → Treuhandrat und im Entkolonialisierungsausschuß entstand, nicht akzeptieren. Dies hatte zusammen mit der Tatsache, daß Großbritannien zu seinen kolonialen Gebieten unterschiedliche rechtliche und politische Beziehungen hatte, auch zur Folge, daß sich für den Prozeß der Entkolonialisierung kein einheitliches und für alle Gebiete anwendbares Schema herausbildete. Die Übertragung der Souveränität an die von Großbritannien verwalteten Gebiete erfolgte teilweise friedlich, über die Auflösung der Treuhandabkommen und der Durchführung von Plebisziten, andererseits hatte die Übergabe der Mandate gewaltsame Auseinandersetzungen zur Folge, wie an den Beispielen Südrhodesien, Palästina, Indien und Zypern deutlich wurde. Palästina und Indien sind die wichtigsten Beispiele in der ersten von vier Dekaden des Entkolonialisierungsprozesses. Aufgrund des britischen Machtverlustes vor allem im Nahen Osten, sah sich Großbritannien gezwungen, das Mandat über Palästina an die UN zurückzugeben. Die Folgen waren die Ausrufung des israelischen Staates, der darauffolgende erste israelisch-arabische Krieg und ein bis heute ungelöster Konflikt. Die Teilung des indischen Subkontinents in ein mehrheitlich hinduistisch beherrschtes Indien und in das moslemische Pakistan verlief ähnlich konfliktreich. Das Ergebnis der Entlassung der beiden Staaten in die Unabhängigkeit waren drei Kriege zwischen Indien und Pakistan, sowie der Konflikt um Kaschmir. Obwohl Großbritannien in der ersten Dekade versuchte die Entkolonialisierung in Einklang mit den in Kapitel XI der UN-Charta (→ Charta der UN) formulierten Prinzipien durchzuführen, wurden die UN in beiden Konflikten bei den entscheidenden Fragen der politischen Entwicklung nicht mit einbezogen. Der folgenreichste Fall der zweiten Dekade des Entkolonialisierungsprozesses war die Übergabe der Souveränität Zyperns an die griechischen und türkischen Zyprioten im Jahr 1960. Aufgrund des entstandenen Machtvakuums auf der Insel entzündete sich ein bis heute schwelender Konflikt. Im allgemeinen war die zweite Dekade gekennzeichnet durch die Entlassung von dreißig ehemaligen, nicht unter Selbstverwaltung stehender Gebiete in

die Unabhängigkeit durch Großbritannien, wobei die UN dabei nur eine Nebenrolle spielten. Der Konflikt um Südrhodesien dominierte die dritte Dekade des Entkolonialisierungsprozesses. Die Tatsache, daß weitere zwölf Kolonialgebiete unabhängig wurden, blieb dadurch unbeachtet. Hauptkennzeichen dieser Dekade waren die erfolglosen Bemühungen um eine friedliche Beilegung des Konflikts in Südrhodesien innerhalb der UN. Die wichtigsten Ereignisse der vierten und letzten Dekade waren die Unabhängigkeit Südrhodesiens als Simbabwe, die Falklandkrise und die Unterzeichnung des Abkommens zur Regelung der Übergabe Hong-Kongs an die Volksrepublik China.

Sonstige Schwerpunkte

Weitere Schwerpunkte Großbritanniens in den UN waren die Unterstützung des Regimes zur Nichtverbreitung von Kernwaffen (→ Abrüstung), Themen der Entwicklungspolitik (→ Entwicklungszusammenarbeit der UN) und die Achtung von → Menschenrechten. Großbritannien trug wesentlich zum Zustandekommen des Partiellen Teststoppabkommens bei und setzte sich als eines der ersten Länder schon in den frühen 60er Jahren für eine Ausweitung zu einem absoluten Verbot ein. In diesem Zusammenhang nahm Großbritannien eine bedeutende Vermittlerrolle zwischen den Supermächten USA und UdSSR ein. In Bezug auf die Unterstützung der Entwicklungsländer innerhalb der UN verfolgte Großbritannien eine ambivalente Politik und mußte sich aus diesem Grund gegen kritische Stimmen der Mehrheit der UN-Mitglieder wehren. Hauptkritikpunkt war in erster Linie die Tatsache, daß Großbritannien, wie fast alle anderen UN-Mitglieder, nie die 0,7 Prozent des Bruttosozialprodukts an Entwicklungshilfe zahlte, die sich die Industrieländer zu zahlen verpflichtet hatten. Hinzu kam die Tatsache, daß Großbritannien 1974 eines der sechs Länder war, die in der Generalversammlung gegen die → „Charta der wirtschaftlichen Rechte und Pflichten der Staaten stimmten" (→ Weltwirtschaftsordnung/NWWO), und der Austritt aus der → UNESCO im Jahr 1985. Auf der anderen Seite erhöhte Großbritannien vor allem in den 90er Jahren mehrmals seine freiwilligen Beiträge an die verschiedenen Hilfs- und Sonderorganisationen der UN (→ Haupt-/Neben-/Vertragsorgane; → UN-System). Die Einstellung Großbritanniens zu einer globalen Beachtung von Menschenrechten drückte sich vor allem dadurch aus, daß es alle wichtigen Menschenrechtsabkommen (→ Menschenrechtskonventionen und ihre Durchführungsorgane) unterzeichnete. Darüber hinaus nahm die Menschenrechtspolitik keinen besonderen Stellenwert ein, was zur Folge hatte, daß Großbritannien keine Sonderinteressen verfolgte, sondern sich der allgemeinen Linie der westlichen Länder anschloß (→ Menschenrechtsschutz).

Die Politik nach dem Ende des Kalten Krieges

Mit dem Ende des Kalten Krieges haben sich für Großbritannien auch die Ziele in seiner Politik in den UN verändert. Angesichts der gestiegenen Anforderungen an die UN setzte sich Großbritannien in erster Linie für eine Reform der Organisation mit dem Ziel ein, ihre Effizienz zu erhöhen. Dies ist aus der Sicht Großbritanniens vor allem deswegen notwendig, weil sich die Probleme der Zukunft nur mit gemeinsamer Beteiligung aller Mitglieder der UN lösen lassen. Ein wichtiger Schritt dazu wäre aus britischer Sicht die Reform des Sicherheitsrates gewesen. Bei den Vorschlägen um eine mögliche Erweiterung, setzte sich Großbritannien für einen erweiterten Sicherheitsrat ein, in dem als neue ständige Mitglieder neben der Bundesrepublik Deutschland und Japan auch Entwicklungsländer, sowie neue nichtständige Mitglieder aufgenommen werden sollten. Großbritannien trat allerdings erst dann für eine Erweiterung ein, als feststand, daß sein Status als ständiges Mitglied mit Vetorecht nicht verändert würde. Vor dem Hintergrund der globalen Wirt-

schaftskrisen am Ende des 20. Jahrhunderts forderte Großbritannien angemessene Sicherheits- und Kontrollmechanismen, um eine größere Transparenz weltweiter Kapitalströme zu erreichen. Großbritanniens Politik in den UN war gekennzeichnet von seinem Vetorecht im Sicherheitsrat, welches es vor allem in Bezug mit dem Entkolonialisierungsprozeß einsetzte. Weitere Merkmale der britischen UN-Politik sind eine intensive Kooperation mit den USA und eine aktive Beteiligung an Peacekeeping-Missionen, sowie deren Weiterentwicklung. Großbritannien versuchte in der Regel konfliktträchtige Auseinandersetzungen und starre Positionen zu vermeiden. Vielmehr nutzte man die wichtige Rolle in den Organen der UN aus, da man es verstand Standpunkte nie mit der entscheidenden Konsequenz zu verfolgen, und sich so die Möglichkeit erhielt, diese gegebenenfalls zu ändern.

Gregor Kolk/Alexander Theodoridis

Lit.: *Barker, E.:* The Brititsh between the Superpowers, Toronto/Buffalo 1983; *Childs, D.:* Britain since 1939; Progress and Decline, London 1995; *Douglas, R.:* World Crisis and British Decline 1929 – 56, New York 1986; *HMSO Publication Centre:* Aspects of Britain; Britain and the UN, London 1994; *Hugh T.:* The Suez Affair, London 1966; *Goodwin, L. G.:* Britain and the UN, New York 1957; *Jensen E./Fisher T.:* The United Kingdom. The United Nations, London 1990; *Porter, B.:* Britain, Europe and the World 1850-1986: delusions of grandeur, Boston/Sidney 1987; *Sked, A./Cook, C.:* Post-War Britain 1945-1992,4. Aufl., London 1993; *Smith, M./White, B./Smith, S.:* British Foreign Policy; Tradition, Change & Transformation, London 1988; *Smith, S./Clarke, M.:* Foreign Policy Implementation, Boston/Sidney 1985; *Tugendhat C./Wallace W.:* Options for British Foreign Policy in the 1990`s, London 1988; *Volger, H.:* Geschichte der Vereinten Nationen, München/Wien 1995; *Young W. J.:* The foreign Policy of Churhill`s Peacetime Administration 1951-1955, Leicester 1988.
Internet: Homepage der Ständigen Vertretung Großbritanniens bei den UN: http://www.britain-info.org/bis/ukmis/ ukmis.htm

Gruppe der 77 und die UN

Die heute 133 Mitglieder umfassende Gruppe entstand am 12. Mai 1964 während der 1. UN-Welthandelskonferenz (→UNCTAD) als sich fünfundsiebzig Entwicklungsländer Afrikas, Asiens und Lateinamerikas zu der sog. „Gruppe der 75" zusammenschlossen. Gegen Ende der Konferenz war sie allerdings durch den Beitritt Südkoreas, Südvietnams und Kenias sowie nach dem Ausscheiden Neuseelands zu einer „Gruppe der 77 und die UN" angewachsen (Lateinamerika und Karibik:21; Afrika:32; Asien und Mittlerer Osten:22, sowie Zypern und Jugoslawien). Ihre Ziele werden in der „Gemeinsamen Erklärung der Siebenundsiebzig" vom 15. Juni 1964 wie folgt skizziert: „Die Entwicklungsländer betrachten ihre eigene Einheit, die Einheit der Fünfundsiebzig, als das hervorstechendste Merkmal dieser Konferenz. Diese Einheit ist aus dem Umstand erwachsen, daß sie angesichts der grundlegenden Entwicklungsprobleme ein gemeinsames Interesse an einer Neugestaltung der Welthandels- und Entwicklungspolitik haben. Sie glauben, daß es diese Einheit war, die den Diskussionen auf dieser Konferenz Klarheit und Zusammenhang verlieh... Diese Einheit dient auch als Mittel, den Bereich gemeinsamer Bemühungen auf die internationale Ebene auszudehnen und sicherzustellen, daß die Beziehungen mit der übrigen Welt zu wechselseitigem Vorteil gereichen.... Die Fünfundsiebzig Entwicklungsländer nehmen die Gelegenheit dieser Erklärung wahr und verpflichten sich, diese Einheit in Zukunft zu erhalten, zu pflegen und zu stärken." (zit. nach *Sauvant* 1981, 189).

Die Gruppe 77 verfügt zwar über keine Institutionen, aber über das Amt eines *Koordinators*, das allerdings erst ab 1974 wirklich Gewicht gewonnen hat, als ihr Arbeitspensum rapide anstieg. Das Amt des Koordinators wechselt jährlich unter den drei Regionen. Das Koordinator-Land wird nach informellen Beratungen auf der Grundlage seiner Identifizierung mit der Arbeit der Gruppe der 77 und seiner Fähigkeit, ein ganzes Jahr lang diese Aufgabe zu erfüllen, ausgewählt. Es ist zur Gewohnheit geworden, daß die formelle Bestimmung des Koordinators durch das Außenministertreffen der Gruppe der 77 jeweils zu Beginn der → Generalversammlung der UN erfolgt.

Die Gruppe begann seit Anfang der siebziger Jahre in allen wichtigen Bereichen des → UN-Systems als eine Art „Gewerkschaft der Armen" und Hauptorgan der Dritten Welt zur Artikulierung und Herausbildung ihrer gemeinschaftlichen Wirtschaftsinteressen beizutragen und die Vertretung dieser Interessen in Verhandlungen mit den Industrieländern zu übernehmen. Zunächst wurden im Jahr 1972 eine „Gruppe der 24" gebildet, die die Interessen der Gruppe der 77 beim → IWF und der Weltbank (→ Weltbank/gruppe) vertreten sollte. Zwei Jahre später bildeten sie am 8. März 1974 eine „Gruppe der 30" mit je 10 Vertretern aus jeder Region. Doch um die Arbeit dieser Gruppe effizienter zu gestalten, wurde sie im März des selben Jahres durch die „Gruppe der 6" ersetzt. Es war diese Gruppe, die den Entwurf für die „Erklärung und Aktionsprogramm zur Errichtung einer neuen Weltwirtschaftsordnung" (→ Weltwirtschaftsordnung/NWWO) sowie die → „Charta der wirtschaftlichen Rechte und Pflichten der Staaten" ausarbeitete. Im März 1975 wurde die „Gruppe der 27" eingerichtet, die seither als Lenkungsausschuß der Gruppe der 77 fungiert. Neben dem Hauptsitz der UNCTAD in Genf hat sich die Gruppe der 77 bei der → UNIDO in Wien, der UNO in New York, der → FAO in Rom, der → UNESCO in Paris, der → IAEA in Wien und beim → UNEP in Nairobi sowie seit 1975 bei praktisch allen internationalen Konferenzen der UN (→ Weltkonferenzen) konstituiert.

Der Schwerpunkt ihrer Arbeit blieb jedoch bis heute im Rahmen der UNCTAD. Zur Vorbereitung der Konferenzen und zur Abstimmung ihrer Verhandlungspositionen treffen die Mitglieder kurz vorher zusammen. Aus der Fülle der im Rahmen dieser Konferenzen hervorgegangenen Zielsetzungen und Standortbestimmungen der Dritte-Welt-Staaten (*Sauvant* 1981ff.) sei lediglich auf zwei richtungsweisende Abschlußerklärungen hingewiesen, aus denen wichtige Impulse für die Politik der Entwicklungsländer gegenüber den Industrieländern im Rahmen der Nord-Süd-Dialoge hervorgegangen sind:

„Charta von Algier über die wirtschaftlichen Rechte der Dritten Welt" am 25. Okt. 1967 im Rahmen der „Konferenz von Algier" zur Vorbereitung von UNCTAD II in Neu-Delhi 1968: Sie war nicht nur eines der ersten politischen Dokumente der Entwicklungsländer, die Forderungen gegenüber den Industrieländern des Westens, des Ostens und Forderungen an die Entwicklungsländer selbst enthielt, sondern unterstrich den Glauben an sich selbst und an ihre Zukunft. Inhalt und Geist der Charta sind nicht zuletzt von der Mahnung des algerischen Präsidenten Houari Boumedienne geprägt, der in seiner Eröffnungsrede die Entwicklungsländer dazu aufrief, sich auf einen entschlossenen Kampf gegen fremde Ausbeutung vorzubereiten, um einen radikalen Wechsel der Zustände herbeizuführen, die gegenwärtig in der Welt vorherrschten. Diesen radikalen Wechsel könnten sie erreichen, wenn sie sich entschlössen, zwei Ziele anzustreben: 1. „daß unsere Völker die volle Herrschaft über ihre eigenen natürlichen Vorkommen wiedergewinnen, die in ihrem Namen und oft gegen sie ausgebeutet wurden", 2. „daß der Beitrag, um den die industrialisierten Staaten zwecks Beschleunigung der Entwicklung der ärmeren Ländern gebeten werden, dahingehend überdacht werden sollte, daß es sich hierbei einfach um eine Rückerstattung eines kleinen Teiles der Schuld handelt, die die westlichen Mächte durch ihre abscheuliche Ausbeutung – einige während Jahrhunderten, andere während Jahrzehnten – auf sich geladen haben" (zit. nach *Timmler* 1967, 728). Er unterstrich zugleich den Willen der Beteiligten, nicht länger deklamatorische Erklärungen über gemeinsame Nöte abzugeben, sondern in konstruktiver Weise zu untersuchen, welche Lösungen es zur Beseitigung dieser Nöte gäbe, sowie welche die Stellungen sind, die sie gemeinsam beziehen und von denen aus sie auf solche Lösungen drängen könnten.

Die Bedeutung der Charta für die Gruppe der 77 hob der Präsident der Konferenz, der algerische Außenminister Abdelaziz Bouteflika, hervor: „Die Charta... schlägt unzweifelbar eine neue Seite in der Geschichte der internationalen wirtschaftlichen Beziehungen auf. Außer der Hoffnung, die sie in Afrika, in Asien und in Lateinamerika erweckt, bedeutet sie eine Einladung an die wohlhabenden Staaten, ihren notwendigen Strukturwandel vorzunehmen und sich bereit zu erklären, an unserer Seite den lohnendsten Kampf unseres Jahrhunderts zu führen, den unsere Völker hartnäckig und zäh täglich führen: den Kampf gegen die Unterentwicklung" (zit. nach *Timmler* 1967, 733).

„Arusha-Aktionsprogramm für gemeinsame Entwicklung aus eigener Kraft" (collective self-reliance) vom 16. Februar 1979 im Rahmen der „Arusha-Konferenz" zur Vorbereitung des Verhandlungsrahmens und der Verhandlungsstrategie für UNCTAD V in Manila 1979:Um zu verhindern, daß die eng verflochtenen Probleme von Handel, Industrie, Währung und Finanzierung ziemlich willkürlich in verschiedenen Foren behandelt werden, manchmal sogar mit widersprüchlichen Zielen und Strategien, wurde im Aktionsprogramm nachdrücklich bekräftigt, daß UNCTAD das Schlüsselinstrument für internationale Verhandlungen über Handel und Entwicklung sein sollte, insbesondere für ihre Bemühungen um die Errichtung der neuen internationalen Wirtschaftsordnung. Um die Verhandlungskraft der Gruppe der 77 zu stärken und Änderungen der bestehenden internationalen Wirtschaftsordnung durchzusetzen, unterstreicht das Aktionsprogramm die Entschlossenheit der Entwicklungsländer zusammenzuarbeiten und sei es nur aus der Erkenntnis

heraus, daß sie zur Zusammenarbeit verurteilt seien. Die als Schlüsselelement angesehene Notwendigkeit engerer Zusammenarbeit zwischen den Entwicklungsländern begründete der tansanische Präsident Julius K. Nyerere in seiner Eröffnungsrede mit den Worten: „Uns allen gemeinsam ist, daß wir als Nationen zur entwickelten Welt in einer Beziehung der Abhängigkeit stehen, nicht in einer der Interdependenz. Jede unsere Volkswirtschaften hat sich nur als ein Nebenprodukt von und als Zulieferer zu der Entwicklung im industrialisierten Norden herausgebildet und ist nach außen orientiert. Wir sind nicht diejenigen, die unser eigenes Schicksal hauptsächlich bestimmen. Es ist beschämend, aber wir müssen zugeben, daß wir wirtschaftlich Anhängsel – bestenfalls Halbkolonien – und keine souveränen Staaten sind.... Wir, die Dritte Welt, fordern nun, daß die Systeme, die die Reichen reicher und die Armen ärmer machen, verändert werden müssen, um Schritt zu halten mit anderen Veränderungen in der Welt – dem Ende des Kolonialismus, dem Fortschritt der Technologie und dem neuen Bewußtsein für menschliche Gleichheit und menschliche Würde.... Denn das Ziel ist es, die Befreiung der Länder der Dritten Welt von Beherrschung von außen zu vollenden. Das ist der Grundgedanke der neuen internationalen Wirtschaftsordnung. Und Einigkeit ist unser Instrument – unser einziges Instrument – zur Befreiung". (*Nyerere* 1979, 194ff.).

Trotz dieser programmatischen Zielsetzungen und Appelle an gemeinsamen Interessen war die Praxis der Arbeit der Gruppe der 77 geprägt von stark divergierenden unmittelbaren Interessen und Positionen vieler ihrer Mitglieder - neben kulturellen, ideologischen und politischen Unterschieden waren dies vor allem die Unterschiede im Grad der wirtschaftlichen Entwicklung, besonders zwischen der lateinamerikanischen Gruppe einerseits und der afrikanischen Gruppe andererseits. Es blieb daher nicht aus, daß um die Einheit zu erzielen, die Beschlüsse der Gruppe meist

als „package deals" (*Hagemann* 1987, 100) verabschiedet wurden.

Doch seit Beginn der 90er Jahre haben dreierlei Entwicklungen dazu beigetragen, daß die Mitglieder der Gruppe der 77 anläßlich der Vorbereitung für UNCTAD IX in Midrand/Südafrika 1996 selbst von dieser Tradition abwichen: Zum einen scherten die sozialistischen Staaten nach dem Ende des Ost-West-Konfliktes und dem Zerfall des Sowjetimperiums nicht nur aus, sondern sie wurden auch zu Konkurrenten der Staaten des Südens. Zum anderen war es die Gründung der inzwischen universell gewordenen WTO (→ WTO/GATT), zu deren Mitgliedern einige der bislang wichtigsten Akteure der Gruppe der 77 gehören: neben den südostasiatischen „Tiger-Staaten" einige Schwellenländer Lateinamerikas sowie Indien. Der dritte Faktor bestand in den unterschiedlichen Entwicklungspfaden der Mitglieder.

Diese Entwicklungen hatten zur Folge, daß sich die Mitglieder der Gruppe der 77 nicht wie früher im Rahmen einer allgemeinen Konferenz trafen, um ihre Positionen abzustimmen, sondern lediglich als Regionalgruppe. Wenngleich alle drei Regionalgruppen ein weitreichendes Mandat für die UNCTAD-IX-Verhandlungen im Sinne der Gründungsresolution von 1964 bekräftigten, weisen deren Problemanalysen deutliche Unterschiede auf:

Die lateinamerikanischen Staaten verabschiedeten am 23. Januar 1996 die „Erklärung von Caracas", in der sie die → Globalisierung und Liberalisierung ebenso positiv beurteilten wie die Strukturanpassungsprogramme. Neuralgische Punkte waren für sie lediglich das Verschuldungsproblem und die Situation der LDCs.

Die asiatischen Länder hingegen betonten in ihrem am 24. Januar 1996 verabschiedeten „Schlußdokument von Amman" die Risiken von Globalisierung und Liberalisierung, insbesondere die Marginalisierung der LDCs, den wachsenden Protektionismus der Industrieländer und die unzureichenden Schuldenerleichterungen. Sie forderten unter anderem größere Bewegungsfreiheit für Arbeitsmigranten und Kompensationszahlungen für die Verlierer der Uruguay-Runde.

Die afrikanischen Regierungen entwickelten ihre Positionen im Rahmen der „Erklärung von Addis Abeba" (16. Februar 1996). Angesichts der besonders schwierigen Lage des Kontinents forderten sie vor allem mehr Schuldenerleichterungen, auch bei den multilateralen Schulden, Kompensationen für die Erosion von Handelspräferenzen, die Einrichtung eines Diversifizierungsfonds für afrikanische Rohstoffe, die Einhaltung von Zahlungsverpflichtungen beim „Gemeinsamen Fonds" und die Liberalisierung der Personenmigration.

Nicht zuletzt die 1996 im Rahmen von UNCTAD IX in Midrand/Südafrika eingeleiteten Reformen deuten darauf hin, daß sich die bisherigen Hauptaufgaben der „Gruppe der 77", die Verhandlungsfähigkeit der Entwicklungsländer als Gruppe in Fragen von Handel und Entwicklung zu stärken, sich überholt haben und sie auf der Suche nach einer neuen Aufgabenstellung ist.

Mir A. Ferdowsi

Lit.: *Geldart, C./Lyon, P.:* The Group of 77 – a perspective view, in: IA 57 (1981), 79-101; *Hagemann, H.:* Der Einfluß der Gruppe 77 auf die Entscheidungen der Vereinten Nationen, Münster 1987; *Mortimer, R. A.:* The Third World Coalition in International Politics, New York 1980; *Nyerere, J.:* Eröffnungsrede bei der Arusha-Konferenz der „Gruppe der 77", abgedruckt in: EA, H. 8/1979:D 194-199 ; *Raghavan, Ch.:* Ergebnisse des Arusha-Treffens der Gruppe der 77. Dialog und Konfrontation für die neue Weltwirtschaftsordnung, in. E + Z 20 (1979), H. 4, 4-5; *Sauvant, K.P.:* The Group of 77: Evolution, Structure, Organization, New York 1981; *Sauvant, K.P.:* „Gruppe der 77" – Gewerkschaft der Dritten Welt, in: VN 29 (1981), 189-195; *Sauvant, K.P. (Hrsg.):* The Collected Documents of the Group of 77, New York 1981 ff., seit 1989 zus. mit J.W. Müller; *Timmler, M.:* Algier: das erste Regierungstreffen der ganzen Welt, in: Außenpolitik 18 (1967), 725-734; *Williams, M.:* Third World Cooperation. The Group of 77 in UNCTAD, London u..a. 1991.

Internet: Homepage der Gruppe der 77: http://www.g77.org

Gruppenbildung in den UN

1. Allgemeines:

Praxis und Alltagsbild der UN sind in ganz erheblichem Maß von Staatengruppen geprägt, die Gruppeninteressen formulieren und versuchen, auf dieser Grundlage ihre Positionen in Organisation und Programmen durchzusetzen. Die Charta sieht solche Gruppen nicht vor. Die Tatsache, daß die UN mittlerweile 185 Mitgliedstaaten umfassen, belegt bereits die Notwendigkeit, sich zu Interessengruppen zusammenzufinden. Ohne informelle Konsultationen wären Verhandlungen und Steuerung von Verfahrensabläufen kaum beherrschbar (Peterson 1989). Dieser praktische Grund für das Vorhandensein zahlreicher Gruppen innerhalb des → UN-Systems wurde über lange Zeit durch eine bipolare Blockkonstellation ergänzt, die auf Kaltem Krieg und dem Wirtschaftsgefälle zwischen entwickeltem Norden und weniger entwickeltem Süden beruhte (von Schorlemer 1995). Heute geraten Ost-West-Blockelemente mehr und mehr in den Hintergrund (Kim/Russett 1996), auch wenn - gerade im Wirtschafts- und Sozialbereich der Zweiten und Dritten Ausschüsse - prominente Vertreter einzelner Gruppen noch und immer auf Blocklinien zu agieren scheinen.

2. Gruppenvielfalt

Die am meisten institutionalisierte Form der Gruppenbildung ist die der derzeit fünf → Regionalgruppen. Die Regionalgruppen umfassen bis auf Estland und Israel alle 185 Mitgliedstaaten (Stand: Oktober 1998). Auch regionale Untergruppen haben in der Praxis der Organisation einiges Gewicht, so etwa die Karibische Gemeinschaft (CARICOM), die Allianz kleiner Inselstaaten (AOSIS), die arabische Gruppe, die Rio-Gruppe, die zentralamerikanische Gruppe, die nordischen Staaten (Nordics) oder die fünf afrikanischen Untergruppen Ost-, West, Zentral-, Süd- und Nordafrika. Im Mittelpunkt nahezu sämtlicher Verhandlungen stehen die großen politischen Gruppierungen wie die Blockfreienbewegung NAM (Non-Aligned Movement) (→ Blockfreienbewegung un die UN), die Gruppe der 77 (G77) (→ Gruppe der 77 und die UN), bisweilen auch der Gemeinsame Koordinierungsausschuß dieser beiden Gruppierungen JCC (joint coordination committee), dem auch China angehört. Als thematische Gruppen könnten zahlreiche Gruppen charakterisiert werden, die sich in Form sog. „Freundesgruppen" etablieren. Bei deren Arbeit steht ein Sachthema im Vordergrund. Meist wird damit ein UN-Amtsträger verbunden („Freunde des Präsidenten für...", „Freunde des Generalsekretärs für..."). Gänzlich informell, in Verhandlungsprozessen jedoch instrumental sind sog. ad hoc-Gruppen, die sich zum Erreichen spezifischer Verhandlungsziele zusammenschließen (Peterson 1989). Von allen vorgenannten Gruppen strikt zu trennen sind politische Verbünde oder regionale Zusammenschlüsse wie ASEAN, Islamische Konferenz (OIC), Arabische Liga oder Europäische Union (EU). Gerade die Europäische Union versucht im Rahmen ihrer GASP (→ EU, GASP in den UN), gemeinsame Positionen darzustellen, wo immer dies möglich ist. Sie ist inzwischen zu einem der wichtigen UN-Akteure geworden. Mit den gemeinsamen Erklärungen der EU-Partner assoziieren sich mittlerweile eine Reihe von - insbesondere west- und osteuropäischen - Staaten. Andere benutzen sie zumindest als Orientierung für die Formulierung eigener, oftmals identischer Positionen.

3. Große politische Gruppierungen

Zu den großen politischen Gruppierungen gehört die Gruppe der 77 mit 131 Mitgliedern. China ist dieser Gruppe assoziiert. Die Blockfreienbewegung (umfaßt 114 Mitglieder (1998 als jüngstes Mitglied beigetreten: Belarus). Während die Gruppe der 77 sich auf Wirtschaft- und Sozialfragen konzentriert, befassen sich die Blockfreien mit sämtlichen, vorwiegend politischen Fragen. Innerhalb des → Sicherheitsrats

formen die jeweiligen Blockfreienmitglieder einen sog. „caucus". Über gemeinsame Positionen beider Gruppen entscheidet der Koordinierungsausschuß JCC, an dem auch China teilhat. Beide Bewegungen rekrutieren sich aus den Reihen der Entwicklungsländer, darunter auch Staaten wie Singapur, Brasilien, Chile oder Uruguay. Manche europäische Staaten haben eine größere Nähe etwa zu den Blockfreien als andere (z.B. Schweden).

4. Regionalgruppen und -untergruppen

Die Regionalgruppen sind in 53 afrikanische (GAFS), 49 asiatische (GASS), 33 lateinamerikanisch/karibische (GAKS), 21 osteuropäische (GOS) sowie 27 westeuropäische und andere Staaten (GWEAS) untergliedert und dienen hauptsächlich der Vorbereitung von Wahlentscheidungen zu wichtigen UN-Gremien. Regionale Unter-Gruppen fungieren als Beratungsgremien und sind naturgemäß kleiner: Karibische Gemeinschaft (CARICOM) mit 15 Mitgliedern, Allianz Kleiner Inselstaaten (AOSIS) 31, arabische Gruppe 20, Rio-Gruppe 12 (lateinamerikanische Staaten plus je ein Vertreter Zentralamerikas und der Karibik), zentralamerikanische Gruppe einschl. Belize 6, Nordics 5.

5. Sog. „Freundesgruppen"

Um dem → Sekretariat, insbesondere dem → Generalsekretär, die Lösung von Regionalkonflikten, über die der Sicherheitsrat berät, zu erleichtern, hat sich seit längerer Zeit die Übung herausgebildet, sog. „Freundesgruppen des Generalsekretärs" ins Leben zu rufen, an der sich interessierte bzw. zur Konfliktlösung benötige Mitgliedstaaten beteiligen (sollen). Beispiele für solche waren/sind die Freundesgruppe für Afghanistan (Vereinigte Staaten, Russische Föderation, Saudi Arabien, Iran, Pakistan), für El Salvador (Mexiko, Venezuela, Kolumbien, Vereinigte Staaten), für Guatemala (Mexiko, Venezuela, Kolumbien, Spanien, Vereinigte Staaten, Norwegen), für Haiti (Vereinigte Staaten, Frankreich, Kanada, Venezuela, Argentinien, Chile), für Georgien (Vereinigte Staaten, Russische Föderation, Deutschland, Frankreich, Großbritannien, Italien) und für die Westsahara (Vereinigte Staaten, Vereinigtes Königreich, Frankreich, Russische Föderation, Spanien, Ägypten). Diesem Gruppentyp dürfte auch die in Genf angesiedelte Unterstützungsgruppe für Liberia mit rd. 16 Mitgliedern zuzurechnen sein. Weiteres prominentes Gruppen-Beispiel ist das New Yorker Format der Kontaktgruppe für das ehemalige Jugoslawien CCP (consultative and coordinating process), bestehend aus Vereinigte Staaten, Vereinigtes Königreich, Frankreich, Russische Föderation, Deutschland, Italien, Portugal, Schweden, Japan (Stand: 1998).

Freundesgruppen beraten während der Konfliktzeit intensiv und unter Einbeziehung des Bezugslandes. Oftmals kommen Entwürfe für Resolutionen (→ Resolution/Deklaration/Beschluß) aus ihrem Kreis. Über den Beitritt zu einer Freundesgruppe entscheidet deren verantwortlicher Koordinator in Abstimmung mit den Gruppenmitgliedern. Beispiel für eine sich ändernde Zusammensetzung von Freundesgruppen ist die o.g. Freundesgruppe für Afghanistan, die inzwischen (Stand: 1998) durch ein 6+2-Format mit Pakistan, China, Tadschikistan, Usbekistan, Turkmenistan, Iran, der Russischen Föderation und den Vereinigten Staaten abgelöst worden ist. Freundesgruppen haben keinen Ausschließlichkeitscharakter, wie eine weitere Freundesgruppe belegt, die 1998 Aktivitäten zu Afghanistan entfaltete (Japan, Vereinigtes Königreich, Frankreich, Deutschland, Vereinigte Staaten und Russische Föderation).

6. Ad-hoc-Gruppen

Die Stunde - auch „informell" oder „temporär" genannter – Ad-hoc-Gruppen schlägt bei großen multilateralen Konferenzen. Die Verhandlungen im Rahmen der Dritten Seerechtskonferenz der UN (- → Seerecht) sind immer wieder genanntes Beispiel für das erstmalige Zutagetreten derartiger Grup-

pen, die sich in Form von Arbeitsgruppen, Redaktionsausschüssen oder als „Freunde des Präsidenten" sowie nach ihren Interessen benannt präsentieren (Evensen 1986). Zuletzt etwa ist die Staatenkonferenz zur Schaffung eines Internationalen Strafgerichtshofs (Rom 1998) erfolgreich durch die Initiativen einer sog. „Gruppe Gleichgesinnter" (like-minded group) unter maßgeblicher Mitarbeit Deutschlands beeinflußt worden (→ ICC). Zu Recht hat man allerdings darauf hingewiesen, daß ähnliche Praktiken die Verhandlungen der → Generalversammlung schon seit langem prägen (Peterson 1989).

7. Politische Verbünde und regionale Zusammenschlüsse

Zwischenstaatliche und supranationale Organisationen wie CARICOM, Commonwealth Sekretariat, EU, Arabische Liga, OAU oder OIC, haben → Beobachterstatus bei den UN. Auch sie entfalten rege Gruppenaktivitäten. Am aktivsten unter ihnen dürfte die EU sein, die bewußt um häufiges und einheitliches Auftreten in der Organisation bemüht ist. Ihre Mitglieder stimmen sich intensiv untereinander ab. Von EU-Positionen geht beträchtliche Sogwirkung auf Assoziierte und weitere Staaten im ost-/westeuropäischen Raum aus (s.o. 2.). Diese „Bausteine einer neuen Weltordnung" (Genscher 1980) sind allerdings mehr eigenständige Spieler als durch die UN-Arbeit definierte Einrichtungen und daher von den übrigen Gruppierungen zu unterscheiden.

8. Sonstige Gruppen

An sonstigen Gruppen sind zu erwähnen die Barton-Gruppe, die sich mit Fragen des Ersten Ausschusses beschäftigt (alle Mitglieder der 27 westeuropäischen und anderen Staaten, koordiniert von Kanada) und die Vinci-Gruppe, die zu Fragen des Zweiten Ausschusses berät (OECD-Mitglieder, Heiliger Stuhl, Malta, Tschechien, Polen, Mexiko, Südkorea). Die Gruppe der 15 (G15) dient wichtigen Entwicklungsländern als Plattform für Themen der Süd-Süd-Zusammenarbeit und des Nord-Süd-Dialogs. Ihr gehören an Algerien, Argentinien, Brasilien, Chile, Ägypten, Indien, Indonesien, Jamaika, Kenia, Nigeria, Malaysia, Mexiko, Peru, Senegal, Sri Lanka, Venezuela und Simbabwe. Eine bemerkenswerte Institution ist das sog. „Forum Kleiner Staaten" (Forum Of Small States - FOSS) unter dem Vorsitz Singapurs. FOSS, das in unregelmäßigen Abständen zusammentritt, kann jeder UN-Mitgliedstaat beitreten, der nicht mehr als 10 Mio. Einwohner hat. Mittlerweile 72 Mitglieder belegen die Attraktivität dieser Gruppierung. FOSS bezweckt, u.a. die Wahlchancen kleinerer Staaten und solcher Staaten, die sich an FOSS mit der Bitte um Unterstützung wenden, zu verbessern. Bislang ist FOSS nicht mit inhaltlichen Äußerungen nach außen hin aufgetreten.

9. Organisation

Nach der in New York geübten Praxis werden Zusammenkünfte und Treffen von Gruppierungen von den jeweiligen Vorsitzenden arrangiert und dann dem Sekretariat mitgeteilt (Dieses Verfahren gilt nicht für „Freundes-" und Ad-hoc-Gruppen). Das Sekretariat kündigt diese Veranstaltungen im offiziellen UN-Journal unter der Rubrik „meetings other than meetings of United Nations bodies" unter Angabe von Sitzungsort und -zeit an. Die Zusammenkünfte können auf Experten-, Botschafter-, oder - soweit es die Umstände in seltenen Fällen erlauben - auf Minister-Ebene erfolgen. Auch gemeinsame Sitzungen (etwa afrikanische und arabische Gruppe) sind Praxis. In vielen Fällen kommen die Gruppen in Form von Arbeitsgruppen zusammen (Beispiele: Afrikanische Gruppe/Wirtschaftsexperten, Afrikanische Gruppe/Dritter Ausschuß, Gruppe der 77/Zweiter Ausschuß, Gruppe der 77/Fünfter Ausschuß u.a.m.). Gewöhnlich bestimmen die Gruppen für Einzelthemen sog. Koordinatoren, die das jeweilige Thema kontinuierlich betreuen.

10. Großmächte und sonstige wichtige Spieler

Die fünf ständigen Mitglieder (P5) des Sicherheitsrats nehmen ambivalente Positionen zu den einzelnen Gruppierungen ein. Sie werden bisweilen sogar als „natürliche" eigene Gruppe (Aust 1991) verstanden, insbesondere dann, wenn gemeinsame P5-Interessen Solidarität untereinander verlangen bzw. nahelegen. Die Vereinigten Staaten (→ USA, UN-Politik) geraten oft in eine Art natürlichen Gegensatz zu den größeren Gruppierungen der Entwicklungsländer (NAM, Gruppe der 77), für die sich insbesondere China (→ China, UN-Politik) als Fürsprecher versteht (s. dessen Teilhabe am JCC, s.o.). Die Teilnahme der Vereinigten Staaten, der Russischen Föderation (→ Rußland, UN-Politik) und Chinas an den Arbeiten der Regionalgruppen, denen sie angehören, ist von Zurückhaltung geprägt. Die P5-Staaten formen meist dann eine gemeinsame Allianz, wenn es um Fragen geht, die ihre Stellung und Bevorrechtigungen im Organ Sicherheitsrat betreffen. Umgekehrt richten sich immer wieder Blockfreien-Initiativen indirekt gegen Vorrechte der P5 (Beispiel: von Kolumbien und Ägypten initiierte GA Res. 51/193 vom 17. Dezember 1996 zur Berichterstattung des Sicherheitsrats an die Generalversammlung). Frankreich und das Vereinigte Königreich nehmen intensiv an der GASP der EU (→ EU, GASP in den UN) teil und unterrichten ihre Partner wöchentlich über die Vorgänge im Sicherheitsrat (vgl. Art. J.2 Abs. 2 EUV). Ihre Sonderstellung und -interessen erschweren mitunter auch gemeinsame EU-Stellungnahmen. Neben den P5-Staaten spielen folgende Staaten eine hervorgehobene Rolle innerhalb des UN-Gruppensystems: Deutschland (insbes. EU, GWEAS), Ägypten, Kuba, Indien, Pakistan, Südafrika (insbes. NAM), Mexiko, Singapur, (insbes. G77) sowie Japan (→ Japan, UN-Politik) und Brasilien (G77-Mitglied und NAM-Beobachter).

11. Funktionen

Neben ihrer Funktion als Mitgestalter von Verhandlungsprozessen und Organisationsabläufen (s.o.) entsprechen die bestehenden Gruppierungen politischen Grundbedürfnissen der UN-Mitgliedstaaten. Diese bestehen zum einen aus der Suche nach Verbündeten und Allianzen. Zum anderen können sich auch Vorteile daraus ergeben, eigene Positionen von denen der Gruppe überlappen lassen zu können. Schließlich bringen Gruppeneinteilungen und die Bestimmung von Koordinatoren erwünschte Arbeitsteilungen mit sich. Die bestehenden Gruppenstrukturen führen auch dazu, daß - gerade bei den großen Gruppierungen - oftmals nur noch ein minimaler Nenner zum Gemeinsamen erreicht und so die Verhandlungslage gegenüber Dritten nicht erleichtert sondern erschwert wird. Auch können Koordinatoren mit ihrem Fachwissen Gruppen mitunter „hijakken". Zur operativen Abstimmung von Detailschritten im Vorfeld sind die großen Gruppen selten in der Lage. Hinzukommt, daß Gruppen wie die Blockfreien noch bemüht sind, ihr eigenes Selbstverständnis unter den veränderten Weltbedingungen zu definieren. Neben Positionsüberschneidungen und Inkohärenzen (vgl. Bennigsen 1991) sind auch Rivalitäten unter den den führenden Gruppenmitgliedern nicht zu übersehen. Für kleinere Staaten bleiben die zahlreichen ihnen offenstehenden Gruppen auf Dauer unverzichtbar, um ihre Interessen einfacher und mit einer Chance auf spätere Umsetzung artikulieren zu können.

Ingo Winkelmann

Lit.: Aust, A.: The procedure and the practice of the Security Council today, in: Dupuy, R.-J. (Hrsg.): Le développement du role du conseil de sécurité, Den Haag 1995, 365-374; Ball, M.: Bloc Voting in the General Assembly, in: IO 45 (1991), 3-31; Behnam, A.: The Group System, in: Boisard, M.A./Chossudovsky, E.M. (Hrsg.): The United Nations System at Geneva, Genf 1991, 234-43; Bennigsen S.: Block- und Gruppenbildung, in: Wolfrum, R. (Hrsg.): Handbuch Vereinte Nationen, 2. Aufl.,

München 1991, 62-70; Evensen, J.: Working methods and Procedures in the Third United Nations Conference on the Law of the Sea, in: RdC 199 (1986 IV), 415-520; Genscher, H.D.: Regionale Zusammenschlüsse - Bausteine einer neuen Weltordnung, in: VN 28 (1980), 175-178; Kim, S.Y./B. Russett, B.: The new politics of voting alignments in the United Nations General Assembly, in: IO 50 (1996), 629-652; Peterson, M.J., „Freunde des Präsidenten" und andere „Helfer - Informelle Verhandlungspraktiken in der Generalversammlung der Vereinten Nationen, in: VN, 37 (1989), 121-125; Schorlemer, S. von: Blocs and Groups of States, in: Wolfrum, R (Hrsg.): United Nations: Law, Policies and Practice Vol. I, München 1995, 69-77.

Haupt-/Neben-/Vertragsorgane

Innerhalb des Systems der Vereinten Nationen (→ UN-System) gibt es eine solche Vielfalt unterschiedlicher Gremien und Institutionen, daß es notwendig erscheint, eine Klassifikation der Gremien zumindest zu versuchen, wenn man bei diesem Versuch auch sehr schnell feststellt, daß sich die Fachleute an vielen Stellen nicht einig sind und unterschiedliche Bezeichnungen verwenden und unterschiedliche Gruppeneinteilungen vornehmen. Orientieren sollte man sich auf jeden Fall an den Bestimmungen der UN-Charta (→ Charta der UN), den Beschlüssen der Organe der UN und an der gängigen Verwaltungspraxis.

I. Hauptorgane (Principal Organs)

Art. 7 UN-Charta unterscheidet zwei Gruppen von Organen der UN: Hauptorgane („principal organs") und Nebenorgane bzw. nachgeordnete Organe („subsidiary organs"). Die in Art. 7 Abs. 1 aufgezählten Hauptorgane - → Generalversammlung, → Sicherheitsrat, → Wirtschafts- und Sozialrat (ECOSOC), → Treuhandrat, Internationaler Gerichtshof (→ IGH) und → Sekretariat - haben ihre Grundlage direkt in der UN-Charta, ihre Funktionen und Kompetenzen sind in den entsprechenden Artikeln der Charta festgelegt, während Nebenorgane durch einen speziellen Organisationsbeschluß eines Hauptorgans im Rahmen seiner ihm von der Charta verliehenen Kompetenz eingesetzt werden. Der zur Unterstützung des Sicherheitsrats gebildete Generalstabsausschuß (Art. 47) ist das einzige Nebenorgan, dessen Einrichtung unmittelbar auf der Charta beruht.

Da die Charta alle Hauptorgane aufzählt, können weitere Hauptorgane nur durch eine Änderung der UN-Charta (Art. 108, 109) geschaffen werden, ebenso können Hauptorgane nur durch eine Chartaänderung abgeschafft werden. Dies gilt z.B. für den Treuhandrat, der nach der Erlangung der Unabhängigkeit für Palau 1994 funktionslos geworden ist, weil er keine Treuhandgebiete mehr zu verwalten hat. Auch Änderungen in der Zusammensetzung, den Funktionen und Kompetenzen können nur durch eine Chartaänderung herbeigeführt werden, wie dies bei der Erhöhung der Mitgliederzahlen im Sicherheitsrat und im Wirtschafts- und Sozialrat (ECOSOC) durch 1965 bzw. 1973 in Kraft getretene Änderungen der Fall war.

Die Aufzählung in Art. 7 stellt die Hauptorgane mit ihren spezifischen Funktionen und Kompetenzen alle auf die gleiche Ebene, es gibt keine Rangordnung der Organe. Sofern die Charta es nicht anders bestimmt, ist kein Hauptorgan den Weisungen eines anderen Hauptorgans unterworfen, ist es in seinem Kompetenzbereich unabhängig und kann es aus eigener Initiative tätig werden.

Dies gilt insbesondere für das Verhältnis von Generalversammlung und Sicherheitsrat: Die Charta gibt keinem der beiden Organe die Befugnis, dem anderen Organ Weisungen zu erteilen und aus keiner Charta-Bestimmung läßt sich eine Unterordnung des einen unter den anderen ableiten.

Ein anderes Verhältnis besteht dagegen zwischen der Generalversammlung einerseits und Wirtschafts- und Sozialrat und Treuhandrat andererseits: Diese beiden Hauptorgane sind zwar in ihrem jeweiligen Kompetenzbereich unabhängig, stehen jedoch bei der Wahrnehmung ihrer Aufgaben unter der „Autorität" der Generalversammlung (Art. 60

bzw. 87). Das heißt, daß ihre Aktivitäten von der Generalversammlung initiiert und kontrolliert werden können.

Komplizierter ist die Stellung des → Generalsekretärs als Leiter des Hauptorgans Sekretariats gegenüber den anderen Hauptorganen. Er hat im Rahmen seinen organisatorischen Aufgaben einen eigenständigen Kompetenzbereich und kann darüber hinaus auf der Grundlage des Art. 99 aus eigener Initiative diplomatische Aktivitäten ergreifen, um die Eskalation internationaler Konflikte zu verhindern, die den Weltfrieden bedrohen könnten. Andererseits ist er durch die Charta verpflichtet, die Arbeit der übrigen Hauptorgane administrativ zu organisieren, die Umsetzung ihrer Beschlüsse in die Wege zu leiten und weitere Aufgaben zu übernehmen, die ihm die übrigen Hauptorgane zuweisen können (Art. 98).

Mit einer gewissen Berechtigung kann man von einer herausgehobenen Stellung der Generalversammlung sprechen, weil sie zum einen über das Budgetrecht für alle Aktivitäten der UN verfügt (→ Haushalt), zum anderen, weil alle anderen Hauptorgane an sie berichten müssen. Aus der Berichtspflicht ergibt sich jedoch kein Weisungsrecht der Generalversammlung.

Ebenso könnte man von einer herausgehobenen Stellung des Sicherheitsrats wegen seiner bedeutsamen Kompetenzen in der Friedenssicherung (Kap. VI und VII der Charta) sprechen, zumal die Generalversammlung nach Art. 12 sich solange nicht mit einem internationalen Konflikt befassen darf, solange der Sicherheitsrat sich damit befaßt; es sei denn, der Sicherheitsrat ersucht die Generalversammlung darum.

Eine Sonderstellung nimmt der IGH als „Hauptrechtsprechungsorgan" der Vereinten Nationen" (Art. 92) ein. Durch seine richterliche Unabhängigkeit steht er außerhalb des Beziehungssystems der übrigen Hauptorgane.

II. Nebenorgane (Subsidiary Organs)

Die Charta enthält keinerlei Regelungen über die Zusammensetzung, Kompetenzen und Aufgabenbereiche der „subsidiary organs", was man sowohl mit „Nebenorgane" als auch mit „nachgeordnete Organe" im Deutschen übersetzen kann. Aus den Beschlüssen der Hauptorgane und der gängigen Verwaltungspraxis der UN läßt sich keine einheitliche, verbindliche Interpretation in dieser Hinsicht ableiten. Für die Nebenorgane gibt es eine solche Vielfalt von Unterschieden hinsichtlich ihrer Kompetenzen, den Grad ihrer Autonomie, ihrer zeitlichen Befristung etc., daß man sehr unterschiedliche Klassifikationsschemata entwerfen kann, je nach den Kriterien der Einteilung.

Definitorisch steht zumindest fest, daß alle diejenigen Organe der Vereinten Nationen Nebenorgane (subsidiary organs) sind, die gemäß Art. 7, 2 UN-Charta durch einen Beschluß eines Hauptorgans oder aufgrund einer Ermächtigung eines Hauptorgans durch Beschluß des zuständigen Gremiums eingerichtet wurden. Ebenso können sie auch durch Beschlüsse der entsprechenden Organe wieder aufgelöst werden.

Neben Haupt- und Nebenorganen gibt es im UN-System noch Vertragsorgane (treaty organs) der UN, durch internationale Verträge geschaffene Organe (Ausschüsse, Kommissionen), die völkerrechtlich zwar unabhängig von den UN entstanden sind, jedoch funktional und organisatorisch so eng mit den Vereinten Nationen verknüpft sind, daß sie als Vertragsorgane der Vereinten Nationen bezeichnet werden, und Sonderorganisationen (specialized agencies), d.h. völkerrechtlich selbstständige internationale zwischenstaatliche Organisationen, wie z.B. die WHO, die als eigenständige Völkerrechtssubjekte handeln, z.B. völkerrechtliche Verträge abschließen können. Sonderorganisationen sind keine Nebenorgane der Vereinten Nationen, sie treten zu den Vereinten Nationen in Beziehung und werden Teil des umfassende-ren UN-Systems durch Abkommen, welche die Sonderorganisationen gemäß Art. 57 und 63 mit den Vereinten Nationen schließen.

Unter den Nebenorganen ist als wichtigste Gruppe die Gruppe der sog. „Spezialorgane" (*Hüfner* 1991, S. 966) zu nennen. Sie wurden von der Generalversammlung gegründet, um zumeist operative, funktional abgegrenzte Aufgaben zu erfüllen. Dazu gehören u.a. → UNICEF, → UNRWA, Welthandelskonferenz → UNCTAD, → UNDP, → UNEP, Weltbevölkerungsfonds → UNFPA, Welternährungsprogramm → WFP, Welternährungsrat → WFC. Mit der Einrichtung der Spezialorgane hat die UN auf die wachsenden Probleme im wirtschaftlichen, sozialen und humanitären Bereich reagiert, die von den Gründern der UN noch nicht vorausgesehen werden konnten, aber nach Art. 1 Abs. 3 und Art. 55 UN-Charta in dem Kompetenzbereich der Weltorganisation fallen. Einige Spezialorgane dienen ausschließlich der Forschung und Ausbildung in den Vereinten Nationen, mit dem Ziel, die Effizienz des UN-Systems zu erhöhen (→ UNITAR,→ UNU, → UNV).

Andere Autoren bezeichnen die Spezialorgane als „Sonderorgane" und betonen ihre relative Selbständigkeit (vgl. *Verdross/Simma,* 97ff.), die sie bei der Wahrnehmung ihres Kompetenzbereichs, bei der Art der Finanzierung, u.a. durch freiwillige Beiträge der Mitgliedstaaten, und bei ihrer Organisations- und Personalstruktur an den Tag legen. Die Spezial- bzw. Sonderorgane verfügen jedoch im Unterschied zu den Sonderorganisationen weder über eine eigene völkerrechtliche Vertragsgrundlage noch über eine eigene Rechtspersönlichkeit.

Andere Nebenorgane werden von der Generalversammlung, vom Wirtschafts- und Sozialrat (ECOSOC) und vom Sicherheitsrat zur Wahrnehmung ihrer Aufgaben eingesetzt. Dazu gehören die ständigen und Ad-Hoc-Ausschüsse und Kommissionen der Generalversammlung (→ Ausschußsystem) und die Kommissionen des ECOSOC.

Eine wichtige Rolle kommt den Nebenorganen bei der völkerrechtlichen Tätigkeit der UN zu: hier sind die Völkerrechtskommission → ILC, welche die Fortentwicklung des Völkerrechts durch ihre Arbeit fördert, und die → Menschenrechtskommission hervorzuheben. Eine weitere Gruppe von Nebenorganen befaßt sich mit administrativen und finanziellen Fragen der Organisation einschließlich der Koordination (→ Koordinierungssystem der UN) und der Reform des UN-Systems (→ Reform der UN).

III. Vertragsorgane der UN

Als „*Vertragsorgane*" (treaty organs, treaty bodies) wird häufig eine besondere Kategorie von Organen bezeichnet, wobei die Generalversammlung bisher in ihren Resolutionen diesen Begriff nicht verwendet hat. Die „Vertragsorgane" sind mit der Durchführung bzw. Durchsetzung von Konventionen betraut, die zur Erfüllung von Aufgaben und Zielen der UN-Charta ausgearbeitet und angenommen worden sind. Sie sind also durch eigene internationale Verträge eingesetzt worden, aber in ihren Verträgen organisatorisch und finanziell eng mit den Vereinten Nationen verzahnt: Ihre Berichte müssen dem gemäß Vertrag zuständigen Hauptorgan vorgelegt werden, ihre Kosten werden ganz oder teilweise aus dem UN-Haushalt bezahlt, ihre Sekretariatsgeschäfte vom UN-Sekretariat besorgt, z.T. ist das zuständige Hauptorgan der UN auch für die Ernennung der Mitglieder des Organs zuständig.

Zu den Vertragsorganen zählen das Internationale Suchtstoff-Kontrollamt (ICNB), die Abrüstungskonferenz (Conference on Disarmament) sowie die von den verschiedenen Menschenrechtskonventionen (→ Menschenrechtsschutz; → Menschenrechtskonventionen und ihre Durchführungsorgane) eingesetzten Kommissionen oder Ausschüsse, welche die Beachtung der Konventionen in den Vertragsstaaten beobachten sollen: der Ausschuß für die Beseitigung der Rassendiskriminierung, der → Menschenrechtsausschuß, der Ausschuß für die Beseitigung der Diskriminierung der Frau, der Ausschuß gegen Folter und der Ausschuß für die Rechte des Kindes.

Die vertraglich eingesetzten Organe der UN sind zweifellos keine Nebenorgane der UN, weil sie weder von einem Hauptorgan der UN eingesetzt noch ihm untergeordnet sind in dem Sinne, daß ein Hauptorgan den Auftrag des Organs ändern oder ihm Direktiven erteilen könnte. Andererseits sind sie bei der Erfüllung ihrer Aufgaben de facto sehr auf die Dienstleistungen des UN-Sekretariats und die finanziellen Ressourcen der UN angewiesen.

Fazit

Diese kurze Übersicht über die unterschiedlichen Kategorien von Organen innerhalb der Vereinten Nationen hat vielleicht die Komplexität der Organisationsstruktur deutlich werden lassen, die, was die unmißverständliche Bezeichnung der einzelnen Gruppen von Gremien angeht, diffizile Fragen aufwirft, aber erst recht, wenn es darum geht, über die Arbeit dieser Gremien die Weltöffentlichkeit zu informieren, von dem Dauerproblem der effektiven Koordinierung der Arbeit einmal ganz abgesehen.

Helmut Volger

Lit.: *Hüfner, K.:* UN-System, in: Wolfrum, R. (Hrsg.): Handbuch Vereinte Nationen, 2. Aufl., München 1991, 966-972; *Jaenicke, G.:* Kommentar zu Artikel 7, in: Simma, B. (Hrsg.): Charta der Vereinten Nationen. Kommentar, München 1991, 151-164.

Haushalt

I. Einleitung

Es existiert kein einheitlicher, umfassender Haushalt der Vereinten Nationen. Vielmehr ist zu unterscheiden zwischen (a) einem *ordentlichen Haushalt („regular budget")* der Organisation, überwiegend finanziert durch veranlagte Pflicht-Beiträge („assessments") der Mitgliedstaaten, (b) *(Pflicht-) Beitragsumlagen für Sonderkonten zur Finanzierung der → Friedensoperationen* der UN (lediglich zwei kleinere Friedensoperationen, nämlich UNTSO seit Juni 1948 und UNMOGIP seit Januar 1949, werden aus dem ordentlichen UN-Haushalt finanziert), und (c) den *Haushalten der Spezialorgane und -programme* der UNO (→ UN-System), deren Aktivitäten durch freiwillige Beitragsleistungen der Mitglieder der Vereinten Nationen und/oder → Sonderorganisationen finanziert werden. Im folgenden soll lediglich auf den *ordentlichen Haushalt* eingegangen werden.

II. Charta-Bestimmungen

Nach Art. 17, Abs. 1 UN-Charta prüft und genehmigt die Generalversammlung den Haushaltsplan der Organisation. Art. 17, Abs. 2 sieht vor, daß die Ausgaben der Organisation von den UN-Mitgliedstaaten nach einem von der Generalversammlung festzusetzenden Verteilungs- bzw. Beitragsschlüssel getragen werden. Art. 18, Abs. 2 sieht vor, daß Beschlüsse der → Generalversammlung über wichtige Fragen, zu denen auch Haushaltsfragen gehören, einer Zwei-Drittel-Mehrheit der anwesenden und abstimmenden Mitglieder bedürfen. In Art. 19 heißt es: „Ein Mitglied der Vereinten Nationen, das mit der Zahlung seiner finanziellen Beiträge an die Organisation im Rückstand ist, hat in der Generalversammlung kein Stimmrecht, wenn der rückständige Beitrag die Höhe der Beiträge erreicht oder übersteigt, die dieses Mitglied für die vorausgegangenen zwei vollen Jahre schuldet."

Die Art. 17 Abs. 1 und 2, Art. 18 Abs. 2 und Art. 19 UN-Charta bilden die *allgemeine Finanzverfassung* der Vereinten Nationen. Zu berücksichtigen ist ferner Art. 97 der Charta, in dem der → Generalsekretär als „der höchste Verwaltungsbeamte der Organisation" bezeichnet wird. In dieser Funktion ist er auch für die Vorbereitung, Vorlage und Durchführung des Haushalts sowie für das Finanzgebaren der Organisation verantwortlich.

Einzelheiten zum Haushaltsverfahren der Organisation finden sich vor allem in den Regeln 152-160 der Geschäfts-

ordnung der Generalversammlung (→ Geschäftsordnungen) sowie in den Finanzregeln und deren Ausführungsbestimmungen. Die Regeln 155-157 und 158-160 behandeln Einsetzung, Zusammensetzung sowie Aufgaben des Beratenden Ausschusses für Verwaltungs- und Haushaltsfragen (ACABQ) und des Beitragsausschusses.

III. Haushaltsverfahren

Im folgenden soll nur auf das neue, seit 1988 angewandte Haushaltsverfahren eingegangen werden. Es handelt sich um ein zweistufiges Verfahren: Im Jahr vor der Haushaltsannahme (gerades Jahr; „off budget year"), erstmals ab 1988, legt der Generalsekretär im August einen *Haushaltsrahmenentwurf* vor („budget outline"), in dem für den folgenden Zwei-Jahres-Haushalt in groben Zügen die Programmprioritäten festgelegt sind, dafür ein Haushaltsrahmen vorgeschlagen wird, sowie Aussagen über das damit verbundene Wachstum gegenüber dem vorhergehenden Haushaltsvolumen gemacht werden. Dieser Haushaltsrahmen, der auch Aussagen über die veranschlagte Höhe des Fonds für unvorhergesehene zusätzliche Aktivitäten („contingency fund") enthält, um die Bewilligung zusätzlicher Aktivitäten einzugrenzen, wird dann im *Programm- und Koordinierungsausschuß (CPC)* und im *Beratenden Ausschuß für Verwaltungs- und Haushaltsfragen (ACABQ)* beraten, bevor er in den für Haushaltsfragen zuständigen *5. Hauptausschuß* der Generalversammlung (→ Ausschußsystem) geht. Die Generalversammlung verabschiedet schließlich den Haushaltsrahmen auf der Grundlage der Empfehlungen des 5. Hauptausschusses.

Innerhalb dieser Verhandlungen im Jahr vor der Haushaltsannahme ist ohne Zweifel der CPC die erste und bedeutendste Hürde, die nur im Konsens überwunden werden kann. An den Beratungen können nicht nur die 34 Mitgliedstaaten der CPC, sondern auch andere UN-Mitglieder als Beobachter mit Rederecht teilnehmen. Die zweite Hürde ist der aus 16 Regierungsexperten zusammengesetzte ACABQ; er diskutiert die finanziellen Implikationen des vorgeschlagenen Haushaltsrahmens im Detail mit dem UN-Sekretariat (→ Sekretariat); er tagt nicht-öffentlich und beschließt seine Stellungnahmen traditionell im Konsens. Die dritte Hürde ist der *fünfte Hauptausschuß*; als Organ der Generalversammlung können alle Mitgliedstaaten an seinen Beratungen teilnehmen. Hier werden - auf der Grundlage der Stellungnahmen von CPC und ACABQ - sowohl politische Programmaspekte als auch finanzielle Implikationen des Haushaltsrahmens mit dem Ziel einer größtmöglichen Übereinstimmung diskutiert, bevor die Empfehlung an das Plenum der Generalversammlung zur Beschlußfassung weitergeleitet wird.

Die *zweite Stufe der Haushaltsaufstellung* erfolgt im Jahre der Haushaltsannahme (ungerades Jahr; „budget year"; erstmals 1989), wobei der Ablauf der einzelnen institutionellen Hürden identisch ist mit dem der ersten Stufe. Auf der Grundlage des von der Generalversammlung im Vorjahr beschlossenen Haushaltsrahmens legt nun der Generalsekretär den Entwurf eines konkreten *Programmhaushalts* vor, über den zunächst der CPC zur Verzahnung mit dem sechsjährigen Mittelfristigen Plan, aber auch zum vorgesehenen Stellen-Plan und zum beschlossenen Haushaltsrahmen Stellung nimmt. Der ACABQ macht dann auf der Grundlage der Stellungnahme des CPC konkrete Empfehlungen zur Ressourcenverteilung bis hin zu einzelnen Einsparungsvorschlägen. Es folgt die Beratung im 5. Hauptausschuß über den Haushaltsentwurf; dabei werden die Berichte und Empfehlungen des CPC und des ACABQ gebührend berücksichtigt. Als letzte Instanz beschließt dann die Generalversammlung den Programmhaushalt auf der Grundlage der Empfehlungen des 5. Hauptausschusses. Der erste Programmhaushalt nach dem neuen Aufstellungsverfahren wurde auf der 44. Generalversammlung im Dezember 1989 für die Jahre 1990-1991 im Konsens angenommen.

IV. Der ordentliche UN-Haushalt, 1998-1999

Der Programm-Haushaltsplan der Vereinten Nationen für den Zwei-Jahres-Zeitraum 1998-1999 besteht aus 13 Einzelplänen, die in 34 Kapitel untergliedert sind. Er wurde am 22. Dezember 1997 von der 52. Generalversammlung verabschiedet. Er beläuft sich auf insgesamt 2,53 Mrd. US-Dollar. Die größten Ausgabenposten sind Einzelplan I (Allgemeine Politik, Gesamtleitung und Koordinierung sowie Angelegenheiten der Generalversammlung und Konferenzdienste) mit 478,28 (=18,9 Prozent) und Einzelplan VIII (Gemeinsame Unterstützungsdienste - Verwaltung und Management) mit 446,19 Mill. US-Dollar (=17,6 Prozent). Der bedeutendste Arbeitsbereich ist ohne Zweifel die internationale und regionale Zusammenarbeit für Entwicklung (Einzelpläne IV und V), die zusammen 642,96 Mill. US-Dollar (=25,4 Prozent) ausmachen. Auch der „durchlaufende" Posten, der den Haushalt aufbläht, ist beträchtlich: Die Personalabgabe in Einzelplan XII beträgt 315,44 Mill. US-Dollar (=12,7 Prozent). Diese Besteuerung der Beamtengehälter mußte eingeführt werden, weil die USA, zugleich Sitzland der UNO (→ Sitzstaatsabkommen), ihren Staatsangehörigen, die UN-Bedienstete sind, keine Steuerbefreiung gewähren. Es handelt sich jedoch weder um eine Steuer im eigentlichen Sinne noch um eine echte Einnahme, denn haushaltstechnisch ist dieser Posten sowohl auf der Ausgaben- als auch auf der Einnahmenseite zu finden. Daneben enthalten die UN Einnahmen aus Vermietungen sowie Dienstleitungen an die Sonderorganisationen, die für 1998-1999 auf rund 33,7 Mill. US-Dollar veranschlagt werden. Außerdem werden aus den Dienstleistungen an die Öffentlichkeit etwa 4,6 Mill. US-Dollar erwartet.

Ohne Zweifel stellen die veranlagten Pflichtbeiträge der Mitgliedstaaten, die aufgrund einer Beitragstabelle ermittelt werden, die wichtigste Einnahmequelle dar. Für 1998-1999 beträgt diese erwartete Einnahme rund 2,17 Mrd. US-Dollar.

V. Beitragstabelle

Die Kriterien für die *Beitragsfestsetzung* werden in der Charta selbst nicht genannt. Für die Ermittlung des Beitragsschlüssels wurde von der Generalversammlung ein *Beitragsausschuß (Committee on Contributions)* eingesetzt, dessen 18 Mitglieder auf breiter geographischer Grundlage und unter Berücksichtigung ihrer persönlichen Befähigung und Erfahrung auf drei Jahre gewählt werden.

Seit 1946 hat der Beitragsausschuß in jährlichen Tagungen kontinuierlich ein System der Beitragsbemessung entwickelt und verfeinert, das jedoch zu keinem Zeitpunkt zu einer allgemeinen Zufriedenheit der Mitgliedstaaten führte. Angesichts der methodischen Schwierigkeiten einerseits und der unterschiedlichen politischen Interessen andererseits sind auch in Zukunft lediglich „Kompromisse auf Zeit" zu erwarten. Zu den ergänzenden Elementen, die zwischenzeitlich entweder in das System eingegliedert oder variiert wurden, zählen die Festsetzung des Höchst- und Mindestsatzes, die Dauer des Veranlagungszeitraums, die Bestimmung von Obergrenzen für den Anstieg und das Absinken von Beiträgen, die Einführung weiterer Entlastungsfaktoren, die Berücksichtigung besonderer wirtschaftlicher Schwierigkeiten.

Das wichtigste Kriterium für die Ermittlung des Beitragsanteils der Mitgliedstaaten zum ordentlichen Haushalt der Vereinten Nationen ist die sogenannte Zahlungsfähigkeit, die erstmals ab 1998 auf der Grundlage des Bruttosozialprodukts (vorher: Volkseinkommen) ermittelt wird. Alle anderen Faktoren, die früher oder später herangezogen wurden, besitzen lediglich einen korrigierenden Einfluß, um anormale Ergebnisse zu vermeiden. Unmittelbar nach der Gründung der Vereinten Nationen wurden als zusätzliche Kriterien das Pro-Kopf-Einkommen, kriegsbedingte Störungen des Wirtschaftsablaufs sowie der Vorrat an harten Wäh-

rungen (US-Dollar und Gold) berücksichtigt. Hatte das im ursprünglichen Arbeitsauftrag festgeschriebene Kriterium der kriegsbedingten Störungen von Volkswirtschaften bereits in den 50er Jahren an Bedeutung verloren, so wurde im Laufe der 80er Jahre die hohe Auslandsverschuldung berücksichtigt, die zu Abschlägen führte.

Die Beitragsskala wird aufgrund folgender Einzelschritte ermittelt: Ausgangspunkt ist die statistische Erfassung des Bruttosozialprodukts aller Mitgliedstaaten in der nationalen Währung, bezogen auf den Veranlagungszeitraum („statistical base period"). Dieser übt einen erheblichen Einfluß auf die Höhe des zu veranschlagenden Bruttosozialprodukts und damit auch auf die Ermittlung der Beitragsschlüssel aus. Betrug diese Referenzperiode zuerst jeweils ein Jahr, wurde sie ab 1953 auf drei Jahre umgestellt. 1978 erfolgte eine weitere Ausdehnung der Referenzperiode auf sieben Jahre. Zwischen 1981 und 1994 galt eine Referenzperiode von zehn Jahren. Damit wurde vor allem der Forderung der ölproduzierenden Staaten Rechnung getragen, die eine Berücksichtigung lediglich der „fetten" Jahre als ungerecht empfanden und mit Hilfe der Mehrheit der → Gruppe der 77 in der Generalversammlung diese Änderung erfolgreich durchsetzen konnten. Nach dem Zusammenbruch des sozialistischen Lagers und der Entstehung zahlreicher neuer Staaten (→ Mitgliedschaft/Repräsentation von Staaten) wurde die Forderung immer lauter, die Referenzperiode drastisch zu kürzen. Begründet wird diese Forderung damit, daß in der Mehrzahl dieser neuen Staaten eine „Rückrechnung" auf die letzten zehn Jahre mit zahlreichen willkürlichen Annahmen verbunden ist. Dabei spielt bei dieser Forderung die Tatsache eine große Rolle, daß sich diese Staaten zur Zeit in einer sehr ungünstigen Wirtschaftssituation befinden, die sich aufgrund der abrupten Transformation („big bang") von zentralen Planwirtschaften in marktwirtschaftlich orientierte Systeme ergab. Für die Jahre

223

1995-1997 wurde erstmals die Referenzperiode auf 7,5 Jahre (= Durchschnitt der Perioden 1985-1992 und 1986-1992) gekürzt. Für die Jahre 1998-2000 verkürzte sich die Referenzperiode auf 6 Jahre.

Auch der nächste Schritt, um zu einer gemeinsamen Recheneinheit zu gelangen, nämlich die Umrechnung des in den jeweiligen Landeswährungen gewonnenen Bruttosozialprodukts in US-Dollar, ist mit zahlreichen Problemen verbunden. In der Regel wird hier mit den jeweils gültigen durchschnittlichen Wechselkursen („average market exchange rates") zum US-Dollar gearbeitet, wie sie vom Internationalen Währungsfonds (→ IWF/) ermittelt und in den „International Finance Statistics" veröffentlicht werden. Dabei wird unterstellt, daß diese Wechselkurse Kaufkraftunterschiede aufgrund von marktwirtschaftlichen Bedingungen widerspiegeln.

Aufgrund der obengenannten Erfassungs- und Messungsschwierigkeiten war es nicht überraschend, daß der Beitragsausschuß von Anfang an aufgefordert wurde, geeignete Methoden zu entwickeln, um die ermittelten Sozialprodukt-Größen entsprechend zu korrigieren, um dadurch ein höheres Maß an „Beitragsgerechtigkeit" zu erzielen. Es erscheint auch nicht überraschend, daß Mitgliedstaaten gegen Beitragsfestsetzungen protestierten, welche ihnen zu hoch erschienen, und die daher Entlastungsmechanismen forderten, wie z.B. Abschläge wegen sehr niedrigerer Pro-Kopf-Einkommen oder zu hoher Auslandsverschuldung. Andere Staaten wiederum wehrten sich gegen diese Entlastungsmechanismen, weil eine Entlastung auf der einen Seite notwendigerweise zu einer zusätzlichen Belastung der anderen Mitgliedstaaten führen würde („Nullsummen-Spiel").

Grundsätzlich muß davon ausgegangen werden, daß alle Staaten bei der Beitragsfestsetzung ein doppeltes Ziel verfolgen: einerseits möchten sie mit einem möglichst niedrigen Beitragsschlüssel eingestuft werden, andererseits möchten sie, daß das Haushaltsvolumen des ordentlichen Haushalts, wenn überhaupt, nur sehr langsam steigt, so daß sich für die einzelnen Staaten aus der Multiplikation von nationalem Beitragsschlüssel und UN-Haushaltsvolumen ein möglichst niedriger nationaler Beitrag in absoluten US-Dollar ergibt.

Rein technisch sieht die Entlastung aufgrund niedriger Pro-Kopf-Einkommen wie folgt aus: Es muß zunächst ein bestimmter Schwellenwert festgestellt werden, damit die Mitgliedstaaten mit niedrigen Pro-Kopf-Einkommen identifiziert werden können. Es wurde folgende Entlastungs- bzw. Begünstigungsformel entwickelt: (Schwelleneinkommen – Pro-Kopf-Einkommen) / Schwelleneinkommen × Begünstigungsfaktor.

Die seit 1948 verwendeten Werte für Schwelleneinkommen einerseits und Begünstigungsfaktoren andererseits wurden politisch determiniert, wobei das Interesse der großen Mehrheit der Entwicklungsländer in der Generalversammlung im Vordergrund stand, die möglichst stark von der Entlastungsformel profitieren wollten. Zwischen 1995 und 1997 wurden ein Schwelleneinkommen von 3200 US-Dollar und ein Begünstigungsfaktor von 85 Prozent zugrunde gelegt. Für die Jahre 1998-2000 erfolgte auf Druck der EU und der USA eine Absenkung des Begünstigungsfaktors auf 80 Prozent.

Die Anwendung dieser Entlastungsformel führt zu einer Umschichtung, wobei die Länder mit einem Pro-Kopf-Einkommen unterhalb des Schwelleneinkommens die Nutznießer sind. Je niedriger das Pro-Kopf-Einkommen, desto höher ist die Entlastung. Je stärker sich die Pro-Kopf-Einkommen an das Schwelleneinkommen annähern, umso geringer ist die Entlastung.

Neben dieser Entlastung für Mitgliedstaaten mit niedrigem Einkommen existiert seit der Erstellung der Beitragstabelle für die Jahre 1989-91 auch ein Anpassungsfaktor zur Berücksichtigung der Auslandsverschuldung. Es erfolgten mehrere Ad-hoc-Anpassungen des Beitragsschlüssels. Für den Beitragsschlüssel 1995-1997 wurde eine Anpassung bei 47 Mitgliedstaaten vorgenommen, deren Pro-Kopf-Einkommen unter 6000 US-Dollar lag. Diese Anpassung bezieht sich auf 12,5 Prozent der gesamten öffentlichen und privaten langfristigen Auslandsschulden, die vom Volkseinkommen abgezogen werden. Dabei wird angenommen, daß diese Auslandsschulden im Durchschnitt innerhalb von acht Jahren zurückgezahlt werden. Die oben genannte Umstellung ab 1998 vom Volkseinkommen auf das Bruttosozialprodukt auf Vorschlag der EU und der USA erfolgte vor allem, um den Anpassungsfaktor für Länder mit hoher Auslandsverschuldung abzuschaffen, denn beim Bruttosozialprodukt geht die (tatsächliche) Tilgung von Auslandsschulden bereits in die Berechnung ein. Die Entwicklungsländer konnten jedoch die Beibehaltung des Anpassungsfaktors durchsetzen - allerdings für 1998 lediglich auf der Grundlage des tatsächlichen Schuldendienstes.

Nachdem die Bruttosozialprodukte der Mitgliedstaaten unter Berücksichtigung der Entlastungsfaktoren, ausgedrückt in US-Dollar-Werten, ermittelt worden sind, erfolgt im nächsten Schritt die Berücksichtigung der Höchst- und Mindestwerte für den jeweiligen Beitragsschlüssel. Gegenwärtig beträgt die Beitragsobergrenze 25 Prozent und der Mindestbeitrag 0,001 Prozent. Unter Berücksichtigung der Zahlungsfähigkeit lag der Höchstbeitrag („ceiling rate") im Fall der USA ursprünglich bei 49,89 Prozent, beruhend auf Daten aus den Jahren 1938-40. Die USA legten von Anfang an Wert darauf, diesen Höchstbeitrag zu senken, wobei sie argumentierten, daß es nicht im Interesse der Organisation sei, daß einem einzigen Staat ein so hohes Gewicht zukomme, was zu einer zu großen Abhängigkeit der Vereinten Nationen von einem einzelnen Mitgliedstaat führen würde. Unter starkem politischen Druck gelang es den USA zunächst, ihren Anfangsbeitrag auf 39,89 Prozent und dann 1954 auf 33,33 Prozent zu senken. Weitere Absenkungen erfolgten 1957

auf 30 Prozent und 1972 aufgrund einer einseitigen Entscheidung des US-Kongresses auf die heute noch gültigen 25 Prozent. Die Festlegung auf 25 Prozent konnte 1973 jedoch ohne größere politische Auseinandersetzungen in der Generalversammlung beschlossen werden, weil in diesem Jahr die beiden deutschen Staaten den Vereinten Nationen beitraten und damit insgesamt zusätzliche 8,32 Prozentpunkte beitrugen, so daß die Differenz von 5 Prozentpunkten ohne Schwierigkeiten kompensiert werden konnte. Mit der Höchstgrenze von 25 Prozent zahlen die USA heute etwa 2 Prozentpunkte weniger als es ihrer tatsächlichen Zahlungsfähigkeit entspricht. 1997 forderten die USA eine weitere Absenkung ihres Beitragsschlüssels auf 22 Prozent für die Jahre 1998 und 1999 sowie auf 20 Prozent für 2000. Es wurde jedoch entschieden, die Beitragstabelle erst dann zu revidieren, wenn die USA ihre Rückstände tatsächlich voll beglichen haben.

Ursprünglich betrug der Mindestbeitragssatz („floor rate") 0,04 Prozent. Dieser Prozentsatz wurde fast 30 Jahre beibehalten, um ein „Minimum an finanzieller Selbstverpflichtung" zu garantieren. Er wurde erst ab 1974 auf 0,02 Prozent und ab 1978 auf 0,01 Prozent abgesenkt. So geringfügig dieser Mindestbeitrag auch war (1995 betrug er absolut 1400 US-Dollar), bezogen auf die Zahlungsfähigkeit dieser 30 am wenigsten entwickelten Länder lag dieser Satz oftmals über ihrem tatsächlichen Volkseinkommen, so daß sie relativ mehr zahlten als die USA. Mit der Absenkung auf 0,001 Prozent ab 1998 soll dies korrigiert werden.

Um zu starke Schwankungen in den Beitragsschlüsseln zu verhindern, wurden sogenannte Grenzen für Maximalabweichungen vom jeweils vorher geltenden Beitragsschlüssel entwickelt und empirisch-statistisch festgelegt. Diese Regelung läuft jedoch mit der Beitragstabelle 1998-2000 aus, wobei Japan einen Rhythmus durchsetzen konnte, der erst im dritten Jahr dazu führt, daß Japans Beitragsschlüssel bei über 20 Prozent liegt.

Für die zehn größten Beitragszahler 1998 sieht die Beitragstabelle für 1999 und 2000 folgende Beitragsschlüssel vor:

Mitglied-staat	1998	1999	2000
USA	25,000	25,000	25,000
Japan	17,981	19,984	20,573
Deutschland	9,630	9,808	9,857
Frankreich	6,494	6,540	6,545
Italien	5,394	5,432	5,437
Großbri-tannien	5,076	5,090	5,092
Rußland	2,873	1,487	1,077
Kanada	2,825	2,754	2,732
Spanien	2,571	2,589	2,591
Niederlande	1,619	1,631	1,632
	79,463	*80,315*	*80,536*

Die zehn Mitgliedstaaten zahlen etwa 80 Prozent der Pflichtbeiträge. Interessant sind die Veränderungen innerhalb dieser Gruppe für die Jahre 1998-2000. Japan wird um etwa 2,5 Prozentpunkte ansteigen, während Rußland von 2,873 auf 1,077 Prozent absinken und damit im Jahr 2000 - hinter Australien, Brasilien und Argentinien - auf Rang 13 fallen wird. Neu zu der Gruppe derjenigen, die mehr als ein Prozent zum ordentlichen UN-Haushalt zahlen, werden Argentinien und im Jahre 2000 die Republik Korea gehören.

Der Anteil der EU-Staaten wird weiter steigen, nämlich von 35,37 Prozent im Jahre 1997 auf 36,588 Prozent im Jahre 2000; der größte Zahler unter ihnen ist Deutschland mit 9,857 Prozent.

VI. Ausblick

Die oben aufgeführte Tabelle besagt noch nichts über die Zahlungsmoral der Mitgliedstaaten. 1998 zahlten lediglich 24 Staaten vollständig und jährlich fristgerecht, d.h. innerhalb von vier Wochen (= 17,965 %). Zu ihnen gehörten seit vielen Jahren Australien, Kanada, Irland, Niederlande, Neuseeland und die nordischen Staaten, ferner auch Frankreich, das nach 1962 wieder aufgeführt wurde. Deutschland zahlt üblicherweise in zwei Raten, nämlich im Januar und Juni des Jahres. Bezogen auf den 30. Juni und 30. September der Jahre, stieg die Zahlungsmoral der Mit-

gliedstaaten leicht, nämlich von 59,2 bzw. 62,6 % im Jahre 1995 auf 63,9 bzw. 65,6 % im Jahre 1997. Zum 31. Dezember 1997 standen noch Pflichtbeiträge in Höhe von 473 Mill. US-Dollar aus, davon schuldeten die USA 373 Mill. US-Dollar. Dies entsprach 78,9 % aller Schulden - ein neuer Höhepunkt seit 1985. (Bei den → Friedensoperationen standen noch 1,574 Mrd US-Dollar aus; auch hier standen die USA mit 940 Mill. US-Dollar an der Spitze.)

Sämtliche oben genannten Veränderungen in der Beitragstabelle sind vor allem auf Druck der EU und der USA vollzogen worden. Darüber hinaus bedeutet der ordentliche Haushalt für 1998-1999 ein nominales Minuswachstum gegenüber 1996-1997. Ob und wann die USA ihre Schulden begleichen, bleibt weiterhin eine offene Frage. Damit sind die Vereinten Nationen weiterhin mit einer ständigen Finanzkrise (→ Finanzkrisen) konfrontiert, die sich nicht nur auf die Liquiditätsprobleme beim ordentlichen Haushalt, sondern auch auf die Finanzierung der Friedensoperationen bezieht.

Vorschläge des → Generalsekretärs, einen revolvierenden Kreditfonds von einer Milliarde US-Dollar einzurichten sowie die Mitgliedstaaten zu bewegen, auf die ihnen zustehenden Haushaltsüberschüsse zu verzichten, treffen auf wenig Gegenliebe bei den Mitgliedstaaten. Damit liegt das Schicksal der Vereinten Nationen weiterhin in den Händen der USA, deren Pro-Kopf-Beitrag zum ordentlichen Haushalt 1998 1,11 US-Dollar ausgemacht hätte.

Klaus Hüfner

Lit.: *Hüfner, K.:* Die Vereinten Nationen und ihre Sonderorganisationen. Teil 3: Finanzierung des Systems der Vereinten Nationen 1971-1995. Teil 3A: Vereinte Nationen - Friedensoperationen – Spezialorgane (DGVN-Texte 45), Bonn 1997; *Koch, L.:* Haushaltsgestaltung nach Vorgabe des US-Kongresses, in: VN 46 (1998) 35; *Koschorreck, W.:* Beitragsfestsetzung weder gesenkt noch transparent, in: VN 46 (1998) 33-35.

Human Development Reports

I. Hintergrund

Seit 1990 gibt das Entwicklungsprogramm der Vereinten Nationen (→ UNDP) jährlich den *„Human Development Report"* (HDR) bzw. „Bericht über die menschliche Entwicklung" heraus. Der Report konnte auf Anhieb einen Platz in der Gruppe der führenden → Weltberichte einnehmen. Er richtet seinen Blick nicht auf einen speziellen Bereich (etwa „Landwirtschaft" oder „Handel"), sondern geht jährlich auf ein wechselndes übergreifendes Schwerpunktthema ein.

Der Human Development Report stellt den Menschen bzw. die „menschliche Entwicklung" (human development) in den Vordergrund. Er versteht sich als Ergänzung bzw. Gegensatz zu anderen Weltberichten, die vorrangig ökonomische Aspekte von Entwicklung betrachten. Insbesondere die ersten Ausgaben wurden deshalb als Kritik an den „Weltentwicklungsberichten" der Weltbank (→ Weltbank/-gruppe) und ihrer auf Wachstum ausgerichteten Politik verstanden. Verschiedene vom Human Development Report neu eingeführte Indizes versuchen vor diesem Hintergrund, dem Paradigma der „menschlichen Entwicklung" Rechnung zu tragen.

In Deutschland und anderen Industrieländern hat das UNDP erst aufgrund des Human Development Report eine größere Beachtung gefunden, so daß das Image der Organisation wesentlich von dem Bericht mitbestimmt wird. Allerdings ist der Human Development Report nicht mit dem UNDP und dessen Politik gleichzusetzen; vielmehr stieß der Report verschiedentlich gerade im UNDP-Exekutivrat auf vehemente Kritik.

Der Human Development Report erscheint mittlerweile in zehn Sprachen, darunter auch eine deutsche Übersetzung.

Hauptkoordinator und Initiator des Human Development Report war zunächst Mahbub ul Haq (der 1998 verstarb); seit dem Human Development Report 1996 kam Richard Jolly hinzu, der schließlich diese Rolle übernahm. Die Leitungsfunktion des Human-Development-Report-Teams hatte bis 1994 Inge Kaul inne, seitdem wird diese Funktion von Sakiko Fukuda-Parr wahrgenommen. Darüber hinaus spielen ein unabhängiges Beraterteam sowie in Auftrag gegebene Hintergrundpapiere eine wesentliche Rolle bei der Vorbereitung der einzelnen Berichte.

Als Ergänzung zum Human Development Report wurden in der ersten Hälfte der 90er Jahre länderbezogene Berichte erarbeitet, die als *National Human Development Reports* (NHDRs) bezeichnet werden. Seit 1996 wurden diese Bemühungen wesentlich verstärkt, so daß am Ende der 90er Jahre mehr als 100 NHDRs vorlagen. Neben dem globalen Human Development Report und den NHDRs sind zusätzlich vier Regionalberichte erschienen, die jeweils bestimmte Ländergruppen abdecken.

2. Konzeption und Kritik am HDR

Eine relativ einfache Definition macht den Grundgedanken des Konzepts der „menschlichen Entwicklung" deutlich: „Menschliche Entwicklung ist ein Prozeß, der die Wahlmöglichkeiten der Menschen erweitert. Erreicht wird dieses Ziel durch eine Ausweitung ihrer Lebens- und Entwicklungschancen." (HDR 1998, 17)

Auf allen Entwicklungsstufen seien drei Voraussetzungen für „menschliche Entwicklung" entscheidend: (1) ein langes und gesundes Leben, (2) Bildung und (3) Zugang zu den Ressourcen für einen angemessenen Lebensstandard. Wenn diese Voraussetzungen nicht erfüllt seien, blieben Menschen viele Optionen und Chancen versperrt. Außerdem seien weitere Dimensionen und globale Anliegen wie „Nachhaltigkeit", „Gerechtigkeit" und „Menschenrechte" von großer Bedeutung. Auch schwer zu erfassende Aspekte wie „Selbstachtung", „Handlungsfähigkeit" und „Gefühl der Zugehörigkeit zu einer Gemeinschaft" versucht das Konzept abzudecken, da diese für die Kreativität und Produktivität von Menschen eine große Rolle spielen.

Das Konzept der „menschlichen Entwicklung" ist mit zwei wichtigen Positionen verknüpft: Demnach ist erstens Wirtschaftswachstum zwar ein wichtiges Mittel zur Ausweitung der Wahlmöglichkeiten und des Wohlergehens von Menschen. Es reicht allerdings alleine nicht aus und darf kein Selbstzweck sein, sondern hat eine instrumentelle Funktion. Zweitens ist „menschliche Entwicklung" als Ziel nicht automatisch in den klassischen Industrieländern mit einem hohen Einkommen erreicht. Von entscheidender Bedeutung ist immer die Frage, ob Ressourcen im Sinne „menschlicher Entwicklung" sinnvoll eingesetzt werden.

Aus diesen Gründen enthält der Human Development Report seit der ersten Ausgabe ein Set von Indikatoren und Indizes, die ein Korrektiv zum klassischen Wachstumsindikator BSP bzw. BIP (Bruttosozialprodukt bzw. Bruttoinlandsprodukt) bilden wollen, indem sie Auskunft über den Stand „menschlicher Entwicklung" geben. Als wichtigsten neuen Maßstab wurde vom Human Development Report der *„Human Development Index"* (*HDI*) bzw. *„Index für menschliche Entwicklung"* gebildet (siehe unten). Der HDI hat einerseits entscheidend zur Verbreitung und zum Erscheinungsbild des Reports beigetragen, wird aber andererseits oftmals stark kritisiert.

Während der erste Human Development Report von 1990 die Grundidee der „menschlichen Entwicklung" und die Darstellung und Interpretation des HDI in den Mittelpunkt stellte, verknüpften die Nachfolgeberichte das Konzept jeweils mit einem bestimmten Fokus. Einige der Berichte nahmen bei den Inhalten unmittelbaren bezug auf die in den 90er Jahren stattgefundenen → *Weltkonferenzen* (etwa der Human Development Report 1994 zum Weltgipfel für Soziale Entwicklung, der 1995 in Kopenhagen stattfand, und der Human Development Report 1995 zur Weltfrauenkonferenz, die 1995 in Peking abgehalten wurde).

Die bisherigen Berichte griffen folgende Themen auf:

1990: Konzept und Messung menschlicher Entwicklung
1991: Finanzierung menschlicher Entwicklung
1992: Globale Dimensionen menschlicher Entwicklung
1993: Partizipation der Bevölkerung
1994: Neue Dimensionen menschlicher Sicherheit
1995: Gleichstellung der Geschlechter und menschliche Entwicklung
1996: Wirtschaftswachstum und menschliche Entwicklung
1997: Armut und menschliche Entwicklung
1998: Konsum und menschliche Entwicklung
1999 (in der Planung): Globalisierung und menschliche Entwicklung

Verschiedene Aussagen und Empfehlungen der Berichte fanden in der internationalen entwicklungspolitischen Debatte ein besonders großes Interesse. Aufmerksamkeit erzielten u.a. folgende Inhalte, die zum Teil bereits vor dem Human Development Report in der Entwicklungspolitik diskutiert wurden: (1) Wirtschaftswachstum ist kein eigenständiges Ziel, sondern ein Instrument, um „menschliche Entwicklung" zu erreichen (HDR 1990); (2) Die globalen Einkommensunterschiede sind enorm. Das reichste Fünftel der Menschheit verfügt über ein 150mal höheres Einkommen im Vergleich zum ärmsten Fünftel (HDR 1992). (3) Den Entwicklungsländern gehen durch Marktzugangsbeschränkungen (einschließlich Verhinderung von Arbeitsmigration) und ungleiche Beziehungsstrukturen rund 500 Mrd. US $ verloren (HDR 1992). (4) Mindestens 20 % der öffentlichen Entwicklungszusammenarbeit sollten für „menschliche Prioritäten" (Gesundheit, Basiserziehung, Umweltschutz und Begrenzung des Bevölkerungswachstums) verwendet werden; der vom Human Development Report berechnete Anteil beläuft sich hingegen nur auf 6,5 % (HDR 1993). (5) Der Human Development Report 1997 ging davon aus, daß sich die krasse Armut (rund 1,3 Mrd. Menschen) bereits in der ersten oder zweiten Dekade des 21. Jahrhunderts beseitigen lassen könne, wenn hierfür die erforderliche politische Bereitschaft vorhanden sei. (6) Ein sogenannter 20:20-Pakt soll Minimumstandards bei der „menschlichen Entwicklung" sicherstellen. Demnach sollen Industrie- und Entwicklungsländer vereinbaren, jeweils 20 % ihrer Entwicklungszusammenarbeit bzw. nationalen Haushalte für soziale Grunddienstleistungen verfügbar zu machen (HDR 1994).

Viele der genannten Aussagen und von den Human Development Report errechneten Daten wurden in der politischen und wissenschaftlichen Diskussion kritisch bewertet, als unausgewogen bezeichnet oder auch teilweise als unseriös eingestuft. Vielfach wird beispielsweise der Sinn der Diskussion über das Wirtschaftswachstum als „Ziel" oder „Mittel" bestritten. *Ravallion* (1997) argumentiert etwa, daß das Hauptproblem für die Armen in der Welt nicht darin bestehe, daß es zu wenig qualitatives Wachstum im Sinne des Human Development Report gebe, sondern daß es an einem Wachstum ganz normaler Qualität mangele. Bei den Daten führten verschiedene Gründe dazu, daß der Human Development Report häufig angegriffen oder abgelehnt wurde. So wird die den Entwicklungsländern entgangene Summe in Höhe von 500 Mrd. US $ vielfach als unglaubwürdige Zahl verworfen (vgl. z.B. *Boer/Koekkoek* 1993); von einigen Regierungen wird daneben der vom Human Development Report errechnete Anteil für „menschliche Entwicklung" an der Entwicklungszusammenarbeit bestritten, weil er zu niedrig eingeschätzt werde. Schließlich wird die gesamte konzeptionelle und theoretische Fundierung des Konzepts der „menschlichen Entwicklung" oder einzelner Schwerpunktthemen in Frage gestellt (→ Entwicklungstheorienund -strategien des UN-Systems) (vgl. *Tandon* 1996). So warf *Nuscheler* (1998) dem Konzept vor, eine entwicklungstheoretische Originalität zu beanspruchen, aber nicht mehr als ein Mixtum Compositum aus Versatzstücken des entwicklungspolitischen Diskurses zu sein.

3. *Der HDI und andere Indizes*

Der Human Development Report enthält jährlich umfangreiches statistisches Material zu rund 175 Staaten (Entwicklungs- und Industrieländer), das Auskunft über das erreichte Niveau der „menschlichen Entwicklung" gibt. Im Mittelpunkt steht dabei der Human Development Index, der vielfach als die entscheidende Innovation betrachtet wird, die der Human Development Report hervorgebracht habe. Der Bericht betont, daß auch der HDI nicht vollständig „menschliche Entwicklung" abdecken könne, weil das entsprechende Konzept sehr viel breiter angelegt sei. Viele wichtige Dimensionen „menschlicher Entwicklung" seien letztlich nicht quantifizierbar (etwa „Nachhaltigkeit") oder methodisch miteinander in Übereinstimmung zu bringen und könnten deshalb nicht in den HDI einbezogen werden.

Der HDI versucht, die Gesamtleistung eines Landes in drei grundlegenden *Dimensionen* „menschlicher Entwicklung" zu repräsentieren, indem hierzu zunächst jeweils ein *Indikator* herangezogen wird:
- Lebenserwartung: gemessen wird die Lebenserwartung bei Geburt;
- Bildung: gemessen wird der Bildungsstand auf Grundlage einer gewichteten Kombination aus der Alphabetisierungsrate von Erwachsenen und der Gesamteinschulung auf der Primar-, Sekundar- und Tertiärbildungsstufe;
- Befriedigung von Grundbedürfnissen / Einkommen: gemessen anhand des realen BIP auf der Basis der Kaufkraftparität (PPP$ - Purchasing Power Parity) innerhalb einer festgelegten Bandbreite.

Diese drei Indikatoren werden zum HDI zusammengefaßt, der theoretisch einen Wert zwischen 0 und 1 ergibt. Als Interpretationshilfe verwendet der Human Development Report ein System von drei Hauptkategorien: Länder mit einem hohen (> 0,800), mittleren (0,500-0,799) und niedrigen (< 0,500) Niveau „menschlicher Entwicklung". Im HDR 1998 belegten in der internationalen Rangordnung Kanada (HDI: 0,960), Frankreich (0,946) und Norwegen (0,943) die ersten drei Plätze, Burkina Faso (0,219), Niger (0,207) und Sierra Leone (0,185) die letzten drei von den insgesamt 174 Plätzen; Deutschland nahm den 19. Platz ein (0,925). Ein Ländervergleich anhand von HDI-Tabellen und einkommensbezogenen Übersichten zeigt einige Unterschiede. Erdölreiche Länder wie Kuwait, die Vereinigten Arabischen Emirate und Katar schneiden beispielsweise bei der HDI-Messung deutlich schlechter ab, während die ehemals sozialistischen Staaten wegen einer im internationalen Vergleich relativ hohen Lebenserwartung und des guten Bildungsniveaus höhergestuft werden.

Weitere vom Human Development Report verwendete Indizes sind ein „*Index für menschliche Armut*" (*Human Poverty Index - HPI*), der für Armut in Entwicklungs- (HPI-1) und Industrieländern (HPI-2) jeweils unterschiedlich konstruiert wird, ein „*Geschlechtsbezogener Entwicklungsindex*" (*Gender-related Development Index - GDI*) und ein „*Maß für die Ermächtigung der Geschlechter*" (*Gender Empowerment Measure - GEM*). Ein „*Index der politischen Freiheit*" (*Human Freedom Index - HFI*), der im Human Development Report 1991 und 1992 benutzt wurde, wird nicht mehr verwendet.

Übersicht: HDI, GDI, HPI-1, HPI-2 - gleiche Komponenten, unterschiedliche Meßmethoden

	Lebensdauer	*Bildung*	*Angemessener Lebensstandard*	*Partizipation oder Ausgrenzung*
HDI	Lebenserwartung bei der Geburt	1. Alphabetisierungsrate von Erwachsenen 2. Gesamteinschulungsrate	Bereinigtes Pro-Kopf-Einkommen in PPP$	
GDI	Weibliche und männliche Lebenserwartung bei der Geburt	1. Weibliche und männliche Alphabetisierungsrate; 2. Weibliche und männliche Gesamteinschulungsrate	Weiblicher und männlicher Anteil an den Erwerbseinkommen	
HPI -1	Prozentsatz der Menschen, die wahrscheinlich nicht älter als 40 Jahre werden	Analphabetensatz	Mängel in der ökonomischen Versorgung, gemessen durch: 1. Prozentsatz der Menschen ohne Zugang zu Wasser und Gesundheitsdiensten 2. Prozentsatz der Kinder unter fünf Jahren mit Untergewicht	
HPI -2	Prozentsatz der Menschen, die wahrscheinlich nicht älter als 60 Jahre werden	Rate der funktionalen Analphabeten[a]	Prozentsatz der Menschen unter der einkommensbezogenen Armutsgrenze (50 % des mittleren verfügbaren Einkommens)	Quote der Langzeitarbeitslosen (12 Monate oder länger arbeitslos)
a Bezogen auf Niveau 1 der Lesefähigkeit von Prosatexten entsprechend der internationalen OECD-Untersuchung über Alphabetisierung von Erwachsenen; Quelle: HDR 1998				

Der HDI und auch die anderen Indizes werden in der entwicklungspolitischen Debatte unterschiedlich bewertet. Vielfach wurde das neue Vorgehen sehr positiv aufgenommen und begrüßt; der Index findet darüber hinaus auch häufig in Statistiken neben dem BSP oder BIP Verwendung. In einigen Bereichen der wissenschaftlichen Diskussion wird der HDI hingegen kritisch betrachtet und teilweise auch gänzlich abgelehnt; dies gilt insbesondere für Vertreter aus der Ökonomie und Statistik (vgl. *Noorbakhsh* 1998 und *Boer/Koekkeok* 1993). Verschiedene Kommentatoren verweisen auch auf ältere Indizes (wie etwa den *„Physical Quality of Life Index"* - *PQLI* von 1977), die bereits zu früheren Zeitpunkten eine ähnliche Aussagekraft besessen hätten.

Zu den in der Vergangenheit bemängelten Punkten zählt, daß der HDI die drei erfaßten Bereiche unbegründet gleich gewichte, die Datenquellen und -qualität teilweise problematisch sei und mitunter die Ergebnisse die Realität verzerrt widerspiegelten. Der Human Development Report hat durch verschiedene Anpassungen und Reformen auf die HDI-Kritik reagiert. Gegner des HDI, die grundsätzlich den Sinn von aggregierten Indizes bezweifeln, konnten dadurch allerdings nicht überzeugt werden. Auf die starken politischen Widerstände und die wissenschaftliche Kritik am HFI reagierte der Human Development Report, indem der Versuch, politische Aspekte in Form eines Indexes zu erfassen, fallengelassen wurde. Die ursprünglichen Bestrebungen, auch die Umweltdimension in den HDI einfließen zu lassen, wurden aufgrund der bislang unlösbaren methodischen Probleme nicht in die Praxis umgesetzt.

4. Einschätzung

Vom Human Development Report gehen seit seinem ersten Erscheinen wichtige und innovative Impulse aus. Er erreichte in den 90er Jahren weltweit eine große öffentliche und politische Aufmerksamkeit und erwies sich in einigen Ländern sogar innenpolitisch als relevant. Zur Verbreitung und zum Erfolg des Berichts trug der Human Development Index entscheidend bei. In vielerlei Hinsicht hat der Report dem Weltentwicklungsbericht der Weltbank zwar nicht den Rang ablaufen können; er hat sich aber als ein wichtiges Korrektiv neben ihm etabliert.

Vom Bericht gehen nicht allein Impulse auf die internationale entwicklungspolitische Debatte aus. Vielmehr ist es gerade dem Human Development Report zu verdanken, zu einem Wandel des Entwicklungsverständnisses beigetragen zu haben, indem auch industrieländerspezifische Defizite „menschlicher Entwicklung" benannt und Empfehlungen ausgesprochen wurden.

Insbesondere in den ersten Jahren war der Human Development Report einem großen politischen Druck ausgesetzt, der im UNDP-Exekutivrat und in anderen Foren ausgeübt wurde. Hinzu kommt, daß der Human Development Report nicht in gleicher Weise innerhalb des UNDP verankert ist, wie dies beispielsweise für den Weltentwicklungsbericht und dessen Verhältnis zur Weltbank zutrifft. Trotz dieser Rahmenbedingungen hat es der Human Development Report vermocht, eine deutliches Profil aufzubauen und zu behalten.

Der Human Development Report hat zweifellos Schwächen. Diese hängen zu einem großen Teil mit seinem sehr breiten konzeptionellen Ansatz, der gelegentlich ungenügenden Datenqualität und strukturellen Defiziten des HDI als einem aggregierten Index zusammen. Verschiedene „Kinderkrankheiten" - vor allem des HDI - konnten überwunden werden. Angriffsflächen für politische und wissenschaftliche Kontroversen bietet der Human Development Report allerdings weiterhin. Im Sinne eines „querdenkenden" Weltberichts ist er gerade deshalb unverzichtbar.

Stephan Klingebiel

Lit.: *Boer,L./Koekkoek,A.:* Human Development Report: Fad or Fixture?, in: Development Policy Review 11 (1993), 427-438;

Klingebiel, S.: Entwicklungsindikatoren in der politischen und wissenschaftlichen Diskussion. INEF Report No.2, Duisburg 1992; *Noorbakhsh, F.:* A Modified Human Development Index, in: World Development 26 (1998), 517-528; *Nuscheler, F.:* Old Wine in New Skins. Some Critical Comments on the UNDP Reports, in: Messner, D. (Hrsg.): New Perspectives of International and German Development Policy.INEF Report No. 33, Duisburg 1998, 25-35; *Ravaillon, M.:* Good and Bad Growth. The Human Development Reports, in: World Development 25 (1997), 631-638; *Tandon, Y.:* Naiv oder bewußt verschleiernd: der Human Development Report 1996, in: epd-Entwicklungspolitik (1996), H. 21, d1-d8;
Internet: Human Development Reports: http://www.undp.org/hdro

Humanitäre Hilfe

1. Definition

Die humanitäre Hilfe der Vereinten Nationen ist ein komplexes Zusammenspiel des *Amtes für humanitäre Angelegenheiten* (OCHA) im UN-Sekretariat (→ Sekretariat), des → Sicherheitsrats, der zahlreichen UN- und nichtstaatlichen Durchführungsorganisationen (→ NGOs), der beteiligten Regierungen, sowie der betroffenen Bevölkerungen.

Unter *humanitärer Hilfe* versteht man alle Maßnahmen, die darauf abzielen, die akute Not einer Bevölkerungsgruppe zu lindern. Dabei ist humanitäre Hilfe in der Theorie klar von politischer, wirtschaftlicher oder militärischer Hilfe abgegrenzt, da sie auf einer humanitären Motivation beruht und nur humanitäre Ziele verfolgt, keine außenpolitischen, wirtschaftlichen oder militärischen. Der Begriff der Maßnahmen ist hier weit gefaßt. Er bezieht die Planung, Vorbereitung, Durchführung, Evaluierung von humanitären Hilfsaktionen und nicht zuletzt die permanente Abstimmung zwischen Hilfsorganisationen und mit anderen UN-Abteilungen mit ein.

Die humanitäre Hilfe der UN soll nach den Prinzipien der Humanität, Neutralität und Unparteilichkeit geleistet werden. Zu ihren Aufgabengebieten gehören Naturkatastrophen und technogene Katastrophen (z.B. Tschernobyl).

Seit 1990 hat die Arbeit in „komplexen Notsituationen" („complex emergencies") stark an Bedeutung gewonnen und nimmt heute einen Großteil der Tätigkeit ein. Unter „komplexen Notsituationen" versteht das OCHA humanitäre Krisen, die auf einer Anzahl unterschiedlicher Gründe (politische, militärische, wirtschaftliche Gründe usw.) zurückzuführen sind unter die keine Maßnahme in nur einem Bereich, sondern eine breit angelegte Reaktion erfordern (vgl. die Definition in *UN - DHA* 1997).

Im Deutschen werden für den Terminus „humanitäre Hilfe" oft auch synonym die Begriffe „Nothilfe" und „Katastrophenbewältigung" verwendet.

Die rechtlichen Grundlagen für das humanitäre Engagement der UN sind die Charta der Vereinten Nationen (→ Charta der UN) und die Genfer Konventionen von 1949 mit ihren zwei Zusatzprotokollen von 1977 (→ Humanitäres Völkerrecht).

2. Institutionen und Instrumente

Das zentrale Gremium für humanitäre Angelegenheiten ist das *Büro für die Koordinierung humanitärer Angelegenheiten (Office for the Coordination of Humanitarian Affairs)*, kurz *OCHA*. Angesiedelt ist es im UN-Sekretariat, wo es seit 1998 eine der fünf Hauptabteilungen bildet und dem → Generalsekretär unterstellt ist. Vorläufer von OCHA war bis zu den Umstrukturierungen 1998 (→ Reform der UN) die *Abteilung für humanitäre Angelegenheiten (Department of Humanitarian Affairs - DHA)*.

OCHA/DHA konzentriert sich auf drei Hauptfunktionen: erstens die Koordinierung von humanitären Operationen der UN, zweitens die Entwicklung und Formulierung von Strategien der humanitären Hilfe und drittens die Vertretung humanitärer Themen gegenüber politischen Organen, hier vor allem dem Sicherheitsrat. Die Koordinierung der humanitären Hilfe steht im

Mittelpunkt der Arbeit von OCHA/ DHA.

Koordinierung bedeutet, daß die Arbeit der sechs Durchführungsorganisationen (→ FAO, → WFP, → UNICEF, → UNHCR, → UNDP, → WHO) im ganzen Prozeß einer Hilfsoperation, d.h. angefangen bei der Mobilisierung von Ressourcen bis zur Evaluierung; aufeinander abgestimmt und als konzertierte Aktion durchgeführt wird. Ineffiziente Alleingänge und Konkurrenzverhalten der Organisationen sollen dadurch vermieden werden.

Die Koordinierungsfunktion von OCHA/DHA wird zu einem großen Teil über den 1992 geschaffenen Ausschuß zur Koordinierung der UN-Hilfsorganisationen, der „Ständige Interinstitutionelle Ausschuß" („*Inter-Agency Standing Committee*" - *IASC*) geleistet. In diesem wöchentlich tagenden Ausschuß, der von OCHA/DHA geleitet wird und in dem auch das Internationale Komitee vom Roten Kreuz (IKRK) und nichtstaatliche Organisationen (NGOs) vertreten sind, werden gemeinsame Entscheidungen über humanitäre Operationen gefällt. Bedarfsanalysen, Finanzaufrufe an die UN-Mitgliedstaaten und die Koordinierung der Hilfsaktionen vor Ort werden geplant und ausgewertet, sowie humanitäre Konzepte und Strategien entwickelt.

Ein zweites Instrument der Koordinierung sind die 1992 eingerichteten „Gemeinsamen Finanzaufrufe" *(Consolidated Appeals)* der humanitären Organisationen, die von OCHA/DHA initiiert werden. Fast alle humanitären Operationen der Vereinten Nationen fallen nicht unter das reguläre UN-Budget (→ Haushalt), sondern werden durch freiwillige Beiträge finanziert. Mit Hilfe der OCHA/DHA-Aufrufe sollen einzelne Beiträge nicht mehr an die einzelnen UN-Durchführungsorganisationen gehen, sondern an OCHA/ DHA geleitet und von dort an die einzelnen Durchführungsorganisationen verteilt werden. An den Finanzaufrufen beteiligte Organisationen sind die UN-Hilfsorganisationen und -programme der Vereinten Nationen (WFP, UN-HCR, UNDP, FAO, WHO, UNHCHR, → UNCHS/Habitat, UNDCP, → UN-FPA, → UNRWA, → UNESCO, → ILO, IOM, → UNV) und nichtstaatliche Organisationen. Seit 1992 erhielten OCHA/DHA von den durch „Gemeinsame Finanzaufrufe" angefragten 12,3 Mrd. US-Dollar 8,9 Mrd. Jährlich werden im Schnitt zehn „Gemeinsame Finanzaufrufe" initiiert.

Ein drittes Instrument von OCHA/ DHA ist ein UN-Notfonds von 50 Millionen US-Dollar (*Central Emergency Revolving Fund*), der von OCHA/DHA verwaltet und koordiniert wird. Der 1992 eingerichtete Fonds ermöglicht ein schnelles humanitäres Eingreifen, bevor freiwillige Beiträge von Gebern bereitgestellt werden. Zwischen 1995 und 1998 wurde dieser Topf schon über 38 mal in Anspruch genommen (Zahlen laut Internetseite http://www.un.org/ha/general.html; Stand: Anfang Januar 1999).

Neben der beschriebenen Koordinierung von humanitären Hilfsmaßnahmen durch OCHA/DHA unterscheidet man noch die „strategische Koordinierung", bei der es nicht nur um die Koordinierung der Maßnahmen der Hilfsorganisationen geht, sondern um eine Gesamtstrategie in einem Land oder einer Region, wobei neben den humanitären auch die politischen und militärischen Aspekte mit einbezogen werden. Eine strategische Koordinierung zielt auf die Abstimmung einzelner Politikbereiche ab und bezieht in diesem Sinne alle beteiligten Akteure, d.h. Regierungen, Militärs usw. mit ein. Unter der Leitung des Nothilfekoordinators arbeitet ein Ausschuß (Executive Committee), der sich aus den relevanten Abteilungen des Sekretariats wie z.B. der Hauptabteilung für Friedenssicherung (DPKO) (→ Friedensoperationen) oder der Hauptabteilung für Politische Angelegenheiten zusammensetzt, monatlich an der Abstimmung des humanitären Bereichs mit anderen Politikfeldern. Ein Beispiel hierfür ist der Ansatz der strategischen Rahmenplanung in Afghanistan („strategic framework approach").

Bei der Koordinierung der humanitären Operationen der UN orientiert sich OCHA/DHA an dem Grundsatz des sogenannten *Relief-to-Development Continuums*. Dieser Grundsatz soll den kontinuierlichen Prozeß von einer humanitären Notsituation über eine Rehabilitierungs-und Wiederaufbauphase hin zu einer „normalen" Entwicklung gewährleisten (GA Res. 46/182 vom 19.12.1991; „Agenda für Entwicklung", Ziff. 21). Dementsprechend soll die humanitäre Hilfe der UN so angelegt sein, daß sie über die akute Notphase hinaus Wiederaufbau- und Rehabilitierungshilfe leistet und schließlich in Entwicklungszusammenarbeit mündet. Dieser Ansatz bringt die Tätigkeiten der verschiedenen UN-Hilfsorganisationen zusammen.

Weitere Tätigkeiten von OCHA/DHA sind die Bereitstellung und tägliche Überarbeitung des „Reliefweb" im Internet, der Aufbau eines Frühwarnsystems und eines „Integrierten Regionalen Informationsnetzes" (IRIN) sowie die Durchführung von Trainingskursen zur Katastrophenbewältigung in über vierzig Ländern („Disaster Management Training Programme"). Zusätzlich verwaltet OCHA/DHA ein zentrales Register von Ressourcen, die in einer Notsituationen schnell mobilisiert werden können. Dieses Register umfaßt sowohl die Vorräte von Hilfsorganisationen und Nothilfespezialisten als auch militärische und zivile Verteidigungskapazitäten.

Neben diesen Aufgaben und Tätigkeiten fungiert OCHA/DHA als Zentrale der „Internationalen Dekade zur Reduzierung von Naturkatastrophen" (IDNDR) und arbeitet in einer Umweltabteilung („Joint Environmental Unit"), gemeinsam mit dem UN-Umweltprogramm → UNEP, zu speziellen Umweltaspekten von Natur- und technogenen Katastrophen.

Das OCHA/DHA setzt sich aus einem Stab von knapp 140 Mitarbeitern und dem Leiter des Büros, dem Untergeneralsekretär für humanitäre Angelegenheiten, zusammen. Dieser fungiert zugleich als Nothilfekoordinator, ist dem UN-Generalsekretär unterstellt und hat direkten Zugang zu diesem. Während einer humanitären Hilfsoperation wird ein weiterer Nothilfekoordinator vor Ort benannt, in vielen Fällen ist dies der Ständige UNDP-Vertreter in dem jeweiligen Länderbüro („UNDP Resident Representative"), der dann in Personalunion agiert, oder ein externer humanitärer Koordinator. Die Aufgabe dieses Nothilfekoordinators ist die Koordinierung der verschiedenen Durchführungsorganisationen am Einsatzort, die Abstimmung mit den Geberländern und die Zusammenarbeit mit der Regierung und den NGOs in der betroffenen Region. Als Unterstützung stehen dem Nothilfekoordinator in vielen Fällen ad-hoc gebildete UN-Katastrophenteams („UN Disaster Management Teams") zur Seite.

In bestimmten Notsituationen wird vor Ort eine der UN-Hilfsorganisationen zur sogenannten „Führungsorganisationen" (Lead Agency) ernannt. Im ehemaligen Jugoslawien, sowie in Zaire und Tansania im Jahre 1994, übernahm diese Rolle das UNHCR, 1991 im Irak das UNICEF.

Neben der Zentrale in New York unterhält OCHA/DHA weitere Kontaktbüros in Genf und Turin, die sich vornehmlich operationellen Aspekten widmen (Monitoring der Hilfsmaßnahmen, Lager für Hilfsgüter). Das jährliche Budget von OCHA/DHA beträgt knapp 43 Mill. US-Dollar, von denen auch der Großteil (24 Mill. US-Dollar) nicht aus dem regulären UN-Budget kommt, sondern freiwillige Beiträge sind.

In der täglichen Arbeit befaßt sich OCHA/DHA ständig mit rund 10-20 Notsituationen. Ende 1998 wurden 22 Finanzaufrufe ausgearbeitet, und in 16 Krisen wurden Koordinierungsvereinbarungen mit OCHA/DHA abgeschlossen (Afghanistan, Angola, Armenien, Aserbaidschan, Bosnien und Herzegowina, Burundi, DV Korea, DR Kongo, Georgien, Region der Großen Seen in Zentralafrika, Kongo, Russische Föderation, Ruanda, Sierra Leone, Somalia, Sudan, Tadschikistan).

Der Generalsekretär spielt nicht nur wegen des OCHA/DHA im Sekretariat eine Schlüsselrolle in der humanitären Hilfe: In seinen UN-Reformmaßnahmen 1998 (→ Reform der UN) räumte Generalsekretär Kofi Annan diesem Bereich durch weitreichende Umstrukturierungen eine wichtige Position ein. Auch der ehemalige Generalsekretär Boutros-Ghali befaßte sich zunehmend in seinen Jährlichen Berichten an die Generalversammlung und vor allem in seiner → „Agenda für Entwicklung" mit der humanitären Hilfe der UN. Für beide Generalsekretäre liegt ein Schwerpunkt auf der Verzahnung dieses Politikfeldes mit anderen Politikfeldern, vor allem der Friedenssicherung (→ Friedenssicherung) und dem Wiederaufbau in Nachkriegssituationen und der → Entwicklungszusammenarbeit der UN.

Wichtige Akteure der humanitären Hilfe der UN sind die UN-Hilfsorganisationen und -programme, oft auch „Durchführungsorganisationen" genannt. Diese Organisationen, die sich z.T. stark aufgrund ihres rechtlichen Status, ihrer Größe und Aufgabe sowie ihrer Mandate unterscheiden, sind in Notsituationen entweder selbst im Einsatz oder arbeiten mit nationalen, lokalen oder internationalen Durchführungsorganisationen, meist NGOs, zusammen.

Die wichtigsten UN-Organisationen in diesem Bereich sind die FAO, das UNDP, meistens tätig im Bereich des längerfristigen Wiederaufbaus, das UNHCR, zuständig für Flüchtlinge und Binnenflüchtlinge, das UNICEF, das sehr eng mit OCHA/DHA zusammenarbeitet, das WFP als eine der UN-Schlüsselorganisationen zur Nahrungsmittelhilfe innerhalb von Nothilfemaßnahmen, und die WHO, tätig im Gesundheitsbereich.

In den letzten Jahren haben neben den „klassischen" UN-Hilfsorganisationen auch die sechs Hauptorgane der UN (→ Haupt-/Neben-/Vertragsorgane) eine immer bedeutenderer Rolle in der humanitären Hilfe gespielt. So hat der Sicherheitsrat seit Beginn der 90er Jahre eine Reihe von Resolutionen (→ Resolution/Deklaration/Beschluß) zu diesem Bereich verabschiedet. Inhaltliche Schwerpunkte dieser Resolutionen waren auf der einen Seite die Initiierung von humanitären UN-Operationen und auf der anderen Seite die Beschäftigung mit Sicherheitsaspekten von humanitären Operationen. In vielen Fällen und insbesondere in Somalia und im ehemaligen Jugoslawien hat sich der Sicherheitsrat für eine militärische Begleitung von Hilfslieferungen und – operationen ausgesprochen (*Weiss/Collins* 1996).

Die → Generalversammlung hat sich in den letzten Jahren aktiv mit Fragen der humanitären Hilfe beschäftigt und 1991 die Resolution 46/182 ausgearbeitet, die zu der Gründung des DHA, des IASC, der Gemeinsamen Finanzaufrufe und der Einrichtung des Notfonds führte. Über ihre Sonder- und Nebenorgane wie UNHCR und UNEP ist die Generalversammlung zudem an inhaltlichen und administrativen Prozessen in den Durchführungsorganisationen beteiligt. Ein thematischer Arbeitsschwerpunkt der Generalversammlung im Bereich der humanitären Hilfe ist die Gewährleistung des kontinuierlichen Übergangs von akuten Nothilfemaßnahmen zum Wiederaufbau und zur Entwicklungszusammenarbeit („Relief-to-Development-Continuum").

Auch der → Wirtschafts- und Sozialrat (ECOSOC), der 1998 erstmals in seiner regulären Sitzung spezielle humanitäre Angelegenheiten behandelte, betonte die Bedeutung des OCHA/DHA und setzte Ziele für zukünftige prioritäre Arbeitsfelder fest (vgl. Jahresbericht des UN-Generalsekretärs an die Generalversammlung1998, UN Doc A/53/1, Ziff. 125). Er kann auch über seine quasi-autonomen Sonderorgane wie UNDP und UNICEF Einfluß auf die humanitäre Tätigkeit dieser Organisationen nehmen.

3. Geschichtliche Entwicklung

Die Rolle der humanitären Hilfe war seit ihrem Bestehen von den politischen Rahmenbedingungen geprägt. Die ge-

235

schichtliche Entwicklung läßt sich in drei Phasen einteilen.

In der ersten Phase, dem Zeitraum des Ost-West-Konfliktes, wurde dem Politikfeld humanitäre Hilfe innerhalb der UN nur geringe Bedeutung beigemessen. Durch den Grundsatz der innerstaatlichen → Souveränität stark eingeschränkt, konnte humanitäre Hilfe im Rahmen der UN nur in Naturkatastrophen und zwischenstaatlichen Auseinandersetzungen geleistet werden. Ein humanitäres Engagement in innerstaatlichen Konflikten war ohne die Anfrage und den Wunsch der jeweiligen Regierung nicht möglich.

Einsatzorte der humanitären Hilfe der UN in dieser Phase waren vor allem in den siebziger und achtziger Jahren die Regionen Afrikas, die von Dürrekatastrophen betroffen waren, sowie Regionen mit großen Flüchtlingsbewegungen wie zum Beispiel die kambodschanischen Flüchtlingslager in Thailand Ende der siebziger Jahre. Gebündelt wurde die humanitäre Hilfe seit 1971 in einem *Nothilfeamt (UN Disaster Relief Organisation - UNDRO)*, dessen Aufgabe es war, internationale Hilfsmaßnahmen bei Naturkatastrophen zu mobilisieren und zu koordinieren, und die Hilfe mit anderen internationalen Organisationen und NGOs abzustimmen. An der Arbeit von UNDRO wurde jedoch Kritik geübt da es nur selten in Erscheinung getreten und während großer Notsituationen nicht leitend tätig geworden ist. Ein zu unklares Mandat, unzureichende Ressourcen und die geringe Bereitschaft der UN-Durchführungsorganisationen zur Abstimmung werden als Gründe dafür genannt (*Henn/Klingebiel* 1993).

In der zweiten Phase, die vom Ende der achtziger Jahre bis Mitte der 90er Jahre reicht, weitete sich der Handlungsspielraum der humanitären Hilfe der UN aus und ermöglichte ein geographisch und politisch breiteres und weitaus größeres humanitären Engagement, begleitet und geprägt von der allgemeinen Euphorie nach Ende des Ost-West-Konfliktes. Drei Prozesse, die den Beginn der 90er Jahre prägten - das langsame Aufweichen des Grundsatzes

der innerstaatlichen Souveränität, das Ende der bipolaren Strukturen und die wachsende Anzahl, das Ausmaß und die humanitären Folgen von bewaffneten Auseinandersetzungen (z.B. Irak, Ruanda)- führten zu einer neuen Handlungsfähigkeit der UN in ihren primären Aufgabenbereichen: der Wahrung des Weltfriedens und der Schaffung von gleichen Entwicklungsbedingungen.

Die internationale Gemeinschaft sah sich zunehmend in der Verantwortung, in der ansteigenden Anzahl der Krisen stärker militärisch und humanitär tätig zu werden. Diese Rahmenbedingungen führten dazu, daß sich die UN zum ersten Mal humanitär in innerstaatlichen, ungelösten Konfliktsituationen engagierte (Südsudan, Äthiopien, Angola, später Somalia, Bosnien, Ruanda, Sierra Leone u.a.). Diese Operationen gründeten auf Mandaten des UN-Sicherheitsrats und agierten nach dem Prinzip des „verhandelten Zugangs": Mit ihrem politischen Arm verhandelten die UN in Krisen- und Konfliktregionen mit den kriegführenden Parteien über einen sicheren Zugang der Hilfsorganisationen (sowohl UN, als auch NGOs) zu der notleidenden Bevölkerung. Dieser Ansatz führte zu der formalen Arbeitsteilung der UN-Durchführungsorganisationen nach Spezialgebieten und der engen Zusammenarbeit der UN mit NGOs. Geleitet wurden die Operationen zum Teil von dem Nothilfekoordinator oder einer der UN-Hilfsorganisationen. Zu Beginn dieser Phase, vor allem während der humanitären Hilfsoperation im Norden des Irak 1991, wurden mehrere Probleme deutlich: die fehlende übergreifende Koordination, eine unzureichende Kooperation der vielen Durchführungsorganisationen und die auf Naturkatastrophen ausgerichtete Herangehensweise, die nur ungenügend auf eine gewaltsame Auseinandersetzung übertragbar war. Schließlich stellte sich heraus, daß die Organisationen auf das Ausmaß der Krisen nur unzureichend vorbereitet waren. Mit der Resolution 46/182 der UN-Generalversammlung, die das DHA, den Notfonds, die Gemeinsamen Finanzaufrufe und den Ausschuß der humanitären Organisationen ins Leben rief, sollte diesen Problemen begegnet werden.

Die dritte Phase seit 1994 bis heute ist einerseits gekennzeichnet durch einen schwindenden Optimismus in Bezug auf die Wirkung der humanitären Hilfe, der einem nüchternen Realismus Platz gemacht hat, sowie andererseits durch die zunehmende Regulierung und Institutionalisierung der humanitären Hilfe.

Die humanitären Hilfsoperationen der UN in Somalia, Bosnien und Ruanda hatten gezeigt, daß humanitäre Hilfe in komplexen Notsituationen und speziell in Kriegssituationen schnell an ihre Grenzen gerät und somit Wirkungen erzielen kann, die in Gegensatz zu ihren Absichten stehen. Die Hilfsoperationen der UN in den zairischen Flüchtlingslagern während der ruandischen Krise 1994 wurden zum Beispiel stark kritisiert. Denn im Gegensatz zu dem humanitären Ziel, das die UN mit ihrem Einsatz dort verfolgten, mißbrauchten Hutu-Extremisten die Hilfe für die Weiterführung des bewaffneten Kampfes gegen die neue Regierung in Ruanda.

Die Erfahrungen in Ruanda, Somalia und Bosnien ließen den anfänglichen Optimismus in die Einsicht umschlagen, daß humanitäre Hilfe in den heutigen Krisen und komplexen Notsituationen nur unter bestimmten politischen, militärischen und wirtschaftlichen Bedingungen ihr Ziel erreichen kann. Parallel zu dieser Einsicht ist jedoch der öffentliche Druck, sich in humanitären Krisen zu engagieren, nicht geringer geworden, und deshalb hat sich humanitäre Hilfe innerhalb der Vereinten Nationen als eigenständiges Politikfeld herauskristallisiert.

Dies führt dazu, daß die Anfang der 90er Jahre begonnenen institutionellen Veränderungen weitergeführt werden und weiterhin an der Koordinierung der Hilfe und der Steigerung ihrer Effizienz gearbeitet wird. Andererseits hat die inhaltliche Auseinandersetzung über

Möglichkeiten und Grenzen von humanitären Hilfsoperationen an Bedeutung gewonnen.

4. Herausforderungen und Probleme

Die humanitäre Hilfe der UN steht heute, vor allem wenn sie in Konflikten tätig wird, einer ganzen Reihe unterschiedlicher Probleme und Herausforderungen gegenüber.

Zu einem großen Problem wurde spätestens seit den humanitären Einsätzen in Bosnien und in der ruandischen Flüchtlingskrise das „politische Vakuum", in dem humanitäre Hilfe agiert und funktioniert. In vielen Krisen (Ruanda, Bosnien, Liberia, Somalia, Sudan) hat sich gezeigt, daß die internationale Gemeinschaft, vertreten durch den Sicherheitsrat, ein unzureichendes oder kein gemeinsames politisches Interesse vertritt, sich jedoch durch den Druck der Mitgliedsländer, der Medien und nicht zuletzt vieler Bürger gezwungen fühlt, Verantwortung zu zeigen. Dies führte nicht nur in Bosnien und in der ruandischen Flüchtlingskrise dazu, daß ein fehlendes politisches Engagement durch sehr groß angelegte humanitäre Operationen ersetzt wurde. Humanitäre Hilfe als Ersatz für politische Lösungsmöglichkeiten führt jedoch nicht zu einer Lösung der komplexen Notsituation, sondern zu einer ungewollten Politisierung der humanitären Hilfe, die den Grundsätzen der Neutralität und Humanität widerspricht. Vorgeworfen wird einigen Mitgliedstaaten der UN jedoch nicht nur ein fehlendes politisches Engagement, sondern zum Teil auch die Verschleierung politischer Motive in Form von humanitärer Hilfe und die Instrumentalisierung dieser für politische Zwecke, die nicht offen gelegt werden sollen.

Problematisch ist in diesem Zusammenhang auch die fehlende Bereitschaft der internationalen Gemeinschaft zu einem starken präventiven Engagement, das das Ausbrechen einer Krise verhindern kann. Oft sind es die medienwirksamen Hilfsoperationen, zu denen Mitgliedstaaten nur allzu gerne beitragen. Die wenig für Medienrummel geeignete

Verhinderung von Krisen ist für viele Staaten jedoch nur beschränkt attraktiv.

In einigen Krisen, wie z.B. Irak und auch Ruanda, in denen die Not einer Bevölkerungsgruppe von staatlicher Seite verursacht wurde, sind auch hier Grenzen der humanitären UN-Hilfe offensichtlich geworden. Als zwischenstaatliche Organisation sind die UN immer auf die Zusammenarbeit mit den jeweiligen Regierungen angewiesen. Leidet eine Bevölkerungsgruppe unter dieser Regierung, ist ein weitreichendes Engagement für die UN nur bedingt möglich.

Als schwierig hat sich in den großen Krisen der 90er Jahre auch die Ausgestaltung der humanitären Hilfe erwiesen, die nur bedingt auf heutige Krisen und Konflikte vorbereitet zu sein scheint. Kennzeichnend für viele heutige Konflikte und Krisen sind die Entstehung von Kriegsökonomien, die hohe Anzahl von zivilen Opfern, die ethnische Komponente von vielen Konflikten und der Wertedissenz zwischen den meisten Kriegsparteien und den humanitären Hilfsorganisationen. Mit ihren Ressourcen und Nahrungsmitteln läuft humanitäre Hilfe allgemein Gefahr, zu einem Teil des Konfliktkreislaufs zu werden oder sogar in vielen Fällen die Beilegung eines Konfliktes zu verhindern, indem Kriegsparteien durch humanitäre Güter und Nahrungsmittel neue Ressourcen bekommen, die ein Weiterkämpfen ermöglichen. Obwohl diese Problematik nicht erst seit 1990 bekannt ist, stieg das Ausmaß und die Regelmäßigkeit des Mißbrauchs durch Kriegsparteien, so daß bei humanitären Operationen in Krisen- und Konfliktsituationen ständig überprüft werden muß, ob nicht die gutgemeinte Hilfe auch den Konflikt mit begünstigt. Inhaltliche und konzeptionelle Fragen, die sich mit genau diesen Problemen beschäftigen, gehen jedoch in der alltäglichen Arbeit der humanitären Organisationen meist unter. Generell ist hier zu beobachten, daß Durchführungsprobleme vor Ort weitaus mehr Beachtung finden als solche inhaltlichen und konzeptionellen Probleme.

Ansatzpunkte für eine Verbesserung könnten eine genauere und umsetzungsrelevante Analyse der politischen und wirtschaftlichen Verhältnisse in der Konfliktregion sein und die Sensibilisierung des Hilfspersonals für politische Machtstrukturen in der zu begünstigenden Bevölkerung.

Die vielen Herausforderungen, denen humanitäre Helfer vor Ort begegnen, haben auch dazu geführt, daß diesen Problemen ein immer größerer Stellenwert beigemessen wird. Dies ist vor allem im Sicherheitsbereich sichtbar. Die Sicherheit und der Schutz der Helfer und Hilfsgüter ist dabei nicht nur im UN-Sicherheitsrat in den Blickwinkel der Aufmerksamkeit gerückt. Auch die momentane Weiterentwicklung des Völkerrechts (→ Völkerrechtsentwicklung im Rahmen der UN) befaßt sich zunehmend mit diesen Problemen. Die Betonung dieser Problematik zeigt sich auch in der inzwischen als normal und notwendig erscheinenden militärischen Begleitung von humanitären Maßnahmen. Diese Militarisierung der Hilfe führt zwar einerseits zu erhöhtem Schutz, läßt aber andererseits die zivile und neutrale Seite der Hilfe fragwürdig erscheinen. Ein ausgewogenes Verhältnis von ziviler humanitärer Hilfe und militärischer Begleitung muß hier erst noch gefunden werden.

Ein weiteres Problem ist die Konkurrenz zwischen den Hilfsorganisationen und deren Unwille zur Koordinierung, was häufig eine Effizienz der Hilfe verhindert. Darüber hinaus sorgt auch die Konkurrenz zwischen den Hilfsorganisationen und OCHA/DHA zu erheblichen Schwierigkeiten. Gegenüber OCHA/DHA wurde in den letzten Jahren immer wieder der Vorwurf laut, daß es seiner Rolle als Koordinator nur unzureichend gerecht werde, was nicht unter anderem daran lag, daß es von den fachlich hoch qualifizierten Durchführungsorganisationen nicht als zentrales Koordinationsgremium anerkannt wurde. Die Umstrukturierungen 1998 von Generalsekretär Kofi Annan lassen hoffen, daß einige dieser Mißstände aufgehoben werden.

Problematisch ist auch die Finanzierung der humanitären Hilfe. Fast das gesamte Budget für die Hilfsoperationen wird als freiwillige Zahlung durch die Mitgliedsländer bestritten. In der Vergangenheit war zu beobachten, daß Geber allzu bereitwillig beim Eintreten einer Krise Finanzmittel zu Verfügung stellen, die längerfristigen medienunwirksamen Programme der Rehabilitierung jedoch ungern finanzieren. Dies erschwert den humanitären Organisationen der UN, ihrem Grundsatz des Kontinuums gerecht zu werden und läßt die Krisenregionen in einer permanenten Krisensituation zurück. Erstrebenswert wäre hier eine kontinuierliche Finanzierung, die es Ländern in Nachkriegssituationen eine Rückkehr zu friedlichen und stabilen Verhältnissen ermöglicht.

Erschwert wird die Finanzsituation durch die hohe Anzahl bilateraler und anderer multilaterale Notprogramme, die dem Geber eine breite Auswahl an Töpfen ermöglichen. Dieser Finanzwettbewerb führt dazu, daß auch die humanitäre Hilfe der UN ihre Notprogramme immer mehr nach den Interessen ihrer verschiedenen Hauptgeber ausrichten muß.

Ob die humanitäre Hilfe der UN ein effektives und lösungsbezogenes Instrument für humanitäre Notsituationen sein wird, hängt zum Teil davon ab, inwieweit die Mitgliedstaaten bereit sind, sich politisch und/oder militärisch in einem gewaltsamen Konflikt zu engagieren und nicht humanitäre Hilfe als Ersatz dafür benutzen. Nur ein politisches Engagement der Mitgliedstaaten, angefangen bei einem Engagement im Bereich der Krisenprävention über Wiederaufbaumaßnahmen bis hin zu einem geschlossenen Engagement im Bereich der Friedensschaffung und -sicherung wird die humanitäre Hilfe davor bewahren, als Ersatz für politische Lösungsmöglichkeiten fungieren zu müssen.

Auch die Möglichkeit und Fähigkeit der UNO, sich vermehrt mit dem Cha-rakter und den Besonderheiten heutiger Konflikttypen auseinanderzusetzen und zu versuchen, diesen zu begegnen, wird eine große Rolle spielen. Zudem wird jede humanitäre Hilfe nur adäquat sein können, wenn die dazu benötigten Finanzmittel ausreichen, Hilfsoperationen zu finanzieren, Konzeptionen zu erarbeiten und die Koordination der Durchführungsorganisationen zu gewährleisten und wenn die Vielzahl der Hilfsoperationen bereit ist, gemeinsam unter Anerkennung von OCHA/DHA effektiv zu arbeiten.

Gita Swamy

Lit.: *UN-Yearbook* 1995, Special Edition; *Duffield, M.:* Complex Emergencies and the Crisis of Developementalism, in: IDS Bulletin, 25 (1994), Nr.4, 37-45; *Henn, H./Klingebiel, S.:* Helfer im Kreuzfeuer. Humanitäre Hilfe in Kriegssituationen, in: Matthies, V. (Hrsg.): Frieden durch Einmischung?, Bonn 1993, 105-121; *Sirleaf, E. J.:* From Disaster to Development, in: Cahill, K. (Hrsg.): A Framework for Survival: Health, Human Rights and Humanitarian Assistance in Conflicts and Disasters. New York 1993, 299-307; *United Nations:* Annual Report of the Secretary-General on the Work of the Organization 1998, UN Doc. A/53/1, 27 August 1998, New York, 1998; *UN - DHA:* Humanitarian Report 1997, UN Doc. DHA/97/72, New York 1997; *Weiss, T./Collins, C:* Humanitarian Challenges and Intervention, Colorado 1996.
Internet: Homepage des OCHA: http://www.un.org/ha/general.htm; Homepage des Reliefweb: http://www.reliefweb

Humanitäres Völkerrecht

Herausbildung

Das *humanitäre Völkerrecht* hat sich nach dem Zweiten Weltkrieg im Rahmen des Kriegsvölkerrechts herausgebildet. Seither werden zwei Kategorien des humanitären Völkerrechts unterschieden: das die Mittel der Kriegsführung begrenzende ursprüngliche Kriegsrecht und dasjenige, das die Regeln für die Erhaltung des Lebens und den Schutz der Menschenwürde in Kriegszeiten umfaßt (*Coursier* 1955). Mithin beinhaltet das Kriegsvölkerrecht alle völkerrechtlichen Regeln, die während des bewaffneten Konflikts zur

Anwendung kommen. Sie sind „ein Minimum von Menschlichkeit für eine unmenschliche Situation" (*Sassòli* 1995).

Demgegenüber ist der Kernbereich des humanitären Völkerrechts eingeschränkter. Er wird aus den Bestimmungen gebildet, die sich auf die Mittel und die Methoden der Kampfführung, die Unterscheidung zwischen Kombattanten und Zivilbevölkerung und den Schutz bestimmter Personengruppen (so Zivilisten, Internierte, Kriegsgefangene, Verwundete, Kranke und Schiffbrüchige) und Objekte (so Krankenhäuser, Lazarettschiffe und Kulturgüter) beziehen. Das humanitäre Völkerrecht nimmt nicht zur Rechtmäßigkeit der Gewaltanwendung durch Staaten Stellung. Die meisten Regeln beziehen sich auf die Behandlung der Staatsangehörigen von Gegnern und Drittstaaten durch eine Konfliktpartei.

Geltungsbereich

Vor dem Zweiten Weltkrieg setzte mit dem formellen Kriegszustand auch die Geltung des Kriegsrechts ein. Durch das → Gewaltverbot vermieden die Staaten fortan förmliche Kriegserklärungen. Da das humanitäre Völkerrecht aber in allen denkbaren Situationen bewaffneter Konflikte einen möglichst weitgehenden Schutz der Zivilbevölkerung erreichen will, knüpft es seither nicht am Kriegszustand an. Vielmehr gilt es in allen bewaffneten Konflikten. Die faktische Situation ist folglich entscheidend und nicht die Erklärung eines Staates, daß er sich im Kriegszustand befindet. Es sind der internationale bewaffnete Konflikt, an dem sich Völkerrechtssubjekte (Staaten, internationale Organisationen wie die UNO, Völker im nationalen Befreiungskrieg) beteiligen, und der nicht-internationale bewaffnete Konflikt zu unterscheiden. Die Regelung der letzteren erwies sich als besonders schwierig. Ausdruck dessen ist Art. 1 Abs. 1 des Zusatzprotokolls II vom 8.6.1977 zu den Genfer Abkommen vom 12. 8. 1949 (ZP II). Demnach findet ein nicht-internationaler bewaffneter Konflikt auf dem Ge-

biet eines Vertragsstaates zwischen Streitkräften und aufständischen Streitkräften oder anderen bewaffneten Gruppen unter verantwortlichem Kommando statt. Letztere müssen einen Teil des Hoheitsgebietes kontrollieren und in der Lage sein, lang anhaltende, koordinierte Kampfhandlungen durchzuführen und das ZP II anzuwenden. Damit ist die Latte für die Anwendung des ZP II sehr hoch gelegt. Demgegenüber sind die gemeinsamen Art. 3 der Genfer Abkommen vom 12. 8. 1948 (GA) wesentlich breiter anwendbar. Sie erfassen alle bewaffneten Konflikte, die keinen internationalen Charakter haben. Gleichwohl ist die Abgrenzung solcher Konflikte von sonstigen Gewaltakten wie Terrorismus und Banditentum manchmal kompliziert. In diesen Fällen kommt nicht das humanitäre Völkerrecht zur Anwendung, sondern der → Menschenrechtsschutz. Die Praxis zeigt, daß es zunehmend zu Überschneidungen zwischen dem humanitäres Völkerrecht und menschenrechtlichen Instrumenten - vor allem bei notstandsfesten → Menschenrechten - kommt (*Heintze* 1993). Sie liegen im Interesse eines möglichst lückenlosen Schutzes der Zivilbevölkerung.

Völkerrechtliche Regelung

1864 wurde das erste Abkommen zur Linderung der Leiden der Verwundeten im Felde in Genf verabschiedet. Damit begann ein Prozeß der Kodifizierung des humanitären Völkerrechts, der bis heute anhält. Wesentliche Entwicklungsstufen bis zum Zweiten Weltkrieg sind die Erklärung von St. Petersburg von 1868, die darauf abzielte, den Gebrauch von gewissen Wurfgeschossen in Kriegszeiten zu verbieten, und die zwei Friedenskonferenzen 1899 und 1907 in Den Haag. Sie führten zu Vereinbarungen über die Beschränkung der Mittel und Methoden der Kriegsführung. Hervorzuheben ist die Haager Landkriegsordnung vom 18.10.1907 (HLKO) und das Abkommen über die Anwendung der Grundsätze des Genfer Abkommens von 1864 auf den Seekrieg sowie die Erklärung betreffend das

Verbot von Geschossen, die sich leicht im menschlichen Körper ausdehnen oder platt drücken (sog. Dum-Dum-Geschosse). Da die meisten Regeln in Den Haag vereinbart wurden, spricht man vielfach auch vom „Haager Recht" und grenzt es damit vom „Genfer Recht" ab, welches das eigentliche humanitäre Völkerrecht bildet und auf Konferenzen in Genf erarbeitet wurde. Nach den Schrecken des Zweiten Weltkrieges initiierte das Internationale Komitee vom Roten Kreuz (IKRK) 1949 eine diplomatische Konferenz zur Kodifikation des humanitären Völkerrechts. Auf ihr wurden die vier Genfer Abkommen vom 12.8.1949 (GA) erarbeitet, die Ende 1998 von 188 Staaten ratifiziert worden waren. Sie sind damit die wichtigste Quelle des humanitären Völkerrechts. Das 1. GA zielt auf die Verbesserung des Loses der Verwundeten und Kranken der Streitkräfte im Felde, das 2. GA dient dem gleichen Zweck bezogen auf die Streitkräfte zur See, das 3. GA regelt die Behandlung der Kriegsgefangenen und das 4. GA hat den Schutz von Zivilpersonen zum Gegenstand. Da nahezu alle Staaten den GA angehören, gelten sie praktisch universell. Bedeutsam ist, daß mit den allen vier GA gemeinsamen Art. 3 auch ein Mindeststandard der Beachtung grundlegender Menschenrechte bei nicht-internationalen bewaffneten Konflikten gegen anfänglichen Widerstand festgeschrieben wurde (*Moir* 1998).

Weiterentwickelt wurde das humanitäre Völkerrecht durch die diplomatische Konferenz von 1974-1977, auf der die beiden Zusatzprotokolle (ZP) zu den GA verabschiedet wurden. Mit den ZP wurde sowohl das Haager als auch das Genfer Recht bekräftigt und modernisiert. Das kommt z.B. darin zum Ausdruck, daß auch auf die Stellung der nationalen Befreiungsbewegungen im humanitäres Völkerrecht und auf innerstaatliche Konflikte eingegangen wurde. ZP I bezieht sich auf internationale bewaffnete Konflikte, ZP II auf nicht-internationale. Da durch die ZP sowohl das Genfer Recht als auch das Haager Recht bestätigt und weiterentwickelt

wurde, wird diese Unterscheidung weithin als obsolet angesehen (*Risse* 1991). Obwohl die Protokolle anfänglich gerade von den westlichen Großmächten - wegen der aus dem ZP I ableitbaren Ächtung der Atomwaffen - sehr kritisch aufgenommen wurden, sind sie mittlerweile (Ende 1998) immerhin von 152 (ZP I) bzw. 144 (ZP II) ratifiziert worden. Darunter befinden sich die Kernwaffenstaaten Rußland, China und Großbritannien, nicht aber die USA. Frankreich hat nur ZP II ratifiziert und Israel sucht man vergeblich auf der Liste der Mitgliedstaaten. Deutschland ratifizierte 1991 beide Protokolle und erklärte dabei, daß diese Verträge lediglich auf konventionelle Waffen Anwendung finden. Inwieweit die Protokolle Regelungen enthalten, die bereits Völkergewohnheitsrecht darstellen, ist noch nicht abschließend geklärt. Gegenwärtig läuft dazu eine Untersuchung beim Internationalen Komitee vom Roten Kreuz, die 2000 abgeschlossen werden wird.

Demgegenüber wird weithin angenommen, daß die meisten Bestimmungen der GA und der HLKO völkergewohnheitsrechtlichen Charakter haben. Diese Auffassung vertrat auch der → IGH in seinem Nicaragua-Urteil. Andere Abkommen betreffen Einzelfragen und den Schutz bestimmter Rechtsgüter. Hier verdient insbesondere das Genfer Protokoll vom 17.6.1925 über das Verbot der Verwendung von erstikkenden, giftigen oder ähnlichen Gasen sowie von bakteriologischen Mitteln im Kriege, das Übereinkommen vom 10.4.1972 über das Verbot der Entwicklung, Herstellung und Lagerung bakteriologischer (biologischer) Waffen und Toxinwaffen, sowie über die Vernichtung solcher Waffen und das Übereinkommen vom 18.5.1977 über das Verbot der militärischen oder einer sonstigen feindseligen Nutzung umweltverändernder Techniken genannt zu werden. In diese Reihe gehört weiterhin die Haager Konvention vom 14.5.1954 zum Schutz von Kulturgut bei bewaffneten Konflikten. Sie soll Angriffe auf Gebäude und Objekte kultureller, historischer oder religiöser Bedeutung und ihre Ausplünderung verhindern. Die Prinzipien der Konvention liegen Art. 53 ZP I zugrunde. Da die Konvention von 1954 vor allem eine Konsequenz der Plünderungen im Zweiten Weltkrieg darstellt, wird sie im Lichte der Erfahrungen des Krieges im ehemaligen Jugoslawien gegenwärtig einer Revision unterzogen (*Desch* 1998). Grundlegende Bedeutung hat auch das Übereinkommen vom 10. 10. 1980 über das Verbot oder die Beschränkung des Einsatzes bestimmter konventioneller Waffen, die übermäßige Leiden verursachen oder unterschiedslos wirken können. Dabei handelt es sich um ein Rahmenübereinkommen, zu dem drei Protokolle (P. über nichtentdeckbare Splitter; P. über das Verbot oder die Beschränkung des Einsatzes von Minen, Sprengfallen und andere Vorrichtungen -es wurde am 3.5.1996 ergänzt und auf nicht-internationale Konflikte ausgedehnt - und P. über das Verbot oder die Beschränkung des Einsatzes von Brandwaffen) gehören. Um Vertragspartei des Übereinkommens zu werden, muß mindestens zwei Protokollen zugestimmt werden. Am 13.10.1995 wurde das Übereinkommen durch ein viertes Protokoll zu blindmachenden Laserwaffen ergänzt.

Von großer Bedeutung für das humanitäre Völkerrecht ist auch das Übereinkommen vom 13.1.1993 über das Verbot der Entwicklung, Herstellung, Lagerung und des Einsatzes chemischer Waffen und über die Vernichtung solcher Waffen. Dieses Übereinkommen ist eine logische Konsequenz aus dem humanitär-völkerrechtlichen Einsatzverbot dieser Waffen, indem es die kontrollierte Vernichtung der Bestände an diesen Waffen festlegt. Damit wird eine *„Effektivierung kriegsrechtlicher Waffenverbote"* erreicht (*Ipsen* 1998). Schließlich ist noch auf das von der Öffentlichkeit vielbeachtete Übereinkommen vom 3.12.1997 über das Verbot des Einsatzes, der Lagerung, der Herstellung und der Weitergabe von Antipersonenminen und über deren Vernichtung zu verweisen, das die

Vertragsparteien - dies waren Ende 1998 bereits 44, darunter Deutschland, Frankreich, Kanada und Großbritannien; es fehlen die wichtigen minenproduzierenden Staaten China, Rußland und die USA - verpflichtet, ihre Bestände innerhalb von vier Jahren zu vernichten. Das Antipersonenminen-Übereinkommen ist der erste Vertrag, der eine weitverbreitete Waffe verbietet. Insgesamt sind alle genannten Übereinkommen sind wegen ihres Effekts der → Abrüstung von größter politischer Bedeutung, systematisch zum humanitären Völkerrecht gehört jedoch allein das darin festgeschriebene absolute Einsatzverbot.

Grundlegende Regeln

Das Internationale Rote Kreuz (IKRK), das sich als Hüterin des humanitären Völkerrechts versteht (*Sandoz* 1998), hat dessen sieben grundlegende Regeln herausgearbeitet.

Die *erste Regel* ist die der *Unterscheidung* zwischen Kombattanten und Nichtkombattanten. Die Definition des Kombattanten enthält die Haager Landkriegsordnung sowie Art. 33 GA III und Art. 43 ZP I. Grundsätzlich sind Kombattanten Angehörige der Streitkräfte, die ermächtigt sind, in militärischen Operationen zu kämpfen. Im Falle der Gefangennahme haben sie den Status von Kriegsgefangenen. Sie können für die Teilnahme an rechtmäßigen Kampfhandlungen nicht bestraft werden. Nichtkombattanten sind Angehörige der Streitkräfte, die jedoch nicht an Kampfhandlungen beteiligt sind. Zivilisten haben ebenfalls keinen Kombattantenstatus. Personen, die nicht oder nicht mehr an Kampfhandlungen teilnehmen, haben in allen Konflikten und unterschiedslos Anspruch darauf, daß ihr Leben sowie ihre körperliche und seelische Integrität geachtet (passives Element) und geschützt (aktives Element) werden. Sie müssen unter allen Umständen und ohne benachteiligenden Unterscheidungen mit Humanität behandelt werden. Nach dem Zweiten Weltkrieg wurde die Regel der Unterscheidung und damit des Schutzes der

Zivilbevölkerung nahezu ausschließlich im Zusammenhang mit sog. unterschiedslosen Angriffen diskutiert. Dabei stand die Frage im Mittelpunkt, inwieweit bei zulässigen Angriffen auf Kombattanten Kollateralschäden bei der Zivilbevölkerung hingenommen werden müssen. Sie stellt sich vor allem bei der Anwendung von Massenvernichtungswaffen, aber auch zunehmend bei Bürgerkriegen. Letztere werden nämlich zunehmend gegen die Zivilbevölkerung geführt, so daß Angriffe gegen diese Personen zur Kriegsführungsmethode wurden (*Fischer* 1998).

Die *zweite Regel* verbietet die Tötung oder Verletzung von sich *außer Gefecht befindlichen Gegnern*. Entsprechend Art. 40 ZP I ist es verboten, den Befehl zu erteilen, niemanden am Leben zu lassen, dies dem Gegner anzudrohen oder die Feindseligkeiten in diesem Sinne zu führen.

Der *dritten Regel* zufolge besteht eine Verpflichtung, *Verwundete und Kranke* zu bergen und zu pflegen. Sie resultiert aus den gemeinsamen Art. 3 Abs 2 GA und aus Teil II ZP I bzw. Teil III ZP II. Die Regel schließt die Achtung des Schutzzeichens (Rotes Kreuz und Roter Halbmond) ein.

Nach der *vierten Regel* verfügen *gefangene Kombattanten und Zivilpersonen im Machtbereich der gegnerischen Partei* über Rechte. So sind ihr Leben, ihre Würde und ihre Überzeugungen zu achten. Sie dürfen keinen Gewalthandlung und Repression ausgesetzt werden. Ihnen steht angemessene Ernährung, Trinkwasser, Kleidung und medizinische Versorgung sowie eine sicherer Internierungsort zu.

Die *fünfte Regel* sichert Personen, die sich in der Gewalt einer Konfliktpartei befinden, grundlegende *rechtliche Garantien* zu. Danach darf niemand für eine Handlung verantwortlich gemacht werden, die er nicht begangen hat. Es dürfen nur Strafen nach dem Gesetz ausgesprochen werden. Niemand darf gefoltert oder einer entwürdigenden Behandlung unterzogen werden. Es gilt die Unschuldsvermutung. Jedermann hat ein Recht auf ein unparteiisches und ordnungsgemäßes Gericht. Diese Bestimmungen sind in Art. 75 Abs. 4 ZP I und Art. 6 Abs. 2 ZP II verankert.

Die *sechste Regel* unterstreicht die Einschränkungen, die das humanitäre Völkerrecht hinsichtlich der Methoden und Mittel der Kampfführung aufstellt. Demnach dürfen keine Waffen und Methoden zur Anwendung kommen, die überflüssige Leiden verursachen. Zugleich ist der Grundsatz der Verhältnismäßigkeit zu berücksichtigen. Er schließt das Spannungsverhältnis von Menschlichkeit und militärischer Notwendigkeit ein (HLKO Art. 22 und 23 sowie Art. 35 Abs. 1 ZP I).

Die *siebte Regel* bekräftigt das Verbot, daß die Zivilbevölkerung nicht Ziel eines Angriffs sein darf. Vielmehr sollen Angriffe nur auf militärische Ziele erfolgen. Dabei ist zu berücksichtigen, daß auch ein Angriff gegen ein militärisches Ziel dann rechtswidrig ist, wenn zivile Verluste entstehen, die in keinem Verhältnis zum erwarteten, konkreten und unmittelbaren militärischen Vorteil stehen (Art. 51 Abs. 5 lit. b ZP I).

Implementierung des humanitären Völkerrechts

Das humanitäres Völkerrecht verfügt ebenso wie das Völkerrecht an sich nicht über einen umfassenden Mechanismus der zwangsweisen Durchsetzung. Gleichwohl liegt es objektiv im Interesse der Konfliktparteien, das humanitäre Völkerrecht einzuhalten. Gründe dafür sind vor allem die Rücksicht auf die öffentliche Meinung und die Gegenseitigkeitserwartung der Konfliktparteien. Nur wer sich selbst an das humanitäre Völkerrecht hält, kann erwarten, daß auch der Gegner die Regeln der Menschlichkeit im bewaffneten Konflikt beachtet. Die Aufrechterhaltung der Disziplin erfordert ebenfalls die Einhaltung des humanitären Völkerrechts, da andernfalls Zweifel an der Rechtmäßigkeit des eigenen Handelns bei den Untergebenen aufkommen, die die Autorität des militärischen Führers untergraben. Weiterhin trägt auch die Furcht vor Repressalien dazu bei, daß das humanitäre Völkerrecht respektiert wird. Mit Repressalien kann ein völker-rechtswidrig handelnder Gegner zur Aufgabe seines rechtsverletzenden Verhaltens bewegt werden. Schließlich ist noch die disziplinarische und strafrechtliche Ahndung von Verletzungen des humanitären Völkerrechts zu nennen. Schwere Verletzungen sind stets strafrechtlich zu ahnden. Subsidiär zur nationalen Strafgerichtsbarkeit etabliert sich zunehmend auch die internationale Strafgerichtsbarkeit. Sie hat mit der Schaffung der Ad-hoc-Strafgerichte zum ehemaligen Jugoslawien und Ruanda sowie der Verabschiedung des Status zu einem permanenten Internationalen Strafgerichtshof (→ ICC) nach den Nürnberger und Tokioter Prozessen nach dem Zweiten Weltkrieg neue Bedeutung erhalten.

Zur Implementierung des humanitären Völkerrechts wurde nach Art. 90 ZP I 1991 erstmals in der Geschichte eine ständige internationale Ermittlungskommission geschaffen, deren Aufgabe es ist, alle Vorkommnisse, von denen behauptet wird, sie stellten eine schwere Verletzung des humanitären Völkerrechts dar, zu untersuchen. Allerdings setzt das Tätigwerden einen Konsens der beteiligten Konfliktparteien voraus. Daher wurde sie bislang noch nicht tätig. Ein spezifisches Instrument der Implementierung ist die Verbreitung der Regeln des humanitären Völkerrechts. Damit soll in den Köpfen der Menschen eine Barriere geschaffen werden, die sie von Verletzungen der Normen der Menschlichkeit abhält. Zunehmend stellt sich auch heraus, daß die Durchsetzungsmechanismen von Menschenrechtsverträgen auch einen Beitrag zur Implementierung des humanitären Völkerrechts leisten können. Ein Beispiel dafür sind die Entscheidungen der Organe der Europäischen Menschenrechtskonvention, die im Zusammenhang mit dem Vorgehen des türkischen Militärs gegen die Kurden und auf Zypern stehen. Dieses Vorgehen wurde mehrfach als Verstoß gegen notstandsfeste Menschenrechte und den Minimalstandard des humanitären Völkerrechts charakterisiert. Die Türkei wurde zur Befolgung dieser Normen aufgefordert (*Reidy* 1998). Es bleibt abzuwarten, inwieweit dies erfolgen wird. Zu verweisen ist letztlich auch auf die Tätigkeit von vertragsspezifischen Durchsetzungorganen von UN-Menschenrechtskonventionen (→ Menschenrechtskonventionen und ihre Durchführungsorgane). So befaßt sich beispielsweise der Ausschuß für die Rechte des Kindes, der gemäß dem Übereinkommen über die Rechte des Kindes (→ Menschenrechtskonventionen, Übereinkommen über die Rechte des Kindes) vom 20.11.1989 gebildet wurde, auch mit der Implementierung des Art. 39 dieses Vertrages, der die Beachtung des humanitären Völkerrechts bezüglich des Schutzes des Kindes in bewaffneten Konflikten vorschreibt. Insgesamt ist somit zu konstatieren, daß zunehmend auch Durchsetzungsmechanismen für das humanitäre Völkerrecht zur Anwendung kommen.

Hans-Joachim Heintze

Lit.: *Coursier,H.:* Définition du droit humanitaire, in: Annuaire Francais de Droit International 1 (1955), 223-227; *Desch, T.:* The Convention for the Protection of Cultural Property in the Event of Armed Conflict and its Revision, in: HuV-I 11 (1998), 103-109; *Fischer, H./Oraá, J.:* International law in humanitarian assistance, European Commission Luxembourg 1998; *Fischer, H.:* Die Rotkreuz-Bewegung und die Zusatzprotokolle, in: HuV-I 10 (1997), 210-213; *Fleck, D. (Hrsg.):* Handbuch des humanitären Völkerrechts in bewaffneten Konflikten, München 1994; *Heintze,H.-J.:* Notstandsfeste Menschenrechte und bewaffneter Konflikt, in: HuV-I 6 (1993), 134-139; *Kwakwa, E.:* The international law of Armed Conflict: Personal and Material Fields of Application, Dordrecht 1992; *Moir, L.:* The Historical Development of the Application of Humanitarian Law in Non-International Armed Conflicts to 1949, in: ICLQ 47 (1998), 337-361; *Ipsen, K.:* Das Deutsche Rote Kreuz im Netz aktueller Rechtsprobleme des internationalen und des nationalen Rechts, in: HuV-I 11 (1998), 208-216; *Reidy, A.:* The approach of the European Commission and Court of Human Rights to international humanitarian law, in: International Review of the Red Cross 9 (1998), 513-529; *Risse, H.:* Humanitäres Völkerrecht in bewaffneten

Konflikten, in: *Wolfrum, R.* (Hrsg.): Handbuch Vereinte Nationen, 2. Aufl. München 1991; *Sandoz, Y.:* The International Committee of the Red Cross as guardian of international humanitarian law, Geneva, 1998; *Sassòli, M.:* Kriegsvölkerrecht: eine Heuchelei, die Inhumanität legalisiert, oder ein Minimum von Menschlichkeit für eine unmenschliche Situation, in: HuV-I 8 (1995), 218-220; *Schöttler, H./Hoffmann, B.* (Hrsg.): Die Genfer Zusatzprotokolle, Bonn 1993. **Internet:** Informationen v.a. durch das IKRK: www.icrc.ch

IAEA – Internationale Atomenergie-Organisation

Die Internationale Atomenergie-Organisation (International Atomic Energy Agency, IAEA) ist eine eigenständige internationale Organisation mit Sitz in Wien, der 127 Mitgliedstaaten angehören (Stand: Dezember 1998). Die IAEA ist strenggenommen keine → Sonderorganisation der UN im Sinne von Art. 57 UN-Charta (→ Charta der UN), da die Zusammenarbeit der beiden Organisationen nicht dem Verfahren von Art. 63 UN-Charta folgt. Allerdings besteht zwischen ihnen ein so enges Vertragsverhältnis, daß sich die IAEA bisweilen selbst als „specialized agency within the United Nations system" bezeichnet.

Die Initiative zur Gründung der IAEA ging von den USA aus: US-Präsident Eisenhower machte am 8. Dezember 1953 in seiner *„Atoms-for-Peace"-Rede* vor der → Generalversammlung den Vorschlag, eine „international atomic energy agency" unter Ägide der UN zu errichten. Nach Vorarbeiten verschiedener Gremien verabschiedete die „Conference on the Statute of the International Atomic Energy Agency" am 23. Oktober 1956 in New York die Satzung der neuen Organisation. Sie trat am 29. Juli 1957 in Kraft.

Die Vorgeschichte der IAEA reicht bis 1945 zurück. Spätestens mit den Atombomben auf Hiroshima und Nagasaki war die Kernenergie zum politischen Problem geworden. Am 24. Januar 1946 beschloß die Generalversammlung in ihrer → Resolution 1 (I)

einstimmig die Einrichtung der „United Nations Atomic Energy Commission" (UNAEC). Diese scheiterte schnell an Meinungsverschiedenheiten zwischen den USA und der UdSSR. Im Frühjahr 1948 wurden die Verhandlungen eingestellt; im Januar 1952 wurde die UNAEC formell aufgelöst.

Der IAEA sind in ihrer Satzung sowohl *wirtschaftspolitische wie sicherheitspolitische Aufgaben* gestellt. Art. II bestimmt, die Organisation solle weltweit den Beitrag der Atomenergie zu Frieden, Gesundheit und Wohlstand beschleunigen und vergrößern; dabei müsse sie sicherstellen, daß ihre Arbeit keinen militärischen Zwecken diene. Die Organisation ist u.a. befugt, die Erforschung und Anwendung der friedlichen Kernenergienutzung zu fördern und hierfür Sicherheitsstandards festzulegen (Art. III A). Über ihre Tätigkeit soll sie der Generalversammlung jährlich Bericht erstatten; sofern angebracht, jederzeit auch dem → Sicherheitsrat, dem → Wirtschafts- und Sozialrat sowie anderen UN-Organen (Art. III B Ziff. 4 u. 5).

Die *interne Organisation* der IAEA weist die in internationalen Organisationen übliche dreiteilige Struktur auf. In der *General Conference*, die einmal jährlich zu ihrer ordentlichen Sitzung zusammentritt, ist jeder Mitgliedstaat mit einer Stimme vertreten (Art. V A). Der Conference steht neben dem Budgetrecht u.a. die Befugnis zu, Mitglieder von ihren Rechten zu suspendieren (Art V E). Das Leitungs-Organ der IAEA ist das *Board of Governors* (Art. VI F), das gewöhnlich fünf Mal im Jahr zusammentritt. Die Mitglieder des Boards werden nach einem ausgeklügelten Verfahren bestimmt. Zum einen ernennt das aus dem Amt scheidende Board jene 10 Mitgliedstaaten, die in der Entwicklung der Nukleartechnologie „am weitesten fortgeschritten sind"; zusätzlich dazu den am weitesten fortgeschrittenen Staat aus denjenigen der acht in Art. A 1. bestimmten Regionen der Welt, die keinen Vertreter unter den „Top Ten" haben. Die Amtszeit dieser Mitglieder beträgt 1 Jahr. Zum anderen wählt die „General Conference" 22 Board-Mitglieder für eine Amtszeit von 2 Jahren, wobei auch hier ein Regionalproporz gilt (Art A 2). Im Board hat jedes Mitglied eine Stimme. Die Alltagsarbeit der IAEA leistet das Sekretariat bzw. das Personal (Staff) der Organisation, das von einem Generaldirektor geleitet wird (Art. VII) und derzeit rd. 2.200 Mitarbeiter umfaßt.

Das *Haushalts-* und *Finanzsystem* der IAEA beruht im wesentlichen auf zwei Budgets: einem „regular budget", finanziert aus obligatorischen Mitgliedsbeiträgen, deren Bemessung sich am Schlüssel des → Haushalts der UN orientiert, und freiwilligen Beiträgen (1998: insg. ca. 239 Mill. US-$); sowie einem „operational budget", das aus freiwilligen Zahlungen finanziert wird und dem „Fonds für technische Zusammenarbeit" zugute kommt (1998: ca. $ 71 Mill. US-$).

Wirtschafts- und sicherheitspolitische Aufgaben haben die Geschichte der IAEA gleichermaßen geprägt. Im Bereich der zivilen Nutzung spielen die positiven Aspekte der Kernenergie immer noch eine große Rolle (Energieversorgung, Isotopenanwendung in Landwirtschaft und Medizin). Seit den 70er Jahren sind aber auch die Risiken der Nukleartechnik zu einem Schwerpunkt der IAEA-Arbeit geworden. Die Bemühungen zielen dabei insbesondere. auf die *Entwicklung internationaler Standards* für die Sicherheit von Kernkraftwerken, den Transport und die Endlagerung radioaktiven Materials sowie für das Verhalten und die Haftbarkeit bei Reaktorunfällen. Unter IAEA-Schirmherrschaft wurden zahlreiche internationale Abkommen geschlossen, so beispielsweise nach dem Reaktorunfall von Tschernobyl die *„Convention on Early Notification of a Nuclear Accident"* oder Mitte der 90er Jahre die *„Convention on Nuclear Safety"*.

Die wichtigste sicherheitspolitische Aufgabe der IAEA ist die in Art. III A 5 vorgesehene *Überwachung internationaler Abkommen* zur Verhinderung der militärischen Nutzung der Kernenergie, v.a. des von (185) Staaten ratifizierten „Treaty on the Non-Proliferation of Nuclear Weapons" („Atomwaffensperrvertrag"), der 1970 in Kraft trat und 1995 auf unbestimmte Zeit verlängert wurde. Die IAEA schließt dazu *Safeguards Agreements* mit den einzelnen Staaten. Eine lückenlose Überwachung ist trotz der rund 2500 jährlichen Inspektionen kaum möglich. Die großen Problemfälle der letzten Jahren waren Nordkorea und der Irak, die der atomaren Aufrüstung verdächtigt bzw. überführt wurden und ihren Verpflichtungen aus internationalen Verträgen oder Resolutionen des Sicherheitsrates nicht nachkamen.

Was die *Zukunftsperspektiven* der IAEA angeht, kann als sicher gelten: die nukleare Agenda wird eher größer als kleiner. Atomwaffenproblematik und Risiken der Kernenergie werden bleiben; verschärfend hinzu kommen ein steigender Energiebedarf insbesondere in Entwicklungsländern und die zunehmende Gefährdung des Ökosystems Erde.

Marc Schattenmann

Lit.: *Szasz, P. C.:* International Atomic Energy Agency, in: Bernhardt, R. (Hrsg.): EPIL II (1995), 1015-1057; *Pelzer, N.:* IAEA - Internationale Atomenergie-Organisation, in: Wolfrum. R. (Hrsg.): Handbuch Vereinte Nationen, 2. Aufl., München 1991, 282-290; *Häckel, E.:* Internationale Atomenergie-Organisation / IAEA, in: Andersen, U./Woyke, W. (Hrsg.): Handwörterbuch Internationale Organisationen, Opladen 1995, 153-159; *Scheinman, L.:* The International Atomic Energy Agency and World Nulear Order, Washington 1987.
Internet: http://www.iaea.or.at

ICAO – Internationale Zivilluftfahrtorganisation

Die internationale Zivilluftfahrtorganisation ICAO (International Civil Aviation Organisation) wurde 1947 durch das Abkommen über die internationale Luftfahrt vom 7.12.1944 in Chicago gegründet (UNTS Bd. 15 Nr. 102). Sie ist eine der → Sonderorganisationen der Vereinten Nationen. Ihr Sitz ist heute

Montreal, Kanada. Ihr gehören 185 Mitgliedstaaten an (Stand: 20.6.1997).

Hauptsächliches Ziel der Organisation ist es, eine geordnete Entwicklung der zivilen Luftfahrt weltweit zu gewährleisten. Ihre *Aufgabenbereiche* sind zum einen die Entwicklung von Grundsätzen und die Weiterentwicklung der Technik der internationalen Luftfahrt, zum anderen die Förderung von Planung und Entwicklung des internationalen Luftverkehrs.

Hierbei soll
- ein sicheres und geordnetes Wachstum der internationalen Zivilluftfahrt gewährleistet werden;
- den Bedürfnissen der Völker nach einem sicheren, regelmäßigen, leistungsfähigen und wirtschaftlichen Luftverkehr entsprochen werden;
- die Flugsicherheit in der internationalen Zivilluftfahrt gefördert werden;
- der Bau und der Betrieb von Luftfahrzeugen zu friedlichen Zwecken gefördert werden;
- die Entwicklung von Luftstraßen, Flughäfen und Luftfahrteinrichtungen für die internationale Zivilluftfahrt gefördert werden;
- wirtschaftliche Verschwendung, verursacht durch übermäßigen Wettbewerb vorgebeugt werden;
- sichergestellt werden, daß die Rechte der Vertragsstaaten beachtet werden und für jeden Vertragsstaat die Möglichkeit gegeben ist, internationale Luftverkehrsunternehmen zu bilden;
- vermieden werden, daß Vertragsstaaten unterschiedlich behandelt werden.

Aufbau der Organisation

Oberstes Organ ist die *Versammlung*. In ihr sind alle Mitgliedstaaten vertreten jeweils mit einer Stimme. Mindestens alle 3 Jahre tritt die Versammlung zusammen, wählt den *Rat* – das Exekutivorgan –, bestimmt die Leitlinien der Organisation, verabschiedet den Haushalt, prüft und überwacht die Aktivitäten im technischen, wirtschaftlichen, rechtlichen Bereich, sofern sie nicht in den Bereich des Rates fallen.

Der *Rat* besteht aus 33 Mitgliedstaaten, deren Wahl nach einem im Ab-

kommen festgelegten Verfahren erfolgt. Demnach müssen angemessen repräsentiert sein:
- Staaten mit großer Bedeutung für den Luftverkehr
- Staaten, die den größten Beitrag zur Unterhaltung von Einrichtungen für die internationale Zivilluftfahrt leisten
- Staaten, die weder der Gruppe 1 oder 2 angehören, deren Präsenz sicherstellt, daß alle größeren geographischen Gebiete der Welt im Rat vertreten sind.

Die Hauptaufgaben des Rates liegen in den Bereichen Gesetzgebung, Verwaltung und Rechtsprechung. Er verabschiedet *internationale Richtlinien* und Verhaltensvorschriften. Es soll eine größtmögliche Übereinstimmung von nationalen Vorschriften, Verfahren und Organisationen in bezug auf das Flugpersonal, Flugstrecken und Hilfsdienste erzielt werden, um weltweit eine Übereinstimmung von nationalen Richtlinien, Empfehlungen und Verfahren zu erreichen. Diese internationalen Richtlinien und Empfehlungen des Rates sind in sog. „Annexes" der Konvention angefügt.

Der *Präsident des Rates* bestimmt im Namen des Rates die Richtung der Arbeit der Organisation und übernimmt die Vermittlung in Verhandlungen auf internationaler Ebene. Obwohl er jeweils für einen Zeitraum für drei Jahre gewählt werden kann, hatte der Rat – anders als in anderen internationalen Organisationen - in seiner fünfzigjährigen Bestehenszeit bisher nur zwei Präsidenten und Generalsekretäre. Unterstützt in der Erfüllung der Aufgaben des Abkommens von Chicago wird die *Versammlung* und der *Rat* von sieben Fachausschüssen.

Das *Sekretariat* der ICAO besteht neben dem *Büro des Generalsekretärs*, das für die Verwaltung von Geldangelegenheiten, Außenbeziehungen, Öffentlichkeitsarbeit und für regionale Angelegenheiten verantwortlich ist, aus weiteren fünf Hauptabteilungen.

Die ICAO hat *Regionalbüros* eingerichtet, die die regionale Entwicklung der Zivilluftfahrt und die Beschlüsse der Organisation beobachten, die Regionalstaaten beraten und Empfehlungen formulieren.

Bewertung

Die ICAO ist ein klassisches Beispiel für die kooperationsstiftende Kraft von Interessen der Staaten, die sie nur gemeinsam erreichen können: Eine sichere und effiziente Luftfahrt liegt im Interesse aller Staaten, erreichen läßt sich aber nur gemeinsam, weil die meisten Zielorte der nationalen Fluglinien im Ausland liegen und zudem oft Drittstaaten überflogen werden müssen, um den Zielort zu erreichen. Das mag erklären, daß die ICAO auch in den Zeiten des Kalten Krieges relativ reibungslos ihrer Arbeit nachgehen konnte.

Helmut Volger

Lit.: *Hailbronner, K.:* International Civil Aviation Organisation, in: Bernhardt, R. (Hrsg.): EPIL 5 Amsterdam u.a. 1983, 68-71; *Schwenk, W.:* Die internationale Zivilluftfahrt-Organisation, in: VN 20 (1972), 22-28.
Internet: Homepage der ICAO: http://www.icao.int

ICC – Internationaler Strafgerichtshof

1. Einleitung

Am 15. Dezember 1997 beschloß die → Generalversammlung die Einberufung einer diplomatischen Bevollmächtigtenkonferenz in Rom, um über die Einrichtung eines neuen Strafgerichts zu entscheiden. Nach intensiven Beratungen verabschiedeten am 17. Juli 1998 120 Staatenvertreter das Statut des *Internationalen Strafgerichtshofs (International Criminal Court - ICC)* mit Sitz in Den Haag, bei sieben Gegenstimmen (China, Irak, Israel, Jemen, Katar, Libyen und USA) und 21 Enthaltungen (UN Doc. A/CONF.183/9 vom 17.7.1998).

Die Etablierung einer ständigen Strafgerichtsbarkeit stellt einen Meilenstein in den internationalen Beziehungen dar. Sie bietet die einmalige Chance
- die Achtung des in bewaffneten Konflikten anwendbaren → humanitären Völkerrechts im Interesse der Opfer zu fördern (Schutzfunktion);

- weltweit die Rechtsdurchsetzung und die Herrschaft des Rechts zu verbessern (Rechtssicherungsfunktion);
- die Akteure künftiger bewaffneter Konflikte für ihr Handeln verantwortlich zu machen (Abschreckungsfunktion);
- die Ursachen für bewaffnete Konflikte aufzuarbeiten und damit einen Beitrag zur Versöhnung zu leisten (Befriedungsfunktion).

2. Entstehungsgeschichte des internationalen Strafgerichtshofs

Die Überlegungen der UN, das internationale Strafrecht auf eine völkervertragliche Grundlage zu stellen, reichen in die Zeit nach Ende des Zweiten Weltkrieges zurück. Bereits 1947 beauftragte die Generalversammlung die Völkerrechtskommission (→ ILC) die in der Charta des Nürnberger Militärtribunals und den Nürnberger Urteilen niedergelegten Grundsätze in einem eigenen Regelwerk zusammenzufassen. Im Jahre 1953 legte die ILC den Entwurf eines Statuts für einen internationalen Strafgericht vor, der in den folgenden Jahren jedoch immer wieder von der Generalversammlung zurückgestellt wurde (*Nanda* 1998, 414 ff.; *Reichart* 1996, 124 ff.).

Erst nach Ende des Ost-West-Konflikts, aber auch im Gefolge der menschenverachtenden Greueltaten im ehemaligen Jugoslawien und in Ruanda wuchs das öffentliche Interesse an einem ständigen Strafgericht mit universeller Zuständigkeit. Nachdem die ILC im Jahre 1994 den ersten Entwurf eines Statuts für einen Ständigen Internationalen Strafgerichtshof (ILC Draft for a International Criminal Court 1994) verabschiedet hatte, schloß sie zwei Jahre später die damit in Verbindung stehenden Arbeiten für einen Kodex der Verbrechen gegen den Frieden und die Sicherheit der Menschheit ab (*Berg* 1996, 221 ff.; *Rudolf* 1996, 225 ff.)

In Übereinstimmung mit der Resolution 51/207 der Generalversammlung vom 17. Dezember 1996 führt der Vorbereitungsausschuß seinen Auftrag einen konsensfähigen Statutsentwurf vorzulegen, erfolgreich aus (*Zimmermann* 1998, 48 ff.; *Kaul* 1998, 125 f.) Auf der am 15. Juni 1998 in Rom beginnenden „United Nations Diplomatic Conference of Plenipotentiaries on the Establishment of an International Criminal Court" nahmen Delegationen aus 160 Ländern teil, daneben 14 UN-Organisationen und 124, in der „NGO Coalition for an International Criminal Court (CICC)" organisierte. nichtstaatliche Organisationen (→ NGOs). Die Delegationen waren in zwei Lager geteilt: während die einen einen starken und unabhängigen Gerichtshof befürworteten (50-60 sog. „Gleichgesinnte", engl.„like-minded nations", unter ihnen die EU-Staaten, Kanada, Australien, Argentinien, Brasilien, Chile, Südafrika), strebten die anderen einen weit schwächeren Gerichtshof an (u.a. die USA, Rußland, Ägypten, Indonesien). In der Sorge um die Bewahrung ihrer → Souveränität sprach die letztgenannte Gruppe sich wiederholt dafür aus, das Tätigwerden des Strafgerichts von der Zustimmung der betroffenen Staaten oder der des → Sicherheitsrates abhängig zu machen; auch suchte man, eigene Staatsangehörige von der Jurisdiktion des Gerichtshofs auszunehmen. Nicht zuletzt aufgrund der Beharrlichkeit des Internationalen Komitees des Roten Kreuzes und zahlreicher NGOs, gelang es schließlich, eine breite Zustimmung für das Gerichtsstatut zu finden.

3. Vorläufer des Internationalen Strafgerichtshofs

Die theoretischen Bemühungen um die Schaffung eines internationalen Strafgerichtshofs sind über 100 Jahre alt. Was die Staatenpraxis angeht, so hatten die alliierten Siegermächte nach dem Ende des Zweiten Weltkriegs beschlossen, die deutschen und japanischen Hauptkriegsverbrecher vor den Internationalen Militärtribunalen in Nürnberg resp. Tokio abzuurteilen; diese waren zuständig für Verbrechen gegen den Frieden, Kriegsverbrechen und Verbrechen gegen die Menschlichkeit.

Des weiteren hatte die im Rahmen der UNO angenommene Konvention gegen Völkermord vom 9. Dezember 1948 (BGBl. 1954 II, 730; → Menschenrechtskonventionen, Konvention über die Verhütung und Bestrafung des Völkermordes) die Schaffung eines internationalen Strafgerichts vorgesehen, zu dessen Gründung es allerdings nie kam. Erst mit dem mit Sicherheitsratsresolution 827 (1993) vom 25. Mai 1993 eingesetzten Ad-hoc-Tribunal für die Ahndung von Kriegsverbrechen im ehemaligen Jugoslawien und dem mit Sicherheitsratsresolution 955 (1994) vom 8. November 1994 für die Ahndung der Kriegsverbrechen in Ruanda eingesetzten Tribunal ist zum zweiten Mal - seit den Verfahren in Nürnberg und Tokio - die Möglichkeit geschaffen worden, einzelne Personen wegen besonders schwerwiegender Verletzungen des Völkerrechts vor einem internationalen Gericht abzuurteilen. Die Tätigkeit dieser Gerichte führte der Weltöffentlichkeit die Chance, die ein ständiger internationaler Strafgerichtshof mit umfassender Kompetenz für die Sicherung der → Menschenrechte (→ Menschenrechtsschutz) darstellt, vor Augen.

4. Das Statut

Anders als die in der Folge eines Beschlusses des UN-Sicherheitsrates eingerichteten Gerichtshöfe für die Ahndung von Kriegsverbrechen im ehemaligen Jugoslawien und in Ruanda ist der Internationale Strafgerichtshof ein aufgrund einer speziellen vertraglichen Abmachung (Statut von Rom 1998) geschaffenes Organ, das gemäß Art. 2 in eine enge Verbindung zu den Vereinten Nationen gebracht werden soll; das zwischen dem Strafgerichtshof und den Vereinten Nationen zu schließende Abkommen wird von der Vorbereitungskommission („Preparatory Commission") entworfen und von der Versammlung der Vertragsstaaten des Statuts gebilligt, bevor es vom Präsidenten des Gerichtshofs unterzeichnet werden kann.

Nicht verwirklicht wurde der Vorschlag, den Gerichtshof im Wege einer

Änderung der UN-Charta (→ Charta der UN) ins Leben zu rufen, was den unbestreitbaren Vorteil mit sich gebracht hätte, daß auf diese Weise die Rechtsgrundlage des Gerichtshofs für alle Mitgliedstaaten der UNO verbindlich gewesen wäre (*Tomuschat* 1998, 336)

Das Statut enthält 13 Kapitel und 128 Artikel, in denen die einzelnen Verbrechen definiert und die Zuständigkeit des Gerichtshofs sowie der Gerichtsaufbau, das Strafverfahren, die Strafvollstreckung und die strafrechtliche Zusammenarbeit geregelt sind. Jeder Vertragsstaat kann durch eine einfache an den → Generalsekretär der Vereinten Nationen gerichtete Notifikation vom Statut zurücktreten, jedoch entbindet ihn ein solcher Schritt nicht von den Verpflichtungen des Statuts, die bereits vor dem Rücktrittszeitpunkt entstanden waren; um auch in solchen Fällen eine effiziente Arbeit des Gerichtshofs zu ermöglichen, müßte ein Staat beispielsweise seine Zusammenarbeit in einem laufenden Ermittlungsverfahren fortsetzen.

Für das Inkrafttreten des in Rom beschlossenen Gerichtsstatuts ist die Ratifikation von insgesamt 60 Staaten notwendig, was erfahrungsgemäß mehrere Jahre dauern dürfte. Ein Vorbereitungsausschuß wurde eingesetzt, um eine Verfahrensordnung des Gerichtshofs zu erarbeiten und diesen rasch funktionsfähig zu machen. Eine erste, allen Teilnehmern der Versammlung der Vertragsstaaten offenstehende Überprüfungskonferenz für mögliche Änderungen des Statuts ist sieben Jahre nach Inkrafttreten desselben vorgesehen.

5. Verfolgte Verbrechen

Durch die Mitgliedschaft der Staaten im Statut - Vorbehalte sind ausdrücklich ausgeschlossen (Art. 120) - wird eine automatische Jurisdiktion des Gerichtshofs für vier Verbrechen begründet:
- Völkermord (Art. 6);
- Verbrechen gegen die Menschlichkeit (Art.7);
- Kriegsverbrechen (Art. 8);
- Verbrechen der Aggression (Art. 5).

Dabei muß entweder der Staat, auf dessen Territorium der Akt begangen wurde oder der Staat, dessen Angehöriger der mutmaßliche Täter ist, Vertragspartei des Statuts sein. Der Internationale Strafgerichtshof konzentriert sich somit auf die Verfolgung universell strafbarer Kernverbrechen.

Zur Strafbarkeit des Verbrechens der Aggression wurde klargestellt, daß dieses zwar prinzipiell der Jurisdiktion des Strafgerichtshofs unterfallen soll, jedoch muß zunächst noch der Tatbestand dieses Verbrechens und die Rolle des Sicherheitsrates in diesem Kontext festgelegt werden. Dies dürfte sich als ein schwieriges Unterfangen erweisen (→ Aggressionsdefinition).

Von besonderer Bedeutung für die Rechtsentwicklung ist der Umstand, daß Verbrechen gegen die Menschlichkeit sowie Völkermord auch dann verfolgt werden können, wenn sie außerhalb eines bewaffneten Konflikts begangen werden. Bedeutsam ist des weiteren, daß auch Kriegsverbrechen in nicht-internationalen, internen bewaffneten Konflikten erfaßt werden, da sich die meisten massiven Menschenrechtsverletzungen heutzutage in bürgerkriegsähnlichen Situationen ereignen.

6. Verfahren

Der von dem Ankläger geleiteten Anklagebehörde kommt als selbständigem Organ des Gerichtshofs eine zentrale Funktion zu. Alle von einer Vertragspartei oder dem Sicherheitsrat überwiesenen Fälle (s.u. 8) müssen bearbeitet werden. Daneben kann der Ankläger von sich aus Ermittlungen aufnehmen (Ex-officio-Befugnisse, „proprio motu", Art. 15). Er kann sich dabei nicht nur auf Informationen von Staaten und UN-Organen stützen, sondern auch auf solche von Regierungs- und nichstaatlichen Organisationen, sowie andere „verläßliche Quellen". In jedem Fall unterliegt er jedoch der Kontrolle des Gerichts, da nach den Vorermittlungen die Einleitung des eigentlichen Ermittlungsverfahrens durch eine Kammer des Gerichts genehmigt werden muß.

Im Gegensatz zu dem Statut des Internationalen Militärtribunals von Nürnberg, das ein Verfahren in Abwesenheit eines Angeklagten vorsah, muß bei einem Verfahren vor dem Internationalen Strafgerichtshof in Den Haag jeder Angeklagte anwesend sein (Art. 63 Abs. 1). Besondere Bedeutung kommt der Beachtung rechtsstaatlicher Grundsätze zu, etwa dem Bestimmtheitsgrundsatz, dem Rückwirkungsverbot und den Rechten des Beschuldigten. Die → Arbeitssprachen des Gerichts sind englisch und französisch. Die Verhängung der Todesstrafe ist ausgeschlossen, als maximale Strafe kann lebenslanger Freiheitsentzug verhängt werden. Die Strafe soll in einem der Staaten vollstreckt werden soll, die dem Gericht gegenüber ihre Bereitschaft dazu erklärt haben. Die Möglichkeit einer Verjährung von Verbrechen existiert nicht.

7. Verhältnis zum nationalen Recht

Der Internationale Strafgerichtshof wird Strafgerichtsbarkeit ausüben, wenn nationale Systeme versagen, d.h. er wird *subsidiär* nur dann tätig, wenn einzelstaatliche Strafgerichte unfähig oder unwillig sind, eine bestimmte schwere Straftat zu verfolgen (Grundsatz der *Komplementarität*). Selbst in Fällen, in denen schwerste, etwa den Weltfrieden gefährdende Straftaten begangen werden, sind diese von den allgemein zuständigen nationalen Gerichten abzuurteilen. Wenn ein Staat dies unter Berufung auf seine eigenen Ermittlungen beantragt, muß der Chefankläger seine Ermittlungen für mindestens ein halbes Jahr zurückstellen (Art. 18). Ansonsten entscheidet der Strafgerichtshof nach eigenem Ermessen, ob ein solches Versagen der nationalen Strafverfolgungsinstanzen gegeben ist (Art. 17). Allgemein ist davon auszugehen, daß zahlreiche Staaten ihr Strafrecht anpassen werden, soweit dies keine mit dem Statut vergleichbare Strafnormen enthält (zum deutschen Strafrecht in diesem Zusammenhang *Hermsdörfer* 1999, 22f; *Schlunck* 1999, 27ff.)

8. Verhältnis zwischen Strafgericht und UN-Sicherheitsrat

Die Unabhängigkeit des Strafgerichts gegenüber dem für die Wahrung des Weltfriedens zuständigen Sicherheitsrat war während der Kodifikationsarbeiten umstritten. Diskutiert wurde insbesondere, ob ein einzelnes ständiges Mitglied des Sicherheitsrates durch sein Veto (→ Veto/-recht) einen Beschluß zum Tätigwerden des Strafgerichtshofs blockieren kann.

Demgegenüber ist heute gewährleistet, daß der Sicherheitsrat lediglich bei einem gemeinsam gefaßten Beschluß die Einleitung eines Verfahrens verhindern oder ein laufendes Verfahren für 12 Monate unterbrechen kann, wenn er dies als im Interesse der → Friedenssicherung für notwendig erachtet (Art. 16).

Daneben kann der UN-Sicherheitsrat sog. „Ländersituationen", also Vorgänge in einzelnen Ländern, nicht aber einzelne Personen betreffende Vorgänge, an den Strafgerichtshof überweisen, wenn Verdachtsmomente vorliegen, daß in einer bestimmten Situation Kernverbrechen (s.o. 5) begangen wurden. In diesem Fall ist es gleichgültig, ob der betreffende Staat Mitglied des Gerichtsstatuts ist oder nicht. Der Sicherheitsrat hat das Recht zur Befassung des Strafgerichts für alle Straftaten der Art. 5-8.

9. Internationale Zusammenarbeit

Da der Gerichtshof keine eigene Polizei oder Exekutivgewalt besitzt, ist er auf eine effektive und zügige strafrechtliche Zusammenarbeit mit den Mitgliedstaaten angewiesen. Staaten sind nicht berechtigt, eine solche Zusammenarbeit mit dem Gerichtshof zu verweigern oder diesbezüglich Vorbehalte zu machen. Diejenigen Staaten, die dem Statut beigetreten sind, haben *Kooperationspflichten* - für die übrigen Staaten entfaltet das Statut des Gerichtshofs allerdings keine Rechtswirkungen.

Jede Vertragspartei ist verpflichtet, alle vom Strafgerichtshof mit Haftbefehl belegten Personen zu überstellen. Da die Staatsangehörigkeit eines Verfolgten keinen zulässigen Grund dar-stellt, ein Auslieferungs- oder Über-stellungsersuchen des Strafgerichtshofs abzulehnen, kann es im Einzelfall zu einer Kollision mit nationalem Recht kommen (näher zu Art. 16 Abs. 2 GG: *Schlunck* 1999, 28ff.).

Eine Regierung darf Akte der *Rechts-hilfe* nur verweigern, wenn diese die Vorlage von Dokumenten oder Be-weismitteln notwendig machen, durch welche die Sicherheitsinteressen des Landes beeinträchtigt würden; dieses Verweigerungsrecht gilt allerdings nicht für die Überstellung von beschuldigten Personen.

10. Finanzierung

Erfahrungsgemäß bereitet die Finanzie-rung von mit dem Menschenrechts-schutz betrauten Institutionen im UN-System (→ Haushalt) häufig Probleme. Deshalb bemühten sich die Verfasser des Gerichtshofstatuts um eine breite Finanzierungsgrundlage (*Jurasch* 1999, 17f.).

Die erforderlichen Finanzmittel für den Internationalen Strafgerichtshof sollen durch Beiträge der Vertragsstaa-ten sowie durch von der Generalver-sammlung genehmigte Mittel der Ver-einten Nationen bereitgestellt werden, letztere insbesondere in jenen Fällen, in denen der Sicherheitsrat bestimmte Vorgänge an den Strafgerichtshof überweist. Daneben gibt es auch die Möglichkeit freiwilliger, von Regierun-gen, internationalen Organisationen, Einzelpersonen, juristischen Personen und anderen geleisteten Beiträge. Ob auf diese Weise dem Gericht Finanz-probleme erspart bleiben, scheint den-noch ungewiß.

11. Kritische Würdigung

Das Statut des Strafgerichtshofs ist durch Augenmaß und eine vernünftige Einschätzung des derzeit politisch Machbaren geprägt.Mit Blick auf die Weiterentwicklung des Menschen-rechtsschutzes ist positiv zu verzeich-nen, daß gewaltsames Verschwinden-lassen als ein Verbrechen gegen die Menschlichkeit eingestuft wird - wenn-gleich sich in Art. 7 Abs. 2 (i) des Sta-tuts die Einschränkung findet, daß sol-che Vorkommnisse nur dann vom Strafgerichtshof verfolgt werden, wenn sie über einen längeren Zeitraum hin-weg erfolgten. Auch die Klassifizierung von verschiedenen Formen sexueller Gewalt gegen Frauen (etwa Vergewal-tigung, Zwangsprostitution, erzwunge-ne Sterilisierung) als Verbrechen gegen die Menschlichkeit ist positiv zu ver-merken; gegen den Willen einer Reihe von Abtreibungsgegnern wurde sogar der Begriff der „forced pregnancy" in den Tatbestand des Verbrechens gegen die Menschlichkeit aufgenommen (→ Menschenrechtskonventionen, Über-einkommen zur Beseitigung jeder Form von Diskriminierung der Frau).

Im Statut von Rom finden sich des weiteren Ansätze zu einem besseren Schutz der Rechte von Kindern bzw. Kindsoldaten, etwa die Regelung, daß der Strafgerichtshof keine Jurisdiktion über Personen beansprucht, die zum Zeitpunkt des mutmaßlichen Verbre-chens jünger als 18 Jahre waren; damit steht bei Minderjährigen der Resoziali-sierungs- und nicht der Sühnegedanke im Vordergrund. Des weiteren ist es ein vom Internationalen Strafgerichtshof zu ahndendes Kriegsverbrechen, Kinder unter 15 Jahren zwangsweise einzuzie-hen oder sie allgemein bei Feindselig-keiten - evtl. auch für andere Zwecke als den direkten Kampf – einzusetzen (→ Menschenrechtskonventionen, Übereinkommen über die Rechte des Kindes).

Auf der anderen Seite ist bedauerlich, daß einige während der Entwurfsarbei-ten erhobene zentrale Postulate nicht durchgesetzt werden konnten.

So wurde die Stellung des Anklägers entscheidend durch die Regelung ge-schwächt, daß er seine Ermittlungen für sechs Monate zurückstellen muß, wenn ein Staat dies unter Hinweis auf seine eigenen Ermittlungen beantragt.

Die Effizienz der Strafverfolgung wird auch durch die im Statut vorgese-hene Übergangsregelung zu Kriegsver-brechen limitiert, wonach die Vertrags-staaten während sieben Jahren nach ihrem Beitritt zum Statut die Verfolgung von auf ihrem Staatsgebiet oder ihren Staatsangehörigen begangenen Kriegsverbrechen ausschließen können (Art. 124). Diese auf einen französischen Vorschlag zurückgehende Regelung wurde zu Recht als temporärer „Teilaustritt aus dem Statut" kritisiert (*Kaul* 1998, 128).

Ein gravierendes Problem besteht auch darin, daß die Mitgliedschaft eines Gewahrsamstaates zum Statut nicht die Zuständigkeit des Strafgerichts begründet; auf diese Weise können manche mutmaßliche Kriegsverbrecher nicht nach Den Haag überstellt werden, selbst wenn sie in Vertragsstaaten des Statuts inhaftiert worden sind.

Aufgrund des völkerrechtlichen Grundsatzes, daß Verträge keine Rechtswirkungen für dritte Staaten entfalten, bestehen des weiteren Lücken im Bereich der Rechtshilfe. Selbst wenn der Sicherheitsrat die Initiative zur Einleitung eines Ermittlungsverfahrens ergriffen hat, sind Staaten, die nicht dem Gerichtsstatut beigetreten sind, nicht zur Zusammenarbeit verpflichtet; in diesen Fällen steht es im Ermessen der jeweiligen Regierung, einer Aufforderung des Gerichtshofs zur Zusammenarbeit nachzukommen. Der UN-Sicherheitsrat kann lediglich im Wege einer Resolution die Überstellung einer beschuldigten Person verlangen und so Druck auf die betreffende Regierung ausüben.

Bedauerlich ist auch, daß die in früheren Entwürfen der ILC vorgesehene Ahndung von Umweltverbrechen (→ Umweltschutz; → Umweltvölkerrecht) nicht in die Kompetenz des Strafgerichtshofs fällt. (*Tomuschat* 1998, 340); mit Rücksicht auf die Atomwaffenmächte enthält die Definition von Kriegsverbrechen auch keinerlei Hinweis auf Nuklearwaffen.

Als Rückschritt gegenüber den Verfahren in Nürnberg und Tokio, bei denen Handeln auf Befehl kein Strafausschließungsgrund war, sondern lediglich als Strafmilderungsgrund berücksichtigt werden konnte, muß auch der Umstand gewertet werden, daß nach dem Statut von Rom sich ein Soldat künftig darauf berufen kann, er habe die rechtliche Verpflichtung gehabt, den Befehlen seiner Regierung oder seines Vorgesetzten zu gehorchen (Art. 33 Abs. 1 (a) des Statuts). In diesem Fall muß er sich strafrechtlich nicht verantworten. Insbesondere die USA, aber auch Großbritannien, China, Rußland und Neuseeland hatten argumentiert, daß Soldaten in jeder Situation Befehle auszuführen hätten.

Abzuwarten bleibt des weiteren, ob der postulierte Vorrang der nationalen Strafgerichtsbarkeit (s.o. 7) von gerichtsskeptischen Regierungen als Einfallstor dafür benutzt werden wird, die Tätigkeit des Gerichtshofs zu blockieren.

12. Perspektiven

Der Internationale Strafgerichtshof in Den Haag stellt die justizielle Säule des von der UNO verfolgten Konzepts globaler humanitärer Interventionen (→ humanitäres Völkerrecht) dar. Mit der Verabschiedung des Statuts von Rom, das eine bedeutsame Quelle des Völkerstrafrechts darstellt, gelang den Mitgliedstaaten der Vereinten Nationen ein nicht geringer Fortschritt im Kampf um die weltweite Respektierung von Menschenrechten und rechtstaatlichen Grundsätzen. Die Mehrheit der Staaten machte deutlich, daß sie nicht mehr bereit sind, menschenrechtswidrige Grausamkeiten auf den (Bürger)-Kriegsschauplätzen dieser Welt hinzunehmen.

Dennoch beiben einige wichtige Schritte zu tun. Besteht die ablehnende Haltung einiger Großmächte wie China, Indien und der USA fort, wird kaum mit einem effizienten Strafgericht gerechnet werden können. Nur eine breite Akzeptanz, eine solide finanzielle Ausstattung und der Wille zur umfassenden Zusammenarbeit mit dieser neuen Institution wird deren Erfolg garantieren.

Sabine von Schorlemer

Lit.: *a) Statute for an International Criminal Court*, UN Doc. A/CONF.183/9, 17 July 1998; (vgl.auch Internet); die englische Fassung ist abgedruckt in: Fw, Bd. 73 (1998), 348 ff. *b) Sekundärliteratur: Akha-*

van, P.: The International Criminal Tribunal for Rwanda: The Politics and Pragmatics of Punishment, in: AJIL 90 (1996), 501-510; *Ambos, K.:* Establishing an International Criminal Court and an International Criminal Code. Observations from an International Criminal Law Viewpoint, in: EJIL 7 (1996), 519-544; *Association Internationale de droit pénale:* La justice pénale internationale. Perspectives, Historiques et Contemporaines, in: RIDP 67 (1996), 21-64; *Austin, K./Nell, S.:* Courting Justice in Rome. International Criminal Court Treaty Signed, in: Tribune des droits humains 5 (septembre 1998), No. 4, 6-9; *Berg, B.:* The 1994 I.L.C. Draft Statute for an International Criminal Court: A Principled Appraisal of Jurisdictional Structure, in: Case Western Reserve Journal of International Law 28 (1996), 221-264; *Heintschel von Heinegg, W.:* Zur Zulässigkeit der Errichtung des Jugoslawien-Strafgerichtshofes durch Resolution 827 (1993), in: HuV-I 9 (1996), 75-84; *Hermsdörfer, W.:* Zum Anpassungsbedarf des deutschen Strafrechts an das Statut des Internationalen Gerichtshofs, in: HuV–I 12 (1999), 22-27; *Irmscher, T.H.:* Das Römische Statut für einen Ständigen Internationalen Strafgerichtshof, in: Kritische Justiz 31 (1998), 472-485; *Jarasch, F.:* Einrichtung, Organisation und Finanzierung des Internationalen Strafgerichtshofs und die Schlußbestimmungen des Statuts, in: HuV–I 12 (1999), 10-22; *Kaul, H.-P.:* Auf dem Weg zum Weltstrafgerichtshof. Verhandlungsstand und Perspektiven, in: VN 45 (1997), 177-181; *Kaul, H.-P.:* Durchbruch in Rom, Der Vertrag über den Internationalen Strafgerichtshof, in: VN 46 (1998), 125-130; *Lee, R. S.:* The Rwanda Tribunal, in: LJIL 9 (1996), 37-61; *Nanda, V. P.:* The Establishment of a Permanent International Criminal Court: Challenges Ahead, in: HRQ 20 (1998), 413-428; *Oellers-Frahm, K.:* Das Statut des Internationalen Strafgerichtshofs zur Verfolgung von Kriegsverbrechen im ehemaligen Jugoslawien, in: ZaöRV 54 (1994), 416-432; *Ooyen, R. C. van:* Auf dem Weg zu einer wirksamen internationalen Strafgerichtsbarkeit: eine Zwischenbilanz, in: IPG 3 (1998), 333-338; *Reichart, M.:* Die Bemühungen der Vereinten Nationen zur Schaffung eines „Weltstrafgesetzbuches", in: ZRP 29 (1996), 134-137; *Roggemann, H.:* Auf dem Weg zum Ständigen Internatimalen Strafgerichtshof, in: ZRP 29 (1996), 388-394; *Rudolf, B.:* Völkerrechtskommission: 48. Tagung - Kodex der Verbrechen gegen die Menschheit abgeschlossen, in: VN 44

(1996),. 225-227; *Schlunck, A.:* Die Umsetzung des Statuts des Internationalen Strafgerichtshofs in das deutsche Recht unter Berücksichtigung der Rechtshilfe, in: HuV–I 12 (1999), 27-31; *Schlunck, A.:* Der Ständige Internationale Strrafgerichtshof: Ein Beitrag zur Weltfriedensordnung?, in: HuV-I 9 (1996), 130-214; *Shraga, D./Zacklin R.:* The International Criminal Tribunal for Rwanda, in: EJIL 7 (1996), 501-518; *Sluiter, G.,* Appendix II: An International Criminal Court is Hereby Established, in: Netherlands Quarterly of Human Rights, 16 (1998), 413-420; *Tomuschat, C.:* Das Statut von Rom für den Internationalen Strafgerichtshof, in: FW 73 (1998), 335-347; *Tomuschat, C.:* Ein internationaler Strafgerichtshof als Element einer Weltfriedensordnung, in: EA 48 (1994), 61-70; *Tomuschat, C.:* A System of International Criminal Prosecution is Taking Shape, in: International Commission of Jurists. The Review - No. 50 (1993), 56-70; *Zimmermann, A.:* Die Schaffung eines Ständigen Internationalen Strafgerichtshofs, in: ZaöRV 58 (1998), 47-108.
Internet: http://www.un.org/icc

IGH – Internationaler Gerichtshof

Einführung

Der *Internationale Gerichtshof* (IGH) ist eines der wenigen ständigen internationalen Gerichte, und mit Sicherheit das bedeutendste. Er ist der Nachfolger des ersten ständigen internationalen Gerichts auf universeller Ebene, des Ständigen Internationalen Gerichtshofs (StIGH), der im Zusammenhang mit, aber nicht als Organ des → Völkerbundes 1920 geschaffen worden war.

Der StIGH stellte die erste Verwirklichung der Idee eines Weltgerichtshofs dar, der für alle Rechtsstreitigkeiten zwischen allen Staaten zuständig sein sollte. Der Völkerbundsrat, der nach Art. 14 der Völkerbundsatzung beauftragt war, Pläne für einen solchen Gerichtshof auszuarbeiten, ging in seinem Entwurf davon aus, daß die Jurisdiktion des Gerichtshofs vom Willen der Parteien, sich seiner Entscheidung zu unterwerfen, abhängen sollte. Der Versuch, die obligatorische Zuständigkeit einzuführen, hatte keinen Erfolg. Das Unterzeichnungsprotokoll, dem das Statut des Gerichtshofs als Annex angefügt war, wurde am 16. Dezember 1920 zur Ratifikation und Unterzeichnung aufgelegt und trat am 2. September 1921 in Kraft.

Der hierdurch gegründete Gerichtshof war zwar kein Teil der Organisation des Völkerbundes, aber er war in mehrfacher Beziehung mit dessen Organen verbunden, z. B. bezüglich der Richterwahl und der Kosten des Gerichtshofs. Auch wenn die obligatorische Gerichtsbarkeit nicht verwirklicht werden konnte, so stellte der StIGH doch einen bedeutenden Fortschritt gegenüber der bisher bestehenden Gerichtsbarkeit, der Schiedsgerichtsbarkeit, dar. Hier war erstmalig vorgesehen, daß Staaten sich vor Entstehen eines Streits für zukünftige Streitfälle der Gerichtsbarkeit unterwerfen (Art. 36 Abs. 2 Statut) und somit ein fakultatives *Obligatorium* schaffen konnten, das bei weitgehender Nutzung durch die Staaten einem echten Obligatorium nahekommen könnte. Diese Hoffnung wurde allerdings enttäuscht. Neu war am StIGH, daß es sich um ein ständiges Gericht handelte mit einem eigenen Statut und einer feststehenden Verfahrensordnung, die der Änderbarkeit durch die Parteien entzogen war, öffentlichen Verhandlungen und einer feststehenden Richterbank, die die wichtigsten Rechtskreise der Welt repräsentierte; außerdem war der Zugang für alle Staaten offen; das anwendbare Recht war festgelegt und eine Kanzlei stellte die Verbindung mit den Regierungen und den Streitparteien sicher. Zwischen der Eröffnung im Jahre 1922 und der Einstellung seiner Tätigkeit im Jahre 1940 war der StIGH in 29 Streitfällen tätig und hat 27 Gutachten erstattet.

Bereits seit 1942 wurden Pläne zur Wiedererrichtung oder Neuerrichtung eines internationalen Gerichtshofs gemacht. Anders als 1920 sollte der Gerichtshof nun aber als ein Hauptorgan der neu zu schaffenden Weltorganisation konzipiert sein. Das Statut des Gerichtshofs wurde schließlich gleichzeitig mit der Satzung der Vereinten Nationen anläßlich der Konferenz von San Francisco am 26. Juni 1945 angenommen (→ Entstehungsgeschichte der UN) und der Gerichtshof wurde als das Hauptrechtsprechungsorgan der Vereinten Nationen eingesetzt.

In der Satzung ist ausdrücklich darauf verwiesen, daß der StIGH als Vorläufer des IGH angesehen wird, auch wenn rechtlich zwischen den beiden Gerichtshöfen Diskontinuität besteht. Kontinuität der Aufgaben und Zuständigkeiten zwischen den beiden Gerichtshöfen ist jedoch einerseits durch die weitgehende Übernahme des Statuts des StIGH hergestellt sowie dadurch, daß die Zuständigkeit des StIGH aus noch geltenden Verträgen im Verhältnis zwischen den Vertragsparteien des IGH auf den IGH übergeht (Art. 37 Statut) und daß noch nicht abgelaufene Unterwerfungserklärungen, die gegenüber dem StIGH abgegeben wurden, für den IGH weiterhin gelten (Art. 36 Abs. 5 Statut). Die Fortgeltung von Unterwerfungserklärungen unter die Zuständigkeit des StIGH spielte z.B. eine wesentliche Rolle bei der Frage der Zuständigkeit des IGH in dem bedeutenden Fall Nicaragua gegen die Vereinigten Staaten (ICJ Reports 1984, 392 ff.), in dem es darum ging, ob militärische und paramilitärische Aktionen der USA durch Unterstützung der Untergrundbewegung der Contras zum Zweck des Sturzes der sandinistischen Regierung in Nicaragua und der Wiederherstellung eines demokratischen Regimes nach Völkerrecht zulässig waren.

Die Rechtsgrundlagen für die Tätigkeit des IGH finden sich in der → Charta der UN (Art. 7, 92 bis 96), im Statut und in der Verfahrensordnung. Der IGH ist eines der sechs Hauptorgane (→ Haupt-/Neben-/Vertragsorgane) der Vereinten Nationen mit Sitz in Den Haag, Niederlande. Er ist als unabhängiger Gerichtshof ein Organ mit Sonderstellung, da er nicht in die hierarchische Struktur der anderen fünf Organe der UN integriert ist. Sein Statut ist Bestandteil der Charta der UN, so daß alle Mitgliedstaaten der UN automatisch auch Parteien des Statuts sind. Unter bestimmten Bedingungen können auch Staaten, die nicht Mitglieder der UN sind, vor dem IGH erscheinen und Partei des Statuts werden. Heute gibt es nur zwei Staaten, die Partei des Statuts, aber nicht Mitglied der UN sind: die Schweiz und Nauru.

Der IGH hat eine zweifache Aufgabe: einerseits die Beilegung von Streitigkeiten zwischen Staaten auf der Grundlage des Völkerrechts und andererseits die Erstattung von Gutachten über Rechtsfragen, die ihm von dazu besonders ermächtigten internationalen Organen, insbesondere → Generalversammlung und → Sicherheitsrat (Art. 96 UN-Charta), vorgelegt werden können.

Organisation

Der IGH besteht aus 15 Richtern, von denen alle drei Jahre fünf neu gewählt werden für eine Dauer von 9 Jahren. Das komplizierte Wahlverfahren erfordert vereinfacht dargestellt im wesentlichen, daß die absolute Mehrheit der Stimmen sowohl im Sicherheitsrat als auch in der Generalversammlung in getrennter Abstimmung erzielt wird. Ist nach dem dritten Wahlgang diese Mehrheit nicht erreicht, so findet ein besonderes Verfahren durch einen Vermittlungsausschuß statt. Wenn auch hierbei keine Wahl zustande kommt, wählen die Richter des IGH die noch fehlenden Richter. Keine Staatsangehörigkeit kann mehr als einmal vertreten sein und insgesamt muß die Richterbank „eine Vertretung der großen Kulturkreise und der hauptsächlichen Rechtssysteme der Welt gewährleisten" (Art. 9 Statut). Um dieser Vorschrift zu entsprechen, wurden in der Praxis der letzten Jahre jeweils vier Richter aus Westeuropa gewählt, einer aus den Vereinigten Staaten, zwei aus Südamerika, zwei aus osteuropäischen Staaten und sechs aus Afrika und Asien. Die fünf ständigen Mitglieder des Sicherheitsrats sind immer durch einen Richter im IGH vertreten. Voraussetzung für das Amt des Richters am IGH ist neben hohem sittlichen Ansehen die Erfüllung der Voraussetzung für die höchsten richterlichen Ämter im jeweiligen Staat oder die Qualifikation als Völkerrechtler von anerkanntem Ruf (Art. 2 Statut). Die Richter sind in der Ausübung ihres Amtes von ihren Regierungen unabhängig.

Wenn ein Staat, der Partei in einem streitigen Verfahren vor dem IGH ist, keinen Richter seiner Nationalität auf der Richterbank hat, so ist er berechtigt, einen *Ad-hoc*-Richter für dieses Verfahren zu benennen. Die Einrichtung des *Ad-hoc*-Richters ist ein Relikt aus der Schiedsgerichtsbarkeit und sichert den Staaten zu, daß dem Gericht ihre Meinung vermittelt wird, allerdings ist fraglich, ob in einem unabhängigen internationalen Gericht diese Institution nicht verzichtbar ist.

Der Gerichtshof entscheidet grundsätzlich im Plenum, wobei ein Quorum von neun Richtern erforderlich ist. Von dieser Regel gibt es jedoch einige Ausnahmen. So kann das Gericht auch in Kammern entscheiden, die im Statut (Art. 26 bis 29) vorgesehen sind einerseits „für ein schnelles Verfahren", die aber auch zusätzlich für bestimmte Arten von Streitigkeiten gebildet werden können, so ist 1993 z.B. eine Kammer für Umweltfragen eingerichtet worden. Daneben können die Parteien eines Streits ihren Fall einer ad hoc zu bildenden Kammer vorlegen (Art. 26 Abs. 2 Statut), wobei sie die Zahl der Mitglieder der Kammer bestimmen können. Während die ersten beiden Arten von Kammern bisher nicht genutzt wurden, erfreuen sich die *Ad-hoc*-Kammern großer Beliebtheit, insbesondere weil die Mitwirkung der Parteien sich in der Praxis nicht auf die Festlegung der Anzahl der Mitglieder einer solchen Kammer beschränkt, sondern die konkrete Besetzung der Kammer einschließt. Diese Praxis ist nicht nur bedenklich mit Blick auf den Wortlaut von Art. 26 Abs. 2 Statut, sondern auch mit Blick darauf, daß Entscheidungen einer Kammer als Entscheidungen des Gerichts anzusehen sind (Art. 27 Statut). Infolge der Bestimmung der Mitglieder der Kammer durch die Parteien ist es aber möglich, daß die dem IGH angehörenden Richter in einer Kammer die Minderheit bilden, wie im Fall der Intervention Nicaraguas im Fall der Land- und Seegrenzen zwischen El Salvador und Honduras (ICJ Reports 1990, 92 ff.). Die Kammer bestand hier aus fünf Richtern, zwei *Ad-hoc*-Richtern, also nicht ständigen IGH-Richtern und drei Richtern des IGH, wobei die Amtszeit eines dieser Richter inzwischen aber abgelaufen war. Es waren also nur zwei noch amtierende Richter des IGH in der Kammer, die nach dem Grundsatz der Mehrheitsentscheidung theoretisch, im konkreten Fall war es anders, hätten überstimmt werden können, so daß gemäß Art. 27 Statut eine „Entscheidung des Gerichtshofs" hätte ergehen können, die von keinem Richter des IGH getragen wäre. Obwohl diese Praxis nicht unproblematisch ist, muß betont werden, daß gerade die Möglichkeit der Mitwirkung bei der Kammerbesetzung das Vertrauen der Staaten in die Streitbeilegung (→ Streitbeilegung, friedliche) durch den IGH gestärkt hat und inzwischen bevorzugt zur Streitbeilegung gewählt wird.

Zuständigkeit in streitigen Verfahren

Nur Staaten können Parteien in streitigen Verfahren sein (Art. 34 Statut), was heute wohl nicht mehr völlig adäquat erscheint, weil zahlreiche Bereiche des Völkerrechts Individuen, Organisationen, Vereinigungen und andere Rechtspersonen als Staaten betreffen, die für Rechtsstreitigkeiten dann vor die nationalen Gerichte verwiesen sind.

Der IGH ist nur zur Beilegung von *Rechtsstreitigkeiten* aufgerufen, wie sie in Art. 36 Abs. 2 Statut umschrieben sind. Um in einem konkreten Streitfall die Beilegung durch den IGH zu verhindern, haben daher Parteien häufig eingewendet, daß es sich nicht um eine Rechtsstreitigkeit, sondern um eine politische Streitigkeit handle, so z.B. im Teheraner Geiselfall (ICJ Reports1980, 3ff.), im Nicaragua-Fall (ICJ Reports 1986, 14ff.), in den Atomtest-Fällen zwischen Australien sowie Neuseeland und Frankreich (ICJ Reports

1974, 253ff. und 457ff.), im Fall des Festlandsockels in der Ägäis (ICJ Reports 1978, 3ff.). Diese Diskussion ist jedoch in ständiger Rechtsprechung des IGH dahingehend entschieden worden, daß auch eine insgesamt politische Streitigkeit rechtliche Aspekte beinhaltet, die der IGH durchaus entscheiden kann. Auch die gleichzeitige Befassung des Sicherheitsrats, des politischen Organs der UN, und des IGH ist nach ständiger Rechtsprechung zulässig, da der IGH ausschließlich die Prüfung der rechtlichen Aspekte vornimmt.

Die Zuständigkeit zur Beilegung von Streitigkeiten ist abhängig von der Zustimmung der Staaten. Die Parteistellung zum Statut, die mit der Mitgliedschaft in den UN (→ Mitgliedschaft/Repräsentation von Staaten) automatisch gegeben ist, begründet als solche nicht auch schon die Zuständigkeit des IGH. Obwohl bei Schaffung des IGH anläßlich der Konferenz von San Francisco 1945 der Wunsch bestand, dem Gerichtsorgan der UNO obligatorische Gerichtsbarkeit zu verleihen, konnte dies nicht durchgesetzt werden, so daß kein Staat ohne seine ausdrückliche Zustimmung Partei in einem Verfahren vor dem IGH sein kann, das sog. *Konsensprinzip*. Daher ist die Frage, ob die Zuständigkeit gegeben ist oder nicht, die zentrale und auch meist umstrittene Frage vor dem IGH.

Die Zustimmung kann auf unterschiedliche Weise gegeben werden: einmal kann sie im Vorhinein, also unabhängig vom Bestehen eines konkreten Streits, begründet werden, oder aber *ad hoc* bei Vorliegen eines Streitfalls. Zwei Möglichkeiten bestehen, die Zuständigkeit vorab zu begründen:

a) Nach Art. 36 Abs. 1 Statut ist der IGH zuständig für „alle in der Charta der Vereinten Nationen oder in geltenden Verträgen und Übereinkommen besonders vorgesehenen Angelegenheiten". Hiermit wird auf Klauseln in allgemeinen Streitbeilegungsverträgen oder in bi- oder multilateralen Verträgen verwiesen, in denen eine Klausel enthalten ist, nach der Streitigkeiten dem IGH vorgelegt werden können. Die Zahl derartiger Verträge reicht an die 300 heran; sie sind im *Yearbook* des IGH aufgeführt. Die Klausel in Art. 36 Abs. 1, die auf in der Charta der UN besonders vorgesehene Angelegenheiten verweist, ist nicht sonderlich klar. Nach Art. 36 Abs. 3 der Charta soll der Sicherheitsrat bei seinen Empfehlungen zur Beilegung von Streitigkeiten berücksichtigen, daß grundsätzlich zur Beilegung von Rechtsstreitigkeiten der IGH zuständig ist. Welche Wirkung eine Empfehlung des Sicherheitsrats hat, eine Streitigkeit dem IGH zu unterbreiten, wurde im *Korfu-Fall* (ICJ Reports 1947/48, 15ff.) relevant, allerdings ohne daß diese Frage geklärt wurde. Man muß aber wohl davon ausgehen, daß es sich um eine nicht verbindliche Entscheidung handelt, da in Art. 36 Abs. 3 Charta von einer Empfehlung die Rede ist. Diese Formulierung in Art. 36 Abs. 1 Statut geht auf einen Entwurf aus der Zeit zurück, in der man noch mit der obligatorischen Zuständigkeit des IGH rechnete, läuft aber heute, da dies nicht erreicht wurde, leer.

b) Eine weitere Möglichkeit der vorherigen Anerkennung der Zuständigkeit des IGH ist in Art. 36 Abs. 2 Statut, der sog. *Fakultativklausel,* vorgesehen. Danach können die Vertragsstaaten des Statuts „jederzeit erklären, daß sie die Zuständigkeit des Gerichtshofs von Rechts wegen und ohne besondere Übereinkunft gegenüber jedem anderen Staat, der dieselbe Verpflichtung übernimmt, für alle Rechtsstreitigkeiten über folgende Gegenstände als obligatorisch anerkennen: a) die Auslegung eines Vertrages, b) jede Frage des Völkerrechts, c) das Bestehen einer Tatsache, die, wäre sie bewiesen, die Verletzung einer internationalen Verpflichtung darstellt, d) Art und Umfang der wegen Verletzung einer internationalen Verpflichtung geschuldeten Wiedergutmachung". Absatz 3 bestimmt: „Die oben bezeichnete Erklärung kann vorbehaltlos oder vorbehaltlich einer entsprechenden Verpflichtung mehrerer oder einzelner Staaten oder für einen

bestimmten Zeitabschnitt abgegeben werden." Diese Klausel blieb von der ursprünglich angestrebten allgemeinen obligatorischen Gerichtsbarkeit übrig und man hoffte, daß möglichst alle Staaten von ihr Gebrauch machen würden. Die Realität sieht jedoch anders aus: nicht einmal ein Drittel der Mitgliedstaaten der UN haben eine Erklärung unter der Fakultativklausel abgeben und davon wiederum nicht einmal ein Dutzend ohne Vorbehalte.

Die Unterwerfung nach der Klausel wirkt nur gegenüber Staaten, die dieselbe Verpflichtung übernommen haben, das sog. *Reziprozitäts- oder Gegenseitigkeitsprinzip.* Hat sich z.B. Staat A gemäß Art. 36 Abs. 2 der Zuständigkeit des IGH unterworfen, nicht aber Staat B, so kann Staat A nicht gegen Staat B klagen. Eine weitere Folge des Gegenseitigkeitsprinzips besteht darin, daß Vorbehalte, die eine der Parteien gemacht hat, auch für die andere gelten. Hat Staat A seine Unterwerfungserklärung mit Vorbehalten versehen, Staat B aber nicht, so kann sich Staat B auf die von Staat A gemachten Vorbehalte berufen, weil die Zuständigkeit nur so weit reicht, wie der gegenseitig bestehende Wille zur Unterwerfung. Damit kommt den *Vorbehalten* eine große Bedeutung zu, zumal sie sich nicht auf die Vorgaben aus Art. 36 Abs. 3 Statut beschränken, sondern nahezu unbeschränkt zulässig sind, da im Sinne der friedlichen Beilegung von Streitigkeiten eine Unterwerfung mit Vorbehalt besser ist als gar keine. Häufig gemachte Vorbehalte betreffen z.B. zeitliche Befristungen, eine bestehende Vereinbarung über anderweitige Streitbeilegungsmethoden, Streitigkeiten, die aus bestimmten Feindseligkeiten entstanden sind, Streitigkeiten bezüglich bestimmter Staaten, z.B. Commonwealth-Mitglieder oder Staaten, mit denen keine diplomatischen Beziehungen bestehen oder Streitigkeiten, die bestimmte Materien betreffen, wie Verteidigung, regionale Konflikte, Seerecht oder ähnliches. Besonders beliebt ist der Vorbehalt, wonach Angelegenheiten, die in die innerstaatliche Zuständigkeit fallen, von der Zuständigkeit des IGH ausgenommen werden und der, wonach die fristlose Aufkündigung der Unterwerfung erfolgen kann, was allerdings für einen bereits anhängigen Fall ohne Bedeutung ist. Diese Arten der Vorbehalte sind solange unbedenklich, wie der IGH objektiv beurteilen kann, ob sie eingreifen; aber es gibt auch Vorbehalte, die dem erklärenden Staat selbst die Einschätzung überlassen, ob sie eingreifen oder nicht, sog. automatische Vorbehalte oder Escape-Klauseln. Das bekannteste Beispiel hierfür ist die von den Vereinigten Staaten eingeführte „*Connally-Reservation*", wonach die Vereinigten Staaten alle Streitigkeiten von der Zuständigkeit des IGH ausgenommen hatten, die in die ausschließliche Zuständigkeit der USA fallen, so wie diese durch die USA selbst definiert wird. Ob eine solche automatische Klausel zulässig ist, ob sie selbst nichtig ist oder ob sie die gesamte Unterwerfungserklärung nichtig macht, ist bis heute ungeklärt, aber in mehreren Fällen erörtert worden (*Norwegian Loans* Fall, ICJ Reports 1957, 9ff, 43-66, *Interhandel* Fall, ICJ Reports 1957, 105ff.). Daß ein derartiger Vorbehalt mit der Vorschrift in Art. 36 Abs. 6 nicht vereinbar ist, wonach der IGH bei Streitigkeiten über seine Zuständigkeit selbst entscheidet, die sog. Kompetenz-Kompetenz, liegt auf der Hand.

Neben der für die friedliche Streitbeilegung förderlichen Möglichkeit, die Zuständigkeit des IGH im Vorhinein zu begründen, kann eine Unterwerfung aber auch erfolgen, wenn bereits eine Streitigkeit entstanden ist. Wenn in dieser Situation überhaupt eine Einigung auf eine Befassung des IGH zustande kommt, dann hat diese Art der Unterwerfung die größten Chancen, eine effektive Beilegung des Streits zu erreichen. Auch hier gibt es zwei Möglichkeiten:

a) Die Parteien können eine Vereinbarung, einen sog. *Kompromiß,* schließen, einen konkreten, schon entstandenen Streit dem IGH zu unterbreiten (Art. 36 Abs. 1 Statut). Die Zuständigkeit des IGH betrifft dann nur den konkreten Streit. Diese Art der Unterwerfung wird zunehmend genutzt, so sind z.B. alle Fälle zu Fragen der Abgrenzung von Seegrenzen auf diese Weise vor den IGH getragen worden.

b) Schließlich kann die Zuständigkeit des IGH im Wege des *forum prorogatum* begründet werden. Hierbei handelt es sich um die Einreichung einer Klage gegen einen Staat, der sich, was auch dem Kläger bewußt ist, nicht der Zuständigkeit des Gerichts unterworfen hat. Die Erhebung der Klage gibt dem beklagten Staat die Möglichkeit, sich auf die Klage einzulassen, und damit inzident die Zuständigkeit des IGH anzuerkennen bzw. für sich zu begründen. Diese Art der Zuständigkeitsbegründung ist nicht im Statut vorgesehen, aber sowohl vom StIGH als auch vom IGH akzeptiert worden.

Die unabdingbare Voraussetzung der Zustimmung der Staaten, über deren Rechte und Pflichten entschieden wird, zur Zuständigkeit des IGH hat in der Praxis ein weiteres Problem aufgeworfen. Es gab Fälle, in denen die Entscheidung über den anhängigen Streit nicht möglich war, ohne vorab über Rechte oder Pflichten eines dritten, nicht am Verfahren beteiligten Staates zu entscheiden, so z.B. im *Monetary Gold* Fall von 1954, der von Italien gegen die Alliierten Mächte anhängig gemacht worden war. In diesem Fall ging es um das albanische Münzgold, das 1943 von der Wehrmacht aus Rom nach Berlin verbracht worden war, auf das Italien, auch nach der Zuerkennung an Albanien durch ein Schiedsgericht, Anspruch erhob, und zwar als Kompensation für die Enteignung italienischer Vermögenswerte in Albanien. Die Frage jedoch, ob das Gold Italien zustand oder nicht, d.h. ob eine entschädigungspflichtige Enteignung stattgefunden hatte, konnte ohne die Zustimmung Albaniens nicht entschieden werden, da es hierbei um Rechtsfragen ging, die Albanien betrafen und nur mit Albaniens Zustimmung hätte der IGH darüber entscheiden können. Damit war Albanien eine für die Streitbeilegung unerläßliche Partei des Verfahrens, *indispens-*

able party, ohne deren Zustimmung die Zuständigkeit des IGH nicht gegeben war und die Klage abgewiesen werden mußte. Die gleiche Konstellation der *indispensable party* führte den IGH im *Ost-Timor* Fall (Reports 1995, S. 90ff.) zur Abweisung der Klage Portugals gegen Australien wegen angeblicher Völkerrechtswidrigkeit eines 1989 mit Indonesien abgeschlossenen Vertrages über die Nutzung und Erforschung des Festlandsockels vor der Küste Ost-Timors, das ein von Portugal verwaltetes Gebiet (→ Treuhandrat) war. Ost-Timor war 1975 widerrechtlich von Indonesien besetzt und in dessen Staatsgebiet eingegliedert worden. Auch wenn die rechtliche Anerkennung dieser Eroberung fraglich war, stellte der IGH doch fest, daß er über die Rechtsfrage ohne die Beteiligung Indonesiens am Verfahren nicht entscheiden könne. Daran änderte sich auch nichts aufgrund der Tatsache, daß es hier ganz wesentlich auch um das anerkannte Selbstbestimmungsrecht des Volkes von Ost-Timor ging: das Prinzip der Zustimmung zur Zuständigkeit des IGH bleibe unberührt auch wenn es um Normen mit *Erga-omnes*-Charakter gehe, zu denen das Selbstbestimmungsrecht gehört.

Das Verfahren

Das Verfahren richtet sich nach dem Statut und der zuletzt 1978 geänderten Verfahrensordnung (eine weitere Änderung wird gegenwärtig diskutiert). Es unterfällt in einen schriftlichen und einen mündlichen Teil. Im schriftlichen werden die Schriftsätze, meist je zwei jeder Partei, ausgetauscht, im mündlichen wird öffentlich verhandelt, wobei die Richter auch Fragen an die Parteien richten. Französisch und Englisch sind die → Amtssprachen des Gerichts, und jedes Dokument und jede Äußerung wird von der einen in die andere Amtssprache übertragen. Nach der mündlichen Verhandlung berät der Gerichtshof geheim und verkündet sein Urteil in einer öffentlichen Sitzung. Das Urteil ist endgültig (Art. 60 Statut) und ver-

bindlich, jedoch nur für die Streitparteien (Art. 59 Statut).

In der Regel geht das Verfahren allerdings nicht ohne den Versuch der beklagten Partei ab, seinen Fortgang zu verhindern. So werden in fast allen Fällen, die nicht aufgrund eines *Ad-hoc*-Kompromisses vor den IGH gekommen sind, Einreden gegen die Zuständigkeit des Gerichts oder die Zulässigkeit des Verfahrens erhoben. Diese *prozeßhindernden, vorgängigen Einreden* müssen vorab geprüft werden, denn wenn Zuständigkeit oder Zulässigkeit nicht gegeben sind, kann der Gerichtshof die Sachfrage nicht prüfen. Oft ist es aber sehr schwierig, die Einreden zu prüfen, ohne bereits Fragen der Hauptsache mit zu untersuchen, und daher ist in einer Änderung der Verfahrensordnung von 1972 die Möglichkeit eröffnet worden, Einreden dann mit der Hauptsache zu verbinden, wenn sie keinen eindeutig vorgängigen Charakter haben. Der Fall, der zu der genannten Änderung der Verfahrensordnung geführt hat, war die *Südwestafrika/Namibia* Problematik, in deren Zusammenhang der IGH insgesamt zwei Urteile und vier Gutachten erstattet hat (ICJ Reports 1950, 128ff; 1955, 67ff; 1956, 23ff; 1962, 319ff; 1966, 6ff; 1971, 16ff.). Im Zusammenhang mit vorgängigen Einreden war hier bedeutend, daß der IGH sein 1962 erlassenes Urteil, in dem er alle Einreden gegen die Klage Äthiopiens und Liberias gegen Südafrika wegen Verletzung seiner Mandatspflichten über Südwestafrika/Namibia abgewiesen und die Klage damit für zulässig erklärt hatte, 1966 in seinem Urteil zur Hauptsache zurücknahm. Er entschied nämlich mit Stimmengleichheit unter ausschlaggebender Stimme des Präsidenten, daß die Kläger nicht klagebefugt waren, also eine vorgängige Frage, die auch im Verfahren 1962 schon beurteilt worden war. Diese Entscheidung des IGH hat zu einer tiefen Vertrauenskrise geführt, von der der Gerichtshof sich erst langsam wieder erholt hat.

Einreden werden sehr regelmäßig dann erhoben, wenn die Klage einseitig eingelegt wird. Die letzten wichtigen

Beispiele, die jedoch, bis auf einen, alle keinen Erfolg hatten, sind der Fall Bosnien und Herzegowina gegen Jugoslawien wegen Verletzung *der Genozid-Konvention* (ICJ Reports 1996, 595ff.); Nicaragua gegen die USA wegen *militärischer und paramilitärischer Aktivitäten* (ICJ Reports 1984, 392ff.); der *Lockerbie*-Fall (ICJ Reports 1998) und der Fall Iran gegen USA wegen des *Flugzeugabschusses* (Reports 1996, 803ff.) sowie Nauru gegen Australien wegen der Ausbeutung der *Phosphatvorkommen* (1992, 240ff.), wobei in den beiden zuletzt genannten Fällen die Bestätigung der Zuständigkeit durch den IGH zu einer außergerichtlichen Einigung führte. Erfolgreich war allein die Zuständigkeitseinrede im Fall Spanien gegen Kanada, in dem es um die Sicherstellung des spanischen Schiffes Estai durch Kanada ging, da dieses Schiff unter Verletzung einschlägiger kanadischer Gesetze in einem nicht allgemein zugänglichen Bereich Fischerei betrieben habe. Da Kanada seiner Unterwerfungserklärung nach Art. 36 Abs. 2 Statut einen Vorbehalt beigegeben hatte, in dem Streitigkeiten, die Maßnahmen Kanadas bezüglich der Fischerei im Nordwestatlantik betreffen, von der Zuständigkeit ausgenommen waren, entschied der IGH mit Urteil vom 4. Dezember 1998, daß er angesichts dieses Vorbehalts zur Entscheidung des Falles nicht zuständig sei.

Um den Fortgang des Verfahrens zu blockieren, haben Staaten häufig zu dem Mittel gegriffen, am Verfahren nicht teilzunehmen und/oder nicht zu erscheinen. Nach Art. 53 Statut führt das *Nichterscheinen* jedoch nicht dazu, daß den Anträgen des Klägers stattgegeben wird, sondern der IGH prüft auch hier zunächst seine Zuständigkeit und dann die Begründetheit der Klage, soweit dies ohne die Teilnahme einer der Parteien auf der Grundlage des verfügbaren Materials möglich ist. Im Fall Nicaragua gegen die USA wird überwiegend die Auffassung vertreten, daß das Verfahren anders ausgegangen wäre, wenn die USA teilgenommen

hätten. Damit trägt der nichtteilnehmende Staat das Risiko, wenn die Entscheidung aufgrund unvollständiger Materiallage ergehen muß, was als eine Art Sanktion für das Nichterscheinen akzeptabel ist. Den Parteien steht es aber offen, jederzeit ihre Haltung zu ändern und doch noch am Verfahren teilzunehmen.

Wie im innerstaatlichen Verfahren gibt es auch vor internationalen Gerichten eine Reihe von *Inzidentverfahren*, von denen insbesondere der Erlaß einstweiliger Maßnahmen und die Intervention von Bedeutung sind.

Einstweilige Maßnahmen können nach Art. 41 Statut zur Sicherung der Rechte der Parteien erlassen werden, wenn dies den Umständen nach erforderlich scheint, um zu verhindern, daß die Effektivität des Endurteils durch Beeinträchtigung des Streitgegenstandes verhindert wird. Im internationalen Verfahren stößt der Erlaß einstweiliger Maßnahmen auf zwei Probleme. Zum ersten die Frage, wie intensiv die Zuständigkeitsfrage geprüft werden muß, eine Prüfung, die angesichts der Dringlichkeit des Handelns schnell erfolgen muß. In ständiger Rechtsprechung vertritt der IGH die Auffassung, daß es ausreichend ist, wenn *prima facie* eine Zuständigkeitsgrundlage gegeben ist. Es reicht danach z.B., daß eine Unterwerfungserklärung beider Parteien nach Art. 36 Abs. 2 Statut vorliegt; eventuell einschlägige Vorbehalte sind dann in dieser Phase des Verfahrens nicht zu berücksichtigen. Der zweite Problemkreis betrifft die Frage der *Verbindlichkeit der Maßnahmen*. Der Wortlaut von Art. 41 Statut ist unpräzise, denn er spricht davon, daß die Maßnahmen „angezeigt" (indicate, indiquer) werden. Die Meinungsverschiedenheit darüber, ob der Zweck der Sicherung der Effektivität des – verbindlichen – Urteils nicht logischerweise auch die Verbindlichkeit der einstweiligen Maßnahmen erfordere, ist bis heute nicht beigelegt. Mit besonderer Klarheit ist diese Frage hervorgetreten im Fall Paraguay gegen die USA (die Klage ist allerdings inzwischen zurückgezogen worden), in dem Paraguay eine Verletzung des Konsularrechtskonvention von 1963 geltend gemacht hatte, da einer seiner Bürger vor amerikanischen Gerichten nicht den Beistand der konsularischen Vertretung erhalten hatte. Der Betroffene war zum Tode verurteilt worden und Paraguay versuchte am 3. April 1998, im Wege der einstweiligen Anordnung bis zur Klärung der Hauptsache die Hinrichtung auszusetzen. Obwohl der IGH die beantragten Maßnahmen am 9. April 1998 erließ, wurde der Betroffene hingerichtet, da die USA auf dem Standpunkt stehen, daß die Maßnahmen nicht verbindlich sind und zudem ein amerikanisches Gericht die Aussetzung der Vollstreckung abgelehnt hatte. Dieser Fall macht besonders deutlich wie bedenklich es ist, die Verbindlichkeit der zur Wahrung des Effektivität des Haupturteils erlassenen Maßnahmen nicht anzuerkennen.

Die *Intervention* vor dem IGH ist immer dann möglich, wenn es um die Auslegung eines internationalen Vertrages geht; alle Parteien des Vertrages sind berechtigt, an dem Verfahren teilzunehmen mit der Folge, daß die vom IGH gegebene Auslegung auch für sie verbindlich ist (Art. 63 Statut). Daneben ist aber auch eine Intervention möglich, um eigene rechtliche Interessen zu schützen, die durch die Entscheidung des Falles berührt werden könnten (Art. 62 Statut). Für diese zweite Art der Intervention war lange streitig, ob der Intervenient durch ein Jurisdiktionsband mit den Hauptparteien verbunden sein müsse bzw. andernfalls, ob diese der Intervention zustimmen müßten. Nachdem der IGH diese wichtige Frage in den ersten beiden Interventionsfällen (*Tunisia/Libya Continental Shelf*-Fall, Reports 1981, 1ff und *Libya/Malta Continental Shelf*-Fall, Reports 1984, 3ff.) nicht ausdrücklich angesprochen hatte, sie aber wohl doch hinter seiner ablehnenden Entscheidung stand, hat eine Kammer 1990 (*Land, Island and Maritime Frontier Dispute*, El Salvador/Honduras, Reports 1990, 92ff.) entschieden, daß der Intervenient nicht der Gerichtsbarkeit des IGH unterworfen sein müsse, da nicht über Ansprüche des Intervenienten entschieden werde. Um rechtliche Interessen eines Drittstaates zu schützen, muß dieser Staat nicht Partei am Verfahren sein, denn es wird keine Entscheidung über diese Interessen getroffen, was gemäß dem Konsensprinzip in der Tat nur mit Zustimmung des Staates und bei Bestehen eines Jurisdiktionsbandes mit den Hauptparteien möglich wäre.

Das Urteil

Das Urteil ist gemäß Art. 59 Statut für die Streitparteien verbindlich und endgültig. Allerdings kann ein Antrag auf Auslegung des Urteils gestellt werden, wenn Unklarheiten über dessen Tragweite bestehen (Art. 60 Statut) sowie auf Revision (Art. 61 Statut), wenn neue, zur Zeit des Verfahrens noch nicht bekannte wesentliche Tatsachen aufgetaucht sind. Urteile ergehen mit Stimmenmehrheit; bei Stimmengleichheit ist die Stimme des Präsidenten ausschlaggebend. Die Richter können dem Urteil Erklärungen oder Sondervoten beigeben, in denen sie ihre Zustimmung zum Urteil mit weiteren Gründen vertiefen oder in denen sie darlegen, weshalb sie nicht mit der Mehrheit stimmen konnten. Diese Möglichkeit der Abgabe von Sondervoten wird ausgiebig genutzt und trägt zum Verständnis der Meinungslage im Gericht viel bei. Bisweilen wird sie aber auch mißbraucht durch überlange, wenig sachbezogene Äußerungen.

Die Durchsetzung der Urteile obliegt grundsätzlich dem betroffenen Staat. Nach Art. 94 Abs. 2 der UN-Charta kann jedoch der Sicherheitsrat mit der Frage der Durchsetzung befaßt werden, wenn dem Urteil nicht Folge geleistet wird. Der Sicherheitsrat kann sowohl Empfehlungen abgeben als auch Maßnahmen beschließen, um dem Urteil Wirksamkeit zu verschaffen. Zwingende Maßnahmen nach Kapitel VII kann er aber nur dann ergreifen, wenn die Voraussetzungen zur Anwendung von Kapitel VII vorliegen. Die Problematik dieses Durchsetzungsmittels wurde deutlich in dem ersten Fall, in dem der

Sicherheitsrat unter Art. 94 Abs. 2 Charta befaßt wurde: Nicaraguas Antrag auf Durchsetzung des gegen die USA erstrittenen Urteils (Report 1986, 14ff.) scheiterte am Veto (→ Veto/-recht) der USA. Insgesamt ist die Bilanz der Befolgung der Urteile jedoch erfreulich, wenn auch die Durchsetzung bisweilen nicht umgehend und nur in „indirekter" Form erfolgt, wie z.B. im Nicaragua/USA-Fall, in dem die USA schließlich durch ein wirtschaftliches Hilfsprogramm faktisch dem Urteil doch entsprachen, das sie ausdrücklich nicht anerkannt hatten.

Der IGH hat seit seiner Gründung bis 1998 (Dezember) 77 Streitfälle behandelt und etwa 60 Urteile erlassen. 11 Rechtsstreitigkeiten sind derzeit vor dem IGH anhängig.

Das anwendbare Recht

Der IGH entscheidet nach Völkerrecht, dessen Quellen in Art. 38 Statut genannt sind, nämlich Verträge, Gewohnheitsrecht und allgemeine Rechtsprinzipien, wobei die Anwendung von Verträgen, da es sich um geschriebenes Recht handelt, relativ unproblematisch ist. Bei den anderen beiden Rechtsquellen können Zweifel bezüglich des Bestehens der konkreten Regel auftreten, die der Gerichtshof zu klären hat; eine Ablehnung wegen nicht vorhandenen Rechts ist unzulässig (*jura novit curia*). Wenn die Parteien eine entsprechende Vereinbarung treffen, kann der IGH auch *ex aequo et bono* entscheiden, also nach Billigkeitserwägungen; dies ist bisher aber noch nicht vorgekommen.

Gutachten

Gutachten können nicht von Staaten beantragt werden, sondern nur von den in Art. 96 UN-Charta genannten Organen, insbesondere von der Generalversammlung und dem Sicherheitsrat sowie von anderen Organen und → Sonderorganisationen der UN, die entsprechend von der Generalversammlung ermächtigt worden sind; das ist für 6 Organe und 17 Organisationen der Fall. Die besonders ermächtigten Organe und Organisationen können nur Gutachten

über Rechtsfragen beantragen, die ihren Tätigkeitsbereich betreffen, während der Sicherheitsrat und die Generalversammlung Gutachten zu allen Rechtsfragen anfordern können. Anders als in streitigen Verfahren hat der Gerichtshof Ermessen, ob er eine zulässige Gutachtenfrage beantworten will. Bisher hat er aber von diesem Ermessen keinen Gebrauch gemacht. Das Verfahren in streitigen Fällen angepaßt mit dem Unterschied, daß Organisationen und Staaten schriftlich oder mündlich ihre Stellungnahme zu der Gutachtenfrage abgeben können. Gutachten sind nicht verbindlich; es kann jedoch vereinbart werden, die Entscheidung als verbindlich zu betrachten. Gutachtenfragen haben z.T. bedeutenden Einfluß auf die Entwicklung des Völkerrechts gehabt, z.B. die Frage des Beitritts zu den UN (Reports 1948, 57ff.); Entschädigung für im Dienst der UN erlittene Schäden (Reports 1949, 174ff.); der territoriale Status von Namibia (Reports 1971, 16ff.); Westsahara (Reports 1975, 12ff.) sowie zuletzt die bedeutenden Gutachten zur Frage der Atomwaffen (Reports 1996, 66ff., Antrag der WHO; 1996, 226ff., Antrag der Generalversammlung).

Der IGH hat bis 1998 (Dezember) 22 Gutachten erstellt. Ein Gutachtenantrag ist derzeit vor dem IGH anhängig.

Deutschland und der IGH

Die Bundesrepublik Deutschland ist 1973 den UN beigetreten und wurde damit Partei des Statuts des IGH. Bis zu diesem Zeitpunkt hatte sie aber fünfmal von der Möglichkeit Gebrauch gemacht, die Bedingungen des Sicherheitsrats für Nichtmitglieder anzuerkennen, Zugang zum IGH zu erhalten, ohne Partei des Statuts zu sein (Art. 35 Abs. 2 Statut). Die Bundesrepublik war bisher in zwei Fällen Partei: 1969 im Streit mit Dänemark und den Niederlanden um die Abgrenzung des Festlandsockels in der Nordsee sowie 1974 im Fischereistreit mit Island. Zwei deutsche Richter gehörten bisher dem IGH an: von 1975 bis 1984 Hermann Mosler, seit 1994 bis zum Jahre 2003 Carl-August Fleischhauer.

Würdigung des IGH

Die Tätigkeit des IGH hat sich nach einem Tiefpunkt, nach den Entscheidungen in den Südwestafrika-Fällen in den 70er Jahren insgesamt positiv entwickelt. Insbesondere ist eine zunehmende Inanspruchnahme durch Staaten der sog. Dritten Welt, vor allem afrikanischer Staaten, zu verzeichnen, deren Haltung nach den Südwestafrika-Fällen eher ablehnend gewesen war. Seit auch die Staaten des ehemaligen Ostblocks ihre Zurückhaltung dem IGH gegenüber abgelegt haben, ist mit Beginn der 90er Jahre eine deutliche Steigerung der anhängigen Fälle zu verzeichnen. 1998 (Dezember) waren 12 Fälle anhängig, nur einer davon ein Gutachtenantrag. Angesichts des langwierigen Verfahrens führte diese umfangreiche Liste anhängiger Fälle zu Überlegungen einer Vereinfachung des Verfahrens, die bisher erst teilweise Ergebnisse erzielten und noch nicht abgeschlossen sind.

Eine, allerdings immer auch subjektive, Bilanz der Tätigkeit des IGH läßt jedenfalls die Feststellung zu, daß der IGH sich zunehmender Anerkennung erfreut und daß insbesondere die früher deutlich erkennbare „westliche" Prägung sowohl der Richterbank als auch der Streitparteien im Schwinden begriffen ist. Es hat sich ebenfalls gezeigt, daß für schwächere Staaten der Gang zum IGH eine erfolgversprechende Möglichkeit darstellt, ihre Rechte gegen starke Staaten durchzusetzen, wie z.B. der Fall Nicaragua gegen die USA, aber auch die Fälle Iran gegen die USA, belegen. Obwohl für die Staaten in einem Streitfall keine Gerichtskosten entstehen – die Richter werden aus dem Budget der UN bezahlt (→ Haushalt) – sind doch die Aufwendungen für Rechtsberater etc. nicht unerheblich. Um auch finanziell schwächeren Staaten den Zugang zum Gericht zu ermöglichen, ist 1989 vom Generalsekretär ein „Trust Fund" eingerichtet worden, der Unterstützung ermöglichen soll. Da die Beiträge in den Fonds auf freiwilliger Basis erfolgen, ist seine Eigenschaft als ergiebiges Hilfsmittel wohl eher zweifelhaft, insbesondere angesichts des zögerlichen Zahlungsverhaltens der Staaten bei den Beiträgen zu den UN.

Aber nicht nur die Zahl der anhängigen Fälle ist ausschlaggebend für eine Würdigung der Tätigkeit des IGH, denn er ist nicht das einzige Organ oder Mittel zur friedlichen Beilegung von Streitigkeiten und für bestimmte Streitigkeiten mögen zudem andere Mittel geeigneter erscheinen. Darüber hinaus wird der IGH aufgrund des Konsensprinzips durch die ihm vorgelegten Streitigkeiten bezüglich der zu klärenden Rechtsfragen festgelegt; er kann nicht von sich aus Rechtsfragen aufgreifen. So ist im Zusammenhang mit dem *Lockerbie*-Fall eine sehr umstrittene Frage aktuell geworden, die das Problem betrifft, ob der IGH die Befugnis hat, die Rechtmäßigkeit von Resolutionen des Sicherheitsrats zu überprüfen und damit als eine Art Verfassungsgericht über die Einhaltung der Charta-Bestimmungen zu wachen. Auch wenn der IGH nicht als Kontrollorgan zur Einhaltung der Charta konzipiert ist und wenn jedes Organ der UN zuständig ist, seine Kompetenzen im Rahmen der Charta selbst auszulegen, ist der IGH sicher nicht gehindert, in einem anhängigen Fall inzident zur Lösung der anstehenden Streitfrage eine Resolution des Sicherheitsrats zu überprüfen. Aufgrund des sehr weiten Ermessens des Sicherheitsrats wird er aber wohl nur in - kaum vorstellbaren - Fällen, in denen der Sicherheitsrat gegen zwingende Normen des Völkerrechts, *ius cogens*, verstoßen hat, zu einer Feststellung der Rechtswidrigkeit der Resolution kommen können. Eine derartige Feststellung hätte jedoch auch nur Wirkung zwischen den Streitparteien; der IGH könnte die Resolution nicht annullieren, jedoch könnte sich jeder Staat auf diese Feststellung berufen.

Welche Rolle der IGH bei der → Friedenssicherung spielt, läßt sich nicht mit Sicherheit beurteilen. Ob eine bestehende Unterwerfungserklärung oder bereits vorliegende Rechtsprechung das

Streitverhalten von Staaten beeinflussen kann, läßt sich allenfalls vermuten. Allerdings gibt es Fälle, in denen die sich als unvermeidlich abzeichnende Regelung des Streits durch den IGH zu einer außergerichtlichen, friedlichen Beilegung des Streits führte, so z. B. im Streit zwischen Finnland und Dänemark über den Bau einer Brücke über den Großen Belt (*Passage through the Great Belt, Finland v. Denmark,* ICJ Reports 1991, 12), in dem aus der Entscheidung über die einstweiligen Maßnahmen hervorging, daß Dänemarks Position nicht so aussichtsreich war wie es vermutet hatte; nach der positiven Entscheidung über die Zuständigkeitsfrage regelten auch Nauru und Australien ihre Streitigkeit über die Phosphatvorkommen friedlich (ICJ Reports 1992, 240ff.) und schließlich haben die USA den Streit, den Iran wegen des Abschusses eines iranischen Airbusses mit 290 Menschen an Bord während des ersten Golfkriegs vor den IGH gebracht hatte, außergerichtlich friedlich geregelt. In diesen Fällen hat die Aussicht auf eine unvermeidliche gerichtliche Beilegung durchaus positiv im Sinne einer zwischenstaatlichen, friedlichen Beilegung des Streits gewirkt. Allerdings ist hervorzuheben, daß diese Streitigkeiten nicht in den Bereich der hochsensiblen, friedensgefährdenden Streitfälle gehören, bei denen insbesondere eine Unterwerfung unter die Gerichtsbarkeit des IGH kaum realistisch ist und bei denen eher andere Gremien eingeschaltet werden, insbesondere der Sicherheitsrat. Im Zusammenhang mit derartigen Streitigkeiten kommt dem IGH allenfalls eine Rolle als ein Glied in einer Kette von Aktivitäten zur Friedenserhaltung zu, die allerdings auch nur dann wahrgenommen werden kann, wenn die betreffenden Staaten sich der Zuständigkeit des Gerichtshofs unterworfen haben. Der IGH kann, schon wegen des Fehlens einer allumfassenden obligatorischen Zuständigkeit, nur ein Element im Zusammenspiel mehrerer Organe sein, die der Friedenssicherung und –erhaltung dienen, allerdings eines, dessen Bedeutung aufgrund weitgehender Akzeptanz seiner Zuständigkeit und seiner Rechtsprechung zunimmt. Wie weit ihm eine Rolle bei der *Konfliktverhütung* zukommt, ist noch weniger deutlich festzustellen, da es hierbei um Aktivitäten im Vorfeld des Entstehens eines Streites geht, so daß allein die Aussicht auf eine spätere Einschaltung des Gerichts Einfluß auf das Verhalten der Parteien der konfliktträchtigen Situation haben müßte. Hingegen kann aber wohl mit guten Gründen festgestellt werden, daß das Scheitern der Einführung der obligatorischen Zuständigkeit des IGH auf die streitschlichtende Funktion kaum Auswirkungen hat, da allein ein gerichtliches Urteil über eine Streitigkeit noch nicht unbedingt auch die Beilegung des Streits garantiert. Da ein effektives Durchsetzungsorgan im Völkerrecht fehlt, ist auch die Befolgung eines Urteils weitgehend dem Verhalten der betroffenen Staaten selbst überlassen und deren Bereitschaft, ein Urteil zu befolgen ist insbesondere dann gegeben, wenn sie die gerichtliche Beilegung tatsächlich wünschten. Dies ist jedoch bei obligatorischer Zuständigkeit, und ebenfalls bei der Unterwerfung nach der Fakultativklausel, in wesentlich geringerem Maße gewährleistet, als in Fällen einer *Ad-hoc*-Unterwerfung, so daß es vor allem darauf ankommt, auf die Staaten einzuwirken, gerichtliche Streitbeilegung zu akzeptieren. Daß hier ein Wechselspiel zwischen bereits vorliegender Erfahrung, also Rechtsprechung, und Bereitschaft zu künftiger Befassung internationaler Gerichte, insbesondere des IGH, vorliegt, steht außer Frage. Die Erfahrung mit der Tätigkeit des IGH seit den 80er Jahren setzt hier ein hoffnungsvolles Zeichen, denn seine Akzeptanz war nie so groß wie heute.

Karin Oellers-Frahm

Lit.: a) Publikationen des IGH (jeweils in Englisch u. Französisch): Reports of Judgments, Advisory Opinions and Orders (Urteile und Gutachten); Pleadings, Oral Arguments, Documents (Schriftsätze und Niederschriften der mündlichen Verhandlungen); Yearbook (allgemeine Informatio-

nen über den IGH, Liste der anhängigen Fälle, Übersicht über die bisherige Rechtsprechung, Liste der Unterwerfungserklärungen sowie der Verträge mit Schiedsklausel zum IGH); Bibliography (Literatur zum IGH); Der internationale Gerichtshof, IGH (Hrsg.):Broschüre des IGH, 172 S. in dt. Übersetzung. b) Sekundärliteratur: Damrosch, L. F. (Hrsg.).: The International Court at a Crossroads, New York 1987; Elias, T.O.: United Nations Charter and the World Court, Lagos 1989; Guyomar, G.: Commentaire du règlement de la Cour internationale de Justice, Paris1983; Mosler, H.: Kapitel XIV. Der Internationale Gerichtshof, in: Simma, B. (Hrsg.): Charta der Vereinten Nationen. Kommentar, München 1991, 927-964; Rosenne, S.: The World Court: What it is and how it works, Dordrecht 1995; Schlochauer, H.-J./Oellers-Frahm, K.: The International Court of Justice, in: Bernhardt, R. (Hrsg.): EPIL, Bd. II, Amsterdam 1995, 1084-1107, mit detaillierten Literaturhinweisen und Fallaufstellung; Eyffinger, A.: The International Court of Justice 1946-1996, The Hague u.a. 1996; Muller, A. S.(Hrsg.): The International Court of Justice, The Hague u.a. 1997; Rosenne, S.: The Law and Practice of the International Court, 1920-1996, The Hague u.a. 1997, 4 Bd.. c) Repertorien zur Rechtsprechung des IGH (und StIGH): Hambro, E.: The Case Law of the International Court of Justice, insgesamt 8 Bände, umfaßt die Rechtsprechung von 1923 bis 1974, Leyden; Max-Planck-Institut für ausländisches öffentliches Recht und Völkerrecht: World Court Digest, Bd. 1, 1986-1990, Bd. 2, 1991-1995, Berlin/Heidelberg u.a. 1993 und 1997; sowie Fontes Iuris Gentium, Series A, Section I, Berlin/Heidelberg/New York, Bd. 5, 1947-1958 (1961), Bd.6, 1959-1975 (1978), Bd.7, 1986-1990 (1993); Ziccardi-Capaldo, G.: Repertory of the Decisions of the International Court of Justice, 1947-1992, Dordrecht u.a. 1995.
Internet: Homepage des IGH: http://www.icj-cij.org

ILC – Völkerrechtskommission

Art. 13(1)(a) der → Charta der UN erteilt der → Generalversammlung den Auftrag, Untersuchungen zu veranlassen und Empfehlungen abzugeben, um u.a. „die fortschreitende Entwicklung des Völkerrechts sowie seine Kodifizierung zu begünstigen". Damit wurde der Generalversammlung die Rolle eines

Motors in der Völkerrechtsentwicklung (→ Völkerrechtsentwicklung im Rahmen der UN) zugewiesen (*Tomuschat* 1991). Um diese Aufgabe erfüllen zu können, schuf die Generalversammlung mit Resolution 174 (II) am 21. November 1947 ein Unterorgan, nämlich die *International Law Commission (ILC, Völkerrechtskommission)*, deren Statut - in der ursprünglichen Fassung - sich im Anhang zur Gründungsresolution findet. Die ILC trat 1948 zur ihrer ersten Tagung zusammen.

Ihr *Statut* übernimmt die gerade für die Generalversammlung genannte *Aufgabenstellung* und bestimmt diese wie folgt näher (Art. 15): Während „*Kodifikation*" in der präziseren Formulierung und Systematisierung völkerrechtlicher Regeln auf Sachgebieten bestehen soll, auf denen bereits umfangreiche, verfestigte Staatenpraxis, Judikatur und Lehre vorhanden sind, soll es bei der „*fortschreitenden Entwicklung*" um die Ausarbeitung von Konventionsentwürfen in Bereichen gehen, für die es noch keine - bzw. noch keine genügend ausgereiften - völkerrechtlichen Regeln gibt.

Das ILC-Statut knüpft an diese Unterscheidung bestimmte verfahrensrechtliche Unterschiede, die jedoch in der Praxis schon deshalb keine Rolle spielen, weil die Kommission in ihrer Arbeit sehr bald die Erfahrung machen mußte, daß eine gleichsam „mechanische" Kodifikation durch bloße schriftliche Formulierung bisher geltenden Völkergewohnheitsrechts und allgemeiner Rechtsgrundsätze nicht praktikabel ist. Bereits der Prozeß der Erkenntnis dieses ungeschriebenen Rechts bedarf der rechtsschöpferischen Ergänzung. Bei der Arbeit der ILC geht es aber immer über eine solche „Restatement-"Funktion hinaus auch gezielt um die Konsolidierung bisher ungeschriebenen Völkerrechts durch dessen inhaltliche Anpassung an die geänderten Bedürfnisse der heutigen universell gewordenen Staatengemeinschaft. Daher vermeidet die Kommission in ihren Berichten regelmäßig eine Festlegung darauf, nach welcher der beiden Methoden sie im einzelnen vorgegangen ist, wenngleich sich die meisten ihrer Arbeitsthemen bzw. -ergebnisse zumindest tendenziell der einen oder anderen Funktion zuordnen lassen.

Die ILC bestand ursprünglich aus 15 Mitgliedern. Diese Zahl wurde in mehreren Schritten auf gegenwärtig 34 erhöht - vor allem, um der Dritten Welt eine angemessenere Repräsentanz zu sichern. Dies entspricht der Vorschrift des Statuts, wonach die ILC in ihrer Gesamtheit eine Vertretung der großen Kulturkreise und der hauptsächlichen Rechtssysteme der Welt gewährleisten soll. Nach dem gegenwärtigen (vgl. GA/Res. 36/39) geltenden Verteilungsschlüssel kommen den einzelnen UN-Regionalgruppen (→ Regionalgruppen) folgende Kontingente zu: Westliche und andere Staaten: 8; Afrika: 8 oder 9; Asien: 7 oder 8; Lateinamerika: 6 oder 7; Osteuropa: 3 oder 4.

Die *Mitglieder* der ILC werden von der Generalversammlung nach Vorschlägen der Mitgliedstaaten auf 5 Jahre gewählt. Sie sollen anerkannte Sachkenntnis auf dem Gebiet des internationalen Rechts besitzen. Obwohl das Statut zu dieser Frage schweigt, üben die Kommissionsmitglieder ihre Tätigkeit nicht als weisungsgebundene Vertreter ihrer Heimatstaaten, sondern als unabhängige Experten aus. Sie sind auch keine Bediensteten der UN. Die Kommission tagt jährlich für die Dauer von ca. 3 Monaten in Genf.

Die Auswahl der Beratungsgegenstände, denen sich die ILC widmen will, erfolgt praktisch im Einvernehmen zwischen Kommission und der Generalversammlung (Sechster Ausschuß). Ist eine solche Auswahl einmal grundsätzlich erfolgt, befaßt sich üblicherweise eine Arbeitsgruppe mit dem neuen Thema und legt Leitlinien für die weitere Behandlung fest. Daraufhin wählt die ILC aus ihren Reihen einen *Sonderberichterstatter (Special Rapporteur)*, der die wichtigste wissenschaftliche Leistung zu erbringen hat, indem er dem Plenum (in der Regel jährlich) *Berichte* vorlegt, die üblicherweise ab einem gewissen „Reifegrad"

des Projekts in *Artikelentwürfe (draft articles)* münden. Diese Berichte werden dann in den ILC-Plenarsitzungen gründlich diskutiert, um anschließend einem *Redaktionsausschuß (Drafting Committee)* zugewiesen zu werden. Dieser hat aus den Vorschlägen der Berichterstatter im Licht der Meinungen in den Plenardebatten einen mehr oder weniger revidierten Text zu erstellen, der dann wieder vor das Plenum der Kommission gelangt, um dort nochmals diskutiert zu werden. Schließlich wird der *Entwurf* von der Kommission in erster Lesung verabschiedet und dem Sechsten Ausschuß der Generalversammlung (→ Ausschußsystem) zur Prüfung vorgelegt. Auch die UN-Mitgliedstaaten werden zur Stellungnahme aufgefordert. Da die Kommission ihre Arbeit in ihrem *Jahresbericht* ausführlich dokumentiert (s.u.), haben die Staaten aber auch schon vorher Gelegenheit, den Werdegang der Entwürfe kritisch-kommentierend zu begleiten. Leider machen sie nur unzureichend von dieser Möglichkeit Gebrauch, was bedauerlich ist, weil nur durch intensives Feedback seitens der Regierungen gesichert werden kann, daß die Kommissionsentwürfe schließlich Aussicht auf Akzeptanz seitens eines repräsentativen Staatenkreises haben. Im Licht der eingegangenen Stellungnahmen verabschiedet die ILC dann ihren *Entwurf in zweiter Lesung* und übermittelt diesen wieder der Generalversammlung.

In deren Händen liegt dann die Entscheidung über das weitere Verfahren: Sie kann eine *Staatenkonferenz* einberufen, welcher der ILC-Entwurf als Grundlage dient und an deren erfolgreichem Ende dann die Annahme des endgültigen Vertragstextes und dessen Auflegung zur Unterzeichnung steht. Die Generalversammlung kann einen Konventionstext aber auch durch eigenen Beschluß annehmen. In anderen Fällen verbleibt das Endprodukt der ILC-Arbeit in der Gestalt einer *Resolution* bzw. *Deklaration* der Generalversammlung. (→ Resolution/Deklaration/Beschluß)

Das damit beschriebene Verfahren ist kompliziert und äußerst langwierig. Von der Auswahl eines Beratungsgegenstandes bis zur Annahme eines entsprechenden Artikelentwurfes vergehen in der Regel Jahre - unter Umständen auch mehrere Jahrzehnte. Dies hat mit Faktoren wie dem Wechsel von Sonderberichterstattern, der Konzentration der ILC-Arbeit auf andere Beratungsgegenstände oder den nur zögernden Reaktionen der Staaten in den Zwischenstadien eines Projektes zu tun. Wenn die Kommission in einzelnen Fällen zu rascherer Gangart aufgefordert wurde, hat sie Entwürfe auch binnen viel kürzerer Zeit vorgelegt, so z. B. ihren Entwurf für das Statut eines Internationalen Strafgerichtshofes (→ ICC). Im übrigen beeinflussen die Arbeiten der ILC Staatenpraxis und Judikatur (v.a. des Internationalen Gerichtshofs - → IGH) häufig schon vor ihrem formalen Abschluß, gestalten also die Entwicklung des Völkergewohnheitsrechts mit. Vielleicht können diese Arbeiten als eine neue, gleichsam organisierte Form der herrschenden Völkerrechtslehre angesehen werden.

Die ILC ist 1998 fünfzig Jahre alt geworden. Unbestreitbar war sie in der ersten Hälfte ihres bisherigen Bestehens erfolgreicher als später. Als gelungene Arbeitsvorhaben aus dieser Zeit seien die Entwürfe zu den vier Genfer Seerechtskonventionen 1958 genannt (→ Seerecht), ferner diejenigen zu den Wiener Übereinkommen über diplomatische und konsularische Beziehungen (1961 bzw. 1963). Die erstgenannten Verträge sind inzwischen von dem UN-Seerechtsübereinkommen 1982 abgelöst worden, bei dessen Zustandekommen die ILC nicht beteiligt war; die beiden Wiener Übereinkommen haben praktisch universelle Anerkennung gefunden. 1966 verabschiedete die Kommission Artikelentwürfe zum Recht der völkerrechtlichen (zwischenstaatlichen) Verträge, die in das *Wiener Übereinkommen über das Recht der Verträge* 1969 mündeten, dessen Mitgliederstand zwar nur etwa die Hälfte der Staaten umfaßt, das aber gleichwohl

als in der Staatenpraxis allgemein anerkanntes Regelwerk gelten kann (→ Völkerrechtliches Vertragsrecht). Diesem Vertrag ist 1986 ein *Wiener Übereinkommen über das Recht der Verträge internationaler Organisationen* an die Seite gestellt worden.

Weitere Entwürfe der Kommission wurden zwar auch in Konventionen umgegossen, doch haben diese Übereinkommen nur eine geringe Anzahl von Vertragsparteien gefunden oder sind bis heute nicht in Kraft getreten. Dazu gehören die Konventionen über diplomatische Sondermissionen 1969, über die Vertretung von Staaten in ihren Beziehungen mit universellen internationalen Organisationen 1975, sowie schließlich über die Staatennachfolge in völkerrechtlichen Verträgen 1978, und in Staatseigentum, Archiven und Schulden 1983.

Eine Erklärung für diese Erfolge bzw. Mißerfolge mag darin liegen, daß es sich bei den Regelungsgegenständen der erstgenannten Gruppe um Materien handelt, bei denen die Kommission über weite Strecken konsolidiertes, politisch gleichsam (bereits) „ausgekühltes" Gewohnheitsrecht vorfand, das einer Gegenseitigkeit der staatlichen Interessen entsprach. Eben diese Berücksichtigung der Interessenlage aller Beteiligten lassen die drei letztgenannten Konventionen der zweiten Gruppe vermissen. Ferner ist die ILC bei Beratungsthemen auf Schwierigkeiten gestoßen oder gar vom Kodifikationsprozeß ausgeschlossen worden, in denen das vorhandene Völkerrecht in starker Veränderung begriffen war bzw. ist. Dies gilt v.a. für das völkerrechtliche Seerecht in seiner Entwicklung seit den 60er Jahren, dessen Neugestaltung von Anfang an einer Staatenkonferenz mit universeller Beteiligung überantwortet wurde; in jüngerer Zeit aber auch etwa für das Thema der Staatenimmunität (vor nationalen Gerichten), zu dem die Kommission 1991 einen Artikelentwurf vorgelegt hat, der seither im Sechsten Ausschuß nicht vorankommt.

Das gegenwärtige *Arbeitsprogramm* der ILC umfaßt 6 Themen: die völkerrechtliche Verantwortlichkeit der Staaten, Haftung für grenzüberschreitende Schäden aus rechtmäßigem Verhalten, Staatsangehörigkeitsfragen bei Staatensukzession, diplomatischer Schutz von Staatsangehörigen, einseitige Rechtsgeschäfte, Vorbehalte zu multilateralen Verträgen.

Der erstgenannte Beratungsgegenstand beschäftigt die Kommission und bisher fünf Special Rapporteurs seit 35 Jahren. Seine besondere Herausforderung liegt in der angemessenen Berücksichtigung der gegenwärtigen Entwicklung völkerrechtlicher Verantwortlichkeit über die traditionellen bilateralen Rechtsbeziehungen hinaus auf diejenigen Rechtspflichten, deren Erfüllung im Interesse aller Staaten liegt, und auf deren Einhaltung alle Staaten einen rechtlichen Anspruch haben (Völkerrechtpflichten *erga omnes*). Welche gültige Rechtsform dem zukünftigen Artikelentwurf zukommen soll, ist noch offen. Die Behandlung des zweiten Themas leidet an konzeptionellen Unklarheiten und kommt deshalb ebenfalls nur schleppend voran. Mit dem an dritter Stelle genannten Gegenstand arbeitet die Kommission den Gesamtkomplex der besonders kontroversen und lückenhaften völkerrechtlichen Regeln über die Staatennachfolge auf. Die Wahl des Themas „diplomatischer Schutz" ist bemerkenswert, weil sie Fragen mit einbezieht, die noch vor wenigen Jahren insbesondere zwischen Nord und Süd heiß umstritten waren, aber heute unter dem Gewicht der → Globalisierung offenbar „kodifikationstauglich" geworden sind. Das Thema „einseitige Rechtsgeschäfte" ist zwar rechtsdogmatisch hochinteressant, als Gegenstand eines Kodifikationsvorhabens aber wohl ein Mißgriff. Der letztgenannte Beratungsgegenstand hat die Ergänzung der den Vorbehalten gewidmeten Regeln der Wiener Konventionen zum Recht der Verträge 1969, 1978 und 1986 zum Ziel, deren praktische Anwendung zahlreiche Fragen offen läßt. Hier hat die Kommission also zum ersten Mal ein Thema wieder aufgegriffen, das bereits einmal

Gegenstand durchaus erfolgreicher Kodifikation war, um Lücken zu schließen und das Recht an veränderte Verhältnisse anzupassen - ein Schritt, der in Zukunft wohl einen wachsenden Anteil der ILC-Arbeiten ausmachen wird, denn die „klassischen" für die „erstmalige" Kodifikation geeigneten Kapitel des allgemeinen Völkerrechts erscheinen beinahe erschöpft.

In einer Reihe wichtiger Bereiche des Völkerrechts (z.B. Schutz der Menschenrechte (→ Menschenrechtsschutz), internationales Umweltrecht (→ Umweltvölkerrecht), internationales Wirtschaftsrecht (→ Welthandelsrecht)) sind gesonderte, spezialisierte Einrichtungen mit der Ausarbeitung von Regelwerken betraut, so daß einem Zugriff der Kommission als eines Gremiums völkerrechtlicher „Generalisten" gewisse politische, aber auch technische Schwierigkeiten im Wege stehen. In der damit angedeuteten immer größeren Spezialisierung des Völkerrechts, zu der auch seine wachsende Regionalisierung tritt, und der dadurch geförderten Herausbildung völkerrechtlicher Regime, die sich als mehr oder weniger autonom begreifen, steckt eine große Gefahr für das Weiterbestehen eines universell geltenden Völkerrechts. Neben der Befassung mit aktuellen regelungsbedürftigen Fragen wird die ILC ihr Augenmerk verstärkt auf die Erhaltung und Konsolidierung dieser allgemeinvölkerrechtlichen Grundlagen der Staatenbeziehungen zu richten haben.

Bruno Simma

Lit.: 1) Die wichtigste Quelle für die Verfolgung der ILC-Arbeit stellt das von den Vereinten Nationen veröffentlichte *Yearbook of the International Law Commission* dar, das jeweils 2 Bände umfaßt, deren zweiter wiederum geteilt ist. Band I enthält die *Summary Records* der Kommissionssitzungen; in Band II/Teil 1 finden sich die für die jeweilige Tagung bedeutsamen *Dokumente*, darunter vor allem die *Berichte der Special Rapporteurs*, während Teil 2 den *Jahresbericht der Kommission* an die Generalversammlung enthält (der bereits vorher jeweils als Supplement No. 10 zu den General Assembly Official Records rechtzeitig für die Diskussion der ILC-Arbeit im Sechsten Ausschuß veröffentlicht wird). *2) Weitere UN-Veröffentlichungen: United Nations:* The Work of the International Law Commission, 5. Aufl., New York 1996; *United Nations:* International Law on the Eve of the Twenty-first Century: Views from the International Law Commission, New York 1997; *United Nations:* Analytical Guide to the Work of the International Law Commission 1949-1997, New York 1998; *United Nations:* Making Better International Law: The International Law Commission at 50, New York 1998. *3) Sekundärliteratur::* *Sinclair, J.:* The International Law Commission, Cambridge 1987; *Tomuschat, C.:* Die Völkerrechtskommission der Vereinten Nationen, in: VN 36 (1988), 180-186; *Tomuschat, C.:* ILC-Die Völkerrechtskommission der Vereinten Nationen, in: Wolfrum, R: (Hrsg.): Handbuch Vereinte Nationen, 2. Aufl., München 1991, 381-338; *Fleischhauer, C.A.:* Kommentar zu Art. 13, in: Simma, B. (Hrsg.): Charta der Vereinten Nationen: Kommentar, München 1991, 224-238; *Vallat, F.:* International Law Commission, in: *Bernhardt, R.* (Hrsg.): EPIL Bd. II (1995), 1208-1216.

ILO – Internationale Arbeitsorganisation

Die *Internationale Arbeitsorganisation (International Labour Organization – ILO)* wurde 1919 zusammen mit dem → Völkerbund im Rahmen der Friedensverhandlungen von Versailles gegründet. Aufgrund eines Abkommens mit den UN gemäß Art. 57 der UN-Charta (→ Charta der UN) wurde sie 1946 die erste → Sonderorganisation der Vereinten Nationen. Derzeit gehören der ILO 173 Staaten an, die damit heute eine nahezu universale Organisation darstellt.

Ziele und Tätigkeit

Mit der Gründung der ILO sollten die Gleichheit von Konkurrenten durch völkerrechtliche Mindeststandards sichergestellt und „Sozialdumping" verhindert werden. Sie verdankt sich der Überzeugung, daß wahrer Friede „nur auf dem Boden sozialer Gerechtigkeit aufgebaut werden" könne, wie es in der Verfassung der ILO heißt. Die 26. Vollversammlung in Philadelphia, die die ILO an die Bedingungen der Nachkriegszeit anpassen sollte, präzisierte

diese Zielsetzung mit der Forderung nach Einhaltung grundlegender → Menschenrechte und der Festlegung der Organisation auf den Kampf gegen Arbeitslosigkeit, für Verteilungsgerechtigkeit und soziale Sicherheit.

Die normsetzende Tätigkeit der ILO (→ Völkerrechtsentwicklung in Rahmen der UN), deren Ziel die Schaffung eines *International Labour Code* ist, bildet nach wie vor den Kern ihrer Tätigkeit. Die ILO unterscheidet dabei *Übereinkommen* und *Empfehlungen*. Während Empfehlungen nur einen Orientierungsmaßstab für die nationale Rechtsetzung bieten, sind Übereinkommen für diejenigen Mitglieder bindend, die es ratifiziert haben. Sie haben über dessen Umsetzung im Rahmen einer allgemeinen Überprüfung jährlich Bericht zu erstatten. Darüber hinaus gibt es auch eigene *Beschwerde- und Klageverfahren* für den Fall, daß ein Mitgliedstaat ein von ihm ratifiziertes Übereinkommen verletzt. Diese Verfahren sehen allerdings keine Sanktionsmöglichkeiten vor; einziges Druckmittel, um den das Übereinkommen verletzenden Staat zur Einhaltung des Übereinkommens zu bewegen, bleibt daher die Herstellung von Öffentlichkeit. Die wichtigsten bislang verabschiedeten Übereinkommen betreffen Fragen wie das Verbot von Zwangsarbeit, die Vereinigungsfreiheit, die Nichtdiskriminierung oder gleiche Bezahlung. Primärer Gegenstand der *Normsetzungstätigkeit* waren Arbeitsschutzvorschriften, bald wurden jedoch auch allgemeinere Fragen der sozialen Sicherheit in Übereinkommen geregelt. Einige wenige Übereinkommen können in ihren Kernaussagen mittlerweile dem Völkergewohnheitsrecht zugerechnet werden und haben so universale Geltung erlangt.

Mit der → Entkolonialisierung in den 50er und 60er Jahren trat neben diesen normativer Schwerpunkt der ILO ein operativer: Die technische Hilfe wurde zu einem wichtigen Handlungsfeld der Organisation. Dabei kooperiert die ILO mit anderen Gliederungen des → UN-

Systems, insbesondere dem Entwicklungsprogramm → UNDP.

Einen letzten Arbeitsschwerpunkt bilden Forschung sowie Informations- und Dokumentationswesen. Diese Aufgabe obliegt im wesentlichen dem Internationalen Arbeitsamt. Daneben gründete die ILO zwei weitgehend selbständige Bildungsinstitute, das Internationale Institut für Arbeitsfragen in Bern und das Internationale Zentrum für berufliche und fachliche Fortbildung in Turin.

Struktur

Herausragendes und in internationalen Organisationen einmaliges Strukturmerkmal der ILO ist die *„Dreigliedrigkeit" ihrer Repräsentativorgane (Tripartismus)*. Die Delegationen der Mitgliedstaaten bestehen nicht nur aus Regierungsvertretern, sondern schließen auch Repräsentanten der Arbeitnehmer- und der Arbeitgeberverbände mit ein. Durch ein Verhältnis von 2:1:1 ist allerdings sichergestellt, daß die Regierungsvertreter nicht überstimmt werden können. Oberstes Organ der ILO ist die jährlich zusammentretende *Internationale Arbeitskonferenz (IAK)*, in der alle Mitgliedstaaten vertreten sind. Sie diskutiert und verabschiedet *Internationale Arbeitsnormen* und Änderungen der Verfassung der Organisation, beschließt Arbeitsprogramme und das Budget und wählt die Mitglieder des Verwaltungsrates.

Der *Verwaltungsrat* ist in seiner Stellung in der Struktur internationaler Organisationen ebenso einmalig wie das Prinzip des Tripartismus. Zu seinen Aufgaben gehört es, die Tätigkeit des Internationalen Arbeitsamtes zu kontrollieren und dessen *Generaldirektor* zu wählen, die Tagesordnung der IAK aufzustellen und Beschwerden und Klagen über Nichteinhaltung von Übereinkommen zu behandeln. Er umfaßt 56 Mitglieder (28 Regierungs- und je 14 Arbeitgeber- bzw. Arbeitnehmervertreter), wobei die zehn wirtschaftlich stärksten Mitgliedstaaten (darunter auch Deutschland) einen ständigen Sitz innehaben.

Das *Internationale Arbeitsamt (IAA)* übernimmt als klassisches Sekretariat Dienstleistungs- und Verwaltungsfunktionen. Darüber hinaus ist es für die bereits erwähnten Forschungs-, Dokumentations- und Informationsaufgaben zuständig. An der Spitze des IAA steht der Generaldirektor (ab 1999: Juan Somavía).

Die Finanzierung der ILO erfolgt über Mitgliedsbeiträge, deren Verteilungsschlüssel demjenigen der UN entspricht. Für 1998/99 beläuft sich der Zweijahreshaushalt auf 481,05 Mio. US$; allerdings werden die meisten operativen Ausgaben, vor allem in der Technischen Hilfe, von anderen UN-Organisationen finanziert.

Bewertung

Mit der Beteiligung der Sozialpartner in ihren Organen ist die ILO unter den Sonderorganisationen der UN einmalig. Das Prinzip der Dreigliedrigkeit eröffnet auf internationaler Ebene den Weg zu einem Dialog von Regierungen, Arbeitnehmern und Arbeitgebern. Problematisch ist allerdings, daß die Stellung der Sozialpartner in den verschiedenen Mitgliedstaaten stark divergiert. In zahlreichen Staaten kann etwa von freien Gewerkschaften nicht die Rede sein; der Tripartismus wird in diesem Fall zur Farce. Grundsätzlich aber hat sich das Prinzip bewährt.

Gegenüber den weltwirtschaftlichen Organisationen spielt die ILO als eine Art „soziales Gewissen" im UN-System freilich nur eine untergeordnete Rolle; ihre Prinzipien und Beschlüsse binden andere Gliederungen dieses Systems in keiner Weise. Mit ihren Internationalen Arbeitsnormen spielte die ILO dennoch eine Vorreiterrolle im internationalen → Menschenrechtsschutz. Dies gilt auch für die von ihr entwickelten Berichts- und Kontrollverfahren. Für ihre Arbeit erhielt die ILO 1969 den Friedensnobelpreis.

Christian Jetzlsperger

Lit.: *Hüfner, K.:* Die Vereinten Nationen und ihre Sonderorganisationen. Strukturen, Aufgaben, Dokumente. Teil 2: Die Sonderorganisationen, 3. Aufl., Bonn 1992;

Köhler, P.A.: ILO - Internationaler Arbeits-organisation, in: Wolfrum, R. (Hrsg.): Handbuch Vereinte Nationen, 2. Aufl., München 1991, 339-347; *Rütters, P.:* Internationale Arbeitsorganisation (ILO/IAO), in: Albrecht, U./Volger, H. (Hrsg.): Lexikon der Internationalen Politik, München/Wien 1997, 236-238; *Unser, G.:* Die UNO. Aufgaben und Strukturen der Vereinten Nationen, 5. Aufl., München 1992.
Internet: Homepage der ILO: http://www.ilo.org

IMO – Internationale Seeschiffahrts-Organisation

Die Internationale Seeschiffahrts-Organisation (International Maritime Organization - IMO) wurde durch Übereinkommen der Seeschiffahrtskonferenz der Vereinten Nationen vom 6.3.1948 (UNTS Bd. 324 Nr. 553), das am 17.3.1959 in Kraft trat, unter dem Namen „Zwischenstaatliche Beratende Seeschiffahrts-Organisation" (Inter-Governmental Maritime Consultative Organization – IMCO) gegründet. Die Namensänderung in IMO erfolgte durch Beschluß der Vollversammlung der IMCO vom 14.11.1975 und trat am 22.5.1982 in Kraft.

IMO ist eine der 16 → Sonderorganisationen der Vereinten Nationen. Ihr Sitz ist London.

Die Mitgliedschaft in der IMO steht gem. Art. 4-6 des IMO-Übereinkommens allen Mitgliedstaaten der UN offen oder allen Staaten, die Teilnehmer an der Seeschiffahrts-Konferenz 1948 in Genf waren, die zur Gründung der IMCO führte. Andere Staaten können beitreten, wenn zwei Drittel der Mitgliedstaaten der IMO zustimmen. Nach diesem Verfahren ist z.B. 1955 die Schweiz, die kein Mitglied der UN ist, der IMO beigetreten. Die IMO hat 156 Mitgliedstaaten (Stand: 1.8.1999).

Ziele und Aufgaben

Ziel der IMO ist gemäß dem IMO-Übereinkommen die Förderung der Zusammenarbeit der Regierungen in allen technischen Angelegenheiten der internationalen Seeschiffahrt. Hierbei geht es vor allem um die internationale Durchsetzung der bestmöglichen Stan-dards in den Bereichen Schiffssicherheit, Schiffsführung und Meeresumweltschutz. Zur Erfüllung ihrer Aufgaben spricht die IMO Empfehlungen aus, die als Resolutionen der IMO-Vollversammlung verabschiedet werden oder legt Entwürfe für internationale Übereinkommen aus, die von hierzu einberufenen Konferenzen beraten und beschlossen werden.

Ursprünglich gab es in der IMO auch Bestrebungen, sich mit der wirtschaftlichen Seite der Seeschiffahrt zu befassen, dies stieß jedoch auf den Widerstand wichtiger Mitgliedstaaten, so daß sich die IMO auf die technische Zusammenarbeit beschränkte. IMO hat über 40 Übereinkommen in den verschiedenen Bereichen ihrer Zuständigkeit verabschiedet, von den die meisten bereits in Kraft getreten sind. Zu den wichtigsten zählen Übereinkommen über die Internationale Seestraßenordnung, technische Schiffssicherheit, die Seenotrettung, die Errichtung eines Seefunk-Satelliten-Netzes, zur Verhütung von Meeresverschmutzung durch Öl und durch das Einbringen von Abfällen, die Bergung havarierter Schiffe.

Organisationsstruktur

Die Hauptorgane der IMO sind die Vollversammlung, der Rat, fünf Ausschüsse (Schiffssicherheitsausschuß, Rechtsausschuß, Ausschuß zum Schutz der Meeresumwelt, Ausschuß für Technische Zusammenarbeit und Ausschuß zur Erleichterung des internationalen Seeverkehrs) und das Sekretariat. Die Vollversammlung aller IMO-Mitgliedstaaten, das höchste Organ der IMO, hält alle zwei Jahre seine Sitzungen ab. Zu den wesentlichen Aufgaben der Vollversammlung gehört die Verabschiedung der technischen Resolutionen, des Hauhalts und des Arbeitsprogramms, sowie die Wahl der Ratsmitglieder und die Bestätigung des vom Rat gewählten Generalsekretärs. Der Rat mit 32 gewählten Mitgliedern, der zweimal jährlich zu einer Sitzung zusammentritt, ist zwischen den Vollversammlungen das Hauptorgan der

IMO, der die Aktivitäten der anderen Organe koordiniert.

Die Ausschüsse bearbeiten die einzelnen Aufgabengebiete der IMO, d.h. bereiten Resolutionen für die Vollversammlung und Vertragsentwürfe in ihrem Aufgabenbereich vor: Der Schiffssicherheitsausschuß berät alle mit der technischen Sicherheit zusammenhängenden Fragen mit Hilfe zahlreicher Unterausschüsse, z.B. über Schiffsführung, Seefunk, Container, Rettungswesen etc., der Rechtsausschuß befaßt sich z.B. mit Haftungs- und Bergungsübereinkommen, der Ausschuß zum Schutz der Meeresumwelt mit neuauftretenden Problemen und Risiken bei der Meeresverschmutzung, der Ausschuß für Technische Zusammenarbeit in Zusammenarbeit mit dem → UNDP mit der Förderung der Schiffahrt in Staaten der Dritten Welt, der Ausschuß für die Erleichterung der Schiffahrt mit der Vereinfachung der Verfahren, z.B. bei der Abfertigung in den Häfen.

Das IMO-Sekretariat wird vom Generalsekretär geleitet und koordiniert administrativ die Arbeit der anderen IMO-Organe und fungiert als Informations- und Dokumentationszentrum.

Perspektiven

Die IMO hat bisher ein enormes Arbeitspensum bewältigt in dem Bemühen, mit dem wachsenden Schiffsverkehr, v.a. in der Handelschiffahrt, und den sich dort ergebenden Problemen und Risiken, vor allem für die Umwelt, Schritt zu halten hinsichtlich der Schaffung internationaler Standards und Regeln. Die IMO hat sich dabei als kompetent und gründlich erwiesen, aus der Sicht vieler Umweltschützer allerdings auch als sehr langsam. Die Standards, welche die IMO geschaffen hat, sind zweifellos hoch, Probleme bereitet in letzter Zeit ihre effektive Umsetzung: Im Bereich der Schiffssicherheit und Schiffsführung, d.h. der persönlichen Qualifikationen des Personals, sind in den letzten Jahrzehnten wachsende Probleme durch die „Ausflaggung" vieler Schiffe entstanden: viele Reeder

der Industrieländer lassen ihre Schiffe in Staaten registrieren, die bei der Umsetzung der IMO-Standards weniger konsequent sind. Hier müßte sich die IMO in naher Zukunft geeignete Methoden einfallen lassen, wie sie diese De-facto-Absenkung ihrer Standards verhindern kann. Am wirksamsten wären sicherlich verstärkte Hilfen für die Staaten der Dritten Welt bei der Anwendung bzw. Durchsetzung der technischen Normen usw. durch die Aus- und Fortbildung des Personals ihrer nationalen Schiffahrts-Institutionen.

Helmut Volger

Lit.: *Lampe, W.H.:* Sicherheit der Schiffahrt und Schutz der Meeresumwelt, in: VN 30 (1982), 86-91; *Seidel, P.:* IMO – Internationale Seeschiffahrts-Organisation, in: Wolfrum, R. (Hrsg.): Handbuch Vereinte Nationen, 2. Aufl., München 1991, 355-362. **Internet:** Homepage der IMO: http://www.imo.org

INSTRAW – Internationales Forschungs- und Ausbildungsinstitut zur Förderung der Frau

Die Einrichtung des Internationalen Forschungs- und Ausbildungsinstituts zur Förderung der Frau (International Research and Training Institute for the Advancement of Women – IN STRAW) beschloß der → Wirtschafts- und Sozialrat (ECOSOC) 1976 mit Resolution 1998 (LX) auf Empfehlung der Weltkonferenz zum Internationalen Jahr der Frau in Mexico City 1975 (→ Weltkonferenzen). Nachdem die Regierung des Iran - die auf der Weltfrauenkonferenz den Anstoß zur Gründung des Instituts gegeben hatte - das Angebot von 1976, als Gastland des Instituts zu fungieren, 1979 zurückzog, nahm INSTRAW 1980 provisorisch die Arbeit in New York auf. Seit 1983 hat es seinen ständigen Sitz in Santo Domingo in der Dominikanischen Republik. Die Gründungsphase war 1984 mit der Annahme der Satzung durch den Wirtschafts- und Sozialrat und die → Generalversammlung abgeschlossen.

INSTRAW – Internationales Forschungs- und Ausbildungsinstitut zur Förderung der Frau

Laut Satzung hat INSTRAW die Aufgabe, durch Forschung, Ausbildung und Information die Verbesserung der Stellung der Frau zu fördern und anzuregen, sowie ihre Einbeziehung in den Entwicklungsprozeß - als Mitgestalterin wie als Nutznießerin - zu unterstützen. Die Programmplanung, die sich an den Leitideen der Weltkonferenzen orientiert, berücksichtigt schwerpunktmäßig die Lage in den Entwicklungsländern. Das Angebot des Instituts wendet sich an Praktiker der Entwicklungspolitik, Frauenorganisationen, sowie nichtstaatliche Organisationen (→ NGOs), deren Arbeitsschwerpunkt das Thema „Frau und Entwicklung" ist. Mit anwendungsbezogener Politikfeldforschung, Seminaren und Ausbildungsmaterialien unterstützt es diese bei der Planung und Durchführung entwicklungspolitischer Strategien, die den Bedürfnissen der Frau entsprechen und ihre Rolle im Entwicklungsprozeß berücksichtigen. INSTRAW betreibt außerdem durch Kooperationen mit Instituten auf nationaler und regionaler Ebene aktiv den Aufbau von Netzwerken. Schließlich fördert INSTRAW die Etablierung statistischer Methoden zur Erforschung der Stellung der Frau, und sammelt Forschungsschriften, Trainingsunterlagen und statistisches Material in Datenbanken, die für die Politikplanung innerhalb und außerhalb des UN-Systems zur Verfügung stehen.

Als autonome Forschungsinstitution im → UN-System ist INSTRAW vom → Sekretariat unabhängig. Jedoch wird die Tätigkeit von einem *Board of Trustees* überwacht. Diesem gehören neben elf vom ECOSOC gewählten Mitgliedern *ex officio* der Direktor des Instituts, ein Vertreter des → Generalsekretärs, je ein Vertreter der regionalen Wirtschaftskommissionen (→ Wirtschaftskommissionen, regionale) und ein Vertreter des Gastlands (also der Dominikanischen Republik) an. Außerdem berichtet das Institut dem Wirtschafts- und Sozialrat jährlich und der Generalversammlung in unregelmäßigen Zeitabständen. Finanziert wird INSTRAW ausschließlich durch freiwillige Einzahlungen von Mitgliedstaaten, internationalen Organisationen, nichtstaatlichen Organisationen, Stiftungen und privaten Quellen in einen Treuhandfonds.

Um die begrenzten Ressourcen optimal zu nutzen, arbeitet INSTRAW eng mit den regionalen Wirtschaftskommissionen, Regierungs- und nichtstaatlichen Organisationen und anderen Forschungseinrichtungen zusammen. INSTRAW hat innerhalb des UN-Systems kein Monopol auf Frauenforschung. Um Doppelarbeiten zu vermeiden, ist daher die Koordination mit der Division for the Advancement of Women (DAW) im Sekretariat, der „Kommission für die Rechtstellung der Frau" (Commission on the Status of Women - CSW), dem „Ausschuß für die Beseitigung der Diskriminierung der Frau" (Committee on the Elimination of Discrimination against Women - CEDAW) (→ Menschenrechtskonventionen, Übereinkommen zur Beseitigung jeder Form von Diskriminierung der Frau), sowie dem UN Development Fund for Women (→ UNIFEM) notwendig. Die Abstimmung wird insbesondere von einem Verbindungsbüro geleistet, das INSTRAW in New York unterhält.

Im Zuge der Pläne zur Reform der UNO (→ Reform der UN) hat der Generalsekretär Boutros-Ghali 1993 eine Fusion von INSTRAW mit UNIFEM vorgeschlagen. Die teils erhobene Forderung, INSTRAW aufzulösen, hat er damit nicht aufgegriffen. Nachdem die Vierte Weltfrauenkonferenz 1995 in Peking zu der Fusion keine Stellung bezog, wurde diese nicht weiterverfolgt. In ernsthaften Schwierigkeiten ist INSTRAW vor allem wegen sinkender Zahlungen der Mitgliedstaaten in den Treuhandfonds, was die Durchführung geplanter Programme in Frage stellt.

Andreas Blätte

Lit.: *Shields, M.:* Frauenforschung: Unsichtbares sichtbar machen. Das Programm des Internationalen Forschungs- und Ausbildungsinstituts der Vereinten Nationen zur

Förderung der Frau (INSTRAW), in: VN 40 (1992), 188-192; *United Nations:* The United Nations and the Advancement of Women 1945-1996, New York 1996; *Pietilä, H. u.a.:* Making Women matter. The Role of the United Nations, 2. Aufl., London u.a. 1994; *Winslow, A. (Hrsg.):* Women, Politics, and the United Nations, Westport u.a. 1995; *Kardam, N.:* Bringing Women in. Women's Issues in International Development Programms, London 1991.
Internet: Hompage des INSTRAW: http://www.un.org/instraw

Internationale Organisationen, Theorie der

1. Wie die politische Theorie generell, so hat auch die Theorie internationaler Organisationen drei verschiedene, miteinander verschränkte Aufgaben unterschiedlicher Reichweite: sie hat erstens die kritische Aufgabe, internationale Organisationen als Manifestationen von Politik auf deren grundlegende Ideen, Prinzipien und Normen zu beziehen; zweitens obliegt es ihr, das konzeptionelle bzw. analytische Instrumentarium zum Begreifen und Erklären des Entstehens, der Funktionsweise und des Handelns internationaler Organisationen sowie in internationalen Organisationen bereitzustellen und fortschreitend zu verbessern; drittens hat sie die auch prognostische Erkenntnisfunktion zu erfüllen, Erklärungen und Hypothesen über (künftige) Entwicklungen und Veränderungen internationaler Organisationen sowie des ihre Funktionsweise bestimmenden Umfeldes bereitzustellen. Ihr Gegenstand ist somit Idee, Begriff und Empirie internationaler Organisationen in jeweils historischer und systematischer Perspektive. In Bezug auf die genannten Aufgaben wird die Schwerpunktsetzung innerhalb einzelner Theorien sehr unterschiedlich gewichtet: stand z.B. in der pazifistischen Theoriebildung am Beginn des Jahrhunderts die Idee internationaler Organisation im Vordergrund, und befaßt sich z.B. die völkerrechtliche Theorie internationaler Organisationen vorwiegend mit ihrem Begriff, steht in der politikwissenschaftlichen Theoriebildung seit dem Zweiten Weltkrieg die

Empirie im Zentrum. Der hier vertretene weite Theoriebegriff macht es erforderlich, alle drei Aufgaben in die Darstellung einzubeziehen.

2. Wenngleich eine Theorie internationaler Organisationen erst mit der Entstehung internationaler Büros und Verwaltungsunionen im letzten Drittel des 19. Jahrhunderts erforderlich wurde, hat sie doch in philosophischen Konzepten internationaler Friedenssicherung und Verrechtlichung ihre Vorläufer. Von herausragender Bedeutung ist hier Kants Essay „Zum ewigen Frieden" von 1795, der auf einer geschichtsphilosophischen Theorie staatlicher, zwischenstaatlicher und weltbürgerlicher Verrechtlichung aufbauend die Aufgabe dauerhafter Friedenssicherung an ein Bündnis republikanisch verfaßter freier Staaten bindet. Die Tradition der Friedensidee (→ Frieden/-sbegriff/-sbedrohung)war für eine den Entstehungsprozeß internationaler Organisationen bis in die zwanziger Jahre des 20. Jahrhunderts begleitende, ideengeschichtlich ausgerichtete Literatur Ideengeber und Richtmaß des normativen Begreifens internationaler Organisationen (exemplarisch *Schücking* 1909). Namentlich Kants Schrift ist heute insbesondere für die Theorie des sog. „demokratischen Friedens" (Überblick bei *Fröhlich* 1997, 490 ff.), aber auch für die Frage nach dem Beitrag internationaler Organisationen zur globalen Verrechtlichung (*Delbrück* 1998) unverzichtbarer Bezugspunkt. Für Begriffsgeschichte und Rechtsterminologie internationaler Organisationen bis heute bestimmend sind darüber hinaus rechtsdogmatische Studien über die Rechtsstellung der neu entstehenden „Staatenverbindungen", aus denen *Jellineks* Studie (1882) herausragt. Gerade unter dem Aspekt eines Bedeutungszuwachses internationaler Organisationen im Zuge der → Globalisierung sowie neuerer institutionalistischer Theorieansätze werden aus dieser Frühzeit der Theorie internationaler Organisationen heute vorwiegend zwei Fragestellungen wieder aktuell: einmal juristische Erwägungen zur Rechtspersön-

lichkeit und Völkerrechtssubjektivität internationaler Organisationen sowie zum anderen Überlegungen zur Bestimmung ihres Verhältnisses zu staatlicher → Souveränität.

Hinsichtlich normativer Theorien, die in den Sozialwissenschaften meist unter Verweis auf einen „wertfreien", analytischen Wissenschaftsbegriff hintangestellt werden, ist insbesondere auf eine - oft an Kant anknüpfende - Renaissance internationaler bzw. globaler Fragestellungen in der politischen Philosophie (*Chwaszcza/Kersting* 1998) hinzuweisen. Internationale Organisationen kommen hier entweder als Agenturen globaler Gerechtigkeit oder aber als Kristallisationspunkte universaler Verrechtlichung in den Blick. Die Befassung mit → Menschenrechten kann hier als Katalysator normativer Erörterungen auch über internationale Organisationen angesehen werden.

Die Notwendigkeit, den Begriff „internationale Organisationen" zu bestimmen, läßt sich auf juristische Problemstellungen einerseits und auf Abgrenzungsfragen zwischen unterschiedlichen Gattungen internationaler Organisationen andererseits zurückführen. So unterscheidet man v. a. zwischenstaatliche Organisationen, die auf einen völkerrechtlichen Gründungsakt zurückgehen, über eigene Organe verfügen und von Staaten gebildet werden, von nichtstaatlichen Organisationen (→ NGOs), die auf gesellschaftliche Initiative zurückgehen und zu im einzelnen sehr unterschiedlichen Zwecken grenzüberschreitend tätig sind. In den Tätigkeitsbereichen der UN arbeitende NGOs können über den → Wirtschafts- und Sozialrat (ECOSOC) einen → Beobachterstatus bei den UN erhalten bzw. zu → Weltkonferenzen akkreditiert werden. Eine Sonderstellung nehmen die transnationalen Unternehmen ein. Weiterhin unterscheidet man zwischen regionalen und universalen Organisationen (ausführlicher *Rittberger* 1994, 27 ff.).

In der Politikwissenschaft liegt der Schwerpunkt eindeutig auf *empirisch-analytischen Theorien* internationaler Organisationen. Nach inzwischen als „Klassiker" geltenden funktionalistischen (*Mitrany* 1996; *Haas* 1964) und „liberalen" (*Claude* 1971) Theorien, die sich entweder auf die Vereinten Nationen oder den europäischen Integrationsprozeß konzentrierten, hat sich seit den siebziger Jahren das Feld miteinander konkurrierender Theorien weit ausdifferenziert, so daß im folgenden zunächst nur ein grober Überblick gegeben werden kann.

3. Die Theorie internationaler Organisationen steht unter der Herausforderung, die Rahmenbedingungen politischen Handelns im internationalen System benennen und in die Analyse internationaler Organisationen einbeziehen zu müssen. Insbesondere seit dem Zweiten Weltkrieg lassen sich deshalb Theorieansätze nach ihrer jeweiligen Einschätzung dieser Rahmenbedingungen unterscheiden. Mit *Meyers* (1998) und *Rittberger* (1994) ist von drei, auch Theorien internationaler Organisationen bestimmenden Schulen auszugehen, denen ihrerseits eine Vielzahl unterschiedlicher Theorieansätze im einzelnen zuzuordnen sind:

a) Erstens handelt es sich um die maßgeblich von *Hans Morgenthau* geprägte *realistische Schule*, die den Staat als einzig entscheidenden, in sich einheitlichen und geschlossenen Akteur der internationalen Beziehungen setzt. Staaten handeln in dieser Sicht im eigenen nationalen Interesse; Gleichgewichtssysteme oder Hegemonie werden als bestimmende Strukturen des als prinzipiell „anarchisch" angesehenen internationalen Systems hervorgehoben. Das Entstehen friedenssichernder internationaler Organisationen etwa wird vor allem aus dem sog. „Sicherheitsdilemma" heraus erklärt (*Jervis* 1997). „Neorealistische" Ansätze heben darüber hinaus auf der Basis eines differenzierteren Machtbegriffs das Interesse eines universalen oder regionalen Hegemons als Entstehungsbedingung internationaler Organisationen hervor; das Theorem der „hegemonialen Stabilität" (*Keohane* 1984, 31 ff.) ist ein genuin „realistischer" Beitrag zur

Theorie internationaler Organisationen. Generell werden internationale Organisationen in dieser Schule als Interesseninstrumente von Staaten gewürdigt und in aller Regel auf diese Rolle beschränkt.

b) Daneben steht zweitens die stärker auf eine Pluralität von Akteuren, eine differenzierte Analyse internationaler Entscheidungsfindung sowie auf Probleme und Aufgaben der internationalen Beziehungen abhebende *„liberale Schule"*. Sie stellt internationale Organisationen vor „als Träger von Prozessen, die die staatliche Souveränität einschränken und neue institutionelle Elemente in den internationalen Beziehungen hervorbringen, die als strukturelle Veränderungen oder doch zumindest restriktive Bedingungen des anarchischen Selbsthilfesystems der Staatenwelt gelten können" (*Rittberger* 1994, 77).

c) Hinter diesen beiden dominanten Theorierichtungen tritt eine dritte, *„konflikttheoretische Schule"* in ihrer Bedeutung etwas zurück. Ihr sind insbesondere sog. „dependencia"-Analysen zuzurechnen, in deren Rahmen internationale Organisationen als Agenturen in einem internationalen Verteilungskampf zwischen „Zentrum" und „Peripherie" gesehen werden.

4. Die Theorie der internationalen Beziehungen hat einen deutlichen Aufschwung erhalten, als in den achtziger Jahren die „realistische" und „liberale" Annahmen verknüpfende sog. *Regime-Theorie* neue Anstöße zur Analyse internationaler Kooperation gab (*Kohler-Koch* 1989; *Müller* 1993; *Rittberger* 1994). Unter Regimen versteht man ein Set von Prinzipien, Regeln und Entscheidungsverfahren zur Bewältigung eines internationalen Problems. Über die Frage, wie internationale Kooperation entsteht (*Keohane* 1984), hinausgehend verbindet diese Forschungsrichtung die Analyse politischer Entscheidungsfindung mit der Herausbildung institutioneller Strukturen. Internationale Organisationen erscheinen hier als Bestandteile einer „international governance".

Auf der Regime-Theorie aufbauend haben sich in jüngster Vergangenheit Ansätze eines *„Institutionalismus"* herausgebildet. Hier steht die Einflußnahme institutioneller Strukturen auf staatliches Handeln und politische Macht im Zentrum. Ihre Analyse als Bestandteile eines sich auf mehrere Ebenen erstreckenden Netzwerkes politischer Entscheidungsfindung und der Ausübung von Hoheitsgewalt trägt insbesondere der Tatsache Rechnung, daß mit der Globalisierung und der sachlichen Verknüpfung politischer Problembereiche Staaten zur Aufrechterhaltung ihrer Handlungsfähigkeit Strukturen grenzüberschreitender „governance" bilden.

5. In der Gegenwart scheinen Debatten über die → Globalisierung die bislang weitgehend getrennten Diskurse der politischen Philosophie über Fragen internationaler Gerechtigkeit und Ethik, der Völkerrechtswissenschaft über das moderne Friedensvölkerrecht und der empirisch-analytischen Theoriebildungen im Rahmen der Politikwissenschaft stärker zusammenzuführen. Nicht zuletzt gewinnen dadurch internationale Organisationen und besonders die Vereinten Nationen stärkere Aufmerksamkeit in einer zumindest breiteren Fachöffentlichkeit. Umgekehrt kann die Theorie internationaler Organisationen dabei von den Analysen und Anregungen profitieren, die insbesondere Forschungen zur → Friedenssicherung, Durchsetzung und Implementierung von Menschenrechten (vgl. → Menschenrechtsschutz) und internationalen Gemeinwohlbelangen erbringen.

Klaus Dicke

Lit.: *Baldwin, D.A. (Hrsg.):* Neorealism and Neoliberalism. The Contemporary Debate, New York 1993; *Claude, I.L.:* Swords into Plowshares. The Problems and Progress of International Organization, 4. Aufl., New York 1971; *Chawaszcza, C./Kersting, W. (Hrsg.):* Politische Philosophie der internationalen Beziehungen, Frankfurt a.M. 1998; *Delbrück, J.:* „Das Völkerrecht soll auf einen Föderalismus freier Staaten gegründet sein" - Kant und die Entwicklung internationaler Organisation, in: *Dicke, K./Kodalle,*

K.M. (Hrsg.): Republik und Weltbürger-recht, Weimar u.a. 1998, 180-213; *Fröhlich, M.:* Mit Kant, gegen ihn und über ihn hin-aus: Die Diskussion 200 Jahre nach Er-scheinen des Entwurfs „Zum ewigen Frie-den", in: ZPol 7 (1997), 483-517; *Haas, E.B.:* Beyond the Nation-State. Functiona-lism and International Organization, Stan-ford 1964; *Jellinek, G.:* Die Lehre von den Staatenverbindungen, Wien 1882; *Jervis, R.:* Cooperation under the Security Dilem-ma, in: Lehmkuhl, U. (Hrsg.): Theorien internationaler Politik, 2. Aufl., Mün-chen/Wien 1997, 93-106; *Kant, I.:* Zum ewigen Frieden, in: Werke, Akademie-Ausgabe VIII, Berlin 1968, 341-386; *Keo-hane, R.:* After Hegemony. Cooperation and Discord in the World Political Economy, Princeton 1984; *Kohler-Koch, B. (Hrsg.):* Regime in den internationalen Beziehungen, Baden-Baden 1989; *Meyers, R:* Theorien internationaler Verflechtung, in: Woyke, W. (Hrsg.): Handwörterbuch internationale Politik, 7. Aufl., Opladen 1998, 419-458; *Mitrany, D.:* A Working Peace System, Chicago 1966; *Morgenthau, H.:* Politics Among Nations, 6. Aufl. New York 1985; *Müller, H.:* Die Chance der Kooperation, Darmstadt 1993; *Rittberger, V.:* Internatio-nale Organisationen. Politik und Geschich-te, Opladen 1994; *Rittberger, V.:* Internatio-nal Organizations, Theory of, in: Wolfrum, R. (Hrsg): The United Nations. Law, Poli-cies and Practice, München u.a. 1995, 760-770; *Ruggie, J.G. (Hrsg.):* Multilateralism Matters. The Theory and Praxis of an Inter-national Form, New York 1993; *Schücking, W.:* Die Organisation der Welt. Leipzig 1909.

Internet-Zugang/Homepages im UN-System

Die Vereinten Nationen benutzen das Internet schon seit seiner Gründung. In den ersten Jahren diente es lediglich als Mittel zum Informationsaustausch in-nerhalb der Organisation bzw. mit den → Ständigen Vertretungen der Mit-gliedstaaten. Mit der rasanten Ent-wicklung der Technik, aber auch mit dem Bestreben der Öffnung der Organi-sation, wurden immer mehr Informatio-nen einer breiten Öffentlichkeit zu-gänglich gemacht. Beispielgebend hier-für war schon immer das → UNDP und die Weltbankorganisationen (→ Welt-bank/-gruppe).

Im Zuge der → Reform der Vereinten Nationen nach dem Ende des Kalten Krieges war es das Verdienst des → Generalsekretärs Boutros Boutros-Ghali und seines Nachfolgers Kofi Annan alle notwendigen Informationen einer brei-ten Öffentlichkeit zugänglich zu ma-chen. Ziel dieser Initiative war es, durch mehr Informationen eine größere Ak-zeptanz für die Arbeit der Organisation zu erreichen. Das dem → Sekretariat unterstellte Department of Public In-formation (DPI), ist mit Hilfe der In-formation Service Division seitdem bemüht, alle Informationen so schnell als möglich „in das Netz" zu stellen. Vorbildlich dabei ist das Bemühen, aktuell in allen → Arbeitssprachen zu sein, neuere Internet-Technik zu unter-stützen, ohne dabei aber auch ältere Netzzugriffstechniken (z.B. ohne Gra-fiken, Frames) zu vernachlässigen.

Am 23.Juli 1997 beauftragte der Ge-neralsekretär Kofi Annan den Koordi-nator für die UN-Reform und Ehrenprä-sidenten der → WFUNA Maurice F. Strong, eine sogenannte „Public Infor-mation Reorientation Task Force" zu bilden, deren vorrangige Aufgabe es ist, Vorschläge zu erarbeiten, schnellst-möglich das DPI entsprechend den Erfordernissen modernster Technologie umzugestalten. Ziel soll es lt. UN-Dokument A/51/829 sein, daß DPI in ein modernes Office für Kommunikati-on und Medien-Service umzugestalten. Mitglieder dieser Arbeitsgruppe sind neben offiziellen Vertretern des → UN-Systems (der Ständige Vertreter von Chile, Vertreter von DPI, Weltbank, UNDP, Reform Office) auch Vertreter von Medienunternehmen und Journali-sten.

Der einfachste Zugang via Internet erfolgt über das New Yorker Haupt-quartier mit der Internetadresse http:// www.un.org und in Europa auch über Genf mit http://is.eunet.ch/geneva-intl/ gi/egimain/edit.html, wobei der New Yorker Server ausschließlich dem UN-System dient. Genf als eines der Hauptzentren internationaler Organisa-tionen bietet darüber hinaus auch In-formationen über andere zwischenstaatliche Organisationen und → nicht-staatliche Organisationen (→ NGOs) an. Eine sehr gute Übersicht über das System der Vereinten Nationen erhält man bei http://www.unsystem.org.

Das Internet-Angebot ist vielseitig: Informationen über Organisationen im System der Vereinten Nationen, über die Hauptbetätigungsfelder der Organisation, Kontaktmöglichkeiten und Online-Dokumente sind abrufbar und die spezifische Suche nach Themen, Organisationen oder Stichpunkten ist möglich. Selbst eine virtuelle Führung durch das Hauptquartier in New York ist Be-

standteil der Dienstleitungen. Das Angebot wird abgerundet durch Querverweise auf alle Organisationen des Systems bzw. kooperierende Organisationen (z.B. NATO), die eigene Internet-Seiten anbieten. Diese Seiten können natürlich auch direkt aufgerufen werden. Der Internet-Name setzt sich oftmals aus den Organisationsnamen und der Endung „.org" (entsprechend den WWW-Regeln für nicht-kommerzielle Organisationen) zusammen. Das UNDP ist z. B. erreichbar unter http:// www. undp.org.

Peter M. Schulze

Die Homepage der Vereinten Nationen: http://www.un.org

Internetzugang zum UN-System: Die alphabetische Liste aller UN-Institutionen mit den offiziellen Abkürzungen mit Internetadressen soweit vorhanden:

ACC Subcommittee on Drug Control – Vienna, Austria	
ACC Subcommittee on Nutrition – Geneva, Switzerland (ACC/SCN)	http://www.unsystem.org/accscn/index.html
ACC Subcommittee on Oceans and Coastal Areas - Paris, France	
ACC Subcommittee on Rural Development - Rome, Italy	
ACC Subcommittee on Statistical Activities - New York, USA	
ACC Subcommittee on Water Resources – New York, USA	

Ad Hoc Inter-agency Meeting on Women - New York, USA	
Administrative Committee on Coordination - New York, USA (ACC)	http://www.un.org/esa/ coordination/acc.htm
Advisory Committee on Administrative and Budgetary Questions - New York, USA (ACABQ)	
Consultative Committee on Administrative Questions (Financial and Budgetary Questions) - Geneva, Switzerland (CCAQ(FB))	
Consultative Committee on Administrative Questions (Personnel and General Administrative Questions) – Geneva, Switzerland (CCAQ(PER))	
Consultative Committee on Programme and Operational Questions - Geneva, Switzerland (CCPOQ)	
Economic Commission for Africa- Addis Ababa, Ethiopia (ECA)	http://www.un.org/Depts/eca/
Economic Commission for Europe- Geneva, Switzerland (ECE)	http://www.unece.org/
Economic Commission for Latin America and the Caribbean- Santiago, Chile (ECLAC)	http://www.eclac.org/
Economic and Social Commission for Asia and the Pacific- Bangkok, Thailand (ESCAP)	http://www.unescap.org/
Economic and Social Commission for Western Asia – Amman, Jordan (ESCWA)	http://www.escwa.org.lb/
Food and Agriculture Organization of the United Nations - Rome, Italy (FAO)	http://www.fao.org/
Information Systems Coordination Committee - Geneva, Switzerland (ISCC)	http://www.unsystem.org/ iscc.html
Inter-agency Committee on Sustainable Development – New York, USA (IACSD)	
Inter-agency Meeting on Language Arrangements, Documentation and Publications - New York, USA (IAMLADP)	
International Atomic Energy Agency – Vienna, Austria (IAEA)	http://www.iaea.int/
International Bureau of Education – Geneva, Switzerland (IBE)	http://www.unicc.org/ibe/
International Centre for Science and High Technology – Trieste, Italy (ICS)	http://www.ics.trieste.it/
International Civil Aviation Organization - Montreal, Canada (ICAO)	http://www.icao.int/
International Civil Service Commission – New York, USA (ICSC)	http://www.un.org/Depts/icsc/ ics_home.htm
International Computing Centre - Geneva, Switzerland (ICC)	http://www.unicc.org/
International Court of Justice - The Hague, The Netherlands (ICJ)	http://www.icj-cij.org/
International Fund for Agricultural Development - Rome, Italy (IFAD)	http://www.ifad.org/
International Labour Organization – Geneva, Switzerland (ILO)	http://www.ilo.org/
International Maritime Organization – London, UK (IMO)	http://www.imo.org/
International Monetary Fund – Washington, USA (IMF)	http://www.imf.int/
International Research and Training Institute for the Advancement of Women - Santo Domingo, Dominican Republic (INSTRAW)	http://www.un.org/instraw/

International Telecommunication Union - Geneva, Switzerland (ITU)	http://www.itu.int/
International Trade Centre UNCTAD/WTO - Geneva, Switzerland (ITC)	http://www.intracen.org/
International Training Centre of the ILO - Turin, Italy (ILO/ITC	http://www.itcilo.it/
Joint Inspection Unit - Geneva, Switzerland (JIU)	
Joint Inter-agency Meeting on Computer-assisted Translation and Terminology - Geneva, Switzerland (JIAMCATT)	http://www.unsystem.org/ jiamcatt/
Joint United Nations Information Committee - New York, USA (JUNIC)	
Joint United Nations Programme on HIV/AIDS - (UNAIDS)	http://www.unaids.org/
Multilateral Investment Guarantee Agency - Washington, USA (MIGA)	http://www.miga.org/
Organizational Committee of ACC - New York, USA (OC)	
Outer Space Affairs, Office for - Vienna, Austria (OOSA)	http://www.un.or.at/OOSA/
Panel of External Auditors of the United Nations, the Specialized Agencies and the International Atomic Energy Agency - New York, USA	
United Nations Board of Auditors - New York, USA	
United Nations Centre for Human Settlements (Habitat) – Nairobi, Kenya (UNCHS (Habitat))	http://habitat.unchs.org/home.htm
United Nations Children's Fund - New York, USA (UNICEF)	http://www.unicef.org/
United Nations Commission on International Trade Law – Vienna, Austria (UNCITRAL)	http://www.un.or.at/uncitral/
United Nations Compensation Commission - Geneva, Switzerland (UNCC)	http://www.unog.ch/uncc/
United Nations Conference on Trade and Development - Geneva, Switzerland (UNCTAD)	http://www.unctad.org/
United Nations Convention to Combat Desertification - Geneva, Switzerland(UNCCD)	http://www.unccd.ch/
United Nations Development Fund for Women - New York, USA (UNIFEM)	http://www.unifem.undp.org/
United Nations Development Programme - New York, USA (UNDP)	http://www.undp.org/
United Nations Educational, Scientific and Cultural Organization- Paris, France (UNESCO)	http://www.unesco.org/
United Nations Environment Programme - Nairobi, Kenya (UNEP)	http://www.unep.org/
United Nations Framework Convention on Climate - Bonn, Germany (UNFCCC) Change	http://www.unfccc.org/
United Nations Headquarters - New York, USA (UN)	http://www.un.org/
United Nations High Commissioner for Human Rights, Office of the - Geneva, Switzerland (UNHCHR)	http://www.unhchr.ch/
United Nations High Commissioner for Refugees, Office of the - Geneva, Switzerland (UNHCR)	http://www.unhcr.ch/
United Nations Industrial Development Organization – Vienna, Austria (UNIDO)	http://www.unido.org/
United Nations Institute for Disarmament Research - Geneva, Switzerland (UNIDIR)	
United Nations Institute for Training and Research - Geneva, Switzerland (UNITAR)	http://www.unitar.org/
United Nations International Drug Control Programme	http://www.undcp.org/

– Vienna, Austria (UNDCP)	
United Nations International School -New York, USA (UNIS)	http://www.unis.org/
United Nations Interregional Crime and Justice Research Institute - Rome, Italy (UNICRI)	http://www.unicri.it/
United Nations Joint Staff Pension Fund - New York, USA (UNJSPF)	http://www.un.org/unjspf/
United Nations Office at Geneva – Geneva, Switzerland (UNOG)	http://www.unog.ch/
United Nations Office at Vienna - Vienna, Austria (UNOV)	http://www.un.or.at/
United Nations Office for Project Services - New York, USA (UNOPS)	http://www.unops.org/
United Nations Population Fund - New York, USA (UNFPA)	http://www.unfpa.org/
United Nations Relief and Works Agency for Palestine Refugees in the Near East - Amman, Jordan (UNRWA)	
United Nations Research Institute for Social Development - Geneva, Switzerland (UNRISD)	http://www.unrisd.org/
United Nations Staff College- Turin, Italy (UNSC)	http://www.itcilo.it/UNSCP/
United Nations University- Tokyo, Japan (UNU)	http://www.unu.edu/
United Nations Volunteers - Bonn, Germany (UNV)	http://www.unv.org/
Universal Postal Union - Berne, Switzerland (UPU)	http://www.upu.int/
World Bank- Washington, USA (IBRD)	http://www.worldbank.int/
World Food Programme- Rome, Italy (WFP)	http://www.wfp.org/
World Health Organization - Geneva, Switzerland (WHO)	http://www.who.int/
World Intellectual Property Organization- Geneva, Switzerland (WIPO)	http://www.wipo.int/
World Meteorological Organization- Geneva, Switzerland (WMO)	http://www.wmo.ch/
World Tourism Organization - Madrid, Spain	http://www.world-tourism.org/

Alle Haupt- und Gopher-Server des UN-Systems von Organisationen und anderen internationalen Organisationen

Food and Agriculture Organization (FAO)	http://www.fao.org/
International Civil Aviation Organization (ICAO)	http://www.cam.org/~icao/
International Fund for Agricultural Development (IFAD)	http://www.unicc.org/ifad/home.html
International Atomic Energy Agency (IAEA) Gopher	gopher://nesirs01.iaea.or.at:70/1
Int. Council on Monuments & Sites (ICOMOS/UNESCO)	http://www.icomos.org/
International Labour Organization (ILO) Gopher	http://www.unicc.org/ilo
International Monetary Fund (IMF) Gopher	gopher://gopher.imf.org/
International Telecommunication Union (ITU) Gopher	gopher://info.itu.ch/
UN Population Info. Network (POPIN), UN Population Div. (UNDESIPA)	../../popin/popin.htm
United Nations Capital Development Fund (UNCDF)	../../uncdf
United Nations Children's Fund (UNICEF)	http://www.unicef.org/
United Nations Environment Programme (UNEP) Nairobi, Kenya	http://www.unep.org/
United Nations Environment Programme (UNEP) on UNDP server Gopher	gopher://gopher.undp.org:70/11/ungophers/unep
United Nations Educational, Scientific and Cultural Organization (UNESCO)	http://www.unesco.org/
United Nations Educational, Scientific and Cultural Organization (UNESCO) - Liaison Office – NY	http://www.unesconews.org/
United Nations Population Fund (UNFPA) Gopher	gopher://gopher.undp.org:70/11/

	ungophers/popin/unfpa
United Nations Industrial Development Organization (UNIDO)	http://www.unido.org/
Harmonization of Environmental Measurement (HEM), Germany	http://www.gsf.de/UNEP/index.html
Central European Environmental Data Request Facility (CEDAR)	http://pan.cedar.univie.ac.at/
Biosafety Information Network and Advisory Services (BINAS), Vienna	http://binas.unido.org/binas/
The International Year of the Family server	http://www.ifs.univie.ac.at/unov/home.html
Pan-American Health Organisation (PAHO)	http://www.paho.org/
United Nations Secretariat (UN)	http://www.un.org/
Division for the Advancement of Women (Archives of the Fourth World Conf. on Women)	http://www.un.org/DPCSD/daw/daw1.htm
Department for Policy Coordination and Sustainable Development (DPCSD)	http://www.un.org/DPCSD
United Nations Criminal Justice Information Network (UNCJIN) Gopher	gopher://uacsc2.albany.edu:70/11/newman
United Nations Conference on Trade & Development (UNCTAD) Gopher	gopher://gopher.undp.org/1/ungophers/unctad
United Nations Conference on Trade & Development (UNCTAD)	http://gatekeeper.unicc.org/unctad
United Nations Trade Point Development Centre (Swiss Centre)	http://www.unicc.org/untpdc/welcome.html
United Nations Trade Point Development Centre (Australia Centre)	http://urgento.gse.rmit.edu.au/untpdc/welcome.html
United Nations International Drug Control Programme (UNDCP), Vienna	http://undcp.or.at/index.html
United Nations International Computing Centre (UNICC) Gva.	http://www.unicc.org/
United Nations Office in Vienna (UNOV)	http://www.un.or.at/
United Nations Office for Outer Space Affairs FTP	ftp://ns3.hq.eso.org/pub/un/un-homepage.html
United Nations Office for Project Services (UNOPS)	http://www.unops.org/
World Symposium on Trade Efficiency (UNCTAD)	http://www.unicc.org/unrisd
United Nations Volunteers (UNV)	http://www.unv.org/
World Bank and the Traveller's Health Information form the WB Health Services Dept.	http://www.worldbank.org/
World Food Programme (WFP)	http://www.unicc.org/wfp
World Health Organization (WHO)	http://www.who.ch/

Interventionsverbot

Das Interventionsverbot ergibt sich direkt aus der völkerrechtlichen Grundlage der → Souveränität der Staaten: Weil jeder Staat das Recht hat, seine inneren Angelegenheiten selbständig und unabhängig zu gestalten, verbietet sich grundsätzlich jede Einmischung von außen.

Die UN-Charta (→ Charta der UN) enthält explizit lediglich ein Interventionsverbot für die Organisation selbst (Art. 2 Abs. 7), nicht für die einzelnen Staaten. Diesen ist aber zumindest die „klassische" Intervention - d.h. Einmischung unter Androhung oder Anwendung von Gewalt - durch das allgemeine → Gewaltverbot des Art. 2 Abs. 4 untersagt. Da dieser Zustand als unbefriedigend empfunden wurde, befaßte sich die → Generalversammlung in mehreren Resolutionen (→ Resolution/Deklaration/Beschluß) mit der Interventionsproblematik. Am 21.10.1965 verabschiedete sie ohne Gegenstimme und bei Enthaltung Großbritanniens die „Declaration on the Inadmissibility of Intervention in the Domestic Affairs of States and the Protection of their Independence and Sovereignity" (GA Res. 2131 (XX)), am 24.10.1970 im Konsens die „Erklärung über völkerrechtliche Grundsätze für freundschaftliche Beziehungen und Zusammenarbeit zwischen den Staaten im Einklang mit der Charta der Vereinten Nationen" (GA Res. 2625 (XXV)). Der in beiden Resolutionen formulierte „weite Interventionsbegriff" bezieht auch die nichtmilitärische Gewalt ein, d.h. Eingriffe mit wirtschaftlichen, politischen oder sonstigen Mitteln. Der Tatbestand der Intervention gilt dann als erfüllt, wenn ein Staat von einem oder mehreren Staaten so unter Druck gesetzt wird, daß er eine Handlung begeht, die er in freier Selbstbestimmung nicht unternommen hätte. Geschützt sind allerdings nur jene „inneren und äußeren Angelegenheiten", die ihrem Wesen nach in die alleinige Zuständigkeit des betroffenen Staates fallen („domaine réservé", „domestic jurisdiction").

Am 9.12.1981 verabschiedete die Generalversammlung mit 120 Ja-, 22 Nein-Stimmen und 6 Enthaltungen eine neue „Declaration on the Inadmissibility of Intervention and Interference in the Internal Affairs of States" (GA Res. 36/103). Im Gegensatz zu den Resolutionen von 1965 und 1970, die beide Völkergewohnheitsrecht widerspiegelten und weiterentwickelten, stieß die Resolution von 1981 nicht nur bei vielen westlichen Staatenregierungen, sondern auch bei Völkerrechtlern auf Kritik, da sie „das Interventionsverbot um eine Reihe politischer Anliegen der Entwicklungsländer zu erweitern sucht, seine Konturen dadurch jedoch völlig verwischt" (*Verdross/Simma* 1984, 498).

Seit Beginn der 90er Jahre haben einzelne Staaten und vor allem Menschenrechtsaktivisten wiederholt ein „Recht zur humanitären Intervention" postuliert, das eine Einmischung zuließe, wenn diese dem Schutz der Bevölkerung eines fremden Staates vor Menschenrechtsverletzungen dient. Ein solches „droit à l'ingérence" ist aber sowohl durch das Interventionsverbot des Art. 2 Abs. 7 UN-Charta ausgeschlossen wie auch durch die *lex specialis*, das Gewaltverbot des Art. 2 Abs. 4. Eingriffe in die inneren Angelegenheiten eines Staates, um dessen Angehörige vor massiven Menschenrechtsverletzungen zu schützen (→ Menschenrechte; → Menschenrechtsschutz) oder eine humanitäre Katastrophe abzuwenden, sind nur zulässig, wenn der → Sicherheitsrat diese (oder ihre Folgen) nach Kapitel VII der Charta als „Gefahr für den Frieden und die internationale Sicherheit" bestimmt und entsprechende Zwangsmaßnahmen anordnet. Geschehen ist dies erstmals am 5.4.1991, als der Sicherheitsrat in seiner Resolution 91/688 die irakische Kurdenverfolgung als friedensbedrohend einstufte. (Siehe auch SC Res. 733 (1992) vom 23.1.1992 (Somalia) und SC Res. 827 (1993) vom 25.5.1993 (Ex-Jugoslawien)).

Isabelle Reinery

Lit.: *Delbrück, J.:* Die internationale Gemeinschaft vor neuen Herausforderungen: Zur Neubestimmung der Reichweite des Interventionsverbotes der Charta der Vereinten Nationen, in: Heydrich, W./Krause, J./Nerlich, U./Nötzold, J./ Rummel, R. (Hrsg.): Sicherheitspolitik Deutschlands: Neue Konstellationen, Risiken, Instrumente. Baden-Baden 1992, *Lock, P.:* Intervention, in: S+F 4 (1986), 66-71; *Scheuner, U.:* Intervention und Interventionsverbot, in: VN 28 (1980), 149-156; *Simma, B. (Hrsg.):* Charta der Vereinten Nationen. Kommentar, München 1991; *Verdross, A./Simma, B.:* Universelles Völkerrecht: Theorie und Praxis, Berlin 1984; *Wolfrum. R.:* Handbuch Vereinte Nationen, 2. Aufl., München 1991.

ITLOS – Internationaler Seegerichtshof

1. Errichtung, Rechtsstellung und Rechtsgrundlagen

Am 1.10.1996 konstituierte sich der durch das Seerechtsübereinkommen der Vereinten Nationen (United Nations Convention on the Law of the Sea – UNCLOS), geschaffene Internationale Seegerichtshof (ISGH), engl. International Tribunal for the Law of the Sea (ITLOS), an seinem Sitz, der Freien und Hansestadt Hamburg (→ Seerecht).

Die feierliche Verpflichtung der Richter auf seiner ersten öffentlichen Sitzung am 18.10.1996 brachte eine Entwicklung zum Abschluß, die 1970 mit Vorschlägen, ein besonderes Verfahren zur friedlichen Beilegung von Meeresbodenstreitigkeiten zu schaffen, begann. Beim Internationalen Seegerichtshof handelt es sich neben dem Internationalen Gerichtshof (→ IGH) um das zweite ständige internationale Gericht mit universeller Zuständigkeit. Die Gerichtsbarkeit dieses „Gerichts der Ozeane" erstreckt sich auf mehr als 70 Prozent der Erdoberfläche und umfaßt (fast) alle denkbaren, die See betreffenden Fragen wie Meeresgrenzen, Seeschiffahrt, Überflugrechte, Kabelverlegung auf dem Meeresgrund, Meeresforschung, Kulturgüterschutz, Umweltschutz, Konservierung und Nutzung der Fischbestände sowie die Erforschung und Ausbeutung der lebenden und nichtlebenden Ressourcen des Meeresbodens und Meeresuntergrundes.

Der ISGH wurde zwar unter „der Schirmherrschaft der Vereinten Nationen" geschaffen; anders als der IGH und die beiden internationalen Strafgerichte für das ehemalige Jugoslawien und Ruanda (→ ICC) ist er aber weder ein Rechtsprechungsorgan der Vereinten Nationen noch ein Nebenorgan des → Sicherheitsrats (→ Haupt-/Neben-/Vertragsorgane). Auch ist er kein Organ der Internationalen Meeresbodenbehörde. Es handelt sich beim Internationalen Seegerichtshof vielmehr um eine eigenständige internationale Gerichtsinstitution mit eigener Rechtspersönlichkeit, die Verträge abschließen, bewegliches und unbewegliches Eigentum erwerben und Rechtsstreite führen kann. Daneben genießt der ISGH → Beobachterstatus in der → Generalversammlung (UN Doc. A/RES/51/204 (1996)). Aufgrund seiner vielfältigen Verbindungen zu den Vereinten Nationen und insbesondere zu deren → Generalsekretär, die sich zum Teil bereits aus dem Seerechtsübereinkommen der Vereinten Nationen vom 10.12.1982 (BGBl. 1994 II, 1799), zum Teil aus dem Übereinkommen über die Zusammenarbeit und die Beziehung zwischen den Vereinten Nationen und dem Internationalen Seegerichtshof vom 18.12.1997 (UN Doc. A/RES/52/251 (1998), Annex) sowie anderen Rechtsinstrumenten ergeben, wird man den Internationalen Seegerichtshof ohne Bedenken zur „UN-Familie" (→ UN-System) rechnen können. Eine → Sonderorganisation der Vereinten Nationen im formellen Sinn ist er jedoch nicht.

Die grundlegenden Vorschriften zum Internationalen Seegerichtshof finden sich vor allem in Art. 186-191 und Art. 279-299 SRÜ sowie in der Anlage VI zum SRÜ, die das Statut des Internationalen Seegerichtshofs (ISGH-Statut) enthält.

2. „Ein neuer Gerichtshof für ein neues Recht"

Der ISGH galt insbesondere den Entwicklungsländern von Anfang an gleichsam als Sinnbild eines neuen (See-)Völkerrechts: „a new tribunal for a new law" (Wasum 1984, 10). Dieses Neue Seerecht ist nach Henry Kissinger das Produkt eines „der wichtigsten, komplexesten und ehrgeizigsten diplomatischen Unternehmen der Geschichte": der Dritten Seerechtskonferenz der Vereinten Nationen, auf englisch der Third United Nations Conference on the Law of the Sea oder kurz UNCLOS III. Die neun Jahre dauernden Verhandlungen (1973-1982), an denen mehr als 150 Staaten teilnahmen, waren geprägt von der Forderung der Entwicklungsländer nach einer Neuen Weltwirtschaftsordnung (→ Weltwirtschaftsordnung/NWWO), die ihren Ausdruck u.a. in der gerechten Verteilung der marinen Ressourcen zwischen den Staaten finden sollte, und der Bestrebung der Küstenstaaten nach seewärtiger Erweiterung ihrer souveränen Rechte und Hoheitsbefugnisse („creeping jurisdiction"). Die Verhandlungen waren gekennzeichnet von zwei Verfahrensprinzipien: der Formulierung von Verhandlungspaketen („package deals") und dem Konsensprinzip („consensus approach"). Erst nachdem alle Möglichkeiten, einen Konsens zu erzielen, ausgeschöpft waren, sollte formell abgestimmt werden.

Dies geschah am 30.4.1982, als der Text des Seerechtsübereinkommens von den an der Konferenz teilnehmenden Staaten mit 130 Stimmen (darunter fast alle Entwicklungsländer) gegen 4 Stimmen (Israel, Türkei, USA und Venezuela) bei 17 Enthaltungen (insbesondere Industrieländer, darunter die Bundesrepublik Deutschland) angenommen wurde.

Obwohl das SRÜ am 10.12.1982 von 119 Staaten unterzeichnet wurde, dauerte es noch zwölf Jahre, bis das SRÜ (12 Monate nach Hinterlegung der sechzigsten Ratifikationsurkunde) in Kraft trat. Dies lag vor allem daran, daß

wichtige Industrieländer den teilweise als planwirtschaftlich zu qualifizierenden Teil XI des SRÜ über die Erforschung und Ausbeutung der Ressourcen des Meeresbodens und Meeresuntergrundes jenseits der Grenzen nationaler Hoheitsbefugnisse („Gebiet") mit seinen Bestimmungen zu Produktionsplanung, Abgaben und Technologietransfer sowie bindender Änderungsmöglichkeit mit Dreiviertelmehrheit ablehnten. Erst die Annahme des Übereinkommens zur Durchführung des Teiles XI des SRÜ vom 28.7.1994 (DFÜ), das faktisch zu einer „Änderung" des Teils XI führte, räumte die Bedenken der Industrieländer aus. Nach Art. 2 DFÜ werden das Durchführungsübereinkommen und Teil XI des SRÜ zusammen als „eine Übereinkunft" ausgelegt. Im Falle eines Widerspruchs geht das DFÜ vor. Das SRÜ mit seinen 320 Artikeln, neun Anlagen und vier Resolutionen (die, ohne Teil des SRÜ zu sein, in einem untrennbaren Zusammenhang mit diesem stehen) trat am 16.11.1994 in Kraft (Text: BGBl. 1994 II, 1799), das DFÜ (Text: BGBl. 1994 II, 2566) am 28.7.1996. Ende April 1998 hatte das SRÜ 130, das DFÜ 94 Vertragsstaaten. Zwischen den Vertragsstaaten hat das SRÜ Vorrang vor den vier Genfer Seerechtsübereinkommen vom 29.4.1958 (über das Küstenmeer und die Anschlußzone, den Festlandsockel, die Hohe See sowie die Fischerei und Erhaltung der lebenden Schätze der Hohen See), dem sog. Alten Seerecht.

Das SRÜ schafft ein umfassendes Rechtsregime für die Meere und Ozeane der Erde. Es regelt jedoch nicht alle das Seerecht betreffenden Fragen selbst, sondern ist vielmehr ein durch Spezial- und Regionalabkommen ausfüllungsbedürftiges und weiterentwicklungsfähiges Rahmenabkommen („umbrella convention").

Das SRÜ umfaßt siebzehn „Teile", dazu gehören u.a.: „Küstenmeer und Anschlußzone", „Meerengen, die der internationalen Schiffahrt dienen", „Archipelstaaten", „Ausschließliche Wirtschaftszone", „Festlandsockel", „Hohe

See", „Ordnung der Inseln", „Umschlossene oder halbumschlossene Meere", „Recht der Binnenstaaten auf Zugang zum und vom Meer und Transitfreiheit", sowie „Teile" zur wirtschaftliche Nutzung des Tiefseebodens („Gebiet" genannt), zum Meeresumweltschutz, wissenschaftlichen Meeresforschung, Entwicklung und Weitergabe von Meerestechnologie und zur Beilegung von Streitigkeiten.

Das SRÜ übernimmt alte bewährte Regelungen aus den Genfer Übereinkommen und entwickelt diese weiter bzw. konkretisiert sie. Gleichzeitig führt das SRÜ aber auch neue Rechtsinstitute und Institutionen ein. Das Regime der ausschließlichen Wirtschaftzone, der Meeresumweltschutz (→ Umweltschutz), das Konzept der nachhaltigen Entwicklung mariner Ressourcen, die wissenschaftliche Meeresforschung, die Weitergabe von Meerestechnologie sowie der Schutz von Unterwasserkulturgütern werden zum ersten Mal auf internationaler Ebene kodifiziert. Die grundlegendste Neuerung bildet jedoch der Grundsatz, wonach der Meeresboden und Meeresuntergrund jenseits der Grenzen des Bereichs nationaler Hoheitsbefugnisse, d.h. das Gebiet, und seine Ressourcen das → „gemeinsame Erbe der Menschheit" sind, über das kein Staat → Souveränität beanspruchen oder ausüben darf. Insbesondere darf sich kein Staat einen Teil des Gebiets oder seiner Ressourcen aneignen.

Technisch ist das SRÜ gekennzeichnet durch eine „Verzonung des Meeres". Die Rechtslage in bezug auf Fischerei, Schiffahrt, Meeresumweltschutz, Kulturgüterschutz, Meeresbodenbergbau und Überflug ist davon abhängig, in welcher Meereszone (Innere Gewässer, Archipelgewässer, Küstenmeer, Anschlußzone, ausschließliche Wirtschaftszone, Hohe See, Gebiet, Festlandsockel oder internationale Meerenge) man sich befindet. Generell kann man von einer Abnahme oder Abschwächung der Rechte der Küstenstaaten mit zunehmender Entfernung einer Meereszone vom Festland sprechen.

Neben sachlichen Neuerungen schafft das SRÜ mit der Internationalen Meeresbodenbehörde, dem Internationalen Seegerichtshof und der Kommission zur Begrenzung des Festlandsockels drei neue internationale Institutionen. Die beiden ersten sind als „eigenständige internationale Organisationen", letztere als „Vertrags-Organ" der Vereinten Nationen (Doc. CLCS/5, 11 March 1998) zu klassifizieren. Daneben kommen der „Sitzung der Vertragsstaaten" des SRÜ sowie dem als Sekretariat des Übereinkommens fungierenden Büro für Rechtsangelegenheiten der Abteilung für Meeresangelegenheiten und Seerecht der Vereinten Nationen (DOALOS) wichtige Funktionen im Rahmen des SRÜ zu.

3. Zusammensetzung und Organisation

a) Richter

Der ISGH besteht aus 21 unabhängigen Mitgliedern (Richtern), die von den Vertragsstaaten des SRÜ für die Dauer von neun Jahren gewählt werden. Eine Wiederwahl ist zulässig. Die ersten 21 Richter wurden am 1.8.1996 gewählt. Um eine gewisse Kontinuität der Rechtsprechung zu gewährleisten, scheiden von den Richtern der ersten Generation je sieben (durch Los ermittelte Richter) zum 30.9.1999 bzw. 30.9.2002 aus. Die Richter, von denen keine zwei Angehörige desselben Staats sein dürfen, müssen die hauptsächlichen Rechtssysteme der Welt vertreten und „anerkannte fachliche Eignung auf dem Gebiet des Seerechts besitzen." Bei der Zusammensetzung des Gerichtshofs ist, entsprechend dem normalerweise für die politischen Organe der Vereinten Nationen geltenden Prinzip, eine „gerechte geographische Verteilung" der Richtersitze zu gewährleisten. Nach Art. 3 Abs. 2 ISGH-Statut muß jede der von der Generalversammlung der Vereinten Nationen festgelegten fünf → Regionalgruppen durch mindestens drei Richter vertreten sein. Auch die verbleibenden sechs Sitze wurden von den Vertragsstaaten regional aufgeteilt, so daß sich in der Praxis folgender Verteilungsschlüssel ergibt: Afrika (5), Asien (5), Lateinamerika und Karibik (4), Westeuropa und andere (4) und Osteuropa (3). Im Vergleich zum IGH (Verteilungsschlüssel: 3/2/2/6/2) werden beim ISGH die Entwicklungsländer bei der Sitzverteilung weit stärker berücksichtigt. Während dies bei der Mehrheit der Vertragsstaaten zu einer erhöhten Akzeptanz des Gerichtshofs führen mag, hat es bei einigen Industrieländern zu einer gewissen Reserviertheit gegenüber dem Gerichtshof beigetragen.

Die Mitglieder des Gerichtshofs sind (noch) keine Vollzeitrichter. Sie dürfen grundsätzlich ihre bisherige berufliche Tätigkeit weiterführen bzw. eine solche aufnehmen. Lediglich Ämter in Politik und Verwaltung sowie die Tätigkeit für oder Interesse an einem Unternehmen, das sich mit der kommerziellen Nutzung des Meeres oder Meeresbodens befaß, sind mit der Stellung als Richter unvereinbar. Daneben dürfen sie nicht als Bevollmächtigte, Rechtsbeistand oder Anwalt in irgendeiner Streitsache tätig werden (Art. 7 ISGH-Statut). Ist ein Richter (vor seiner Wahl) in einer Streitsache tätig gewesen, so darf er nicht an der Entscheidung der Sache teilnehmen (Art. 8 Abs. 1 ISGH-Statut).

Neben den gewählten Richtern kann es im Einzelfall auch durch die Streitparteien bestimmte Ad-hoc-Richter geben. Gehört dem Gerichtshof kein (gewählter) Richter an, der Staatsangehöriger einer der Parteien ist, so kann nach Art. 17 ISGH-Statut jede Partei einen Richter ihrer Wahl (der nicht ihre Staatsangehörigkeit besitzen muß) bestimmen, der gleichberechtigt mit den gewählten Richtern an der Entscheidung mitwirkt.

Die Richter genießen bei Ausübung ihres Amtes diplomatische Vorrechte und Immunitäten (Art. 19 ISGH-Statut). Die Einzelheiten werden in einem (noch nicht in Kraft getretenen) „Übereinkommen über die Vorrechte und Immunitäten des Internationalen Seegerichtshofs" vom 1.7.1997 (Doc. SPLOS/25, 5. Juni 1997) sowie in einem zwischen dem Internationalen Seegerichtshof und der Bundesrepublik Deutschland noch zu schließenden → Sitzstaatsabkommen geregelt. Der Entwurf eines solchen Abkommens liegt bereits vor (Doc. LOS/PCN/152 (Vol. I), 91ff.). Bis zum Abschluß des Sitzstaatsabkommens wird die Rechtsstellung der Richter und anderer mit dem Gerichtshof in Verbindung stehender Personen in der Bundesrepublik Deutschland durch die „Verordnung über Vorrechte und Immunitäten des Internationalen Seegerichtshofs" vom 10.10.1996 (BGBl. 1996 II, 2517) geregelt.

b) Sachverständige

Neben den Richtern können dem Gerichtshof auch Sachverständige angehören. Nach Art. 289 SRÜ können bei Streitigkeiten über wissenschaftliche oder technische Angelegenheiten auf Antrag einer Partei oder von Amts wegen - in Konsultation mit den Streitparteien - mindestens zwei wissenschaftliche oder technische Sachverständige in das Gericht berufen werden, die an der Verhandlung und den Beratungen ohne Stimmrecht teilnehmen. Dies ist Ausdruck der Tatsache, daß viele Streitigkeiten vor dem Internationalen Seegerichtshof (z.B. über die Festlandsockelabgrenzung) neben juristischen vor allem geologische, geophysikalische und hydrographische Probleme aufwerfen werden. Bei den Sachverständigen i.S.v. Art. 289 SRÜ handelt es sich nicht um sachverständige Zeugen, deren Aussagen von den Parteien in Frage gestellt oder widerlegt werden können, sondern um Beisitzer i.S.v. Art. 30 Abs. 2 IGH-Statut. Ihre Aufgabe ist es, die Richter bei der Abfassung des Urteils zu unterstützen und sicherzustellen, daß das Urteil frei von technischen Fehlern ist und dem aktuellen Stand von Wissenschaft und Technik entspricht.

c) Spruchkörper

Der Gerichtshof entscheidet abhängig von der Art der unterbreiteten Streitigkeit und dem Willen der Parteien in unterschiedlicher Besetzung. Unabhängig von der Zusammensetzung im einzelnen können in jedem Spruchkörper neben den gewählten Richtern auch Ad-hoc-Richter und Sachverständige vertreten sein.

(1) Plenum

Nach Art. 13 Abs. 3 ISGH-Statut behandelt und entscheidet der Gerichtshof, d.h. das Plenum der 21 Richter, alle Streitigkeiten und Anträge, sofern diese nicht in Teil XI Abschnitt 5 des SRÜ ausdrücklich der Kammer für Meeresbodenstreitigkeiten zugewiesen sind oder die Parteien eine Behandlung der Streitigkeit durch eine Sonderkammer beantragen. Das Plenum ist beschlußfähig, wenn elf der gewählten Richter anwesend sind. Die Vorschriften über die Beschlußfähigkeit könnten in der Zukunft Bedeutung erlangen, da es sich beim ISGH zwar um ein ständiges Gericht nicht aber um ein „Präsenzgericht" handelt. Von den Richtern ist nur der Präsident verpflichtet, am Sitz des Gerichtshofs zu wohnen (Art. 12 Abs. 3 ISGH-Statut).

(2) Kammer für Meeresbodenstreitig-keiten

Streitigkeiten, die sich aus der Erforschung und Ausbeutung der Ressourcen des Meeresbodens und Meeresuntergrunds jenseits der Grenzen des Bereichs nationaler Hoheitsbefugnisse, d.h. des Gebiets, ergeben, weist das SRÜ der Kammer für Meeresbodenstreitigkeiten (Art. 14, 35-40 ISGH-Statut) zu. Die Kammer für Meeresbodenstreitigkeiten besteht aus 11 Mitgliedern, die von den Richtern des Gerichtshofs unter Berücksichtigung der hauptsächlichen Rechtssysteme der Welt und einer gerechten geographischen Verteilung für drei Jahre aus ihrer Mitte gewählt werden. Die Kammer ist beschlußfähig, wenn sieben ihrer Mitglieder anwesend sind, sie wählt ihren eigenen Vorsitzenden. Sie wird teilweise als „Gericht innerhalb des Gerichtshofs" bezeichnet (Wolfrum 1996, 206). Auf Antrag der Streitparteien können gewisse Meeresbodenstreitigkeiten jedoch von der Kammer an eine aus drei ihrer Richter zu bildenden Ad-hoc-Kammer (Art. 36 ISGH-Statut) oder eine Sonderkammer verwiesen werden

(Art. 188 Abs. 1 Buchst. a SRÜ). Der ISGH hat am 20.2.1997 die Kammer für Meeresbodenstreitigkeiten errichtet. Da Tiefseebergbau in absehbarer Zeit nicht stattfinden wird, wird die Kammer vorläufig bestenfalls mit der Erstattung von Rechtsgutachten für die Versammlung und den Rat der Meeresbodenbehörde beschäftigt sein (Art. 191 SRÜ).

(3) Sonderkammern

Das ISGH-Statut unterscheidet zwischen obligatorischen und fakultativen Sonderkammern. Nach Art. 15 Abs. 3 bildet der Gerichtshof jährlich zur Behandlung und Entscheidung von Streitigkeiten im abgekürzten Verfahren eine aus fünf seiner gewählten Richter bestehende Kammer für abgekürzte Verfahren. In der sitzungsfreien Zeit und bei Beschlußunfähigkeit des Plenums ist diese Kammer auch befugt, vorläufige Maßnahmen anzuordnen (Art. 25 Abs. 2 ISGH-Statut). Daneben kann der Gerichtshof weitere, aus drei oder mehr Richtern bestehende Kammern für bestimmte Arten von Streitigkeiten bilden (Art. 15 Abs. 1 ISGH-Statut). Der Gerichtshof hat am 20. Februar 1997 von dieser Ermächtigung Gebrauch gemacht und zwei mit je sieben Richtern besetzte Sonderkammern errichtet: die Kammer für Fischereistreitigkeiten und die Kammer für Meeresumweltschutzstreitigkeiten (Doc. ITLOS/13, 20 April 1998, 8ff.). Weitere Sonderkammern z.B. für wissenschaftliche Meeresforschung oder Kulturgüter im Meer sind denkbar. Darüber hinaus bildet der Gerichtshof nach Art. 15 Abs. 2 ISGH-Statut eine Ad-hoc-Sonderkammer zur Behandlung einer bestimmten ihm unterbreiteten Streitigkeit, wenn die Parteien dies beantragen. Die Zusammensetzung einer solchen Kammer wird vom Gerichtshof mit Zustimmung der Parteien festgelegt.

4. Zuständigkeit

a) Der Seegerichtshof im Streitbeilegungssystem des Seerechtsübereinkommens

Die Vertragsstaaten des SRÜ verpflichten sich grundsätzlich, alle zwischen ihnen entstehenden Streitigkeiten über die Auslegung und Anwendung des SRÜ, die nicht durch friedliche Mittel anderweitig beigelegt werden (Art. 279-285 SRÜ), nach Erschöpfung der innerstaatlichen Rechtsmittel (Art. 295 SRÜ) einem gerichtlichen Streitbeilegungsverfahren zu unterbreiten, das zu einer bindenden Entscheidung führt – die obligatorische Streitbeilegung (Art. 286 SRÜ).

Sie verpflichten sich jedoch nicht, jede Streitigkeit dem Internationalen Seegerichtshof zu unterbreiten. Vielmehr steht es den Vertragsstaaten nach Art. 287 Abs. 1 SRÜ frei, wenn sie das SRÜ unterzeichnen, ratifizieren oder ihm beitreten, oder zu jedem späteren Zeitpunkt, durch eine beim Generalsekretär zu hinterlegende schriftliche Erklärung, eines oder mehrere der folgenden Streitbeilegungsverfahren zu wählen: den ISGH, den IGH, ein Schiedsgericht nach Anlage VII des SRÜ oder ein besonderes Schiedsgericht nach Anlage VIII des SRÜ (für die in dieser Anlage aufgeführten Arten von Streitigkeiten). Von den 130 Vertragsstaaten hatten am 31.12.1998 erst 22 Staaten eine Erklärung nach Art. 287 Abs. 1 SRÜ abgegeben, von denen nur 13 Staaten, darunter die Bundesrepublik Deutschland und Österreich, den ISGH allein oder neben anderen Streitbeilegungsverfahren gewählt haben. Für die meisten Staaten ist der ISGH eine noch zu „unbekannte Größe". Sie warten zunächst ab, wie sich die Rechtsprechung des Gerichtshofs entwickelt. Hat ein Vertragsstaat keines der Streitbeilegungsverfahren in Art. 287 Abs. 1 SRÜ gewählt oder haben die Streitparteien nicht dasselbe Streitbeilegungsverfahren gewählt, so kommt ipso jure das Schiedsverfahren nach Anlage VII zur Anwendung, sofern die Parteien der Streitigkeit (nach Entstehung derselben) nicht noch etwas anderes vereinbaren (Art. 287 Abs. 3, 4, 5 SRÜ). Schiedsgerichte nach Anlage VII bilden somit das „Auffang-Streitbeilegungsverfahren" des SRÜ. Selbst die Wahl des ISGH als

Streitbeilegungsverfahren durch beide Streitparteien besagt jedoch noch nicht, daß dieser tatsächlich zur Entscheidung berufen ist. Haben die Streitparteien im Rahmen einer völkerrechtlichen Übereinkunft oder auf andere Weise vereinbart, ihre Streitigkeiten einem Streitbeilegungsverfahren zu unterwerfen, das zu einer bindenden Entscheidung führt, so findet dieses Verfahren anstelle des ISGH Anwendung, sofern die Parteien die Streitigkeit nicht ausdrücklich dem ISGH zuweisen (Art. 282 SRÜ). Dies ist u.a. für Staaten bedeutsam, die wie die Bundesrepublik Deutschland Partei des „Europäischen Übereinkommens zur friedlichen Beilegung von Streitigkeiten" vom 29.4.1957 (BGBl. 1961 II, 1026) sind, das grundsätzlich alle zwischen den Vertragsparteien entstehenden völkerrechtlichen Streitigkeiten dem IGH zuweist. Die Ausnahmeregel in Art. 28 Abs. 1 des Übereinkommens greift hier nicht, da, wie sich aus Art. 282 SRÜ ergibt, seerechtliche Streitigkeiten bei Bestehen einer anderweitigen Verpflichtung zur bindenden Streitbeilegung gerade nicht den Verfahren des SRÜ „zu unterwerfen sind". Darüber hinaus haben die Mitgliedstaaten der EU vereinbart, Fischereistreitigkeiten zwischen ihnen dem Europäischen Gerichtshof zu unterwerfen.

Nach Art. 287 Abs. 2 SRÜ gilt die Wahlmöglichkeit hinsichtlich des Streitbeilegungsverfahrens jedoch nicht für Streitigkeiten, die sich aus der Erforschung und Ausbeutung der Ressourcen des Gebiets ergeben (Teil XI Abschnitt 5 des SRÜ). Diese weist das SRÜ ausschließlich dem ISGH zu. Hier können die Streitparteien (je nach Art der Streitigkeit) nur wählen, ob diese durch die in erster Linie zuständige Kammer für Meeresbodenstreitigkeiten oder deren Ad-hoc-Kammer bzw. eine Sonderkammer entschieden wird. Nur in einem Fall können die Streitparteien dem ISGH eine Streitigkeit durch Unterwerfung unter ein bindendes Handelsschiedsverfahren entziehen (Art. 188 Abs. 2 SRÜ).

Unabhängig von seiner Wahl als Streitbeilegungsverfahren kommt dem ISGH die Funktion eines „Not-Streitbeilegungsverfahrens" zu. Solange ein gewähltes oder (mangels Wahl) ipso jure zuständiges Schiedsgericht noch nicht gebildet wurde und ein anderer Gerichtshof oder eine anderes Gericht von den Streitparteien nicht innerhalb einer bestimmten Frist einvernehmlich bestimmt worden ist, kann der ISGH auf Antrag einer Streitpartei vorläufige Maßnahmen (Art. 290 Abs. 5 SRÜ) anordnen und über die sofortige Freigabe von zurückgehaltenen Schiffen und Besatzungen entscheiden (Art. 292 Abs. 1). In seinen ersten beiden, die Freigabe des Schiffes „Saiga" betreffenden Fällen, wurde der ISGH (zumindest am Anfang) im Rahmen dieses Not-Streitbeilegungsverfahrens tätig (ILM 37 (1998), 360 und 1202).

b) Sachliche Zuständigkeit

Entscheiden sich die Vertragstaaten für den ISGH als Streitbeilegungsverfahren, so ist dieser grundsätzlich „für jede Streitigkeit über die Auslegung oder Anwendung des SRÜ zuständig" (Art. 288 Abs. 1 SRÜ). Rechtsfragen mit Meeresbezug, die im SRÜ nicht geregelt sind (wie die Frage der Souveränität über Inseln), sind somit von vornherein seiner Zuständigkeit entzogen. Aber auch vom Grundsatz der umfassenden Zuständigkeit zur Auslegung oder Anwendung des SRÜ statuiert dasselbe weitreichende Ausnahmen insbesondere zugunsten der Küstenstaaten, deren genauer Umfang sich erst durch die Rechtsprechung des Gerichtshofs ergeben wird. Teilweise nimmt das SRÜ selbst bestimmte Streitigkeiten (über die Ausübung der souveränen Rechte und Hoheitsbefugnisse der Küstenstaaten, die wissenschaftliche Meeresforschung und die Fischerei in der ausschließlichen Wirtschaftszone oder auf dem Festlandsockel) von der Gerichtsbarkeit des ISGH aus (ipso jure-Ausnahmen - Art.297 SRÜ), teilweise erlaubt es den Vertragsstaaten, eine schriftliche Erklärung abzugeben, daß sie gewisse im SRÜ benannte

Streitigkeiten (über die Abgrenzung von Meeresgebieten, militärische Handlungen und Vollstreckungshandlungen in Ausübung souveräner Rechte oder Hoheitsbefugnisse) einer Entscheidung durch den ISGH entziehen (fakultative Ausnahmen - Art. 298 SRÜ). Von dieser Möglichkeit hatten am 31.12.1998 fünfzehn der 130 Vertragsstaaten Gebrauch gemacht. Bei den Einschränkungen der sachlichen Zuständigkeit handelt es sich um ein Zugeständnis, das die Befürworter der obligatorischen Streitbeilegung für deren vertragliche Festschreibung machen mußten.

Die sachliche Zuständigkeit des ISGH kann sich jedoch nicht nur aus dem SRÜ, sondern auch aus anderen mit diesem zusammenhängenden Verträgen ergeben (Art. 288 Abs. 2 SRÜ, Art. 21, 22 ISGH-Statut). So ist der ISGH nach Art. 30 Abs. 1des „Übereinkommens zur Durchführung der Bestimmungen des SRÜ über die Erhaltung und Bewirtschaftung von gebietsübergreifenden Fischbeständen und weit wandernden Fischbeständen" vom 4.12.1995 (ILM 34 (1995), 1542) für jede Streitigkeit über die Auslegung oder Anwendung dieses Übereinkommens zuständig, soweit ihn die Streitparteien als Streitbeilegungsverfahren gewählt haben.

Wird die Zuständigkeit des ISGH von einer Streitpartei bestritten, so entscheidet dieser zunächst über seine Zuständigkeit (Art. 288 Abs. 4 SRÜ). Ebenfalls in einem Vorverfahren entscheidet der Gerichtshof, darüber ob die Klage einer Partei, die sich auf eine Streitigkeit im Bereich der ipso jure Ausnahmen (Art. 297 SRÜ) bezieht, eine mißbräuchliche Inanspruchnahme des Rechtswegs darstellt.

c) Parteifähigkeit

Der ISGH steht grundsätzlich nur den Vertragsstaaten des SRÜ zur Beilegung von Streitigkeiten offen (Art. 291 Abs. 1 SRÜ, Art. 20 Abs. 1 ISGH-Statut). „Vertragsstaaten" sind nach der Legaldefinition des Art. 1Abs. 2 Nr. 2 SRÜ jedoch nicht nur Staaten im Sinne der

Völkerrechts, sondern auch andere Rechtsträger, wie internationale Organisationen (Anlage IX des SRÜ), die Vertragsparteien des SRÜ geworden sind. Partei vor dem ISGH kann somit z.B. auch die Europäische Gemeinschaft (EG) sein, die das SRÜ am 1.4.1998 (als bislang einziger nichtstaatlicher Rechtsträger) ratifiziert hat. Damit trägt das SRÜ der Entwicklung Rechnung, daß die europäischen Staaten Hoheitsbefugnisse im seerechtlichen Bereich auf die EG übertragen haben. In Streitigkeiten vor der Kammer für Meeresbodenstreitigkeiten sind auch die Meeresbodenbehörde, das behördeneigene Unternehmen, staatliche Unternehmen sowie natürliche und juristische (Privat-)Personen parteifähig (Art. 291 Abs. 2 i.V.m. Art. 187 SRÜ). Ob der ISGH darüber hinaus auch juristischen und natürlichen Personen zur Beilegung privater (insbesondere seehandelsrechtlicher) Streitigkeiten offensteht (so Basedow 1999, 13) erscheint fraglich. Zwar steht nach Art. 20 Abs. 2 ISGH-Statut der ISGH auch Rechtsträgern, die nicht Vertragsstaaten sind, für jede Streitigkeit offen, die aufgrund einer sonstigen Übereinkunft unterbreitet wird, die dem Gerichtshof die von allen Streitparteien angenommene Zuständigkeit überträgt, doch ist unter „Übereinkunft" im Sinne dieser Vorschrift nicht jede private Parteivereinbarung, sondern nur die internationale (völkerrechtliche) Übereinkunft i.S.v. Art. 288 Abs. 2 SRÜ zu verstehen.

5. Verfahren, anwendbares Recht, Entscheidung, Vollstreckung

Das Verfahren vor dem ISGH wird entweder durch Notifikation einer besonderen Übereinkunft zwischen den Streitparteien, durch Einreichung einer Klageschrift oder durch Stellung eines Antrags (auf Erlaß vorläufiger Maßnahmen oder auf Freigabe eines Schiffes) eingeleitet. Das Verfahren besteht aus einem schriftlichen Vorverfahren und einer mündlichen Verhandlung. Die Einzelheiten der Verfahrensgestaltung sind im SRÜ, im ISGH-Statut (Art. 24-34) sowie in den vom ISGH

am 28.10.1997 erlassenen, 138 Artikel umfassenden „Regeln des Gerichts" (Doc. ITLOS/8) niedergelegt. Daneben sind die „Richtlinien für die Vorbereitung und den Vortrag von Fällen vor dem Gerichtshof" (Doc. ITLOS/9) und die „Resolution über die innergerichtliche Praxis" (Doc. ITLOS/10) zu berücksichtigen.

Der ISGH entscheidet auf der Grundlage des SRÜ, des Durchführungsübereinkommens und sonstiger mit diesen Übereinkommen nicht unvereinbaren Regeln des Völkerrechts (Art. 293 Abs. 1 SRÜ, Art. 23 ISGH-Statut). Diese offene Formulierung ermöglicht es dem ISGH auch neue (in Art. 38 Abs. 1 IGH-Statut nicht aufgeführte) Völkerrechtsquellen zu berücksichtigen, sollten solche in Zukunft allgemeine Anerkennung finden. Daneben kann der ISGH auch sog. Billigkeitsentscheidungen (ex aequo et bono) treffen, sofern die Streitparteien dies vereinbaren (Art. 293 Abs. 2 SRÜ). Die Kammer für Meeresbodenstreitigkeiten kann zusätzlich Regeln, Vorschriften und Verfahren der Meeresbodenbehörde sowie bei Streitigkeiten über Lizenz- und Schürfverträge diese Verträge anwenden (Art. 38 ISGH-Statut).

Der ISGH erläßt sowohl Anordnungen (bei vorläufigen Maßnahmen) als auch Urteile. Alle Entscheidungen, unabhängig davon, ob sie vom Plenum oder einer der Kammern getroffen werden, gelten als Entscheidungen „des Gerichtshofs" (Art. 15 Abs. 5 ISGH-Statut). Die Entscheidungen des ISGH sind für die Streitparteien bindend und müssen von ihnen befolgt werden (Art. 296 SRÜ, Art. 33 ISGH). Das SRÜ sieht jedoch weder eine Vollstreckung der Entscheidungen durch internationale Organe noch Sanktionen bei deren Nichtbefolgung vor. Der Vollstreckung einer Entscheidung gegen einen Vertragsstaat in einem anderen Vertragsstaat steht der Grundsatz der souveränen Gleichheit der Staaten entgegen. Hiervon macht Art. 39 ISGH-Statut für die Entscheidungen der Kammer für Meeresbodenstreitigkeiten eine Ausnahme. Diese Entscheidungen sollen in den Hoheitsgebieten der Vertragsstaaten (auch gegen Staaten) ebenso vollstreckbar sein wie Urteile oder Verfügungen des höchsten Gerichts des Vertragsstaats. Die läßt sich mit dem wirtschaftlichen Charakter der Tätigkeit im Gebiet begründen. Soweit die Staaten wirtschaftlich tätig werden (acta jure gestionis), ist heute allgemein anerkannt, daß sie vor nationalen Gerichten bezüglich ihrer nicht hoheitlichen Zwecken dienenden Vermögenswerte keine Vollstreckungsimmunität genießen. Zur Schaffung der rechtlichen Voraussetzungen für die Vollstreckung der Entscheidungen der Kammer für Meeresbodenstreitigkeiten in der Bundesrepublik Deutschland hat der Bundestag am 6.6.1995 das Gesetz über die Vollstreckung von Entscheidungen internationaler Gerichte auf dem Gebiet des Seerechts - Seegerichtsvollstreckungsgesetz (BGBl. 1995 I, 786) beschlossen.

6. Bewertung und Ausblick

In den ersten beiden Jahren seines Bestehens hatte der ISGH nur zwei Fälle zu entscheiden: Die Klage St. Vincents und die Grenadinen gegen Guinea auf Freigabe des Schiffes M/V „Saiga" und seiner Besatzung sowie einen Antrag auf vorläufige Maßnahmen in derselben Sache (Text der Entscheidungen: ILM 37 (1998), 360 und 1202). Allein auf der Grundlage dieser Entscheidungen läßt sich noch kein Urteil über den ISGH bilden. Zu bedauern ist jedoch bereits, daß die Sitzung der Vertragsstaaten bei der Besetzung der sechs ursprünglich nicht regional gebundenen Richterstellen dem Regionalprinzip den Vorzug gegenüber dem Qualitätsprinzip gegeben hat.

Die Verpflichtung der Vertragsstaaten des SRÜ zur obligatorischen Streitbeilegung stellt einen großen Fortschritt gegenüber den Genfer Seerechtsübereinkommen dar, die die Beilegung von Streitigkeiten lediglich in einem Fakultativprotokoll (Text: BGBl. 1972 II, 1102) regelten, das nur 37 Parteien hat und nie zur Anwendung kam. Ob man aber beim Streitbeilegungssystem des SRÜ von einem Qualitätssprung in der internationalen Streitbeilegungskultur sprechen kann, erscheint im Hinblick auf die Ausnahmetatbestände bei der sachlichen Zuständigkeit und die fehlende Vollstreckungsregelung zweifelhaft.

Teilweise wurde die Befürchtung geäußert, daß die Errichtung des ISGH zu einer Zersplitterung der internationalen Gerichtsbarkeit führen und die Rolle und das Gewicht des IGH untergraben könne (Oda 1995). Abgesehen davon, daß der IGH schon immer in Konkurrenz zu anderen (Schieds-)Gerichten stand, ergibt ein Vergleich der Zuständigkeit der beiden Gerichte, daß diese nicht deckungsgleich ist (Fleischhauer 1997). Was die Frage der Rechtseinheit anbelangt, wird erst die Zukunft zeigen, ob sich der ISGH an der Rechtsprechung des IGH orientiert, ob dieser und die Schiedsgerichte sich in seerechtlichen Fragen nach der Rechtsprechung des ISGH richten oder ob jedes Gericht unabhängig von den anderen entscheidet. Die Wahlmöglichkeit der Staaten zwischen mehreren Streitbeilegungsverfahren unter dem SRÜ bedeutet für den Internationalen Seegerichtshof, daß er als Erbringer justitieller Dienstleistungen im Wettbewerb mit diesen anderen Verfahren steht. Welchen Platz er im Streitbeilegungssystem des SRÜ einnehmen wird, hängt nicht unwesentlich von seinen nächsten Entscheidungen und Rechtsgutachten ab.

Stefan Talmon

Lit.: Adede, A.O.: The System for Settlement of Disputes under the United Nations Convention on the Law of the Sea, Dordrecht 1987; Basedow, J.: Perspektiven des Seerechts, in: JZ 1999, 9-15; Fleischhauer, C.-A.: The Relationship Between the International Court of Justice and the Newly Created International Tribunal for the Law of the Sea in Hamburg, in: Max Planck Yearbook of United Nations Law 1 (1997), 327-333; Lagoni, R.: Freigabeklage und vorläufige Maßnahmen vor dem Internationalen Seegerichtshof: Die Fälle M/V „saiga" (Nr. 1) und (Nr. 2), in: Götz, V./Selmer, P./Wolfrum, R. (Hrsg.): Liber amicorum Günther Jaenicke - Zum 85. Geburtstag, Berlin 1998, 543-571; Nordquist, M.H.

(Hrsg.): United Nations Convention on the Law of the Sea 1982. A Commentary, Bd. 5, Dordrecht 1989; Oda, S.: Dispute Settlement Prospects in the Law of the Sea, in: ICLQ 44 (1995), 863-872; Sohn, L.B.: A Tribunal for the Sea-Bed or the Ocean, in: ZaöRV 32 (1972), 253-264; Wolfrum, R.: Der Internationale Seegerichtshof in Hamburg, in: VN 44 (1996), 205-210; Wolfrum, R.: Verfahren zur Freigabe von Schiffen vor dem Internationalen Seegerichtshof, in: Lagoni, R./Paschke, M. (Hrsg.): Seehandelsrecht und Seerecht. Fs. für R. Herber zum 70. Geburtstag, Münster 1999, 567-582; Wasum, S.: Der Internationale Seegerichtshof im System der obligatorischen Streitbeilegungsverfahren der Seerechtskonvention, München 1984. Siehe auch das Sonderheft des Indian Journal of International Law zum Seegerichtshof mit Beiträgen verschiedener Autoren: IJIL 37 (1997), 347-594.

Internet: Informationen über ITLOS, anhängige Fälle und Pressemitteilungen über die „Oceans and Law of the Sea Home Page" der United Nations Division for Ocean Affairs and the Law of the Sea: http://www.un.org/Depts/los/. Homepage des ISGH: http://www.un.org/Depts/los

ITU – Internationale Fernmeldeunion

Die ITU (International Telecommunication Union, deutsch: Internationale Fernmeldeunion; BGBl. 1962 II, 2173) ging am 1. Januar 1934 aus einer Verschmelzung der 1865 in Paris gegründeten Internationalen Telegraphen-Union und der 1906 in Berlin unterzeichneten Internationalen Radio-Telegraphen-Union hervor. Im Oktober 1947 fand in Atlantic City eine Konferenz der Mitgliedstaaten statt, bei der die ITU umstrukturiert und der Internationale Fernmeldevertrag von 1934 neugefaßt wurde. 1949 wurde die ITU aufgrund eines Kooperationsabkommens mit den Vereinten Nationen eine ihrer → Sonderorganisationen. Sitz der ITU ist seit 1948 Genf, zuvor war es Bern. Die Mitgliedschaft steht allen Mitgliedsländern der UN offen sowie allen übrigen Ländern mit Zustimmung von zwei Dritteln der ITU-Mitgliedstaaten. Der ITU gehören 184 Mitgliedstaaten an (Stand 1.1.1997).

Aufgaben

Ziel der ITU ist es, die internationale Zusammenarbeit und die wirtschaftliche und soziale Entwicklung durch den Auf- und Ausbau leistungsfähiger Fernmeldedienste und der Planung der Strukturen der Telekommunikationsdienste zu gewährleisten. Die Aufgabenbereiche umfassen seit der ITU-Reform 1992 drei Sektoren:

Radiokommunikation: Aufteilung des Frequenzspektrums für die verschiedenen Funkdienste (Rundfunk, Seefunk, Flugfunk, Amateurfunk) sowie Registrierung und Koordinierung der Frequenzzuteilungen;

Telekommunikations-Standardisierung: Schaffung weltweiter Standards im Fernmeldewesen;

Telekommunikationsentwicklung: Katalysator für den Ausbau von Telekommunikationseinrichtungen in den Entwicklungsländern, in Zusammenarbeit mit der Weltbank (→ Weltbank/gruppe) und den regionalen Wirtschaftskommissionen der UN.

Organisationsstruktur

Konferenz der Regierungsbevollmächtigten: Dieses oberste Organ der ITU, in dem alle Mitgliedstaaten vertreten sind und das alle vier Jahre zusammentritt, fällt die grundlegenden Entscheidungen und wählt die Mitglieder der anderen Organe.

Rat: Seine 43 gewählten Mitglieder, die in der Regel einmal jährlich tagen, sind zwischen den Sitzungen der Konferenz für die Umsetzung der Beschlüsse und Erfüllung der satzungsgemäßen Aufgaben zuständig.

Weltweite oder regionale Verwaltungskonferenzen zwischen den Sitzungen des Plenums sollen die Möglichkeit bieten, auf neuere technologische Entwicklungen reagieren zu können.

Funk-, Standardisierungs- und Entwicklungssektor (s.o.) verfügen über eine eigene Organisationsstruktur mit Beratergremien und einem Direktor an der Spitze.

Generalsekretariat: Es ist unter Leitung eines Generalsekretärs für die Verwaltungs- und Finanzplanung der

ITU zuständig, überwacht die Befolgung der ITU-Richtlinien und dokumentiert und publiziert die Ergebnisse der Arbeit der ITU-Gremien.

Die ITU arbeitet eng mit anderen Sonderorganisationen, z.B. der → ICAO, der → IMO, der → UPU, der → UNESCO und der →WMO zusammen, weil sie alle in ihren Aufgabenbereichen mit Fernmelde- und Funkdiensten zu tun haben.

Perspektiven

Wie kaum eine andere Sonderorganisation der UN mußte sich die ITU immer wieder mit neuen technischen Entwicklungen in ihrem Bereich befassen (Satellitenfunk, Telefax, digitales Fernsehen, Internet) und sich dabei auch mit den wirtschaftlichen und politischen Aspekten dieser Entwicklungen auseinandersetzen. Dabei ist es ihr gelungen, in einem weltweiten Interessenausgleich die technologischen Weiterentwicklungen der Kommunikationssysteme organisatorisch abzusichern, sodaß inzwischen die weltweite, schnelle Kommunikation von Nachrichten, die globale Übertragung von Rundfunk- und Fernsehprogrammen sowie der weltweite Datentransfer ökonomischer Transaktionen möglich geworden ist. Die damit verbundenen wirtschaftlichen, sozialen und kulturellen Probleme (→ Globalisierung) werden hauptsächlich in anderen UN-Organisationen diskutiert, damit wäre die ITU als effiziente Clearing- und Organisations-Stelle für die Kommunikationssysteme wohl auch überfordert. So fand z.B. die Auseinandersetzung über eine von manchen Ländern der Dritten Welt angestrebte Weltinformations- und Kommunikationsordnung in der UNESCO statt, wo es um die Frage ging, ob nicht die wirtschaftliche und technologische Dominanz der westlichen Industrieländer bei den privaten Unternehmen im Rundfunk- und Fernsehsektor, bei den Nachrichtenagenturen und der Satellitenübertragung usw. zu einer Gefährdung der Informations- und Meinungsfreiheit führen könnte. Die Kritiker scheiterten mit ihrem An-

liegen, die UNO solle hier regelnd eingreifen. Die Probleme sind damit aber nicht gelöst, vielleicht sollten ITU und UNESCO einmal gemeinsam eine Weltkonferenz über die technischen und politischen Aspekte der Telekommunikation veranstalten.

Helmut Volger

Lit: *Magiera, S.:* ITU – Internationale Fernmeldeunion, in: Wolfrum, R. (Hrsg.): Handbuch Vereinte Nationen, 2. Aufl., München 1991, 388-393; *Schrogl, K.-U.:* Die „neue" ITU. Strukturreform einer internationalen Organisation als Routine, in: VN 42 (1994), 97-101; *Tegge, A.:* Die Internationale Telekommunikationsunion: Organisation und Funktion einer Weltorganisation im Wandel, Baden-Baden 1994.
Internet: Homepage der ITU: http://www.itu.int

IWF – Internationaler Währungsfonds

I. Entstehung

Im Juli 1944 fand in Bretton Woods (New Hampshire, USA) eine internationale Finanz- und Währungskonferenz statt, auf der sich die insgesamt 44 teilnehmenden Staaten über eine Neuordnung der Weltwirtschaft in der Nachkriegszeit einigten. Sie schlossen dort Verträge über die Errichtung eines internationalen Währungs- und Handelssystems ab, bekannt unter dem Namen Bretton-Woods-System. Obwohl die Havanna-Charta (GATT/WTO) vom US-Kongreß nicht ratifiziert wurde, und somit die Gründung der International Trade Organization (ITO) nicht erfolgte, wurde neben der *International Bank for Reconstruction and Development (IBRD)*, auch „Weltbank" genannt (→ Weltbank/-gruppe) auch der *International Monetary Fund (IMF)* – deutsch: *Internationaler Währungsfonds (IWF)* – errichtet; und zwar mit den „Articles of Agreement of the International Monetary Fund" (UNTS Bd. 2 Nr. 20 (a)). Das Abkommen trat nach Ratifikation durch 22 Staaten am 27.12.1945 in Kraft, am 1.3.1947 nahm der Fonds seine Arbeit auf.

Sitz des IWF ist Washington, D.C. (USA), wobei Art. XIII, Abschnitt 1 der

Articles of Agreement des IWF vorschreibt, daß seine Geschäftsstelle sich auf dem Hoheitsgebiet des Mitglieds mit der größten Quote befinden muß. Sollte die Satzung nicht geändert und die der Euro-Zone angehörenden westeuropäischen Länder zukünftig als eine Einheit betrachtet werden, kann es durchaus zu einer Verlegung der Hauptgeschäftsstelle nach „Euroland" kommen, da allein die „Euro-11-Länder" zusammen auf eine Quote von 22,00 % kommen, während demgegenüber auf die USA lediglich 18,25% entfallen (Stand 15.02.1999).

II. Ziele

Die Ziele des IWF sind nach seiner Satzung:
- Förderung der multilateralen Zusammenarbeit auf dem Gebiet der Währungspolitik;
- Förderung des Welthandels sowie eines hohen Beschäftigungsgrades in den Mitgliedsländern;
- Förderung der Stabilität der Wechselkurse, Rückkehr und Aufrechterhaltung der Konvertibilität der Währungen sowie Vermeidung kompetitiver Abwertungen;
- Abbau von Zahlungsbilanzungleichgewichten und damit Vermeidung extremer Überschuß- oder Defizitpositionen einzelner Länder;
- Errichtung eines finanziellen Beistandssystems für Länder in Zahlungsbilanzschwierigkeiten (vgl. Articles of Agreement, Art. I).

Um seinem Mandat, „eine umfassende Aufsicht über die Wechselkurspolitik seiner Mitglieder auszuüben", nachzukommen, übernimmt der IWF Überwachungsfunktionen auf multilateraler und bilateraler Ebene: Die multilaterale Überwachung besteht darin, in den Führungsgremiendie Entwicklung des internationalen Währungssystems aufgrund von Expertenberichten von IWF-Mitarbeitern zu bewerten. Die bilaterale Überwachung besteht in Konsultationen des IWF mit seinen Mitgliedern gemäß Art. IV der Articles of Agreement, die in der Regel einmal jährlich stattfinden und in denen IWF-Mitarbeiter wirtschaftliche und finanzielle Informationen im Mitgliedsland sammeln und mit den Vertretern der Regierung deren Wirtschaftspolitik, d.h. ihre Geld-, Fiskal- und Strukturpolitik, erörtern.

III. Mittelherkunft und -verwendung

Für jedes Mitglied wird entsprechend der Einschätzung seiner Wirtschaftskraft anhand des Bruttoinlandsprodukts, der Entwicklung der Leistungsbilanz sowie der Devisenreserven eine *Quote* ermittelt, die in *Sonderziehungsrechten (SZR)* ausgedrückt wird. Die Recheneinheit SZR ist ein gewichteter Währungskorb bestehend aus dem US Dollar, dem Euro (vor dem 1.1.1999 der Deutschen Mark und dem Französischen Franc), dem Yen und dem Pfund Sterling. Der Wert der SZR wird anhand der Notierung der einzelnen Währungen auf dem Devisenmarkt täglich neu ermittelt und schwankt somit entsprechend den Wechselkursveränderungen der am Korb beteiligten Währungen. Gleichzeitig üben die SZR die Funktion eines internationalen Reservemediums aus. Die SZR, die 1969 geschaffen wurden, können in Transaktionen der Mitgliedsländer untereinander, mit dem IWF sowie mit einigen wenigen zugelassenen „sonstigen Inhabern" (wie beispielsweise alle Entwicklungsbanken innerhalb des → UN-Systems) verwendet werden. Durch die vom IWF durchgeführten Zuteilungen von SZR an die Mitgliedsländer wird zusätzliche internationale Liquidität geschaffen. Allerdings ist die heutige Relevanz der SZR als Reservemedium gering. Lediglich 2% der Reserven der Mitgliedsländer (ohne Gold) werden in SZR gehalten. Die letzte der sechs Zuteilungen erfolgte bereits 1981, wobei zwischen 1970 und 1981 insgesamt SZR im Wert von 21,4 Mrd. ausgeschüttet wurden. Die ermittelte Quote, die den Anteil am Grundkapital des IWF widerspiegelt, muß beim Beitritt zum IWF zu 25% in Sonderziehungsrechten oder in vom IWF festgelegten konvertiblen Währungen (früher in Gold) eingezahlt werden, während die restlichen 75% in Landeswährung hinterlegt werden können. Die Quoten, die in das Allgemeine Konto des IWF eingezahlt werden, müssen in regelmäßigen Abständen, maximal jedoch alle 5 Jahre, einer Überprüfung unterzogen und gegebenenfalls erhöht werden (Art. III).

Darüber hinaus kann der IWF finanzielle Mittel bei Regierungen und Zentralbanken sowie auf dem internationalen Kapitalmarkt aufnehmen, wobei er auf letzteres noch nie zurückgegriffen hat, aber angesichts zunehmender Liquiditätsanforderungen aufgrund von schwerwiegenden Zahlungsbilanzkrisen wie in Südostasien, Rußland oder Brasilien immer häufiger von Mitgliedsländern vorgeschlagen wird. Bei Zahlungsbilanzschwierigkeiten kann ein Mitglied seine Reservetranche in dem Maße in Anspruch nehmen, wie seine Quote die IWF-Bestände an seiner Währung im Allgemeinen Konto übersteigt. Die Reservetranche entspricht einem Kauf von Fremdwährung mit heimischer Währung ohne jegliche Auflagen oder Gebühren des IWF. Dagegen stellt die Wahrnehmung von Kredittranchen im Rahmen der Bereitschafts- und Erweiterten Kreditvereinbarungen oder aus den *Sonderfazilitäten* eine sowohl auflagen- als auch gebührenpflichtige Transaktion eines Mitgliedes mit dem IWF dar. Die Sonderfazilitäten umfassen die Fazilität zur Kompensierung von Exporterlösausfällen und unerwarteten externen Störungen (1963 eingeführt), die Fazilität zur Finanzierung von Rohstoffausgleichslagern (1969), die Struktur- und Erweiterte Strukturanpassungsfazilität (SAF, 1986 bzw. ESAF, 1987), die Systemtransformationsfazilität (STF, 1994), die ergänzende Reservefazilität (SRF, 1997) sowie die kontingentierte Kreditlinie (CCL, 1999). Die Höchstgrenzen der Kreditvereinbarungen und Sonderfazilitäten variieren von 30% der Quote (Fazilität zur Kompensierung von Exporterlösausfällen) über 300% der Quote (Bereitschafts- und Erweiterte Kreditvereinbarung) bis hin zu 500% (kontingentierte Kreditlinie). Alle Kredite werden in mehreren Tranchen an

das Mitglied ausgezahlt, wobei vor jeder Auszahlung eine Überprüfung der Wirtschafts- und Währungspolitik des Landes durch den IWF erfolgt um sicherzustellen, daß das jeweilige Mitglied Anstrengungen zur Überwindung seiner Zahlungsbilanzschwierigkeiten unternimmt und die mit dem IWF geschlossene Vereinbarung über einzuleitende Anpassungsmaßnahmen einhält. Kommt der IWF dabei zu einem negativen Ergebnis, können noch ausstehende Kredittranchen gesperrt werden.

IV. Stellung im UN-System, Mitgliedschaft und Organe

Mit dem Erhalt des Status einer → Sonderorganisation innerhalb des Systems der Vereinten Nationen im Jahre 1947 verfügt der IWF über eine eigene Rechtspersönlichkeit und kann deshalb Verträge mit völkerrechtlichem Charakter abschließen. Darüber hinaus ist der Fonds mit allen Rechten einer autonomen zwischenstaatlichen Organisation ausgestattet, einschließlich der Aufstellung eines eigenen Budgets, der Einstellung des Personals sowie der Aufnahme neuer Mitglieder. Somit setzt die Mitgliedschaft im IWF nicht die Mitgliedschaft in den Vereinten Nationen (→ Mitgliedschaft/Repräsentation von Staaten) voraus. Ihm gehören insgesamt 182 Länder als Mitglieder an (Stand 15.01.1999). Die Bundesrepublik Deutschland trat dem IWF 1952 bei (BGBl. 1952 II, 638).

Prinzipiell kann jedes Land Mitglied werden, das die Articles of Agreement als Grundlage seiner Währungs- und Finanzpolitik akzeptiert sowie die erforderliche Subskription bei der zuständigen Hinterlegungstelle des IWF leistet. Dabei bestimmt die dem Land zugeteilte Quote den Anteil an Stimmen, mit dem das Land an dem Entscheidungsbildungsprozeß innerhalb des IWF teilnehmen kann. Neben 250 Grundstimmrechten erhält jedes Land für jede eingezahlten 100.000 SZR eine zusätzliche Stimme, so daß die Länder mit den höchsten Quoten über den höchsten Stimmenanteil und damit Gestaltungsspielraum verfügen.

Die drei zentralen Führungsgremien des IWF bestehen aus dem *Board of Governors (Gouverneursrat)*, dem *Executive Board (Exekutivdirektorium)* und dem *Managing Director (Geschäftsführender Direktor)*. Der Gouverneursrat ist das oberste beschlußfassende Organ des IWF und tritt einmal jährlich anläßlich der Jahrestagung von IWF und Weltbank zusammen. In ihm sind alle Mitgliedstaaten entsprechend ihrer Quote mit *gewichtetem Stimmrecht* vertreten; er entscheidet explizit über Aufnahme und Ausschluß von Mitgliedern (Art. II, Art. XXVI)), Festlegung und Änderung der Quoten (Art. III) sowie Änderungen der Articles of Agreement (Art. XXVIII). Darüber hinaus fällt die Bestimmung der allgemeinen Geschäftsgrundlagen und Kreditrichtlinien in die Kompetenz des Gouverneursrat, soweit diese Regelungen nicht an das Exekutivdirektorium delegiert werden (Art. XII, Sektion 2, Punkt a). Tatsächlich jedoch wurde die konkrete Ausgestaltung und Anpassung der Geschäftspolitik an veränderte Rahmenbedingungen weitgehendst an das Exekutivdirektorium übertragen, das für die eigentliche Geschäftsführung, einschließlich der Überwachung der Wechselkurspolitik sowie Kreditbereitstellungen für und Konsultationen mit seinen Mitgliedern, verantwortlich ist. Ihm gehören 24 Mitglieder an, wovon 6 von den Ländern mit den höchsten Quoten (USA, Deutschland, Japan, Frankreich, Großbritannien, Saudi-Arabien) ernannt und weitere 18 von den restlichen IWF Mitgliedern turnusgemäß gewählt werden. Das Exekutivdirektorium wird vom Geschäftsführenden Direktor geleitet, den es aus seiner Mitte bestimmt. Diese Funktion hat zur Zeit Michel Camdessus aus Frankreich inne. Alle Geschäftsführenden Direktoren des IWF stammten ausnahmslos aus Westeuropa.

V. Tätigkeit

Die Geschichte des IWF, der 1947 seine Geschäftätigkeit aufnahm, läßt sich sowohl zeitlich als auch inhaltlich in 3 Phasen einteilen:

(1) 1947-1973: Das zu diesem Zeitpunkt existierende Bretton-Woods-System bestand aus fixen, aber anpassungsfähigen Wechselkursen, die maximal um ca. 1% um die mit dem IWF vereinbarte Parität schwanken durften. Die nationalen Zentralbanken waren verpflichtet, zu dem vorgegebenen Kurs Fremdwährung gegen heimische Währung anzukaufen sowie vice versa. Eine Veränderung der Paritäten wurde lediglich bei fundamentalen Zahlungsbilanzungleichgewichten vorgenommen. Temporale sowie konjunkturelle Störungen der Zahlungsbilanz dagegen wurden zunächst durch Ziehungen aus der Reservetranche oder andere Kreditmittel überbrückt, die um den Einsatz von geldpolitischen Maßnahmen ergänzt wurden. Bei seiner Gründung war vorgesehen, daß der IWF als die zentrale Koordinierungs- und Überwachungsstelle der Währungspolitik seiner Mitglieder fungieren sollte. Tatsächlich jedoch beschränkte sich seine Aufgabe im wesentlichen auf die Durchführung der obenerwähnten jährlich stattfindenden Konsultationen nach Art. IV der Satzung, die Festsetzung neuer Paritäten bei fundamentalen Zahlungsbilanzdefiziten und die Bereitstellung von Informationen. Die Koordination, das Treffen von Vereinbarungen sowie die Hauptlast der Kreditbereitstellung erfolgte durch die USA. Mit der einseitigen Aufhebung der Goldeinlösepflicht seitens der USA 1971 sowie dem generellen Übergang zu flexiblen Wechselkursen 1973 erfolgte nicht nur der Zusammenbruch des Systems von Bretton Woods, sondern damit ging ein Bedeutungsverlust für den IWF einher, da die zentrale Arbeitsgrundlage des IWF - fixe Wechselkurse - obsolet geworden war.

(2) 1973-1978: Diese Phase ist gekennzeichnet von der Suche nach neuen Aufgabenstellungen und Umgangsformen mit den veränderten weltwirt-

schaftlichen Rahmenbedingungen zur Füllung des Vakuums, welches das System von Bretton Woods hinterlassen hatte. Nachdem das bereits 1972 eingesetzte 20-köpfige Committee of the Board of Governors on Reform on the International Monetary System and Related Issues" 1974 endgültig scheiterte, und damit eine baldige Rückkehr zu fixen Wechselkursen ausgeschlossen werden konnte, nahm der IWF 1976 eine Veränderung des Art. IV vor, in der schwankende Wechselkurse als zulässig, wenngleich auch nicht als wünschenswert akzeptiert wurden. Darüber hinaus rückten verstärkt die Wechselkursprobleme von Entwicklungsländern in den Mittelpunkt der Tätigkeit, was sich auch in der Etablierung des gemeinsam mit der IBRD durchgeführten *Entwicklungsausschusses* (seit 1974) widerspiegelt.

(3) 1979 bis heute: Die Suche nach einer neuen Existenzberechtigung kann 1979 als abgeschlossen betrachtet werden, wenn auch der IWF erst durch das Zahlungsmoratorium Mexikos 1982 und damit den Ausbruch der Verschuldungskrise als ein wichtiger Akteur auf dem internationalen Parkett wahrgenommen wurde. Die *Guidelines of Conditionality*, d.h. die vom IWF vor der Kreditbewilligung an das kreditsuchende Mitglied gestellte Bedingungen wurden 1979 in dreifacher Hinsicht angepaßt:
- die Kredite werden in mehreren Tranchen ausbezahlt;
- die Auszahlung der Folgetranchen ist abhängig vom Grad der Erfüllung der an den Kredit geknüpften Anpassungsmaßnahmen;
- die Neufeststellung von Leistungskriterien zur Überprüfung der Einhaltung der Konditionalität bei Krediten mit mehrjähriger Laufzeit erfolgt jährlich.
Die *Konditionalität* beschränkte sich zunächst auf rein ökonomische Kriterien, die in einem „Letter of Intent" festgehalten wurden. Dabei standen vor allem die Flexibilisierung von zentralen Preisen (z.B. Zinssätze oder Wechselkurse, aber auch von Grundnahrungsmitteln), die Liberalisierung von

Märkten (z.B. Güter- und Kapitalmärkte) sowie eine generelle staatliche Deregulierung durch den Abbau staatlicher Eingriffe und die Privatisierung öffentlicher Unternehmen im Vordergrund. Die *ökonomische Konditionalität* wurde seit Beginn der 90er Jahre um eine *politische Dimension* erweitert, die u.a. Anti-Korruptionsmaßnahmen und eine stärkere Demokratisierung der Gesellschaft beinhaltet.

Seit der Einführung der Strukturanpassungsprogramme formiert sich sowohl in den Schuldnerländern als auch von Seiten der→ NGOs in den Gläubigerländern Kritik an der Vorgehensweise des IWF. Vor allem die wirtschaftlichen und sozialpolitisch verheerenden Konsequenzen der Programme stehen im Zentrum der Diskussion. Dabei wird insbesondere die Vernichtung von heimischen Produktionskapazitäten, der Abbau von Arbeitsplätzen und die sich weiter zuspitzende Einkommensverteilung thematisiert. Darüber hinaus werden die teilweise beträchtlichen negativen Auswirkungen der durch den IWF finanzierten Programme und Projekte auf die Umwelt beklagt. Nicht zuletzt sind die mangelnde demokratische Struktur der Institutionen und fehlende öffentliche Kontrollmöglichkeiten Anlaß für Umstrukturierungsvorschläge des IWF und der Weltbank selbst.

Der IWF in seiner heutigen Ausprägung unterscheidet sich von dem ursprünglichen Design zur Zeit seiner Gründung in erheblichem Maße. Die vom IWF verfolgte Zielsetzung gegenüber hochverschuldeten Entwicklungsländer besteht in der Wiederherstellung ihrer Fähigkeit, die Auslandsschulden termingerecht zu bedienen. Anstelle temporärer bzw. konjktureller Zahlungsbilanzungleichgewichte steht die Überwindung von „strukturellen Zahlungsbilanzkrisen" durch *Strukturanpassungsprogramme* im Mittelpunkt der IWF-Aktivitäten. Da diese Programme nicht mehr nur Maßnahmen aus dem Bereich der Geld- und Währungspolitik beinhalten, sondern zusätzlich die Fiskal-, Handels-, Industrie- oder Sozialpolitik einbeziehen, kann von einer starken *Ausweitung des Kompetenzgebietes des IWF* seit 1979 gesprochen werden.

Diese veränderte Zielformulierung und Aufgabenstellung spiegelt sich auch in der *Institutionalisierung neuer Kreditfazilitäten* wie den SAF und ESAF sowie STF wider, deren Laufzeiten einschließlich Rückzahlung sich bis zu 10 Jahren erstrecken kann. Damit erfolgt eine Abkehr der kurzfristigen Refinanzierung hin zu einem mittel- bis langfristigen Planungshorizont. Der IWF entwickelte sich seit dem Ausbruch der Schuldenkrise nicht aufgrund des Umfanges seines von ihm vergebenen Kreditvolumens zum wichtigsten Akteur des internationalen Krisenmanagements, sondern vor allem deshalb, weil der IWF sowohl gegenüber öffentlichen als auch privaten Gläubigern als wichtigster Informationsträger und als Garant für die Reformwilligkeit der in die Krise geratenen Ländern fungiert. Der Abschluß eines Sturkturanpassungsprogrammes mit dem IWF symbolisiert ein Gütesiegel, das einen anschließenden Zugang zum internationalen Kapitalmarkt garantiert.

Insofern unterliegt der IWF seit seiner Gründung nicht nur einer erheblichen Veränderung seitens seiner Zielformulierung, Aufgabenstellung sowie der zur Verfügung stehenden Instrumente, sondern erfährt auch eine qualitative Aufwertung hinsichtlich Kompetenz und Machtposition in der internationalen Wirtschafts- und Währungsordnung.

Martina Metzger

Lit.: *Bretton Woods Commission (Hrsg.):* Bretton Woods: Looking to the Future. Commission Report, Staff Review, Background Papers, Washington, D.C. 1994; *Ernst, M./Freiberg, R./Jürgens, T./ Koll, T.U. (Hrsg.):* Weltbankgruppe und Internationaler Währungsfonds - Gründungsdokumente, Berlin 1988; *Falk, R.:* Der IWF und die Armen. Zur Kritik der Strukturanpassungspolitik des IWF am Beispiel der ESAF. WEED-Arbeitspapier 1/1998, Bonn 1998; *Hüfner, K.:* Die Vereinten Nationen und ihre Sonderorganisationen: Strukturen, Aufgaben, Dokumente. Teil 2: Die Sonderorganisationen, Bonn 1992; *Hüfner, K.:* Die Vereinten Nationen und ihre Sonderorganisationen: Finanzierung des Systems der Vereinten Nationen 1971-1995, Teil 3B: Sonderorganisationen - Gesamtdarstellungen - Alternative Finanzierungsmöglichkeiten, Bonn 1997; *Tetzlaff, R.. in Zusammenarbeit mit A. Nord:* Weltbank und Währungsfonds - Gestalter der Bretton-Woods-Ära, Opladen 1996; *Toussaint, E./Drucker, P. (Hrsg.):* IMF/Worldbank/WTO: The Free Market Fiasco, Notebooks for Study and Research No. 24/25, Amsterdam 1995; *Williamson, J.:* The Failure of World Monetary Reform 1971-74, Sunbury-on-Thames 1977.
Internet: Homepage des IWF: http://www.imf.int

Japan, UN-Politik

Japans Außenpolitik vor dem UN-Beitritt und Japans Rolle in der internationalen Politik nach dem Zweiten Weltkrieg weist – bei allen regionalen, nicht zuletzt geostrategisch bedingten Unterschieden – frappierende Gemeinsamkeiten mit der Deutschlands auf. Beide Staaten bildeten in der Nachkriegsära des Kalten Krieges unter dem militärischen Schirm der USA und als deren Juniorpartner ein Bollwerk gegen den Kommunismus. Gleichzeitig entwickelten sie sich – obschon Verlierer des Zweiten Weltkriegs – zu wirtschaftlichen Großmächten. Nach dem Wegfall des Ost-West-Konflikts und dem Zusammenbruch der sozialistischen Staatenwelt wurde sehr bald der Ruf nach Übernahme größerer weltpolitischer Verantwortung durch Deutschland und Japan laut. Hier wie dort erwies sich der notwendige Prozeß der Anpassung an neue weltpolitische Konstellationen als äußerst schwierig.

Vor diesem Hintergrund ist es nicht erstaunlich, daß sich auch im Verhältnis beider Staaten zu den Vereinten Nationen eine Reihe von Parallelentwicklungen findet (→ Deutschland, UN-Politik).

Japan, wie auch Deutschland, blieben nach der Gründung der Vereinten Nationen als sog. Feindstaaten (→ Feindstaatenklauseln) von einer UN-Mitgliedschaft (→ Mitgliedschaft/Repräsentation von Staaten) zunächst ausgeschlossen. Doch Japan konnte bereits Ende 1956 als 80. Mitglied der Weltorganisation beitreten, nachdem zuvor zwei Aufnahmeanträge jeweils am Veto (→ Veto/-recht) der UdSSR (1952 und 1955) gescheitert waren (→ Geschichte der UN). Angesichts des Infernos der Atombombenabwürfe über Hiroshima und Nagasaki im August 1945 und der nachfolgenden, als erniedrigend empfundenen bedingungslosen Kapitulation hatte Japan – nicht nur auf Druck der USA – dem Krieg als Mittel seiner Außenpolitik in seiner vom Pazifismus geprägten Nachkriegsverfassung von 1947 „für immer" abgeschworen und sich gleichzeitig verpflichtet, „nie mehr Land-, See- und Luftstreitkräfte (zu) unterhalten" (Artikel 9). Japans Sicherheit sollte durch ein Verteidigungsbündnis mit den USA gewährleistet werden (*Dore* 1997).

Diese sicherheitspolitische Verankerung erwies sich jedoch mit Ausbruch des Kalten Krieges und insbesondere durch die militärischen Auseinandersetzungen Anfang der 50er Jahre in Korea als unzureichend. Tokio wurde einerseits dazu gedrängt, die eigene Verteidigungsfähigkeit durch die Schaffung sog. Selbstverteidigungsstreitkräfte zu erhöhen (1954 gesetzlich festgelegt), zum anderen suchte die Regierung verstärkt den Zugang zum kollektiven Sicherheitssystem (→ kollektive Sicherheit) der Vereinten Nationen – als zusätzliche Garantie für die nationale Sicherheit.

Die Frühphase der japanischen UN-Politik

Im Dezember 1956 betrat Japan mit „großer Begeisterung und hohen Erwartungen" (*Ogata* 1995) die politische Weltbühne in New York, und der damalige Außenminister definierte in seiner Antrittsrede vor der UN-Generalversammlung (→ Generalversammlung) drei Grundprinzipien der zukünftigen japanischen Politik in den Vereinten Nationen: Er versprach eine UN-zentrierte Politik, kündigte die Zusammenarbeit mit den demokrati-

schen Staaten an und beschwor eine starke Identifizierung mit der asiatischen Gruppe innerhalb der Vereinten Nationen (→ Regionalgruppen).

Die *erste Phase* der japanischen UN-Politik bis Ende der 60er Jahre war dadurch gekennzeichnet, daß Japan sehr bald die begrenzte Handlungsfähigkeit der Vereinten Nationen in Sicherheitsfragen und damit für die eigene Sicherheit erkennen mußte. Von daher trat der Grundsatz einer Ausrichtung der Außenpolitik auf die Vereinten Nationen mehr und mehr in den Hintergrund. Tokio war lediglich um eine enge politische Anlehnung an die USA in den UN-Gremien bemüht – etwa in der gemeinsamen Zurückweisung des Ansinnens Pekings, als rechtmäßiger Vertreter Chinas anerkannt zu werden; außerdem galt den Problemen der asiatischen Region, vor allem dem ungelösten Korea-Konflikt, die besondere Aufmerksamkeit.

Nachdem Japan bereits 1958 und sodann 1966 als nichtständiges Mitglied in den → Sicherheitsrat gewählt worden war – ein Prestigeerfolg, der das Selbstbewußtsein des inzwischen ökonomisch erstarkten Landes weiter festigte -, äußerte Ende der sechziger Jahre der damalige Außenminister vor dem Plenum der Generalversammlung erstmals den Wunsch – allerdings noch indirekt - nach einer Aufnahme in den Kreis der ständigen Ratsmitglieder; zuvor sollten die Feindstaatenklauseln in der UN-Charta gestrichen werden (*Ogata* 1995).

Japan und der Nord-Süd-Konflikt

Die *zweite Phase* der japanischen UN-Politik stand ganz im Zeichen des Nord-Süd-Konfliktes (→ Nord-Süd-Beziehungen und die UN), der die Vereinten Nationen in den 70er Jahren dominierte. In den Auseinandersetzungen über die von der → Gruppe der 77 verfolgten Konfliktstrategie, die eine Neue Weltwirtschaftsordnung (→ Weltwirtschaftsordnung/NWWO) zum Ziel hatte, reihte sich Japan zwar in der Verteidigung marktwirtschaftlicher Prinzipien in die Abwehrfront der Industrieländer ein, dennoch näherte es sich – wie das Stimmverhalten in der Generalversammlung dokumentiert – in einigen wichtigen Fragen Positionen der Entwicklungsländer an.

Für eine Industriemacht, die weitgehend von Energie- und Rohstoffimporten sowie von Exportmärkten abhängig ist, liegt die Schaffung und Aufrechterhaltung guter Beziehungen zu den Lieferanten- und Abnehmerländern im permanenten Existenzinteresse. So ging Tokio in den Vereinten Nationen während der durch den Ölboykott der arabischen Länder 1973 angeheizten Nahost-Krise gegenüber seiner US-amerikanischen Schutzmacht auf Distanz und unterstützte offen – z.B. in der Forderung nach Erfüllung der Sicherheitsratsresolutionen 242 und 338 – die Haltung der arabischen Staaten (*Ogata* 1995); 1974 verfünffachte die Regierung zudem ihre Finanzbeiträge an das UN-Hilfswerk für Palästina-Flüchtlinge (→ UNRWA).

Gestützt auf seine gewachsene Finanzkraft stand Japan Mitte der 70er Jahre an dritter Stelle der Beitragszahler zum ordentlichen UN-Haushalt (→ Haushalt). Dank einer großzügigen japanischen Anschubfinanzierung gelang es sodann 1975 endlich eine UN-Einrichtung, nämlich die Universität der Vereinten Nationen (→ UNU), in Tokio zu eröffnen. Japan, seit 1977 in allen zum → UN-System gehörenden Organisationen Mitglied und in den 70er Jahren wiederum zweimal (1971/72 sowie 1975/76) im Sicherheitsrat vertreten, verfolgte in dieser Phase in den Vereinten Nationen dezidiert eigene Interessen, ohne jedoch eine „inhaltlich ausgereifte UN-Politik zu entwickeln" (*Bauer* 1994).

Japans wachsendes Engagement in den UN

Zu einer kohärenteren UN-Politik fand die Regierung in einer *dritten Phase*, den achtziger Jahren, als sich die Weltorganisation zunächst in einem politisch und finanziell kritischen Zustand befand (→ Finanzkrisen), die USA ihr Interesse an den Vereinten

Nationen weitgehend verloren hatten und mit ihrem Rückzug drohten (→ USA, UN-Politik). Japans UN-Engagement konzentrierte sich im Hinblick auf eine Revitalisierung der Organisation auf drei Bereiche: Umgestaltung des administrativen und finanziellen Systems, Stärkung der friedenssichernden UN-Funktionen (→ Friedenssicherung), Ausweitung der → humanitären Hilfe.

Anläßlich des 40-jährigen UN-Bestehens 1985 initiierte Tokio die Einsetzung einer Gruppe hochrangiger Regierungsexperten - bekannt als Gruppe der 18 -, die die „strukturelle und administrative Effizienz" der Organisation überprüfen sollte und bereits ein Jahr nach ihrem Zusammentritt 71 durchaus praktikable Änderungsempfehlungen (so u.a. die von der Generalversammlung später beschlossene Neuordnung des Haushaltsverfahrens) vorlegte (→ Reform der UN).

Dem japanischen Bemühen, die friedenssichernde Kapazität der Vereinten Nationen zu verbessern, lag seit Beginn der 80er Jahre eine konzeptionelle Veränderung der eigenen Sicherheitsdoktrin zugrunde, in der der Begriff der Sicherheit weiter gefaßt wurde: „Umfassende Sicherheit", d.h. multidimensionale Sicherheit, beschränkte sich nicht nur auf den Schutz vor militärischer Bedrohung, sondern schloß auch die Abwehr politischer, vor allem aber wirtschaftlicher Gefahren mit ein. Mit dieser stark ökonomisch zentrierten sicherheitspolitischen Neuorientierung war ein Bekenntnis zum Multilateralismus verbunden, was in der von der Regierung 1988 verkündeten Initiative zur internationalen Zusammenarbeit zum Ausdruck kam.

Japans friedens- und sicherheitspolitischen UN-Vorstöße – 1981/82 sowie 1987/88 abermals in der privilegierten Stellung als nichtständiges Sicherheitsratsmitglied – galten einmal der → Abrüstung, insbesondere auf atomarem Feld, zum andern der Effizienzsteigerung und Ausweitung des friedenssichernden Instrumentariums, wozu eine Vielfalt von Vorschlägen eingebracht wurde, die z.T. im westlichen Lager auf wenig Gegenliebe stießen (*Ogata* 1995).

Ein ganz wesentliches Instrument der japanischen UN-Politik in den 80er Jahren stellten die hohen Finanzleistungen an das UN-System dar; Japan rückte schließlich auf der Skala der Pflichtbeitragszahler zum ordentlichen UN-Haushalt auf die zweite Stelle vor (1986 – 10,84%). Auch bei den freiwilligen Beitragsleistungen nahm das Land hinter den USA sehr bald den zweiten Rang ein, konzentrierte jedoch seine Zahlungen auf bestimmte UN-Einrichtungen. Eindeutiger Schwerpunkt war dabei – ausgelöst durch die damaligen Flüchtlingswellen in Asien – die humanitäre Hilfe im Rahmen des UN-Flüchtlingswerkes (→ UNHCR), die Anfang der 80er Jahre versechsfacht wurde. Tokio, das zudem seit 1989 weltweit den größten Anteil zur öffentlichen Entwicklungshilfe (ODA) beisteuert, fiel nunmehr eine herausragende Position als internationaler Geldgeber zu (→ Entwicklungszusammenarbeit der UN).

Japans neue Rolle in den UN

Mit dem Ende des Kalten Krieges und der Beseitigung des bipolaren Machtgefüges kamen jedoch auf die japanische Außenpolitik neue Herausforderungen zu, die eine Überprüfung des bisherigen internationalen Rollenverständnisses als zivile Wirtschaftsmacht notwendig machte. Als Wendepunkt kann dabei der Golfkrieg um Kuwait (1990/91) angesehen werden, an dem sich Japan gemäß seinem pazifistischen Selbstverständnis nur indirekt durch erhebliche Zahlungen in die Kriegskasse der Alliierten beteiligt hatte. Es sah sich plötzlich der „Scheckbuchdiplomatie" bezichtigt und in die Position eines „Trittbrettfahrers" der USA gedrängt.

Nachdem die internationale Politik und damit die Vereinten Nationen in den neunziger Jahren mit einer immer größeren Zahl von Konflikten konfrontiert wurden, konnte sich Japan nicht mehr auf eine Außenpolitik des militärischen Beiseitestehens versteifen. Es

begann eine von innenpolitischen Turbulenzen begleitete Umorientierung der Außenpolitik (*Volger* 1993), gleichzeitig eine *vierte Phase* der UN-Politik Tokios.

Die neuerdings propagierten Schwerpunkte der UN-Politik liegen auf der Linie früherer programmatischer Erklärungen, wenn etwa neben Reformen zur Steigerung der Effizienz und Effektivität der Weltorganisation die Stärkung der Friedenssicherungsfähigkeit der Vereinten Nationen durchgängig auf der Prioritätenliste ganz oben steht. Doch gerade in diesem Aufgabenbereich hat sich die Ausgestaltung des Verhältnisses Tokios zu den Vereinten Nationen mit der Teilnahme japanischer Militäreinheiten an Peacekeeping-Operationen (→ Friedensoperationen) am entscheidendsten verändert und stellt eine „neue Qualität" seiner internationalen Aktivitäten dar (*Bauer* 1994).

Mit dem Verweis auf seine Friedensverfassung und die restriktive Bestimmung des Artikels 9 hatte Tokio lange Zeit verschiedene formale Anfragen der Vereinten Nationen nach einer aktiven Beteiligung an UN-Operationen zurückgewiesen. Gleichzeitig gab es jedoch seit Ausgang der 70er Jahre regierungsinterne Überlegungen zu einer möglichen Teilnahme japanischer Streitkräfte, die aber erst Ende der 80er Jahre der heimischen Öffentlichkeit vorgestellt wurden. In der Bevölkerung stießen die Pläne – wie Umfragen ergaben – auf erhebliche Vorbehalte, einflußreiche Parteien lehnten sie als mit der Verfassung unvereinbar ab. Es entspann sich ein längerer, z.T. erbittert geführter innenpolitischer Streit, bis schließlich am 15. Juni 1992 das Parlament nach mehreren Anläufen das sog. Blauhelmgesetz verabschiedete. Dieses 27 Artikel umfassende „Gesetz über die Zusammenarbeit mit friedenserhaltenden Operationen der Vereinten Nationen" ermöglicht die eingeschränkte Teilnahme von höchstens 2.000 japanischen Soldaten mit leichter Bewaffnung an „klassischen" UN-Friedensmissionen (→ Friedenstruppen); eine Beteiligung an UN-Kampfeinsätzen wurde gesetzlich ausdrücklich ausgeschlossen (*Stein* 1996).

Einige Monate später, im September 1992, kam ein Kontingent von 600 japanischen Selbstverteidigungsstreitkräften im Rahmen von UNTAC in Kambodscha zum Einsatz. Dieser mit Abstand umfangreichsten Beteiligung folgten lediglich zwei weitere – zahlenmäßig recht bescheidene - militärische Blauhelmeinsätze, und zwar in Mosambik (ONUMOZ), und seit Anfang 1996 auf dem Golan (UNDOF); Ende 1998 standen noch 44 japanische Soldaten in UN-Diensten. Das personelle Engagement im Bereich der UN-Friedenssicherung hält sich somit in jüngster Zeit in Grenzen. Auch bei den von den Vereinten Nationen vermehrt durchgeführten Wahlbeobachtungsmissionen (→ Wahlbeobachtung) beschränkte sich die japanische Teilnahme auf wenige Fälle (z.B. Angola und El Salvador) mit insgesamt knapp 80 Personen. Zu den finanziellen Kosten der Friedensmissionen steuerte Japan hingegen mit rund 18 Prozent für 1998 nach den USA den zweithöchsten Beitrag bei.

Eine weitere Schwachstelle der realpolitischen UN-Politik des Landes liegt in der insgesamt personellen Unterrepräsentation in den Vereinten Nationen wie im gesamten UN-System (→ Personal). Japanische Staatsangehörige finden sich nur selten in ranghohen UN-Positionen (Sadako Ogata als Hohe Flüchtlingskommissarin gehört derzeit zu den wenigen Ausnahmen). Japan nimmt zwar mit rund 18 Prozent für die Jahre 1998 und 1999 weiterhin den zweiten Rang auf der Skala der Beitragszahler zum ordentlichen UN-Budget ein, bringt damit inzwischen nahezu das Doppelte im Vergleich zum drittplazierten Deutschland auf und zahlt mehr als die ständigen Sicherheitsratsmitglieder Frankreich, Großbritannien, Rußland und China zusammen. Im UN-Sekretariat (→ Sekretariat) ist es jedoch nicht entsprechend vertreten. So lag die auf Japan gemäß seiner Finanzleistungen entfallende Quote für Positionen des höheren Dienstes 1997 bei über 200, doch nur 104 Stellen wurden von Japanern eingenommen (*Drifte* 1998).

Es ist offensichtlich, daß Tokio nach wie vor in hohen internationalen Finanzleistungen eines der Hauptelemente seiner UN-Politik und letztlich seiner Außenpolitik generell sieht. Japan ist nicht nur einer der Hauptfinanziers der Vereinten Nationen; trotz seiner Mitte der 90er Jahre zunehmenden wirtschaftlichen Probleme bleibt es das weltweit größte Geberland an ODA-Entwicklungshilfe, wenn auch die absoluten Zahlen inzwischen rückläufig sind. Der Finanztransfer stellt für Japan – vor allem unter dem Interessengesichtspunkt einer ökonomisch zentrierten Perspektive von Sicherheit – gleichzeitig eine der wichtigsten sicherheitspolitischen Instrumente seiner Außenpolitik dar.

Ein zweites zentrales Handlungsfeld japanischer UN-Politik sieht Tokio im Sicherheitsrat. Bisher insgesamt achtmal als nichtständiges Mitglied für jeweils zwei Jahre im Rat vertreten (in den neunziger Jahren 1992/93 und 1997/98), wurde das Land damit - gleichauf mit Brasilien, dessen UN-Beitritt allerdings bereits 1945 erfolgte - am häufigsten in dieses Gremium gewählt.

Japans bisheriges temporäres Auftreten im Sicherheitsrat steht jedoch in keinem Verhältnis zum jeweiligen Werbeaufwand bei der Kandidatenkür durch die afro-asiatische Regionalgruppe. Nach allgemeiner Einschätzung beschränkten sich die japanischen Aktivitäten im Rat in den neunziger Jahren auf „verfahrensmäßige Beiträge und Mehrheitsbeschaffungen" (*Drifte* 1998).

Die Bemühungen Tokios, den Status eines ständigen Sicherheitsratsmitglieds zu erlangen, weisen zwar seit den späten sechziger Jahren eine gewisse Stetigkeit auf, aber erst seit 1992/93 wird diese Forderung alljährlich in der Generaldebatte des UN-Plenums vorgebracht. In fast durchgehend wortgleichen Formulierungen wird dabei allerdings an dem in der japanischen Verfassung verankerten Verzicht auf Gewaltanwendung erinnert, der auch in Zukunft nur eine begrenzte Teilnahme an friedenssichernden UN-Maßnahmen möglich macht.

In der mit der Reform des Sicherheitsrats befaßten Arbeitsgruppe der Generalversammlung sprach sich Tokio zuletzt (1998) für ein Modell aus, das auf eine „beschränkte" Aufstockung sowohl der ständigen als auch der nichtständigen Mitglieder hinausläuft, wobei zugunsten der „Leistungsfähigkeit" das reformierte Gremium „nicht viel mehr als zwanzig" Mitglieder umfassen sollte.

Die Veränderung der Struktur des Sicherheitsrats stellt nur einen – allerdings äußerst gewichtigen - Reformsektor dar, auf dem Tokio in den letzten Jahren aktiv wurde. Japans Bemühungen um eine UN-Reform, ein drittes Handlungsfeld seiner UN-Politik, konzentrieren sich des weiteren auf den Bereich der Friedenssicherung, wobei Vorschläge zur Konfliktprävention (→ Präventive Diplomatie) eindeutig im Vordergrund stehen, sowie auf die Sektoren Verwaltung und Finanzen, so etwa mit einem umfangreichen Vorschlag zur Finanzreform im Frühjahr 1996 (*United Nations and Japan* 1998). Volle Unterstützung finden auch die Reforminitiativen des UN-Generalsekretärs Kofi Annan. Als UN-Foren zur Artikulation der japanischen Positionen dienen sowohl die entsprechenden Reformarbeitsgruppen der Generalversammlung wie auch das Plenum selbst.

Neuerdings in den Hintergrund getreten ist die bereits in früheren Jahren erhobene Forderung Tokios nach einer Streichung der → Feindstaatenklauseln aus der UN-Charta.

Wie ein roter Faden zieht sich seit Jahrzehnten das Schlagwort von der UN-zentrierten Diplomatie durch die japanische Außenpolitik. Offiziell beim UN-Beitritt des Landes 1956 zum Ziel proklamiert, wird hierauf immer wieder Bezug genommen. Die Beurteilung, ob dieser Anspruch auch durchgehend

erfüllt wurde, bleibt zwiespältig: Ein gleichbleibend intensives UN-Engagement über mehr als vierzig Jahre hinweg kann Tokio sicherlich nicht für sich reklamieren. Wechselnde außenpolitische Interessenlagen und veränderte internationale und regionale Rahmenbedingungen waren dafür maßgebend, daß die japanische Regierung im Zeitverlauf unterschiedliche Akzente bei der Ausgestaltung ihrer UN-Politik setzte.

Auf die durch das Ende des Ost-West-Konflikts hervorgerufene weltpolitische Zäsur reagierte die japanische UN-Politik zunächst mit der Übernahme größerer globaler Verantwortung auch im Bereich der Friedenssicherung. Doch inzwischen wird deutlich, daß Japan noch immer nach seiner spezifischen Rolle in den Vereinten Nationen sucht. Sein Anspruch auf einen permanenten Sitz im Sicherheitsrat wird mehr oder weniger offen mit den hohen Finanzleistungen an die Weltorganisation in Verbindung gebracht und auch als eine Prestigefrage angesehen: Wie jedoch die japanische Führung gegebenenfalls diese Position zu nutzen und auszugestalten gedenkt, bleibt (bisher) im außenpolitischen Dunkel – auch dies eine Parallele zur deutschen UN-Politik.

Günther Unser

Lit.: *Bauer, F.:* Japans Verhältnis zu den Vereinten Nationen, in: Bredow, W./Jäger, T. (Hrsg.): Japan-Europa-USA, Opladen 1994, 183–208; *Becker, B./Rüland, J. (Hrsg.):* Japan und Deutschland in der internationalen Politik, Hamburg 1997; *Dore, R.:* Japan, Internationalism and the UN, London/New York 1997; *Drifte, R.:* Wendungen zum Multilateralismus – mit Vorbehalten. Die japanische VN-Politik..., in: VN 36 (1988), 102–107; *Harrison, S. S./Nishihara, M. (Hrsg.):* UN Peacekeeping. Japanese and American Perspectives, New York 1995; *Ogata, S.:* Japan's Policy towards the United Nations, in: Alger, C. F. u.a. (Hrsg.): The United Nations System: The Policies of Member States, Tokio u.a. 1995, 231-270; *Rhode, M.:* Japan in der UNO, in: Japan aktuell 5 (1997), 163–170; *Stein, T.:* Japans Beteiligung an UN-Einsätzen, in: Konrad-Adenauer-Stiftung - Auslandsinformationen, 13 (1996), H. 3,

305

84–95; *United Nations and Japan*, hrsg. vom Ministry of Foreign Affairs, Tokio 1998; *Volger, H.:* Japan – eine Weltmacht sucht ihre Rolle, in: Blätter für deutsche und internationale Politik, 38 (1993), 445–456. **Internet:** Homepage der Ständigen Mission Japans bei den Vereinten Nationen in New York: http://www.undp.org/missions/ japan; Webseite des japanischen Außenministeriums zur UN-Politik: http://www. mofa.go.jp/policy/un/index.html

Kollektive Sicherheit

„Si vis pacem, para bellum. – Wenn Du den Frieden willst, so bereite den Krieg vor". Die von Flavius Vegetius Renatus im 4. Jh. n. Chr. formulierte Empfehlung galt über Jahrhunderte als eine bewährte Grundregel der Militärtheorie und der Sicherheitspolitik. Ihrer Umsetzung dienten neben der Vorsorge für eine schlagkräftige Rüstung vor allem Militärallianzen und Bündnisse, die geeignet waren, die eigene Sicherheit militärisch und politisch zu ergänzen. Daß dabei den Staaten ein Recht zum Krieg (*ius ad bellum*) zukam, gehörte zu den unkontroversen prinzipiellen Voraussetzungen. Das Recht zum Krieg ergab sich später insbesondere aus dem Prinzip nationaler → Souveränität, das seit 1648 zu den Grundlagen sowohl des modernen Staatensystems wie auch des sich nun entwickelnden klassischen Völkerrechts gehörte.

Historischer Hintergrund

Unbeschadet dieses Rechts zum Krieg zur Durchsetzung eigener Interessen setzten schon früh Bemühungen ein, den Krieg und die Kriegsführung durch die Aufstellung von Regeln zu zivilisieren (*ius in bello*). Meilensteine auf diesem Wege bildeten die Haager Friedenskonferenzen von 1899 und 1907. Während es auf ihnen gelang, erste Grundlagen für ein → humanitäres Völkerrecht zu legen, scheiterten die Bemühungen um die Schaffung von Abrüstungskonventionen und um die Einrichtung permanenter Schiedsgremien an den auf ihrer Souveränität beharrenden Staaten. Schon lange vor diesen Initiativen waren zudem Versuche unternommen worden, Sicherheit kollektiv zu organisieren. Erste wichtige Entwürfe für ein kollektives Sicherheitssystem enthielten die Schriften von *William Penn* („Essay towards the Present and Future Peace of Europe" 1693), *Abbé S. Pierre* („Projet pour rendre la paix perpétuelle en Europe" 1713) und *Immanuel Kant* („Zum ewigen Frieden" 1795). Bei allen Unterschieden im Detail war ihnen eine Reihe zentraler Elemente gemeinsam – u.a. die Vorstellung von der Notwendigkeit einer internationalen Rechts- und Friedensordnung, die das Recht zum Krieg der Einzelstaaten zwar nicht in Frage stellte, aber dennoch eingrenzte sowie ein System von Institutionen, mit deren Hilfe sich die Staaten gemeinsam um die Aufrechterhaltung von Frieden und Sicherheit bemühten – sei es durch die Verhinderung und Entschärfung von Konflikten durch eine internationale Schiedsgerichtsbarkeit, sei es durch gemeinsames Vorgehen gegen Aggression und andere Formen ungerechter Gewaltanwendung. Dabei sollte Sicherheit nicht nur gegen Angriffe von außen gewährleistet werden, sondern auch gegen illegale Gewaltanwendung innerhalb des Sicherheitssystems selbst.

Erste Ansätze zu einer praktischen Umsetzung solcher Vorstellungen finden sich zwar schon im 19. Jh. im Rahmen des „Europäischen Konzerts", das insgesamt jedoch auf dem Konzept des Machtgleichgewichts aufbaut. Dieses Konzept setzt zur Erhaltung der internationalen Sicherheit neben einem sich verdichtenden System von Konsultationen, Konferenzen und Kongressen vor allem auf die Mechanik wechselnder Koalitionen zwischen den Mitgliedern zwecks Erhaltung des Machtgleichgewichts. Dabei ist auch Krieg ein legitimes Mittel.

Es war insbesondere der Erste Weltkrieg, der das Vertrauen in die Tragfähigkeit des *Balance-of-power*-Konzepts nachhaltig erschütterte und jenen Bewegungen Auftrieb gab, die sich für ein alternatives Sicherheitskonzept einsetzten. Solche Bewegungen waren während des Krieges vor allem in Großbritannien und in den USA entstanden, wobei der *British League of Nations Society* und der amerikanischen *League to Enforce Peace* besondere Bedeutung zukam. Kernelement des alternativen Konzepts war die Errichtung einer internationalen Organisation. Unter ihrem Dach sollte durch die Schaffung von Institutionen mit bestimmten Zuständigkeiten und einem Ausbau des Konferenzsystems des „Europäischen Konzerts" in Form regelmäßiger Treffen der Staatsrepräsentanten internationale Sicherheit gewährleistet werden. Komplementäre Elemente waren das Verbot von Androhung und Anwendung von Gewalt zwischen den Staaten (→ Gewaltverbot), die Aufstellung verbindlicher Regeln und Mechanismen friedlicher Streitbeilegung sowie kollektive Zwangsmaßnahmen für den Fall, daß die Bemühungen um eine friedliche Streitbeilegung scheiterten (→ Streitbeilegung, friedliche).

An die Stelle des labilen, immer wieder neu auszubalancierenden Gleichgewichts der Kräfte trat damit die Vorstellung von einem Übergewicht kollektiv handelnder Staaten, das jeden Aggressor abschreckt und falls nötig mit Übermacht in die Schranken weist. Dem Konzept lagen damit eine Reihe von Annahmen zugrunde – u.a., daß sich die Mitgliedstaaten einer solchen Organisation auch dann für die internationale Sicherheit verantwortlich fühlen, wenn ihre eigenen Interessen durch einen Konflikt nicht unmittelbar berührt sind. Eine andere Annahme war, daß die kollektive Macht der Staatengemeinschaft in jedem Fall groß genug sein würde, um jeden Aggressor – selbst einer Großmacht – erfolgreich Paroli bieten zu können. Zu diesem Ziel sollten Abrüstungsmaßnahmen der Einzelstaaten auf ein zur Verteidigung erforderliches Mindestmaß beitragen. Beide Annahmen sollten sich bald als falsch erweisen. Weitere Voraussetzungen für das Funktionieren eines solchen Systems kollektiver Sicherheit waren die Universalität des Systems, insbesondere die Beteiligung aller Großmächte; ein hohes Maß an internationaler Solidarität; die Unparteilichkeit

der internationalen Organisation, vor allem aber die Bereitschaft der Staaten zu wesentlichen Souveränitätsverzichten (→ Souveränität).

Völkerbund

Die wichtigsten Elemente der verschiedenen Entwürfe fanden nach dem Krieg Eingang in die Satzung des 1919 gegründeten → Völkerbundes, die – auf Drängen des amerikanischen Präsidenten Woodrow Wilson – integraler Bestandteil der Versailler Friedensverträge wurde. Ergänzend zum partiellen Kriegsverbot fanden sich in der Satzung Ansätze zu einem System kollektiver Sicherheit, ohne daß der Begriff selbst verwendet wurde. Während Art. 8 die international überwachte Reduzierung der nationalen Rüstung „auf ein Mindestmaß" als Grundvoraussetzung für die Erhaltung nationaler Sicherheit und die „Erzwingung internationaler Verpflichtungen durch gemeinschaftliches Handeln" postulierte, verpflichteten sich die Mitglieder in Art. 10, „die Unversehrtheit des Gebietes und die bestehende politische Unabhängigkeit aller Bundesmitglieder zu achten und gegen jeden äußeren Angriff zu wahren." Wesentliche Elemente internationaler → Friedenssicherung und friedlicher Streitbeilegung enthielten die Art. 12, 13 und 15. So verpflichteten sich die Mitglieder, Streitigkeiten zwischen ihnen nur mit friedlichen Mitteln auszutragen (Art.12); diesem Zweck dient die Errichtung eines ständigen internationalen Gerichtshofs (Art. 14) sowie die obligatorische Vermittlung durch den Rat (Art. 15). Für den Fall, daß ein Mitglied unter Mißachtung dieser Verpflichtungen dennoch einen Krieg begann, sollte es so angesehen werden, „als hätte es eine Kriegshandlung gegen alle anderen Bundesmitglieder begangen" (Art. 16) und löst damit kollektive → Sanktionen wirtschaftlicher, finanzieller und völkerrechtlicher Art aus. In einer solchen Situation war der Rat verpflichtet, den Regierungen der Mitgliedstaaten vorzuschlagen, „mit welchen Land-, See- oder Luftstreitkräften jedes Bundesmitglied für seinen Teil zu der bewaffneten Macht beizutragen hat, die den Bundesverpflichtungen Achtung zu verschaffen bestimmt ist" (Art. 16). Im wesentlichen ähnlich verhielt es sich bei Konflikten zwischen einem Bundesmitglied und einem Nichtmitglied oder zwischen Staaten, die Nichtmitglieder sind (Art 17).

Wie bekannt, erwies sich der Völkerbund nicht in der Lage, die in ihn gesteckten Erwartungen zu erfüllen. Weder vermochte er in einer Reihe regionaler Konflikte (Mandschurei, Abessinien, Gran Chaco) erfolgreich schlichtend einzugreifen, noch hatte er die Kraft, den Ausbruch des Zweiten Weltkriegs zu verhindern.

Die Ursachen dafür lagen sowohl in ungünstigen Rahmenbedingungen wie auch in gravierenden Schwächen des Sicherheitssystems. Zu den ersten gehörte insbesondere das vollständige bzw. temporäre Fernbleiben von Großmächten (USA, Deutschland, Japan, UdSSR) sowie das Fehlen eines internationalen Status quo, über dessen Erhaltung Konsens zwischen den Großmächten bestand; zu den letzteren zunächst einmal das nur eingeschränkte Gewaltverbot; ferner das Ausbleiben der vorgesehenen Rüstungsbeschränkungen; Unklarheiten bei der Feststellung von Friedensverletzungen sowie das Fehlen zentraler koordinierter Entscheidungsmechanismen bei der Anwendung von Sanktionen; die mangelnde Ausgereiftheit des Systems der nicht-militärischen Zwangsmaßnahmen sowie schließlich die Tatsache, daß die Beteiligung an Sanktionen nicht verpflichtend war, sondern weitgehend dem Ermessen der Mitglieder überlassen blieb. Da auch Bemühungen, die vorhandenen Defizite zu beheben, scheiterten – so wurde etwa der Briand-Kellogg-Pakt vom 27.8.1928 mit seinem umfassenden Gewaltverbot nicht in die Satzung integriert – war das Scheitern des Völkerbundes vorprogrammiert.

Vereinte Nationen

Ungeachtet dieser schlechten Erfahrungen orientierten sich die Alliierten nach dem Zweiten Weltkrieg bei der Errichtung eines neuen Sicherheitssystems im Rahmen der Vereinten Nationen am Modell kollektiver Sicherheit. Der Grundgedanke einer kollektiv und kooperativ gestalteten Friedensordnung klingt gleich zu Beginn der *Präambel* der UN-Charta (→ Charta der UN)im Hinweis auf die Entschlossenheit der Völker der UN an, die „Kräfte zu vereinen, um den Weltfrieden und die internationale Sicherheit zu wahren". Dementsprechend beginnt der Katalog der *Zielsetzungen* in Art. 1 mit der Feststellung, daß es zur Wahrung des Weltfriedens und der internationalen Sicherheit notwendig sei, „wirksame Kollektivmaßnahmen zu treffen". Die Verpflichtung zu kollektivem Handeln klingt auch in den handlungsleitenden Grundsätzen des Art. 2 an. So verpflichtet Art. 2 Abs. 5 die Mitglieder dazu, den UN „jeglichen Beistand bei jeder Maßnahme zu leisten, welche die Organisation im Einklang mit dieser Charta ergreift". Dagegen sollen sie Staaten, gegen die die UN Vorbeugungs- oder Zwangsmaßnahmen ergreift, keinen Beistand leisten.

Die „Kollektivmaßnahmen" zur Wahrung von Weltfrieden und internationaler Sicherheit im engeren Bereich sind eingebettet in einen Komplex weiter gefaßter Maßnahmen. Diese reichen von der Herstellung „freundschaftlicher, auf die Achtung vor dem Grundsatz der Gleichberechtigung und Selbstbestimmung der Völker beruhende Beziehungen zwischen den Nationen" bis zur Förderung internationaler Zusammenarbeit zur Lösung wirtschaftlicher, sozialer, kultureller und humanitärer Probleme. Auch diese sind integraler Bestandteil des Systems kollektiver Sicherheit (Art. 1 Abs. 2 und 3), dienen sie doch dem Zweck, durch die Schaffung vertiefter internationaler Kooperation auch die Ursachen potentieller Konflikte zu beseitigen. Obwohl Maßnahmen dieser Art schon im Völkerbund angelegt waren, geht die UN-Charta doch weit über jene hinaus.

Im Katalog der Ziele und Grundsätze der UN werden aber auch unmißverständlich die Grenzen der Zuständigkeit der Weltorganisation und damit auch des Systems kollektiver Sicherheit gezogen. Die Grenze bilden „Angelegenheiten, die ihrem Wesen nach zur inneren Zuständigkeit eines Staates gehören" (Art. 2 Abs. 7); ausgenommen von diesem Grundsatz sind lediglich Zwangsmaßnahmen nach Kap. VII. Durchaus im Einklang mit dieser Betonung des Souveränitätsprinzips werden in der Charta durchgehend der „Weltfrieden und die internationale Sicherheit" als Aufgabengebiete der UNO ausgewiesen. Innerstaatliche Konflikte und schwere Menschenrechtsverletzungen wurden damit von den Architekten der UN der Zuständigkeit der Weltorganisation eindeutig entzogen (→ Menschenrechte; → Menschenrechtsschutz). Angesichts der menschenverachtenden Politik der totalitären Regime, gegen die man in den Zweiten Weltkrieg gezogen war, mag eine solche Einschränkung des Systems kollektiver Sicherheit verwundern. Andererseits spiegelt sie sowohl die 1945 noch weitgehend ungebrochene Kraft des Souveränitätsprinzips im allgemeinen wie auch die Interessenlagen der Großmächte im besonderen.

Herzstück des Systems kollektiver Sicherheit *im engeren Sinne* bildet das in Art. 2 Abs. 4 der Charta niedergelegte → Gewaltverbot, das in seiner umfassenden Formulierung auch gegenüber Nichtmitgliedern Geltung besitzt. Einzige Ausnahme bildet nach Art. 51 ein „naturgegebenes Recht zur individuellen oder kollektiven Selbstverteidigung", das allerdings erlischt, sobald der → Sicherheitsrat die zur Wahrung des Weltfriedens und der internationalen Sicherheit erforderlichen Maßnahmen getroffen hat. Die Ausübung dieses Selbstverteidigungsrechts mag in der Praxis daher nur von kurzer Dauer sein, nämlich dann, wenn der Sicherheitsrat der ihm in Art. 24 Abs. 1 zugewiesenen „Hauptverantwor-

tung für die Wahrung von Frieden und internationaler Sicherheit" schnell nachkommt. Ist dies aber nicht der Fall – sei es, weil der Sicherheitsrat nicht eingreifen will, sei es, daß er durch das Veto (→ Veto/-recht) eines oder mehrerer seiner ständigen Mitglieder daran gehindert wird –, so kann das Selbstverteidigungsrecht in einem Dauerzustand werden. Das Fehlen einer solchen satzungsgemäßen Verpflichtung des Sicherheitsrates zum Eingreifen, sowie die Gefahr seiner dauerhaften Lösung durch Vetogebrauch barg somit von Anfang an die Gefahr, daß das allgemeine Gewaltverbot ausgehebelt wurde und damit die individuelle und kollektive Selbstverteidigung zum Dauerzustand wurde. Es lag somit in der Logik einer verantwortungsvollen Politik der Mitglieder, sich auf solche Situationen angemessen vorzubereiten – zu Lasten des Systems kollektiver Sicherheit im Rahmen der UN.

Anders als in der Völkerbundsatzung sind in der UN-Charta die Entscheidungsbefugnisse klar geregelt: Wie erwähnt, liegt die „Hauptverantwortung" für die Wahrung des Weltfriedens und der internationalen Sicherheit beim Sicherheitsrat. Um auf friedensbedrohende Situationen schnell und wirksam reagieren zu können, muß jedes seiner Mitglieder jederzeit am Sitz der UNO vertreten sein. Der Sicherheitsrat hat ein Monopol bei der Feststellung, ob eine Bedrohung des Friedens vorliegt und mit welchen Mitteln darauf zu reagieren ist. Allerdings bedürfen die entsprechenden Beschlüsse der Zustimmung von neun Mitgliedern, einschließlich sämtlicher ständiger Mitglieder (Art. 27 Abs. 3). Ein Grundkonsens der ständigen Mitglieder ist somit die Grundvoraussetzung für die Funktionsfähigkeit des gesamten Systems. Geht dieser Grundkonsens verloren – wie bald nach Ausbruch des Ost-West-Konflikts –, so führt dies zur Handlungsunfähigkeit des Sicherheitsrats bei allen Konflikten, bei denen Interessen der Großmächte und ihrer Alliierten auf dem Spiel stehen.

Es lag somit nahe, nach Mitteln und Möglichkeiten zu suchen, um die Handlungsfähigkeit des UN-Sicherheitssystems wenigstens begrenzt aufrechtzuerhalten. Eines dieser Mittel war die am 3.11.1950 zwecks Umgehung eines sowjetischen Vetos gegen ein weiteres Tätigwerden der UN auf der koreanischen Halbinsel von der → Generalversammlung gefaßte Resolution „Uniting for Peace" (GA Res. 3777 (V)) (→ Uniting-for-Peace-Resolution). Sie räumte in Krisensituationen sowie bei „Unstimmigkeit" der ständigen Ratsmitglieder der Generalversammlung das Recht ein, den Mitgliedstaaten geeignete Empfehlungen „für kollektive Maßnahmen" vorzuschlagen, einschließlich des „Gebrauchs bewaffneter Gewalt, wenn nötig, um den internationalen Frieden und die Sicherheit aufrechtzuerhalten oder wiederherzustellen". – Der Versuch, auf diese Weise die Handlungsfähigkeit der Generalversammlung zu erweitern, warf allerdings eine Vielzahl von rechtlichen und politischen Problemen auf: So war er nur bedingt mit der Charta vereinbar, die der Generalversammlung zwar das Recht einräumt, alle die Wahrung des Weltfriedens betreffenden Fragen zu „erörtern" und zu diesen Fragen auch „Empfehlungen" an die Konfliktparteien oder den Sicherheitsrat zu richten (Art. 11) – vorbehaltlich, daß dieser nicht gerade mit dem betreffenden Konflikt befaßt ist (Art. 12); dieses Empfehlungsrecht war aber auf friedliche Maßnahmen beschränkt. Nicht minder gravierend war, daß die Resolution die hervorgehobene Stellung des Sicherheitsrats und seiner ständigen Mitglieder auf die Dauer aushöhlen würde.

Eine weitere Maßnahme zur Herstellung einer begrenzten Handlungsfähigkeit war die Durchführung friedenserhaltender Operationen (*peace-keeping operations*) (→ Friedensoperationen; → Friedenstruppen), bei denen es nicht - wie beim Eintritt in den Koreakrieg - um Friedensdurchsetzung ging, sondern nur um → Friedenssicherung. Das Instrument des *Peacekeeping*, das Mitte der 50er Jahre anläßlich der Suez-Krise

auf der Grundlage der „Uniting-for-Peace-Resolution" entstand und während des Ost-West-Konflikts wiederholt Anwendung fand, erfuhr unmittelbar nach dessen Ende eine neue Konjunktur und eine weitere Ausgestaltung.

Dem Grundprinzip des allgemeinen Gewaltverbots in der UN-Charta entspricht die zentrale Bedeutung des Prinzips friedlicher Streitbeilegung; die dazu geeigneten Verfahren werden im einzelnen in Kap. VI behandelt. Sie eröffnen zunächst die Möglichkeit einer Einigung der Konfliktparteien untereinander, wobei Art. 33 eine Reihe geeigneter Verfahren anbietet – „Verhandlung, Untersuchung, Vermittlung, Vergleich, Schiedsspruch, gerichtliche Entscheidung, Inanspruchnahme regionaler Einrichtungen oder Abmachungen oder andere friedliche Mittel eigener Wahl". Gelingt dabei keine Einigung, so kann der Sicherheitsrat „geeignete Verfahren oder Methoden" empfehlen, darunter auch die Anrufung des Internationalen Gerichtshofes (→ IGH). Führt auch diese Empfehlung zu keiner Einigung, so legen die Konfliktparteien den Streitfall dem Sicherheitsrat vor (Art. 37).

Das System der UN-Charta ist aber nicht auf die Möglichkeiten in der friedlichen Streitbeteiligung beschränkt. Schon in der Präambel ist von der Annahme von Grundsätzen und der Einführung von Verfahren die Rede, „die gewährleisten, daß Waffengewalt nur noch in gemeinsamen Interesse angewendet wird". Den Verfahren gewaltsamer Konfliktbereinigung ist das Kap. VII gewidmet. Sie kommen zur Anwendung, wenn der Sicherheitsrat zur Auffassung gelangt, daß „eine Bedrohung oder ein Bruch des Friedens oder eine Angriffshandlung vorliegt" (Art. 39). In diesem Fall kann er die Konfliktparteien auffordern, den „von ihm für notwendig oder erwünscht erachteten vorläufigen Maßnahmen" Folge zu leisten, wobei diese die Rechte und Ansprüche der beteiligten Parteien unberührt lassen. Kommen die Konfliktparteien diesem Vorschlag nicht nach, so kann er Maßnahmen nach Art.

41 und 42 beschließen. Während Art. 41 ein Arsenal nicht-militärischer Zwangsmaßnahmen enthält, u.a. die Unterbrechung der Wirtschaftsbeziehungen, des Eisenbahn-, See- und Luftverkehrs, ermöglicht Art. 42 Maßnahmen mit Luft-, See- oder Landstreitkräften. Die Staffelung und allmähliche Steigerung der Maßnahmen zeigt, daß auch für die UN selbst das Gewaltverbot einen hohen Stellenwert hat und der Einsatz militärischer Mittel erst nach Ausschöpfung aller anderen Möglichkeiten in Frage kommt.

Für den Einsatz militärischer Mittel sieht die Charta verschiedene Optionen vor:
- den Einsatz nationaler Streitkräfte, die in Sonderabkommen von UN-Mitgliedern dem Sicherheitsrat zur Verfügung gestellt werden (Art. 43). Da es bislang nicht zum Abschluß solcher Sonderabkommen kam, ist diese Option bislang ohne Bedeutung geblieben. Dasselbe gilt für den dem Sicherheitsrat zur Beratung und Unterstützung in militärischen Fragen beigeordneten Generalstabsausschuß (Art. 47);
- die Ermächtigung von Mitgliedstaaten der UN zur Durchführung der Beschlüsse des Sicherheitsrates (Art. 48). Diese Option hat sich zwar in der Kuwait-Krise bewährt, gleichzeitig aber eine Reihe von Problemen aufgeworfen; zudem besteht sie nur dann, wenn es Staaten gibt, die bereit sind, im Auftrag des Sicherheitsrates zu handeln;
- die Nutzung von regionalen Abmachungen oder Einrichtungen durch den Sicherheitsrat „zur Durchführung von Zwangsmaßnahmen unter seiner Autorität" (Art. 53. Diese Option, die von den UN in verschiedenen Konfliktfällen gewählt wurde, kann allerdings – wie im Falle Kosovos – leicht durch die fehlende Zustimmung ständiger Mitglieder des Sicherheitsrats blockiert werden. Ein weiteres Problem besteht darin, daß es nur in wenigen Regionen der Welt funktionsfähige regionale Organisationen gibt.

Da keine dieser drei Optionen geeignet ist, den Vereinten Nationen jenes „schnelle und wirksame Handeln" zu

ermöglichen, das Art. 24 der Charta fordert, wurden seit Ende des Ost-West-Konflikts verschiedene weitere Möglichkeiten diskutiert, den Sicherheitsrat schnell abrufbare Einheiten zur Verfügung zu stellen, die in der Lage sind, die Einhaltung von Waffenstillstandsabkommen oder die Durchführung humanitärer Aktionen notfalls auch militärisch abzusichern. So schlug der ehemalige Generalsekretär Boutros Boutros-Ghali die Aufstellung von *Peace-Enforcement*-Einheiten vor, während Brian Urquhart die Schaffung einer Art UN-Legion aus Freiwilligen anregte. Bislang hat diese Diskussion jedoch lediglich zur Einigung auf *Standby Forces* geführt, auf die der Sicherheitsrat bei Bedarf zurückgreifen kann - die Zustimmung der betreffenden Staaten vorausgesetzt, die aber keinesfalls immer erteilt wird. Insgesamt gesehen erweist sich das Fehlen schnell einsetzbarer Streitkräfte somit als eine weitere Schwachstelle des UN-Sicherheitssystems.

Eine Bewertung des Systems kollektiver Sicherheit der UN fällt überaus zwiespältig aus: *Einerseits* weist das System der Vereinten Nationen ein deutlich klareres Profil auf als dasjenige des Völkerbundes. Es enthält ein allgemeines Gewaltverbot, die Zentralisierung der Entscheidungsstrukturen im Sicherheitsrat, die → Universalität der Mitgliedstaaten. *Andererseits* sind in den vergangenen 50 Jahren die noch immer vorhandenen Defizite des Systems sowie seiner praktischen Implementierung immer deutlicher zutage getreten: die Funktionsunfähigkeit des gesamten Systems bei fehlendem Grundkonsens der ständigen Mitglieder des Sicherheitsrates; selektives, an politischen Opportunitätskriterien orientiertes Handeln der ständigen Ratsmitglieder; ein unzureichender Schutz der von Wirtschaftssanktionen betroffenen benachbarten Drittstaaten; ein unzureichendes Instrumentarium bei der Durchsetzung militärischer Zwangsmaßnahmen; ein überwiegend auf internationale Konflikte ausgerichteter Sicherheitsbegriff, der ein Eingreifen in interne Konflikte mit schweren Menschenrechtsverletzungen überaus schwierig macht.

Diese Defizite wirkten sich während des Ost-West-Konflikts derart gravierend aus, daß das → UN-System neben den beiden großen Militärallianzen nur ein Schattendasein führte und weder in der Lage war, in die großen Konflikte jener Zeit schlichtend einzugreifen noch den Rüstungswettlauf einzudämmen. Nach dem Ende des Ost-West-Konflikts sah es vorübergehend so aus, als würde der wiedergefundene Grundkonsens der Großmächte auch der Handlungsfähigkeit der UN zugute kommen und es ihr ermöglichen, durch geeignete Reformen (→ Reform der UN) die Schwachstellen des Systems zu beseitigen. Der bisherige Verlauf der Reformdebatte hat diese Hoffnungen weitgehend gedämpft. Nicht nur beginnt der Grundkonsens der Großmächte wieder brüchig zu werden, auch bei den Reformen deutet sich kein tragfähiger Kompromiß an. Zudem untergräbt die unzureichende Repräsentativität des Sicherheitsrates, der in seiner Zusammensetzung immer weniger den Veränderungen gerecht wird, die das internationale System in der zweiten Hälfte des 20. Jh. erfahren hat, zunehmend die Legitimität des gesamten UN-Systems. Sofern im neuen Jahrhundert kein Durchbruch gelingt, ist die Gefahr nicht auszuschließen, daß die UN dasselbe Schicksal erleiden wird wie ihr Vorgänger, der Völkerbund. Die Folgen wären nicht minder katastrophal. Denn gerade angesichts der sich in den kommenden Jahrzehnten verschärfenden Wirtschaftsprobleme, sich vertiefender sozialer Disparitäten sowie der an Vernichtungskraft zunehmenden Waffensysteme bedarf die Menschheit mehr denn jemals in ihrer Geschichte ein den Weltfrieden sicherndes effizientes System kollektiver Sicherheit.

Peter J. Opitz

Lit.: *Beyerlin, U.:* Kollektive Sicherheit, in: Seidl-Hohenveldern, I. (Hrsg.): Lexikon des Rechts: Völkerrecht, Berlin 1992, 171-173; *Bindschedler, R.L.:* Grundfragen der kollektiven Sicherheit, in: Schätzel, W./Schlochauer, H.-J. (Hrsg.): Rechtsfragen der internationalen Organisationen, Fs. für H. Wehberg, Frankfurt/M. 1956, 67–88; *Bourquin, M. (Hrsg.):* Collective Security: A Record of the Seventh and Eighth International Studies Conference. Paris 1934 - London 1935, (Paris International Institute of Intellectual Cooperation) 1936; *Delbrück, J.:* Collective Security, in: Bernhard, R. (Hrsg.): EPIL III, Amsterdam 1982, 104 – 114; *Doehring, K.:* Kollektive Sicherheit, in: Wolfrum, R. (Hrsg.): Handbuch Vereinte Nationen, 2. Aufl., München 1991, 405 – 410; *Flynn, G./Scheffer, D. C.:* Limited Collective Security, in: Foreign Affairs 80 (1990), 77–101; *Joffe, J.:* Collective security and the future of Europe: failed dreams and dead ends, in: Survival, Spring 1992, 36–50; *Kant, I.:* Zum Ewigen Frieden. Ein philosophischer Entwurf, in: Kant, I.: Kleine Schriften zur Geschichtsphilosophie, Ethik und Politik, hrsgg. v. Vorländer, K., Hamburg 1973, 115-169; *Kimminich, O.:* Was heißt kollektive Sicherheit? in: S+ F 2 (1984), 5–12; *MacNair, A. D.:* Collective Security: an inaugural lecture, Cambridge 1936; *Meesen, K. M.:* Souveränität, in: Wolfrum, R. (Hrsg.): Handbuch Vereinte Nationen, 2. Aufl., München 1977, 404-411; *Menk, Th. M.:* Gewalt für den Frieden. Die Idee der kollektiven Sicherheit und die Pathognomie des Krieges im 20. Jahrhundert, Berlin 1992; *Meyn, K.-U.:* Das Konzept der kollektiven Sicherheit, in: Schwarz, K.D. (Hrsg.): Sicherheitspolitik, 3.Aufl., Bad Honnef 1981, 111–129; *Roberts, A./Kingsbury, B. (Hrsg.):* United Nations, Divided World, 2. Aufl., Oxford 1993; *Scheuner, U.:* Die kollektive Sicherheit des Friedens im gegenwärtigen Völkerrecht, Berichte der Deutschen Gesellschaft für Völkerrecht, Bd 2, (1958), 1–34; *Scheuner, U.:* Kollektive Sicherheit, in: Schlochhauer, H.J. (Hrsg): Wörterbuch des Völkerrechts, Bd. 2, Berlin 1958, 242–251.

Kontrolle in den UN, externe und interne

I. Einleitung

Die *Kontrolle* der Arbeit des → Sekretariats der UN und ihrer Spezialorgane erfolgt auf unterschiedlichen Ebenen, wobei die angelegten, politisch und/oder fachlich definierten Bewertungsmaßstäbe erheblich differieren können. Sie kann einerseits über *intergouvernementale*, andererseits über *interinstitutionelle Gremien* erfolgen.

Dabei ist es schwierig, die Grenzen zwischen *externer* und *interner Kontrolle* klar zu definieren. Einerseits existieren enge Kooperationsmuster, wie zum Beispiel zwischen externen und internen Rechnungsprüfern, andererseits gibt es Institutionen, zu deren Objektbereich neben den Institutionen der UN auch die → Sonderorganisationen gehören. Insofern wäre es angemessen, zwischen *inter- und intrainstitutioneller Kontrolle* zu unterscheiden.

Gegenstände der Kontrolle können die Input- oder Outputseite oder auch die Transformationsprozesse von Inputs zu Outputs sein. Dabei gilt implizite stets das Wirtschaftlichkeitsprinzip, das heißt entweder bei vorgegebenen Zielen (Outputs) ein Minimum an Inputs oder bei gegebenen Inputs ein Maximum an Outputs zu realisieren. So wird zum Beispiel gegenwärtig unterstellt, daß bei nominalem Nullwachstum des → Haushalts der UN die vorgegebenen Ziele weiterhin erreicht werden können.

Im folgenden sollen zunächst die wichtigsten *Kontrollorgane* kurz charakterisiert werden. Danach erfolgt eine Darstellung der Vernetzung dieser Organe. Abschließend wird deren Tätigkeit bilanziert.

II. Der Beratende Ausschuß für Verwaltungs- und Haushaltsfragen (ACABQ)

Der ACABQ (Advisory Committee on Administrative and Budgetary Questions) wurde 1946 durch Resolution 14A(I) der ersten → Generalversammlung gegründet, die ihm folgende Aufgaben zuwies:
- Prüfung des Programmhaushaltsvoranschlags des → Generalsekretärs, der Sonderkonten für → Friedensoperationen sowie der Verwaltungshaushalte der Spezialorgane;
- Beratung der Generalversammlung in allen Verwaltungs- und Haushaltsangelegenheiten;
- Prüfung der Verwaltungshaushalte der → Sonderorganisationen der UN;

- Stellungnahmen zu den Berichten der Rechnungsprüfer der UN und der Sonderorganisationen.

Es handelt sich um einen Sachverständigenausschuß, der seit 1977 aus 16 Mitgliedern besteht, wobei es sich größtenteils um Diplomaten der → Ständigen Vertretungen der Mitgliedstaaten am Hauptsitz der UN in New York handelt. Sie werden auf drei Jahre vom 5. Hauptausschuß (Haushaltsausschuß) der Generalversammlung (→ Ausschußsystem) in geheimer Abstimmung gewählt und vom Plenum der Generalversammlung bestätigt; eine unmittelbare Wiederwahl ist unbeschränkt möglich. Persönliche Qualifikationen und Erfahrungen sind erforderlich, wobei mindestens drei Mitglieder herausragende Finanzsachverständige sein sollen, die nicht gleichzeitig ausscheiden dürfen. Außerdem sollen die Mitglieder auf der Grundlage einer breiten geographischen Vertretung gewählt werden.

Die Tatsache, daß die Gruppe der westeuropäischen und anderen Staaten mit vier Sachverständigen vertreten ist, deutet jedoch darauf hin, daß der Regionalschlüssel sich stärker am (Pflicht)-Beitragsschlüssel zum ordentlichen Haushalt der UN orientiert als am Regionalschlüssel (vgl. *Münch* 1996, 46-47).

Der ACABQ tagt in zwei (manchmal auch drei) Sitzungsperioden pro Jahr in New York, die etwa acht Monate ausmachen. Die Sitzungen sind nicht-öffentlich; die USA haben eine größere Transparenz für die anderen Mitgliedstaaten gefordert. Die Forderung hängt ohne Zweifel mit der Tatsache zusammen, daß sie seit dem 1. Januar 1997 in dem Gremium nicht mehr vertreten sind.

III. Der Rat der Rechnungsprüfer

Dieser *Rat (Board of Auditors)* wurde ebenfalls 1946 durch Resolution 74(I) der ersten Generalversammlung eingerichtet. Er besteht aus drei Mitgliedern, die von der Generalversammlung aus dem Kreis der Leiter der zentralen Rechnungskontrollbehörden der Mitgliedstaaten gewählt werden. Die Amtszeit der Mitglieder beträgt drei Jahre; eine unmittelbare Wiederwahl ist unbegrenzt möglich.

Der Rat ist unabhängig und für die Durchführung seiner Prüfungen allein verantwortlich. Nach der Finanzordnung der UN ist er für die Prüfung der Haushaltsrechnung und der Ordnungsmäßigkeit und Wirtschaftlichkeit der Verwaltung zuständig. Geprüft werden vom Rat das Sekretariat der UN, der Internationale Gerichtshof (→ IGH) sowie die Spezialorgane, wie unter anderem → UNICEF, → UNDP, → UNEP, → UNHCR und → UNRWA. Die Sonderorganisationen der UN gehören nicht dazu; sie haben jeweils eigene externe Rechnungsprüfer.

Derzeit setzt sich der Rat aus den Leitern der Obersten Rechnungskontrollbehörden Ghanas, Großbritanniens und Indiens zusammen. Sie müssen für jährlich etwa vier Monate jeweils bis zu 50 Sachverständige für die Prüfungen zur Verfügung stellen. Außerdem entsenden sie jeweils einen *Prüfungsdirektor (Director of External Audit)* als ständigen Vertreter nach New York.

Die drei Mitglieder des Rates treffen sich nur zwei- bis dreimal jährlich zu Tagungen, um die Berichte des Rates zu verabschieden oder grundsätzliche Probleme zu erörtern. Die laufende Koordinierung der Prüfungen und die Vorbereitung der Entscheidungen des Rates erfolgt durch die Prüfungsdirektoren, die von einem Sekretariat des Rates unterstützt werden.

Die *Prüfung* durch den Rat bezieht sich sowohl auf die *Haushaltsrechnung* (financial statements) als auch auf die *Haushaltsführung* (financial operations). Bei der Haushaltsrechnung muß der Rat ein Positivtestat abgeben, das heißt durch eine entsprechende Anzahl an Stichproben die Ordnungsmäßigkeit des Jahresabschlusses belegen. Der Rat kann auch ein eingeschränktes Testat (qualified audit opinion) abgeben, das als Warnsignal sowohl für das → Sekretariat als auch das Aufsichtsorgan der betroffenen Institution gilt, Mißstände zu beseitigen.

Die Überprüfung der Haushaltsführung erstreckt sich zunehmend auch auf den wirtschaftlichen Einsatz der Ressourcen; seit 1991 gehören dazu pro Haushaltsperiode auch zwei bis drei Querschnittsprüfungen zu thematischen Schwerpunkten.

Die → Gruppe der 77 hat die ungleiche regionale Verteilung der Mitglieder des Rates kritisiert und eine Erhöhung der Mitgliederzahl von drei auf fünf gefordert. Zugleich soll deren Amtsperiode auf fünf Jahre mit der Möglichkeit einer einmaligen Wiederwahl verlängert werden.

IV. Die Gemeinsame Inspektionsgruppe

Die *Gemeinsame Inspektionsgruppe (Joint Inspection Unit - JIU)* hat ihre Entstehung der ersten großen Finanzkrise der UN (→ Finanzkrisen) Mitte der 60er Jahre zu verdanken, als es um die Finanzierung der UN-Friedenstruppen (→ Friedenstruppen) im Kongo ging. Die Generalversammlung beschloß aufgrund einer französischen Initiative durch Resolution 2360(XXII) Ende 1967, eine Gemeinsame Inspektionsgruppe (JIU) zu gründen. Es handelte sich zunächst um ein Provisorium; das Mandat der JIU wurde mehrere Male verlängert, bis die Generalversammlung Ende 1976 mit der Resolution 31/192 ein Statut der JIU verabschiedete, wodurch die JIU den Status eines → Nebenorgans der Generalversammlung gemäß Artikel 22 der → Charta der UN erhielt (→ Haupt-/Neben-/Vertragsorgane). Neben den UN (und ihren Spezialorganen) sind die → IAEA sowie elf Sonderorganisationen (ohne Bretton-Woods-Institutionen und IFAD) dem JIU-Statut beigetreten.Insofern handelt es sich bei der JIU um eine Institution des Systems der UN (→ UN-System), die über einen vereinbarten Kostenschlüssel von allen Organisationen finanziert wird, die dem Statut beigetreten sind. Der Haushalt betrug 1996/1997 9,3 Mill. US-Dollar ; die größten Anteile trugen die UN (21,07 %) und deren Spezialorgane UNHCR (10,95 %), UNICEF (10,81

%), UNDP (9,44 %) und WFP (9,16 %) bei.

Die JIU setzt sich aus elf Inspektoren zusammen, die auf fünf Jahre mit der Möglichkeit einer einmaligen Wiederwahl gewählt werden. Die Wahl bzw. Ernennung erfolgt nach einem recht komplexen Konsultationsverfahren, in das die Präsidenten der Generalversammlung und des → Wirtschafts- und Sozialrat (ECOSOC) sowie der Generalsekretär in seiner Funktion als Vorsitzender des ACC eingeschaltet werden (vgl. dazu *Münch* 1997, 173). Die Mitglieder der JIU sind keine UN-Bediensteten (→ Personal) im engeren Sinne, das heißt sie sind keiner Dienstaufsicht durch den Generalsekretär unterworfen und damit rechtlich unabhängig. Die Mitglieder der JIU werden in ihrer Arbeit durch einen Exekutivsekretär und weitere 18 Mitarbeiter(innen), darunter sieben Forschungsangestellte, unterstützt.

Aufgabe der JIU ist es,
- unabhängige *Untersuchungen* und *Evaluierungen* durchzuführen, die der Verbesserung des Managements und der Koordinierung im UN-System dienen, sowie
- *Vorschläge zur Erhöhung der Wirtschaftlichkeit* der Haushaltsführung zu machen.

Zu diesem Zweck legt sie intern abgestimmte Berichte zu ausgewählten Fragen der Organisation und des Managements, des Personals, der Budgetierung, Planung und Evaluierung vor, die dann über die Leiter der untersuchten Organisationen an deren Legislativorgane mit der Auflage gehen, innerhalb von drei bis sechs Monaten Stellung zu nehmen. Bis Ende 1997 waren es insgesamt 290 Berichte.

Die JIU ist im Laufe ihrer über 30jährigen Arbeit immer wieder kritisiert worden. Mit elf Inspektoren ist deren Zahl viel zu gering, um eine ausreichende Breitenwirkung zu erzielen, die das gesamte UN-System abdecken kann. Auch die jüngste Studie von *Wündisch* (1999) weist nach, daß trotz der oftmals erhobenen Kritik die JIU sich weiterhin eher aus ehemaligen

Diplomaten mit einem sehr hohen durchschnittlichen Eintrittsalter als aus Fachleuten zusammensetzt, welche die im Statut geforderten Qualifikationen erfüllen. Kritisiert wurden ferner die Qualität der Berichte, der geringe durchschnittliche Output pro Inspektor (höchstens ein Bericht pro Jahr), aber auch die erheblichen Zeitverzögerungen in der Reaktion der betroffenen UN-Institutionen sowie insgesamt die qua Statut äußerst begrenzten Interventionsmöglichkeiten, die den Inspektoren zur Verfügung stehen.

V. Das Amt für interne Aufsichtsdienste

Das *Amt für interne Aufsichtsdienste (Office of Internal Oversight Services - OIOS)* wurde Ende Juli 1994 mit der Resolution 48/218B von der Generalversammlung auf Druck der Hauptbeitragszahler, insbesondere der USA, eingerichtet. An seiner Spitze steht ein Untergeneralsekretär, der nicht vom Generalsekretär autonom ernannt werden kann, sondern der Betätigung durch die Generalversammlung bedarf; er wird auf eine einmalige Amtszeit von fünf Jahren ernannt und ist in der Durchführung seines Aufsichtsprogrammes unabhängig.

Damit wurde erstmals in der → Geschichte der UN ein *wirksames internes Revisionswesen* geschaffen, das unabhängig und konzentriert die Funktionen der internen *Rechnungsprüfung (audit), Evaluierung (evaluation) und Überwachung (monitoring)* gegenüber der Generalversammlung und ihrem 5. Hauptausschuß erfüllt.

Die Zuständigkeit des Amtes erstreckt sich auf das Sekretariat der UN, die fünf Regionalkommissionen (→ Wirtschaftskommissionen, regionale) sowie die Spezialorgane, wie unter anderem → UNDP, → UNICEF, → UNHCR, nicht aber auf die Sonderorganisationen der UN. Das Amt verfügt über etwas 110 Mitarbeiter(innen), von denen rund 75 Prozent im höheren Dienst tätig sind. Es befaßt sich neben den bereits genannten Funktionen in einer Unterabteilung mit Nachforschungen (Investigation Section), in denen Berichte von Mitarbeiter(innen) des Sekretariats überprüft werden, die Fälle von Korruption, Mißmanagement und Verschwendung entdeckt haben. Die betreffende Stelle ist über einen "heißen Draht" rund um die Uhr für jeden Mitarbeiter erreichbar. Sämtliche Kontakte erfolgen auf vertraulicher Basis.

Inzwischen liegt der vierte Jahresbericht des Amtes vor, der über die Tätigkeit des Amtes vom 1. Juli 1997 bis zum 30. Juni 1998 berichtet. Im Vorwort des Untergeneralsekretärs heißt es unter anderem, daß das Amt seit seiner Einrichtung einen Reifungsprozeß durchlaufen habe, daß seine Arbeitsmethoden mittlerweile fest etabliert seien und zur einer neuen, verbesserten Managementkultur geführt haben. In der Tat haben, wie der Bericht im einzelnen aufzeigt, die horizontale Kommunikation und die Transparenz, die Kohäsion zwischen den einzelnen Dienstorten und die abteilungsübergreifende Zusammenarbeit deutlich zugenommen. Das Amt hat - mit steigender Tendenz - bisher über 60 Berichte erstellt: Waren es 1995 12 Berichte, so stieg die Zahl 1998 auf insgesamt 20 Berichte. Insgesamt wurden bis Mitte 1998 knapp 5.500 Empfehlungen abgegeben. Die durchschnitliche Umsetzungsquote lag zwischen 63 und rund 73 Prozent. Besonders hervorzuheben ist auch die Transparenz in der Berichterstattung ; selbst Einzelfälle der Korruption werden detailliert behandelt.

VI. Netzwerk der Kontrollorgane

Sämtliche Kontrollorgane sind miteinander vernetzt. Im folgenden sollen exemplarisch einige Entscheidungs- und Konsultationsabläufe dargestellt werden: Alle haushalts- und verwaltungsrelevanten Vorlagen des Generalsekretärs gehen über den *ACABQ* an den *5. Hauptausschuß* der Generalversammlung, falls nicht andere Expertengremien, wie zum Beispiel der Beitragsausschuß (Committee on Contributions) zwischengeschaltet sind. Auch der *Rat der Rechnungsprüfer* berichtet an den *5. Hauptausschuß* der General-

versammlung. Darüber hinaus prüft der *ACABQ* die möglichen kostenwirksamen Folgen von Resolutionsentwürfen der anderen Hauptausschüsse der Generalversammlung; ferner ist er von der Generalversammlung ermächtigt, in ihrem Namen dem Generalsekretär auf Antrag Umschichtungen zwischen den Haushaltstiteln zu gestatten. Schließlich ist der *ACABQ* auch bei der Festlegung der Arbeitsaufteilung unter den drei Mitgliedern des *Rates der Rechnungsprüfer* und bei der Tätigkeit der *JIU* eingeschaltet, zu deren Berichten er Stellungnahmen an die Generalversammlung abgibt.

Zwischen dem *Rat der Rechnungsprüfer* und dem im Herbst 1994 eingerichteten *Amt für Interne Aufsichtsdienste (OIOS)* bestehen enge Kooperationsmuster, die sich aus den Aufgaben der externen und internen Rechnungsprüfung ergeben. Über den gegenseitigen Austausch der Prüfungsergebnisse hinausgehend bedarf es regelmäßiger Arbeitstreffen, um die Tätigkeit beider Prüfungsorgane zu koordinieren. Außerdem kann der Rat nach Bedarf eigene Stellungnahmen zu den Berichten des Amtes abgeben. Schließlich unterliegt auch das Amt als Teil des UN-Sekretariats der Prüfung durch den Rat. Der Rat der Rechnungsprüfer arbeitet auch eng mit den internen Rechnungsprüfern der Spezialorgane zusammen und führt regelmäßige Arbeitstreffen mit der JIU durch. Die externen Rechnungsprüfer koordinieren ihre Arbeit in einem gemeinsamen Ausschuß der Vereinten Nationen und der Sonderorganisationen *(Joint Panel of External Auditors of the United Nations and the Specialized Agencies)*.

VII. Bilanzierung

Der Koordinierungsbedarf ist beträchtlich ; dies gilt nicht nur im Bereich der UN zwischen externer Kontrolle durch den Rat der Rechnungsprüfer und interner Kontrolle durch das Amt für interne Aufsichtsdienste, sondern auch zwischen dem Amt und der Gemeinsamen Inspektionsgruppe. Allen drei Organen gemeinsam ist das Primat der fachlichen Kontrolle bei garantierter Unabhängigkeit. Demgegenüber ist der Beratende Ausschuß für Verwaltungs- und Haushaltsfragen (ACABQ), obwohl als Sachverständigenausschuß konzipiert, eher als externes politisches Kontrollorgan zu interpretieren, das - gemeinsam mit dem Programm- und Koordinierungsausschuß (CPC ; vgl. → UN-System) - dem 5. Hauptausschuß vorgeschaltet ist.

Besonders hoch ist der Koordinierungsbedarf im UN-System (→ Koordinierungssystem der UN). Die JIU hat hier Kompetenzen, ist aber qua Statut und Zahl der Inspektoren in ihrem Wirkungskreis deutlich eingeschränkt. Dies gilt auch für den ACABQ, der zwar das Mandat zur Prüfung der Verwaltungshaushalte der Sonderorganisationen besitzt, dieses aber seit Anfang der 70er Jahre nicht mehr ausübt, weil sich die Sonderorganisationen nicht kooperationswillig zeigten. Als besonders problematisch erweist sich die Tatsache, daß im Falle der Mehrzahl der Sonderorganisationen die Funktionen der internen Rechnungsprüfung, Evaluierung und Überwachung weder institutionell-organisatorisch zusammengefaßt sind noch den Grad der Unhabhängigkeit erreicht haben, der in den UN durch die Einrichtung der OIOS erreicht wurde. Offensichtlich besteht unter den Staaten(gruppen) noch kein Konsens darüber, wie und in welchem Umfange Kontrollen notwendig sind. Aber die Optionen liegen auf der Hand : Entweder eine gründliche Revision des Statuts für die JIU in Richtung auf das Mandat der OIOS und eine entsprechende organisatorische Konzentration der Funktionen für ein wirksames internes Revisionswesen in den Sekretariaten der Sonderorganisationen oder eine Abschaffung der JIU und deren Ersetzung durch das OIOS-Modell, das bei den einzelnen Sonderorganisationen zu realisieren wäre.

Klaus Hüfner

Lit.: *Kaltenbach, E.*: Die externe Finanzkontrolle der Vereinten Nationen. Zur Arbeit des Rates der Rechnungsprüfer, in: VN 45 (1997) 168-172; *Münch, W.*: Inspektionen, Evaluierungen und Untersuchungen. Zur Tätigkeit der Gemeinsamen Inspektionsgruppe (JIU) der Vereinten Nationen, in: VN 45(1997), 172-176; *Münch, W.*: Experten für den Interessenausgleich. Aufgaben und Arbeitsweise des Beratenden Ausschusses für Verwaltungs- und Haushaltsfragen (ACABQ, in: VN 44 (1996), 45-50; *Paschke. K.T.*: Innenrevision in den Vereinten Nationen - eine neue Erfahrung, in: VN 44 (1996), 41-45; *Vereinte Nationen/Generalversammlung* : Bericht des Generalsekretärs über die Tätigkeit des Amtes für interne Aufsichtsdienste, New York 1998 (Deutsche Fassung - UN Doc. A/53/428); *Wündisch, M.*: Die United Nations Joint Inspection Unit als Instrument zur Einführung organisatorischer Rationalität in internationalen Organisationen, Frankfurt am Main 1999.

Koordinierungssystem der UN

Das → UN-System, das als ein Verband lose miteinander verbundener Organisationen konzipiert ist, erfordert erheblichen Koordinationsaufwand, um Überschneidungen, Mehrgleisigkeit und Reibungsverluste zu begrenzen. Der → Generalsekretär hat in seinem Reformprogramm von 1997 (→ Reform der UN) die Sachlage realistisch beschrieben:

„In der Charta ist vorgesehen, daß die Vereinten Nationen bei ihrer Tätigkeit auf ein dezentralisiertes System von Sonderorganisationen zurückgreifen. Jede dieser Organisationen wurde aufgrund eines gesonderten zwischenstaatlichen Vertrages geschaffen, und jede ist unmittelbar ihrem eigenen Leitungsgremium verantwortlich. Nach der Charta sind die Einflußmöglichkeiten der Vereinten Nationen auf Politik und Aktivitäten der Sonderorganisationen auf die Abgabe von ‚Empfehlungen' zu ihrer ‚Koordinierung' beschränkt."

Für die Fragmentation des UN-Systems gibt es historische, politische und sachliche Gründe:

Einige → Sonderorganisationen sind älter als die Vereinten Nationen (z.B. → ITU und → UPU); ihre volle Integration wäre aus konstitutionellen Gründen schwierig gewesen. Deshalb bestimmt Art. 57 der Charta (→ Charta der UN) lediglich, daß die bestehenden Sonderorganisationen „in Beziehung" zu den Vereinten Nationen gebracht werden sollen.

Bei einem Scheitern der Vereinten Nationen, das nach den Erfahrungen des → Völkerbundes nicht von vornherein ausgeschlossen werden konnte, sollte die Arbeit der Fachorganisationen nicht beeinträchtigt sein (*Childers/Urquhart* 1994, 40).

Die Aufteilung des Systems in selbständige Einheiten ermöglicht es allen Staaten, ihre → Mitgliedschaft nach ihren eigenen Prioritäten zu dosieren.

Während des Kalten Krieges und des Nord-Süd-Konflikts half die Fragmentation „politische" und „technische" Probleme zu trennen. Die Blöcke konnten ihre politischen Kontroversen in der → Generalversammlung und dem → Sicherheitsrat austragen, ohne die notwendige Zusammenarbeit auf den verschiedenen Fachsektoren zu gefährden.

Mit der Errichtung neuer Organisationen konnte - wie die Beispiele von → UNCTAD und IDA zeigen - elastisch auf die Forderungen verschiedener Staatengruppen, besonders der Entwicklungsländer, reagiert werden.

Die unterschiedlichen Mandate und die geographische Verteilung der Sonderorganisationen machen ein hohes Maß an Selbständigkeit unabdingbar. Die volle Integration aller sektoralen, thematischen und regionalen Aufgaben in eine hierarchische Struktur unter zentraler Führung und Kontrolle hätte ein noch schwerfälligeres bürokratisches Monster geschaffen.

Nach *Dicke* ist gerade der Pluralismus eine Stärke des UN-Systems, da er „für Vielfalt im politischen Stil und in politischen Programmen, für Spezialisierung in den Techniken und für eine weniger schwerfällige Struktur sorgt". Außerdem hat die Organisationsforschung „zumindest gewichtige Anhaltspunkte dafür erbracht, daß der Weg dezentralisierter internationaler Organisationen, wie ihn die UN gegangen ist, der Beschaffenheit des internationalen Systems angemessener ist als der Versuch einer zentralen ‚Organisation der Welt'" (*Dicke* 1991, 83f.).

Kritiker dagegen behaupten, daß die Sonderorganisationen ihre Programme über ihr ursprüngliches Mandat hinaus ausgeweitet hätten und fordern, die Zuständigkeiten und Prioritäten jeder einzelnen Komponente des UN-Systems neu zu definieren. In seinem Reformprogramm von 1997 hat der Generalsekretär angeregt, eine Sonderkommission auf Ministerebene einzuberufen, um die Charta und die Satzungen der Sonderorganisationen mit dem Ziele zu überprüfen, wie die Schwächen des dezentralisierten Systems unter gleichzeitiger Wahrung seiner Vorzüge am besten behoben werden können. Dieser Vorschlag ist von der Staatengemeinschaft bisher nicht aufgegriffen worden, da er selbst innerhalb der einzelnen Mitgliedstaaten auf Widerstand stoßen dürfte. *Childers/Urquhart* beobachten, daß es für die Vertreter eines Landes durchaus möglich ist, in den Gremien der Vereinten Nationen mehr Kohärenz zu fordern, während ihre Kollegen in den Sonderorganisationen die diametrale Position einnehmen, wie sie von den auf ihre Unabhängigkeit bedachten Generaldirektoren vertreten wird (*Childers/Urquhart* 1994, 41).

Die Koordination im UN-System findet auf drei verschiedenen Ebenen statt - innerstaatlich, zwischenstaatlich und institutionell:

1. Innerstaatliche Koordination

Die Zuständigkeit für internationale Organisationen liegt in den Mitgliedstaaten bei den Regierungen und wird in der Regel von der Ministerialbürokratie ausgeübt. Die Vereinten Nationen haben sich - anders als die Europapolitik - bisher nicht als eigenständiges Politikfeld etablieren können. Die Mitarbeit in der Weltorganisation wird deshalb meistens im Rahmen der jeweiligen Sachpolitik, wie z.B. Außen-, Menschenrechts-, Verkehrs-, Drogen-, Gesundheits- und Atompolitik, betrieben und unterliegt den entsprechenden Sachzwängen. Sofern sich die Aufgabenbereiche internationaler Organisationen mit der Fachkompetenz der Ministerien decken, folgt die Zuständigkeitsregelung üblicherweise der Ressortverteilung, d.h. der Gesundheitsminister ist für die → WHO, der Landwirtschaftsminister für die → FAO und der Außenminister für die Generalversammlung und den Sicherheitsrat zuständig. Oft werden interministerielle Ausschüsse oder zentrale Koordinierungsstellen geschaffen, um innerstaatlich eine einheitliche UN-Politik zu gewährleisten.

Die Erfahrungen zeigen aber, daß in den meisten Mitgliedstaaten die Abstimmung zwischen den beteiligten Ressorts oft nur mangelhaft funktioniert und es nach außen an Kohärenz mangelt. Nach *Paschke* ist es beispielsweise nicht ungewöhnlich, „daß ein Mitgliedsland in der Generalversammlung lautstark einen kompromißlosen Sparkurs im gesamten UN-System einfordert, während die Delegation desselben Landes in einzelnen Sonderorganisationen erheblichen Mittelzuwachs propagiert" (*Paschke* 1996, 42). Koordinationsdefizite bestehen auch zwischen Regierung und Ministerialbürokratie einerseits und dem Parlament sowie den nichtstaatlichen Organisationen (→ NGOs) anderseits, in deren verstärkten Einbindung ein Mittel gesehen wird, die nationale UN-Politik auf breitere Basis zu stellen. *Childers/Urquhart* bezeichnen die innerstaatliche Koordination als die „Achillesferse" des UN-Systems, da das System selbst nicht in der Lage ist, einen Mangel an kohärenten nationalen Positionen auszugleichen (*Childers/Urquhart* 1994, 140-141).

2. Zwischenstaatliche Koordination

Die zwischenstaatliche Koordination findet in den Leitungsgremien der einzelnen Organisationen statt, in denen Diplomaten und Beamte die Interessen ihres Landes vertreten. Im UN-System unterliegt nur die Generalversammlung keiner thematischen Begrenzung, d.h. sie kann auf Antrag ihrer Mitglieder im Grunde jedes Problem auf die Tagesordnung setzen. Die Kompetenz der

entsprechenden Beratungs- und Aufsichtsorgane der Sonderorganisationen ist dagegen auf den sich aus ihrem Mandat ergebenden Sektor beschränkt. Grundsätzlich gilt, daß die jeweiligen Leitungsgremien nur für ihre eigene Organisation tätig werden können. Eine Ausnahme bilden einzelne Organe der Vereinten Nationen, wie der → Wirtschafts- und Sozialrat (*ECOSOC),* der Ausschuß für Programme und Koordination (*CPC*), der Beratende Ausschuß für Verwaltungs- und Haushaltsfragen (*ACABQ*), der Beitragsausschuß (*Committee on Contributions),* die Gemeinsame Inspektionsgruppe (*JIU*), der Fünfte Hauptausschuß und die Kommission für den internationalen öffentlichen Dienst (*ICSC*), die zusätzlich begrenzte systemweite Aufgaben wahrnehmen (→ Ausschußsystem).

Die Koordination zwischen den Vereinten Nationen und den Sonderorganisationen wurde in der Charta dem *Wirtschafts- und Sozialrat (ECOSOC)* übertragen. Artikel 63 Abs. 1 legt fest, daß der Rat *Kooperationsabkommen (relationship agreements)* mit den Sonderorganisationen schließen kann, in denen die Beziehungen zu den Vereinten Nationen geregelt werden. Alle Sonderorganisationen haben entsprechende Abkommen geschlossen, in denen sie sich verpflichten, Sach- und Fachfragen zu koordinieren, Informationen auszutauschen, dem *ECOSOC* Berichte vorzulegen und sich auf administrativem, personellem und finanziellem Gebiet zu konsultieren. Darüber hinaus gibt Artikel 63 Abs. 2 dem *ECOSOC* das - allerdings substanzarme - Recht, die Tätigkeit der Sonderorganisationen durch „Konsultationen" und „Empfehlungen" zu koordinieren. Es ist unbestritten, daß der *ECOSOC* seiner systemweiten Koordinationsrolle nicht wirkungsvoll nachkommen kann, weil dafür erforderlichen politischen und rechtlichen Voraussetzungen fehlen. Der *ECOSOC* hat kein Weisungsrecht, sondern kann bestenfalls „Empfehlungen" an die Sonderorganisationen richten, über deren Umsetzung die eigenen souveränen Leitungsgremien befinden. Da die Mitgliedschaft und Interessenlage in den Sonderorganisationen sich oft anders als in den entsprechenden Organen der Vereinten Nationen darstellt, hat eine „Empfehlung" des *ECOSOC* von vornherein nur geringe Aussicht auf Erfolg. Der Generalsekretär hat in seinem Reformprogramm deshalb darauf hingewiesen, daß die Bemühungen innerhalb des → Sekretariats zur Verbesserung der konzeptionellen und institutionellen Kohärenz von parallelen Anstrengungen auf der zwischenstaatlichen Ebene begleitet sein müssen. Er regt an, die Rolle des *ECOSOC* zu überdenken und ihm gegebenenfalls im Wege einer Änderung der Charta größere Befugnisse auf dem Gebiet der Grundsatzpolitik und Koordinierung zu übertragen.

Der *CPC*, ein gemeinsamer Unterausschuß des ECOSOC und der Generalversammlung, überprüft die Programme der Vereinten Nationen und der angegliederten Hilfswerke, Programme und Fonds, empfiehlt Prioritäten und entwickelt Verfahren zur Programmevaluierung. 1986 wurde seine Stellung im Haushaltsverfahren (→ Haushalt) der Vereinten Nationen zugunsten der Hauptbeitragszahler erheblich verstärkt. Der Ausschuß soll außerdem die Programme im UN-System sektorenweise überprüfen und den beteiligten Organisationen Leitlinien für ihre Arbeit geben, um Programmkohärenz und Koordination innerhalb des Systems zu stärken. Der ECOSOC erhält seit 1991 jährlich vom *ACC* und über den *CPC* eine Übersicht über die Programme und Ressourcen der Sonderorganisationen. Es ist aber nicht erkennbar, daß diese Berichte zu mehr Programmkohärenz und besserer Koordination geführt haben.

Der *ACABQ*, der 1946 von der Generalversammlung als Ständiger Ausschuß der Generalversammlung eingerichtet wurde, berät nicht nur den Fünften Hauptausschuß in allen Verwaltungs- und Haushaltsfragen in bezug auf die Vereinten Nationen und ihre Nebenorgane, sondern hat auch systemweite Aufgaben. Nach Artikel 17

Abs. 3 der Charta prüft die Generalversammlung die Haushalte der Sonderorganisationen mit dem nicht näher spezifiziertem Ziel, „Empfehlungen" an sie zu richten, wobei sie vom *ACABQ* unterstützt wird. Der *ACABQ* tagt regelmäßig an den verschiedenen Amtssitzen und läßt sich von den Sonderorganisationen über Haushalts- und Verwaltungsfragen berichten. Darüber hinaus erhält er jährlich vom *ACC* Statistiken zur Haushalts- und Finanzsituation aller Organisationen im UN-System. Diese Prüfung ist aber eine reine Formsache ohne erkennbaren Einfluß auf das Haushaltsgebaren der Sonderorganisationen.

Auch der zweite Ständige Ausschuß der Generalversammlung, der *Beitragsausschuß*, hat eine systemübergreifende Funktion. Auf Wunsch einer Sonderorganisation kann er dieser Empfehlungen hinsichtlich des Beitragsschlüssels für den Finanzbeitrag geben. Die meisten Sonderorganisationen machen davon insofern Gebrauch, als sie den von der Generalversammlung verabschiedeten Beitragsschlüssel (→ Finanzkrisen), nach erforderlicher Anpassung an ihre eigene Mitgliedschaft, ihren Aufsichtsorganen zur Genehmigung vorlegen.

Die *Gemeinsame Inspektionsgruppe* (Joint Inspection Unit –JIU*)*, der 11 unabhängige Inspektoren mit weiter Erfahrung im Finanz- und Verwaltungswesen angehören, wurde 1966 von der Generalversammlung ins Leben gerufen, um sicherzustellen, daß das UN-System seine Aufgaben effizient ausführt und seine vorhandenen Ressourcen bestmöglich nutzt. Die Wirksamkeit der Inspektionsgruppe ist aber umstritten, da ihr weitgehende Befugnisse fehlen und die Qualität ihrer Berichte unterschiedlich beurteilt wird (→ Kontrolle in den UN, externe und interne).

Die Koordination im Personalbereich ist am weitesten gediehen und findet im Rahmen des Gemeinsamen Systems *(Common System)* statt (→ Personal). Die Kooperationsabkommen zwischen den Sonderorganisationen und den Vereinten Nationen enthalten die Zielvorgabe, mittels gemeinsamer Grundsätze, Methoden und Regelungen einen einheitlichen internationalen öffentlichen Dienst zu schaffen. 1975 wurde die *ICSC* als Zentralorgan für die Regelung und Koordinierung der Beschäftigungsbedingungen des Personals im gesamten UN-System eingerichtet. Empfehlungen, die die wesentlichen Konditionen - wie z.B. die Gehälter des Höheren Dienstes - betreffen, muß die *ICSC* über den Fünften Hauptausschuß und nach haushaltsrechtlicher Begutachtung durch den *ACABQ* der Generalversammlung zur Entscheidung vorlegen, die hier legislative Aufgaben für das gesamte UN-System wahrnimmt. In anderen Fällen kann die *ICSC* Entscheidungen mit Bindungswirkung für alle teilnehmenden Organisationen selbst treffen. Kritik wurde laut, weil das Gemeinsame System alle Organisationen über einen Kamm schert und nicht der Vielfalt der Strukturen, Aufgaben, Programme und Arbeitsverfahren gerecht wird. Die Generalversammlung hat mehrfach Einzelgänge einzelner Organisationen verhindert (z.B. der → *ILO*, der → *ITU* und der → *WIPO*) und immer wieder betont, daß die Integrität des Gemeinsamen Systems und die Kohärenz der Beschäftigungsbedingungen erhalten bleiben muß. Zum Gemeinsamen System gehören auch ein Pensionsfond und zwei Verwaltungsgerichte für dienstrechtliche Klagen der Mitarbeiter - eines bei den Vereinten Nationen in New York (*UNAT*) und eines bei der *ILO* (*ILOAT*) in Genf. Der *ACC* hat einen eigenen Unterausschuß für Personal- und Verwaltungsfragen (*CCAQ/PER*) eingerichtet, der die beteiligten Organisationen kollektiv im Gemeinsamen System und gegenüber der *ICSC* vertritt. Auch die Personalvertreter haben systemweite Dachverbände (*FICSA* und *CCISUA*) zur Vertretung ihrer Interessen im Gemeinsamen System gegründet.

Einerseits wird die → Universalität ihrer Mitgliedschaft als die größte Stärke der Vereinten Nationen angesehen, andererseits erschwert die große Anzahl von souveränen Mitgliedstaaten in den jeweiligen Leitungsgremien den Entscheidungsprozeß. Es haben sich deshalb verschiedene zwischenstaatliche Gruppierungen und informelle Entscheidungsfindungsprozesse herausgebildet, die einen frühzeitigen Interessenausgleich begünstigen (→ Gruppenbildung in den UN). Zu den informellen Prozessen der Entscheidungsfindung gehören Redaktions- und Kontaktausschüsse sowie „Freunde des Vorsitzenden", die z.B. beim Aushandeln von Resolutionsentwürfen versuchen, die divergierenden Positionen auf einen gemeinsamen Nenner zu bringen und einen tragfähigen Kompromiß zu finden. Ohne diese flexiblen Verhandlungsmechanismen wäre die Entscheidungsfähigkeit der Leitungsgremien - wegen der divergierenden Einzelinteressen, der umfangreichen Tagesordnungen und der gestiegenen Mitgliederzahl - nur mehr mit Einschränkungen gewährleistet.

Eine gewichtige Rolle bei der zwischenstaatlichen Koordination spielen *Gruppierungen von Mitgliedstaaten* auf politischer, wirtschaftlicher oder geographischer Basis mit teilweise überschneidender Mitgliedschaft. Die fünf → *Regionalgruppen* entscheiden in der Regel über die Besetzung von Funktionen und Bestellung von Mitgliedern in den Haupt- und Nebenorganen (→ Haupt-/Neben-/Vertragsorgane). In der *Bewegung der Blockfreien* (→ Blockfreienbewegung und die UN) und in der *„Gruppe der 77 und die UN"* (→ Gruppe der 77 und die UN) haben die Entwicklungsländer sich Instrumente geschaffen, um ihre politischen, wirtschaftlichen und sozialen Interessen zu fördern und ihre kollektive Verhandlungskapazität (negiotiating capacity) bei allen wichtigen Fragen zur Geltung zu bringen. Während des Kalten Krieges und Nord-Süd-Konflikts in den siebziger und achtziger Jahren hatte die „Gruppe der 77" erhebliches Gewicht und konnte einige Erfolge erzielen, da sie mit Unterstützung der sozialistischen Staaten über eine „automatische Mehrheit" in der Generalversammlung verfügte. Durch die geänderte weltpolitische Lage ist ihr Einfluß aber gesunken, und es macht sich auch in dieser Gruppierung ein neuer Pragmatismus breit.

Zur Bewegung der Blockfreien und der „Gruppe der 77" gibt es auf Seiten der Industrieländer kein gleichwertiges Pendant. Die politische Koordination findet unter gleichgesinnten Staaten oder Ländern mit gleicher geographischer Lage statt (z.B. Nordische Gruppe). Die Europäische Union (→ EU, GASP in den UN) bezieht in den Vereinten Nationen zunehmend einheitliche Positionen und trägt sie auch mit einer Stimme in den Aufsichts- und Beratungsorganen vor. In der informellen → „Genfer Gruppe" arbeiten alle Industrieländer mit, die mehr als 1 % zum Budget der Vereinten Nationen beitragen, was ihren Positionen besonderes Gewicht verleiht. Ihr Interesse gilt hauptsächlich Fragen der Verwaltungseffizienz, Kostenkontrolle, Haushaltsgebarung und Personalführung. Sie tritt nach außen allerdings nicht geschlossen auf, sondern ihre Mitglieder müssen die vereinbarten Positionen einzeln oder durch ihre sonstigen Gruppierungen in den Leitungsgremien vertreten.

Insgesamt dient die zwischenstaatliche Koordination überwiegend dem Interessenausgleich zwischen den nationalen Positionen der Mitgliedstaaten. Eine wirkungsvolle Koordinierung der Sach- und Facharbeit der einzelnen Komponenten des UN-Systems ist ohne Zusammenarbeit der Leitungsgremien der einzelnen Organisationen, die es zur Zeit nicht gibt, kaum möglich.

Interinstitutionelle Koordination

Die Koordination zwischen den Sekretariaten der Vereinten Nationen und der Sonderorganisationen, obwohl in den Kooperationsabkommen vorgesehen, erfolgt grundsätzlich auf freiwilliger Basis, da jede Organisation - unter der Aufsicht ihres eigenen Leitungsgremiums - volle Programm- und Finanzhoheit hat. In der Regel verteidigen die Sonderorganisationen ihre Unabhängigkeit mit Vehemenz, und eine Zusammenarbeit wird nur dort angestrebt

werden, wo sie im Interesse aller Beteiligten liegt. Während Überschneidungen in eng definierten Fachbereichen, wie der Atomkraft, dem geistigen Eigentum und der Zivilluftfahrt, nahezu ausgeschlossen sind, herrscht auf dem breiten Sektor der wirtschaftlichen und sozialen Entwicklung ein Wettbewerb um Mandate und Finanzmittel. Gleichzeitig weist das UN-System aber Lücken z.B. im Energie- und Technologiebereich auf. Das Reformprogramm des Generalsekretärs von 1997 stellt deshalb fest, daß ein weit größeres Maß an konzentrierter Willensbildung und koordinierter Maßnahmen innerhalb des gesamten Systems erforderlich ist, wenn die Zielsetzung der UNO voll verwirklicht werden soll.

Das Hauptkoordinierungsorgan im UN-System auf der Ebene der Sekretariate ist der *Verwaltungsausschuß für Koordinierung* (*ACC*), der 1946 durch eine Resolution des *ECOSOC* eingerichtet wurde. Ihm gehören der Generalsekretär der Vereinten Nationen als Vorsitzender und die Generaldirektoren der Sonderorganisationen, der sonstigen unabhängigen Organisationen sowie der angegliederten Hilfswerke, Programme und Fonds an. Auch die Weltbank (→ Weltbank/-gruppe) und der Internationale Währungsfonds (→ IWF) sind Mitglied. Der *ACC* soll die Durchführung der Kooperationsabkommen überwachen, die von den Leitungsgremien genehmigten Programme koordinieren und allgemein die Zusammenarbeit innerhalb des UN-Systems fördern.

Da der Ausschuß jährlich nur zweimal für jeweils zwei Tage zusammentritt, dient er in erster Linie dem Gedankenaustausch zwischen dem Generalsekretär und den Generaldirektoren sowie um Stellungnahmen zu aktuellen Fragen zu verfassen oder Direktiven für die Unterausschüsse zu geben. Der Generalsekretär als Vorsitzender hat die Stellung eines *primus inter pares* unter den unabhängigen und selbstbewußten Generaldirektoren, die als gewählte und politisch nur ihrem eigenen Leitungsgremium Verantwortliche sich bei Konflikten zwischen systemweiten und organisationseigenen Interessen verständlicherweise von letzteren leiten lassen. Die Stellung des Generalsekretärs ist deshalb von Kritikern überspitzt mit der eines Dirigenten verglichen worden, dem die Orchestermitglieder nur geringe Beachtung schenken (*Childers/Urquhart* 1994, 32). Die Mitglieder des *ACC* sind aufgerufen, einen ständigen Dialog aufrecht zu halten, um bereits im Planungsstadium nach Möglichkeiten zur Zusammenarbeit zu suchen und um auf sich ändernde Umstände schneller reagieren zu können.

In seinem Reformprogramm von 1997 hat der Generalsekretär das Ziel formuliert, die Kapazität des *ACC* zu stärken, um das UN-System als Ganzes den neuen Herausforderungen anzupassen und die Arbeitsteilung innerhalb der bestehenden Strukturen zu verbessern. Es herrscht auch allgemein Übereinstimmung unter den Mitgliedern des *ACC*, daß das UN-System ein weit größeres Maß an konzertierter Willensbildung und größere Geschlossenheit bei der Zielverfolgung *(unity of purpose and coherence of action)* zeigen muß. Der *ACC* legt deshalb Prioritäten für gemeinsames Vorgehen in konkreten Situationen oder bei bestimmten Fragestellungen fest, zu denen jede Organisation im Rahmen ihrer Spezialkompetenz beiträgt, wie z.B. Frieden und Entwicklung in Afrika. Für bestimmte Aufgaben, z.B. Förderung der → Menschenrechte oder Verringerung der Armut, sollen Partnerschaften zwischen den verschiedenen UN-Organisationen und mit nichtstaatlichen Organisationen gebildet werden. Bei spezifischen Problemen sollen alle Organisationen mit der nötigen Kapazität und Sachkompetenz unter der Federführung einer *lead agency* ihr Vorgehen gemeinsam absprechen. Zum besonderen Schwerpunkt in der interinstitutionellen Zusammenarbeit wurde die Weiterverfolgung der auf den großen UN-Konferenzen abgesprochenen Maßnahmen erklärt.

Der *ACC* hat einen Organisationsausschuß *(Organizational Committee - OC)*, der ihm bei seiner eigenen Arbeit und der Steuerung der Unterausschüsse assistiert. Daneben bestehen Unterschüsse für Verwaltungsfragen *(CCAQ)*, Programm- und operative Fragen *(CCPOQ)*, bestandsfähige Entwicklung *(IACSD)* und Frauenfragen *(IACWGE)*, die wiederum ihre eigenen Unterausschüsse haben. Administrativ wird der *ACC* und der *OC* von einer eigenen Organisationseinheit im UN-Sekretariat unterstützt, dem Büro für Interinstitutionelle Angelegenheiten, das darüber hinaus Konsultationen und einen ständigen Informationsaustausch innerhalb des UN-Systems fördern soll. Die Unterausschüsse verfügen teilweise über eigene kleine Sekretariate überwiegend in Genf.

Eine besondere Rolle im Rahmen der Koordinierung auf Landesebene haben die sogenannten *residierenden Koordinatoren (resident coordinators)*. Alle Einrichtungen der UNO einschließlich der Informationsbüros und der angegliederten Hilfswerke, Programme und Fonds in einem Land sollen in einem „Haus der Vereinten Nationen" *(UN house)* untergebracht werden und unter der Leitung des residierenden Koordinators die Vereinten Nationen einheitlich nach außen vertreten. Die Sonderorganisationen sind aufgefordert, sich an der einheitlichen Landesrepräsentanz zu beteiligen. Dadurch sollen die verschiedenen Aktivitäten des UN-Systems auf Landesebene enger miteinander sowie mit den nationalen Zielen verbunden und die nationalen Entwicklungsprogramme besser unterstützt werden. Den residierenden Koordinatoren obliegt es auch, die Maßnahmen, die auf den großen internationalen Konferenzen vereinbart worden sind, in Konsultation mit den jeweiligen Regierungen weiterzuverfolgen. Das System der einheitlichen Landesrepräsentanz durch die residierenden Koordinatoren wird vom → *UNDP* finanziert und gemanagt. Das neue Fortbildungsinstitut für das UN-Personal in Turin *(staff college)* hat sich ebenfalls zum Ziele gesetzt, durch interdisziplinäre und intersektorale Fortbildungsveranstaltungen die Zusammengehörigkeit und

Koordination im UN-System zu fördern.

Insgesamt ist das Bewußtsein um die Notwendigkeit einer besseren Arbeitsteilung im UN-System gestiegen und die Koordinierungsbemühungen sind auf allen Ebenen verstärkt worden. Koordination ist jedoch kein Selbstzweck, sondern dient verschiedenen Zwecken wie der Standardisierung, Rationalisierung und dem Festlegen von Prioritäten. Innerhalb der Vereinten Nationen sind ihr klare systemimmanente Grenzen gesetzt. Da das UN-System als ein Verband unabhängiger Organisationen konzipiert ist, wird sich der Erfolg der Koordinierungsbemühungen immer in Grenzen halten, denn es ist selbst bei größtem Aufwand nicht möglich, aus einem bewußt fragmentarischen Gebilde einen Monolithen zu formen.

Dieter Göthel

Lit.: *Childers, E./Urquhart, B.:* Renewing the United Nations System, Uppsala 1994; *Dicke, K.:* Effizienz und Effektivität internationaler Organisationen, Berlin 1994; *Göthel, D.:* Die Vereinten Nationen: Eine Innenansicht, Bonn 1995; *Renninger, J.P.:* Can the Common System be Maintained? UNITAR, New York 1986; *Puchala, D.J. Coate, R.:* The Challenge of Relevance: The United Nations in a Changing World Environment, Hanover1989; *Tassin, J.:* Administrative Coordination in the United Nations Family, in: Cooker, C. de (Hrsg.): International Administration, The Hague 1990.

Menschenrechte

I. Begriff

Menschenrechte sind Rechte, die jedem Menschen allein aufgrund seines Menschseins zukommen. Sie sind vorstaatlicher Qualität. Das heißt, der Staat kann sie nicht gewähren. Er muß sie vielmehr gewährleisten, also sein Handeln an ihnen ausrichten und der Freiheitsbetätigung des einzelnen Raum geben.

Dieses Verständnis wird in der Formulierung des Herrenchiemseer Entwurfs zum Grundgesetz (Art. 1 Abs. 1) deutlich: *„Der Staat ist um des Men-*

schen willen da, nicht aber der Mensch um des Staates willen."

Die Menschenrechte in dem hier verstandenen Sinn sind *Normen des* (zwischenstaatlichen) *Völkerrechts.* Dies war nicht immer der Fall. Lange galt die Behandlung von eigenen Staatsangehörigen als innere Angelegenheit, in die jede Einmischung verwehrt war. In der Phase des Konstitutionalismus gewährte der Souverän seinen Untertanen gewisse (Grund-) Rechte. Erst seit dem Zweiten Weltkrieg nimmt sich das Völkerrecht der Menschenrechte an.

II. Geistesgeschichtliche Entwicklung

Zeugnisse der Kulturerscheinung Recht sind etwa seit knapp 4.000 Jahren überliefert. Wir haben Kenntnis von Strafandrohungen für Delikte und von Formvorschriften für Rechtsgeschäfte (etwa im Kodex Hammurabi aus dem 17. Jh. v. Chr.). Hinweise auf Menschenrechte finden sich in diesen Überlieferungen nicht. Zwar gibt es unter den frühen Beispielen auch solche, die Regeln zum Schutz von bestimmten Personengruppen enthalten. Doch belegen sie keine Grundüberzeugung, der Mensch müsse um seiner selbst und um seiner Würde willen geschützt und geachtet werden.

Der Mensch war für lange Zeit vielmehr durch seine Stellung in der Gesellschaft, seinen Stand definiert. Die ersten bürgerlichen Freiheiten waren auf dieser Grundlage entstanden und bildeten zunächst keine Individualrechte aus. Dies gilt gerade auch für England, dessen Freiheitsgeschichte mit der Magna Charta von 1215 beginnt. Deren Freiheitsgewährungen richteten sich an die ständischen Korporationen. Erst die Verfassungsentwicklung des siebzehnten Jahrhunderts löste die Garantien aus ihrem ständischen Bezugsrahmen.

So gewährte die *Petition of Rights* (1628) allen Engländern gewisse Rechte, zum Beispiel den Schutz vor willkürlicher Verhaftung und gegen die Erhebung eigenmächtig ausgeschriebener Steuern. Mit der *Habeas-Corpus-Akte* von 1679 erstritt das Parlament eine wirksame Garantie für die persönliche Freiheit. Im Jahre 1689 mußte die Regierung in der *Bill of Rights* anerkennen, daß der Engländer gewisse Rechte habe, über die sie ohne Zustimmung des Parlaments nicht verfügen dürfe.

Erst mit der Aufklärung gewannen Ideen an Boden, die dem einzelnen aufgrund seines Personseins Rechte zugestanden. Dies hängt auch damit zusammen, daß gleichzeitig der moderne, absolute Staat aufkam und eine neue Qualität von Rechten notwendig machte. Nachdem die ständischen Strukturen, welche das Gefüge des vormodernen Staates und seiner Gesellschaft geprägt hatten, zerschlagen oder bedeutungslos geworden waren, stand der einzelne dem absoluten Staat als (rechtloser) Untertan gegenüber. Doch selbst so überzeugende Denkmodelle, wie sie von den Aufklärern formuliert wurden, konnten den Wandel alleine nicht herbeiführen. Vielmehr war es ein Zusammentreffen verschiedener Faktoren und Situationen, das gegen Ende des 18. Jh. zu einem deutlichen Einschnitt in der Entwicklung führte:

Die nun in rascherem Tempo fortschreitende industrielle Entwicklung brachte einen dynamischen ökonomischen Prozeß in Gang, der das Klassen- oder Schichtungsgefüge neu ordnete und den (materiellen) Aufstieg des Bürgertums mit sich brachte. Gleichzeitig mußte dieser Prozeß selbst vor außerökonomischen Faktoren geschützt werden. Infolgedessen wurden als erste bürgerliche *Freiheitsrechte* das Recht auf Privateigentum und der Schutz vor willkürlicher Verhaftung postuliert. Daneben wurde die in früheren Jahrhunderten heftig umkämpfte Religionsfreiheit bestätigt.

Diese Rechte blieben nicht auf das Bürgertum beschränkt. Hier wirkte sich die Erkenntnis der Aufklärung aus, daß jeder Mensch grundsätzlich als Rechtsperson anzuerkennen sei und aus dieser Individuumsposition Rechte gegenüber dem Staat besitze. Diese Entwicklung und der Kampf um die Unabhängigkeit der amerikanischen Kolonien vom englischen Mutterland brachte die erste Erklärung von Menschenrechten hervor: die *Virgina Bill of Rights* vom 12. Juli 1776.

„All men are by nature equally free and independent and have certain inherent rights, of which, when the enter into a state of society, they cannot by any compact deprive or divest their posterity."

Hier wird klar ausgedrückt, daß sich die Rechte nicht vom Staat ableiten. Als angeborene und unveräußerliche Menschenrechte naturrechtlichen Ursprungs bilden vielmehr sie die Grundlage des Staates und der gesellschaftlichen Ordnung. Sie sind dem Zugriff der staatlichen Gesetzgebung entzogen. Die Virgina Bill of Rights garantiert, konkretisiert durch weitere Artikel,

„the enjoyment of life and liberty, with the means of acquiring and possessing property and pursuing and obtaining happiness and safety."

Nach einem Auf und Ab von Revolution und Restauration setzte sich in der zweiten Hälfte des 19. Jh. in den meisten Teilen Europas schließlich ein konstitutioneller Rechtsstaat durch. Dieser garantierte Menschenrechte in bis dahin ungekanntem Ausmaß, ohne freilich sämtliche Forderungen etwa der französischen Menschenrechtserklärung - und schon gar nicht für alle Bürger gleichermaßen (Frauenwahlrecht) - zu erfüllen.

Die Staatengemeinschaft war aber auch nach der Zäsur des Ersten Weltkriegs noch nicht bereit, Menschenrechte umfassend zu einem Thema des Völkerrechts zu machen. Man setzte nach wie vor auf den nationalen Rechtsstaat als Hüter von Menschenrechten und Grundfreiheiten. Die weitere Entwicklung sollte jedoch zeigen, daß dieser den Bedrohungen des Totalitarismus wenig entgegenzusetzen hatte. Erste Versuche, Teilbereiche zu internationalisieren und zu einer Angelegenheit „of international concern" zu machen, wie etwa im Minderheitenschutzsystem des → Völkerbunds (→ Minderheitenschutz), waren wenig erfolgreich.

Die Menschenrechtsidee erlitt ihre bislang schwerste und wohl auch einzigartige Niederlage durch die Greueltaten der nationalsozialistischen Schreckensherrschaft. Diese zeigten, daß Menschenrechte noch kein Allgemeingut geworden waren. Die Idee unveräußerlicher und jedem Menschen zustehender Rechte mußte nach dem Ende des Zweiten Weltkrieges und der Überwindung der nationalsozialistischen Diktatur neuerlich und nachhaltig bekanntgemacht und vertreten werden. Deshalb sahen Pläne für die Zeit nach einem Sieg über Deutschland vor, Maßnahmen zur Geltung und Sicherung der Menschenrechte zu ergreifen. US-Präsident Roosevelt verkündete 1941 die Doktrin der vier Grundfreiheiten, nämlich Freiheit von Not und von Furcht, Freiheit der Meinungsäußerung und der Religionsausübung. Großbritannien und die USA bekräftigten in der Atlantik-Charta vom August 1941 ihr Bekenntnis zu den fundamentalen Rechten der Menschheit, ihr Leben in Freiheit von Furcht und Not zu verbringen.

In den Folgejahren wurden Modelle für eine weltweite Staatenorganisation entwickelt, die den Frieden sichern und die Achtung der Menschenrechte gewährleisten sollte (→ Entstehungsgeschichte der UN). Die Menschenrechte galten nicht länger als innere Angelegenheit, wurden aus dem „domain réservé" herausgelöst und als vordringliches Anliegen der Weltgemeinschaft betrachtet.

Diese *Internationalisierung der Menschenrechte* führt zu einer Verantwortlichkeit der Staaten gegenüber den anderen Mitgliedern der Völkerrechtsgemeinschaft für ihr Verhalten nach innen. Die praktische Umsetzung der Menschenrechtsidee im Völkerrecht nach dem Zweiten Weltkrieg ist geprägt vom Dualismus des Standard-Setting (Normierung) und des Monitoring (Überwachung) (→ Menschenrechtsschutz).

III. Menschenrechtsnormierung

1. Universelle Ebene

Die Vereinten Nationen räumen den Menschenrechten in ihrer → Charta einen hohen Stellenwert ein (vgl. Art. 1 Abs.. 3 und Art. 55 lit. c) und nehmen bereits in der Präambel auf sie bezug. Zu den Zielen der Organisation gehört es, die Achtung der Menschenrechte und Grundfreiheiten für alle, ohne Unterschied der Rasse, des Geschlechts, der Sprache oder der Religion zu fördern oder zu festigen. In Erfüllung dieser Vorgaben haben die VN sogleich ein völkerrechtliches Dokument zu Sicherung der Menschenrechte erarbeitet. Die Allgemeine Erklärung der Menschenrechte (AEMR) (→ Menschenrechte, Allgemeine Erklärung der) wurde bereits am 10. Dezember 1948 als Deklaration (→ Resolution/Deklaration/Beschluß) der → Generalversammlung verabschiedet.

Dies ist um so beachtenswerter, als sich bereits zu Beginn der Beratungen gegensätzliche Positionen gegenüberstanden:

So vertraten die USA, Großbritannien und Frankreich gemeinsame Prinzipien der parlamentarischen Demokratie. Ihre Verfassungen hatten für Zentral- und Lateinamerika als Vorbild gedient. Für diese Länder bedeutete die Erarbeitung einer Menschenrechtserklärung also lediglich die internationale Festlegung nationaler Prinzipien. Die UdSSR lehnte demgegenüber Menschenrechte wegen ihres grundlegenden Widerspruchs zur marxistischen Theorie ab. Der Marxismus faßt Menschenrechte lediglich als Instrumente zur Überwindung des Kapitalismus auf. Zudem stand das Konzept der vier Freiheiten im Widerspruch zu dem totalitären Anspruch des Stalinismus. Asiatische Staaten entwickelten damals eigene Ansätze zur Regelung des Verhältnisses zwischen Individuum und Gesellschaft, die den westlichen Vorstellungen ebenfalls widersprachen (*Strauß* 1997).

Die AEMR versöhnt beide Positionen, indem sie bürgerliche und politische Freiheitsrechte einerseits und wirtschaftliche, soziale und kulturelle Rechte andererseits enthält. Gleichwohl erfolgte ihre Annahme nicht einstimmig, sondern bei Enthaltung der kommunistischen Staaten, Südafrikas und Saudi-Arabiens.

Aufgrund der sich weiter verschärfenden Blockspaltung zog sich die Verabschiedung völkerrechtlich verbindlicher Menschenrechtsverträge (→ Menschenrechtskonventionen und ihre Durchführungsorgane) nun länger hin. Die Menschenrechtspakte (→ Menschenrechtskonventionen, Internationaler Pakt über bürgerliche und politische Rechte; → Menschenrechtskonventionen, Internationaler Pakt über wirtschaftliche, soziale und kulturelle Rechte) wurden nach äußerst langwieriger Beratung erst im Jahre 1966 verabschiedet; bis zu ihrem Inkrafttreten verstrichen weitere 10 Jahre.

Die Pakte sind völkerrechtlich verbindlich und errichten Kontrollmechanismen. Inzwischen haben die Pakte mit 137 bzw.144 Vertragsstaaten eine weite Verbreitung erfahren. Die Wirksamkeit der Kontrollmechanismen sollte an völkerrechtlichen Maßstäben und der Heterogenität der „Weltgemeinschaft" gemessen werden: Man muß sich vergegenwärtigen, daß internationale Kontrolle mit staatlicher → Souveränität kollidiert; die Bereitschaft, sich darauf einzulassen, ist nicht bei allen Staaten gleich ausgeprägt. Hierbei wirken politische Grundüberzeugungen, Opportunitätserwägungen und auch das Vertrauen in die Unabhängigkeit und Unparteilichkeit der Kontrollinstanz zusammen.

Eine angemessene Beurteilung der Kontrollmechanismen erfordert auch, daß man die Vielzahl und Unterschiedlichkeit der beteiligten Staaten im Blick behält. Bereits im Europa der inzwischen vierzig EMRK-Staaten muß auf Unterschiede in Rechtsordnungen und Moralvorstellungen Rücksicht genommen werden. Dies gilt erst recht für den mehr als dreimal so großen Kreis der Mitgliedstaaten der Pakte, die verschiedenen Kultur- und Rechtskreisen entstammen. Ungeachtet des weltweiten Geltungsanspruchs der Menschenrechte sind den Regierungen Einschätzungsspielräume einzuräumen, die etwa auf nationale Moralvorstellungen Rücksicht nehmen.

Berücksichtigt man diese Kriterien, so ist die Bilanz keineswegs niederschmetternd (→Menschenrechtsschutz). Hinzu kommen noch die Spezialverbürgungen mit ihren eigenen Kontrollmechanismen (→ Menschenrechtskonventionen, Übereinkommen zur Beseitigung jeder Form der Diskrimierung der Frau; → Menschenrechtskonventionen, Übereinkommen über die Rechte des Kindes).).

2. Regionale Ebenen

Der universelle Menschenrechtsschutz wird durch zur Zeit drei regionale Menschenrechtsschutzsysteme in Afrika (Organisation Afrikanischer Einheit mit der *Afrikanischen Menschenrechtskonvention*), Amerika (Organisation Amerikanischer Staaten mit der *Amerikanischen Deklaration der Menschenrechte* und der *Amerikanischen Menschenrechtskonvention*) und Europa ergänzt. Aus Raumgründen können hier nur kurze Hinweise auf den Menschenrechtsschutz im Rahmen des Europarates erfolgen.

Der Europarat ist eine internationale Organisation, die durch eine enge Verbindung ihrer Mitgliedstaaten diejenigen Ideale und Grundsätze, die ihr gemeinsames Erbe bilden, schützen und fördern will. Das gemeinsame Erbe bilden persönliche und politische Freiheit und Herrschaft des Rechts.

Die Europäische Konvention zum Schutze der Menschenrechte und Grundfreiheiten (EMRK) vom 4. November 1950 gilt heute in allen vierzig Europaratsstaaten. Sie war die erste völkerrechtliche Vertrag, der einen Katalog bürgerlicher und politischer Freiheitsrechte verbindlich festschrieb und einen Kontrollmechanismus errichtete. Dieser seither weiterentwickelte und mit dem Inkrafttreten des 11. Zusatzprotokolls im November 1998 grundlegend umgestaltete Mechanismus eröffnet dem einzelnen die gerichtliche

Kontrolle staatlichen Handelns am Maßstab der EMRK (*Weiß* 1997).

IV. Aktuelle Problemfelder

1. Universalität

Bereits die Annahme der AEMR 1948 konnte nicht einstimmig erfolgen. Seither sind immer wieder Argumente gegen eine universelle Geltung der Menschenrechte vorgebracht worden, etwa auf der Menschenrechtsweltkonferenz im Juni 1993 (→ Weltkonferenzen). In deren Abschlußdokument wird die universelle Geltung der Menschenrechte gleichwohl bekräftigt.

Die Argumente, mit denen die Universalität bestritten wird, setzen zunächst damit an, daß es sich bei den Menschenrechten um ein westliches Modell handele. Die Menschenrechte und die hinter ihnen stehende Philosophie werden als das Produkt einer bestimmten historischen Entwicklung in Mitteleuropa und Teilen Nordamerikas bezeichnet. Sie sei kulturkreisbezogen und nicht geeignet, in andere Kulturkreise, wo andere Wertvorstellungen herrschten und andere historische Entwicklungen stattgefunden hätten oder stattfänden, übertragen zu werden.

Außerdem wird von Gegnern der Universalität der American Way of Life gegeißelt, dessen Überbetonung des Individuums zu bekannten Folgen geführt habe. An dieser Stelle finden sich Hinweise auf zahlreiche Schattenseiten westlicher Gesellschaften, vor allem auf die negativen Folgen des Hedonismus, Drogenmißbrauch, Kriminalität, Vereinsamung, Vereinzelung. Hinter dem Universalitätsanspruch verberge sich westlicher Kulturimperialismus, der eigene Wertvorstellungen missionarisch verbreiten wolle.

Gegen die Universalität wird auch angeführt, daß die wirtschaftliche Entwicklung eines Landes Vorrang genieße, ja daß eine effektive wirtschaftliche Entwicklung nur unter einem autoritären Regime möglich sei. Häufig wird darauf hingewiesen, daß in der eigenen Kultur - anders als im Westen - der Gemeinschaft ein höherer Wert zukomme als dem Individuum, daß der einzelne Pflichten habe, die zumindest neben, oft aber auch statt Rechten gegeben sein.

Für die Universalität der Menschenrechte sprechen mehrere Argumente:

a) Menschenwürde

Menschenrechte beruhen auf der Menschenwürde des Individuums, sie sind vorstaatlicher Qualität, stehen daher nicht zur Disposition des Staates. Dies kommt beispielhaft in den Formulierungen von Artikel 1 des Grundgesetzes zum Ausdruck:

„Die Würde des Menschen ist unantastbar. Sie zu achten und zu schützen ist Verpflichtung aller staatlichen Gewalt.

Das deutsche Volk bekennt sich darum zu unverletzlichen und unveräußerlichen Menschenrechten als Grundlage jeder menschlichen Gemeinschaft, des Friedens und der Gerechtigkeit in der Welt."

Vergleichbare Bekenntnisse befinden sich in vielen anderen Verfassungen der Welt. Würde als Eigenwert des Individuums, der aus dem bloßen Menschsein fließt, ist der wesentliche Punkt - und vielleicht tatsächlich der einzige -, in dem alle Menschen überall auf der Welt gleich sind.

b) Bekräftigung

Die Aussage, Menschenwürde sei staatlichem Zugriff entzogen und bilde gleichzeitig den Maßstab staatlichen Handelns, hat seit 1948 immer wieder Bestätigung erfahren: Alle Mitgliedstaaten der UN haben regelmäßig auf die AEMR Bezug genommen und sich zu ihr bekannt.

Zwar wird eine Aussage nicht dadurch richtig, daß sie wiederholt wird. Doch Recht gewinnt - unter anderem - durch Übung und Überzeugung langfristig Verbindlichkeit. Hinzu kommt die fortschreitende Verrechtlichung von Teilbereichen in den Internationalen Pakten über bürgerliche und politische Rechte sowie über wirtschaftliche, soziale und kulturelle Rechte, dem → Internationalen Übereinkommen zur Beseitigung aller Formen von Rassendiskriminierung, dem → Übereinkommen gegen Folter und andere unmenschliche oder grausame Behandlungen oder Strafe, dem → Übereinkommen über die Rechte des Kindes und dem → Übereinkommenzur Beseitigung jeder Form von Diskriminierung der Frau.

Freilich bindet Vertragsrecht nur diejenigen Staaten, die den jeweiligen Verträgen beigetreten sind. Dabei sind beträchtliche Unterschiede bei der Zahl der Vertragsstaaten zu beobachten.

Allerdings ist zu beachten, daß gewisse menschenrechtliche Mindeststandards unabhängig von vertraglichen Bindungen zu wahren sind. Seit dem Zweiten Weltkrieg hat sich eine Anzahl völkergewohnheitsrechtlicher Normen entwickelt, die zwingend für jeden Staat gelten. Hierzu zählen jedenfalls das Genozidverbot, das Verbot der Sklaverei, das Folterverbot, das Verbot der Hinrichtung ohne faires Gerichtsverfahren, das Verbot vollständiger Rechtsverweigerung und das Verbot rassischer Diskriminerung.

Dabei handelt es sich um aus der Menschenwürde fließende Mindestgarantien, den anderen als Mensch zu achten.

c) Modernisierungsprozeß
Ein anderer Begründungsansatz sieht Menschenrechte als Reaktion auf einen sozioökonomischen Modernisierungsprozeß an. Sie wollen eine Antwort auf die in der Verwundbarkeit der menschlichen Art liegenden Herausforderungen bieten, die in Umbruchsituationen verstärkt zutage treten.

Diese Konfrontation erleben Menschen heute überall auf der Welt und bedürfen deshalb des Schutzes der Menschenrechte. Die Partikularität der geschichtlichen Entstehung und Erscheinungsform von Menschenrechten steht nicht im Gegensatz zur Universalität ihres Anspruchs, nämlich menschliche Freiheit zu gewährleisten.

Außerdem ist zu bedenken, daß es häufig die Mächtigen sind, die ihren Völkern die Inanspruchnahme von Menschenrechte unter Hinweis auf die kulturellen Besonderheiten verwehren. Dies dient eher der Stabilisierung ihrer eigenen Herrschaft als dem Schutz der kulturellen Identität.

2. Recht auf Entwicklung
Mit diesem Begriff wird der Anspruch jedes Menschen und jeder Gruppe auf den „völlig gleichberechtigten Zugang zu den Mitteln des Fortschritts und die gemeinschaftliche und individuelle Entfaltung in einem Klima, das die Werte der Zivilisation und die nationale und internationale Kultur achtet" (erstmals in: UNESCO-Deklaration über Rassen- und Rassenvorurteile, Art. 3), umschrieben. Es handelt sich hierbei um ein im Völkerrecht enthaltenes Prinzip und um ein Menschenrecht mit zugleich individueller und kollektiver Rechtsnatur (*Odendahl*1997).

In der „Erklärung über das Recht auf Entwicklung" vom 4. Dezember 1986 wurde ausgesprochen, daß alle Menschenrechte gleichberechtigt nebeneinanderstehen und sich in keine Hierarchie einfügen lassen. Damit sollte die Diskussion um die verschiedenen Generationen von Menschenrechten (1. Generation: bürgerliche und politische Rechte, 2. Generation: wirtschaftliche, soziale und kulturelle Rechte, 3. Generation: Recht auf Entwicklung, Recht auf gesunde Umwelt, etc.) beendet werden. Auf der Menschenrechtsweltkonferenz im Juni 1993 wurde diese Auffassung bekräftigt, auch von Staaten, die sich gegenüber der Erklärung von 1986 noch zurückhaltend gezeigt hatten. Zuvor war auf der 2. Konferenz der UN über Umwelt und Entwicklung in Rio de Janeiro im Juni 1992 ein breiter Konsens über die völkergewohnheitsrechtliche Anerkennung des Rechts auf Entwicklung erzielt worden .

Gleichwohl dauert die Diskussion darüber fort, ob das Recht auf Entwicklung sinnvollerweise als Menschen*recht* zu verstehen sein soll oder nicht doch diese Kategorie sprengt. Vornehmlich westliche Kritiker des Rechts auf Entwicklung hatten argumentiert, hier kämen politische Forderungen nach der Schaffung einer gerechteren Staatengemeinschaft und neuen Weltwirtschaftsordnung (→

Weltwirtschaftsordnung/NWWO) im Menschenrechtsgewande daher. Demgegenüber ist darauf hingewiesen worden, daß es sich bei dem Recht auf Entwicklung um ein Konglomerat bereits positivierter Menschenrechte handelt. Gerade aus der schillernden Mehrdimensionalität des Rechts auf Entwicklung läßt sich der nach wie vor stärkste Einwand gegen die Annahme einer rechtlichen Verbindlichkeit ableiten: es fehlt ihm an der grundsätzlichen Klarheit und Eindeutigkeit. Wo es um die Verwirklichung langfristiger Politikziele geht, bestehen keine rechtlichen Ansprüche, über die gerichtlich entschieden werden könnte.

Das Recht auf Entwicklung verknüpft das Völkerrecht mit ökonomischen Fragestellungen. Hierzu ist kurz anzumerken, daß das klassische Völkerrecht als zwischenstaatliches Koordinationsrecht kein bestimmtes Wirtschaftssystem vorgibt; Staatssozialismus sowjetischer Prägung war ebenso völkerrechtskonform wie westlicher Kapitalismus. Das mittlerweile stärker als früher werteorientierte Völkerrecht tendiert inzwischen aber dazu, auch wirtschaftspolitische Strukturen vorprägen zu wollen. So ist heute eine Verknüpfung von Entwicklungshilfe, teilweise sogar der Anerkennung neuer Staaten mit der Erfüllung von Kriterien wie Rechtsstaatlichkeit, Demokratie, Achtung der Menschenrechte und Minderheitenschutz durchaus üblich.

3. Durchsetzung und Förderung von Menschenrechten

Neben der Normierung von Menschenrechten und der Überwachung ihrer Einhaltung bedarf es auch aktiver Maßnahmen, um die verbürgten Garantien umzusetzen und mit Leben zu erfüllen. Dies ist vor allem eine Aufgabe für die Staaten. Ihre Rechtsordnung muß dem einzelnen Schutz bieten vor staatlicher Willkür ebenso wie vor mächtigen Privaten. Damit ist erstens der Gesetzgeber gefordert, der das nationale Recht an die internationalen Vorgaben anzupassen hat. Zweitens sind aber auch die nationalen Rechtsanwender gehalten,

die Menschenrechtsstandards in die Rechtswirklichkeit einfließen zu lassen.

Neben der vordringlichen Aufgabe der Staaten, auf ihrem Territorium für die Einhaltung der Menschenrechte zu sorgen, kann es auch notwendig werden, für die Achtung der Menschenrechte in anderen Staaten einzutreten. Dafür kommen kollektive Maßnahmen nach Kapitel VII der → UN-Charta in Betracht (→ Sanktionen), wenn der Grad der Menschenrechtsverletzungen so stark ist, daß man eine Bedrohung des Friedens annehmen kann. Vor dem Hintergrund des → Gewaltverbotes ist es zweifelhaft, ob einzelne Staaten die Verletzung von Menschenrechten in anderen Staaten gewaltsam beenden dürfen (→ Interventionsverbot). Die seit 1945 erfolgten Interventionsfälle machen allerdings deutlich, daß die Intervenienten kaum am Schutz der Menschenrechte interessiert, sondern daß andere Interessen ausschlaggebend waren.

Der Förderung von Menschenrechten dient auch die Konditionierung von Unterstützungsleistungen, etwa im Rahmen der Entwicklungshilfe. Immer häufiger sind die Geber dazu berechtigt, die Hilfeleistungen auszusetzen, wenn der Empfänger bestimmte Kriterien wie Achtung der Menschenrechte, Rechtsstaatlichkeit oder demokratisches Regierungssystem nicht erfüllt.

V. Ausblick

Der Menschenrechtsschutz hat sich seit dem Ende des Zweiten Weltkrieges auf den verschiedenen Ebenen in nicht zu unterschätzendem Ausmaß weiterentwickelt und grundlegende Strukturen des klassischen Völkerrechts umgeprägt. Dies ist das Verdienst internationaler Organisationen, engagierter Fachleute aus Wissenschaft und Politik sowie von nichtstaatlichen Organisationen (→ NGOs).

Die Bilanz der Zeit seit der Verabschiedung der Allgemeinen Erklärung der Menschenrechte versammelt eine Vielzahl von völkerrechtlich verbindlichen Menschenrechtsgarantien. Dem umfassenden Standard-setting steht ein im Laufe der Zeit intensiviertes Konzept von Kontroll- und Überwachungsmechanismen (Monitoring) zur Seite. Neben den Staaten als möglichen Verletzern von Menschenrechten tritt auch der einzelne als Täter ins Blickfeld. Ein wichtiger Schritt auf diesem Weg ist die internationale Verankerung der völkerrechtlichen Verantwortlichkeit des Indivuums für begangene Menschenrechtsverletzungen. Hier ist mit dem im Juni 1998 in Rom verabschiedeten Statut des Ständigen Internationalen Strafgerichtshofs (→ ICC) ein Bekenntnis der Staatengemeinschaft dazu formuliert worden, individuelle Schuld zu bestimmen und den einzelnen dafür zur Verantwortung zu ziehen. Es besteht Anlaß zu der Hoffnung, daß sich langfristig auch in diesem Bereich eine beherztere Handhabung über die unumgänglichen Souveränitätskautelen der Anfangsperiode, in der wir uns heute befinden, hinwegsetzen wird.

Norman Weiß

Lit.: *Klein, E.*: Menschenrechte, Stille Revolution des Völkerrechts, Baden-Baden 1997; *Odendahl, G.*: Das Recht auf Entwicklung, Aachen 1997; *Strauß, E.*: Die Entstehungsgeschichte der Allgemeinen Erklärung der Menschenrechte, in: *Menschen-RechtsMagazin*, Jg. 2, Themenheft 50 Jahre AEMR, (1997), 13-21; *Weiß, N.*: Menschenrechtsschutz auf der Europäischen Ebene, in: Weiß, N./Engel, D./d'Amato, G. (Hrsg.): Menschenrechte, Potsdam 1997, 9-34.

Menschenrechte, Allgemeine Erklärung der

Die am 10. Dezember 1948 von der → Generalversammlung der Vereinten Nationen mit 48 Stimmen ohne Gegenstimmen bei acht Enthaltungen angenommene *Allgemeine Erklärung der Menschenrechte* (GA Res 217 (III), in GAOR 3rd Sess., Resolutions, part I, 71) gilt als eines der bedeutendsten Dokumente des 20. Jahrhunderts, von dem wichtige Einflüsse sowohl auf die Verfassungen zahlreicher Staaten wie auch auf die weitere Entwicklung des Völkerrechts (→ Völkerrechtsentwicklung im Rahmen der UN) ausgingen. Über diese Wirkungsgeschichte wird

allerdings leicht übersehen, daß auch die „Erklärung" selbst Etappe in einem größeren geistigen und politischen Prozeß ist, dessen Anfänge weit vor die Gründung der Vereinten Nationen und den Ausbruch des Zweiten Weltkrieges zurückreichen. In die Würdigung der „Erklärung" müssen deshalb auch jene Personen-Gruppierungen und Gremien einbezogen werden, die sich seit Anfang der 20er Jahre – unter zum Teil schwierigen Umständen – nicht nur für die Wiederbelebung des Menschenrechtsgedankens einsetzen, sondern auch – und das war das eigentlich Neue – der Entwicklung eines internationalen → Menschenrechtsschutzes den Weg bahnten, auf dem die „Erklärung" zu einem der wichtigsten Meilensteine werden sollte.

1. Initiativen für einen internationalen Menschenrechtsschutz

Es lassen sich in der ersten Hälfte des 20. Jahrhunderts mehrere Initiativen unterscheiden, die sich darum bemühten, die Forderung nach einem internationalen Menschenrechtsschutz auf die Agenda der internationalen Politik zu heben. Eine *erste Initiative* erfolgte im Rahmen zweier völkerrechtlicher Institute – der *Academie Diplomatique Internationale* und des *Institut de Droit International* –, wobei es vor allem zwei Männer waren, die sich dabei besonders engagierten: André Mandelstam und Antoine Frangoulis. Betroffen über die schweren Übergriffe gegen Minderheiten vor und während des Ersten Weltkriegs, hatten sie sich die Aufgabe gesetzt, die in den Minderheitenschutzverträgen des → Völkerbundes enthaltenen Bürger- und → Menschenrechte zu universalisieren und so den Grundstein zu einem internationalen Menschenrechtsschutzsystem zu legen. Obwohl ihnen unmittelbare praktische Erfolge versagt blieben, stellten die von ihnen entworfenen Menschenrechtserklärungen wichtige Vorarbeiten auf dem Wege zu einem universellen Menschenrechtsschutz dar.

Eine *zweite Initiative* setzte Mitte der 30er Jahre ein. Den Hintergrund bildeten zunächst die Vorgänge in den faschistischen Staaten und die sie verlassenden Flüchtlingsströme, bald darauf der Zweite Weltkrieg. An ihrer Spitze standen nun Schriftsteller, Journalisten und Friedensnobelpreisträger. Zu den Aktivisten dieser Bewegung gehörte Herbert George Wells (1866-1946), der sich durch eine Reihe bekannter Romane international einen Namen gemacht hatte. Zusammen mit Gleichgesinnten entwarf er die Elemente für eine Nachkriegsordnung und entwickelte in diesem Zusammenhang auch eine „Declaration of Rights", die er in einer Vielzahl von Artikeln, Büchern und auf Vortragsreisen weltweit propagierte.

Der sich verschärfende Weltkrieg bildete auch den Hintergrund der *dritten Initiative*. An ihrer Spitze stand ein Mann, der nicht nur den Willen, sondern auch die Macht hatte, die Idee der Menschenrechte auf die innenpolitische und bald auch auf die internationale Ebene zu heben: der amerikanische Präsident Franklin D. Roosevelt. Am 4. Januar 1941 verkündete Roosevelt in seiner „State of the Union Address" seine Vision einer künftigen Weltordnung, die auf „Vier Grundfreiheiten" („Four Freedoms") basierte: auf Rede- und auf Glaubensfreiheit, auf der Freiheit von Not und auf der Freiheit von Furcht. Im Herbst 1941 fanden die „Vier Freiheiten" ihren Niederschlag in der *Atlantic Charta*, die wiederum Grundlage für die am 1. Januar 1942 von 26 Staaten unterzeichnete „Erklärung der Vereinten Nationen" wurde (→ Entstehungsgeschichte der UN). Gleichzeitig nahm in den USA nun eine Vielzahl von Organisationen und Rechtsinstituten die Arbeit an Menschenrechtserklärungen auf – u.a. das *American Law Institute* und die *Commission to Study the Organisation of Peace*, um nur zwei von vielen zu nennen.

2. Der Menschenrechtsschutz in der Charta der Vereinten Nationen

Obwohl die Forderung nach internationalem Menschenrechtsschutz damit in den USA schnell an Breite und Dynamik gewann, spielte das Thema Menschenrechte auf der Konferenz von Dumbarton Oaks, auf der im Herbst 1944 die Beratungen der Großmächte über den Entwurf der UN-Charta (→ Charta der UN) in ihre Endphase eintraten, nur eine untergeordnete Rolle. Die Zurückhaltung der Roosevelt-Administration in Hinblick auf einen internationalen Menschenrechtsschutz war doppelt motiviert: Hinter ihr stand zum einen die Sorge, seine Zuweisung an die zu schaffende Weltorganisation würde am Widerstand des amerikanischen Senates scheitern und damit möglicherweise das ganze Unternehmen gefährden. Zum anderen geschah es aus Rücksicht auf die starken Vorbehalte, die nicht nur die Sowjetunion dem Menschenrechtsschutz entgegenbrachte, sondern auch Großbritannien, das Einmischungen der neuen Weltorganisation in ihre Kolonialpolitik befürchtete.

Wenn die Menschenrechte dann doch etwas stärker als in Dumbarton Oaks beabsichtigt in der Charta betont wurden, so war dies der Erfolg vor allem zweier Gruppierungen, die man als *vierte Initiative* ansehen kann: einer Gruppe von Ländern des Südens, die in San Francisco für eine stärkere Berücksichtigung des internationalen Menschenrechtsschutzes eintraten sowie einflußreiche amerikanische → NGOs, die Druck auf die amerikanische Delegation ausübten. Auf die NGOs ging sowohl die Einbeziehung des Satzes „to promote respect for human rights and fundamental freedoms" in Art. 1 Abs.3 der Charta zurück, der in den *Proposals* noch nicht vorgesehen war, wie auch die Errichtung einer besonderen Kommission für Menschenrechtsfragen beim → Wirtschafts- und Sozialrat; und diese NGOs waren es auch, die auf die Ausarbeitung einer „International Bill of Rights" drängten. Auch diese Ergänzungen wurden ausdrücklich von Südstaaten wie Brasilien, der Dominikanischen Republik, Nicaragua und Indien unterstützt.

Im Rückblick auf die Etappen des Weges, der zur *Allgemeinen Erklärung der Menschenrechte* führte, lassen sich folgende Zwischenergebnisse festhalten:

Vorschläge zur Schaffung eines internationalen Menschenrechtsschutzes wurden erstmals Ende der 20er Jahre in rechtlich ausgearbeiteter Form unterbreitet.

Initiatoren waren zunächst nicht die Regierungen der alten westlichen Demokratien, sondern Privatleute – Völkerrechtler, Schriftsteller, humanitäre Organisationen – sowie eine Reihe kleinerer Staaten des Südens.

Auslöser für diese Initiativen waren neben den Verbrechen des Dritten Reiches auch die Erfahrungen verfolgter Minderheiten, rassische Diskriminierung und koloniale Unterdrückung.

Es dauerte drei weitere Jahre bis der Entwurf einer „International Bill of Rights" vorlag. Er war von der → Menschenrechtskommission erarbeitet worden, die gemäß Art. 68 UN-Charta am 27. Januar 1946 von der UNO errichtet worden war. Unter der Leitung von Eleanor Roosevelt, Gattin des verstorbenen amerikanischen Präsidenten und Vorsitzende der Kommission, hatte diese zunächst in New York, später aber auch in Genf und Paris getagt. Unter ihren Mitgliedern befanden sich renommierte Persönlichkeiten wie René Cassin aus Frankreich, Carlos Romulo von den Philippinen, André (Charles) Malik aus dem Libanon, Vladimir M. Koretsky aus der UdSSR und John P. Humphrey, Leiter der Menschenrechtsabteilung der UN. Daß sich die Beratungen bis weit ins Jahr 1948 hinzogen, hatte verschiedene Gründe – es lag zum einen am internationalen Umfeld, in dem sie stattfanden, zum anderen an der Haltung zahlreicher Regierungen der Mitgliedstaaten und schließlich an der Sache selbst, um die es ging: an den Menschenrechten.

3. Das internationale Umfeld bei der Beratung der AEMR

Schon als die Kommission ihre Beratungen aufnahm, hatten sich die internationalen Horizonte merklich verfinstert. So wies die einstige Anti-Hitler-Allianz, die sich 1942 unter der „Erklärung der Vereinten Nationen" zusammengeschlossen und 1945 die UNO aus der Taufe gehoben hatte, unübersehbare Zeichen von Auflösung auf. Immer deutlicher zeichneten sich die Konturen jenes großen Konfliktes ab, dessen Spannungslinien sich bald um den Globus legten und Hunderte von Kriegen und Konflikten mit massivsten Menschenrechtsverletzungen auslösen sollten. Im März 1947 hatte Präsident Truman vom amerikanischen Kongreß die Bereitstellung finanzieller Mittel für die Stabilisierung von Griechenland und der Türkei gefordert und amerikanische Hilfe „für die in ihrer Freiheit bedrohten freien Völker" versprochen. Ende des Jahres (25. November – 15. Dezember) wurde die Außenministerkonferenz der Siegermächte in London ohne Einigung in der Deutschlandfrage vertagt. Und während die Westmächte nun darangingen, ihre Besatzungszonen auszubauen, begann im Frühjahr 1948 die Sowjetunion damit, ihr osteuropäisches Vorfeld durch Freundschafts- und Beistandsverträge abzusichern. In Berlin hatte der sowjetische Vertreter den Alliierten Kontrollrat verlassen, und am 26. Juni 1948 begann Moskau mit der Blockade der deutschen Hauptstadt. Auch in Ostasien hatten sich inzwischen die Fronten verhärtet: In China spielte Stalin unter Verletzung seiner vertraglichen Verpflichtungen gegenüber der Republik China den chinesischen Kommunisten die Mandschurei in die Hände und trug damit wesentlich zu ihrem Sieg über die Kuomintang bei, und auf der koreanischen Halbinsel konnten aufgrund des Widerstands der Sowjetunion die von der UNO angesetzten Wahlen nur im Süden durchgeführt werden.

Die sich verdichtenden internationalen Spannungen belasteten aber nicht nur die Beratungen in der Kommission selbst, sondern führten auch dazu, daß nach deren Abschluß die Sowjetunion auf nicht minder detaillierten Beratungen auch im Dritten Ausschuß der Generalversammlung (→ Ausschußsystem) bestand. Erst nach schwierigen

85

333

Sitzungsrunden nahm dieser schließlich am 6. Dezember 1948 den Entwurf der Erklärung an und überwies ihn an die Generalversammlung. Trotz der Länge der Beratungen war keine vollständige Übereinstimmung erzielt worden: Mehrere Delegationen enthielten sich der Stimme – neben der Sowjetunion waren dies Weißrußland und die Ukraine, die CSSR, Polen und Jugoslawien sowie Südafrika, Saudi-Arabien und Kanada. Mit Ausnahme von Kanada kamen von diesen Ländern auch die Enthaltungen, als der Antrag am 10. Dezember 1948 in der Generalversammlung zur Abstimmung gestellt und mit überwältigender Mehrheit von 48 Staaten ohne Gegenstimme angenommen wurde.

4. Die Haltung der Regierungen zum Menschenrechtsschutz

Schon bei den Verhandlungen über die UN-Charta in Dumbarton Oaks waren sich die Großmächte darin einig gewesen, daß der Schutz der Menschenrechte nicht zu Lasten der Souveränität der Staaten gehen dürfe. Der Art. 2 Abs. 7 der Charta, der den Vereinten Nationen ein Eingreifen in Angelegenheiten untersagt, „die ihrem Wesen nach zur inneren Zuständigkeit eines Staates gehören", war die gemeinsame Grundlage, die auch von den kleinen und mittleren Staaten geteilt wurde. Nicht kontrovers war insbesondere, daß zu diesen inneren Angelegenheiten auch die Menschenrechte zählten. Lediglich Frankreich hatte sich dafür ausgesprochen, im Falle schwerer Menschenrechtsverletzungen dem → Sicherheitsrat ein Eingreifen zu ermöglichen – ohne sich mit diesem Vorschlag allerdings durchsetzen zu können.

Wenn Eleanor Roosevelt in der Kommission für ein stufenweises Vorgehen plädierte, in dessen Verlauf zunächst ein Prinzipienkatalog verabschiedet werden sollte, dem erst in einem nächsten Schritt die Verhandlungen über einen völkerrechtlich bindenden Vertrag folgen sollten – mit verbindlichen Verpflichtungen der Staaten und einem international überwachten Prüfungsverfahren –, so reagierte sie damit aber nicht nur auf den Klimasturz in den internationalen Beziehungen. Dahinter stand auch die durchaus realistische Einschätzung, daß die Verhandlungen über einen solchen Vertrag nicht nur viel zeitaufwendiger sein würden als die über eine unverbindliche „Allgemeine Erklärung", sondern vor allem, daß ihr Ausgang durchaus ungewiß war. Denn alle Staaten in Ost, West und Süd würden dabei zwecks Wahrung ihrer → Souveränität viel vorsichtiger vorgehen. Sie dachte dabei nicht zuletzt auch an die Widerstände in den USA.

5. Die Kontroverse um den Umfang und die Begründung der Menschenrechte

Auch hier türmten sich die Schwierigkeiten. Denn wenn die anvisierte Erklärung „universell", d.h. für alle Staaten, Religionen und Zivilisationen akzeptabel sein sollte, konnte sich der Rechte-Katalog nicht auf die liberalen Freiheits- und Abwehrrechte beschränken, denen die Vertreter der westlichen Welt allein Menschenrechtscharakter zubilligten: Ging der Katalog aber über sie hinaus und bezog er auch soziale und wirtschaftliche Rechte ein — wie es die Vertreter der kommunistischen Staaten und der jungen Staaten des Südens forderten, so war eine Ablehnung des Westens nicht auszuschließen. Die Fronten verliefen aber nicht nur zwischen Ost und West – Einsprüche kamen auch von einzelnen Vertretern des „Südens": So betrachtete Saudi-Arabien das Recht auf Religionsfreiheit als unvereinbar mit der Sharia, und der Delegierte Chinas wehrte sich vehement gegen die ursprünglich für Art. 1 vorgesehene Formulierung, alle Menschen seien von Natur aus frei und gleich. Um die zu stark westlich geprägte ursprüngliche Formulierung auszuschließen, einigte man sich schließlich auf die Formulierung, alle Menschen seien „frei und gleich an Würde und Rechten geboren".

Nicht minder schwierig wie die Bestimmung des Umfangs der Menschenrechte war die ihres Ursprungs, also die

Begründungsproblematik. So erwies sich die Rückführung der Menschenrechte weder auf Gott noch auf die „Natur" als konsensfähig. Die Kommission entzog sich dem Problem dadurch, daß sie sich im wesentlichen mit der Feststellung begnügte, daß die Völker der UN ihren „Glauben an die grundlegenden Menschenrechte und an die Würde und den Wert der menschlichen Person" erneut bekräftigt hätten. Welchen Sprengstoff die Begründungsproblematik enthält, sollte sich zu Beginn der 90er Jahre zeigen, als die Frage nach der Universalität der Menschenrechte weltweit in den Mittelpunkt der Diskussion rückte. Nicht minder vage und vieldeutig fiel die Charakterisierung des Status der „Allgemeinen Menschenrechtserklärung" aus. Während sie die französische Fassung – der die deutsche Übersetzung folgt – unverbindlich als „l'idéal commune à attendre par toutes les peuples et toutes les nations" bezeichnete, sprach die englische Fassung durchaus konkreter und aktiver von einem „common standard of achievement for all people and all nations".

6. Die AEMR als Kompromiß

Vor diesem Hintergrund erweist sich der schließlich verabschiedete Text als das Ergebnis eines schwierigen Kompromisses. Der in Art. 1 festgelegten Feststellung, daß alle Menschen frei und gleich an Würde und Rechten geboren seien sowie dem allgemeinen Diskriminierungsverbot in Art. 2 folgten drei Gruppen von Rechten: Eine *erste Gruppe* bilden mit Art. 3-19 die liberalen Freiheitsrechte, unter ihnen das Recht auf Leben, Freiheit und Sicherheit der Person; die Gleichheit vor dem Gesetz; das Recht, vor Verfolgung Asyl zu suchen; das Recht auf Eigentum, auf Gedanken; Gewissens- und Religionsfreiheit. Eine *zweite Gruppe* bilden die Art. 20 und 21 mit dem Recht auf Versammlungs- und Vereinigungsfreiheit sowie dem Recht, an der Gestaltung der öffentlichen Ordnung unmittelbar oder durch Vertreter mitzuwirken. Zusammen mit den Prinzipi-

en der Rechtsstaatlichkeit legen diese Artikel die Grundlage für einen demokratischen Rechtsstaat. Die Art. 22-27 umfassen schließlich als *dritte Gruppe* soziale, wirtschaftliche und kulturelle Rechte, darunter das Recht auf soziale Sicherheit, Arbeit und Bildung. Zusammen mit der in der Präambel aufgeführten „Freiheit von Furcht und Not" verweisen sie zurück auf zwei der „vier Freiheiten" Roosevelts. Von besonderem Interesse sind die Art. 28 und 29. Während Art. 28 jedermanns „Anspruch auf eine soziale und internationale Ordnung" feststellt, in der die in der Erklärung aufgeführten Rechte und Freiheiten voll verwirklicht werden können, verweist Art. 29 auf die „Pflichten, die jedermann gegenüber der Gemeinschaft hat" –bezeichnenderweise, ohne näher zu bestimmen, um was für Pflichten es sich dabei überhaupt handelt.

Zwischen den oben genannten drei Gruppen von Rechten bestehen weder Rangunterschiede, noch wird unter den Rechten unterschieden, die – wie etwa das Recht auf Leben – absolut gelten und anderen, die unter Umständen eingeschränkt werden dürfen. Das Fehlen einer solchen Unterscheidung ist um so problematischer als die in Art. 29 gezogene Grenze der Einschränkung – die „Anforderungen der Moral, der öffentlichen Ordnung und des allgemeinen Wohls in einer demokratischen Gesellschaft" – eher diffus ist und der Interpretation weiten Raum läßt.

Der schließlich verabschiedete Text fand international viel Zustimmung, löste aber auch Kritik aus. Letztere richtete sich insbesondere gegen die Unverbindlichkeit und Zaghaftigkeit der „Erklärung". Diese Kritik ist keineswegs unberechtigt. So enthält die Präambel zwar den Hinweis, daß es wesentlich sei, die Menschenrechte „durch die Herrschaft des Rechts" zu schützen. Doch statt einer eindeutigen Aufforderung an die Staaten, diese „Herrschaft des Rechts" nun so schnell wie möglich zu gewährleisten und der internationalen Gemeinschaft über ihre Maßnahmen Rechenschaft abzulegen,

335

findet sich nur der matte Appell, sich jenes gemeinsame Ideal „stets gegenwärtig zu halten und [sich] zu bemühen, durch Unterricht und Erziehung die Achtung dieser Rechte und Freiheiten zu fördern und durch fortschreitende Maßnahmen im nationalen und internationalen Bereich ihre allgemeine und tatsächliche Anerkennung und Verwirklichung bei der Bevölkerung sowohl der Mitgliedstaaten selbst als auch der ihrer Hoheitsgewalt unterstehenden Gebiete zu gewährleisten". Der letzte Punkt bezog sich auf die noch immer bestehenden Kolonien. Der britische Völkerrechtler Hersch Lauterpacht bezog sich vermutlich auf diese Zögerlichkeiten und Unverbindlichkeiten, als er feststellte, die Allgemeine Erklärung der Menschenrechte „has proved acceptable to all for the reason that it imposes obligations upon none" (*Lauterpacht* 1945).

7. Die AEMR als Grundstein des Menschenrechtsschutzes

Ungeachtet der Kritik bleibt jedoch festzuhalten, daß die „Erklärung", obwohl es sich bei ihr lediglich um eine völkerrechtlich unverbindliche Erklärung handelt, die auch nicht von den Parlamenten der Unterzeichnerstaaten ratifiziert werden mußte, zum Ausgangspunkt – und wohl auch zum wichtigsten Auslöser – einer Vielzahl von Entwicklungen wurde, die zur Aufwertung wie auch zur weltweiten Verbreitung der Menschenrechtsidee führten. Diese Entwicklungen vollzogen sich vor allem auf *drei Ebenen*: So wurden – auf einer *ersten Ebene* – Menschenrechts-Kataloge in zahlreiche Verfassungen von Staaten einbezogen, unter anderem in das Grundgesetz der Bundesrepublik Deutschland, vor allem aber in die Verfassungen vieler Entwicklungsländer. Eine zweite Welle bildeten Anfang der 90er Jahre die ehemaligen osteuropäischen Verbündeten der Sowjetunion, von denen viele ihren neuen demokratischen Verfassungen Grundrechtskataloge voranstellten. Eine *zweite Ebene* bildeten regionale Abkommen zum Menschenrechts-

schutz: Die „Europäische Konvention zum Schutz der Menschenrechte und Grundfreiheiten" vom 4. November 1950 (in Kraft seit 3. September 1953); die Amerikanische Menschenrechtskonvention, die am 22. November 1969 von der Organisation Amerikanischer Staaten (OAS) angenommen wurde; die Schlußakte der Konferenz über Sicherheit und Zusammenarbeit in Europa (Helsinki-Abkommen) aus dem Jahr 1975; sowie die am 27. Juni 1981 verabschiedete und 21. Oktober 1986 in Kraft getretene „Afrikanische Charta der Rechte der Menschen und Völker" (Banjul-Charta), die im Rahmen der Organisation für Afrikanische Einheit (OAU) verabschiedet wurde. Eine *dritte Ebene* bilden schließlich internationale und globale Konventionen, Erklärungen, Protokolle, etc., von denen viele im Rahmen der Vereinten Nationen ausgehandelt und abgeschlossen wurden.

Peter J. Opitz

Lit.: *Burgers, J.H.:* The Road to San Francisco: The Revival of the Human Rights Idea in the Twentieth Century, in: HRQ 14 (1992), 447-477; *Dicke, K.:* „...das von allen Völkern und Nationen zu erreichende gemeinsame Ideal..." Zum Politikprogramm der Allgemeinen Erklärung, in: VN 46 (1998), 191-194; *Humphrey, J.B.:* Human Rights and the UN – A Great Adventure, 1984; *Lauterpacht, H.:* International Law and Human Rights, London 1950; *Lauterpacht, H.:* An International Bill of Rights of Man; New York 1945; *Maritain, J. (Hrsg.):* Um die Erklärung der Menschenrechte; Zürich u.a. 1951; *Morsink, J.:* World War Two and the Universal Declaration, in: HRQ 15 (1993), 357-405; *Opitz, P.J.:* Der internationale Menschenrechtsschutz im 20. Jahrhundert, München 1999; *Robinson, N.:* The Universal Declaration on Human Rights, its Origin, Significance and Interpretation, 2· Aufl., New York 1958; *United Nations:* Human Rights: A Compilation of International Instruments of the United Nations; UN Doc. ST/HR/5, New York 1988.

Menschenrechte, Zentrum für Menschenrechte/Hoher Kommissar für Menschenrechte

In ihrer Charta (→ Charta der UN) haben sich die Vereinten Nationen zwei Hauptaufgaben gesetzt: Die Sicherung des Friedens und den Schutz der Menschenrechte (→ Menschenrechtsschutz). Das Mandat im Bereich der → Menschenrechte ist in der Präambel der Charta festgelegt, und in den Artikeln 1, 55, 56 und 68 näher formuliert.

Bereits im Jahre 1946 rief die Weltorganisation ein Sekretariat für Menschenrechte ins Leben, welches seitdem unter verschiedenen Amtsbezeichnungen funktioniert hat, - bis 1982 als „Abteilung für Menschenrechte" (Division of Human Rights), - sodann bis 1997 als „Zentrum für Menschenrechte" (Centre for Human Rights; Resolutionen der Generalversammlung GA Res. 34/47, 35/194, 37/437), - schließlich seit 1997 als „Amt des Hohen Kommissars für Menschenrechte" (Office of the United Nations High Commissioner for Human Rights - UNHCHR).

Als erster Direktor fungierte der kanadische Völkerrechtsprofessor John P. Humphrey, der dieses Amt bis 1966 innehatte. Seine Nachfolger waren der Belgier Marc Schreiber (1966-77), der Holländer Theo van Boven (1977-82), der Österreicher Kurt Herndl (1982-87), der Schwede Jan Martenson (1987-92), der Franzose Antoine Blanca (1992), der Senegalese Ibrahima Fall (1993-94); als erster Hoher Kommissar der Equatorianer José Ayala Lasso (1994-97) und seit 1997 die Hohe Kommissarin Mary Robinson aus Irland (s.u. Abschnitt 3).

Zunächst hatte das Menschenrechtssekretariat seinen Sitz in New York. Er wurde 1974 in das Palais des Nations, Sitz der UN in Genf (→ UN-Platz Genf), verlegt. Im November 1998 bezog das Amt des Hohen Kommissars für Menschenrechte das Palais Wilson in Genf, welches erster Sitz des → Völkerbundes gewesen war. Das Amt unterhält ein Büro im UN Hauptquartier in New York sowie Außenstellen in allen Regionen der Welt, u.a. in Bosnien, Burundi, Kambodscha, Kolumbien und Ruanda.

Das Hochkommissariat ist Bestandteil des UN-Sekretariats (→ Sekretariat) und keine autonome → Sonderorganisation der UN wie z.B. die Internationale Arbeitsorganisation (→ ILO) oder die Weltgesundheitsorganisation (→ WHO). Somit ist die Hohe Kommissarin dem → Generalsekretär der Vereinten Nationen bzw. dem Amt des Untergeneralsekretärs für Politische Angelegenheiten (Office of the Under-Secretary General for Political and General Assembly Affairs) untergeordnet, und damit den Resolutionen (→ Resolution/Deklaration/Beschluß) des → Sicherheitsrates, der → Generalversammlung sowie des → Wirtschafts- und Sozialrates (ECOSOC) unterworfen.

1. Normsetzung

Stärker als je zuvor in der Geschichte war am Ende des Zweiten Weltkrieges in der zivilisierten Welt das Bewußtsein von der Notwendigkeit gewachsen, allgemein gültige Normen für die Freiheits- und Grundrechte der Menschheit zu schaffen. Der UN-Menschenrechtsabteilung unter dem prägenden Einfluß ihres Direktors John Humphrey oblag es, an der Ausarbeitung solcher Normen mitzuwirken. Sie fungierte dabei als Sekretariat der 1946 gegründeten -→Menschenrechtskommission (MRK) der UN, welche ihrerseits dem Wirtschafts- und Sozialrat (ECOSOC) unterstellt ist. Die Allgemeine Menschenrechtserklärung (→ Menschenrechte, Allgemeine Erklärung der), die am 10 Dezember 1948 von der Generalversammlung verabschiedet wurde (GA Res. 217(III)), war das Ergebnis dieser Arbeit. Neben Humphrey hatten die erste Präsidentin der Kommission, Eleanor Roosevelt, sowie die französischen bzw. libanesischen Delgierten René Cassin und Charles Malik entscheidenden Anteil an der Formulierung der Erklärung.

Sie war freilich kein völkerrechtlich verbindlicher Vertrag. Nach ihrer Annahme folgten viele Jahre zäher Auseinandersetzungen und harter Arbeit im Sekretariat der Menschenrechtskommission, um die weitere internationale Kodifizierung der Menschenrechte zu sichern. 1965 wurde das → „Internationale Übereinkommen zur Beseitigung jeder Form von Rassendiskriminierung" von der Generalversammlung verabschiedet. Ein Jahr später, im Dezember 1966, folgten die beiden internationalen Pakte über bürgerliche und politische Rechte sowie über wirtschaftliche, soziale und kulturelle Rechte (→ Internationaler Pakt über bürgerliche und politische Rechte; → Internationaler Pakt über wirtschaftliche, soziale und kulturelle Rechte). Weiterhin seien das „Übereinkommen zur Beseitigung jeder Form von Diskriminierung der Frau" (1979), das Übereinkommen gegen Folter und andere grausame, unmenschliche oder erniedrigende Behandlung oder Strafe" (1984) und das „Übereinkommen über die Rechte des Kindes" (1989) genannt. (Alle Querverweise auf einzelne Konventionen beziehen sich auf Beiträge unter dem Hauptstichwort „Menschenrechtskonventionen)

Obwohl die Kodifizierung der Menschenrechte von vielen als abgeschlossen angesehen wird, werden weiterhin bedeutende Erklärungen erarbeitet, die eines Tages als Zusatzprotokolle zum Pakt über bürgerliche und politische Rechte angenommen werden könnten, so z.B. die Erklärung über die Rechte von Angehörigen von nationalen, ethnischen, religiösen und linguistischen Minderheiten (am 18.12.1992 von der Generalversammlung als GA Res. 47/135 verabschiedet) und die Erklärung über die Ächtung von Massenvertreibungen (1997 von der Unter-Kommission der Menschenrechtskommission für die Verhütung von Diskriminierung und den Schutz von Minder-

heiten angenommen, UN Doc. E/CN.4/Sub.2/1997/23 und Res. 1997/29).

2. Durchführungsmechanismen

In engem Zusammenhang mit der Normsetzung stand die Schaffung von Aufsichtsorganen und Durchführungsmechanismen. Folgende Expertenausschüsse sind in den folgenden Jahren entstanden:
- 1969 der Ausschuß für die Beseitigung der Rassendiskriminierung (CERD);
- 1976 der → Menschenrechtsausschuß (Human Rights Committee);
- 1980 der Ausschuß für die Beseitigung der Diskriminierung der Frau (CEDAW);
- 1985 der Ausschuß für wirtschaftliche, soziale und kulturelle Rechte;
- 1987 der Ausschuß gegen Folter (CAT);
- 1991 der Ausschuß für die Rechte des Kindes (CRC).

Diese Gremien haben keine universelle Rechtsprechungsaufgabe, denn jeder Ausschuß wurde aufgrund eines bestimmten Vertrages ins Leben gerufen, und erhält seine Zuständigkeit mithin nur gegenüber den Vertragsstaaten. Ein Ausschuß übt allerdings bereits eine nahezu universelle Kompetenz aus: der *Ausschuß für die Rechte des Kindes* mit seinen 191 Vertragsstaaten, praktisch alle Staaten der Welt mit der Ausnahme der USA und Somalia. Der *Menschenrechtsausschuss* zählt 146 Vertragsstaaten, darunter die ständigen Mitglieder des Sicherheitsrates mit der Ausnahme der Volksrepublik China, die bisher nur die Unterschrift leistete, jedoch den Vertrag noch nicht ratifizierte.

Diese Ausschüsse werden von der UNO finanziert und vom UN-Sekretariat logistisch und materiell begleitet. Allerdings ist das Amt des Hohen Kommissars nur für fünf der sechs Ausschüsse zuständig, weil der *Ausschuß für die Beseitigung der Diskriminierung der Frau* von der Division for the Advancement of Women im Sekretariat in New York betreut wird.

Im Zuge der Rationalisierung und Restrukturierung des UN-Sekretariats (→ Reform der UN) wird z.Zt. überlegt, ob diese Abteilung und der Ausschuß nicht ebenfalls vom Amt des Hohen Kommissars in Genf verwaltet werden sollten.

Daneben besteht seit 1947 als Unterstützungsorgan der MRK die sog. *Unterkommission für die Verhütung von Diskriminierung und den Schutz von Minderheiten*. Im Gegensatz zu den Delegierten der 53 Staatenmitglieder zählenden MRK sind die Vertreter in den Expertenausschüssen und in der Unterkommission von Weisungen ihrer jeweiligen Regierungen unabhängig. Ähnlich wie die MRK tagen die 26-Mitglieder zählende Unterkommission und ihre Arbeitsgruppen in Genf. Drei Arbeitsgruppen über die Rechte der autochthonen Bevölkerungsgruppen, über die Minderheiten und über Petitionen haben Bedeutendes geleistet. Die Unterkommission kann auf eine besonders produktive Geschichte zurückblicken, sie hat innovative Resolutionen verabschiedet und Sonderberichterstatter bestellt, die *de lege ferenda* bedeutende Studien erarbeitet haben.

3. Das Amt des Hohen Kommissars für Menschenrechte

Seit den Verhandlungen in der MRK über die Menschenrechtserklärung gab es Stimmen, die die Schaffung des Amtes eines Hohen Kommissars oder Ombudsmanns für Menschenrechte verlangten. Diese Forderung wurde von zahlreichen Gegnern jahrzehntelang abgelehnt. Nicht ganz zu Unrecht argwöhnten sie, daß das zur Diskussion stehende Amt sich anmaßen könnte, in die inneren Angelegenheiten der souveränen Staaten (→ Souveränität) einzugreifen, sobald die Vermutung einer Nichteinhaltung von Menschenrechten bestehe. Eine derartige Einmischung aber, so argumentierte man, verstoße gegen den Artikel 2, Absatz 7 der UN Charta (→ Interventionsverbot). In diesem Zusammenhang muß angemerkt werden, daß die Menschenrechte zwei-

fellos zu allen Zeiten, also während des Kalten Krieges ebenso wie heute, in vielen Mitgliedstaaten der UN zu politischen Zwecken mißbraucht worden sind bzw. werden. Je nach Opportunität wurden und werden schwere Menschenrechtsverletzungen in bestimmten Weltregionen oder Staaten aus propagandistischen Gründen gegeißelt oder geflissentlich verschwiegen bzw. bagatellisiert. Wo es notwendig und passend erscheint, werden Proteste erhoben. In anderen, ähnlich gelagerten Fällen wird geschwiegen.

Es wurde - und wird - befürchtet, daß ein unabhängiger Hoher Kommissar für Menschenrechte zu viel Macht ausüben könnte, und daß die Staatsinteressen von vielen Staaten - nicht nur Pariastaaten - darunter leiden würden. Sämtliche Versuche, einen Hohen Kommissar oder Ombudsmann für Menschenrechte zu berufen, waren deshalb für lange Zeit zum Scheitern verurteilt. Es wurde zwar wohlwollend diskutiert in der MRK und in der Generalversammlung, aber genauso wohlwollend vertagt.

Die Idee, das Amt eines Hohen Kommissar für Menschenrechte zu schaffen, stammte von dem bereits erwähnten ersten Direktor der Division of Human Rights, John Humphrey. Der Kalte Krieg aber erlaubte keine solche Einrichtung. Auch in den Jahren der sog. Entspannung konnten keine nennenswerten Fortschritte erzielt werden. Obwohl die Generalversammlung in ihrer Resolution 3221 (XXIX) vom 6. November 1974 den Generalsekretär anwies, einen Bericht zu diesem Thema zu verfassen, der 1975 vorlag (UN Doc. A/10235) und auch diskutiert wurde, und trotz zweier weiterer Berichte in den Jahren 1976 und 1977 (UN Doc. A/32/178 und A/32/179), wollte sich kein Konsens einstellen. Erst nach dem Zusammenbruch des Sowjetimperiums wurde 1993 anläßlich der Wiener Weltkonferenz für Menschenrechte (→ Weltkonferenzen) der Vorschlag Humphreys wieder aufgenommen und im Teil II, Absatz 18 der „Wiener Erklärung" (*United Nations* 1993) befürwortet.

Ein Ausschuß der Generalversammlung wurde daraufhin mit der Planung des Hohen Kommissariats betraut. Die von ihm vorgelegte Resolution gab endlich den Weg frei. Am 14. Februar 1994 ernannte die Generalversammlung (UN Doc. A/48/321) den vom Generalsekretär Boutros Boutros-Ghali empfohlenen Botschafter Ecuadors, José Ayala Lasso, zum ersten Hohen Kommissar. Ayala Lasso, ehemaliger Präsident des Ausschusses, der die einschlägige Resolution der Generalversammlung selbst entworfen hatte, trat sein Mandat am 5. April 1994 an. Er wurde für eine vierjährige Amtsperiode ernannt, mit Aussicht auf eine zweite Amtsperiode. Im März 1997 entschied er sich jedoch zum Rücktritt, um als Außenminister nach Ecuador zurückzukehren.

4. Das Mandat des Hohen Kommissars

Die Resolution 48/141 der Generalversammlung vom 20. Dezember 1993 definiert die Aufgaben und Zuständigkeiten des Hohen Kommissars. Mehr als jeder frühere Direktor des UNO-Menschenrechtssekretariats soll er sämtliche Aktivitäten der UNO im Bereich der Menschenrechte koordinieren. Es liegt auf der Hand, daß vom jeweiligen Amtsinhaber ein hohes Maß diplomatischen Geschicks verlangt werden muß. Dieses Erfordernis verdeutlicht sich schon an dem Umstand, daß viele UN-Sonderorganisationen und Büros, welche seit langem breit entwickelte Menschenrechtsaktivitäten entfalten, eine Aufsicht durch den Hohen Kommissar nur unwillig akzeptieren wollen. Es seien in diesem Zusammenhang nur die Internationale Arbeitsorganisation (ILO), die Weltgesundheitsorganisation (WHO), die Organisation für Erziehung, Wissenschaft und Kultur (→ UNESCO), die Entwicklungsorganisation (→ UNDP), die Umweltschutzorganisation (→ UNEP) und die Weltkinderorganisation (→ UNICEF) sowie das Amt des Hohen Flüchtlingskommissars (→ UNHCR) genannt.

Darum begann der Hohe Kommissar die notwendigen Verhandlungen mit diesen und anderen Organisationen, um mit ihnen interne Abkommen, sog. „Memoranda of Understanding", zügig abzuschließen, welche die gegenseitigen Beziehungen definieren und Kompetenzstreitigkeiten vermeiden sollen.

Gemäß Absatz 4(f) der Resolution soll der Hohe Kommissar eine tatkräftige Rolle spielen, um Hindernisse auf dem Weg zur Verwirklichung der Menschenrechte zu beseitigen. Noch wichtiger ist, daß er gemäß Absatz 4(g) der Resolution den Dialog mit den Staaten zu suchen hat und seine Initiativen zum Schutz der Menschenrechte vorlegt.

Im übrigen betont die Resolution der Generalversammlung, daß der höchste Vertreter der UN in Angelegenheiten der Menschenrechte eine Persönlichkeit sein müsse, die mit sämtlichen Weltkulturen vertraut ist und sich ihnen allen gegenüber neutral verhält („possess the general knowledge and understanding of diverse cultures necessary for impartial, objective, non-selective and effective performance of his duties" (GA Res 48/141, Absatz 2(a)).

5. Die Tätigkeit des Hohen Kommissars seit April 1994

Als Ayala Lasso ernannt wurde, mußten die Prioritäten des Amtes neu definiert werden. Wann, wie und wo sollte er handeln? Hauptaufgabe war es, seine Autorität bzw. seine Glaubwürdigkeit gegenüber den Mitgliedstaaten als auch gegenüber den verschiedenen UN-Organen zu etablieren. Er setzte sich die folgenden Ziele: Krisenmanagement; vorbeugende Strategien; das Recht auf Entwicklung; Unterstützung der Schaffung nationaler Menschenrechtsinstitutionen; technische Hilfe an Staaten, die diese Hilfe beantragen; die universelle Ratifizierung von Menschenrechtsverträgen; und die Entwicklung einer sog. Follow-up Kapazität, um dafür zu sorgen, daß die Staaten die Entscidungen der Vertragsorgane in die Tat umsetzen.

Ayala Lasso versuchte, die Präsenz des Hauses zu erweitern und eröffnete Büros in allen Regionen der Welt. Einige dieser Büros leisteten gute Dienste im Bereich der technischen Hilfe. Freilich kann kein Hoher Kommissar die sich in ihrem enormen Ausmaß und in ihrer Verschiedenheit auftürmenden Probleme der Menschenrechte von heute auf morgen lösen. Hauptaufgabe muß vielmehr sein, daß Schritt für Schritt eine „Menschenrechtskultur" hervorwächst, daß sich die Menschen langsam ihrer Rechte bewußt werden und erfahren, wie sie diese in Anspruch nehmen können. Dabei ist die Schaffung von nationalen Menschenrechtskommissionen oder unabhängigen nationalen Institutionen von höchster Bedeutung, denn Menschenrechte können zwar am Sitz der UN in Genf diskutiert, doch nur an Ort und Stelle - in Afrika, Asien und Lateinamerika - verwirklicht werden.

Organisatorisch wurde das Amt 1996-97 in drei Abteilungen umstrukturiert. Es wurde eine Hauptabteilung „Forschung und Recht auf Entwicklung" (Research and Right to Development) geschaffen, die zugleich für den Bereich „Informatik" verantwortlich ist. Der Hauptabteilung „Implementierung" (Support Services Branch) ist die logistische Durchführung der Konferenzen und Sitzungen der MRK, der Unterkommission und der fünf Expertenausschüsse unterstellt. Vor allem aber hat sie die Tätigkeit der bis 1996 selbständigen Beschwerdeabteilung in sich integriert. Hier konzentriert sich die eigentlich juristische Arbeit des Hohen Kommissariats. Jedes Jahr werden Hunderttausende von Briefen und Eingaben aus der ganzen Welt registriert und beantwortet. Weiterhin werden Kurzfassungen solcher Petitionen für die sog. „Prozedur 1503" der MRK angefertigt, und schließlich bereitet man die Entwürfe vor für die Entscheidungen des Menschenrechtsausschusses gemäß dem Fakultativprotokoll über die Zulässigkeit von Individualbeschwerden und für die abschließenden Stellungnahmen des Menschenrechtsausschusses sowie auch für die entsprechenden Entscheidungen des Ausschusses gegen Folter, die bedeutende internationale Rechtsprechung darstellen. Die dritte Hauptabteilung (Activities and Programmes Branch) ist für technische Hilfsprogramme zuständig und leitet die Außenstellen des Hohen Kommissariats.

Eines der Hauptprobleme des Hohen Kommissariats ist und bleibt seine finanzielle Sicherung. Während manche UN-Einrichtungen verhältnismäßig gut finanziert werden, können andere ihre Aufgaben und Programme nur schwer erfüllen. Ist es realistisch zu erwarten, daß rund 200 Personen mit einem Budget von 30 Millionen Dollar im Jahr auskommen können, um die menschenrechtlichen Probleme unseres Planeten zu lösen? Gewiß muß Sparsamkeit ein erstrangiges Gebot sein. Jedoch fällt es schwer, Menschen, die ihrer Rechte beraubt sind, zu erklären, daß man ihnen nicht helfen kann, weil die notwendigsten materiellen Mittel fehlen. Es sei an dieser Stelle erlaubt, den materiellen Handlungsspielraum von zwei UN-Organen mit vergleichbaren Tätigkeitsrahmen zu nennen: Das Hohe Flüchtlingskommissariat (UNHCR) hat ein Sekretariat von etwa 5.000 Mitarbeitern weltweit und verfügt über einem Budget von 1,4 Mrd. US-Dollar. Das Entwicklungsprogramm der Vereinten Nationen (UNDP) arbeitet mit circa 6.000 Mitarbeitern und einem Budget von 2 Mrd. US-Dollar. Inzwischen hat man erkannt, daß das Amt des Hohen Kommissars für Menschenrechte nicht allein vom UN-Haushalt (→ Haushalt) finanziert werden kann. Mittel werden auch außerhalb gesucht, sowohl von Regierungen als auch von privaten Stiftungen. Mit diesen freiwilligen Beiträgen hat man seit langem bereits besondere Fonds etabliert, etwa den Fonds für Beratungsdienste (Voluntary Fund for Advisory Services - 1987), den Fonds für Folteropfer (Voluntary Fund for Victims of Torture -1989), und den Fonds für Indigene Bevölkerungen (Voluntary Fund for Indigenous Populations - 1991).

Erfreulicherweise gibt es die nichtstaatlichen Organisationen (→ NGOs), die wahren Streiter für die Menschenrechte, - unbezahlte Mitwirkende von Tausenden kleinerer Organisationen in allen Ländern, aber auch Mitarbeiter der größeren Organisationen wie Amnesty International, Lawyers for Human Rights, International Federation of Human Rights Societies, Equality Now, - in Deutschland der Internationalen Gesellschaft für Menschenrechte. Ohne diese Idealisten wäre die Arbeit des Hohen Kommissariats weitaus schwieriger.

Die oben skizzierte umfangreiche Tätigkeit des Amtes kann erfreulicherweise auch viele Erfolge vorweisen. So werden z.B. aufgrund der Entscheidungen des Menschenrechtsausschusses inhaftierte Menschen freigelassen, zum Tode Verurteilte werden begnadigt, Gesetze werden geändert, Entschädigungen werden gezahlt und politische Flüchtlinge erhalten Asyl. Neben der Kodifizierung der Menschenrechte in der Form von Verträgen bilden die Urteile (case law) des Menschenrechtsausschusses, des Ausschusses gegen Folter und des Ausschusses für die Beseitigung der Rassendiskriminierung die sichtbare Konkretisierung der Menschenrechte. Denn Jurisprudenz bedeutet die Auslegung von Normen im konkreten Fall, die Identifizierung eines individuellen Opfers und die Formulierung der besten Lösung. Inzwischen ist ein bedeutendes Fallrecht entstanden, das von vielen Gerichten in der ganzen Welt zitiert wird,- eine Jurisprudenz, die sich ebenso entwickelt wie jene des Europäischen bzw. Inter-Amerikanischen Menschenrechtshofs. Erfahrungen mit dem Follow-Up oder der Durchführung solcher Urteile stimmen optimistisch. Wir stehen zwar erst am Anfang einer internationalen Rechtsordnung durch gesprochenes Recht, aber die Entscheidungen der UN Aus-

schüsse machen überall Schule, denn Jurisprudenz ist *erga omnes*.

Schlußbemerkungen

In den letzten fünf Jahrzehnten haben die Vereinten Nationen Bedeutendes auf dem Weg der universellen Verwirklichung der Menschenrechte geleistet. Vor allem im Bereich ihrer Kodifizierung ist Entscheidendes geleistet worden. Ohne Frage kommen Millionen Menschen heute in den Genuß der Menschenrechte, die sie vorher nicht oder kaum verwirklichen konnten.

Das Amt des Hohen Kommissars für Menschenrechte hat ohne Zweifel noch große Entwicklungsmöglichkeiten. Um diese Möglichkeiten verwirklichen zu können, bedarf es erheblicher finanzieller Mittel. Die Tatsache, daß dem Hohen Kommissar diese Mittel nicht zur Verfügung gestellt werden, während die Staaten Milliarden für Rüstung und Krieg ausgeben, zeigt, daß der politische Wille, die Menschenrechte zu fördern, bisher nur bedingt vorhanden ist. Eine weitere nicht zu unterschätzende Gefahr liegt in der Bürokratisierung der Menschenrechte, in der Enthumanisierung von Menschenrechten im Namen einer seelenlosen Wissenschaft. Es besteht die Gefahr, den eigentlichen Daseinszweck des Hauses, die *dignitas humana*, ins Hintertreffen geraten zu lassen. Resolutionen könnten zum Selbstzweck werden. Konferenzen zu Ritualen, ohne daß eine echte Verwirklichung der Menschenrechte stattfindet oder gar erwünscht ist. So könnte das Menschenrechtsideal verraten und das Amt zu einem bürokratischen Moloch verkommen: eine „Menschenrechtsindustrie" wäre entstanden.

Viele Beobachter kritisieren auch, daß in UN-Menschenrechtsorganen nicht immer mit gleichem Maß gemessen wird. Es scheint in der Tat politisch korrekte Opfer zu geben, und solche, die schlicht politisch unerwünscht sind. Es gibt sog. „Konsensus-Opfer" und solche Opfer, die vorzugsweise vergessen werden. Hier liegt eine weitere ernste Gefahr für die Glaubwürdigkeit und Wirkung des Amtes.

Wenn ein Hoher Kommissar für Menschenrechte von seiner Aufgabe beseelt ist, so wird er bzw. sie die Menschenwürde stets ins Zentrum seiner Arbeit stellen. Er wird sich für die Rechte von allen Menschen in allen Ländern einsetzen.

Alfred de Zayas

Lit.: *1. Dokumente: United Nations:* Coordinating role of the Center for Human Rights within the United Nations Bodies and Machinery Dealing with the Promotion and Protection of Human Rights. (UN Doc. E/CN.4/1992/21 und Add. 1 und 2); *United Nations:* Report of the United Nations High Commissioner for Human Rights on his mission to Rwanda 11-12 May 1994 (UN Doc. E/CN.4/S-3/3); *United Nations:* Reports of the United Nations High Commissioner for Human Rights to the General Assembly 1994,1995,1996,1997,1998 (UN Docs. A/49/36, A/5O/36, A/51/36, A/52/36, A/53/36); *United Nations:* Reports of the United Nations High Commissioner for Human Rights to the Commission on Human Rights(UN Docs. E/CN.4/1995/98, E/CN.4/1996/103, E/CN.4/1997/98, E/CN.4 /1998/104 and Corr. 1-2, E/CN.4/1999/9); *United Nations:* The Vienna Declaration and Programme of Action, Adopted 25 June 1993 by the World Conference on Human Rights, published by the UN Department of Public Information, New York 1993 (UN Doc. A/CONF.157/23); *United Nations:* United Nations Action in the Field of Human Rights, (UN Doc. ST/HR/2/Rev.4), New York and Geneva, 1994; *United Nations Centre for Human Rights:* The High Commissioner for Human Rights, an Introduction, Notes of the United Nations High Commissioner for Human Rights, No. 1, HR/PUB/HCHR/96/1, 1996. *2. Sekundärliteratur: Alston, P.:* Neither Fish nor Fowl: The quest to define the role of the UN High Commissioner for Human Rights, in: EJIL (1997), Nr. 2, 321-335; *Ayala Lasso, J.:* Defining the Mandate, in: Harvard IRev., Winter 1994/95, 38-41 u. 78; *Ayala-Lasso, J.:* Making human rights a reality in the twenty-first century, in: Emory ILRev., Bd. 10 (1996), 497-508; *Clark, R.:* A United Nations High Commissioner for Human Rights (1972); *Ermacora, F.:* Ein VN-Hochkommissar für Menschenrechte?, in: ÖZA 6 (1966), 259-265; *Humphrey, J.:* Human Rights and the United Nations, a great adventure, New York 1983; *Humphrey, J.:* No Distant Millennium. The International Law of Human Rights, UNESCO, Paris 1989; *Humphrey, J.:* A United Nations High Commissioner for Human Rights: the birth of an initiative, in: CanYIL 2 (1973), 220-225; *Kedzia, Z.:* The United Nations High Commissioner for Human Rights, in: Beyerlin, U./Bothe, M./Hofmann, R./Petersmann, E.U. (Hrsg.): Recht zwischen Umbruch und Bewahrung: Völkerrecht, Europarecht, Staatsrecht. Fs. für R. Bernhardt, Berlin u.a. 1995, 435-452; *Klein, E. (Hrsg.):* The Institution of a Commissioner for Human Rights and Minorities and the Prevention of Human Rights Violations (Colloquium, Potsdam, Germany 14-15 December 1994), Potsdam 1995; *Lord, J.:* The United Nations High Commissioner for Human Rights: challenges and opportunities, in: LoyLAInt&CompLJ 17 (1995), H. 2, 329-363. **Internet:** Homepage des Amtes des Hohen Kommissars für Menschenrechte (mit graphischer Übersicht über die Struktur des Amtes, Zugang zu Sitzungsberichten und anderen Dokumenten, Presseveröffentlichungen usw.): http://www.unhchr.ch

Menschenrechtsausschuß

Errichtung und Zusammensetzung

Der *Menschenrechtsausschuß (MRA)* ist als internationales Überwachungsorgan von Anfang an im Internationalen Pakt über bürgerliche und politische Rechte (IPBPR) (→ Menschenrechtskonventionen, Internationaler Pakt über bürgerliche und politische Rechte) vorgesehen gewesen (Art. 28 – 45), hat allerdings im Lauf der langen Entstehungsgeschichte ein verändertes Gesicht erhalten. Vorgesehen war zunächst ein neunköpfiges Gremium, das Aufgaben der Tatsachenaufklärung und –vermittlung wahrnehmen und gegen dessen Arbeitsergebnisse der Zugang zum Internationalen Gerichtshof (→ IGH) offenstehen sollte. Durchgesetzt hat sich ein anderes Konzept: Der MRA besteht aus 18 Mitgliedern, die Staatsangehörige der Vertragsparteien sein müssen. Die Tatsache, daß für die Auswahl der Mitglieder u. a. anerkannte Sachkenntnis auf dem Gebiet der → Menschenrechte verlangt wird und daß ausdrücklich auf die Zweckmäßigkeit hingewiesen wird, Personen mit juristischer Erfahrung zu beteiligen, hat dazu geführt, daß die Arbeit des MRA ganz überwiegend eine juristische Prägung bekommen hat, die dem Ansehen des Ausschusses durchaus dienlich war, auch wenn der Ausschuß rechtlich verbindliche Entscheidungen nicht fällen kann.

Die Mitglieder werden von den Regierungen der Vertragsstaaten vorgeschlagen und von der Versammlung dieser Staaten in geheimer Wahl gewählt. Die Wahldauer beträgt vier Jahre, doch ist Wiederwahl möglich. Zur Sicherung der Kontinuität werden alle zwei Jahre neun Mitglieder gewählt. Die Mitglieder erhalten eine Aufwandsentschädigung und ein von der Generalversammlung festgesetztes bescheidenes Jahreshonorar.

Bei dem MRA handelt es sich nicht um ein (Hilfs-) Organ der UN, sondern um ein allein auf dem IPBPR basierendes Überwachungsorgan („treaty body") (→ Haupt-/Neben-/Vertragsorgane). Allerdings ist die Arbeit des MRA organisatorisch in die UN-Menschenrechtsarbeit (→ Menschenrechtsschutz) eingebunden durch das Büro des Hochkommissars für Menschenrechte (→ Menschenrechte, Zentrum für Menschenrechte/Hoher Kommissar für Menschenrechte). Nach Art. 36 IPBPR hat der → UN-Generalsekretär dem Ausschuß das → Personal und die Einrichtungen zur Verfügung zu stellen, die dieser zur wirksamen Durchführung seiner Aufgaben benötigt. Der Ausschuß tritt auch am Sitz der Vereinten Nationen (New York, Genf) zusammen, die Finanzierung erfolgt aus dem UN-Budget (→ Haushalt). Die konstituierende erste Sitzung des Ausschusses fand am 21.3.1977 statt.

Das *Präsidium* besteht aus dem Vorsitzenden und drei stellvertretenden Vorsitzenden, die vom Ausschuß auf zwei Jahre gewählt werden. Zusammen mit dem Berichterstatter (jährliche Berichterstattung über die Arbeit an die Generalversammlung) bilden diese Personen das Leitungsgremium (Büro) des MRA.

Die *Ausschußmitglieder* werden in ihrer persönlichen Eigenschaft gewählt; sie vertreten nicht ihren Staaten, sind also nicht weisungsgebunden. Sie haben ihr Amt unparteiisch auszuüben. Diese Forderung verträgt sich schlecht mit der gleichzeitigen Ausübung administrativer Ämter in einem Vertragsstaat. Der Ausschuß hat durch die Verabschiedung von „Guiding Principles" (1997) seine Unabhängigkeit und Unparteilichkeit unterstrichen; sie wirkt sich auch darin aus, daß ein Ausschußmitglied weder an der Diskussion des Berichtes seines Heimatstaates noch an der Prüfung von Beschwerden, die gegen seinen Staat gerichtet sind, teilnimmt.

Funktionen

1. Staatenberichte

Die wesentliche Aufgabe des MRA ist die laufende Kontrolle, ob die Vertragsparteien ihre Verpflichtungen aus dem Pakt erfüllen. Nach Art. 40 sind alle diese Staaten zu periodischer Berichterstattung (vier bis fünf Jahre) an den MRA verpflichtet, wobei der Erstbericht innerhalb eines Jahres nach Inkrafttreten des Paktes für den jeweiligen Staat fällig ist. Die Berichte sollen nach vom Ausschuß vorgegebenen Richtlinien angefertigt werden und nicht nur die rechtlichen Voraussetzungen und Grundlagen für die Respektierung der Paktrechte darlegen, sondern auch einen Eindruck von der praktischen Anwendung und den erreichten Fortschritten vermitteln. Der Ausschuß bereitet die *Prüfung der Berichte* intern vor, insbesondere durch einen der staatlichen Delegation übersandten schriftlichen Fragenkatalog, der dann in öffentlicher Sitzung von der oft sehr hochrangigen Delegation zusammen mit mündlichen Zusatzfragen zu beantworten ist. Am Ende der Prüfung faßt der Vorsitzende die wichtigsten Ergebnisse zusammen, ohne damit die schriftlichen *„Abschließenden Bemerkungen"* des Ausschusses vorwegzunehmen, die dieser verabschiedet und dem Staat notifiziert. Diese Bemerkungen listen die wichtigsten positiven und negativen Ergebnisse der Prüfung auf und enthalten an den Staat gerichtete, mehr oder weniger detaillierte Empfehlungen. Solche Einzelbetrachtungen sind erst nach der weltpolitischen Wende Anfang der neunziger Jahre möglich geworden. Davor konnte nur im Wege der „General Comments" in allgemeiner Weise auf bei der Diskussion der Berichte aufgetretene Mängel aufmerksam gemacht werden.

Obwohl im Wege der Berichterstattung ein Dialogverfahren mit den Vertragsstaaten etabliert wurde und der MRA wichtige Hilfestellung geben und Anregungen vermitteln kann, gibt es gewichtige Defizite. Ein erhebliches Problem ist bei vielen Staaten die fehlende Bereitschaft, ihrer Berichterstattungspflicht nachzukommen. Manche Staaten sind weit mehr als zehn Jahre im Rückstand, haben z. T. noch nicht einmal ihren Erstbericht vorgelegt (negativer Spitzenreiter ist Syrien, 15 Jahre verspätet). Der Ausschuß kann in einem solchen Fall nicht viel mehr tun als immer wieder den Bericht anzumahnen; schwere Verspätungen werden auch in einer „Roten Liste" im Jahresbericht an die Generalversammlung aufgeführt. Druck wird auch durch die Anberaumung eines konkreten Diskussionstermins ausgeübt, allerdings fehlt bislang die (mehrheitliche) Bereitschaft, in eine Debatte über die Situation in einem Staat ohne Bericht einzutreten. Ein weiteres Problem ist, daß die Berichte, die in aller Regel von Regierungsstellen verfaßt sind, die wirkliche Situation in einem Staat oft nur unzulänglich wiedergeben. Insoweit ist der Ausschuß auf Informationen von anderer Seite (→ Sonderorganisationen, nichtstaatliche Organisationen (→ NGOs), eigene Kenntnisse) angewiesen, um einen konstruktiven Dialog führen zu können. Freilich steht in der Regel nur ein Tag (sechs Stunden) für die mündliche Diskussion zur Verfügung. Ein schweres Defizit ist, daß der Ausschuß noch kein Follow-up-Verfahren entwickelt hat, um mit den Staaten bezüglich seiner Empfehlungen im Gespräch zu bleiben. Dieser Gesprächsfaden kann bislang erst wieder aus Anlaß der Vorlage des nächsten Berichts (etwa fünf Jahre später, falls pflichtgemäß berichtet wird) aufgenommen werden.

2. Staatenbeschwerden

45 Staaten haben derzeit die Kompetenz des MRA akzeptiert, *Beschwerden (communications)* von Vertragsstaaten zu prüfen, die gegen andere Vertragsparteien gerichtet sind, die dieselbe Akzeptanzerklärung abgegeben haben. Hierbei handelt es sich um ein genau geregeltes Verfahren, das den Ausschuß in die Position einer Instanz versetzt, die eine gütliche Regelung des Streits auf der Grundlage der Achtung der Paktrechte herbeizuführen behilflich sein soll. Von diesem Verfahren ist bislang noch nie Gebrauch gemacht worden.

3. Individualbeschwerden

Dem Menschenrechtsschutz am meisten angemessen ist es, den Opfern von Menschenrechtsverstößen selbst die Möglichkeit einzuräumen, die Verletzung zu rügen. Da im Zeitpunkt der Verhandlungen über den IPBPR die generelle Anerkennung einer solchen Möglichkeit nicht erreichbar war, wurde das *Individualbeschwerdeverfahren* in einem *Fakultativprotokoll* geregelt, das aber gleichzeitig mit dem Pakt in Kraft treten konnte. Heute haben 94 Staaten das Protokoll ratifiziert und damit die entsprechende Prüfungszuständigkeit des MRA anerkannt. Bislang sind ca. 800 Fälle registriert worden; Anfang 1999 gab es etwa 180 anhängige Fälle.

Ist eine solche Beschwerde („communication") zulässig erhoben – besonders wichtige Voraussetzung: der innerstaatliche Rechtsweg muß erschöpft sein –, prüft der Ausschuß aufgrund des ihm vorliegenden schriftlichen Materials, d. h. vor allem der Stellungnahmen des Individuums und des beschuldigten Staates, ob eine Verletzung der Paktrechte vorliegt. Ist dies der Fall, wird dies festgestellt und der Verletzerstaat zugleich um eine auf Art. 2 Abs. 3 IPBPR gestützte Wiedergutmachung (effective remedy) ersucht, die z. B.

sofortige Haftentlassung, Umwandlung von Todesstrafe in Haftstrafe oder Entschädigung bedeuten kann.

Auch in diesem Verfahren kann der Ausschuß keine rechtlich verbindliche Entscheidung treffen, sondern nur seine *Rechtsansicht* („view") darlegen; die Parteien des Fakultativprotokolls sind aber jedenfalls gehalten, diese Rechtsmeinung ernsthaft zu prüfen und dem Ausschuß mitzuteilen, weshalb sie ihr nicht folgen wollen. Der MRA hat seit 1986 ein Follow-up-Verfahren etabliert, das es ihm ermöglicht, mit dem betroffenen Staat in Kontakt zu bleiben und die entsprechenden Schritte anzumahnen. Es wird geschätzt, daß in ca. 30 bis 35 % der Fälle die Staaten sich die Ausschußmeinung zu eigen machen; es ist aber sehr schwer, eine klare Erfolgsrate auszumachen, da manche Ausschußentscheidungen nur langfristig Frucht bringen werden. Um vorläufigen Rechtsschutz (z. B. in Fällen drohender Hinrichtung bei zweifelhaften Gerichtsverfahren) kann der Ausschuß nach Regel 86 seiner Geschäftsordnung ersuchen; die Staaten haben ein solches Ersuchen meist respektiert, doch gibt es bedauerliche Ausnahmen.

Bedauerlich ist auch die Dauer der Verfahren. Häufig kann der MRA erst drei oder vier Jahre nach Eingehen der Beschwerde entscheiden, z. T. weil das Verfahren von den Beteiligten (Individuum, Staat) verzögert wird, z. T. weil die personellen und zeitlichen Ressourcen des Ausschusses nicht ausreichen. Der Ausschuß kann pro Session etwa über 10 bis 15 Individualbeschwerden abschließend Beschluß fassen.

4. Sonstige Aufgaben

Eine wichtige zusätzliche Aufgabe nimmt der MRA durch die Verabschiedung von *„Allgemeinen Kommentaren"* *(General Comments)* wahr. Zunächst (bis 1990) als Ersatz für die fehlende Möglichkeit von Einzelkritiken an Staatenberichten gedacht, haben diese Kommentare nunmehr die Funktion erhalten, die bisherige Praxis des Ausschusses im Hinblick auf einzelne Paktbestimmungen darzustellen und die

Staaten auf mögliche Defizite und Fehlinterpretationen hinzuweisen, auch um damit eine Leitlinie für die weitere Berichterstattung zu geben. Zugleich enthalten einige Kommentare Aussagen zu grundsätzlichen Fragen, z. B. zum Vorbehalts- und Kündigungsproblem. Bisher hat der Ausschuß 26 solcher Kommentare vorgelegt, zwei weitere (zu Art. 3 und 12 IPBPR) sind derzeit in Beratung. Im übrigen nehmen in jeder Session die Diskussion und Stellungnahme zu bestimmten Vorgängen oder Entwürfen anderer Instanzen (z. B. andere Menschenrechtsausschüsse, → ILC) oder zur Verbesserung der eigenen Arbeitsmethoden erhebliche Zeit in Anspruch.

Grundsätze der Ausschußarbeit

Der MRA tagt dreimal pro Jahr für drei Wochen in New York oder Genf. Jede Sitzung wird durch eine Arbeitsgruppe vorbereitet, die aus Ausschußmitgliedern besteht und die eine Woche vor Beginn der Session zusammentritt. Die Sitzungen des MRA sind öffentlich, ausgenommen sind Beratung und Beschlußfassung über Individualbeschwerden und über die „Abschließenden Bemerkungen" zu den Staatenberichten.

Grundsätzlich tagt der MRA im Plenum. Es zeigt sich in der Praxis immer deutlicher, daß dieses Verfahren ungeeignet ist, mit der wachsenden Arbeitsbelastung Schritt zu halten. Die Fülle unerledigter Individualbeschwerden und der große Rückstau noch nicht diskutierter Staatenberichte (trotz häufiger Verspätung bei der Berichtsvorlage) bedrohen die Effektivität der Ausschußarbeit. Hier muß, z. B. durch ein Kammersystem, Abhilfe geschaffen werden.

Ungeachtet der die wichtigsten Rechtssysteme spiegelnden Zusammensetzung des Ausschusses (Art. 31 IPBPR) treten nach dem Ende der Ost-West-Konfrontation prinzipielle Unterschiede bei der Interpretation der Paktrechte kaum auf. Dabei ist sich der MRA durchaus bewußt, daß die garantierten Rechte sich in unterschiedlichen

Situationen bewähren müssen und menschenrechtlicher Rigorismus vermieden werden muß. Andererseits hat der Ausschuß an seiner Überzeugung, daß die Paktrechte von den Vertragsparteien nicht relativiert werden dürfen, immer festgehalten.

Der Erfolg der Ausschußarbeit hängt ganz entscheidend von ihrer Kenntnisnahme in den Vertragsstaaten ab. Für Deutschland bedeutet dies unter anderem die Forderung, daß die Rechtsmeinungen des MRA in deutscher Sprache publiziert werden müssen. Dies ist bislang nicht in ausreichendem Umfang gesichert.

Eckart Klein

Lit.: *Klein, E.* (Hrsg.): The Monitoring System of Human Rights Treaty Obligations, Berlin 1998; *McGoldrick, D.*: The Human Rights Committee, 1994; *Tomuschat, C.*: International Covenant on Civil and Political Rights, Human Rights Committee, in: Bernhardt, R. (Hrsg.), EPIL, vol. 2, Amsterdam u. a. 1995, 1115 – 1119; *Tistounet, E.*: Rapport sur la nature, les fonctions et les activités du Comité de New York, in: Revue Universelle des Droits de l'Homme, vol. 1 (1989), 50 – 61.
Internet: Homepage des MRA: http:// www.unhchr.ch/html/menu2/6/hrc.htm

Menschenrechtskommission

Die *Menschenrechtskommission der Vereinten Nationen* ist das älteste und zugleich wichtigste Organ der Vereinten Nationen in Sachen Menschenrechte. Es ist neben dem → Sicherheitsrat das politischste Gremium der UNO: die „Generalversammlung" für Menschenrechte. Bei ihren sechswöchigen Sitzungen jedes Jahr kommen mehr als 3000 Teilnehmer in Genf zusammen. Ihre Beratungen spiegeln die Rolle der → Menschenrechte, den Stand ihrer Verwirklichung in den Mitgliedstaaten – im Spannungsverhältnis von politischen Abwägungen und Opportunitäten – wider. Sie ist ein Frühwarnsystem für drohende Menschenrechtskatastrophen – auch wenn den Warnungen oft nicht gefolgt wird.

Die Menschenrechtskommission (MRK) ist institutionell eine *Sachkom-* *mission des* → *Wirtschafts- und Sozialrates der Vereinten Nationen (ECOSOC)*. Sie wurde aufgrund des Auftrages in der UN-Charta in Art. 62 Abs. 2 und Art. 68 (→ Charta der UN) an den ECOSOC, zur Förderung der Menschenrechte „erforderliche Kommissionen" einzurichten, 1946 durch den ECOSOC eingerichtet (ECOSOC Res. 5 (I) (1946)). Sie bestand damals aus 18 weisungsabhängigen Regierungsvertretern, die im Benehmen mit dem UN-Generalsekretär (→ Generalsekretär) benannt und vom ECOSOC formell bestätigt wurden. Die Anzahl der Mitglieder der MRK wurde mehrfach erhöht: 1961 auf 22, 1966 auf 32 und 1979 auf 43, 1990 auf 53. Dabei ist es bis heute geblieben.

Die *Mitglieder* werden für drei Jahre gewählt, und zwar nach folgendem regionalen Schlüssel: Afrika 15, Asien/Pazifik: 12, Lateinamerika 11, Westeuropa und andere Staaten: 10, Osteuropa: 5. Alle anderen Mitglieder der Vereinten Nationen haben → Beobachterstatus, d.h. sie können schriftliche Erklärungen zirkulieren lassen und sich an den Debatten beteiligen, haben aber kein Stimmrecht. (→ Stimmrecht/Abstimmungsverfahren) Dies gilt auch für mehrere Hundert nichtstaatliche Organisationen (→ NGOs) mit einem vom ECOSOC verliehenen Konsultativstatus. Die Sitzungen des MRK sind *öffentlich* mit der wichtigen *Ausnahme* des sog. *1503-Verfahrens*.

Die Kommission tritt einmal jährlich im Frühjahr zu einer *sechswöchigen Sitzungsperiode* in Genf zusammen. Eine Zusatzwoche steht für spezielle Arbeitsgruppen der Kommission zur Verfügung. Die MRK kann darüberhinaus durch den ECOSOC zu Sondersitzungen einberufen werden, um sich mit besonders flagranten Menschenrechtsverletzungen zu befassen. In den letzten Jahren hat der ECOSOC dementsprechend regelmäßig zusätzliche Sitzungen bewilligt.

Aufgabenstellung

Der MRK wurde 1946 bei ihrer Gründung folgende Aufgabenstellung zugewiesen:
- Ausarbeitung eines internationalen Menschenrechtskodex (Universal Bill of Rights)
- Ausarbeitung internationaler Deklarationen und Konventionen über Bürgerrechte, die Rechtsstellung der Frau, die Informationsfreiheit u.a.m.
- → Minderheitenschutz
- Verhinderung von Diskriminierungen aller Art, die nicht von den Kategorien a) bis c) erfaßt wurden
- Ausarbeitung von Empfehlungen und Studien zum → Menschenrechtsschutz
- Informations- und Beratungsdienste den UN-Mitgliedstaaten auf Bitten des ECOSOC bereitzustellen

1979 wurde dieses Aufgabenfeld durch den ECOSOC um einen wesentlichen Punkt erweitert: Der MRK wurde die Aufgabe übertragen, die *Koordinierung aller Menschenrechtsaktivitäten* der Vereinten Nationen zu übernehmen.

Bei der Erfüllung dieser Aufgaben wird die MRK von ihrer 1947 eingerichteten *Unterkommission für die Verhütung von Diskriminierung und den Schutz von Minderheiten* ("Sub-Commission on Prevention of Discrimination and Protection of Minorities") unterstützt. Deren 26 Mitglieder werden von den UN-Mitgliedstaaten für eine dreijährige Wahlperiode nominiert und von der MRK gewählt. Im Gegensatz zur MRK werden die Mitglieder der Unterkommission als weisungsunabhängige Experten bestellt, die nur aufgrund ihrer persönlichen Qualifikation ausgewählt werden. Die Unterkommission tritt jährlich im Sommer für vier Wochen zusammen und erarbeitet für die MRK Studien und Empfehlungen, die inzwischen über das Thema der Diskriminierung weit hinausgehen und das gesamte Spektrum der MRK-Aktivitäten im Menschenrechtsschutz umfassen. Der ECOSOC kann der Unterkommission auch unmittelbare Untersuchungsaufträge erteilen.

Schwerpunkte der Arbeit der Menschenrechtskommission

Betrachtet man die bisherige Arbeit der MRK, so lassen sich unterschiedliche Schwerpunkte feststellen:

Am Anfang stand die Entwicklung grundlegender *Menschenrechtsnormen* in der Allgemeinen Erklärung der Menschenrechte (→ Menschenrechte, Allgemeine Erklärung der), dem Internationalen Pakt über wirtschaftliche soziale und kulturelle Rechte (→ Menschenrechtskonventionen, Internationaler Pakt für wirtschaftliche, soziale und kulturelle Rechte) und dem Internationalen Pakt über bürgerliche und politische Rechte (→ Menschenrechtskonventionen, Internationaler Pakt für bürgerliche und politische Rechte) im Mittelpunkt.

Ab Mitte der 50er Jahre verlagerte sich der Schwerpunkt der Arbeit auf die Förderung der Menschenrechte in der Praxis, auf den Menschenrechtsschutz. Es wurde ein *Berichtssystem* aufgebaut, in welchem von der MRK eingesetzte Berichterstatter entweder die Menschenrechtslage in einem Land beobachten sollen, dazu Gespräche mit der Regierung, NGOs und Drittstaaten führen (sog. *Länderberichterstatter*) und in einem Bericht zusammenfassen oder einen bestimmten Problembereich der Menschenrechte, z.B. willkürliche Hinrichtungen oder das Verschwindenlassen von Personen in denjenigen Ländern zu untersuchen, in denen nach NGO-Informationen gehäuft Menschenrechtsverletzungen in diesem Bereich vorkommen (sog. *thematische Berichterstatter*). Im letzteren Fall wurden häufig auch ganze Arbeitsgruppen gebildet (vgl. Menschenrechtsschutz).

Ab Mitte der 60er Jahre rückte eine weitere Aufgabe der MRK in das Zentrum der Arbeit, der konkrete Schutz von Einzelnen und Gruppen, die von massiven Menschenrechtsverletzungen betroffen waren. Dazu wurden – nach kontroversen Debatten mit Staaten, die solche Kontrollen nicht wünschten – besondere *Beschwerdeverfahren* entwickelt, insbesondere das sog. *1503-Verfahren*. Ursprünglich hatte der

ECOSOC nämlich der MRK nicht die Kompetenz zugebilligt, Mitteilungen über Menschenrechtsverletzungen von Einzelpersonen oder Gruppen entgegenzunehmen und sich zu Menschenrechtsverletzungen in einzelnen Mitgliedstaaten konkret zu äußern. Nach einer jahrelangen Debatte in der MRK, wie man mit der großen Zahl von vertraulichen Mitteilungen umgehen solle, die den UN-Generalsekretär über Menschenrechtsverletzungen erreichten, einigte man sich 1959 auf ein Verfahren, bei dem die MRK in nichtöffentlichen Sitzungen die Mitteilungen zur Kenntnis nehmen, aber keinerlei Maßnahmen ergreifen konnte. Erst 1970 konnte man im ECOSOC mit Resolution 1503 einen Konsens erzielen, der MRK zu gestatten, sich in nichtöffentlichen Sitzungen konkret mit den Mitteilungen zu befassen, d.h. nach schriftlicher oder mündlicher Anhörung der beschuldigten Regierung über Maßnahmen zu entscheiden, wobei die MRK die Befugnis hat, eine Studie zur betreffenden Ländersituation in Auftrag zu geben, der schon erwähnte Länderberichterstatter, oder eine Untersuchungskommission in das entsprechende Land zu schicken. Vorausgehen muß allerdings der Beratung in der MRK ein kompliziertes Vorauswahlverfahren: die Mitteilungen, die den UN-Generalsekretär oder den Hohen Kommisar für Menschenrechte (→ Menschenrechte – Zentrum für Menschenrechte/Hoher Kommissar für Menschenrechte) erreichen, werden von einer fünfköpfigen Untergruppe der oben erwähnten Unterkommission der MRK daraufhin geprüft, ob massive und systematische Menschenrechtsverletzungen vorliegen und ob der nationale Rechtsweg ausgeschöpft ist. Erfüllen die Beschwerden die Voraussetzungen und überweist die Untergruppe sie an die Unterkommission, entscheidet das Plenum der Unterkommission über die Weiterleitung an die MRK. Dieses komplizierte Filterverfahren bewirkt, daß nur wenige der rund 25.000 Beschwerden jährlich die MRK erreichen. Dennoch hat dieses Verfahren in einer ganzen Reihe von Fällen dazu geführt, daß sich Mitgliedstaaten vor der MRK – wenn auch nicht-öffentlich - verantworten mußten. Schließlich spielt für die Staaten auch eine nicht unerhebliche Rolle, daß jährlich eine Liste veröffentlicht wird, welche Länder sich gerade im 1503-Verfahren befinden.

Ab Mitte der 70er Jahre kamen schließlich zunehmend die *Verwirklichung wirtschaftlicher, sozialer und kultureller Menschenrechte* und ihr Zusammenhang mit dem Genuß der politischen Freiheitsrechte in das Zentrum der Diskussion.

Ab Anfang der 90er Jahre kamen – im Zusammenhang mit der Vorbereitung und Durchführung der Weltmenschenrechtskonferenz in Wien 1993 – zwei neue wichtige Diskussionspunkte hinzu: die Frage der *Universalität* der Menschenrechte und die sog. *Menschenrechte der Dritten Generation*, v.a. des Rechts auf Entwicklung und des Rechts auf Demokratie: Die Gegner der Universalität versuchten, die Anwendbarkeit des Prinzips der universellen Gültigkeit der Menschenrechte – eine Grundvoraussetzung für eine effektive Arbeit der MRK – unter Hinweis auf besondere Bedingungen ökonomischer, sozialer, kultureller oder religiöser Art zu relativieren, d.h. in der Regel die ungenügende Verwirklichung von Menschenrechten zu rechtfertigen und Menschenrechtsverletzungen in ihren Staaten damit zu entschuldigen. Auf der Wiener Menschenrechtskonferenz 1993 (→ Weltkonferenzen) konnten gegen heftigen Widerstand das Prinzip der → Universalität – und damit die Arbeitsgrundlage der MRK – bekräftigt werden. Ebenso wurde in Wien eine andere Gruppe von Menschenrechten in den Mittelpunkt gerückt, die für die zukünftige Arbeit der MRK wachsende Bedeutung erlangen werden, die „Menschenrechte der Dritten Generation": Das Recht auf Entwicklung wurde als Menschenrecht bestätigt, weil eine ausreichende wirtschaftliche, soziale und kulturelle Entwicklung eine Voraussetzung für den Genuß der individuellen Menschenrechte bildet –

Entwicklungshilfe der reichen Länder ist also letzten Endes ein Beitrag zum Schutz der Menschenrechte. Dies haben die Industrieländer in Wien im Schlußdokument mit unterschrieben, während andererseits viele Länder der Dritten Welt akzeptiert haben, daß die Staatsform der Demokratie eine Grundvoraussetzung für den Genuß der Menschenrechte bildet und der Bevölkerung nicht mit dem Hinweis auf einen mangelnden wirtschaftlichen Entwicklungsstand verweigert werden kann. Diese Diskussion wird auch weiterhin die Debatten in der MRK in den nächsten Jahren entscheidend mitprägen.

Bedeutung der MRK für den Menschenrechtsschutz

Die wichtigste Arbeit der MRK ist die jährliche Bestandsaufnahme der Menschenrechtslage weltweit. Basis dafür ist die *Sammlung und Bewertung von Informationen*, die Regierungen, Sonderberichterstatter der MRK oder NGOs zur Verfügung stellen. Neben einer Flut offizieller Dokumente (annähernd 4000 Seiten während der Sitzungsperiode 1998) werden solche Informationen in mündlichen Erklärungen präsentiert. In öffentlicher Debatte werden sowohl bestimmte Themenaspekte wie Folter, Kinderhandel o.ä. als auch die Menschenrechtssituation in vielen Ländern der Welt angesprochen – 1998 z.B. 200 konkrete Situationen in Ländern und Regionen, in den schwere Menschenrechtsverletzungen stattgefunden haben.

Mit diesen Debatten erfüllt die MRK eine Art „Glashausfunktion": konkrete Menschenrechtsverletzungen in einzelnen Staaten werden transparenter, die Menschenrechtspolitik der betroffenen Regierung wird zum Thema öffentlicher Auseinandersetzungen. Die in ihren Rechten verletzten Menschen werden durch die öffentliche Aufmerksamkeit ermutigt, z.T. auch geschützt.

Die Debatten können im günstigsten Fall auch eine Art „Katalysatorfunktion" haben, d.h. die Bereitschaft der betroffenen Regierung zu einem Einlenken, z.B. zur Freilassung von Inhaf-

tierten oder zur Überarbeitung von Gesetzen etc. erhöhen. Dies gilt vor allem dann, wenn auch andere Institutionen Druck in dieser Richtung auf den Staat ausgeübt haben.

Nicht unbeträchtlich hat sich die Wirksamkeit der Arbeit der MRK dadurch erhöht, daß die alten, über lange Jahre existierenden Positionen der Mitgliedsländer, die sich oft an ihren jeweiligen „Blöcken" oder an ihrer Interessenposition als Industrie- oder Entwicklungsland orientierten, sich zunehmend aufgelockert haben, da sie sich in einem Umbruchprozeß befinden. Einige Regionalmächte der Dritten Welt, z.B. Indien, Südafrika und Brasilien, haben in den letzten Jahren eigenständige, moderate Positionen entwickelt, suchen den Dialog mit denjenigen westlichen Staaten, die ebenfalls nach einem Konsens suchen, und mit den Staaten Osteuropas. Auf Seiten der westlichen Industriestaaten zeichnet sich diese kompromißbereite Gruppe, zu der auch Deutschland zählt, durch die Bereitschaft zur Zusammenarbeit mit den Staaten der Gruppe der 77 (→ Gruppe der 77 und die UN) bei den wirtschaftlichen und sozialen Menschenrechten und durch einen Verzicht auf plakative Verurteilungen von Staaten aus. Dadurch haben sich die Möglichkeiten der MRK verbessert, weil dieser informelle Stil der gruppenübergreifenden Zusammenarbeit in vielen Punkten Mehrheitsentscheidungen ermöglicht hat, die vorher am Gruppendenken gescheitert waren.

Eine sehr wichtige Voraussetzung für die Wirksamkeit der MRK ist ihre Einbindung in das gesamte → UN-System. Das bedeutet, daß die Entscheidungen der MRK auch in ihren übergeordneten Gremien, d.h. dem ECOSOC und dem 3. Ausschuß der Generalversammlung (→ Ausschußsystem), mitgetragen werden müssen. Während der ECOSOC oft den Ergebnissen der MRK zustimmt, kommt es nicht selten in der Generalversammlung auf Grund des Abstimmungsverhaltens vieler Staaten, die sowohl in der MRK als auch im ECOSOC nicht vertreten sind, zu anderen Mehrheiten. Dadurch wurden eine Reihe wichtiger Vorhaben bei der Weiterentwicklung der Menschenrechtsstandards deutlich verzögert.

Ebenso verweigert der 5. Ausschuß, der Finanzausschuß der Generalversammlung, der MRK oft die erforderlichen Finanzmittel für die Umsetzung neuer Studien- oder Untersuchungsaufträge (→ Haushalt).

Was diesen heiklen Punkt der Umsetzung der MRK-Beschlüsse angeht, ist die Schaffung des Postens des *Hohen Kommissars für Menschenrechte* 1993 eine Stärkung für die Rolle der MRK, weil der Hohe Kommissar neben der Koordinierung der Arbeit der Menschenrechtsinstitutionen als weitere Aufgabe die Integration der Menschenrechtsarbeit in die Arbeit der Vereinten Nationen insgesamt übernommen hat

Fazit

Die MRK wirkt letztlich durch ihre moralische Autorität und mitunter auch dann, wenn Initiativen angesichts der Mehrheitsverhältnisse erfolglos bleiben. Am wirkungsvollsten ist sie, wenn sie den Standpunkt der Opfer von Menschenrechtsverletzungen zu ihrer Sache macht. Die MRK registriert durch ihr Berichterstattersystem die Fakten, aber durch ihre Stellungnahme *bewertet* sie die Fakten ganz im Sinne des Kantschen Weltbürgerrechts, nach der „die Rechtsverletzung an einem Platz der Erde an allen gefühlt wird." Die MRK schafft Bewußtsein und Öffentlichkeit. Sie ermöglicht die öffentliche Kontroverse - unter Einbeziehung der NGOs. Sie ist das wichtigste Forum für den Hohen Kommissar für Menschenrechte. Sie schafft Berufungsgrundlagen für Verfolgte und setzt Regierungen unter Rechtfertigungsdruck.

Dies geschieht alles, jedoch durchaus nicht optimal: Die öffentliche Wirkung der MRK ist leider beschränkt, sie wird von der öffentlichen Meinung in den UN-Mitgliedstaaten und in ihren Parlamenten kaum zur Kenntnis genommen. Deutschland bildet hier eine rühmliche Ausnahme, weil der UN-Unterausschuß im Deutschen Bundes-

tag (→ Deutscher Bundestag, Unterausschuß für die Vereinten Nationen) sich regelmäßig von der MRK berichten läßt und auch regelmäßig nach Genf kommt. Wünschenswert wäre daher eine Verbesserung der Informationen über die Arbeit der MRK sowohl innerhalb des UN-Systems als auch in den UN-Mitgliedstaaten.

Gerhart R. Baum/Helmut Volger

Lit.: *Baum, R./Riedel, E./Schaefer, M. (Hrsg.):* Menschenrechtsschutz in der Praxis der Vereinten Nationen, Baden-Baden 1998; *Roth, C./Volger, H.:* Die Reform des VN-Systems im Bereich der Menschenrechte, in: Hüfner, K. (Hrsg.): Die Reform der Vereinten Nationen, Opladen 1994, 141-172.
Internet: Homepage der Menschenrechtskommission: http://www.unhchr.ch/html/menu2/2/chr.htm; Dokumente der MRK: http://www.unhchr.ch/html/menu4/chrrep.htm

Menschenrechtskonventionen und ihre Durchführungsorgane

Traditionell waren die Gewährleistungen der → *Menschenrechte* ausschließlich Sache der Staaten im Rahmen ihrer nationalen Rechtsordnungen. Mit der Gründung der UNO im Jahre 1945 rückte der Gedanke in den Vordergrund, daß Friedensbewahrung (→ Friedenssicherung) und → Menschenrechtsschutz in einem Zusammenhang stehen, daß durch massive Verletzungen von Menschenrechten der Frieden bedroht ist und die Staaten durch internationale Instrumente die Einhaltung der Menschenrechte bewirken können. Mit der UN-Charta (→ Charta der UN) wurde der Weltorganisation die Aufgabe übertragen, zur Achtung und Verwirklichung der Menschenrechte beizutragen. Damit hat die UN-Charta die Voraussetzung zur *Internationalisierung der Menschenrechte* geschaffen, die sich durch völkerrechtliche Verträge (→ Völkerrechtliches Vertragsrecht) und durch Aktivitäten der Organe der UN (→ UN-System; → Haupt-/Neben-/Vertragsorgane) mehr und mehr zu einer internationalen Menschenrechtsordnung verdichten.

Das Völkervertragsrecht erstreckt sich inzwischen auf 25 Menschenrechtsübereinkommen. Die Zahl 25 ergibt sich aus der Aufstellung, die die UN im Hinblick auf die Unterzeichnung und Ratifizierung von Menschenrechtsübereinkommen vornehmen (*United Nations:* Human Rights: International Instruments, (Stand bis zum 31. Dezember 1997), UN Doc/ST/HR/ 4/Rev. 16) und die im Verhältnis zu anderen Bereichen des Völkerrechts zahlenmäßig den größten Teil universell angelegter Verträge einnehmen (→ UNTS - United Nation Treaty Series). Der Umfang der Menschenrechtsnormen nach materiellem Recht ist weit gesteckt. Es gibt kaum einen sozialen Bereich, der nicht durch Menschenrechte normiert ist. Besondere Hervorhebung verdienen: die → Konvention über die Verhütung und Bestrafung des Völkermordes vom 9.12.1948, das → Internationale Übereinkommen zur Beseitigung jeder Form von Rassendiskriminierung vom 07.03.1966, der → Internationale Pakt über bürgerliche und politische Rechte vom 19.12.1966, der → Internationale Pakt über wirtschaftliche, soziale und kulturelle Rechte vom 19.12.1966, das →Übereinkommen zur Beseitigung jeder Form von Diskriminierung der Frau vom 18.12.1979, das → Übereinkommen über die Rechte des Kindes vom 20.11.1989 und das → Übereinkommen gegen Folter und andere grausame und unmenschliche oder erniedrigende Behandlung oder Strafe vom 10.12.1984 (Alle Querverweise in diesem Abschnitt beziehen sich auf das Hauptstichwort „Menschenrechtskonventionen").

Wenn man aber auf die Fülle der Menschenrechtsübereinkommen schaut und zur Kenntnis nimmt, daß fast alle Lebensbereiche in menschenrechtliche Regelungsnormen umgesetzt und auch einige Menschenrechte mehrfach fixiert worden sind, sind die *Regelungen zur Durchführung* im Verhältnis dazu gering ausgebildet. Während der Prozeß der *Rechtssetzung* im Bereich der Menschenrechte im wesentlichen als abgeschlossen gelten kann, muß es weiterhin

darum gehen, die *Durchsetzungsmechanismen* effizienter zu gestalten. Die zur Durchführung berufenen Vertragsorgane sind bei ihrer Arbeit weitgehend auf die Unterstützung durch die betroffenen Staaten angewiesen. Als Verfahren zur Förderung und zum Schutz der Menschenrechte, zur Prävention von Menschenrechtsverletzungen und zur Überwachung der Menschenrechtslagen in den Staaten sehen die verschiedenen Übereinkommen *Berichtsverfahren* und *Beschwerdeverfahren* vor, wobei das Berichtsverfahren am meisten erprobt und akzeptiert ist.

Die Regelform der *Durchsetzungsverfahren* sind die *Berichtsverfahren*, d.h. *Staatenberichte* werden den Expertenausschüssen vorgelegt und dort diskutiert. Dabei beschränken sich die Ausschüsse bei ihrer Arbeit aber nicht nur auf die Information der Staaten, sondern erhalten diese auch von → NGOs. Die berichtenden Staaten sind interessiert, vor dem jeweiligen Ausschuß im guten Licht zu erscheinen und nicht unter Rechtfertigungsdruck zu geraten. Die in einigen Konventionen vorgesehenen *Beschwerdeverfahren* in Gestalt der *Staatenbeschwerden* und *Individualbeschwerden* finden nur dann Anwendung, wenn sich die Staaten diesen Regelungen gesondert unterworfen haben. Allerdings wird die *Staatenbeschwerde* von den Staaten kaum genutzt - sie haben kein Interesse daran, sich gegenseitig zu bezichtigen. Dagegen wird das *Individualbeschwerdeverfahren* von Einzelpersonen zunehmend in Anspruch genommen. Es endet mit einer für die betreffenden Staaten unverbindlichen Stellungnahme, die allerdings nicht mehr bewirken kann, als von seiten des Expertenausschusses auf eine Einhaltung der Konventionsrechte durch entsprechendes innerstaatliches Handeln hinzuweisen. Insgesamt liegen die Stärken des völkerrechtlichen Menschenrechtsschutzes in der *präventiven Wirkung*, die die Verfahren vor den Durchführungsorganen und die Einschätzung der Menschenrechtslagen in einzelnen Ländern durch die Ausschüsse haben.

Der *Internationale Pakt über wirtschaftliche, soziale und kulturelle Rechte* verfügt ausschließlich über ein Berichtsverfahren als Durchsetzungsinstrument der Vertragsverpflichtungen, dessen Durchführung dem *Ausschuß für wirtschaftliche, kulturelle und soziale Rechte (Committee on Economic, Social and Cultural Rights - CESCR)* obliegt. Das *Internationale Übereinkommen zur Beseitigung jeder Form von Rassendiskriminierung*, in dessen Rahmen der *Ausschuß für die Beseitigung der Rassendiskrimierung (Committee on the Elimination of Racial Discrimination - CERD)* wirkt und das *Übereinkommen gegen Folter*, auf deren Rechtsgrundlage der *Ausschuß gegen Folter (Committee against Torture – CAT)* eingerichtet wurde, verfügen neben dem Berichtssystem auch über ein Beschwerdesystem. Ein enger funktionaler Zusammenhang besteht zwischen Berichts- und Beschwerdeverfahren, soweit beide, wie beim CERD und CAT, im Rahmen einer Konvention vorgesehen sind. Dabei umfaßt das stets als *obligatorisches Verfahren* eingerichtete Berichtssystem mehr Staaten als das *fakultative Beschwerdeverfahren.* Eine Verknüpfung zwischen beiden Verfahren ergibt sich dadurch, daß die Überwachungsorgane auch Berichte verlangen können, die auf die Befolgung von Verpflichtungen gerichtet sind, deren Verletzungen im Individualbeschwerdeverfahren festgestellt wurden. Das Prüfungsverfahren der Staatenberichte wird in den einzelnen Konventionen nicht im einzelnen geregelt, doch finden diese Verfahren als öffentliche Verhandlungen statt. Die Öffentlichkeit des Verfahrens hat zur Folge, daß auch die Sitzungsprotokolle öffentlich gemacht werden. Die Prüfung in einem vom jeweiligen Ausschuß der eingesetzten Kontrollgremium erfolgt durch ein Fragerecht, das nicht genehmigt zu werden braucht. Umgekehrt sind die berichterstattenden Staaten nicht gezwungen, auf jede gestellte Frage einzugehen. Was die Beteiligung der → Sonderorganisationen der UN anbetrifft, geht der CESCR am weitesten,

das ihnen das Recht einräumt, am Ende der Berichtsprüfung allgemeine Erklärungen über Gegenstände abzugeben, die in seinen Zuständigkeitsbereich fallen. Den NGOs steht es frei, dem Prüfungsgremium Material über den Staat, der zur Berichtsprüfung ansteht, zuzuleiten. Selbstverständlich können die NGOs an den öffentlichen Sitzungen der Prüfungsgremien teilnehmen. Außerdem machen sie auch von der Möglichkeit Gebrauch, mit den Experten der Gremien private Gespräche zu führen. Das Recht zur schriftlichen Stellungnahme hat der CESCR durch eine Regelung in seiner Verfahrensordnung bisher nur den NGOs eingeräumt. Der CESCR hat darüber hinaus die Praxis, die allerdings in der Konvention selbst nicht ausdrücklich geregelt ist, abschließende Feststellungen vorzunehmen. Der CAT gibt allgemeine Bemerkungen im Rahmen eines eigenen Berichts ab. Der CERD hat die Möglichkeit, auf der Grundlage der Staatenberichte Vorschläge zu machen und Empfehlungen abzugeben. Die *Konvention über die Verhütung und Bestrafung des Völkermordes* verfügt nicht über eigene Durchsetzungsorgane, sondern sie verweist auf die zuständigen Organe der UN, die sich nach Aufforderung durch die Vertragsparteien mit der Frage befassen können, welche geeigneten Maßnahmen gegen Völkermordhandlungen ergriffen werden sollen.

Martina Haedrich

Lit.: *Alston P.:* The UN's Human Rights Record: From San Francisco to Vienna and Beyond, in: HRQ 16 (1994), 376-388; *Haedrich, M.:* Von der Allgemeinen Erklärung der Menschenrechte zur internationalen Menschenrechtsordnung - ein Überblick, in: JA 31 (1999), 251-260; *Karl, W.:* Besonderheiten der internationalen Kontrollverfahren zum Schutz der Menschenrechte, in: Aktuelle Probleme des Menschenrechtsschutzes. Berichte der Deutschen Gesellschaft für Völkerrecht, Band 33, Heidelberg 1994, 83-128; *Oberleitner, G.:* Menschenrechtsschutz durch Staatenberichte. Europäische Hochschulschriften, Reihe 2 Rechtswissenschaft, Bd. 2394, Frankfurt/M. u. a. 1998; *Seidel, G.:* Handbuch der Grund-

und Menschenrechte auf staatlicher, europäischer und universeller Ebene, Baden-Baden 1996; *Simma, B.:* Die internationale Kontrolle des UN-Paktes über wirtschaftliche, soziale und kulturelle Rechte, neue Entwicklungen. Fs. Bernhardt, Heidelberg 1994, 5-26; *United Nations:* Human Rights: International Instruments: Chart of Ratifications as at 31 December 1997, New York 1998, UN Doc. ST/HR/4/Rev. 16.
Internet: Eine Zusammenstellung aller internationalen Menschenrechtsinstrumente mit Links bietet: http://www.unhchr.ch/html/intlinst.htm; einen guten Überblick über das Hohe Kommissariat für Menschenrechte, die wichtigsten Menschenrechtskonventionen und ihre Durchführungsorgane: http://www.unhcrhr.ch/ hrostr. htm

Menschenrechtskonventionen, Internationaler Pakt über bürgerliche und politische Rechte

Allgemeine Charakterisierung und Entstehung

Der Internationale Pakt über bürgerliche und politische Rechte (IPBPR) (UNTS Bd. 999, 171; BGBl. 1973 II, 1534) und seine beiden Fakultativprotokolle bilden zusammen mit dem Internationalen Pakt über wirtschaftliche, soziale und kulturelle Rechte (IPWSKR) das Kernstück des normativen → Menschenrechtsschutzes auf der universellen Ebene (→ Menschenrechtskonventionen, Internationaler Pakt über wirtschaftliche, soziale und kulturelle Rechte). Gemeinsam mit der Allgemeinen Erklärung der Menschenrechte (AEMR) von 1948 (→ Menschenrechte, Allgemeine Erklärung der) verkörpern sie die „International Bill of Rights".

Mit der AEMR war es gelungen, den Begriff der → Menschenrechte, wie er in der → Charta der Vereinten Nationen niedergelegt war (Präambel, Art. 1, 55, 62), und damit einen wesentlichen Aufgabenbereich der Organisation zu definieren, ohne daß man sich zu dieser Zeit (1948) schon auf ein rechtlich verbindliches Instrument (Vertrag) verständigen konnte. Im Ergebnis erwies sich dieses Defizit als nützlich, da es

den Einstieg in die Gesamtdiskussion auch all den Staaten ermöglichte, die einer die staatliche Souveränität zwangsläufig zurückdrängenden Menschenrechtskonzeption skeptisch oder sogar ablehnend gegenüberstanden. Nachdem dieser rechtlich zunächst unverfänglich erscheinende Schritt aber einmal getan war, entfaltete die Idee eine solche Sogwirkung, daß der Widerstand gegen eine Normativierung der Rechte politisch nicht aufrecht zu erhalten war. Die Kontroverse verlagerte sich vielmehr auf die Frage, ob es zu einer sowohl die liberalen Freiheitsrechte als auch die wirtschaftlichen, sozialen und kulturellen Rechte umfassenden einheitlichen Kodifikation kommen sollte (so insbesondere die sozialistischen Staaten), oder ob es angemessener sei, zwei verschiedene Verträge vorzulegen. In der UN-Menschenrechtskommission (→ Menschenrechtskommission), die zunächst mit der Umsetzung der AEMR beauftragt war, setzten sich 1951 die westlichen Staaten mit ihrem Trennungskonzept durch. Die → Generalversammlung der Vereinten Nationen bestätigte diesen Kurs, übertrug aber die weitere Ausarbeitung ihrem dritten Hauptausschuß (→ Ausschußsystem) und verlangte in der Sache, daß ihr, um die gemeinsame Zielrichtung zu unterstreichen, beide Verträge gleichzeitig zur Annahme vorzulegen seien; zudem sollten möglichst viele Bestimmungen in beiden Pakten parallel gestaltet sein, darunter die Vorschrift über das → Selbstbestimmungsrecht der Völker (jeweils Art. 1), dem offenbar eine Basisfunktion für die Rechte beider Pakte zugedacht ist. Hier spiegelt sich auch die wachsende Einflußnahme der im Zuge der → Entkolonialisierung ansteigenden Zahl unabhängig gewordener Staaten. Als endlich am 16.12.1966 in der Generalversammlung über die Pakte abgestimmt wurde, gaben alle Delegationen ihre Zustimmung (GA Res. 2200A (XXI)).

Erst nahezu 10 Jahre später (23.03.1976) konnte der IPBPR in Kraft treten, nachdem die 35. Ratifikationsurkunde hinterlegt war. Die Bundesrepublik Deutschland gehörte von Anfang an zu den Vertragsparteien. Heute zählen 144 Staaten zur Vertragsgemeinschaft. Von den großen Staaten gehört nur die VR China noch nicht dazu, sie hat aber nunmehr den Pakt unterzeichnet, wenngleich noch nicht ratifiziert.

Der IPBPR wird durch eine Präambel eingeleitet, in der auf die UN-Charta und die AEMR ebenso ausdrücklich Bezug genommen wird, wie auf die in der Parallelkonvention vereinbarten wirtschaftlichen, sozialen und kulturellen Rechte. Der weitere Text ist fünf Teile gegliedert. Teil I besteht nur aus der dem Selbstbestimmungsrecht der Völker gewidmeten Vorschrift, Teil II enthält vor die Klammer gezogen allgemeine Regelungen (Art. 2 – 5). In Teil III (Art. 6-27) finden sich die eigentlichen materiellen Rechtsgewährleistungen, Teil IV enthält die Vorschriften über die Errichtung und die Aufgaben des → Menschenrechtsausschusses (Art. 28 – 45), Teil V läßt im Sinne einer Interpretationsregel die Aufgaben der Organe der UN und ihrer → Sonderorganisationen, soweit sie mit den im Pakt enthaltenen Rechten befaßt sind (Art. 46), und das Recht der Völker, über ihre natürlichen Ressourcen zu verfügen (Art. 47), unberührt. Teil VI enthält die Schlußvorschriften.

Gleichzeitig mit dem IPBPR wurde das *Fakultativprotokoll* (UNTS Bd. 999, 302; BGBl. 1992 II, 1247), das den *Menschenrechtsausschuß* zur Prüfung von *Individualbeschwerden* ermächtigt, von der Generalversammlung angenommen, allerdings waren hier die Stimmen geteilt (66:22:38). Es konnte jedoch nach der Hinterlegung der 10. Ratifikationsurkunde gemeinsam mit dem Pakt am 23.03.1979 in Kraft treten; für die Bundesrepublik Deutschland ist es erst am 25.11.1993 wirksam geworden. Heute haben 94 Staaten das Protokoll ratifiziert.

Die Rechtsgewährleistungen

Der Katalog der geschützten Rechte (Teil III) enthält nahezu alle klassischen liberalen Grundrechte, die nach der geschichtlichen Erfahrung durch die Jahrhunderte besonderer Gefährdung ausgesetzt sind. Art. 6 schützt das Recht auf Leben; ein allgemeines Verbot der Todesstrafe ist in der Vorschrift jedoch nicht enthalten. Ein zweites *Fakultativprotokoll*, das ein solches Verbot ausspricht, ist bislang nur für 36 Staaten, darunter Deutschland (seit 1992), verbindlich geworden. Art. 7 verbietet Folter oder grausame und unmenschliche Behandlung, Art. 8 die Sklaverei oder Zwangsarbeit. Schutz vor willkürlicher Verhaftung (Art. 9 und 11), menschenwürdige Behandlung Festgenommener (Art. 10), Freizügigkeit (Art. 12), Verfahrensrechte von Ausländern (Art. 13), Recht auf faires Gerichtsverfahren (Art. 14), Verbot rückwirkender Strafe (Art. 15), Recht auf Anerkennung als Rechtsperson (Art. 16), Schutz vor willkürlichem Eingriff in das Privatleben und die Wohnung (Art. 17), Gedanken-, Gewissens- und Religionsfreiheit (Art. 18), Meinungsäußerungs- und Informationsfreiheit (Art. 19), Versammlungs- und Vereinigungsfreiheit (Art. 21, 22), Schutz der Familie und der Ehe (Art. 23), Schutz des Kindes und seines Rechts auf eine Staatsangehörigkeit (Art. 24), Recht der Staatsangehörigen, an den öffentlichen Angelegenheiten, insbesondere durch freie Wahlen, teilzunehmen (Art. 25), Schutz gegen Diskriminierung, insbesondere aus Gründen der Rasse, der Hautfarbe, des Geschlechts, der Sprache, Religion, politischen oder sonstigen Anschauung, des Vermögens, der Geburt oder des sonstigen Status (Art. 26 i. V. m. Art. 2 und 3) – alle diese Rechte sind vom Katalog mit umfaßt. Abschließend wird das in der Praxis sehr wichtige und auf völkerrechtlicher Ebene sonst wenig berücksichtigte Recht von Angehörigen einer ethnischen, religiösen oder sprachlichen Minderheit unter Schutz gestellt, gemeinsam mit anderen Angehörigen der Gruppe ihre Kultur zu pflegen, ihre Religion zu bekennen und auszuüben sowie sich ihrer eigenen Sprache zu bedienen (Art. 27).

Es ist nicht gelungen, alle in der AEMR vorgeprägten Freiheitsrechte in den Pakt zu übernehmen. Vor allem nicht aufgenommen wurden das Recht auf Asyl, das Verbot willkürlicher Entziehung der Staatsangehörigkeit, das Recht auf Eigentum und auf freie Berufswahl. Auch der in Art. 29 AEMR ausgedrückte Gedanke, daß jedermann Pflichten gegenüber der Gemeinschaft hat, wird nicht generell bestätigt, doch findet sich ein Hinweis im Zusammenhang mit der Meinungsäußerungsfreiheit (Art. 19 IPBPR), und auch die Präambel macht auf diese Dimension aufmerksam.

Tatbestandsformulierung und Einschränkungsmöglichkeiten

Für die praktische Einforderung der Menschenrechte ist die klare Umschreibung ihres Schutzbereichs ebenso maßgeblich wie die Formulierung der Beschränkungsmöglichkeiten. Hierbei ergibt sich aber kein einheitliches Bild. Während der Tatbestand mancher Rechte recht detailliert ausgestaltet ist (z. B. Art. 6, 8, 14, 25), sind andere Formulierungen in erheblichem Umfang interpretationsbedürftig (z. B. Art. 18 Abs. 1 bezüglich des Rechts auf Kriegsdienstverweigerung; Art. 12 Abs. 4 bezüglich der Definition des „eigenen Landes", in das einzureisen niemandem willkürlich versagt werden darf).

Zahlreiche Fragen stellen sich auch im Hinblick auf die zulässigen Eingriffe (Schrankenregelung). Eine allgemeine Regelung enthält Art. 5, der jeden Rechtsgebrauch ausschließt, der auf die Abschaffung der Paktrechte abzielt; ferner wird klargestellt, daß die Paktrechte nur Mindestgarantien sind und deshalb nicht zur Begründung der Einschränkung weiterreichender Menschenrechtsgarantien herangezogen werden dürfen. Bezüglich einiger Rechte werden die Eingriffsmöglichkeiten recht genau formuliert (z. B. Art. 6 Abs. 2, 12 Abs. 3, 19 Abs. 3, 21, 22

Abs. 2), in anderen Fällen werden nur willkürliche oder ohne gesetzliche Grundlage erfolgende Eingriffe untersagt (z. B. Art. 9 Abs. 1, 12 Abs. 4, 17 Abs. 1). Hier oder auch dort, wo ein „rechtmäßiger Freiheitsgebrauch" vorausgesetzt wird (z. B. Art. 12 Abs. 1, 13 Abs. 1), besteht die Gefahr, daß die Freiheitsausübung von der innerstaatlichen Rechtsgestaltung abhängig wird und „leerläuft". Insoweit ist Art. 2 Abs. 2 IPBPR das Verbot zu entnehmen, die Regel (Freiheit) zur Ausnahme, und die Ausnahme (Einschränkung) zur Regel zu machen; aus dieser Maxime ergab sich etwa die rechtliche Unzulässigkeit der nahezu vollständigen und über Jahrzehnte aufrechterhaltenen Verhinderung des Rechts, „jedes Land einschließlich seines eigenen zu verlassen" (Art. 12 Abs. 2) durch die DDR unter Berufung auf den Schutz der nationalen Sicherheit (Art. 12 Abs. 3). Manche Rechte sind absolut formuliert, kennen also keine Einschränkung (Art. 7 und 16); als unmittelbarer Ausfluß der Menschenwürde sind sie strikt geschützt und Abwägungen nicht zugänglich. Absolut formuliert ist auch das Diskriminierungsverbot (Art. 26), doch geht die Bestimmung davon aus, daß nur die sachwidrige Ungleichbehandlung eine Diskriminierung darstellt; insoweit ergeben sich die selben Schwierigkeiten wie bei der Anwendung des Gleichheitssatzes im nationalen Recht.

Eine Besonderheit stellt Art. 20 dar, der die Paktstaaten ausdrücklich auffordert, der Meinungsfreiheit Schranken zu ziehen, und zwar durch das Verbot der Kriegspropaganda und des Eintretens für nationalen, rassischen und religiösen Haß, durch das zu Diskriminierung, Feindseligkeit oder Gewalt aufgestachelt wird; zahlreiche Staaten haben gerade bezüglich dieser Bestimmung unter Hinweis auf die Bedeutung der Meinungsfreiheit einen Vorbehalt erklärt.

Von großer Bedeutung für die Rechtsgewährleistung ist Art. 4, der bei Beachtung der vorgeschriebenen Formalien in einer das Leben der Nation bedrohenden und öffentlich verkündeten Notstandssituation die zeitweilige Suspendierung der Paktrechte unter Beachtung des Verhältnismäßigkeitsprinzips zuläßt, sofern die übrigen völkerrechtlichen Verpflichtungen beachtet sind und die Notstandsmaßnahmen keine Diskriminierung herbeiführen, die allein auf besonders genannten Merkmalen (z. B. Rasse, Geschlecht oder Religion) beruhen. Einige Rechte dürfen überhaupt nicht ausgesetzt werden (z. B. Recht auf Leben, Folterverbot, Gewissens- und Religionsfreiheit), d. h. die unter Umständen gegebenen Eingriffsmöglichkeiten werden im Notstandsfall nicht erweitert.

Vorbehalte

Zahlreiche Staaten haben gegenüber dem IPBPR und den beiden Fakultativprotokollen *Vorbehalte* erklärt und damit die Reichweite ihrer Verpflichtungen eingeschränkt. Allerdings ist umstritten, ob und welche Vorbehalte zulässig sind. Während das 2. Fakultativprotokoll (Abschaffung der Todesstrafe) die Zulässigkeit von Vorbehalten klar eingrenzt, enthalten die beiden anderen Verträge keine entsprechende Klausel. Damit sind die allgemeinen völkerrechtlichen Regeln anwendbar, wie sie in der Wiener Vertragsrechtskonvention von 1969 (→ Völkerrechtliches Vertragsrecht) ihren Niederschlag gefunden haben. Was gegen Gegenstand und Zweck eines Menschenrechtsvertrages verstößt, wird oft nicht klar sein; unklar sind auch die Rechtsfolgen. Auch die Kompetenz des Menschenrechtsausschusses, hierüber Aussagen zu machen (International Covenant on Civil and Political Rights, General Comment No 24, 4 November 1994), ist von den USA, Großbritannien und Frankreich bestritten worden. Die Debatte, in die nunmehr auch die ILC eingeschaltet ist, dauert an.

Sukzession und Kündigung

Auch bei der Frage, ob Nachfolgestaaten in die Pflichten des IPBPR und der Fakultativprotokolle automatisch einrücken, haben sich interessante Entwicklungen vollzogen. Der MRA jedenfalls geht von dieser Sachlage aus, indem er den Pakt als einen quasi in den Völkern radizierten Vertrag versteht; Rechte, die die Bevölkerung eines Gebietes einmal erworben hat, können danach nicht durch Wechsel in der internationalen Verantwortung über dieses Gebiet wieder verloren gehen. Der Ausschuß hat diese Auffassung etwa bezüglich der Nachfolgestaaten der Sowjetunion und Jugoslawiens, aber auch im Hinblick auf die Rückkehr Hongkongs zu China (Volksrepublik China) im Jahr 1997 vertreten.

Eine Kündigung des IPBPR und des 2. Fakultativprotokolls ist in den Verträgen, anders als im 1. Fakultativprotokoll, nicht geregelt. Nach den allgemeinen vertragsrechtlichen Regeln ist damit eine Kündigung oder ein Rücktritt nur zulässig, wenn sich dies aus dem Willen der Vertragsparteien oder der Natur des Vertrages ergibt. Beides kann hier nicht angenommen werden. Aus diesen Gründen haben der → Generalsekretär der UN und der Menschenrechtsausschuß die Kündigung des Paktes durch Nordkorea im Jahr 1997 für unzulässig erklärt; der Ausschuß hat zusätzlich auf seine Ansicht hingewiesen, beim IPBPR handele es sich um einen quasi-dinglichen Vertrag (International Covenant on Civil and Political Rights, General Comment No. 26, 8 December 1997).

Praktische Durchführung

Der Erfolg aller Menschenrechtskonventionen hängt letztlich von der Bereitschaft der Staaten ab, ihre Verpflichtungen zu erfüllen. Beitragen hierzu können bestimmte Überwachungsmechanismen, in die internationale Instanzen eingeschaltet sind. In diesem Sinn hat der IPBPR die Konstituierung eines Menschenrechtsausschusses vorgesehen, der seit 1977 seine Funktion versieht und durch die Kontinuität seiner Arbeit erheblich dazu beigetragen hat, daß sich der Pakt – trotz aller praktischen Defizite – zum maßgeblichen menschenrechtlichen

Schutzinstrument auf universeller Ebene entwickelt hat.

Eckart Klein

Lit.: *Cohen-Jonathan, G.*: Human Rights Covenants, in: Bernhardt, R. (Hrsg.): EPIL, vol. 2, Amsterdam etc. 1995, 915 – 922; *Henkin, L.* (Hrsg.): The International Bill of Rights – The Covenant on Civil and Political Rights, New York 1981; *Nowak, M.*: UN Covenant on Civil and Political Rights. CCPR Commentary, Kehl etc., 1993; *Partsch, K. J.*: Menschenrechtspakte und ihre Durchführungsorgane, in: Wolfrum, R. (Hrsg.): Handbuch Vereinte Nationen, 2. Aufl., München 1991, 583 – 591; *de Zayas, A./Möller, T./Opsahl, T.*: Application of the International Covenant on Civil and Political Rights under the Optional Protocol by the Human Rights Committee, in: GYIL 28 (1988), 9–64.
Internet: Homepage des Hohen Kommissars für Menschenrechte der Vereinten Nationen: http://www.unhchr.ch

Menschenrechtskonventionen, Internationaler Pakt über wirtschaftliche, soziale und kulturelle Rechte

I. Entstehung und Übersicht

Wie der Internationale Pakt über bürgerliche und politische Rechte (IPBPR) (→ Menschenrechtskonventionen, Internationaler Pakt über bürgerliche und politische Rechte) ist der *Internationale Pakt über wirtschaftliche, soziale und kulturelle Rechte (IPWSKR)* auf der Grundlage der *Allgemeinen Erklärung der Menschenrechte* (AEMR) von 1948 erarbeitet worden (→ Menschenrechte, Allgemeine Erklärung der). Für die gemeinsame Behandlung in einer Konvention hatte sich keine Mehrheit gefunden. Beide Pakte sind am 16.12.1966 von der Generalversammlung aber zusammen angenommen worden (GA Res. 2200A (XXI)). Drei Monate nach der 35. Ratifikation konnte der IPWSKR (UNTS Bd. 903, 3; BGBl. 1973 II, 1570) am 03.01.1976 in Kraft treten. Heute gibt es 141 Vertragsparteien, die Bundesrepublik Deutschland gehörte von Anfang an dazu.

Um die Zusammengehörigkeit beider Pakte zu unterstreichen, sind sie in sehr ähnlicher Weise gestaltet. Die *Präambel* verweist auf die UN-Charta (→ Charta der UN), die AEMR und die bürgerlichen und politischen Rechte des Menschen. Im übrigen ist der Pakt in fünf Teile gegliedert: Teil I befaßt sich mit dem → Selbstbestimmungsrecht der Völker (Art. 1). Teil II enthält allgemeine und darum vor die Klammer gezogene Bestimmungen (Art. 2 – 5), in Teil III werden die einzelnen Rechte aufgelistet (Art. 6 – 15). Teil IV handelt von dem internationalen Überwachungsmechanismus, Teil V enthält die Schlußvorschriften.

II. Die Rechtsgewährleistungen

Die vom Pakt erfaßten Einzelrechte sind in Teil III kodifiziert, und zwar in der Reihenfolge, die der Bezeichnung des Paktes entspricht. Zunächst werden die wirtschaftlichen Rechte benannt. Es handelt sich hierbei um das Recht auf Arbeit (Art. 6), das Recht auf gerechte und günstige Arbeitsbedingungen (Art. 7), das Recht auf Koalitionsfreiheit und das Streikrecht (Art. 8) sowie das Recht auf soziale Sicherheit (Art. 9). Nicht aufgeführt, ebensowenig wie im IPBPR, ist das Recht auf Eigentum; insoweit verbleibt es beim völkerrechtlichen Schutz nach anderen Rechtsquellen.

An sozialen Rechten sind in den Katalog aufgenommen der Schutz der Familie, der Mütter, der Kinder und Jugendlichen (Art. 10), das Recht eines jeden auf angemessenen Lebensstandard und das Recht, vor Hunger geschützt zu sein (Art. 11), und das Recht auf das für jede Person erreichbare Höchstmaß an körperlicher und geistiger Gesundheit (Art. 12). Als kulturelle Rechte sind aufgeführt: Das Recht auf Bildung (Art. 13) und das Recht auf Teilnahme am kulturellen Leben und an wissenschaftlichem Fortschritt (Art. 15). Zur Realisierung des Rechts auf Bildung haben die Vertragsstaaten, die eine Grundschulpflicht auf der Grundlage der Unentgeltlichkeit noch nicht eingeführt haben, binnen zwei Jahren einen ausführlichen Aktionsplan anzunehmen und ihn in angemessener Zeit in die Tat umzusetzen (Art. 14).

Anders als die liberalen Freiheitsrechte, die in ihrer staatsabwehrenden Dimension durch Zurückhaltung des Staates respektiert werden, ist bei den im IPWSKR geschützten Rechten staatliches Tätigwerden mit z. T. erheblichen finanziellen Folgekosten erforderlich. Daraus erklärt sich, daß die Rechtsformulierungen in den wenigsten Fällen zur unmittelbaren Inanspruchnahme geeignet sind, sondern die Verpflichtung der Vertragsstaaten artikulieren, die Voraussetzungen zum Rechtsgenuß zu schaffen. Aber auch diese Verpflichtung ist nicht absolut. Art. 2 Abs. 1 verlangt insoweit von einem Vertragsstaat (nur) die „Ausschöpfung aller seiner Möglichkeiten"; Entwicklungsländern wird sogar die Entscheidung darüber überlassen, ob sie Nichtstaatsangehörigen die wirtschaftlichen Rechte garantieren wollen – eine Bestimmung, die Investoren nicht gerade ermutigen wird, die vor allem aber der Grundkonzeption der Menschenrechte widerspricht. Im Hinblick auf einzelne Rechte sind die Realisierungspflichten genauer gefaßt; dies gilt vor allem für die Verwirklichung des Rechts auf unentgeltlichen Grundschulunterricht (Art. 13, 14), wobei auch zeitliche Rahmen gesetzt werden.

Nicht immer lassen sich die im IPWSKR aufgeführten Rechte von den im anderen Pakt garantierten Freiheitsrechten klar trennen, auch dies übrigens ein Argument für die Notwendigkeit, die Rechte bei aller dogmatischen Verschiedenheit gemeinsam im Blick zu behalten. Dies gilt z. B. für das Recht, den Ehepartner frei und in vollem Einverständnis zu wählen; es ist wortgleich in beiden Pakten gewährleistet (Art. 10 Nr. 1 IPWSKR; Art. 23 Abs. 3 IPBPR). Auch das Recht, Gewerkschaften zu bilden und ihnen beizutreten, ist in beiden Pakten gesichert (Art. 8 IPWSKR; Art. 22 IPBPR). In diesen Fällen sind naturgemäß auch die Ein-

schränkungsmöglichkeiten, soweit sie überhaupt in Betracht kommen, nahezu wortgleich formuliert. Im übrigen kann sich der IPWSKR mit einer recht allgemein gefaßten Schrankenklausel (Art. 4) begnügen; die möglichen Einschränkungen sind nach Maßgabe dieser Vorschrift bei der gesetzlichen Ausgestaltung und Realisierung der Rechte mitzubedenken. Bei Art. 3 (Gleichbehandlung von Mann und Frau) und Art. 5 (Auslegungsgrundsätze) handelt es sich um nahezu wortgleiche Parallelbestimmungen zu den entsprechenden Vorschriften des IPBPR.

III. Vorbehalte, Sukzession und Kündigung

Auch im Fall des IPWSKR haben zahlreiche Staaten Vorbehalte gemacht, über deren Zulässigkeit sich aber der zuständige Ausschuß noch nicht geäußert hat. Auch die Sukzessionsfrage hat offenbar noch keine wesentliche Rolle gespielt. Eine Kündigung des Paktes ist bislang noch nicht ausgesprochen worden, doch hat sich der Ausschuß insoweit der Stellungnahme des → Menschenrechtsausschusses (MRA) bezüglich der Kündigung des IPBPR durch Nordkorea angeschlossen.

IV. Durchführung und Überwachung

Nach Art. 16 IPWSKR sind die Staaten verpflichtet, über die von ihnen getroffenen Maßnahmen und die erreichten Fortschritte zu berichten. Zunächst war vorgesehen, daß der → Wirtschafts- und Sozialrat der UN (ECOSOC) die Berichte prüfen sollte, doch erwies sich das Gremium als dafür zu groß. Man übertrug daher diese Aufgabe einer aus 15 Regierungsexperten bestehenden (und damit weisungsabhängigen) Arbeitsgruppe, doch erwies sich auch diese Form der Überwachung als viel zu wenig effektiv. Erst 1985 wurde vom ECOSOC eine Reform in Angriff genommen, die sich deutlich an der Stellung des MRA orientierte. Im Jahr 1987 nahm der neue 18-köpfige *Ausschuß für wirtschaftliche, soziale und kulturelle Rechte* (Ausschuß) seine Arbeit auf. Seine Mitglieder werden vom ECOSOC (54 Mitglieder) aufgrund eines Vorschlags der Regierungen der Paktstaaten für vier Jahre gewählt; Wiederwahl ist möglich. Die Ausschußmitglieder sind in ihrer persönlichen Eigenschaft gewählt und unabhängige Experten. Rechtlich gesehen handelt es sich dabei um ein Hilfsorgan des ECOSOC (vgl. Art. 68 UN-Charta), doch ist der Status des Ausschusses zugleich der eines „treaty body"; die juristische Verklammerung mit den UN ist aber intensiver, als es bei den anderen treaty bodies, insbesondere dem MRA, der Fall ist (→ Haupt-/Neben-/Vertragsorgane).

Die Methode der *Berichtsprüfung* entspricht ebenfalls weitgehend der des MRA. Die Diskussionen werden durch einen schriftlichen Fragenkatalog vorbereitet, es werden mündliche Zusatzfragen gestellt, der Ausschuß verabschiedet auch seit Anfang der 1990er Jahre staatenspezifische *„Abschließende Bemerkungen"*, die die Fortschritte ebenso wie die Defizite benennen und Empfehlungen aussprechen.

Auch die Probleme, mit denen sich der Ausschuß konfrontiert sieht, entsprechen denen des MRA. Doch gibt es einige Unterschiede, was deren Bewältigung angeht. So hat der Ausschuß bereits mehrfach auch bei vertragswidriger Nichtvorlage eines Berichts die Situation in dem jeweiligen Staat aufgrund des vorliegenden Materials (als Quellen kommen insbesondere Erkenntnisse von → Sonderorganisationen und nichtstaatlichen Organisationen (→ NGOs) in Betracht) geprüft und *„Abschließende Bemerkungen"* verfaßt, also eine Art In-absentia-Verfahren durchgeführt. In stärkerem Maße als es dem MRA bislang gelungen ist, hat der Ausschuß auch das fortdauernde Gespräch mit den Staaten nach Abschluß der Berichtsprüfung gesucht.

Das *Berichtsverfahren* ist das einzige dem Ausschuß zur Verfügung stehende Kontrollinstrument. Versuche, eine Art *Individualbeschwerde* in Anlehnung an das *Fakultativprotokoll* zum IPBPR zu schaffen, sind bislang am Widerstand der Staaten gescheitert.

Eine eher allgemeine Form, auf die Vertragsstaaten einzuwirken, ihnen Maßstäbe für die Realisierung der zugesagten Rechte und für die Berichterstattung zu bieten, sind die *„Allgemeinen Bemerkungen"* (General Comments), die der Ausschuß gelegentlich vorlegt, z. B. zur Natur der Konventionsverpflichtungen, zum Recht auf Wohnung oder zur innerstaatlichen Anwendung des Paktes. Bislang sind 10 „Allgemeine Bemerkungen" beschlossen worden, weitere (z. B. zum Recht auf Nahrung) sind in Vorbereitung.

Eckart Klein

Lit.: *Craven, M. C. R.:* The International Covenant on Economic, Social and Cultural Rights, Oxford 1995; *Coomanns, F./Hoof, F. van (Hrsg.):* The Right to Complain about Economic, Social and Cultural Rights, SIM Special No. 18, Utrecht 1995; *Eide, A./Krause, C./Rosas, A. (Hrsg.):* Economic, Social and Cultural Rights, Dordrecht 1995; *Matscher, F.:* Die Durchsetzung wirtschaftlicher und sozialer Menschenrechte, Kehl 1991; *Simma, B.:* The Examination of State Reports: International Covenant on Economic, Social and Cultural Rights, in: Klein,E. (Hrsg.): The Monitoring System of Human Rights Treaty Obligations, Berlin 1998, 31–48.
Internet: Homepage des CESCR: http://www.unhchr.ch/html/menu2/6/cescr.htm

Menschenrechtskonventionen, Internationales Übereinkommen zur Beseitigung jeder Form von Rassendiskriminierung

Das *„Übereinkommen zur Beseitigung jeder Form der Rassendiskriminierung"* (International Convention on the Elimination of All Forms of Racial Discrimination) (UNTS Bd. 660, 195; BGBl. 1969 II, 962), am 07.03.1966 verabschiedet, trat schon drei Jahre später in Kraft. Als Rassendiskriminierung wird jede auf Rasse, Hautfarbe, Abstammung, nationalen Ursprungs oder dem Volkstum beruhende Unterscheidung, Ausschließung, Beschränkung oder Bevorzugung, die zum Ziel oder zur

Folge hat, daß dadurch ein gleichberechtigtes Anerkennen, Genießen oder Ausüben von → Menschenrechten und Grundfreiheiten im politischen, wirtschaftlichen, sozialen, kulturellen oder jedem sonstigen Bereich des öffentlichen Lebens vereitelt oder beeinträchtigt wird, verstanden (Art. 1 Abs. 1). Auf Unterscheidungen, Ausschließungen oder Beschränkungen, welche die Vertragsstaaten zwischen ihren eigenen und fremden Staatsangehörigen vornehmen, findet die Konvention keine Anwendung, d. h. umgekehrt, daß Ausländer anders behandelt werden dürfen (Art. 1 Abs. 2). Der Besonderheit der Rassendiskriminierung, die im Vergleich zur Diskriminierung aus anderen Gründen auf eine Anzahl von Menschenrechten Auswirkungen hat, ist mit einer Liste dieser Rechte in Art. 5 entsprochen worden, die der Allgemeinen Erklärung der Menschenrechte (→ Menschenrechte, Allgemeine Erklärung der) folgt und Freiheitsrechte mit wirtschaftlichen, sozialen und kulturellen Rechte verbindet.

Gemäß Art. 2 sind die Staaten verpflichtet, eine Politik zur Beseitigung der Rassendiskriminierung und zur Förderung des Verständnisses unter den Rassen durchzuführen. Zu diesem Zweck werden verschiedene, nicht abschließend bestimmte Methoden und Wege genannt, wie die Verpflichtung keine dem Rassendiskriminierungsverbot widersprechende Handlungen oder Praktiken von Behörden und keine Unterstützung von Anhängern der Rassenlehre und ihren Organen zuzulassen und Rechtsvorschriften zu ändern, aufzuheben oder für nichtig zu erklären, die eine Rassendiskriminierung bewirken. Des weiteren sind Vorkehrungen zu treffen, daß Rassendiskriminierung auch im Verkehr unter Privaten nicht stattfinden kann. Die von den Staaten zu ergreifenden Maßnahmen sind weitgehend in ihr Ermessen gestellt. Die hier aufgeführten Verpflichtungen erstrecken sich auf den Hoheitsbereich der Staaten, haben aber auch extraterritoriale Wirkung. Hinge-

gen beziehen sich die Verpflichtungen der Staaten, insbesondere Segregation, Apartheid und alle derartigen Praktiken zu verhindern, zu verbieten und auszumerzen, ausdrücklich auf die Hoheitsgebiete der Staaten (Art. 3). Um dieser Verpflichtung der Staaten, die eine der wenigen ist, der *unmittelbare Rechtswirkung* zukommt und deshalb auch *innerstaatlich direkt Anwendung* findet, auch *extraterritoriale Wirkung* zu verleihen, wird die Formulierung der Präambel herangezogen, in der es heißt, daß die Staaten entschlossen sind, eine internationale Gemeinschaft zu schaffen, die frei ist von jeder Form der Rassentrennung und Rassendiskriminierung. Die → Generalversammlung hatte diese Interpretation von Art. 3 in Bezug auf die Beziehungen zu dem Apartheidregime in Südafrika ausdrücklich gebilligt.

Zur *Durchführung der Konvention* steht der *Ausschuß für die Beseitigung der Rassendiskriminierung* (*Commitee on the Elimination of Racial Discrimination -CERD)* mit 18 Sachverständigen zur Verfügung (Art. 8 Abs. 1), die von den Vertragsstaaten für jeweils vier Jahre gewählt werden (Abs. 5 a). Er wurde 1970, also schon sechs Jahre früher als der → Menschenrechtsausschuß zum → Internationalen Pakt über bürgerliche und politische Rechte, eingesetzt. Formell gesehen ist der Ausschuß ein Organ der Vertragsstaaten, allerdings mit der Besonderheit, daß sein Sekretariat vom → Generalsekretär der UN ausgeübt wird und dieser allen formellen Beschlüssen (Zeit und Ort der Sitzung, Finanzen) seine Zustimmung geben muß. Die Leistungen des Sekretariats werden aus dem → Haushalt der UN finanziert und Aufwendungen der Experten werden einem Sonderfonds, der sich aus den Beiträgen der Vertragsstaaten ergibt, entnommen (Art. 8 Abs. 6). Allerdings kommen viele Staaten den Beitragsverpflichtungen nicht mehr nach, so daß der Ausschuß sein Sitzungsprogramm nicht voll erfüllen kann.

Die Aufgabe des CERD besteht *erstens* in der Prüfung der periodisch abzufassenden *Staatenberichte* (Art. 9 Abs. 1). *Zweitens* hat er die Funktion, *Staatenbeschwerden* entgegenzunehmen und gem. Art. 11–13 Verfahren der Streitschlichtung (→ Streitbeilegung, friedliche) vorzunehmen. Wenn sich der CERD mit einer Sache befaßt (Art. 11 Abs. 3), kann er sich auch über den materiellen Gehalt der an ihn ergangenen Mitteilung äußern. Diese Phase des Verfahrens schließt der Ausschuß nicht mit einem Beschluß, sondern mit einem Bericht ab. Erforderliche Tatsachenmitteilungen und das Angebot der „guten Dienste" machen dann die folgende Phase des Verfahrens aus, in der die Schiedskommission aktiv wird. Die Schiedskommission darf im Ergebnis ihrer Arbeit Empfehlungen äußern, die sie zur gütlichen Beilegung des Streites für angebracht hält (Art. 13 Abs. 1). Der CERD hat also das Recht, eine bestimmte Lösung zu empfehlen. Außerdem kann er die Beteiligten auffordern, sich innerhalb von 3 Monaten zu äußern. *Drittens* obliegt dem CERD die Prüfung von *Individualbeschwerden* gegenüber Staaten, die sich diesem Verfahren unterworfen haben (Art. 14). Bisher haben 24 Staaten eine solche Unterwerfungserklärung abgegeben. Zum Abschluß des Prüfungsverfahrens hat der Ausschuß die Aufgabe, dem beschuldigten Staat und den Beschwerdeführern Vorschläge und Empfehlungen zu übermitteln. *Viertens* hat der CERD die Aufgabe, die unter die Konvention fallenden Verpflichtungen in Treuhandgebieten (→ Treuhandrat) und Hoheitsgebieten ohne Selbstregierung (Art. 15) zu prüfen.

Darüber hinaus kann der CERD *allgemeine Empfehlungen* abgeben, die sich zumeist auf die Auslegung des Übereinkommens beziehen. So hat der Ausschuß auf seiner 52. Sitzung herausgestellt, daß die Diskriminierung der *indigenen Völker* unter das Übereinkommen zur Beseitigung jeder Form von Rassendiskriminierung fällt und die Mitgliedstaaten aufgerufen, die Rechte der indigenen Völker anzuerkennen, zu schützen und zu kontrollieren sowie geeignete Schritte zu unternehmen, um ihnen ihr Land zurückzugeben (Report of the Committee on the Elimination of Racial Discrimination, 26 September 1997, GAOR 52nd Session, Suppl. No. 18, UN Doc. A/52/18, 122).

Im CERD stehen vor allem die herkömmlichen Formen der Rassendiskriminierung zur Debatte und erstrecken sich die Erfolge auf die Durchführung der Konvention durch die Überprüfung von Maßnahmen der Gesetzgebung und Verwaltung. Auf den letzten Sitzungen beschäftigte sich der Ausschuß aber auch mit neuen Ausprägungen der Rassendiskriminierung in den Industrieländern, wie zum Beispiel mit fremdenfeindlicher Gewalt und neonazistischen Aktivitäten (Report of the Committee on the Elimination of Racial Discrimination, 26 September 1997, UN Doc. A/52/18, 25; 32; 61).

Martina Haedrich

Lit.: *McKean, W.:* Equality and Discrimination under International Law, Oxford 1983; *Partsch, K.-J.:* Rassendiskriminierung, in: Wolfrum, R. (Hrsg.): Handbuch Vereinte Nationen, 2. Aufl., München 1991, 649-656.
Internet: Homepage des CERD: http://www.unhchr.ch/html/menu2/6/cerd.htm

Menschenrechtskonventionen, Konvention über die Verhütung und Bestrafung des Völkermordes

Durch die *Konvention über die Verhütung und Bestrafung des Völkermordes* vom 9.12.1948 werden alle Völkermord-Verbrechen als völkerrechtliche Verbrechen qualifiziert, gleich ob diese Maßnahmen im Krieg oder im Frieden erfolgen. Der Straftatbestand des Völkermordes hat längst völkergewohnheitsrechtliche Geltung erlangt.

Die Konvention nennt in Art. II die Tatbestände Tötung von Mitgliedern solcher Gruppen, Schaffung von Lebensbedingungen für derartige Gruppen, die darauf gerichtet sind, ihre vollständige oder teilweise physische Ver-

nichtung herbeizuführen, Verhütung
von Maßnahmen zur Geburtenverhinde-
rung in diesen Gruppen und gewaltsame Überführung von Kindern in der
Gruppe in andere Gruppen, sofern diese
Handlungen in der Absicht begangen
werden, die betreffende Gruppe ganz
oder teilweise zu vernichten. Strafbar
ist die Begehung der genannten Handlungen, die Verschwörung zu ihrer
Begehung, die Aufreizung zu solchen
Handlungen, die Teilnahme an ihnen
und der Versuch ihrer Begehung (Art.
III). Der Staat des Begehungsortes ist
verpflichtet, Völkermordverbrechen
ohne Rücksicht darauf, ob der Unrecht-
statbestand in Friedens- oder Kriegszeiten von einem Staatsorgan oder einer
Privatperson gesetzt wurde, zu verfolgen.

Allerdings haben die Vertragsstaaten
für diese Taten nur eine Gerichtsbarkeit
nach *Territorialitätsprinzip* geschaffen
(Art. VI). Das in dieser Bestimmung in
Aussicht gestellte internationale Strafgericht, das für diejenigen Vertragspartner zuständig sein soll, die seine
Gerichtsbarkeit anerkannt haben, ist im
Rahmen dieses Vertragswerkes nicht
etabliert worden. Überhaupt besitzt
diese Konvention keine eigenen Durchsetzungsorgane. Vielmehr sieht Art.
VIII vor, daß die vertragschließenden
Seiten *Organe der UN* (→ UN-System)
damit befassen können, gemäß den
Bestimmungen der UN-Charta (→
Charta der UN) Maßnahmen zu ergreifen, die sie für die Verhütung und Bekämpfung des Völkermordes für geeignet halten.

Erst durch die durch Beschlüsse des
→ Sicherheitsrats geschaffenen internationalen Ad-hoc-Strafgerichtshöfe
der UN für das ehemalige Jugoslawien
von 1993 (SC Res. 827 vom 25.5.1993)
und für Ruanda von 1994 (SC Res. 955
vom 8.11.1994) ist die internationale
Strafgerichtsbarkeit für Völkermord-
verbrechen durch Art. 4 bzw. Art. 2 der
beiden Statuten eröffnet worden. Auch
das am 17.7.1998 in Rom verabschiedete Statut des Internationalen Strafgerichtshofs (→ ICC) (UN Doc.

A/CONF183/9 vom 17.7.1998) enthält
den Straftatbestand des Völkermordes
(Art. 17). Bisher allerdings ist ein Inkrafttreten dieses Vertrages nicht absehbar.

Martina Haedrich

Lit.: *Haedrich, M.:* Von der Allgemeinen
Erklärung der Menschenrechte zur internationalen Menschenrechtsordnung - ein
Überblick, in: JA 31 (1999), 251-260; *Seidel, G.:* Handbuch der Grund- und Menschenrechte auf staatlicher, europäischer
und universeller Ebene, Baden-Baden 1996;
Tomuschat, C.: Das Internationale Strafgesetzbuch des ILC, in: EuGRZ 25 (1998), 3-
7.

Menschenrechtskonventionen, Übereinkommen gegen Folter und andere grausame, unmenschliche oder erniedrigende Behandlung und Strafe

Das Folterverbot ist bereits im Internationalen Pakt über bürgerliche und politische Rechte (→ Menschenrechtskonventionen, Internationaler Pakt über
bürgerliche und politische Rechte) fixiert worden, worauf die Präambel des
*„Übereinkommens gegen Folter und
andere grausame, unmenschliche oder
erniedrigende Behandlung und Strafe"*
vom 10.12.1948 - kurz: Folterkonvention – (GA Res. 39/46 vom 10.12.1984,
in: GAOR, 39th Session, Resolutions,
197; BGBl. 1990 II, 247) verweist.
Doch enthält die Folterkonvention darüber hinaus gehende Verpflichtungen.
Die Konvention definiert in Art. 1 Abs.
1 Folter als jede Handlung, durch die
einer Person vorsätzlich große körperliche oder seelische Schmerzen oder
Leiden zugefügt werden, um ein Ge-
ständnis zu erlangen, um sie für eine
tatsächliche oder mutmaßlich begangene Tat zu bestrafen oder um sie einzu-
schüchtern oder zu nötigen oder aus
einem anderen auf Diskriminierung
beruhenden Grund, wenn diese
Schmerzen oder Leiden von einem
Angehörigen des Öffentlichen Dienstes
oder einer anderen in amtlicher Eigenschaft handelnden Person verursacht
werden. Nicht darunter fallen Schmerzen oder Leiden, die sich ausschließlich

aus gesetzlich zulässigen Zwangsmaßnahmen ergeben, diesen anhaften oder damit verbunden sind (Art. 1 Abs. 1 S. 1). Diese *einschränkende Regelung* ist ein Zugeständnis an die Staaten des Islam, deren Strafrecht grausame Körperstrafen umfaßt. Allerdings ist es sehr zweifelhaft, ob solche schwerwiegende Menschenrechtsverletzungen und andere damit im Zusammenhang stehende Praktiken durch Gesetze, Kultur und Tradition gerechtfertigt werden dürfen.

Die Konvention verlangt von den Vertragsstaaten, daß sie wirksame Maßnahmen im Rahmen ihrer nationalen Gesetzgebung ergreifen, um Folterungen in ihrem Verantwortungsbereich zu verhindern. Sie verbietet ausdrücklich, daß außergewöhnliche Umstände oder von höherer Seite erteilte Befehle als Rechtfertigung für Folter geltend gemacht werden können (Art. 2). Darüber hinaus sind die Staaten verpflichtet, durch Vorkehrungen gegenüber Personen, die des Folterns beschuldigt werden, die Möglichkeit des Untertauchens im Ausland zu nehmen; sie sind verpflichtet, Beschuldigte - aut dedere, aut punire - entweder auszuliefern oder zu bestrafen (Art. 7 Abs. 1). Das Übereinkommen fordert die Vertragsstaaten auf, das mit dem Gesetzesvollzug betraute Personal über das Folterverbot aufzuklären und die Ausbildung für solches Personal entsprechend zu gestalten (Art. 10). Ausdrücklich regelt die Konvention auch ein einklagbares Recht des Folteropfers auf gerechte und angemessene Entschädigung (Art. 14) und spricht ein absolutes Verwertungsverbot für die durch Folterungen erlangten Beweise aus (Art. 15).

Die Staaten haben die Pflicht, *Staatenberichte* über Maßnahmen zur Verwirklichung der Konvention zu erarbeiten und dem *Ausschuß gegen Folter (Committee Against Torture - CAT)* vorzulegen (Art. 19). Außerdem müssen sie sich ggf. wegen Folterungen und anderer Mißhandlungen rechtfertigen. Das gem. Art. 17 Abs. 1 eingerichtete CAT besteht aus 10 Sachverständigen. Das CAT hat die Möglichkeit gem. Art.

20, aufgrund wohlbegründeter Hinweise über systematische Folterpraktiken, *Untersuchungsverfahren auf Antrag oder auch ohne Antrag und Zustimmung der Vertragsstaaten einzuleiten,* die auch einen Besuch auf dem Hoheitsgebiet des betreffenden Vertragsstaates einschließen. Damit geht dieses Verfahren über die Durchsetzungsverfahren anderer Menschenrechtskonventionen (→ Menschenrechtskonventionen und ihre Durchführungsorgane) hinaus (*Nowak* 1988, 495).

Das *Berichtsprüfungsverfahren*, weitgehend dem Verfahren des *Internationalen Pakts über bürgerliche und politische und Rechte* nachgebildet, stellt insoweit eine Weiterentwicklung dar, als der Ausschuß gegen Folter eine *Einschätzung* in Form *allgemeiner Bemerkungen* machen kann und jeder einzelne Staatenbericht veröffentlicht wird. Hier sind insbesondere die Aktivitäten der → NGOs zu erwähnen, dem Ausschuß Informationen zur Kenntnis zu bringen. Der Ausschuß kann auch *vertrauliche Untersuchungen* durchführen (Art. 20 Abs. 2), die im Einvernehmen mit dem betroffenen Vertragsstaat in dessen Hoheitsgebiet erfolgen. Dieses Verfahren nach Art. 20 kann jedoch gem. Art. 28 bei der Ratifikation der Folterkonvention ausdrücklich ausgeschlossen werden. Art. 28 hat damit die Funktion einer Opting-out-Klausel, durch die die Mitgliedstaaten durch Erklärungen die Zuständigkeit für den Ausschuß in seiner Rechtswirkung für sich im Verhältnis zu den anderen Vertragsparteien ausschließen können. Davon machen gegenwärtig 8 Staaten Gebrauch.

Die Möglichkeit der *Staatenbeschwerde* (Art. 21) und der *Individualbeschwerde* (Art 22) wurde in Anlehnung an den Internationalen Pakt über bürgerliche und politische Rechte geregelt. Bisher haben 37 Staaten die Kompetenz des CAT nach Art. 21 und 36 Staaten nach Art. 22 anerkannt (Großbritannien hat bisher nur dem Staatenbeschwerdeverfahren zugestimmt). Das Verfahren endet mit der Abgabe von

Aufforderungen durch das CAT an die beiden Parteien. Das Recht, im Rahmen des Individualbeschwerdeverfahrens auch mündliche Verfahren durchzuführen und Zeugen anzuhören, ist im Vergleich zum Internationalen Pakt über bürgerliche und politische Rechte ein Fortschritt. Die Mehrzahl der bisher behandelten Individualbeschwerden waren Gesuche von Asylbewerbern, die vorbrachten, in ihren Heimatstaaten nicht vor Folter sicher zu sein (Report of the Committee against Torture 1997, UN Doc. A/52/44, 42, in: GAOR, 52nd Session, Suppl. No. 44).

Seit 1992 ist eine Arbeitsgruppe der → *Menschenrechtskommission* bemüht, ein *Zusatzprotokoll zur Konvention* zu erarbeiten, wonach ein Kontrollgremium etabliert werden soll, welches das Recht erhalten soll, Gefängnisse und Haftzentren zu besuchen. Diese Arbeitsgruppe soll durch die Kontrollen präventiv wirken. Umstritten sind dabei u. a. Umfang und Befugnisse der Verifikationsmissionen, die Zulässigkeit von Vorbehalten gegen das Zusatzprotokoll sowie Sanktionsmechanismen bei Verweigerung der Zusammenarbeit eines Staates mit dem Kontrollgremium.

Martina Haedrich

Lit.: *Haedrich, M.:* Von der Allgemeinen Erklärung der Menschenrechte zur internationalen Menschenrechtsordnung - ein Überblick, in: JA 31 (1999), 251-260; *Karl, W.:* Besonderheiten der internationalen Kontrollverfahren zum Schutz der Menschenrechte, in: Aktuelle Probleme des Menschenrechtsschutzes. Berichte der Deutschen Gesellschaft für Völkerrecht, Band 33, Heidelberg 1994, 83-128; *Nowak, M.:* The Implementation Functions of the UN-Committee against Torture. Fs. Ermacora, Kehl u.a. 1988, 493-526.
Internet: Homepage des CAT: http://www.unhchr.ch/html/menu2/6/cat.htm

Menschenrechtskonventionen, Übereinkommen über die Rechte des Kindes

1. Entstehungszusammenhang

Die Arbeit am Übereinkommen über die Rechte des Kindes - kurz der „Kin-

derrechtskonvention" - der Vereinten Nationen begann 1979 mit der auf polnische Initiative erfolgten Einsetzung einer Arbeitsgruppe durch die → Menschenrechtskommission der Vereinten Nationen, ein Jahr vor der Ausrufung des Internationalen Jahres des Kindes. Ihr Entwurf war wesentlich das Werk einer Reihe internationaler → NGOs und von Menschenrechtsexperten der Vereinten Nationen.

Diese Initiative lief parallel zur Schaffung des Postens eines Sonderbeauftragten der Vereinten Nationen für die Beobachtung der Kinderprostitution, Kinderpornographie und den Verkauf von Kindern sowie zu verstärkten Bemühungen im Rahmen des Kinderhilfswerks der Vereinten Nationen (→ UNICEF) und der Internationalen Arbeitsorganisation (→ ILO) zur statistischen Erfassung minderjähriger Opfer kriegerischer Auseinandersetzungen, von Unterernährung und mangelnder Versorgung mit sozialen Basisdiensten bei Kindern, zur Erfassung der Zahl arbeitender Kinder aber auch zu Initiativen hinsichtlich der Neufassung von Kodizes zur Verhinderung und entwürdigendsten Formen von Kinderarbeit und zur Rehabilitation und schulischen Ausbildung der betroffenen Kinder im Rahmen neuer Hilfsprogramme.

Ursache dieses neuen Aktivismus ist generell das Vordringen universaler menschenrechtlicher Ideen und ihre Verfestigung in internationalen oder regionalen Menschenrechtspakten (→ Menschenrechte; → Menschenrechtsschutz; → Menschenrechtskonventionen und ihre Durchführungsorgane), dabei auch der Idee, das Kindheit ein eigenes, besonders schutzwürdiges Stadium darstellt und die empirische Kenntnisnahme, daß Kinder in besonderer Weise Opfer von Ungerechtigkeit und Gewalt sind, sei es in Gestalt von Kinderarbeit unter besonders gefährlichen und unwürdigen Bedingungen (Schuldknechtschaft, Kinderprostitution) und unter Vorenthaltung adäquater Bezahlung, Minima des Arbeitsschutzes usw., sei es durch ihre direkte oder indirekte Einbeziehung in kriegerische Auseinandersetzungen oder in Ausschreitungen der Sicherheitskräfte. Das Bewußtsein dieser Entrechtung von Kindern wurde durch national und international tätige NGOs verstärkt, die insbesondere auch an die Konsumenten und Regierungen der wohlhabenderen Staaten appellierten, den Sextourismus mit Kindern zu ächten bzw. Produkte zu boykottieren, die mit Hilfe von Kinderarbeit hergestellt werden.

2. Ratifikation und nationale Vorbehaltserklärungen

Das Übereinkommen über die Rechte des Kindes (GAOR 44th Session, Resolutions, S. 166; BGBl. 1992 II, 122) ist der Menschenrechtspakt mit den meisten Ratifikationen in der Geschichte des Menschenrechtsschutzes: Nach seiner einstimmigen Verabschiedung am 20. November 1989 wurde es zum ersten möglichen Termin (26. Januar 1990) bereits von 61 Staaten gezeichnet. Sieben Monate später, am 2. September 1990, war das notwendige Quorum von Ratifizierungen erreicht, um das Übereinkommen in Kraft treten zu lassen. Bis heute haben die Kinderrechtskonvention alle Staaten mit Ausnahme von zweien ratifiziert. Die Zeichnung der Konvention ist noch kein rechtlich bindender Schritt, beinhaltet aber die Verpflichtung, sich staatlicher Regelungen zu enthalten, die die Ziele der Konvention unterminieren:Der Beitritt kann durch Ratifikation oder durch Zustimmung (ohne vorherige Zeichnung) erfolgen. Beides impliziert eine völkerrechtliche Bindung im Sinne der Konventionsauflagen. Die Umsetzung der Abkommensbestimmungen wird von den beitretenden Staaten in einem „vernünftigen" Zeitraum erwartet, spätestens bis zur vereinbarten Abgabe des ersten Länderberichts (zwei Jahre nach Ratifikation bzw. Zustimmung). Die Konvention unterscheidet aber diesbezüglich soziale, wirtschaftliche und kulturelle Rechte der Kinder einerseits und bürgerliche und politische Rechte andererseits. Erstere sollen von den Vertragsstaaten

im Rahmen ihrer verfügbaren Ressourcen realisiert werden, lassen also mehr Umsetzungsspielraum. Die Abkommensziele sollen auch auf dem Wege internationaler Kooperation,durch bi- und multilaterale Entwicklungszusammenarbeit (→ Entwicklungszusammenarbeit der UN) realisiert werden, was vertraglich ein Novum darstellt.

Die nahezu universale Ratifikation der Konvention darf nicht den Blick darauf verstellen, daß eine ganze Reihe von Konventionszielen durch nationale Erklärungen bzw. Einschränkungen bei der Zeichnung bzw. Ratifikation wieder relativiert wurden. So wiesen die arabischen Staaten auf die Fortgeltung des islamischen Rechts (Sharia) und die Einschränkung der Meinungs- bzw. Religionsfreiheit durch den Charakter des Islam als Staatsreligion hin, ärmere Entwicklungsländer auf Geltung liberalerer Adoptionspraktiken, langsamere Umsetzung der sozialen Rechte des Kindes (Indien), die striktere elterliche Aufsicht (Südostasien) oder striktere Familienplanung (China) hin, während Vertreter westlicher Staaten Vorbehalte wegen des weitergehendem Rechtschutzes durch europäische Menschenrechtsvereinbarungen, der geforderten Ungleichbehandlung von Jugendlichen und erwachsenen Straftätern und der geforderten Gleichbehandlung von Kindern einheimischer und ausländischer Abstammung anmeldeten. Viele Regierungen aus dem Norden (aber auch einiger fortgeschrittener Entwicklungsländer) trugen Bedenken dagegen vor, die Nichtbeteiligung an Kriegshandlungen auf Jugendliche unter 15 (und nicht unter 18 Jahren) zu beschränken.

3. Inhalt der Konvention

Die Kinderrechtskonvention besteht aus zwei Teilen: In einem ersten werden im wesentlichen die üblichen bürgerlichen Rechte auf Kinder ausgedehnt (Meinungs-, Religions-, Informationsfreiheit, Recht auf Leben, familiäre Unversehrtheit, Namen und Nationalität, auf Nichtdiskriminierung, staatliche Fürsorge bei Fehlen der Eltern), in einem zweiten Teil (ab Art. 24) werden soziale, wirtschaftliche und kulturelle Mindestrechte gefordert in Bezug auf Gesundheitsversorgung, soziale Sicherheit, Bildung und Teilnahme am kulturellen Leben, bei Schutz vor Kinderarbeit, sexueller Ausbeutung, Freiheitsentzug, Folter und Einbeziehung in Kriegshandlungen. Ein wichtiger Streitpunkt bei der Verhandlung war, wie die Verwirklichung dieser sozialen Rechte verbindlich gemacht und gemessen werden könne. Informell hat sich dabei die Idee durchgesetzt, die Messung an den „National Performance Gaps" des UNDP-Berichts (→ Human Development Reports) auszurichten, d.h. Indikatoren der Kindersterblichkeit und Schulbesuch in Relation zum jeweiligen Entwicklungsstand zu betrachten und eine Unterschreitung um 40% als offenkundige kinderpolitische Mangelleistung anzusehen.

Zwei noch in Arbeit befindliche Zusatzprotokolle der Konvention versuchen (a) zu verhindern, daß Jugendliche (unter einem noch umstrittenen Mindestalter) für die Streitkräfte der Mitgliedstaaten rekrutiert werden und (b) Kinderhandel und Kinderprostitution wirksamer zu bekämpfen. Das letztgenannte Zusatzprotokoll will sich diesbezüglich allein auf gesetzgeberische Maßnahmen der Mitgliedstaaten verlassen.

4. Folgewirkungen und Würdigung

Wichtigstes Instrument zur Durchsetzung der Kinderrechtskonvention ist der mit ihrer Inkraftsetzung eingerichtete Ausschuß für die Rechte des Kindes (Committee on the Rights of the Child – CRC), dessen Aufgabe es ist, die Konformität nationaler Gesetzgebung mit der Konvention zu beobachten und anzuregen. Der Ausschuß besteht aus zehn unabhängigen, für vier Jahre gewählten internationalen Experten und ist der Empfänger der Länderberichte über die Lage der Kinder und nationale Umsetzung der Konvention. NGOs sind aufgefordert, parallele Berichte zu verfassen oder die Regierungsberichte zu kommentieren. Der Ausschuß debattiert

diese Berichte mit den Vertretern der betroffenen Regierungen und gibt Empfehlungen, welche die Regierung zu veröffentlichen verpflichtet sind. Fünf Jahre später soll die Umsetzungen dieser Empfehlungen überprüft werden. Bis Mitte 1998 waren über 40 z.T. selbstkritische Länderberichte bei der Kommission eingegangen, über 50 Berichte waren allerdings zeitlich überfällig, die meisten mehr als zwei Jahre. NGOs hatten in dieser Zeit über 20 Alternativberichte vorgelegt, die meisten in regierungskritischer Absicht. Über andere Sanktionsmittel als moralischen Druck verfügt die Kommission nicht, verstärkt allenfalls noch durch die Entwicklungshilfe, die zur Umsetzung der Konvention mobilisiert worden ist. Die Promotoren der Konvention zeigten sich allerdings bislang zuversichtlich, daß ihr Ansatz konstruktiver Kritik der richtige sei.

Sie können dabei auf Folgewirkungen der Kinderrechtskonvention hinweisen, die sich bislang weniger in einer materiellen Besserstellung der Kinder weltweit niedergeschlagen haben als vielmehr in weltweiten legislativen Reformen (zur Begrenzung von Kinderarbeit, Eliminierung der Kinderprostitution etc.), insbesondere in Lateinamerika und Südostasien. Zuweilen wurden auch die kinderbezogenen Sozialausgaben gesteigert, Kinderbeauftragte der Regierung oder Ombudsmänner eingesetzt, Inhalte der Kinderrechtskonvention in nationale Curricula eingefügt und – in Nepal – Kinder bei der Abfassung nationaler Berichte gehört. Kritisch ist zu der Konvention nicht nur ihr „zahnloser", also nicht mit wirksamen Sanktionen bewehrter Charakter zu vermerken, sondern auch die Tatsache, daß sie wieder einmal einen warenhausartigen Anspruch (in diesem Fall der Kinder) auf alles artikuliert, damit aber wenig wirksam bleibt. Dies auch angesichts der Tatsache, daß vielen Mitgliedstaaten auf absehbare Zeit die Mittel fehlen, um die Ansprüche zu garantieren (dies gilt selbst für die Grundbildung) und angesichts konkurrierender Ansprüche der Familien an die Kinder (= Kinderarbeit zur Einkommenssicherung) auch wenn es gelingen sollte, die notwendigen sozialen und kulturellen Einrichtungen bereitzustellen.

Joachim Betz

Lit.: International Labour Office:Child Labour. Targeting the intolerable, Geneva 1996; Ministry of Foreign Affairs of the Netherlands: Children and Development, Den Haag 1996; UNICEF: Zur Situation der Kinder in der Welt. Kinderarbeit, Frankfurt/M. 1996; UNICEF: The State of the World's Children, Oxford 1998; UNICEF: The Convention; Child rights and UNICEF experience at country level, Florence 1991.
Internet: Homepage des Ausschusses für die Rechte des Kindes: http://www. unhchr.ch/ html/menu2/6/crc.htm; Website von UNICEF zur Kinderrechtskonvention: http:// www.unicef.org/crc

Menschenrechtskonventionen, Übereinkommen zur Beseitigung jeder Form von Diskriminierung der Frau

Das „Übereinkommen zur Beseitigung jeder Form von Diskriminierung der Frau", kurz Frauenrechtsübereinkommen, (Convention on the Elimination of All Forms of Discrimination Against Women - CEDAW) (UNTS Bd. 1249, 13; BGBl. 1985 II, 648) wurde in den 70er Jahren von der „Kommission für die Rechtstellung der Frau", kurz „Frauenrechtskommission" (Commission on the Status of Women) formuliert und im Dezember 1979 von der → Generalversammlung der Vereinten Nationen verabschiedet (GA Res. 34/180 vom 18.12.1979). Es trat im September 1980 in Kraft. Im Frühjahr 1999 hatten sich 163 Mitgliedstaaten der Vereinten Nationen vertraglich an das Übereinkommen durch Ratifizierung oder Beitritt gebunden. Ziel ist es, bis zum Ende des Jahres 2000 die weltweite Gültigkeit, d.h. weitere 25 vertragliche Bindungen, erreicht zu haben. Dies wird jedoch voraussichtlich nicht gelingen, da weder in den USA, noch in einer Reihe arabischer Staaten derzeit erfolgversprechende Bemühungen zu beobachten sind. Das Übereinkommen ist das wichtigste völkerrecht-liche Menschenrechtsinstrument für Frauen. Es schützt sie vor Diskriminierung und gewährleistet ihnen den vollen Genuß der → Menschenrechte. Schon die Charta der Vereinten Nationen (1945) (→ UN-Charta) sowie die Allgemeine Erklärung der Menschenrechte (1948) (→ Menschenrechte, Allgemeine Erklärung der) enthalten ein Diskriminierungsverbot auf der Grundlage des Geschlechts und das Gebot der Gleichberechtigung von Mann und Frau. Im → Internationalen Pakt über bürgerliche und politische Rechte (1966) und im → Internationalen Pakt über wirtschaftliche, soziale und kulturelle Rechte (1966) wurden beide Standards völkerrechtlich verbindlich gemacht. Die „Frauenrechtskommission" der Vereinten Nationen und die Internationale Arbeitsorganisation (→ ILO) formulierten bereits in den 50er und 60er Jahren eine Reihe frauenspezifischer völkerrechtlicher Instrumente, die in das Übereinkommen integriert wurden, so daß es eine Mischung aus „beschützenden", „korrigierenden" und „nichtdiskriminierenden" Rechtsstandards darstellt. Als Höhepunkt in der Entwicklung von Menschenrechtsinstrumenten für Frauen geht es jedoch über alle bisherigen allgemeinen und auch frauenspezifischen völkerrechtlichen Instrumente hinaus, indem es nicht nur geschlechtsspezifische Neutralität in der rechtlichen und tatsächlichen Behandlung von Männern und Frauen garantiert, sondern auch die spezifischen Diskriminierungsformen, denen Frauen als Frauen in allen Lebensbereichen ausgesetzt sind, verbietet.

Das Übereinkommen besteht aus einer Präambel und insgesamt 30 Artikeln. Der Text der Präambel verweist auf frühere Menschenrechtsinstrumente, er verbindet die Durchsetzung der vollen Gleichberechtigung von Mann und Frau nicht nur mit einer grundlegenden Rollenänderung beider Geschlechter in allen Lebensbereichen, sondern auch mit einer Reihe allgemeiner politischer Voraussetzungen (u.a. neue Weltwirtschaftsordnung (→

Weltwirtschaftsordnung/NWWO); Beseitigung von Rassismus und Apartheid, ausländischer Besetzung und Fremdherrschaft; allgemeine und vollständige → Abrüstung) und postuliert die Gleichberechtigung von Frauen als Grundlage einer vollständigen Entwicklung eines jeden Landes. Artikel 1-16 und 24 bestimmen die rechtlichen und anderen Maßnahmen, zu deren Einhaltung bzw. Umsetzung der Vertragsstaat sich verpflichtet. Artikel 17-22 formulieren Regelungen hinsichtlich der Berichterstattung seitens des Vertragsstaates vor dem „Ausschuß für die Beseitigung der Diskriminierung der Frau", kurz „Frauenrechtsausschuß" (*Committee on the Elimination of All Forms of Discrimination Against Women*). Artikel 23 sowie 25-30 enthalten Bestimmungen bezüglich der Gültigkeit besser geeigneter, bereits bestehender nationaler oder internationaler Rechtsvorschriften, bezüglich des Ratifizierungs- bzw. Beitrittsprozesses, des Umgangs mit Vorbehalten seitens der Vertragsstaaten sowie des Umgangs mit Streitigkeiten zwischen ihnen hinsichtlich der Auslegung oder Anwendung des Übereinkommens. Das Frauenrechtsübereinkommen erstreckt sich auf alle Lebensbereiche von Frauen und auf alle Diskriminierungsformen, denen sie ausgesetzt sind, auch wenn diese nicht immer explizit genannt werden. Artikel 1 definiert den Tatbestand der Diskriminierung als sowohl direkte oder beabsichtigte („Ziel") wie auch indirekte („Folge") Vereitelung oder Beeinträchtigung der auf der Gleichberechtigung von Mann und Frau gegründeten „Anerkennung, Inanspruchnahme oder Ausübung der Menschenrechte und Grundfreiheiten durch die Frau" aufgrund einer mit dem Geschlecht begründeten „Unterscheidung, Ausschließung oder Beschränkung". Diskriminierung ist auch aufgrund des Familienstands der Frau verboten. Diese Bestimmung sowie Artikel 16, der die Rechte der Frau in Ehe und Familie definiert, erweitern das traditionelle Menschenrechtsverständnis, indem

auch im privaten Bereich Menschenrechtsverletzungen an Frauen verboten werden. Artikel 2 nennt die gesetzgeberischen und sonstigen Maßnahmen, zu deren unverzüglichem Einsatz sich der Vertragsstaat verpflichtet, um die rechtliche und tatsächliche Diskriminierung der Frau zu beseitigen. Sie betreffen Handlungen der Exekutive, Legislative und Rechtsprechung sowie der staatlichen Organe, aber auch die von Personen, privaten Organisationen und Unternehmen. Für die letzteren ist der Vertragsstaat verantwortlich, wenn er durch einen Mangel an Sorgfalt derartige Handlungen nichtöffentlicher Täter nicht verhindert bzw. nicht kontrolliert, korrigiert oder bestraft. Artikel 3 fordert gesetzgeberische und andere Maßnahmen auf allen Lebensgebieten der Frau, um ihre volle „Entfaltung und Förderung" zu sichern. Artikel 24 formuliert noch einmal die Verpflichtung, daß alle Maßnahmen getroffen werden müssen, um die volle Verwirklichung der im Übereinkommen anerkannten Rechte zu sichern. Artikel 4 erlaubt zeitweilige allgemeine und frauenspezifische (Mutterschutz) Sondermaßnahmen zur beschleunigten Herbeiführung der *De-facto*-Gleichberechtigung von Mann und Frau. Artikel 5 verpflichtet den Vertragsstaat zu einer Änderung der sozialen und kulturellen Verhaltensmuster und Rollenstereotypen von Mann und Frau und der diesen zugrundeliegenden Vorurteile bzw. der aus diesen resultierenden diskriminierenden Praktiken. Artikel 6 verpflichtet zur Abschaffung des Frauenhandels sowie der Ausbeutung von Frauen durch Prostitution. Artikel 7 und 8 verbieten die Diskriminierung der Frau im politischen und öffentlichen Leben auf nationaler und internationaler Ebene. Artikel 9 sichert Frauen die gleichen Rechte wie Männern hinsichtlich des Erwerbs, des Wechsels oder der Beibehaltung der Staatsangehörigkeit sowohl für sich selbst als auch für ihre Kinder. Artikel 10 und 11 verpflichten den Vertragsstaat mit detaillierten Aufzählungen auf die Beseitigung aller Diskriminierungen

369

von Frauen im Bildungs- und Erwerbsbereich, Artikel 12 garantiert den gleichberechtigten Zugang zum Gesundheitswesen und die angemessene gesundheitliche Betreuung der Frau vor, während und nach der Schwangerschaft. Artikel 13 definiert die Rechte der Frau im wirtschaftlichen, sozialen und kulturellen Leben und Artikel 15 ihre Gleichstellung mit dem Mann vor dem Gesetz. Artikel 14 bündelt alle Rechte noch einmal gesondert für Frauen auf dem Lande und nimmt damit die sich kumulierenden Diskriminierungsformen und –tatbestände zur Kenntnis, denen Frauen in diesem, in vielen Teilen der Welt, großen gesellschaftlichen Sektor ausgesetzt sind. Zum Zeitpunkt der Verabschiedung des Übereinkommens waren bestimmte Diskriminierungsformen gegenüber Frauen noch nicht in das politische Bewußtsein gedrungen. Öffentliche und private Gewalt gegen Frauen wird daher im Übereinkommen nicht explizit genannt. Rechtlich sind diese Tatbestände im Übereinkommen jedoch erfaßt, da *jede* Form der Diskriminierung verboten ist und Maßnahmen auf *allen* Gebieten ergriffen werden müssen. Die „Allgemeinen Empfehlungen" Nr. 12, 14 und 19 des Frauenrechtsausschusses zeigen in ihrer ergänzenden Auslegung des Übereinkommens die vielfältigen Formen von Gewalt gegen Frauen in allen Lebensbereichen auf und formulieren die gesetzgeberischen und anderen Maßnahmen, zu denen sich ein Vertragsstaat verpflichtet, um Gewalt gegen Frauen zu verhindern, den Opfern zu helfen und die Täter zu bestrafen bzw. sie zu resozialisieren.

Das Frauenrechtsübereinkommen wird geschwächt durch das Recht des Vertragsstaates auf Vorbehalte *(reservations)* gegenüber einzelnen Artikeln und ihren Bestimmungen, das ihm in Artikel 28 eingeräumt wird. Zwar verbietet das Übereinkommen selbst in Artikel 28 Abs. 2 in Wiederholung der Wiener Vertragsrechtskonvention (1969), daß Vorbehalte geäußert werden, die mit Ziel und Zweck des Über-

einkommens unvereinbar sind, doch hat diese Bestimmung eine Reihe von Vertragsstaaten nicht davon abgehalten, sowohl sehr allgemein gehaltene, umfassende Vorbehalte wie auch Vorbehalte aus religiösen Gründen bzw. mit Verweis auf traditionelle Gebräuche gegen grundlegende Rechtsstandards des Frauenrechtsübereinkommens und dessen Umsetzungsverpflichtungen auszusprechen. Vorbehalte gegen Artikel 16 (Rechte der Frau in Ehe und Familie), oft in Verbindung mit Teilen des Artikels 2 oder mit Artikeln 2 und 3 in ihrer Gesamtheit engen die Wirksamkeit des Übereinkommens erheblich ein. Andere Vertragsstaaten können gegen diese Vorbehalte protestieren und tun dies z.T. auch, doch ist noch kein Vertragsstaat wegen eines Vorbehalts mit einem anderen auf der Grundlage von Artikel 29, gegen den allerdings ebenfalls ein Vorbehalt erlaubt ist, in Verhandlung getreten oder hat dies zum Gegenstand eines Schiedsverfahrens gemacht. Der Frauenrechtsausschuß hat in einer Reihe von Äußerungen und „Allgemeinen Empfehlungen" das Problem der Vorbehalte kritisiert und auf Aufhebung derselben gedrängt. Er hat auch auf die spezifische Frauendiskriminierung einerseits und das widersprüchliche Verhalten eines Vertragsstaats andererseits hingewiesen, wenn dieser Vorbehalte gegenüber Artikeln des Frauenrechtsübereinkommens äußert, aber keine Vorbehalte zu gleichen Artikeln gegenüber anderen Menschenrechtskonventionen ausspricht, obwohl er unter diesen Instrumenten ebenfalls zur Nichtdiskriminierung auf der Grundlage des Geschlechts bzw. zur Einhaltung der Gleichberechtigung von Männern und Frauen bezüglich der im Text enthaltenen Rechtsstandards verpflichtet ist. Es muß allerdings auch gesehen werden, daß gerade das Recht auf Vorbehalte es einigen Staaten erlaubt, sich dem Übereinkommen zumindest in Teilen und damit auch der Berichtspflicht zu unterwerfen. Diese ermöglicht auf jeden Fall den Dialog des Ausschusses mit dem Vertragsstaat und damit die Aussicht, daß potentiell eine kontinuierliche Verbesserung der Situation von Frauen in diesem Land und letztlich die Aufhebung der Vorbehalte stattfinden kann.

Der Verpflichtungscharakter des Frauenrechtsübereinkommens wird von einigen Kommentatoren als zu „weich" empfunden. Einige Rechtsstandards seien zu ungenau formuliert. Auch spiegele sich die schwächere Durchsetzungskraft der wirtschaftlichen, sozialen und kulturellen Rechte, wie sie im gleichnahmigen Internationalen Pakt formuliert ist, im Frauenrechtsübereinkommen wider. Dem ist entgegen zu halten, daß das Frauenrechtsübereinkommen im Gegensatz zu diesem Pakt, „unverzüglich" Maßnahmen zur Verwirklichung der Nichtdiskrimininierung verlangt. Die organisatorische Zuordnung des Übereinkommens und seines Ausschusses innerhalb der Vereinten Nationen, die beide von der Menschenrechtskommission und den übrigen Menschenrechtsinstrumenten trennt, führte ebenfalls dazu, daß viele in den frühen 80er Jahren das Übereinkommen eher als ein Entwicklungsinstrument denn als ein Menschenrechtsinstrument werteten. Diese Einschätzung ist inzwischen überholt. Neuere rechtstheoretische Interpretationen sowie das Abschlußdokument der Menschenrechtskonferenz der Vereinten Nationen in Wien (1993) und anderer UN-Weltkonferenzen der 90er Jahre (→ Weltkonferenzen) haben neben der weltweiten Geltung *aller* Menschenrechte auch deren Gleichberechtigung und Interdependenz bekräftigt und die Menschenrechte von Frauen als einen unveräußerlichen, integralen und unteilbaren Bestandteil der universellen Menschenrechte ausdrücklich eingeschlossen. Organisatorische Veränderungen innerhalb der Vereinten Nationen setzen diesen Grundsatz heute um, indem eine stärkere Verknüpfung der Arbeit der Abteilung zur Förderung der Frau (*Division for the Advancement of Women*) in New York mit der Arbeit des Büros des Hohen Kommissars für Menschen-

rechte (→ Menschenrechte, Zentrum für Menschenrechte/Hoher Kommissar für Menschenrechte) in Genf stattfindet. Erstere arbeitet der „Frauenrechtskommission" und dem Frauenrechtsausschuß zu, letztere ist für die → Menschenrechtskommission und die Sachverständigenausschüsse der übrigen Menschenrechtskonventionen (→ Menschenrechtskonventionen und ihre Durchführungsorgane) verantwortlich.

Zu den Durchsetzungsinstrumenten des Frauenrechtsübereinkommens gehören, wie auch bei den anderen Menschenrechtsinstrumenten, ein *Berichtsverfahren* (Artikel 18) und das Verfahren der *Staatenbeschwerde* (Artikel 29). Letzteres ist bisher für das Frauenrechtsübereinkommen nicht genutzt worden, wie auch der entsprechende Artikel in den anderen Menschenrechtsinstrumenten bisher keine Anwendung fand. Seit März 1999 eröffnet sich für das Frauenrechtsübereinkommen ein zusätzliches Durchsetzungsinstrument, das einige der anderen Menschenrechtsübereinkommen bereits besitzen bzw. um das sich ihre Ausschüsse bemühen. Im Rahmen eines noch zu verabschiedenden *Fakultativprotokolls* ist jetzt die Möglichkeit eines *Beschwerde- und Untersuchungsverfahrens* vorgesehen.

Artikel 17 des Übereinkommens regelt in Zusammenhang mit dem Berichtsverfahren, daß ein Ausschuß eingesetzt wird, dessen Arbeitsweise in den Artikeln 19 bis 22 geregelt ist. Dieser Frauenrechtsausschuß bestand zunächst aus 18 Sachverständigen. Die Zahl erhöhte sich auf 23, als die Ratifikation bzw. der Beitritt des 35. Vertragsstaats stattgefunden hatte. Bis auf eine Ausnahme waren bisher alle Sachverständigen Frauen. Sie sind der Auffassung, daß erst dann ein ausgewogenes Geschlechterverhältnis im Frauenrechtsausschuß erforderlich ist, wenn dieses auch in den übrigen Menschenrechtsausschüssen erreicht wurde, die z.Zt. bis auf wenige Ausnahmen von männlichen Sachverständigen besetzt sind. Die Sachverständigen werden von ihren Regierungen vorgeschlagen und von den Vertragsstaaten für eine Periode von vier Jahren gewählt. Wiederwahl ist möglich und sichert in der Praxis eine gewisse Kontinuität der Arbeit. Laut Artikel 18 sollen sie sich durch „hohen sittlichen Rang und große Sachkenntnis" hinsichtlich der Situation von Frauen auszeichnen. Sie sind in persönlicher Eigenschaft, also unabhängig von ihrer jeweiligen Regierung, im Ausschuß tätig. Bei der Wahl der Sachverständigen soll auf eine gerechte geographische Verteilung sowie auf die Vertretung der verschiedenen Zivilisationsformen und der wichtigsten Rechtssysteme geachtet werden. Seit Mitte der 90er Jahre sind allerdings keine Sachverständigen aus den ehemaligen Ostblockstaaten im Ausschuß. Im Gegensatz zu den Sachverständigen der anderen Menschenrechtsausschüsse, die zumeist Juristen und darüber hinaus oft im Völkerrecht spezialisiert sind, kommen die Sachverständigen des Frauenrechtsausschusses aus sehr unterschiedlichen beruflichen Bereichen (Jura, Medizin, Sozial- und Geisteswissenschaften). Einige sind Regierungsbeamtinnen oder -angestellte (Diplomatinnen oder Frauen- bzw. Gleichstellungsbeauftragte). Dieses breite berufliche Spektrum kommt der Breite der im Übereinkommen enthaltenen Rechtsstandards für die sehr unterschiedlichen Lebensgebiete von Frauen zugute. Der Ausschuß hat sich eine *Geschäftsordnung* (*rules of procedure*) gegeben sowie *Richtlinien* (*guidelines*) für die Berichterstellung durch die Vertragsstaaten formuliert. Ein Vertragsstaat ist verpflichtet, dem → Generalsekretär der Vereinten Nationen einen Bericht zur Beratung durch den Ausschuß ein Jahr nach der Ratifizierung bzw. dem Beitritt vorzulegen, danach mindestens alle vier Jahre bzw. so oft es der Ausschuß verlangt (Artikel 18). Artikel 20 des Übereinkommens sieht vor, daß der Ausschuß in der Regel jährlich für höchstens zwei Wochen zur Prüfung der Berichte zusammentritt. Diese einschränkende Regelung,

die für keinen anderen Menschenrechtsausschuß gilt, hat die Arbeit des Frauenrechtsausschusses viele Jahre behindert. Sie ist im Text des Übereinkommens enthalten, weil das Berichtsverfahren und der dazu gehörige Ausschuß in der Formulierungsphase des Übereinkommens zunächst anders konzipiert waren. Bei der Verabschiedung des endgültigen Texts mit dem jetzigen Berichtsverfahren durch die Generalversammlung wurde diese zeitliche Beschränkung versehentlich nicht herausgenommen. Diese Begrenzung der Arbeitszeit des Ausschusses einerseits und die rasche Ratifizierung des Übereinkommens durch viele Vertragsstaaten andererseits führten in der Folge dazu, daß der Ausschuß die ihm vorgelegten Berichte nicht mehr zeitnah diskutieren konnte, obwohl er immer mehr Berichte in einer Sitzung prüfte als es die übrigen Menschenrechtsausschüsse taten. Aus den zeitlichen Verzögerungen resultierten zusätzliche, formal aber nicht anerkannte Berichtspflichten für die Vertragsstaaten. Es wuchs die Gefahr einer Demotivation der Vertragsstaaten, die Berichtspflicht überhaupt wahrzunehmen oder in den vorgeschriebenen Zeitabständen einzuhalten. Damit entwickelte sich die zeitliche Begrenzung zu einer tatsächlichen Diskriminierung der Arbeit des Frauenrechtsausschusses. Durch ständige Hinweise und Äußerungen erreichte er zu Beginn der 90er Jahre zunächst Sonderregelungen, die es ihm erlaubten, länger als 14 Tage jährlich zu arbeiten. Aufgrund seiner „Allgemeinen Empfehlung" Nr. 22, die auch Bestandteil der Aktionsplattform der 4. Weltfrauenkonferenz wurde, verabschiedeten die Vertragsstaaten eine Änderung des Artikels 20, so daß die Zeitbegrenzung praktisch aufgehoben ist und der Ausschuß seit 1997 zweimal jährlich für drei Wochen zusammentritt Die gesetzlich gültige Grundlage dafür fehlt allerdings noch immer, denn die Änderung des Artikels 20 ist bisher nur von 23 Vertragsstaaten ratifiziert worden und tritt erst in Kraft, wenn dies Zweidrittel von ihnen getan haben.

Im Rahmen des Berichtsverfahrens ist der Frauenrechtsausschuß kein juristisches Organ, das den Vertragsstaat wegen Nichteinhaltung des Übereinkommens verurteilen kann. Vielmehr treten die Sachverständigen mit den Regierungsvertretern des jeweiligen Vertragsstaats über den vorgelegten Bericht und die mündlich vorgetragene Informationen in einen sogenannten „kritischen Dialog". Beim ersten Bericht werden die Fragen von den Sachverständigen in einer ersten Sitzung gestellt, die Antworten werden wenige Tage später in einer zweiten Sitzung von den Regierungsvertretern gegeben und von den Sachverständigen mit diesen diskutiert. Bei den nachfolgenden Berichten formulierte bisher eine kleine Gruppe der Sachverständigen die Fragen schriftlich wenige Tage vor dem Sitzungstermin, die Antworten gab der Vertragsstaat in nur einer Sitzung und las sie, mangels schriftlicher Übersetzung in alle UN-Sprachen (→ Sprachen in den UN), meist vor. Ein Dialog kam kaum zustande. Der zweimalige Sitzungsturnus erlaubt es jetzt ab der 21. Sitzung (Juni 1999), die Fragen zu den nachfolgenden Berichten der Vertragsstaaten so rechtzeitig vorzulegen, daß deren Antworten den Sachverständigen schon vor dem eigentlichen Sitzungstermin schriftlich in allen von den Vereinten Nationen anerkannten Sprachen vorliegen. Damit wird ein wirklicher Dialog mit den jeweiligen Regierungsvertretern über diese Antworten möglich, und die Wirkung des Berichtsverfahrens gewinnt an Stärke. In früheren Jahren wurde die gesamte Diskussion des Ausschusses mit den Regierungsvertretern in einem ausführlichen Bericht zusammengefaßt und veröffentlicht. Heute formulieren und verabschieden die Sachverständigen „Abschließende Kommentare", in denen sie Lob und Kritik zur Umsetzung des Übereinkommens sowie Hinweise für Verbesserungen durch den Vertragsstaat aussprechen. Diese werden in einem kurzen Bericht von den Vereinten Nationen veröffentlicht und sind auch über das Internet zugänglich. Der Vertragsstaat wird ebenfalls aufgefordert, diese „Allgemeinen Empfehlungen" in seinem Land allgemein bekannt zu machen. Wird dies getan bzw. wird der Internetzugang genutzt, erhöht sich die Wirksamkeit des Übereinkommens, da durch politische und gesellschaftliche Kräfte des Landes die Vorschläge zur Verbesserung der Situation von Frauen aufgenommen und umgesetzt werden können.

Artikel 22 des Übereinkommens erlaubt es den → Sonderorganisationen der Vereinten Nationen bei der Diskussion anwesend zu sein, wenn Berichte ihre Arbeitsgebiete betreffen bzw. auch selbst schriftliche Berichte über die Durchführung des Übereinkommens hinsichtlich ihres Arbeitsgebietes im jeweiligen Hoheitsgebiet des Vertragsstaates vorzulegen. Eine Rolle für nichtstaatliche Organisationen (→ NGOs), d.h. nationale und internationale Frauenverbände und Menschenrechtsorganisationen, ist im Text des Übereinkommens nicht vorgesehen. Sie lassen jedoch dem Ausschuß seit Beginn seiner Arbeit, und in den letzten Jahren mit zunehmender Häufigkeit, sogenannte „Schattenberichte" zukommen. Diese sind sehr hilfreich für die Einschätzung der tatsächlichen Situation von Frauen in dem entsprechenden Vertragsstaat. Seit einiger Zeit bittet der Ausschuß die NGOs um mündliche Berichterstattung außerhalb der Sitzungszeit, seit der 20. Sitzung (Januar 1999) auch innerhalb der Sitzungszeit. Diese Praxis erlaubt ein fruchtbares Wechselspiel der Beeinflussung zwischen Ausschuß, Regierungsvertretern des Vertragsstaates und Vertretern seiner Zivilgesellschaft auf der Grundlage dieser zusätzlichen Informationen, der Beurteilung derselben und der daraus resultierenden Empfehlungen, das der Umsetzung des Übereinkommens und damit der Situation von Frauen im entsprechenden Land zugute kommt. Seit der 4. Weltfrauenkonferenz in Peking hat der Frauenrechtsausschuß zusätzlich das Mandat, vom jeweiligen Vertragsstaat im Rahmen der Berichterstattungspflicht auch einen Bericht über dessen Umsetzung der Aktionsplattform und der von ihm eingegangenen Verpflichtungen zu verlangen. Da die Aktionsplattform in ihrem Maßnahmenkatalog auf dem rechtlich verbindlichen Frauenrechtsübereinkommen basiert, stärkt deren Durchführung auch das Übereinkommen. Wichtig in diesem Zusammenhang ist, daß die Aktionsplattform sich auch explizit der Menschenrechtssituation von *Mädchen* widmet, die zwar im Frauenrechtsübereinkommen und im Übereinkommen über die Rechte des Kindes (→ Menschenrechte, Übereinkommen über die Rechte des Kindes) abgedeckt sind, aber nicht ausdrücklich erwähnt werden. Das Durchsetzungsinstrument des Berichtsverfahrens kann natürlich seine positive Wirkung nur entfalten, wenn die Vertragsstaaten auch tatsächlich Berichte einreichen. Leider sind eine ganze Reihe von Vertragsstaaten mit ihren Berichten in Verzug, manche sogar derart gravierend, daß auch nach 10 oder 15 Jahren noch immer der erste Bericht aussteht. Dem Ausschuß steht hier das Mittel der „Beschämung" durch entsprechende Kennzeichnung im Jahresbericht zur Verfügung, der der „Frauenrechtskommission", dem → Wirtschafts- und Sozialrat sowie der Generalversammlung der Vereinten Nationen vorgelegt wird, wie auch das Mittel der technischen Unterstützung, indem verschiedene Abteilungen, Sonderorganisationen und -programme der Vereinten Nationen (→ UN-System) technische Hilfe zur Berichterstattung leisten, wenn es im entsprechenden Vertragsstaat an Kenntnissen oder Ressourcen fehlt. Dies hat bei einer Reihe von Staaten nicht nur zur Berichterstattung geführt, sondern es wurden auch NGOs geschult, „Schattenberichte" einzureichen. Mangelnder politischer Wille eines Vertragsstaates kann allerdings auf diese Weise kaum beeinflußt werden, hier müßten die anderen

Vertragsstaaten im Rahmen der Gremien der Vereinten Nationen auf deutlichere Weise als bisher aktiv werden.

Das neue Durchsetzungsinstrument des Beschwerde- und Untersuchungsverfahrens im Rahmen des Fakultativprotokolls wurde in nur vier Jahren von der „Frauenrechtskommission" formuliert und wird jetzt dem Wirtschafts- und Sozialrat und im Dezember 1999 der Generalversammlung der Vereinten Nationen zur endgültigen Verabschiedung vorgelegt. Ab dem Jahre 2000 soll es zur Ratifizierung bzw. zum Beitritt ausgelegt werden. Es tritt in Kraft, nachdem dies der 10. Vertragsstaat getan hat, allerdings eben nur für jene Staaten, die sich ihm unterwerfen. An seiner Entstehung waren im Vorfeld sowohl der Frauenrechtsausschuß als auch verschiedene NGOs beteiligt. Eine Reihe von Vertragsstaaten hatten durch entsprechende Forderungen nach einem derartigen Instrument in den Abschlußdokumenten der Menschenrechtskonferenz (Wien, 1993) und der 4. Weltfrauenkonferenz (Peking, 1995) bereits ihre Unterstützung signalisiert. In der Arbeitsgruppe der Kommission arbeitete eine Sachverständige des Ausschusses mit. Das Beschwerdeverfahren erlaubt es einer betroffenen Frau oder mehreren, selbst oder durch andere, dem Frauenrechtssausschuß eine Beschwerde über eine *Rechts*verletzung durch den Vertragsstaat zur Beurteilung vorzulegen (Artikel 2), wenn die innerstaatlichen Rechtswege ausgeschöpft sind oder sich deren Anwendung unangemessen lang hinzieht bzw. wahrscheinlich keine effektive Abhilfe bringt (Artikel 4). Beschwerden für andere Personen dürfen allerdings nur mit deren Zustimmung eingereicht werden, es sei denn, es kann eine „Rechtfertigung für die Nichtzustimmung" beigebracht werden (Artikel 2). NGOs sehen hierin eine Beschränkung der Wirksamkeit des Verfahrens. Die Beschwerden müssen in schriftlicher Form eingereicht werden und dürfen „nicht anonym" sein (Artikel 3). Aus fünf Gründen sind Beschwerden nicht zuläs-

sig (Artikel 4): die Angelegenheit wurde schon einmal vom Frauenrechtsausschuß behandelt oder wird derzeit von einem anderen internationalen Gremium diskutiert; die Angelegenheit ist nicht
- kompatibel mit den Bestimmungen des Frauenrechtsübereinkommens; sie ist
- unzureichend belegt bzw. offensichtlich unbegründet; sie verletzt das Recht auf Beschwerde; die zugrundeliegenden Tatsachen ereigneten sich vor der Ratifikation oder dem Beitritt des Vertragsstaates, es sei denn, die rechtsverletzenden Tatsachen haben sich danach weiter ereignet (Artikel 4).

Wichtig ist, daß der Frauenrechtsausschuß vom Vertragsstaat, noch bevor ein endgültiger Entscheid gefallen ist, schon „vorläufige Maßnahmen" verlangen kann, um „mögliche irreparable Schäden" von dem angeblichen Opfer der Verletzung des Diskriminierungsverbotes abzuwenden (Artikel 5). Der Vertragsstaat muß die Personen, die eine Beschwerde führen, in seinem Hoheitsgebiet vor „grausamer Behandlung oder Einschüchterung" aufgrund der Kommunikation mit dem Ausschuß schützen (Artikel 11). Das Fakultativprotokoll enthält auch das Verfahren des Untersuchungsrechts durch eine oder mehrere Sachverständige des Ausschusses, u.a. auch durch einen Besuch im Hoheitsgebiet des Vertragsstaates, wenn Informationen über schwerwiegende oder systematische Verletzungen des Diskriminierungsverbotes für Frauen in diesem Staat vorliegen. (Artikel 8). Allerdings kann ein Vertragsstaat bei Ratifizierung oder Beitritt zum Fakultativprotokoll Vorbehalte gegen Artikel 8 einlegen sowie gegen Artikel 9, der die gesonderte Berichtspflicht über die eingeleiteten Maßnahmen zur Beseitigung des Tatbestandes beinhaltet. Damit wird dieses Untersuchungsverfahren, das besonders systematische und strukturelle Diskriminierungen von Frauen erfassen könnte, von vornherein grundsätzlich geschwächt. Positiv zu werten ist jedoch die Tatsache, daß Vorbehalte zum Fakultativprotokoll hinsichtlich seiner Gültigkeit für die einzelnen Artikel des Übereinkommens nicht erlaubt sind. Insgesamt kann das Fakultativprotokoll, wenn sich ihm die entsprechenden Vertragsstaaten unterwerfen, vor allem Frauen in jenen Ländern helfen, in denen Rechtssystem und Rechtswege ungenügend ausgebaut sind bzw. noch Diskriminierungstatbestände enthalten oder in denen miteinander konkurrierende Rechtssysteme herrschen, von denen einige Frauen diskriminieren, die aber aus Gründen der Tradition besonders gerne und oft angewandt werden. Seine symbolische Wirkung ist ebenfalls nicht zu unterschätzen, wertet es das Frauenrechtsübereinkommen doch im Vergleich mit anderen Menschenrechtsinstrumenten auf. Die Umsetzung des Beschwerde- und Untersuchungsverfahrens im Rahmen dieses Protokolls wird zu Änderungen in den Arbeitsmethoden des Ausschusses, möglicherweise auch im Profil seiner Sachverständigen führen müssen.

Der Frauenrechtsausschuß hat auch das Recht, der Generalversammlung Vorschläge und Empfehlungen auf der Grundlage der ihm vorgelegten Berichte und Auskünfte vorzulegen. In der Praxis des Ausschusses differenzieren sich diese in „Vorschläge" (suggestions), „Entscheidungen" (decisions) und „Allgemeine Empfehlungen" (general recommendations). „Vorschläge" enthalten z.B. inhaltliche Beiträge zu Weltkonferenzen oder zum Fakultativprotokoll, „Entscheidungen" enthalten Hinweise für eine Verbesserung der Arbeitsmethoden und die „Allgemeinen Empfehlungen" (bisher 24) formulieren eine Art Rechtsauslegung der Artikel, die zwar nicht rechtsverbindlich sind, jedoch den Vertragsstaaten bei deren Berichterstattung helfen, indem ihnen Bedeutung und Inhalte der einzelnen Artikel verdeutlicht werden. Zudem greifen nationale Rechtsprechungen zunehmend auf diese Empfehlungen in ihrer Urteilsbegründung zurück. „Vorschläge", „Entscheidungen" und „Allgemeine Empfehlungen" sind in den Berichten des Ausschusses enthalten und über Internet abrufbar.

Zum 20. Jahrestag der Verabschiedung des Frauenrechtsübereinkommens durch die Vereinten Nationen ist festzustellen, daß es seine ursprüngliche Marginalisierung im Kreis der übrigen Menschenrechtsinstrumente und viele der im Text enthaltenen oder dem Text zugeschriebenen Schwächen überwunden hat. Durch die Änderung des Artikels 20 und durch die bevorstehende Verabschiedung des Fakultativprotokolls wird es in seiner Wirkungskraft gestärkt. Innerhalb der Vereinten Nationen hat es als *Rechts*instrument an Anerkennung gewonnen, und Bemühungen um seine Ratifizierung bzw. Umsetzung sind heute Bestandteil der Arbeit einer Reihe von Sonderorganisationen oder –programmen derselben (u.a. → ILO, → UNDP, → UNIFEM). Auf den verschiedenen UN-Weltkonferenzen in den 90er Jahren (Wien, Kairo, Kopenhagen, Peking) wurden Allgemeingültigkeit, Unteilbarkeit und Interdependenz der Menschenrechte sowie Menschenrechte von Frauen als integraler Bestandteil derselben bekräftigt. Die übrigen Menschenrechtsausschüsse werden für Rechtsverletzungen an Frauen und Mädchen zunehmend sensibilisiert, auch wenn hier nicht nur quantitativ, sondern auch qualitativ viel zu tun bleibt, damit auch in diesen Ausschüssen die besonderen Diskriminierungstatbestände, denen Frauen ausgesetzt sind, erkannt und kritisiert werden. Die Berichte der Vertragsstaaten, aber auch wissenschaftliche Untersuchungen zeigen, daß die Wirkung des Frauenrechtsübereinkommens auf nationale Gesetzgebung, Rechtsprechung, staatliche Institutionen und Programme zu belegen ist und zunimmt, auch wenn in vielen Fällen eine monokausale Zuschreibung immer schwieriger wird, da eine rechtliche oder tatsächliche Verbesserung der Situation von Mädchen und Frauen auch auf genuin nationalen Entwicklungen oder auch auf der Umsetzung

von UN-Aktionsprogrammen beruhen kann. Andererseits behindern und gefährden wirtschaftliche und politische Entwicklungen, Krieg, Vertreibungen und Völkermord die Menschenrechte von Frauen und Mädchen immer wieder aufs Neue und setzen sie trotz rechtlicher Gültigkeit faktisch außer Kraft. Trotz der inzwischen fast weltweiten Gültigkeit des Frauenrechtsübereinkommens kann daher nicht davon gesprochen werden, daß Mädchen und Frauen nicht mehr diskriminiert werden oder in den vollen Genuß der ihnen zustehenden Menschenrechte kommen.

Hanna Beate Schöpp-Schilling

Lit.: *Byrnes, A.:* The Committee on the Elimination of Discrimination against Women, in: Alston, P. (Hrsg): The United Nations and Human Rights: A Critical Appraisal, Oxford 1999 (im Druck); *Byrnes, A./Connors, J.*, Enforcing the Human Rights of Women: A Complaints Procedure for the Women's Convention, in: BrooklJIL 21 (3) (1996), 682-797; *Chinkin, C.:* Reservations and Questions to the Convention on the Elimination of All Forms of Discrimination against Women, in: Gardner, J.P. (Hrsg.): Human Rights as General Norms and a State's Right to Opt Out – Reservations and Objections to Human Rights Conventions, London 1997, 64-84; *Cook, R./Oosterveld,V.*, A Select Bibliography of Women's Human Rights, in: AULRev 44 (1995), 1229-1474 (kann auch im Internet abgefragt werden unter http://www.law. utoronto.ca/pubs/h_rghts.htm); *Cook, R./ Oosterveld,V.:* Human Rights of Women, Philadelphia 1994; *Schöpp-Schilling, H.B.*, Das Frauenrechtsübereinkommen – ein wirksames Instrument für die weltweite Gleichberechtigung und Gleichstellung von Frauen? in: Baum, G./ Riedel, E./Schaefer, M. (Hrsg.): Menschenrechtsschutz in der Praxis der Vereinten Nationen, Baden-Baden 1998, 155-165.
Internet: Homepage der CEDAW: http://www.unhchr.ch/html/menu2/6/cedw.htm

Menschenrechtsschutz

Seit dem Ende des Zweiten Weltkriegs war ein Hauptanliegen der internationalen Gemeinschaft, die Achtung vor den Menschenrechten und Grundfreiheiten und ihre Einhaltung überall auf der Welt zu fördern. Die Vereinten

Nationen haben einen wichtigen Beitrag zur Förderung und zum Schutz der → Menschenrechte geleistet und ihre Verdienste, wo es um das Aufstellen von Standards bei den Menschenrechten geht, sind beispiellos. Die volle, wirklich universelle und komplette Implementierung dieser Standards, die festgehalten sind in Dokumenten unterschiedlicher völkerrechtlicher Qualität, ist die Herausforderung, vor der die Familie der Nationen heute steht.

1. Die Reichweite der Menschenrechte

Die → Charta der UN nimmt wiederholt Bezug auf die Menschenrechte und Grundfreiheiten. In diesem Kontext sollen zwei von ihnen zitiert werden. Die Präambel stellt fest:

Wir die Völker der Vereinten Nationen – fest entschlossen... unseren Glauben an die Grundrechte des Menschen, an Würde und Wert der menschlichen Persönlichkeit, an die Gleichberechtigung von Mann und Frau sowie von allen Nationen, ob groß oder klein, erneut zu bekräftigen...

Die Ziele der Vereinten Nationen sind in Artikel 1 der Charta aufgeführt, dessen Ziffer 3 folgendermaßen lautet:

„... 3. eine internationale Zusammenarbeit herbeizuführen, um internationale Probleme wirtschaftlicher, sozialer, kultureller und humanitärer Art zu lösen, und die Achtung vor den Menschenrechten und Grundfreiheiten für alle ohne Unterschied der Rasse, des Geschlechts, der Sprache oder der Religion zu fördern und zu festigen. ..."

Die Charta der UN definiert den Gehalt der Menschenrechte nicht näher. Die Gestalte der Charta überließen diese Aufgabe der Organisation selber. Man entschied, daß für diesen Zweck ein internationaler Menschenrechtskodex, ein „International Bill of Human Rights", konzipiert werden sollte. Was sich schließlich daraus entwickelte, war die Allgemeine Erklärung der Menschenrechte (1948) (→ Menschenrechte, Allgemeine Erklärung der), der Internationale Pakt über wirtschaftliche, soziale und kulturelle Rechte (1966) – kurz Sozialpakt genannt (→ Menschen-

rechtskonventionen, Internationaler Pakt über wirtschaftliche, soziale und kulturelle Rechte), der Internationale Pakt über bürgerliche und politische Rechte – kurz Zivilpakt (→ Menschenrechtskonventionen, Internationaler Pakt über bürgerliche und politische Rechte) - mit zwei Fakultativprotokollen dazu, deren erstes das Recht auf Individualbeschwerde (1966) schuf und deren zweites die Abschaffung der Todesstrafe (1989) zum Ziel hat, die zusammen die fünf konstituierenden Teile des Internationalen Menschenrechtskodex bilden. Diese Texte können als autoritative Interpretation der Menschenrechtsklauseln der Charta der Vereinten Nationen angesehen werden (→ Menschenrechtskonventionen und ihre Durchführungsorgane).

Während die Menschenrechtsbestimmungen der Charta der Vereinten Nationen im Zusammenhang mit dem Internationalen Menschenrechtskodex gelesen werden sollten, werfen die Charta-Bestimmungen selber ein beträchtliches Licht auf das Ausmaß der Menschenrechte im Zusammenhang mit dem System ihrer Förderung und ihres Schutzes, das von den Vereinten Nationen aufgebaut wurde. Wie die Charta es formuliert, ist die Förderung und die Festigung der Achtung vor den Menschenrechten und Grundfreiheiten eine Verpflichtung, die für alle eingelöst werden muß. Zu lange waren die Menschenrechte im großen und ganzen Kennzeichen der privilegierten Menschen. Sie repräsentierten eine exklusive Idee. Die meisten farbigen Menschen, Frauen, Menschen nicht-christlichen Glaubens oder fremder Herkunft waren ausgeschlossen und des Genusses vieler Menschenrechte beraubt. Es gehört zu den Prinzipien der Charta, daß alle menschlichen Wesen in den Genuß von Menschenrechten einbezogen werden und dieser Gedanke wird durch später entwickelte internationale Menschenrechtsinstrumente bestärkt, vor allem durch die Allgemeine Erklärung der Menschenrechte *Ratione personae* sind Menschenrechte universell (→ Universalität) oder allumfassend.

Eine zweite Charakteristik der Chartabestimmungen zu den Menschenrechten ist die Betonung der Gleichheit oder Nichtdiskriminierung, die in den Worten *ohne Unterschied der Rasse, des Geschlechts, der Sprache oder der Religion* reflektiert wird. Diese Idee der Gleichheit oder Nichtdiskriminierung ist eng verbunden mit dem Konzept der Universalität, insofern als beide wechselseitig stärken. Die Verhinderung und Abschaffung von Diskriminierung ist ein wesentliches Ziel der Aktivitäten der Vereinten Nationen auf dem Feld der Menschenrechte geworden. Zahlreiche Instrumente wurden geschaffen und eine große Zahl von Überwachungsmechanismen wurden mit dem Ziel konzipiert, Diskriminierung zu bekämpfen, und zwar mit einem besonderen Nachdruck in bezug auf die Diskriminierung aufgrund von Rasse, Religion und Geschlecht.

Drittens werden die Menschenrechte durch die Charta in ein System von internationaler Kooperation eingebettet. Das impliziert, daß nationale Grenzen keine Grenzen für Menschenrechte bedeuten, sondern daß die Menschenrechte ihrer Natur nach grenzüberschreitende Werte repräsentieren. Die Idee der internationalen Kooperation beinhaltet auch, daß die Menschenrechte eine Angelegenheit von legitimen internationalem Interesse sind und daß, wann auch immer und wo auch immer Menschenrechte in ernsthafter Gefahr sind, die internationale Gemeinschaft befugt ist, solche Probleme auf die Tagesordnung zu setzen. Und nicht zuletzt bringt internationale Kooperation die Verpflichtung der Staaten mit sich, nach bestem Gewissen den Verpflichtungen nachzukommen, die sie auf der Basis der Charta der Vereinten Nationen und anderer relevanter internationaler Instrumente übernommen haben.

2. Kategorien von Menschenrechten

Menschenrechte können in verschiedene Kategorien eingeteilt werden. Die geläufigste Unterscheidung ist jene zwischen bürgerlichen und politischen Rechten auf der einen Seite und wirtschaftlichen, sozialen und kulturellen Rechten auf der anderen Seite. Die Allgemeine Erklärung der Menschenrechte enthält die beiden Hauptkategorien der Menschenrechte in einem einzigen Dokument. Als jedoch die anderen Teile des Internationalen Menschenrechtskodexes ausgearbeitet wurden, entschied man sich, diese beiden Kategorien auf zwei separate Dokumente aufzuteilen, einen Internationalen Pakt über Bürgerliche und Politische Rechte und einen Internationalen Pakt über Wirtschaftliche, Soziale und Kulturelle Rechte. Der Grund für diese Unterteilung war, daß sich die beiden Gruppen von Rechten in ihrer Natur unterscheiden: die eine Kategorie kann ihrer Natur nach unmittelbar angewandt werden, wohingegen die andere Kategorie eine schrittweise Verwirklichung erfordert – und daß deshalb für die beiden Gruppen unterschiedliche Implementierungs-Maßnahmen erforderlich waren.

Es ist dennoch fraglich, ob eine klare Unterscheidung zwischen bürgerlichen und politischen Rechten und wirtschaftlichen, sozialen und kulturellen Rechten getroffen werden kann. Zumindest sollte kein Mißverständnis darüber bestehen, daß beide Pakte völkerrechtliche Verpflichtungen seitens der Vertragsstaaten nach sich ziehen. Die Präambeln beider Pakte unterstreichen die konzeptionelle Interdependenz beider Menschenrechtskategorien, indem sie explizit, in Übereinstimmung mit der Allgemeinen Erklärung der Menschenrechte, anerkennen, daß das Ideal der freien Menschen, welche Freiheit von Angst und Not genießen, nur erreicht werden kann, wenn Bedingungen geschaffen werden, daß jeder seine wirtschaftlichen, sozialen und kulturellen Rechte ebenso genießen kann wie seine bürgerlichen und politischen Rechte. Darüber hinaus heben viele UN-Erklärungen die *Unteilbarkeit und Interdependenz aller Menschenrechte* hervor. So sagt die Erklärung über das Recht auf Entwicklung (1986):

„Alle Menschenrechte und Grund-freiheiten sind unteilbar und interde-pendent; gleiche Aufmerksamkeit und dringende Berücksichtigung sollte der Implementierung, Förderung und dem Schutz von bürgerlichen, politischen, wirtschaftlichen, sozialen und kulturel-len Rechten gelten."
Im Kontext dieses Beitrags wird das weite Feld der Menschenrechte nicht im Detail behandelt. Es sollte darauf ver-wiesen werden, das zu den bürgerli-chen. und politischen Menschenrechten unter anderem die folgenden Rechte gezählt werden: alle Rechte, die das Leben, die Integrität, Freiheit und Si-cherheit der menschlichen Person be-treffen; die Rechte im Hinblick auf die Ausübung der Gerichtsbarkeit; das Recht auf Privatheit, das Recht auf Religions- und Glaubensfreiheit und die Meinungs- und Meinungsäußerungs-freiheit; das Recht auf Freizügigkeit, das Recht auf Versammlungs- und Ver-einigungsfreiheit; und das Recht auf politische Partizipation. Wirtschaftliche, soziale und kulturelle Rechte schließen ein: das Recht auf Arbeit; das Recht, Gewerkschaften zu bilden, das Recht auf einen adäquaten Lebensstandard, darunter Essen, Kleidung und Behau-sung; das Recht auf Gesundheitsfürsor-ge, das Recht auf Bildung; und das Recht darauf, am kulturellen Leben teilzunehmen.
Alle diese Rechte sind in der Allge-meinen Erklärung der Menschenrechte enthalten und werden näher definiert in den nachfolgenden Teilkomponenten des Internationalen Menschenrechts-kodexes und in einer Zahl spezifische-rer internationaler Menschenrechts-Instrumente. Sie alle bekräftigen erneut den Gedanken, der bereits in der Charta der Vereinten Nationen zum Ausdruck kommt wie auch in der Allgemeinen Erklärung der Menschenrechte, nämlich daß alle Personen diese Rechte in An-spruch nehmen dürfen, ohne Unter-schied irgendeiner Art wie Rasse, Far-be, Geschlecht, Sprache, Religion, po-litische oder andere Überzeugung, na-tionale oder soziale Herkunft, Besitz, Geburt oder einen anderen Status. Die

Signifikanz und Reichweite dieses *Nichtdiskriminierungsprinzips* wird außerdem in der Bestimmung in der Allgemeinen Erklärung der Menschen-rechte hervorgehoben, daß alle Perso-nen gleich vor dem Gesetz sind und ohne Diskriminierung das Recht auf den gleichen Schutz durch die Gesetze haben.
Eine andere Unterscheidung, die häu-fig erwähnt wird, ist jene zwischen *individuellen und kollektiven Rechten.* Im Internationalen Menschenrechtsko-dex werden viele Menschenrechte so formuliert, daß der individuelle Mensch der Nutznießer ist: „Jeder hat das Recht...". Manche Menschenrechte kombinieren individuelle und kollektive Aspekte. Zum Beispiel kann die Frei-heit, eine eigene Religion oder Glau-bensüberzeugung auszuüben, entweder als Individuum oder in der Gemein-schaft mit anderen ausgeübt werden. Im Hinblick auf andere Menschenrechte, überwiegen die kollektiven Aspekte. Das trifft z.B. zu für das Recht auf Fa-milie und für die Gewerkschaftsfrei-heiten. Aber es gibt auch Rechte, die ihrer Natur nach und von ihrer Substanz her Rechte von großen Kollektiven sind. Typische Beispiele sind die Rechte von Minderheiten (→ Minder-heitenschutz), die eine größere Anzahl von Personen mit gemeinsamen ethni-schen, religiösen oder sprachlichen Wurzeln umfassen, und die Rechte von Völkern. Die letzteren schließen das Recht zur Selbstbestimmung ein, das Recht auf Entwicklung, das Recht auf Frieden und Sicherheit, und das Recht auf eine gesunde Umwelt (→ Umwelt-schutz). Das Recht der Völker auf Selbstbestimmung (→ Selbstbestim-mungsrecht) ist in Artikel 1 der beiden Pakte verankert und wurde auf der Weltkonferenz für Menschenrechte (→ Weltkonferenzen) in der „Wiener Er-klärung und Aktionsprogramm" (1993) bestätigt; das Recht auf Entwicklung wird in der „Erklärung zum Recht auf Entwicklung" (1986) angesprochen und durch die „Wiener Erklärung und Akti-onsprogramm" bekräftigt. Es sollte angemerkt werden, daß die Menschen-

rechte und die Rechte der Völker in ihrer dialektischen Verbindung untereinander in der „Afrikanischen Charta für Menschenrechte und Rechte der Völker" (1981) anerkannt wurden. Dieses Dokument war der erste Menschenrechtspakt, der eine Auflistung von Rechten der Völker enthält.

3. Menschenrechte in ihrer Beziehung zu Frieden und Entwicklung

Unter den Zielen der Vereinten Nationen, die in Art. 1 der Charta skizziert werden, nehmen die Förderung und Bekräftigung der Menschenrechte und Grundfreiheiten den gleichen wichtigen Rang ein wie die Wahrung des Weltfriedens und der internationalen Sicherheit, die Entwicklung freundschaftlicher Beziehungen zwischen Nationen auf der Grundlage des Respekts vor dem Prinzip der Gleichberechtigung und der Selbstbestimmung der Völker, und der Leistungsfähigkeit der internationalen Zusammenarbeit bei der Lösung internationaler Probleme wirtschaftlicher, sozialer, kultureller oder humanitärer Art. Vor diesem Hintergrund sollten die Menschenrechte in ihrer Beziehung zu Frieden und Entwicklung betrachtet werden.

Der → Menschenrechtsausschuß, der unter dem Zivilpakt etabliert wurde, macht auf die enge Verbindung zwischen Menschenrechten, insbesondere dem Recht auf Leben, und der Verhinderung von Kriegen aufmerksam. Der Ausschuß stellte fest, „...Krieg und andere Akte der Massengewalt bleiben nach wie vor eine Geißel der Menschheit und nehmen jedes Jahr Tausenden von unschuldigen Menschen das Leben." Der Ausschuß bemerkte weiter: „Jeder Versuch, den sie (d.h. die Vertragsstaaten) unternehmen, um die Kriegsgefahr abzuwenden, insbesondere jene eines Atomkrieges, und den Weltfrieden und internationale Sicherheit zu stärken, würde die wichtigste Bedingung und Garantie für den Schutz des Rechts auf Leben bedeuten." (Human Rights Committee, General Comment 6, 30 July 1982, The right to life (article 6), Sixteenth Session, 1982, Ziffer 2)

Zugleich gibt es noch mehr Dimensionen der Beziehung zwischen Menschenrechten und Frieden (→ Friedensbegriff/-sbedrohung), wie sie der UN-Generalsekretär in seiner →„Agenda für den Frieden" (1992) dargestellt hat. Frieden ist eine essentielle Vorbedingung für die Verwirklichung von Menschenrechten und Grundfreiheiten. Immer wenn friedliche Beziehungen zwischen Menschen, Gruppen von Menschen, Völkern und Nationen bedroht werden, führt dies dazu, daß Menschenrechte gefährdet werden. Kriege und bewaffnete Konflikte verursachen per se flagrante und massive Verletzungen von Menschenrechten. Auf der anderen Seite, unter bestimmten Umständen, die durchgängige Muster von massiver Menschenrechtsverletzungen betreffen, können Aktionen zum Schutz der Menschenrechte die Störung der friedlichen Beziehungen zum Ergebnis haben. Viele Freiheitskämpfe sind Menschenrechtskämpfe und die dieser Gedanke ist in der Präambel der Allgemeinen Erklärung der Menschenrechte sehr klar widergespiegelt:

„...da es wesentlich ist, die Menschenrechte durch die Herrschaft des Rechtes zu schützen, damit der Mensch nicht zum Aufstand gegen Tyrannei und Unterdrückung als letztem Mittel gezwungen wird,..."

Das bedeutet, daß kein Frieden ohne Gerechtigkeit und Achtung vor den Menschenrechten aufrechterhalten werden kann.

Artikel 55 der UN-Charta spricht Bereiche der internationalen wirtschaftlichen und sozialen Zusammenarbeit an, die - auf der Basis von Art. 56 der Charta – sowohl gemeinsame Aktionen als auch separate Maßnahmen der Organisation und ihrer Mitglieder erfordern. Zu diesen Bereichen von internationaler Kooperation, gehören, im Wortlaut des Art. 55, die Förderung von:

a) besserem Lebensstandard, Vollbeschäftigung, und Bedingungen wirt-

schaftlichen und sozialen Fortschritts und Entwicklung;
b) Lösungen internationaler wirtschaftlicher., sozialer, gesundheitlicher- und damit zusammenhängender Probleme, und internationaler kultureller und Bildungs-Kooperation; und
c) universeller Achtung vor und der Einhaltung von Menschenrechten und Grundfreiheiten für alle ohne Unterscheidung von Rasse, Geschlecht, Sprache oder Religion.

Über die Jahre haben die Mitglieder der Vereinten Nationen sich bemüht, die Menschenrechte in Beziehung zu setzen zu wichtigen globalen Problemen, in dem Bemühen, Lösungen für Menschenrechts-Belange zu finden, die Millionen von unterprivilegierten, enteigneten, diskriminierten und marginalisierten Menschen betreffen. Dieses Verständnis von Menschenrechten, das in der Proklamation von Teheran (1968) und vielen darauffolgenden Dokumenten widergespiegelt wird, ist auch bekannt als das *strukturelle Konzept*.

Dieses Konzept legt nahe:
- die Menschenrechte mit den wichtigsten weltweiten globalen Strukturen und Problemen zu verbinden;
- die wichtigsten elementaren Gründe für Menschenrechtsverletzungen zu identifizieren;
- Menschenrechte im Licht konkreter Kontexte und Situationen einzuschätzen;
- die Unterschiedlichkeit von politischen und sozialen Systemen, kulturelle und religiöse Vielgestaltigkeit und unterschiedliche Entwicklungsstände zu erkennen.

Das strukturelle Konzept der Menschenrechte wird auch prägnant in der „Deklaration für das Recht auf Entwicklung" (Declaration on the Right to Development, GA Res. 41/128 vom 412.1986) widergespiegelt. Diese Deklaration legt großen Wert auf die zentrale Stellung der menschlichen Person im Entwicklungsprozeß und leistet einen bedeutenden Beitrag zur konzeptuellen Verbindung zwischen Rechten und Entwicklung. Zugleich kann die Deklaration als ein Leitfaden für nationale und internationale Entwicklungspolitik dienen. Wenn sie ernst genommen wird, kann die Deklaration nützlich sein dafür,
- die Relevanz der Menschenrechte im Entwicklungsprozeß zu stärken;
- die zentrale Stellung des Menschen und des menschlichen Faktors in den Entwicklungsanstrengungen zu erkennen;
- eine tragfähige politische, juristische, soziale und moralische Basis und Wertegrundlage für die Entwicklungszusammenarbeit (→ Entwicklungszusammenarbeit der UN) zu schaffen;
- einen Maßstab im Entwicklungs- und Menschenrechts-Dialog zwischen entwickelten und Entwicklungsländern zu bieten.

In diesem Zusammenhang hat die Weltkonferenz für Menschenrechte in der „Wiener Deklaration und Aktionsprogramm" festgestellt daß, einerseits Entwicklung den Genuß von Menschenrechten begünstigt, das Fehlen von Entwicklung nicht dazu benutzt werden darf, die Verletzung international anerkannter Menschenrechte zu rechtfertigen. Die universelle Natur dieser Rechte steht außer Frage.

4. Das Gesamtsystem der Menschenrechts-Instrumente

Der größte Verdienst des UN-Systems im Bereich der Menschenrechte ist wahrscheinlich die Schaffung eines Kodex von internationalen Menschenrechts-Instrumenten als das Ergebnis vieler Jahre internationaler legislativer Arbeit. Das wichtigste Fundament dieses internationalen *corpus juris* ist der Internationale Menschenrechtskodex mit seinen fünf konstituierenden Teilen. Die Zusammenstellung der internationalen Menschenrechts-Instrumente (Band1, Universelle Instrumente), die 1994 von den UN herausgegeben wurde, verzeichnet nicht weniger als 95 Texte von internationalen Konventionen, Deklarationen und anderen Dokumenten.

In einer Gesamtübersicht über die Menschenrechts-Instrumente können

verschiedene Kategorien unterschieden werden:
- allgemeine und spezielle Instrumente
- globale und regionale Instrumente
- gesetzlich bindende Instrumente (Verträge) und andere Instrumente.

Allgemeine Menschenrechts-Instrumente umfassen in der Regel einen großen Bereich von Menschenrechten. Obwohl diese Instrumente nicht Teil der formalen Verfassungen bzw. Statuten von internationalen Organisationen und Institutionen sind, haben sie jedoch in einem weiteren Sinne konstitutionelle Qualität und geben der Rechtsstaatlichkeit im System der UN und in den regionalen Strukturen internationaler Zusammenarbeit Inhalt. Die bekanntesten dieser allgemeinen Instrumente sind:
- Die Allgemeine Erklärung der Menschenrechte (1948)
- Die Internationalen Menschenrechts-Pakte (Zivil- und Sozialpakt) (1966)
- Die Europäische Konvention zum Schutz der Menschenrechte und Grundfreiheiten (1950)
- Die Europäische Sozialcharta (1961)
- Die Amerikanische Deklaration über die Rechte und Pflichten von Menschen (1948)
- Die Amerikanische Konvention der Menschenrechte (1969)
- Die Afrikanische Charta der Menschen- und Völkerrechte (1981)
- Die Arabische Charta der Menschenrechte (1994).

Was die *speziellen Menschenrechts-Instrumente* angeht, nimmt die obengenannte UN-Zusammenstellung der internationalen Menschenrechts-Instrumente eine Klassifikation in folgende Kategorien vor:
- Recht zur Selbstbestimmung
- Verhinderung der Diskriminierung
- Rechte der Frau
- Rechte des Kindes
- Sklaverei, Knechtschaft, Zwangsarbeit und ähnliche Institutionen und Praktiken
- Menschenrechte in der Rechtsprechung: Schutz von Personen, die Festnahmen und Freiheitsentzug unterliegen
- Informationsfreiheit

- Vereinigungsfreiheit
- Beschäftigungspolitik
- Ehe und Familie, Kindheit und Jugend
- Wohlfahrt, Fortschritt und Entwicklung
- Recht auf Teilhabe an der Kultur ; internationale kulturelle Entwicklung und Zusammenarbeit
- Staatsangehörigkeit, Staatenlosigkeit, Asyl und Flüchtlinge
- Kriegsverbrechen und Verbrechen gegen die Menschlichkeit, einschließlich Genozid
- humanitäres Rechte.

Es ist bemerkenswert, daß im Zusammenhang mit der Reichweite und dem Inhalts der speziellen Instrumente drei Ziele von besonders großer Bedeutung sind, nämlich die Abschaffung von Diskriminierung, der Schutz von verletzbaren Personen und Gruppen, und der Kampf gegen Verletzungen der Menschenrechte in großem Maßstab. Instrumente gegen Rassismus und Rassendiskriminierung, gegen Diskriminierung der Frauen, gegen Diskriminierung auf Grund der Religion oder Glaubensüberzeugung, gegen Diskriminierung am Arbeitsplatz, bei der Beschäftigung und Entlohnung und gegen Diskriminierung im Bildungswesen rangieren alle weit oben auf der Agenda. Flüchtlinge, Frauen, Kinder, Arbeiter, Häftlinge und Gefängnisinsassen, Behinderte, Eingeborene, Wanderarbeiter und ihre Familien, alle bilden Kategorien von Personen, deren Rechte und Interessen einen besonderen Schutz erfordern. Genozid, Folter, Sklaverei und andere Formen von menschlicher Ausbeutung sind Rechtsverletzungen, die in den Bereich von internationalen Verbrechen und Verbrechen gegen die Menschlichkeit fallen. Rechts-Instrumente wurden geschaffen, um speziell diese Barbarei zu bekämpfen.

Die zweite Hauptunterscheidung, die oben getroffen wurde, betrifft Instrumente, die von *Organisationen globaler Art* entwickelt wurden, wie den Vereinten Nationen, der Internationalen Arbeitsorganisation (→ ILO) oder der → UNESCO und Instrumente, die in *regionalen Institutionen* oder Strukturen entstanden sind. Was die letzteren betrifft, haben der Europa-Rat, die Organisation der Amerikanischen Staaten, der Organisation der Afrikanischen Einheit und die Liga der Arabischen Staaten sich aktiv mit der Entwicklung umfassender Menschenrechts-Standards beschäftigt. In gleicher Weise haben die Mitgliedsstaaten in der Organisation für Sicherheit und Zusammenarbeit in Europa (OSZE) im Ost-West-Kontext einen weitreichenden Konsens über Menschenrechtsprinzipien und ihre Ausgestaltung erreicht, als Teil ihrer Bemühungen, einen effektiven Schutz der Menschenrechte und der Grundfreiheiten zu sichern und Kontakte und Kommunikation zwischen Menschen zu erleichtern. Anfängliche Ängste, daß regionale Instrumente eine Gefahr für die Integrität und Bindungskraft globaler Instrumente bedeuten könnten, sind größtenteils abgeklungen. Nun überwiegt die Ansicht, daß diese komplementär sind und sich gegenseitig stärken.

Eine andere Unterscheidung betrifft *rechtlich bindende Instrumente* (Verträge) und *andere Instrumente*. Es ist nicht zu leugnen, daß Menschenrechts-Standards, wenn sie in einem Vertrag verankert und mit Durchführungs-Mechanismen versehen sind, eine Menge Autorität gewinnen. Das gilt vor allem für Verträge, die das Ergebnis von einer soliden Vorbereitung sind und von der Staatenmehrheit ratifiziert wurden auf der Basis einer festen Verpflichtung zur Einhaltung seitens der Staaten. Viele dieser Menschenrechts-Verträge haben Überwachungsmechanismen geschaffen, die Berichts-Systeme einschließen, welche darauf abzielen, der Pflicht der Vertragsstaaten zur Rechenschaft hinsichtlich dieser Verträge einen konkreten Ausdruck zu geben.

Jedoch tendieren neuere Initiativen zur Schaffung von Menschenrechtsstandards – dem Beispiel der Allgemeinen Erklärung der Menschenrechte und nachfolgender nicht-vertragsförmiger Instrumente folgend – dazu, der Nicht-

Vertrags-Form den Vorzug zu geben, in Form von Deklarationen, Prinzipienerklärungen, ethischen Kodices, Richtlinien usw. Solche Instrumente verlangen keine Ratifizierung (was oft lange Verzögerungen hinsichtlich des Inkrafttretens eines Vertragsinstrumentes bedeutet) und richten sich, wenigstens auf der Ebene der Vereinten Nationen, an alle Mitglieder der UN, und je nachdem auch an andere gesellschaftliche Akteure auf nationaler und internationaler Ebene. Diese anderen Instrumente repräsentieren nicht nur wichtige politische Verpflichtungen der Staaten, sondern sind ebenso Basisregeln für die Gestaltung internationaler Beziehungen und, insbesondere im Bereich der Menschenrechte, Basisregeln für die Gestaltung der Innenpolitik.

5. Durchführungsmechanismen

Internationale Durchführungs-Mechanismen im Bereich der Menschenrechte dienen einer Vielzahl von gemeinsamen und getrennten Zwecken. Manche Verfahren können die Staaten dabei unterstützen, bessere nationale Politiken zu entwickeln, die auf eine Verwirklichung der Menschenrechte abzielen. Solche Verfahren haben eine *beratende* Funktion.

Es gibt auch Verfahren, die internationale Handlungen in Form von materieller oder anderer Unterstützung für Staaten auslösen können. Diese Verfahren haben eine *unterstützende* Funktion. Andere Verfahren, die sich auf die Nicht-Befolgung internationaler Standards konzentrieren, haben als Hauptziel die Verbesserung der Menschenrechtssituation in einem Staats oder von einzelnen Aspekten dieser Situation. Diese Verfahren sind durch ihre *korrigierende* Funktion gekennzeichnet. Aber es gibt auch Verfahren, die dazu dienen, bei einzelnen Opfern oder Gruppen von Opfern Linderung oder Abhilfe der Menschenrechtsverletzungen zu bewirken. Diese Verfahren haben daher eine *erleichternde oder abhelfende* Funktion. Die meisten dieser Hilfsmittel haben gemeinsam, daß sie verhindern, daß manche Situationen sich verschlimmern oder daß bestimmte Rechtsverletzungen bei Personen oder Gruppen (wieder) begangen werden. Das kann als die *verhindernde* Funktion internationaler Kontrollmechanismen angesehen werden. Viel von der Effektivität dieser Verfahren hängt von der Qualität und der zugrundeliegenden Expertenarbeit bei den Kontrollmechanismen ab und von dem Grad des politischen Willens der betroffenen Staaten, in wie weit sie *bona fide* mit den internationalen Überwachungsmechanismen zusammenarbeiten wollen.

Der am meisten angewandte und akzeptierte Überwachungsmechanismus ist das *Berichtssystem*. Dieses System wurde von der ILO auf der Basis ihres Statuts eingeführt und durch Statutenänderungen erweitert. Das Berichtssystem kann als *reguläres Überwachungssystem* angesehen werden. Es ist meist von seiner Natur her nicht strittig und basiert auf der Methode des konstruktiven Dialogs. Ausschüsse von unabhängigen Experten, die auf der Grundlage der entsprechenden Menschenrechts-Verträge errichtet wurden und oft bevorzugt als „Vertrags-Organe" bezeichnet werden (→ Haupt-/Neben-/Vertragsorgane), funktionieren als Kontrollmechanismen, um die erzielten Fortschritte und entstandenen Schwierigkeiten, die bei der Implementierung der Verträge auftraten, zu prüfen und einschätzen. Das Berichtssystem hat zunehmend seinen Eingang in eine Reihe wichtiger Menschenrechts-Verträge gefunden, insbesondere in:
- den Internationalen Pakt für wirtschaftliche, soziale und kulturelle Rechte,
- den Internationalen Pakt für bürgerliche und politische Rechte,
- das Internationale Übereinkommen zur Beseitigung jeder Form von Rassendiskriminierung,
- das Übereinkommen zur Beseitigung jeder Form von Diskriminierung der Frau,
- das Übereinkommen gegen Folter und andere grausame, unmenschliche oder erniedrigende Behandlung oder Strafe,

- das Übereinkommen über die Rechte des Kindes.

Der jüngste Menschenrechts-Vertrag, der ein Berichts-System als ein Mittel regulärer internationaler Überwachung vorsieht, ist der Pakt für den Schutz der Rechte aller Wanderarbeiter und ihrer Familien-Angehörigen (1990), der noch nicht in Kraft getreten ist, weil der die erforderliche Anzahl der Ratifikationen oder Zustimmungen noch nicht erreicht hat.

Von den regulären Überwachungsmechanismen sollte man die *speziellen Verfahren* unterscheiden. Solche speziellen Verfahren beschäftigen sich mit einer bestimmten Menschenrechtssituation, die in einem Staatsgebiet vorherrscht und eine besondere Besorgnis bei verantwortungsbewußten Mitgliedern der internationalen Gemeinschaft hervorrufen. Dieser Typ spezieller Verfahren wird oft als das „Länder-Verfahren" bezeichnet. Die speziellen Verfahren können ebenso Anwendung finden bei bestimmten menschenrechtsverletzenden Praktiken, die eine große Anzahl von Menschen in vielen Ländern oder Territorien betreffen und internationale Besorgnis hervorrufen. Diese speziellen Verfahren stellen den „thematischen Ansatz" dar.

Manche spezielle Verfahren werden durch Petitionen oder Beschwerden, die aufgrund bestimmter Rechts-Instrumente eingelegt werden, in Gang gesetzt. Sie werden allgemein als „Mitteilungen" (communications) durch diese Instrumente eingestuft und sind entweder Individuen oder Gruppen von Individuen zugänglich, welche behaupten, daß Rechtsverletzungen durch einen Vertragsstaat begangen wurde, oder Vertragsstaaten, die behaupten, daß ein anderer Vertragsstaat nicht seine Verpflichtungen nach den entsprechenden Menschenrechtsverträgen erfüllt, oder beiden. Ein gemeinsames Merkmal der meisten dieser Beschwerden ist ihr *quasi-gerichtlicher Charakter* in Hinblick auf die Prinzipien des ordnungsgemäßen Verfahrens. Das impliziert, daß das Überwachungsorgan allen Seiten die Möglichkeit gibt, schriftlich und – je nachdem – mündlich ihre jeweiligen Positionen darzustellen, und daß das Prinzip *audiatur et altera pars* respektiert wird. Es impliziert ebenso, daß das Überwachungsorgan, wenn es keine gütliche Einigung erzielen kann, eine Einschätzung darüber äußern kann, ob ein Bruch des Paktes durch den betreffenden Vertragsstaat vorliegt oder ob der Vertragsstaat einer Verpflichtung des Paktes nicht nachgekommen ist. Die verschiedenen Beschwerdeverfahren, die in vielen globalen und regionalen Menschenrechts-Pakten geschaffen wurden, haben im großen und ganzen den quasigerichtlichen Charakter gemeinsam. Ich verweise in diesem Zusammenhang auf die Beschwerdeverfahren, die ihre Grundlage haben im Statut der ILO, im Internationalen Pakt für bürgerliche und politische Rechte und dem dazugehörigen Fakultativ-Protokoll, im Internationalen Pakt für die Beseitigung aller Formen der rassischen Diskriminierung, in der Konvention gegen Folter und andere grausame, unmenschlicher oder erniedrigende Behandlung oder Strafe, in der Europäischen Konvention zum Schutz der Menschenrechte und Grundfreiheiten, in der Amerikanischen Konvention der Menschenrechte und in der Afrikanischen Charta der Menschen- und Völkerrechte. Die Weltmenschenrechtskonferenz (1993) hat empfohlen, daß dort wo solche Beschwerdeverfahren fakultativ sind, die Mitgliedstaaten der Menschenrechts-Verträge überlegen sollten, alle zur Verfügung stehenden Fakultativ-Verfahren zu akzeptieren

Zusätzlich zu den speziellen Verfahren mit quasi-gerichtlichem Charakter gibt es eine ganze Reihe anderer spezieller Verfahren, die das Resultat von anderen Empfehlungen oder Entscheidungen von UN-Organen sind, vor allem von der → Menschenrechtskommission und ihrer Unterkommission für die Verhütung von Diskriminierung und den Schutz von Minderheiten und die → Generalversammlung. Die Einrichtung dieser speziellen Verfahren ist eine Reaktion auf die weitverbreiteten und deutlich geäußerten Besorgnisse

von großen Teilen der UN-Mitgliedstaaten.

So hat die Menschenrechtskommission 1967 eine Ad-Hoc-Arbeitsgruppe von Menschenrechtssachverständigen für das südliche Afrika errichtet, deren Mandat viele Male erneuert wurde, bis es 1995 angesichts der Schaffung eines vereinten, nicht-rassistischen und demokratischen Staatswesens in Südafrika beendet wurde. Seit vielen Jahren sind auch viele andere Menschenrechts-Situationen in Ländern und Territorien Gegenstand von Untersuchungen und Überprüfungen gewesen durch Sonder-Berichterstatter oder Arbeitsgruppen, weil solche Situationen durchgehende Muster massiver Menschenrechtsverletzungen aufzuweisen schienen. Die Untersuchungsergebnisse dieser Sonder-Berichterstatter oder Arbeitsgruppen bildeten die Grundlage für Erklärungen und Empfehlungen der UN-Organe. Die aktuelle Liste (1998) der länderspezifischen Verfahren bezieht sich auf Afghanistan, Burundi, die Demokratische Republik Kongo, Äquatorialguinea, Irak, Iran, Myanmar, Nigeria, die seit 1967 besetzten palästinensischen Territorien, Ruanda, Sudan und das Gebiet des ehemaligen Jugoslawiens.

Während sich diese Verfahren auf einen Staat oder ein Gebiet konzentrieren, hat sich daneben die Praxis herausgebildet, sich auf bestimmte Formen der Menschenrechtsverletzungen zu konzentrieren, die eine große Zahl von Menschen in vielen Ländern betreffen und deshalb weitverbreitete Besorgnisse hervorgerufen haben. Diese Praxis findet ihren Ausdruck in dem sog. *thematischen* Ansatz.

So wurde 1980 durch die Menschenrechtskommission eine Arbeitsgruppe gebildet, um die Fragen zu untersuchen, die mit dem Verschwindenlassen von Personen zu tun haben. In der Folgezeit wurden andere thematische Mechanismen geschaffen, die sich mit der Unversehrtheit des menschlichen Lebens und der menschlichen Person befassen und denen gemeinsam ist, daß sie offenkundige Rechtsverstöße in vielen Staaten erfassen und über sie berichten und daß sie in Fällen unmittelbarer Gefährdung der Menschen auf einer humanitären Basis vermittelnde Schritte unternehmen mit dem Ziel, eine unmittelbare Aufmerksamkeit der Öffentlichkeit und eine Linderung der Not der Betroffenen zu erreichen. Zu dieser Kategorie der thematischen Verfahren gehören neben der Arbeitsgruppe über das Verschwindenlassen von Personen der Sonderberichterstatter über außergerichtliche, summarische oder willkürliche Hinrichtungen, der Sonderberichterstatter über Folter und andere grausame, unmenschliche oder erniedrigende Behandlung oder Strafe und die Arbeitsgruppe für willkürliche Inhaftierungen. Aber auch andere Phänomene und Praktiken, die schwerwiegende und weitverbreitete Besorgnisse hervorgerufen haben, brachten die Menschenrechtskommission dazu, zusätzliche thematische Überwachungsinstitutionen und –verfahren zu schaffen. Sie befassen sich jeweils mit gegenwärtigen Erscheinungsformen des Rassismus, rassischer Diskriminierung und Fremdenfeindlichkeit; der Freiheit der Überzeugung und der Meinungsäußerung; den Auswirkungen von bewaffneten Konflikten auf Kinder; der Unabhängigkeit von Richtern und Rechtsanwälten; Binnenvertriebenen; Söldnern; religiöser Intoleranz; Kinderhandel, Kinderprostitution und Kinderpornographie; toxische Abfälle; und mit der Gewalt gegen Frauen, ihren Ursachen und Folgen.

Es sollte in diesem Zusammenhang hervorgehoben werden, daß die Weltmenschenrechtskonferenz (1993) in ihrer „Wiener Erklärung und Aktionsprogramm" betont hat, wie wichtig es ist, das System der besonderen Verfahren, Berichterstatter, Repräsentanten, Experten und Arbeitsgruppen beizubehalten und zu stärken und alle Staaten aufgefordert hat, uneingeschränkt an diesen Verfahren und Mechanismen mitzuwirken. In ähnlicher Weise hat die Weltkonferenz die Bedeutung der nichtstaatlichen Organisationen (→ NGOs) bei der Förderung der Menschenrechte anerkannt. Unter den vielen Aufgaben, die NGOs übernehmen, ist vor allem jene als Informationsquelle hervorzuheben, durch die sie erheblich beitragen zum wirksamen Funktionieren aller Menschenrechtsüberwachungsverfahren und –kontrollmechanismen.

Schließlich kann - neben den regulären und speziellen Verfahren – eine Unterscheidung getroffen werden zwischen Kontrollmechanismen *auf der Grundlage von Menschenrechts-Verträgen* und *auf der Grundlage der Charta.* Prinzipiell sind Kontrollmechanismen, die durch Verträge geschaffen werden, nur verbindlich für die Staaten, die jenen Verträgen beitreten. Die Staaten, die diese Verträge ratifizieren, akzeptieren ipso facto, mit diesen Kontrollmechanismen bona fide zusammenzuarbeiten. Die Zuständigkeit der Überwachungsorgane wird in den Verträgen definiert. Diese Kontroll-Verfahren und –mechanismen habe eine klare völkerrechtliche Grundlage. In der Regel sind die Kontrollmechanismen auf der Grundlage von Verträgen Einrichtungen auf Dauer. Die Kontrollmechanismen und –verfahren auf der Grundlage der Charta verdanken ihre Existenz einem Beschluß, in der Regel in der Form einer Resolution, eines UN-Organs, das eine repräsentative Körperschaft ist, welche die Mitgliedstaaten der Vereinten Nationen widerspiegelt. Die völkerrechtliche Basis dieser Mechanismen und Verfahren ist die Satzung der Organisation oder – im Falle der Vereinten Nationen – ihre Charta.

Es ist klar, daß es eine große Vielfalt bei den Durchführungs-Instrumenten und –mechanismen gibt. Viele Arten von Verfahren existieren nebeneinander: reguläre und spezielle Verfahren; (quasi-)juristische und politische Verfahren; Länderverfahren und thematische Verfahren; vertragsgestützte und charta-gestützte Verfahren. Darüberhinaus existieren diese verschiedenen Typen von Verfahren auch nebeneinander innerhalb des Rahmens der Vereinten Nationen, ihrer Sonderorganisationen und regionalen Organisationen (→ Regionalisierung). In vielen Fällen können sich diese ko-existierenden Verfahren und Mechanismen mit dem selben Menschenrecht oder Kodex von Rechten befassen, mit den gleichen Menschenrechtssituationen oder sogar mit den gleichen Fällen. Um die Konsistenz bei der Interpretation der Menschenrechts-Standards und bei der Einschätzung der Fakten und Informationen bewahren zu können und Duplikationen und Konfusion zu vermeiden, ist es dringend erforderlich, die vielen ko-existierenden Verfahren und Mechanismen zu koordinieren. Diese Koordinierung sollte ein dauerndes Anliegen sein für den Hohen Kommissar der Vereinten Nationen für Menschenrechte, die anderen internationalen Menschenrechtssekretariate und der Kontroll-Institutionen selber, vor allem der Vorsitzenden aller Vertragsorgane.

Es versteht sich von selbst, daß internationale Überwachungsverfahren und Kontrollmechanismen niemals als Ersatz für nationale Mechanismen und nationale Maßnahmen fungieren können, was die wirksame Umsetzung von Menschenrechts-Standards betrifft. Menschenrechte müssen zuerst und vor allem auf der nationalen und lokalen Ebene verwirklicht werden. Die Hauptverantwortung der Staaten bei der Verwirklichung der Menschenrechte besteht *gegenüber* den Menschen, die auf dem Hoheitsgebiet dieser Staaten leben. Angesichts der Internationalisierung der Menschenrechte und der Erkenntnis, daß der Schutz und die Förderung der Menschenrechte nicht mehr nur in die aussschließliche Zuständigkeit der Staaten fällt, kann die internationale Gemeinschaft sich legitimerweise für die Einhaltung der international akzeptierten Standards durch jeden Staat oder jeden anderen Akteur interessieren, der eine effektive Macht ausüben kann. Daher können – obwohl internationale Kontrollverfahren keinen Ersatz für die Mittel und Methoden der nationalen Umsetzung von Menschenrechten sind – internationale Verfahren eine wichtige subsidiäre oder ergänzende Rolle spielen.

6. Einschätzung des Menschenrechtsschutzes in den Vereinten Nationen

Die Vereinten Nationen haben im Laufe der Jahre einen eindrucksvollen rechtlichen Rahmen für die Förderung und den Schutz der Menschenrechte geschaffen, der sowohl ein umfassendes Netzwerk von Standards umfaßt als auch vertragsgestützte und chartagestützte Überwachungsmechanismen. Die Methoden des Dialogs, der Tatsachenermittlung und der Nachprüfung, die von diesen Überwachungsmechanismen angewandt werden, sind zunehmend immer mehr verfeinert, mehr spezifiziert und mehr auf die wirksame Umsetzung ausgerichtet worden.

Zugleich ist es eine quälende Erkenntnis, daß die Mittel und Methoden des Menschenrechtsschutzsystems der Vereinten Nationen sich als nur beschränkt wirksam erweisen in Situationen, wo in bewaffneten Konflikten, Gewaltsituationen oder anderen Notfällen menschliches Leben in ernstlicher Gefahr ist. Solche Situationen erfordern umfassende Strategien der Friedensschaffung, → Friedenssicherung und Friedenserhaltung (→ Friedensoperationen) und hier steht der → Sicherheitsrat der Vereinten Nationen vor einer schweren Verantwortung. In der letzten Zeit ist der Sicherheitsrat zunehmend sensibler geworden für die Probleme des Menschenrechtsschutzes und des → humanitären Völkerrechts als integrativem Teil der Friedens- und Sicherheits-Agenda. Die Gründung von Ad-Hoc-Strafgerichtshöfen für das ehemalige Jugoslawien 1993 und für Ruanda 1994 durch den Sicherheitsrat ist ein klarer Beleg für diese neue Tendenz und die Rolle, die dem Sicherheitsrat im Statut des Internationalen Strafgerichtshofs (→ ICC) zugedacht ist, bestätigt diesen Trend.

Viel zu lange galten die Menschenrechte nur als ein Randproblem innerhalb der Strukturen und Aktivitäten der Vereinten Nationen. Die Schaffung des Posten eines Hohen Kommissars der Vereinten Nationen für die Menschenrechte (→ Menschenrechte – Zentrum für Menschenrechte, Hoher Kommissar für Menschenrechte) durch die Generalversammlung im Jahr 1993 gab dem Menschenrechtsprogramm jedoch ein größeres politisches und moralisches Gewicht und bietet mehr Raum für Initiativen und dynamische Aktion. Dies gilt insbesondere für die Rolle, die der Hohe Kommissar übernommen hat bei der Verhinderung von Menschenrechtsverletzungen, bei der Sicherung der Präsenz des Menschenrechtsschutzes vor Ort – entweder als eigenständige Struktur oder als Teil größerer UN-Aktivitäten – und bei der Gestaltung der Menschenrechtsdiplomatie in der Form des Dialogs auf höchster Ebene mit den Staatenregierungen. Die Schaffung des Amtes des Hohen Kommissars hat auch dazu beigetragen, die Menschenrechte innerhalb des übrigen UN-Systems zu fördern und zu integrieren und hat es ermöglicht, gezieltere Maßnahmen im Hinblick auf die Menschenrechte der Frauen und Kinder, Minderheiten und Urbevölkerungen zu ergreifen.

Eine wesentliche strukturelle Schwäche des UN-Menschenrechtsprogramms bleibt jedoch der Mangel an finanziellen Ressourcen, die diesem Programm zur Verfügung gestellt werden. Ein Ergebnis dieser Knappheit im Budget ist zweifellos, daß die Dienstleistungen, die das UN-Personal (→ Personal) zur Verfügung stellen kann, nicht ausreichen, um in angemessener Weise den Anforderungen eines effektiven Menschenrechtsschutzssystems zu genügen.

Theo van Boven

Lit.: *Alston, P. (Hrsg.):* The United Nations and Human Rights: A Critical Appraisal, Oxford 1992; *Danieli, Y./Stamatopoulos, E./Dias, C.:* The Universal Declaration of Human Rights – Fifty Years and Beyond, New York 1998; *Ramcharan, B.G.:* The Principle of Legality in International Human Rights Institutions: Selected Legal Opinions, Den Haag 1997; *Steiner, H.J./Alston, P.:* International Human Rights in Context, Law, Politics, Morals, Oxford 1996; *United Nations:* Human Rights: A Compilation of International Instruments, Vol. 1 (First and Second Part): Universal Instruments, New York 1993; *United Nations:* United Nations Action in the Field of Human Rights, New York/Genf 1994.

Internet: Allgemeine Information über den Menschenrechtsschutz in den Vereinten Nationen über die allgemeine Homepage der Vereinten Nationen http://www.un.org, und zwar auf der Website Human Rights: http.://www.un.org/rights; Detaillierte Informationen über Menschenrechts-Konventionen und Schutz-Instrumente über die Homepage des Hohen Kommissars der Vereinten Nationen für Menschenrechte: http://www.unhchr.ch; a) über die Struktur des Menschenrechtsschutzsystems: http://www.unhchr/hrostr. htm ; b) über die Menschenrechts-Verträge und sonstigen Dokumente: http://www.unhchr. ch/html/intlinst.htm

Minderheitenschutz

I. Einführung

In fast jedem Staat der Erde leben Menschen, die sich durch ihre ethnische, sprachliche oder religiöse Identität von der Mehrheit der Bevölkerung unterscheiden. Gewalt gegen diese Personen hat seit dem Zweiten Weltkrieg mehr als 10 Millionen Menschenleben gekostet. Friedliche Beziehungen zwischen Minderheiten und zwischen Minderheit und Mehrheit auf der Grundlage gegenseitigen Respekts bedeuten eine Anerkennung der Würde und Gleichheit der Menschen, auf der die Charta der Vereinten Nationen (→ Charta der UN) gegründet ist. Der weitere Beitrag des Minderheitenschutzes zur Wahrung des Weltfriedens als einem der Ziele der Vereinten Nationen ergibt sich aus der Tatsache, daß die Mehrheit aller bewaffneter Auseinandersetzungen seit dem Zweiten Weltkrieg durch Spannungen ausgelöst wurden, die ihren Ursprung in Minderheitenfragen hatten. Der Minderheitenschutz ist daher eine zentrale Aufgabe der Vereinten Nationen.

II. Entwicklung des internationalen Minderheitenschutzes

1. Minderheitenschutz vor der Gründung des Völkerbundes

Die Notwendigkeit, Minderheiten in einem Staatsgebiet zu schützen, entstand durch den Gegensatz zwischen Volk und Staat bei Gebietsabtretungen. Die Begünstigten wurden zunächst aufgrund ihrer Religion identifiziert.

Die bilateralen Vereinbarungen zwischen den beteiligten Staaten, etwa im Rahmen der Friedensverträge von Augsburg (1555) und von Münster und Osnabrück (1648), gingen jedoch über unmittelbare Fragen der Religionsfreiheit hinaus und umfaßten auch Fragen des Eigentums, der Organisation von Bildungseinrichtungen und des Rechts. Nach dem Wiener Kongreß (1815) orientierten sich die Vereinbarungen zunehmend auch an der nationalen Zugehörigkeit einer Bevölkerungsgruppe. Diese Tradition der bilateralen Verträge zum Schutz von Minderheiten setzt sich bis heute fort.

2. Minderheitenschutz im Völkerbund

Der Minderheitenschutz war im → Völkerbund das Korrektiv für Situationen, in denen das Prinzip „eine Nation, ein Staat" keine Anwendung finden konnte oder sollte. Die materiellen Regelungen dieses Schutzes begünstigten bestimmte Minderheitengruppen und waren in den Verträgen von Paris und weiteren bilateralen Vereinbarungen zwischen den Alliierten und Assoziierten Mächten und den Staaten Osteuropas und des Balkan enthalten (1919-20). Außerdem wurde die Gewährung eines angemessenen Schutzes von Minderheiten zum Beitrittskriterium für neue Mitglieder gemacht. Neben der Garantie der Gleichbehandlung enthielten die Verträge Vereinbarungen hinsichtlich Sprache, Kultur und Religion. Zur Umsetzung der Vereinbarungen wurden schrittweise ein Überwachungsmechanismus des Völkerbundrates und ein Petitionssystem entwickelt.

3. Minderheitenschutz durch die Vereinten Nationen

Das System des Schutzes von Minderheiten als Gruppe durch den Völkerbund wurde 1945 durch die Charta der Vereinten Nationen abgelöst, die auf der Grundlage des Schutzes individueller Rechte und Freiheiten die universelle Verwirklichung des Prinzips der Nicht-Diskriminierung zu einem ihrer Ziele erklärt. Schon bald nach Erlaß der Charta wurde deutlich, daß zusätzliche positive Maßnahmen erforderlich waren, um Angehörige von Minderheiten vor Diskriminierung zu schützen und ihre Identität zu wahren. Zu diesem Zweck wurden besondere Rechte für Minderheiten ausgearbeitet und konkrete Maßnahmen entwickelt, um das Gebot der Nicht-Diskriminierung zu ergänzen.

III. Minderheitenschutz durch die Vereinten Nationen

1. Definition der Minderheit

Eine allgemein anerkannte Definition des Begriffes der Minderheit und damit eine Antwort auf die Frage, wer von den besonderen Rechten und Maßnahmen profitieren soll, konnte bisher nicht gefunden werden. Die Situationen, in denen bestimmte Personen eine Minderheit in einem Staat bilden, sind zu vielfältig, als daß eine einheitliche Definition sie umfassen könnte, ohne zu einem fragwürdigen Ausschluß einiger Personen zu führen. Das Fehlen einer solchen Definition hat jedoch weder die Entwicklung besonderer Rechte noch ihre Implementierung verhindert.

Aus der Verbindung der häufigsten Situationen, in denen Personen eine Minderheit bilden, ist die wohl am weitesten verbreitete Beschreibung einer Minderheit entwickelt worden. Danach ist eine Minderheit eine „group numerically inferior to the rest of the population of a state, in a non-dominant position, whose members - being nationals of the state - possess ethnic, religious, or linguistic characteristics differing from those of the rest of the population and show, if only implicitly, a sense of solidarity, directed towards preserving their culture, traditions, religion, or language." (*Capotorti* 1979).

2. Rechtsgrundlagen des Minderheitenschutzes

Die Bestimmungen des Minderheitenschutzes können in das Gebot der Nicht-Diskriminierung („non-discrimination") und besondere Rechte für Minderheiten („special rights") unterschieden werden.

a) Nicht-Diskriminierung (non-discrimination)

Das Gebot der Nicht-Diskriminierung ist auf die „prevention of any action which denies to individuals or groups of people equality of treatment which they may wish" gerichtet. Diskrimnierung wird verstanden als „imply any distinction, exclusion, restriction, or preference which is based on any ground such as race, colour,..., language, religion,..., national or social origin,..., birth or other status, and wich has the purpose or effect of nullifying or impairing the recognition, enjoyment or exercise by all persons, on an equal footing, of all rights and freedoms" (*Human Rights Committee*, General Comment 18 of 10 November 1989, Non-discrimination).

Ein Verbot der Diskriminierung ist in einer Reihe internationaler Vereinbarungen enthalten, die fast alle Situationen abdecken, in denen Angehörigen von Minderheiten eine gleiche Behandlung verweigert werden könnte. Bestimmungen der Nicht-Diskriminierung sind etwa in der Charta der Vereinten Nationen (Art. 1 und 55), der Allgemeinen Erklärung der Menschenrechte (Art. 2) (→ Menschenrechte, Allgemeine Erklärung der), dem → Internationalen Pakt über bürgerliche und politische Rechte (IPBPR) (Art. 2 und 26), dem → Internationalen Pakt über wirtschaftliche, soziale und kulturelle Rechte (Art. 2), dem → Übereinkommen über die Rechte des Kindes (Art. 2), dem→ Internationalen Übereinkommen zur Beseitigung jeder Form der Rassendiskriminierung und der UNESCO-Konvention gegen Diskriminierung in der Erziehung enthalten (Alle Querverweise auf UN-Menschenrechtskonventionen in diesem Beitrag beziehen sich auf Beiträge unter dem Hauptstichwort „Menschenrechtskonventionen"). Danach ist eine Diskriminierung aufgrund der Rasse, der Sprache, der Religion, der nationalen oder sozialen Herkunft und der Geburt bei der Wahrnehmung einer Reihe von bestimmten Rechten verboten. Individuelle Angehörige einer Minderheit können in erster Linie ihre prozedurale Gleichbehandlung etwa bei der Anerkennung als rechtsfähige Person und vor dem staatlichen Richter verlangen.

b) Besondere Rechte (special rights) für Minderheiten

Besondere Rechte für Minderheiten wurden mit dem Ziel entwickelt, ihre Identität und ihre Traditionen zu wahren. Diese Rechte sind keine Privilegien, sondern sie werden in bestimmten Bereichen gewährt, damit die Angehörigen der Minderheit auf Dauer tatsächlich einen gleichen Status wie die Mehrheitsbevölkerung erreichen können („affirmative action").

Besondere Rechte für die Angehörigen nationaler Minderheiten sind etwa in der → Konvention zur Verhütung und Bestrafung des Völkermordes (Art. II), dem Internationalen Übereinkommen zur Beseitigung jeder Form von Rassendiskriminierung (Art. 2 und 4), dem Internationalen Pakt über bürgerliche und politische Rechte (Art. 27), dem Internationalen Pakt über wirtschaftliche, soziale und kulturelle Rechte (Art. 13) und in der „Erklärung über die Rechte von Angehörigen nationaler und ethnischer, religiöser und sprachlicher Minderheiten" (GA Res. 47/135 vom 18.12.1992) enthalten.

Obwohl rechtlich nicht verbindlich, kommt der letztgenannten Erklärung die besondere Bedeutung einer Auslegungshilfe für Art. 27 IPBPR zu. Die → Menschenrechtskommission hatte die Erarbeitung einer besonderen Erklärung über die Rechte der Mitglieder von Minderheiten im Rahmen der im IPBPR enthaltenen Prinzipien angeregt, um dem Bedürfnis nach der Formulierung positiver Maßnahmen im Bereich des Minderheitenschutzes zu begegnen.

Besondere substantielle Rechte der Minderheiten betreffen insbesondere den Gebrauch ihrer eigenen Sprache, die Ausübung ihrer Religion und die Pflege ihrer Kultur, Kontakte zu ihren Angehörigen in anderen Staaten, die Möglichkeiten ihrer Selbstorganisation und Selbstverwaltung und ihre Teilnahme am politischen, wirtschaftlichen und kulturellen Leben des Staates, in dem sie leben.

c) Recht auf Selbstbestimmung

Immer wieder fordern Minderheiten unter Hinweis auf ihr → Selbstbestimmungsrecht als Volk („peoples") Unabhängigkeit oder politische Autonomie.

Die Abgrenzung zwischen Minderheit und Volk ist unter Anerkennung einer teilweisen Überschneidung beider Begriffe streitig. Ein Recht auf Selbstbestimmung, zumindest für ein Volk unter kolonialer Herrschaft oder einer vergleichbaren fremden Hoheit, soll inzwischen als zwingende Norm des Völkerrechts anerkannt sein (→ Völkerrechtsentwicklung im Rahmen der UN).

Das Recht auf Selbstbestimmung umfaßt das Recht eines Volkes, seinen politischen Status und seine soziale, ökonomische und kulturelle Entwicklung frei von Einflüssen von Außen und innerhalb des Staates, in dem es lebt, zu bestimmen. Jedoch ist jeder Versuch, die nationale Einheit und territoriale Integrität eines Staates ganz oder teilweise zu zerstören, als für mit den Zielen der Vereinten Nationen unvereinbar erklärt worden („Erklärung über die Gewährung der Unabhängigkeit an koloniale Länder und Völker", GA Res. 1514 (XV) vom 14.12.1960). Zumindest in demokratisch regierten Staaten können diese Forderungen nach Auffassung der Vereinten Nationen daher nicht aus dem Recht auf Selbstbestimmung abgeleitet werden (Erklärung über völkerrechtliche Grundsätze für freundschaftliche Beziehungen und Zusammenarbeit zwischen den Staaten im Einklang mit der Charta der Vereinten Nationen, GA Res. 2625 (XXV) vom 24.10.1970).

3. Implementierung des Minderheitenschutzes

Ziel der Implementierung des Minderheitenschutzes durch die Vereinten Nationen soll in erster Linie die Schaffung effektiver nationaler Institutionen auf der Grundlage vergleichbarer Erfahrungen und Modelle sein und nicht die Entwicklung eines Katalogs einzelner besonderer Maßnahmen.

a) Allgemeine Implementierungsmaßnahmen

Die Erfüllung vertraglicher Verpflichtungen der Staaten im Bereich der Nicht-Diskriminierung und der besonderen Rechte, insbesondere die Anpassung nationaler Gesetze und der Rechts- und Verwaltungspraxis wird von den *Durchführungsorganen* der verschiedenen *Menschenrechtskonventionen* (→ Menschenrechtskonventionen und ihre Durchführungsorgane) im Rahmen der allgemeinen *Berichtspflicht* und der *Individualbeschwerden* überwacht.

Außervertragliche Verpflichtungen der Staaten werden insbesondere durch die unabhängigen Experten der *Unterkommission für die Verhütung von Diskriminierung und den Schutz von Minderheiten* durch *Studien* und *Empfehlungen* an die → *Menschenrechtskommission* konkretisiert. Der → Generalsekretär berichtet an die Generalversammlung und die Menschenrechtskommission über Maßnahmen der Staaten zur Umsetzung, etwa der Erklärung über die Rechte von Angehörigen nationaler und ethnischer, religiöser und sprachlicher Minderheiten. Bei der Implementierung der Verpflichtungen setzen die Vereinten Nationen auf Pluralismus, Toleranz, gegenseitigen Respekt und Zusammenleben, und lehnen ethnisch homogene Staaten als Lösung von Minderheitenfragen ab.

b) Besondere Implementierungsmaßnahmen

Dem → *Hohen Kommissar für Menschenrechte* ist von der → Generalversammlung der Schutz und die Förderung der Rechte von Angehörigen nationaler Minderheiten allgemein übertragen worden (GA Res.48/141 vom 20.12.1993). Die Generalversammlung hat ihn darüber hinaus beauftragt, die Umsetzung der Prinzipien der „*Erklärung über die Rechte von Angehörigen nationaler und ethnischer, religiöser und sprachlicher Minderheiten*" im Dialog mit den betreffenden Regierungen zu fördern (GA Res. 49/192). Auf dieser Grundlage hat der Hohe Kommissar ein Programm aus drei Maßnahmenbündeln entwickelt, die untereinander eng zusammenhängen: Erstens die Förderung und Umsetzung der Prinzipien der Erklärung, zweitens die Kooperation mit anderen Organen der Vereinten Nationen (→ UN-System) und mit Programmen für technischen Hilfe („technical assistance") und Beratung („advisory services") und schließlich der Dialog mit Regierungen und anderen Parteien, die von Minderheitenfragen betroffen sind.

Als Forum des Dialogs über Minderheitenfragen wurde 1995 die fünfköpfige *Arbeitsgruppe über Minderheiten* der Menschenrechtsunterkommission gegründet, um die Prinzipien der „Erklärung über die Rechte von Angehörigen nationaler und ethnischer, religiöser und sprachlicher Minderheiten" zu fördern (UN Doc. E/CN.4/Res/1995/ 24). Die Arbeitsgruppe hat zwei Aufgaben, die untereinander eng zusammenhängen: Zunächst soll sie einen Rahmen bilden, in dem Regierungen, Angehörige von Minderheiten und Wissenschaftler Fragen des Minderheitenschutzes und ihre Lösung diskutieren können. Die Sitzungen der Arbeitsgruppe sind offen für alle Regierungen, zwischenstaatlichen Organisationen und → NGOs, unabhängig von einem Konsultativstatus beim → Wirtschafts- und Sozialrat (ECOSOC). Dann bildet die Arbeitsgruppe aber auch einen Mechanismus zur friedlichen und konstruktiven Lösung konkreter Konfliktsituationen und trägt so zur Konkretisierung der Prinzipien der Erklärung bei. Die Arbeitsgruppe hat inzwischen etwa im Bereich der interkulturellen Erziehung und hinsichtlich der Rolle der Medien eine Reihe von konkreten Maßnahmen vorgeschlagen, die den Schutz der Minderheiten verbessern könnten (UN Doc. E/CN.4/Sub.2/1996/2, E/CN.4/Sub.2/1996/28, E/CN.4/Sub.2/1997/18).

c) Mechanismen der Frühwarnung

Um die Eskalation von religiösen oder ethnischen Spannungen zu Konflikten zu verhindern, kann der Hohe Kommissar für Menschenrechte im Rahmen seiner Aufgabe, die „Fortsetzung von Menschenrechtsverletzungen überall auf der Welt" („preventing the continuation of human rights violations throughout the world" - UN Doc. A/Res/48/141) eine diplomatische Vermittlerrolle bei Regierungen und zwischen Konfliktparteien übernehmen. Der Ausschuß für die Beseitigung der Rassendiskriminierung (CERD) hat auf der Grundlage des Internationalen Übereinkommens zur Beseitigung jeder Form von Rassendiskriminierung einen Frühwarn- und Dringlichkeitsmechanismus entwickelt, um Verletzungen der Konvention vorzubeugen und rechtzeitig zu begegnen. Das Fehlen einer effektiven gesetzlichen Grundlage zur Verhinderung von Rassendiskriminierung, die unzureichende Umsetzung von Durchsetzungsmechanismen, rassistische Aufrufe von Personen oder ein signifikanter Flüchtlingsstrom etwa können Maßnahmen der Frühwarnung indizieren.

Ekkehard Strauß

Lit.: *1. Dokumente: Capotorti, F.:* Study on the Rights of Persons Belonging to Ethnic, Religious, and Linguistic Minorities, by Francesco Capotorti, Special Rapporteur of the Subcommission on Prevention and Protection of Minorities, UN Doc. E/CN.4/Sub.2/384/Rev. 1, United Nations, New York 1979; *United Nations, Commission on Human Rights, Sub-Commission on Prevention of Discrimination and Protection of Minorities:* Prevention of Discrimination Against and the Protection of Minorities. Report of the Working Group on Minorities on its fourth session (Geneva 25-29 May 1998), New York 1998 (UN Doc. E/CN.4/Sub.2/ 1998/18 vom 6.7.1998). *2. Sekundärliteratur: Bartsch, S.:* Minderheitenschutz in der internationalen Politik, Opladen 1995; *Omanga Bokatola, I.:* L'Organisation des Nations Unies et la Protection des Minorites; Brüssel 1992;; *Horowitz, D.L.:* Ethnic Groups in Conflict, Berkeley u.a. 1985; *Thornberry, P.:* International Law and the Right of Minorities, New York 1992.
Internet: Dokumente der Arbeitsgruppe der Unterkommission über die Homepage der Subcommission on Prevention of Discrimi-

nation and Protection of Minorities der Menschenrechtskommission: http://www.unhchr.ch/html/menu2/2/sc.htm; zur aktuellen Situation einzelner Minderheiten in verschiedenen Staaten vgl. etwa die Berichte der Minority Rights Group: http://www.minorityrights.org

Mitgliedschaft/Repräsentation von Staaten

1. Einleitung

Vorrangiges Ziel eines jeden neuen Staats ist die Mitgliedschaft in den Vereinten Nationen. Sie wird als „Ritterschlag der Eigenstaatlichkeit" angesehen und symbolisiert die offizielle Aufnahme in die internationale Staatengemeinschaft. Die Vertretung eines Mitgliedstaats in den Vereinten Nationen dagegen dient den Regierungen oftmals als „Legitimitätsausweis". Teilweise kommt ihr innenpolitisch noch mehr Bedeutung zu als außenpolitisch. Während die Frage der Vertretung immer dann auftreten kann, wenn zwei Gruppen behaupten, die Regierung eines Mitgliedstaats zu sein (Kambodscha, 1979-1991), tritt die Frage der Mitgliedschaft mit dem (weitgehenden) Abschluß der → Entkolonialisierung heute fast ausschließlich im Zusammenhang mit der Auflösung bzw. dem Zerfall bestehender Staaten (wie der Sowjetunion, 1991, oder Jugoslawiens, 1991/92) oder in Fällen der Sezession (Eritrea, 1993) auf. Mit 185 Mitgliedern haben die Vereinten Nationen fast → Universalität erreicht. Abgesehen von einigen „Zwergstaaten" (Nauru) sind nur die Schweiz sowie die nichtstaatlichen Einheiten Palästina und Taiwan (noch) nicht Mitglied der Vereinten Nationen.

Für sie bietet der → Beobachterstatus eine Möglichkeit der informellen Teilnahme an der Tätigkeit der Vereinten Nationen.

Ein Beitritt der Schweiz zu den Vereinten Nationen ist bei einer Volksabstimmung am 16.3.1986 mit großer Mehrheit von der Bevölkerung abgelehnt worden. Der seit 1948 bestehende Beobachterstatus der Schweiz wird vor allem von der eidgenössischen Regierung im Hinblick auf die Verteidigung des UN-Standorts Genf (→ UN-Platz Genf) als unbefriedigend empfunden. Wie die Erfahrungen Schwedens und Österreichs zeigen, ließe sich die Neutralität der Schweiz problemlos mit einer Mitgliedschaft in den Vereinten Nationen vereinbaren.

Die Nicht-Mitgliedschaft in den Vereinten Nationen schließt jedoch eine Mitgliedschaft in ihren Spezialorganen und → Sonderorganisationen nicht aus. So ist die Schweiz Mitglied von → UNICEF und → WHO. Die Mitgliedschaft in den Vereinten Nationen erleichtert aber die Aufnahme in andere Internationale Organisationen und gibt teilweise sogar einen Rechtsanspruch darauf.

Die grundlegenden Vorschriften, die die Mitgliedschaft und Vertretung in den Vereinten Nationen regeln, finden sich in Art. 3-6 der → Charta der UN, sowie in den → Geschäftsordnungen der → Generalversammlung (Regel 27-29, 134-138) und des → Sicherheitsrats (Regel 13-17, 58-60).

2. Erwerb der Mitgliedschaft

Die Charta unterscheidet zwischen den 51 ursprünglichen Mitgliedern (Art. 3, 110 Abs. 4) und später aufgenommenen Mitgliedern. Alle friedliebenden Staaten, welche die Verpflichtungen aus der Charta (förmlich) übernehmen und nach dem Urteil der Organisation fähig und willens sind, diese Verpflichtungen zu erfüllen, können Mitglieder der Vereinten Nationen werden (Art. 4). Von anderen als den in Art. 4 genannten Voraussetzungen, insbesondere von der Aufnahme eines anderen Staats („package deal"), darf die Aufnahme nach dem Rechtsgutachten des Internationalen Gerichtshofs (→ IGH) vom 28.5.1948 nicht abhängig gemacht werden (ICJ Rep. 1947-48, 57).

Die unbestimmte Formulierung dieser Voraussetzungen läßt der Organisation bzw. den Mitgliedstaaten jedoch einen weiten Ermessensspielraum, der in der Praxis immer wieder zur Berücksichtigung politischer Gesichtspunkte geführt hat. So wurde die Republik Mazedonien infolge des Streits mit Griechenland über die Staatsbezeichnung nur unter dem Vorbehalt der Bezeichnung „Ehemalige Jugoslawische Republik Mazedonien" (auf englisch kurz „FYROM") aufgenommen. Verfahrensmäßig erfolgt die Aufnahme durch einen mit Zweidrittelmehrheit (Art. 18 Abs. 2) angenommenen Beschluß der Generalversammlung, dem eine Aufnahmeempfehlung des Sicherheitsrats vorauszugehen hat (Art. 4 Abs. 2). Die Aufnahmeempfehlung des Sicherheitsrats bedarf nach Art. 27 Abs. 3 der Zustimmung von neun Mitgliedern einschließlich sämtlicher ständiger Mitglieder (→ Veto/-recht). Auch eine sachwidrige Ausübung des Vetorechts durch ein ständiges Mitglied des Sicherheitsrats erlaubt der Generalversammlung nach dem Rechtsgutachten des Internationalen Gerichtshofs vom 3.3.1950 nicht, die Entscheidung über die Aufnahme alleine zu treffen (ICJ Rep. 1950, 4).

Der Erwerb der Mitgliedschaft durch Staatennachfolge ist in der Charta nicht vorgesehen. Bei Auflösung oder Zerfall eines Mitgliedstaats (Dismembration) übernehmen die Nachfolgestaaten nicht automatisch die Mitgliedschaftsrechte des ursprünglichen Mitglieds, sondern sie müssen sich grundsätzlich alle dem formellen Aufnahmeverfahren unterziehen (Tschechische Republik und Slowakei, 1993). Dagegen muß bei Abspaltung eines Teils (oder von Teilen) eines Mitgliedstaats (Sezession) nur der neue Staat (oder die neuen Staaten) förmlich um die Aufnahme nachsuchen, während der ursprüngliche Staat seine Mitgliedschaft fortführt (Abspaltung Eritreas von Äthiopien, 1993). Umstritten kann im Einzelfall jedoch sein, ob es sich um eine Dismembration oder um eine Sezession handelt. Die Entscheidung wird dabei mehr von politischen als von rechtlichen Gesichtspunkten bestimmt. So führt Rußland seit dem 24.12.1991 die frühere Mitgliedschaft der Sowjetunion, einschließlich des ständigen Sitzes im Sicherheitsrat, fort; eine Fortführung der jugoslawischen Mitgliedschaft durch die Föderative Republik Jugoslawien wurde dagegen unter Hinweis auf den Untergang Jugoslawiens abgelehnt (S/RES/777 (1992)). In der Praxis ist Jugoslawien aber weiterhin Mitglied der Vereinten Nationen (unter alter Flagge, aber mit neuen durch die Regierung der Föderativen Republik Jugoslawien bestellten Vertretern). Es darf nur nicht an der Arbeit der Generalversammlung teilnehmen (A/RES/47/1 (1992)). Insofern kann von einer (zumindest teilweisen) *de facto* Nachfolge in eine bestehende Mitgliedschaft bis zum formellen Ausschluß gesprochen werden.

Auch eine formlose Wieder-Aufnahme nach (vorübergehender) Beendigung der Mitgliedschaft ist in der Charta nicht vorgesehen. In der Praxis wurde jedoch sowohl Indonesien, das 1965 aus den Vereinten Nationen ausgetreten war, als auch Syrien, das sich 1958 mit Ägypten zur Vereinigten Arabischen Republik zusammengeschlossen hatte, eine Wiederaufnahme der Mitgliedschaft ohne förmliches Aufnahmeverfahren ermöglicht. In beiden Fällen wurde die Beendigung der Mitgliedschaft ex post als bloßes „Ruhen" der Mitgliedschaft gewertet.

3. Entwicklung der Mitgliedschaft

Als Folge des beginnenden Kalten Krieges konnten im Zeitraum von 1945 bis 1954 nur neun Staaten in die Vereinten Nationen aufgenommen werden: Viele Aufnahmeanträge scheiterten durch Mehrheitsbeschlüsse bzw. Vetos im Sicherheitsrat, weil die Staaten dem jeweils anderen Block zugerechnet wurden, dessen Stimmenanteil man nicht vergrößern wollte. Unerwünschten Staaten sprach man vordergründig entweder die Staatsqualität oder die „Friedensliebe" ab. 1947 war die „Warteliste" bereits auf rund zwanzig aufnahmewillige Staaten angestiegen. Erst durch den Druck der übrigen Staaten (vor allem in der Generalversammlung) und ein langsam sich entspannendes weltpolitisches Klima kam es zu einer Änderung der Aufnahmepolitik: 1955 wurden auf einen Schlag sechzehn neue Mitglieder aufgenommen. Um sicherzustellen, daß nach individueller Prüfung und Zustimmung durch den Sicherheitsrat (unter Verzicht der UdSSR auf Ausübung ihres Vetorechts) die Beitrittskandidaten des Ostblocks in der Generalversammlung die erforderliche Mehrheit erreichen, wurde die Empfehlung des Rats über die Aufnahme der neuen Mitglieder in einer Resolution zusammengefaßt, welche die Generalversammlung nur ohne Veränderungen annehmen oder ablehnen konnte (*Volger* 1995, 98ff.).

Mit der Aufnahme der neuen Mitglieder 1955 kam eine Entwicklung in Gang, die das Gesicht der Vereinten Nationen gründlich verändern sollte: Bei den neu hinzugekommenen Staaten handelte es sich nun vornehmlich um ehemalige afrikanische Kolonien Großbritanniens, Frankreichs, Spaniens und Portugals, die erst vor kurzem ihre Unabhängigkeit erlangt hatten. Bereits 1960 hatte sich die Mitgliederzahl mit 99 Staaten fast verdoppelt. Durch die Aufnahme zahlreicher Entwicklungsländer gewannen die Themen der → Entkolonialisierung und der Neuen Weltwirtschaftsordnung (→ Weltwirtschaftsordnung/NWWO) vor allem in der Generalversammlung an Gewicht. Ab 1961 normalisierte sich die Aufnahmepolitik. Fortan war die Ablehnung eines Aufnahmeantrags die Ausnahme (Kuwait 1961, Aufnahme erst 1963).

Eine wichtige Veränderung nicht in der Mitgliedschaft, sondern in der Vertretung eines Mitglieds fand 1971 statt: Nachdem die Regierung der Republik China (Taiwan) das Mitglied China 25 Jahre lang vertreten und dessen Sitz im Sicherheitsrat innegehabt hatte, beschloß die Generalversammlung am 25.10.1971, die Regierung der Volksrepublik China als einzige rechtmäßige Vertreterin Chinas anzuerkennen.

Die Bundesrepublik Deutschland, die seit Mitte der fünfziger Jahre Mitglied in allen Sonderorganisationen und einigen Sonderorganen der Vereinten Nationen war und seit 1952 eine ständige Beobachtermission bei den Vereinten Nationen in New York unterhielt, wurde nach Abschluß des Grundlagenvertrages vom 21.12.1972 am 18.9.1973 gleichzeitig mit der Deutschen Demokratischen Republik Mitglied der Vereinten Nationen.

Im September 1980 hatte sich die Zahl der Mitglieder mit 154 mehr als verdreifacht. Nach dem weitgehenden Abschluß der Entkolonialisierung hat der Zerfall der (ehemaligen) UdSSR, Jugoslawiens und der Tschechoslowakei Anfang der neunziger Jahre zum letzten bedeutenden Mitgliederzuwachs geführt. Als bislang letztes (185.) Mitglied wurde am 15.12.1994 Palau aufgenommen.

Übersicht über die Mitgliederentwicklung, 1945-1999:

1945 - 1954:   9 Staaten
1955 - 1964: 55 Staaten
1965 - 1974: 23 Staaten
1975 - 1984: 21 Staaten
1985 - 1999: 26 Staaten

4. Beendigung der Mitgliedschaft und Suspension von Mitgliedschaftsrechten

Obwohl ein Austritt aus den Vereinten Nationen in der Charta nicht vorgesehen ist, sollte dieser - wie die Verhandlungen der Konferenz von San Francisco (→ Entstehungsgeschichte der UN) zeigen - nicht generell ausgeschlossen werden. So trat Indonesien (als bisher einziges Mitglied) 1965 aus den Vereinten Nationen aus. Der Ausschluß eines Mitglieds ist auf Empfehlung des Sicherheitsrats durch die Generalversammlung möglich, wenn es beharrlich die Grundsätze der Charta verletzt (Art. 6). Ein Ausschluß wurde bisher noch nie ausgesprochen, aber früher mehrfach für Südafrika (Apartheidpolitik) und Israel gefordert. In der Praxis endet die Mitgliedschaft meist durch die friedliche Auflösung des Mitglieds (Tschechoslowakei, 1993) bzw. dessen Zerfall (Jugoslawien, 1992) oder durch die Vereinigung zweier Mitglieder (DDR, 1990) (→ DDR, UN-Politik).

Neben dem Ausschluß eines Mitglieds sieht die Charta als weitere Sanktion die Suspension von Mitgliedschaftsrechten vor. Dabei ist zwischen der zeitweiligen Entziehung sämtlicher Rechte aus der Mitgliedschaft durch die Generalversammlung nach Art. 5 und dem automatischen Verlust des Stimmrechts in der Generalversammlung bei Beitragsrückstand in Höhe der letzten zwei Jahresbeiträge nach Art. 19 zu unterscheiden. Nur letzteres hat praktische Bedeutung erlangt. Umstritten ist bis heute, ob nur die Beiträge zum ordentlichen Haushalt oder auch die Beiträge zur Deckung von → Friedensoperationen bei der Berechnung des Beitragsrückstandes einzubeziehen sind. Gegenüber einem ständigen Mitglied des Sicherheitsrats, das wie die USA große Teile seiner Beiträge zurückhält (→ Finanzkrisen), um als notwendig erachtete Reformen durchzusetzen, ist die *ipso jure* eintretende Suspension des Stimmrechts in der Generalversammlung die einzige Sanktion.

5. Vertretung und Vollmacht

Von der Frage der Mitgliedschaft muß die Frage unterschieden werden, wer zur Vertretung des Mitglieds berechtigt ist. In den Organen der Vereinten Nationen wird jeder Mitgliedstaat durch akkreditierte Vertreter vertreten, die von der Regierung des Staats bevollmächtigt sein müssen. Die Überprüfung der Vollmachten ist in der Regel ein reiner Formalakt. Sie kann jedoch große politische Bedeutung erlangen, wenn die Legitimität einer *de facto* Regierung umstritten ist. So erkannte die Generalversammlung 1974-1994 die Vollmachten der südafrikanischen Vertreter mit der Begründung nicht an, die Apartheidregierung sei für die Bevölkerung des Landes nicht repräsentativ. 1997-1998 weigerte sich die Generalversammlung zum ersten Mal als Reaktion auf einen Staatsstreich, die von der kambodschanischen (Putschisten-) Regierung ausgestellten Vollmachten anzuerkennen. Die Nichtanerkennung der Vollmachten seiner Vertreter kommt im Ergebnis der Suspension der Mitgliedschaftsrechte eines Staates in der Generalversammlung gleich, ohne daß die in

der Charta hierfür vorgeschriebenen Voraussetzungen vorliegen.

Die Frage der Legitimität der bevollmächtigenden Regierung stellt sich auch, wenn mehrere rivalisierende Gruppen beanspruchen, die Regierung eines Mitgliedstaats zu sein. Die Vereinten Nationen haben sich hier bei der Anerkennung der Vollmachten nicht immer vom Effektivitätsprinzip leiten lassen. So wurde Kambodscha 1979-1989 von der kambodschanischen Exilregierung und China 1949-1971 von der nationalchinesischen Regierung auf Taiwan vertreten.

Fragen der Vertretungsmacht können sich stellen, wenn die einen Vertreter bevollmächtigende Regierung aufhört zu bestehen und die neue Regierung noch keinen Vertreter bevollmächtigt hat. Weder die Charta noch die Geschäftsordnungen enthalten für diesen Fall eine Bestimmung. 1994, während des ruandischen Bürgerkrieges, veranlaßte der Sicherheitsrat den Vertreter des nichtständigen Mitglieds Ruanda zum „freiwilligen" Mandatsverzicht, was dazu führte, daß der Sicherheitsrat zeitweise nur 14 Mitglieder hatte. Ein zwangsweiser Ausschluß wäre dagegen auch im Hinblick auf die eventuelle Mißbrauchsgefahr nicht zulässig gewesen.

Stefan Talmon

Lit.: *Bailey, S.D./Daws, S.:* The Procedure of the UN Security Council, 2. Aufl., Oxford 1998; *Klein, E.:* Die Internationalen und Supranationalen Organisationen als Völkerrechtssubjekte, in: Graf Vitzthum, W. (Hrsg.): Völkerrecht, Berlin 1997; *Simma, B. (Hrsg.):* The Charter of the United Nations. A Commentary, München 1994; *Scharf, M.P.:* Musical Chairs: The Dissolution of States and Membership in the United Nations, in: Cornell ILJ 28 (1995), 29-69; *Schreuer, C.:* Die Internationalen Organisationen, in: Neuhold, H./Hummer, W./Schreuer, C. (Hrsg.): Österreichisches Handbuch des Völkerrechts, Bd. 1, 3. Aufl., Wien 1997, 165-212; *Volger, H.:* Geschichte der Vereinten Nationen, München/Wien 1995; *Wood, M.C.:* Participation of Former Yugoslav States in the United Nations and in Multilateral Treaties, in:

Max Planck Yearbook of United Nations Law 1 (1997), 231-257.

Nichtstaatliche Organisationen (NGOs)

Eine Weltorganisation wie die Vereinten Nationen wird in zunehmendem Maß an Bedeutung gewinnen, weil die Nationalstaaten immer weniger in der Lage sein werden, adäquat die anstehenden Probleme anzugehen bzw. auf die Lösung der zunehmenden globalen Probleme Einfluß zu nehmen. Die Erwartungen, die derzeit auf den Vereinten Nationen lasten, sind sehr hoch. Wird die Basis der Arbeit weiter ausgebaut, können diese Erwartungen unter Umständen auch erfüllt werden.

Obwohl die UN eine Organisation von Staaten für Staaten ist und bleibt, wie auch Boutros Boutros-Ghali in der „Agenda for Peace" ($\rightarrow$ Agenda für den Frieden) betonte, bietet die UN-Charta ($\rightarrow$ Charta der UN) heute schon die Voraussetzungen, andere gesellschaftlichen Akteure mit einzubeziehen.

Die Präambel zur Charta beginnt mit den Worten: „We the Peoples of the United Nations..." Die Präambel als integraler Bestandteil der Charta hat die Funktion, die Gründe für die Schaffung der Organisation und die angestrebten Ziele einleitend festzuhalten und dient somit als Interpretationsrichtlinie für die gesamte Charta. Es gab insbesondere in den Anfängen der UN viele Diskussionen über die Auslegung eben dieser Worte der Präambel, die man in einer Frage zuspitzen kann: Bedeutet diese Redewendung: Wir, die *Staaten* dieser Welt, oder heißt es nicht etwa: Wir, die *Völker* („Peoples"), d.h. nicht nur die Staaten und deren Regierungen? Schon UN-Generalsekretär ($\rightarrow$ Generalsekretär) Dag Hammarskjöld wies darauf hin, daß die Vereinten Nationen mehr sind als die Summe ihrer Regierungen. Im allgemeinen Verständnis der Charta hat sich die Auslegung durchgesetzt, daß der Beginn der Präambel zu lesen ist als „die Bevölkerung der Mitgliedstaaten" und somit die Tür offen läßt in den Vereinten Nationen für die Mitwirkung einzelnen Bürgern und deren Vereinigungen in den Mitgliedstaaten.

Der Club of Rome schrieb 1992: „Wir brauchen eine Neubestimmung der zuständigen Entscheidungsebenen: Diese müssen so nah wie möglich bei den Menschen liegen, die von den Entscheidungen profitieren oder ihre Folgen auszubaden haben." (*Club of Rome* 1992, 32)

Regierungsunabhängige Organisationen der „civil society" könnten eine breitere Basis für die Arbeit der Vereinten Nationen, aber auch mehr Verständnis und Akzeptanz dafür erreichen. Diese nichtstaatlichen Organisationen (nongovernmental organizations – NGOs) besitzen durch ihre teilweise jahrzehntelange Arbeit die Kapazitäten und Erfahrungen, die dazu beitragen können, die Probleme besser zu meistern und damit die Reputation der UNO zu erhöhen. Die NGOs können auf viele Jahre erfolgreicher Arbeit zurückblicken. Sie besitzen neben den praktischen und politischen Erfahrungen auch eine größere Akzeptanz innerhalb der Bevölkerung, da sie bevölkerungsorientiert und konsequent arbeiten. Mit der zunehmenden Politikverdrossenheit in der westlichen Welt bieten NGOs eine Möglichkeit, die Partizipation vieler Bürger z.B. für die umwelt- oder entwicklungspolitische Arbeit innerhalb ihres Staates und international zu erreichen. Dazu kommt der Umstand, daß in der „Zweiten Welt", auf Grund fehlender oder mangelhaft ausgeprägter politischer Strukturen, NGOs oft eher in der Lage sein können, Träger von gewissen, wenn auch beschränkten politischen Aktionen der Umwelt-, Menschenrechts- oder/ und Entwicklungsarbeit innerhalb ihres Systems zu werden als politische Institutionen. Bezüglich der Arbeit in der „Dritten Welt" besitzen NGOs durch ihre oftmals klein angelegten Projekte und ihr großes soziales Engagement eine höhere Akzeptanz in der dortigen Bevölkerung. Sie haben oft größere Erfahrungen im Umgang mit der Bevölkerung vor Ort machen können als internationale Organisationen mit ihren großen Projekten.

Zur Geschichte

Mit der zunehmenden Demokratisierung und Industrialisierung am Anfang dieses Jahrhunderts bildeten sich als Interessengruppen zur Schaffung oder Wahrung von sogenannten „Wohlstandsrechten". Die Internationalisierung des Handels führte auch zur Internationalisierung jeglicher Art von Gemeinschaften. Es ist nicht zufällig, daß mit dem Anwachsen von *Internationalen Regierungsorganisationen (International Governmental Organizations - IGOs)* auch ein Anwachsen der NGOs zu verzeichnen war. NGOs richteten sich an der Arbeit der IGOs aus, forcierten, unterstützten oder kritisierten diese und trugen auch zur Gründung neuer IGOs wesentlich bei. Unter anderem führten die Aktivitäten der Interparlamentarischen Union zum → Völkerbund und dem Ständigen Gerichtshof, und jene der Internationalen Gewerkschaftsföderation und der 2. Sozialistischen Internationale zur Internationalen Arbeitsorganisation.

Doch bis zur Gründung der Vereinten Nationen gab es keine Regelungen für den Umgang mit NGOs, obwohl viele durch deren Arbeit stark beeinflußt wurden. In den ersten Vorschlägen zur Charta der UN, insbesondere in denen von Dumbarton Oaks, gab es keinerlei Bezugnahme auf NGOs, doch durch die starke Einflußnahme durch nationale und internationale NGOs gelang es, einen Kompromiß zu formulieren, der dann in Artikel 71 der Charta Eingang fand. Die Arbeit der NGOs bleibt auf den Bereich des → Wirtschafts- und Sozialrates (ECOSOC) beschränkt und es bedarf besonderer Verfahrensregelungen zur Legitimierung der Beziehungen:

„Der Wirtschaft- und Sozialrat kann geeignete Abmachungen zwecks Konsultation mit nichtstaatlichen Organisationen treffen, die sich mit Angelegenheiten seiner Zuständigkeit befassen. Solche Abmachungen können mit internationalen Organisationen und, soweit angebracht, nach Konsultation des betreffenden Mitglieds der UNO auch mit nationalen Organisationen getroffen werden." (Art. 71 UN-Charta)

Dieser Artikel regelt formell den Umgang mit NGOs, doch der Artikel formalisierte praktisch nur die Gepflogenheiten des Völkerbundes: dort hatten NGOs in Komitees das Recht zur Meinungsäußerung, konnten Berichte präsentieren, Diskussionen initiieren, Resolutionen und Zusatzartikel vorschlagen. Sie konnten „Unterorganisationen" zugewiesen werden. Auf der Welt-Abrüstungs-Konferenz 1932 richteten NGOs auf der Plenartagung eine Rede an alle Teilnehmer. NGOs hatten – abgesehen vom Stimmrecht – das Recht, an allen Aktivitäten des Völkerbundes uneingeschränkt teilzunehmen.

Es ließe sich argumentieren, daß mit den nicht festgeschriebenen Rechten im Verhältnis zum Völkerbund die meisten NGOs mehr Rechte und Privilegien hatten als heute, abgesehen von noch näher zu bestimmenden NGOs in ihren Beziehungen zu UN-Sonderorganisationen und Spezialorganen und von den NGOs mit speziellem Status.

Zusammenfassend läßt sich feststellen, daß die NGOs einerseits im Kampf um ihre Legitimierung durch einen speziellen Charta-Artikel,,der ihre Rechte und Privilegien festlegt, in der Phase der Ausarbeitung der Charta,, erfolgreich waren. Gleichzeitig mußten sie auch eine Niederlage hinnehmen, da ihre Aktivitäten auf den sozialen und ökonomischen Bereich beschränkt wurden, d.h. sie bekamen keinen Zugang zu den UN-Aktivitäten im politischen und sicherheitsrelevanten Bereich. Jedoch sind die Grenzen ihrer Aktivitäten – die Ausklammerung der politischen Aspekte - nicht eindeutig zu definieren. Dies gilt insbesondere dann, wenn es um jene Gebiete der Arbeit der UN geht, auf denen NGOs international sehr erfolgreich arbeiten, nämlich → Menschenrechte und Ökologie (→ Umweltschutz), da diese Bereiche neben den sozialen und wirtschaftlichen Aspekten auch politische und sogar sicherheitspolitische Dimensionen besitzen, die in den Kompetenzbereich der

→ Generalversammlung bzw. des →
Sicherheitsrats fallen.

Die Idee, nichtstaatliche Organisationen an der Arbeit der Vereinten Nationen teilnehmen zu lassen, wird von Gegnern und Befürwortern des Artikels 71 einerseits als wichtige Ergänzung zur Charta und zum Völkerrecht genannt, andererseits gibt es bis heute heftige Kontroversen in den UN und in der öffentlichen Meinung in den Mitgliedstaaten über den tatsächlichen Einfluß der NGOs: Sehen die einen ihren Einfluß als wesentlich und effektiv an, wird ihr Einfluß von anderen eher als gering eingeschätzt.

Eine Wertung der Arbeit der NGOs in den UN muß sich im Rahmen eines Lexikonbeitrages auf einige allgemeine Bemerkungen beschränken.

Für die Analyse der Bedeutung der NGOs sind folgende Vorbemerkungen notwendig:

Der Konsultativstatus ist vom Umfang der Rechte und deren Inhalt her stark begrenzt; die dem ECOSOC für nichtstaatliche Organisationen zur Verfügung stehende Zeit ist durch die Vielzahl der bestehenden NGOs (man spricht von mehr als 23.000 registrierten internationalen NGOs) und der somit gestiegenen Mitgliederzahl geringer geworden.

Durch das Anwachsen der Anzahl der NGOs mit Konsultativstatus ist deren Handlungsfreiheit im Wirtschafts- und Sozialrat weiter eingeschränkt worden.

Die Hauptarbeit der NGOs wird aber nicht im ECOSOC selbst geleistet, sondern einerseits in der inoffiziellen Arbeit (Lobbying) und andererseits in den spezialisierten Neben- und Unterorganen (→ Haupt-/Neben-/Vertragsorgane), so daß sich die NGOs meist auf diese Gremien konzentrieren.

Funktionen von NGOs

Bei der Analyse der bisherigen Arbeit kristallisiert sich heraus, daß NGOs dabei vier wesentliche *Rollen* übernommen haben:

Sie wirken als *Vertreter* und *Anwalt* von speziell definierten *Interessen ihrer*

Mitglieder auf dem Gebiet öffentlicher Politik.

Sie sind *Ratgeber* und *Wissensvermittler* auf der Grundlage der ausgewiesenen Kompetenz auf *Spezialgebieten*, insbesondere dort, wo Regierungen und Regierungsorganisationen diese Kompetenz nicht besitzen oder deren Quellen unzureichend sind.

Sie bilden *ausführende Organe von Aktivitäten der Vereinten Nationen*, insbesondere ihrer Sonder- und Spezialorganisationen. Dabei wurden sie u.a. zum zweitgrößten Spender von Entwicklungshilfe weltweit.

Sie geben *Hilfe* und *Unterstützung* bei der → *Öffentlichkeitsarbeit* für das gesamte → UN-System auf allen Gebieten des gesellschaftlichen Lebens, insbesondere dann, wenn durch die Medien versucht wurde, ein schlechtes Bild der UN zu zeichnen. Dies galt besonders, als die USA und Großbritannien sich aus Teilorganisationen der UN zurückzogen und somit die Arbeit der Teilorganisationen und das Ansehen der UNO an sich im starken Maße gefährdet schienen.

Es kann kaum bestritten werden, daß durch die intensive Arbeit von zahlreichen NGOs auf den Gebieten der Tatsachenermittlung (Fact-finding), des Lobbyings und der aktiven Umsetzung von operativen Aktivitäten der UN eine spürbare Verbesserung der Situation in bezug auf die frühe Wahrnehmung bestehender Probleme als auch auf die eigentliche Problemlösung eingetreten ist.

Es ist auch der Arbeit der NGOs zuzuschreiben, daß Menschenrechtsverletzungen heute nicht mehr ungesühnt bleiben können, daß sich international ein gewachsenes Umweltbewußtsein herausgebildet hat und daß zahlreiche Aktivitäten der UN-Organisationen im Entwicklungsbereich (→ Entwicklungszusammenarbeit der UN) durch materielle Zuwendungen in Form von Geldspenden, aber auch durch menschliches Engagement vor Ort oft entscheidende Impulse verdanken. Ohne die durch die NGOs realisierte Verbindung der entwicklungspolitischen Maßnahmen der UN mit dem „grassroots-level" wäre wohl manches Projekt zum Scheitern verurteilt gewesen.

Die Breite der Themen, aber auch der sozialen und Berufsstruktur der Mitgliedschaft und der regionalen Verteilung der NGOs.heute unterscheidet sie von den NGOs früherer Jahrzehnte. NGOs werden immer mehr vernetzt und komplizierter, besser organisiert und ihrer Macht bewußt. Die Verbesserung der internationalen Verbindungen der nationalen Organisationen geht einher mit der Vernetzung zwischen den NGOs, was organisationstheoretisch einer Parallelentwicklung von innerer Orientierung zur Überwindung interner Schwächen und organisatorischer Hemmnisse und der äußeren Orientierung zur effektiveren Beitragsgestaltung auf größerer Ebene entspricht. Alte und etablierte NGOs haben neue (Teil-)Funktionen übernommen, sie widmen sich neben ihren originalen Aufgaben (sozialer Wohlstand, Verbesserung der Arbeits- und Lebensbedingungen) zunehmend der Entwicklungshilfe, dem Umweltschutz und anderen Aufgaben, die bis vor kurzem noch als traditionelle Regierungsaufgaben galten.

Phasen der NGO-Arbeit

Aber auch die *Schwerpunkte der Arbeit* der NGO-Gemeinschaft haben sich über die letzten Jahrzehnte geändert. Standen zu Beginn die Unterentwicklung und die Armut im Mittelpunkt, kann man seit der Gründung der Vereinten Nationen vier *Phasen*, aber auch vier *Gruppen* von NGO-Arbeit identifizieren.

Fragen der allgemeinen *Menschenrechte* und der Entwicklung bzw. der Überwindung der *Unterentwicklung* bildeten die Arbeitsschwerpunkte der ersten Generation der NGOs nach der Gründung der UNO.

Die Facetten der *Friedensbewegung* in der Blütezeit des Kalten Krieges (Ende der 60er Jahre, wieder in den 80er Jahren) bildeten einen zweiten Höhepunkt in der Entwicklung von NGOs. Auf Grund der möglichen Eskalation von Konflikten und deren „militärischen Lösung" gab es ein gro-

ßes Betätigungsfeld, was u.a. auch zu einer „Zivilisierung des Konflikts" (*Senghaas* 1989) beitrug.

In den 80er Jahren erweiterte sich der Friedensbegriff (→ Frieden/-sbegriff/-sbedrohung) und die *Umweltbewegungen* wurden integraler Bestandteil der internationalen NGO-Gemeinschaft, die in den 90er Jahren mit Fragen von *nachhaltiger Entwicklung* und *Menschenrechten* verbunden wurden.

Die Erfolge der „friedlichen Refolution" [sic!] (Neologismus von Reform und Revolution: *Ash* 1989) und das Ende des Kalten Krieges führte zu einer neuen Qualität der Menschenrechtsbewegung. Die Unteilbarkeit der *Menschenrechte* und die kulturellen Besonderheiten der Nationen, eng verbunden mit Fragen der *Entwicklung* und des *Friedens,* bilden den Hauptgegenstand der Arbeit.

Der Begriff und die Klassifizierung

Der Begriff „NGO" ist zwar in der internationalen Diskussion weit verbreitet, doch angesichts der Geschichte und der Heterogenität des Untersuchungsgegenstands ist er kaum umfassend definiert worden. Um eine detaillierte Analyse der NGOs vornehmen zu könne, aber auch um zutreffende Abgrenzungen für die politische Arbeit in den internationalen Organisationen leisten zu können, wurde des öfteren versucht, eine allgemeine *Definition* von NGOs zu entwickeln. All diese Versuche waren mehr oder weniger erfolgreich und endeten schließlich in der Kompromiß-Resolution 1296 (XLIV) des ECOSOC von 1968, obwohl die nun seit über achtzig Jahren aktive Union of International Associations auf dem Gebiet der NGOs eine klare Definition benutzt und diese auch formell schon 1950 (Res.E/334B(XI)) bzw. 1955 (Res. E/2088) durch den ECOSOC anerkannt wurde, aber jedoch in der Praxis der UN kaum Anwendung findet.

In diesem Beitrag wird der Begriff NGO analog zum Gebrauch in den Vereinten Nationen benutzt, die NGOs als *diejenigen Organisationen* definieren, *die in ihrer Arbeit den Zielen der*

Charta entsprechen und nicht durch Regierungsabkommen gegründet wurden und den freien Informationsfluß und demokratischen Entscheidungsfindungsprozeß nicht behindern. Daß auch diese Maßgabe nicht frei von Problemen ist, zeigt die Organisation des Internationalen Roten Kreuzes, die zwar eine anerkannte nichtstaatliche Organisation ist, aber durch ein Regierungsabkommen geschaffen wurde.

Die Erfolge von NGOs im umweltpolitischen – und Menschenrechtsbereich, die Vergabe des Friedensnobelpreises 1997 an eine NGO und der starke Einfluß von NGOs auf die vielen → Weltkonferenzen zu Beginn der 90er Jahre erhöhte den Druck der NGOs auf die UNO, die überalterte ECOSOC-Resolution 1296 zu überarbeiten. Nach drei Jahren intensiver Arbeit wurde am 25. Juli 1996 durch den ECOSOC die Resolution 1296 mit der Resolution 1996/31 erweitert.

Dabei blieb auch diese neue Resolution weit hinter den Erwartungen der NGO-Gemeinschaft zurück. Da die Wirksamkeit des ECOSOC noch immer weit hinter den Erwartungen zurückbleibt und große Teile der Arbeit so politisch sind, daß sie in der Generalversammlung behandelt werden, war vor allem ein (beschränkter) Zugang zur Generalversammlung von Seiten der NGOs gewünscht worden. Doch der Konsultativstatus bleibt weiterhin auf die Arbeit des Wirtschafts- und Sozialrates beschränkt. Auch wurde keine Empfehlung an die → Sonderorganisationen und Spezialorgane ausgesprochen, einheitliche *Kriterien* zu entwickeln bzw. anzuwenden, so daß diese selbst – und ggf. willkürlich – über ihren Umgang mit NGOs entscheiden können.

Die *Koordinierungsfunktion* des → *Sekretariats* wurde zwar wieder bestätigt, aber nicht neu organisiert. Ein zentrales Koordinierungsorgan, entsprechend dem ohnehin schon existierenden *NGO-Ausschuß des ECOSOC*, hätte hier sicherlich zur Effektivierung der Arbeit beigetragen und dem gewachsenen Ansehen der NGO-Gemeinschaft Rechnung getragen. Es wurden auch wiederum

keine Aussagen zum Rechtsstatus von NGO-Vertretern (Reisemöglichkeit, Aufenthalts- und Arbeitserlaubnis, Zugang zu konvertierbaren Währungen bis hin zu steuerlichen Regelungen in den Gastgeberstaaten) für NGOs mit offiziellem Status gemacht. Eine Entscheidung des Internationalen Gerichtshofes (→ IGH) hätte diesen Status präzisieren können, so daß es nicht mehr allein den einzelnen Staaten obliegt, eigene Umgangsformen, die zur Zeit teilweise sehr restriktiv ausfallen, gegenüber den NGOs zu implementieren.

Die Resolution 1996/31 hebt auch weiterhin den *Unterschied* zwischen der *Teilnahme ohne Stimmrecht*, die für Regierungen, d.h. Nicht-Mitgliedstaaten oder die Sonderorganisationen gedacht ist, und *konsultativen Rechten für NGOs* hervor (Ziff. 18). Gerade die Teilnahme ohne Stimmrecht an allen Aktivitäten des ECOSOC hätte den Status von NGOs wesentlich erhöhen können, denn damit hätten sie u.a. das Recht erhalten, in Diskussionen zu sprechen und Stellungnahmen zirkulieren zu lassen.

Neu, aber eigentlich nur die Festschreibung der seit langem praktizierten Vorgehensweise, ist die Aufhebung der Einschränkung, daß NGOs einen internationalen Charakter haben müssen. Nun finden auch nationale, sub-regionale und regionale Organisationen Berücksichtigung (Ziff. 8), was dazu führen kann, daß neben einer Dachorganisation auch selbständige Teilorganisationen Zugang zum UN-System erhalten. Dies gilt heute u.a. schon für die → WFUNA und die amerikanische UN-Gesellschaft.

Zu den wichtigsten Neuerungen dieser Resolution gehört der Abschnitt VII, der die Teilnahme von NGOs an internationalen Konferenzen der Vereinten Nationen regelt. Die NGOs, die bereits einen Status bei den Vereinten Nationen erworben haben, können nun ohne Antrag an diesen Konferenzen teilnehmen. Die anderen NGOs werden entsprechend den allgemeinen Zulassungsregelungen für NGOs aus den ECOSOC-Resolutionen 1296 (XLIV) und 1996/31 behandelt, wobei hier dem jeweiligen Konferenzsekretariat die Rolle des Koordinators gegenüber den NGOs zukommt.

Anzahl der NGOs mit Konsultativstatus beim ECOSOC

Jahr	Allge-mein	Spezi-al	Roster	Ge-samt
1948	7	32	2	41
1968	12	143	222	377
1991	41	354	533	928
1998	103	745	713	1.561

Quellen: Internet der NGO Section/DESA, ergänzt um die Zahlen der offiziellen Liste vom 31.07.1998: Stand Februar 1999; hinzu kommen noch ca. 400 NGOs der Commission on Sustainable Development

In der neuen Resolution gibt es wiederum drei verschiedene Kategorien von NGOs mit dementsprechend unterschiedlichen Privilegien bezüglich der Zusammenarbeit mit den UN, die durch den ECOSOC definiert wurden. Der vergebene Status unterliegt einer regelmäßigen Überprüfung durch das NGO-Komitee des ECOSOC bzw. den Rat selbst.

Der allgemeine Konsultativstatus (früher Kategorie I bzw. A) wird den NGOs zuerkannt, die
- mit den meisten der Aktivitäten des ECOSOC beschäftigt sind, die in der Lage sind, eigenständige und substantielle Beiträge zur Arbeit der Vereinten Nationen zu leisten, die
- mit dem sozialen und ökonomischen Leben der Menschen verbunden sind, deren Areal sie vertreten und
- die so viele Mitglieder besitzen, daß sie große Teile der Bevölkerung in vielen Ländern repräsentieren.

Sie können an Tagungen des ECOSOC und seiner Unterorgane teilnehmen, schriftliche Stellungnahmen dort abgeben, in Hearings angehört werden und sie können Vorschläge zur Tagesordnung des ECOSOC und dessen Organen machen.

Den speziellen Konsultativstatus (früher Kategorie II bzw. B) erhalten die NGOs, die auf ausgewählten Gebieten des ECOSOC arbeiten und substantielle Beiträge leisten. Menschenrechtsorganisationen werden in diesem Zusammenhang besonders genannt. Sie besitzen alle die Rechte der Kategorie I, außer dem Recht auf Vorschläge zur Tagesordnung.

Die Liste, genannt Roster (früher Kategorie III bzw. C) enthält diejenigen NGOs, die (a) der Generalsekretär oder (b) der ECOSOC für fähig hält, gelegentlich zweckdienliche und nützliche Beiträge zur Arbeit des Rates zu leisten bzw. (c) die zu anderen Sonderorganisationen konsultative Beziehungen unterhalten.

Der Eintrag in dieser Liste darf aber nicht gedeutet werden als Zwischenstufe oder besondere Qualifikation zum Erreichen eines höheren Status. Ihre Rechte sind nicht nur geringer als die der anderen beiden Kategorien, sondern auch beschränkter: Sie können nur an solchen Tagungen teilnehmen, die in ihren Arbeitsbereich fallen. Weitere Partizipationsmöglichkeiten müssen stets gesondert geregelt werden.

Schriftliche Stellungnahmen zu Sitzungen dürfen nur *Organisationen mit Konsultativstatus* abgeben. Der Umfang ist beschränkt, 2000 Worte dürfen von NGOs mit allgemeinem Status nicht überschritten werden, Organisationen mit speziellem Status nur 500 Worte. Darüber hinausgehende Texte müssen eine Zusammenfassung enthalten, die dann lediglich verteilt wird.

Roster-NGOs können nur dann *mündliche oder schriftliche Stellungnahmen* (mit maximal 500 Worten) abgeben, wenn sie vom *Generalsekretär*, dem *NGO-Ausschuß* oder dem *ECOSOC* selbst dazu aufgefordert wurden. Diese Feststellung wurde einerseits getroffen, um Material einzusparen – bei nunmehr 185 UN-Mitgliedstaaten und 54 Mitgliedern des ECOSOC – und andererseits aus der Erkenntnis heraus, daß Diplomaten durch die ständig steigende Informationsflut kaum längere Texte lesen, geschweige denn behandeln können.

Das *Teilnahmerecht an öffentlichen Sitzungen* (Art.29), aber auch an Konferenzen des ECOSOC – in Bezug auf Art.62 Abs. 4 der Charta – für alle drei Kategorien erscheint als willkürlich, da es sogar jeder juristischen Person frei steht, an öffentlichen Sitzungen auf der

Besuchertribüne teilzunehmen und es somit leicht ist, eine Sitzung als nichtöffentlich deklarieren zu lassen, um somit „unliebsame" Teilnehmer von Diskussionen und Meinungsfindungen auszuschließen.

Nur *NGOs mit Konsultativstatus* besitzen auch das Recht, nach Rücksprache mit dem NGO-Ausschuß des ECOSOC, *mündliche Stellungnahmen* abzugeben. Zusätzlich bedarf es bei Anträgen auf Zulassung zu Hearings, Wortmeldungen etc. immer der Zustimmung des NGO-Ausschusses, welcher sich als koordinierendes Organ für NGOs versteht und somit aber auch selektiv wirken kann und muß.

Auf Vorschlag des NGO-Ausschusses kann nach Ziff. 57 der Res. 1996/31 einer NGO der *Status entzogen* oder bis zu drei Jahren *ausgesetzt* werden, wenn
- eine Organisation versucht, gegen die Ziele und den Geist der Charta zu verstoßen, oder ihren Konsultativstatus für unwesentliche oder politische Aktionen, die konträr und unvereinbar mit den Zielen und Prinzipien der Charta sind, gegen UN-Mitgliedstaaten systematisch mißbraucht oder
- an international anerkannten kriminellen Aktivitäten (Waffenhandel, Geldwäsche, etc.) beteiligt oder
- wenn sie innerhalb von drei Jahren keine effektiven Beiträge zur Arbeit des Rates oder seiner Unterorganisationen geleistet hat.

Der Passus der Resolution 1296 über geheime Regierungs-Geldquellen wurde in der Fassung der Resolution 1996/31 dahingehend abgeschwächt, daß die Organisation jetzt dem NGO-Ausschuß plausibel machen muß, daß die Organisation trotzdem unabhängig bleibt und wozu dieses Geld nötig ist (Ziff. 13).

Der Ausschluß jeglicher politischer Aktionen gegen die Mitgliedstaaten der Organisation in Ziffer 57 der Resolution 1996/31, womit die Regelung der Resolution 1296 beibehalten wurde, ist rechtlich und politisch zweifelhaft, da eine Zielsetzung vieler bestehender NGOs ist, gegen bestehende politische Systeme zu opponieren, die sich als unfähig erwiesen haben, anstehende Probleme wirtschaft-

licher, politischer oder/und sozialer Art zu lösen bzw. deren eigentliche Ursachen sie darstellen. Zum anderen opponieren NGOs auch gegen Staaten, die gegen bestehende, aber nicht von allen Seiten der Staatengemeinschaft ratifizierte Resolutionen etc., insbesondere auf dem Gebiet der Menschenrechte, verstoßen bzw. diese total negieren. Diese Bestimmung der Resolution wurde - insbesondere im Zusammenhang mit der Thematik der → Souveränität der Mitgliedstaaten - des öfteren von Staaten mißbraucht, um die Tätigkeit von Menschenrechtsorganisationen einzuschränken bzw. deren Möglichkeiten zur internationalen Kritik im Rahmen der Weltorganisation zu verringern und dies ist auch weiterhin zu befürchten.

Allen drei Kategorien von NGOs werden vielfältige Möglichkeiten eingeräumt, mit Hilfe des Sekretariats ihren Pflichten nachzukommen. Dazu zählen u.a. der freie Zugang zum UN-Dokumentationsservice (→ Dokumentationssystem) und zur UN-Bibliothek und die Verteilung ihrer Stellungnahmen an die beteiligten Diplomaten. Das Sekretariat muß auch dafür Sorge tragen, daß NGOs notwendige Sitzgelegenheiten in der → Generalversammlung haben, wenn es um Probleme aus ihrem Aufgabenkreis geht.

Die meisten → Sonderorganisationen haben den Umgang mit NGOs in ihren Satzungen und Geschäftsordnungen festgelegt. Dabei wird entweder dem dreiteiligen ECOSOC-Muster gefolgt oder aber keine Unterteilung der NGOs getroffen. Der generelle Trend ist, daß Organisationen mit einem breiten Betätigungsfeld NGOs klassifizieren, hingegen Organisationen mit spezifisch definierten Aufgaben keine Kategorisierung vornehmen: → ILO, → UNESCO, → FAO, → UNHCR folgen der Dreiteilung, → UNIDO, → IAEA, → WHO, → IMO, → WMO, → ITU, → UPU, → WIPO, → ICAO haben keine Klassifizierung für ihre Arbeit mit NGOs. Als Ausnahme gelten → UNCTAD, → UNEP und → UNDP, deren Wirkungsfelder sehr breit gefächert sind, die aber dennoch keine Klassifizierung der NGOs vornehmen. Der Generalsekretär hat in seinem Bericht an die Generalversammlung (UN Doc. A/53/170 vom 10.7.1998) ein detailliertes und umfassendes Bild über die Tätigkeit der NGOs im System der Vereinten Nationen gegeben.

Ausblick

Die funktionale Dezentralisierung im Organisationsaufbau der UN ist eine Stärke des Systems, da sie für eine Vielfalt im politischen Stil und politischen Programmen, für eine Spezialisierung in den Techniken und für eine weniger schwerfällige Struktur sorgt und dadurch gleichzeitig die Möglichkeit bietet, auf funktionaler Basis mit regionalen Organisationen und Arrangements, aber auch mit NGOs zusammenzuarbeiten.

Aber die UN ist in der Praxis oft eher funktional *polyzentrisch* denn *dezentralisiert*, so daß mehrere Aufgaben der UN in verschiedenen Organisationen behandelt werden. Eine der Ursachen der Schwäche des ECOSOC liegt genau darin begründet, daß wirtschaftliche und soziale Probleme auf Grund ihres durchaus politischen Aspekts auch in der Generalversammlung und ihren Ausschüssen (→ Ausschußsystem) behandelt werden und es an Koordinierung zwischen den Gremien fehlt (→ Koordinierungssystem der UN). Somit ist es für alle Beteiligten schwierig, genau die Organisation zu finden, die am besten in der Lage ist, die Probleme adäquat anzupacken und zu lösen.

Die in der geplanten UN-Reform (→ Reform der UN) angestrebte Dezentralisierung und effektivere Koordinierung sollten genutzt werden, sich komplementär der gewandelten Aufgabenstruktur und dem gewandelten politischen Umfeld anzupassen. Nationale und internationale Problemlösungen können nur dann langfristig erfolgreich sein, wenn ein ständiger Kontakt zu den Mitgestaltern und Mitgliedern eben dieser Gesellschaft, also den einfachen Bürgern, vorhanden ist. Die Staaten und Staatenbünde als Regulative dieser Entwicklung müssen deshalb zumindest formal gewährleisten, daß dieser Dialog zustande kommt und die Bürger die

Rechte und Möglichkeiten besitzen, sich zusammenzuschließen und im Sinne ihrer zu artikulierenden ureigenen Interessen aktiv zu werden, auch wenn diese Interessen nicht notwendigerweise mit den Perzeptionen der Staaten oder/und deren Verbünde in Übereinstimmung stehen. Nur so wird gewährleistet, daß Mißstände und -entwicklungen, insbesondere im sozialen Bereich, frühzeitig erkannt werden und sich eine Akzeptanz des Systems für die oben beschriebene regulative Funktion herausbildet.

Überträgt man diese Vorstellungen in einem größeren und internationalen Rahmen auf regulative Organe wie die UN, kommt man zu der Erkenntnis, daß die UNO nicht in der Lage sein kann, auf alle Bedürfnisse der einzelnen Interessengruppen einzugehen. Unter der Zielsetzung, die vorhandenen Probleme – zumindest teilweise – zu lösen und die öffentliche Transparenz und die Effizienz zu erhöhen, bieten NGOs als Artikulations-, Organisations- und Arbeitsstrukturen einfacher Bürger die Möglichkeit, staats- und regierungsunabhängige Interessenvertreter von sozialen Gruppen in die Gremien der UNO zu schicken, damit sie dort diese Interessen artikulieren und bei der Implementierung von UN-Beschlüssen mithelfen können.. NGOs besitzen enorme, insbesondere soziale Potentiale, doch sind sie nicht der Schlüssel zur Lösung aller bestehenden Probleme. Sie sind aber in der Lage, Türen zu öffnen, durch die Regierungen und Regierungsorganisationen nicht gelangen können. Die Implementierung von NGO- und Regierungsprogrammen sollten nicht als gegensätzliche, sondern als sich ergänzende Strategie zur Problemlösung verstanden werden. Die jüngste Geschichte der Entwicklungshilfe hat gezeigt, daß eine gut organisierte NGO in der Lage ist, Bereiche zu erschließen, die für Regierungen und deren Agenturen organisatorisch und finanziell unerreichbar waren. Das Problem der Einbeziehung von NGOs liegt darin, daß – abgesehen von der Identifizierung dieser Akteure – die meisten von ihnen keine Völkerrechtssubjekte sind und somit auch nicht der internationalen Jurisdiktion unterliegen, doch damit muß man wohl leben.

Peter M. Schulze

Lit.: *a) Dokumente: United Nations – ECOSOC:* Consultative relationship between the United Nations and non-governmental organizations, ECOSOC Res. 1296 (XLIV) vom 23.05.1968; *United Nations- ECOSOC:* Arrangements for consultation with non-governmental organizations, ECOSOC Res. 1996/31 vom 25.6.1996; *United Nations:* Report of the Secretary-General: Arrangements and practices for the interaction of non-governmental organizations in all activities of the Unted Nations system, Secretary-General, A/53/170, 10.07.1998, New York 1998; *b)Sekundärliteratur: Chiang, P.H.:* Non-Governmental Organizations at the United Nations, New York 1981, *Club of Rome:* Die Globale Revolution, hrsg. v. A. King u. B. Schneider, Frankfurt/M.: 1992; *Czempiel, E.O.:* Weltpolitik im Umbruch. Das internationale System nach dem Ende des OstWest-Konflikts, 3. überarb. Aufl., München 1993; *Ash, T-G.:* The Uses of Adversity, New York 1989; *Roosevelt, E./DeWitt, W.:* Today and Tomorrow, New York 1953; Senghaas, D.: Zivilisierung des Ost-West-Konflikts – Systematische Zusammenfassung der Diskussion. Kolloquium an der Ev. Akademie Loccum, 2.-5.2.1989 – unveröff. Manuskript. **Internet** Weltweites NGO-Netzwerk: http://www.ngo.org; UN NGO Section/DESA: http://www.un.org/esa/coordination/ngo/ngo.html; UN-NGO-Link: http://www.un.org/MoreInfor/ngoLink/welcome; NGO-Konferenz: http://www.confereneof-ngo.org

Nord-Süd-Beziehungen und die UN

1. Die Zeit bis zur Ölkrise

Die Vereinten Nationen spielten anfangs keine, später eine zunehmende, seit Ende der 70er Jahre aber wieder rückläufige Rolle bei der Thematisierung, Strukturierung und Reform der Nord-Süd-Beziehungen, sofern man diese als Auseinandersetzung abgegrenzter Blöcke (eben Nord und Süd) über Gestalt, Inhalt und Reform den Rahmenregelungen für wirtschaftliche, finanzielle und kulturelle Transfers begreifen kann. Die anfänglich fehlende Rolle erklärt sich aus der geringen Zahl der zur Gründungszeit der Vereinten Nationen unabhängigen Länder (→ Geschichte der UN) und der primären Beschäftigung der später (vor allem in den 60er Jahren) massenhaft dekolonialisierten Staaten mit ihrer eigenen politischen Konsolidierung. Die Relevanz der Vereinten Nationen lag für diese Staaten und noch abhängige Gebiete in dieser Zeit darin, daß sie als Plattform zur Forderung nach restloser Beseitigung aller Restbestandteile von Kolonialismus dienten, eine Aufgabe, bei der den Vereinten Nationen erheblicher Erfolg beschieden war (→ Entkolonialisierung). Dazu kam, daß die unabhängigen Staaten eines Organs ermangelten, um ihre (zunächst auch noch disparaten) Interessen zu aggregieren und kollektiv zum Ausdruck zu bringen, daß ihnen später in Gestalt der *Bewegung der Blockfreien* (erster Gipfel 1961) und der *Gruppe der 77* (1964) erwachsen sollte (→ Blockfreienbewegung und die UN; → Gruppe der 77 und die UN), wobei sich die Blockfreien nur allmählich zu einem Organ gemeinsamer Interessenartikulation in anderen als auf politische Unabhängigkeit bezogenen Fragen entwickelten. Zuletzt fehlte es dem sich entwickelnden „Block" von Entwicklungsländern im Rahmen der Vereinten Nationen auch an politischem bzw. wirtschaftlichem Druckpotential, um Forderungen nach Besserstellung in der Weltgesellschaft Nachdruck verleihen zu können. Diese bezogen sich zunächst auf Erhöhung der offiziellen Entwicklungshilfe (→ Entwicklungszusammenarbeit der UN), stärkere Ausrichtung der UN-Sonderorganisationen (→ Sonderorganisationen) -insbesondere der → FAO, → WHO und der → UNESCO- auf operative Programme in Entwicklungsländern, aber auch auf verstärkten Einfluß der Dritte-Welt-Staaten in den Leitungsgremien der bisher etablierten multilateralen Agenturen bzw. ersatzweise auf die Etablierung neuer Organisationen, die den Bedürfnissen der Entwicklungsländer stärker gerecht würden und anders als die Weltbank (→ Weltbank/-gruppe), der → IWF und das GATT (→ WTO/GATT) stärker „demokratisch" (ein Land, eine Stimme) organisiert wären. Dabei wurden beachtliche Teilerfolge erreicht: Die Weltbank wurde als Konzession an den Süden um eine Institution zur Förderung von Privatinvestitionen, die International Finance Corporation (IFC), insbesondere aber um eine Organisation für „soft loans, d.h. Kredite mit langen Laufzeiten und niedrigen Zisen, in Form der International Development Association (IDA) ergänzt, neue regionale Entwicklungsbanken entstanden und schließlich wurden auf Betreiben der Entwicklungsländer 1964 die Welthandelskonferenz → UNCTAD einberufen und 1966 die → UNIDO gegründet. Haupterfolg der UNCTAD war in den Folgejahren die Durchsetzung der Idee von Präferenzzöllen zugunsten von Entwicklungsländern. Dieser positiven Bilanz stand aber das völlige Scheitern bei dem Versuch gegenüber, als Konkurrenz oder als Ersatz für die Weltbank einen Kapitalentwicklungsfonds der Vereinten Nationen einzurichten oder eine grundsätzliche Revision beiden Organisationsstrukturen der Bretton-Woods-Institutionen Weltbank und IWF oder des GATT zuwege zu bringen.

2. Die Präsentation einer Neuen Weltwirtschaftsordnung

Ab Anfang der 70er Jahre intensivierte sich im Rahmen der Vereinten Nationen die Kritik an der überkommenen Weltwirtschaftsordnung (→ Weltwirtschaftsordnung/NWWO), welche die Vertreter von Entwicklungsländer für die wachsende Kluft zwischen Nord und Süd, fallende Rohstoffpreise und steigende Leistungsbilanzdefizite und die Verschuldung der Entwicklungsländer verantwortlich machten und in der sie sich als manipulierbare Objekte von transnationalen Konzernen und internationaler Organisationen sahen, die vom Westen dominiert seien. Aus dieser Kritik wurde die Notwendigkeit einer umfassenden Restrukturierung der Weltwirtschaftsbeziehungen abgeleitet, eine Forderung, die durch die Ölkrise und die scheinbar wachsende Rohstoffmacht des Südens Nachdruck erhielt. Das Programm der „Neuen Weltwirtschaftsordnung", die auf diversen UN-Konferenzen Mitte bis Ende der 70er Jahre präsentiert wurde, beinhaltete

- erleichterten Marktzugang für Waren aus Entwicklungsländer (durch Zollabbau, Verbesserung von Präferenzen, Subventionsabbau für strukturschwache Industrien im Norden);
- volle Souveränität der Entwicklungsländer über ihre natürlichen Ressourcen, Recht zur Bildung von Rohstoffkartellen, Implementierung eines Integrierten Rohstoffprogramms zur Finanzierung von Rohstofflagern, Indexierung der Rohstoffpreise;
- Erhöhung der öffentlichen Entwicklungshilfe der Industrieländer (auf 0,7% des BSP), Schuldenerlaß für die ärmsten Länder, für die anderen Durchführung einer internationalen Schuldenkonferenz;
- Rückkehr zu festen Wechselkursen, Ausgabe neuer Sonderziehungsrechte zum Zwecke der Entwicklungsfinanzierung, Liberalisierung der IWF-Auflagen;
- Steigerung des Anteils der Entwicklungsländer an der weltweiten Industrieproduktion u.a. durch sukzessive Verlagerung von Industriesektoren in den Süden;
- Ausbau der technologischen Infrastruktur im Süden, verbesserten und verbilligter Zugang der Entwicklungsländer zu modernen Technologien;
- Regulierung und Überwachung Transnationaler Konzerne durch einen Verhaltenskodex, der restriktive Praktiken untersagt;
- Etablierung einer „Neuen Weltinformationsordnung", d.h. Abbau der Dominanz westlicher Medien beim weltweiten Informationsfluß und
- Steigerung des Stimmgewichts von Entwicklungsländern in den vom Norden dominierten Internationalen Organisationen bzw. Stärkung des Einflusses

der Organisationen, die den Entwicklungsländern nahestehen.

3. Verhandlungsergebnisse

Bei der Abarbeitung dieser Agenda war ein weitgehendes Scheitern zu verzeichnen; außer der Vereinbarung eines (sich als funktionslos erweisenden) Integrierten Rohstoffprogramms, der Etablierung kleinerer, neuer Finanzierungsfonds mit stärkerem Einfluß der Entwicklungsländer und begrenzten Vereinbarungen zur Schuldenerleichterung kam nichts zustande, größere Konzessionen machten Industrieländern freilich in Foren außerhalb des engeren → UN-Systems (Lomé-Abkommen, neue Finanzierungsfazilitäten beim IWF etc.). Ursächlich für dieses Scheitern waren Schwächen des Verhandlungssystems, das rigide Blockverhalten von Entwicklungsländern (bei erheblichen internen Interessendivergenzen), insbesondere aber deren zurückgehende Rohstoffmacht und sich dramatisch zuspitzende Verschuldungssituation. Letztere zwang die Entwicklungsländer, ihre Forderung nach Strukturreform zugunsten kurzfristiger Notfallhilfe zurückzustellen. Diese neue Lage verschärfte sich später noch durch den Zusammenbruch des sozialistischen Systems, der Entwicklungsländern die Möglichkeit des politischen Seitenwechsels nahm. Er begünstigte eine „Roll-back-Strategie" v.a. der USA (auch Großbritanniens und der Bundesrepublik), deren Angriffsziele jene UN-Organisationen waren, die sich den Forderungen der Entwicklungsländer am meisten angepaßt hatten. Der Austritt der USA und Großbritanniens aus der UNESCO zwang diese zur Straffung des Programms und zum Absetzen der Neuen Weltinformationsordnung. Durch Nullwachstum oder Kürzungen beim Haushalt wurden auch andere UN-Sonderorganisationen (FAO, UNCTAD, UNIDO) zum Personalabbau und zur Begrenzung der Programmaktivitäten genötigt; das Überleben der beiden für die Formulierung der Neuen Weltwirtschaftsordnung zentralen Organisationen (UNCTAD und UNIDO) stand lange Zeit grundsätzlich auf dem Spiel; beide Organisationen sollten – da sich ihre Aufgabe mit der Uruguay-Runde des GATT erledigt habe bzw. von Weltbank/IWF und WTO wahrgenommen werde – zusammen mit dem → Wirtschafts- und Sozialrat der Vereinten Nationen in einem UN-Rat für wirtschaftliche Sicherheit aufgehen - so die Empfehlung der Commission on Global Governance (→ Unabhängige Kommissionen, Berichte). Dazu kam es freilich angesichts eines Restwiderstandes bei der Gruppe der 77 nicht; ihre Aufgabenstellung wurde aber reduziert und auf Bereiche konzentriert (etwa die Förderung der Privatwirtschaft, umweltorientierte Entwicklung, gute Regierungsführung, Unterstützung der ärmsten Länder), die auch westlichen Regierungen am Herzen lagen.

4. Nord-Süd-Dialog in den 90er Jahren

In den 90er Jahren ist im Rahmen der Nord-Süd-Verhandlungen im UN-System insgesamt eine stärker westlich dominierte Agenda an die Stelle der Forderungen nach umfassenden Strukturveränderungen getreten. Dies gilt v.a. für das Thema der → Menschenrechte, das die UN-Menschenrechtskonferenz in Wien (1993) und die 4. Weltfrauenkonferenz der Vereinten Nationen in Peking (1995) beherrschte (→ Weltkonferenzen), die beide die universale Geltung dieser Rechte herausstellten (bei beträchtlichen Widerständen etlicher Delegationen aus dem Süden). Das gilt eingeschränkt auch für das Thema Umwelt (→ Umweltschutz), das noch 1972 von Vertretern einiger Entwicklungsländer als Komplott des Nordens zur Verhinderung industriellen Fortschritts anderswo angesehen wurde. Zwar akzeptierten Entwicklungsländer auch bei der UN-Umweltkonferenz von Rio (1992) keine an ihre Adresse gerichteten Umweltauflagen, die Front scheint sich aber aufzuweichen (Stichwort: gemeinsame Umsetzung), Besorgnisse hinsichtlich der Nachhaltigkeit globalen Wachstums sind universal geworden. Der Weltsozialgipfel der Vereinten Nationen in Kopenhagen

(1995) brachte erstmals eine gemeinsame Verpflichtung von Industrie- und Entwicklungsländern zur Finanzierung sozialer Basisprogramme im Süden (sogenannte 20:20-Initiative). Man darf in der Schwerpunktverschiebung der Nord-Süd-Verhandlungen im Rahmen der Vereinten Nationen freilich nicht nur den Ausdruck einer Machtverschiebung zugunsten der Industrieländer sehen, sie ist auch ein Reflex der Tatsache, daß sich viele Dritte-Welt-Staaten wirtschaftlich und politisch geöffnet haben (womit zumindest eine partielle Konvergenz der gesellschaftlichen Zielvorstellungen eintrat) und andere, zivilgesellschaftliche Akteure (→ NGOs) stärkeren Einfluß auf die UN-Agenda gewonnen haben (sichtbar an ihrer Teilnahme bei den letzten Weltkonferenzen).

Joachim Betz

Lit.: *Becker, J.*: Massenkommunikation im Nord-Süd-Konflikt, Frankfurt, 1985; *Matthies, V.*: Neue Weltwirtschaftsordnung. Hintergründe, Positionen, Argumente, Opladen 1980; *Rittberger, V. et al.*: Vereinte Nationen und Weltordnung. Zivilisierung der Internationalen Politik? Opladen 1997; *Sauvant, K.P. (Hrsg.):* Changing Priorities on the International Agenda. The New International Economic Order, Oxford 1982; *Strotmann, F.N.*: Third World Group Formation in the United Nations, Amsterdam 1977; *Volger, H.*; Die Vereinten Nationen, München/Wien, 1994; *Williams, M.*: Third World Cooperation. The Group of 77 in UNCTAD, London/N.Y. 1991.

Öffentliche Meinung und die UN

„Die UNO" wird in gängigen Sprachbildern oft mit der „Weltöffentlichkeit" gleichgestellt: *Forum* (der Welt als Marktplatz und als Aus- und Verhandlungsstätte), *Arena* (von Auseinandersetzungen oder des Machtkampfes), (Redner-)*Tribüne*, *Bühne* (der Welt), auch *Theater, Schauspiel*. Weitere typische Metaphern für die UNO sind: *Rathaus der Welt, Welt-Parlament* und oft sogar *Weltregierung* bzw. negativ *Debattierclub*; *Brücke* (zwischen Welten...); *Welt-Polizei, Feuerwehr* (für „Blauhelm"-Einsätze u.ä.); das *Werk-*

zeug bzw. *Instrument* UNO wird auch *Seismograph* (der so als Naturkatastrophe konzipierten internationalen Beziehungen) oder (deren) *Spiegel* und *Brennglas* genannt. Wie auch diese sachlich meist falschen, aber gebräuchlichen Sprach(- und Denk-)bilder zeigen, wird von „der UNO" meist und oft ungeachtet besseren Wissens implizit das klärende Erkennen und das lösende Aufgreifen jedes irgendwie denkbaren politischen, sozialen und kulturellen Problems erwartet, was Enttäuschung und Pauschalkritik hervorbringt; „der UNO" wird zugleich und oft von den gleichen Leuten wider besseren Wissens explizit Untätigkeit, Unfähigkeit und Ineffizienz vorgeworfen.

Das → UN-System ist wesentlicher Teil der globalen politischen Öffentlichkeit, aber zugleich in der politischen Berichterstattung und öffentlichen Meinung selbst Gegenstand von Öffentlichkeit und den Mechanismen ihrer Herstellung und Beeinflussung.

Die Rolle der Massenmedien

Art und Ausmaß des Einflusses der Massenmedien auf politische, insbesondere außenpolitische Entscheidungen sind umstritten, doch ist die These plausibel, daß die (Medien)Öffentlichkeit eine spezifische und mit dem Mediensystem wachsende Bedeutung hat. Die mediale Präsentation - oder gar Produktion – „der UNO" hat typische Darstellungs- und Wahrnehmungsmuster entwickelt: Meist werden Konflikt und Dissens durch oberflächliche „Schlachtenberichterstattung" (über)-betont; die Reisediplomatie des → UN-Generalsekretärs oder gelegentlich auch anderer UN-Spitzen sowie bestimmte Phasen formeller Debatten, meist nur die Abstimmungen, werden beachtet; regelmäßig berichtet wird nur aus dem → Sicherheitsrat, andere UN-Gremien kommen kaum vor - auch bei den sog. → „Weltkonferenzen" beschränkten sich die meisten Medien auf „Highlights" wie die Eröffnung durch Staatsoberhäupter u.ä. Zumal die Fernsehberichterstattung reduziert aufgrund ihrer visuellen und aktualistischen medialen Struktur das Bild von der UNO vor allem anderen auf die regelmäßigen Bilder von Konflikt-Schauplätzen - meist unabhängig davon, was und wieviel die Weltorganisation mit dem jeweiligen Konflikt genau zu tun hat. Das Problem der Vermittlung von Aktivitäten der bzw. in der UNO ist, daß dort in formeller Weise und Situation viel geredet wird, worüber vorher noch mehr geredet, geschrieben und verhandelt wurde; solche statische Redesituationen, zumal diplomatische Verhandlungsgremien, sind schwer zu visualisieren, während scheinbar tatkräftiges Handeln, also Aktion aller Art wie herumfahrende weiße Fahrzeuge oder gar hilfreiche „Blauhelme", sich gut filmen und „herüberbringen" läßt. Im zweiten Golfkrieg wurde weniger das durch die USA aufgrund von Vietnam-Erfahrungen verhängte Bilder-Verbot bzw. die Bilder-Auswahl durch Militärzensur zum neu erkannten Problem, sondern vielmehr die politisch aktive Funktion der Medienberichterstattung selbst. Der private amerikanische TV-Sender CNN, der aller Welt zuerst die Eröffnung der Kampfhandlungen zeigte, wurde auch dem letzten Zeitungsleser bekannt und selbst zum Thema in der Diskussion um den späteren humanitären Somalia-Einsatz, der auch wegen der von Stimmungsschwankungen ihrer Öffentlichkeit geprägten Stop-and-go-Politik der USA (→ USA, UN-Politik) sich problematisch entwickelte, kam das Bonmot auf, der UN-Sicherheitsrat habe im Gegensatz zur landläufigen Meinung nicht 15, sondern 16 Mitglieder - das 16. - bzw. sechste Mitglied mit Vetorecht (→ Veto/ Vetorecht) - sei eben der Sender CNN. Die von TV-Unternehmen wie CNN geprägte öffentliche Wahrnehmung und Diskussion gewinnt seit dem Wegfall des ordnenden Ost-West-Gegensatzes generell rasch an unmittelbarer politischer Relevanz in der früher zumindest im Alltagsgeschäft gut abgeschotteten internationalen Politik. Dies gilt gerade für die verbliebene Führungsmacht USA, deren Bürger sich um äußere Angelegenheiten traditionell wenig

kümmern und wegen ihres meist sehr geringen Wissensstands um so mehr von den überzeugenden Bildern beeinflußt werden.

Medienberichterstattung strukturiert Öffentlichkeit und beeinflußt so Entscheidungsprozesse. Von der quantitativen und strukturellen Expansion des Mediensystems und der dadurch sich ändernden politischen Öffentlichkeit geht Wandlungsdruck auf Kommunikations- und Entscheidungsverfahren aus, der die traditionelle Handlungssouveränität der Außenpolitiker einschränkt; so hat in der außenpolitischen Krisen- und Konfliktbewältigung die inzwischen potentiell unbegrenzte *Realzeit*-Live-TV-Berichterstattung durch den resultierenden hektischen Zeitdruck und Stimmungs-Effekte die konkrete Entscheidungsfindung stark verändert - Politiker müssen ohne Verarbeitungsphase sofort auf offener Bühne den (ver)öffentlich(t)en, meist rasch schwankenden Erwartungen entsprechend möglichst entschlossen handeln.

Ähnliche Veränderungen sind im ehemals geheimen Reich der Diplomatie zu beobachten: Gab es früher nur die weitgehend intransparente klassische zwischenstaatliche Diplomatie und dann mit der Entwicklung internationaler Organisationen auch die bedingt transparente multilaterale konsensorientierte Verhandlungs-Diplomatie, entwickeln sich nun dazu neue Formen der tatsächlich bzw. scheinbar transparenten „public diplomacy": Staatenvertreter kommunizieren und verhandeln in den und durch die Medien; Verhandlungen sind nicht mehr beschränkt auf Staatenvertreter, sondern zivilgesellschaftliche Akteure gewinnen an Gewicht.

Das wechselnde Image der UNO

Interessen und Motive der Akteure auf der „Weltbühne" und die Eigengesetzlichkeiten der Medien prägen die Darstellung von Themen und Aktivitäten „der UNO" - gegen die Dynamik von nationalen Öffentlichkeiten, besonders der US-amerikanischen, hat Öffentlichkeitsarbeit wenig Chancen; das UN-Generalsekretariat (→ Sekretariat) müht sich jedoch, an das ursprünglich ja so friedens- und fortschrittsfrohe Image der Vereinten Nationen immer wieder anzuknüpfen und dies gegen einseitige Kritik seriös in der Öffentlichkeit zu pflegen (→ Öffentlichkeitsarbeit der UN). Meinungsumfragen „zur UNO" sind spärlich, disparat und leiden meist unter viel zu pauschalen Fragen; da fast immer das → UNICEF und oft auch die → UNESCO die meistbekannten und bestbewerteten UN-Organisationen sind, sind die abgefragten Meinungen wohl nicht auf tiefergehende Kenntnisse über Arbeit und Struktur der Weltorganisation(en) zurückzuführen.

Hatten die Blockaden im Sicherheitsrat durch den Gegensatz der Großmächte im Kalten Krieg die frühen Hoffnungen auf das segensreiche Wirken der Weltorganisation gedämpft und später dann das Verhalten mancher Regierungen der zur Mehrheit in der → UN-Generalversammlung gewordenen „jungen Nationen" (→ Mitgliedschaft) die „nord-westlichen" Öffentlichkeiten provoziert und speziell die US-amerikanische frustriert, schien mit dem Ende der Block-Konfrontation auch für die nun scheinbar wieder handlungsfähig gewordene UNO im Sinne der „Neuen Weltordung" eine neue Zeit gekommen zu sein:

Nach einem Tief Mitte der 80er Jahre war an deren Ende z.B. in den Ländern der EG ein Stimmungshoch für die UNO zu verzeichnen; in der Bundesrepublik, wo die Zahlen im westeuropäischen Vergleich meist schlechter waren, hatte sich deren positive Einschätzung mit knapp der Hälfte der Befragten fast verdoppelt, während die Zahl der explizit negativ Gestimmten auf unter ein Zehntel gesunken war. Doch der zweite Golfkrieg zeigte rasch wieder den Stellenwert der UNO als Instrument einer hegemonialen Machtkoalition; als dann noch der Somalia-Einsatz (→ Friedenssicherung, → Friedenstruppen) in schon absurder Weise als Versagen „der UNO" gewertet wurde, wandelte sich deren Ein- und Wertschätzung generell

zum Negativen, die Kritik an ihrer Ineffizienz wurde zum unreflektiert abgeleierten Lieblingstopos vieler Medien; der anhaltende Konflikt in Ex-Jugoslawien, wiewohl UN-Gremien damit zunächst recht wenig zu tun hatten, ist nun wohl so etwas wie eine Bewährungschance für die UNO in der kritischen, aber meist zu wenig informierten Öffentlichkeit der westlichen Länder - doch bietet er nur mühsamen Alltag, kaum gloriose Erfolgsbilder.

Eine besondere Bedeutung für das Image der Vereinten Nationen hatte von Beginn an die US-amerikanische Politik und Öffentlichkeit: ob idealistische Zustimmung („One World") wie bei der Gründung der UNO 1945 oder verschwörungstheoretische Ablehnung wie z.B. in den 80er Jahren während der Reagan-Administration, es handelt sich dabei immer um ein äußerst prekäres Verhältnis, das rational durch die Dynamik der außenpolitischen Doktrinen (Isolationismus vs. hegemonialen Interventionismus) bestimmt und kognitiv wie emotional zunehmend auch von den elektronischen Medien ausgestaltet wird. Tatsächlich bietet der Unilateralismus einer Hegemonialmacht viel mehr Vorteile als Multilateralismus. Schwer vorstellbar ist es jedenfalls, daß sich die USA in ihrer eigenen Politik von der UNO beeinflussen ließen - für die lautstarke neokonservative bzw. fundamentalistische Rechte ist die UNO gar ein Feind amerikanischer Interessen, weil sie die „Dritte Welt" als Koalition von anti-westlichen Nationen geschaffen habe. Die wohlfeile Kritik an der angeblichen Ineffizienz und Verschwendung der UNO kommt mit populistischer Verve meist aus dem US-Kongreß, während die davon angesprochene amerikanische Öffentlichkeit differenzierter denkt: In der zweiten Hälfte der 90er-Jahre waren mit steigender Tendenz je nach Fragestellung 2/3 bis 3/4 der US-Amerikaner der UNO gegenüber positiv eingestellt; die UNO war sogar beliebter als der US-Kongreß; eine deutliche Mehrheit befürwortete, daß die USA ihre Finanzbeiträge an die UNO vollständig und pünktlich leisten. Vorbehalte gegen die UNO gab es vor allem hinsichtlich ihrer Effizienz und der Befürchtung, sie könnte die amerikanische Souveränität beschneiden; Schwankungen in der Zustimmung hingen vor allem von - auch in der Bewertung medial vermitteltem - Erfolg oder Mißerfolg von Friedenssicherungs-Aktionen ab. Interessant ist, daß die amerikanische Öffentlichkeit offensichtlich wesentlich positiver über die UNO denkt, als die amerikanischen Politiker glauben; damit bleibt als strukturelles Problem der UNO mit der US-Öffentlichkeit, daß diese Zustimmung nicht den politischen Einfluß der den Kongreß mit lauterer Stimme erfolgreich beeinflussenden Interessengruppen ausgleichen kann, die sich ihr gegenüber indifferent bzw. ablehnend verhalten.

Welches Image die Vereinten Nationen in den Ländern des Südens haben, ist nicht allgemein zu sagen; Lateinamerikaner jedenfalls setzen in die UNO mehr Vertrauen als in ihre nationalen Institutionen. Politische und ökonomische Eliten der „Dritten Welt" sehen und nutzen das UN-System als Aushandlungsmechanismus, Dienstleistungsapparat und Ressourcenquelle; insgesamt sollte also das Image der UNO in der Dritten Welt schon allein wegen seiner Nützlichkeit recht gut sein. Für viele Menschen in ärmeren und/oder konfliktgeschädigten Ländern dürfte die blaue Fahne der UNO eine positivere Bedeutung haben als die Machtinsignien des eigenen Staates.

Die symbolische Funktion der Vereinten Nationen

Die UNO bzw. die in ihren Gremien diskutierten globalen Menschheitprobleme wie Frieden, Kampf gegen die Armut, Bewahrung der Biosphäre usf. haben in den USA wie bei uns keine oder zu wenig organisierte Lobbies. UN-Themen, sofern sie nicht sowieso in den „normalen Geschäftsgang" nationaler Außen-, Sicherheits- und Außenwirtschaftspolitik unkenntlich verwoben sind, leiden unter Abstraktheit und kognitiver Ferne zur politischen Alltagswelt der nationalen Öffentlichkeiten: Die Menschen in den Industrieländern sind von den oft stärker und unmittelbarer von den „globalen" Problemen Betroffenen im „Süden" der Welt weit entfernt und beider Interessen divergieren stark, während Kommunikation zwischen ihnen kaum stattfindet.

Nicht zu vergessen ist daher die symbolische Funktion „der UNO", die ja selbst keine materielle Macht hat, wohl aber - im Sinne der erwähnten Sprachbilder - nicht oder noch nicht lösbare Probleme „heilen" kann durch symbolisches Reden und Handeln („Gebet der Menschheit an sich selbst", so nannte es der ehemalige Mitarbeiter von Generalsekretär Dag Hammarsksjöld *Conor Cruise O'Brien),* was immerhin Situationen offen und Kommunikation aufrechtzuerhalten erlaubt. Insofern hatte die Inszenierung der „Weltkonferenzen" für die öffentliche Wahrnehmung der UNO eine nicht zu unterschätzende Bedeutung: der „Rio-Gipfel" von 1992 (→ Umweltschutz, → CSD) z.B. verband „Staatstheater" mit hochrangigen Darstellern, mit einem erstklassigen dramatischen Thema, das alle interessiert und innerlich bewegt, jedoch bisher kaum jemanden ernstlich zu Konsequenzen veranlassen konnte.

Reinhard Wesel

Lit.: Jäger, Th., Außenpolitische Kommunikation, in: Jarren, O./Sarcinelli, U./Saxer, U. (Hrsg.): Politische Kommunikation in der demokratischen Gesellschaft, Opladen 1998, 516-524; Signitzer, B., Staaten im internationalen System, in: Jarren, O./Sarcinelli, U./ Saxer, U. (Hrsg.), Politische Kommunikation in der demokratischen Gesellschaft, Opladen 1998, 496-505; United Nations Department of Public Information, What Do Americans Really Think of the UN (UN Doc. DPI /1963/Rev.1), New York 1998; Wesel, R., Das Bild „der UNO". Zur Visualisierung supranationaler symbolischer Politik, in: Hofmann, W. (Hrsg.): Visuelle Politik, Baden-Baden 1998, 302-331; Williams, I.: Szenen einer Ehe. Die unamerikanischen UN, in: VN 44 (1996), 135-141

Öffentlichkeitsarbeit

Die Öffentlichkeitsarbeit der Vereinten Nationen muß sich neu positionieren

Mit der von UN-Generalsekretär (→ Generalsekretär) Kofi Annan 1997 angestoßenen Reform der Vereinten Nationen (→ Reform der UN) ging auch eine zügige Neuorientierung der Öffentlichkeitsarbeit der Vereinten Nationen Hand in Hand. „Wir müssen dafür sorgen, daß über die Arbeit der Vereinten Nationen kraftvoller, zielgerichteter und wirksamer berichtet wird", schrieb Annan am 17. März 1997 in einem Brief über die Stärkung des → UN-Systems an den Präsidenten der → Generalversammlung. Dazu sei eine grundlegende Überholung der Presse- und Informationstätigkeit der Weltorganisation dringend geboten. Bisherige zwischenstaatliche Empfehlungen hätten noch nicht zum gewünschten Erfolg geführt.

Der Generalsekretär setzte drei Vorgaben für die Reform der Öffentlichkeitsarbeit: Sie soll, erstens, mit modernsten Medientechnologien und -techniken die Kommunikation zu den Medien, den nichtstaatlichen Organisationen (→ NGOs) und anderen Nachrichtenträgern aufrechterhalten; sie soll, zweitens, die Informationskapazität des → Sekretariats enger mit der Arbeit der Fachabteilungen der UNO verknüpfen und diese verstärkt unterstützen; und sie soll, drittens, die vorhandenen Ressourcen dezentralisiert und schwerpunktmäßig auf Länder- und regionaler Ebene einsetzen und vermehrt auf lokale Ressourcen zurückgreifen.

Schon einen Monat später beauftragte der Generalsekretär eine hochrangige Arbeitsgruppe (s. Annex 1) unter dem Vorsitz des damaligen Vizepräsidenten der Weltbank, Mark Malloch Brown, mit der Ausarbeitung eines Berichtes über die Neuorientierung der Öffentlichkeitsarbeit der Vereinten Nationen, der schließlich am 27. Juni 1997 unter dem Titel „Globale Vision – Lokale Stimme" (*United Nations* 1997) vorgelegt wurde.

Angesehen, aber zu wenig unterstützt

Der Bericht unterstreicht, daß die Vereinten Nationen zwar weiterhin ein hohes Ansehen genießen – selbst in den USA, wo manche der schärfsten Kritiker der UNO zu Hause sind, sprechen sich bei Meinungsumfragen regelmäßig mehr als 60 Prozent der amerikanischen Bevölkerung für die Weltorganisation aus – aber diese Achtung läßt sich nur selten in konkrete Unterstützung für die UNO ummünzen. Unter diesen Umständen verwundert es daher nicht, daß entschlossen vorgehende Minderheiten, die den Vereinten Nationen nicht wohlgesonnen sind, einen unverhältnismäßig hohen Einfluß auf die amerikanische UNO-Politik ausüben können (→ USA, UN-Politik). Natürlich haben auch Rückschläge wie in Bosnien, Somalia oder Rwanda ihr Teil dazu beigetragen, aber zu schwereren Schaden trugen die Vereinten Nationen weltweit durch die von UNO-Gegnern gerne lancierten Klischees von einer „aufgeblähten Bürokratie" und der „geringen Relevanz der Organisation" für das Leben der Durchschnittsbürger davon.

Das müsse nun durchaus nicht so sein, hält der Bericht entgegen. Immer wieder zeigten Meinungsumfragen in Industrie- wie in Entwicklungsländern, daß die wichtigsten Anliegen und Sorgen der Bürger auch Kernfragen auf der Agenda der Vereinten Nationen sind: Bekämpfung der Kriminalität, des Drogenmißbrauchs oder schwerer Krankheiten, Sicherung der Beschäftigung und Arbeitslosigkeit, Ausbildung und soziale Dienstleistungen, Entwicklungsförderung, Schutz der Umwelt (→ Umweltschutz) und der → Menschenrechte. Alles wichtige UNO-Themen, aber die Initiativen und Relevanz der Vereinten Nationen auf diesen Gebieten sind selten bekannt oder werden oft nicht verstanden.

Durch ihren Internationalismus, ihre weltweite Präsenz und Tagesordnung hat die UNO nach Ansicht der internationalen Experten durchaus das Potential, um von den Menschen in aller Welt als unverzichtbare globale Institution anerkannt zu werden. Aber auch während durch bessere Kommunikations- und Aufklärungsarbeit manch unvorteilhaftes Erscheinungsbild verbessert werden könnte, eine grundlegende Veränderung der internationalen Unterstützung für die UNO werde es erst bei entscheidenden Reformen der Arbeitsweise der Vereinten Nationen geben. Das von Generalsekretär Annan eingeleitete Reformwerk sei daher eine Mindestvoraussetzung für die Wiederherstellung des öffentlichen Vertrauens in die Organisation, heißt es in dem Bericht. Gute Kommunikationsarbeit könne diesem Reformprozeß im internen wie im externen Bereich nur förderlich sein.

Die Analysen und Vorschläge des Expertenberichtes waren zwar nicht in allen Teilen ganz unumstritten, aber vieles fand schließlich Eingang in das neue Konzept für die strategischen Zielvorgaben und operationellen Prioritäten der künftigen Öffentlichkeitsarbeit der Weltorganisation.

Das ursprüngliche Mandat

Das Mandat zur Presse- und Informationsarbeit der Vereinten Nationen geht auf eine der ersten Resolutionen der Generalversammlung (→ Resolution/Deklaration/Beschluß) aus dem Jahre 1946 über die Organisation des UN-Sekretariats (→ Sekretariat) zurück, in der die Versammlung feststellt, daß die Vereinten Nationen ihre Aufgaben nur dann wirklich erfüllen können, wenn die Völker der Welt über ihre Ziele und Tätigkeiten voll informiert sind (GA Res. 13 (I) vom 13.2.1946). Gleichzeitig billigte die Generalversammlung Empfehlungen eines Technischen Beirates für Informationsfragen über Politik, Aufgaben und Organisation der UN-Hauptabteilung Presse und Information, die in einem Anhang zur Resolution im einzelnen dargelegt wurden (GA Res 13 (I) vom 13.2.1946, Annex I, Recommendations of the Technical Advisory Committee on Information Concerning the Policies, Functions and Organization of the Department of Public Information).

Danach soll die Hauptabteilung so organisiert und geführt werden, daß sie ein Maximum an „informiertem Verständnis der Arbeit und Aufgaben der Vereinten Nationen unter den Völkern der Welt fördern kann". In erster Linie soll sie dabei die einschlägigen Regierungsbehörden und nichtstaatlichen Informationsstellen unterstützen und deren Zusammenarbeit suchen, um Informationen über die Vereinten Nationen zu verbreiten. Auf keinen Fall dürfe die Hauptabteilung „Propaganda" betreiben, sie könne aber durchaus eigene Initiativen ergreifen, um durch positive Informationsaktivitäten die Arbeit bestehender Informationsagenturen zu ergänzen, falls diese unzureichend sein sollte.

Als generelle Richtlinie wurde der Hauptabteilung vorgegeben, der Presse einen „möglichst vollständigen und direkten Zugang zu den Aktivitäten und offiziellen Dokumenten der Organisation" einzuräumen. Beim Abschluß von Vereinbarungen mit den → Sonderorganisationen soll für eine Koordination der Informationsdienste und eine gemeinsame Informationspolitik des UN-Systems gesorgt werden, und um der Bevölkerung in allen Teilen der Welt möglichst umfassende Informationen über die Vereinten Nationen zur Verfügung stellen zu können, sollen schnellstmöglich Zweigbüros der Hauptabteilung in verschiedenen Ländern eingerichtet werden.

Schließlich sehen die Empfehlungen des Technischen Beirates von 1946 auch die Einrichtung eines eigenen Rundfunksenders, die Zusammenarbeit mit Bildungseinrichtungen und Nichstaatlichen Organisationen (→ NGOs), den Aufbau von Referenzbibliotheken, aber auch die regelmäßige Analyse der Trends der öffentlichen Meinung und des Verständnisses der Arbeit der Vereinten Nationen vor.

Von einem kurzfristigen Ansatz Ende der achtziger Jahre abgesehen, blieb die Struktur der UNO-Hauptabteilung für Presse und Information – einmal „Hauptabteilung", einmal „Büro" genannt – im wesentlichen bis zum Ende der neunziger Jahre unverändert.

Der Informationsausschuß

Als Richtlinienorgan für die Informationspolitik war zunächst ein eigener Beirat vorgesehen. Viele Jahre lang übernahm der Politische Sonderausschuß der Generalversammlung (→Ausschußsystem) die Richtlinienkompetenz; ein Beratender Ausschuß für Pressepolitik und Öffentlichkeitsarbeit stand ihm zur Seite. 1978 setzte die Generalversammlung einen Ausschuß zur Überprüfung der Öffentlichkeitsarbeit der Vereinten Nationen ein (GA Res. 33/115C vom 18.12.1978), der später unter der Bezeichnung „Informationsausschuß" bekannt wurde. Der ursprünglich 41 Mitgliedstaaten zählende Ausschuß wurde im Laufe der Jahre auf 93 Mitglieder aufgestockt (s. Annex 2). Die Tatsache, daß heute praktisch die Hälfte aller UNO-Mitgliedstaaten in diesem Ausschuß vertreten sind, macht auch die gestiegene Relevanz deutlich, die die Mitgliedstaaten der Informationspolitik der Organisation – und ihre Einflußmöglichkeit auf diese – beimessen.

Seit 20 Jahren ist das Mandat dieses Ausschusses praktisch unverändert geblieben. Drei wesentliche Aufträge werden dabei in den Mittelpunkt gestellt (GA Res. 34/182 vom 18.12.1979). So soll der Ausschuß
- die Öffentlichkeitsarbeit der Vereinten Nationen im Licht der Evolution der internationalen Beziehungen in den letzten zwei Jahrzehnten und der dringend erforderlichen Schaffung einer neuen internationalen Wirtschaftsordnung und einer neuen Weltinformations- und -kommunikationsordnung weiterhin überprüfen;
- die Bemühungen der Vereinten Nationen auf dem Gebiet des Informations- und Kommunikationswesens und die dabei erzielten Fortschritte bewerten; und
- die Schaffung einer neuen, gerechteren und wirksameren Weltinformations- und –kommu-

nikationsordnung fördern, um Frieden und internationale Verständigung auf der Grundlage der freien Verbreitung und der breiteren und besser ausgewogenen Verteilung von Informationen zu stärken, und dazu Empfehlungen an die Generalversammlung zu richten.

Die unverkennbare politische Orientierung dieses Auftrags führte in der Folge häufig zu Polarisierungen zwischen der „Gruppe der 77"-Entwicklungsländer (→ Gruppe der 77 und die UN) und der westlichen Industriestaaten. Erst in den letzten Jahren gelang es, die Ausschußarbeit weitgehend im Konsens zu bewältigen.

Die Neuorientierung der Öffentlichkeitsarbeit

Mit dem Beginn der neunziger Jahre stellte die vollständig veränderte internationale Landschaft die Vereinten Nationen vor die Aufgabe, ihre Schwerpunkte diesem Wandel anzupassen. Auch für die Öffentlichkeitsarbeit der Organisation ergaben sich daraus neue Aufgabenstellungen. Hand in Hand mit der politischen Entwicklung der Ära nach dem Kalten Krieg stellte der rasante technologische Fortschritt gravierende neue Anforderungen, denen nur durch eine tiefgreifende Umgestaltung und Neuorientierung der gesamten Öffentlichkeitsarbeit der Organisation Rechnung getragen werden konnte. Innerhalb weniger Jahre mußte die Hauptabteilung daher nicht nur Quantensprünge im effizienten Einsatz der neuen Informationstechnologien bewältigen, sondern gleichzeitig ihre wichtigsten strategischen Zielsetzungen und funktionale Prioritäten im „Informationszeitalter" neu definieren.

Auf der Grundlage des Expertenberichtes „Globale Vision – Lokale Stimme" und dazu abgegebener Stellungnahmen und Reaktionen legte der Generalsekretär 1998 in seinem Bericht über Informationsfragen der Generalversammlung die Rahmenbedingungen für das neue Öffentlichkeitsarbeitskonzept vor (*United Nations* 1998). Dabei wurden folgende Schwerpunkte formuliert:

Im Hinblick auf die zentrale Bedeutung der Kommunikations- und Informationsaufgaben für die öffentliche Meinungsbildung und die Mobilisierung politischer Unterstützung für die Vereinten Nationen, müssen diese Belange im Zentrum der strategischen Führung der Organisation verankert werden.

Um in enger Abstimmung und Zusammenarbeit mit den verschiedenen Programmen, Fonds und Sonderorganisationen der Vereinten Nationen die direkte Relevanz jedes Arbeitsbereiches der UNO für das tägliche Leben und die Sorgen der Menschen in aller Welt deutlich zu machen und zu vermitteln, muß eine alle Bereiche der Organisation durchdringende Kommunikationskultur entwickelt werden.

Die Organisation soll als eine offene, transparente und öffentliche Einrichtung dargestellt werden, die in der Lage ist, die in der Charta der Vereinten Nationen vorgesehenen wichtigsten Aufgaben der UNO zur Förderung des Friedens, der Entwicklung und der Menschenrechte zu verwirklichen.

Da sich die öffentliche Meinung vor allem auf Länderebene und im regionalen Raum bildet, müssen die Kommunikationsmöglichkeiten der Organisation besonders auf diesen Ebenen gestärkt werden. Außerdem muß dafür gesorgt werden, daß die globalen Botschaften der Vereinten Nationen auf die nationalen Orientierungen abgestimmt werden und diesen auch Rechnung tragen.

Die Organisation muß sich ständig auf dem letzten Stand der verfügbaren Informationstechnologien halten, um ihre Zielgruppen in aller Welt erreichen zu können.

Die von der Generalversammlung vorgegebenen strategischen Richtlinien für die Umsetzung ihrer Mandate müssen strikt eingehalten werden. Gleichzeitig muß die Hauptabteilung viel mehr Verantwortung für die Ausarbeitung konkreter Programme zur Errei-chung der vorgegebenen Ziele übernehmen.

Die vorhandenen Mittel müssen möglichst flexibel eingesetzt werden, um dringende aktuelle Erfordernisse abdecken zu können, ohne dabei die Verpflichtung zur Umsetzung vorgegebener Prioritäten aus dem Blick zu verlieren.

Die Hauptabteilung muß verstärkt mit anderen Teilen der Organisation bei der Entwicklung und Umsetzung von Kommunikations- und Informationsstrategien in konkreten thematischen Bereichen zusammenarbeiten.

Neue Herausforderungen

Die weitere Umsetzung der hier formulierten Rahmenbedingungen für eine Neuorientierung der Öffentlichkeitsarbeit der UNO wird in einem Bericht des Generalsekretärs vom 10. April 1999 (UN Doc. A/AC.198/1999/2) zusammengefaßt. Darin werden neue Trends und neue Herausforderungen angesprochen: Neben den traditionellen Informationsträgern – Printmedien, Rundfunk und Fernsehen – wurde das Internet zur Speerspitze der Informationsrevolution in den Vereinten Nationen. Die bereits in allen sechs → Amtssprachen verfügbare Webseite der UNO (http://www.un.org) ist zu einem der wichtigsten und effizientesten Verbreitungsinstrumente geworden (→ Internet-Zugang/Homepages im UN-System). In den ersten vier Monaten des Jahres 1999 verzeichnete die Seite nicht weniger als 45,8 Millionen Zugriffe. Im Vergleichszeitraum des Jahres 1998 lagen diese noch bei 25 Millionen. Die Zugriffe erfolgten aus rund 150 Ländern. Der Großteil kam zwar noch aus den Industriestaaten, aber die Entwicklungsländer sind auch hier kräftig auf der Überholspur. Das Informationsangebot wird noch erweitert durch die von 16 UN-Informationszentren in lokalen Sprachen – darunter auch deutsch – angebotenen Webseiten. Das UN-Informationszentrum Bonn unterhält eine deutschsprachige Webseite unter http://www.uno.de.

Schritt für Schritt werden auch die vielfältigen Multimedia-Möglichkeiten des Internets voll ausgeschöpft und für die Übertragung von Rundfunk- und Videoprogrammen, aber auch für die Bereitstellung von Fotografien eingesetzt. In New York machte man den Anfang mit Live-Übertragungen der täglichen Pressekonferenz des Pressesprechers des Generalsekretärs. Schon im Dezember 1997 wurde die Dritte Vertragsstaatenkonferenz der Parteien des Klimarahmenabkommens der Vereinten Nationen in Kyoto, Japan, live im Internet übertragen. Millionen Menschen konnten auf diese Weise direkt wichtige Entscheidungen über die Reduktion von Treibhausgasen und die globale Erwärmung miterleben und sich in interaktiven „chat-sessions" zu Wort melden. Mittlerweile ist die Übertragung von UN-Konferenzen im Internet zu einem Standard-Informationsangebot geworden.

Aber auch im Bereich der „traditionellen Medien" wurden grundlegende Veränderungen eingeleitet. Ein verbesserter Nachrichten- und Informationsdienst liefert Schlagzeilen und Pressemeldungen über elektronische Post und computerisierte Faxverteilung direkt auf den Nachrichtentisch wichtiger Redaktionen in aller Welt. Persönliche Meinungsbeiträge des Generalsekretärs und leitender UN-Repräsentanten werden über das Netzwerk der UN-Informationszentren in großen Tageszeitungen plaziert. Leistungsfähigere Übermittlungssysteme über Kurzwelle, Satellitenschaltung, digitale und elektronische Übertragungsmethoden sollen für eine bessere Nutzung der UN-Rundfunkprogramme sorgen. Fernseh- und Videoclips werden auf dem Internet angeboten, kurze Videoprogramme wie „UNO in Aktion" im Wege von Kooperationsabkommen mit großen Fernsehanstalten wie CNN International oder nationalen Fernsehkanälen einem Millionenpublikum präsentiert. Der eingeleitete Übergang zur digitalen Fernsehtechnologie stellt die Organisation vor große technische wie finanzielle Herausforderungen, soll aber bis zum Jahr 2006 voll abgeschlossen werden.

Die Entwicklung von Informations- und Kommunikationsstrategien zur begleitenden Unterstützung thematischer Schwerpunkte im Bereich der wirtschaftlichen und sozialen Entwicklung, der Förderung der Demokratisierung und der Menschenrechte oder von Frieden und Sicherheit stellt eine kontinuierliche Herausforderung an die Hauptabteilung dar.

Ein neuer wichtiger Schwerpunkt ist auch der Aufbau und die Mobilisierung neuer Partnerschaften in der Zivilgesellschaft. Neben der vor allem vom Generalsekretär forcierten Zusammenarbeit mit der Wirtschaft (s. Annex 3) – im Januar 1999 wurde eine eigene Webseite der UNO für Kontakte zur Privatwirtschaft eingerichtet (http://www.un.org/partners) – geht es dabei um eine stärkere Einbindung der nichtstaatlichen Organisationen (schon heute sind rund 1.600 NGOs mit der Hauptabteilung assoziiert) und den Ausbau der Kontakte zu Bildungseinrichtungen, von Grundschulen bis zu Universitäten, von Erwachsenenbildungsanstalten bis zu Forschungseinrichtungen.

Auch im traditionellen Publikations- und Bibliotheksbereich finden sich zahlreiche Innovationen technischer wie inhaltlicher Art. Der Ausbau der Dag-Hammarskjöld-Bibliothek zu einer „virtuellen Bibliothek", die mit ihren umfassenden Datenbanken die Texte aller UN-Dokumente in allen Amtssprachen über Internet anbietet (→ Dokumentationssystem; → Publikationen) und dabei auch ein Netz von mehr als 350 Außenstellen und Depositarbibliotheken (→ Depotbibliotheken) nutzt, ist nur eines von vielen Beispielen.

Die Umsetzung der neuen Vorgaben im Informations- und Öffentlichkeitsarbeitsbereich erforderte schließlich auch einige strukturelle Anpassungen. So wurde im Büro des Generalsekretärs ein Direktor für Kommunikationsfragen ernannt, der für die Formulierung der Kommunikationsstrategie der Organisation und für die erforderlichen Koordinationsmaßnahmen verantwortlich ist, um für Kohärenz und Klarheit in den Aussagen der Vereinten Nationen zu sorgen. Er beruft wöchentlich Treffen der Kommunikationsgruppe ein, der neben dem Untergeneralsekretär der Hauptabteilung Presse und Information auch Vertreter verschiedener anderer Bereiche des Sekretariats angehören. Auch die Hauptabteilung selbst verfügt jetzt über eine strategische Kommunikationsplanungsgruppe. Um rascher auf Medienberichte reagieren zu können wurde eine Medienreaktionsgruppe geschaffen. Eine Zentralredaktion ist jetzt für die rasche Produktion klarer, kohärenter Stellungnahmen bei neuen Geschehnissen verantwortlich, die sowohl im Rundfunkbereich als auch im Internet unmittelbar umgesetzt werden können.

Schließlich muß auch der Kommunikation vor Ort stärkere Aufmerksamkeit geschenkt werden, wenn die Botschaft des Expertenberichtes „Globale Vision – Lokale Stimme" sinnvoll verstanden werden soll. Die UN-Informationszentren (UNICs) und die Vernetzung der verschiedenen vor Ort tätigen Organisationen, Fonds und Programme der Vereinten Nationen, die in zahlreichen Fällen bereits in einem lokalen „Haus der Vereinten Nationen" zusammengefaßt wurden, werden dabei eine ebenso wichtige Rolle spielen, wie die Überprüfung der bisher mit der Integration von UNICs in die lokale Vertretung des Entwicklungsprogramms der Vereinten Nationen (→ UNDP) gemachten Erfahrungen. Mit ihren seit vielen Jahren aufgebauten Kontakten zu Regierungsstellen und Medien, Parlamentariern und nichtstaatlichen Organisationen, Schulen und Universitäten, ihrem Know-how der lokalen Informationsszene und ihrem Zugang zu Informationsquellen und Multiplikatoren werden die Informationszentren der Vereinten Nationen *das* entscheidende Bindeglied der Organisation zur wirksamen lokalen Umsetzung der neuen Informationspolitik bleiben.

Die organisatorischen Weichen für eine neue Positionierung der Öffentlichkeitsarbeit der Vereinten Nationen sind also gestellt, die Vorgaben definiert, die Rahmenbedingungen gegeben, die Instrumente neu gestimmt. Wie harmonisch ihr Klang ist, wird letzten Endes davon abhängen, welche inhaltlichen Erfolge die Organisation zu präsentieren hat und in welchem Ausmaß sie bei der Umsetzung der ihr übertragenen Aufgaben von ihren Mitgliedstaaten politisch, personell und materiell unterstützt wird. Am Enthusiasmus der Mitarbeiter wird es nicht fehlen.

Axel Wüstenhagen

Annex 1:

Der vom UN-Generalsekretär eingesetzten Arbeitsgruppe zur Reform der Öffentlichkeitsarbeit gehörten unter dem Vorsitz von Mark Malloch Brown, dem damaligen Vizepräsidenten der Weltbank für Angelegenheiten der Vereinten Nationen, folgende Mitglieder an: Peter Arnett, Auslandskorrespondent von CNN; Joan Ganz Cooney, Vorsitzende des Exekutivausschusses für den Arbeitskreis Kinderfernsehen; Raghida Dergham, Leitende diplomatische Korrespondentin von Al-Hayat und Vorsitzende der UN-Korrespondentenvereinigung in New York; Djibril Diallo, Leiter der Öffentlichkeitsarbeit des UN-Entwicklungsprogramms (UNDP); Lelei Lelaulu vom Büro des Exekutivkoordinators für UN-Reform und Redakteur der Secretariat News, als Sekretär der Gruppe; Salim Lone, Leiter der Publikationsabteilung in der UN-Hauptabteilung Presse und Information, als Berichterstatter; Hironobu Shibuya, Präsident der Pacific Basin Partners, Inc.; und Botschafter Juan Somavia, Ständiger Vertreter Chiles bei den Vereinten Nationen. Kathleen Newland von der Carnegie-Stiftung für Internationalen Frieden wurde später als Konsulentin beigezogen.

Personal

Annex 2:

Dem Informationsausschuß der Vereinten Nationen gehören 1999 folgende 93 Mitgliedstaaten an: Ägypten, Äthiopien, Algerien, Angola, Argentinien, Bangladesch, Belarus, Belgien, Belize, Benin, Brasilien, Bulgarien, Burkina Faso, Burundi, Chile, China, Costa Rica, Cote d'Ivoire, Dänemark, Ekuador, Demokratische Republik Kongo, Demokratische Volksrepublik Korea, Deutschland, El Salvador, Finnland, Frankreich, Gabun, Georgien, Ghana, Griechenland, Großbritannien, Guatemala, Guinea, Guyana, Indien, Indonesien, Iran, Irland, Israel, Italien, Jamaika, Japan, Jemen, Jordanien, Jugoslawien, Kasachstan, Kenia, Kolumbien, Kongo, Kroatien, Kuba, Libanon, Malta, Marokko, Mexiko, Mongolei, Nepal, Niederlande, Niger, Nigeria, Pakistan, Peru, Philippinen, Polen, Portugal, Republik Korea, Republik Moldau, Rumänien, Russische Föderation, Salomonen, Senegal, Simbabwe, Singapur, Slovakei, Somalia, Spanien, Sri Lanka, Südafrika, Sudan, Syrien, Togo, Trinidad und Tobago, Tschechien, Tunesien, Türkei, Ukraine, Ungarn, Uruguay, USA, Venezuela, Vietnam, Vereinigte Republik Tansania, Zypern.

Annex 3:

Generalsekretär Kofi Annan hat Anfang Februar 1999 vor dem Weltwirtschaftsforum in Davos der Wirtschaft einen globalen Pakt über gemeinsame Grundwerte vorgeschlagen, um dem Weltmarkt ein menschliches Profil zu geben. Er lud die führenden Köpfe der Wirtschaft ein, sich gemeinsam mit den Vereinten Nationen für die zentralen Werte der Menschenrechte, des Arbeitslebens und der Umwelt einzusetzen. Vertreter der Internationalen Handelskammer (ICC) sagten am 6. Juli ihr Interesse für eine Mitarbeit an diesem Projekt zu.

Lit.: *United Nations:* Global Vision, Local Voice, A strategic communications programme for the United Nations. Report of the Task Force on the Reorientation of United Nations Public Information Activities, June 1997; *United Nations:* Informati-

onsfragen, Bericht des Generalsekretärs, 16. Oktober 1998, UN Doc. A/53/509.
Internet: Homepage der Vereinten Nationen: http://www.un.org; Homepage des UNIC Bonn: http://www.uno.de

Personal

Sowohl die → Generalversammlung als auch alle → Generalsekretäre haben wiederholt betont, daß sie im Personal das wesentlichste Kapital der Weltorganisation sehen. Für Dag Hammarskjöld waren Finanzmittel nur dann von Nutzen, wenn sie von ausgebildeten, erfahrenen und motivierten Männern und Frauen eingesetzt werden: „Solche Menschen können Wunder bewirken und sogar mit beschränkten Ressourcen Wohlstand aus einem Ödland schaffen." (zit. nach United Nations Department of Economic and Social Affairs 1998, 1) Ähnlich sieht es Kofi Annan in einer Personalmitteilung jüngeren Datums: „Unsere Stärke und der Schlüssel zum Erfolg ist die Qualität unserer Leute, sowohl der Manager als auch der Mitarbeiter." (United Nations 1998, 1)

Dieser Stellenwert schlägt sich in den ordentlichen Haushalten nieder, wo über 70 % der Ausgaben auf die Personalkosten entfallen. Rein zahlenmäßig nimmt sich die Personalausstattung aber eher bescheiden aus. Allerdings ist es schwierig, klare Angaben über die Personalstärken zu erhalten, da die Statistiken, die von verschiedenen Stellen veröffentlicht werden, oft Unterschiede aufweisen, die sich aus der jeweils verwendeten Definition ergeben. Die Mitgliederzahlen des Pensionsfonds dürften am aussagekräftigsten sein, da sie alle Bediensteten mit einem Arbeitsvertrag von mindestens sechs Monaten einbeziehen. Danach waren 1998 rund 67.000 Personen im → UN-System beschäftigt. (Nicht eingeschlossen sind das Personal der Weltbankgruppe (→ Weltbank/-gruppe), die → Friedenstruppen, die kurzfristig beschäftigten Experten der technischen Zusammenarbeit, die Ortskräfte des → UNRWA, die Freiwilligen des Entwicklungshelferprogramms (→ UNV), Sachverständige, Berater und sonstige Mitarbeiter mit

Dienst- und Werkverträgen, tageweise Beschäftigte und Vertragsunternehmen. Dem Pensionsfond gehören allerdings auch einige Organisationen an, die nicht dem UN-System zugerechnet werden. Sie fallen mit 250 Bediensteten aber nicht ins Gewicht und sind aus der obigen Zahl herausgerechnet worden.) Um den Vorwurf der aufgeblähten Bürokratie zu entkräften werden Vergleiche bemüht, wonach z.B. der US-Bundesstaat Wyoming oder die Stadt Stockholm mehr Personal als das weltweit operierende UN-System beschäftigen (Childers/Urquhart 1994, 28-29). Der Hauptanteil des UN-Personals (65 %) entfällt auf die eigentlichen Vereinten Nationen einschließlich der angegliederten Hilfsorganisationen, Programme und Fonds (→ Haupt-/Neben-/Vertragsorgane). In den Sonder- und sonstigen unabhängigen Organisationen (→ Sonderorganisationen) (z.B. → IAEA) arbeiten rund 23.600 Personen. Fast alle Organisationen haben in den letzten Jahren zum Teil erheblich Personal abgebaut (z.B. → UNIDO). In den Statistiken des Pensionsfonds schlägt der Personalrückgang aber nur mit 1,75% zu Buche, da zuerst alle unbesetzten Stellen gestrichen wurden und oft Personal wieder kurzfristig aufgenommen werden mußte.

Das Personalkonzept begründet einen unabhängigen internationalen öffentlichen Dienst, dessen Angehörige ihre Arbeit frei von jedem nationalen Einfluß ausschließlich im Interesse der Weltorganisation und damit der Staatengemeinschaft ausüben. Rechtlich wurde dieses Konzept, das seinen Ursprung im → Völkerbund hat, in Artikel 100 der Charta (→ Charta der UN) verankert. Dem Generalsekretär und den übrigen Bediensteten wurde die Verpflichtung auferlegt „bei der Wahrnehmung ihrer Pflichten von einer Regierung oder von einer anderen Autorität außerhalb der Organisation Weisungen weder zu erbitten noch entgegenzunehmen" und „jede Handlung zu unterlassen", die ihrer Stellung als internationale, nur der Organisation verantwortliche Bedienstete abträglich ist."

Die Mitgliedstaaten haben sich im Gegenzug verpflichtet, „den ausschließlich internationalen Charakter der Verantwortung des Generalsekretärs und der übrigen Bediensteten zu achten und nicht zu versuchen, sie bei der Wahrnehmung ihrer Aufgaben zu beeinflussen." Das Konzept wurde in den Personalstatuten (Staff Regulations and Rules), einem umfassenden Verhaltenskodex (Standards of Conduct in the International Civil Service), den Konventionen über die Vorrechte und Immunitäten der Vereinten Nationen und der Sonderorganisationen und den bilateralen → Sitzstaatabkommen weiter ausgestaltet.

Kritiker behaupten, daß dieses Konzept, das von Trygve Lie als „eine der wichtigsten und vielversprechendsten politischen Entwicklungen des 20. Jahrhunderts" (Lie 1954, 41)bezeichnet worden war, von Anfang an durch pragmatische Kompromisse verwässert worden sei. Zwischen 1951 und 1953 erzwangen die USA die Entlassung von mehr als 40 UN-Mitarbeitern, die der „unamerikanischen Umtriebe" beschuldigt worden waren. Von 1953 bis 1986 war eine Unbedenklichkeitsbescheinigung durch US-Behörden (loyality clearance) Voraussetzung für die Einstellung amerikanischer Staatsbürger in den Vereinten Nationen. Für die Sowjetunion stand es außer Frage, wie Nikita Chruschtschow 1961 in einem Zeitungsinterview erläuterte, daß es keinen unparteiischen Beamten in dieser gespaltenen Welt geben könne und daß die britische Auffassung von einem politisch zölibatären Beamten in internationalen Beziehungen eine Fiktion sei (zit. nach Lippmann 1961). Dementsprechend entschieden die ehemaligen Ostblockstaaten nicht nur wer zur Dienstleistung in der Weltorganisation abgeordnet wurde, sondern verlangten von ihren Staatsangehörigen, deren Privatleben sie streng kontrollierten und deren UN-Gehalt sie weitgehend konfiszierten, auch strikte Parteinahme bei der Arbeit im Sekretariat und gegebenenfalls nachrichtendienstliche Betätigung.

Bisher hat noch jeder Generalsekretär öffentlich über unzulässige Einmischungen auf personelle Entscheidungen geklagt. Pérez de Cuéllar schrieb in seinem Jahresbericht für 1983: „Obwohl alle Staaten der Unabhängigkeit des Personals das Wort reden, verzichten nur wenige darauf, durch Druck ihre eigenen Interessen auf dem Personalsektor durchsetzen zu wollen." (UN Doc. A/38/1, 5). Die Besetzung möglichst vieler Stellen im Sekretariat mit eigenen Staatsangehörigen ist nicht nur eine Prestigesache, sondern wird oftmals auch als eine Möglichkeit gesehen, sich gegen unerwünschtes Tätigwerden abzusichern, Einfluß auf die Arbeit und Ressourcenverteilung zu nehmen, den nationalen Standpunkt besser zur Geltung zu bringen oder Parteigängern Stellen zu verschaffen. UN-Bedienstete werden dadurch ermuntert, die Unterstützung ihrer Regierungen zu suchen, um Vorteile für sich selbst oder ihren eigenen Arbeitsbereich zu erlangen.

Die Hoffnung, daß sich mit dem Ende des Kalten Krieges die Gelegenheit eröffnet, den internationalen öffentlichen Dienst neu zu beleben, hat sich nur bedingt erfüllt. Nicht nur haben die Versuche der Einflußnahme auf Personalentscheidungen nicht abgenommen, sondern seit Beginn der neunziger Jahre ist das Personal an vielen Einsatzorten erheblichen persönlichen Risiken ausgesetzt, einschließlich von Angriffen, Raubüberfällen, Belästigungen, Körperverletzungen und Vergewaltigungen. Zwischen 1992 und 1999 wurden 166 zivile Mitarbeiter der Weltorganisation getötet. 1998 sind erstmals mehr unbewaffnete Zivilbedienstete als Soldaten der → Friedenstruppen gewaltsam zu Tode gekommen. Zwischen 1994 und 1999 gab es 45 Fälle von Geiselnahme, von denen 150 Mitarbeiter betroffen waren. Die Verantwortung für die Sicherheit des UN-Personals liegt bei den jeweiligen Gastländern. Oft sind Staaten aber nicht in der Lage oder nicht willens, dieser Verantwortung gerecht zu werden, denn viele Einsatzorte liegen in Gebieten, in denen es keine

funktionierende Staatsgewalt gibt. Nur 6 Täter, die an Straftaten gegen UN-Personal beteiligt waren, sind jemals zur Rechenschaft gezogen worden. Einem besonderen Risiko ist das Ortspersonal ausgesetzt, das in der Regel auch bei akuter Gefahr nicht evakuiert wird (131 der 166 Getöteten waren Ortskräfte).

Nach zähen Verhandlungen wurde am 9.12.1994 von der Generalversammlung ein „Übereinkommen über die Sicherheit von Personal der Vereinten Nationen und beigeordnetem Personal" angenommen (Anlage zu GA Res. 49/59; dt. Fassung in: VN 43 (1995), 138ff.). Darin verpflichten sich die Vertragsstaaten bei Gewalttaten gegen UN-Personal die erforderlichen Maßnahmen zu ergreifen, um die Täter der Gerechtigkeit zuzuführen, einschließlich Austausch von Informationen, Strafverfolgung und gegebenenfalls Auslieferung. Das Übereinkommen schließt das militärische und zivile Personal der Vereinten Nationen und der Sonder- und anderen Organisationen sowie abgestellte nationale Bedienstete und Angehörige humanitärer nichtstaatlicher Organisationen (→ NGOs) ein, vorausgesetzt daß es sich um Einsätze handelt, die vom Sicherheitsrat oder der Generalversammlung autorisiert sind, der Wahrung und Wiederherstellung des Weltfriedens und der internationalen Sicherheit dienen und das eingesetzte Personal einem außergewöhnlichen Risiko aussetzen. Damit fallen z.B. Mitarbeiter, die sich im Rahmen ihrer regulären Tätigkeit in Krisengebieten aufhalten, nicht darunter. Bis 1.11.1998 haben lediglich 21 Staaten das Übereinkommen ratifiziert - überwiegend Länder, in denen dem UN-Personal keine besonderen Risiken drohen.

Die Generalversammlung verurteilt regelmäßig die Übergriffe auf UN-Personal und fordert die Staaten auf, ihren Verpflichtungen nachzukommen. Mehr als deklaratorischen Wert scheinen diese Resolutionen (→ Resolution/Deklaration/Beschluß) aber nicht zu haben. Ein UN-Sicherheitskoordinator informiert die Organisationen über die Lage in Krisengebieten und ordnet - wenn erforderlich - Sicherheitsmaßnahmen wie Reisebeschränkungen und Evakuierungen an. Der ACC (→ Koordinierungssystem) hat Verfahrensvorschriften erlassen, wie bei Verhaftung oder Gefährdung von UN-Personal vorzugehen ist. Die Zahlung von Lösegeldern bei Geiselnahme oder Entführungen wird darin grundsätzlich abgelehnt. Durch einen aus freiwilligen Beiträgen der Mitgliedstaaten gebildeten Treuhandfonds sollen Mittel zur Finanzierung zusätzlicher Sicherheitsmaßnahmen beschafft werden.

Das Konzept eines unabhängigen internationalen öffentlichen Dienstes schließt Einstellung in jungen Jahren durch Bestenauslese, lebenslange Anstellung, Beförderung nach Leistung und Fürsorge durch den Dienstherrn ein. Besonders die lebenslange Anstellung wird mehr und mehr von Mitgliedstaaten als leistungshemmend und zu unflexibel in Frage gestellt. Es finden zunehmend befristete Anstellungen Verwendung (fixed-term appointments), die in Form von Kettenarbeitsverträgen nur geringe Arbeitsplatzsicherheit bieten. Zusätzlich zu den herkömmlichen Kurzzeitverträgen (shortterm appointments) und Dienst- und Werkverträgen (special service agreements) wurden neue Beschäftigungsformen eingeführt, wie Beschäftigungsverhältnisse für zeitlich begrenzte Tätigkeiten (appointments of limited duration), Anstellungen als selbständige Vertragnehmer (independent contractors) oder die Übertragung von Aufgaben an Dienstleistungsunternehmen (outsourcing). Die Personalvertreter sehen darin unlautere Praktiken, die einzig dem Ziele dienen, die Kosten zu senken und den Kündigungsschutz zu unterlaufen. Bedingt durch die allgemeine Ressourcenverknappung nehmen die Organisationen auch „Gratis-Personal" der Mitgliedstaaten an. Auf Druck der Entwicklungsländer, die darin eine Umgehung der Einstellungsverfahren und der Personalquotenregelungen sehen, wurde diese Möglichkeit

von der Generalversammlung aber erheblich eingeschränkt.

Vertikal wird das Personal in drei Funktionsebenen (categories) unterteilt: Einen Allgemeinen Dienst (General Service category), der Unterstützungsfunktionen vom Amtsboten und Fahrer über Sekretärinnen bis zum Sachbearbeiter, Techniker, Laboranten u.ä. umfaßt; einen Höheren Dienst (Professional category), der in der Regel ein Universitätsstudium voraussetzt und dem die eigentlichen Fach- und Sachaufgaben obliegen; und eine Führungsebene (higher category) für Direktoren und beigeordnete und stellvertretende Generalsekretäre/-direktoren, die in den verschiedenen Organisationen unterschiedlich ausgestattet ist. Während die beiden oberen Funktionsebenen in der Praxis fast wie eine einzige behandelt werden (Professional and higher categories), ist der Aufstieg vom Allgemeinen in den Höheren Dienst nur bedingt möglich. Für logistische und administrative Unterstützung von Friedensmissionen (→ Friedensoperationen, → Friedenstruppen) gibt es einen sogenannten „Felddienst" (Field Service category), der vertikal bis in den Höheren Dienst hinein reicht. Eine horizontale Unterscheidung nach „Laufbahnen" besteht nicht. Es ist aber ein Verzeichnis mit über 200 Arbeitsfeldern vorhanden, das das hohe Maß der Spezialisierung des UN-Personals zeigt.

Für die Personalauswahl gelten - nach Artikel 8 und 101 der Charta und den einschlägigen Bestimmungen der Personalstatuten - das Eignungsprinzip mit Bestenauslese (highest standards of efficience, competence and integrity), das Diskriminierungsverbot und das „geographische Prinzip". Letzteres besagt, daß das Personal auf möglichst breiter geographischer Basis (on as broad a geographical basis as possible) auszuwählen ist. Eine einleuchtende Begründung dafür lieferte die Generalversammlung in Resolution 153 (II) von 1947: Im Hinblick auf den internationalen Charakter des → Sekretariats und um eine Dominanz einzelner nationaler Einflüsse zu vermeiden, müssen die Grundzüge und Arbeitsmethoden von den Werten der verschiedenen Kulturen und der technischen Kompetenz aller Mitgliedstaaten profitieren. Über die Anwendung des „geographischen Prinzips", das in Artikel 101 Abs. 3 der Charta dem Eignungsprinzip eindeutig untergeordnet ist, kam es in den sechziger Jahren zur Kontroverse, als die im Verlauf der → Entkolonialisierung neu aufgenommenen Mitgliedstaaten ihren Anteil am Personal forderten. Die Personalquoten, die in den Vereinten Nationen und den größeren Sonderorganisationen ursprünglich eingeführt worden waren, sahen eine Verteilung der Stellen im Höheren Dienst und auf der Führungsebene (ohne Sprachendienst) überwiegend nach dem Finanzbeitrag der Mitgliedstaaten vor. Dieses System lehnten die Entwicklungsländer als ungerecht ab, und die Schaffung einer „gerechten" oder „ausgewogenen" geographischen Verteilung wurde zum beherrschenden personalpolitischen Thema bis weit in die achtziger Jahre. Auf Druck der Entwicklungsländer wurde die Gewichtung der Finanzbeiträge bei der Berechnung der Personalquoten kontinuierlich auf 55 % verringert. Der sogenannte Mitgliedschaftsfaktor, der allen Mitgliedstaaten den gleichen Personalanteil zuerkennt, wurde auf 40% erhöht und ein Bevölkerungsfaktor von 5% zusätzlich geschaffen, von dem die bevölkerungsstarken Länder profitieren.

Die Personalquoten spielen eine bedeutende Rolle bei der Einstellung im Höheren Dienst und auf der Führungsebene, und es muß davon ausgegangen werden, daß in der Praxis, unbeschadet der Rangordnung in der Charta, das Eignungs- und das „geographische Prinzip" weitgehend als gleichrangig behandelt werden. Die Generalversammlung hat eine Anzahl zusätzlicher Einstellungsrichtlinien erlassen, die u.a. eine signifikante Steigerung des Personalanteils der Frauen (die im Höheren Dienst allgemein unterrepräsentiert sind), eine bessere Balance in den Amtssprachen und die Einstellung jüngerer Bewerber durch Auswahlwettbe-

werbe fordern sowie die Beschäftigung von Pensionären einschränken. Während das Personal des Höheren Dienstes und der Führungsebene in der Regel durch weltweite Ausschreibung rekrutiert wird, wird der Personalbedarf für den Allgemeinen Dienst am jeweiligen Dienstort gedeckt.

Die interinstitutionelle Zusammenarbeit auf dem Personalsektor ist im Rahmen des sogenannten Gemeinsamen Systems (Common System) am weitesten gediehen. Für die Regelung und Koordinierung der Beschäftigungsbedingungen im gesamten UN-System hat die Generalversammlung die Kommission für den internationalen öffentlichen Dienst (ICSC) als unabhängiges Sachverständigenorgan eingerichtet. Der Kommission wird von Seiten der Organisationen und der Personalvertreter allerdings Politisierung sowie mangelnde Unabhängigkeit und Sachkenntnis vorgeworfen. Die Personalvertreter, die in zwei großen Dachverbänden (CCISUA und FICSA) organisiert sind, boykottieren deshalb seit Jahren die Arbeit der Kommission und fordern eine umfassende Reform einschließlich des Rechts zum Aushandeln ihrer Beschäftigungsbedingungen. Die Mitgliedstaaten haben aber keinen Zweifel daran gelassen, daß sie aus Gründen der Einheitlichkeit, Gleichbehandlung und Kostenkontrolle im UN-System an der Kommission festzuhalten gedenken.

Für die Beschäftigungsbedingungen des Höheren Dienstes und der Führungsebene gilt das sogenannte Noblemaire-Prinzip, das seinen Namen vom Ausschußvorsitzenden des → Völkerbundes ableitet, der dieses Prinzip 1920 erstmals formulierte. Es besagt, daß die Besoldung des internationalen Personals auch für Bewerber aus dem Land mit dem bestbezahlten öffentlichen Dienst attraktiv genug sein muß. Von den Anfängen der Weltorganisation an galt der US-Bundesdienst als der weltweit bestbezahlte. Da er aber seit Jahren erheblich hinter den Gehältern der Wirtschaft in den USA zurückbleibt und andere internationale Organisationen wie die Weltbankgruppe, die

OECD und die EU teilweise erheblich bessere Beschäftigungsbedingungen bieten, wurde von den UN-Organisationen und den Personalvertretern immer wieder eine Revision verlangt. Die Untersuchungen der ICSC haben seit 1995 gezeigt, daß der deutsche öffentliche Dienst den amerikanischen in seiner Spitzenstellung als der weltweit bestbezahlte abgelöst hat. Trotzdem konnte sich die Generalversammlung, überwiegend aus Kostengründen, aber auch wegen methodischer Einwände Deutschlands, nicht zu einer Ablösung des US-Bundesdienstes als Bezugsgröße für die UN-Besoldung entschließen.

Besonders die Sonderorganisationen klagen seit Jahren über eine Verschlechterung ihrer Wettbewerbssituation speziell bei hochqualifizierten Kräften aus den Hochlohnländern. Aber auch Nachwuchskräfte sind immer schwerer zu halten. Wie der Generalsekretär bedauernd hervorhob überstiegen 1998 in den Vereinten Nationen erstmals die freiwilligen Kündigungen die Pensionierungen. Trotz dieser Trends halten die Mitgliedstaaten eisern an ihrer Politik des realen Nullwachstums (→ Haushalt) auch bei den Gehältern fest und zeigen allenfalls die Bereitschaft, über Sondertarife für spezifische Berufsgruppen und kostenneutrale Leistungslohnsysteme zu reden.

Für das Personal des Allgemeinen Dienstes gilt das Flemming-Prinzip (benannt nach dem Vorsitzenden des UN-Ausschusses, der dieses Prinzip 1949 formulierte). Es besagt, daß sich die Beschäftigungsbedingungen für das örtlich aufgenommene Personal nach den besten Gegebenheiten am jeweiligen Dienstort richten müssen. Hier sind die UN-Organisationen in der Regel in einer starken Wettbewerbsposition, da die Gehälter Schritt mit der Entwicklung am örtlichen Arbeitsmarkt halten und oftmals eine Höhe erreichen, die den Gehältern in den mittleren Stufen des Höheren Dienstes entspricht. Durch Änderungen in den Lohnfindungsverfahren hat die ICSC - gegen den Widerstand der Personalvertreter - allerdings die Gehälter des Allgemeinen Dienstes verringert.

Die Vereinten Nationen betreiben einen eigenen Pensionsfonds, der aus Beiträgen der Mitarbeiter und Organisationen gespeist wird. Der Fonds, der mehr als 67.000 aktive Mitglieder und 43.000 Leistungsbezieher hat, besaß 1998 ein Kapital von 14 Milliarden US$ mit einem Marktwert von über 20 Milliarden US$, das alle bestehenden und zukünftigen Leistungsansprüche abdeckt. Das akkumulierte Kapital hat mehrfach die Begehrlichkeit einzelner Mitgliedstaaten geweckt, die es für Zwecke der Entwicklungshilfe eingesetzt sehen wollten. Der Pensionsfond hat diese Forderungen immer mit dem Hinweis abgewehrt, daß er keine Entwicklungsbank sei und daß das Geld der Versicherten nach den Kriterien Sicherheit, Rentabilität, Konvertibilität und Liquidität angelegt werden müsse.

Es herrscht weitgehende Übereinstimmung, daß ohne eine umfassende Reform des Personalwesens die vom Generalsekretär in Angriff genommene Managementreform (→ Reform der UN) zum Scheitern verurteilt ist, da das Potential und die Motivation der Mitarbeiter zur Zeit nur unzureichend gefördert werden. Die Reformvorschläge des Generalsekretärs zielen auf eine Unternehmenskultur, die das Leistungs- und Verantwortungsbewußtsein stärkt und die Effizienz und Qualität des Personals verbessert. Die Vorschläge, die sich an den Erfahrungen in der Wirtschaft orientieren, stoßen nicht überall auf Zustimmung. Personalvertreter sehen in ihnen in erster Linie ein Synonym für Kostensenkung und Personalkürzungen. Die Organisationsvertreter warnen, daß Entwicklungen im privaten Sektor nicht ohne weiteres übernommen werden können, da der internationale öffentliche Dienst komplexeren Rahmenbedingungen unterliegt und sein Personalkörper der weltweit heterogenste ist. Viele Mitgliedstaaten wiederum befürchten eine Einschränkung ihrer Einwirkungsmöglichkeiten auf das Personal.

Dieter Göthel

Präventive Diplomatie

Lit.: Ali, A.: The International Civil Service: The Idea and the Reality, in: Cooker, C. de (Hrsg.): International Administration, The Hague 1990); Busch, J.-D.: Dienstrecht der Vereinten Nationen, Köln 1981; Childers, E. /Urquhart, B.: Renewing the United Nations System, Uppsala 1994; Göthel, D.: Die Vereinten Nationen: Eine Innenansicht, Bonn 1995; Göthel, D.: Im Auftrag der Weltorganisation: Das Personal der Vereinten Nationen im Wandel, in: VN 43 (1995), 99-105; Lemoine, J.: The International Civil Service: An Endangered Species, The Hague 1995; Pellet, A./ Ruzié, D.: Les Fonctionnaires Internationaux, Paris 1993; United Nations: Übereinkommen über die Sicherheit von Personal der Vereinten Nationen und beigeordnetem Personal (Anlage zu GA Res. 49/59; dt. Fassung in: VN 43 (1995), 138ff.; United Nations: Secretary General's Bulletin: Building the Future (UN Doc. ST/SGB/1998/6), Geneva Reproduction 98/23, 31.3.1998, 1; United Nations Department of Economic and Social Affairs: Changing Perspectives on Human Resources Development, UN Publication ST/TCD/SER.E/25), New York 1998, 1.

Präventive Diplomatie

1. Das neue Konzept der präventiven Diplomatie

Der Begriff der *„präventiven Diplomatie"* (im Deutschen auch als „vorbeugende Diplomatie" beschrieben) wird seit der → „Agenda für den Frieden" von 1992 als eine wichtige Ergänzung im Spektrum friedensfördernder Aktivitäten der UN neben der friedlichen Streitbeilegung" (→ Streitbeilegung, friedliche) (nach Kap. VI UN-Charta), den → „Friedensoperationen" und der → „Friedenssicherung" (nach Kap. VII UN-Charta) betrachtet (→ Charta der UN). Geprägt wurde der Begriff 1960 von Generalsekretär Dag Hammarskjöld (→ Generalsekretär), der damit die UN-Bemühungen zur Einhegung regionaler Konflikte umschrieb, bei denen die Gefahr einer Konfrontation zwischen den Supermächten gegeben war. In der „Agenda" wird die präventive Diplomatie von Generalsekretär Boutros-Ghali breiter definiert, nämlich als all jene Maßnahmen, die das Ziel haben, daß „Entstehen von Streitigkeiten zwischen einzelnen Parteien zu verhüten, die Eskalation bestehender Streitigkeiten zu Konflikten zu verhindern und, sofern es dazu kommen sollte, diese einzugrenzen" (Agenda für den Frieden 1992).

Im einzelnen werden in der „Agenda" als Instrumente der präventiven Diplomatie genannt: die Frühwarnung, Missionen zur Tatsachenermittlung, vertrauensbildende Maßnahmen, demilitarisierte Zonen sowie die vorbeugende Stationierung von Peacekeeping-Truppen (→ Friedenstruppen). Sie sollten nach Auffassung von Boutros-Ghali sowohl für internationale als auch für innerstaatliche Konflikte eingesetzt werden können. Außerdem umfaßt die präventive Diplomatie im Verständnis der „Agenda" alle Phasen der Konfliktintervention vom Krisenmanagement bis zur Kriegsbeendigung.

Der breite Ansatz von 1992 wurde auf der einen Seite als überfällige Erweiterung des UN-Handlungsspektrums der friedlichen Streitbeilegung begrüßt, weil in der Frühphase der Konfliktentfaltung die Chancen für eine zivilisierte Austragung wesentlich günstiger sind als in den Phasen der politischen Konfrontation oder gar der gewaltsamen Austragung und weil nach dem Ende des Ost-West-Konflikts die Möglichkeiten für ein gemeinsames Vorgehen der ständigen Sicherheitsratsmitglieder deutlich erhöht schienen.

Auf der anderen Seite wurden aber auch Bedenken geäußert, insbesondere von Regierungen des Südens, die eine Aufweichung der Prinzipien der → Souveränität und der Nichteinmischung (→ Interventionsverbot) befürchteten und kritisierten, daß die ohnehin knappen UN-Ressourcen besser zur Bekämpfung der „eigentlichen" Konfliktursachen in der Entwicklungspolitik (→ Entwicklungszusammenarbeit der UN) eingesetzt werden sollten.

Hinzu kamen eine Reihe von konzeptionellen Kritikpunkten. So wurden die Agenda-Vorstellung einer den gesamten Konfliktverlauf umfassenden „präventiven" Intervention als mißverständlich und die Einbeziehung der Arbeit an den auch strukturellen Konflikturscachen als zu anspruchsvoll eingeschätzt. Außerdem wurde kritisiert, daß die genannten und höchst unterschiedlichen Instrumente als Unterkategorien „diplomatischer" Bemühungen dargestellt wurden. Besser sei es, die Instrumente der friedlichen Streitbeilegung als „diplomatische" Verfahren im engeren Sinne so frühzeitig wie möglich einzusetzen und die anderen Maßnahmen, wie z.B. die vorbeugende Stationierung von Peacekeeping-Truppen, als weitere „präventive Aktionen" zu klassifizieren (*Lund* 1996, *Peck* 1998).

Sowohl in der Politik als auch in der Publizistik werden mittlerweile die breiter angelegten Begriffe der *„Konfliktprävention" (conflict prevention)* bzw. der *„Krisenprävention" (crisis prevention)* bevorzugt. Problematisch ist hierbei allerdings die stillschweigende Gleichsetzung von „Konflikt" mit dem „gewaltsamen Konflikt", da der gesellschaftliche Wandel zwangsläufig mit Konflikten verbunden ist und es daher nicht auf deren Verhinderung, sondern auf ihre zivilisierte Austragung ankommt. In der Wissenschaft wird deshalb der Begriff der *„Gewaltprävention"* für treffender gehalten und es wird unterschieden zwischen struktur- und prozeßorientierten Bemühungen zur Gewährleistung des friedlichen Wandels gesellschaftlicher Umbrüche. Die *„präventive Diplomatie"* wird in diesem Kontext vor allem als eine prozeßorientierte Aktivität gesehen, die all jene Maßnahmen umfaßt, die auf der makropolitischen Ebene der frühzeitigen Bearbeitung politischer Streitfragen dienen.

2. Die Rolle der präventiven Diplomatie in der Praxis

In der Praxis der Vereinten Nationen hat der → *Sicherheitsrat* bislang nur eine bescheidene „präventive" Rolle gespielt. In der Regel ist der Rat schon überlastet mit der Bewältigung der bereits gewaltsam ausgetragenen Konflikte. Außerdem kann die Beschäftigung des Rates mit einem Konflikt in seiner Frühphase ihn ungewollt eskalieren helfen, da er auf diese Weise „in-

ternationalisiert" wird und der Aspekt der „Gesichtswahrung" für alle Beteiligten einen höheren Stellenwert bekommt. Schließlich, und dies ist wohl das gewichtigste Argument, tendiert die Arbeitsweise des Rates dazu, „Positionen" einzunehmen, anstatt „Probleme zu lösen". Aus dem zuletzt genannten Grund sowie wegen der Beschränkungen auf inter-nationale Streitigkeiten ist auch der Nutzen des → IGHs für präventive Maßnahmen begrenzt. Allerdings gibt es durchaus die Möglichkeit, daß die Konfliktparteien einzelne Streitpunkte dem Gerichtshof zur Entscheidung vorlegen und in eine politisch-diplomatisch ausgehandelte Regelung integrieren (Instrument des „compromise").

Besser geeignet für präventive Diplomatie sind deshalb der *Generalsekretär*, die von ihm beauftragten Personen sowie der Mechanismus der „Freunde des Generalsekretärs". Im Generalsekretariat (→ Sekretariat) wurde zur Verbesserung der operativen Basis nach verschiedenen gescheiterten Organisationsreformen das „Department of Political Affairs" (DPA) mit einer Reihe regionaler Unterabteilungen geschaffen. Die Mittel- und Personalausstattung des DPA sind jedoch so mager, daß es den UN bislang nur in wenigen Fällen möglich war, eine präventive Funktion bei regionalen Krisen wahrzunehmen.

Ein anderes bedeutsames UN-Instrumentarium der präventiven Diplomatie umfaßt die diversen Institutionen und Mechanismen des → *Menschenrechtsschutzes*. Seine krisen- und gewaltvorbeugende Wirkung beruht zum einen auf der schrittweisen Ausdifferenzierung und „Konstitutionalisierung" von Prinzipien, Normen, Regeln und Prozeduren für die Beachtung individueller Menschenrechte. Zum anderen haben das Monitoring und die Veröffentlichung von Menschenrechtsverletzungen sowie die Berichtsverpflichtungen der Staaten maßgeblich zur Verbesserung der Frühwarnung über sich abzeichnende Krisen und Konflikte geführt. Stark verbesserungsbedürftig ist jedoch gerade auch im Hinblick auf seine präventiven Funktionen der → Minderheitenschutz.

Insgesamt fällt die Bilanz der präventiven Diplomatie im Rahmen der UN bislang noch sehr bescheiden aus. Dafür sind jedoch nicht nur die genannten Besonderheiten der Weltorganisation verantwortlich. Generell trifft vorbeugende Politik in der gegenwärtigen Staatenwelt auf eine Reihe von Hindernissen: auf die völkerrechtlich gebotene Zurückhaltung bei der Einmischung in die inneren Angelegenheiten anderer Staaten; auf den Mangel an Präventionsinteressen bei Konflikten, die noch keine große öffentliche Aufmerksamkeit gefunden haben; auf die Verdrängung potentieller Konflikte angesichts der Vielzahl akuter Probleme; nicht zuletzt auf die fehlenden Kapazitäten, Mandate und Koordinierungsmechanismen für zielstrebige präventive Maßnahmen.

3. Die Wirksamkeit der präventiven Diplomatie

Aus den bisherigen Erfahrungen mit präventiver Diplomatie hat *Michael S. Lund* (1996, 85 ff.) fünf „lessons learned" herausgefiltert:

Erfolgreiche präventive Diplomatie bedarf nachhaltiger Anreize für bzw. eines anhaltenden Drucks auf die Konfliktakteure zugunsten einer friedlichen Regelung, und dies sollte am besten geschehen, bevor eine oder die andere Seite ihre Anhängerschaft mobilisiert oder der anderen Seite Zwangsmaßnahmen androht.

Die Wirksamkeit von Präventionen ist entscheidend davon abhängig, ob es gelingt, eine Vielzahl von Dritten Parteien mit einem breiten Bündel von Maßnahmen in einer kohärenten Strategie miteinander zu verzahnen.

Sie ist außerdem darauf angewiesen, daß Großmächte, regionale Mächte und die betroffenen Nachbarstaaten die Bemühungen zur Prävention mindestens tolerieren, besser aktiv unterstützen und nicht durch die (offene oder geheime) Unterstützung der einen oder anderen Partei untergraben.

Je moderater die Führungspersonen der Konfliktparteien auftreten, desto größer sind die Chancen einer frühzeitigen einvernehmlichen Regelung.

Je unabhängiger die politischen Institutionen eines Staates von den streitenden Parteien sind, desto größer ist die Wahrscheinlichkeit, daß eine friedliche Verständigung gefunden werden kann, die die Interessen aller Beteiligten berücksichtigt.

4. Die Reform der präventiven Diplomatie

In der Debatte um die Stärkung des *Instrumentariums der präventiven Diplomatie* herrscht eine weitgehende Einigkeit darüber, daß ihr Erfolg auf die Entwicklung und Umsetzung einer breiten Palette von Reformmaßnahmen angewiesen ist, die auf eine umfassende „Kultur der Prävention" (bzw. ein „Präventions-Regime", *Lund* 1996) hinauslaufen. Wesentliche Beiträge zu dieser Reformdebatte lieferten die Einzelstudien und der Gesamtbericht der *"Carnegie Commission on Preventing Deadly Conflict"* (1997) (im folgenden: Carnegie Commission).

Die wichtigsten Aspekte der Reformdebatte können in sechs Punkten zusammengefaßt werden:

Eine Schlüsselfrage war vorübergehend, ob die Stärkung der Prävention sich vor allem auf einen entsprechenden Ausbau der UN oder von Regionalorganisationen bzw. auf eine Vernetzung von einschlägig tätigen nichtstaatlichen Organisationen (→NGOs) stützen sollte (*Evans* 1993). Diese Frage wird mittlerweile überwiegend im Sinne einer Arbeitsteilung zwischen allen drei Bereichen sowie desjenigen einzelstaatlicher Bemühungen beantwortet, wie sie sich auch bereits in anderen Arbeitsfeldern, z.B. dem Krisenmanagement und der → humanitären Hilfe entwickelt hat (*Weiss* 1998). Dabei wird es übereinstimmend als notwendig erachtet, die regionalen Kapazitäten für präventive Maßnahmen zu stärken, z.B. durch von den UN und Regionalorganisationen gemeinsam getragene „Regionale UN-

Zentren für nachhaltigen Frieden" (*Peck* 1998, 225 ff.).

Die Debatte über die Erweiterung des Sicherheitsrates betrifft auch dessen Kapazität zur präventiven Diplomatie. Im Mittelpunkt steht dabei die Überlegung, daß eine „repräsentativere" Zusammensetzung der ständigen Mitglieder dieses Gremiums die Bereitschaft zum frühzeitigen Engagement in Krisengebieten außerhalb der Interessenzonen der Großmächte erhöhen würde (*Carnegie Commission* 1997, xiiii).

Auf der konzeptionellen Ebene ist das Problem zu lösen, wie das Spannungsverhältnis zwischen den Prinzipien der staatlichen → Souveränität und der Nichteinmischung einerseits und des wirksamen internationalen Schutzes der Menschenrechte andererseits in konkrete Handlungsperspektiven umgesetzt werden kann. Als denkbare Zielsetzungen der präventiven Diplomatie werden hierbei die Konzepte von „human security" und „good governance" diskutiert.

Weitgehende Einigkeit besteht darüber, daß eine wirksame Prävention vor allem bedeutet, Entwicklungs- und Transformationsgesellschaften dabei zu unterstützen, die notwendigen sozialen, ökonomischen, kulturellen und politischen Wandlungsprozesse gewaltfrei zu organisieren. An die Stelle machtorientierter Strategien der politischen Beeinflussung sollten deshalb vor allem Anreize, Unterstützungsleistungen und Beratungen treten, um die Kapazitäten dieser Gesellschaften zum konstruktiven Umgang mit Konflikten und mit Pluralität zu stärken.

Um dieses Ziel einer erhöhten konstruktiven Konfliktfähigkeit in Krisenregionen zu erreichen, sind das Zusammenwirken und die Schaffung einer Vielzahl von Institutionen und Mechanismen sowie die Qualifizierung einer großen Zahl von Personen erforderlich. Dies bedarf erheblicher Ressourcen und der Bereitschaft, von innovativen Modellen zu lernen. Als besonders hilfreich werden die Erfahrungen der OSZE mit ihren Einrichtungen des „Hochkommissars für Nationale Minderheiten" sowie der Langzeitmissionen

angesehen (OSCE 1999), ferner die Methoden der „Multitrack"-Diplomatie, wie sie von verschiedenen NGOs entwickelt wurden (European Platform for Conflict Prevention and Transformation 1998). Den UN kommt in diesem Zusammenhang eine Schlüsselrolle für die Koordinierung zu, für die ihre gegenwärtige Ausstattung allerdings völlig unzureichend ist.

Einige Reformvorschläge verweisen in diesem Zusammenhang nicht nur auf die finanzielle Unterausstattung des Generalsekretariats, z.B. für das DPA, sondern auf ein grundsätzliches Strukturdefizit (→ Reform der UN), nämlich die fehlende gesellschaftliche und parlamentarische Vertretung innerhalb der Vereinten Nationen (*Czempiel* 1994, 156 ff.). Auf absehbare Zeit müssen die Aufgaben der Koordinierung und Vernetzung präventiver Maßnahmen zwischen der Staaten- und Gesellschaftswelt deshalb über eine Reihe verschiedener Kanäle, z.B. Regionalorganisationen, UN-Spezialorganisationen oder Zusammenschlüsse von NGOs geleistet werden. Eine wichtige Brückenfunktion nehmen dabei präventive Maßnahmen ein, die gemeinsam von multilateralen bzw. einzelstaatlichen Einrichtungen, von NGOs und von Wirtschaftsunternehmen in „public private partnership" in Angriff genommen werden.

Der Katalog zur Verbesserung präventiver Diplomatie wäre freilich unvollständig, wenn nicht immer wieder auch auf die Notwendigkeit struktureller Maßnahmen hingewiesen wird: die → Abrüstung und die Rüstungskontrolle, die Stärkung von „good governance" und Rechtsstaatlichkeit sowie eine sozialverträgliche Entwicklungspolitik.

Norbert Ropers

Lit.: *Carnegie Commission on Preventing Deadly Conflict (Hrsg.):* Preventing Deadly Conflict. Final Report, Washington 1997; *Czempiel, E.O.:* Die Reform der UNO. Möglichkeiten und Mißverständnisse, München 1994; *European Platform for Conflict Prevention and Transformation (Hrsg.):* Prevention and Management of Violent Conflicts. An International Directory,

Utrecht 1998; *Evans, G. (Hrsg.):* Cooperating for Peace. The Global Agenda for the 1990s and Beyond, St. Leonards 1993; *Lund, M.S. (Hrsg.):* Preventing Violent Conflicts. A Strategy for Preventive Diplomacy, Washington 1996; *OSCE (Hrsg.):* OSCE Handbook, Vienna 1999; *Peck, C. (Hrsg.):* Sustainable Peace. The Role of the UN and Regional Organizations in Preventing Conflict, Oxford u.a. 1998; *Weiss, T.G. (Hrsg.):* Beyond Subcontracting. Task-Sharing with Regional Security Arrangements and Service-Providing NGOs, London/New York 1998.

Publikationen der UN

Die Vereinten Nationen produzieren nicht nur eine enorme Menge an offiziellen Dokumenten, die den zahlreichen UN-Organen und –Gremien als Tagungsunterlagen dienen (→ Dokumentationssystem), sondern die Organisation betätigt sich auch als Verlag und bringt jährlich etwa 400 neue Titel heraus. Dazu gehören u.a. Einführungen in die Arbeit der UN, Studien oder Monographien auf den Gebieten Internationale Beziehungen, Wirtschaft, Umwelt, Soziologie, Völkerrecht, → Menschenrechte und Bevölkerung, Gesetzes- und Dokumentensammlungen, Konferenzberichte, Lehrmaterialien und Poster sowie Statistiken und Datenbanken. Insgesamt sind derzeit über 4.000 Titel lieferbar, davon etwa 2.100 Titel in englischer Sprache, die übrigen in den fünf weiteren → Amtssprachen der UN, Arabisch, Chinesisch, Französisch, Russisch und Spanisch. Internationale Statistiken erscheinen normalerweise in mehrsprachigen Ausgaben. Von den 2.100 englischsprachigen Titeln entfallen etwas über 10% auf den Bereich Vereinte Nationen/Nachschlagewerke/Allgemeines, etwa 10% auf das Gebiet Politikwissenschaften (überwiegend Studien zu Abrüstungsfragen), etwas über 20% auf das Gebiet Sozialwissenschaften (Frauenfragen, Drogen, Gesundheit, Ernährung, soziale Entwicklung), etwa 10% auf den Bereich Rechtswissenschaften/Völkerrecht (Handelsrecht (→ Welthandelsrecht), → Umweltvölkerrecht, Menschenrechte, Strafrecht, in-

ternationales → Seerecht), knapp 20% auf das Gebiet Umweltschutz/nachhaltige Entwicklung, 30% auf den Bereich Wirtschaftswissenschaften (Welthandel, Wirtschaftsentwicklung, Entwicklungshilfe, multinationale Unternehmen, Energiewirtschaft, Industrie, Landwirtschaft, Technologietransfer, Transportwesen und Technologieentwicklung) und knapp 7% auf das Gebiet Demographie/menschliche Siedlungen.

Die Publikationen der UN sind in erster Linie an Experten und Praktiker in den oben genannten Bereichen gerichtet. Eine Reihe von UN-Publikationen erfreuen sich jedoch allgemeiner Beliebtheit oder sind von besonderer Bedeutung, weil sie eine weltweite Übersicht oder globale Lageberichte liefern. Hierzu gehören u.a. die folgenden Titel: *Basic facts about the United Nations, Yearbook of the United Nations, International instruments of the United Nations, Statistical Yearbook, Demographic Yearbook, United Nations Disarmament Yearbook, United Nations Blue Books Series, An Agenda for Development, An Agenda for Peace, The Blue Helmets, World Statistics Pocketbook, Report on the World Social Situation, The World's Women: trends and statistics, State of the World's Children, The Progress of Nations, World Population Prospects, The State of World Population, Human Rights: a compilation of international instruments, The Work of the International Law Commission, United Nations Treaty Series, Agenda 21, World Economic and Social Survey, Trade and Development Report, The Least Developed Countries Report, World Investment Report.* Bei den von den UN herausgegebenen Zeitschriften sind besonders der vierteljährlich erscheinende *United Nations Chronicle* und *Monthly Bulletin of Statistics,* das auch in seiner elektronischen Form über die UN-Homepage abonniert werden kann, hervorzuheben. Ein vollständiger Katalog kann bei den unten angegebenen Verkaufsstellen angefordert oder auch von der UN-Homepage abgerufen wer-

den (http:// www.un.org/Pubs/catalog.
htm).
Eine Reihe wichtiger Publikationen
werden im Auftrag der UN von anderen
Verlagen veröffentlicht. So erscheinen
z.B. der *Human Development Report*
des UN-Entwicklungsprogramms →
UNDP, der *Global Environment Outlook* des UN-Umweltprogramms →
UNEP, *The State of the World's Refugees* des Hochkommissariats für
Flüchtlinge (→ UNHCR) oder der
World Drug Report des UN-Drogenpro-
gramms bei Oxford University Press.
Der Erlös aus dem Verkauf der UN-
Publikationen trägt derzeit nur mit etwa
0,36% zum Einkommen (die Beiträge
der UN-Mitgliedstaaten nicht berücksichtigt) der Vereinten Nationen bei.
Die finanziell stark geschwächte Organisation setzt daher auf ihre über die
UN-Homepage angebotenen elektronischen Publikationen (*Monthly Bulletin
of Statistics*, http://www.un.org/Pubs/
whatnew/mbsonlin.htm) und den Verkauf von Zugangsberechtigungen zur
United Nations Treaty Collection
(http://www. un.org/Depts/Treaty/) und
dem sogenannten Optischen Speicherplattensystem der Vereinten Nationen
(*United Nations Official Documents*,
http:// www.ods.un.org), um diesen
Einkommensbeitrag zu erhöhen und
damit auch allgemein ihre finanzielle
Lage zu verbessern.
Die Publikationen der Vereinten Nationen können in → Depotbibliotheken,
der UN-Bibliothek in Genf sowie den
UN-Informationszentren (siehe Liste im
Anhang) eingesehen und benutzt wer-
den oder vom Verkaufsbüro der UN in
Genf erworben werden.
United Nations Publications Sales Of-
fice and Bookshop
Palais des Nations
CH-1211 Genf 10
Tel.: + 41 (22) 917-2613/14
Fax: + 41 (22) 917-0027
oder + 41 (22) 917-0084
E-mail: unpubli@unog.ch
Die → Sonderorganisationen wie die
Weltbank, die Weltgesundheitsorgani-
sation (→ WHO) oder → UNESCO
betreiben ihre Publikationsprogramme

und Verkaufsbüros oder Buchhandlun-
gen unabhängig von den Vereinten
Nationen. Die folgenden Agenturen
vertreiben sowohl UN-Publikationen als
auch Veröffentlichungen der Sonderor-
ganisationen:
UNO-Verlag
Poppelsdorfer Allee 55
53115 Bonn
Tel.: (0228) 949020
Fax: (0228) 217492
Internet: http://www.uno-verlag.de
Gerold & Co.
Graben 31
A-1011 Wien
Tel.: +43 (1) 5124731-0
Fax: +43 (1) 5124731-29
*Editions techniques Van Diermen
ADECO*
Ch. du Lacuez 41
CH-1807 Blonay
Tel.: +41 (21) 9432673
Fax: +41 (21) 9433605
E-mail: mvandier@worldcom.ch

Ramona Kohrs

Lit.: Homepage der United Nations Publications: http://www.un.org/Pubs/sales.htm

Reform der UN

Die Fähigkeit zu Reformen ist eine
Überlebensbedingung politischer Institutionen. Institutionelle Reformen dienen stets einem doppelten Ziel: einmal
der Aufrechterhaltung eines Institutionengefüges insgesamt um der in
ihm inkorporierten politischen Programme, Ziele, Normen und Werte
willen und zum anderen gleichzeitig der
Anpassung dieses Institutionengefüges
an eine sich ständig wandelnde Umwelt
und an neue Herausforderungen. Politisch stehen institutionelle Reformen
unter besonderen Konsensanforderun-
gen und Rahmenbedingungen deshalb,
weil sie einerseits das in Institutionen
„kristallisierte" Interessenarrangement
antasten und sich Reformbedarf andererseits in institutionellen Gegen-
entwürfen nicht selten technokratischen
Zuschnitts artikuliert, welche bestehende Institutionen unter erheblichen Legi-
timationsdruck setzen (vgl. *Archibugi*
1993,303).

1. Reformgeschichte internationaler Organisationen

Die Reformgeschichte internationaler Organisationen reicht in die Gründungszeit des → Völkerbundes zurück (*Dicke* 1994, 55 ff.). Art. 24 der Völkerbundsatzung, mit dem der - nicht erfolgreiche - Versuch unternommen wurde, die bestehenden „technischen" Organisationen unter dem Dach des Völkerbundes zu koordinieren, ist ein frühes Beispiel für das wohl zentrale Reformproblem internationaler Organisationen: das der Koordination bestehender Einrichtungen unter einer einheitlichen, abgestimmten und rational-arbeitsteiligen politischen Konzeption. Die unter der sog. *Bruce-Kommission* erarbeiteten Empfehlungen für eine institutionelle Erweiterung des Völkerbundes in den wirtschaftlich-sozialen Bereich hinein kamen zwar im Völkerbund selbst nicht mehr zum Zuge, waren aber der Ausgangspunkt für die Einbeziehung von Kapitel IX in die UN-Charta (→ Charta der UN), ein Vorgang, in dem einer der wichtigsten Reformschritte internationaler Organisationen in diesem Jahrhundert gesehen werden kann.

Die UNO selbst durchlief mehrere Reformphasen auf unterschiedlichen Ebenen (*Dicke* 1995): stand in den ersten beiden Jahrzehnten der institutionelle Ausbau des → UN-Systems im Vordergrund, so traten in den sechziger und siebziger Jahren Neugründungen von Institutionen überwiegend im Interesse stärkerer Entwicklungsländerförderung ins Zentrum des Reformgeschehens (→ Entwicklungszusammenarbeit der UN). Dies führte Ende der siebziger Jahre zu Überlegungen und Maßnahmen der Umstrukturierung mit dem Ziel stärkerer Koordination (→ Koordinierungssystem der UN). Die achtziger Jahre waren einerseits von einer Budget- und Managementreform, die von einer Fülle umfangreicher Reformvorschläge begleitet wurde, und andererseits vom Bemühen besonders der USA gekennzeichnet, über eine restriktive Budgetpolitik (→ USA, UN-Politik) die Effizienz der Organisation auf allen Ebenen zu erhöhen (*Dicke* 1994, 279 ff., 213 ff.). Nach dem weltpolitischen Umbruch 1990 standen zunächst Friedenssicherung (→ Friedenssicherung) und → Sicherheitsrat im Vordergrund der UN-Politik, um dann Mitte der neunziger Jahre Gegenstand von Reforminitiativen zu werden, in deren Zentrum Debatten über die → „Agenda für den Frieden" sowie Bemühungen um eine Erweiterung des Sicherheitsrates standen. Gleichzeitig hat → Generalsekretär *Annan* ein Reformprogramm zur „Erneuerung der Vereinten Nationen" vorgelegt (1997) und eine Sekretariatsreform (→ Sekretariat) durchgeführt.

Wie schon dieser knappe Überblick zeigt, sind Neugründungen als das wirksamste Reform*instrument* anzusehen. Der durch jede Neugründung gesteigerte Koordinationsbedarf wiederum stellt das wohl wichtigste Reform*problem* der UNO dar, das sich mehr oder minder für alle Tätigkeitsbereiche und alle Hauptorgane (→Haupt-/Neben-/Vertragsorgane) der UN stellt. Ehe diese Aspekte im einzelnen zu behandeln sind, ist zunächst jedoch auf die rechtlichen und politischen *Rahmenbedingungen* der UN-Reform einzugehen.

2. Instrumente und Rahmenbedingungen der UN-Reform

Das stärkste *Reforminstrument* ist eine Änderung oder Revision der Charta. Hierfür hat die Charta selbst jedoch folgende Hürden errichtet: Art. 108 sieht eine Beschlußfassung über eine Charta-Änderung mit Zweidrittel-Mehrheit der → Generalversammlung vor; Änderungen treten in Kraft, wenn sie von zwei Dritteln der Mitglieder einschließlich der fünf ständigen Mitglieder des Sicherheitsrates ratifiziert sind. Das in Art. 109 vorgesehene Revisionsverfahren, nach dem spätestens nach 10 Jahren die Einberufung einer Mitgliederkonferenz zum Zwecke einer Revision der Charta auf die Tagesordnung zu setzen war, ist zwar eingeleitet, aber nicht durchgeführt worden. In lediglich drei Fällen wurde die Charta geändert: mit der ersten, 1965 in Kraft getretenen Änderung wurde die Mitgliedschaft im Sicherheitsrat und im → Wirtschafts- und Sozialrat (ECOSOC) erhöht; die zweite Änderung (1968) holte die dabei verabsäumte Änderung von Art. 109 nach, und mit der dritten Charta-Änderung, die 1973 in Kraft trat, wurde die Mitgliedschaft im ECOSOC erneut auf nunmehr 54 erhöht.

Unterhalb der „Verfassungsänderung" räumen die Charta und das sog. interne Organisationsrecht den Hauptorganen vielfältige Reformmöglichkeiten ein. An erster Stelle zu nennen sind die Einrichtungskompetenzen (und Geschäftsordnungshoheit) der wichtigsten Hauptorgane (vgl. → Geschäftsordnungen), namentlich Sicherheitsrat, Generalversammlung und - unter deren Leitung - ECOSOC, die in aller Regel mit einfacher Mehrheit die Neuerrichtung von Hilfs- und Nebenorganen ermöglichen. In der jüngsten Vergangenheit haben sich gerade auch in dieser Hinsicht die großen → Weltkonferenzen als Reformakteure etabliert; Einrichtungen wie die Commission on Sustainable Development (→ CSD), das Wüstensekretariat, der Hohe - Kommissar für Menschenrechte (→ Menschenrechte – Zentrum für Menschenrechte/Hoher Kommissar für Menschenrechte) u.a. gehen auf Empfehlungen oder auf völkerrechtliche Verträge von Weltkonferenzen zurück. Von besonderer Bedeutung ist die Einrichtungs- und Anordnungskompetenz des Sicherheitsrates: der Rat hat in den neunziger Jahren auf diesem Wege Sanktionsverwaltungen (→ Sanktionen) und die Strafgerichte für das ehemalige Jugoslawien und Ruanda (→ ICC - Internationaler Strafgerichtshof) geschaffen.

Als weiteres wichtiges Reforminstrument hat sich die in Art. 101 der Charta festgelegte Kompetenz des Generalsekretärs erwiesen, in Übereinstimmung mit von der Generalversammlung zu erlassenen Regelungen das Sekretariat zu organisieren. Die darin potentiell liegende Gestaltungsfä-higkeit des Generalsekretärs wird jedoch insbesondere durch die Budgethoheit (→ Haushalt) der Generalversammlung erheblich eingeschränkt. Diese wiederum bildet zusammen mit der Kompetenz der Generalversammlung, organisatorische Regelungen für die UNO zu erlassen, wie dies in den Bereichen → Personal, Budget und Management geschehen ist, ein eigenständiges Reforminstrumentarium.

Zu den wichtigsten, Reformen immer wieder auch hemmenden Rahmenbedingungen gehört die *Vielzahl autonomer Akteure* in Reformprozessen. Die Kompetenzen des Generalsekretärs sind weitgehend von den Mitgliedstaaten, die des Sicherheitsrates weitgehend von den fünf ständigen Mitgliedern abhängig. Mehr oder minder beschränkte organisatorische Regelungskompetenzen kommen auch einzelnen Unterorganen zu. Die 16 → Sonderorganisationen sind nur in lockerer Weise mit der UNO und ihren Hauptorganen verbunden; ein regulierender Zugriff seitens der Generalversammlung z.B. ist nicht möglich, so daß Reformmaßnahmen für das UN-System insgesamt von der Kooperationsbereitschaft der Sonderorganisationen abhängig sind. Zu den Akteuren der UN-Reform gehören schließlich auch eigens zu Reformzwecken geschaffene Ausschüsse (→ Ausschußsystem) und Neben- und Hilfsorgane. In den Bereichen Personal, Finanzen und Management sind zu nennen das ACABQ, ein in Finanz- und Managementfragen beratendes Nebenorgan des hierfür zuständigen 5. Hauptausschusses der Generalversammlung; das CPC, ein u.a. mit der Budgetkoordination betrautes, mit dem ACABQ kooperierendes Hilfsorgan des ECOSOC; das ACC, ein mit Koordinationsaufgaben betrautes Gremium, bestehend aus dem Generalsekretär und den Generalsekretären bzw. -direktoren der Sonderorganisationen und wichtiger Programme; und die Joint Inspection Unit, eine unabhängiges Gremium, das den Organen der UNO Vorschläge zur Effizienzsteigerung und Managementverbesserung unterbreitet (→Kontrolle in den UN, Externe und Interne). Hinzu kommt eine Vielzahl von ad hoc eingesetzten Reformausschüssen und -kommissionen.

3. Bisherige Reformbilanz

Durch organisatorische *Neugründungen* hat die UNO immer wieder die Fähigkeit unter Beweis gestellt, auf neue Herausforderungen politisch zu reagieren. Eines der wohl wichtigsten Beispiele ist die Einrichtung von → Friedenstruppen durch *Hammarskjöld*, mit der eine wenigstens kooperative Handlungsfähigkeit der → Friedenssicherung zu Zeiten des Kalten Krieges sichergestellt und ein innovatives Element der Friedenssicherung und Gewaltprävention (→ präventive Diplomatie) eingeführt werden konnte. Auch die Einführung der technischen Hilfe war von einer progressiven Institutionalisierung begleitet, die schließlich in das → UNDP mündete, das seinerseits in den neunziger Jahren einer konzeptionellen, strukturellen und administrativen Reform in kleinen Schritten unterzogen wurde (*Klingebiel* 1998, 173 ff.). In den Bereichen Umwelt und Technologie hatte die UNO mit dem → UNEP und dem Ausschuß für Wissenschaft und Technologie für Entwicklung, der 1992 in eine Kommission des ECOSOC umgewandelt wurde, Institutionen errichtet, denen nicht wenige Staaten die Anregung zur Schaffung von Umwelt- und Technologieministerien verdanken. Seit der Gründung der Welthandelskonferenz → UNCTAD zeigte sich indessen auch die Ambivalenz von Neugründungen als Reforminstrument, wurden sie doch zunehmend, getragen von der Zweidrittel-Mehrheit der Entwicklungsländer in der Generalversammlung, als institutionelle Stützung des Programms einer Neuen Weltwirtschaftsordnung (→ Weltwirtschaftsordnung/NWWO) eingesetzt. Wenn auch namentlich die USA in den achtziger Jahren durch Budgetrestriktionen dem gegensteuerten, so kamen doch institutionelle Neugründungen dadurch keineswegs zum Stillstand, wie die → CSD, das Hohe Kommissariat für Men-

schenrechte, aber auch die von der Seerechtskonvention (→ Seerecht, → ITLOS – Internationaler Seegerichtshof) und von Übereinkommen zum → Umweltschutz geschaffenen, den UN zugeordneten Organe zeigen.

Insbesondere im Bereich der wirtschaftlichen und sozialen Zusammenarbeit, aber auch in der Friedenssicherung, steigt indessen mit dem organisatorischen Wachstum der *Koordinationsbedarf.* Während für die Friedenssicherung die Neustrukturierung der Peace-Keeping-Abteilung im → Sekretariat durch *Boutros-Ghali* und *Kofi Annan* dem mit wachsender Anzahl von Blauhelmeinsätzen steigenden Bedarf im Ansatz gerecht wurde, scheiterten im Bereich der wirtschaftlichen und sozialen Zusammenarbeit Bemühungen um verbesserte Koordination regelmäßig. Das gilt für die mit GA Res. 32/197 vom 20.12.1977 abgeschlossene Reform im Gefolge des *Jackson*-Berichts ebenso wie für die - weitgehend ausgebliebene - ECOSOC-Reform der späten achtziger und neunziger Jahre als auch für eine Verbesserung der Koordination zwischen UNO und Sonderorganisationen insbesondere im operativen Bereich. Die Gründe hierfür sind vielfältig: Der primär für Koordinationsaufgaben vorgesehene ECOSOC ist von Struktur, Kompetenz und Zusammensetzung her wenig geeignet; intermediäre oder sachspezifische Koordinationsagenturen wie z.B. die CSD oder das UNEP sind mit zu schwachen Kompetenzen ausgestattet; erst die Aufwertung des CPC durch die Budgetreform der achtziger Jahre besserte dies (*Dicke* 1994, 288 ff.). Lediglich über das Instrument der Budgetgestaltung sowie - in Grenzen - das ACC sind damit das gesamte UN-System betreffende Koordinationsleistungen möglich.

Kann insoweit also von einem kohärenten „international government" im Rahmen des UN-Systems nicht ausgegangen werden, so ist es im Blick auf steigende Anforderungen an eine „global governance" um so wichtiger, die Reformfähigkeit der Organisation in einzelnen Tätigkeitsbereichen sowie hinsichtlich einzelner Organe näherer Prüfung zu unterziehen. Dabei ist jeweils von den sich wandelnden sachlichen Herausforderungen an das UN-System in Folge der weltpolitischen Veränderungen der neunziger Jahre auszugehen.

4. Wichtige Reformerfordernisse und Ausblick

Einer der Schwerpunkte der jüngsten *Sekretariatsreform* Generalsekretär *Annans* war es, das Organisationsprofil der UNO in den einzelnen Tätigkeitsbereichen Frieden und Sicherheit, Wirtschaft und Soziales, humanitäre Angelegenheiten und Entwicklung wirksamer und sichtbarer zu gestalten; die Menschenrechtspolitik (→ Menschenrechtsschutz) solle als Querschnittsaufgabe konzipiert werden (*Annan* 1997,26). Nach diesem Profil wurde die Sekretariatsstruktur ausgerichtet; u.a. wurde das Amt eines stellvertretenden Generalsekretärs eingeführt. *Annan* gelang es, u.a. durch Personalreduzierung und Verschlankung Einsparungen herbeizuführen. Sein Bericht legt indessen auch zahlreiche von den Mitgliedstaaten zu erfüllende Reformvorschläge auf den Tisch, mit denen die Generalversammlung seither befaßt ist. Zusammen mit den Vorschlägen einer Arbeitsgruppe zur Stärkung des UN-Systems (UN Doc. A/50/24, 1996, vgl. GA Res. 51/241 vom 22.8.1997) führte dies u.a. zur Straffung von Arbeitsabläufen.

Nach 1990 hat der *Sicherheitsrat* zunächst in beachtlichem Umfang die ihm zuwachsenden weltpolitischen Ordnungsaufgaben wahrgenommen. Mitte der neunziger Jahre wurde jedoch in dreifacher Hinsicht Reformbedarf erkennbar: Erstens machen u.a. die spätestens seit der „Agenda für den Frieden" und → „Agenda für Entwicklung" in den Vordergrund gerückten Aufgaben der Prävention eine stärkere → Regionalisierung der Friedenssicherung erforderlich. Kapitel VIII der Charta sieht dies zwar vor; doch ist fraglich, ob es auch die dazu erforderlichen institutionellen Erweiterungen des Rates selbst

(zu denken wäre z.B. an Regionalkammern) zureichend in den Blick nimmt, damit dieser die von Art. 24 der Charta geforderte „Hauptverantwortung" für den Weltfrieden angemessen wahrnehmen kann. Zweitens haben namentlich Deutschland und Japan die Initiative zu einer Erweiterung der ständigen Sitze und Mitgliedschaft des Rates ergriffen (→ Deutschland, UN-Politik; → Japan, UN-Politik). Der berechtigte Kern dieses Reformimpulses liegt in begründeten Zweifeln an der Repräsentativität der derzeitigen Zusammensetzung des Rates. Ob eine Erweiterung des Rates durch Charta-Änderung zustandekommt, ist äußerst ungewiß; auch hier scheint die Suche nach alternativen Strategien unterhalb einer Charta-Änderung, z.B. durch eine Erweiterung des Unterbaus um entscheidungsvorbereitende Regionalkammern oder eine einheitliche Sanktionsverwaltung und ggf. durch eine Änderung der Entscheidungsfindung des Rates, angebracht. Drittens wirft z.B. die höchst fragwürdige Effizienz der Sanktionsregime des Rates die Frage auf, in welcher Weise die dem Rat zu Gebote stehenden Durchsetzungsinstrumentarien insgesamt gestärkt werden können.

Trotz einiger Impulse von Seiten der Weltkonferenzen der neunziger Jahre klafft nach wie vor in keinem anderen Bereich eine so große Lücke zwischen ebenso weitreichenden wie detaillierten Reformkonzepten hier und der organisatorischen Realität dort wie in dem der wirtschaftlichen und sozialen Zusammenarbeit. Der *Bertrand*-Bericht, der Bericht einer unabhängigen Expertengruppe (→ Unabhängige Kommissionen, Berichte) über die Zukunft der Vereinten Nationen, der u.a. *Richard v. Weizsäcker* angehörte, sowie eine Studie von *Childers* und *Urquhart* (*Steuernagel* 1998, 179 ff.) schlagen einheitlich ein dem Sicherheitsrat gleichgestelltes Steuerungsorgan vor. Nicht zuletzt die Dominanz neo-liberaler Ordnungsvorstellungen in der Ökonomie, die von Globalisierungsvorgängen (→ Globalisierung) zusätzlich gestärkt werden, legen es jedoch nahe, sich von solchen Institutionalisierungen am Reißbrett - die auch in den siebziger Jahren scheiterten - zu verabschieden und sich erstens auf die zentralen globalen Herausforderungen, die mit den Stichworten „sustainable development" und „human development" zu umschreiben sind, zu konzentrieren und zweitens die vergleichsweise bescheideneren institutionellen und politischen Ansätze weiterzuentwickeln, welche die neunziger Jahre hervorgebracht haben, allen voran die CSD und die WTO (→ WTO/GATT) sowie eine als „Querschnittsaufgabe" konzipierte Menschenrechtspolitik, welche der Forderung des Kopenhagener Gipfels Rechnung trägt und wirtschaftlichen und sozialen Rechten den ihnen gebührenden Rang einräumt.

Die Reform der Vereinten Nationen ist nur zum Teil - allerdings zu einem gewichtigen Teil - eine Frage organisatorischer Institutionengestaltung. Die Budgetreform der achtziger Jahre, die Managementreformen der beiden letzten Generalsekretäre, die auch institutionellen Weichenstellungen der jüngsten Weltkonferenzen sind Beispiele dafür, daß die Vereinten Nationen institutionell durchaus reformfähig sind. Das Dauerproblem der Koordination, die Problematik der Sicherheitsratsreform und die nach wie vor unzureichenden Reaktionsmöglichkeiten etwa im Falle schwerster Menschenrechtsverletzungen sind hingegen weniger Beispiele für Reformunfähigkeit, sondern Hinweise darauf, daß jeder einzelne Reformschritt von 185 Mitgliedstaaten gewollt oder doch akzeptiert sein muß.

Klaus Dicke

Lit.: *I. UN-Dokumente und Berichte:* 1. Bericht des Generalsekretärs: *Annan, K.:* Erneuerung der Vereinten Nationen: Ein Reformprogramm, UN Doc. A/51/950, New York 1997; 2. Berichte von Arbeitsgruppen zur Reform der Vereinten Nationen: a) Allen Mitgliedstaaten offenstehende Ad-hoc-Arbeitsgruppe zur Frage der ausgewogenen Vertretung und der Erhöhung der Zahl der Mitglieder im Sicherheitsrat und zu anderen mit dem Sicherheitsrat zusammenhängenden Fragen: Berichte: 1995 (UN Doc. A/49/47); 1996 (UN Doc. A/50/47); 1997 (UN Doc. A/51/47); b) Allen Mitgliedstaaten offenstehende Ad-hoc-Arbeitsgruppe für die Finanzlage der Vereinten Nationen: Berichte: 1995 (UN Doc. A/49/43); 1996 (UN Doc. A/50/43); 1997 (UN Doc. A/51/43); c) Allen Mitgliedstaaten offenstehende hochrangige Arbeitsgruppe der Generalversammlung zur Stärkung des Systems der Vereinten Nationen: Berichte: 1996 (UN Doc. A/50/24), 1997 (UN Doc. A/51/24); *II. Sekundärliteratur: Archibugi, D.:* The Reform of the UN and Cosmopolitan Democracy, in: JPR 30 (1993), 301 - 331; *Bertrand, M.:* Some Reflections on the Reform of the United Nations. New York 1985; *Czempiel, E.-O.:* Die Reform der UNO. Möglichkeiten und Mißverständnisse, München 1994; *Deutsche Gesellschaft für die Vereinten Nationen (Hrsg.):* Die Reform des UN-Sicherheitsrates, Bonn 1997; *Dicke, K.:* Effizienz und Effektivität internationaler Organisationen, Berlin 1994; *Dicke, K.:* Decentralization, in: Wolfrum, R. (Hrsg.): United Nations: Law, Policies and Practice, Dordrecht u.a. 1995, 380 – 389; *Dicke, K.:* Reform of the UN, in: Wolfrum, R (Hrsg.): United Nations: Law, Policies and Practice, Dordrecht u.a. 1995., 1012-1024; *Hüfner, K. (Hrsg.):* Die Reform der Vereinten Nationen. Die Weltorganisation zwischen Krise und Erneuerung, Opladen 1994; *Hüfner, K. (Hrsg.):* Agenda for Change. New Tasks for the United Nations, Opladen 1995; *Klingebiel, S.:* Leistungsfähigkeit und Reform des Entwicklungsprogramms der Vereinten Nationen (UNDP), Köln 1998; *Steuernagel, A.:* Zur politischen Ökonomie multilateraler Wirtschaftsorganisationen. Ein Beitrag zur Reformdebatte der Vereinten Nationen, Münster 1997.

Internet: Homepages über die Reform der UNO: a) bei den UN: http://www.un.org/reform; b) bei der UNAUSA: http://www.unausa.org/issues/unreform.htm; c) bei der UNAC: http://www.ncrb.unac.org/ unreform/unreform.htm1; d) beim Global Policy Forum: http://www.globalpolicy.org/reform/index.htm

Regionalgruppen

1. Allgemeines

Das System der Vereinten Nationen kennt Regionalgruppen nur als inoffizielle Gruppierungen. In ihnen kommen in der Anfangszeit der UN z.T. ideologische, heute mehr Gesichtspunkte regionaler Solidarität zum Ausdruck. Die UN-Charta (→ Charta der UN) erwähnt die Regionalgruppen nicht, obwohl sie mittlerweile fester Bestandteil des → UN-Systems geworden sind. Die Regionalgruppen agieren hauptsächlich als Wahlgremien, die Vorentscheidungen zur Besetzung nahezu aller wichtigen UN-Organe treffen. Zusammensetzung und Struktur der Regionalgruppen haben sich im Lauf des Bestehens der Organisation kontinuierlich verändert. Überlegungen, wie ihr Zuschnitt den Veränderungen angepaßt werden kann, die sich in der Folge des Abebbens des Ost-West-Konflikts ausgangs der 80er Jahre ergeben haben, sind spätestens seit 1995 im Gange.

2. Ursprünge

Die Ursprünge der heutigen Regionalgruppen liegen in einem *gentlemen's agreement* aus dem Jahr 1946 zwischen den Vereinigten Staaten und der damaligen Sowjetunion zur Frage, wie die sechs nicht-ständigen Sitze des → Sicherheitsrats unter den damals 51 (46) Gründungsmitgliedern der Organisation zu verteilen seien. Als berechtigte „Hauptgruppen" wurden anerkannt: Lateinamerika (2 Sitze), Naher Osten (1), Osteuropa (1), Westeuropa (1) sowie der Commonwealth (1). Während die Sowjetunion die Auffassung vertrat, Entscheidungen der Regionalgruppen seien von der → Generalversammlung zu indossieren, hielten die Vereinigten Staaten dafür, die Aufteilung gelte nur einmalig und sei nicht bindend. Staaten wie Indien äußerten sich in der Folge kritisch zu der Aufteilung (*Bailey/Daws* 1998). Der Aufteilungsschlüssel wurde nicht als repräsentativ, sondern eher distributiv verstanden (in den Folgejahren nahmen etwa Griechenland, die Türkei oder Jugoslawien den osteuropäischen Sitz ein).

3. Fortschreitende Verfestigung

Das Regionalgruppensystem hat sich in der Folgezeit verfestigt. Im Zuge der Erweiterung des Sicherheitsrats im Jahre 1963 von 11 auf 15 Mitglieder wurde eine Neuzuordnung der Sitze vorgenommen und diese in Generalversammmlungs-Beschlüssen niedergelegt (GA Res. 1990 (XVIII) und 1991A (XVIII) v. 17. Dezember 1963). An dieser Einteilung wurde später für den → Wirtschafts- und Sozialrat (ECOSOC) festgehalten (GA Res. 2847 (XXVI) v. 20. Dezember 1971) und sie schließlich für „wichtige Organe" der UN festgeschrieben (GA Res. 33/138 v. 19. Dezember 1978). Ab Juli 1978 werden die monatlichen Regionalgruppen-Vorsitze im offiziellen UN-Journal veröffentlicht. Die fünf Gruppen, die 1963 neu zugeschnitten wurden, haben bis heute Bestand.

4. Gruppeneinteilung

Die seit 1963 bestehenden fünf Regionalgruppen sind: die Gruppe Afrikanischer Staaten (GAFS), die Gruppe Asiatischer Staaten (GASS), die Gruppe Lateinamerikanischer und Karibischer Staaten (GLAKS), die Gruppe Osteuropäischer Staaten (GOS) sowie die sog. Gruppe Westeuropäischer und Anderer Staaten (GWEAS). Der Zuschnitt der letztgenannten Gruppe, der die wichtigen westlichen Staaten außerhalb Europas angehören, zeigt das Maß, in dem die 1963 vorgenommene Einteilung auf dem damals die UN beherrschenden Ost-West-Gegensatz beruhte. Im einzelnen gehören zur

GAFS (53): Algerien, Angola, Benin, Botswana, Burkina Faso, Burundi, Kamerun, Kapverden, Zentralafrikanische Republik, Tschad, Komoren, Kongo-Brazzaville, Côte d'Ivoire, Djibouti, Kongo-Kinshasa, Ägypten, Äquatorial Guinea, Eritrea, Äthiopien, Gabun, Gambia, Ghana, Guinea, Guinea-Bissau, Kenia, Lesotho, Liberia, Libyen, Madagaskar, Malawi, Mali, Mauritanien, Mauritius, Morokko, Mosambik, Namibia, Niger, Nigeria, Ruanda, Sao Tome und Principé, Senegal, Seychellen, Sierra Leone, Somalia, Südafrika,

Sudan, Swaziland, Togo, Tunisien, Uganda, Tansania, Sambia, Simbabwe;

GASS (49): Afghanistan, Bahrain, Bangladesh, Bhutan, Brunei Daressalam, Kambodscha, China, Zypern, Nordkorea, Fidschi, Indien, Indonesien, Iran, Irak, Japan, Jemen, Jordanien, Kasachstan, Kuwait, Kirgistan, Laos, Libanon, Malaysia, Malediven, Marshall Inseln, Mikronesien, Mongolei, Myanmar, Nepal, Oman, Pakistan, Palau, Papua Neu-Guinea, Philippinen, Katar, Südkorea, Samoa, Saudi Arabien, Singapur, Salomonen, Sri Lanka, Syrien, Tadschikistan, Thailand, Turkmenistan, Vereinigte Arabische Emirate, Usbekistan, Vanuatu, Vietnam;

GLAKS (33): Antigua und Barbuda, Argentinien, Bahamas, Barbados, Belize, Bolivien, Brasilien, Chile, Kolumbien, Costa Rica, Kuba, Dominica, Dominikanische Republik, Ecuador, El Salvador, Grenada, Guatemala, Guyana, Haiti, Honduras, Jamaika, Mexiko, Nicaragua, Panama, Paraguay, Peru, St. Kitts und Nevis, St. Lucia, St. Vincent und die Grenadinen, Surinam, Trinidad und Tobago, Uruguay, Venezuela

GWEAS (27): Andorra, Australien, Österreich, Belgien, Kanada, Dänemark, Finland, Frankreich, Deutschland, Griechenland, Island, Irland, Italien, Liechtenstein, Luxemburg, Malta, Monaco, Niederlande, Neuseeland, Norwegen, Portugal, San Marino, Spanien, Schweden, Türkei, Vereinigtes Königreich;

GOS (21): Albanien, Armenien, Aserbeidschan, Belarus, Bosnien und Herzegovina, Bulgarien, Kroatien, Tschechien, Georgien, Ungarn, Lettland, Litauen, Polen, Moldavien, Rumänien, Russische Föderation, Slovakien, Slovenien, Mazedonien, Ukraine.

5. Nicht-gruppenintegrierte Staaten

Zum Zeitpunkt Oktober 1998 gehörten Estland und Israel keiner Regionalgruppe an. Der Beitritt zu einer Regionalgruppe ist aus Wahlproporz- bzw. politischen Gründen oft erschwert, zumal er den Konsens der betreffenden Gruppe erfordert. Bestehende, auf Jahre konzipierte Wahlabmachungen innerhalb einzelner Gruppen, etwa bei GWEAS hinsichtlich ECOSOC, führen zu Zurückhaltung bei der Aufnahme neuer, zusätzlicher Mitglieder. Hieran sind bislang israelische Bemühungen gescheitert, Aufnahme in GASS bzw. GWEAS zu finden. Zu den Staaten, denen dies in den letzten Jahren gelungen ist, zählen Albanien, Mazedonien, Palau, Slowenien, Südafrika und Tadschikistan.

6. Besonderheiten

Die Türkei ist Teil von GWEAS wie auch von GASS. Unter Wahlgesichtspunkten ist sie jedoch allein GWEAS-Mitglied. Die jugoslawische Mitgliedschaft in GOS ist bis zu einer Lösung der Nachfolgefrage in den UN suspendiert. Die Vereinigten Staaten gelten zu Wahlzwecken als GWEAS-Mitglied, gehören der Gruppe ansonsten aber nur als Beobachter, nicht als Mitglied an.

7. Funktionen

Hauptbedeutung der Regionalgruppen liegt in ihrer Arbeit als Wahlgremien zur Sitzen und Ämterverteilung (*Bennigsen* 1991). Sie setzen das Prinzip um, wonach „die Zusammensetzung der verschiedenen UN-Organe so ausgestaltet sein soll, daß ihr repräsentativer Charakter sichergestellt ist" (GA Res. 33/138 v. 19. Dezember 1978). Hierzu gehören die Wahlen zu nichtständigen Sitzen im Sicherheitsrat, zum Wirtschafts- und Sozialrat (ECOSOC) und zu allen anderen wichtigen UN-Gremien. Ausnahmen sind Sachverständigenausschüsse, die regionalunabhängig auf Expertengrundlage besetzt werden. Das Regionalgruppenprinzip spielt gewohnheitsmäßig auch für die Ämter des → Generalsekretärs und des Präsidenten der Generalversammlung eine Rolle (s.o. 3. sowie Regel 31 der Geschäftsordnung der Generalversammlung, die das Prinzip in verkürzter Form für die Wahl der Vize-Präsidenten ausdrücklich vorschreibt). Während das Amt des Präsidenten der Generalversammlung strikt regional-rotierend vergeben wird, zeichnet sich ein vergleichbares Muster bei der Wahl des

Generalsekretärs erst in letzter Zeit und eher weniger strikt in der Handhabung ab (zuletzt *U Thant*/GASS, *Waldheim*/GWEAS, *de Cuellar*/GLAKS, *Boutros-Ghali* und *Annan*/GAFS; als nächstes wäre ein Kandidat aus GASS bzw. GOS an der Reihe).

Die Regionalgruppen arbeiten auf der Basis des Konsensprinzips. Kandidaten, die von ihnen konsentiert („indossiert") sind, werden in der Regel im nachfolgenden Wahlgang in der Generalversammlung gewählt. Die Indossierung einer Regionalgruppe ist für andere nicht verbindlich; rechtlich sind konkurrierende Kandidaturen zulässig. In der Regel werden indossierte Kandidaten einer Gruppe gewählt. Immer wieder gibt es vereinzelte Versuche, Regionalgruppen mit substantiellen Fragen zu befassen (Beispiel: Antrag arabischer Staaten im Jahr 1998, in GASS Fragen der Reform des Sicherheitsrats zu erörtern). Bislang stoßen solche Versuche weithin auf Ablehnung. Die meisten UN-Mitgliedstaaten sind der Auffassung, die Zuständigkeiten der Gruppen nicht über Wahlabstimmungen hinaus zu erweitern (Ausnahme: GAFS mit seinen auf OAU-Prinzipien fußenden Untergruppen Ost-, West-, Zentral, Süd- und Nordafrika; ähnliche Ansätze auch bei der GLKS-Untergruppe CARICOM). Die Übung, wonach sich die jeweiligen Vorsitzenden der fünf Gruppen bei zeremoniellen Anlässen in Erklärungen im Namen ihrer Gruppe äußern (Beispiele: Wahl des Generalsekretärs, Wahl des Präsidenten der Generalversammlung) hält sich innerhalb dieses restriktiven Rahmens in Grenzen. Immer wieder wird an die Vorsitzenden der Regionalgruppen auch der Wunsch herangetragen, Mitteilungen und Informationen über aktuelle Ereignisse an ihre Mitglieder weiterzuleiten. Die Vorsitzenden entsprechen solchen Ersuchen in der Regel kommentarlos.

8. Verfahren

Die Regionalgruppen treffen sich in unregelmäßigen Abständen (alle vier bis sechs Wochen, bei Bedarf auch mehr), zumeist in Räumlichkeiten der UN. Die Mitgliedstaaten sind dabei auf UN-Botschafter- oder Expertenebene vertreten. Der Vorsitz jeder Gruppe wechselt monatlich und wird im offiziellen UN-Journal bekanntgegeben. Die Vorsitzenden der Regionalgruppen treffen in monatlichem Rythmus mit dem Präsidenten der Generalversammlung zu informellen Briefings zusammen.

9. Defizite und Reformbedarf

Der Zuschnitt der Regionalgruppen leidet unter zu unterschiedlichen Größenordnungen (von 53 bis 21). Ebenso entfremden sich einzelne Mitgliedstaaten politisch zunehmend ihren Gruppen. Im Zuge bevorstehender NATO- und EU-Beitritte nähern sich die GOS-Mitglieder Polen, Tschechien, Ungarn, möglicherweise auch Slowenien und Estland, zunehmend GWEAS an. Zugleich führt innerhalb GWEAS die vertiefte Koordinierung der dortigen 15 EU-Partner dazu, daß sich andere GWEAS-Mitglieder wie Australien, die Vereinigten Staaten, Kanada und Neuseeland von Entscheidungsprozessen ausgeschlossen und benachteiligt sehen. Australien scheint zudem nach stärkerer nachbarschaftlicher Einbindung im südpazifischen Raum zu streben (*Downer* 1997). Die 21 arabischen Staaten sind auf GAFS (10) und GASS (11) aufgespalten. Israel führt zunehmend Klage darüber, daß sein Wunsch nach Aufnahme in eine Regionalgruppe bislang bei den angesprochenen potentiellen Gruppen nicht auf Einvernehmen gestoßen ist. Überwiegende Gründe sprechen daher für einen Neuzuschnitt der Gruppen in naher Zukunft. Eine Neuordnung würde nicht zuletzt den veränderten Umständen Rechnung tragen, die sich aus dem Wegfall des Ost-West-Gegensatzes für die Gruppenarbeit innerhalb der UN ergeben haben.

10. Reformvorschläge

Australien (*Australian Government* 1995) hat im Rahmen der Arbeiten an der Reform des Sicherheitsrats (→ Reform der UN) im September 1995 einen

Neuzuschnitt der Regionalgruppen vorgeschlagen, der auf einer Unterteilung in sieben Gruppen beruht: Westeuropa (24 Mitglieder), Zentral- und Osteuropa (22), Naher Osten und Maghreb (19), Afrika (43), Zentralasien und Indischer Ozean (17), Ostasien und Ozeanien (25) sowie Amerika (35). Der Vorschlag würde u.a. die „anderen Staaten" aus GWEAS herauslösen. Ebenso würde er zu einer homogenen Nahost-Gruppe führen. Die Schaffung einer Ozeanien-Gruppe würde entsprechenden Forderungen anderer Staaten aus dem Südpazifik Rechnung tragen. Allerdings blieben die Größenunterschiede unter den Gruppen bestehen (43/17).

Eine kanadische Studie aus dem Jahr 1997 (*O'Brien* 1997) schlägt vor, neun neue Gruppen zu bilden: Eurasien (21 Mitglieder), Asien/Pazifik (25), Mittelmeer/Golf (19), Nordeuropa (20), Südeuropa (19), Nordafrika (23), Südafrika (23), Amerika (19), Karibik (16). Dieser Vorschlag scheint auf den ersten Blick viele der bestehenden Schwachstellen zu beseitigen. Offen ist, ob sich bisher in einheitlichen Gruppen befindliche Regionen und Verbünde wie die EU, Afrika (mit seinen unterliegenden OAU-Strukturen) oder die Karibik (Zusammenspiel mit Zentralamerika) mit einer derartigen Aufteilung anfreunden könnten.

Die Einbeziehung der nicht-gruppenintegrierten Staaten Estland und Israel ließe sich im Zuge beider oder weiterer umfassender Neuordnungsmodelle bewältigen. Jede Neuordnung wird sorgfältig die Auswirkungen zu berücksichtigen haben, die sie auf einen künftig erweiterten mit mehr als den derzeitigen fünf ständigen und zehn nichtständigen Sitzen hat.

Ingo Winkelmann

Lit.: *Australian Government:* Possible Models for Enlarging the Security Council, UN-Doc. A/49/965 v. 15. September 1995, 65-67; *Bailey, S. D./Daws, S.:* The procedure of the UN Security Council, 3. Aufl., Oxford 1998; *Bennigsen S.:* Block- und Gruppenbildung, in: Wolfrum, R. (Hrsg.): Handbuch Vereinte Nationen, 2. Aufl., München 1991, 62-70; *Downer, A.:* Revamp to reflect the world, in: International Herald Tribune, 3. Oktober 1997; *O'Brien, T.:* The United Nations: Legacy and Reform, Wellington 1997 (CSS Working Paper 6/97); *Peterson, M.J.:* „Freunde des Präsidenten" und andere Helfer - Informelle Verhandlungspraktiken in der Generalversammlung der Vereinten Nationen, in: VN 37 (1989), 121-125; *New Zealand Ministry of Foreign Affairs and Trade*, United Nations Handbook 1998, Wellington 1998, 18/19.

Regionalisierung

Unter *Regionalisierung* wird allgemein die Bildung regional organisierter ökonomischer und politischer Integrationsräume sowie eine zunehmend regionale Orientierung der Akteure verstanden. Eine solche Entwicklung steht in direktem Gegensatz zu einer multilateralen bzw. universalen Orientierung($\rightarrow$ Universalität), wie sie von den Vereinten Nationen und anderen globalen Organisationen propagiert wird. Der Begriff der *Region* ist dabei nicht nur durch geographische Nähe geprägt, sondern es müssen auch Aspekte wie politische Zugehörigkeit oder wirtschaftliche Entwicklung berücksichtigt werden. Zu beobachten sind Regionalisierungstendenzen im sicherheitspolitichen und militärischen Bereich, beim Schutz und der Durchsetzung von $\rightarrow$ Menschenrechten sowie im Bereich der wirtschaftlichen Entwicklung und Integration. Letzterer Bereich mit seinen Implikationen für das Welthandelssystem bildet den Schwerpunkt der folgenden Ausführungen.

Regionalisierung innerhalb und außerhalb des UN-Systems

Die auf universalistischen Grundsätzen basierende Charta der Vereinten Nationen „... schließt das Bestehen regionaler Abmachungen oder Einrichtungen zur Behandlung derjenigen die Wahrung des Weltfriedens und der internationalen Sicherheit betreffenden Angelegenheiten nicht aus, bei denen Maßnahmen regionaler Art angebracht sind;..." ($\rightarrow$ Chartader UN, Kap. VIII, Art. 52 Abs. 1). Die Wahrung des internationalen $\rightarrow$

Friedens (→ Frieden/-sbegriff/-sbedrohung) und der Sicherheit (→ Friedenssicherung) ist der einzige Bereich, für den die UN-Satzung *Regionalabkommen* ausdrücklich vorsieht. Die Beilegung örtlich begrenzter Streitigkeiten soll zunächst im Rahmen regionaler Abkommen erfolgen, bevor der → Sicherheitsrat eingeschaltet wird (Art. 52 Abs. 2 und ähnlich auch in Art. 33 Abs.1 UN-Charta), der Sicherheitsrat muß jedoch über die Maßnahmen unterrichtet werden, die aufgrund regionaler Abkommen getroffen werden (Art. 54). Die regionalen Abkommen oder Einrichtungen müssen außerdem mit den Zielen und Grundsätzen der Vereinten Nationen vereinbar sein (Art. 52 Abs. 1). Ansonsten trifft die Charta keine weiteren Aussagen über die Ausgestaltung regionaler Abkommen, auch nicht darüber, wie eine Region definiert ist. Prominente Vertreter regionaler Sicherheitsbündnisse sind die Organisation für Sicherheit und Zusammenarbeit in Europa (OSZE), die die „Organisation of American States" (OAS) und die „Organisation of African Unity" (OAU), am weitesten fortgeschritten ist die Tendenz zur Regionalisierung im Bereich von Frieden und Sicherheit jedoch bei den reinen Militärbündnissen, wie der NATO und der „Western European Union" (WEU) sowie dem Warschauer Pakt in der Vergangenheit.

Die Regionalisierung in diesem Bereich wird von der → Generalversammlung nicht nur geduldet, sondern ausdrücklich unterstützt. In den letzten Jahren wird auch der Ruf nach einer verstärkten Zusammenarbeit von UN-Organen und regionalen Organisationen im Bereich der Konfliktprävention (→ Präventive Diplomatie) immer lauter. Da eine erfolgreiche Prävention u. a. auch die ökonomischen, sozialen und ethnischen Wurzeln von Konflikten beachten muß, erscheinen regionale Organisationen für diese Aufgabe besonders geeignet. Dieses Zugeständnis an regionalen Organisationen bedeutet keineswegs eine Abkehr vom universellen Friedenskonzept, sondern trägt der Tatsache Rechnung, daß die Erhaltung bzw. Herbeiführung von Frieden in unterschiedlichen Staaten zu unterschiedlichen Zeiten auch unterschiedlicher Maßnahmen und Konzepte bedarf.

Aber obwohl in der Charta der Vereinten Nationen der Gedanke der Regionalisierung auf die Wahrung von Frieden und Sicherheit (verstanden im engen militärischen Sinn) begrenzt ist, ist sowohl innerhalb des → UN-Systems als auch im Außenverhältnis eine zunehmende Regionalisierung auch in anderen Bereichen zu beobachten.

Als regionale Organe innerhalb des → UN-Systems im Bereich der Entwicklungspolitik haben sich die durch den → Wirtschafts- und Sozialrat (ECOSOC) eingesetzten fünf regionalen Wirtschaftskommissionen (→ Wirtschaftskommissionen, regionale) etabliert. Die Kommissionen für Afrika (ECA), Lateinamerika und die Karibik (ECLA), Westasien (ESCWA) sowie für Asien und den Pazifik (ESCAP) sind innerhalb des UN-Systems für die Entwicklungspolitik in der jeweiligen Region zuständig. Sie haben das Ziel, durch Beratung und Information den wirtschaftlichen Aufbau zu fördern und arbeiten konkrete Entwicklungspläne und Projekte aus. Die Wirtschaftskommission für Europa (ECE), deren Mitgliedschaft mit derjenigen der OSZE identisch ist, war in der Vergangenheit die einzige blockübergreifende Kontaktstelle für wirtschaftliche Ost-West-Beziehungen und unterstützt nach dem politischen Wandel in den ehemaligen kommunistischen Staaten die osteuropäischen Länder sowie die Nachfolgestaaten der Sowjetunion beim Übergang zur Marktwirtschaft. Die regionalen Wirtschaftskommissionen stehen unter der Aufsicht des Wirtschafts- und Sozialrats (ECOSOC), dem sie alle ein bis zwei Jahre über ihre Tätigkeit berichten müssen. In letzter Zeit hat eine Diskussion über Stellung und Abhängigkeit der regionalen Kommissionen eingesetzt, wobei sich besonders UN-Generalsekretär (→ Generalsekretär) Boutros-Ghali für ihre Stärkung und größere Unabhängigkeit aussprach.

Aber es gibt auch Stimmen, die sich gegen eine stärkere Autonomie aussprechen, so daß die Diskussion in diesem Punkt noch nicht beendet ist. Die regionalen Wirtschaftskommissionen kooperieren eng mit anderen, außerhalb des UN-Systems angesiedelten regionalen Organisationen, im Fall der Afrikanischen und Asiatischen Entwicklungsbank haben sie sogar deren Gründung aktiv unterstützt.

Die Tendenz zur Regionalisierung ist außerdem bei der Willensbildung in den Vereinten Nationen spürbar. Auf der universalen Ebene der Generalversammlung oder der → UNCTAD hat sich eine Blockbildung (→ Gruppenbildung in den UN) vollzogen mit dem Ziel, ein gemeinsames Stimmverhalten zu vereinbaren. Die größten und wichtigsten Blöcke sind die → Gruppe der 77 und die westlichen Industriestaaten, mit den Mitgliedern der Europäischen Union als einflußreichste Untergruppe (→ EU, GASP in den UN). Ferner erfolgen Wahlen und Ernennungen oft nach geographischen Gesichtspunkten. So wird z. B. bei der Wahl der nichtständigen Mitglieder des Sicherheitsrates, bei der Zusammensetzung des Wirtschafts- und Sozialrats, bei der Besetzung der Präsidentschaft der Generalversammlung sowie bei der Anstellung des Personals für das Sekretariat (→ Personal) stets auch auf eine ausgewogene geographische Verteilung geachtet (→ Regionalgruppen).

Außerhalb des UN-Systems gibt es zunehmend Aufgabenüberschneidungen mit regionalen Organisationen, die Aufgaben wahrnehmen, welche auch in den Tätigkeitsbereich der UN fallen. Genannt sei an dieser Stelle der Schutz und die Durchsetzung der Menschenrechte (→ Menschenrechte; → Menschenrechtsschutz). Die regionalen Bemühungen um den Schutz der Menschenrechte werden von der Generalversammlung ausdrücklich begrüßt, da durch sie spezifische regionale Werte und Präferenzen repräsentiert werden Zu diesen regionalen Übereinkommen gehören z. B. die „Afrikanische Charta der Menschenrechte und Rechte der Völker" von 1981 („Banjul-Charta") und die Europäische „Konvention zum Schutze der Menschenrechte und Grundfreiheiten", die 1953 in Kraft getreten ist. Im Bereich der wirtschaftlichen Zusammenarbeit gibt es Überschneidungen der Tätigkeit der regionalen Entwicklungsbanken und der Bretton-Woods Institutionen → IWF und Weltbank (→ Weltbank/-gruppe) als → Sonderorganisationen der Vereinten Nationen.

Zunehmende Regionalisierung im Welthandelssystem

Besondere Beachtung hat die zunehmende Regionalisierung im Handelsbereich gefunden (→ Weltwirtschaftsordnung/NWWO). Regionalisierung ist in diesem Zusammenhang Ausdruck für die Intensivierung regionaler Wirtschaftsbeziehungen und kann als Resultat historisch gewachsener, raumwirtschaftlicher Ursachen betrachtet werden. So werden 85% des Welthandels durch die Triade EU, USA und Japan abgewickelt, ohne daß ein formales Abkommen besteht. Demgegenüber steht der Regionalismus, d. h. das politisch gewollte Vorantreiben derartiger Verdichtungen und damit die bewußte Schaffung diskriminierender Abkommen, etwa in Form von regionalen Handelsblöcken. Handelspolitisch von größerer Bedeutung sind zweifelsfrei diese, auf staatlicher Ebene vereinbarten Handelsabkommen, die zu einem zunehmenden Regionalismus innerhalb des Welthandelssystems führen. Während sich die auf Wirtschaftsfragen spezialisierten UN-Organe hauptsächlich mit Entwicklungsproblemen beschäftigen (→ Entwicklungszusammenarbeit der UN), konzentrieren sich diese regionalen Wirtschaftsbündnisse eher auf die wirtschaftliche Integration der jeweiligen Region. Deshalb kann in diesem Bereich weniger von Konkurrenz als vielmehr von einer Spezialisierung gesprochen werden. Je nach Integrationstiefe unterscheidet man typischerweise Präferenzzonen, Freihandelszonen, Zollunionen, Gemeinsame Märkte und Wirtschaftsunionen, letztere können in eine Währungsunion münden, jedoch ist für die Funktionsfähigkeit einer Wirtschaftsunion die gemeinsame Währung nicht zwingend erforderlich. Als Vorbereitung auf dem Weg zur Präferenzzone ist außerdem die Angleichung technischer Standards, etwa im Bereich der Zollabwicklung und der Verkehrswege, notwendig. Diese Arbeit wird z. B. von der ECE geleistet. Dabei ist eine zunehmende Integrationstiefe immer verbunden mit außenwirtschaftlichem und auf dem Weg zur Wirtschaftsunion auch binnenwirtschaftlichem Souveränitätsverlust der einzelnen Mitgliedsstaaten (→ Souveränität).

Seit dem zweiten Weltkrieg können zwei *Regionalisierungswellen* beobachtet werden, die bis heute zu 179 bei GATT/WTO (→ WTO/GATT) registrierten regionalen Handelsabkommen geführt haben, von denen heute noch 103 in Kraft sind. Die *erste Phase des Regionalismus* in den 50er und 60er Jahren ist gekennzeichnet durch die Gründung der Europäischen Wirtschaftsgemeinschaft (EWG) 1957 und der European Free Trade Association (EFTA) 1959 sowie zahlreicher regionaler Handelsabkommen in den Entwicklungsländern (z. B. die Latin American Free Trade Association (LAFTA), der Anden-Pakt, die OAU und die Association of South-East Asian Nations (ASEAN)). Die aus der Kolonialisierung entlassenen Entwicklungsländer (→ Entkolonialisierung) sahen in dem regionalen Zusammenschluß mit Gleichgesinnten vor allem eine Möglichkeit, der Abhängigkeit von früheren Kolonialmächten bzw. einigen wenigen Exportmärkten in den Industrieländern zu entfliehen. Des weiteren propagierte die damals vorherrschende Entwicklungstheorie der Importsubstitution eine Abschottung vom Weltmarkt, um den Aufbau eigener Industrien voranzutreiben. Da die isolierte Industrialisierung jedes einzelnen Landes aufgrund der zu geringen Marktgröße zu einer ineffizienten Ressourcenallokation führen würde, erschien eine Kooperation auf regionaler Ebene erfolgverspre-chend. Ein Großteil der Integrationsversuche zwischen Entwicklungsländern scheiterte jedoch oder brachte zumindest nicht den erhofften Erfolg. Hauptursache dafür sind die konkurrierenden und nicht-komplementären Wirtschaftsstrukturen, d. h. die beteiligten Länder exportieren die gleichen oder ähnliche Produkte. Ihre Haupthandelspartner sind verstärkt außerhalb des Integrationsraumes angesiedelt, so daß der intraregionale Handel trotz des präferentiellen Zuganges für Anbieter aus der Region stagnierte. Diese Entwicklung führte dazu, daß von den aus der ersten Regionalisierungswelle hervorgegangenen Bündnissen nur die westeuropäische Einigung nennenswerte Fortschritte erzielte. Obwohl auch die westeuropäischen Staaten eher über konkurrierende Wirtschaftsstrukturen verfügen, bietet sich hier jedoch die Möglichkeit des Handels mit differenzierten Produkten, d. h. mit ähnlichen, aber nicht-identischen Produkten. Diese Möglichkeit steht den Entwicklungsländern, die in der Regel Bergbau- und Agrarprodukte exportieren, nicht offen.

Die 80er Jahre sahen eine Wiederbelebung des Regionalismus auf europäischer Ebene mit dem Beschluß des EG-Binnenmarktes und der Wirtschafts- und Währungsunion. Aber auch die Entwicklungsländer in den unterschiedlichen Regionen treffen wieder verstärkt Handelsabkommen, wie die Gründung des Southern Common Market (MERCOSUR) 1994 und der Beschluß zur Asian Free Trade Area zwischen den ASEAN-Staaten 1992 zeigt. Bemerkenswert an dieser *zweiten Welle regionaler Abkommen* ist die Bildung sog- *Nord-Süd-Bündnisse*. Darunter werden Integrationsbestrebungen zwischen Industrie- und Entwicklungsländern verstanden, wie sie beispielsweise durch den Beitritt Mexikos zum North American Free Trade Agreement (NAFTA) 1994 und die Gründung der Asian-Pacific Economic Cooperation (APEC) 1989 entstanden. Solche Nord-Süd-Bündnisse entsprechen den bestehenden Handelsbeziehungen der beteiligten Partner und bieten daher mehr

Aussicht auf intraregionalen Handel als ihre Vorgänger aus den 60er Jahren. Problematisch ist jedoch die Heterogenität der beteiligten Staaten im Hinblick auf ihre Größe, wirtschaftliche Leistungsfähigkeit sowie den kulturellen und politischen Hintergrund. Diese Unterschiede führen oft zu Verzögerungen bei den Verhandlungen über weitere Integrationsschritte, und über eine Zollunion hinausgehende Nord-Süd-Bündnisse sind sicherlich zum Scheitern verurteilt, wenn ausgleichende Transferzahlungen von den wirtschaftlich stärkeren an die schwächeren Mitglieder ausbleiben.

Wie wirken sich solche regionalen Integrationstendenzen auf den Welthandel aus? Obwohl regionale Handelsabkommen den Prinzipien der Meistbegünstigung und Nichtdiskriminierung, wie sie im GATT-Vertrag verankert sind, widersprechen, geht die für diesen Bereich zuständige global ausgerichtete WTO von einer insgesamt positiven Wirkung aus. Art. 24 des GATT-Vertrages läßt Freihandelszonen und Zollunionen ausdrücklich zu, vorausgesetzt, das resultierende Protektionsniveau liegt nicht über dem Niveau der einzelnen Länder vor dem regionalen Zusammenschluß, und der Abbau von Handelshemmnissen zwischen den Partnerländern umfaßt alle wesentlichen Bereiche des Handels. Die Effekte solcher regionalen Integrationsbemühungen können unterschieden werden in handelsschaffende und handelsumlenkende Effekte. Je nachdem, ob durch die Bevorzugung regionaler Anbieter das Handelsvolumen zunimmt oder durch die Benachteiligung nichtregionaler Anbieter abnimmt, können sich regionale Wirtschaftsbündnisse positiv oder negativ auf die Liberalisierung des Welthandels auswirken. Diese auf Jacob Viner zurückgehende, in den 50er Jahren entwickelte statische Analyse bezieht sich in erster Linie auf die Bildung von Zollunionen und läßt die dynamischen Effekte, die besonders beim Eintritt in einen gemeinsamen Markt wirksam werden, außer Acht. Der durch das Abkommen geschaffene

größere Absatzmarkt bietet den Anbietern in der Region die Chance, Größenvorteile (Economies of Scale) zu realisieren. Die durch die Fixkostendegression möglich gewordene Preissenkung kommt sowohl den Konsumenten innerhalb als auch außerhalb der Region zugute. Ferner nimmt der Wettbewerbsdruck innerhalb der Region durch die gestiegene Anbieterzahl zu, wodurch ebenfalls die Möglichkeit sinkender Preise gegeben ist. Durch diese Effekte steigt das Realeinkommen und damit die Importneigung des Integrationsraumes auch in Hinblick auf Importe aus Drittstaaten. D. h. selbst wenn der statische Effekt der Handelsumlenkung den handelsschaffenden Effekt übersteigt, kann sich die Bildung regionaler Handelsabkommen aufgrund der beschriebenen dynamischen Effekte auch auf Drittländer positiv auswirken. Außerdem versprechen sich die Teilnehmer regionaler Integrationsräume den schnelleren und verbesserten Zugang zu Technologien sowie Vorteile bei der Suche nach ausländischen Direktinvestitionen.

Gründe für die Tendenz zur Regionalisierung

Eine Begründung für den Trend zunehmender Regionalisierung sowohl in Bezug auf das UN-System als auch auf das Welthandelssystem muß, entsprechend der unterschiedlichen Ausprägungen regionaler Konzepte, an mehreren Punkten ansetzen:

Die in multilaterale Gremien gesetzten Erwartungen konnten vielfach nicht erfüllt werden. Zum Beispiel haben die Zollsenkungen als Ergebnis der bisher acht Handelsrunden des GATT zu einem verstärkten Gebrauch von nichttarifären Handelshemmnissen geführt und nicht in dem Maße zu einem liberaleren Handelssystem, wie die reduzierten Zölle glauben lassen. Ebenso wird der Anspruch auf universalen Frieden, wie er von den Vereinten Nationen angestrebt wird, angesichts der Vielzahl regionaler Konflikte in Zukunft nur mit Hilfe regionalspezifischer

Lösungsansätze zumindest ansatzweise verwirklicht werden können.

Politische und wirtschaftliche Entwicklungen führen oft dazu, daß der intendierte Universalismus gar nicht durchgesetzt werden kann. Die Regionalisierung im sicherheitspolitischen Bereich mit der Entstehung von NATO und Warschauer Pakt war ein unausweichliches Ergebnis des Kalten Krieges. Regionale Organisationen sind auch immer eine Antwort auf Veränderungen der politischen und wirtschaftlichen Rahmenbedingungen.

Nationale Interessen können in kleineren Organisationen besser durchgesetzt werden. Die großen Organisationen mit universalem Anspruch, wie der IWF und die Weltbankgruppe, werden von der kapitalgebenden Gruppe der westlichen Industrieländer dominiert. Regionale Organisationen (z. B. die regionalen Wirtschaftskommissionen) bieten für die Gruppe der Entwicklungsländer die einzige Möglichkeit, ihre Interessen durchzusetzen. Hinzu kommt, wie aus der Theorie des kollektiven Handelns bekannt ist, daß die Koordinationskosten mit der Anzahl der Teilnehmer an einer Organisation überproportional ansteigen. Große Organisationen bieten zudem Anreize zu einem Trittbrettfahrer-Verhalten, bei dem Mitglieder der Organisation zwar den Nutzen aus der Existenz der Organisation ziehen, aber nicht bereit sind, anteilig zu ihrer Bereitstellung und Erhaltung beizutragen. In einer kleineren Gruppe hingegen steigt die Transparenz und damit auch die Möglichkeit, ein Trittbrettfahrer-Verhalten zu sanktionieren.

Zur Errichtung multilateraler Organisationen müssen häufig die Wünsche bestimmter Staatengruppen berücksichtigt werden. Z. B. steht hinter den Ausführungen von Kapitel VIII der UN-Charta kein theoretisches Konzept der bewußten Abweichungen von der universalistischen Grundkonzeption der Charta. Die ausdrückliche Anerkennung regionaler Organisationen zur Wahrung von Frieden und Sicherheit ist vielmehr auf einen Kompromiß zurückzuführen,

der auf Drängen der lateinamerikanischen Staaten und der Arabischen Liga eingegangen wurde (→ Entstehungsgeschichte der UN).

Regionalisierung innerhalb einer universalen Organisation wie dem UN-System bietet die Möglichkeit, Interessen und Stimmen einer Region zu bündeln. Konkrete Anliegen können dadurch eher durchgesetzt werden als wenn die betroffenen (kleinen) Staaten einzeln dafür eintreten. Schließlich steigt mit solch einer Machtkonzentration auch das Drohpotential im Falle einer nicht erfolgreichen Durchsetzung der Interessen.

Regionalisierung versus Multilateralismus

Sowohl innerhalb des UN-Systems als auch auf der Handelsebene stellt sich die Frage, ob die zunehmenden Regionalisierungstendenzen den angestrebten Multilateralismus eher fördern oder behindern. Eine eindeutige und für die gesamte Breite regionaler formaler und informeller Bündnisse gültige Antwort kann es sicherlich nicht geben. Die Wirkung regionaler Organisationen auf das globale System sind stark von der Ausgestaltung des jeweiligen regionalen Bündnisses abhängig. Je nachdem, wie offen die regionale Gemeinschaft für neue Mitglieder ist und wie stark sie sich von Drittstaaten abgrenzt, kann die Beurteilung von Fall zu Fall unterschiedlich ausfallen. Die zunehmende Regionalisierung in politischem wie auch im ökonomischen Bereich ist aber keineswegs mit einer grundsätzlichen Absage an das universale Prinzip verbunden, sondern kann durchaus als ein Weg dorthin verstanden werden. Kann doch die regionale Ausrichtung eine Überforderung des globalen Systems verhindern, indem sie nationalstaatliche Interessen der einzelnen Mitglieder vertritt und so die notwendige Zustimmung der Nationalstaaten zur universalen Ordnung absichert. Dies gilt insbesondere dann, wenn sich die internationalen Organisationen mit zunehmender Mitgliederzahl immer weiter von der kleinen, homogenen Gruppe entfernen, die sie bei ihrer Gründung in der Nachkriegszeit einmal waren. Zunehmende Entwicklungs- und Strukturunterschiede der Mitgliedstaaten lassen regionale Untergruppen als vermittelnde Instanz zwischen Nationalstaaten und globaler Organisation notwendig erscheinen. Schließlich sollte das Ziel jeglicher globalen Ordnung nicht Multilateralismus um jeden Preis sein, sondern die Wohlfahrtserhöhung aller Beteiligten. Erweisen sich regionale Organisationsprinzipien dabei als überlegener, sollten sie genutzt werden.

Gleichwohl wäre es falsch, die Gefahren regionaler Tendenzen für das globale System völlig zu leugnen. In der Tat sind solche Gefahren stets präsent, da die Mitglieder regionaler Bündnisse diese als für sie vorteilhaft betrachten, während die Frage, mit welcher Wirkung diese Wahl für die übrige Welt verbunden ist, an zweiter Stelle steht. Es gilt also, institutionelle Regelungen zu finden, die mögliche negative Wirkungen des regionalen Ansatzes zu reduzieren helfen. Ein wichtiges Instrument dabei ist die Stärkung multilateraler Institutionen. Ihnen fallen die Aufgaben zu, die regionalen Organisationen zu koordinieren, einen Machtmißbrauch einzelner großer Regionen zu verhindern sowie zukünftige regionenübergreifende Strukturen vorzubereiten und institutionell zu verankern. Auch in dieser Hinsicht schließen sich Universalismus und Regionalisierung nicht aus, sondern ergänzen sich vielmehr.

Birgit Reichenstein

Lit.: *Kimminich, O.:* Peace-keeping on a Universal or Regional Level, in: Wolfrum, R. (Hrsg.): Strengthening the World Order: Universalism versus Regionalism, Berlin 1990, 37-47; *OECD:* Regional Integration and the Multilateral Trading System, Paris 1995; *Schreuer, C.:* Promotion of Economic Development by International Law at the Universal and/or the Regional Level, in: Wolfrum, R. (Hrsg.): Strengthening the World Order: Universalism versus Regionalism, Berlin 1990, 71-91; *Schreuer, C.:* Regionalisierung, in: Wolfrum, R.(Hrsg.): Handbuch Vereinte Nationen, 2. Aufl., München 1991, 679-686; *Speyer, B.:* Regionale Integration. Eine eigenständige Liberalisierungsstrategie für die Weltwirtschaft, Wiesbaden 1997; *Vierucci, L.:* WEU: A Regional Partner of the United Nations? Paris 1993; *WTO:* Regionalism and the World Trading System, Genf 1995.

Resolution/Deklaration/Beschluß

Die UN-Charta (→ Charta der UN) bestimmt nicht, in welcher äußeren Form die Hauptorgane (→ Haupt-/Neben-/Vertragsorgane) der Vereinten Nationen ihre Ansichten zum Ausdruck bringen sollen. So heißt es etwa im Kap. IV, die → Generalversammlung könne diskutieren und empfehlen (Art. 10), bestimmte Fragen bedenken (Art. 11 Abs. 1), Studien veranlassen (Art. 13 Abs. 1) oder den → Haushalt billigen (Art. 17 Abs. 1), ohne daß gesagt wäre, wie die betreffenden Entschließungen zu nennen wären oder welche rechtliche Wirkung sie haben. In Art. 18, 25 und 27 ist allgemein von *„Beschlüssen"* *(decisions)* der Generalversammlung bzw. des → Sicherheitsrats die Rede.

In der Praxis unterscheidet die Generalversammlung *„resolutions"* *(Resolutionen, Entschließungen)*, *„declarations"* *(Erklärungen, Deklarationen)* und *„decisions" (Beschlüsse, Entscheidungen)*. Die deutsche Übersetzung der Begriffe ist uneinheitlich (→ Terminologie). Die *„resolution"* ist die umfassendste Ausdrucksform, in welcher die Generalversammlung Empfehlungen ausspricht und Feststellungen trifft. Der Begriff stammt aus dem Verfassungsrecht der USA und bezeichnet dort eine Meinungsäußerung einer parlamentarischen Versammlung, insbesondere eines der beiden Häuser des Kongresses, die nicht oder noch nicht den Charakter eines Gesetzes hat. Eine typische Resolution der Generalversammlung beginnt mit den Worten „The General Assembly" und teilt sich in eine *Präambel* (die auf frühere einschlägige Resolutionen und die Entstehungsgeschichte der betreffenden Resolution hinweist sowie in einzelnen sogenannten Erwägungen die Hauptgründe nennt, welche die Generalversammlung zur Verabschiedung der Resolution bewogen haben) sowie einen *„operativen"* Teil, der die eigentliche Erklärung oder Empfehlung enthält.

Auch eine *„declaration"* (dt. *Deklaration)* wird im Wege einer Resolution beschlossen. Der feierliche Name ist aber Erklärungen vorbehalten, welche die Generalversammlung als besonders bedeutsam betrachtet, insbesondere solchen, die Prinzipien politischer oder rechtlicher Natur proklamieren. Beispiele solcher Deklarationen sind die Allgemeine Erklärung der Menschenrechte vom 10.12.1948 (GA Res. 217 (III), → Menschenrechte, Allgemeine Erklärung der), die „Erklärung über die Gewährung der Unabhängigkeit an koloniale Länder und Völker" vom 14.12.1960 (GA Res. 1514 (V), → Entkolonialisierung) und die „Erklärung über Grundsätze des Völkerrechts betreffend freundschaftliche Beziehungen und Zusammenarbeit zwischen den Staaten in Übereinstimmung mit der Charta der Vereinten Nationen" vom 24.10.1970 (Anhang zu GA Res. 2625 (XXV), → Charta der UN/Ziele und Grundsätze der UN). Im Falle der → „Charta der wirtschaftlichen Rechte und Pflichten der Staaten" vom 12.12.1974 (GA Res. 3281 (XXIX)) hat die Generalversammlung in ihrem Bemühen, die Bedeutung der Erklärung hervorzuheben, sogar eine Bezeichnung gewählt, die in den Vereinten Nationen gewöhnlich dem Gründungsdokument der Organisation vorbehalten geblieben ist.

Die Resolutionen der Generalversammlung trugen bis zur 30. ordentlichen Sitzungsperiode (1975) laufende Nummern mit dem Klammerzusatz einer römischen Zahl, welche die Sitzungsperiode angab, in welcher die Resolution verabschiedet worden war. Ging der römischen Zahl ein „S" bzw. „ES" voran, so handelte es sich um die Resolution einer „special session" bzw. „emergency special session", d.h. einer Sondertagung bzw. Notstandssondertagung der Generalversammlung. Seit der 31. Sitzungsperiode (1976) wird zuerst mit einer arabischen Zahl die Sitzungs-periode bezeichnet, dann nach einem Schrägstrich mit einer ebenfalls arabischen Zahl die Nummer der Resolution (→ Dokumentationssystem).

Als *„decision"* bezeichnet die Generalversammlung — enger als Art. 18 der UN-Charta — in der Regel organisationsinterne Akte wie Wahlentscheidungen und Ernennungen von Mitgliedern der Generalversammlungs-Unterorgane, Beschlüsse über Sitzungstermine und Tagesordnungen sowie Finanzfragen. Auch die Berichte der Unterorgane und anderer UN-Organe werden mit einer „decision" zur Kenntnis genommen.

Von der *Bezeichnung* einer Erklärung der Generalversammlung kann nicht unbedingt auf ihre *Rechtswirkung* geschlossen werden. Von Ausnahmen im organisationsinternen Bereich abgesehen (wie Beschlüssen über die Aufnahme von Mitgliedern (→ Mitgliedschaft/Repräsentation von Staaten)) und die Annahme des → Haushalts), hat die Generalversammlung nur die Befugnis zu *Empfehlungen*. Auch die Bezeichnung einer Resolution als „Deklaration" oder „Charta" hebt ihren Inhalt nicht auf die Stufe rechtsverbindlicher Normen. Die Generalversammlung ist kein „Weltgesetzgeber". Das heißt aber nicht, daß ihre Resolutionen rechtlich bedeutungslos wären. Zum einen sind alle Mitgliedstaaten verpflichtet, die Entschließungen der Generalversammlung zur Kenntnis zu nehmen und ernsthaft zu prüfen. Zum anderen können die Entschließungen zur Entstehung von *Völkergewohnheitsrecht* (→ Völkerrechtsentwicklung im Rahmen der UN) oder *allgemeinen Rechtsgrundsätzen des Völkerrechts* beitragen (vgl. z.B. die Allgemeine Erklärung der Menschenrechte vom 10. Dezember 1948 (GA Res. 217 (III)) und die Erklärung über Rechtsprinzipien der Erforschung und Nutzung des Weltraums vom 13. Dezember 1963 (GA Res. 1962 (XVIII))) oder bereits bestehendes Recht zum Ausdruck bringen bzw. interpretieren (vgl. z.B. die „Erklärung über die Grundsätze des Völkerrechts betreffend freund-

445

schaftliche Beziehungen und Zusammenarbeit zwischen den Staaten in Übereinstimmung mit der Charta der Vereinten Nationen" vom 24. Oktober 1970 (GA Res. 2625 (XXV), „Friendly Relations Declaration"). Häufig wird der Inhalt einer Resolution auch später in einen völkerrechtlichen Vertrag aufgenommen und damit für die Vertragsparteien rechtsverbindlich (vgl. z.B. die „Erklärung über die Beseitigung aller Formen der Rassendiskriminierung" vom 20. November 1963 (GA Res. 1904 (XVIII)).

Resolutionen der Generalversammlung und des Sicherheitsrats spielen bei der Auslegung der UN-Charta eine wichtige Rolle, indem sie die Ansichten der hauptsächlich zur Anwendung der Charta berufenen Organe zum Ausdruck bringen. In den Grenzen der objektiven Bedeutung der Charta-Regeln können sie diese auch fortbilden. Darüber hinausgehende Änderungen des Charta-Rechts sind aber dem formellen Änderungsverfahren der Art. 108 und 109 UN-Charta vorbehalten.

Auch die Praxis des *Sicherheitsrats* unterscheidet *„resolutions"* und *„decisions"*. Als letztere werden meist Beschlüsse über Verfahrensfragen bezeichnet. Im übrigen heißen die Entschließungen des Sicherheitsrats — seien es ihrem Inhalt nach Empfehlungen oder kategorische Handlungsanweisungen — „resolutions". Die Resolutionen des Sicherheitsrats tragen laufende Nummern; in Klammern wird das Jahr hinzugefügt, in dem der Beschluß gefaßt wurde. Durch diese fortlaufende Zählung seit 1945 wird zum Ausdruck gebracht, daß der Sicherheitsrat ein ständig (ununterbrochen) tätiges Organ ist (vgl. Art. 28 Abs. 1 UN-Charta). Seit 1965 veröffentlicht die Zeitschrift „Vereinte Nationen" alle Sicherheitsrats-Resolutionen in deutscher Übersetzung.

Unter der Überschrift „decisions" werden im amtlichen Protokoll des Sicherheitsrats auch mündliche *Erklärungen und Schreiben des Präsidenten des Sicherheitsrats* veröffentlicht. Sie enthalten sachliche Stellungnahmen, die sich nach Inhalt und Ausdrucksweise nicht von denen in Form einer Resolution gefaßten unterscheiden. Häufig bringen sie „unterhalb" der Ebene einer formellen Resolution die Besorgnis des Rates über eine friedensbedrohende Situation zum Ausdruck oder ermahnen einzelne Staaten, ihre Verpflichtungen aus der Charta zu erfüllen (vgl. z.B. die Erklärung des Präsidenten des Sicherheitsrats über die Situation in Angola vom 19. Mai 1999 (UN Doc. S/PRST/1999/14)). Seit 1994 werden solche „Presidential Statements" mit dem Symbol „S/PRST" gekennzeichnet; es folgen das Jahr, in dem die Erklärung abgegeben wurde, und eine laufende Nummer.

Im Gegensatz zum Sprachgebrauch des Sicherheitsrat bezeichnet die Charta jede Form von Beschluß des Sicherheitsrats als „decision" (Art. 25 und 27 UN-Charta). Art. 25 verpflichtet die UN-Mitglieder, die vom Sicherheitsrat in Übereinstimmung mit der Charta gefaßten Beschlüsse (decisions) anzunehmen und durchzuführen. Es ist umstritten, ob zu diesen „decisions" auch Empfehlungen sowie solche Beschlüsse zählen, die nicht in einer bestimmten Vorschrift der Charta vorgesehen sind (dazu *Delbrück* 1991). Umstritten ist weiter, ob auch Erklärungen des Präsidenten des Sicherheitsrats („Presidential statements") „decisions" zum Ausdruck bringen können (dazu *Bailey/Daws* 1998). Rechtlich bindend sind jedenfalls in Form von Resolutionen getroffene Entscheidungen des Sicherheitsrats nach Kap. VII der Charta, die in der Regel durch die Formulierung „The Security Council..., Acting under Chapter VII..., Decides (demands, insists)" gekennzeichnet sind. Sie setzen die Feststellung einer Bedrohung oder einer Verletzung des Weltfriedens gemäß Art. 39 voraus.

Bardo Fassbender

Lit.: *Bailey, S.D./Daws, S.:* The Procedure of the UN Security Council, 3. Aufl., Oxford 1998; *Delbrück, J.:* Kommentar zu Art. 25 der Charta, in: Simma, B. (Hrsg.): Charta der Vereinten Nationen. Kommentar, München 1991, 374-383.

Rußland, UN-Politik

Rußland als „Fortsetzerstaat" der UdSSR

Am 24.12.1991 teilte der russische Präsident Boris Jelzin dem damaligen UN-Generalsekretär (→ Generalsekretär) Javier Pérez de Cuéllar in einem kurzen Brief rief mit, daß die bisherige Mitgliedschaft der Union der Sozialistischen Sowjetrepubliken (UdSSR) in den Vereinten Nationen von der Russischen Föderation „fortgesetzt wird".

Rußland nahm von diesem Zeitpunkt an mit allen Rechten und Pflichten den Platz der aufgelösten Sowjetunion in den Organen der Weltorganisation ein - somit auch den Sitz eines ständigen Mitglieds des → Sicherheitsrats. Eine entsprechende Änderung des Artikels 23 der UN-Charta (→ Charta der UN) wurde bisher nicht vorgenommen; nach wie vor ist dort von der „Union der Sozialistischen Sowjetrepubliken" die Rede. Die völkerrechtlich durchaus umstrittene Vorgehensweise erfolgte mit Zustimmung der anderen zehn Mitglieder der Gemeinschaft Unabhängiger Staaten (GUS), die als loser Staatenbund in der Folge des Zusammenbruchs der UdSSR entstanden war. (*Daley* 1992).

Die russische Führung, die Rußland nicht als gewöhnlichen „Nachfolgestaat" im Sinne des Völkerrechts (vgl. → Mitgliedschaft/Repräsentation von Staaten) ansah, sondern eine spezielle Konzeption des „Fortsetzerstaates" entwickelt hatte (*Lukasuk* 1993), bewertete die internationale Akzeptanz ihres Status als ersten bedeutenden Erfolg ihrer Außenpolitik. So erklärte der russische Außenminister Kozyrev Anfang 1992 selbstbewußt: „Fortsetzerstaat zu sein bedeutet, daß die Verbindung zur Außenwelt auf Rußland übergegangen ist. Auf diese Weise haben wir den Sitz der Sowjetunion im Sicherheitsrat geerbt - das ist eine Demonstration unserer Rolle als Großmacht." (*Rossijskaja Gazeta*, 21.1.1992) Machtpolitische Kontinuität bestimmte somit das außenpolitische Denken. Rußland gehörte, in herausgehobener Stellung ausgestattet mit dem Vetorecht, weiterhin zu den „global players" im eigentlichen Machtzentrum der Vereinten Nationen.

UN-Politik unter Stalin

Ein Blick zurück auf die Gründungsphase der Weltorganisation zeigt: Ohne eine Privilegierung der Großmächte im Sicherheitsrat wären nach dem Ende des Zweiten Weltkrieges die Vereinten Nationen nicht zustande gekommen (→ Entstehungsgeschichte der UN). Die Sowjetunion als damaliger Kriegsalliierter und zugleich einziger sozialistischer Staat legte auf den Sperriegel des Vetorechts (→ Veto/-recht) zum Schutz der eigenen Interessen besonderen Wert und demonstrierte in der Verteidigung und Anwendung dieses Vorrechts über Jahrzehnte hinweg Kontinuität. Weniger Gradlinigkeit wies das generelle Verhältnis Moskaus zu den Vereinten Nationen auf; die Einschätzungen des Kremls schwankten im Zeitverlauf erheblich (→ Geschichte der UN).

Bereits gegen Ende der vierziger Jahre war der Zustand der Weltorganisation – wie auch danach ein Abbild der jeweiligen internationalen Szenerie – gekennzeichnet durch einen gefährlichen machtpolitischen und ideologischen Dualismus, der die Welt in zwei Blöcke spaltete und als Zeit des Kalten Krieges in die Nachkriegsgeschichte einging. Moskau sah sich in der Phase bis 1952 mit seinen wenigen sozialistischen Verbündeten in eine Minderheitenposition gedrängt und in den Organen der vom Westen dominierten Vereinten Nationen politisch isoliert. Die sowjetische Führung drohte angesichts der „kapitalistischen Einkreisung" wiederholt mit dem Austritt aus der Organisation, zeigte wenig Bereitschaft zur Mitarbeit und boykottierte schließlich Anfang 1950 den Sicherheitsrat.

UN-Politik unter Chruschtschow

Nach Stalins Tod im Jahre 1953 begann eine Neuorientierung der sowjetischen Außenpolitik – auch gegenüber den Vereinten Nationen -, die mit dem Amtsantritt Chruschtschows als Generalsekretär im Frühjahr 1955 festere Konturen annahm. Die Sowjetunion verfolgte nunmehr im Zuge des UN-Beitritts zahlreicher „junger" Entwicklungsländer und der wachsenden Bedeutung der Entwicklungsprobleme eine offensivere UN-Strategie. Als „natürlicher" Verbündeter im Kampf gegen den westlichen „Neokolonialismus" suchte sie die politische Nähe der Drittweltstaaten und engagierte sich – zumindest rhetorisch - in dem zunehmend wichtiger werdenden Aufgabenbereich der Entwicklungspolitik (→ Entwicklungszusammenarbeit der UN).

Durch diese globalen Veränderungen waren die Vereinten Nationen Anfang der sechziger Jahre zum ersten Mal in das Zentrum sowjetischer Politik gerückt. Es war in erster Linie Chruschtschow persönlich, der die Vereinten Nationen als werbewirksames Forum und als Bühne für die sowjetische Interessenpolitik zu instrumentalisieren suchte. So hielt er sich im September 1960 während der 15. Sitzungsperiode der → Generalversammlung für mehr als drei Wochen in New York auf und brach durch sein häufiges Auftreten im Plenum sämtliche Rednerrekorde, wobei er spektakuläre Vorschläge, wie eine weltweite vollständige → Abrüstung innerhalb von vier Jahren, unterbreitete und einschneidende strukturelle UN-Reformen (→ Reform der UN) im Sinne einer Anpassung der Charta an das neue „Kräfteverhältnis in den internationalen Arenen" forderte, so u.a. eine Troika-Spitze für das UN-Generalsekretariat (→ Sekretariat).

UN-Politik unter Breshnew

Nach dem Sturz Chruschtschows im Oktober 1964 agierte die kollektive Führung unter Breshnew und Kossygin außenpolitisch zunächst vorsichtig und zurückhaltend. Außenminister Gromyko, der seit 1957 mit einer zweijährigen Unterbrechung die jeweilige sowjetische UN-Programmatik in den Generaldebatten des Plenums umrissen hatte, ließ nach und nach unter dem strapazierten Schlagwort von der „Stärkung der UNO" eine Akzentverschiebung der sowjetischen UN-Politik erkennen. Statt weitreichende Strukturreformen in An-griff zu nehmen, sollten die Vereinten Nationen unter strikter Einhaltung der Chartabestimmungen zu einem noch wirksameren Instrument des Friedens ausgebaut werden, d.h. die Sowjetunion konzentrierte sich in ihren Vorstößen auf das Feld der Sicherheitspolitik; sie entfaltete in den siebziger Jahren in den UN-Gremien ein wahres Feuerwerk von Abrüstungs- und Rüstungskontrollvorschlägen.

Die weitgehende Nichtteilnahme der UdSSR an konkreten entwicklungspolitischen Hilfsprogrammen sowie die sowjetische Intervention Ende 1979 in Afghanistan, einem Land der Blockfreienbewegung (→ Blockfreienbewegung und die UN), führte in den beginnenden 80er Jahren zu tiefen Rissen in der ohnehin labilen Einheitsfront zwischen Moskau und der Dritten Welt. Jahr für Jahr verurteilte eine überwältigende Mehrheit von Staaten in der Generalversammlung die sowjetische Intervention.

Von einer Schwächung der sowjetischen Position in den Vereinten Nationen war jedoch in den Verlautbarungen der sowjetischen Führung selbstverständlich nicht die Rede. Ebensowenig wurde thematisiert, daß die dramatische Finanzkrise der Organisation (→ Finanzkrisen) Mitte der 80er Jahre auch durch die sowjetische Weigerung hervorgerufen worden war, ihrer Pflicht zur Beitragszahlung nachzukommen. Noch zum 40. UN-Jubiläum strotzten die Reden und Erklärungen Moskaus von Selbstlob, aber die propagandistischen Leerformeln sollten bald der Vergangenheit angehören.

UN-Politik unter Gorbatschow

Mit dem Amtsantritt Michail Gorbatschows als Generalsekretär der KPdSU im März 1985 begann, aus heutiger Sicht, eine Ära tiefgreifender Neuorientierung und Neuordnung nahezu aller Bereiche der sowjetischen Politik. In den Außenbeziehungen setzte ein Prozeß ein, in dessen Verlauf das „neue Denken" immer deutlichere Konturen annahm. Die grundlegende außenpolitische Umgestaltung beinhaltete auch eine konzeptionelle Neuorientierung der sowjetischen UN-Politik. Gorbatschow selbst entwarf in den Jahren 1987/88 eine Planskizze, deren Kernstück – dem globalen Denken und der globalen Verantwortung Rechnung tragend – ein „allumfassendes Sicherheitssystem" darstellte (*Unser* 1990). Innerhalb eines komplexen, d.h. alle relevanten Bereiche des friedvollen menschlichen Zusammenlebens einschließenden, globalen Sicherheitssystems sollte dem weitverzweigten → UN-System eine dominierende und - hinsichtlich gewisser Funktionen im sicherheitspolitischen Bereich – eine exklusive Rolle zufallen. Die Weltorganisation sollte nicht nur den Rahmen, das Gerippe des Sicherheitssystems bieten, sie sollte vielmehr das notwendige Instrumentarium stellen.

Die Aufwertung der Rolle und der Autorität der Vereinten Nationen zielte in drei Richtungen
- Erhöhung der Wirksamkeit der Hauptorgane (→ Haupt-/Neben-/Vertragsorgane) unter Beachtung der herausgehobenen Stellung des Sicherheitsrats,
- Schaffung neuer UN-Einrichtungen (z.B. einer Umweltorganisation),
- finanzielle Sanierung der Vereinten Nationen.

Gorbatschows neues Denken gerichtet auf ein Weltordnungsmodell mit den Vereinten Nationen im Mittelpunkt fand seine Entsprechung im neuen sowjetischen Handeln innerhalb der Weltorganisation: Es war die UdSSR, die letztlich eine Renaissance der Vereinten Nationen im Bereich der → Friedenssicherung bewirkte, indem sie die seit Mitte der 80er Jahre von der US-Führung unter Präsident Reagan betriebene Politik der Distanzierung von der Weltorganisation quasi unterlief, so daß die USA ihre zunächst zögernde Haltung gegenüber der multilateralen Konfliktregelung in den Händen des Sicherheitsrats (→ USA, UN-Politik) schließlich aufgaben. Der Sicherheitsrat fungierte zunehmend als Clearing-Stelle zwischen den beiden Weltmächten.

Die Kooperationsbereitschaft wurde mit Ausbruch des zweiten Golfkrieges, d.h. mit dem Einmarsch irakischer Truppen in Kuwait Anfang August 1990, einer harten Bewährungsprobe unterzogen. Der Sicherheitsrat reagierte dank des Interessenausgleichs zwischen den USA und der Sowjetunion mit bis dahin nicht gekannter Entschlossenheit, gleichzeitig wurde jedoch mit der militärischen Anti-Saddam-Koalition unter der US-Führung ein „historischer Präzedenzfall" (so der damalige sowjetische UN-Botschafter Woronzow) geschaffen.

UN-Politik Rußlands unter Jelzin
Der russische Präsident Boris Jelzin nahm nach dem Ende des zweiten Golfkrieges im Januar 1992 auf dem historischen Treffen der Sicherheitsratsmitglieder – erstmals in dessen Geschichte auf der Ebene der Staats- und Regierungschefs – die Gelegenheit wahr, um die Kontinuität der zuvor von Gorbatschow im Namen der UdSSR eingeleiteten aktiven UN-Politik auch für die Russische Föderation zu unterstreichen. Gleichzeitig kündigte er die Bereitschaft seiner Regierung an, sich in Zukunft an friedenssichernden UN-Operationen zu beteiligen(→ Friedensoperationen; → Friedenstruppen).

Rußlands grundsätzliche Sichtweise der Vereinten Nationen im Zeitverlauf ist eingebettet in die außenpolitischen Leitlinien Moskaus und läßt sich anhand eines Vergleichs der Statements der russischen Regierungsvertreter in den Generaldebatten jeweils zu Beginn der neuen Sitzungsperioden der UN-Generalversammlung skizzieren.

„Rußland", so lautet das außenpolitische Credo Boris Jelzins vor der 49. Generalversammlung im September 1994, „verändert sich, gewinnt seine Identität zurück und bleibt doch immer eine Großmacht." Es sei sich seiner Verantwortung als ständiges Mitglied des Sicherheitsrats bewußt (UN Doc. A/49/PV.5).

Dieser Linie folgend wird die These von den Siegern und Verlierern des Kalten Krieges verworfen und mehrfach nachdrücklich vor der Gefahr einer multilateralen Weltordnung – mit der Führungsmacht USA – gewarnt („Vorstellungen von einer Vormachtstellung sind extrem gefährlich" – so Jelzin 1994). Stattdessen greifen die russischen Politiker auf ein Schlagwort aus dem UN-Reformkonzept Gorbatschows zurück und propagieren unter Zugrundelegung eines weitreichenden Sicherheitsbegriffs die Errichtung eines „umfassenden Sicherheitssystems", einer multilateralen Weltordnung auf der Basis der Staatengleichheit und der Gerechtigkeit – unter der Ägide der Vereinten Nationen. Friedenssicherung, Schutz der Menschenrechte (→ Menschenrechtsschutz) und der Minderheiten (→ Minderheitenschutz) werden dabei Priorität eingeräumt, wobei Rußland hier auch die Schwerpunkte der eigenen Außenpolitik sieht, insbesondere im Verhältnis zu den unter dem Dach der Gemeinschaft der Unabhängigen Staaten (GUS) vereinten Republiken der ehemaligen Sowjetunion. Offensichtlich ist das russische Beharren auf der herausgehobenen Stellung der Vereinten Nationen, speziell des Sicherheitsrats im Aufgabenbereich der Friedenssicherung. Immer wieder wird auf die Chartabestimmung von der Hauptverantwortung des Sicherheitsrats für die Wahrung des Weltfriedens hingewiesen und die Einhaltung seiner Beschlüsse angemahnt. Jede Anwendung von Gewalt – und dieses Postulat findet sich in jeder Stellungnahme vor der Generalversammlung – muß durch den Sicherheitsrat autorisiert und sollte von ihm überwacht werden. Moskau plädiert deshalb auch für eine Reaktivierung des Generalstabsausschusses gemäß Artikel 47 der Charta. Kritisch äußerten sich russische Regierungsvertreter in den letzten Jahren wiederholt über die Vielzahl der verhängten UN-Sanktionen (→ Sanktionen) und sprachen von einem zweifelhaften „Sanktionssyndrom".

Die russische Sicht einer friedensfördernden Sicherheitsarchitektur basiert nicht nur auf dem Pfeiler eines globalen UN-gestützten Systems, sondern schließt zudem im Sinne einer Dezentralisierung regionale Sicherheitssysteme ein, deren Entstehungsprozeß von den Vereinten Nationen koordiniert werden und durch die Interaktion gemäß Kapitel VIII der Charta gewährleistet werden sollte. Direkt angesprochen und in ihrer Bedeutung hervorgehoben werden dabei immer wieder die GUS sowie die Organisation für Sicherheit und Zusammenarbeit in Europa (OSZE).

Moskaus Interesse an einer Stärkung speziell dieser Regionaleinrichtungen, die im Sinne der russischen Militärdoktrin das „Nahe Ausland" einschließen, ist offensichtlich (*Raevskj/Vorobev* 1994). So gehen die russischen Bestrebungen auf dem Gebiet der GUS, dahin, mit einem UN-Mandat als Ordnungsmacht bzw. Gendarm aufzutreten. (*Zagorski* 1996) Der Wunsch, seine in Georgien, Tadschikistan und anderen Nachbarrepubliken stationierten Truppen mit einem offiziellen UN-Auftrag zu versehen (Blauhelmstatus) - wobei die Soldaten aber unter dem Kommando Moskaus bleiben sollten - führte Anfang 1995 zu einer scharfen Kontroverse mit dem damaligen UN-Generalsekretär Boutros-Ghali, der diesem Ansinnen eine unmißverständliche Absage erteilte.

Während bis zur Ära Gorbatschow Blauhelmoperationen der Vereinten Nationen von der Sowjetunion traditionellerweise kritisch bis ablehnend beurteilt wurden, hat sich Rußland seit 1991 nicht nur für Ausbau und Stärkung des entsprechenden Instrumentariums eingesetzt, sondern sich finanziell und personell (Stand Dezember 1998: 199 Soldaten und Zivilisten), an verschiedenen UN-Operationen beteiligt (so zuletzt u.a. bei MONUA, UNIKOM, MINURSO und UNMIBH).

In der seit Beginn der neunziger Jahre verstärkt geführten Diskussion über eine UN-Reform betont die russische Führung die Notwendigkeit von Veränderung, plädiert für einen „wohldurchdachten" Reformprozeß, der das ganze UN-System umfaßt und wendet sich gegen kurzsichtige, punktuelle Veränderungen. Radikalen Reformvorschlägen wird mit großem Vorbehalt begegnet, die durchweg verfolgte Linie zielt auf eine Verbesserung der nach dem Ende des Kalten Krieges neu gewonnenen Wirksamkeit und Leistungsfähigkeit der Vereinten Nationen auf der Grundlage der vorliegenden UN-Charta. (*Boardman* 1994) Rußland unterstützt deshalb auch nachhaltig die vom vormaligen Generalsekretär Boutros-Ghali im Juni 1992 veröffentlichte → „Agenda für den Frieden", liegt mit diesem Reformpaket doch ein Konzept vor, nach dem die friedens- und sicherheitspolitische „Kapazität" der Vereinten Nationen „gestärkt und effizienter" gestaltet werden könnte – „im Rahmen der Charta und ihrer Bestimmungen", d.h. ohne eine Änderung der Charta.

Die von russischen Vertretern im Plenum und in Ausschüssen (→ Ausschußsystem) vorgebrachten Anregungen bezogen sich durchweg auf den Bereich der Friedenssicherung, insbesondere auf die Abrüstung, sowie auf Verbesserungen beim Menschenrechts- und Minderheitenschutz. Zum Themenkomplex Entwicklungszusammenarbeit finden sich kaum eigene Vorschläge, weit umgangen werden – wohl angesichts der russischen Außenstände bei den Vereinten Nationen – die bestehenden Finanz- und Haushaltsprobleme (→ Haushalt). Nur recht pauschal werden die von Generalsekretär Kofi Annan 1996 eingeleiteten Reformschritte gut geheißen.

Rußlands Haltung zu einer Reform des Sicherheitsrats war zunächst von großer Zurückhaltung geprägt. In den Erklärungen in den Generaldebatten der Generalversammlung gibt es hierzu bis 1998 nur Randbemerkungen; die schriftlichen Stellungnahmen und die Beiträge in der zuständigen UN-Arbeitsgruppe enthalten zwar konkretere Aussagen, aber auch Warnungen vor einem übereilten Vorgehen.

Die Notwendigkeit einer Änderung der Zusammensetzung des Rates im Sinne einer größeren regionalen Ausgewogenheit wird inzwischen zwar anerkannt, obwohl Jelzin Anfang 1992 die „heutige Zusammensetzung dieses Organs" noch gelobt hatte. Doch oberster Gesichtspunkt bleibt für die russische Führung die Gewährleistung der „Wirksamkeit" der „Entscheidungs- und Arbeitsweise des zentralen Organs... für die Aufrechterhaltung von Frieden und Sicherheit" (UN Doc. A/48/264). Rußland legte sich in der Arbeitsgruppe zur Reform des Rates bisher auf kein bestimmtes Modell fest, sprach sich allerdings für eine „begrenzte" bis „minimale" zahlenmäßige Erweiterung aus; neuen ständigen Mitgliedern – in jüngster Zeit erst werden russischerseits Deutschland und Japan als mögliche Kandidaten genannt – sollte das im übrigen unveränderte Vetorecht eingeräumt werden.

Die sowjetische und die russische UN-Politik weist in einem zentralen Punkt eine durchgehende Kontinuität auf: in dem beharrlichen Festhalten an der herausgehobenen Stellung des Sicherheitsrats als dem Machtzentrum der Vereinten Nationen. In der Zugehörigkeit zu diesem UN-Gremium als ständiges Mitglied, gegen dessen Willen keine Entscheidungen über Frieden und Sicherheit getroffen werden sollten, sieht auch Rußland neben dem Besitz atomarer Waffen seinen Status als Weltmacht garantiert. Der ständige Ratssitz hat offenbar angesichts der zunehmenden ökonomischen und gesellschaftlichen Probleme im Innern des Landes eine identitätsstiftende Symbolkraft.

Verständlich deshalb die heftige Kritik Moskaus an den Luftschlägen der USA und Großbritanniens gegen den Irak im Dezember 1998 ohne ein direktes UN-Mandat, d.h. unter Ausschaltung des Sicherheitsrats. Dieser Vorgang bedeutete deshalb nicht nur eine „Niederlage der Vereinten Nationen" (Kofi Annan), sondern eine politische und psychologische Demütigung der „Großmacht" Rußland.

Günther Unser

Lit.: *Allison, R.:* Peacekeeping in the Soviet Successor States, Paris 1994; *Boardman, R.:* Post-Socialist World Orders. Russia, China and the UN System, Houndmills u.a. 1994; *Daley, T.*: Russia's „Continuation" of the Soviet Security Council Membership and Prospective Russian Policies toward the United Nations, Santa Monica 1992; *Lukasuk, J.J.*: Rußland als Rechtsnachfolger in völkerrechtlichen Verträgen der UdSSR, in: OsteurRecht, 39 (1993), 235-245; *MacFarlane, S.N./Schnabel, A.*: Russia's Approach to Peacekeeping, in: IJ, H. 2/1995), 294-324; *Mandelbaum, M. (Hrsg.)*: The New Russian Foreign Policy, New York 1998; *Raevskij, A./Vorobev, J.N.*: Russian Approaches to Peacekeeping Operations, New York/Genf 1994; *Treniu, D.*: Russians as Peacemakers, in: Politik und Gesellschaft, H.3/(1994), 257-266; *Unser, G.*: Die Sowjetunion in den Vereinten Nationen, Köln 1990 (BIOST-Bericht 4/1990); *Zagorski, A.V.*: Machtpolitik oder kooperative Friedenserhaltung? Rußlands militärische Einsätze in der früheren Sowjetunion, in: VN 44 (1996), 56-60.

Internet: Homepage der Ständigen Mission der Russischen Föderation bei den Vereinten Nationen in New York: http://www. undp.org/missions/russianfed; Englischsprachige Webseite des Außenministerium der Russisschen Föderation zur UN-Politik: http://www.mid.ru/eng/U_Nations.htm

Sanktionen

1. Sanktionen in der UN-Charta

UN-Sanktionen gehören in den Bereich der → Friedenssicherung und sind dementsprechend in Kapitel VII der UN-Charta (→ Charta der UN) geregelt. Hat der → Sicherheitsrat gem. Art. 39 festgestellt, daß eine Friedensbedrohung oder ein Bruch des Friedens (→ Frieden/-sbegriff/-sbedrohung) vorliegt, kann er nach Art. 41 Sanktionen gegen den Störer verhängen. Sanktionen gelten im allgemeinen als das letzte Mittel vor der Anwendung militärischer Gewalt. Beschließt der → Sicherheitsrat Sanktionen, so sind sie gem. Art. 25 und 48 für alle Mitgliedstaaten *verbindlich*.

Sanktionen sind keine Strafen, sondern internationale Beugemaßnahmen. Sie sollen dem betroffenen Staat die Mißbilligung der internationalen Gemeinschaft deutlich machen und mit ihrem Zwang bewirken, daß er sein friedensstörendes Verhalten ändert.

Gleichzeitig ergibt sich eine *präventive Wirkung* daraus, daß der betroffene Staat - wie auch andere- von weiteren Handlungen der inkriminierten Art abgeschreckt werden.

Um die angestrebte Verhaltensänderung des Zielstaates zu erreichen, müssen die Sanktionen effizient, effektiv und erfolgswirksam sein. Mit *Effizienz* ist die Umsetzung in Recht und Verwaltung der Mitgliedstaaten gemeint. Auch die Handelspartner, Freunde und Nachbarn des Ziellandes müssen hier mitziehen. Als effektiv sind Sanktionen sodann zu bewerten, wenn sie die intendierte negative Wirkung auf das Ansehen und/oder die Wirtschaft des Ziellandes tatsächlich bewirken. Bei umfassenden Wirtschaftssanktionen oder beim Waffenembargo ist eine zuverlässige Kontrolle notwendig, wie sie für den Irak und Restjugoslawien mit erheblichem Aufwand durchgeführt wurde. Einen vollen Erfolg können Sanktionen aber erst dann erreichen, wenn sie die Politik des Ziellandes tatsächlich beeinflussen, wenn also dieser Staat die in der Resolution (→ Resolution/Deklaration/Beschluß) genannten Bedingungen zu ihrer Aufhebung erfüllt, indem er das als friedensgefährdend eingestufte Verhalten nicht fortführt.

Die Charta hatte dem Sicherheitsrat mit den Sanktionen ein Instrument an die Hand geben wollen, dessen Attraktivität auf der Hand lag : sie stellen ein Mittel dar, das im Konfliktfall stärker als diplomatische Vermittlungsversuche wirken kann, aber unterhalb der Schwelle militärischer Intervention liegt. Staatsmänner, die sich im konkreten Fall dem Druck der öffentlichen Meinung im eigenen Land ausgesetzt sehen, können bei Sanktionen immer darauf hinweisen, daß jedenfalls etwas unternommen wird, um gegen die Friedensstörung vorzugehen. Und die Anwendung militärischer Gewalt wird schließlich dadurch nicht ausgeschlossen, sollten sich die Sanktionen als unwirksam erweisen.

2. Sanktionen in der Praxis der UN

Daß in den ersten fünfundvierzig Jahren des Bestehens der Vereinten Nationen kaum von dem Instrument der Sanktionen Gebrauch gemacht wurde, lag an der Blockierung des Sicherheitsrates in der Zeit des Kalten Krieges (→ Geschichte der UN). Entsprechende Vorschläge mußten in der Regel mit dem Veto (→ Veto/-recht) der Gegenmacht rechnen. Damals wurden Sanktionen nur zweimal beschlossen: einmal gegen Rhodesien in Form von diplomatischen, finanziellen und umfassenden Wirtschaftssanktionen (1968-1979), zum anderen ein Waffenembargo gegen Südafrika (1977-1994).

Seit dem Jahr 1990 sind dagegen zahlreiche Sanktionsbeschlüsse des Sicherheitsrats zu verzeichnen. Besondere Aufmerksamkeit erfahren die umfassenden Wirtschaftssanktionen gegen den Irak und die Bundesrepublik Jugoslawien (Serbien und Montenegro) und das gegen Libyen 1992 beschlossene Paket von Maßnahmen, zu dem neben diplomatischen und finanziellen Sanktionen auch die Unterbrechung des Flugverkehrs und ein partielles Embargo gehören. Andere Sanktionsregime wurden gegen Somalia, Liberia, Haiti, Ruanda, den Sudan, die Militärregierung in Sierra Leone und die UNITA in Angola eingerichtet.

3. Problembereiche

Inzwischen liegen also Erfahrungen mit der Anwendung der UN-Sanktionen vor. In der → Generalversammlung, im Sicherheitsrat und in der Wissenschaft sind sie in den letzten Jahren Gegenstand einer intensiven Diskussion geworden, die zu einer Reihe von Reformvorschlägen geführt hat. Auch UN-Generalsekretär Boutros-Ghali (→ Generalsekretär) unterbreitete im Januar 1995 in seiner Ergänzung zur „Agenda for Peace" (→ Agenda für den Frieden) solche Vorschläge. Um das nach seiner Ansicht „stumpfe" Instrument zu schärfen, empfahl er, einen „Mechanismus" zu schaffen, um die Auswirkungen von Sanktionen zuverlässiger abschätzen zu können, → humanitäre Hilfe sicherzu-stellen und betroffenen Drittländern Beistand zu leisten.

Selbst die Kritiker gehen nach wie vor davon aus, daß Sanktionen gerechtfertigt sind, wenn und so weit sie Friedensstörungen ohne Krieg beseitigen. In der UN-Praxis dieses Jahrzehnts haben sich aber auch Probleme ergeben, die eine Reform nahelegen. Solche Schwachstellen finden sich in der Politik, in den Bereichen des Rechts und der Ethik. Deshalb bedarf auch die Auswahl der Sanktionen und die Praxis ihrer Verhängung einer sorgfältigen Überprüfung.

Wie die Erfahrung insbesondere im Anwendungsfall des Irak mehr als deutlich gezeigt hat, ist das politische Erfolgskalkül, auf dem das System der Sanktionen beruht, keineswegs als zuverlässig anzusehen. Ähnlich konnte man schon in Rhodesien den sogenannten Wagenburg-Effekt beobachten, daß sich nämlich in Zeiten der Bedrohung ein Volk um die Fahne schart und interne politische Auseinandersetzungen zurückstellt. Im Irak mußten dann die Sanktionen sogar noch zur Begründung von Unterdrückung durch die Machthaber herhalten. Anders konnte man seinerzeit in Südafrika mit einer starken inneren Opposition rechnen, die bereit war, Sanktionen für die Durchsetzung von Demokratie und → Menschenrechten in Kauf zu nehmen.

Natürlich handelt es sich bei Beschlüssen des Sicherheitsrates um Politik und nicht um Rechtsfindung. Hier wird Gleiches ohne Bedenken ungleich entschieden, zumal dann, wenn Belange der ständigen Mitglieder betroffen sind. So wurden Sanktionen gegen Haiti verhängt, nicht aber gegen Nigeria oder Burma und schon gar nicht gegen Rußland im Tschetschenienkrieg. Die Folge ist u.a. ein nicht unbedenkliches Nord-Süd-Gefälle. Das Vorgehen gegen Libyen ist im übrigen völkerrechtlich nicht unumstritten. Der → IGH dürfte allerdings über die Klage Libyens, wenn überhaupt, erst nach Aufhebung der Sanktionen entscheiden.

Einige Mitgliedsländer werden, ohne Anteil an der Friedensstörung zu haben,

453

von Sanktionen unverhältnismäßig schwer betroffen. Zur Lösung der besonderen wirtschaftlichen Probleme dieser sogenannten Drittländer werden in Art. 50 UN-Charta Konsultationen empfohlen. Diese Bestimmung der Charta hat sich leider als praktisch unwirksam erwiesen, und der Aufopferungsanspruch solcher Länder (z.B. der Anrainerstaaten der Donau) findet bislang keine Anerkennung. Nach dem Koalitionsvertrag von 1998 will sich die Bundesregierung für die Schaffung eines Sanktionsfonds einsetzen.

Das ethische Problem ergibt sich zunächst daraus, daß bei den Wirtschaftssanktionen die Zivilbevölkerung in höherem Maße als die politische Elite leidet und sogar, wie im Irak, zum Geisel in der Auseinandersetzung werden kann. Kommt es wie dort zu humanitär katastrophalen Sanktionsfolgen, so ergeben sich ethische Fragen von rechtlicher Relevanz. Die Menschenrechte gehören zum Kern der Ziele und Prinzipien der Vereinten Nationen, die auch vom Sicherheitsrat gem. Art 24 Abs.2 bei Erfüllung seines Mandates zu beachten sind. Die zwingenden Rechte der betroffenen Menschen sind daher zu berücksichtigen, insbesondere die auf Leben, Gesundheit, Wasser, Nahrung, Unterkunft und Kleidung. Aushungern ist in keinem Fall erlaubt. Die Grenze ist dann überschritten, wenn die Sanktionen dazu beitragen, daß für einen erheblichen Teil der Bevölkerung der Lebensstandard unter das Existenzminimum fällt. Es genügt in solchem Fall auch nicht, dafür zu sorgen, daß der Zugang für humanitäre Hilfe gewährleistet sein muß. Was können die Menschen eines international in Acht und Bann getanen Landes von den ohnehin beschränkten Hilfsmöglichkeiten erwarten, - noch dazu, wenn es fern von den Ländern des reichen Nordens liegt ? Selbst das aus solchen Überlegungen entstandene Programm „Öl für Nahrung" für den Irak hat sich bisher nicht gerade als durchgreifender Erfolg erwiesen.

4. Reformvorschläge

Die hier angedeuteten Probleme legen eine Überprüfung der Sanktionspraxis nahe. Die Tendenz geht dahin, dies Instrument möglichst als Skalpell und nicht als Keule zu nutzen. Gelegentlich ist auch von zielgerichteten (targeting) und intelligenten Sanktionen (smart sanctions) die Rede. Für die Anwendung von Sanktionen nennt Art. 41 UN-Charta die Bereiche Wirtschaftsbeziehungen, Verkehr, Kommunikation und diplomatische Beziehungen. Nach allgemeiner Ansicht sind das nur Beispiele, und dem Sicherheitsrat ist die Auswahl freigestellt. Umstritten ist, ob die Einrichtung internationaler Tribunale als Sanktion anzusehen ist. Immerhin ließe sich eine solche Entscheidung des Sicherheitsrates am ehesten auf Art. 41 beziehen. Die Frage wird sich mit der Gründung des Internationalen Strafgerichtshofs (→ ICC)ohnehin erledigen.

Die bislang wichtigsten Sanktionsfelder sind
- Kultur und Sport (Abbruch von Austauschbeziehungen, Ausschluß von internationalen Veranstaltungen)
- Diplomatie (Herabstufung oder Schließung der Vertretungen, Ausschluß aus internationalen Organisationen, Einreiseverbote)
- Kommunikation und Verkehr (Verbot des Flug- und Schiffsverkehrs, Unterbrechung von Post-, Fernmelde-, Bahn- und Straßentransportverbindungen)
- Sicherheit (Waffenembargo, Beendigung militärischer und nachrichtendienstlicher Zusammenarbeit)
- Finanzen (Einfrieren von Auslandsguthaben, Verbot von Finanztransfers)
- Handel (partielle oder umfassende Boykotte und Embargos)
- Strafjustiz (internationales Tribunal).

Es ist klar, daß es in diesem Reservoir wie in der Medizin Mittel von verschiedenem Grad der Schädlichkeit gibt. Hier sollte also sorgfältig nach dem gewünschten und erreichbaren Nutzen und dem (un)vermeidbaren Schaden abgewogen werden. Das Prinzip der Verhältnismäßigkeit der Mittel sollte auch in der Politik gelten. Chemotherapie im Sinne umfassender Wirtschaftssanktionen sollte man nur im letzten Notfall einsetzen. Eine zielgerichtete Strategie sollte immer davon ausgehen, in erster Linie politische Eliten und Entscheidungsträger zu treffen und zu beeinflussen. Natürlich spielen auch die Kosten eine Rolle. Waffenembargos richten gewiß wenig Schaden an. Sie sind aber schwer und nur mit erheblichem Aufwand durchzusetzen. Wie die Erfahrung lehrt, führen sie meist nur dazu, den Handel in die Illegalität und die Preise in die Höhe zu treiben.

Insgesamt lassen sich die *Reformvorschläge* wie folgt zusammenfassen :
- Die Ziele von Sanktionen und die Bedingungen für ihre Aufhebung müssen eindeutig bestimmt sein.
- Sanktionen sollten jeweils befristet verhängt werden, damit ihre Verlängerung eines erneuten Beschlusses des Sicherheitsrats bedarf.
- Die Bindung der Vereinten Nationen an Menschenrechte und → humanitäres Völkerrecht bei der Durchführung von Sanktionen sollte eindeutig festgestellt werden.
- Die Auswahl der Sanktionsinstrumente muß auf einer sorgfältigen Analyse der zu erwartenden Auswirkungen beruhen. Hierfür und für die Begleitung der Sanktionsregime ist ein qualifiziertes Verfahren zu entwickeln. Verhältnismäßigkeit der Mittel, Zielgruppenorientierung und politische Erfolgsaussichten sollten die entscheidenden Kriterien sein.
- Waffenembargos sollten nur verhängt werden, wenn die Chance zu ihrer Durchsetzung besteht. Maßnahmen der diplomatischen Mißbilligung sollten den Vorrang vor wirtschaftlichem Zwang, partieller Boykott und Teilembargo den vor umfassenden Wirtschaftssanktionen haben. Ein höheres Maß an Kreativität ist zu empfehlen, nicht zuletzt im Blick auf moderne Entwicklungen in Technik und Kommunikation.
- Für erhebliche Schäden, die Drittländern durch die Befolgung von UN-Sanktionen erleiden, sollte ein angemessener Ausgleich erfolgen. Hierfür ist ein *Sanktionshärtefonds* einzurichten.
- Die Vereinten Nationen sollten ein Gewaltmonopol für den Bereich friedenswahrender Sanktionen in Anspruch nehmen.
- Dies sollte Teil einer internationalen Konvention werden, in der im übrigen auch Ziele, Grundsätze und Verfahren des Sanktionsrechts festzulegen wären.
- Die Durchführung von Sanktionen sollte einem *UN-Sanktionsrat* übertragen werden.

Manfred Kulessa

Lit.: *Hufbauer, G.C./Schott, J./Elliott, K.A.:* Economic Sanctions Reconsidered, Washington 1990; *Fisler Damrosch, L.:* Enforcing Restraint - Collective Intervention in International Crimes, New York 1993; *Kulessa, M./Starck, D.:* Frieden durch Sanktionen ? Empfehlungen für die deutsche UN-Politik, SEF-Policy Paper 7, Bonn 1997; *Weiss, T.G./Cortright, D./Lopez, G.A./Minear, L.:* Political Gain and Civilian Pain - Humanitarian Impacts of Economic Sanctions, Lanham/Oxford 1997; *Kulessa, M.:* Von Märchen und Mechanismen - Gefahren und Chancen der Sanktionen des Sicherheitsrats, in: VN 44 (1996), 89-96.

Seerecht

1. Bedeutung, Begriff und Rechtsquellen

Die Meere und Ozeane umfassen mehr als 72% der Erdoberfläche. Ungefähr 3,5 Milliarden Menschen, d.h. fast 2/3 der Weltbevölkerung leben in Küstenregionen: Viele davon leben von und mit der See. Ihre Bedeutung für die Aufrechterhaltung des Klimas, für die Nahrungs-, Energie- und Rohstoffversorgung der Menschheit sowie für die Kommunikation zwischen den Staaten ist kaum zu überschätzen. Darüber hinaus dient die See als Forschungsobjekt, als Abfallagerstätte und als Gebiet für militärische Auseinandersetzungen.

Beim internationalen Seerecht handelt es sich um die Gesamtheit der völkerrechtlichen Normen, die die Rechtsverhältnisse am und auf dem Meer, in dem darüber liegenden Luftraum sowie hinsichtlich des Meeresbodens und seines Untergrunds regeln. Internationales Seerecht ist somit mehr als bloßes Seeschiffahrtsrecht: Es ist zugleich auf den Meeresraum bezogenes Fischerei-, Wirtschafts-, Verkehrs-, Umwelt-, Bergbau-, Kulturgüterschutz- und Kriegsrecht, Recht des Gebietserwerbs, der wissenschaftlichen Forschung und des Technologietransfers.

Dies hat zur Folge, daß das internationale Seerecht nicht nur in den Seerechtskodifikationen der Vereinten Nationen, sondern in mehreren hundert multilateralen (internationalen und regionalen) und bilateralen völkerrechtlichen Verträgen zu finden ist, die sich vielfach nicht ausschließlich, sondern *auch* mit seerechtlichen Fragen befassen. Daneben spielt im internationalen Seerecht trotz aller Kodifikationen das Völkergewohnheitsrecht (vgl. Art. 38 Abs. 1 lit. b IGH Statut) noch immer eine große Rolle. Im Falle der EU-Staaten kommt zudem das Europäische Gemeinschaftsrecht zur Anwendung. Dies führt zu einer gewissen „Unübersichtlichkeit" des internationalen Seerechts.

2. Seerechtsentwicklung im Rahmen der Vereinten Nationen

a) Die Erste Seerechtskonferenz und die Genfer Seerechtsübereinkommen von 1958

Seit ihrer Gründung sind die Vereinten Nationen, ihrem Auftrag in Art. 13 Abs. 1 (a) der Charta entsprechend, das zentrale Forum für die Kodifizierung und fortschreitende Entwicklung des internationalen Seerechts (→ Völkerrechtsentwicklung im Rahmen der UN). Auf Empfehlung der → Generalversammlung (Resolutionen A/RES/374 (IV), vom 6.12.1949; A/RES/798 (VIII), vom 7.12.1953 und A/RES/899 (IX), vom 14.12.1954) beschäftigte sich die Völkerrechtskommission (→ ILC) von 1950 an mit dem Recht der Hohen See und des Küstenmeers und verabschiedete 1956 einen ausführlichen Abschlußbericht (UN Doc. A/3159), in dem sie die Einberufung einer Staatenkonferenz vorschlug, „um das Seerecht unter Berücksichtigung nicht nur der

rechtlichen, sondern auch der technischen, biologischen, wirtschaftlichen und politischen Aspekte des Problems zu untersuchen und die Ergebnisse dieser Arbeit in einer oder mehreren internationalen Übereinkommen niederzulegen." Dieser Vorschlag wurde von der Generalversammlung aufgegriffen, die nach Beratungen im Sechsten Ausschuß, dem Rechtsausschuß (→ Ausschußsystem), in der Resolution A/RES/1105 (XI) vom 21.2.1957 alle Mitglieder der Vereinten Nationen und ihrer → Sonderorganisationen zur *Ersten Seerechtskonferenz* vom 24.2. bis 27.4.1958 nach Genf einlud: 86 Staaten (darunter die Bundesrepublik Deutschland) nahmen an dieser Konferenz teil; interessierte internationale Organisationen entsandten Beobachter. Die Konferenz verabschiedete am 29.4.1958 eine Schlußakte (UN Doc. A/CONF.13/37-43), die neben neun Resolutionen vier Übereinkommen enthält: das Übereinkommen über das Küstenmeer und die Anschlußzone - KMÜ - (UNTS, Bd. 516, 205), das Übereinkommen über die Hohe See - HSÜ - (UNTS Bd. 450, 11; BGBl. 1972 II, 1091), das Übereinkommen über die Fischerei und die Erhaltung der lebenden Schätze der Hohen See - FÜ - (UNTS Bd. 559, 285), das Übereinkommen über den Festlandsockel - FSÜ - (UNTS Bd. 499, 311) sowie ein Fakultativprotokoll über die obligatorische Beilegung von Streitigkeiten - FP - (UNTS Bd. 450, 169; BGBl. 1972 II, 1102). Das KMÜ ist am 10.9.1964, das HSÜ am 30.9.1962, das FÜ am 20.3.1966, das FSÜ am 10.6.1964 und das FP am 30.9.1962 in Kraft getreten. Diese Übereinkommen sind noch immer in Kraft: Ende April 1999 hatten das KMÜ 51, das HSÜ 62, das FÜ 37, das FSÜ 57 und das FP 37 Vertragsparteien. Die Bundesrepublik Deutschland hat lediglich das HSÜ und das FP am 27.7.1973 ratifiziert (BGBl. 1975 II, 843). Die *vier Genfer Seerechtsübereinkommen* haben das geltende Völkergewohnheitsrecht in weitem Umfang kodifiziert (vgl. die Präambel des HSÜ). In manchen Bereichen sind sie jedoch darüber hinausgegangen und haben es fortentwickelt (vgl. die Nordsee-Festlandsockel-Fälle, ICJ Rep. 1969, 37ff.). Praktische Bedeutung kommt ihnen heute vor allem bei der Auslegung des Seerechtsübereinkommens von 1982 und beim Nachweis von Völkergewohnheitsrecht zu.

b. Die gescheiterte Zweite Seerechtskonferenz von 1960

Keine Einigung konnte auf der Ersten Seerechtskonferenz über die Frage der Küstenmeerbreite erzielt werden. An dieser Frage war bereits die Haager Kodifikationskonferenz von 1930 gescheitert. Während die meisten neuen Staaten, unterstützt vom Ostblock unter Führung der Sowjetunion für eine Breite des Küstenmeers bis zu 12 Seemeilen (sm) eintraten, sprachen sich die großen Schiffahrtsnationen (mit einem Anteil von über 80% der Welttonnage) für die alte Drei-Meilen-Regel aus. Ein Kompromißvorschlag, der eine Küstenmeerbreite von 6 sm und zusätzlich eine ausschließliche Fischereizone von 6 sm, in der jedoch historische Fischerei fortbestehen sollte, vorsah, fand nicht die erforderliche Mehrheit. Zur Behandlung der Frage der Küstenmeerbreite und der Fischereigrenzen berief die Generalversammlung in der Resolution A/RES/1307 (XIII) vom 10.12.1958 die *Zweite Seerechtskonferenz* vom 17.3. bis 26.4.1960 nach Genf ein. Wieder konnte jedoch keine Einigung erzielt werden. Der einzige von der Konferenz verabschiedete Text empfahl den Vereinten Nationen die Förderung der Fischerei unterentwickelter Staaten (UN Doc. A/CONF.19/4.15).

c. Die Entwicklungen auf dem Weg zur Dritten Seerechtskonferenz

Die Genfer Seerechtskonferenzen zeigten ein Zweifaches: Zum einen wurde die traditionelle Zweiteilung in (weite) Hohe See und (schmales) Küstenmeer von der Mehrheit der Staaten als nicht mehr ausreichend angesehen, zum anderen gab es eine rechtlich verbindliche seewärtige Grenze weder für das Küstenmeer noch für die ausschließlichen Fischereirechte und schließlich auch

nicht für den Festlandsockel. Dies führte dazu, daß immer mehr Staaten ihr Küstenmeer ausdehnten und sich die ausschließliche Nutzung von Fischbeständen und Meeresbodenschätzen (Erdöl, Erdgas) durch Proklamation immer weiterer „Fischereizonen", „Fischereischutzzonen" oder „ausschließlicher Wirtschaftszonen" und Festlandsockelgebiete zu sichern suchten. So erließ die Bundesrepublik Deutschland am 20.1.1964 eine Proklamation über die Erforschung und Ausbeutung des deutschen Festlandsockels (BGBl. 1964 II, 104). Mit der fortschreitenden technischen Entwicklung gewann darüber hinaus die Frage der Ausbeutung der mineralischen Rohstoffe der Tiefsee (z.B. wertvoller polymetallischer sog. „Knollen" - vor allem „Manganknollen" -, die an gewissen Stellen des Meeresbodens in einer Tiefe von 3000 bis 4000 Meter liegen) an Bedeutung. Die Entwicklungsländer befürchteten, daß die Industriestaaten die wirtschaftliche Nutzung des Tiefseebodens auf der Grundlage der Freiheit der Hohen See allein und ohne Berücksichtigung bzw. Beteiligung der übrigen Staatenwelt vornehmen könnten. Experten warnten vor einer unkontrollierten „Plünderung der Meere" (*Graf Vitzthum* 1981). Am 17.8.1967 schlug Malta („Pardo-Initiative") in einer Verbalnote an den → Generalsekretär u.a. vor, den gesamten Meeresboden und Meeresuntergrund jenseits der Grenzen des Bereichs nationaler Hoheitsbefugnisse als → gemeinsames Erbe der Menschheit nationaler Aneignung zu entziehen und unter internationaler Treuhandschaft gemeinsam zu nutzen (UN Doc. A/6695). Nach Ansicht Maltas reichten die traditionellen Freiheits- und Souveränitätsrechte nicht mehr aus, um die mit neuartigen Nutzungen des Meeres verbundenen Folgen ausreichend und für alle Staaten befriedigend zu lösen. Durch die Resolution A/RES/2340 (XXII) vom 18.12.1967 setzte die Generalversammlung einen ad hoc „Ausschuß zur Untersuchung aller Fragen der friedlichen Nutzung des Meeresbodens und Meeresuntergrunds jenseits

457

der Grenzen nationaler Hoheitsbefugnisse" (auch „Meeresboden", „Tiefseeboden" oder „Gebiet" genannt) ein. Dieser *Meeresbodenausschuß* erhielt ein Jahr später dauerhaften Status (A/RES/2467 (XXIII) vom 21. Dezember 1968). Zwei Jahre später hob die Generalversammlung die anfängliche thematische Beschränkung auf die Meeresbodenproblematik auf und übertrug dem Meeresbodenausschuß die Aufgabe, eine neue Seerechtskonferenz u.a. durch Aufstellen eines allgemeinen Themenkatalogs vorzubereiten (A/RES/2750 (XXV) vom 17.12.1970). In der Resolution A/RES/2749 (XXV) vom 17.12.1970 (*Meeresbodenprinzipien-Erklärung*) machte die Generalversammlung bereits gewisse inhaltliche Vorgaben für die Konferenz, als sie den Meeresboden sowie seine Ressourcen zum gemeinsamen Erbe der Menschheit erklärte, deren Erforschung und Ausbeutung zum Nutzen der gesamten Menschheit ungeachtet der geographischen Lage der Staaten durchgeführt werden sollte. Bereits im Jahr zuvor hatte sie gegen die Stimmen einiger Industriestaaten zu einer Aussetzung aller Meeresbodenaktivitäten bis zur Ausarbeitung eines entsprechenden völkerrechtlichen Regimes aufgerufen (A/RES/2574 D (XXIV) vom 15. Dezember 1969 - *Moratoriums-Resolution*).

d. Die Dritte Seerechtskonferenz von 1973-1982

Am 16.11.1973 berief die Generalversammlung die *Dritte Seerechtskonferenz*, auf englisch *Third United Nations Conference on the Law of the Sea* oder kurz *UNCLOS III*, ein und beauftragte sie, „ein Übereinkommen zu verabschieden, das alle Gegenstände behandelt, die mit dem Seerecht zusammenhängen" wobei berücksichtigt werden sollte, „daß die Probleme des Meeresraums eng miteinander verbunden sind und als Ganzes betrachtet werden müssen" (A/RES/3067 (XXVIII)). Die Konferenz trat zum ersten Mal vom 3. bis 15.12.1973 zu einer Vorberatung über Organisations- und Verfahrensfra-

gen in New York zusammen und nahm am 20.6.1974 ihre Arbeiten in Caracas auf. In den nächsten acht Jahren tagte die Konferenz in zwölf Sitzungsperioden von jeweils vier bis sechs Wochen in Genf, Caracas, New York und Montego Bay. Mehr als 150 Staaten sowie der Rat der Vereinten Nationen für Namibia (rund 700 Delegierte) nahmen als vollberechtigte Teilnehmer an der Konferenz teil. Zahlreiche (noch nicht unabhängige) Staaten und Gebiete mit Selbstregierung, Befreiungsbewegungen (PLO, SWAPO), nichtstaatliche Organisationen (→ NGOs), internationale und supranationale Organisationen sowie 14 Sonderorganisationen der Vereinten Nationen nahmen als Beobachter ohne Stimmrecht teil. Henry Kissinger bezeichnete die Dritte Seerechtskonferenz als eines „der wichtigsten, komplexesten und ehrgeizigsten diplomatischen Unternehmen der Geschichte".

Bereits aus der Aufgabenstellung ergibt sich, daß die Konferenz anders als ihre Vorgängerinnen nicht nur bestehendes Völkergewohnheitsrecht kodifizieren, sondern das (Friedens-) Seevölkerrecht umfassend fortentwickeln sollte. Zum Ausdruck kommt dies auch darin, daß der Konferenz kein Bericht oder Konventionsentwurf der Völkerrechtskommission als „Diskussionsgrundlage" vorlag. Von Anfang an sah man die Seerechtskonferenz eher als politisches denn als rechtliches Unternehmen im engeren Sinne an - so beschäftige sich innerhalb der Vereinten Nationen auch der Erste Ausschuß (für politische Fragen und Sicherheitsfragen) und nicht der Sechste Ausschuß (Rechtsausschuß) mit Fragen der Konferenz (→ Ausschußsystem).

Zu Beginn der Verhandlungen ging es weniger um den Austausch juristischer Argumente als um die Darstellung der jeweiligen politischen und wirtschaftlichen Positionen, die es zu berücksichtigen galt. Die Verhandlungen waren geprägt von der Forderung der Entwicklungsländer nach einer Neuen Weltwirtschaftsordnung, (→ Weltwirtschaftsordnung/ NWWO), die ihren

Ausdruck u.a. in der gerechten Verteilung der marinen Ressourcen zwischen den Staaten finden sollte, und der Bestrebung der Küstenstaaten nach seewärtiger Erweiterung ihrer souveränen Rechte und Hoheitsbefugnisse (*„creeping jurisdiction"*). Die Verhandlungen waren gekennzeichnet von zwei Verfahrensprinzipien: der Formulierung von Verhandlungspaketen (*„package deals"*) und dem Konsensprinzip (*„consensus approach"*). Gemäß einem Gentlemen`s Agreement sollten formelle Abstimmungen vermieden werden und erst stattfinden, wenn alle Möglichkeiten, einen Konsens zu erreichen, ausgeschöpft worden waren. Diese Vorgehensweise hatte entscheidenden Einfluß auf die Verhandlungen: Nach den Generaldebatten wurde die Arbeit im Plenum weitgehend eingestellt und die Diskussion der Sachfragen in die Ausschußsitzungen verlegt (*Jaenicke* 1978). Die in den Ausschüssen erarbeiteten Verhandlungstexte („Working Papers", „Informal Composite Negotiating Texts") hatten zwar keinen formalen Status und sollten lediglich der Konsensfindung und als Grundlage für weitere Verhandlungen dienen. Dennoch fanden sich die Formulierungen oft sehr schnell in nationalen Rechtsvorschriften und Proklamationen wieder. Große Teile der Hohen See wurden schnellstmöglich der eigenen Hoheitsgewalt unterstellt, um bei der „Verteilung der Meere" nicht den Anschluß an die völkerrechtliche Entwicklung zu verpassen. So proklamierte die Bundesrepublik Deutschland am 21.12.1976 und 18.5.1978 die Errichtung von Fischereizonen in der Nord- (BGBl. 1976 II, 1999) und Ostsee (BGBl. 1978 II, 867). Auf diese Weise hatten bereits die Verhandlungstexte einen nicht unerheblichen Einfluß auf die Entwicklung von völkergewohnheitsrechtlichen Regeln u.a. für die ausschließlichen Wirtschaftszonen und den Festlandsockel (vgl. hierzu den Tunesisch-Libyschen Festlandsockel-Fall, ICJ Rep. 1982, 38, 47-9, 79).

e) Das Erfordernis eines Durchführungsübereinkommens zum Seerechtsübereinkommen

Nachdem alle Möglichkeiten, einen Konsens zu erzielen, ausgeschöpft waren, stimmte die Seerechtskonferenz am 30.4.1982 über den Text des *Seerechtsübereinkommens der Vereinten Nationen* (SRÜ), auf englisch *United Nations Convention on the Law of the Sea* oder kurz *UNCLOS*, und vier Resolutionen ab (UN Doc. A/CONF.62/ 122 and Corr.; BGBl. 1994 II, 1799). 130 Konferenzteilnehmer stimmten dafür (darunter fast alle Entwicklungsländer), vier dagegen (Israel, Türkei, USA und Venezuela) und 17 enthielten sich der Stimme (insbesondere Industrieländer, darunter die Bundesrepublik Deutschland).

Obwohl das SRÜ am 10.12.1982 von 119 Staaten unterzeichnet wurde, sollte es noch zwölf Jahre dauern, bis das SRÜ (12 Monate nach Hinterlegung der sechzigsten Ratifikationsurkunde) in Kraft trat. Dies lag vor allem daran, daß wichtige Industrieländer (USA, Großbritannien, Bundesrepublik Deutschland) den teilweise als planwirtschaftlich zu qualifizierenden Teil XI des SRÜ über die Erforschung und Ausbeutung der Ressourcen des Meeresbodens und Meeresuntergrunds jenseits der Grenzen nationaler Hoheitsbefugnisse („Gebiet") mit seinen Bestimmungen zu Produktionsplanung, Abgaben und Technologietransfer sowie bindender Änderungsmöglichkeit mit Dreiviertelmehrheit ablehnten. Dies führte zu zwei nebeneinander bestehenden Regimen für das Gebiet: Während die Vorbereitungskommission (als Vorläuferin der nach Inkrafttreten des SRÜ zu errichtenden *Internationalen Meeresbodenbehörde*) ab 1987 erste Staaten unter dem Regime des SRÜ als „Pionierinvestor-Staaten" (Frankreich, Indien, Japan, UdSSR) registrierte, wodurch diese sich das Recht zur Erforschung (und eine „Anwartschaft" auf eine spätere Ausbeutung) gewisser Felder des Meeresbodens sicherten, erließen die den Teil XI des SRÜ ablehnenden Staaten noch während der

Seerechtskonferenz Meeresbodenbergbaugesetze, die eine rein nationale Lizenzvergabe für die Erforschung und Ausbeutung des Meeresbodens vorsahen. So erließ z.B. die Bundesrepublik Deutschland am 16.8.1980 das Gesetz zur vorläufigen Regelung des Tiefseebergbaus (BGBl. 1980 I, 1457; geänd. durch Gesetz vom 10.2.1982, BGBl. 1982 I, 136). Zur Sicherung der national vergebenen Rechte auf dem Meeresboden schlossen die Staaten außerhalb des SRÜ-Regimes Abkommen (ILM 21 (1982), 950; ILM 23 (1984), 1354; ILM 26 (1987), 1502) zur gegenseitigen Anerkennung national gewährter Rechte und regelten Überlappungskonflikte.

Im Jahr 1990 begann Generalsekretär Pérez de Cuéllar mit „informellen Konsultationen", um eine Aussöhnung zwischen dem „SRÜ-Meeresbodenregime" und dem „Meeresbodenregime auf Gegenseitigkeit" zu erreichen und so das SRÜ für alle Staaten annehmbar zu machen. Diese informellen Konsultationen, die sich über 15 Runden hinzogen und an denen sich die drei Haupt-Nichtvertragsparteien (USA, Großbritannien und Bundesrepublik Deutschland) aktiv beteiligten, führten am 28.7.1994 zur Verabschiedung des Übereinkommens zur Durchführung des Teiles XI des Seerechts-Übereinkommens der Vereinten Nationen vom 10.12.1982 (DFÜ).

Das DFÜ führte faktisch zu einer weitgehenden „Änderung" des Teils XI des SRÜ im Sinne der Industriestaaten. Nach Art. 2 DFÜ werden das Durchführungsübereinkommen und Teil XI des SRÜ zusammen als „eine Übereinkunft" ausgelegt. Im Falle eines Widerspruchs geht das DFÜ dem Teil XI vor. Das DFÜ erlaubte u.a. der Bundesrepublik Deutschland den Weg zur Vertragsmitgliedschaft. Am 2.9.1994 ratifizierte sie als 67. Vertragsstaat das SRÜ (BGBl. 1994 II, 2538) und am 4.10.1994 ratifizierte sie das DFÜ (BGBl. 1994 II, 2565).

f) Das Seerechtsübereinkommen von 1982

Gemäß seinem Art. 308 trat das SRÜ 12 Monate nach Hinterlegung der 60.Ratifikationsurkunde (durch Guyana) am 16.11.1994 in Kraft. Das SRÜ (Text: BGBl. 1994 II, 1799) mit seinen 320 Artikeln, neun umfänglichen Anlagen und vier Resolutionen (die, ohne Teil des SRÜ zu sein, in einem untrennbaren Zusammenhang mit diesem stehen) kann ohne Übertreibung als „das imposanteste Vertragswerk in der gesamten Geschichte des Völkerrechts" (*Kimminich* 1997, 382) bezeichnet werden. Das DFÜ (Text: 1994 II, 2566) trat am 28.7.1996 in Kraft, wird aber von fast allen Unterzeichnerstaaten bereits seit 16.11.1994 vorläufig angewandt. Ende April 1998 hatte das SRÜ 130, das DFÜ 94 Vertragsstaaten. Zwischen den Vertragsstaaten hat das SRÜ Vorrang vor den vier Genfer Seerechtsübereinkommen vom 29.4.1958 (Art. 311 Abs. 1 SRÜ).

Das SRÜ schafft eine umfassende „Rechtsordnung für die Meere und Ozeane der Erde, die den internationalen Verkehr erleichtern sowie die Nutzung der Meere und Ozeane zu friedlichen Zwecken, die ausgewogene und wirkungsvolle Nutzung ihrer Ressourcen, die Erhaltung ihrer lebenden Ressourcen und die Untersuchung, den Schutz und die Bewahrung der Meeresumwelt fördern" soll (Abs. 4, Präambel des SRÜ). Es regelt jedoch nicht alle das Seerecht betreffenden Fragen selbst, sondern ist vielmehr ein durch Spezial- und Regionalabkommen ausfüllungsbedürftiges und weiterentwicklungsfähiges Rahmenabkommen (*„umbrella convention"*).

Das SRÜ umfaßt siebzehn „Teile", dazu gehören u.a.: „Küstenmeer und Anschlußzone", „Meerengen, die der internationalen Schiffahrt dienen", „Archipelstaaten", „Ausschließliche Wirtschaftszone", „Festlandsockel", „Hohe See", „Ordnung der Inseln", „Umschlossene oder halbumschlossene Meere", „Recht der Binnenstaaten auf Zugang zum und vom Meer und Transitfreiheit", sowie „Teile" zur wirtschaftliche Nutzung des Tiefseebodens („Gebiet" genannt), zum Meeresumweltschutz, wissenschaftlichen Meeresforschung, Entwicklung und Weitergabe von Meerestechnologie und zur Beilegung von Streitigkeiten.

Das SRÜ übernimmt bewährte Regelungen aus den Genfer Übereinkommen und entwickelt diese weiter bzw. konkretisiert sie. Gleichzeitig führt das SRÜ auch neue Rechtsinstitute und Institutionen ein. Die Transitdurchfahrt durch internationale Meerengen, die Archipelgewässer, die Details der ausschließlichen Wirtschaftszone (einschließlich des Konzepts der nachhaltigen Entwicklung mariner Ressourcen), die Außengrenze des Festlandsockels sowie dessen Ausbeutung jenseits der 200 sm-Zone, die Ordnung der Inseln und der umschlossenen oder halbumschlossenen Meere, die Rechte der Binnenstaaten auf Zugang zum und vom Meer und Transitfreiheit, der Meeresumweltschutz, die Entwicklung und Weitergabe von Meerestechnologie, die wissenschaftliche Meeresforschung, die obligatorische Streitbeilegung mit bindenden Entscheidungen, das Verfahren zur sofortigen Freigabe von Schiffen und Besatzungen sowie der Schutz von Unterwasserkulturgütern werden zum ersten Mal auf internationaler Ebene kodifiziert. Die fundamentalste Neuerung bildet jedoch der Grundsatz, wonach der Meeresboden und Meeresuntergrund jenseits der Grenzen des Bereichs nationaler Hoheitsbefugnisse, d.h. das Gebiet, und seine Ressourcen das „gemeinsame Erbe der Menschheit" sind, über das kein Staat → Souveränität beanspruchen oder ausüben darf. Insbesondere darf sich kein Staat einen Teil des Gebiets oder seiner Ressourcen aneignen. Neben sachlichen Neuerungen schafft das SRÜ mit der Internationalen Meeresbodenbehörde, dem → Internationalen Seegerichtshof und der Kommission zur Begrenzung des Festlandsockels drei neue internationale Institutionen. Daneben kommen der „Sitzung der Vertragsstaaten" des SRÜ sowie dem als Sekretariat des Übereinkommens fungierenden Büro für Rechtsangelegenheiten der Abteilung für Meeresangelegenheiten und Seerecht der Vereinten Nationen (DOALOS) wichtige Funktionen im Rahmen des SRÜ zu.

g) Neuere Seerechtsentwicklungen

Das SRÜ/DFÜ markierte jedoch keinen Endpunkt in der Seerechtsentwicklung im Rahmen der Vereinten Nationen. In der von der Umwelt- und Entwicklungskonferenz der Vereinten Nationen (UNCED) vom 3. bis 14.6.1992 in Rio de Janeiro (→ Umweltschutz) verabschiedeten *Agenda 21* (UN Doc. A/CONF.151/26, para. 17.49) wurden die Staaten aufgefordert „schnellstmöglich eine Regierungskonferenz unter Schirmherrschaft der Vereinten Nationen einzuberufen... mit dem Ziel, die effektive Durchsetzung der Vorschriften des SRÜ über gebietsübergreifende und weit wandernde Fischbestände" zu fördern. Diese Aufforderung wurde von der Generalversammlung aufgegriffen, die in ihrer Resolution A/RES/47/192 vom 22.12.1992 eine umfassende Einladung zu einer entsprechenden Regierungskonferenz aussprach. Diese tagte sechsmal zwischen April 1993 und August 1995 und nahm am 4.8.1995 das „Übereinkommen zur Durchführung der Bestimmungen des Seerechtsübereinkommens der Vereinten Nationen vom 10.12.1982 über die Erhaltung und Bewirtschaftung von gebietsübergreifenden Fischbeständen und weit wandernden Fischbeständen" an (UN Doc. A/CONF.164/37; ILM 34 (1995), 1542). Das Übereinkommen, das sowohl von der EG (27.6.1996) als auch von der Bundesrepublik Deutschland (28.8.1996) unterzeichnet wurde, ist bislang noch nicht in Kraft getreten. Ende April 1999 hatte es 15 Vertragsparteien. In jüngster Zeit haben sich die Vereinten Nationen vor allem mit dem Schutz der Meeresumwelt sowie der Bewahrung und Bewirtschaftung der Fischereiressourcen beschäftigt. Dabei geht es um Fragen der groß angelegten Treibnetzfischerei auf Hoher See (A/RES/46/215 vom 20.12.1991;

A/51/36 vom 21.1.1997 sowie den Bericht des Generalsekretärs: UN Doc. A/53/473), der unbefugten Fischerei in Zonen unter nationaler Hoheitsbefugnis (A/RES/49/116 vom 19.12.1994) und des zufälligen und nicht-verwertbaren Fangs bei der Fischerei (A/RES/49/118 vom 19.12.1994).

3. Das Meereszonenregime des Seerechtsübereinkommens

Das SRÜ ist gekennzeichnet durch eine „Verzonung des Meeres", d.h. die Rechtslage in bezug auf Fischerei, Schiffahrt, Überflug, Meeresumweltschutz, wissenschaftliche Meeresforschung, Kulturgüterschutz oder Meeresbodenbergbau ist davon abhängig, in welcher Zone des Meeres bzw. Meeresbodens oder Meeresuntergrunds man sich befindet. Generell kann man von einer stufenweisen Abnahme oder Abschwächung der Rechte der Küstenstaaten mit zunehmender Entfernung einer Meereszone vom Festland sprechen. Von der Küste aus gesehen sind folgende Meereszonen zu unterscheiden: die inneren Gewässer, die Archipelgewässer, das Küstenmeer, die Anschlußzone, die ausschließliche Wirtschaftszone und die Hohe See. Für den Bereich des Meeresbodens und Meeresuntergrunds sind zu trennen: der Meeresboden unter der Souveränität des Küstenstaats, der Festlandsockel und das Gebiet.

a) Die Bedeutung der Basislinien für die Meereszonenbestimmung

Ausgangspunkt für die Bestimmung aller Meereszonen ist die Basislinie bzw. - im Fall von Archipelstaaten - die Archipelbasislinie. Diese läßt sich als „Null-Meridian des Seerechts" bezeichnen. Die Basis- bzw. Archipelbasislinie dient als *Grundlinie*, von der aus die seewärtige Grenze des Küstenmeers, der Anschlußzone, der ausschließlichen Wirtschaftszone, des Meeresbodengebiets unter der Souveränität des Küstenstaats und des Festlandsockels gemessen wird. Der Verlauf dieser Linien bestimmt sowohl den Umfang der inneren Gewässer bzw. - im Fall von Archipelstaaten - der Ar-

chipelgewässer als auch die seewärtige Ausdehnung der vorstehend genannten Meeresgebiete und damit indirekt auch den Bereich der Hohen See und des Gebiets. Jede seewärtige Verschiebung der Basis- bzw. Abschlußlinien setzt sich automatisch in die Hohe See und das Gebiet hinein fort - darin liegt ihre „geopolitische" Bedeutung. Ist eine Ausdehnung in die Hohe See oder das Gebiet hinein wegen eines gegenüberliegenden Küstenstaats nicht möglich, so führt die seewärtige Verschiebung der Linien zwar nicht zu einer quantitativen, wohl aber zu einer qualitativen Änderung der Meeresgebiete. Basislinien können je nach geographischen Gegebenheiten nach verschiedenen Methoden festgelegt werden (Art. 14 SRÜ). Zu unterscheiden ist zwischen der „normalen Basislinie", d.h. der Niedrigwasserlinie entlang der Küste (Art. 5 SRÜ), und den „geraden Basislinien" (Art. 7 SRÜ). Diese beiden Methoden der Linienfestsetzung stehen nach dem Wortlaut des SRÜ in einem Regel-Ausnahme-Verhältnis, eine Tatsache, die von vielen Staaten im Interesse der seewärtigen Ausdehnung ihrer Hoheitsbefugnisse („creeping jurisdiction") bewußt übersehen wird. Das SRÜ läßt trotz detaillierter Regelungen für die Festlegung von (geraden) Basislinien bei Riffen, Inseln, Einbuchtungen, Flußmündungen, Hafen- und Atolleinfahrten sowie Buchten (Art. 6-16) und für die Festlegung von Abschlußlinien bei Archipelstaaten (Art. 50) viele Fragen offen (*Graf Vitzthum/Talmon* 1998, 77-92).

b) Die Meereszonen

(1) Innere Gewässer, Archipelgewässer und Küstenmeer

Die inneren Gewässer, die Archipelgewässer und das Küstenmeer bilden die *maritimen* Teile des Staatsgebiets, das sog. *Aquitorium* (*Graf Vitzthum* 1997, 421), auf das sich grundsätzlich die volle Souveränität des Küstenstaats erstreckt (Art. 2 SRÜ). Die Souveränität erstreckt sich dabei nicht nur auf die Wassersäule, sondern auch auf den Luftraum darüber. Die Summe von inneren Gewässern, Archipelgewässern (soweit vorhanden) und Küstenmeer bezeichnet man im nationalen (Wasser- und Berg-) Recht auch als Küsten- oder Hoheitsgewässer, deren seewärtige Grenze als Hoheitsgrenze.

Bei den *inneren Gewässern* (Art. 8 SRÜ) handelt es sich um die Gewässer eines Staates zwischen dem tatsächlichen Ende des trockenen Landes (d.h. in der Nordsee der Linie des mittleren Tidehochwasserstands und in der Ostsee der des mittleren Wasserstands) und der Basislinie bzw. - im Fall von Archipelstaaten - der Abschlußlinie (Art. 50 SRÜ). Der Tatsache, daß diese Gewässer „auf der Innenseite" liegen, d.h. landwärts der Basis- bzw. innerhalb der Abschlußlinie, verdanken die inneren Gewässer ihren Namen. Durch die Ziehung gerader Basislinien kann es zu einer weiten Ausdehnung der inneren Gewässer kommen. Der Küstenstaat besitzt in den inneren Gewässern die unumschränkte Regelungs- und Durchsetzungskompetenz wie über sein Landgebiet. Ein Recht auf friedliche Durchfahrt für Schiffe anderer Staaten besteht grundsätzlich nicht (vgl. Art. 8 Abs. 2 SRÜ). In jüngster Zeit stimmen die Küstenstaaten jedoch vermehrt der (völkervertraglichen) Einschränkung ihrer Souveränität in den inneren Gewässern im Interesse eines umfassenden Meeresumweltschutzes zu (vgl. *Graf Vitzthum/Talmon* 1998, 128-131).

Archipelstaaten (wie die Bahamas, Fidschi, Indonesien oder die Philippinen) können gerade Archipelbasislinien bis zu einer Länge von 125 sm um die äußersten Punkte der äußersten Inseln und trockenfallenden Riffe des Archipels ziehen, sofern davon die Hauptinseln und ein Gebiet umschlossen sind, in dem das Verhältnis der Wasserfläche zur Landfläche zwischen 1 zu 1 und 9 zu 1 beträgt (Art. 47 Abs. 1 SRÜ). Bei den so umschlossenen Gewässern handelt es sich um *Archipelgewässer*, in denen im Unterschied zu den inneren Gewässer die Schiffe aller Staaten das Recht der friedlichen Durchfahrt oder - falls entsprechende Archipelschiffahrtswege festgelegt sind - das

Recht der Archipeldurchfahrt (einschließlich des Überflugs) genießen (Art. 52 ff. SRÜ).

Seewärts an die inneren Gewässer bzw. - im Fall von Archipelstaaten - an die Archipelgewässer schließt sich das *Küstenmeer* an. Nach Art. 3 SRÜ darf dies nicht breiter als 12 sm (gemessen von der Basislinie) sein. Die Bundesrepublik Deutschland hat durch Proklamation vom 11.11.1994 (die am 1.1.1995 in Kraft getreten ist) das deutsche Küstenmeer in Nord- und Ostsee auf 12 sm ausgedehnt (BGBl. 1994 I, 3444). Der Küstenstaat ist verpflichtet die friedliche Durchfahrt von Schiffen (jedoch nicht das Überfliegen durch Flugzeuge) aller Staaten durch sein Küstenmeer zu dulden (Art. 17-26 SRÜ). Dabei ist seine Hoheitsgewalt und Gerichtsbarkeit über die durchfahrenden Schiffe beschränkt. Soweit Meerengen, die der internationalen Schiffahrt dienen, durch die Erweiterung des Küstenmeers in dieses einbezogen werden, genießen die Schiffe und Flugzeuge aller Staaten dort das Recht der Transitdurchfahrt (Art. 38 SRÜ).

(2) Anschlußzone

Die Küstenstaaten können im Anschluß an das Küstenmeer eine *Anschlußzone* beanspruchen, die sich nicht weiter als 24 sm über die Basislinien hinaus erstrecken darf (Art. 33 SRÜ). Diese Zone unterliegt weder der Souveränität noch der Gebietshoheit des Küstenstaats. Ihm stehen hier lediglich begrenzte Kontroll- bzw. Durchsetzungsbefugnisse (bei Verstößen gegen Zoll-, Finanz-, Einwanderungs- und Gesundheitsvorschriften), nicht aber Regelungsbefugnisse zu. Bei der Anschlußzone handelt es sich somit um eine „Funktionshoheitszone", in der der Küstenstaat eine gewisse Polizeigewalt ausüben darf. Die Bundesrepublik Deutschland hat es bislang nicht für notwendig erachtet, eine Anschlußzone zu beanspruchen.

(3) Ausschließliche Wirtschaftszone

Die *ausschließliche Wirtschaftszone* (AWZ) erfaßt das Meeresgebiet bis zu 200 sm seewärts der Basislinien (Art.

463

57 SRÜ). Sie muß ausdrücklich erklärt werden. Soweit ein Küstenstaat auch eine Anschlußzone beansprucht, überlagern sich diese beiden Zonen auf der Breite der Anschlußzone. Die Bundesrepublik Deutschland hat am 25.11.1994 die Errichtung einer AWZ in der Nordsee und in der Ostsee proklamiert (BGBl. 1994 II, 3769). Die AWZ, die sich nicht auch auf den Luftraum (aber auf den Meeresboden und Meeresuntergrund) erstreckt, gehört weder zum Staatsgebiet des Küstenstaats noch zur Hohen See. Bei der AWZ handelt es sich um eine Meereszone, bei der alle wirtschaftlichen Nutzungsrechte (mit Ausnahme der Schiffahrt, des Überflugs und der Verlegung unterseeischer Kabel und Rohrleitungen) sowie Hoheitsbefugnisse in bezug auf die Errichtung von Anlagen und künstlichen Inseln, der Meeresforschung und dem Meeresumweltschutz den Küstenstaaten *ausschließlich* zugewiesen sind (Art. 56, 58 SRÜ). In dieser Zone erfolgen mehr als 85% des Fischfangs und es werden über 90% der unterseeischen Rohölvorkommen in ihr vermutet. Die Anerkennung der AWZ im SRÜ bedeutete eine bedeutende Umverteilung maritimer Ressourcen zugunsten der Küstenstaaten. Fischereirechte in der AWZ kommen den anderen Staaten nur insoweit zu, als der Fischbestand die Fangkapazität des Küstenstaates übersteigt. Bei der Zuteilung der Fangrechte am Überschuß („surplus") genießen die Binnen- und geographisch benachteiligten Staaten, und dabei wieder die Entwicklungsländer, eine gewisse Vorzugsbehandlung (Art. 69-72 SRÜ). Die AWZ ist damit vor allem eine „küstenstaatliche Fischereimonopolzone" (*Graf Vitzthum* 1997, 433).

(4) Hohe See

Die *Hohe See* umfaßt nach der Negativdefinition des Art. 86 SRÜ alle Teile des Meeres, die nicht zur AWZ, zum Küstenmeer, den inneren Gewässern oder zu den Archipelgewässern eines Archipelstaats gehören. Kein Staat darf den Anspruch erheben, irgendeinen Teil der Hohen See seiner Souveränität zu unterstellen (Art. 89 SRÜ). Alle Staaten genießen auf der Hohen See - im Rahmen der Gemeinverträglichkeit - die Freiheiten der Schiffahrt, des Überflugs, des Legens von unterseeischen Kabeln und Rohrleitungen, der Fischerei, der Errichtung von künstlichen Inseln und der wissenschaftlichen Forschung (Art. 87 SRÜ). Die Schiffe unterstehen auf Hoher See grundsätzlich nur der Hoheitsgewalt des Staates, dessen Flagge sie führen (Flaggenstaatsprinzip), und unterliegen seiner Kontrolle. Eine Durchbrechung erfährt das Flaggenstaatsprinzip nur bei Verdacht auf Seeräuberei, Sklavenhandel, Drogenhandel oder des Führens einer falschen Flagge durch Handelsschiffe. Vom Recht der Nacheile („hot pursuit", Art. 111 SRÜ) abgesehen, hat der Küstenstaat bezüglich der Hohen See keine Vorrechte. Nach Maßgabe des Art. 218 SRÜ ist er allerdings zur Untersuchung und Verfolgung von Verstößen auf Hoher See gegen anwendbare internationale Meeresumweltschutzvorschriften befugt (jedoch nur, wenn sich das den Verstoß begehende Schiff freiwillig in einem seiner Häfen oder vor der Küste liegenden Umschlagplätze befindet).

c) Die Zonen des Meeresbodens und Meeresuntergrunds

(1) Meeresboden und Meeresuntergrund des maritimen Staatsgebiets

Der Meeresboden und Meeresuntergrund der inneren Gewässer, der Archipelgewässer und des Küstenmeers unterliegen der vollen Souveränität des Küstenstaats (Art. 2 Abs. 2 SRÜ). Der Küstenstaat darf somit alle Fragen der Erforschung, Ausbeutung, Erhaltung und Bewirtschaftung der lebenden und nichtlebenden natürlichen und anderen Ressourcen (z.B. historische und archäologische Gegenstände) des Meeresbodens und Meeresuntergrundes regeln.

(2) Festlandsockel

Der *Festlandsockel*, der vom Internationalen Gerichtshof (→ IGH) in den

Nordsee-Festlandsockel-Fällen als „natürliche Verlängerung oder Fortsetzung des Landgebiets" eines Staats bezeichnet wurde (ICJ Rep. 1969, 31), umfaßt nach Art. 76 Abs. 1 SRÜ „den jenseits seines Küstenmeers gelegenen Meeresboden und Meeresuntergrund". Die äußere Grenze liegt je nach geographischen Gegebenheiten zwischen 200 und 350 sm von den Basislinien entfernt. Soweit die Grenze weiter als 200 sm seewärts von den Basislinien entfernt verlaufen soll, soll die Grenze aufgrund von Empfehlungen der *Kommission zur Begrenzung des Festlandsockels* erfolgen. Der Meeresboden und Meeresuntergrund unter der AWZ ist somit immer Festlandsockel (Art. 56 Abs. 3 SRÜ). Die Rechte des Küstenstaats am Festlandsockel kommen diesem *ipso jure* zu, d.h. sie sind weder von einer tatsächlichen oder nominellen Besitzergreifung noch von einer ausdrücklichen Erklärung abhängig (Art. 77 Abs. 3 SRÜ). Eine Proklamation über die Erforschung und Ausbeutung des deutschen Festlandsockels, wie sie von der Bundesregierung am 22.1.1964 abgegeben wurde (BGBl. 1964 II, 104), ist somit (heute) nicht mehr notwendig. Der Küstenstaat übt über den Festlandsockel nur begrenzte souveräne Rechte (nicht Souveränität) zum Zwecke seiner Erforschung und der Ausbeutung seiner (lebenden und nichtlebenden) natürlichen Ressourcen aus. Ein schwieriges Problem stellt die Aufteilung des Festlandsockels zwischen Staaten mit gegenüberliegenden oder aneinander angrenzenden Küsten dar (Art. 83 SRÜ). Die Abgrenzung des deutschen Festlandsockels unter der Nordsee ist geregelt durch Verträge vom 28.1.1971 und 25.11.1971 mit Dänemark, den Niederlanden und Großbritannien (BGBl. 1972 II, 881, 889, 897) auf der Grundlage des Urteils des IGH vom 20.2.1969 (ICJ Rep. 1969, 3).

(3) Gebiet

Bei dem *Gebiet* handelt es sich „um den Meeresboden und den Meeresuntergrund jenseits der Grenzen des Bereichs nationaler Hoheitsbefugnisse" (Art. 1 Abs. 1 Nr. 1 SRÜ), d.h. jenseits des Festlandsockels. Nach Art. 136 SRÜ sind das „Gebiet und seine Ressourcen... das gemeinsame Erbe der Menschheit", über die kein Staat „Souveränität oder souveräne Rechte beanspruchen oder ausüben" und die sich niemand „aneignen" darf. Alle Rechte an den Ressourcen des Gebiets stehen der gesamten Menschheit (unter besonderer Berücksichtigung der Bedürfnisse der „Entwicklungsländer") zu, in deren Namen die *Internationale Meeresbodenbehörde* mit Sitz in Jamaika handelt. Beim Gebiet handelt es sich somit um einen Staatengemeinschaftsraum unter internationaler Verwaltung. Diese Verwaltung dürfte jedoch aufgrund der derzeitigen Unwirtschaftlichkeit des Tiefseebergbaus in absehbarer Zeit keine praktische Bedeutung erlangen.

4. Bewertung und Ausblick

Das derzeitige internationale Seerecht ist gekennzeichnet von einer *Verzonung* und immer weitergehenden *Territorialisierung*: Die Zonen, in denen die Küstenstaaten Souveränität, souveräne Rechte oder Hoheitsbefugnisse ausüben, nehmen an Zahl, Umfang und Bedeutung immer mehr zu - auf Kosten der Hohen See. Die *Internationalisierung* des Gebiets und die (im SRÜ ansatzweise zum Ausdruck kommende) *Gemeinschaftsbindung* der Meeresnutzung durch die Küstenstaaten stellt dagegen nur einen geringen Ausgleich dar. Um die großen Aufgaben der Zukunft (Meeresumweltschutz, Nahrungs- und Energievorsorge) zu bewältigen, muß sich das internationale Seerecht von einer Raum- und Nutzungsordnung zu einer *Ordnung der gemeinschaftlichen und nachhaltigen Bewirtschaftung* der Ressource Meer entwickeln. In den Vordergrund des Interesses rücken damit Normen, die der Verwaltung der Ressource Meer dienen, insbesondere der Verteilung etwa der Fischvorkommen und Bodenschätze zwischen den verschiedenen Staaten, Regionen und Generationen (vgl. UN Doc. A/RES/S-19/2, 12.9.1997). Im Rechtsinstitut des gemeinsamen (gemeinsam zu erhalten-

den, zu verwaltenden und zu tradieren-
den) Erbes der Menschheit kommt diese Perspektive bereits zum Ausdruck.
Vonnöten ist eine Entwicklung von
sektoraler und zonaler zu umfassender,
integrierter Zusammenarbeit. Das *integrierte Meeresmanagement* bleibt die
große Aufgabe des internationalen Seerechts der Zukunft.

Stefan Talmon

Lit.: *Brown, E.D.:* The International Law of
the Sea, Bd. 1: Introductory Manual, Al-
dershot 1994; *Churchill, R.R./Lowe, A.V.:*
The Law of the Sea, 2. Aufl. Manchester
1988; *Graf Vitzthum, W./Talmon, S.:* Alles
fließt. Kulturgüterschutz und innere Gewässer im Neuen Seerecht, Baden-Baden 1998;
Graf Vitzthum, W.: Die Plünderung der
Meere, Frankfurt/M. 1981; *Graf Vitzthum,
W.:* Raum, Umwelt und Wirtschaft im Völkerrecht, in: Graf Vitzthum, W. (Hrsg.):
Völkerrecht, Berlin 1997, 393-524; *Hafner,
G.:* Territoriale Aspekte des Völkerrechts,
in: Neuhold, H./Hummer, W./Schreuer, C.
(Hrsg.): Österreichisches Handbuch des
Völkerrechts, Bd. 1, 3. Aufl., Wien 1997,
357-415; *Jaenicke, G.:* Die Dritte Seerechtskonferenz der Vereinten Nationen, in:
ZaöRV 38 (1978), 438-511; *Jenisch, U.:*
Bibliographie des deutschen Schrifttums
zum Internationalen Seerecht 1982-1996,
Baden-Baden 1998; *Kimminich, O.:* Einführung in das Völkerrecht, 6. Aufl., Tübingen
1997, 131-135, 375-391.
Internet: Aktuelle Materialien und die
neuesten Vertragstexte finden sich auch auf
der „Oceans and Law of the Sea Home
Page" der United Nations Division for Ocean Affairs and the Law of the Sea:
http://www.un.org/Depts/los

Sekretariat

I. Einführung

Um der Weltorganisation, die sie schaffen wollten, eine tragfähige organisatorische Grundlage zu geben, konzipierten die Gründungsstaaten der UN in
San Francisco ein internationales Sekretariat, das unter Leitung des → Generalsekretärs die anderen Hauptorgane
bei ihrer Arbeit organisatorisch unterstützen, ihre Beschlüsse dokumentieren,
deren Ausführung überwachen sowie
die Kommunikation mit den Mitgliedstaaten durchführen sollte. Dieses Kon-

zept eines einheitlichen Sekretariats für
alle Organe der UN hatte sich nach
anfänglichen Diskussionen, ob nicht
eigene Sekretariate für jedes der vier
Hauptorgane (→ Hauptorgane/Neben-
organe/Vertragsorgane) → Generalversammlung, → Sicherheitsrat, → Wirt-
schafts- und Sozialrat (ECOSOC) und
→ Treuhandrat besser wären, in San
Francisco durchgesetzt (→ Entstehungsgeschichte der UN). Weil man
sich jedoch mehr auf die Befugnisse des
Generalsekretärs und das Verfahren
seiner Ernennung konzentrierte, blieben
die Charta-Bestimmungen in Kapitel
XV, die den Aufbau des Sekretariats
regeln (Art. 97-101), ungenau. Dies hat
es den Mitgliedstaaten erleichtert, sich
immer wieder in die Personalpolitik
und die tägliche Arbeit des Sekretariats
einzumischen, aber auch heftige, oft
ungerechtfertigte Kritik an angeblichem
Kompetenzwirrwarr, bürokratischem
Wildwuchs und Verschwendungssucht
zu üben.

Es geht bei einer Betrachtung der
Strukturen, der Arbeitsweise und Leistungen des Sekretariats deshalb darum,
zum einen die Regelungen der Charta
zu berücksichtigen, zum anderen die
organisatorischen Anforderungen, die
das → UN-System an das Sekretariat
als seinem organisatorischen Dienstlei-
stungszentrum stellt, aber auch die politischen Funktionen, die das Sekretariat
als das für die Außenvertretung und
Außendarstellung, aber auch für die
praktische Durchführung der Beschlüsse von Sicherheitsrat, Generalversammlung und Wirtschafts- und Sozialrat zuständige Organ zweifellos übernimmt, zu würdigen.

II. Sekretariat und Generalsekretär

Die Tatsache, daß das Sekretariat in
Art. 7 der Charta als Hauptorgan genannt wird, macht deutlich, daß die
Gründungsstaaten das Sekretariat im
Vergleich zum Sekretariat des → Völkerbundes aufwerten wollten, weil das
Sekretariat neben den administrativ-
organisatorischen Aufgaben wichtige
politische Funktionen übernehmen
sollte. Allerdings kann man die Funk-

tionen des Sekretariats kaum losgelöst von den Aufgaben und Befugnissen betrachten, welche die Charta explizit dem Generalsekretär in den Art. 98 und 99 zuweist, umso mehr, als dem Sekretariat explizit keine eigenen Aufgaben zugewiesen werden. Die Charta konstatiert lediglich: „Das Sekretariat besteht aus einem Generalsekretär und den sonstigen von der Organisation benötigten Bediensteten. Der Generalsekretär wird von der Generalversammlung ernannt. Er ist der höchste Verwaltungsbeamte." Das bedeutet, daß sich die Aufgaben des Sekretariats aus den explizit genannten Aufgaben und Kompetenzen des Generalsekretärs gegenüber dem Sicherheitsrat, der Generalversammlung, dem Wirtschafts- und Sozialrat sowie dem Treuhandrat ergeben, sowie aus den ihm zusätzlich von diesen vier Hauptorganen zugewiesenen Aufgaben. Das Sekretariat ist quasi das „Instrument", mit dem der Generalsekretär seine Aufgaben wahrnimmt, wenn er daneben auch Aufgaben hat, die über das Sekretariat hinausgehen, z.B. als oberster Verwaltungsbeamter der Vereinten Nationen, er ist also nicht nur die Verwaltungsspitze des Sekretariats.

III. Aufgaben

Das Sekretariat unterstützt die Arbeit der übrigen Hauptorgane ebenso wie die Arbeit der Spezialorganisationen wie z.B. → UNCTAD, → UNDP, → UNEP und → WFC. Anderen Nebenorganen wie → UNICEF, → UNRWA, → UNITAR, → UNFPA wurden bei ihrer Einrichtung eine personelle und administrative Eigenverantwortung eingeräumt.

Aus der allgemeinen Aufgabe, die Arbeit der UN-Organe zu unterstützen, ergibt sich eine Vielzahl von Aufgaben, die man grob in die Bereiche Organisation, Informationssammlung und -verarbeitung, Redaktion, Entscheidungsvorbereitung, Durchführung, Kommunikation, Beratung und Öffentlichkeitsarbeit einteilen kann:

Das Sekretariat bereitet die Sitzungen der Gremien organisatorisch vor.

Es sammelt soziale und wirtschaftliche Daten und vielfältige Informationen über politische Konflikte und Menschenrechtsverletzungen und bereitet sie in einer Vielzahl von Berichten und Studien auf, welche Entscheidungsgrundlagen für die Arbeit der UN-Gremien bilden.

Seine Mitarbeiter arbeiten in intensiver Zusammenarbeit mit Mitgliedern der entsprechenden Gremien Textentwürfe aus, z.B. Resolutionsentwürfe für den Sicherheitsrat oder die Generalversammlung.

Die Mitarbeiter helfen bei der Entscheidungsvorbereitung vor den eigentlichen Sitzungen während der nichtöffentlichen Treffen der zahlreichen informellen Gruppen in den UN (→ Gruppenbildung in den UN).

Nachdem Entscheidungen in den Gremien gefallen sind, organisieren sie die Durchführung, z.B. bei Friedensmissionen (→ Friedenssicherung; → Friedensoperationen) verhandeln die Mitarbeiter der Hauptabteilung für Friedenssicherungseinsätze mit den Staaten, die sich im Vorfeld der Entscheidung grundsätzlich bereit erklärt hatten, Friedenstruppenkontingente zu stellen, über Zahl, Ausrüstung, Transportwege etc., oft eine gigantische Arbeit, wenn man bedenkt, daß häufig mehr als 15 Staaten an einer einzigen Friedensmission mit Truppen beteiligt sind (→ Friedenstruppen).

Sie dokumentieren die Arbeit der Vereinten Nationen, indem sie alle Texte in ihren verschiedenen Stadien registrieren und archivieren sowie Protokolle aller Sitzungen anfertigen. Zusätzlich verfassen sie im Auftrag des Generalsekretärs zusammenfassende Darstellungen über die Arbeit in einzelnen Aufgabengebieten, z.B. in den sog. Blue Books.

Sie nehmen alle Mitteilungen von Einzelpersonen, nichtstaatlichen Organisationen (→ NGOs) oder Regierungen der Mitgliedsstaaten entgegen und leiten sie an die zuständigen Organe der UN weiter und informieren andererseits Staatenregierungen über Beschlüsse der UN-Organe.

467

Sie beraten Politiker oder Fachleute aus den Mitgliedstaaten bei der Lösung wirtschaftlicher und sozialer Probleme, soweit dafür nicht spezielle UN-Organe zuständig sind.

Sie informieren die Öffentlichkeit über die Massenmedien und seit einigen Jahren auch zunehmend direkt durch das Internet (→ Internet-Zugang/Homepage der UN) über die Aktivitäten der UN (→ Öffentlichkeitsarbeit der UN). Sie recherchieren zugleich die in den Medien erscheinenden Berichte und Kommentare über die Arbeit der UNO (→ Öffentliche Meinung und die UN).

IV. Struktur

Aufgrund der Vorgaben der Charta ist das Sekretariat hierarchisch aufgebaut, alle Bediensteten leiten ihre Befugnisse direkt oder indirekt vom Generalsekretär ab, wobei die einzelnen Hauptabteilungen (departments) oder Ämter bzw. Büros (offices) von Untergeneralsekretären oder Beigeordneten Generalsekretären geleitet werden, die vom Generalsekretär ernannt werden. Die einzelnen Abteilungen und Büros sind wiederum in kleinere Einheiten untergliedert. Der konkrete Aufbau des Sekretariats hängt zu einem erheblichen Teil von den sich in den Vereinten Nationen stellenden Problemen ab und kann durch den Generalsekretär um einzelne Abteilungen erweitert oder verringert werden, wenn Aufgabengebiete hinzukommen oder wegfallen. Dies war in der Geschichte der UNO häufiger der Fall, in jedem Jahrzehnt wurde durchgreifende Strukturänderungen vorgenommen.

Die Personalhoheit (→ Personal), die dem Generalsekretär diese Strukturpolitik ermöglicht, wird allerdings in ihrer Wirkung durch mehrere Einflußfaktoren begrenzt:

Er muß sich bei seiner Personalpolitik an Regeln halten, welche die Generalversammlungen erläßt (Art. 101, 1). Diese betreffen u.a. den Anteil der Frauen (→ Frauen und die UN) an den Bediensteten, die Altersstruktur, die Verteilung auf die einzelnen → Amtssprachen und die ausgewogene geographische Verteilung. Letztere hat immer wieder zu Konflikten geführt: Gemäß Art. 101, 3 UN-Charta muß der Generalsekretär bei der Einstellung der Bediensteten die Auswahl „auf möglichst breiter geographischer Grundlage" vornehmen. Dem hat die Generalversammlung gerecht zu werden versucht, indem sie „desirable ranges", d.h. nationale Mindest- und Höchstquoten für die Anzahl der Mitarbeiter aus einem Staat, auf der Grundlage der Höhe der nationalen Beitragszahlungen festgelegt hat, ein System, daß mehrmals zugunsten der zahlungsschwächeren Mitgliedstaaten der Dritten Welt nachgebessert wurde. So wünschenswert eine breite, wirklich internationale Zusammensetzung des Sekretariats auch ist, so führt diese Quantifizierung der Ansprüche in der Regel zu Problemen, was die fachliche Qualifikation vieler Mitarbeiter angeht. Ein Staat wird kaum auf „seinen" Anteil an den Stellen im Sekretariat verzichten wollen, auch wenn er z.Zt. über keine geeigneten Stellenbewerber verfügt..

Bei den einflußreicheren Staaten geht die personalpolitische Einflußnahme über die quantitative Dimension hinaus: Seit der Gründung der Vereinten Nationen haben sich z.B. die fünf ständigen Ratsmitglieder durch massiven Druck auf den Generalsekretär je eine der ranghöchsten Stellen unterhalb des Generalsekretärs, in der Regel als Leiter von Hauptabteilungen, verschafft, was inzwischen fast einen gewohnheitsrechtlichen Charakter angenommen hat. Diese massive Einflußnahme durch die Großmächte widerspricht eklatant der in Art. 100 UN-Charta enthaltenen Verpflichtung der Mitgliedstaaten, nicht zu versuchen, die Bediensteten „bei der Wahrnehmung ihrer Aufgaben zu beeinflussen." Hier findet seit Jahrzehnten eine massive Beeinflussung statt.

Auf dem Weg über die Verteilung der finanziellen Ressourcen bei der Aufstellung des → Haushalts können die Mitgliedstaaten indirekt Einfluß auf die Personalpolitik nehmen, z.B. Stellenstreichungen erzwingen. Dies gilt umso mehr, seitdem die USA durch ihre anhaltende Beitragsverweigerung (→ Finanzkrisen) eine Änderung des Haushaltsverfahren in einer De-facto-Revision der Charta durch Resolution 41/213 der Generalversammlung vom 19.12.1986 durchgesetzt hat, die eine Überstimmung der Hauptbeitragszahler bei der Verabschiedung des Haushalts praktisch unmöglich macht. Die USA haben, das ist unbestreitbar, durch ihre anhaltende Zahlungsverweigerung eine massive Politik der Stellenkürzungen im Sekretariat unter Boutros-Ghali und Annan erzwungen, die inzwischen an die Substanz geht.

Dennoch haben Boutros Boutros-Ghali und auch Kofi Annan, ein erfahrener UN-Verwaltungs-Fachmann versucht, aus der Not eine Tugend zu machen: Sie haben – konsequenter und mutiger als ihre Vorgänger – trotz des Widerstandes der einflußreichen Mitgliedstaaten die Zahl der hochdotierten „Häuptlinge", d.h. der Untergeneralsekretäre und Beigeordneten Generalsekretäre, verringert und die große Zahl der Hauptabteilungen und Büros durch Zusammenlegungen reduziert. Annan hat darüber hinaus als erster Generalsekretär eine tiefgreifende Strukturreform in der Führungsstruktur des Sekretariats begonnen: Anstelle der bisherigen strikt hierarchischen Leitungsstruktur, die hohe Effizienzverluste dadurch hervorrief, daß alle Hauptabteilungsleiter ihm gegenüber einzeln verantwortlich waren und er mit der Aufgabe der Koordination von über 10 Abteilungen überfordert war, hat Annan die Abteilungen des Sekretariats in vier Exekutivausschüsse zusammengefaßt, die für die verschiedenen Haupt-Arbeitsfelder des Sekretariats zuständig sind: (1) Frieden und Sicherheit, (2) Wirtschaftliche und Soziale Angelegenheiten, (3) Humanitäre Angelegenheiten, (4) Entwicklung. Die Menschenrechte als fünfte Haupt-Aufgabe sollen in allen vier Ausschüssen behandelt werden.

Die Ausschüsse treffen sich mindestens einmal monatlich, um ihre Arbeit zu koordinieren. Sie umfassen jeweils die zuständigen Abteilungen des Sekretariats und die auf dem gleichen Gebiet arbeitenden UN-Spezialorgane. So gehören z.B. zum Exekutivausschuß für Frieden und Sicherheit die Hauptabteilung für Politische Angelegenheiten (DPA), die Hauptabteilung für Friedenssicherungseinsätze (DPKO), das Amt für die Koordinierung humanitärer Angelegenheiten (OCHA), der Hohe Flüchtlingskommissar (UNHCR), das Entwicklungsprogramm der Vereinten Nationen (UNDP), das Büro für Rechtsangelegenheiten (OLA), das Büro des Sicherheitskoordinators sowie Vertreter des Büros des Generalsekretärs.

Zusätzlich hat Annan einen Kabinettstil in seiner Leitung des Sekretariats seit September 1997 eingeführt: Einmal wöchentlich trifft er sich mit allen Hauptabteilungsleitern und konferiert per Videokonferenzschaltung mit den Leitern der UN-Spezialorgane, um die Arbeit zu koordinieren und Schwerpunkte festzulegen.

Unterstützt wird er seit Frühjahr 1998 durch seine Stellvertretende Generalsekretärin, die Kanadierin Louise Fréchette. Dieses Amt wurde am 19.12.1997 von der Generalversammlung mit Resolution 52/12 B als Teil des von Annan vorgeschlagenen Reformpakets (→ Reform der UN) eingerichtet. Der Stellvertretende Generalsekretär soll dem Generalsekretär bei der Koordinierung im UN-System und der Umsetzung der Reform-Vorschläge helfen; ein weiterer Arbeitsschwerpunkt ist der Bereich der → Entwicklungszusammenarbeit der UN.

Damit hat Annan das bisher ehrgeizigste Strukturreformprojekt in Angriff genommen. Zustimmung und Kritik halten sich dabei die Waage: Einerseits hatte er angesichts der immer knapper werdenden Finanzmittel, aber auch wegen der unbestreitbaren Strukturmängel (personelle Überbesetzung in einigen Bereichen, Kompetenzüberschneidungen, mangelnde Koordination usw.) gar keine andere Wahl: Er mußte versuchen, die Strukturen effizienter und transparenter zu gestalten, aber auch Personalkosten einzusparen. Dabei ist der Strukturumbau letztlich unproblematisch, sondern eher ein Gewinn für die UNO: Die Reduzierung der „Häuptlinge" spart Geld und verringert den zu großen Einfluß der Hauptbeitragszahler wenigstens etwas. Die Reduzierung von Hauptabteilungen und ihre Zusammenfassung in Exekutivausschüssen macht die Arbeit effizienter, stellt interne Öffentlichkeit her anstelle früherer Einzelgespräche und stärkt das gemeinsame Verantwortungsgefühl. Problematisch sind dagegen die massiven Stellenkürzungen. Sie haben zu wachsender Verunsicherung und Motivationsverlust bei den Mitarbeitern geführt, was sich die Vereinten Nationen angesichts der großen Aufgabenfülle eigentlich kaum leisten kann. Es ist absurd, wenn man vor dem Hintergrund der immensen Anforderungen und Erwartungen an das Sekretariat, das praktisch der „Sorgenbriefkasten" der Welt ist, der wichtigste Koordinator für humanitäre Hilfe und Friedensmissionen, wegen des mangelnden politischen Willens vieler Industrieländer, ihre Beiträge zu erhöhen oder der UNO andere Einkünfte zu ermöglichen, um jeden Bediensteten kämpfen muß. Weitere Stellenkürzungen sind vor diesem Hintergrund kaum zu verantworten.

Zur Zeit weist das Sekretariat folgende *Struktur* auf:

Die oberste Organisationsebene wird vom Generalsekretär mit seinem kleinen Exekutivbüro (Executive Office of the Secretary-General – EOSG) gebildet. Die zweite Ebene bilden 10 Hauptabteilungen bzw. Ämter, die jeweils von einem Untergeneralsekretär geleitet werden:
- Hauptabteilung für Politische Angelegenheiten (Department of Political Affairs – DPA)
- Hauptabteilung für Abrüstungsfragen (Department for Disarmament Affairs – DDA)
- Hauptabteilung für Friedenssicherungseinsätze (Department of Peacekeeping Operations – DPKO)
- Amt für die Koordinierung Humanitärer Angelegenheiten (Office for the Coordination of Humanitarian Affairs – OCHA)
- Hauptabteilung für Wirtschaftliche und Soziale Angelegenheiten (Department of Economic and Social Affairs – DESA)
- Hauptabteilung für Angelegenheiten der Generalversammlung und Konferenzdienste (Department for General Assembly Affairs and Conference Services – DGAACS)
- Hauptabteilung für Management (Department of Management – DM)
- Hauptabteilung für Presse und Informationen (Department of Public Information – DPI)
- Amt für Rechtsangelegenheiten (Office of Legal Affairs – OLA)
- Amt für Interne Aufsichtsdienste (Office of Internal Oversight Services – OIOS)

Das letzte Amt wurde v.a. auf Druck der USA 1994 geschaffen. Im Unterschied zu den anderen Hauptabteilungen wird ihr Leiter von der Generalversammlung ernannt und ist ihr verantwortlich. Mit besonderen Befugnissen ausgestattet, soll er die Aktivitäten aller UN-Gremien auf ihre Wirksamkeit überprüfen, Mittelverschwendung und Korruption aufdecken und Verbesserungsvorschläge machen (→ Kontrolle in den UN, externe und interne). Die Arbeit von OIOS hat schon in den ersten Jahren zur Aufdeckung von Mißwirtschaft geführt und Einsparungen ermöglicht.

Neben den aufgeführten Hauptabteilungen unterstehen dem Generalsekretär außerdem:
- das Büro der Vereinten Nationen in Genf (UN Office at Geneva – UNOG);
- das Büro der Vereinten Nationen in Wien (UN Office at Vienna – UNOV);
- das Büro der Vereinten Nationen in Nairobi (UN Office at Nairobi – UNON);
(An der Spitze der beiden europäischen Büros steht jeweils ein Untergeneralsekretär, das erst Anfang 1996 eröffnete Büro in Nairobi wird vom Exekutivdirektor des UNEP im Range eines Untergeneralsekretärs geleitet.)

- die fünf regionalen Wirtschaftskommissionen der UN (→ Wirtschaftskommissionen, regionale).

Eine Reihe von UN-Nebenorganen sind über ihre Sekretariate organisatorisch mit dem Sekretariat verbunden, verfügen jedoch über ein relativ großes Maß an Selbstständigkeit: → UNHCR, Hoher Kommissar für Menschenrechte der UN (→ Menschenrechte, Hoher Kommissar für), UNCTAD, UNEP, → UNCHS, UNRWA, das Büro für Drogenkontrolle und Verbrechensverhütung (Office for Drug Control and Crime Prevention). So berichten z.B. die folgenden Nebenorgane nicht über den Generalsekretär, sondern direkt an die Hauptorgane: der Hohe Kommissar für Menschenrechte und der Hohe Flüchtlingskommissar (UNHCR) an den Wirtschafts- und Sozialrat (ECOSOC), UNRWA an die Generalversammlung.

V. Fazit

Wenn man nach diesem kurzen Überblick über die Aufgaben und Strukturen des Sekretariats versucht, ein Fazit über die Schwächen und Stärken des Sekretariats der Vereinten Nationen zu ziehen, überwiegen die Stärken die Schwächen:

Das Sekretariat hat zwar wegen der massiven Interessenpolitik vieler Mitgliedstaaten immer wieder dazu tendiert, ein organisatorisches Dickicht zu entwickeln und öfter auch wenig qualifizierte Leute in wichtige Positionen zu bringen und zu hohe Sachkosten zu verursachen, aber diese Mißstände wurden und werden durch öffentliche Kritik publik und werden zunehmend auch durch die interne Kontrolle durch das OIOS frühzeitig aufgedeckt und abgestellt sowie durch die Reformmaßnahmen von Boutros-Ghali und Annan weiter reduziert. Ganz beseitigen lassen werden sie sich nie in einem so komplexen internationalen Sekretariat mit 185 Staaten als „Aufsichtsräten" neben dem „Firmenchef" Generalsekretär.

Zu den Verdiensten des Sekretariats ist in seiner über 50jährigen Geschichte die Fähigkeit zu zählen, sich an wechselnde Aufgabenstellungen durch Im-provisationskunst relativ schnell anzupassen, über Sprach- und Kulturgrenzen hinweg effektive internationale Zusammenarbeit zu praktizieren bei einem in vielen Bereichen sehr hohen Arbeitsethos und Verantwortungsgefühl. In vielen Krisensituationen wurde Außergewöhnliches geleistet, so z.B. bei der Aufstellung der ersten UN-Friedenstruppe UNEF I, als in wenigen Stunden ein organisatorisches Konzept erarbeitet und in die Tat umgesetzt wurde, ein Meisterstück. Die Reformschritte von Boutros-Ghali und Annan scheinen – soweit man das zu diesem Zeitpunkt schon beurteilen kann – nicht nur geeignete Maßnahmen zu sein, um die Kosten zu senken und die Effizienz zu erhöhen, sondern der von Annan angestrebte kollegiale Leitungsstil mag dabei helfen, Koordinationsprobleme und Unklarheiten über die jeweilige Aufgabenstellung eher aufzudecken und gemeinsam nach Lösungen zu suchen. Weitere Sparmaßnahmen – diesen Eindruck gewinnt man, wenn man sich mit den Mitarbeitern im Sekretariat unterhält und sich die statistischen Daten anschaut – würden das Sekretariat in seiner Leistungsfähigkeit empfindlich beeinträchtigen. Das kann sich die Weltgemeinschaft nicht leisten: Das Sekretariat leistet wichtige Dienste für die Weltgemeinschaft und damit letztlich auch für die Menschen in den Mitgliedstaaten.

Helmut Volger

Lit.: *Dicke. K.:* Reformen des Sekretariats und die veränderte Rolle des Generalsekretärs, in: Hüfner, K. (Hrsg.): Die Reform der Vereinten Nationen. Die Weltorganisation zwischen Krise und Erneuerung, Opladen 1994, 225-239; *Fiedler, W.:* Kommentar zu Art. 97, in: Simma, B. (Hrsg.): Charta der Vereinen Nationen, München 1991, 965-979; *Lindemann, B./Hesse-Kreindler, D.:* Sekretariat, in: Wolfrum, R. (Hrsg.): Handbuch Vereinte Nationen, 2. Aufl., München 1991, 738-745; *United Nations – Secretariat:* Organization of the Secretariat of the United Nations (Secretary-General's Bulletin), UN Doc. ST/SGB/1997/5, 12 September 1997.

Selbstbestimmungsrecht

Herausbildung:

Das Selbstbestimmungsrecht der Völker. bekam nach dem Ersten Weltkrieg durch die 14-Punkte-Erklärung des amerikanischen Präsidenten *Wilson* völkerrechtliche Relevanz. Darin wird die Selbstbestimmungsidee mit dem Nationalstaatsprinzip kombiniert, so daß den Völkern entweder ihr eigener Staat oder aber zumindest eine autonome Entwicklung innerhalb eines Mehrvölkerstaates zugestanden werden sollte. Nachdem im Völkerbund die Selbstbestimmung im Zusammenhang mit dem → Minderheitenschutz und dem Mandatssystem eine Rolle gespielt hatte, beeinflußte sie im Zweiten Weltkrieg auch die Aktivitäten der Anti-*Hitler*-Koalition. Dies kommt in der *Atlantik-Charta* (→ Entstehungsgeschichte der UN) zum Ausdruck, in der sich die USA und Großbritannien verpflichteten, das Recht der Völker auf die Wahl der Regierungsform, unter der sie leben wollen, zu achten. Bei der Ausarbeitung der UN-Charta (→ Charta der UN) setzte sich die Sowjetunion dafür ein, die Verpflichtung zur Respektierung der Gleichheit und Selbstbestimmung aller Völker aufzunehmen. Ausdrückliche Bezugnahmen finden sich in Art. 1 Abs. 2 und Art. 55 der UN-Charta. Die Formulierungen waren jedoch nicht darauf ausgerichtet, dem Selbstbestimmungsprinzip tatsächlich einen Rechtscharakter einzuräumen. Statt dessen war die Verwirklichung der Selbstbestimmung als ein Ziel der Weltorganisation proklamiert worden. Erst die Staatenpraxis brachte den Rechtscharakter hervor; das Selbstbestimmungsrecht der Völker. gilt heute als Gewohnheitsrecht (Nachweis bei *Thürer,* 1985). Von Bedeutung für die Ausformung des Selbstbestimmungsrechts der Völker. war die → Entkolonialisierung. Die um ihre Unabhängigkeit kämpfenden Völker beriefen sich in diesem Prozeß im wesentlichen auf die Res. 1514 (XV) der UN-Generalversammlung (Erklärung über die Gewährung der Unabhängigkeit an koloniale Länder und Völker) vom 14. 12. 1960, die ausdrücklich vom Recht *aller* Völker auf Selbstbestimmung sprach. Auch die Res. 1803 (XVII) vom 14.12.1962 (Ständige Souveränität über natürliche Ressourcen) listete *Rechte* der Völker auf, freilich eingeschränkt auf die wirtschaftliche Komponente der Selbstbestimmung. Durch die beiden UN-Menschenrechtspakte vom 16.Dezember 1966 (IPWSKR und IPBPR) wurde das subjektive Recht aller Völker auf Selbstbestimmung kodifiziert und in der Friendly Relations-Deklaration am 24.10.1970 nochmals bestätigt. Schließlich wurde das Selbstbestimmungsrecht der Völker in seiner wirtschaftlichen Dimension erneut durch die Res. 3281 (XXIX) vom 12.12.1974 (Charta der wirtschaftlichen Rechte und Pflichten) unterstrichen. Heute ist das Selbstbestimmungsrecht der Völker zum „tragenden Legitimationsprinzip der gesamten Völkerrechtsordnung" (*Thürer* 1995) geworden, das auch das Verhältnis von Staaten und Völkern neu definiert. Demnach ist die Souveränität der Staaten nicht mehr Selbstzweck, sondern steht im Dienste der Rechte des Volkes und der Menschenrechte, als deren Institutionalisierung sie allein gerechtfertigt ist.

Normativer Gehalt:

Die Existenz einer völkerrechtlichen Norm des Selbstbestimmungsrechts der Völker wird heute nicht mehr in Frage gestellt (*Tomuschat,* 1983). Bereits im Namibia-Gutachten von 1971 und im Westsahara-Fall von 1975 (ICJ Rep. 1971, 31 und ICJ Rep. 1975, 31 ff.) sprach der → IGH von dem *Recht* auf Selbstbestimmung, und der Entscheidung im Nicaragua-Fall konstatierte der IGH ausdrücklich seine *gewohnheitsrechtliche* Geltung (ICJ Rep. 1986, 14 ff.). Mit der Aufnahme des Selbstbestimmungsrechts der Völker in den jeweiligen Art. 1 der beiden UN-Menschenrechtspakte wurde der durch Völkergewohnheitsrecht entstandene Rechtscharakter durch die völkerrechtliche Vertragsform ergänzt. Im Lichte der umfangreichen Entkolonialisierungspraxis der sechziger Jahre wird vielfach davon ausgegangen, beim Selbstbestimmungsrecht der Völker handle es sich hinsichtlich der in kolonialer Abhängigkeit befindlichen Völker um eine *ius cogens*-Norm (*Kadelbach* 1992). So ermittelte die ILC, daß nach dem Aggressionsverbot das Selbstbestimmungsrecht der Völker die Norm des Völkerrechts ist, die von den Staaten am häufigsten als Beispiel für eine *ius cogens*-Norm genannt wurde (YBILC 1976 II/2, 121).

Inhalt des Selbstbestimmungsrechts der Völker

Die deutlichste Inhaltsbeschreibung ist in der Friendly Relations-Deklaration vorgegeben. Danach „haben alle Völker das Recht, frei und ohne Einwirkung von außen über ihren politischen Status zu entscheiden, ihre wirtschaftliche, soziale und kulturelle Entwicklung zu gestalten und hat jeder Staat die Pflicht, dieses Recht in Übereinstimmung mit der Satzung zu achten." Aus dem Wortlaut ergibt sich zumindest, daß das Selbstbestimmungsrecht als einheitliches Ganzes betrachtet wird. In der Literatur und Staatenpraxis wird aber zumeist eine Trennung in das *äußere und innere* Selbstbestimmungsrecht vorgenommen. Das *äußere Selbstbestimmungsrecht der Völker* ist auf die Veränderung des Territorialstatus ausgerichtet und „kann geradezu als der inhaltliche Kern des Selbstbestimmungsrechts angesehen werden" (*Murswiek* 1994). Nach der Friendly Relations-Deklaration gibt es dafür drei Möglichkeiten: die Errichtung eines souveränen und unabhängigen Staates, die freie Vereinigung mit einem unabhängigen Staat sowie die Entstehen eines anderen frei gewählten Status. Bislang vermochte es die Staatenpraxis nicht, eindeutige Konturen des äußeren Selbstbestimmungsrechts hervorzubringen (ICJ Rep. 1975, 110). Es steht in einem Spannungsverhältnis zu der gleichrangigen völkerrechtlichen Norm der souveränen Gleichheit der Staaten, durch die auch die territoriale Integrität und der Bereich der inneren Angele-

genheiten bestehender Staaten geschützt werden. Die Akzeptanz der Selbstbestimmungsnorm durch die Staaten resultiert aus der Einsicht, daß jede nicht auf dem Volkswillen basierende Staatlichkeit letztlich nur scheinbare Stabilität hervorbringen kann, die bei Wegfall der Unterdrückung sofort in sich selbst zusammenbricht (*Oeter* 1992). Das Recht auf Staatenbildung steht dem Volk ipso iure zu; folglich sind für die Wahrnehmung dieses Rechts keine Vorbedingungen zu erfüllen. Auch die Annexion durch einen anderen Staat - wie im Fall Osttimors - hebt den originären Anspruch eines Volkes auf Selbstbestimmung nicht auf. Es unterliegt keinem Zweifel, daß das Völkerrecht mit dem Selbstbestimmungsrecht der Völker das Recht der Staatenbildung unmittelbar verbindet. Dies wurde im Rahmen der Ausarbeitung des ILO-Übereinkommens Nr. 169 beispielhaft deutlich. Als die Staaten akzeptierten, daß die Ureinwohner den Charakter von Völkern (und nicht nur Bevölkerungsgruppen) haben, schlossen sie zugleich die daraus resultierenden Rechtsfolgen mit Art. 1 Nr. 3 aus. Dennoch ist die Staatenbildung nicht *zwangsläufig* die Folge jeder Wahrnehmung des Selbstbestimmungsrechts der Völker Dies verdeutlichte der IGH im Westsahara-Gutachten (ICJ Rep. 1975, 12). Es gibt auch die Möglichkeit eines anderen frei gewählten Status und der freien Vereinigung mit einem unabhängigen Staat. Die Staatengemeinschaft hat bei der Geltendmachung des Selbstbestimmungsrechts regelmäßig ein Mitspracherecht, da zweifelsohne grundsätzlich Weltordnungsbelange betroffen sind. Hier tritt das Nichteinmischungsgebot zurück, wenn die zuständigen Organe dies beschließen (*Tomuschat* 1995). Im Falle des früheren Jugoslawien machte die Staatengemeinschaft dieses Mitspracherecht geltend. So standen die meisten Staaten den ersten Sezessionsforderungen Sloweniens und Kroatiens ablehnend gegenüber. Erst nach den Gewaltanwendungen durch die jugoslawische Volksarmee und dem Scheitern von Vermittlungsbemühungen wurde zunehmend der Anspruch der jugoslawischen Teilvölker auf Selbstbestimmung durch die Staatengemeinschaft - freilich mit unterschiedlicher Geschwindigkeit - akzeptiert (*Weller* 1992). Unbestritten ist, daß die Kolonialvölker das Recht hatten, sich eigene Staaten zu schaffen. Es gehört zweifellos zu den größten Erfolgen der Vereinten Nationen, Verfahren und Institutionen für die Durchsetzung des antikolonialen Selbstbestimmungsrechts hervorgebracht zu haben, die es erlaubten, die europäischen Kolonialreiche zu liquidieren. Gleichwohl ist selbst dieser Prozeß nicht frei von Widersprüchen gewesen. Einer besteht darin, daß das äußere Selbstbestimmungsrecht zwar das Recht zur Staatenbildung zubilligt, aber gleichzeitig die Respektierung der Grenzen verlangt, selbst wenn diese - wie im Falle der Kolonien zumeist anzunehmen - willkürlich entgegen den Grenzen der Siedlungsgebiete von Völkern oder ethnischen Gruppen gezogen wurden (*uti possidetis*-Prinzip). Der → IGH äußerte sich im Grenzstreit zwischen Burkina Faso und Mali ausdrücklich zur rechtlichen Bedeutung des uti possidetis. Er nannte es ein allgemeines Prinzip, das logisch mit der Unabhängigkeit verbunden sei, um die Stabilität des neuen Staates zu schützen. (ICJ Rep. 1986, 554). In engem Zusammenhang zum äußeren Selbstbestimmungsrecht steht das umstrittene Problem der *Sezession* (Abtrennung). Dabei wird ein Teilgebiet eines Staates abgetrennt und der alte Staat besteht - wenn auch mit nunmehr verkleinertem Staatsgebiet - als Völkerrechtssubjekt fort. Er ist damit als Rechtssubjekt mit dem ursprünglichen Staat identisch und setzt seine Rechtsbeziehungen unverändert fort. Für alle anderen Staaten bleibt ihr Vertragspartner also erhalten; nur der territoriale Anwendungsbereich der Verträge verkleinert sich dem Grundsatz der beweglichen Vertragsgrenzen entsprechend. Die Sezessionsforderung geht nicht vom gesamten Staatsvolk, sondern notwendigerweise von einer kleineren Einheit, nämlich in der Regel von

einem Volk im ethnischen Sinne, aus. Die Sezession steht in Widerspruch zur territorialen Integrität, weshalb in der Vergangenheit einige Autoren die Möglichkeit der Existenz eines Selbstbestimmungsrechts der Völker gänzlich ausschlossen. Die Staatenpraxis läßt aber zumindest hinsichtlich der Kolonien eine eindeutige Bejahung des Rechts auf Loslösung erkennen. Jeder über die Entkolonialisierung hinausgehende Sezessionsanspruch wurde jedoch lange Zeit strikt abgelehnt. Diese Position wurde vom damaligen UN-Generalsekretär *U Thant* im Biafra-Fall mit den Worten unterstrichen, „the United Nations has never accepted and does not accept and I do not believe it will ever accept the principle of secession of a part of its Member State." (UN Chron. 2/1970, 10). Folglich wurde der Biafra-Fall auch nicht vor die Vereinten Nationen gebracht. Erst aus der Friendly Relations-Deklaration kann abgeleitet werden, daß zumindest dann die Sezession eines Volkes berechtigt ist, wenn es zu schweren Diskriminierungen kommt. Danach ist das Selbstbestimmungsrecht der Völker ein Notwehrrecht, das auch gewaltsam durchgesetzt werden kann, da dem betroffenen Volk ein weiteres Verbleiben innerhalb des Staates unzumutbar wäre. Insgesamt lehnt die Völkerrechtslehre ein Recht auf Sezession ganz überwiegend nicht vollständig ab, betont aber deren absoluten Ausnahmecharakter. Insofern ist das Selbstbestimmungsrecht der Völker nicht „primär" ein Sezessionsrecht. Allerdings gibt es bislang keine Norm, die ein Sezessionsrecht ausdrücklich bejahen oder verbieten würde. Um die Sezessionsproblematik zu umgehen wird in der Politik und Literatur vielfach empfohlen, durch Autonomieregelungen den Selbstbestimmungsforderungen gerecht zu werden (*Suksi* 1998).

Das *innere Selbstbestimmungsrecht der Völker* erfaßt die Beziehungen zwischen einem Volk und seiner eigenen Regierung und berechtigt ebendieses Volk zur freien Gestaltung der staatlichen Ordnung. Der *Begriff* des inneren

Selbstbestimmungsrechts der Völker wurde erstmals 1949 bezüglich Indonesiens angewendet, als die Vereinten Nationen forderten, der Bevölkerung das Recht einzuräumen, im Wege demokratischer Verfahren den Status ihres Gebiets zu bestimmen. Grundsätzlich stellt sich die Frage nach dem inneren Staatsaufbau und inwieweit er die demokratische Mitwirkung des gesamten Staatsvolkes ermöglicht. Da es sich hierbei grundsätzlich um eine innere Angelegenheit des jeweiligen Staates handelt, versuchten die meisten Staaten aus Souveränitätserwägungen, den äußeren Aspekt des Selbstbestimmungsrecht der Völker in den Vordergrund zu stellen. Das wird an den alljährlichen Resolutionen der UN-Generalversammlung zur „Universal Realization of the Right of Peoples to Self-Determination" (so jüngst die GV-Res. 51/84 vom 28.2.1997) deutlich, welche ausschließlich den externen Aspekt des S. berücksichtigen. Gleichwohl belegen die zahlreichen Resolutionen zur Apartheid in Südafrika, daß auch innere Entwicklungen in einem Staat als Verletzung des Selbstbestimmungsrechts angesehen werden können. Aus dem *inneren Selbstbestimmungsrecht der Völker* ist jedoch kein *Recht auf eine bestimmte Staatsform* abzuleiten. Zwangsläufig schließt die Freiheit der Wahl des politischen Status durch das Volk und das Verbot der Einmischung in diesen Entscheidungsprozeß ein, daß das Völkerrecht grundsätzlich keine Bewertung der unterschiedlichen Staatsformen vornimmt. In diesem Sinne fordert die UN-Charta (→ Charta der UN) in ihrer Präambel ausdrücklich von den Völkern, „Duldsamkeit zu üben und als gute Nachbarn in Frieden miteinander zu leben". Im Nicaragua-Fall bestätigte der IGH, daß ideologische Fragen grundsätzlich von der völkerrechtlichen Regelung ausgenommen werden (ICJ Rep. 1986, 263). Die Forderung, daß die UN-Mitgliedstaaten demokratisch verfaßt sein müßten, war bereits bei der Ausarbeitung der Charta in San Francisco als Einmischung in innere Angelegenheiten verworfen

worden (*Ginther* 1994). Eine Ausnahme von dieser „Blindheit" des Völkerrechts gegenüber Staatsformen bilden nazistische und faschistische Regime. Deren Ideologien wurden mit der GA Res. 36/162 vom 16.12.1981 ausdrücklich verurteilt. Erst in der neueren Literatur wird weithin die Auffassung vertreten, dem inneren S. wohne ein *demokratisches* Element inne. Als Begründung wird angeführt, daß das Selbstbestimmungsrecht die Völker dazu berechtige, bei der Gestaltung der Angelegenheiten ihrer Gemeinschaft eine aktive Rolle in Freiheit und Gleichheit zu spielen, und dies sei ein Kennzeichen der Demokratie (*Heintze*, 1998). Eine weitere Verbindung ergebe sich aus dem gemeinsamen Ursprung von Menschenrechten und Demokratie und daraus, daß jede umfassende Menschenrechtsverwirklichung die freie Selbstbestimmung voraussetze.

Das Selbstbestimmungsrecht der Völker beinhaltet auch einen *wirtschaftlichen* Aspekt. Dieser ergibt sich aus der Formulierung des Art. 1 Nr. 1 S. 2 der beiden UN-Pakte, aus Art. 47 IPBPR (Internationaler Pakt für bürgerliche und politische Rechte) und Art. 25 IPWSKR (Internationaler Pakt für wirtschaftliche, soziale und kulturelle Rechte). Danach gestalten die Völker in Freiheit die wirtschaftliche Entwicklung und haben ein Recht auf den Genuß und die volle und freie Nutzung ihrer natürlichen Reichtümer und Mittel. Damit wird das Selbstbestimmungsrecht der Völker als ein Dauerrecht mit einem gegenüber dem Souveränitätsprinzip weiteren Anwendungsbereich und mit autonomem Rechtsgehalt aufgefaßt.

Träger des Selbstbestimmungsrechts sind die Völker. Staaten bedürfen nicht der Berufung auf das Selbstbestimmungsrecht der Völker-., da sie über Souveränität verfügen. Entsprechend Art. 1 der UN-Menschenrechtspakte sind *alle* Völker Träger des Selbstbestimmungsrechts. Mithin ist das Selbstbestimmungsrecht nicht auf bestimmte Völker, zum Beispiel die unter Kolonialherrschaft, beschränkt. Dennoch versuchen Staaten verschiedentlich, dieses Recht auf koloniale Völker begrenzen. So brachte Indien bei seinem Beitritt zum IPBPR einen Vorbehalt zu Art. 1 ein, wonach der Geltungsbereich beschränkt wird auf „peoples under foreign domination and that these words do not apply to sovereign independent States or to a section of a people or nation - which is the essence of national integrity." Gegen diesen Vorbehalt legten Frankreich, Deutschland und die Niederlande zu Recht einen Widerspruch ein und bestanden auf der Geltung des S. für alle Völker. Da es sich bei der Feststellung, ob eine bestimmte Gruppe ein Volk bildet oder nicht, um eine Frage der Ethnologie handelt, gibt es auch keine verbindliche völkerrechtliche Definition des Volksbegriffs. Vielmehr handelt es sich bei den Völkern als Träger des Selbstbestimmungsrechts um einen unbestimmten Rechtsbegriff. Bei der Anwendung dieses Rechtsbegriffs auf einen gegebenen Tatbestand bedarf er im Einzelfall der Fixierung, die sicher auch aus einer Wertausfüllung besteht. Gleichwohl ergeben sich trotz des Fehlens einer abstrakten Definition des Volkes aus der Staatenpraxis Anhaltspunkte dafür, welche Personengruppen als Träger des Selbstbestimmungsrechts der Völker anzusehen sind. Als Grundelemente des Volkes sind aber in jedem Falle das gemeinsame Bewußtsein und der politische Wille anzusehen, der dieses Volk verbindet. Ein wesentliches Erfordernis dafür, daß ein Volk sein Selbstbestimmungsrecht geltend machen kann, ist seine politische Organisierung samt der Schaffung von Vertretungsorganen zu seiner Repräsentation (*Ermacora* 1983). Erst durch diese Organisierung kann auch die partielle Völkerrechtssubjektivität der Völker entstehen, d. h. das Volk kann in einem bestimmten Rahmen völkerrechtliche Rechte und Pflichten wahrnehmen. Damit verbunden ist das Problem der völkerrechtlichen Anerkennung von Vertretungsorganen von Völkern. Eine solche Anerkennung ist ein Beleg für die allgemeine Akzeptanz des Selbstbestim-

mungsanspruchs eines konkreten Volkes. Zunehmend wird unter Verweis auf die aktuelle Staatenpraxis davon gesprochen, daß die Anerkennung neben der bekannten deklaratorischen auch konstitutive Wirkungen haben könne (*Hilpold* 1993). Eine solche Konsequenz ist auch hinsichtlich der Vertretungsorgane von Völkern nicht auszuschließen, wenngleich grundsätzlich eingeschätzt werden muß, daß auch eine Nichtanerkennung den Selbstbestimmungsanspruch von Völkern nicht aufhebt. Aus der Staatenpraxis ist abzuleiten, daß die Anerkennung eines Vertretungsorgans eines Volkes, das sein Selbstbestimmungsrecht wahrnehmen will, völkerrechtsgemäß ist (*Dugard* 1987). Die UN-Generalversammlung begann in den siebziger Jahren mit der Anerkennung bestimmter Befreiungsbewegungen als authentische Repräsentanten von Völkern unter fremder Herrschaft, wobei sie die Entscheidungen regionaler internationaler Organisationen zugrunde legte. Hinsichtlich des südlichen Afrikas traf die OAU derartige Festlegungen, bei Palästina die Arabische Liga. Die Anerkennung war auch die Grundlage für die Einräumung eines Beobachterstatus für die nationalen Befreiungsbewegungen bei den Vereinten Nationen. Gleichwohl kann die Nichtanerkennung einer Befreiungsbewegung durch die Vereinten Nationen nicht automatisch bedeuten, daß ein Volk nicht zur Selbstbestimmung berechtigt ist (*Tanca* 1993).

Hans-Joachim Heintze

Lit.: *Dugard, J.:* Recognition and the United Nations, Cambridge 1987; *Ermacora, F.:* The Protection of Minorities before the United Nations, The Hague 1983; *Ginther, K.:* Art. 4, in: Simma; B. (Hrsg.): The Charter of the United Nations, A Commentary, München 1994, 118-131; *Heintze, H.-J.:* Selbstbestimmungsrecht und Minderheitenrechte im Völkerrecht, Baden-Baden 1994; *Heintze, H.J. (Hrsg.):* Selbstbestimmungsrecht der Völker - Herausforderung der Staatenwelt, Bonn 1997; *Heintze, H.-J.:* Selbstbestimmungsrecht und Demokratisierung, in: E. Reiter (Hrsg.): Jahrbuch für internationale Sicherheitspolitik 1999, Hamburg 1998, 52-76; *Hilpold, P.*: Die Anerkennung der Neustaaten auf dem Balkan, in: AVR 31 (1993), 387-408; *Kadelbach, S.*: Zwingendes Völkerrecht, Berlin 1992; *Murswiek D.*: Die Problematik eines Rechts auf Sezession - neu betrachtet in: AVR 31 (1994), 307-332; *Oeter, S.*: Selbstbestimmungsrecht im Wandel, Überlegungen zur Debatte um Selbstbestimmung, Sezessionsrecht in: ZaöRV 52 (1992), 741-780; *Suksi, M. (Hrsg.)*: Autonomy: Applications and Implications, The Hague 1998; *Tanca, G. J.*: Foreign Armed Intervention in Internal Conflict, Dordrecht 1993; *Thürer, D.*: Self-Determination, in: EPIL, Instalment 8, Amsterdam 1985,470-476; *Thürer, D.*: Der Wegfall effektiver Staatsgewalt: „The Failed State", in: Berichte der Dt. Ges.VR Bd. 34, Heidelberg 1995, 9-45; *Tomuschat, C.*: Die internationale Gemeinschaft, in: AVR 33 (1995), 1-20; *Tomuschat, C.*: The protection of minorities under Art. 27 of the International Covenant on Civil and Political Rights, in: Bernhardt, R et al. (Hrsg.): Fs. für Hermann Mosler, Berlin 1983, 615-634; *Weller, M.*: The International Response to the Dissolution of the Socialist Federal Republic of Yugoslavia, in: AJIL 86 (1992); 569-607.

Sicherheitsrat

1. Allgemeines

Der Sicherheitsrat wird an zweiter Stelle der Hauptorgane der Vereinten Nationen (→ Haupt-/Neben-/Vertragsorgane) genannt (Art. 7 Abs. 1 UN-Charta: → Generalversammlung, Sicherheitsrat, → Wirtschafts- und Sozialrat, → Treuhandrat, Internationaler Gerichtshof (→ IGH), → Sekretariat). Ihm ist die „Hauptverantwortung für die Wahrung des Weltfriedens und der internationalen Sicherheit" übertragen (Art. 24 Abs. 1 UN-Charta). Dies und die Tatsache, daß nur er über die Möglichkeit verfügt, für alle Mitgliedstaaten verbindliches Recht zu schaffen, bedingen seine herausgehobene Funktion, die so weit geht, daß manche von einem „Direktorium" sprechen (*Geiger* 1991). Beschaffenheit und Kompetenzen des Sicherheitsrats sind Ergebnis der weltpolitischen Konstellation zu Ende des zweiten Weltkriegs, der sich entwik-

kelnden UN-Praxis und einer ersten Satzungsänderung im Jahr 1965. Sowohl die Arbeitsmethoden wie auch die Zusammensetzung des Sicherheitsrats werden nicht erst seit Anfang der 90er Jahre als dringend reformbedürftig angesehen, um das UN-System funktionsfähig zu erhalten.

2. Konzept

Die Idee einer neuen Weltfriedensordnung, die im Verlauf des Zweiten Weltkrieges entstand und die Ablösung der Ordnung des gescheiterten Völkerbundes zum Ziel hatte, ging vornehmlich auf die Vereinigten Staaten zurück (*Schäfer* 1981; *Rivlin* 1996; → Entstehungsgeschichte der Vereinten Nationen). Nach der „Deklaration der Vereinten Nationen" vom 1. Januar 19942, an der sich 26 Staaten beteiligten, machten die Moskauer Erklärung (30. Oktober 1943) und die Konferenzen von Teheran (1. Dezember 1944), Dumbarton Oaks (Spätsommer 1944) und Jalta (Februar 1945) deutlich, daß die großen Siegermächte Vereinigte Staaten, Großbritannien, Sowjetunion sowie Frankreich und China eine führende Rolle in dieser neuen Ordnung einzunehmen gedachten (*Eitel* 1994). Kleine und mittlere Staaten haben nach heftigem Widerstand auf der Konferenz von San Francisco (Frühjahr 1945) dieses Konzept letztlich mitgetragen. Die Übertragung besonderer Verantwortung auf den Sicherheitsrat und damit auf die künftig ständigen „Großen Fünf" war Teil eines „zentralen Formelkompromisses" (*Geiger* 1991) auf der San Francisco-Konferenz.

3. Zusammensetzung

Gemäß Art. 23 UN-Charta setzt sich der Sicherheitsrat namentlich aus den fünf ständigen Mitgliedern Republik China (Volksrepublik China), Frankreich, Union der Sozialistischen Sowjetrepubliken (Russische Föderation), Großbritannien, Vereinigte Staaten sowie aus zehn nicht-ständigen Mitgliedern zusammen. Die zehn nicht-ständigen Mitglieder sind nach einem Regionalschlüssel auf Afrika, Asien, Lateinamerika/Karibik, Osteuropa und Westeuropa und Andere aufgeteilt (→ Regional-gruppen) und werden auf jeweils zwei Jahre von der Generalversammlung gewählt. Jedes Jahr werden fünf von ihnen ersetzt. Als Hauptkriterium für die nicht-ständige Mitgliedschaft nennt Art. 23 Abs. 1 UN-Charta den „Beitrag zur Wahrung des Weltfriedens und der internationalen Sicherheit und zur Verwirklichung der sonstigen Ziele der Organisation". Das Kriterium ist allgemein genug, um kein UN-Mitglied von der Kandidatur auszuschließen. In Zweifelsfällen hat die politische Klimalage ausgereicht, vereinzelte Kandidaturen zu verhindern (Beispiel: in der Vergangenheit erfolglose libysche Bemühungen um eine nicht-ständige Mitgliedschaft für Afrika). In der Praxis ist noch kein Mitglied an dieser formalen Hürde gescheitert. Ebensowenig werden Kandidaten daraufhin geprüft, ob sie zur Funktion des Sicherheitsrats (schnelles und wirksames Handeln zu gewährleisten, s.u.) beitragen. Funktionelle Überlegungen werden in der Regel durch solche des außenpolitischen Prestiges und Profils überlagert. Zu den Staaten, die bislang die meisten nicht-ständigen Mitgliedschaften verzeichnen (Stand: 1998), gehören Japan (8 mal), Indien (6) und Pakistan (5) für Asien, Brasilien (8), Argentinien (6) und Kolumbien (5) für Lateinamerika/Karibik, Ägypten (5) für Afrika, Kanada (5) und Italien (5) für Westeuropa und Andere sowie Polen (5) für Osteuropa. 74 Staaten haben - aus den unterschiedlichsten Gründen - noch nie dem Sicherheitsrat angehört.

4. Dominanz der ständigen Mitglieder

Die fünf ständigen Mitglieder des Sicherheitsrats (P5) üben maßgeblichen Einfluß auf den Apparat und die Entscheidungen des Sicherheitsrats aus (vgl. *Delon* 1991). Der Einfluß gründet zum einen aus Erfahrung und jahrelangem Zusammenspiel mit den Sekretariatsstellen, die den Sicherheitsrat betreuen und verwalten. Hieraus resultieren institutionelles Fachwissen und ein für andere kaum einholbarer Informationsvorsprung, der durch ein gewis-

ses solidarisches Gruppenverständnis der P5 untereinander noch erhöht wird (→ Gruppenbildung in den UN). Zum anderen sind ständige Sitze mit dem Vetorecht (→ Veto/-recht) (s.u.) ausgestattet. Ein ausgeübtes Veto schirmt eine gegebene Situation vor einem Zugriff der Vereinten Nationen ab (*Eitel* 1994). Vor dem Hintergrund dieses Dominanzpotentials muß es verwundern, daß zwei der Mitglieder, welche die Charta in Art. 23 Abs. 1 als ständige erwähnt, nicht mehr UN-Mitglied (Republik China) bzw. nicht einmal mehr existent (Union der sozialistischen Sowjetrepubliken) sind. Dieser Anachronismus belegt mit die Notwendigkeit einer umfassenden Reform des Sicherheitsrats (s.u.; → Reform der UN).

5. Zuständigkeiten

Dem Sicherheitsrat ist von den UN-Mitgliedern die vorrangige Verantwortung für die Wahrung des Weltfriedens und der internationalen Sicherheit übertragen, um schnelles und wirksames Handeln der UN zu gewährleisten (Art. 24 Abs. 1 UN-Charta). Die Mitverantwortung der Generalversammlung, wie sie sich aus den Art. 10 ff. UN-Charta ergibt, tritt dahinter - auch angesichts der aufgrund großer Mitgliederzahlen instabilen Verhältnisse in der Generalversammlung - zurück. Für effektive verbindliche Maßnahmen, insbes. Zwangsmaßnahmen, besitzt der Sicherheitsrat eine ausschließliche Zuständigkeit (*Delbrück* 1991). Ob derartige Maßnahmen rechtfertigende Friedensbedrohungen/-brüche vorliegen (vgl. Art. 39 UN-Charta), unterliegt der Feststellung des Sicherheitsrats, dem hierbei maßvolle Gestaltungsspielräume zuerkannt werden, um so seine Funktionsfähigkeit zu bewahren (*Herdegen* 1995). Die Zuständigkeit des Internationalen Gerichtshofes bleibt dagegen von einer Befassung des Sicherheitsrates mit demselben Streitfall unberührt. Besondere Befugnisse des Sicherheitsrates zur Durchführung seiner Aufgaben ergeben sich aus den Kapiteln VI (friedliche Beilegung von Streitigkeiten), VII (Maßnahmen bei Bedrohung

oder Bruch des Friedens und bei Angriffshandlungen) sowie VIII (Regionale Abmachungen) der Charta.

Neben verfahrens- und organisations-
rechtlichen Fragen machen friedenssichernde Entschließungen in der Praxis
des Sicherheitsrats rund drei Viertel der
Arbeit aus (*Eitel* 1994). Friedenssichernde Entschließungen behandeln
internationale Spannungsfälle und -
herde, sowie Übergriffe, Eingriffe und
Angriffe von Staaten gegenüber anderen Staaten. In lediglich friedensgefährdenden Situationen beschränkt sich der Sicherheitsrat oft darauf, Bedauern auszudrücken, zu Zurückhaltung oder zu Verhandlungen
aufzurufen. Diese weniger operativen
Maßnahmen bleiben vornehmlich im
Rahmen von Kap. VI der Charta. In den
bedrohlicheren Konstellationen, von
denen Kap. VII spricht, kann es zur
Durchführung von friedenserhaltenden
Maßnahmen und zur Verhängung von
Wirtschafts- und Waffenembargen
kommen. Zurückliegende Embargo-
Fälle (→ Sanktionen) betrafen u.a. Irak,
Serbien-Montenegro, Libyen, Haiti,
Angola (Unita), die Staaten des ehemaligen Jugoslawiens, Liberia, Ruanda sowie Somalia. Prototypen friedenserhaltender Maßnahmen sind der Einsatz
von Kampftruppen (Blauhelme) oder
die Autorisierung von sog. „coalition(s)
of the willing" oder anderer Organisationen (Bsp.: Irak/Kuwait, Albani-
en). Seit Bestehen der UN sind insgesamt 47 friedenserhaltende Maßnahmen
(FEM; → Friedenstruppen; → Friedensoperationen; → Friedenssicherung) zu
verzeichnen, von denen 1998 noch 16
im Gange waren. Als erfolgreiche Beispiele aus der zurückliegenden Zeit
gelten die Friedensmissionen in Namibia, Mosambik, El Salvador, Haiti und
Ostslawonien. 1998 wurde eine neue
Beobachtermission in Zentralafrika ins
Leben gerufen. Rückschläge bei Maßnahmen in Somalia, Ruanda und Bosnien-Herzegowina haben zu verbreiteten Forderungen nach klareren, schnelleren und flexibleren FEM-Mandaten
durch den Sicherheitsrat geführt. Der
Rückzug von Blauhelmen soll mehr

und mehr durch Hilfsorganisationen,
Beobachter und Polizeikräfte abgefe-
dert werden (*Voorhoeve* 1998). Da
Mandate des Sicherheitsrats oft Ergebnis zähen politischen Ringens mit im
Ergebnis bewußt auslegungsfähigen
Formelkompromissen sind, wird es für
den Sicherheitsrat nicht leicht sein,
diesen - vernünftigen - Forderungen in
der Praxis nachzukommen.

6. Sitzungen

Die Intensität der Beratungsarbeit des
Sicherheitsrats hat kontinuierlich zugenommen. Derzeit finden fast täglich
vormittags sog. „informelle Konsultationen" der 15 Ratsmitglieder statt,
die Nicht-Mitgliedern verschlossen
sind. Sobald eine Angelegenheit ent-
scheidungsreif ist, beruft der Sicherheitsrat eine „formelle Sitzung" ein, die
öffentlich, in der Regel aber rein zere-
monieller Natur ist. Die Unterscheidung
beider Beratungsformen ist von be-
trächtlicher praktischer und politischer
Bedeutung. „Konsultationen" sind ursprünglich aus Kaffee-Runden entstanden, zu denen der Sicherheitsratspräsi-
dent seine Kollegen in sein Büro einlud,
um mit ihnen in ungezwungenem Rahmen Meinungen auszutauschen. Im
Verlauf der 70er Jahre haben sich diese
Konsultationen zum Regeltypus der
Beratungen des Sicherheitsrats entwik-
kelt, für den ein eigens gewidmeter
Konsultationsraum mit allen gängigen
Hilfsmitteln zur Verfügung steht. Hier
werden Entschließungen vorbereitet,
eingebracht und beraten. Die Nichtmitglieder haben erst Zugang zu den Beratungen, wenn deren Format in das einer
offiziellen Sitzung wechselt. Dann, im
offiziellen Sitzungssaal, können alle
UN-Mitglieder die formale Beschlußfassung und Erklärungen einzelner
Sicherheitsratsmitglieder mitverfolgen.
Insbesondere die ständigen Mitglieder
des Sicherheitsrats haben darauf geachtet, daß erst auf dieser Stufe die
Teilnahme von UN-Mitgliedern an den
Beratungen zulässig ist, deren Interessen besonders betroffen oder die Streitpartei sind (Art. 31, 32 UN-Charta).
Formales Argument hierfür ist, daß sich

auf der vorangegangenen Stufe, der Vorstufe, nicht der Sicherheitsrat kollektiv, sondern seine Mitglieder individuell treffen (*Aust* 1991). Im Rahmen der Sicherheitsrats-Reformdiskussion (s.u.) haben sich viele UN-Mitglieder für einen tschechischen Vorschlag ausgesprochen, der Teilnahmemöglichkeiten für betroffene Mitglieder bereits auf das Stadium der Konsultationen vorverlegen will, da diese mittlerweile den Schwerpunkt der Sitzungsarbeit des Rats ausmachten und die (vorläufige) → Geschäftsordnung des Rats (→ Geschäftsordnungen) öffentliche Sitzungen als den Regelfall bezeichne (Regel 48).

Ausgangs der 90er Jahre hat der Sicherheitsrat zunehmend offene Sitzungen einberufen, auf denen aktuelle Themen unter allen besonders Interessierten erörtert werden (Beseitigung von Personenminen, Maßnahmen sog. praktischer → Abrüstung, Einsatz von Polizeikräften bei Friedensoperationen etc.). Neben der Möglichkeit, „sonstige" Personen zu Konsultationen und Information einzuladen (Regel 39 der Geschäftsordnung), hat der Sicherheitsrat zuletzt verstärkt von der sog. „Arria"-Formel Gebrauch gemacht. Diese Formel entspricht den Bedürfnissen der Praxis, Mitgliedstaaten an Briefings und Meinungsaustausch von/mit Außenstehenden teilhaben zu lassen, ohne formelle Sitzungen des Sicherheitsrats einzuberufen. Die Treffen, zu denen ein Sicherheitsratsmitglied im Einvernehmen mit dem Präsidenten des Sicherheitsrats einlädt, finden daher außerhalb der Räumlichkeiten des Rats statt.

7. Vorsitz, Tagesordnung

Der Vorsitz im Sicherheitsrat (Präsidentschaft) rotiert monatlich. Jedes nicht-ständige Mitglied hat zumindest einmal während seiner zweijährigen Mitgliedschaft im Rat den Vorsitz inne. Details regelt die vorläufige Geschäftsordnung des Rats (Regel 18-20; weitere Einzelheiten bei *Jahn/ Wasum* 1991). Dort ist auch festgelegt, daß die provisorische Tagesordnung des Rats vom Generalsekretär entworfen und vom Präsidenten des Sicherheitsrats gebilligt wird (Regel 7). Die Tagesordnung formeller Sitzungen des Rats wird im täglichen UN-Journal veröffentlicht. Sekretariat und jeweilige Präsidentschaft erstellen auch monatliche Übersichten über die Themen, bei denen sich eine Befassung des Sicherheitsrats abzeichnet. Diese Übersichten werden informell verteilt (s. Mitteilung des Präsidenten S/26176 v. 27. Juli 1993).

Die Rolle des Präsidenten des Sicherheitsrats ist von Bedeutung. Ihm obliegt die Entscheidung, nach Konsultation mit den übrigen Mitgliedern Tagesordnungspunkte aufzunehmen oder unter „Sonstiges" zur Erörterung zuzulassen. Entsprechende informelle Konsultationen finden zu Monatsanfang und ggfs. fortlaufend statt. Weiter fällt dem Präsidenten die Aufgabe zu, Presse und Mitgliedstaaten im Nachgang zu informellen Konsultationen über deren Inhalte und Ergebnisse der Beratungen zu unterrichten. Dabei verfügt er über einen nicht unbeträchtlichen Ermessensspielraum.

Im Sicherheitsrat, insbesondere unter seinen ständigen Mitgliedern, besteht eine Tendenz, Arbeitsabläufe und -vorschriften so wenig wie möglich zu formalisieren und möglichst nicht an starre Regeln zu binden. Es besteht ein ausgeprägtes Interesse daran, das vorhandene - fragmentarische - „vorläufige" Regelwerk so pragmatisch und operativ wie möglich auszulegen. Damit kontrastieren oftmals Wünsche der Nicht-Mitglieder, den Sicherheitsrat in klare und feste Regeln einzubinden und so leichter berechenbar zu machen.

8. Beschlußformen und Abstimmungsmodus

Der Sicherheitsrat äußert sich in Form von Beschlüssen und Empfehlungen. „Weichere" Handlungsformen sind förmliche Erklärungen des Präsidenten und nicht-förmliche Verlautbarungen des Präsidenten an die Presse. Im letzten Fall begnügen sich die Mitglieder des Sicherheitsrats regelmäßig damit, dem Präsidenten grobe Leitlinien an die

Hand zu geben, entlang derer die Ver-
lautbarung erfolgt. Bei förmlichen Erklärungen des Präsidenten wird der
Text im Wortlaut ausgehandelt und im
Konsens beschlossen.

Beschlüsse des Sicherheitsrats über
Verfahrensfragen bedürfen der Zustimmung von neun Mitgliedern (Art.
23 Abs. 2 UN-Charta). Bei allen sonstigen Fragen muß die Zustimmung auch
die der fünf ständigen Mitglieder umfassen (Art. 23 Abs. 3 S. 1 UN-Charta).
Diese Regelung räumt jedem der Ständigen Mitglieder ein Vetorecht ein. Ein
solches besteht auch bei der oft schwierigen Entscheidung, ob eine Angelegenheit eine Verfahrens- oder ein sonstige Frage betrifft (doppeltes Vetorecht). Abgrenzungskriterien sind in
GA Res. 267 (III) v. 14. April 1949
enthalten (s. a. *Simma/Brunner* 1991).
Die freiwillige Stimmenthaltung eines
ständigen Mitglieds wird nicht als Veto
gewertet (*Unser* 1997). Vielfach wird
ein Veto dadurch vermieden, indem
dem Standpunkt des ständigen Sicherheitsratsmitglieds im vornherein Rechnung getragen wird („verstecktes Veto").

Auch wenn nach Beendigung des
Ost-West-Konflikts vom Vetorecht nur
noch vereinzelt Gebrauch gemacht
worden ist (*Klein* 1997) und der Sicherheitsrat in den 90er Jahren zunehmend
im Konsens gehandelt hat, steht die
Klärung der Voraussetzungen der Ausübung des Vetos und seiner Ausweitung auf potentielle neue ständige Mitglieder im Mittelpunkt der Debatte um
die Reform des Sicherheitsrats (*Faßbender* 1998).

9. Nebenorgane

Der Sicherheitsrat hat von seinem Recht
Gebrauch gemacht, Nebenorgane einzusetzen (Art. 29 UN-Charta). Hierzu
zählen namentlich der Generalstabsausschuß (vgl. Art. 47 UN-Charta), der
Ausschuß für die Aufnahme neuer Mitglieder und der Ausschuß für Sitzungen
des Rats außerhalb des Amtssitzes (→
Ausschußsystem). Relativ regelmäßig
trifft sich der Sachverständigenausschuß für die Geschäftsordnung, der

über aktuelle Verfahrensfragen berät. In
der Praxis die größte Rolle spielen die
Sanktionsausschüsse, die zu jedem
Sanktionsregime eingerichtet werden.
Vorsitze und stellvertretende Vorsitze
in diesen Ausschüssen werden unter
den nicht-ständigen Mitgliedern des
Rats aufgeteilt. Ausschußmitglieder
sind allein die Mitglieder des Rats. Zu
den Nebenorganen zählen auch die Ad-
Hoc-Gerichtshöfe für Ruanda und das
ehemalige Jugoslawien (→ ICC - Internationaler Strafgerichtshof; s.a. *Oellers-
Frahm* 1995). Anders verhält es sich
mit dem im Juli 1998 auf der Staatenkonferenz von Rom beschlossenen
Internationalen Strafgerichtshof (UN
Doc. A/CONF.183/9 vom 17. Juli
1998), dessen Statut auf einer eigenständigen völkerrechtlichen Grundlage
beruht (Art. 126 Gerichtsstatut). Allerdings sind dem Sicherheitsrat im Gerichtsstatut eine Reihe von Befugnissen
eingeräumt: Überweisungsrecht an den
Strafverfolger des Gerichtshofs in Kap.
VII-Konstellationen (s.o.) (Art. 13b
Gerichtsstatut); (erneuerbares) Verfah-
rensaussetzungsrecht für 12 Monate
mittels eines auf Kapitel VII gestützten
Beschlusses des Sicherheitsrats (Art. 16
Gerichtsstatut); Informationsrechte in
bestimmten Fällen fehlender Staatenko-
operation (Art. 87 Abs. 5 und 7 Gerichtsstatut). Insbesondere die ständigen
Mitglieder des Sicherheitsrats (v.a.
USA, China) hatten sich auf der Staa-
tenkonferenz von Rom - erfolglos – um
noch weiterreichende Befugnisse des
Sicherheitsrats bemüht.

10. Reformbedürftigkeit

Die Reformbedürftigkeit des Sicherheitsrats steht außer Frage. In ihrer
Erklärung zum 50. Gründungstag der
Vereinten Nationen haben die UN-
Mitgliedstaaten am 24. Oktober 1995
ausdrücklich erklärt, der Sicherheitsrat
müsse erweitert und seine Arbeitsmethoden überprüft werden (Ziffer 14).
Die meisten Äußerungen der UN-
Mitgliedstaaten während der großen
Auftakt- und Themendebatten der Generalversammlungen seit 1992 decken
sich mit dieser Forderung. 1992/1993

hatten 79 Staaten ihre Auffassungen zur Sicherheitsratsreform dem Generalsekretär mitgeteilt (GA Res. 47/62 vom 11. Dezember 1992; Antworten in UN-Doc. 48/264 vom 29. Juli 1993 nebst Addenda). Zahlreiche Staaten benannten von sich aus Deutschland und Japan als mögliche neue ständige Mitglieder. Die Generalversammlung richtete daraufhin eine Arbeitsgruppe ein (GA Res. 48/26 vom 3. Dezember 1993), die ihre Arbeit im Januar 1994 aufnahm.

An sachlichen Gründen, die für eine Reform des Sicherheitsrats sprechen, sind zu nennen: 1) der legitime Anspruch von wichtigen Ländern aus der Entwicklungswelt, ständig im Sicherheitsrat vertreten zu sein; 2) der wachsende Einfluß, der führenden Wirtschaftsnationen wie Japan und dem wiedervereinigten Deutschland auf der internationalen Bühne zukommt; 3) die auf 185 Staaten angewachsene Mitgliederzahl der UN; 4) der anachronistisch anmutende (s.o.) und nicht mehr repräsentative ständige Kreis ständiger Mitglieder; 5) die zu wenig transparente Arbeitsweise des Sicherheitsrats; 6) der drohende Verlust an Glaubwürdigkeit und Autorität des Sicherheitsrats, der aus dem vorgenannten Befund folgt.

11. Bisherige Reformversuche

Auf Initiative einer Gruppe von Entwicklungsländern war der Sicherheitsrat bereits im Jahr 1965 reformiert worden. Damals führte der Anstieg der UN-Mitgliederzahl von 51 auf 113 dazu, den Rat um vier nicht-ständige Sitze von 11 auf die derzeitigen 15 Mitglieder zu erweitern (GA Res. 1991 A (XVIII) vom 17. Dezember 1963). Obwohl lediglich ein ständiges Mitglied (China) für die Reform stimmte, ratifizierten später alle übrigen (ständigen) Mitglieder die Charta-Änderung. Neben der Erweiterung des → Wirtschafts- und Sozialrats (ECOSOC) ist die Reform des Sicherheitsrats der bisher einzige erfolgreiche Anwendungsfall einer Charta-Änderung gem. Art. 108 UN-Charta Versuche einer von Indien angeführten kleineren Staatengruppe, seit Ende der 70er Jahre eine Erweiterung

des Rats auf 21 Mitglieder voranzutreiben, blieben bis zur Einsetzung der Reformarbeitsgruppe im Jahr 1993 folgenlos (*Koroula/Kanninen* 1995; *Winkelmann* 1997).

12. Aktuelle Reformdebatte

Die Arbeitsgruppe zur Reform des Sicherheitsrats hat seit 1993 intensiv beraten und bis Ende 1998 insgesamt fünf Jahresberichte veröffentlicht, die jeweils von der Generalversammlung zur Kenntnis genommen worden sind. In sog. „clusters" wurden die Themenbereiche Erweiterung (cluster I) und Arbeitsmethoden (cluster II) ausführlich beraten. Zu beiden Themenblöcken liegen zahlreiche Stellungnahmen von Seiten einzelner Mitgliedstaaten und der beiden Vorsitzenden der Arbeitsgruppe vor. Im Frühjahr 1997 führte die Vorlage des bisher einzigen umfassenden Reformvorschlags zur SR-Reform, des sog. „*Razali-Plans*" (benannt nach dem damaligen malaysischen Präsidenten der Generalversammlung, Razali Ismail), zu einer Kristallisierung der Arbeiten der Gruppe. Seither versuchen Befürworter des Vorschlags, ihn in Einzelpunkten noch zu verbessern. Staaten, die den Vorschlag ablehnen, versuchen ihn prozedural zu blockieren (italienische Resolutionsentwürfe UN Doc. A/52/L.7 vom 22. Oktober 1997 und A/53/L.16 vom 28. Oktober 1998); dagegen deutsche Vorschläge in UN Doc. A/52/L.47 vom 1. Dezember 1997). Bis heute (Stand: Ende 1998) ist der Razali-Plan die einzige und aussichtsreichste Plattform für eine mehrheitsfähige Sicherheitsreform.

Daß die intensive Reformdebatte bislang noch nicht zu einem Ergebnis geführt hat, liegt nicht an einem Mangel an aussichtsreichen Kandidaten für eine ständige Mitgliedschaft im Sicherheitsrat. Hier haben Deutschland, Brasilien, Japan, Ägypten, Nigeria, Südafrika, Indien und Indonesien ihre Absichten direkt oder indirekt kundgetan. Bremsend wirken sich vielmehr regionale Animositäten im Süden (Argentinien und Mexiko gegenüber Brasilien, Pakistan gegenüber Indien, ägyptisches

Mißtrauen gegenüber Nigeria und Süd-afrika) sowie Empfindlichkeiten im Norden (China gegenüber Japan, Italien gegenüber Deutschland) aus. Hinzu-kommen dürften taktische Überlegun-gen (etwa das Interesse Ägyptens und Indonesiens an weiterem Zeitgewinn). Auch sehen Staaten wie Kanada und Spanien bislang keinen eigenen Vorteil in einer umfassenden Erweiterung des Sicherheitsrats. Die USA und in ihrem Gefolge die Russische Föderation und wohl auch China stehen einer Ratser-weiterung über 21 Mitglieder hinaus mit Zurückhaltung gegenüber, da dies aus ihrer Sicht Abstimmungsprozesse erschweren und den eigenen Einfluß mindern würde. Prozedural hat das bis-her de facto angewandte Konsenspin-zip in der Reformarbeitsgruppe dazu geführt, daß Fortschritte und Mehr-heitsentscheidungen dort leicht verhin-dert werden konnten.

13. Reformmodelle

Insgesamt sind im Verlauf der Beratun-gen mehr als ein Dutzend Vorschläge zur Erweiterung des Sicherheitsrats vorgelegt worden. Diese Vorschläge können zu vier *Optionen* zusammenge-faßt werden:

Option I: Eine Beibehaltung des sta-tus quo. Gegen diese Option spricht, daß sie an einem überholten und zu-nehmend deskreditierten Ratskonzept festhält.

Option II: Eine Erweiterung des Si-cherheitsrats um lediglich nicht-ständige Sitze auf mindestens 21, höch-stens 26 Mitglieder. Gegen diese Opti-on, für die sich insbesondere Pakistan innerhalb der Blockfreien-Bewegung stark macht, spricht, daß sie mit den Interessen der westlichen ständigen Ratsmitglieder und weiter Teile der Entwicklungswelt kontrastiert, die nachdrücklich für neue ständige Mit-glieder eintreten.

Option III: Eine Erweiterung um 10 sog. „semi-permanente" Sitze, auf de-nen rund 30 Staaten rotieren würden. Gegen diese Option spricht, daß nach kaum definierbaren Kriterien eine neue Sitzkategorie eingeführt würde, die zu

kontinuierlichem Wahlkampf und un-klaren Verantwortlichkeiten führt. Kon-sultationen der beiden finnischen und thailändischen Arbeitsgruppen-Vorsitz-enden mit 165 Mitgliedstaaten im Früh-jahr 1997 ergaben u.a., daß eine sehr große Mehrheit eine Erweiterung beider Sitzkategorien (ständig und nicht-stän-dig) befürwortet. Neue ständige Mit-glieder (fünf) sollten aus den Ent-wicklungs- und den Industrieländern kommen. Als Gesamtumfang wurden Zahlen zwischen 26 und den „low twenties" genannt (UN Doc. A/51/47 (Suppl. Nr. 47) vom 8. August 1997, Anhang VII).

Als aussichtsreichste Lösung ist daher eine *Option IV* anzusehen, die weithin auf den Vorschlägen des Razali-Plans (s.o.) beruhen würde: Eine Erweiterung des Sicherheitsrats um fünf ständige (drei für die Entwicklungsländer aus den drei Großregionen, zwei für In-dustrieländer) und bis zu vier nicht-ständige Sitze auf eine Gesamtgröße von künftig 24 Mitgliedern. Dieses Ziel, mit dem den Interessen sowohl großer wie auch kleiner Staaten nach besserer Repräsentation Rechnung ge-tragen wird, wäre in einem Rahmenplan enthalten, der von der General-versammlung beschlossen würde. In einem zweiten Schritt stellten sich die Kandidaten für einen ständigen Sitz in der Generalversammlung zur Wahl. Schließlich würde in einem dritten Schritt über die sich hieraus ergebenden materiellen Charta-Änderungen auf der Grundlage von Art. 108 UN-Charta abgestimmt. Die ursprünglichen fünf ständigen Mitglieder würden zusagen, die Ausübung ihres Vetorechts an kla-rer definierte Voraussetzungen zu bin-den und im Einzelfall zu begründen. Die neuen ständigen Mitglieder würden gleichen Vetostatus haben oder wäh-rend einer Übergangszeit zumindest über ein kollektives (von zwei der neu-en Mitglieder zusammen auszuübendes) und auf Kap. VII beschränktes Veto-recht verfügen. Alle Reformschritte würden nach 10-15 Jahren von der Generalversammlung überprüft (sog. periodic review).

Einvernehmen besteht darüber, daß im Zuge der Umsetzung der möglichen Optionen auch Änderungen der Arbeitsmethoden des Rats vorgenommen und in der Geschäftsordnung des Rats verankert würden. Dies betrifft die Teilnahme von Nicht-Mitgliedern an Beratungen (Art. 31/32 UN-Charta), Konsultationen mit den Truppenstellern unter den Nicht-Mitgliedern, verbesserte und beschleunigte Unterrichtungen über Inhalte von informellen Konsultationen, Abfederung der Belastungen von Drittstaaten durch Sanktionsregime, Arbeitsweisen der Sanktionsausschüsse u.a.m. (sog. cluster II-Themen, s.o.; *Alvarez* 1995).

14. Europäisches Handeln

Das Konzept eines europäischen Sitzes im Sicherheitsrat ist immer wieder von Italien ins Spiel gebracht worden. Auch der Deutsche Bundestag hat einen solchen als vorrangig bezeichnet, sich zugleich anderen Lösungen aber nicht verschlossen (BT-Drs. 13/2744 vom 24.10.1995). Bei dem aktuellen Stand der GASP (→ EU, GASP in den UN) müssen Konzepte für einen europäischen Sitz als noch nicht durchdacht und derzeit unrealistisch bezeichnet werden. Vor dem Hintergrund der detaillierten Regelungen in Art. J.5 Abs. 4 S. 2 EUV hat sich daher - mit der Ausnahme Italiens - auch kein EU-Staat bislang für einen derartigen Sitz ausgesprochen. Ein europäischer Sitz ließe sich nur gegen Frankreich und Großbritannien erlangen, die ihre beiden Sitze zu einem verschmelzen lassen müßten. Keiner der 15 EU-Partner, die zusammen knapp 40% des UN-Haushalts finanzieren, könnte neben einem gemeinsamen ständigen EU-Sitz mehr für einen eigenen nicht-ständigen Sitz kandidieren. Auch in der Generalversammlung müßten die 15 EU-Stimmen auf eine einzige verringert werden. Europäische Präsenz würde eher geschwächt als gestärkt. Ob die künftige Entwicklung der GASP Wege aufzeigt, mithilfe derer diese Bedenken ausgeräumt werden können, bleibt abzuwarten. Ein zusätzlicher Sitz für ei-

nen einzelnen EU-Partner (voraussichtlich Deutschland) dürfte künftige Lösungen jedenfalls eher erleichtern als erschweren (*Winkelmann* 1998).

15. Perspektiven

Die UN bleiben für Krisenmanagement und -erörterung ein unverzichtbares Forum. Der Sicherheitsrat ist dabei zentrales Handlungsorgan und „Ort transnationaler Übereinstimmung" (*von Simson* 1993). Ohne eine gründliche Überholung seiner Strukturen und ihrer Anpassung an die wirtschaftlichen und politischen Realitäten kann der Rat aber auf Dauer seiner Rolle nicht gerecht werden. Die Kritik an den Sanktionsregimen in Irak- und Libyen zeigt, daß die Autorität des Rats, auf der die Verbindlichkeit seiner Beschlüsse beruht, dabei ist, Schaden zu nehmen (vgl. *Bruha* 1995). Nur eine rasche und umfassende Änderung der Art. 23 ff. der Charta kann dem auf Dauer gegensteuern.

Ingo Winkelmann

Lit.: *Alvarez, J.:* The Once and Future Security Council, in: WQ, Spring 1995, 5-20; *Aust, A.:* The procedure and the practice of the Security Council today, in: Dupuy, R.-J. (Hrsg.): Le développement du role du conseil de sécurité, Den Haag 1995, 365-374; *Bailey, S.D./Daws, S.:* The procedure of the UN Security Council, 3. Aufl., Oxford 1998; *Bruha, T.:* Sicherheitsrat, in: Wolfrum, R. (Hrsg.): Handbuch Vereinte Nationen, 2. Aufl., München 1991, 763-772; *Bruha, T.:* Security Council, in: Wolfrum, R. (Hrsg.): United Nations: law, policies and practice, Vol. 2, München 1995, 1147-1161; *Delbrück, J.:* Art. 24 und 25, in: Simma, B. (Hrsg.): Charta der Vereinten Nationen. Kommentar, München 1991, 364-384; *Delon, F.:* Le role joué par les membres permanents dans l'action du conseil de sécurité, in: Dupuy, R.-J. (Hrsg.): Le développement du role du conseil de sécurité, Den Haag 1995, 349-364; *Dupuy, R.-J. (Hrsg.):* Le développement du role du conseil de sécurité, Den Haag 1995, *Eitel, T.:* Auswirkungen von Erklärungen des Sicherheitsrats auf das nationale Recht, Sitzungsbericht Q zum 60. Deutschen Juristentag, 1994; *Faßbender, B.:* UN Security Council Reform and the Right of Veto, Den Haag 1998; *Geiger, R..:* Art. 23, in: Simma, B.

(Hrsg.): Charta der Vereinten Nationen, Kommentar, München 1991, 360-364; *Herdegen, M.:* Der Sicherheitsrat und die autoritative Konkretisierung des VII. Kapitels der UN-Charta, in: Fs. R. Bernhardt, Berlin 1995, 103-119; *Jahn-Koch, I./Wasum-Rainer, S.:*Art. 30, in: B. Simma (Hrsg.), Charta der Vereinten Nationen, Kommentar, München 1991, 452-461; *Klein, E.:* Die Internationalen und Supranationalen Organisationen als Völkerrechtssubjekte, in: Graf Vitzthum, W. (Hrsg.).: Völkerrecht, 1.Aufl., Berlin u.a. 1997, 334-341; *Koroula, E./Kanninen, T.:* Reforming the Security Council: The international negotiating process with the context of calls to amend the UN Charter to the new realities of the Post-Cold War era, LJIL 8 (1995), 337-346; *Oellers-Frahm, K.:* Die Einsetzung des „Internationalen Tribunals über Kriegsverbrechen im ehemaligen Jugoslawien" durch den Sicherheitsrat, in: Fs.R. Bernhardt, Berlin 1995, 733-751; *Permanent Mission of the Federal Republic of Germany:* Reform of the Security Council. The German Position Vol. I/Vol. II, New York, 1996/1997; *Rivlin, B.:* UN Reform from the standpoint of the United States, Tokio 1996; *Schäfer, M.:* Die Funktionsfähigkeit des Sicherheitsmechanismus der Vereinten Nationen, Berlin 1981; *Simma, B./Brunner, B.:* Art. 27, in: Simma, B. (Hrsg.): Charta der Vereinten Nationen, Kommentar, München 1991, 396-435; *Simson, W.,von:* Der Staat als Teil und als Ganzes, Baden-Baden 1993; *Unser, G.:* Die UNO - Aufgaben und Strukturen der Vereinten Nationen, 6. Aufl., München 1997, 85-112; *Voorhoeve, J.:* Lehren für die Zukunft - UN-Friedenssicherung im Wandel, in: IP 7 (1998), 41-48; *Wechmar, R.von:* Der Sicherheitsrat der Vereinten Nationen, in: Außenpolitik 36 (1985), 247-53; *Winkelmann, I.:* Bringing the Security Council into a New Era. Max Planck Yearbook of United Nations Law 1 (1997), 35-90; *Winkelmann, I.:* Reformstau bei der UNO, in: Häberle, P. u.a. (Hrsg.): Der Staat als Teil und als Ganzes, Baden-Baden 1998, 57-79.

Sitzstaatsabkommen

In den *Sitzstaatsabkommen* werden die Fragen geregelt, die sich daraus ergeben, daß die UN und ihre → Sonderorganisationen als internationale Organisationen nicht über ein eigenes Territorium verfügen, sondern ihre Sitze in verschiedenen Staaten haben. Sitz-staatsabkommen sind durch den Gegensatz gekennzeichnet, daß internationale Organisationen möglichst viele Rechte zur Wahrnehmung ihrer Aufgaben anstreben, während der jeweilige Sitzstaat die Auswirkungen ihrer Anwesenheit auf seine Gebietshoheit möglichst gering halten will. Anders als bei diplomatischen Beziehungen zwischen Staaten liegt hier keine Gegenseitigkeit vor. Der Vorteil aus der Einräumung eines Sitzes für eine Organisation für den Sitzstaat besteht neben möglichen materiellen Einnahmen in einem Reputationsgewinn.

Durch die im einzelnen sehr unterschiedlichen Sitzstaatsabkommen werden den Organisationen diejenigen Rechte, Vorrechte und Befreiungen eingeräumt, die sie für die Erfüllung ihrer Aufgaben gemäß ihrer Satzungen benötigen. Auch die Rechte der Mitgliedstaaten (vgl. z.B. → Ständige Vertretungen) und Beobachter (→ Beobachterstatus) sind geregelt.

Versuche, die generellen Fragen des Verhältnisses von Gaststaat und internationalen Organisationen in völkerrechtlichen Rahmenkonventionen zu regeln, waren bisher wenig erfolgreich: Das *Allgemeine Übereinkommen über die Vorrechte und Immunitäten der Vereinten Nationen* vom 13.2.1946 (UNTS Bd. 1, Nr. 4, 15; dt. Fassung: BGBl. 1980 II, 941f.) regelt das Verhältnis noch sehr allgemein, außerdem ist der Sitzstaat Schweiz bis heute kein Vertragstaat dieses Abkommens. Das *Wiener Übereinkommen über die Vertretung von Staaten in ihren Beziehungen mit internationalen Organisationen universellen Charakters* von 1975 (UN Doc. A/CONF.67/16 vom 14.3.1975; abgedruckt in: AJIL 69 (1975, 730), das nach längeren Vorarbeiten der UN-Völkerrechtskommission das Verhältnis detaillierter regeln sollte, wurde von den hauptsächlichen Sitzstaaten nicht ratifiziert und ist aufgrund zu geringer Ratifikationen bisher noch nicht in Kraft getreten. Deshalb entschloß sich die Völkerrechtskommission (→ ILC) 1992, das Folgeprojekt, das sich mit den grundsätzlichen Beziehungen von

Sitzstaaten und Organisationen befassen sollte, gar nicht erst anzugehen. Dies wurde vielfach als Sieg der staatlichen Souveränitätsansprüche (→ Souveränität) angesehen, so daß letztlich heute die einzelnen Sitzstaatsabkommen die entscheidende Rolle spielen (*Muller* 1995).

Das wichtigste Sitzstaatsabkommen für die UNO ist das Abkommen über das UN-Hauptquartier, das *Agreement regarding the Headquarters of the United Nations between the United Nations and the United States of America* vom 26. 6. 1947 (UNTS Bd. 11, No. 147), in dem die rechtlichen und technischen Fragen geregelt sind. Das betrifft beispielsweise Recht und Ordnung im Amtssitz und seine Sicherstellung durch Organe der Organisation und durch die des Gaststaates. Geregelt ist auch der Polizeischutz für den Amtssitz seitens des Gaststaates, der Transit von UN-Beschäftigten und den Repräsentanten der Mitgliedstaaten oder anderer Organisationen von und zum Amtssitz, der Ver- und Entsorgung sowie das Recht zum Betreiben eines eigenen Rundfunksenders. Weitere wichtige Sitzstaatsabkommen hat die UNO mit der Schweiz am 11.6.1946/1.7.1946 (UNTS Bd. 1, Nr. 8, 163) sowie mit Österreich 1967, 1979 und 1981 abgeschlossen

Durch die Sitzstaatsabkommen wird internationalen Organisationen eine privatrechtliche Rechtspersönlichkeit verliehen. Für die UNO ist die entsprechende Grundlage Art. 104 der UN-Charta: „Die Organisation genießt im Hoheitsgebiet jedes Mitglieds die Rechts- und Geschäftsfähigkeit, die zur Wahrnehmung ihrer Aufgaben und zur Verwirklichung ihrer Ziele erforderlich ist." Diese generelle Bestimmung wird durch die erwähnten allgemeinen Abkommen über Vorrechte und Befreiungen sowie durch die bilateralen Sitz- und anderen Abkommen im einzelnen konkretisiert. Die UNO ist damit insbesondere berechtigt, privatrechtliche Verträge zu schließen, Vermögen zu erwerben, darüber zu verfügen und als Partei in Verfahren aufzutreten. Sie bzw. ihr Vermögen ist grundsätzlich keinem gerichtlichen Verfahren unterworfen, sondern genießt Immunität. Die Räume der UNO, das Archiv und die Dokumente sind unverletzlich und dürfen nicht durchsucht, beschlagnahmt oder einem sonstigen hoheitlichen Eingriff unterworfen werden. Des weiteren ist die Befreiung von Steuern vorgesehen.

Neben der UNO selbst haben auch ihre ständigen und dauerhaften Bediensteten Vorrechte und Befreiungen, die unabhängig von der jeweiligen Staatsangehörigkeit gewährt werden (→ Personal). Sie haben bezüglich ihrer Amtshandlungen Immunität von gerichtlichen und anderen rechtlichen Verfahren. Diese Immunität kann durch die Organisation aufgehoben werden, wenn dies die Funktionsfähigkeit der Organisation nicht beeinträchtigt. Bedienstete genießen persönliche Unverletzlichkeit und haben einen Anspruch auf die freie Reise zum und vom Amtssitz der Organisation. Gerade diese Bestimmung des Sitzstaatsabkommen hat im Verhältnis der UNO zu den USA immer wieder zu Spannungen geführt, da auch dienstliche Reisen von UN-Bediensteten aus sozialistischen Staaten in den USA zeitweise eingeschränkt wurden. UN-Bedienstete sind von einigen Steuern und Abgaben auf ihre Bezüge grundsätzlich befreit. Ähnliche Vorrechte und Befreiungen gelten auch für Sachverständige, die im Auftrag der Organisationen zeitweilig tätig werden, und für Mitglieder von Delegationen, die an Tagungen von Organen oder Konferenzen teilnehmen.

Die Beziehungen zwischen der UNO und dem Gastland USA sind Gegenstand der Tätigkeit eines besonderen UN-Ausschusses, des *Ausschusses für die Beziehungen zum Gastland (Committee on Relations with the Host Country)*, der aus 14 von der Generalversammlung gewählten Mitglieder sowie einen Vertreter des Gastlandes besteht. Der Ausschuß erörtert die Probleme (wie z.B. Einmischung in die Tätigkeit der Vertretungen, Reisebeschränkungen, Parkmöglichkeiten und Krankenversicherung), verabschiedet entsprechende Empfehlungen und erstattet alljährlich der Generalversammlung Bericht über die offenen Probleme, so z.B. im Report of the Committee on Relations with the Host Country 1998 (UN Doc. A/53/26, in: GAOR, Fifty-third Session, Suppl. No. 26).

Hans-Joachim Heintze

Lit.: *Hug, D.:* Die Rechtsstellung der in der Schweiz niedergelassenen internationalen Organisationen, Bern 1984; *Muller, A.S.:* International Organizations and their Host States, The Hague 1995; *Reisman, W.M.:* The Arafat Visa Affair: Exceeding the Bounds of Host State Discretion, in: AJIL 83 (1989), 519-527; *Schütz, H.-J.:* Sitz-staatsabkommen, in: Wolfrum, R. (Hrsg.): Handbuch Vereinte Nationen, 2. Aufl., München 1991, 772-781; *Seidl-Hohenveldern, I./Loibl, G.:* Das Recht der internationalen Organisationen einschließlich der supranationalen Gemeinschaften, Wien 1991; *Shore, J.L.:* The PLO Observer Mission Dispute: An Argument for US Compliance with the UN Headquarters Agreement, in: FordhamILJ 15 (1989), 751-789; *Gerster, M.:* Kommentar zu Art. 105, in: Simma, B.(Hrsg.): Charta der Vereinten Nationen. Kommentar, München 1991, 1087-1099.

Sonderorganisationen

I. Einleitung

Nach der Charta der Vereinten Nationen (→ Charta der UN) sind *Sonderorganisationen („specialized agencies")* zwischenstaatliche internationale Organisationen, die mit den Vereinten Nationen durch einen Vertrag gemäß Art. 63 Charta in Beziehung gebracht werden, um die in Art. 55 Charta genannten Ziele der Vereinten Nationen zu fördern, nämlich
(a) „die Förderung des Lebensstandards, die Vollbeschäftigung und die Voraussetzungen für wirtschaftlichen und sozialen Fortschritt und Aufstieg;
(b) die Lösung internationaler Probleme wirtschaftlicher, sozialer, gesundheitlicher und verwandter Art sowie die internationale Zusammenarbeit auf den Gebieten der Kultur und Erziehung;
(c) die allgemeine Achtung und Verwirklichung der Menschenrechte und

Grundfreiheiten für alle ohne Unterschied der Rasse, des Geschlechts, der Sprache oder der Religion".

Mit der Gründung der Vereinten Nationen wurden die Voraussetzungen für einen breiten Schirm von Sonderorganisationen geschaffen, die „auf den Gebieten der Wirtschaft, des Sozialwesens, der Kultur, der Erziehung, der Gesundheit und auf verwandten Gebieten weitreichende, in ihren maßgebenden Urkunden umschriebene internationale Aufgaben zu erfüllen haben" (Art. 57 UN-Charta). Gemeinsam mit den Vereinten Nationen und deren Spezialorganen bzw. –programmen (→ Haupt-/Neben-/Vertragsorgane) werden sie als → UN-System bezeichnet.

Organisationen wie der Weltpostverein (→ UPU) und die Internationale Telekommunikationsunion (→ ITU), die bereits lange vor dem → Völkerbund gegründet waren und mit diesem nicht in einer rechtlichen Verbindung standen, erhielten ebenso den Status von Sonderorganisationen der Vereinten Nationen wie die gemeinsam mit dem → Völkerbund geschaffene Internationale Arbeitsorganisation (→ ILO). Andere internationale Organisationen, die mit dem Völkerbund in Verbindung standen, wurden zu Sonderorganisationen zusammengelegt oder durch neugeschaffene Sonderorganisationen ersetzt. Für bestimmte Bereiche, wie Kultur, Erziehung, Gesundheit, sah die Charta ausdrücklich vor, Sonderorganisationen zu gründen (vgl. Art. 57 UN-Charta).

Im Laufe der Geschichte der Vereinten Nationen (→ Geschichte der UN) entstanden zahlreiche weitere Sonderorganisationen, die zwischen 1945 und 1986 gegründet wurden (vgl. Tabelle 1). Heute umfaßt das UN-System insgesamt 16 Sonderorganisationen; obwohl sie keine Sonderorganisationen in Sinne des Art. 57 UN-Charta sind, werden auch → IAEA und → GATT/WTO in den Organigrammen aufgeführt.

Eine entscheidende Grundidee bestand in der Annahme, daß durch die Zusammenarbeit auf den oben genannten Gebieten bestehende Konflikte und

Kriegsgefahren schrittweise abgebaut werden könnten. Die Beseitigung von Armut und der Abbau von sozialer Ungerechtigkeit beispielsweise wurden in diesem Kontext als konkrete Beiträge zur Erfüllung des Friedensmandats der Vereinten Nationen angesehen. Dieser „funktionalistische" Ansatz forderte daher ein stärkeres Engagement der Mitgliedstaaten bei der Lösung konkret-praktischer Probleme. Art. 56 UN-Charta sieht ausdrücklich vor, daß alle Mitgliedstaaten sich verpflichten, gemeinsam und jeder für sich mit den Vereinten Nationen zusammenzuarbeiten, um die in dem oben zitierten Art. 55 der Charta dargelegten Ziele zu erreichen.

II. Ziele und Aufgaben

Die *Ziele* und *Aufgaben* der Sonderorganisationen als Fachorganisationen, die auf ihren Gebieten der übergeordneten Zielsetzung der Vereinten Nationen, nämlich der Erhaltung des Weltfriedens und der internationalen Sicherheit dienen sollen, sind breit gefächert. Praktisch gibt es keine Tätigkeit eines Staates, die nicht in den Kompetenzbereich einer der Sonderorganisationen der Vereinten Nationen fällt. Insofern stellt dieser breit gefächerte Schirm der Sonderorganisationen der Vereinten Nationen einen Tätigkeitsrahmen dar, der sich zum Beispiel in der Vielzahl der Bundesministerien in Deutschland wiederfindet.

Wie bereits der Terminus „Sonderorganisationen" zum Ausdruck bringt, sind die Organisationen mit speziellen fachlichen Kompetenzen ausgestattet, die sie in einem weltweiten Tätigkeitsfeld ausüben sollen. Ziele und Zwecke der Sonderorganisationen sind grundsätzlich nicht politischer Art, was jedoch nicht bedeutet, daß sie unpolitisch agieren, obwohl das allgemeinpolitische Mandat ausdrücklich bei der → Generalversammlung der Vereinten Nationen liegt. Da es sich um zwischenstaatliche Organisationen handelt, in denen Regierungen vertreten sind, kommt es selbst bei sogenannten rein technischen Organisationen vor, daß Entscheidun-

gen unter einem allgemeinpolitischen Primat erfolgen.

III. Beziehungsabkommen

Wie bereits oben erwähnt, werden die Sonderorganisationen mit den Vereinten Nationen durch *Abkommen* in Verbindung gebracht, die der → Wirtschafts- und Sozialrat (ECOSOC) gemäß Art. 63 UN-Charta abschließt. Diese Abkommen bedürfen der Genehmigung durch die Generalversammlung. Der ECOSOC kann die Tätigkeit der Sonderorganisationen koordinieren, indem er *Konsultationen* mit ihnen führt und an sie, an die Generalversammlung und an die Mitglieder der Vereinten Nationen *Empfehlungen* richtet (Art. 63, Abs. 2). Der ECOSOC hat zum Zweck der Koordinierung der Tätigkeit der Sonderorganisationen untereinander und mit den Vereinten Nationen 1946 den *Verwaltungsausschuß für Koordinierung (Administrative Committee on Coordination - ACC)* eingesetzt, der sich aus den Verwaltungsspitzen der Sonderorganisationen und der IAEA sowie dem UN-Generalsekretär (→ Generalsekretär) zusammensetzt (vgl. → Koordinierungssystem der UN).

In den fast einheitlich abgefaßten Abkommen gemäß Art. 63 UN-Charta werden sowohl die Bedingungen zur Koordinierung der Tätigkeit der einzelnen Sonderorganisationen und der UNO als auch die Bedingungen zur Koordinierung zwischen den einzelnen Sonderorganisationen präzisiert. Sie enthalten u.a. ein Mitspracherecht der UNO bei der Aufnahme von Nichtmitgliedstaaten der Vereinten Nationen in die Sonderorganisationen, ferner ein gegenseitiges Recht zum Vorschlag der Aufnahme von Fragen in die Tagesordnung sowie eine Verpflichtung der Sonderorganisationen, Empfehlungen der UNO den zuständigen Organen der Sonderorganisationen zwecks Beschlußfassung zuzuleiten und auch sonstige Organe der UNO in ihren Aufgaben zu unterstützen. Die Sonderorganisationen haben das Recht, den Internationalen Gerichtshof (→ IGH) um

Gutachten für Rechtsfragen zu ersuchen. Die Abkommen enthalten ferner das gegenseitige Recht auf Austausch von Materialien und Dokumenten und enthalten Bestimmungen über die Koordination der Verwaltungsdienste und technische Dienste sowie den Austausch von statistischen Materialien, um Doppelarbeit für die Mitgliedstaaten, die Sonderorganisationen und die UNO zu vermeiden. Es soll auch ein möglichst einheitliches internationales Personalrecht geschaffen werden, um den Austausch von → Personal zu ermöglichen. Außerdem besitzen die Sonderorganisationen sowohl untereinander bei den Sitzungen der Plenarorgane als auch bei den Sitzungen des Wirtschafts- und Sozialrates Gast- und Rede-Recht. Da ihre Vertreter jedoch hinter den Mitgliedstaaten sitzen, hat die Beteiligung deutlich abgenommen und nicht zu der gewünschten Kommunikation und Kooperation geführt.

IV. Charta-Bestimmungen

Neben dem oben genannten Art. 63 UN-Charta gibt es noch weitere zehn Artikel, die sich direkt oder indirekt (Art. 60) auf die Sonderorganisationen beziehen.

Im Art. 17 Abs. 3 heißt es, daß die Generalversammlung alle Finanz- und Haushaltsabmachungen mit den in Art. 57 bezeichneten Sonderorganisationen prüft und genehmigt. Weiterhin: „Sie prüft deren Verwaltungshaushalt mit dem Ziel, Empfehlungen an sie zu richten". Die Empfehlungen beziehen sich auf die Koordinierungsfunktion durch die Generalversammlung; sie haben keine Kontrollfunktion gegenüber den Sonderorganisationen zum Inhalt, wofür die Generalversammlung keine Zuständigkeit besitzt.

In Art. 58 heißt es in einer sehr weichen Formulierung, daß die Vereinten Nationen Empfehlungen abgeben, um die Bestrebungen und Tätigkeiten dieser Sonderorganisationen zu koordinieren. Art. 60 weist darauf hin, daß für die Wahrnehmung dieser Aufgaben die Generalversammlung und unter ihrer Autorität der Wirtschafts- und Sozialrat

verantwortlich sind. In Art. 62 erhält der Wirtschafts- und Sozialrat die Befugnis, über internationale Angelegenheiten auf den Gebieten der Wirtschaft, des Sozialwesens, der Kultur, der Erziehung, der Gesundheit und auf verwandten Gebieten Empfehlungen an die in Betracht kommenden Sonderorganisationen zu richten.

Ferner wird in Art. 59 auf die Möglichkeit hingewiesen, daß durch Verhandlungen neue Sonderorganisationen errichtet werden, sobald sie zur Verwirklichung der in Art. 55 dargelegten Ziele erforderlich sind. Art. 64 bezieht sich auf die Berichte der Sonderorganisationen an den Wirtschafts- und Sozialrat. Art. 66 ermächtigt den Wirtschafts- und Sozialrat, mit Genehmigung der Generalversammlung alle Dienste zu leisten, um die ihn Mitglieder der UNO oder Sonderorganisationen ersuchen. Art. 70 sieht vor, daß Vertreter der Sonderorganisationen ohne Stimmrecht an den Beratungen des Wirtschafts- und Sozialrats sowie seiner von ihm eingesetzten Kommissionen teilnehmen und umgekehrt.

V. Mitgliedschaft

Die Mitgliedschaft in einer oder mehreren Sonderorganisationen setzt nicht notwendigerweise eine Mitgliedschaft (→ Mitgliedschaft/Repräsentation von Staaten) in den Vereinten Nationen voraus, obwohl umgekehrt eine Mitgliedschaft in den Vereinten Nationen eine Mitgliedschaft in einigen Sonderorganisationen fast automatisch erlaubt (z.B. → WHO, → UNESCO). Die Bundesrepublik Deutschland war z.B. lange vor ihrem Beitritt 1973 zu den Vereinten Nationen Mitglied aller Sonderorganisationen (→ Deutschland, UN-Politik). Die Schweiz ist weiterhin nicht Mitglied der Vereinten Nationen (→ Beobachterstatus), obwohl inzwischen Mitglied in allen Sonderorganisationen.

Ebenso wie für die UNO, so gilt auch für alle Sonderorganisationen das Prinzip einer universellen Mitgliedschaft (→ Universalität), das jedoch bei einigen von ihnen bis Ende der 80er Jahre noch nicht erreicht wurde. Dies galt u.a. für die monetären Organisationen, wie den Internationalen Währungsfonds (→ IWF) und die → Weltbank/Weltbankgruppe (IBRD, IFC, IDA), wo aufgrund des gewichteten Stimmrechts zahlreiche ehemalige sozialistische Staaten und Entwicklungsländer eine Mitgliedschaft lange Zeit nicht anstrebten. Heute gilt für alle Sonderorganisationen, daß das Prinzip der universellen Mitgliedschaft fast verwirklicht ist.

Die Tatsache, daß es sich bei den Sonderorganisationen um staatliche Institutionen auf der Grundlage von Regierungsabkommen handelt, bedeutet keinesfalls, daß nur Staaten Mitglied werden können. Einige von ihnen, wie z.B. → FAO, → ITU, → UPU, → UNESCO und → WHO, lassen auch Territorien als assoziierte Mitglieder zu, die (noch) nicht die Merkmale eines Staates aufweisen. Eine Besonderheit weist die → ILO auf, welche von Anfang an das Prinzip der Dreigliedrigkeit (2:1:1) eingeführt hat, wonach jeder Mitgliedstaat durch zwei Regierungsvertreter sowie je einen Arbeitgeber- und Arbeitnehmer-Vertreter im Plenarorgan vertreten ist. Auch in den anderen Entscheidungsorganen der ILO wird dieses Prinzip 2:1:1 aufrechterhalten.

Relativ neu ist die 1991 bei der FAO eingeführte Option, als Organisation Mitglied zu werden („member organization"); derzeit ist lediglich die Europäische Union (EU) als „regional economic integration organization" aufgenommen, wobei - je nach Gegenstand der Tagesordnung - entweder die EU mit 15 Stimmen oder die EU-Mitglieder als FAO-Mitgliedstaaten einzeln abstimmen dürfen (eine ähnliche Regelung sieht auch die WTO-Satzung (→ WTO/GATT) seit 1995 vor).

VI. Organisationsstrukturen

Üblicherweise werden drei Kategorien von Sonderorganisationen unterschieden:
1) die Sonderorganisationen mit einem breit definierten sozialen, kulturellen,

humanitären Bereich (FAO, ILO, UNESCO, → UNIDO, → WHO),
2) die technischen Sonderorganisationen (→ ICAO, → IMO, ITU, → UPU, → WIPO, → WMO) und
3) die Finanzorganisationen (IMF, Weltbankgruppe, IFAD).

Obwohl jede Sonderorganisation ihre eigene Satzung/Verfassung hat, deren Inhalt vor allem von den Zielen und Aufgaben der Organisation abhängt, soll hier vor allem vergleichend auf die Gemeinsamkeiten eingegangen werden:
(a) In allen Sonderorganisationen existiert ein *Plenar-Organ* (vgl. Tabelle 2), in dem jeweils alle Mitgliedstaaten vertreten sind. In der Mehrzahl der Sonderorganisationen haben im Plenarorgan alle Staaten jeweils eine Stimme. Ausnahmen hierzu bilden die Finanz-Organisationen (IMF, IBRD, IDA, IFC), in denen die Stimmen gewichtet sind und von der Höhe der Einlagen der Einzelmitglieder abhängen. Auch beim IFAD ist dies der Fall.
(b) Die Treffen finden alljährlich (IMF, ILO, Weltbank-Gruppe, WHO) oder alle zwei Jahre (z.B. FAO, UNESCO) oder sogar in größeren Intervallen statt (z.B. ICAO, ITU, UPU). Ferner haben die Sonderorganisationen eine *Exekutiv-Körperschaft (Council, Board)*, die für die Überwachung der Durchführung der Politik zwischen den Sitzungen des Plenar-Organs verantwortlich ist.
(c) Schließlich existiert in allen Organisationen ein *Mitarbeiter-Stab (Personal, Sekretariat)*, an dessen Spitze ein *General-Sekretär oder -Direktor* steht, der auf mindestens drei und höchstens sechs Jahre gewählt wird und - von einigen Ausnahmen abgesehen (z.B. ITU, UNESCO, UPU) - unbegrenzt wiedergewählt werden kann.

VII. Finanzierung

Die Finanzmittel der Sonderorganisationen werden in der Mehrzahl der Fälle aus drei Quellen gespeist:
(1) Die ordentlichen Haushalte setzen sich auf der Einnahmen-Seite vor allem aus Beiträgen der Mitgliedstaaten zusammen, die aufgrund des Beitragsschlüssels ermittelt werden, der sich an

der wirtschaftlichen Zahlungsfähigkeit orientiert. Dabei beträgt die Obergrenze 25 %, die Untergrenze in den meisten Fällen 0,001 % (Ausnahmen, die sich über ihre Geschäftstätigkeit finanzieren: IMF und Weltbank-Gruppe).

(2) Die Mitgliedstaaten der Vereinten Nationen und auch andere Staaten (z.B. die Schweiz) zahlen freiwillige Beitragsleistungen an Spezialorgane der Vereinten Nationen (z.B. → UNDP, → UNFPA, → UNICEF), die ihrerseits den Sonderorganisationen die Durchführung bestimmter Programme und Projekte - insbesondere im Rahmen der multilateralen Technischen Zusammenarbeit - finanzieren. Diese Einnahmen erscheinen in den außerordentlichen Haushalten der Sonderorganisationen.

(3) Schließlich gibt es freiwillige, zum größten Teil projekt-gebundene Beitragsleistungen von einzelnen Mitgliedstaaten an einzelne Sonderorganisationen, die dort ebenfalls in den außerordentlichen Haushalten aufgeführt werden (sog. Treuhandfonds).

In den meisten Sonderorganisationen erfolgt die *Finanzierung durch Mitgliedsbeiträge*. Die Mitglieder sind verpflichtet, nach einem bestimmten Schlüssel sich jährlich an den Kosten der Sonderorganisationen zu beteiligen. Dieser Schlüssel ist von Organisation zu Organisation unterschiedlich, da er von der Gesamtmitgliederzahl abhängt. Viele Sonderorganisationen (ILO, FAO, WHO, UNESCO, UNIDO) orientieren sich am Beitragsschlüssel der UNO. Einige technische Sonderorganisationen (ITU, UPU, WIPO) legen Beitragsklassen fest, in die sich die Mitglieder nach Selbsteinschätzung einstufen. Andere technische Sonderorganisationen (ICAO, IMO, WMO) arbeiten mit einem sogenannten Mischsystem, d. h. sie orientieren sich nur zum Teil am UN-Beitragsschlüssel, während der andere Teil sich auf den Gegenstand ihrer Aktivitäten (z. B. Tonnen-Kilometer-Kapazität bei der ICAO, registrierte Schiffstonnage bei der IMO) oder auf einen eigenen Beitragsschlüssel (WMO) bezieht. Die - meist politisch motivierte und durch die großen Beitragszahler stark beeinflußte - Zahlungsmoral fällt recht unterschiedlich aus; sie ist am höchsten bei den technischen Sonderorganisationen ITU, UPU und WIPO, wobei letztere über erhebliche Eigeneinnahmen verfügt. Die monetären Sonderorganisationen erheben keine Mitgliedspflichtbeiträge, sondern finanzieren ihre Verwaltungskosten aus ihren Erträgen.

VIII. Ausblick

Trotz der engen rechtlichen und faktischen Verbindung zwischen den Vereinten Nationen und den Sonderorganisationen bestehen zahlreiche *Koordinierungsprobleme*. Diese ergeben sich u.a. aus der Tatsache, daß die Staatenvertreter in den Sonderorganisationen meist nicht vom Außenministerium, sondern von den betreffenden Fachministerien bestellt werden. Solange auf der nationalen Ebene der einzelnen Mitglieder eine entsprechende Koordinierung nicht stattfindet, entscheiden diese Mitgliedstaaten innerhalb der Sonderorganisationen je nach politischen und/oder fachlichen Gesichtspunkten höchst unterschiedlich. Da die Sonderorganisationen inzwischen ein starkes Eigenleben entwickelt haben, scheitert die angestrebte Koordinierung sowohl am Widerstand dieser Sonderorganisationen als auch an dem der Fachministerien der einzelnen Mitgliedstaaten.

Klaus Hüfner

Lit.: *Hüfner, K.:* Die Vereinten Nationen und ihre Sonderorganisationen: Strukturen, Aufgaben, Dokumente. Teil 2: Die Sonderorganisationen (DGVN-Texte 41), Bonn 1992 ; *Hüfner, K.:* Die Vereinten Nationen und ihre Sonderorganisationen. Teil 3: Finanzierung des Systems der Vereinten Nationen 1971-1995. Teil 3B: Sonderorganisationen - Gesamtdarstellungen - Alternative Finanzierungsmöglichkeiten (DGVN-Texte 46), Bonn 1997; *Seidl-Hohenveldern, I.:* Sonderorganisationen, in: *Wolfrum, R.* (Hrsg.): Handbuch Vereinte Nationen, 2. Aufl., München 1991, 782-787.

Tabelle 1:Sonderorganisationen im UN-System sowie GATT/WTO und IAEA, 1946-1995

Jahr	Gesamt-zahl		Organisation
1946		ILO	Internationale Arbeitsorganisation, Genf
		FAO	Ernährungs- und Landwirtschaftsorganisation, Rom
	3	UNESCO	Organisation der Vereinten Nationen für Erziehung, Wissenschaft und Kultur; Paris
1947		IMF	Internationaler Währungsfonds; Washington, D.C.
		IBRD	Internationale Bank für Wiederaufbau und Entwicklung, Washington, D.C.
		ICAO	Internationale ZivilluftfahrtorganisationMontreal
	7	GATT	Allgemeines Zoll- und Handelsabkommen, Genf[1]
1948		UPU	Weltpostverein, Bern
		WHO	Weltgesundheitsorganisation, Genf
1949	10	ITU	Internationale Fernmeldeorganisation, Genf
1951	11	WMO	Weltorganisation für Meteorologie, Genf
1957		IAEA	Internationale Atomenergie-Organisation, Wien[1]
	13	IFC	Internationale Finanzkorporation, Washington, D.C.[2]
1959	14	IMO	Internationale Seeschiffahrtsorganisation, London[3]
1961	15	IDA	Internationale Entwicklungsorganisation, Washington, D.C.[2]
1974	16	WIPO	Weltorganisation für geistiges Eigentum, Genf
1977	17	IFAD	Internationaler Fonds für landwirtschaftliche Entwicklung, Rom
1986	18	UNIDO	Organisation der Vereinten Nationen für industrielle Entwicklung, Wien
1995	18	WTO	Welthandelsorganisation, Genf[1,4]

1 Keine Sonderorganisation im Sinne des Art. 57 der Charta der Vereinten Nationen
2 Mit der IBRD verbunden
3 Bis 22. Mai 1982 IMCO (Zwischenstaatliche Beratende Seeschiffahrtsorganisation)
4 Das GATT 47 ist in die WTO-Regeln des internationalen Warenhandels (= GATT 94) integriert worden.

Souveränität

Nach einer weithin geteilten Auffassung hat die *Souveränität* des Staates zwei komplementäre und sich wechselseitig bedingende Seiten: Nach innen gewandt setzt ihr Inhaber letztverbindliches Recht; nach außen ist er rechtlich weisungsfrei. Die innere Seite hatte die „Zwischengewalten" im Auge, rechtlich oder tatsächlich unabhängige Herrschaften, die sich die Zentralgewalt zu unterwerfen suchte. Der äußere Souveränitätsanspruch zielte auf Mächte außerhalb des Territoriums. Entsprechend ist auch einerseits von *staatsrechtlicher* (innerstaatlicher), andererseits von *völkerrechtlicher Souveränität* die Rede. Für letztere wird als Synonym auch „Unabhängigkeit" verwandt.

Der Begriff der Souveränität. des Staates, auf engste mit dem neuzeitlichen Staatsbegriff verbunden, hat beinahe mystische Qualität. Obgleich - oder gerade weil - seine Konturen so unscharf sind, spielt er in der Staats- und Völkerrechtslehre sowie der Politik der Moderne eine herausragende Rolle. Seit ihn der französische Jurist Jean Bodin im 16. Jahrhundert in die Staatstheorie eingeführt hat, ist der Begriff vornehmlich als ein Kampfbegriff wirksam geworden - mehr das beschreibend, was sein soll, als das, was ist. Am Anfang gebraucht, um die Unabhängigkeit des französischen Königs von Kaiser und Papst und den Vorrang seiner rechtlichen Anordnungen über das von territorialen Partikulargewalten gesetzte Recht zu begründen, wird der Begriff jetzt gegen die Intensivierung zwischen- und überstaatlicher Integration auf regionaler wie universaler Ebene gewandt (zur Geschichte der Souveränität *Quaritsch* 1970 und 1986 und *Hofmann* 1967, zur Wortgeschichte *Klippel/Boldt* 1990).

Historische Entwicklung

Staunenswert wandlungs- und anpassungsfähig, hat die Souveränität bisher die Grabreden, die auf ihr vorgebliches Ende gehalten wurden, ebenso überdauert wie die Anklagen, die ihr vorwerfen, jene gesteigerte Form internationaler Zusammenarbeit zu behindern, die für das Überleben der Menschheit in unserer Zeit notwendig sei. Der Souveränitätsgedanke hat den Aufstieg des modernen rationalen Staates als des Inhabers umfassender Personal- und Territorialhoheit auf einem abgegrenzten Gebiet begleitet und gefördert. Doch erst im 19. Jahrhundert, mit dem Niedergang naturrechtlicher Anschauungen, nach denen auch die Regenten unabhängig von ihrem Willen an bestimmte grundsätzliche Normen gebunden waren, wurde aus der Souveränität auch der Anspruch auf Herrschaft über das Recht abgeleitet. Sich wechselseitig verstärkend, verbanden sich *Souveränitätsbegriff* und *Nationalstaatsidee* und führten zur *„Souveränitätsanarchie"* (*Kimminich* 1997) des 19. und 20. Jahrhunderts. Nun lag der Akzent des Begriffs nicht mehr auf einem Auf- und Ausbau möglichst effektiver Staatsgewalt, sondern auf der Konkurrenz mit anderen Nationen. Die „souveränen Nationalstaaten", konstruiert als sich gegenüberstehende geschlossene Einheiten, stritten miteinander um politische, wirtschaftliche und militärische Macht. Es ist daher verständlich, daß der Souveränitätsgedanke in der Rückschau als eine jener Lehren angesehen wurde, die die beiden Weltkriege begünstigt hätten.

Entsprechend geriet der Begriff besonders nach 1945 in eine Krise. In Europa wurde ihm die Leitidee der *Supranationalität* entgegengestellt, die Autonomie und Kooperation der Staaten verbinden sollte. Andererseits haben sich die aus der → Entkolonialisierung hervorgegangenen neuen Staaten energisch auf ihre Souveränität berufen, um ihre Unabhängigkeit zu konsolidieren.

Souveränität nach 1945

Seit der Gründung der UNO im Jahre 1945 (→ Geschichte der UN) hat eine tiefgreifende *Relativierung des Souveränitätsbegriffs* des 19. Jahrhunderts stattgefunden. Der als im wesentlichen rechtlich ungebunden gedachte Staat ist zur vielfach - mit, ohne, und sogar gegen ihren Willen - verpflichteten Territorialorganisation geworden, die im Stufenbau der universalen Rechtsordnung mit dem vergleichsweise höchsten Grad an Autonomie ausgestattet ist. Souveräne Staatsgewalt als „auf ihrem Gebiete oberste, ausschließliche, unwiderstehliche und eigenständige Macht", von der der Staatsrechtslehrer Hermann Heller noch 1934 sprach, gibt es heute weder tatsächlich noch rechtlich.

Die *Charta der Vereinten Nationen* spricht nicht von „Souveränität" als solcher, sondern allein von der *„souveränen Gleichheit"* aller Mitgliedstaaten (Art. 2 Nr. 1), und die die Grundsätze der Charta interpretierende, im Konsens verabschiedete „Friendly Relations Declaration" der →Generalversammlung von 1970 (Annex zu Resolution 2625 (XXV)) erklärt: „All States enjoy sovereign equality. They have equal rights and duties and are equal members of the international community, notwithstanding differences of an economic, social, political or other nature" (→ Charta der UN/Ziele und Grundsätze der UN). Die Verbindung von Souveränität (in der Charta zu einem attributiven Adjektiv herabgestuft) und Mitgliedschaft in der internationalen Gemeinschaft macht deutlich, daß im Zeitalter der UN das Recht eines Staates auf Unabhängigkeit durch seine Verpflichtung bedingt wird, Gemeinschaftswerte und -ziele zu schützen und zu fördern. Im System der UN (→ UN-System) wird diese Verpflichtung durch die bindenden Beschlüsse des → Sicherheitsrates konkretisiert. Kein Staat kann sich mehr unter Berufung auf seine Souveränität seiner Verpflichtung entziehen, die grundlegenden → *Men-*

schenrechte der seiner Gewalt unterworfenen Personen zu achten. Zunehmend wird auch eine Bindung der Staaten an Grundprinzipien der Demokratie angenommen.

Die *rechtliche Unabhängigkeit* eines Staates von anderen Völkerrechtssubjekten ist Voraussetzung seiner Souveränität. „Ein Staat ist demnach souverän, wenn er keiner anderen Autorität als der des Völkerrechts untersteht, also ausschließlich völkerrechtsunmittelbar ist" (*Verdross/Simma* 1984). Zugleich folgt aus der Souveränität das Recht auf Achtung der politischen Unabhängigkeit und territorialen Integrität. Der souveräne Staat besitzt eine grundsätzlich umfassende völkerrechtliche Rechts- und Handlungsfähigkeit. Dank seiner Souveränität steht auch der kleinste Staat rechtlich auf einer Stufe mit dem mächtigsten und ist in den Verhandlungen von Staatenkonferenzen und internationalen Organisationen grundsätzlich gleichberechtigt („one state, one vote"). Souveränität gewährt damit ein Partizipationsrecht. Den souveränen Staat schützen das → Gewaltverbot der Charta (Art. 2 Nr. 4) und das → Interventionsverbot. Er bestimmt in den Grenzen des Völkerrechts seine eigene Verfassung und, entsprechend, seine politische, gesellschaftliche, wirtschaftliche und kulturelle Ordnung, welche die übrigen Mitglieder der Völkerrechtsgemeinschaft zu respektieren haben. Er besitzt die (durch die Verpflichtung zur Beachtung der grundlegenden Menschenrechte beschränkte) Personalhoheit über seine Angehörigen und das Monopol legitimer physischer Gewalt auf seinem Territorium. Er hat ferner das Recht, über die Form seiner politischen Existenz zu entscheiden, das heißt zum Beispiel sich mit einem anderen Staat zusammenzuschließen. Schließlich steht der Beitritt zu den UN und den meisten anderen internationalen Organisationen nur souveränen Staaten offen (→ Mitgliedschaft/Repräsentation von Staaten). Die wichtigste Beschränkung der hergebrachten Souveränität besteht im Zeitalter der UN im Ausschluß des „ius ad bellum", also des

Rechts, gegen einen anderen Staat Krieg zu führen. Denn die UN-Charta hat mit Art. 2 Nr. 4 und Kap. VII ein Gewaltmonopol des Sicherheitsrates begründet und erlaubt einem Staat die Anwendung militärischer Gewalt nur ausnahmsweise im Falle der Selbstverteidigung (Art. 51) (→ Kollektive Sicherheit).

Für das Völkerrecht der Gegenwart ist der souveräne Staat der Normalfall. Es ist geradezu bestrebt, eine einheitliche globale *„Zwischensouveränitätenordnung"* (*Jahrreiß* 1967) zu bewahren, und erkennt daher großzügig auch Staaten als souverän an, deren Unabhängigkeit zweifelhaft ist. Die Rechtsfigur des „nichtsouveränen Staates" dient heute hauptsächlich der Erklärung der Stellung von Gliedern eines Bundesstaates (wie der USA, Deutschlands oder der Schweiz), denen verfassungsrechtlich aus politischen und historischen Gründen eine begrenzte Form von Staatlichkeit belassen wurde.

Konstitutionalisierung des Völkerrechts

Eine neuere Richtung der Völkerrechtslehre deutet die Entwicklung des Völkerrechts seit der Zeit des Völkerbundes als einen Prozeß der *Konstitutionalisierung* (vgl. *Fassbender* 1998). Die Vereinbarung der Satzung des → Völkerbundes (1919) und dann, nach ihrem Scheitern, der UN-Charta wird als ein sukzessiver Versuch begriffen, der internationalen Gemeinschaft eine Verfassung, ja Verfassungsurkunde zu geben, in der Grundregeln des Zusammenlebens der Völker kodifiziert werden — und zwar in einer Weise, die diese Regeln für die Zukunft außer Streit stellt und dem individuellen Zugriff der Staaten entzieht. Die Gemeinschaft wird dabei nicht bloß als Summe einzelstaatlicher Individualinteressen, sondern als der Menschheit als ganzer verpflichtete Einheit mit eigener Rechtspersönlichkeit und einem eigenen Zweck verstanden, den sie auch dem widerstrebenden Einzelstaat entgegenhalten kann. Im Grunde handelt es sich um den Versuch einer Reetablie-

494

rung von vorrangigen, vom Willen der einzelnen Staaten unabhängigen Normen, deren naturrechtliche Existenz bis ins 19. Jahrhundert hinein akzeptiert wurde. Es wird eine Hierarchie völkerrechtlicher Normen postuliert und darin *„Völkerverfassungsrecht"* mit dem relativ höchsten Rang und besonderer Festigkeit ausgestattet. Zugleich greift der Begriff der Verfassung Momente der Organisation und Institutionalisierung auf, wie sie der modernen Staatsverfassung eigen sind. Diese konstitutionelle Sicht des Völkerrechts der Gegenwart erlaubt auch eine zeitgemäße Definition der einzelstaatlichen Souveränität, die der verstärkten Gemeinschaftsbezogenheit des Staates Rechnung trägt: Die Souveränität des Staates ist die ihm durch die Verfassung der internationalen Gemeinschaft, vornehmlich der UN-Charta, eingeräumte und garantierte Autonomie. Sie bezeichnet den Anspruch auf Selbstentfaltung und Eigenverantwortlichkeit in einem völkerrechtlich definierten Rechtskreis. Ist ein Staat demokratisch verfaßt, schützt die staatliche Souveränität einen Raum demokratischer Selbstbestimmung des Volkes (→ Selbstbestimmungsrecht).

Bardo Fassbender

Lit.: *Fassbender, B.:* The U.N. Charter as Constitution of the International Community, in: ColJTransL 36 (1998), 529-619; *Heller, H.:* Staatslehre, Leiden 1934, 6. Aufl., Tübingen 1983; *Jahrreiß, H.:* Die Souveränität der Staaten. Ein Wort - mehrere Begriffe - viele Mißverständnisse, in: Hofmann, H.H. (Hrsg.): Die Entstehung des modernen souveränen Staates, Köln 1967, 35-51; *Kimminich, O.:* Einführung in das Völkerrecht, 6. Aufl., Tübingen 1997; *Klippel, D./Boldt, H.:* Souveränität, in: Brunner, O. u.a. (Hrsg.): Geschichtliche Grundbegriffe, Bd. 6, Stuttgart 1990, 98-154; *Quaritsch, H.:* Staat und Souveränität, Frankfurt/M. 1970; *Quaritsch, H.:* Souveränität. Entstehung und Entwicklung des Begriffs in Frankreich und Deutschland vom 13. Jh. bis 1806, Berlin 1986; *Verdross, A./Simma, B.:* Universelles Völkerrecht, 3. Aufl., Berlin 1984; *Volger, H.:* Geschichte der Vereinten Nationen, München u.a. 1995.

Sprachen in den UN

Weder für die Vereinten Nationen im engeren Sinn, d.h. die sechs Hauptorgane und ihre Unterorgane (→ Haupt-/Neben-/Vertragsorgane), noch für das System der Vereinten Nationen (→ UN-System) mit seinen zahlreichen Gremien und Körperschaften gibt es eine einheitliche Sprachenregelung.

1. Sprachen der Hauptorgane

In der Charta der Vereinten Nationen (→ Charta der UN) bestimmt nur das (einen integralen Bestandteil derselben bildende) Statut des Internationalen Gerichtshofs (→ IGH) in seinem Art. 39 aufgrund der Völkerbundstradition (→ Völkerbund) das Französische und Englische zu → Amtssprachen, läßt aber die Möglichkeit zu, daß sich die streitenden Parteien auf eine dieser beiden Sprachen einigen, und erlaubt schließlich, daß auf Antrag auch eine andere Sprache benutzt werden kann.

Für die anderen fünf Hauptorgane fehlt in der Charta jedoch die sonst übliche Sprachenklausel, so daß entsprechende Regelungen bzw. Änderungen und Ergänzungen den jeweiligen →Geschäftsordnungen überlassen bleiben. Da allerdings die Unterzeichnung der Charta in fünf „gleichermaßen verbindlichen" Sprachfassungen (Chinesisch, Englisch, Französisch, Russisch und Spanisch) erfolgte, galten diese Sprachen zunächst als → *Amtssprachen, d.h. als Sprachen, die für mündliche und schriftliche Äußerungen zugelassen waren.* Übersetzt (schriftlich) und gedolmetscht (mündlich) wurde jedoch zunächst nur in die beiden vom Völkerbund übernommenen → *Arbeitssprachen* Französisch und Englisch, bis in der → Generalversammlung und im → Sicherheitsrat nach und nach auch die anderen drei Amtssprachen Arbeitssprachen wurden, in welche die jeweils vier anderen Sprachen übersetzt und gedolmetscht werden mußten.

Erste weitere Arbeitssprache der Generalversammlung und bald darauf des Sicherheitsrats wurde mit GA Res. 246 (III) vom 7.12.1948 das beim Völkerbund (wegen der Zeitverlängerung durch das damals allein übliche konsekutive Dolmetschen) bald nach Einführung wieder aufgegebene Spanisch. Trotz der inzwischen möglich gewordenen Zeitgleichheit des Dolmetschens durch die in der vielsprachigen UdSSR schon früher bekannte, aber erst mit den Nürnberger Prozessen allgemein etablierte neue Technik des Simultandolmetschens dauerte es noch weitere 20 Jahre, bis mit der GA Res. 2479 (XXIII) vom 21.12.1968 auch das Russische, und weitere fünf Jahre, bis schließlich mit GA Res. 3189 (XXVIII) vom 18.12.1973 das wegen seiner andersartigen Sprachstruktur am schwersten simultan zu dolmetschende Chinesische zur Arbeitssprache von Generalversammlung und Sicherheitsrat wurden. Seitdem sind in diesen beiden Hauptorganen alle fünf damaligen Amtssprachen auch Arbeitssprachen und ist daher gewöhnlich nur noch von „Sprachen" die Rede.

Im Rahmen ihrer Sprachpolitik konnten die arabischen Mitgliedstaaten im Beitrittsjahr des ersten deutschsprachigen Mitgliedstaats Österreich (1955) erreichen, daß auf der Basis einer Geschäftsordnungsklausel ein voll vom ordentlichen → Haushalt finanzierter kleiner Arabischer Übersetzungsdienst zur Übersetzung ausgewählter Texte ins Arabische geschaffen wurde. Als 1973 die zwei deutschen Staaten beitraten und auch das Chinesische Arbeitssprache wurde, beantragten die arabischen Staaten erfolgreich den Ausbau des Arabischen zur Amts- und Arbeitssprache der Generalversammlung und ihrer Hauptausschüsse (→ Ausschußsystem) sowie bald darauf auch des Sicherheitsrats, worauf sich das Arabische - vor allem auf dem Weg über UN-Weltkonferenzen (→ Weltkonferenzen) zur anerkannten sechsten Sprache der Vereinten Nationen entwickeln konnte.

Nun beantragten die inzwischen drei deutschsprachigen Mitgliedstaaten aufgrund derselben Geschäftsordnungsklausel und mit dem gleichen Ziel eines späteren Amtssprachendienstes die Einrichtung eines kleinen → *Deutschen Übersetzungsdienstes*, der aufgrund von

GA Res. 3355 (XXIX) vom 18.12.1974 und mit Wirkung vom 1.7.1975 alle Resolutionen der Generalversammlung und des Sicherheitsrats, die Jahresbände des Sicherheitsrats mit allen Resolutionen und Beschlüssen sowie die Jahresberichte des Generalsekretärs und andere Berichte und Texte offiziell ins Deutsche übersetzt und in gleicher Form wie in den inzwischen sechs Amtssprachen veröffentlicht. Im Unterschied zum Arabischen Dienst wird der ebenfalls ins → Sekretariat integrierte Deutsche Dienst jedoch nicht vom ordentlichen → Haushalt, sondern über einen von den „Nutzerstaaten" Deutschland und Österreich (unter Beteiligung von Liechtenstein und des Nicht-Mitglieds Schweiz) gespeisten Treuhandfonds finanziert und ist bis heute lediglich „*offizielle Sprache*" für die Übersetzung bestimmter Dokumente, insbesondere der Generalversammlung und des Sicherheitsrats; einen Dolmetschdienst der UNO für Deutsch gibt es nicht.

Führende deutschsprachige Vertreter wie Staatsoberhäupter oder Außenminister machen allerdings in der Generalversammlung und im Sicherheitsrat stets von der in der Geschäftsordnung (→ Geschäftsordnungen) vorgesehenen Möglichkeit Gebrauch, die eigene Sprache zu sprechen und sie von selbst mitgebrachten und bezahlten Dolmetschern in eine der Amts- bzw. Arbeitssprachen übersetzen zu lassen, aus der dann von den Sekretariatsdolmetschern in die anderen Sprachen gedolmetscht wird.

Durch einen bald nach Ausbau des Arabischen und Gründung des Deutschen Dienstes veröffentlichten Bericht der Gemeinsamen Inspektionsgruppe (UN Doc. JI/REP/77/5) wurde die Zulassung weiterer Sprachen mit der Etablierung des Nutzerprinzips (Selbstbezahlung) und dem Gedanken des Selektionsprinzips (nur „nötige" Übersetzungen in jeweils „nötige" Sprachen) erschwert. Letzteres Prinzip ist allerdings durch den engen inneren und äußeren Zusammenhang aller Texte miteinander nur schwer praktikabel, um so mehr als Delegierte dann doch in einer der Amtssprachen reden und schreiben und sich daher auch in einer Fremdsprache vorbereiten müssen. Vermutlich aus diesen Gründen ist trotz des inoffiziellen Interesses anderer Sprachen wie Japanisch, Italienisch, Hindi oder Suaheli Deutsch die einzige im Sekretariat vertretene weitere offizielle Sprache neben den sechs Amtssprachen geblieben.

Der → Wirtschafts- und Sozialrat hat bis heute die drei Arbeitssprachen Englisch, Französisch und Spanisch beibehalten. Der → Treuhandrat hat sich durch seine erfolgreiche Entkolonialisierungsarbeit (→ Entkolonialisierung) praktisch arbeitslos gemacht.

Das allen Organen und auch den Weltkonferenzen dienende Sekretariat, in dem die (voneinander getrennt arbeitenden) Übersetzungs- und Dolmetschdienste angesiedelt sind, hat seit der GA Res. 2(I) vom 1.2.1946 sowohl am Sitz (Headquarters) in New York als auch in den Büros (Offices) in Genf (→ UN-Platz Genf), Wien (→ UN-Platz Wien) und Nairobi (→ UN-Platz Nairobi) für seine eigene Arbeit (mündliche und schriftliche Verständigung, Formulare, Schilder, Telefonbücher etc.) die beiden Arbeitssprachen Englisch und Französisch beibehalten.

2. Sprachen des Systems der Vereinten Nationen

Noch vielfältiger als bei den Hauptorganen und den Weltkonferenzen sind die Sprachregelungen im System der Vereinten Nationen mit den → Sonderorganisationen (specialized agencies) und den zahlreichen anderen UN-Gremien und Körperschaften.

So gilt z.B. in der ältesten Sonderorganisation, dem Weltpostverein (Universal Postal Union - → UPU), der schon im 19. Jahrhundert zur Zeit der Vorherrschaft des Französischen als Diplomatensprache gegründet wurde, bis heute das Französische als alleinige Amtssprache, während etwa in der Asiatischen Entwicklungsbank nur das Englische, in der Internationalen Arbeitsorganisation – IAO (International Labour Organization - → ILO) das Englische, Französische und Spanische

als Amtssprache gilt, mit kleinen Übersetzungsdiensten für Arabisch, Chinesisch, Russisch und Deutsch. Seit Bestehen der ILO werden alle Übereinkommen und Empfehlungen, sämtliche Konferenzberichte und alle Entschließungen sowie andere Texte offiziell von einem Deutschen Übersetzungsdienst ins Deutsche übersetzt. (Recherchen zur Terminologie der ILO und zu deutschsprachigen ILO-Dokumenten im Internet:
a) zur Terminologie (Englisch/ Deutsch/Französisch/Spanisch: http://ilis.ilo.org/ilis/ilisterm/ilintrte.htm
b) zu ILO-Dokumenten und Publikationen, die auf deutsch veröffentlicht wurden:
http:// ilis.ilo.org/ilis/ilodoc/ilintrid.htm; tel. Auskunft über 0041-22-799-7812 oder schriftlich bei der „Unité de traduction allemande" im Palais des Nations, CH-1211 Genève 10).

Die → UNESCO und die Weltgesundheitsorganisation → WHO haben das Arabische, Chinesische, Englische, Französische, Russische und Spanische als Amtssprachen. Daneben gibt es interne Sprachdienste für Hindi, Italienisch und Portugiesisch in der UNESCO und für Portugiesisch und Deutsch in der WHO, wo Deutsch seit 1975 (Resolution EUR/RC 25/R 2 vom 2. 9.1975) außerdem „Arbeitssprache" für die Region Europa ist (Regionalbüro: Kopenhagen). So gibt es zahlreiche offizielle WHO-Texte auch in deutsch, insbesondere die „Statutory Documents" und die „Policy Documents". Die Texte sind abrufbar über Internet: http://www.who.dk; telefonische Auskunft: 0045-3917-1233 oder -1392.

Die Weltbank (International Bank for Reconstruction and Development) (→ Weltbank/-gruppe) und der Internationale Währungsfonds - → IWF (International Monetary Fund – IMF) haben keine „Amtssprache" und arbeiten ohne offizielle Sprachenregelung faktisch mit Englisch (sowie mit internationalen Übersetzungskapazitäten in die und aus den Sprachen Arabisch, Englisch, Französisch, Russisch und Spanisch sowie „aus allen größeren westlichen Sprachen"), was jedoch nicht ausschließt, daß beispielsweise der Jahresbericht der Weltbank offiziell auch in deutsch erscheint. Der IWF hat für Deutsch zumindest eine kleine ständige Übersetzungskapazität durch einen Übersetzer/Überprüfer und eine Schreibkraft.

3. Allgemeines

Obwohl sich die Vereinten Nationen schon bisher auf sechs juristisch gleichgestellte Sprachen (von etwa 5000 bis 6000 heute gesprochenen Sprachen) beschränkt haben und der Kostenanteil der Sprachendienste mit weit unter 10% des ordentlichen → Haushalts dort erheblich niedriger liegt als etwa in der EU-Kommission (etwa 35%) oder dem Europäischen Parlament (über 50%), besteht in der Praxis ein starker Druck in Richtung auf eine weitere Einschränkung bis hin zur Einsprachigkeit mit Englisch als Weltverkehrssprache.

Auf internen Sitzungen (wie z.B. der EU-Vertretungen bei den Vereinten Nationen oder der inzwischen auf 131 Mitglieder angewachsenen → „Gruppe der 77") beschränkt man sich sogar im französischsprachigen Genf unter Verzicht auf Dolmetscher meist auf Englisch, und in den Sitzungen der UN-Gremien selbst neigen die Delegierten ebenfalls dazu, aus Zeit- und Kostenersparnisgründen schon bei Vorliegen einer Fassung in Englisch (in welcher Sprache etwa 90% aller Originale verfaßt sind) zu verhandeln und nicht erst die Übersetzungen in andere Sprachen abzuwarten. Dagegen wendet sich insbesondere die durch die afrikanischen Mitglieder zahlenmäßig starke „Gruppe der Frankophonen" unter Führung des sprachbewußten Frankreich und mit Unterstützung anderer romanischer Sprachen. Aufgrund einer auch von weiteren Staaten (einschließlich Deutschlands) unterstützten Initiative kam es am 2.11.1995 zur Verabschiedung der GA Res. 50/11 über Mehrsprachigkeit (multilingualism). In der Resolution geht es vor allem um die Gleichberechtigung des Französischen mit dem Englischen.

Sie enthält aber auch Regelungen über die Sprachanforderungen an UN-Bedienstete (→ Personal). Von diesen wird in der Regel die Kenntnis von mindestens zwei Amtssprachen verlangt, was Bewerbern aus Ländern, in denen keine der UN-Sprachen gesprochen wird und aufgrund des regionalen Umfeldes auch andere Fremdsprachen gelernt werden müssen, die Bewerbung um eine Bedienstetenstelle beträchtlich erschwert (Deutscher Wortlaut der Resolution in: VN 45 (1997), 76). Die Sprachkenntnisse können allerdings nach der Einstellung durch kostenlose, gehalts- und beförderungswirksame interne (allein in der neuen Sprache gehaltene) Sprachkurse (für alle sechs Amtssprachen, vor dem Umzug einzelner Abteilungen nach Wien auch für Deutsch) im Rahmen der Dienstzeit erweitert werden.

Eine Zulassung zu den mehrteiligen schriftlichen und mündlichen Sprachprüfungen für Mitarbeiter der Übersetzungs- und Dolmetschdienste des Sekretariats setzt ein abgeschlossenes Hochschulstudium (gleich welchen Fachs) in derjenigen Sprache voraus, in die der Bewerber übersetzen will, und verlangt außer dem Englischen (als Ausgangssprache des Hauptanteils der Prüfungstexte) auch die Kenntnis von mindestens zwei weiteren Amtssprachen. Auskunft in Deutschland: Zentralstelle für Arbeitsvermittlung der Bundesanstalt für Arbeit – Büro Führungskräfte zu internationalen Organisationen (BFIO), Abt. II, Postfach 170540, 60079 Frankfurt/Main, Tel. 069-711-201 (Frau Theuerkauf), Fax: 069-7111-689. Auskunft in Österreich: Bundesministerium für auswärtige Angelegenheiten – II.5, Ballhausplatz 2, A-1014 Wien, Tel. 00431-53115-3610, Fax. 00431-53666-225, in der Schweiz: Eidgenössisches Departement für Auswärtige Angelegenheiten, CH-3003 Bern..

Die meisten Organe und Organisationen sowie deren Vertretungen in den einzelnen Ländern geben für Besucher und Interessenten auch Informationsschriften in Nicht-Amtssprachen heraus. Deutschsprachige Broschüren können bei den UN-Informationszentren in Deutschland, Österreich und der Schweiz bzw. bei den Verbindungsbüros der entsprechenden UN-Institutionen und Sonderorganisationen in Deutschland angefordert werden (eine Liste mit den Adressen der UN-Informationszentren ist im Anhang des Lexikons veröffentlicht: → Informationsquellen über die Vereinten Nationen). So gibt es z.B. (kostenlose) deutsche Texte der UN-Charta, der → Allgemeinen Erklärung der Menschenrechte, der Internationalen Pakte über bürgerliche und politische Rechte und über wirtschaftliche, soziale und kulturelle Rechte (→ Menschenrechtskonventionen) sowie die Informationsbroschüre über die UNO „Vorstellung und Wirklichkeit"(1997) und die Broschüre „Praktika bei den Vereinten Nationen und ihren Sonderorganisationen" (1998), die beide vom UNIC Bonn herausgegeben wurden (Bestellung über: UNIC Bonn, Martin-Luther-King-Straße 8, 53175 Bonn, Tel. 0228-815-2770, Fax: 0228-815-2777). Darüber hinaus können die oben erwähnten Texte sowie eine größere Zahl von deutschsprachigen Informationsbroschüren, die nicht gedruckt vorliegen, z.B. über Menschenrechtsschutz, Umweltschutz und andere Arbeitsfelder der UNO, über das Internet bei UNIC Bonn abgerufen werden (http://www.uno.de/allgemein/index.htm und http://www.uno.de/themen/ index. htm).

Ein sprachlicher Sonderfall sind die künstlerischen und weltweit einheitlich gestalteten → Briefmarken der Vereinten Nationen, die in New York englisch, in Genf französisch und in Wien deutsch beschriftet sind.

Ruprecht Paqué

Lit.: *Paqué, R.*: Sprachen und Sprachendienste der Vereinten Nationen, in: VN 28 (1980),165ff.; *Paqué, R.*: Vielsprachigkeit, Mehrsprachigkeit, Einsprachigkeit - Zu den Sprachen der Vereinten Nationen und zur Resolution 50/11 der Generalversammlung über 'Multilingualism', in: VN 45 (1997), 61-68; *Tabory, M:* Multilingualism in Inter-national Law and Institutions, Princeton 1980.
Internet: Homepage des Deutschen Übersetzungsdienstes bei den Vereinten Nationen: http://www.un.org/Depts/german

Ständige Vertretungen

Diplomatische Vertretungen der Staaten bei internationalen Organisationen reichen bis zum → Völkerbund zurück. Sowohl beim Völkerbund wie auch in der Anfangszeit der UNO wurden Staaten zunächst durch vorübergehend entsandte diplomatische Delegationen vertreten (→ Mitgliedschaft/Repräsentation von Staaten). Doch der Bedarf an ständigen Vertretungen stieg allein durch die Notwendigkeit, kontinuierlich an dem politischen Prozeß und den Entscheidungen der UN teilnehmen zu können. Allein der → Sicherheitsrat erforderte neben der Präsenz der fünf ständigen Mitglieder die permanente Präsenz der 10 nichtständigen Mitglieder und ihrer Mitarbeiter für die Zeit ihrer Wahlperiode, d.h. zwei Jahre. Auch hat es sich im Fall von Krisen als nützlich für die Mitgliedstaaten erwiesen, permanente Staatenvertreter bei den UN zu haben, die in kürzester Zeit die Regierungen über aktuelle Situationen und Entscheidungsprozesse informieren konnten. Heute hat die Mehrzahl der Mitgliedstaaten Ständige Vertretungen in New York, Genf und Wien, wobei die kleineren Staaten oft die Botschafter ihrer Auslandsvertretungen gleichzeitig zu Ständigen Vertretungen bei den UN ernennen.

I. Organisationsstruktur
Die Leitung einer Ständigen Vertretung liegt bei dem *Ständigen Vertreter* („permanent representative of the mission to the UN"). Der deutsche StändigeVertreter ist z.Zt. Dr. Dieter Kastrup, der den Status eines Botschafters hat und bei den UN akkreditiert ist. Zu dem Ständigen Vertreter gehört ein Mitarbeiterstab, der sich aus Auslandsbeamten und dem Verwaltungspersonal zusammensetzt (die USA haben zusätzlich noch eine Sektion für „peacekeeping"). Die Größe einer Ständigen Vertretung

499

ist sehr unterschiedlich: So unterhält die Vertretung der USA 36 professionelle Mitarbeiter (*Finger* 1992 13), während kleinere Staaten manchmal nur die Hälfte oder weniger der Mitarbeiter bei den UN haben (die Ukraine z.B. hat 13 Mitarbeiter, Antigua und Barbuda 7). Es ist zu beobachten, daß die Zahl der Mitarbeiter der Ständigen Vertretungen durch die Zunahme von Konferenzen und Ausschüssen (→ Ausschußsystem), die mit den Themen wirtschaftliche Entwicklung und → Entkolonialisierung zu tun haben, bei vielen Mitgliedstaaten im Wachstum begriffen ist. Während der Sitzungsperioden der → Generalversammlung und anderer Hauptorgane (→ Haupt-/Neben-/Vertragsorgane) werden die Ständigen Vertretungen durch Sonderdelegationen ergänzt. Die Mitglieder der Ständigen Vertretung bilden zusammen mit den Sonderdelegationen und Beamten der Außenministerien die Delegationen für die Generalversammlung.

II. Rechtsstatus

Die Ständigen Vertretungen genießen einen unabhängigen Status. Ihre Rechte sind jedoch bisher nicht eindeutig in den Statuten und Verträgen der UN reglementiert. Die UN-Charta (→ Charta der UN) trifft nur wenige Aussagen über die Staatenvertretungen: So enthält Art. 28 Abs. 1 der Charta eine Bestimmung, die die Funktionsweise der Ständigen Vertretungen betrifft: „Der Sicherheitsrat ist so einzurichten, daß er in der Lage ist, seine Funktionen ständig auszuüben. Jedes Mitglied des Sicherheitsrates hat zu diesem Zweck am Sitz der Organisation jederzeit vertreten zu sein." Über den Status der Mitglieder der Ständigen Vertretungen sagt Art. 105 Abs. 2: „Vertreter der Mitglieder der Vereinten Nationen... genießen... die Vorrechte und Immunitäten, deren sie bedürfen, um ihre mit der Organisation zuammenhängenden Aufgaben in voller Unabhängigkeit wahrnehmen zu können."
Weitere Grundsätze enthält das *Allgemeine Übereinkommen über die Vorrechte und Immunitäten der Vereinten*

Nationen (Convention on Privileges and Immunities of the United Nations – CPIUN) vom 13.2.1946 (UNTS Bd. 1, Nr. 4, 15; BGBl. 1980 II, 941f.), dem die meisten Mitgliedstaaten der UN als Vertragsparteien angehören sowie die UN-Sitzstaaten USA, Österreich und Deutschland, die Schweiz ist kein Vertragsstaat des Übereinkommens. Sie gewährt ihre Vorrechte und Immunitäten nach den Sitzabkommen vom 11.6./1.7.1946. Jedoch stützt die nahezu universelle Geltung des Übereinkommens die Ansicht im Völkerrecht, daß das Übereinkommen auch Nichtvertragsstaaten wie die Schweiz bindet. Allerdings führt das Übereinkommen nur Regeln für die Staatendelegationen auf, nicht aber für die ständigen Vertretungen (*Dembinski* 1988, 49), so daß letztlich die Sitzabkommen die jeweilige Rechtsgrundlage fürden Status der Ständigen Vertretungen bilden. Dementsprechend variieren die Vorrechte der Vertreter der Mitgliedstaaten je nach den Rechten, die ihnen von dem jeweiligen Sitzstaat (→ Sitzstaatsabkommen) eingeräumt werden. Dieser kann die Vorrechte und Befreiungen streng nach funktionellen Kriterien beschränken, z.B., indem Diplomaten nur Bewegungsfreiheit im Rahmen ihrer dienstlichen Aufgaben genießen und private Reisen reglementiert werden. Dies hat im Falle des Sitzstaats USA während des Kalten Kriegs wiederholt zu Spannungen mit den Ständigen Vertretungen der osteuropäischen Staaten bei den UN geführt (vgl. *Volger* 1995, 36f.). Es gibt Bestrebungen im Völkerrecht, die Immunitäten und Vorrechte der Ständigen Vertretungen zu kodifizieren und den Vertretungen Rechte einzuräumen, die nahe an die diplomatischen Freiheiten heranreichen (*Schütz* 1991, 778). Dem entspricht das noch nicht in Kraft getretene *Wiener Übereinkommen über die Vertretung von Staaten in ihren Beziehungen zu internationalen Organisationen universellen Charakters (Vienna Convention on the Representation of States in their Relations with International Organizations of a Universal Character)* 1975

(UN Doc. A/CONF.67/16 vom 14.3.1975, abgedruckt in: AJIL 69 (1975), 730). Vor allem sind darin die Rechte der Kommunikationsfreiheit, diplomatische Immunität und Bewegungsfreiheit der Ständigen Vertretungen enthalten. Bisher sind jedoch erst 30 Staaten (Stand: 31.12.1998) dem Wiener Übereinkommen beigetreten, darunter ist keiner der Sitzstaaten.

III. Funktionen der Ständigen Vertretungen

1. Informationssammlung und -weitervermittlung

Ein Schwerpunkt der Tätigkeit eines Diplomaten, der in einer Ständigen Vertretung arbeitet, liegt im Bereich der Kontaktpflege und Informationsgewinnung. Ständige Vertreter haben sowohl die Möglichkeit, sich auf formellen Wegen (Versammlungen, Veröffentlichungen, Internet etc.) wie auch informell, bei Gesprächen mit Botschaftern, Regierungsvertretern, Sekretariatsangehörigen (→ Sekretariat) etc. Informationen auf schnellstem und kürzesten Wege zu besorgen. Zwischen den Tagungen der Generalversammlung sind die Ständigen Vertreter in ständigem Kontakt mit den anderen Staatenvertretern.. Der Austausch von Informationen dient den Ständigen Vertretungen dazu, rechtzeitig Informationen von anderen Missionen über deren Politik zu erhalten, Reaktionen auf die eigene Länderpolitik zu testen aber auch durch den Kontakt mit dem → Generalsekretär und dem Sekretariat wichtige Informationen über Aktionen und Tendenzen der UN zu gewinnen (*Lindemann* 1973, 244). Viele Ständige Vertreter haben dafür enge Beziehungen zu dem → Generalsekretär und seinen wichtigsten Mitarbeitern geknüpft. Entgegen der Vorgabe von Art. 100 der Charta, daß das UN-Personal keine Weisungen von den Regierungen der Mitgliedstaaten erbitten noch entgegennehmen darf, berichten viele Beamte des Sekretariats regelmäßig ihrer nationalen Vertretung über Sekretariatsangelegenheiten. Durch die enge Zusammenarbeit der Sekretariatsangehörigen mit Ständigen Vertretungen wird die Arbeit des → Sekretariats politisch beeinflußt, so daß Berichte z.B. oft eine bestimmte politische Tendenz, die sich mit dem Interesse der Staaten deckt, erhalten (*Lindemann* 1973, 266).

Für den Generalsekretär der UN sind die Ständigen Vertretungen eine der wichtigsten Informationsquellen über die Haltung der Länder zu einzelnen politischen Fragen und über potentielle Krisen. Auf der Grundlage dieser Informationen kann er die einzelnen Aktionen und Vorhaben des Sekretariats planen, indem er diese mit den Vertretern bespricht, bevor konkrete Maßnahmen ausgearbeitet werden. Durch die enge Zusammenarbeit des Generalsekretärs mit denjenigen Ständigen Vertretern, die an einem konkreten Projekt, z.B. der Vermittlung in einem politischen Konflikt, interessiert sind, bildet sich auf informeller Ebene jeweils eine Gruppe von Diplomaten, die sich „Freunde des Generalsekretärs für..." nennen und jenem bei der Umsetzung seines Plans, z.B. bei durch Einbringung in die Generalversammlung oder den Sicherheitsrat und Unterstützung im Entscheidungsprozeß in den Gremien unterstützen.

2. Umsetzung von Regierungspolitik in multilateralen Verhandlungen

Ständige Vertretungen haben eine politische Funktion, die in vielfacher Weise ausgeübt wird. Die Mitglieder jeder Ständigen Vertretung haben vor allem die Aufgabe, ihre Regierung bei der Festlegung der nationalen UN-Politik zu beraten und Empfehlungen abzugeben. Inwieweit der Standpunkt der Ständigen Vertretung bei politischen Entscheidungen der Regierung mitberücksichtigt wird, hängt von ihrem jeweiligen Einfluß und ihrer Stellung gegenüber den Regierungsvertretern ab. Der Einfluß einer Ständigen Vertretung auf die nationalen Regierungen ist am stärksten in der Phase, in der ein Thema im Rahmen der UN verhandelt wird. Die Ständigen Vertreter besitzen in der Verhandlungsphase die besten Kenntnisse über die verfügbaren Daten und über die verschiedenen Standpunkte der anderen Beteiligten. Noch bevor die Regierungen über eine Sache entscheiden, kann ein Ständiger Vertreter Empfehlungen ihnen gegenüber darüber abgeben, wie Entscheidungen evtl. so modifiziert werden müssen, daß das angestrebte Ziel besser erreicht werden kann (*Finger* 1992, 23). Üblicherweise ist der Handlungsspielraum der Ständigen Vertreter durch Weisungsgebundenheit begrenzt. Die meisten Regierungen geben ihren Ständigen Vertretern Richtlinien für ihr Verhalten, um selbständige Entscheidungen der Vertreter zu verhindern. Diese Weisungsgebundenheit kann unter Umständen dann ein Nachteil sein, wenn schnell über eine Situation entschieden werden muß und eine Regierung zu spät reagiert (z.B. wenn die Kommunikation technisch gestört oder verzögert ist). Die Problematik, die Weisungsgebundenheit birgt, liegt in der Tatsache begründet, daß die Politik und Entscheidungsfindung zwischen den Staatenvertretern in den UN prozeßhaft ist und so eine anfängliche Weisung einer Regierung während der Verhandlungen im Gremium nicht mehr die Veränderungen einer Situation in Rechnung stellen kann: „Mit einem Wort, die Formulierung einer Politik kann nicht als abgeschlossen betrachtet werden, wenn die Delegation instruiert und zu der Konferenz oder der Sitzung geschickt worden ist. Es gibt unvermeidbare Veränderungen und Anpassungen, die sich in allen Phasen der Implementierung vollziehen können." (*Finger* 1992, 24). Oft hat der Umstand, daß ein Ständiger Vertreter nicht rechtzeitig die Meinung seiner Regierung zu einer veränderten Situation in einem UN-Organ einholen konnte, zum Ausbleiben von Initiativen oder zu verlorenen Abstimmungen geführt (*Lindemann* 1973, 242).

Trotz der oft strengen Weisungsgebundenheit der Ständigen Vertreter durch die Regierungen bleibt den Diplomaten dennoch ein genügender Spielraum für die Verhandlung der Standpunkte in den UN. Die Arbeit in den Gremien und Versammlungen erfordert ein gutes taktisches Zusammenspiel innerhalb der Gruppe der ständigen Vertreter, vor allem mit Hilfe des Instruments der → Regionalgruppen und ist abhängig von dem persönlichen Einsatz der einzelnen Vertreter und ihrer Fähigkeit, Mehrheiten zu bilden. Gleichzeitig spielen sie eine wichtige Rolle in der Personalpolitik der UN (→ Personal), indem sie an der Besetzung von Gremien durch Wahlen in der Generalversammlung, im → Wirtschafts- und Sozialrat usw.. beteiligt sind.

3. Einflußnahme auf die Programm- und Personalpolitik der UN

Der Zugang zum Sekretariat der UN und dem UN-Entwicklungsprogramm → UNDP ist für viele Regierungen von großem Interesse. Viele Länder holen sich hier über ihre Vertretungen technische oder finanzielle Unterstützung der Organisation oder nehmen Programme von UN-Organen, vor allem in Entwicklungsangelegenheiten (→ Entwicklungszusammenarbeit der UN) in Anspruch. Gleichzeitig beeinflussen die Ständigen Vertreter die Formulierung und Durchführung von UN-Programmen, Aktionen und Entscheidungen.

Die Mitgliedstaaten sind in den verschiedensten Gremien vertreten, in der Generalversammlung, dem Sicherheitsrat, dem Wirtschafts- und Sozialrat (ECOSOC) und anderen Organen und Ausschüssen der UN. Größere Ständige Vertretungen besetzen die Gremien mit Diplomaten, die über das jeweilige Fachwissen verfügen, während kleinere Länder nur wenig Personal haben, das über Fragen der verschiedensten Fachgebiete verhandeln muß, ohne vertiefte Fachkenntnisse zu besitzen.

4. Die Ständigen Vertreter als Quasi-Parlamentarier

Innerhalb der UN üben die Ständigen Vertreter die Funktion einer „parlamentarischen Diplomatie" aus, denn sie sind diejenigen, die in den Organen und Gremien der UN politische Entscheidungen aushandeln. Die Ständigen Vertretungen bewegen sich in diesem Rahmen von Diskussionen, Verhandlungs- und Abstimmungsprozessen in

„quasi parlamentarischen" Prozessen. Sie kennen sich untereinander und können Absprachen über die einzunehmende Haltung häufig schon vor den Abstimmungen in den Gremien treffen. So ist es durchaus üblich, daß sich z.B. Ständige Vertreter vor Abstimmungen darüber einigen, wie weit die eigenen Standpunkte – und damit die der jeweiligen Regierungen – modifiziert werden müssen, um den Konsens mit den anderen Ständigen Vertretern zu finden. Die permanente Zusammenarbeit in den tausenden von jährlichen Sitzungen (allein über 8400 Sitzungen im Genfer Büro der UN (*UNITAR* 1998)) sowie die Struktur der UN-Entscheidungsfindungsprozesse machen die Anwendung verschiedener Taktiken, wie etwa Konsens- und Gruppenbildung, die in der parlamentarischen Diplomatie angewandt werden, notwendig. Ein wichtiges taktisches Mittel ist die Wahl des Zeitpunkts. So kann der richtige Zeitpunkt entscheidend dafür sein, ob ein Resolutionsentwurf erfolgreich verabschiedet wird. Umgekehrt können Abstimmungen durch das Einbringen prozeduraler Anträge verzögert oder gestoppt werden (*Lindemann* 1973, 243). Den Diplomaten bleibt in diesem Bereich ein gewisser taktischer Spielraum bei der Realisierung von den Richtlinien und Vorgaben der jeweiligen Regierungen.

5. Meinungsbildung durch die Ständigen Vertreter der Staaten

Ständige Vertretungen bei den UN haben auch eine Meinungsbildungs- und Selbstdarstellungsfunktion, die sie sowohl gegenüber den Mitarbeitern der UN, wie auch gegenüber den Vertretern anderer Staaten und der Weltöffentlichkeit ausüben können. Richard Petersen, der über 15 Jahre bei der USUN (United States Mission to the UN) gearbeitet hat, empfahl seinen Kollegen, stets einen beträchtlichen Teil der Tagesplanung auf die Frage zu verwenden, wie man die UN am effektivsten nutzen könne, um die Welt von dem Wert der Politik seiner Regierung überzeugen zu können (*Finger* 1992, 21). In den öffentlichen Sitzungen der Generalversammlung, können die Ständigen Vertreter für die Interessen ihrer Regierungen werben und die zu Beginn der Generaldebatte im September jeden Jahres anwesenden Präsidenten, Außenminister oder anderen Vertreter der Staaten zu überzeugen versuchen. Diese Versammlungen bieten außerdem die Möglichkeit, über die anwesenden Medien Sympathiewerbung für die Staaten zu machen oder eine bestimmte Haltung zu einer Debatte in den UN zu verdeutlichen. Sich dabei die Aufmerksamkeit der Medien zu sichern, erfordert taktische Überlegungen der Ständigen Vertreter. So ist es z.B. vorteilhaft, eine Rede in der Generalversammlung oder im Sicherheitsrat kurz vor zwölf Uhr mittags zu halten, um eine große Zahl anwesender Medienvertreter zu gewährleisten.

IV. Fazit

Ständige Vertretungen spielen eine wichtige Rolle bei der Gestaltung der nationalen UN-Politik und machen das Funktionieren des → UN-Systems erst praktisch möglich. Sie sind diejenigen, die die „Nahtstelle" zwischen der Organisation und ihren 185 Mitgliedstaaten bilden, über die Informationen weitervermittelt, Interessen eingebracht und Kontakte geknüpft werden – und das multilateral. Die Ständigen Vertretungen spielen die bedeutendste Rolle, wenn es darum geht, Interessen zu artikulieren, lancieren, durchzusetzen und wichtige Entwicklungen auf Staaten- und UN-Ebene an die eigene Regierung rückzumelden, um darauf schnell reagieren zu können. Damit bietet sich den Staaten die Chance, die UNO als das Instrument globaler multilateraler Diplomatie zu nützen, um sich – jenseits der nationalen Interessen – auf gemeinsame Problemlösungen verständigen zu können. Tono Eitel, bis vor kurzem Leiter der Ständigen Vertretung Deutschlands bei den UN in New York, hebt diese ständige bi- und multilaterale Kommunikation als das wichtigste Element der Arbeit des Ständigen Vertreters hervor: „Was in meinen Augen wirklich zählt, sind die nie abreißenden Gespräche zwischen den Diplomaten aller 185 Mitgliedstaaten und der ganzen UNO-Familie in den Sälen und Korridoren hier in New York am East-River. Hier hält die Welt umfassend, gründlich und täglich politische Tuchfühlung zueinander." (*Auswärtiges Amt:* 25 Jahre Mitgliedschaft Deutschlands in den Vereinten Nationen, 39)

Andrea Roth

Lit.: *Aggrey-Orleans, A.Y.:* The Role, Organisation and Work of a Permanent Mission in Geneva, in: Boisard, M.A./ Chosssudovsky, E.M. (Hrsg.): Multilateral Diplomacy / La Diplomatie Multi-latérale: The United Nations System at Geneva/Le Système des Nations Unies à Genève; A Working Guide/Guide de Travail, The Hague u.a. 1998, 47-50; *Auswärtiges Amt:* 25 Jahre Mitgliedschaft Deutschlands in den Vereinten Nationen (Online-Text, Internetadresse: http://www. auswaertiges-amt.de/9_publik/index.htm), Bonn o.J., 28-39; *Dembinski, L.:* The Modern Law of Diplomacy; External missions of states and international organisations, Dordrecht u.a. 1988; *Finger, S.M.:* American Ambassadors at the UN; People, Politics, and Bureaucracy in Making Foreign Policy, UNITAR, Genf 1992; *Gerster, M.:* Kommentar zu Art. 105, in: Simma, B. (Hrsg.): Charta der Vereinten Nationen. Kommentar, München 1991, 1086-1096; *Lindemann, B.:* Die Organisationsstruktur der Vereinten Nationen und die Mitarbeit der BRD, in: Scheuner, U./Lindemann, B.(Hrsg.): Die Vereinten Nationen und die Mitarbeit der Bundesrepublik Deutschland, München, Wien, 1973, 217-306; *Schütz, H.-J.:* Sitzstaatsabkommen, in: Wolfrum, R. (Hrsg.): Handbuch Vereinte Nationen, 2. Aufl., München 1991, 772-781; *UNITAR:* Report on the UNITAR Fellowship Programme in International Affairs Management, Genf 1998; *United Nations:* Convention on the Privileges and Immunities of the United Nations (CPIU)(dt. Abkommen über die Vorrechte und Befreiungen der Vereinten Nationen), 13.12.1946, in: UNTS Bd. 1, Nr. 4, 15; *United Nations:* The Practice of the United Nations, the Specialized Agencies and the International Atomic Energy Agency concerning their status, privileges and immunities. Study prepared by the Secretariat (UN Doc. A/CN.4/L.118 and Add. 1+2), in: ILCYB 1967, Vol. II, 154-324; *United Nations:* United Nations Conference on the Representation of States in their Relations with International Organisations, Vienna, 4 February-14 March 1975, Official Records, 2 vols (UN Doc. A/CONF.67/18 + Add. 1); *United Nations:* Vienna Convention on the Representation of States in Their Relations with International Organisations of a Universal Character (CRSIO) (dt. Wiener Konvention über Staatenvertretungen bei universellen Internationalen Organisationen), (UN Doc. A/CONF.67/16, in: AJIL 69 (1975), 730-759; *Volger, H.:* Geschichte der Vereinten Nationen, München/Wien 1995.

Internet: (1) Übersicht über die Ständigen Vertretungen in New York mit Adressen und Homepages (soweit vorhanden): http://www.un.org/Overview/missions/htm# perm; (2) Liste der E-Mail-Adrssen aller Ständigen Vertretungen in New York: http://www.undp.org/missions/em.html; (3) Übersicht über die Ständigen Vertretungen in New York und Genf, die über eine Homepage verfügen mit Links): http://www.undp.org/missions/index.html; (4) Übersicht über und Links zu den Ständigen Vertretungen in Genf mit eigenen Homepages: http:www.itu.int/TIES/missions/web sites/index.html

Stimmrecht/Abstimmungsverfahren

In den Gremien der Vereinten Nationen gilt das Prinzip der *Stimmengleichheit* („one state, one vote"), das sich aus dem Prinzip der *souveränen Gleichheit der Staaten* (Art. 2 Nr. 1 der Charta der Vereinten Nationen) ergibt. Jedem Mitgliedstaat steht ungeachtet seiner politischen, wirtschaftlichen oder militärischen Macht zahlenmäßig dasselbe Stimmgewicht zu (vgl. für die → Generalversammlung Art. 18 Abs. 1, für den → Sicherheitsrat Art. 27 Abs. 1, für den → Wirtschafts- und Sozialrat Art. 67 Abs. 1 und für den → Treuhandrat Art. 89 Abs. 1).

Nirgends ist für das Zustandekommen eines Beschlusses die Einstimmigkeit aller Mitglieder eines Gremiums erforderlich. Mit der Möglichkeit der Überstimmung (Majorisierung) eines Staates ist die UN-Charta (→ Charta der UN)über die Vorstellung des Völkerrechts des 19. und frühen 20. Jahrhunderts hinweggegangen, die → Souveränität eines Staates erlaube es nicht, ihn gegen seinen ausdrücklich erklärten

Willen zu verpflichten. Noch die Satzung des → Völkerbundes (1919) ging grundsätzlich vom Einstimmigkeitserfordernis aus (Art. 5 der Satzung). Das *Mehrheitsprinzip der UN* gründet auf der Überzeugung, es bestehe eine internationale Gemeinschaft mit einem hinreichend starken Gemeinschaftsinteresse und -gefühl, das eine in einer Abstimmung unterliegende Minorität die Ansicht der Majorität akzeptieren lasse. Das Prinzip ist Voraussetzung der effektiven Willensbildung im Rahmen einer Sanktionsordnung, die ihrerseits notwendig ist, um die Ziele der UN, insbesondere die Ausschaltung des Krieges als Mittel der nationalen Politik, zu erreichen (*Schwarz-Liebermann* 1953).

Die UN-Charta hat am Prinzip der *Stimmengleichheit* aller Staaten festgehalten, also kein System der Stimmenwägung (weighted voting) eingeführt, in welchem Staaten eine unterschiedliche Zahl von Stimmen besäßen. Eine Initiative des US-Kongresses von 1985 mit dem Ziel, UN-Mitgliedstaaten in Fragen des Haushalts ein ihrem jeweiligen Beitrag entsprechendes Stimmgewicht zuzusprechen (sog. Kassebaum-Amendment zum US-Haushaltsgesetz 1986/87), blieb erfolglos.

Die *Stimmenwägung*, für die verschiedene Kriterien maßgeblich sein können, wurde zusammen mit dem Mehrheitsentscheid zunächst in den modernen Bundesstaaten eingeführt (auch Art. 51 Abs. 2 des Grundgesetzes verleiht den Ländern der Bundesrepublik Deutschland im Bundesrat je nach ihrer Einwohnerzahl zwischen drei und sechs Stimmen). Seit dem letzten Drittel des 19. Jahrhunderts wurde sie auch in internationalen Organisationen mit technischen Aufgaben, wie zum Beispiel dem Internationalen Institut für Landwirtschaft in Rom, praktiziert, ehe sie nach dem Zweiten Weltkrieg in bedeutenderen internationalen wirtschaftlichen Einrichtungen wie der Weltbank (→ Weltbank/-gruppe) und dem Weltwährungsfonds (→ IWF) zur Anwendung gebracht wurde.

Die in der UN-Charta vorgesehene Stimmengleichheit der Staaten in den UN-Organen erfuhr wachsende Kritik, als im Zuge der → Entkolonialisierung eine große Zahl von territorial und bevölkerungsmäßig überaus kleinen Staaten in die Weltorganisation aufgenommen wurde. Wie unausgewogen die tatsächlichen Verhältnisse sind, zeigen die von der Generalversammlung nach der wirtschaftlichen Leistungsfähigkeit der Mitgliedstaaten festgelegten Beiträge zum ordentlichen → Haushalt der UN. Gegenwärtig werden 94 von 185 Mitgliedern nur mit dem Minimum von 0,01% belastet. Dies bedeutet, daß mehr als die Hälfte der Mitglieder zusammen weniger als ein Prozent der Ausgaben trägt, während 14 Staaten (an ihrer Spitze die USA, Japan und Deutschland) gemeinsam mehr als 80% der Haushaltsmittel aufbringen. In den siebziger Jahren angestellte Überlegungen, für Mikrostaaten eine „assoziierte Mitgliedschaft" mit begrenztem Stimmrecht einzuführen, blieben aber erfolglos.

Ein Verlust des Stimmrechts in den UN-Organen kann auf Grund einer Suspendierung der mitgliedschaftlichen Rechte nach Art. 5 der Charta eintreten. Nach Art. 19 verliert ein Mitgliedstaat sein Stimmrecht in der Generalversammlung, wenn er mit der Zahlung seiner Beiträge zwei Jahre im Rückstand ist, sofern die Generalversammlung nicht anerkennt, daß der Verzug entschuldbar ist. Nach der Praxis der Generalversammlung kann der betreffende Staat aber dennoch an bestimmten Abstimmungen teilnehmen, insbesondere solchen, die im Konsens-Verfahren (dazu unten) stattfinden. Für den Sicherheitsrat fehlt eine Art. 19 vergleichbare Bestimmung. Die Funktionsfähigkeit des Rates sollte durch Beitragsrückstände einzelner seiner Mitglieder nicht beeinträchtigt werden.

Die *Generalversammlung* faßt ihre *Beschlüsse* grundsätzlich mit *einfacher Mehrheit* (Art. 18 Abs. 3 der Charta). Für *Beschlüsse über „wichtige Fragen"*, die Art. 18 Abs. 2 einzeln aufführt, ist eine *qualifizierte Mehrheit von zwei Dritteln der sich an der Abstimmung beteiligenden Staaten* erforderlich. In der Geschäftsordnung der Generalversammlung (→ Geschäftsordnungen), die Einzelheiten des Abstimmungsverfahrens regelt, sind weitere Beschlüsse genannt, für die eine Zweidrittelmehrheit nötig ist. Mit einer einfachen Mehrheit kann die Generalversammlung zusätzliche Gegenstände bestimmen, über die nur mit qualifizierter Mehrheit Beschluß gefaßt werden kann (Art. 18 Abs. 3). Art. 18 Abs. 2 und 3 finden in den Ausschüssen der Generalversammlung keine Anwendung; dort genügt für das Zustandekommen aller Beschlüsse eine einfache Mehrheit (→ Ausschußsystem).

Weder in der Charta noch in der Geschäftsordnung der Generalversammlung vorgesehen, aber praktisch höchst bedeutsam ist das *„Konsensus-Verfahren"*, in dem Beschlüsse der Generalversammlung und ihrer Unterorgane ohne förmliche Abstimmung gefaßt werden. Der Präsident der Generalversammlung oder Vorsitzende eines Unterorgans stellt vielmehr in einer mündlichen Erklärung die Übereinstimmung der anwesenden Staaten fest. Im Konsensus-Verfahren beschlossenen Resolutionen gehen in der Regel langwierige Konsultationen voraus, in denen Kompromisse erarbeitet werden, die einer breiten Mehrheit eine Zustimmung oder jedenfalls die Vermeidung einer offenen Ablehnung erlauben. Besonders westliche Staaten, die seit der Entkolonialisierung in der Generalversammlung eine Minderheit bilden, haben auf die Anwendung des Verfahrens gedrängt, während es in den Reihen der Entwicklungsländer eher als Umgehung der „one state, one vote"-Regel kritisiert worden ist. Andererseits ist auch dort die Einsicht gewachsen, daß gegen den Widerstand der Industriestaaten beschlossene Resolutionen meist von geringem Wert, weil wirkungslos sind.

Nach Art. 27 Abs. 3 UN-Charta erfordert ein *Beschluß des Sicherheitsrats* grundsätzlich die Zustimmung von neun Mitgliedern (von insgesamt fünf-

zehn). Unter den zustimmenden Staaten müssen sich alle fünf ständigen Ratsmitglieder befinden. Jedes ständige Mitglied hat damit die Möglichkeit und das Recht, das Zustandekommen eines Beschlusses durch sein ablehnendes Votum zu verhindern. Dieses Recht wird als *Vetorecht* (→ Veto/-recht) bezeichnet. Es wird schon im Vorfeld der eigentlichen Beschlußfassung wirksam, weil in aller Regel ein Resolutionsentwurf gar nicht zur Abstimmung gebracht wird, wenn die ablehnende Haltung eines ständigen Mitglieds bekannt ist. Während der Wortlaut der Charta die ausdrückliche Zustimmung („concurring votes") der ständigen Mitglieder verlangt, läßt die etablierte Praxis des Sicherheitsrats einen Beschluß auch bei Abwesenheit, Nichtbeteiligung an der Abstimmung oder Stimmenthaltung eines ständigen Mitglieds zustande kommen. Nur bei Abstimmungen über Verfahrensfragen kommt das Vetorecht nicht zur Anwendung (Art. 27 Abs. 2 UN-Charta).

Ständige wie nichtständige Mitglieder des Sicherheitsrats, die in eine Streitigkeit verwickelt sind, um die es bei einer Abstimmung im Rat geht, sollen sich der Stimme enthalten — allerdings nur, wenn es sich um Beschlüsse zur friedlichen Beilegung von Streitigkeiten (→ Streitbeilegung, friedliche) nach Kap. VI und Art. 52 Abs. 3 UN-Charta handelt (Art. 27 Abs. 3, letzter Halbsatz). Im Umkehrschluß bedeutet dies, daß Streitparteien bei Abstimmungen über die Anwendung militärischer Gewalt (Kap. VII) ihr Stimmrecht behalten, ständige Ratsmitglieder also ihr Vetorecht anwenden können. Selbst die in der Charta vorgesehene Beschränkung ist aber in der Praxis des Sicherheitsrats häufig mißachtet worden.

Auch wenn ein ständiges Ratsmitglied numerisch über dieselbe eine Stimme wie alle anderen Mitgliedstaaten verfügt, verstärkt doch das Vetorecht sein tatsächliches Stimmgewicht enorm. Nur einer Gruppe von mindestens sieben nichtständigen Mitgliedern steht im Anwendungsbereich des Vetorechts die gleiche negative Stimmkraft wie einem ständigen Mitglied zu. Der Status der ständigen Ratsmitglieder, der sie faktisch außerhalb des Sanktionssystems der Charta stellt, ist eine bedeutende Durchbrechung des Prinzips der souveränen Gleichheit aller UN-Mitglieder und seit der Gründung der UNO ein Gegenstand heftiger Kritik.

In der seit dem Beginn der neunziger Jahre geführten Diskussion um eine Reform des Sicherheitsrates (dazu *Fassbender 1998*; → Reform der UN) haben zahlreiche Staaten, darunter die in der → Blockfreienbewegung und der Organisation für Afrikanische Einheit (OAU) zusammengeschlossenen, eine Abschaffung oder deutliche Beschränkung des Vetorechts gefordert.

Die Art. 31 und 32 UN-Charta sehen die Beteiligung von nicht dem Sicherheitsrat angehörigen Mitgliedern und Nichtmitgliedern der UNO an den Beratungen vor, wenn deren Interessen besonders berührt sind oder es sich um Parteien in einer vom Rat diskutierten Streitigkeit handelt. Art. 44, der einem nicht dem Rat angehörigen Mitglied, das dem Sicherheitsrat Truppen zur Verfügung stellen soll, darüber hinaus auch ein Stimmrecht gewährt, ist bisher nicht angewandt worden. Für Konsultationen mit Staaten, die Truppen für friedenserhaltende Operationen der UN („peace-keeping operations") zur Verfügung stellen („troop-contributing countries"), hat sich ein eigenes Verfahren herausgebildet (→ Friedenstruppen; → Friedenssicherung;; → Friedensoperationen). Einzelne Mitglieder des Sicherheitsrats (d.h. nicht der Sicherheitsrat als solcher) treffen sich mit den betreffenden Staaten und Vertretern des → Sekretariats; über die Beratungen informiert der Präsident des Sicherheitsrats die übrigen SR-Mitglieder in informellen Konsultationen (vgl. die Erklärung des Präsidenten des Sicherheitsrats vom 28. März 1996 (UN-Doc. S/PRST/1996/13), abgedruckt in *Bailey/Daws* 1998, Anhang XII e).

Auch in der Praxis des Sicherheitsrats ist das *Konsensus-Verfahren* zunehmend bedeutsam geworden. Nach diesem wird eine Resolution ohne förmli-che Abstimmung verabschiedet, indem der Präsident des Sicherheitsrats mündlich die diesbezügliche Übereinstimmung der Mitglieder des Rates erklärt.

Bardo Fassbender

Lit.: *Bailey, S.D./Daws, S.:* The Procedure of the UN Security Council, 3. Aufl., Oxford 1998; *Fassbender, B.:* UN Security Council Reform and the Right of Veto: A Constitutional Perspective, Den Haag 1998; *Koo, W., Jr.:*Voting Procedures in International Political Organizations, New York 1947; *Schwarz-Liebermann v. Wahlendorf, H.A.:* Mehrheitsentscheid und Stimmenwägung, Tübingen 1953; *Wolfrum, R.:* Kommentar zu Art. 18 der Charta, in: Simma, B. (Hrsg.): Charta der Vereinten Nationen. Kommentar, München 1991, 275-284.

Streitbeilegung, friedliche

1. Friedliche Streitbeilegung in der UN-Charta

Das Kapitel VI der UN-Charta „Die friedliche Beilegung von Streitigkeiten" zählt zusammen mit dem Kapitel VII „Maßnahmen bei Bedrohung oder Bruch des Friedens und bei Angriffshandlungen" (→ Friedenssicherung) zu den zentralen inhaltlichen Kapiteln der UN-Charta (→ Charta der UN), in denen die Wege aufgezeigt werden, wie die Kernziele der Organisation, „den Weltfrieden und die internationale Sicherheit zu wahren", umgesetzt werden können.

In der öffentlichen Wahrnehmung stand das sechste Kapitel freilich meistens im Schatten der Fixierung auf die Möglichkeiten des siebten Kapitels bzw. auf die zwischen den beiden Kapiteln angesiedelten „friedenserhaltenden Maßnahmen" (→ Friedensoperationen). Anders sah die Alltagspraxis der UN aus. In ihr spielte der Versuch, das Gebot des Art.2 Abs. 3 „Alle Mitglieder legen ihre internationalen Streitigkeiten durch friedliche Mittel.. bei" umzusetzen, eine herausgehobene Rolle. Fraglich ist allerdings, ob die Bestimmungen der Charta die Organisation für diese Aufgabe mit einem hinreichenden Instrumentarium ausgerüstet haben und ob der mit dieser Aufgabe vor allem betraute → Sicherheitsrat genug getan hat, um dieses Instrumentarium erfolgreich weiterzuentwickeln.

Die wichtigsten Bestimmungen der Charta im Kapitel VI geben dem Sicherheitsrat drei Kompetenzen:
- Konflikte daraufhin zu untersuchen, ob sie den Weltfrieden bzw. die internationale Sicherheit gefährden könnten (Art. 34),
- „geeignete Verfahren oder Methoden" für die friedliche Streitbeilegung zu empfehlen (Art. 36 Abs. 1) bzw.
- selbst inhaltliche Empfehlungen für die Lösung des Konflikts zu formulieren (Art. 37 Abs. 2).

2. Die Rolle des Sicherheitsrats

In der Praxis hat sich der Sicherheitsrat ausgiebig mit Streitfällen befaßt, die ihm die Mitgliedstaaten unterbreitet haben. In den meisten Fällen, insbesondere zur Zeit der west-östlichen Blokkadepolitik, beschränkten sich seine Reaktionen allerdings auf Appelle zur Gewaltverhinderung und -eindämmung sowie allgemeine Empfehlungen zur einvernehmlichen Regelung der Streitigkeiten. Das Potential des Art. 37, Abs. 2 zur aktiven friedlichen Einmischung wurde nur in Ausnahmefällen in Anspruch genommen. Die Ursachen dafür lagen nicht nur in den unterschiedlichen Interessen insbesondere der Veto-Mächte (→ Veto/-recht) in dem jeweiligen Streitfall, sondern vielmehr wohl in ihrem gemeinsamen Interesse, ihre Handlungsspielräume nach außen wie innen nicht durch ein wirksames „Regime friedlicher Streitbeilegung" einschränken zu lassen. Substantielle Fortschritte zur Umsetzung des UN-Gebotes zur friedlichen Streitbeilegung sind deshalb darauf angewiesen, die Prinzipien der → Souveränität und der Nicht-Einmischung in die inneren Angelegenheiten von Staaten (→ Interventionsverbot) neu zu definieren, was im Kontext der gewachsenen internationalen Interdependenz ohnehin überfällig ist.

Immerhin beseitigte das Ende des alten Ost-West-Konflikts einige der früheren Hindernisse für eine aktivere Politik der Streitbeilegung durch den Sicherheitsrat, was vor allem die erfolgreiche Einigung über mehrere zentralamerikanische Konflikte sowie die Verständigung über eine Nachkriegsregelung für Kambodscha zeigten. Dieser Aufbruch mündete jedoch nicht in einen nachhaltig wirksamen Prozeß zur systematischen Stärkung der friedlichen Streitbeilegung durch den Sicherheitsrat. Unter dem Druck der neuen Konflikte der 90er Jahre verwischten sich vielmehr die Grenzen zwischen der friedlichen Streitbeilegung nach Kap. VI UN-Charta und der Friedenserzwingung nach Kap. VII. Hinzu kam, daß nach der eher ernüchternden Bilanz des vermehrten Einsatzes friedenserhaltender Einsätze die Großmächte, allen voran die USA, sich vermehrt vom Multilateralismus abwandten und nur noch einen selektiven Gebrauch von den friedenspolitischen Geboten der UN machten.

3. Die Rolle des Generalsekretärs

Die bescheidene Bilanz des Sicherheitsrates nach Kap. VI der Charta repräsentiert freilich nur einen Aspekt der UN-Bemühungen zur friedlichen Streitbeilegung. In der Praxis hat die vom Sicherheitsrat hinterlassene „Lücke" in diesem Feld dazu geführt, daß der → Generalsekretär und die von ihm beauftragten Personen – „Personal Representatives" und „Special Envoys" - auf der operativen Ebene eine zentrale Rolle übernahmen. Anfangs war noch umstritten, ob der Generalsekretär das nur auf ausdrückliche Weisung des Sicherheitsrates tun könnte, spätestens seit der → „Agenda für den Frieden" von 1992 ist jedoch akzeptiert, daß die Aufgabe der Prävention ein UN-Engagement weit vor der Befassung des Sicherheitsrates mit einem Konflikt erforderlich macht und daß dafür das Sekretariat eine größere Verantwortung übernehmen sollte.

Als ein weiteres Instrument, quasi zwischen dem Sicherheitsrat und dem Generalsekretär, wurde zudem der Mechanismus der „Freunde des Generalsekretärs" geschaffen. Darunter ist eine kleine Gruppe von Staaten zu verstehen, zu denen einige Veto-Mächte sowie wichtige andere, auch regionale Akteure gehören, die bereit sind, eine besondere Verantwortung für die Streitbeilegung in einzelnen Konfliktfeldern zu übernehmen. Ihre Mitglieder verfolgen die verschiedenen Bemühungen einer einvernehmlichen Regelung, sie halten Kontakt mit allen Beteiligten, entwickeln Lösungsperspektiven und konsultieren sich wechselseitig und mit dem Generalsekretär auf einer regelmäßigen Basis (→ Gruppenbildung in den UN).

Das stärkere operative Engagement des Generalsekretärs und seiner Beauftragten sowie der „Freundes"-Gruppen verschärft freilich auch das (Un)-Parteilichkeits-Dilemma der friedlichen Streitbeilegung in diesem Rahmen: Auf der einen Seite sind die Vereinten Nationen gehalten, in jedem Konflikt eine klare Position im Hinblick auf die Prinzipien und Normen der Weltorganisation zu beziehen, insbesondere im Hinblick auf die Respektierung der → Menschenrechte. Auf der anderen Seite erfordern alle Drittpartei-Interventionen ein Mindestmaß an Neutralität, um überhaupt eine Brücke zwischen den Konfliktparteien schlagen zu können. Dieses Dilemma äußerte sich z.B. im Konflikt um Bosnien-Herzegowina in der Form, daß Maßnahmen der serbischen Seite in den Stellungnahmen des Sicherheitsrates deutlich kritisiert wurden, die Beauftragten des Generalsekretärs vor Ort sich in ihren Verhandlungen mit der serbischen Seite jedoch bemühten, sich vergleichbarer Bewertungen zu enthalten.

4. Die Mittel der friedlichen Streitbeilegung

Die im Rahmen des Kap. VI genannten Mittel der friedlichen Streitbeilegung (im Art. 33, Abs. 1) lassen sich bei einer systematischen Betrachtungsweise im Hinblick auf die Intensität der Beteiligung Dritter Parteien in sechs Kategorien klassifizieren:

Die direkteste Form der friedlichen Streitbeilegung ohne jegliches Engagement Dritter Parteien sind *Verhandlungen* zwischen den Konfliktparteien. Dieses Mittel gehört zum Kernbereich der klassischen Diplomatie und ist zweifellos die Methode, deren wirksamer Einsatz weltweit eine ungezählte Menge von Streitigkeiten davor bewahrt hat, in destruktive Austragungsformen zu eskalieren. Die Möglichkeiten zur Optimierung von Verhandlungen, die die „Alternative Dispute Resolution" (ADR)-Bewegung entwickelt hat, sind allerdings im Rahmen der Diplomatie noch nicht hinreichend ausgeschöpft worden. Dazu zählen z.B. Verfahren, die es ermöglichen, daß die Parteien von ihren vordergründigen und meist kurzfristig definierten „Positionen" zu ihren tieferliegenden, „wohlverstandenen Eigeninteressen" vorrücken können und damit die Chancen für einvernehmliche, „inklusive Lösungen" erhöht werden.

Die schwächste, aber gleichwohl oft unentbehrliche Form der Drittpartei-Beteiligung repräsentieren die *Guten Dienste*, bei denen Außenstehende die Kontrahenten zu Verhandlungen zu ermutigen suchen bzw. sie erleichtern durch die Bereitstellung von Kommunikations- und Transportmitteln, das Arrangement von Treffpunkten usw., ohne selbst dabei als Vermittler aufzutreten. Diese Aufgabe wird vom Generalsekretär und seinen Beauftragten regelmäßig und in sehr unterschiedlichen Formen wahrgenommen (auch wenn dieses Mittel nicht ausdrücklich im Art. 33 genannt wird). Zunehmend sind sie auch damit befaßt, eine bessere Abstimmung zwischen verschiedenen bi- und multilateralen Verhandlungsforen vorzunehmen, die den jeweiligen Konflikt betreffen.

Ein stärker formalisiertes Verfahren sind *Untersuchungen* eines Streitfalles durch eine Kommission von unparteilichen ExpertInnen. Völkerrechtlich ist dieses Instrument in starker Anlehnung an schiedsgerichtliche Regelungen ausgestaltet, wie sie bereits im Haager Abkommen zur friedlichen Erledigung internationaler Streitfälle von 1899 vorgesehen waren. Als ein Element in Kombination mit anderen Formen der Streitbeilegung gibt es jedoch auch „Fact-finding"-Missionen, deren Einsetzung und Auswertung weniger verregelt ist. Insgesamt spielt dieses Instrument in der internationalen Politik mittlerweile eine herausragende Rolle, insbesondere im Rahmen des Monitorings der Einhaltung von Menschenrechten sowie der Krisen- und Gewaltprävention. Die Bedeutung von Untersuchungen und Tatsachenermittlungen durch Dritte Parteien ist jedoch für die einvernehmliche Regelung von Streitigkeiten eher begrenzt, sofern es um die Frage geht, welche Partei für welche Ursachen verantwortlich ist. Statt dessen hat es sich als wirksamer herausgestellt, diese Mittel zu nutzen, um die Einhaltung von Abkommen zu überprüfen.

Wenn Konflikte nahezu unlösbar erscheinen oder hoch eskaliert sind, ist die friedliche Streitbeilegung auf ein stärkeres Engagement in Form von *Vermittlung* angewiesen. Dabei übernimmt die Dritte Partei in der Regel die Leitung des Verfahrens und macht Vorschläge zur thematischen Gestaltung der Gespräche mit den streitenden Parteien. Im Hinblick auf alle anderen Aspekte der Interaktion mit den Parteien gibt es ein weites Spektrum an Variationen. Es reicht von der „Pendeldiplomatie", bei der die Vermittler jeweils getrennt mit den Parteien verhandeln, über die „transformative Mediation", bei der die Vermittler sich konsequent auf die Prozeßsteuerung beschränken, bis zur „problemlösungsorientierten Mediation", bei der sie auch Vorschläge zur Sache unterbreiten können.

Den Streitsachverhalt sachlich zu klären und von Anfang an daraufhin zu arbeiten, daß den Streitenden von der Dritten Partei eine Lösung angeboten wird, ist das Ziel von *Vergleichs- und Schlichtungsverfahren*. Sie sind allerdings nicht verbindlich für die Parteien. Damit unterscheiden sie sich von *Schiedssprüchen* und *gerichtlichen Entscheidungen*. Sie sind zumindest völkerrechtlich bindend, was im internationalen System freilich voraussetzt, daß die Betroffenen bereit sind, sich diesem Urteil zu unterwerfen (→ IGH).

In der Praxis gibt es vielfältige Kombinationen dieser Mittel. So wurden im Rahmen des Dayton-Abkommens zu Bosnien-Herzegowina von 1995 faktisch alle Instrumente in Anspruch genommen. Insgesamt bildet allerdings die Nutzung rechtlicher Verfahren eher die Ausnahme. Die Ursachen dafür liegen zum einen in den unzureichenden rechtlichen Maßstäben für die Beilegung der mittlerweile vorherrschenden innerstaatlichen Konflikte und zum anderen in der Präferenz von Regierungen für politische Prozesse, die sie selbst mitgestalten können, gegenüber rechtlichen Verfahren, deren Ausgang für sie weniger kalkulierbar ist. Diese Aspekte haben bislang auch die Einrichtung wirksamer rechtlicher Verfahren der friedlichen Streitbeilegung im Rahmen regionaler Organisationen, wie z.B. der OSZE, verhindert.

5. Die Wirksamkeit der Streibeilegungsverfahren

In der empirischen Forschung wird vor allem die Wirksamkeit von „Machteingriffen" („power mediation") hervorgehoben, bei denen einflußreiche Dritte Parteien auf der Basis eigener Interessen handeln und in der Lage sind, Druck auszuüben bzw. Ressourcen für bestimmte Lösungen einsetzen können (*Bercovitch* 1997). Inwiefern diese Feststellung auch für die nachhaltige Beilegung innerstaatlicher, vor allem ethnopolitischer Konflikte zutrifft, ist allerdings sehr umstritten. Immerhin macht der Hinweis auf die „power mediation" deutlich, daß die Wirksamkeit der Konfliktbearbeitung nicht allein und vermutlich noch nicht einmal primär von der gekonnten Anwendung diplomatischer Mittel bei Verhandlungen mit den Führungspersonen der streitenden Parteien abhängig ist. Sehr viel spricht dafür, daß das diplomatische Instrumentarium der friedlichen Streitbeilegung in einem engen Zusammenhang gesehen werden muß mit einer Reihe anderer *Maßnahmen der Friedensförderung*:

Zu den wichtigsten zählt die „*strukturelle Stabilität*" des jeweiligen Landes bzw. der Region. Der soziale Wandel in Entwicklungs- und Transformationsgesellschaften kann langfristig nur gewaltfrei organisiert werden, wenn es Fortschritte sowohl im Hinblick auf wirtschaftliche Entwicklung, soziale Gerechtigkeit, Demokratisierung, Rechtsstaatlichkeit, „good governance" und die Entfaltung einer zum Interessenausgleich fähigen Zivilgesellschaft gibt. Entwicklungszusammenarbeit, die diesen Zielen dient, ist deshalb eine wichtige Voraussetzung für friedliche Streitbeilegung.

Eine Schlüsselrolle spielen dabei Konzepte, die die Kapazität des jeweiligen politischen Systems zur *demokratiefördernden Konfliktbearbeitung* stärken (z.B. Formen integrativer Machtteilung zwischen verfeindeten Gruppen, die Institutionalisierung der Menschenrechtsbeachtung und die Einrichtung von Gremien zur Aufarbeitung der gewaltsamen Vergangenheit). Diese Konzepte pro-aktiv in die Bemühungen von Vermittlern zu integrieren, ermöglicht es, aus vergleichbaren Konfliktbearbeitungen zu lernen, die zu dauerhaften Regelungen geführt haben (*Harris/Reilly* 1998).

Die Erfahrung mit nachhaltig erfolgreichen Friedensvereinbarungen zeigt außerdem, daß die *Rolle dritter Parteien* sich dabei nicht auf den Prozeß der diplomatischen Aushandlung der entsprechenden Dokumente beschränkte. Wichtig war, daß sie sich darüber hinaus bereit erklärten, ein längerfristiges Engagement einzugehen, um die Implementierung der Vereinbarungen praktisch zu unterstützen (*Hampson* 1996).

Bei länger anhaltenden und tief verwurzelten Konflikten reicht die Streitbeilegung auf der obersten Führungsebene oft nicht aus. Sie muß begleitet, u.U. auch vorangetrieben werden durch vergleichbare Aktivitäten an der gesellschaftlichen Basis und auf der mittleren Führungsebene. Dies betrifft sowohl die Einbeziehung externer nichtstaatlicher Organisationen (→ NGOs) in Drittpartei-Funktionen („track-2"-Diplomatie) als auch eine breite *Mobilisierung* halb-

und unparteilicher einheimischer *zivilgesellschaftlicher Akteure* für friedliche Streitbeilegungen und die Schaffung von „peace constituencies".

6. Die Weiterentwicklung der Verfahren der friedlichen Streitbeilegung

Die Reformdiskussion zu den Vereinten Nationen (→ Reform der UN) hat sich in jüngster Zeit vermehrt auch mit der friedlichen Streitbeilegung befaßt. Dabei wurden neben den bereits erwähnten Aspekten vor allem folgende Gesichtspunkte hervorgehoben:

Seit der „Agenda für den Frieden" und der Gipfelkonferenz des Sicherheitsrates von 1992 wurde das Thema der Konfliktbearbeitung um die Dimension der Prävention erweitert (in der UN-Terminologie unter dem mißverständlichen Begriff der → „präventiven Diplomatie" zusammengefaßt). Dies war überfällig; denn die Chancen der friedlichen Streitbeilegung sind in den Frühphasen der Konfliktentwicklung weit besser als nach dem Ausbruch von gewaltsamen Auseinandersetzungen. Die Erfahrungen mit der praktischen Umsetzung dieses neuen Imperativs sind freilich bislang noch nicht sonderlich eindrucksvoll.

In nahezu allen Krisen- und Konfliktzonen der Welt sind die Vereinten Nationen über eine Reihe von Spezialorganisationen präsent (→ Haupt-/Neben-/Vertragsorgane; → Sonderorganisationen), insbesondere jene, die für Entwicklungszusammenarbeit (→ Entwicklungszusammenarbeit der UN) und → humanitäre Hilfe zuständig sind. Sehr häufig liegt sogar die Koordination sämtlicher Hilfeleistungen bei humanitären Katastrophen in der Verantwortung einer dieser Organisationen, z.B. des → UNHCR. Bei allen länger anhaltenden Konflikten haben diese UN-Organisationen, ob sie es wollen oder nicht, einen Einfluß auf die politischen Entwicklungen vor Ort. Diese zumeist unfreiwilligen Effekte haben zu einer verstärkten Diskussion über „Codes-of-Conduct" in Krisen und Konflikten geführt und die Frage angestoßen, ob nicht auch die betreffenden

Spezialorganisationen eine aktivere Rolle bei der friedlichen Streitbeilegung auf den unteren und mittleren Führungsebenen übernehmen sollten.

Um die Überlastung der Vereinten Nationen mit friedensschaffenden Aktivitäten zu begrenzen, sieht die UN-Charta im Art. 33, Abs. 1 auch die „Inanspruchnahme regionaler Einrichtungen" vor. Wesentliche Beiträge zur Weiterentwicklung des Instrumentariums der friedlichen Streitbeilegung hat dabei die OSZE geleistet, insbesondere mit der Einrichtung des Ständigen Rates, des Amtierenden Vorsitzenden und seiner Beauftragten, der Langzeitmissionen sowie des Hochkommissars für Nationale Minderheiten. Diese Entwicklungen haben einerseits zur Diskussion ähnlicher Instrumente im Rahmen der UN geführt, andererseits Vorschlägen zur Einrichtung „Regionaler UN-Zentren für nachhaltigen Frieden" angeregt (*Peck* 1998).

Die kritische Diskussion von nichtmilitärischen Zwangsmaßnahmen (→ Sanktionen) im Hinblick auf ihre Wirksamkeit und ihre zum Teil verheerenden „Neben"-Wirkungen für die jeweilige Zivilbevölkerung haben die Frage aufgeworfen, ob nicht vermehrt über den Einsatz „positiver Sanktionen", von Anreizen und Belohnungen für die Friedensschaffung nachgedacht werden sollte. Dieses bislang vernachlässigte Mittel der friedlichen Streitbeilegung verdient in der Tat eine wesentlich stärkere Beachtung (*Amley* 1998).

Die Weiterentwicklung des UN-Instrumentariums zur friedlichen Streitbeilegung darf allerdings nicht isoliert von der Reform anderer friedensrelevanter Politikbereiche gesehen werden. Dazu gehören vor allem die Rückgewinnung und Stärkung des Gewaltlegitimationsmonopols der UN, der Ausbau globaler Rechtsstaatlichkeit durch den Internationalen Strafgerichtshof (→ ICC) und eine am friedlichen Wandel orientierte Entwicklungspolitik.

Norbert Ropers

Lit.: *Bercovitch, J.:* Mediation in International Conflict: An Overview of Theory, A Review of Practice, in: *Zartman, I.W./Rasmussen, J.L. (Hrsg.):* Peacemaking in International Conflict. Methods and Techniques, Washington 1997; *Czempiel, E.O.:* Die Reform der UNO. Möglichkeiten und Mißverständnisse, München 1994; *Debiel, T.:* Handlungsfähige Weltautorität oder Legitimationsbeschafer à la carte? Friedenspolitische Perspektiven für die UN, in: FW 73 (1998), 443-464; *Hampson, F.O.:* Nurturing Peace. Why Peace Settlements Succeed of Fail? Washington 1996; *Harris, P./Reilly, B. (Hrsg.):* Democracy and Deep-Rooted Conflict: Options for Negotiators, Stockholm 1998; *Kühne, W.:* Blauhelme in einer turbulenten Welt, Baden-Baden 1993; *Peck, C.:* Sustainable Peace. The Role of the UN and Regional Organizations in Preventing Conflict, Oxford u.a. 1998.

Terminologie

Eine umfassende Zusammenstellung der offiziellen (deutschen, englischen und französischen) Terminologie der Vereinten Nationen findet sich in der vom → *Deutschen Übersetzungsdienst* des UN-Sekretariats (→ Sekretariat) erarbeiteten und 1986 als Verkaufsveröffentlichung (UN Sales Publication No. E/F/G.86.I.20, New York 1986) erschienenen vierbändigen „Dreisprachenliste Vereinte Nationen Englisch-Französisch-Deutsch" (Trilingual Compendium of UN Terminology English-French-German; Compendium trilingue de terminologie des Nations Unies – Anglais-Français-Allemand). Sie enthält die Namen aller Organe, Unterorgane und sonstigen Gremien des gesamten → UN-Systems sowie die Namen der UN-Weltkonferenzen (→ Weltkonferenzen), Erklärungen, Dekaden, Internationalen Jahre etc. samt der entsprechenden Akronyme (4 Bde, 1665 S., $ 75,-; Bestellung beim Buchhandel oder bei den Vertriebsstellen (Sales Section) der Vereinten Nationen in New York und Genf (→ Publikationen der UN), Internet: http://www.un.org/Pubs/sales.htm oder beim UNO-Verlag der Deutschen Gesellschaft für die Vereinten Nationen, Internet: http://www.uno-verlag.de). Die inzwischen in einer Datenbank erfaßte Terminolo-

gie wird laufend aktualisiert und erweitert; eine Neuauflage der „Dreisprachenliste" ist vorgesehen.
Terminologische Anfragen zu den Begriffen etc. richtet man an den Deutschen Übersetzungsdienst (Ansprechpartner Karl Scharf: Tel. 001-212-963-4489, Telefax: 001-212-963-2577, E-Mail: deutsch@un.org). Die Internetadresse ist: http://www.un.org/Depts/german.
Die Übersetzungsdienste der sechs → Amtssprachen (Arabisch, Chinesisch, Englisch, Französisch, Russisch und Spanisch) haben zahlreiche, zweisprachige interne Terminologielisten zu einzelnen Sachbereichen herausgegeben, die in der Bibliothek des Sekretariats einsehbar sind.
Terminologische Anfagen zu den Amtssprachen sind zu richten an den Terminologiedienst im UN-Sekretariat: Department of General Assembly Affairs and Conference Services – Reference and Terminology Section, Leitung Nigel Cassar, Tel. 001-212-963-6785, Fax: 001-212-963-9162 (Anfragen nur in den zwei Arbeitssprachen Englisch und Französisch).

Falsch verwendete Termini

Das englische Akronym *UN* für United Nations kann je nach Kontext die in den Vereinten Nationen zusammengeschlossene Staatengemeinschaft oder die als ausführendes Organ derselben wirkende „Organisation der Vereinten Nationen", die sich selbst in ihren eigenen Texten meist nur als „the organization" (l'organisation) bezeichnet, oder beide meinen. Das im Deutschen oft verwendete Akronym *UNO* für den vollen Namen United Nations Organization wird im Englischen nicht verwendet. Im Französischen dagegen gibt es ausschließlich das Akronym (l')ONU (in Tabellen ohne Artikel) für „Organisations des Nations Unies". Das deutsche Akronym in den offiziellen Texten des Deutschen Übersetzungsdienstes (sowie auch des Auswärtigen Amts und im Bulletin des Presse- und Informationsamts der Bundesrepublik Deutsch-

land) ist ausschließlich VN, *nicht* UN (VN-Politik, VN-Organe etc.).
Zu unterscheiden ist ferner zwischen den Vereinten Nationen im eigentlichen Sinn (Staatengemeinschaft bzw. die sechs Hauptorgane der Organisation) und dem sogenannten System (auch: Verband, Familie) der Vereinten Nationen (UN system; système - auch: organisme - des Nations Unies) mit seinen zahlreichen, organisatorisch verschieden zugeordneten weiteren Gremien (→ Haupt-/Neben-/Vertragsorgane; → UN-System), insbesondere den wegen ihrer rechtlichen Sonderstellung lt. Art. 57 der Charta so genannten → Sonderorganisationen (in Österreich sowie der ehemaligen DDR als „Spezialorganisationen" bezeichnet) (specialized agencies; institutions spécialisées) für einzelne Fachgebiete wie Gesundheit (→ WHO, dt. auch WGO), Ernährung (→ FAO) oder Kultur (→ UNESCO) etc., die daher sachlich und sprachlich richtiger „spezialisierte" (specialized, nicht special) oder Fachorganisationen heißen müßten.
Die häufigste Fehlbezeichnung im Deutschen ist der weithin zu findende Titel „Vollversammlung" statt richtig → „Generalversammlung" (General Assembly; Assemblée générale), dem Namen eines der Hauptorgane. Die Bezeichnung „Vollversammlung" (Plenary Assembly; Assemblée plénière) meint sprachlich lediglich eine Tagungsart (statt Ausschußtagungen), nicht das Organ selbst.
Ebenso häufig ist die Fehlübersetzung von Non-governmental Organizations (→ NGOs) mit „Nicht-Regierungsorganisationen" statt richtig „nichtstaatliche Organisationen". Wie im Wörterbuch nachzulesen, bezeichnet „governmental" nicht nur den Regierungs-, sondern den gesamten staatlichen Bereich, der in der anglo-amerikanischen Tradition nicht wie im Deutschen von einem abstrakten und verabsolutierten Staat, sondern von der demokratisch gewählten und abwählbaren Regierung (government) her gedacht wird, während der Begriff „State" nur relativ selten vorkommt. So wie „business and govern-

ment" nicht „Regierung und Wirtschaft", sondern „Staat und Wirtschaft" oder „intergovernmental" nicht die Beziehungen zwischen Regierungen, sondern den gesamten zwischenstaatlichen Bereich meint, setzt sich auch „non-governmental" nicht nur von der Regierung, sondern auch von allen anderen staatlichen Institutionen wie der Legislative, der Justiz, die nicht von der Fehlübersetzung „Nicht-Regierungsorganisationen", sondern nur von der richtigen Übersetzung „Nichtstaatliche Organisationen" ausgeschlossen werden.

Verwechselt werden ferner häufig auch „Ausschuß" (Comittee; Comité) und „Kommission" (Commission; Commission), obwohl beide Namen unterschiedliche Bedeutung haben können. So ist z.B. das Human Rights Committee (Comité des droits de l'homme) des Internationalen Paktes über bürgerliche und politische Rechte vom 19.12.1966 (→ Menschenrechtskonventionen, Internationaler Pakt über bürgerliche und politische Rechte) im Deutschen der → Menschenrechts*ausschuß*, die „Commission on Human Rights (Commission des droits de l'homme), ein 1946 geschaffenes Organ des → Wirtschafts- und Sozialrats (ECOSOC, WSR), im Deutschen die →„Menschenrechts*kommission*".

Verwechselt wird ferner zuweilen der in allen vier europäischen Amtssprachen (Official languages; langues officielles) und in den ebenfalls offiziellen deutschen UNO-Texten gleichlautende Titel „Resolution" (resolution; résolution) (im europäischen Sprachgebrauch auch „Entschließung") mit dem Titel „Beschluß" (decision; décision) der hier nicht, wie oft vor Gericht, eine „Entscheidung" meint (→ Resolution/Deklaration/Beschluß). Jede Resolution fällt zwar unter den Oberbegriff „Beschluß", zeichnet sich jedoch durch besondere Förmlichkeit aus, insbesondere in den streng formalisierten und standardisierten Formeln der in der Präambel (preamble; préambule) aufgeführten Entschließungsgründe und des Beschlußteils (operative part; dispositif)

mit seinen einzelnen (Beschluß-)Ziffern (paragraphe od. para.; paragraphe; in deutsch dagegen „Paragraph" nur bei Gesetzen etc.), wie diese im Unterschied zu den Präambel*absätzen* (engl. ebenfalls paragraph od. para.; frz. jedoch hier: alinéa) heißen.

Akronym-Regel

Die aus großgeschriebenen Anfangsbuchstaben des mehrteiligen vollen Namens zusammengesetzten Akronyme (acronyms; acronymes), die von Abkürzungen (abbreviations; abbréviations) wie z.B. Dr.med., Mr., Mme etc. unterschieden werden, sollen im Deutschen nach Möglichkeit mit dem grammatischen Artikel der deutschen Namensform versehen werden, also z.B. *die* FAO (Ernährungs- und Landwirtschaftsorganisation der Vereinten Nationen), *der* → UNFPA (Fonds der Vereinten Nationen für Bevölkerungsfragen), *das* → UNICEF (Kinderhilfswerk der Vereinten Nationen), wenn sie nicht nur in Tabellen etc., sondern im Text vorkommen.

Im Unterschied zum Französischen, das nach Möglichkeit Akronyme für die französische Namensform verwendet, die dadurch leichter auflösbar und daher verständlicher werden, sind im Deutschen mit wenigen Ausnahmen (wie z.B. VN, → IWF statt IMF für den Internationalen Währungsfond, → IAEO statt IAEA für die Internationale Atomenergie-Organisation) die englischen Namensformen übernommen worden.

Die Orthographie der englischen Texte der UNO (die etwa 90% der zu übersetzenden Originale ausmachen) richtet sich aus historischen Gründen nicht nach der amerikanischen, sondern nach der britischen Schreibweise (also z.B. programme, nicht program).

Ruprecht Paqué

Internet: Homepage des Deutschen Übersetzungsdienstes bei den Vereinten Nationen: http://www.un.org/Depts/german

Treuhandrat

Bei den Diskussionen um die Gestaltung der Vereinten Nationen im ersten Halbjahr 1945 in der vorbereitenden Konferenz von Dumbarton Oaks und in der Gründungskonferenz von San Francisco (→ Entstehungsgeschichte der UN) stand man auch vor der Frage, was mit den Mandatsgebieten des → Völkerbundes, d.h. den früheren deutschen und türkischen Kolonien des Ersten Weltkrieges, die im Rahmen der Friedensverträge Mandatsmächten zur Verwaltung unter Aufsicht des Völkerbundes übergeben worden waren, geschehen sollte.

Man einigte sich, dieses Mandatssystem für die Mandatsgebiete in modifizierter Form als Treuhandsystem fortzuführen. In dieses System sollten ebenso die Überseekolonien Japans im Pazifik und Italiens in Afrika, welche die Alliierten gegen Ende des Zweiten Weltkrieges militärisch unter ihre Kontrolle gebracht hatten, einbezogen werden.

Die USA wollten auch die Kolonien der übrigen Kolonialmächte mit einbeziehen und die Errichtung des Treuhandsystems mit einem Bekenntnis zum → Selbstbestimmungsrecht und dem Versprechen, die Unabhängigkeit in naher Zukunft gewährt zu bekommen, für alle abhängigen Gebiete, alle Kolonien, verbinden, um eine zügige → Entkolonialisierung aller Kolonien unter Aufsicht der UNO zu gewährleisten. Dieses Vorhaben scheiterte vor allem am Widerstand Großbritanniens und Frankreichs.

Es wurde in Art. 77 Abs.1 c der Charta der Vereinten Nationen (→ Charta der UN) den Kolonialmächten freigestellt, ihre Kolonialgebiete dem UN-Treuhandsystem zu unterstellen. Von dieser Möglichkeit machte keine Kolonialmacht Gebrauch. Ebensowenig kam es zu einer expliziten Festschreibung des Selbstbestimmungrechts und einer verbindlichen Versprechen auf Gewährung der Unabhängigkeit für die Kolonien in der Charta, sondern nur – in Artikel 73 der Charta - zu der Verpflichtung derjenigen Mitgliedstaaten, „welche die Verantwortung für die Verwaltung von Hoheitsgebieten haben oder übernehmen, deren Völker noch nicht die volle Selbstregierung erreicht haben... den politischen, wirtschaftlichen, sozialen und erzieherischen Fortschritt... zu gewährleisten" und „die Selbstregierung zu entwickeln, die politischen Bestrebungen dieser Völker gebührend zu berücksichtigen und sie bei der fortschreitenden Entwicklung ihrer freien politischen Einrichtungen zu unterstützen", versehen mit der Generalklausel „und zwar je nach den besonderen Verhältnissen jedes Hoheitsgebiets, seiner Bevölkerung und deren jeweiligen Entwicklungsstufe". Dabei wurde unter Selbstregierung – im Unterschied zur „Unabhängigkeit" – nur die innere Autonomie unter Beibehaltung des bisherigen völkerrechtlichen Status der beschränkten Souveränität nach außen verstanden. Das bedeutete im Klartext, daß die Gründungsstaaten in der UN-Charta keinerlei verbindliche Garantien in bezug auf die Gewährung der Unabhängigkeit festgeschrieben hatten, sondern lediglich vage Versprechen auf innere Autonomie, sofern dies „die besonderen Verhältnisse" und die „jeweilige Entwicklungsstufe" zuließen. Damit war das Projekt der USA, mit dem Treuhandsystem einen geregelten Ablauf der Entkolonialisierung im Rahmen der UNO zu erreichen, gescheitert.

Während die Kolonialstaaten auch in den folgenden Jahrzehnten sich mit der Begründung, die Verwaltung ihrer Kolonien sei eine Angelegenheit im Rahmen ihrer eigenen → Souveränität und jegliche Einmischung anderer Staaten in ihre Kolonialpolitik unterliege dem → Interventionsverbot von Art. 2,7 UN-Charta, weiter gegen die Einbeziehung ihrer Kolonien in das Treuhandsystem wehrten, versuchten viele Nicht-Kolonialstaaten unter den UN-Mitgliedstaaten, den Vereinten Nationen dennoch ein Aufsichtsrecht über die Kolonien zu sichern. In Anwendung von Art. 73 UN-Charta definierte die → Generalversammlung bereits 1946 mit

Resolution 66 (I) vom 14. Dezember 74 Gebiete als „Gebiete ohne Selbstregierung" im Sinne des Art. 73. In der am 14.12.1960 angenommenen „Deklaration über die Gewährung der Unabhängigkeit an Kolonialländer und – völker" (GA Res. 1514 (XV)) bekräftigt die Generalversammlung folgende Grundsätze: Alle Völker haben das Recht auf Selbstbestimmung, die Unterwerfung unter Fremdherrschaft ist völkerrechtswidrig, die baldmöglichste Gewährung der Unabhängigkeit ist einzuleiten. Die Generalversammlung hat sich in der gesamten Periode der Entkolonialisierung durch Vorlage von Berichten und Resolutionen mit der Entwicklung in den abhängigen Gebieten beschäftigt; noch heute – Ende der 90 Jahre – gibt es rund 20 Gebiete Gebiete ohne Selbstregierung, um die sich die Vereinten Nationen kümmern. Die Chartabestimmung des Art. 73 hat somit – über den Kontext des Treuhandsystems hinaus – eine wichtige völkerrechtliche Grundlage für die Beschäftigung der Vereinten Nationen mit Kolonialgebieten gebildet.

Das eigentliche Treuhandsystem beschränkte sich dagegen auf die wenigen Völkerbundsmandatsgebiete und die oben erwähnten ehemaligen japanischen und italienischen Besitzungen. Die Treuhandverwaltung bedeutete eine Verwaltung der Kolonien durch eine Verwaltungsmacht unter Aufsicht der UNO; mit der Unterstellung erhielt die UNO die Befugnis, eine Verwaltungsmacht zu bestimmen (ein Mitgliedsland, eine Staatengruppe oder die UNO selbst). Mit diesem Treuhänder schlossen die Vereinten Nationen ein Treuhandabkommen ab, das die Einzelheiten der Treuhandverwaltung regelte.

Im Treuhandsystem kontrollieren Generalversammlung, → Sicherheitsrat und Treuhandrat in ihrem Zusammenwirken die Verwaltung der Treuhandgebiete. Dem Treuhandrat gehören alle Treuhandstaaten, alle ständigen Mitglieder des Sicherheitsrats sowie jene Anzahl von den Generalversammlung gewählte Nichttreuhandstaaten, um eine

Parität mit den Treuhandstaaten im Treuhandrat zu erzielen.

Was die Treuhandverwaltung der Treuhandgebiete angeht, sind drei Fälle zu unterscheiden:

Für das frühere Völkerbunds-Mandatsgebiet Palästina entschied die Generalversammlung mit Resolution 181 (II) vom 29.11.1947, die den Teilungsplan für Palästina beinhaltete, daß das Mandat nicht später als am 1.8.1948 enden solle; dieser Beschluß kam zustande, nachem Großbritannien seinerseits sein Mandat praktisch an die Vereinten Nationen übergeben hatte. Das Mandat endete faktisch mit der Ausrufung des Staates Israel am 14.5.l948.

Der Mehrzahl der Treuhandgebiete wurde relativ schnell in den 50er und frühen 60er Jahren die Unabhängigkeit gewährt, einige Nachzügler blieben bis in die 90er Jahre als Treuhandgebiete erhalten. Als letztes Treuhandgebiet wurde 1994 Palau die Unabhängigkeit gewährt.

Einen langandauernden internationalen Konflikt gab es um das südafrikanische Völkerbunds-Mandatsgebiet Deutsch-Südwestafrika, später als „Namibia" bezeichnet. Südafrika weigerte sich, das Gebiet gemäß der UNO-Charta dem Treuhandsystem zu unterstellen, mit der Begründung, seit der Auflösung des Völkerbundes unterliege Südafrika keinerlei Mandatsverpflichtungen mehr, sondern leite sein Recht aus einer militärischen Eroberung her. Weder ein Rechtsgutachten des → IGH, das aussagte, Südafrika habe weiterhin völkerrechtliche Verpflichtungen als ehemalige Mandatsmacht, noch zahlreiche Resolutionen der Generalversammlung, die Südafrikas Anwesenheit in Namibia für völkerrechtswidrig erklärten und es aufforderten, die Verwaltung über Namibia aufzugeben, führten zu Änderungen im Verhalten Südafrikas. Erst Ende der 80er Jahre gelang es den Vereinten Nationen, in langen Verhandlungen Südafrika dazu zu bewegen, Namibia die Unabhängigkeit zu gewähren, 1990 wurde Namibia nach Durchführung freier Wahlen unter

Wahlbeobachtung der UNO unabhängig.

Mit der Beendigung der Treuhandverwaltung für Palau 1994 wurde der Treuhandrat praktisch „arbeitslos": Es stehen keine Gebiete mehr unter seiner Treuhandverwaltung. Dem Rat gehören gemäß Art. 86 UN-Charta damit – weil keine Treuhandstaaten mehr vorhanden sind – nur noch die ständigen Sicherheitsratsmitglieder an.

Es gibt Vorschläge, dem Treuhandrat eine neue Aufgabe zu geben, z.B. als Umweltrat (→ Umweltschutz) der Vereinten Nationen, aber zu solch einer Umwidmung, die ja auch eine Änderung seiner Zusammensetzung erfordern würde, ist ebenso wie zu seiner Auflösung eine Chartaänderung erforderlich, die eine Zweidrittelmehrheit der Mitglieder der Generalversammlung erfordert sowie eine Ratifizierung durch zwei Drittel aller Mitglieder der Vereinten Nationen einschließlich aller ständigen Sicherheitsratsmitglieder. Eine solche Umwidmung hätte bei dieser hohen Hürde, was Mehrheiten angeht, vermutlich nur Aussicht auf Erfolg im Rahmen einer umfassenden Reform der Strukturen der Vereinten Nationen (→ Reform der UN).

Helmut Volger

Lit.: *Ermacora, F.:* Treuhandsystem/ Treuhandrat, in: Wolfrum, R. (Hrsg.): Handbuch Vereinte Nationen, 2. Aufl., München 1991, 862-867; *Weber, H.:* Vom Völkerbund zu den Vereinten Nationen (UN-Texte 34), Bonn 1987.

Umweltschutz

Globale Umweltpolitik: UNO versus WTO?

Fast 30 Jahre nach der ersten *Umweltkonferenz der Vereinten Nationen* (→ Weltkonferenzen), die 1972 in Stockholm stattfand, hat sich das Bild gründlich gewandelt. Von einem exotischen Randthema hat sich die Umweltproblematik mehr und mehr in das Zentrum des politischen Geschehens geschoben - auch wenn Umweltverbände (→ NGOs) gerne beklagen, nach dem berühmten Erdgipfel 1992 in Rio sei es

eigentlich nur noch abwärts gegangen. An der Schwelle zum neuen Jahrtausend ist aber Realität, daß die Umweltproblematik zu einem zentralen Thema geworden ist, dem sich kein politisches Gremium mehr entziehen kann.

Doch welche Rolle spielen die Vereinten Nationen dabei? Rein machtpolitisch betrachtet, war die Gründung der Welthandelsorganisation WTO (→ WTO/GATT) für die UNO einer der schwersten Rückschläge in ihrer Geschichte. Die internationale Staatengemeinschaft hat beschlossen, den Prozeß der wirtschaftlichen → Globalisierung, der nahezu die gesamte Menschheit und die Innenpolitik aller Staaten in umfassender Weise direkt betrifft, eben nicht durch die UNO zu regulieren, sondern durch eine mit ihr nur locker kooperierende De-facto-Sonderorganisation (→ Sonderorganisationen) in Verbindung mit dem → UN-System, die WTO. Die WTO steht bis heute weitgehend unverbunden neben den Vereinten Nationen und den übrigen Sonderorganisationen. Sie erhebt zwar keinen Universalitätsanspruch (→ Universalität), doch immerhin einen Universalitätsanspruch auf die weltweite Handels- und zunehmend auch Wirtschaftspolitik. Wer dies alles regelt, kann der UNO getrost den recht kläglichen Rest überlassen. Wenn man dann noch wie die WTO ein umfassendes Durchsetzungsinstrumentarium hat, verblassen auch diejenigen UN-Konventionen, die im Gegensatz zu so prominenten Beschlüssen wie der „Agenda 21" immerhin völkerrechtlich bindend sind. Sie haben nämlich in der Regel keine wirksamen Sanktionsmechanismen gegen Vertragsbrüche.

Damit hat natürlich auch die Umweltpolitik zunächst einen schweren Rückschlag erlitten. Wenn im WTO-Recht der Abbau von Handelshemmnissen über alles andere gestellt wird und völkerrechtlich sogar unklar ist, ob im Konfliktfall eine UN-Umweltkonvention (→ Umweltvölkerrecht) oder WTO-Recht (→ Welthandelsrecht) gilt, hat die Umwelt schlechte Karten. Nach dem Wiener Übereinkommen über das

517

Recht der Verträge vom 23.5.1969 (UN Doc. A/CONF. 39/27; auch: ILM 8 (1969), 679) gilt in einem solchen Fall, wenn sich zwei internationale Verträge gegenseitig widersprechen, der zuletzt in Kraft getretene (→ Völkerrechtliches Vertragsrecht). Dies sind die recht jungen WTO-Verträge fast immer, und wichtige Akteure wie die USA vertreten in Verhandlungen über UN-Umweltabkommen inzwischen die Position, sie würden diese gar nicht erst unterzeichnen, wenn nicht eine Klausel enthalten ist, wonach im Zweifelsfall WTO-Recht den Vorrang hat. So geschehen bei den Verhandlungen über ein rechtlich bindendes Protokoll über die Biologische Sicherheit (Biosafety-Protokoll) im Rahmen der Biodiversitätskonvention, die sich 1999 unter anderem deswegen in einem festgefahrenen Zustand befinden.

Hinzu kommt noch, daß sich die Mitgliedschaft der WTO nicht automatisch mit denen von UN-Umweltabkommen deckt. Hat also ein WTO-Mitgliedstaat das Montrealer Ozonprotokoll nicht ratifiziert, könnte er im Prinzip vor der WTO gegen Handelsbeschränkungen mit ozonzerstörenden FCKWs klagen. Vorgekommen ist das bisher noch nicht. Aber es kann vorkommen.

Andererseits: Der „Freihandel-über-alles"-Grundtenor der WTO, die ersten Erfahrungen mit ihren Schiedssprüchen, das zumindest vorläufige Scheitern des Multilateralen Investitionsabkommens MAI (im Rahmen der OECD), die Erfahrungen mit ähnlichen Bestimmungen im Nordamerikanischen Freihandelsabkommen NAFTA laufen Gefahr, sich gesellschaftlich gegen die WTO zu richten. Die Gründung der WTO mit der vorangegangenen, acht (!) Jahre dauernden Uruguay-Runde des GATT war noch eine nahezu geheime Angelegenheit. Die Parlamente praktisch aller Staaten ratifizierten die Verträge, ohne sie wirklich zu verstehen. Inzwischen wächst der Druck, die WTO zu reformieren. Natürlich formieren sich wie immer protektionistische Interessen gegen den Freihandel. Aber immer mehr Regierungen beginnen zu erkennen, daß auch die ökologische Ignoranz der WTO nicht durchzuhalten ist.

Dies gilt auch für die USA, die gleich zweimal bei den ersten Schiedssprüchen der WTO unterlegen waren. Amerikanische Gesetze, die bestimmte Benzinzusätze verboten, wurden von der WTO als Importhindernis als nicht WTO-konform erklärt. Ein amerikanisches Gesetz, das der Krabbenfischerei bestimmte für Meeresschildkröten ungefährliche Geräte vorschrieb und den Import von Krabben, die nicht nachgewiesenermaßen mit diesen Geräten gefangen worden waren, verbot, ereilte dasselbe Schicksal. Auch bei vielen anderen Handelskonflikten, die vor den WTO-Schiedsgerichten landen, geht es um Umweltpolitik, etwa wenn die EU mit Hormonen behandeltes Rindfleisch verbietet und dementsprechend Rindfleisch aus den USA und Kanada nicht importiert werden darf.

Die langsame Annäherung der WTO an den Umweltschutz

Die WTO-Rechtsprechung beginnt sich allmählich von einer sturen Freihandelsorientierung zu verabschieden und umweltpolitischen Anliegen ein größeres Gewicht einzuräumen. Natürlich bleiben große Hindernisse, vor allem das WTO-Verbot, physikalisch identische Produkte handelspolitisch nach ihrer Herstellungsweise zu differenzieren, und die Rolle des in Rio auf dem Erdgipfel beschlossenen Vorsorgeprinzips. Das *Vorsorgeprinzip* kollidiert frontal mit dem *Freihandelsprinzip*: Nach dem Vorsorgeprinzip sollen Produkte wie die Gentechnik, deren Gefahrenpotential nicht wissenschaftlich absehbar ist, tendenziell eher solange zurückgehalten werden, bis dies wissenschaftlich geklärt ist, während das Freihandelsprinzip der WTO die Beweislast umkehrt: die EU muss beispielsweise wissenschaftlich nachweisen, daß Wachstumshormone schädlich sind, bevor sie sie verbieten darf.

Immerhin fand sich die WTO im März 1999 genötigt, ein High-Level-Symposium mit NGO-Beteiligung zu

Handel und Umwelt zu veranstalten, auf dem WTO-Generaldirektor Ruggiero sogar eine Weltumweltorganisation parallel zur WTO forderte. Die Bereitschaft der WTO, mit UN-Umweltorganisationen (→ UNEP, → CSD) zu kooperieren, nimmt mehr und mehr zu. Es hat sich gezeigt, daß eine zu starke Konfrontation mit der Umweltpolitik auch den Freihandels-Anliegen schadet. Für „WTO" kann man hier generell sagen: Handels- und Wirtschaftsministerien der Industrieländer. Zumindest innerhalb der Industriestaaten setzt sich immer mehr die Position durch, Handelsbeschränkungen, die in internationalen Umweltabkommen enthalten sind, dem WTO-Zugriff zu entziehen. Die eher hilflosen Appelle, wie sie noch 1997 in der CSD (im wesentlichen von den dort vertretenen Umweltministerien der Welt) an die WTO (also die Wirtschaftsministerien der Welt) gerichtet wurden, daß die WTO doch Umweltbelange stärker berücksichtigen solle, beginnen allmählich Wirkung zu zeigen, und sei es nur deshalb, um einen weiteren öffentlichen Legitimationsverlust der WTO zu verhindern.

Es ist also möglich, daß die Einsicht, daß nachhaltiges Wirtschaften letztlich nicht gegen die natürlichen Lebensgrundlagen der Menschheit möglich ist, sich auf internationaler Ebene auch langsam durchsetzt. Institutionell wird dies nur im Zusammenspiel von UNO und WTO möglich sein, und in der machtpolitischen Realität heißt das, daß die UNO den Anwalt der Umwelt spielen muß.

Die Rolle der UN-Institutionen im internationalen Umweltschutz

Auf ökonomischen Gebiet spielen die Gremien und Sonderorganisationen der UNO, vom → Wirtschafts- und Sozialrat (ECOSOC) über die → UNCTAD bis zur → UNIDO, neben der WTO und den Bretton-Woods-Institutionen Weltbank (→ Weltbank/-gruppe) und → IWF ohnehin keine große Rolle mehr. Im Rahmen der UNO hat es sich als bisher praktisch unmöglich erwiesen,

ein umfassendes internationales Umweltrecht mit wirksamen Durchsetzungs- und Sanktionsmechanismen zu entwickeln.

Dabei darf aber auch nicht übersehen werden, daß die meisten UN-Umweltabkommen ohnehin relativ zahnlos sind. Eine Nagelprobe für das Funktionieren einer globalen Umweltpolitik wird sicherlich die Frage sein, ob das *Kyoto-Protokoll* zur *Klimarahmenkonvention* jemals in Kraft treten wird. Dieses Protokoll, das erstmals für Industriestaaten rechtlich bindende Emissionsreduzierungen für Treibhausgase vorsieht, tritt erst in Kraft, wenn mindestens 55 Staaten ratifiziert haben, die gleichzeitig für mindestens 55% der Treibhausgasemissionen der Industrieländer (Stand 1990) verantwortlich sind. Dies gibt den USA faktisch ein Vetorecht über das Inkrafttreten des Protokolls. Das Kyoto-Protokoll ist im Grunde das erste UN-Umweltabkommen, das das schrankenlose Wachstum der Wirtschaft auf Kosten der Umwelt begrenzen will. Kaum ein Industriestaat hat es bisher geschafft, den Trend ständig steigender Kohlendioxidemissionen zu stoppen und umzukehren. Und gemessen an der Verpflichtung der Klimarahmenkonvention, die „*Stabilisierung von Treibhausgaskonzentrationen in der Atmosphäre auf einem Niveau zu erreichen, auf dem eine gefährliche anthropogene Störung des Klimasystems verhindert wird*" (Rahmenübereinkommen der Vereinten Nationen über Klimaänderungen 1992, Art. 2), ist das Kyoto-Protokoll nur ein erster, zaghafter Schritt. Immerhin: diese Verpflichtung ist bindend, denn die Konvention ist in Kraft.

Damit die Vereinten Nationen eine stärkere umweltpolitische Rolle spielen können, ist eine verbesserte *Koordination* der einzelnen Organisationen unabdingbar. Eine Welt-Umweltorganisation, wie sie vom ehemaligen WTO-Generaldirektor Ruggiero und dem ehemaligen Bundeskanzler Kohl vorgeschlagen wurden, ist auf absehbare Zeit unrealistisch. Aber eine verbesserte Kooperation zwischen UNEP und den Konventionssekretariaten ist realistisch und muss angegangen werden. Die *United Nations University* (→ UNU) hat sich im Juli 1999 in diesen Prozeßeingeschaltet und eine Konferenz zur Verbesserung eben dieser Kooperation in Tokio unter Beteiligung führender Vertreter der beteiligten Organisationen organisiert.

Ein sich zuspitzendes Grundproblem für eine stärkere Rolle der Institutionen der Vereinten Nationen nicht nur in der globalen Umweltpolitik, sondern der Weltpolitik allgemein ist ihre chronische Finanzkrise (→ Finanzkrisen). Solange viele UN-Organisationen von freiwilligen Beiträgen der Industriestaaten abhängig bleiben und bei Pflichtbeiträgen machtlos gegenüber säumigen Beitragszahlern sind, bleiben sie letztlich von tagespolitischen Haushaltserwägungen abhängig und sind im Falle großer Beitragszahler sogar erpreßbar. Während der agile UNEP-Exekutivdirektor Klaus Töpfer die UNEP bisher zumindest von Kürzungen bewahren konnte, zeigt das Beispiel der *Global Environment Facility (GEF)*, daß die UNO ohne die nötigen Finanzmittel viele in sie gesetzten Hoffnungen notwendigerweise enttäuschen muß. Die GEF, das Finanzierungsinstrument der Rio-Konventionen, schaffte es gerade mal, 2 Milliarden Dollar für die Dreijahres-Periode 1994-96 zu mobilisieren – bei der UNCED 1992 in Rio hatten die Industrieländer noch das Dreifache in Aussicht gestellt. Selbst diese bescheidenen Summen wurden nur unter der Bedingung bereitgestellt, daß die GEF nicht ausschließlich von UN-Organisationen verwaltet wird, sondern von der Weltbank in Kooperation mit UNEP und → UNDP.

Dabei erscheinen die Industrieländer heute noch eher als die Entwicklungsländer politisch bereit, den Umweltinstitutionen der UNO eine stärkere Rolle zuzugestehen. Viele Entwicklungsländer, für die Rio im Gegensatz zu Stockholm nicht eine Umwelt-Konferenz war, sondern eben eine Konferenz für Umwelt *und* Entwicklung,

klagen die Industrieländer an, ihren Teil der Rio-Beschlüsse nicht eingehalten zu haben und statt einer Erhöhung der Entwicklungshilfemittel sie im Gegenteil noch gekürzt zu haben. Hinzu kommt der latente Verdacht, mit ambitionierten Umweltprogrammen den Süden bevormunden zu wollen, seine Entwicklungschancen beschneiden zu wollen, oder protektionistische Hürden errichten zu wollen. So berechtigt diese Klagen oft auch sind, die unmittelbaren Umweltschäden durch das tradierte Entwicklungsmodell sind im Süden meist viel größer als im Norden, und auch von den zu befürchtenden Spätfolgen der globalen Umweltschädigung, etwa durch die mögliche Erhöhung des Meerspiegels oder Vergrößerung der Wüsten durch den Klimawandel, wird der Süden stärker betroffen sein als der Norden.

Mittelfristig wird es allein schon aufgrund des Problemdrucks unausweichlich sein, eine stärkere „global governance" auch im Umweltbereich einzurichten. Wieviel davon auf UN-Institutionen wie UNEP oder die einzelnen Konventionen entfällt und wieviel auf die WTO, ist eine offene Frage.

Jürgen Maier

Lit.: *Benedick, R.:* Backstage at the Multilateral Environmental Negotiations, in: Biermann, F./Büttner, S./Helm, C. (Hrsg.): Zukunftsfähige Entwicklung. Herausforderungen an Wissenschaft und Politik. Fs. für U. E. Simonis, Berlin 1997, 235-255; *Chambers, W.B.:* Global Climate Governance – Inter-linkage between the Kyoto Protocol and Other Multilateral Regimes, Tokyo 1998; *Forum Umwelt und Entwicklung:* Fünf Jahre nach dem Erdgipfel. Umwelt und Entwicklung – eine Bilanz, erstellt von S. Müller Krämer/B. Unmüßig, Bonn 1997; *Helm, C.:* Globale Umwelt, Globale Wirtschaft – Konflikte und Lösungsansätze (Wissenschaftszentrum Berlin FS II 97-405), Berlin 1997; *Gehring, T./Oberthür, S.(Hrsg.):* Internationale Umweltregime – Umweltschutz durch Verhandlungen und Verträge, Opladen 1997; *Simonis, U.E. u.a.:* Weltumweltpolitik. Grundriß und Bausteine eines neuen Politikfeldes, 2. Aufl., Berlin 1998; *United Nations:* Rahmenübereinkommen der Verein-

ten Nationen über Klimaänderungen, 9.5.1992, dt. Fassg. in: BGBl. II, 1784; *Wolfrum, R. (Hrsg.):* Enforcing Environmental Standards: Economic Mechanisms as Viable Means? Berlin 1996
Internet: Homepage des UNEP: http://www.unep.org; Homepage des Forums Umwelt und Entwicklung, Bonn (bietet Informationen über die NGO-Aktivitäten zu den multilateralen Umweltabkommen: http://www.oneworldweb.de/ forum

Umweltvölkerrecht

I. Einleitung

Spätestens seit der Konferenz der Vereinten Nationen über Umwelt und Entwicklung von 1992 in Rio de Janeiro (→ Weltkonferenzen) müssen sich die Staaten darüber im klaren sein, daß gravierende globale Umweltprobleme wie die weltweit drohende Klimaerwärmung, die Gefährdung des Bestandes lebender Ressourcen in den Weltmeeren, die Dezimierung der tropischen Wälder und die sich ausbreitende Wüstenbildung unser gesamtes Ökosystem bedrohen. Trotz zunehmender Bemühungen auf internationaler Ebene sind diese Probleme nach wie vor nicht oder jedenfalls nicht befriedigend gelöst.

Der internationale → Umweltschutz hat sich erst in den letzten 25 Jahren zu einem eigenständigen Bereich der Völkerrechtswissenschaft entwickelt. Zum *Umweltvölkerrecht* rechnen alle Völkerrechtsnormen, von denen sich die Staaten und internationale Organisationen bei ihrem Handeln in Sachen Umweltschutz leiten lassen. Hierzu zählen in erster Linie die völkerrechtlichen Verträge, das Völkergewohnheitsrecht und die allgemeinen Rechtsgrundsätze, nicht hingegen das sog. „soft law", da es für die Staaten keine völkerrechtlich verbindlichen Verhaltenspflichten zu begründen vermag; immerhin bahnt es jedoch öfters den späteren Abschluß von Verträgen an und kann auch heranwachsendes Völkergewohnheitsrecht indizieren.

II. Entwicklung des Umweltvölkerrechts

Die große Masse der bi- und multilateralen Umweltschutzübereinkommen, die diesen Namen wirklich verdienen, ist erst in den letzten 30 Jahren entstanden, auch wenn sich schon im ausgehenden 19. Jahrhundert einige einschlägige völkerrechtliche Verträge ausmachen lassen. Immerhin wurde bereits im Trail-Smelter-Schiedsspruch von 1941 (RIAA, Bd. 3 (1949), 1903), mit dem ein Streit zwischen den USA und Kanada wegen grenzüberschreitender Luftverschmutzung beigelegt wurde, eine wichtige Grundregel zur Lösung von Umweltnutzungskonflikten zwischen Nachbarstaaten aufgestellt, die später zu Völkergewohnheitsrecht erstarkt ist. Sie besagt, daß kein Staat auf seinem Territorium Vorhaben durchführen oder zulassen darf, von denen erhebliche grenzüberschreitende Umweltbeeinträchtigungen ausgehen könnten. Gleichwohl waren sich die Staaten 1945 der Gefahren, die grenzüberschreitende und vor allem globale Umweltbelastungen für Mensch und Natur heraufbeschwören können, kaum bewußt. Die UN-Charta (→ Charta der UN) erwähnt denn auch den Umweltschutz mit keinem Wort. Auch die wenigen Übereinkommen, die in den ersten 25 Jahren nach Kriegsende vor allem in den Bereichen des Seerechts und des Rechts der oberirdischen Gewässer geschlossen wurden, waren ihrer Zielsetzung nach eher umweltnutzungs- als umweltschutzorientiert.

Die *Stockholmer Umweltkonferenz der Vereinten Nationen von 1972* mit ihrem nahezu universellen Teilnehmerkreis behandelte erstmals den gesamten Komplex der Umweltverschmutzung und beriet Möglichkeiten einer engeren zwischenstaatlichen Umweltschutzkooperation. Die „Stockholmer Deklaration", die lediglich „soft law"-Charakter hat, bringt die Bereitschaft der Staaten zur internationalen Zusammenarbeit ebenso deutlich zum Ausdruck wie die Erkenntnis, daß es zwischen Umweltschutz und Entwicklung Wechselbeziehungen gibt. Noch im selben Jahr wurde mit dem *Umweltprogramm der Vereinten Nationen* (→ UNEP) eine Institution geschaffen, die sich mittlerweile trotz interner Strukturprobleme beachtliche Verdienste erworben hat. In der

Folgezeit (1972-1992) kam es zum Abschluß zahlreicher multilateraler Übereinkommen, die ein breites Spektrum an grenzüberschreitenden Umweltproblemen erfassen. Zu den wichtigsten Übereinkommen dieser Epoche zählen: das Washingtoner Übereinkommen über den internationalen Handel mit gefährdeten Arten freilebender Tiere und Pflanzen (CITES) von 1973 (BGBl. 1975 II, 773); das Übereinkommen zur Verhütung der Meeresverschmutzung durch Schiffe (MARPOL) von 1973/1978 (BGBl. 1982 II, 2); das Genfer ECE-Übereinkommen über weiträumige grenzüberschreitende Luftverunreinigung von 1979 (BGBl. 1982 II, 373) mit fünf späteren Protokollen; das Übereinkommen über die Erhaltung der lebenden Meeresschätze der Antarktis von 1980 (BGBl. 1982 II, 420); die Umweltschutzvorschriften in Teil XII der Ende 1994 in Kraft getretenen UN-Seerechtskonvention von 1982 (BGBl. 1994 II, 1799) (→ Seerecht) ; das Wiener Übereinkommen zum Schutz der Ozonschicht von 1985 (BGBl. 1988 II, 901) mit dem dazu gehörigen Montrealer Protokoll von 1987 (ibid., 1014); die beiden IAEA-Übereinkommen über frühzeitige Benachrichtigung bzw. Hilfeleistung bei nuklearen Unfällen jeweils von 1986 (BGBl. 1989 II, 434, 441) (→ IAEA); die Basler Konvention über die Kontrolle des grenzüberschreitenden Transports gefährlicher Stoffe von 1989 (BGBl. 1994 II, 2704); das Übereinkommen über Vorsorge, Bekämpfung und Zusammenarbeit auf dem Gebiet der Ölverschmutzung von 1990 (ILM 30 (1991), 733); die ECE-Konvention über die Umweltverträglichkeitsprüfung im grenzüberschreitenden Kontext von 1991 (ILM 30 (1991), 802); das ECE-Übereinkommen zum Schutz und zur Nutzung grenzüberschreitender Wasserläufe und internationaler Seen von 1992 (ILM 31 (1992), 1312); und die ECE-Konvention über die grenzüberschreitenden Auswirkungen industrieller Unfälle von 1992 (ILM 31 (1992), 1330; nicht in Kraft).

Die Rio-Konferenz von 1992 stand angesichts der dringenden Notwendigkeit, den weltweit stark angewachsenen globalen Umweltbelastungen, insbesondere der fortschreitenden Klimaerwärmung und Wüstenbildung sowie der Überausbeutung der natürlichen und lebenden Ressourcen zu Wasser wie zu Lande, entgegenzuwirken, unter starkem Erfolgsdruck. Auch wenn sie nicht den erhofften „Aufbruch zu neuen Ufern" brachte, so konnte sie mit der Unterzeichnung der beiden zuvor schon ausgehandelten *Übereinkommen zum Klimaschutz* (BGBl. 1993 II, 1783) bzw. *zur Erhaltung der biologischen Vielfalt* (BGBl. 1993 II, 1741) durch jeweils mehr als 150 Staaten sowie mit der Verabschiedung dreier rechtlich unverbindlicher Instrumente, nämlich der *„Rio-Deklaration"* (ILM 31 (1992), 874), der Grundsätze zur Waldproblematik (ebd., 881) und der *„Agenda 21"* (UN-Doc. A/CONF.151/26, Bde. I-III), am Ende doch wichtige Teilerfolge für sich verbuchen. Sie verhalf zudem dem Konzept der „nachhaltigen Entwicklung" („sustainable development"), dem zufolge alle maßgeblichen Akteure zwar nicht rechtlich, aber doch faktisch auf eine Politik eingeschworen werden, die Entwicklung und Umweltschutz als gleichrangige, integrale Bestandteile eines ganzheitlichen Zieles anerkennt und auf das Wohl künftiger Menschengenerationen bedacht ist, vollends zum Durchbruch. Mit dem breit gefächerten Maßnahmenkatalog der Agenda 21 und der Einsetzung der *UN-Kommission für nachhaltige Entwicklung* (→ CSD) verband sich die Hoffnung auf einen sich dynamisch entwickelnden Rio-Folgeprozeß. Im Juni 1997 mußte die - Sondertagung der → Generalversammlung in New York freilich eine insgesamt eher negative Zwischenbilanz der seitherigen Bemühungen ziehen, auch wenn mit dem Übereinkommen zur Bekämpfung der Wüstenbildung von 1994 (ILM 33 (1994), 1328), dem Übereinkommen über weitwandernde Fischarten von 1995 (ILM 34 (1995), 1542) und dem Protokoll von 1996 (BGBl. 1998 II, 1346) zur Londoner

Dumping-Konvention von 1972 wichtige neue Instrumente geschaffen worden waren.

III. Heutige internationale Vertragspraxis

1. Internationale Wasserläufe

Ging es den Anrainerstaaten internationaler Wasserläufe früher ganz vornehmlich um die Regelung von Fragen der Gewässernutzung, so spiegelt sich in deren heutiger Vertragspraxis die Erkenntnis wider, daß zwischen Nutzung und ökologischem Schutz der Gewässer enge Wechselbeziehungen bestehen. Dementsprechend sind zahlreiche Flüsse (z.b. Rhein, Mosel, Elbe, Oder, Donau; Sambesi, Mekong) und Seen (z.b. Bodensee, Große Seen) einem vertraglichen Regime umweltverträglicher Gewässernutzung unterstellt. Nach dem auf Vorarbeiten der UN-Völkerrechtskommission (→ ILC) beruhenden UN-Rahmenübereinkommen über das Recht der nicht die Schiffahrt betreffenden Nutzung internationaler Wasserläufe von 1997 (ILM 36 (1997), 700) ist jeder Anrainerstaat verpflichtet, alle geeigneten Maßnahmen zu treffen, um erhebliche Beeinträchtigungen anderer Anrainerstaaten zu vermeiden; sowie nach Treu und Glauben auf der Basis souveräner Gleichheit, territorialer Integrität und gegenseitigen Nutzens zusammenzuarbeiten. Nicht selten nehmen vertragliche Kommissionen Aufgaben eines „common management" wahr.

2. Meere und ihre Ressourcen

Übereinkommen universellen und regionalen Zuschnitts bilden heute ein relativ dichtes Netz von Regeln zum Schutz der Meere vor Verunreinigung durch die Einleitung von Schadstoffen von Schiffen aus, vom Lande aus und aus der Luft, sowie durch das „dumping" von Abfällen und auslaufendes Öl havarierter Tankschiffe. Kaum weniger zahlreich sind Übereinkommen, die der Überausbeutung lebender Meeresressourcen einen Riegel vorschieben sollen; auf Grund ihres meist stärker nutzungs- als erhaltungsorientierten

Regelungsansatzes erreichen sie dieses Ziel freilich nur sehr bedingt. Die UN-Seerechtskonvention von 1982 (Art. 192, 193) hat den traditionellen Antagonismus zwischen den Umweltschutz- und Ressourcennutzungsinteressen kompromißhaft auszugleichen versucht, letztlich jedoch nicht zu überwinden vermocht. Mit dem von ihr vorgegebenen (vorwiegend prozeduralen) Rahmen für die Errichtung eines künftigen umfassenden Regimes für den marinen Umwelt- und Ressourcenschutz hat sie mehr oder minder allen universellen und regionalen Übereinkommen der achtziger und neunziger Jahren ihren Stempel aufgedrückt. Besonders hervorzuheben sind das UN-Übereinkommen über die Nutzung und Erhaltung weit wandernder Fischbestände von 1995, das neue Protokoll zur Londoner Dumping-Konvention und das Umweltschutzprotokoll von 1991 zum Antarktisvertrag (BGBl. 1994 II, 2478) sowie die drei jeweils 1992 zustande gekommenen regionalen Übereinkommen zum Schutz der Ostsee (BGBl. 1994 II, 1397), des Schwarzen Meeres (ILM 32 (1993), 1110) und des Nordost-Atlantiks (BGBl. 1994 II, 1360). Von den älteren Übereinkommen sind vor allem das Walfang-Übereinkommen von 1946 (BGBl. 1982 II, 559) und MARPOL von 1973/1978 sowie die Übereinkommen im Rahmen des „Regional Seas Programme" von UNEP, insbesondere dasjenige zum Schutze des Mittelmeeres von 1976 (ILM 15 (1976), 290) samt Protokollen von 1976/1980 (ILM 15 (1976), 300 und 869; ILM 19 (1980), 869) nach wie vor praktisch sehr bedeutsam.

3. Luft, Ozonschicht, Klima

Das Genfer ECE-Rahmenübereinkommen von 1979 (s.o. II.), mit dem auf das Phänomen des weiträumigen Transports von Schadstoffen in der Luft („saurer Regen") reagiert wurde, ist durch mehrere nachfolgende Protokolle, die konkrete Pflichten zur Reduzierung bestimmter Schadstoffemissionen begründen, ausgefüllt worden. Dabei handelt es sich um das Helsinki-Protokoll betr. Schwefelemissionen von 1985 (BGBl. 1988 II, 421), das Sofia-Protokoll betr. Stickstoffoxidemissionen von 1988 (BGBl. 1990 II, 1278), das Genfer Protokoll betr. Emissionen flüchtiger organischer Verbindungen (VOCs) von 1991 (BGBl. 1994 II, 2358), das Oslo-Protokoll betr. Schwefelemissionen von 1994 (BGBl.1998 II, 131), sowie die beiden Arhuser Protokolle betr. dauerhafte organische luftverunreinigende Stoffe (POPs) (ILM 37 (1998), 513) bzw. Schwermetalle (niederl. Tractatenblad 1998, Nr. 287) jeweils von 1998.

Veranlaßt durch den rasanten Abbau der stratosphärischen Ozonschicht durch schädliche anthropogene Gase (insbesondere FCKW) und die dadurch hervorgerufene Zunahme der Ozonkonzentrationen in der Troposphäre verständigten sich die Staaten im Wiener Ozonschutzübereinkommen von 1985 auf Rahmenverpflichtungen, die schon zwei Jahre später durch das Montrealer Protokoll inhaltlich ausgefüllt wurden (vgl. oben II.). Dieses Protokoll, das 1990 und 1992 angepaßt und geändert wurde, hält die ihm angehörenden Staaten ganz konkret zur stufenweisen Reduzierung von Produktion und Verbrauch der als „Ozonkiller" identifizierten Substanzen an. Sein Abschluß gilt nicht zu Unrecht als eine "Sternstunde" der internationalen Bemühungen um einen wirksamen globalen Umweltschutz.

Als Antwort auf die bis dahin vornehmlich von den Industriestaaten zu verantwortenden Emissionen von Kohlendioxid und Methan, deren Treibhauseffekt das gesamte Ökosystem aus dem Gleichgewicht zu bringen droht, unterzeichneten die Staaten in Rio das Klimaschutz-Übereinkommen, ohne sich jedoch auf konkrete Emissionsreduktionen mit einem bestimmten Zeitziel zu einigen. Dies gelang erst mit dem Protokoll von Kyoto von 1997, dem zufolge die Industriestaaten verpflichtet sind, ihre gesamten Treibhausgasemissionen - unter Anrechnung von Senken - im Zeitraum von 2008 bis 2012 um mindestens 5 % gegenüber dem Niveau von 1990 zu vermindern. In diesem Zusammenhang wird den Staaten grundsätzlich die Möglichkeit eröffnet, die Reduktionsziele mittels „joint implementation" zu erreichen und mit Emissionszertifikaten zu handeln; hierzu bedarf es aber noch näherer Regelungen. Ob die im Kyoto-Protokoll (ILM 37 (1998), 22) vereinbarten Abhilfemaßnahmen ausreichen werden, die Klimaveränderungen und deren fatale ökologische Folgen noch rechtzeitig abzuwenden, muß bezweifelt werden.

4. Flora und Fauna; biologische Vielfalt; Boden und Wälder

Die Bemühungen der Staaten um die Erhaltung von Flora und Fauna reichen ins 19. Jahrhundert zurück. Die bedeutsamsten Instrumente haben jedoch erst in den siebziger Jahren dieses Jahrhunderts entwickelt. Hierzu rechnen die Ramsar-Konvention über Feuchtgebiete von 1971 (BGBl. 1976 II, 1265), die UNESCO-Konvention zur Bewahrung des Kultur- und Naturerbes der Welt von 1972 (BGBl. 1977 II, 213), die Washingtoner Artenschutzkonvention (CITES) von 1973 (s.o. II.), das Bonner Übereinkommen zur Erhaltung der wandernden wildlebenden Tierarten von 1979 (BGBl. 1984 II, 571) und die Berner Konvention zur Erhaltung der europäischen wildlebenden Pflanzen und Tiere von 1979 (BGBl. 1984 II, 620). Charakteristisch für alle diese Instrumente ist, daß sie einen Ausgleich zwischen der → Souveränität des Staates, auf dessen Territorium schützenswerte Tiere und Pflanzen vorkommen, und dem Interesse der Staatengemeinschaft an deren Erhaltung zu schaffen versuchen. Die Vorschriften dieser Übereinkommen spiegeln den Gedanken einer treuhänderischen Verwaltung und Pflege dieser Arten wider. Sie verzichten jedoch darauf, für den betreffenden Staat wirksame wirtschaftliche Anreize zur Arterhaltung zu schaffen.

Das Übereinkommen über die biologische Vielfalt von 1992 (s.o. II.) steuert mittels eines wechselseitigen An-

reizmechanismus einen Kompromiß-
kurs zwischen der Erhaltung und Nutzung genetischer Ressourcen. Kraft
ihrer Souveränität dürfen die Staaten
ihre Ressourcen zwar nutzen, müssen
dabei aber auch für deren Bestandser-
haltung sorgen. Um die Entwicklungsländer zur Übernahme entsprechender
Bewahrungspflichten anzureizen, sagen
die Industriestaaten ihnen finanzielle
und technologische Unterstützung zu.
Letzteren wird wiederum der Zugang
zu den genetischen Ressourcen der
Entwicklungsländer gestattet, was diesen dadurch schmackhaft gemacht wird,
daß ihnen vertraglich eine gerechte
Teilhabe an den Erträgen der Ressour-
cennutzung garantiert wird.

Ein umfassender umweltvölkerrechtlicher Schutz der Wälder gegen den
zerstörerischen Zugriff der holzprodu-
zierenden Staaten ist heute noch zu
vermissen. Das Tropenholz-Überein-
kommen von 1994 (ILM 33 (1994),
1016) bietet aber immerhin Ansätze zur
Entwicklung eines Regimes bestandser-
haltender Waldnutzung. Ob sich auf der
Basis der Waldgrundsätze von Rio (s.o.
II.) ein umfassendes völkerrechtliches
Waldschutzinstrument entwickeln läßt,
ist noch offen. Die Beratungen hierüber
in einem Expertengremium der CSD
halten noch an.

Auch zum Bodenschutz, der wie der
Waldschutz enge Bezüge zur Bewahrung der biologischen Vielfalt aufweist,
finden sich bislang nur sporadische
völkerrechtliche Regelungen. Hingewiesen sei neben der Alpenschutzkon-
vention von 1991 (ILM 31 (1992), 767)
vor allem auf das Übereinkommen zur
Bekämpfung der Wüstenbildung von
1994 (s.o. II.), das der Desertifikation in
trockenen, halbtrockenen und trockenen
subhumiden Landzonen (insbesondere
in Afrika) entgegenzuwirken versucht.
Es hält die betroffenen Länder und
Regionen zu Eigeninitiativen an (sog.
„bottom-up"-Ansatz). Die Industriestaaten verpflichten sich zur Mobilisierung der hierfür nötigen Finanzmittel.

5. Abfälle und gefährliche Stoffe

Für eine ausreichende Kontrolle der
grenzüberschreitenden Verbringung
gefährlicher Abfälle sorgt das Basler
Übereinkommen von 1989 (s.o. II.). Es
macht die Ex- und Importstaaten von
Abfällen für deren umweltverträgliche
Entsorgung gemeinsam verantwortlich,
indem es für jeden Abfallexport die
vorherige Zustimmung („prior infor-
med consent") des Importstaates verlangt. Auf Grund einer förmlichen Vertragsänderung untersagt es seit 1998
jedweden Export gefährlicher Abfälle
in Nicht-OECD-Staaten. Die dem Basler Übereinkommen nachgebildete Ba-
mako-Konvention von 1991 (ILM 30
(1991), 773) verbietet Exporte gefährlicher Abfällen aus Nicht-OAU-Staaten
nach Afrika. Der grenzüberschreitende
Handel mit gefährlichen Stoffen ist
erstmals durch die Rotterdamer Konvention über den internationalen Handel
mit gefährlichen Chemikalien und Pe-
stiziden von 1998 (UNEP/FAO/PIC/
INC.5/3, Appendix I) völkerrechtlich
verbindlich geregelt worden; für seine
Kontrolle soll wiederum das „prior-
informed-consent"-Verfahren sorgen.

IV. Mittel zur Rechtsdurchsetzung

Die traditionellen Mittel und Methoden
der Durchsetzung völkerrechtlicher
Umweltschutznormen bestehen darin,
einen Staat wegen seines völkerrechts-
widrigen Umwelthandelns nach den
Regeln der Staatenverantwortlichkeit
und -haftung vor einem internationalen
Gericht zu verklagen oder Repressalien
gegen ihn zu ergreifen. In der Praxis
haben sich die Staaten bislang jedoch
meist gescheut, einen dieser Wege zu
beschreiten. So sind bis heute nur wenige internationale Schiedssprüche
(Trail Smelter (1941); Lac Lanoux
(1957); Gut-Dam (1968)) und eine
Entscheidung des Internationalen Gerichtshofs (→ IGH) (Gabcikovo-
Nagymaros (1997)) speziell zur Beilegung umweltvölkerrechtlicher Streitigkeiten ergangen. Einige moderne Um-
weltschutzabkommen, insbesondere das
(1990 und 192) modifizierte Montrealer
Protokoll von 1987, sehen - zusätzlich

zu den traditionellen Streitbeilegungsmitteln - Verfahren der Erfüllungskontrolle und Erfüllungshilfe vor, mit denen versucht wird, Mängel bei der Erfüllung von Vertragspflichten möglichst auf partnerschaftliche, nicht-konfrontative Art und Weise zu beheben. So kann ein Staat, der zur Pflichterfüllung nicht befähigt ist, gegebenenfalls mit der Unterstützung seitens seiner Vertragspartner rechnen; als Mittel hierfür kommen neben dem „capacity-building" Finanz- und Technologietransfers in Betracht. Erste Erfahrungen mit den Erfüllungskontrollverfahren sind positiv, auch wenn diese zum Teil noch nicht voll ausgebildet sind.

Ulrich Beyerlin

Lit.: *Beyerlin, U./Marauhn, T.:* Rechtsetzung und Rechtsdurchsetzung im Umweltvölkerrecht nach der Rio-Konferenz 1992, Berlin 1997; *Birnie, P.W./Boyle, A.E.:* International Law and the Environment, Oxford 1992; *Brown Weiss, E.:* In Fairness to Future Generations: International Law, Common Patrimony and Intergenerational Equity, Tokio 1989; *Brown Weiss, E./Jacobson, H. (Hrsg.):* Compliance with International Environmental Agreements, Irvington-on-Hudson 1996. *Epiney, A./Scheyli, M.:* Strukturprinzipien des Umweltvölkerrechts, Baden-Baden 1998; *Heintschel v. Heinegg, W.:* Internationales öffentliches Umweltrecht, in: Ipsen, K. (Hrsg.): Völkerrecht, 3. Aufl., München 1990, S. 805-870; *Hohmann, H.:* Präventive Rechtspflichten und -prinzipien des modernen Umweltrechts: zum Stand des Umweltvölkerrechts zwischen Umweltnutzung und Umweltschutz, Berlin 1992; *Kiss, A./Shelton, D.:* International Environmental Law, London 1991/1994; *Lang, W.:* Internationaler Umweltschutz. Völkerrecht und Außenpolitik zwischen Ökonomie und Umweltschutz, Wien 1989; *Lang, W. (Hrsg.):* Sustainable Development and International Law, London 1995; *Sands, P.:* Principles of International Environmental Law, Bd. I., Manchester 1995; *Wolfrum, W. (Hrsg.):* Enforcing Environmental Standards: Economic Mechanisms as Viable Means?, Berlin 1996; *Workshop on Institution-Building in International Environmental Law,* in: ZaöRV, 56 (1996), 601-829; *World Commission on Environment and Development:* Our Common Future, Oxford 1989.

Unabhängige Kommissionen, Berichte

Seit Ende der 70er Jahre sind *„Unabhängige Kommissionen"* als Akteure international in Erscheinung getreten, die teilweise große öffentliche Aufmerksamkeit erzielen konnten. Vor allem die Kommissionen, die von Willy Brandt und Gro Harlem Brundtland angeführt wurden, haben auf den Themenfeldern Entwicklungs- und Umweltpolitik die internationale Debatte beeinflußt. Darüber hinaus liegen Berichte zur Sicherheitspolitik, zu einer neuen Weltordnungspolitik und zur → Reform der UN vor.

Der Anstoß zur Einberufung einer Unabhängigen Kommission kam bislang von unterschiedlchen Seiten. Auch in der Arbeitsweise und Struktur der Berichte unterscheiden sie sich. Gemeinsam ist den Initiativen jedoch, daß eine Gruppe von erfahrenen, unabhängigen Persönlichkeiten einen Vorschlag zur *Lösung globaler Probleme* erarbeiten und somit ein Defizit bestehender nationaler und internationaler Prozesse auffangen sollte - den Mangel an langfristigen Konzepten.

Die vorliegenden Berichte sind stark von dem Leitbild der *Interdependenz* geprägt. Ausgehend von der Analyse globaler, grenzüberschreitender Probleme formulieren sie gemeinsame Interessen und daraus abgeleitete Lösungsstrategien (→ Globalisierung). Die Empfehlungen der Kommissionen, denen - mit Ausnahme der Süd-Kommission - prominente Vertreter aller Ländergruppen angehörten, sollten neue Impulse in drängenden Handlungsfeldern geben. Die Kommissionsmitglieder nehmen immer als Privatpersonen teil und sind unabhängig von Regierungsanweisungen ihrer Länder. Finanziert wurde die Arbeit der Kommissionen von ungebundenen Finanzmitteln einzelner Regierungen und Stiftungen.

Ein direkter Vorläufer der ersten Unabhängigen Kommission ist die *Pearson-Kommission,* die 1969 den Bericht *„Partners in Development"* vorlegte. Ziel der Arbeit dieser Kommission, die von dem damaligen Weltbankpräsidenten initiiert wurde, war die Bestandsaufnahme von 20 Jahren Entwicklungspolitik und die Erarbeitung zukünftiger Strategien. Die Brandt-Kommission führte die entwicklungspolitische Tradition des Pearson-Berichts und vorangegangener Berichte über die Entwicklung der Dritten Welt fort.

Die Brandt-Kommission

Der Vorschlag zur Einberufung der *Unabhängigen Kommission für Internationale Entwicklungsfragen* (bekannt als *Brandt-* oder *Nord-Süd-Kommission*) kam 1977 vom damaligen Weltbankpräsidenten Robert S. McNamara. Die Kommission bestand aus insgesamt 18 Mitgliedern unter dem Vorsitz von Willy Brandt. Bei der Zusammensetzung wurde darauf geachtet, daß eine Mehrheit der Mitglieder (insgesamt 10) aus Entwicklungsländern stammte.

Als ihr Mandat sah die Kommission an, bestehende Entwicklungsprobleme zu analysieren und nach Lösungen zu suchen, die die Armut überwinden helfen. Ihr Adressat waren die politischen Entscheidungsträger und die Öffentlichkeit. Die Brandt-Kommission betonte ihre Unabhängigkeit und, daß sie sich nicht in die Handlungen von Staaten und Organisationen einmischen wolle. Als erste unabhängige Kommission wollte sie Ängste bezüglich der Rolle eines solchen Organs entkräften. Am Ende einer Arbeitsphase mit insgesamt acht Sitzungen zwischen 1977 und 1980 legte die Nord-Süd-Kommission ihren Bericht *„Das Überleben sichern"* vor.

Die Analysen und Empfehlungen der Kommission wurden wesentlich vom Leitbild der gemeinsamen Interessen von Nord und Süd bestimmt. Erstmalig wurde auf prominenter internationaler Ebene die Notwendigkeit zur Lösung der Entwicklungsprobleme des Südens mit der *globalen Interdependenz* begründet. Für die Brandt-Kommission bildeten vor allem der mangelnde Kapitaltransfer in den Süden und das bestehende internationale Wirtschafts- und Währungssystem Entwicklungs-

hemmnisse. Der Bericht fordert daher die Schaffung eines internationalen Abgaben- und Steuersystems, das neue Mittel für Entwicklungsaufgaben zur Verfügung stellen sollte. Für die Verwaltung der Mittel sollte ein Weltentwicklungsfonds gegründet werden. Konkrete Handlungen sollten von einem hochrangigen Nord-Süd-Gipfel ausgehen.

Der Nord-Süd-Bericht erzielte eine große öffentliche Resonanz und wurde breit diskutiert. Die Empfehlungen wurden jedoch auf politischer Ebene nicht aufgenommen. Zwar kam es 1981 zu dem geforderten Nord-Süd-Gipfel in Mexiko, jedoch gab es kein konkretes Ergebnis. Die Mitglieder der Kommission waren von der mangelnden Umsetzung ihrer Empfehlungen und der gleichzeitigen Zuspitzung der Lage der Entwicklungsländer so alarmiert, daß sie 1983 einen zweiten Bericht vorlegten, der ein Sofortprogramm darstellen sollte. Dieser Bericht enthielt konkretere Vorschläge zur Ausweitung der Entwicklungsfinanzierung, Verbesserung der Zusammenarbeit zwischen Entwicklungsländern und zur Etablierung eines konstruktiven Nord-Süd-Dialogs. Auch diese Vorschläge wurden nicht umgesetzt. Wirksam war die Arbeit der Nord-Süd-Kommission aber vor allem, indem sie neue Leitbilder des Nord-Süd-Dialogs in die öffentliche Diskussion brachte.

Die Palme-Kommission

Die *Unabhängige Kommission für Abrüstung und Sicherheit* (bekannt als *Palme-Kommission*) wurde 1980 gegründet, um sicherheitspolitische Fragen, die im Bericht der Nord-Süd-Kommission nur angerissen werden konnten, genauer zu bearbeiten. Dem früheren schwedischen Ministerpräsidenten Olof Palme wurde der Vorsitz übertragen. Das besondere an der Zusammensetzung der Palme-Kommission war die Mitgliedschaft zweier Angehöriger von Warschauer Pakt-Staaten. Weitere sechs der insgesamt 17 Mitglieder stammten aus Entwicklungsländern.

In Ergänzung des Brandt-Berichtes wollte die Kommission ein Konzept für militärische Sicherheit erarbeiten. Ziel war es, Richtlinien für globale → Abrüstung und Rüstungskontrolle zu entwickeln. Im Mittelpunkt standen dabei wegen ihres globalen Gefahrenpotentials die Atomwaffen. Um den Konsens ihrer Mitglieder nicht zu gefährden, verzichtete die Kommission auf die Analyse der Ursachen der militärischen Konfrontation.

Zwischen 1980 und 1982 führte die Palme-Kommission insgesamt 12 Tagungen durch und überreichte ihren Bericht 1982 dem UN-Generalsekretär (→ Generalsekretär). Darin versuchte sie, ein neues Leitbild der *„gemeinsamen Sicherheit"* zu entwickeln, das - anders als die gegenseitige Abschreckung - nicht auf Konfrontation beruht. Dabei war zu Beginn der 80er Jahre mit der Diskussion über die Mittelstreckenraketen in Europa die Auseinandersetzung zwischen Ost und West in eine weitere konfrontative Phase eingetreten. Dem gegenüber gelang innerhalb der Palme-Kommission erstmals eine Konsensbildung von Angehörigen verschiedener Militärbündnisse, die zu einem kooperativen Umgang mit der kollektiven Bedrohung aufriefen, weil Konfrontation die Sicherheit aller Menschen gefährde (→ kollektive Sicherheit).

Auch wenn der Ost-West-Konflikt im Mittelpunkt der Analyse stand, befaßte sich der Bericht trotzdem ausführlich mit den Sicherheitsproblemen von Entwicklungsländern. Ein Thema, das der Bericht der Nord-Süd-Kommission nur angerissen hatte, der Zusammenhang zwischen Rüstungsausgaben und Entwicklung, wurde von der Palme-Kommission vertieft. Im Mittelpunkt der konkreten Empfehlungen stand die Schaffung einer 300 km langen Zone in Mitteleuropa, die frei von nuklearen Gefechtswaffen sein sollte. Auch Chemiewaffen sollten aus Europa verbannt werden. Darüber hinaus betont der Bericht die Notwendigkeit regionaler Sicherheitssysteme und eine Stärkung der UN. In den 80er Jahren wurden die

Vorschläge der Palme-Kommission kaum aufgegriffen. Erst nach Ende des Ost-West-Konfliktes fand in den 90er Jahren eine Rückbesinnung auf den veränderten Sicherheitsbegriff statt, der durch die Kommission geprägt worden war. Allerdings beruhte das Leitbild der „gemeinsamen Sicherheit" auf dem Ost-West-Gegensatz und kann für neuere, multilaterale Ansätze nicht nahtlos übernommen werden.

Die Brundtland-Kommission

Die UN-Generalversammlung (→ Generalversammlung) rief 1983 zur Bildung einer *Weltkommission zu Umwelt und Entwicklung* (bekannt als *Brundtland-Kommission*) auf, die eine „Globale Agenda für den Wandel" erarbeiten sollte. Der UN-Generalsekretär bat daraufhin die frühere norwegische Ministerpräsidentin Gro Harlem Brundtland, den Vorsitz zu übernehmen und eine Kommission zusammenzustellen. Die Kommission bestand aus 23 Mitgliedern, davon 13 aus Entwicklungsländern, und wie schon bei der Palme-Kommission konnten zwei Vertreter Osteuropas zur Mitarbeit gewonnen werden.

Die zunehmende Umweltzerstörung und ihre Folgen für die Zukunft der Menschheit waren Ausgangspunkt der Kommissionsarbeit (→ Umweltschutz). Um eine sichere, sozial gerechte und wirtschaftlich gesunde Perspektive zu erarbeiten, sollten Umweltprobleme benannt, Wechselwirkungen zwischen Umwelt und Entwicklung analysiert und Lösungswege erarbeitet werden. Dabei sollten insbesondere neue internationale Kooperationsformen für Fragen von Umwelt und Entwicklung entwickelt und nichtstaatliche Akteure einbezogen werden.

Die Arbeit der Brundtland-Kommission war daher geprägt von einem intensiven Austausch mit nichtstaatlichen Organisationen (→ NGOs). Auf jedem Kontinent hielt sie öffentliche Anhörungen ab, die eine breite Beteiligung nichtstaatlicher Akteure ermöglichte. Im April 1987 wurde der Bericht „Unsere gemeinsame Zukunft" der Öffentlichkeit vorgestellt.

Der Bericht kreist um den Begriff der *„nachhaltigen Entwicklung"* (*„sustainable development"*). Seit der Arbeit der Kommission wurde das Konzept der Nachhaltigkeit breit diskutiert und findet heute allgemein Anwendung. Die Kommission definiert „sustainable development" als eine Entwicklung, „die die Bedürfnisse der Gegenwart befriedigt, ohne zu riskieren, daß künftige Generationen ihre eigenen Bedürfnisse nicht befriedigen können"(*Hauff* 1987, 46). Umweltprobleme werden nicht vorrangig aus der Sicht des Nordens behandelt, sondern beziehen die armutsverursachte Umweltzerstörung im Süden mit ein. Wachstum hält auch der Brundtland-Bericht weiterhin für notwendig, um Armut zu überwinden. Konzeptionell werden dabei Entwicklung und Wachstum nicht klar getrennt.

Zur Umsetzung einer dauerhaften Entwicklung sieht es die Kommission als notwendig an, umwelt- und entwicklungspolitische Ansätze zu integrieren. Diese Strategie müßte dann darauf abzielen, das Bevölkerungswachstum zu verringern, landwirtschaftliche Subsistenzkräfte zu erhöhen und erneuerbare Energie zu stärken.

Der Brundtland-Bericht erzielte bislang die größte öffentliche Resonanz. Umwelt und Entwicklung wurden durch ihn erstmals auf internationaler Ebene als interdependente Probleme wahrgenommen. Auf diesem Hintergrund empfahl die Kommission, eine zweite Umweltkonferenz (nach 1972 in Stockholm) einzuberufen, die sich ebenso den Entwicklungsfragen widmet. Dies führte schließlich 1992 zum UNCED-Gipfel in Rio.

Die Süd-Kommission

Die Initiative zur Bildung der *Süd-Kommission* ging vom malayischen Ministerpräsidenten Dr. Mahathir Bin Mohamad aus, der die geplante Einberufung der Kommission auf einer Blockfreien-Konferenz 1986 (→ Blockfreienbewegung und die UN) bekanntgab. Um die Leitung der Kommission,

die aus insgesamt 28 Mitgliedern ausschließlich aus Entwicklungsländern bestand, wurde der ehemalige tansanische Präsident Julius Nyerere gebeten.

Ausgehend von der Erkenntnis, „Der Süden kennt den Süden nicht" (*Stiftung Entwicklung und Frieden* 1991,. 11), sollten bei der Analyse der Nord-Süd-Beziehungen, der Entwicklung und der Umweltsituation die Erfahrungen der Entwicklungsländer und ihr Beitrag zur Problemlösung im Mittelpunkt stehen.

Die Süd-Kommission nahm ihre Arbeit 1987 auf und legte nach acht Sitzungen 1990 ihren Bericht „Die Herausforderung des Südens" vor Zentraler Inhalt des Berichts ist, daß „die Verantwortung für die Entwicklung des Südens im Süden selbst liegt". Die meisten Forderungen und Empfehlungen richten sich daher an den Süden. Die Mitglieder der Kommission bekannten sich zu den → Menschenrechten, einer partizipativen Entwicklung und der Norm der sozialen Gerechtigkeit. Die Armutsbekämpfung sollte im Mittelpunkt der politischen Aktivitäten des Südens stehen; diese Entwicklung dürfe sich jedoch nicht am Vorbild der Industrieländer orientieren.

Die wesentlichen Forderungen umfassen eine Demokratisierung in den Entwicklungsländern und dahingehende politische Reformen, die Gründung eines Süd-Sekretariats mit regelmäßigen, institutionalisierten Treffen der Regierungschefs (Süd) und darauf aufbauend eine insgesamt stärkere Süd-Süd-Kooperation. Die Süd-Kommission empfahl daher sowohl ein abgestimmtes Süd-Verhalten bei den internationalen Finanzinstitutionen als auch ein Forum der Schuldnerländer und Produzentenvereinigungen. In der Analyse beschrieb sie aber ebenfalls Entwicklungshemmnisse, die in der Politik des Nordens zu finden sind und forderte vor allem einen Stopp des Netto-Kapitaltransfers von Süd nach Nord, einen Abbau des Protektionismus und eine Demokratisierung der UN (→ Demokratisierung und die UN) und des internationalen Währungssystems.

Der Süd-Bericht war Ausdruck eines gewachsenen kollektiven Selbstbewußtseins des Südens. Gerade der Fokus auf die politischen Defizite in Entwicklungsländern und deren Lösungspotentiale machte den Bericht besonders glaubwürdig. Er enthält eine schonungslose Analyse eigener Fehler und notwendiger Anstrengungen. Seine Hauptintention, die Zusammenarbeit der Entwicklungsländer zu stärken, um gemeinsame Interessen besser durchsetzen zu können, führte zu einer überwiegenden Ablehnung des Berichts durch die Regierungen der Industrieländer.

5. Die Kommission für Weltordnungspolitik

Die *Unabhängige Kommission für Weltordnungspolitik* (*Global Governance Commission*) wurde 1992 gegründet. Vorausgegangen war ihr 1990 eine Initiative Willy Brandts, um nach den weltpolitischen Veränderungen seit 1989 neue Möglichkeiten der internationalen Zusammenarbeit zu erschließen. Bevor die Kommission 1992 ihre Arbeit begann, war aus dem Kreis bereits 1991 die „Stockholm-Initiative zu globaler Sicherheit und Weltordnung" hervorgegangen.

Die Kommission umfaßte 28 Mitglieder (19 Mitglieder aus Entwicklungsländern, vier Vertreter Osteuropas). Vorsitzende waren gemeinsam der ehemalige schwedische Premierminister Ingvar Carlsson und der frühere Generalsekretär des Commonwealth Shridath Ramphal aus Guyana.

Gegründet in einer Zeit rascher politischer Veränderungsprozesse sah die Kommission besonders günstige Bedingungen, neue Formen der internationalen Zusammenarbeit zu entwickeln. Bipolarität als bisherigen Ordnungsfaktor des internationalen Systems fiel weg und schuf damit Freiräume für eine neue Struktur. Gleichzeitig konstatiert die Kommission einen Zuwachs an Problemen, die nationalstaatliche Grenzen überschreiten. Zum Mandat gehörte es, nach möglichen Akteuren und Strukturen einer zukünftigen Weltordnung zu fragen. Die be-

stehenden internationalen Institutionen sollten daraufhin untersucht werden, ob sie den veränderten Bedingungen und Anforderungen gewachsen sind.

Auf insgesamt elf Sitzungen wurde der Bericht „Nachbarn in Einer Welt" erarbeitet. Nichtstaatliche Organisationen (NGOs) wurden verstärkt einbezogen, weil sie entsprechend der angestrebten neuen Weltordnungspolitik eine größere Rolle einnehmen sollten.

Den Kern des Berichts bildet das Leitbild der *Globalen Nachbarschaft*, der weltweite Sicherheit als kollektive Sicherheit beschreibt. Der Bericht versucht, das neue Schlagwort „*Global Governance*" mit Substanz zu füllen und definiert es als Zusammenwirken von staatlichen und nichtstaatlichen Akteuren auf allen Politikebenen. Damit betonte die Kommission die Notwendigkeit einer *internationalen Zivilgesellschaft*, die gerade auch nichtstaatliche Organisationen, Unternehmen und wissenschaftliche Einrichtungen beteiligt. Inhaltlich hat sie die Themen der vorangegangenen Kommissionen neu behandelt, allerdings das Schwergewicht auf die erforderlichen internationalen Organisationen gelegt. Die zentralen Empfehlungen zielen daher auf eine Reform der Vereinten Nationen und die Herausbildung internationaler Rechtsnormen.

Die Vorschläge zur UN-Reform umfassen vor allem eine Demokratisierung des Sicherheitsrates, die Stärkung der → Generalversammlung, sowie die Auflösung des → Wirtschafts- und Sozialrates (ECOSOC) sowie der UN-Konferenz über Handel und Entwicklung (→ UNCTAD). Ein Rat für Wirtschaftliche Sicherheit als Beratungsgremium innerhalb des → UN-Systems solle neu eingerichtet werden und der Internationale Währungsfonds (→ IWF) als Aufsichtsgremium des internationalen Währungssystems gestärkt werden.

Die Herausbildung gemeinsamer internationaler Rechtsnormen sollte vorrangig durch die Stärkung und allgemeine Anerkennung des Internationalen Gerichtshofes (→ IGH) erfolgen (→ Völkerrechtsentwicklung im Rahmen der UN). Als ersten Schritt für die Umbildung des internationalen Systems empfahl die Kommission für 1998 die Einberufung einer Weltkonferenz zur Ordnungspolitik. Dieser Vorschlag fand bislang wenig Resonanz. Gerade Entwicklungsländer, aber auch die Industriestaaten wehren sich gegen eine Verringerung ihrer nationalen Souveränitätsrechte durch die Stärkung des internationalen Systems. (→ Souveränität)

Die Weizsäcker-Qureshi-Kommission

Die *Unabhängige Arbeitsgruppe über die Zukunft der Vereinten Nationen (Weizsäcker-Qureshi-Kommission)* wurde 1993 auf Initiative des damaligen UN-Generalsekretärs Boutros Boutros-Ghali von der Ford Foundation einberufen. Die Arbeitsgruppe umfaßte 12 Mitglieder (fünf aus Entwicklungsländern, zwei aus Osteuropa), Vorsitzende waren der ehemalige pakistanische Premierminister Moeen Qureshi und Richard von Weizsäcker.

In der Arbeit aller Unabhängigen Kommissionen hatte das internationale System eine gewichtige Rolle gespielt. Die Kommission für Weltordnungspolitik stellte die UN in den Mittelpunkt ihrer Empfehlungen. Gleichzeitig gab es bei den UN-Mitgliedstaaten eine lange Diskussion über notwendige Reformen der UN. Die Arbeitsgruppe hatte nun das Mandat, konkrete Empfehlungen und Handlungsschritte für die Zukunft der UN zu erarbeiten.

Effizienzsteigerung und Stärkung der UN stehen im Mittelpunkt der Empfehlungen der Arbeitsgruppe. Sie hob hervor, daß die Nationalstaaten durch wirtschaftliche Globalisierungsprozesse und grenzüberschreitende Probleme immer stärker unter Druck geraten. Sicherheit und Wohlstand könnten aber nur gemeinsam, d.h. mit den Vereinten Nationen erreicht werden. Neben der kritischen Analyse des UN-Systems verweist der Bericht auch eindeutig auf die Verantwortung der UN-Mitgliedstaaten, denn sie gestehen den UN nur eine begrenzte Kompetenz und Handlungsspielräume zu. Ziel der vorgeschlagenen Maßnahmen ist ein demokratisiertes UN-System (vor allem des Sicherheitsrates), das ein integriertes Konzept „*menschlicher Sicherheit*" verfolgt. Die UN sollten das entscheidende Gremium zur Lösung inner- und zwischenstaatlicher Konflikte sowie zur Abstimmung sozialer und wirtschaftlicher Prozesse sein. Die dominierende Position des Sicherheitsrates in den bisherigen UN sollte durch zwei neu zu schaffende Hauptorgane (*Sozialrat* und *Wirtschaftsrat*) geschwächt werden. Dieses *Drei-Räte-Modell* müßte demokratischer und zugleich mit mehr Befugnissen ausgestattet sein. Dafür bräuchten die UN die Unterstützung der Mitgliedstaaten und vor allem auch mehr Geld. Wie neue Finanzquellen erschlossen werden können, läßt der Bericht der Arbeitsgruppe offen.

Einschätzung

Brandt- und Brundtland-Bericht haben in den 80er Jahren der Weltgemeinschaft deutlich gemacht, daß es „*gemeinsame Überlebensinteressen*" gibt, die nicht individuell von Staaten gesichert werden können. Gemeinsam mit der Arbeit der anderen Unabhängigen Kommissionen wurden *neue internationale Wertmaßstäbe* entwickelt und die Norm der „Einen Welt" geprägt.

Das UN-System selbst war bislang nicht in der Lage, ähnliche Impulse für die internationale Diskussion zu geben. Institutionelle Eigeninteressen und finanzielle Abhängigkeiten von einzelnen Gebern stehen dem entgegen. Umgekehrt ist der Einfluß der Unabhängigen Kommissionen auf das UN-System eher gering. In den 90er Jahren hat zwar eine Reihe von → Weltkonferenzen die inhaltlichen Themen der Unabhängigen Kommissionen aufgegriffen und fortgeführt. Die Umsetzung der Aktionsprogramme und Empfehlungen der unterschiedlichen Berichte würde zur Lösung bestehender Probleme einen wesentlichen Beitrag leisten. Das Charakteristikum der Kommissionen, „von außen" Impulse geben zu können, bedeutet aber auch, daß sie zur Umsetzung ihrer Empfehlungen wenig beitragen können, sondern auf den politischen Willen der Handlungsträger angewiesen sind.

Heike Henn

Lit.: *Dokumente: Der Pearson-Bericht.* Bestandsaufnahme und Vorschläge zur Entwicklungspolitik. Bericht der Kommission für Internationale Entwicklung. Wien u.a. 1969; *Brandt, W. (Hrsg.):* Das Überleben sichern. Gemeinsame Interessen der Industrie- und Entwicklungsländer, Frankfurt/M./Berlin 1980; *Brandt, W. (Hrsg.):* Hilfe in der Weltkrise. Ein Sofortprogramm, Reinbek 1983; *Der Palme-Bericht.* Bericht der Unabhängigen Kommission für Abrüstung und Sicherheit, Berlin 1982; *Deutsche Gesellschaft für die Vereinten Nationen (Hrsg.):* Die Vereinten Nationen in ihren nächsten 50 Jahren. Ein Bericht der Unabhängigen Arbeitsgruppe über die Zukunft der Vereinten Nationen, Bonn 1995; *Hauff, V. (Hrsg.):* Unsere Gemeinsame Zukunft. Der Brundtland-Bericht der Weltkommission für Umwelt und Entwicklung, Greven 1987; *Stiftung Entwicklung und Frieden (Hrsg.):* Die Herausforderung des Südens. Der Bericht der Südkommission. Über die Eigenverantwortung der Dritten Welt für dauerhafte Entwicklung, Bonn 1991; *Stiftung Entwicklung und Frieden (Hrsg.):* Nachbarn in Einer Welt. Der Bericht der Kommission für Weltordnungspolitik, Bonn 1995.
Internet: Texte der Weizsäcker-Qureshi-Kommission: http://www.library.yale.edu/un/un1e.htm; Homepage der Kommission für Weltordnungspolitik: http://www.cgg.ch/home.htm

UNCHS – Zentrum der Vereinten Nationen für Wohn- und Siedlungswesen (Habitat)

Das *Zentrum der Vereinten Nationen für Wohn- und Siedlungswesen (United Nations Centre for Human Settlements (UNCHS),* meist *„Habitat"* genannt, ist eine ständige Spezialorganisation der UN (→ UN-System). Es wurde 1977 von der → Generalversammlung (GA Res. 32/162 vom 19.12.1977) gegründet, um als Zentralstelle der Vereinten Nationen für die Aktivitäten im Bereich des Wohn- und Siedlungswesens zu fungieren sowie als Sekretariat der *UN-Kommission für Wohn- und Siedlungs-*

wesen (United Nations Commission on Human Settlements – UNCHS). Außerdem verwaltet es die *Stiftung der Vereinten Nationen für Wohn- und Siedlungswesen (United Nations Habitat and Human Settlements Foundation – UNHHSF).* Der Sitz des Zentrums ist Nairobi (→ UN-Platz Nairobi).

Anfang der 70er Jahre begann eine internationale Diskussion um Wohnraum, dessen Ausgestaltung und die damit verbundenen Probleme. Auf der einen Seite standen die Entwicklungsländer, die mit einem starken Bevölkerungswachstum, zusehends fehlendem Wohnraum und der zunehmenden Verslummung der Hauptstädte unter Druck gerieten, auf der anderen Seite die Industriestaaten, die Probleme mit der nicht vorhergesehenen und schnell fortschreitenden Urbanisierung hatten. „Sind unsere Städte noch zu retten" fragte beispielsweise das Magazin der „Spiegel" am 7. Juni 1971 auf seiner Titelseite. Vor diesem Hintergrund wurden die Fragen der Siedlung- und Wohnpolitik erstmals auf der Umweltkonferenz von Stockholm 1972 im Rahmen der Vereinten Nationen diskutiert. Das UN-Umweltschutzprogramm → UNEP wurde damals beauftragt eine Konferenz aller Mitgliedstaaten einzuberufen, um Richtlinien und Grundlagen der Siedlungs- und Wohnpolitik zu erarbeiten.

Diese später als *Habitat I* bekannt gewordene *Konferenz* fand vom 31.5. bis zum 11.6.1976 in Vancouver, Kanada statt. Zum Abschluß der Beratungen wurde die *„Vancouver-Deklaration"* (veröff. in: UN Doc. A/CONF. 70/15, 11 June 1976) verabschiedet. Diese Prinzipienerklärung enthält 64 Empfehlungen, die zur Sicherung der menschlichen Grundbedürfnisse als notwendig erachtet werden (z.B. Unterkunft, reines Wasser, sanitäre Einrichtungen). Die Konferenz Habitat II fand 1996 in Istanbul, Türkei statt. Beide Konferenzen waren von großer Bedeutung für die Entwicklung der Ziele und Aufgaben des UNCHS.

Die *Kommission für Wohn- und Siedlunsgwesen* soll Ziele, Prioritäten und Richtlinien für eine Wohn- und Siedlungspolitik im Rahmen der Vereinten Nationen erarbeiten. Sie besteht aus 58 Mitgliedern, die nach einem geographischen Länderschlüssel (16 afrikanische, 13 asiatische, sechs osteuropäische, und 13 westeuropäische und Mitglieder anderer Staatengruppen), von der Generalversammlung auf drei Jahre gewählt werden. In einer jährlichen Konferenz der Mitglieder werden die Richtlinien für das *Habitat* festgelegt. Das Habitat steht im Mittelpunkt der Aktivitäten im Bereich des Siedlungs- und Wohnwesens. Es gliedert sich in sechs verschiedene Bereiche, u.a. Maßnahmen zur Schaffung von Unterkünften, Planung von Siedlungen, Infrastruktur und Dienstleistungen. Die für die Finanzierung der Programme zuständige *Stiftung* der UNCHS wird vom Zentrum ebenso überwacht, wie das ihr angegliederte audiovisuelle Informationszentrum. Die Stiftung ist für die Finanzierung der Programme zuständig. Die Unterstützung wird entweder in Form von Kapital oder durch technische und finanzielle Hilfe an die Staaten vermittelt. Bei ihrer Gründung wurde die Stiftung von der UNEP mit einem Startvermögen von 4 Mio. US-$ ausgestattet. Neben den regelmäßigen Zahlungen durch die →UNDP für einzelne Projekte bezieht sie Mittel von den UN-Mitgliedstaaten und bekommt Spenden. Manche Programme des UNCHS werden zusammen mit anderen Organen der Vereinten Nationen ausgeführt und überwacht, wie beispielsweise das „Sustainable Cities Programme" in Zusammenarbeit mit der UNEP.

Die zweite *Konferenz* im Rahmen der UNCHS fand vom 3. bis zum 15.6.1996 in Istanbul statt. *Habitat II* bildet den Abschluß der großen Konferenzen der 90er Jahre und beschäftigte sich, den gewandelten Umständen in der Welt entsprechend, mit dem Thema der zunehmenden Verstädterung der Bevölkerung und der dadurch entstehenden Probleme. Das rasante Wachstum der Städte betrifft in den kommenden Jahren vor allem Entwicklungs- und Schwellenländer. Um nur drei Beispiele zu nennen: Sao Paulo (Brasilien) wird ein Wachstum von 18,1 (1990) auf 22,6 Millionen Einwohnern prophezeit, Bombay (Indien) soll von 12,2 (1990) auf 18,1 Millionen Einwohnern wachsen, aber am stärksten wird diese Entwicklung Lagos (Nigeria) betreffen, dessen Einwohnerzahl von 7,7 (1990) auf 13,5 Millionen steigen soll. Durch dieses rasante Anwachsen der Städte werden in den finanzschwachen Ländern die Probleme der Wohnungsknappheit und der Umweltzerstörung immer gravierender. Neben diesen Themen wurden auf dem sog. Städtegipfel auch Menschenrechte und Fragen der Familienplanung kontrovers diskutiert.

Insgesamt kamen 20 000 Teilnehmer zu der Konferenz, etwa 130 Vertreter der Staaten und rund 5 000 Vertreter von nichstaatlichen Organisationen (→ NGOs). Am Ende der Beratungen, in denen die NGOs eine wichtige Rolle spielten, stand die „Istanbul-Deklaration" über menschliche Siedlungen und der Habitat-Agenda für die zukünftige Arbeit des Sekretariats. Die Stellung des Rechts auf Wohnung als Menschenrecht wurde hier noch einmal bestätigt, allerdings als ein unverbindliches Ziel, wodurch sich kein individueller Rechtsanspruch gegenüber einem Staat ableiten läßt. Diese „weiche" Formulierung wurde vor allem auf Betreiben der USA gewählt, die sich vor Klagen von Obdachlosen im eigenen Land zu fürchten schienen. Außerdem wurden in der Deklaration die Begriffe „nachhaltige Entwicklung" (sustainable development) und „wirtschaftliches Wachstum" auf Betreiben der südostasiatischen Staaten miteinander gleichgestellt, womit die erstrebte Einbettung des wirtschaftlichen Wachstums in einen ökologischen Kontext durch den Begriff der nachhaltigen Entwicklung erschwert wird. Die Abkehr von den rein staatlichen Mechanismen zur Umsetzung der nur vage gehaltenen Ziele und die damit verbundene stärkere Einbindung der NGOs ist wohl das bedeutendste Ergebnis der Konferenz. In diesem Zusammenhang ist auch die wiederholte Berufung auf die Zivilgesellschaft, Dezentralisierung und Privatisierung zu werten.

Auch wenn die Konferenz keine greifbaren Ergebnisse oder Strategien formulierte, wie man mit der zunehmenden Urbanisierung umzugehen gedenkt, so bleibt doch die Schärfung des Bewußtseins der Öffentlichkeit als ein wichtiges Ergebnis der Konferenz – dies betonte wiederholt auch der damalige UN-Generalsekretär (→ Generalsekretär) Boutros-Ghali.

Johannes Goderbauer

Lit.: *Bauer, F.:* Aus dem Bereich der Vereinten Nationen – Wirtschaft und Entwicklung, in: VN, 44 (1996), 218–220; *Schiavone, G.:* International Organisations. A Dictionary, 2. Aufl., London/Basingstoke 1995; *Smith-Bizzarro, D.:* Habitat – Zentrum der Vereinten Nationen für Wohn- und Siedlungswesen, in: Wolfrum, R. (Hrsg.): Handbuch Vereinte Nationen, 2. Aufl., München 1991, 244–247. **Internet:** Homepages des Habitat: (a) http://habitat.unchs.org; (b) http://www.unhabitat.org

UNCITRAL – Kommission der Vereinten Nationen für internationales Handelsrecht

Im verästelten Zweigwerk des → UN-Systems kann die UNCITRAL auf zweifache Weise eingeordnet werden. Zum einen gehört sie zu der Gruppe der Institutionen, die mit dem weltweiten Handel befaßt sind, wie z.B. → UNCTAD, → UNIDO, WTO (→ WTO/GATT) oder die UN Economic Comission for Europe Trade Facilitation. Zum anderen bildet sie zusammen mit der UN-Völkerrechtskommission (→ ILC) und dem sechsten Ausschuß der → Generalversammlung die „Principal Legal Bodies of the United Nations" als drei Säulen des internationalen Rechts innerhalb der UN. (ITL 1998)

Geschichte

Bereits seit den 20er Jahren entwickelte sich mit dem „International Institute for the Unification of Private Law" (UNIDROIT) eine Organisation, die sich eine Vereinheitlichung des unterschiedlichen nationalen Handelsrechts zum Ziel gesetzt hatte. (*UNCITRAL* 1992). Auf einer Konferenz der „International Association of Legal Science" 1962 wurde jedoch erstmals die Notwendigkeit erkannt, daß *„an international agency of the highest order, possibly at the level of the United Nations, should be charged with the task of coordination* (of international trade law; der Verf.)".(*UNCITRAL* 1992) Nachdem 1964 eine internationale Konferenz in den Niederlanden zur Vereinheitlichung der nationalen Gesetze über den Warenverkauf gescheitert war, brachte das UN-Mitglied Ungarn bei der *XIX. Generalversammlung* einen Antrag ein, daß sich die UN mit möglichen Schritten zur Vereinheitlichung internationalen Handelsrechtes beschäftigen solle. Auf Vorschlag des *sechsten Ausschuß der Generalversammlung* legte in der Folge der → *Generalsekretär* einen Bericht vor „ *that would review the work in the field of harmonization or unification of the law of international trade ... and consider the future role of the United Nations and other agencies in the field."* (*UNCITRAL* 1992). Aufgrund des Berichtes des Generalsekretär auf der XXI. Generalversammlung wurde mit der *Resolution 2205 (XXI)* am 17.12.1966 die *Gründung der UNCITRAL* beschlossen, „*which shall have for its object the promotion of the progressive harmonization and unification of the law of international trade."* (Resolution 2205 (XXI), I)

Organisation

Körperlich ist die UNCITRAL als Zweig für Internationales Handelsrecht dem UN Office of Legal Affairs mit Sitz am → UN-Platz Wien zugeordnet. Dieser Zweig bildet als eigenes Büro mit derzeit 9 Spezialisten für internationales Recht und 8 Bürokräften das Sekretariat der UNCITRAL, hinzu kommen unbezahlte Praktikanten. Das Sekretariat verfügt über ein 2-Jahres-Budget in Höhe von US-Dollar 3.195.700, die Kommission verfügt über ein eigenes 2-Jahres-Budget in Höhe von US-Dollar 331.100 (*UNCITRAL* 1998/2) Die Kommission wird seit 1973 aus 36 Mitgliedern gebildet (ursprünglich 29), die die unterschiedlichen geographischen Gruppen angemessen repräsentieren sollen (9 x Afrika, 7 x Asien, 6 x Südamerika, 9 x Westeuropa und andere). Die Mitglieder werden von der Generalversammlung für die Dauer von sechs Jahren gewählt, wobei die Hälfte der Mitglieder alle drei Jahre neu gewählt wird.

Die Kommission unterhält zur Bewältigung ihrer Aufgaben derzeit drei ständige Arbeitsgruppen (Insolvency; Electronic Commerce; int. Contract Practics) und bildet weitere Arbeitsgruppen nach Bedarf mit fest umrissenen Aufgabengebieten (z.B. Privately Financed Infrastructure Projects) (*UNCITRAL* 1998/1). Die Kommission tagt mindestens einmal jährlich, die Arbeitsgruppen in der Regel 1-2 mal im Jahr, jeweils abwechselnd in Wien oder New York. Die Sitzungen der Kommission und der Arbeitsgruppen stehen auch anderen Mitgliedstaaten der UN als Beobachter offen, hinzu kommen geladene nichtstaatliche Organisationen (→ NGOs), insbesondere mit der UNIDROIT, der „The Hague Conference on Private International Law" und dem International Chamber of Commerce besteht eine reger fachlicher Austausch.(*UNCITRAL* 1992 und *UNCITRAL* 1998/2)

Aufgaben

UNCITRAL hat als wichtigste Aufgaben *die Koordination aller im Bereich des internationalen Handelsrechtes tätigen Organisationen und Institutionen.* Weiterhin unternimmt sie den elementaren Versuch, als Antwort auf die → Globalisierung des Handels Konventionen, Modellgesetze und Regeln weiterzuentwickeln oder zu harmonisieren für praktisch alle Bereiche des Handels zwischen natürlichen oder juristischen Personen, aber auch Staaten. Dabei hat sie ein Selbstbefassungsrecht, d.h. sie ist nicht auf Anweisungen der Generalversammlung angewiesen, sondern kann selbst bestimmen, welche Themenbereiche sie bearbeiten will. (*UNCITRAL* 1998/2) Vom Abschluß eines Kaufvertrages über Transport und Lieferung der Ware, Bezahlung (z.B. per Akkreditiv/ Letter of Credit) bis hin zur Schlichtung bei Streitigkeiten zwischen Produzent, Händler und Kunde erstreckt sich der Regelungsbereich im internationalen Handel. Hinzu kommen wesensverwandte Gebiete wie z.B. die Vergabe und Ausführung von Bauverträgen (Kraftwerke, Staudämme etc.), die Gewährleistung von Garantien oder in neuerer Zeit der elektronische Handel über das Internet. (*UNCITRAL* 1998/1) Für alle diese Bereiche des internationalen Wirtschaftsverkehrs gibt es einen Bedarf an Harmonisierung der nationalen Regelungen um den Handel zu erleichtern oder schlechthin zu ermöglichen. UNCITRAL bemüht sich, Vorschläge für den sechsten Ausschuß der Generalversammlung und für die Generalversammlung Resolutionen oder Konventionen zu erarbeiten oder entwickelt Modellgesetze für die Implementierung vergleichbaren Rechts in die nationalen Gesetzeswerke.

Herausragende Erfolge der UNCITRAL sind z.B. die sog. „Hamburg Rules"(1978) zur Regelung des Transportes von Waren per Schiff, die „United Nations Convention on Contracts for the International Sale of Goods" (1980), das „UNCITRAL Model Law on International Commercial Arbitration" (1985) oder das „UNCITRAL Model Law on Electronic Commerce" (1996), um nur einige zu nennen. (*ITL* 1998)

Ein weiterer Schwerpunkt der Arbeit der UNCITRAL liegt in der Schulung und Information von Juristen speziell aus den Entwicklungsländern und Transitionsländern. Hierzu werden jährlich eine Anzahl von Fachkongressen und

Lehrveranstaltungen durch die UNCITRAL organisiert und abgehalten (*UNCITRAL* 1998/1) und auch Praktika an interessierte Juristen vergeben.

Bewertung und Kritik

In seiner Adresse an die UNCITRAL anläßlich ihres 25-jährigen Jubiläums unterstrich der damalige Generalsekretär Boutros-Ghali die Wichtigkeit der Arbeit der Kommission für die internationale wirtschaftliche und politische Entwicklung: „ … the standardization of international trade law promises to be one of the most important means of facilitating international exchanges and thereby fostering economic development. … Differences in law can… create an impenetrable thicket of norms in which only the most powerful can find their way – and all this to the detriment of those who are comperatively weak." (UNCITRAL 1992, 1f.). Hat UNCITRAL seine wichtige Aufgabe in diesem Zusammenhang erfüllt?

Die oben aufgeführten Erfolge zeigen ein überwiegend positives Bild für die Arbeit der UNCITRAL im Bereich der Formulierung von allgemein gültigen Konventionen und Modellgesetzen. Auch wenn die Anzahl der Staaten, die solche Konventionen tatsächlich ratifiziert haben auf den ersten Blick gering erscheint („Hamburg-Rules" z. Zt. 25 Ratifizierungen, „Convention on Contracts for the International Sale of Goods" z.Zt. 45 Ratifikationen), ist die Wirkung groß, zumal wenn wichtige und vom Handelsvolumen her mächtige Nationen unter den ratifizierenden Nationen sind. Den Kenner der langen Wege, die allgemein gültige Regelungen im UN-Geflecht und auf dem internationalen Parkett gehen müssen, kann dies im übrigen nicht wirklich erstaunen, vgl. die Entstehungsgeschichte der GATT und WTO, um nur ein Beispiel zu nennen.

Nicht ganz so positiv fällt die Bewertung jedoch im Bereich der Koordination des internationalen Handelsrechtes aus. „ There is a multiplicity of intergovernmental and non-governmental organizations active in the field of international trade law. A report of the UNCITRAL Secretariat in 1988 listed 40 such … organizations …. Unfortunately, the General Assembly did not give the Commission institutional resources to carry out the coordination role it had been assigned." (UNCITRAL 1992, 18) Durch den augenscheinlichen Mangel (vgl. Budget-Angaben oben) an Finanzen (→ Finanzkrisen) kommt es zu unnötigen und verwirrenden parallelen Formulierungen von Regeln und Modellen durch die UNCITRAL und andere einflußreiche Organisationen, ein im Bereich der UN leider häufiger anzutreffendes Phänomen. (→ Reform der UN).

Patrick Ott

Lit.: *Internet-Page der Universität of Tromsö*, Norwegen, Law Faculty (zit. als ITL 1998); *Joyner, C.:* The United Nations and International Law, Cambridge 1997; *Schachter, O. u.a.:* United Nations Legal Order, Cambridge 1995; *UNCITRAL:* UNCITRAL – The United Nations Commission on Trade Law, New York 1986; *UNCITRAL:* Uniform Commercial Law in the twenty-first century, Congress of the UNCITRAL 18-22 Mai 1992, New York 1992; *UNCITRAL:* UNCITRAL Yearbook, Vol. XXVII, 1996, New York 1997; *UNCITRAL: Internet-Page der UNCITRAL* (zit. als UNCITRAL 1998/1); *UNCITRAL:* Information von Jeanette Tramhel, Legal Officer, UNCITRAL an den Verfasser vom 10.12.98 (zitiert als UNCITRAL 1998/2); *United Nations:* Everyone's United Nations, New York 1986.

Internet: a) Homepage von UNCITRAL: http://www.un.or.at/uncitral; b) Webseite der Universitä t Tromsö, die im Auftrag der UN als „International Trade Law Monitor" agiert: http://itl.irv.uit.no/trade_law/papers/UNCITRAL.html mit Links zu anderen Institutionen des internationalen Rechts und Handels; c) „UN-Workstation" der Universität Yale; Stichwort „International Trade": http://www.library.yale.edu/un/unhome.htm d) Für juristische Recherchen: die Datenbank CLOUT der UNCITRAL mit Fall-Sammlung in allen UN-Amtsprachen: http://www.un.or.at./uncitral /clout

UNCIVPOL – Zivilpolizei der Vereinten Nationen

„Civilian Police" (dt. Zivilpolizei) – so zur Unterscheidung von „military police" (dt. Militärpolizei, Feldjäger) – ist die UN-übliche Bezeichnung für Polizei in → Friedensoperationen. Daneben hat es sich eingebürgert, sie als „Civil Police" zu bezeichnen. Beide Begriffe sind in UN-Verlautbarungen quasi synonym verwendet worden.

Der Ausdruck „Civilian Police" wurde 1964 geprägt, als die neuaufgestellte Zypern-Friedenstruppe (UNFICYP) eine Polizeikomponente erhielt: je 30 Polizeibeamte pro Distrikt sollten die zypriotische Polizei in Fällen überwachen, die Probleme zwischen den Volksgruppen betrafen, und so der Bevölkerung ein Gefühl der Sicherheit vermitteln. Zunächst wurden 173 Polizeibeamte aus Australien, Dänemark, Neuseeland, Österreich und Schweden eingesetzt.

Anders als bei zwischenstaatlichen Einsätzen (etwa zur Waffenstillstandsüberwachung) sind Polizisten häufig ein wesentlicher Bestandteil jener Friedens-Operationen, die in innerstaatliche (ethnische usw.) Konflikte entsandt werden. Daher enthielten die meisten Einsätze nach 1989, beginnend mit Namibia (1989/90) eine CIVPOL-Komponente. UN-Polizisten ersetzen in der Regel nicht die lokale Polizei, sondern überwachen bzw. unterstützen sie; teils bis zur Ausbildung und gemeinsamen Patrouillen. Die Bevölkerung soll das Vertrauen in „ihre" Polizei wiedergewinnen, diese – wo erforderlich – nach demokratischen Grundsätzen reformiert werden.

Da UN-Polizisten nur in Ausnahmefällen exekutive Befugnisse übernehmen, sind sie in der Regel nicht bewaffnet. Sie tragen ihre jeweiligen nationalen Uniformen mit blauen Kappen bzw. Baretts und den üblichen UN-Abzeichen.

Gewisse Probleme tauchten immer wieder auf: diese betrafen die Personalauswahl, mangelnde Ausbildung und Vorkenntnisse (Englisch, Führer-schein), mangelnde (v.a. kulturelle) Vorbereitung auf den Einsatzraum, oft wenig demokratische Vorstellungen von Polizeiarbeit usw. Daher wurde der Einsatz von CIVPOL in der Öffentlichkeit oft sehr kritisiert. Allerdings gelang es dem UN-Generalsekretariat (→ Sekretariat), genauer seinem Department of Peacekeeping Operations (DPKO) seit 1995, durch ein erweitertes Mitspracherecht bei der Personalauswahl eine Verbesserung zu erreichen. Ein Grundproblem ist die mangelnde Verfügbarkeit: Kaum ein westlicher Staat meint, Polizisten leicht entbehren zu können. Die Zahl von rund 3.000 dürfte ein Maximum sein, das weltweit über einen längeren Zeitraum verfügbar ist.

Mitte 1999 waren 2.297 von insgesamt 12.270 UN-„Peacekeepern" Polizisten. Sie kamen aus 53 Ländern und waren in folgenden Missionen im Einsatz: Bosnien-Herzegovina (1919), Angola (6 – ein Jahr davor noch 405), Haiti (280), Westsahara (32), Zypern (34), Zentralafrikanische Republik (24) sowie Tadschikistan (2). Für die Ende Juni 1999 anlaufende Übergangsverwaltung in der serbischen Provinz Kosovo (UNMIK) sollen ca. 3.000 Polizisten zum Einsatz kommen.

Erwin A. Schmidl

Lit.: *Lewis, W./Marks, E.:* Police Power in Peace Operations. Civilian Police and Multinational Peacekeeping: A Workshop Series of the Center for Strategic and International Studies, Washington D.C. 1999; *Oakley, B. u.a. (Hrsg.):* Policing the New World Disorder, Washington 1998; *Schmidl, E.A.:* Police in Peace Operations, Wien 1998.

UNCTAD – Handels- und Entwicklungskonferenz der Vereinten Nationen

Die Gründung der UNCTAD als Spezialorgan der UN-Generalversammlung (→ Generalversammlung), der 1964 die Aufgabe zugewiesen wurde, sich für grundlegende Umstrukturierungen zugunsten der Entwicklungsländer einzusetzen, gilt gemeinhin als Meilenstein auf dem Weg zur Institutionalisierung des Nord-Süd-Dialogs ebenso wie als

Ergänzung des in Bretton-Woods entstandenen Systems internationaler Wirtschaftsorganisationen (→ Weltbank/-gruppe; → IWF).

Ihre Entstehung ist die Konsequenz einer Entwicklung: Seit Beginn der 60er Jahre hatten sich vor allem in drei Bereichen, die Probleme der Entwicklungsländer ebenso gezeigt wie die Grenzen der bislang bestehenden UN-Organisationen, ihnen bei deren Bewältigung zu helfen: bei günstigen Krediten und Investitionen; im Bereich des Handels und bei der Vermittlung technischen Know-hows.

Die Entwicklungsländer sahen daher einen Handlungsbedarf der UN zur Gründung von → Sonderorganisationen sowie Kommissionen für gekommen: Bereits am 5. Dezember 1959 hatte die Generalversammlung mit Zustimmung der Industrieländer mit der Gründung einer Internationalen Entwicklungsorganisation (International Development Association – IDA) einen geeigneten Rahmen geschaffen, innerhalb dessen Finanzierungsmittel zur Deckung der wichtigsten Entwicklungsbedürfnisse der Entwicklungsländer bereit gestellt wurden. Diese waren elastischer und belasteten die Zahlungsbilanz der Empfänger weniger als die Bedingungen herkömmlicher Darlehen. Dagegen ließ die Erfüllung ihrer Forderungen im Bereich des Handels lange auf sich warten, obwohl der Weltmarktanteil der Exporte aus den Entwicklungsländern zwischen 1953 und 1961 von 27% auf 21% gefallen war. Grund dafür waren zum einen die technischen Innovationen in der Landwirtschaft, die zu einer deutlichen Erhöhung des weltweiten Angebots an Agrargütern führten, und zum anderen die Substitution vieler Rohstoffe durch synthetische Materialien. Aufgrund der niedrigen Preiselastizität der Nachfrage dieser Güter wurde der Preisverfall bei den Primärgütern nicht durch eine Erhöhung der Nachfrage ausgeglichen. Da gleichzeitig die Preise für Industriegüter stiegen, verschlechterten sich somit die Terms of Trade für die Entwicklungsländer deutlich. Das Resultat war ein akkumulier-

tes Handelsdefizit der Dritten Welt, das auch mit den erhöhten Transferleistungen durch Wirtschaftshilfe nicht ausgeglichen werden konnte. Das für den Prozeß der Industrialisierung notwendige Kapital fehlte, und der Slogan „Handel statt Hilfe" wurde zur wichtigsten Forderung der Dritt-Welt Staaten; um so mehr als, aus der Perspektive der wirtschaftlich schwachen Länder gesehen, Anfang der 60er Jahre keine internationalen Institutionen existierten, die zu ihrer besseren Einbindung in die Weltwirtschaft hätten beitragen können.

Ein erster wichtiger Schritt zur Verbesserung der Welthandelsbedingungen gelang den Entwicklungsländern, die mittlerweile eine starke Stellung innerhalb der UN-Institutionen erlangt hatten, am 19.12.1961 auf der 16. Generalversammlung mit der Verabschiedung einer Resolution über den „Welthandel als Hauptinstrument der wirtschaftlichen Entwicklung" (GA Res. 1707 (XVI)), mit der die Durchführung einer Welthandelskonferenz empfohlen wurde. Inhalte und Ausgestaltung einer solchen Konferenz wurde allerdings nicht festgelegt.

Ein weiterer entscheidender Schritt auf dem Weg zu einer Welthandelskonferenz war die Konferenz von Kairo über „Fragen wirtschaftlicher Entwicklung", die 36 Entwicklungsländer 1962 zur Erörterung ihrer wirtschaftlichen Probleme zusammenführte. Die am Ende dieser Konferenz stehende „Kairoer Deklaration" brachte den Willen der Entwicklungsländer zum Ausdruck, nunmehr auf eine Durchsetzung ihrer Anliegen hinzuwirken. Der Durchbruch gelang, als der → Wirtschafts- und Sozialrat (ECOSOC) auf ihr Betreiben kurz darauf am 3.8.1962 (ECOSOC Res. 917 (XXXIV)) die Einberufung einer Konferenz für Handel und Entwicklung beschloß und die 17. Generalversammlung am 8.12.1962 diese Entscheidung ausdrücklich billigte (GA Res. 1785 (XVII)).

Der Einberufung der Konferenz gingen allerdings langwierige politische Auseinandersetzungen mit den Industrieländern voraus, die lediglich bereit

waren, diese Konferenz als ein Unterorgan des Wirtschafts- und Sozialrats einzurichten. Die Gründung als Spezialorganisation der Generalversammlung kam erst zustande, als die Entwicklungsländer ihr Vorhaben aufgaben, eine rein auf Entwicklungsfragen konzentrierte Organisation zu gründen und zustimmten, die Zuständigkeit der UNCTAD auf den Handel zwischen Ländern auf verschiedenen Entwicklungsstufen und auf denjenigen zwischen Entwicklungsländern und zwischen Ländern mit unterschiedlichen Wirtschafts- und Gesellschaftssystemen zu beschränken. Als weitere Aufgaben und Ziele sah die von der 19. UN-Generalversammlung am 30. Dezember 1964 verabschiedete „Gründungsresolution" (GA Res. 1995 (XIX)) vor:
- Förderung des internationalen Handels, insbesondere zwischen Staaten unterschiedlicher Entwicklungsstufen, mit Blick auf ein beschleunigtes Wirtschaftswachstum in den Entwicklungsländern;
- Formulierung und Umsetzung von Grundsätzen und Richtlinien für den internationalen Handel und damit zusammenhängende Probleme der wirtschaftlichen Entwicklung;
- Koordinierung der Aktivitäten anderer, auf dem Gebiet des internationalen Handels und damit zusammenhängender Probleme der wirtschaftlichen Entwicklung tätigen UN-Institutionen sowie Zusammenarbeit mit der Generalversammlung und dem Wirtschafts- und Sozialrat in diesem Bereich;
- Ergreifung von Maßnahmen, um Verhandlungen und multilaterale Rechtsvereinbarungen auf dem Gebiet des internationalen Handels zu erreichen, sowie
- Übernahme einer zentralen Funktion für die Harmonisierung der Handels- und Entwicklungspolitik von Staaten und regionalen wirtschaftlichen Zusammenschlüssen.
Die entscheidenden Impulse zur Formulierung dieser Forderungen gingen von Raoúl Prebisch aus, einem angesehenen Wirtschaftstheoretiker und Exekutivdirektor der „UN-Wirtschafts-

kommission für Lateinamerika -ECLA (→ Wirtschaftskommissionen, regionale). Prebisch übernahm auch im Vorfeld der ersten UNCTAD in Genf die Führung bei der Ausarbeitung einer gemeinsamen lateinamerikanischen Position. Ausgehend von der These über die „Handelslücke" im Handel zwischen Entwicklungsländern und Industrieländern (*Prebisch* 1968) zu Lasten der ersteren, vertrat Prebisch die Ansicht, daß ein völlig freier Handel und die internationale Wirtschaftsordnung der Nachkriegszeit insgesamt die Ausbeutung der Entwicklungsländer für immer festschreibe und diesen durch ständig steigende Leistungsbilanzdefizite die Möglichkeit einer Industrialisierung verwehrten. Prebisch ließ keinen Zweifel daran, daß eine rechtliche Verpflichtung der Staatengemeinschaft bestehe, eine neue Weltwirtschaftsordnung zugunsten der Entwicklungsländer zu schaffen.
Schon im Vorfeld der Konferenz war es dem zum Generalsekretär von UNCTAD gewählten Prebisch gelungen, die unterschiedlichen Interessen der Entwicklungsländer auf einen gemeinsamen Nenner zu bringen und in ein Bündel von Forderungen zu übersetzen, die von allen Entwicklungsländern getragen und unterstützt wurden:
- Bedingungslose Verminderung und schließlich Abschaffung aller zu Lasten der Entwicklungsländer bestehenden Handelsbarrieren;
- Steigerung des Rohstoffexports in die Industrieländer zu stabilen Preisen,
- Öffnung der Märkte für Fertig- und Halbfertigprodukte aus den Entwicklungsländern,
- Einräumung weiterer Handelspräferenzen im Bereich des unsichtbaren Handels, insbesondere Entlastung von Fracht- und Versicherungskosten.
Als Wortführer zur Verwirklichung dieser Forderung begann eine Gruppe von Entwicklungsländern in den Vordergrund zu treten, die sich 1964 anläßlich des ersten UNCTAD-Treffens zur Gruppe der 77 zusammengeschlossen und in den folgenden Jahren diese UN-Organisation erfolgreich zur

Durchsetzung ihrer Zielsetzung ausgebaut hatte (→ Gruppe der 77).

Die vom 23. März bis zum 16. Juni 1964 im Genfer Völkerbundspalast tagende 1. UN-Konferenz für Handel und Entwicklung (UNCTAD I) war hinsichtlich der Zahl der an ihr teilnehmenden Staaten von neuer Qualität: Etwa 2.000 Delegierte aus 119 Ländern verhandelten über Maßnamen zur besseren Einbindung der Entwicklungsländer in die Weltwirtschaft.

Laut Gründungsresolution von 1964 ist jeder Staat Mitglied, der den UN oder einer ihrer Sonderorganisationen angehört (inzwischen 188 Staaten) und ist organisatorisch wie folgt strukturiert: Die alle vier Jahre abgehaltene *Konferenz* fungiert als ständige Einrichtung der Generalversammlung. Ihr gehören neben dem Welthandels- und Entwicklungsrat auch *Unterausschüsse* für a) Rohstoffe, b) Fertigwaren, c) Dienstleistungen und finanzielle Fragen, d) Schiffahrt sowie ein *Generalsekretariat* an. Ständiges Organ zwischen den Konferenzen ist der *„Rat für Handel und Entwicklung"*, der in regelmäßigen Abständen, mindestens jedoch zweimal im Jahr, tagt. Als Verwaltungsorgan besteht ein Generalsekretariat mit Sitz in Genf, dem ein *Generalsekretär* vorsteht und das bis Mitte der neunziger Jahre über acht Abteilungen verfügte: Angelegenheiten der Konferenz und auswärtige Beziehungen; Forschung; Handelspolitik; Rohwaren; Fertigwaren; Dienstleistungen; Finanzfragen im Hinblick auf den Handel und Handel mit sozialistischen Ländern. Der Haushalt für die UNCTAD ist integraler Bestandteil des ordentlichen UN-Haushalts (→ Haushalt) und betrug 1995 rund 57,5 Mio. US$.

Die Verhandlungen innerhalb der UNCTAD erfolgen auf der Basis interner Gruppenbildung: Gruppe A (afroasiatische) und C (lateinamerikanische), die sich zu der Gruppe der 77 zusammengeschlossen haben. Grupp B (industrialisierte Staaten Westeuropas sowie Australien, Kanada, Neuseeland, den USA und dem Heiligen Stuhl) und die Gruppe D, die sich bis zum Zerfall des Sowjetimperiums aus den östlichen Industrieländer zusammensetzte. Bei Abstimmungen gilt das „one-state, one-vote"-Prinzip (→ Stimmrecht/Abstimmungsverfahren).

Obwohl ursprünglich vorgesehen war, die Konferenz alle zwei bis drei Jahre einzuberufen, setzte sich von Beginn an ein vierjähriger Konferenzrhythmus durch, der 1972 durch eine Satzungsänderung festgeschrieben wurde. Nur einmal wurde ein Dreijahres-Abstand erreicht, nämlich zwischen UNCTAD IV (1976) und UNCTAD V (1979).

Die bisherigen Konferenzen waren: UNCTAD I (1964 in Genf); UNCTAD II (1968 in Neu Delhi); UNCTAD III (1972 in Santiago de Chile); UNCTAD IV (1976 in Nairobi); UNCTAD V (1979 in Manila); UNCTAD VI (1983 in Belgrad); UNCTAD VII (1987 in Genf); UNCTAD VIII (1992 in Cartagena de Indias, Kolumbien); UNCTAD IX (1996 in Midrand, Südafrika). UNCTAD X soll 2000 in Thailand stattfinden.

Neben Raúl Prebisch (1964-1969) haben insbesondere drei seiner bisherigen Nachfolger als Generalsekretäre maßgeblich Gesicht und Gewicht der Institution geprägt: Der aus Sri Lanka stammenden Gamani Corea (1974-1984), der Ghanaer Kenneth K.S. Dadzie (1984-1994) und seit 1995 der ehemalige brasilianische Finanzminister Rubens Ricupero.

Als ihr bislang größter Erfolg gilt zwar die Durchsetzung des *Gemeinsamen Fonds für Rohstoffe* auf der UNCTAD IV 1976 in Nairobi, mit dem Ziel, die Terms of Trade zugunsten der Entwicklungsländer zu verbessern, stabile Preisverhältnisse im Rohstoffhandel herzustellen, übermäßige Preisschwankungen zu vermeiden, ein Preisniveau zu sichern, das lohnend und gerecht für Verbraucher ist sowie das Gleichgewicht zwischen Angebot und Nachfrage in einem wachsenden Weltrohstoffhandel zu fördern. Doch obwohl dieses Reformprojekt Mitte 1989 in Kraft gesetzt wurde, sorgten die Industrieländer gleichzeitig dafür, daß das

„Integrierte Rohstoffprogramm" als notwendige Voraussetzung für das Funktionieren des Fonds nicht zustande kam und alle schon bestehenden *Rohstoffabkommen* mit Marktausgleichslagern, deren Finanzierung der Fond gewährleisten sollte, abgeschafft wurden (*Melchers* 1996, 147); Diese Entwicklung ist besonders bemerkenswert, wenn man bedenkt, daß das Thema für die Entwicklungsländer wegen ihrer unverhältnismäßig großen Abhängigkeit von den Rohstoffen von nahezu überlebenswichtiger Bedeutung ist. Denn selbst noch 1995 bestritten 35 amerikanische, 45 afrikanische, 11 westasiatische, 7 süd- und südostasiatische und 8 Entwicklungsländer in Ozeanien 50% und mehr ihrer Gesamtexporte durch den Export von Rohstoffen (*UNCTAD* 1995, 80ff).

Daß der UNCTAD auf vielen Feldern letztlich der Erfolg versagt blieb und die von den Entwicklungsländer in sie gesetzten Erwartungen nicht erfüllte, hängt eng mit der Gründungskonzeption zusammen: Denn indem die Entwicklungsländer den von den Industriestaaten geforderten Vorbehalt akzeptierten, daß die UNCTAD die Kompetenzen der bestehenden internationalen Organisationen - insbesondere GATT - weder überschreiten noch überschneiden dürfte, wurde die vorhandene Struktur zementiert: GATT blieb als wirkungsmächtiger „Club" der reichen industrialisierten Welt bestehen (→ WTO/GATT), und der UNCTAD wurde lediglich die Funktion einer politischen Leitzentrale der Armen zugewiesen.

Gravierender fiel der Bedeutungsverlust von UNCTAD im Zuge der neoliberalen Wende in den USA aus, da diese nicht nur den gesamten wirtschaftlichen multilateralen UN-Komplex in Frage stellten (→ UN-System), sondern die Politisierung der UNCTAD, ihre Ineffizienz und ihre inhaltliche Fehlorientierung massiv kritisierten (→ USA, UN-Politik). Hinzu kam, daß mit der Verschuldungskrise und dem Absturz der Rohstoffpreise in den achtziger Jahren sowie dem Zerfall des

Ostblocks Anfang der neunziger Jahre auch die Verhandlungsmacht der Gruppe der 77 zerrann und damit die UNCTAD immer weniger als Verhandlungsforum für Fragen von Handel und Entwicklung akzeptiert wurde.

UNCTAD-Mitglieder versuchten sich zwar der Entwicklung anzupassen, indem sie auf der VIII. UNCTAD-Konferenz in Cartagena 1992 wesentliche Elemente des Neoliberalismus anerkannten sowie → Globalisierung und Liberalisierung der Weltwirtschaft auch für die Entwicklungsländer positiv bewerteten (*Jessen* 1992). Doch der Reformdruck verstärkte sich seit Mitte der neunziger Jahre, als sich zum einen mit der endgültigen Etablierung der Welthandelsorganisation WTO Anfang 1995 mit Nachdruck die Frage nach der zukünftigen Existenzberechtigung der UNCTAD stellte, da sich die der WTO beigetretenen Entwicklungsländer mit ihren Belangen zunehmend an die Welthandelsorganisation wendeten, in deren Rahmen sie sich Gehör zu verschaffen hofften. Zum anderen plädierten eine Reihe von unabhängigen Kommissionen (Unabhängige Kommissionen, Berichte), die anläßlich des 50. Geburtstags der UNO mit der Ausarbeitung von Reformmöglichkeit der Weltorganisation beauftragt worden waren (→ Reform der UN), hinsichtlich der Wiederbelebung des Wirtschafts- und Sozialbereiches für die Schaffung eines „Weltwirtschaftssicherheitsrates", eines „UN-Wirtschaftsrates" oder eines „Rates für wirtschaftliche Sicherheit", der entweder die Arbeit der bereits vorhandenen Sonderorganisationen inhaltlich koordinieren sollte oder die Vielzahl der existierenden Institutionen wie UNCTAD, → UNIDO, → UNDP in der neuen Institution aufnehmen bzw. verschmelzen sollte..

Vor allem die „Kommission für Weltordnungspolitik (Commission on Global Governance)" hielt die Aufgabe der UNCTAD, die Verhandlungsfähigkeit der Entwicklungsländer als Gruppe zu stärken für überholt und empfahl ihre Auflösung ebenso wie die der UNIDO und des Wirtschafts- und Sozialrats der Vereinten Nationen zugunsten eines „Rates für wirtschaftliche Sicherheit". Verhandlungen über Handel, einschließlich Vorverhandlungen sollten unter das Mandat der WTO, die anderen Entwicklungsthemen unter das von IMF und Weltbank fallen (*Kommission für Weltordnungspolitik* 1995, 304-313).

Obgleich sowohl die Gruppe der 77 wie auch die Blockfreien Bewegung (→ Blockfreien Bewegung und die UN) ihr Festhalten an UNCTAD mit einem im November 1995 veröffentlichten gemeinsamen Positionspapier mit dem Titel „Why UNCTAD? unterstrichen (abgedruckt in: epd-entwicklungspolitik 21 (1995),p-v), konnten sie im Rahmen der UNCTAD IX in Midrand/Südafrika 1996 wichtige Reformen nicht verhindern. Mit dem wirtschaftspolitischen Hauptthema der Konferenz „Förderung von Wachstum und nachhaltiger Entwicklung in einer sich globalisierenden und liberalisierenden Weltwirtschaft" griffen sie zwar das zentrale wirtschaftliche Thema seit dem Ende des Ost-West-Konfliktes auf, unterstrichen aber die Existenzberechtigung der UNCTAD gegenüber den Bretton-Woods-Einrichtungen und der WTO durch Hinweise auf drei gravierende Herausforderungen der Globalisierung für die meisten Entwicklungsländer:

Verlust autonomer nationaler Politik, da es nicht mehr möglich ist, dem Entwicklungsweg der ostasiatischen „Tigerstaaten" zu folgen, die ihre Exporterfolge durch staatliche Hilfen erreichten und eine Strategie der selektiven Weltmarktintegration verfolgten;

Finanzrisiken, da die Liberalisierung der internationalen Finanzmärkte nicht nur große Kapitalbewegungen zugunsten einiger Entwicklungsländer ermöglicht habe, sondern auch das Problem der "Unbeständigkeit" als Folge abrupter Änderungen der Erwartungen ausländischer Investoren gebracht habe;

Marginalisierung durch die Globalisierung, da vor allem die ärmsten Länder (LLDCs) aufgrund von „Angebotsschwächen" (darunter geringe technologische Kapazitäten, Mangel an Know-how und Ausbildung, schlechte Infrastruktur und finanzielle Engpässe vor allem bei den Kleinproduzenten) für ausländische Investitionen kaum mehr von Interesse sind. (*Melchers* 1996, 150)

Obwohl das Fortbestehen von UNCTAD als einem wichtigen *Forum der Meinungs- und Konsensbildung* im Nord-Süd-Dialog grundsätzlich garantiert würde, existiert spätestens seit der Konferenz von Midrand die „alte UNCTAD" nicht mehr. Denn ihr wurden nicht nur neue Arbeitsfelder zugewiesen, sie wurde auch institutionell erheblich gestrafft. So soll das UNCTAD-Sekretariat in Zukunft eine Vordenker-Funktion mit primär analytischen Arbeiten im Sinne einer „OECD des Südens" (*Hüfner* 1997, 156) wahrnehmen. Im Vordergrund steht dabei ihre Mittler-Rolle zwischen Industrie- und Entwicklungsländern bei der Lösung gemeinsamer Fragen, wobei UNCTAD insbesondere die Interessen der am wenigsten entwickelten Länder (LLDCs) artikulieren soll und ihnen nunmehr bei der Integration in den Weltmarkt und die WTO helfen und sich bei den angegebenen Arbeitsthemen auf den Entwicklungsaspekt konzentrieren soll. Im Sinne der Konzentration auf die LLDCs wurde beschlossen, daß diese Länder nicht mehr im Rahmen eines separaten Aufgabenbereichs, sondern als Querschnittsthema in allen Aktivitäten und Abteilungen der UNCTAD zu behandeln. Darüber hinaus wurde das UNCTAD-Arbeitsfeld an das der WTO angepaßt und die Position der UNCTAD gegenüber der WTO abgesteckt: Man einigte sich ferner darauf, in Zukunft folgende Themen zu Querschnittsaufgaben dieses Spezialorgans zu machen: nachhaltige Entwicklung, Armutsbekämpfung, Machtgleichstellung der Frau (empowerment), LLDCs und Süd-Süd-Zusammenarbeit (*Melchers* 1996, 152).

Mit dieser inhaltlichen Reorientierung hat die Konferenz sich nicht nur von einer Neuen Weltwirtschaftsordnung, von Nord-Süd-Verhandlungen über gerechten Handel und ähnlich weitreichenden Vorstellungen verabschiedet, sondern hat auch deutlicher als je zuvor die Eigenverantwortung der ärmeren Länder für ihre wirtschaftliche Entwicklung in den Mittelpunkt gerückt und den Hilfeleistungen der Geberländer nur eine begleitende und ergänzende Rolle zugemessen.

Die institutionelle Reorganisation konzentrierte sich auf die Verringerung der dem UNCTAD-Rat unterstellten Kommissionen von sieben auf drei für die Bereiche (1) Handel von Gütern, Dienstleistungen und Rohstoffe, (2) Investitionen, Technologie und damit zusammenhängende Finanzfragen und schließlich (3) Maßnahmen konkreter technischer Zusammenarbeit. Diese drei Gremien sollen sich einmal im Jahr für maximal fünf Tage treffen und je nach Bedarf bis zu dreitägige Expertentreffen zu besonderen Themen einberufen. Die Obergrenze solcher Expertentreffen wurde bei zehn pro Jahr festgelegt. Durch diese Maßnahmen ist beabsichtigt, die Zahl der jährlichen Gremientage von bisher 130 auf 70 Tage zu verringern.

Zweifellos wird UNCTAD als Forum für den Nord-Süd-Meinungsaustausch zu Handels- und Entwicklungsfragen bestehen bleiben, doch ihre wichtige Aufgabe wird darin liegen, sich um die marginalisierten Länder und Verlierer des Globalisierungsprozesses zu kümmern. Damit erhebt die UNCTAD, wie UN-Generalsekrtär (→ Generalsekretär) Boutros-Boutros Ghali in seiner Eröffungsansprache formulierte den Anspruch, „das Gewissen" der armen Staaten zu sein. Gleichwohl wird die Entwicklung als „Sieg der Vernunft über die Ideologie" angesehen, da damit die Gesinnungsethik der Gründer- und Folgezeit, die eine faktische Einflußlosigkeit auf weltwirtschaftliche Prozesse zur Folge hatte, einer verantwortungsvollen und ergebnisorientierten Ethik Platz gemacht hat. (*Lammert* 1996, 58). Es verwundert daher nicht, wenn auch die G-7 auf ihrem Wirtschaftsgipfel Ende Juni 1996 in Lyon die beschlossen Reformen mit den Worten begrüßten: „UNCTAD IX war ein Meilenstein auf dem Weg der Erneuerung der UNCTAD. In enger Partnerschaft mit den anderen Mitgliedsstaaten ist es uns gelungen, das zwischenstaatliche Instrumentarium der UNCTAD zu reformieren und ihre Arbeit wieder auf eine kleine Zahl vorrangiger Aufgaben zu konzentrieren, um die Entwicklung durch Handel und Investitionen mit dem Ziel zu fördern, die Integration der Entwicklungsländer in das internationale Handelssystem zu erleichtern. Wir verpflichten uns zur Umsetzung dieser Reformen. Die am wenigsten entwickelten Länder werden davon am meisten profitieren. Wir begrüßen auch die Initiative der WTO und der erneuerten UNCTAD zu einer Verbesserung der beiderseitigen Zusammenarbeit unter Berücksichtigung ihrer jeweiligen Mandate" (*Wirtschaftskommuniqué* 1996, Ziff. 44/635-636).

Mir A. Ferdowsi

Lit.: *Bauerochse, L.:* UNCTAD VII: Und es bewegt sich nichts. In: Der Überblick 23 (1987), 62-65 ; *Borman, A.:* Die Entwicklungsländer im Polarisierungsprozeß des Welthandels, in: Fischer, B. (Hrsg.): Die dritte Welt im Wandel der Weltwirtschaft, Hamburg 1992, 33-60; *Dams, T.:* UNCTAD IV: Noch kein Ausweg aus der Krise, in: VN 31 (1983), 118-124; *Fabius, W.:* Fünfundsiebzig suchen einen Weg zur Entwicklung. Erträglicher Ausgang der Welthandelskonferenz in Genf, in: VN 12 (1964), 133-137; *Habermayer, W.:* Internationale Rohstoffabkommen als Beispiel des Nord-Süd-Dialoges, Frankfurt am Main 1985; *Höffkes, P. W.:* UNCTAD VII – Eine Hoffnung für mehr Vernunft im Nord-Süd-Dialog, in: Politische Studien 39, H. 289/1988, 154-159; *Hüfner, K.:* Die Vereinten Nationen und ihre Sonderorganisationen. Teil 3: Finanzierung des Systems der Vereinten Nationen 1971-1995. Teil A: Vereinte Nationen – Friedensoperationen – Spezialorgane, DGVN-Texte 45, Bonn 1997; *Jessen, Ch.:* UNCTAD VIII in Cartagena– ein Neubeginn? in: NORD-SÜD aktuell 6 (1992), 116-121; *Kommission für Weltordnungspolitik:* Nachbarn in einer Welt, herausgegeben von Stiftung Entwicklung und Frieden, Bonn 1995; *Lammert, N.:* Sieg der Vernunft über die Ideologie. Ergebnisse von UNCTAD IX, in: IP 55 (1996), H. 8, 55-58; *Melchers, K.:* Totge-

sagte leben länger. Nach UNCTAD IX: eine gestraffte Organisation mit Zukunft, in: VN 44 (1996), 147-153; *Prebisch, R.:* Towards a New Trade Policy for Development, United Nations, New York 1964; *Prebisch, R.:* Für eine bessere Zukunft der Entwicklungsländer, herausgegeben von J.L.Schmidt und K.H. Domdey, Berlin 1968; *Raghavan, Ch.:* UNCTAD VII and the Promise of Geneva, in: Development and Peace Bd. 9 (1988), 30-38; *Rothstein, R. L.:* Global Bargaining. UNCTAD and the Quest for a New International Economic Order, Princeton 1979; *Steuernagel, A.:* Zur politischen Ökonomie multilateraler Wirtschaftsorganisationen. Ein Beitrag zur Reformdebatte der Vereinten Nationen-,. Münster 1997; *Talpin, G.:* Neubelebung der UNCTAD, in: Finanzierung & Entwicklung 29 (1992), H.2, 36-37; *UNCTAD:* Commodity Yearbook 1995, Genf 1995; *UNCTAD:* The history of UNCTAD 1964-1984, New York 1985; *UNCTAD:* UNCTAD Statistical Pocket Book, New York u.a. 1994; *Wolfrum, R.:* Rohstoffabkommen/Rohstoffonds, in: Wolfrum, R. (Hrsg.): Handbuch Vereinte Nationen, 2. Aufl., München 1991, 707-713; Wirtschaftskommuniqué von Wirtschaftsgipfel in Lyon, in: *Presse- und Informationsamt der Bundesregierung,* Bulletin Nr. 59 vom 12.7.1996, 629-637.
Internet: Homepage der UNCTAD: http://www.unctad.org

UNDP – Entwicklungsprogramm der Vereinten Nationen

1. Entstehung

Das *Entwicklungsprogramm der Vereinten Nationen* (*United Nations Development Programme - UNDP*) wurde 1965 durch die → Generalversammlung (GA Res. 2029 (XX) vom 22.11.1965) gegründet; es nahm 1966 seine Arbeit auf. Das UNDP entstand durch die Zusammenlegung von zwei bestehenden UN-Einrichtungen: dem *Expanded Programme of Technical Assistance* (EPTA) und dem *Special Fund* (SF). Das 1949 gegründete EPTA war im Bereich der Technischen Zusammenarbeit vor allem durch die Entsendung von Fachkräften tätig. Der 1958 errichtete *Special Fund* hatte die Aufgabe, größere Entwicklungsvorhaben vorzubereiten. Durch die Zusammenlegung sollten Überlappungen abgebaut und

finanzielle Mittel zusammengefaßt werden.

1970 verabschiedete die Generalversammlung die sog. „Konsensus-Resolution" (UN Doc. GA Res. 2688 (XXV) vom 11.12.1970). Sie beruht auf den Empfehlungen einer Studie über die Leistungsfähigkeit der → Entwicklungszusammenarbeit der UN, die unter Leitung von Sir Jackson 1969 fertiggestellt worden war: „A Study of the Capacity of the United Nations Development System", die sog. *„Capacity Study"* (UN Doc. UN/DP/5) Die *„Capacity Study"* setzte sich mit verschiedenen strukturellen, organisatorischen und finanziellen Problemen der UN-Entwicklungszusammenarbeit auseinander, die vielfach in gleicher oder ähnlicher Form bis heute vorzufinden sind. Auch die zentrale Warnung des Berichts hat seit der Veröffentlichung anhaltende Aktualität: Ohne ein zentrales „Hirn" der UN-Entwicklungszusammenarbeit könnte sich leicht die Geschichte der Dinosaurier wiederholen.

Die „Konsensus-Resolution" weist dem UNDP grundlegende und übergreifende Aufgaben für die Technische Zusammenarbeit des → UN-Systems zu. Diese Aufgabenstellung stieß von Anfang an auf den Widerstand anderer Einrichtungen des UN-Systems (etwa bei den fachlichen → Sonderorganisationen oder in den 90er Jahren bei → UNICEF), die einem möglichst autonomen Vorgehen ihrer jeweiligen Institution den Vorzug einräumen. Noch heute sind viele Feststellungen und Empfehlungen der *„Capacity Study"* zutreffend.

2. Aufgaben und Zielsetzungen

Das UNDP ist weltweit die größte multilaterale Einrichtung für *Technische Zusammenarbeit*, die auf der Basis von nichtrückzahlbaren Zuschüssen (sogenannte *grants*) arbeitet. Die finanzielle Grundlage bilden die jährlichen freiwilligen Beiträge der Regierungen.

Für die Entwicklungszusammenarbeit der Vereinten Nationen spielt das UNDP eine *Schlüsselrolle.* Das UNDP bekam bei seiner Gründung übergreifende Funktionen für die sog. *operativen entwicklungspolitischen Aufgaben der UN* zugewiesen (in Abgrenzung zu den nichtoperativen Tätigkeiten - d.h. beratenden, standardsetzenden und normativen Aufgaben).

Grundsätzlich besteht die Aufgabenstellung des UNDP darin, als *einheitliches und zentrales Steuerungs-, Finanzierungs- und Koordinierungsgremium für die Technische Zusammenarbeit des gesamten UN-Systems* zu fungieren. Die *Finanzielle Zusammenarbeit* (d.h. Kredite und Investitionen) fällt nicht in die Kompetenz des UNDP und die der übrigen UN-Fonds und -Programme; diese Aufgaben nehmen in erster Linie die Weltbank (→ Weltbank/-gruppe) und die regionalen Entwicklungsbanken wahr.

Im Gegensatz zu anderen operativen entwicklungspolitischen UN-Einrichtungen hat das UNDP keine spezifischen inhaltlichen bzw. sektoralen Beschränkungen (wie beispielsweise „Kinder" bei UNICEF oder „Bevölkerung" bei → UNFPA). Der Exekutivrat definierte 1994 bzw. 1996 die inhaltlichen Ziele des UNDP durch eine *core mission* bzw. ein *mission statement*, wobei *„nachhaltige menschliche Entwicklung"* (*sustainable human development*) im Vordergrund steht. Das UNDP will zu diesem Ziel beitragen, indem es Hilfen beim Aufbau der jeweiligen *institutionellen und strukturellen Kapazitäten* (sogenanntes *capacity building*) anbietet, um Entwicklungsprogramme insbesondere auf dem Gebiet der Armutsbekämpfung planen und durchführen zu können.

3. Mitglieder, Organisation und Personal

Die Teilnahme am UNDP steht allen Mitgliedstaaten der Vereinten Nationen, den UN-Sonderorganisationen und der → IAEA (*International Atomic Energy Agency*) offen. Eine UNDP-Mitgliedschaft in einem engeren Sinne gibt es nicht.

Das UNDP ist ein sogenanntes Nebenorgan (*subsidiary body*) der Gene-

ralversammlung (→ Haupt-/Neben-/Vertragsorgane). Es wird unter der Autorität der Generalversammlung und des → Wirtschafts- und Sozialrats (ECOSOC) verwaltet.

Das UNDP selbst setzt sich aus dem *Exekutivrat*, dem *Administrator* und dessen Mitarbeitern zusammen:

Das politische Aufsichts- und Steuerungsorgan des UNDP ist der *Exekutivrat* (*Executive Board*; bis 1994: *Governing Council*). Er tritt zu einer Jahresversammlung und zu weiteren drei regulären Arbeitssitzungen pro Jahr zusammen. Eine wichtige Aufgabe besteht in der Diskussion und Genehmigung der *Länderprogramme* (*Country Cooperation Frameworks*). Der Exekutivrat des UNDP ist zugleich zuständig für UNFPA. Er hat 36 Mitglieder, die sich nach folgendem regionalen Schlüssel zusammensetzen: 8 Vertreter afrikanischer Staaten, 7 Vertreter asiatischer Staaten, 4 Vertreter aus osteuropäischen Staaten, 5 Vertreter aus Lateinamerika und der Karibik, 12 Vertreter aus Westeuropa und sonstigen Staaten. Damit ergibt sich eine Stimmenverteilung, die theoretisch zu einer Mehrheit für die Gruppe der Entwicklungsländer führt. In der Praxis dominiert allerdings das Konsensprinzip. Die Exekutivratsmitglieder werden vom ECOSOC für einen Zeitraum von 3 Jahren gewählt, wobei jährlich nur jeweils ein Drittel der Mitglieder ausgetauscht wird, um eine gewisse Kontinuität beizubehalten. Trotz einer 1994 durchgeführten Verkleinerung gilt der Exekutivrat als insgesamt relativ schwerfällig und wenig professionell.

Der *Administrator* führt die Geschäfte des UNDP. Er wird nach Konsultationen mit dem Exekutivrat vom UN-Generalsekretär (→ Generalsekretär) ernannt und von der Generalversammlung bestätigt. In der bisherigen Geschichte wurden ausschließlich US-Staatsangehörige als Administratoren eingesetzt. Gegen diese Praxis wurde in den 90er Jahren verstärkt Kritik geäußert. Seit 1993 hat James Gustave Speth (USA) die Funktion des Administrators inne, der Mitte 1999 aus seinem Amt ausscheiden wird.

Der *UNDP-Mitarbeiterstab* umfaßt weltweit rund 5.300 Personen, wovon 82 % in den *Länderbüros* arbeiten.

Die UNDP-Zentrale befindet sich in New York. Deutschland versuchte in den 90er Jahren erfolglos, den UNDP-Hauptsitz nach Bonn zu verlegen (→ UN-Platz Bonn).

Das UNDP verwaltet verschiedene andere UN-Fonds und -Programme des UN-Systems, die getrennte Beitragsleistungen erhalten. Dies sind folgende Einrichtungen:
- United Nations Volunteers (→ UNV),
- United Nations Capital Development Fund (UNCDF),
- United Nations Fund for Science and Technology for Development (UNFSTD),
- United Nations Revolving Fund for Natural Resources Exploration (UNRFNRE),
- United Nations Sudano-Sahelian Office (UNSO),
- United Nations Development Fund for Women (→ UNIFEM).

Darüber hinaus ist das UNDP an der Verwaltung der *Global Environmental Facility* (GEF) beteiligt, die zusammen mit der Weltbank und dem → UNEP erfolgt (→ Umweltschutz).

Ein wichtiges Kennzeichen des UNDP ist das engmaschige Außenvertretungsnetz durch die *Länderbüros*. Insgesamt verfügt das UNDP in 132 Staaten über Büros (Ende 1998). Die örtlichen UNDP-Repräsentanten tragen die Bezeichnung *Resident Representative*. Diese sind meist in Personalunion gleichzeitig vom UN-Generalsekretär ernannte *Resident Coordinators*, wodurch sie vielfältige Aufgaben für die UN wahrnehmen.

4. Mittelverwendung und Schwerpunkte

Das UNDP arbeitet mit über 170 Ländern zusammen. Die Zahl der laufenden Maßnahmen auf Länderebene beläuft sich auf rund 5.000. Sektoral hat das UNDP keine ausgeprägten Schwerpunkte. Auf die folgenden Bereiche entfallen die größten Anteile (gemessen

an der Mittelverteilung aller laufenden Maßnahmen im Jahr 1997): 1. Entwicklungsplanung (42,2 %), 2. Land- und Forstwirtschaft sowie Fischerei (8,9 %), 3. Industrie (5,1 %), 4. Umwelt (4,4 %) und 5. Gesundheit (4,4 %).

Regional stehen bei der vorgesehenen Ressourcenverteilung im Zeitraum 1997-1999 Afrika (47 %) und Asien (33 %) im Vordergrund; anhand von einkommensabhängigen Länderkategorien zeigt sich ein hoher Anteil von Ländern mit einem geringen Einkommen (88 %; BSP pro Kopf von bis zu 750 US $) bzw. der ärmsten Entwicklungsländer (60 %). Damit deuten die Zahlen auf eine entwicklungspolitisch sinnvolle Schwerpunktbildung hin.

5. Arbeits- und Funktionsweise

Im Grundsatz spielt das UNDP als *Finanzierungs- und Koordinierungseinrichtung* bei der eigentlichen Durchführung von Projekten und Programmen in der Regel keine unmittelbare Rolle. Als Norm gilt vielmehr, daß die jeweiligen Entwicklungsländer nach Möglichkeit selbst die Verantwortung bei der *Implementierung* übernehmen sollen; diese Maßnahmen in Eigenregie der Programmländer werden mit dem Begriff *national execution* bezeichnet. Der entsprechende Anteil von Projekten und Programmen ist in den 90er Jahren stark gestiegen (1990 – 1991: 14 %, 1996 – 1997: 79 %). Soweit die Programmländer nicht selbst die Aufgaben wahrnehmen können, werden andere Durchführungseinrichtungen hiermit betraut. Traditionell haben die fachlichen Sonderorganisationen der UN in diesem Zusammenhang eine starke Stellung (insbesondere die Gruppe der „big five": → FAO, → ILO, → UNESCO, → UNIDO und → WHO). Mit dem inzwischen aus dem UNDP herausgelösten *Office for Project Services (OPS)* besaß das UNDP lange Zeit größere, eigene Durchführungskapazitäten. Nichtstaatliche Organisationen (→ NGOs) können ebenfalls mit der Projektdurchführung beauftragt werden. Gegen deren verstärkte Einbeziehung gibt es vor allem von Entwicklungsländerregierungen, die das UNDP als Partner gerade der Regierungen sehen möchten, große Vorbehalte.

Durch die Außenbüros leistet das UNDP – neben dem Projekt- und Programmanagement –direkte *Beratungsleistungen* für die Regierungen der jeweiligen Programmländer. Diese Leistungen erstrecken sich insbesondere auf die Formulierung und Ausarbeitung von entwicklungspolitisch relevanten Zielen und Konzepten sowie auf die *Koordination* der verschiedenen bi- und multilateralen Geberbeiträge. Im Zusammenhang mit der Geberkoordinierung veranstaltet das UNDP vorrangig für die ärmeren Entwicklungsländer sogenannte *round tables* (für die meisten anderen Länder verfügt die Weltbank über ein ähnliches Instrument, nämlich die sogenannten *consultative group meetings*).

Im Mittelpunkt der Arbeit des UNDP stehen *länderbezogene Programme*; daneben verfügt das UNDP über *regionale, interregionale* und *globale Programme*. Ein spezielles Instrument (TCDC – *Technical Cooperation among Developing Countries*) soll gezielt zur Süd-Süd-Kooperation durch die Förderung der Technischen Zusammenarbeit zwischen Entwicklungsländern beitragen.

Bei der Länderprogrammierung stand bis zum Ende des Jahres 1996 die sogenannte *indikative Planungsleitzahl (IPF – Indicative Planning Figure)* im Mittelpunkt. Die IPF diente dazu, das Finanzvolumen für einen Planungszyklus von fünf Jahren zu berechnen; dieser Planungszeitraum erwies sich als zu lang. Kriterien zur IPF-Berechnung waren die Bevölkerungszahl, das Bruttosozialprodukt pro Kopf und einige weitere Entwicklungsindikatoren. Zu Beginn des Jahres 1997 wurde das Programmierungssystem durch eine neue Methode ersetzt, die auf einem „rollenden" 3-Jahres-Planungsverfahren beruht und damit mehr Flexibilität erlaubt. Die Kriterien zur Berechnung des Hilfevolumens orientieren sich an den bereits früher benutzten Indikatoren. Die wichtigste Veränderung, die das neue Programmierungsverfahren enthält, ist die Möglichkeit, entwicklungspolitische Anreize zu bieten. Im Gegensatz zur ehemals festgelegten „Anspruchsquote" kann nun aus entwicklungspolitischen Gründen der Umfang der Mittel variieren (Aufstockung oder Absenkung).

6. Finanzierung

Die finanziellen Mittel des UNDP werden über sogenannte freiwillige Beiträge (*voluntary contributions*) aufgebracht. Hieraus werden die UNDP-Aktivitäten des Hauptprogramms (*core resources*) finanziert. Den größten Teil dieser Mittel stellen die Industrieländer bereit, wobei die *like-minded countries* (dies sind insbesondere folgende Länder: Dänemark, Finnland, die Niederlande, Norwegen und Schweden sowie - mit Einschränkung - Kanada) vergleichsweise stark engagiert sind. Viele Entwicklungsländer (u.a. Indien, China, Kuba, Thailand und Sri Lanka) beteiligen sich ebenfalls an der Finanzierung des Hauptprogramms; d.h. sie tragen zur Finanzierung der gesamten UNDP-Tätigkeiten bei und sind gleichzeitig Empfänger und damit unmittelbare Nutznießer. Die Identifikation vieler Entwicklungsländer mit dem UNDP ist daher oftmals besonders ausgeprägt. Deutschland ist mit einem Anteil von 9,1% am Hauptprogramm (1997) eines der großen Beitragsländer. Neben dem Hauptprogramm gewinnen zunehmend andere Finanzierungsmechanismen des UNDP an Bedeutung, die als *non-core resources* bezeichnet werden. Dabei handelt es sich um sogenannte Kostenbeteiligungen durch die Programmländer selbst (*government cost-sharing*), Kostenbeteiligungen von dritter Seite (*third-party cost-sharing*) und Treuhandfonds (*trust funds*). Seit Mitte der 90er Jahre übertreffen diese *non-core resources* das eigentliche Hauptprogramm des UNDP. Das Hauptproblem bei diesen Mitteln besteht darin, daß sie nur eingeschränkt dem Zugriff durch das UNDP und seinem Exekutivrat und damit den entwicklungspolitischen UNDP-Standards unterliegen.

Wichtige Beitragszahler zum UNDP -Hauptprogramm (core resources)

Hauptbeitragszahler (Ranking anhand der Beiträge für 1998)		1994 US $ (Mio.)	Anteil (%)	1997 US $ (Mio.)	Anteil (%)	1998a US $ (Mio.)	Anteil (%)
1.	Vereinigte Staaten	113,44	12,4	72,35	9,5	98,00	13,2
2.	Dänemark	90,37	9,9	76,33	10,0	81,06	10,9
3.	Niederlande	93,71	10,2	87,48	11,5	80,82	10,8
4.	Japan	100,11	10,9	99,27	13,0	79,90	10,7
5.	Norwegen	69,54	7,6	75,82	10,0	73,03	9,8
6.	Schweden	77,37	8,4	61,16	8,0	59,97	8,0
7.	Deutschland	82,96	9,0	69,38	9,1	55,72	7,5
8.	Großbritannien	38,76	4,2	38,85	5,1	50,00	6,7
9.	Schweiz	44,80	4,9	38,62	5,1	37,84	5,1
10.	Kanada	39,26	4,3	29,78	3,9	29,29	3,9
11.	Belgien	20,97	2,3	18,59	2,4	12,77	1,7
12.	Finnland	9,81	1,1	11,89	1,6	11,45	1,5
13.	Italien	25,32	2,8	19,55	2,6	10,89	1,5
14.	Österreich	13,40	1,5	11,45	1,5	9,94	1,3
15.	Frankreich	44,81	4,9	13,61	1,8	8,23	1,1
16.	Spanien	6,95	0,8	5,80	0,8	6,58	0,9
17.	Australien	13,47	1,5	0	0,0	3,65	0,5
18.	Irland	1,36	0,1	2,96	0,4	3,09	0,4
19.	Neuseeland	2,26	0,2	3,03	0,4	2,57	0,4
20.	Portugal	0,60	0,1	1,20	0,2	1,60	0,2
Zwischensumme		889,27	97,0	736,69	96,8	715,87	96,0
Andere Beitragsländer		27,88	3,0	24,28	3,2	29,64	4,0
Gesamtsumme		917,15	100,0	760,97	100,0	745,51	100,0

a   vorläufige Zahlen und Schätzungen; Quelle: Klingebiel (1998) und UNDP-Daten

Die Steuerungsmöglichkeiten im Hinblick auf die inhaltlichen Schwerpunkte und die geförderten Länder sind gering. Hierdurch können Grundsätze einer neutralen und multilateralen Arbeit negativ berührt werden. Insbesondere bei den Treuhandfonds bestehen zudem weitgehende Ansatzpunkte seitens der jeweiligen Geberländer, ein projektbezogenes „Mikromanagement" zu betreiben, das für das UNDP verwaltungsintensiv ist. Treuhandfonds sind am stärksten Ausdruck für Tendenzen zur Bilateralisierung des UNDP, indem Geberländer den Zugriff auf ihre Finanzmittel nicht wirklich abgeben.

1997 belief sich der Umfang des Hauptprogramms auf 761 Mio. US $ (1991 waren es noch 1.022 Mio. US $), der der *non-core resources* auf 1.250 Mio. US $ (1991 waren es nur 268 Mio. US $). Für den 3-Jahreszeitraum 1997 bis 1999 hat der Exekutivrat ein Ziel von 3,3 Mrd. US $ bei den Hauptprogrammitteln aufgestellt, das vermutlich um rund 30 % unterschritten werden wird.

7. Reformpolitik und Einschätzung

In der bisherigen Geschichte ist es dem UNDP nicht gelungen, seine Aufgaben angemessen zu erfüllen. Das UNDP galt vielmehr in der Vergangenheit als schwache entwicklungspolitische Einrichtung, was nicht nur, aber auch mit einer geringen Mittelausstattung von jährlich deutlich weniger als 1 Mrd. US $ (Ende der 90er Jahre) zu tun hat. Insbesondere die großen Geberländer betonen eine zu geringe Leistungsfähigkeit und ungenügende Wirtschaftlichkeit des UNDP. Entwicklungsländerregierungen schätzen demgegenüber die gering konditionierte Mittelvergabe und die - im Vergleich zu anderen entwicklungspolitischen Einrichtungen - großen politischen Mitwirkungsmöglichkeiten. Sie kritisieren allerdings die unzureichende finanzielle Ausstattung, wodurch das UNDP-Mandat in weiten Teilen nicht umsetzbar sei.

Das UNDP leidet in weiten Teilen unmittelbar an den Schwächen der gesamten operativen UN-Tätigkeiten. Ein bedeutender Strukturfehler besteht in der Übertragung von vielfältigen Aufgaben an das UNDP und in seiner übergreifenden Verantwortung, ohne es jedoch mit adäquaten Durchsetzungsinstrumenten auszustatten und politisch bei der Erfüllung der Aufgaben ausreichend zu unterstützen. Neben den UNDP-Schwächen werden allerdings die Stärken oftmals übersehen. Das UNDP bietet konzeptionell und bei der konkreten Arbeit viele wichtige Ansätze, Erfahrungen und Potentiale (Koordinierungsmechanismus der *round tables* auf Länderebene; geringe Außensteuerung der Maßnahmen, wodurch sich die Programmländer besser als bei anderen Gebern mit den Aktivitäten identifizieren können etc.). Diese Stärken sollten sehr viel mehr Beachtung in der entwicklungspolitischen Diskussion finden.

In der internationalen entwicklungspolitischen Diskussion hat das UNDP in erster Linie mit dem seit 1990 jährlich erscheinenden → *Human Development Report* (HDR) bzw. „Bericht über die menschliche Entwicklung" Aufmerksamkeit erzielen können. Das vom HDR und vom UNDP mitentwickelte und propagierte Konzept der „nachhaltigen menschlichen Entwicklung" wurde zumindest in der ersten Hälfte der 90er Jahre häufig als Kritik an der Weltbank und ihren Entwicklungsparadigmen angesehen. Der Human Development Report ist allerdings nicht mit dem UNDP und dessen Politik gleichzusetzen. Die politischen Kontroversen innerhalb des UNDP zu Beginn der 90er Jahre waren vielmehr Ausdruck dafür, daß es keine politische Mehrheit für ein UNDP gibt, das sich konzeptionell und praktisch den *Human Development Report* zu eigen macht.

In den 90er Jahren hat das UNDP selbst (d.h. eingeleitet durch den Administrator bzw. Exekutivrat) eine Reihe von *Reformen* durchgeführt. Wichtige Bemühungen waren u.a. eine inhaltliche Fokussierung des UNDP (wenn auch bislang zu zögerlich), die vollständige Erneuerung des Programmierungssystems und die deutlich stärkere Einbeziehung der Programmländer bei der Durchführung (*national execution*). Viele Anstrengungen unternahm der Administrator in der zweiten Hälfte der 90er Jahre zur internen Reorganisation und Kosteneinsparung. Diese Bemühungen führten beispielsweise zur Reduzierung der Verwaltungskosten um 19 % (1992 - 1997), zur Reduzierung des regulären Mitarbeiterstabes in der Zentrale um 31 % und zu neuen Rechenschaftsmechanismen, hatten aber auch eine „Reformmüdigkeit" im Mitarbeiterstab zur Folge.

Hinzu kommen Bemühungen des UN-Generalsekretärs zur Reform der gesamten UN-Entwicklungszusammenarbeit, von denen das UNDP vielfach in besonderer Weise betroffen ist (→ Reform der UN). So hat beispielsweise das UNDP den Vorsitz beim Exekutivausschuß der neu eingerichteten *UN-Gruppe für Entwicklung* (United Nations Development Group - UNDG), die zu einer verbesserten Koordinierung beitragen soll. Daneben gibt es zahlreiche Anstrengungen, die Verwaltungs-

und Budgetabläufe der großen UN-Fonds und -Programme anzugleichen. Auch bei dem Bemühen, durch einen einzigen Programmrahmen (*United Nations Development Assistance - UNDAF*) eine zielgerichtetere Zusammenarbeit und größere Kohärenz der verschiedenen Fonds und Programme herzustellen, spielt das UNDP eine wichtige Rolle.

Insgesamt sind die in den 90er Jahren unternommenen Bemühungen zur Reform des UNDP und dessen Einbettung in die UN positiv zu bewerten. Das UNDP hat in vielen Bereichen nur noch wenig mit dem UNDP Ende der 80er Jahre zu tun, weil es sich überwiegend zu einem entwicklungspolitisch leistungsfähigeren Akteur verändern konnte. Die Reformen werden durch die Mitgliedstaaten zwar mehrheitlich positiv bewertet, aber nicht ausreichend gewürdigt und honoriert. Hier ist ein Dilemma zu erkennen: Trotz der positiven Veränderungen ist ein zum Teil deutlich sinkendes Engagement festzustellen.

Es ist notwendig, daß sowohl bei den Programm- als auch bei den Hauptbeitragsländern das Bewußtsein über die entwicklungspolitischen „Kosten" wächst, die entstehen, wenn das UNDP nicht gestärkt, sondern weiter geschwächt wird (insbesondere wegen fehlender finanzieller Mittel und eines unzureichenden Reformwillens). Insgesamt fehlen bei vielen Mitgliedstaaten klare Vorstellungen darüber, in welcher Weise und mit welchen Instrumenten das UNDP zukünftig arbeiten sollte. Ebenso sind Fragen zur Arbeitsteilung zwischen dem UNDP einerseits und der Weltbank und anderen Gebern andererseits von einem immer größeren Gewicht. Die Frage, welches Profil ein zukünftiges UNDP besitzen soll, ist deshalb von zentraler Bedeutung und anhaltender Aktualität.

Stephan Klingebiel

Lit.: *Centre for Development Research*, Assessment *of UNDP:* Developing Capacity for Sustainable Human Development, Report Prepared for the Governments of Denmark, India, Sweden, and the United Kingdom, Kopenhagen 1996; *Gwin, C./Morrison, K. M.:* The United Nations and Development, in: United Nations Association of the United States of America (Hrsg.): A Global Agenda: Issues Before the 53rd General Assembly of the United Nations, New York 1998, 89-102; *Klingebiel, S.:* Leistungsfähigkeit und Reform des Entwicklungsprogramms der Vereinten Nationen (UNDP), Köln 1998; *Sahlmann, H./Blank, B.:* UNDP - United Nations Development Programme, in: Wolfrum, R. (Hrsg.): United Nations: Law, Policies and Practice, Vol. 2, München u.a. 1995, 1284-1290; *UNDP:* UNDP 1996/1997 Annual Report, New York 1997.
Internet: Hompeage des UNDP: http://www.undp.org

UNEP – Umweltprogramm der Vereinten Nationen

Das *Umweltprogramm der Vereinten Nationen (United Nations Environment Programme – UNEP)* wurde 1972 als Ergebnis der ersten *UN-Umweltkonferenz* (→ Weltkonferenzen) in Stockholm gegründet. Als „Programm" hat es einen Status unterhalb einer eigenständigen → Sonderorganisation (→ Haupt-/Neben-/Vertragsorgane), vergleichbar mit → UNDP. UNEP ist die einzige UN-Einrichtung, die in einem Dritte-Welt-Land residiert, nämlich in Nairobi (→ UN-Platz Nairobi). Gegenwärtiger *Exekutivdirektor* ist der ehemalige Bundesumweltminister Dr. Klaus Töpfer, der mit enormem Einsatz versucht, UNEP im globalen Institutionengefüge (→ UN-System) wieder etwas aufzuwerten und die unter seiner Vorgängerin Elizabeth Dowdeswell etwas ineffizient gewordene interne Organisation von UNEP für diese Anforderungen fit zu machen.

Oberstes Entscheidungsgremium von UNEP ist der *Verwaltungsrat* (Governing Council), dem 58 Staaten angehören, die von der UN-Generalversammlung (→ Generalversammlung) für 4 Jahre gewählt werden. Der regionale Schlüssel sieht folgendermaßen aus: 16 Afrika, 13 Asien, 6 Osteuropa, 13 Westeuropa und andere, 10 Lateinamerika. Der Haushalt fällt mit etwa 100

Millionen Dollar für jeweils 2 Jahre recht bescheiden aus. UNEP unterhält neben der Zentrale auch noch einige *Regionalbüros*: New York (Nordamerika), Genf (Europa), Bangkok (Asien/Pazifik), Mexico City (Lateinamerika/Karibik), Bahrain (Westasien) sowie Nairobi (Afrika). Alle diese Regionalbüros arbeiten mit minimaler Personal- und Finanzausstattung und sind teilweise in erheblichem Umfang auf „Drittmittel" und Unterstützung durch „National Focal Points" (teilweise → NGOs, teilweise halbstaatliche Organisationen) angewiesen.

Die Aufgaben des UNEP

Die *Aktivitäten von UNEP* konzentrieren sich zu einem erheblichen Teil darauf, *Kooperationen* mit anderen globalen, regionalen oder nationalen Institutionen sowie zunehmend auch der Wirtschaft zu initiieren und zu versuchen, dort Umweltbelange stärker zur Geltung zu bringen (→ Umweltschutz). UNEP spielt auch eine wichtige Rolle dabei, *Informationen* zu sammeln und mit der Autorität einer UN-Organisation für Entscheidungsträger verfügbar zu machen, oft in Kooperation mit anderen UN-Organisationen. Besonders erwähnenswert ist der jährliche „*Global Environment Outlook – State of the Environment*", der in einem kooperativen Prozess mit regionalen und nationalen Institutionen erarbeitet wird, und die damit zusammenhängende *GRID (Global Resource Information Database)* und das *GEMS (Global Environment Monitoring System)*. 1995 erstellte UNEP den „*Global Biodiversity Assessment Report*", die bis dato umfassendste Biodiversitäts-Bestandsaufnahme. UNEP spielt auch eine wichtige Rolle im *Meeresschutz* durch sein Regional Seas Programme und seine Sekretariatsrolle für das 1995 beschlossene „Global Programme of Action for the Protection of the Marine Environment from Land-Based Activities".

UNEP ist auch ein aktiver *Partner bei der Initiierung von neuen Kooperationsmodellen.* So initiierte UNEP eine gemeinsame Erklärung mit Versicherungen und Banken, Umweltaspekte stärker in der Geschäftspolitik zu berücksichtigen. In Paris unterhält UNEP eine *Industry and Environment Unit*, die das UNEP-Programm „Nachhaltige Produktion und Konsum" koordiniert, mit dem versucht wird, entsprechende Kooperationen mit der Industrie herzustellen (http://www. unepie.org).

UNEP bildet weiterhin das *Sekretariat für eine Reihe von internationalen Umweltabkommen*, wie etwa der Baseler Konvention über den grenzüberschreitenden Verkehr giftiger Abfälle, des Washingtoner Artenschutzabkommens (CITES) oder der Konvention über wandernde Tierarten. Bei Verhandlungsprozessen für neue Abkommen, wie derzeit über das Verbot der POPs (Persistent Organic Pollutants; besonders langlebige Umweltgifte wie etwa DDT) spielt UNEP eine wichtige Rolle. *Kooperationsbeziehungen* existieren zu den Sekretariaten der anderen *Umweltkonventionen*; die gelegentlich vorgebrachten Vorschläge für eine *Integration* dieser in Orten wie Bonn oder Montreal angesiedelten *Sekretariate* dürften allein schon wegen der Standortfrage keine realistische Chance haben. Es bestehen im UN-System aber auch vor allem von Seiten der Entwicklungsländer, die in starken internationalen Umweltinstitutionen schnell die Keimzelle eines westlichen Ökoimperialismus oder –protektionismus wittern, erhebliche politische Widerstände gegen solche Aufwertungen von UNEP.

Immer wieder wird die Meinung geäußert, daß seit der *zweiten UN-Umweltkonferenz*, dem „Erdgipfel" von Rio 1992, UNEP erheblich im Follow-up von Rio an Einfluss verloren habe. Weder wurde in der „*Agenda 21*" eine klare Rolle für UNEP definiert, noch gelang es UNEP wirklich, eine koordinierende Funktion zwischen den verschiedenen Konventionssekretariaten oder gar den diversen globalen Umweltinstitutionen und mächtigeren Institutionen wie der WTO (→ WTO/GATT) oder der Weltbank (→ Weltbank/gruppe) auszuüben. Da es aber auch der in Rio gebildeten *Commission on Sustainable Development (→ CSD)* nicht gelang, eine solche Rolle auszufüllen, bleibt dieses Vakuum ungefüllt. Die Widerstände dagegen, es zu füllen, sind jedoch vor allem auch unter der Gruppe der 77 (→ Gruppe der 77 und die UN) erheblich. Bei der 19. Verwaltungsratssitzung 1997 traten deutliche Spannungen zwischen den Mitgliedstaaten zutage; mit einer *„Nairobi Declaration"* (Annex zum UNEP-Dokument GC19/1/ 1997 vom 7.2.1997) wurde UNEPs künftige Rolle definiert. Ein Hauptkritikpunkt insbesondere nördlicher Umweltminister war der übergroße Einfluss des Ausschusses der Ständigen Vertreter auf die täglichen Abläufe in der Organisation; erst mit der Androhung von Finanzsperren und einer außerordentlichen Sitzung im April 1997 konnten hier Fortschritte erzielt werden. In diesem Kontext muss auch die Wahl Töpfers gesehen werden, der sein Amt Anfang 1998 antrat.

Reform des UNEP

Im Rahmen seiner UN-Reformbemühungen (→ Reform der UN) setzte → Generalsekretär Annan auch eine *Task Force on Environment and Human Settlements* unter Vorsitz von Klaus Töpfer ein, die Vorschläge für die Zukunft der beiden in Nairobi angesiedelten UN-Institutionen machen sollte. In dem am 15.Juni 1998 vorgelegten Bericht der Task Force (*United Nations* 1998) wurden neben der Unterstützung für den vom Verwaltungsrat eingeleiteten Reformprozeß viele Vorschläge zur Stärkung des UN-Standorts Nairobi, insbesondere von UNEP, gemacht. Bemerkenswert war an dem Bericht die große Offenheit, mit der kritisiert wurde, daß Regierungen in den verschiedenen Institutionen auf globaler Ebene so unterschiedliche Positionen einnehmen, und UNEP sich anbot, die Regierungen dabei zu unterstützen, hier stärkere Konsistenz zu erzielen. Der UNEP-Verwaltungsrat sollte zu einem jährlich tagenden globalen Umweltforum auf Ministerebene aufgewertet werden, auf dem die gesamte Umwelt-Agenda der UNO diskutiert werden soll – faktisch wäre das allerdings eine „Wegrationalisierung" der CSD. Die von Annan in seinem Reformvorschlag („Renewing the UN: A Programme for Reform"- Secretary General's Report, 14 July 1997, UN Doc. A/51/950) ins Spiel gebrachte Neubelebung des → Treuhandrats (Trusteeship Council) wird nur erwähnt; von dem direkten Vorschlag einer *Weltumweltorganisation* sah die Task Force ab und schlug stattdessen vor, den UNEP-Exekutivdirektor damit zu beauftragen, umfassende Konsultationen für „institutionelle Arrangements" für die Umweltherausforderungen des nächsten Jahrhunderts zu unternehmen.

Auch Bundeskanzler Helmut Kohl war mit seiner Rede bei der Sondertagung der UN-Generalversammlung im Juli 1997 („5 Jahre nach Rio") auf wenig Resonanz gestoßen, als er die mittelfristige Schaffung einer Weltumweltorganisation auf der Basis von UNEP gefordert hatte. Es blieb ironischerweise dem WTO-Generaldirektor Ruggiero vorbehalten, im März 1999 beim WTO High Level Symposium über Handel und Umwelt in Genf unzweideutig eine Welt-Umweltorganisation zu fordern, die ein institutionelles Gegenstück zur WTO werden müsse. Versuche der beiden Sekretariate von UNEP und WTO, enger zu kooperieren, werden vor allem von der Gruppe der 77 mit größtem Mißtrauen begleitet, denn Umweltbelange in den Welthandel zu integrieren ist für viele ein Versuch von Protektionismus durch die Industrieländer.

Ob es UNEP letztlich gelingen wird, spürbare Schritte in eine solche Richtung zu gehen, wird nicht nur von der Bereitschaft der diversen UN-Umweltgremien abhängen, sich entsprechend von UNEP ernsthaft koordinieren zu lassen. Es wird vor allen Dingen davon abhängen, ob die einzelnen Staaten bereit sind, so etwas zuzulassen. Erst wenn es Umweltministerien national schaffen, ihren Einfluß gegen Wirtschafts-, Handels- und Finanzministerien entsprechend zu stärken, werden sie auch in der Lage sein, auf der globalen Ebene andere Kräfteverhältnisse zu installieren. Danach sieht es zur Zeit nicht aus.

Jürgen Maier

Lit.: *Kilian, M.:* UNEP, in: Wolfrum, R. (Hrsg.): Handbuch Vereinte Nationen, 2. Aufl., München 1991, 908-915, *UNEP:* Annual Report of the Executive Director jährlich); *UNEP:* The State of World Environment (jährlich); *UNEP:* Industry and Enviroment (vierteljährlich); *UNEP:* UNEP News (alle zwei Monate); *United Nations Task Force on Environment and Human Settlements:* Report to the Secretary-General, 15 June 1998, New York 1998.
Internet: Homepage des UNEP: http://www.unep.org; UNEP Industry and Environment Unit: http://www.unepie.org/; International Institute for Sustainable Development, Earth Negotiations Bulletin (tägliche Berichte über UNEP-Verwaltungsratssitzungen und andere wichtige UNEP-Tagungen): http://www. iisd.ca

UNESCO – Organisation der Vereinten Nationen für Erziehung, Wissenschaft und Kultur

I. Einleitung

Die Gründung der UNESCO (United National Educational, Scientific and Cultural Organization; dt. Organisation der Vereinten Nationen für Erziehung, Wissenschaft und Kultur) geht auf eine Initiative der während des Zweiten Weltkrieges eingesetzten Konferenz der Alliierten Erziehungsminister zurück. Auch der Charta der Vereinten Nationen (→ Charta der UN) ist zu entnehmen, daß die Gründung einer internationalen Organisation für Erziehung und Kultur vorgesehen war (vgl. Art. 13, 55 und 62 UN-Charta).

Am 16. November 1945 unterzeichneten die Vertreter von 37 Staaten in London die Verfassung der UNESCO, in deren *Präambel* - noch unter dem Eindruck der Verbrechen des Faschismus gegen die Menschheit - die Vertragsstaaten erklärten, daß, da Kriege im Geiste der Menschen entstehen, auch die Bollwerke des Friedens im Geiste der Menschheit errichtet werden

müssen". Diese ideelle Leitidee – Abbau von Feindbildern, positiver Friedensbegriff (→ Frieden/-sbegriff/-sbedrohung) – ist es, welche die Hoffnung auf die Erziehung zum idealen Menschen als grundlegende Voraussetzung zur Sicherung des Weltfriedens zum Ausdruck bringt.

Die Gründer der UNESCO konnten auf Vorbilder zurückgreifen. 1922 beschloß der Völkerbundrat (→ Völkerbund) die Errichtung eines *Internationalen Ausschusses für Geistige Zusammenarbeit*, der sich aus 12, später 15 hervorragenden Wissenschaftlern aus den Mitgliedstaaten zusammensetzte und als Beratungsorgan fungierte, jedoch über keinen eigenen Verwaltungsapparat verfügte. 1925 beschloß dann Frankreich auf Wunsch Bundesversammlung des Völkerbundes, ein rechtlich selbständiges *Internationales Institut für Geistige Zusammenarbeit* mit eigenem Sekretariat zu gründen. Der Internationale Ausschuß für Geistige Zusammenarbeit blieb erhalten und fungierte als Kuratorium des Instituts.

Von Anfang an befand sich die UNESCO im Spannungsfeld zahlreicher Konflikte: Sollte es sich um eine staatliche oder nichtstaatliche Organisation handeln? Sollte die Organisation nur die Tätigkeitsfelder Erziehung und Kultur („UNECO") umfassen oder weitere Bereiche, wie Wissenschaft und Kultur, mit einbeziehen? Sollte die UNESCO auf der Grundlage einer allgemein anerkannten Idee im Sinne eines weltweiten wissenschaftlichen Humanismus arbeiten, oder sollte sie sich streng funktionalistisch auf von der Mehrheit ihrer Mitglieder getragene praktische Tätigkeiten beschränken?

II. Ziele und Aufgaben

Die Verfassung der UNESCO trat am 4. November 1946 in Kraft; am 14 Dezember 1946 wurde gemäß Artikel 57 und 63 der → UN-Charta des von der UNESCO mit dem → Wirtschafts- und Sozialrat (ECOSOC) geschlossene Abkommen über den Status einer → Sonderorganisation der Vereinten Nationen genehmigt.

Ziel der UNESCO ist es, „durch Förderung der Zusammenarbeit zwischen den Völkern auf den Gebieten der Erziehung, Wissenschaft und Kultur zur Wahrung des Friedens und der Sicherheit beizutragen, um in der ganzen Welt die Achtung vor Recht und Gerechtigkeit, vor den Menschenrechten und Grundfreiheiten zu stärken, die den Völkern der Welt ohne Unterschied der Rasse, des Geschlechts, der Sprache oder Religion durch die Charta der Vereinten Nationen bestätigt worden sind".

Um dieses Ziel zu verwirklichen, hat die UNESCO entsprechend ihrer Verfassung die Aufgaben,

- die gegenseitige Kenntnis und das gegenseitige Verständnis der Völker durch Benutzung der Medien zu fördern und dafür internationale Abkommen zu empfehlen, die den freien Austausch von Ideen durch Wort und Bild erleichtern;

- der Volksbildung und der Verbreitung der Kultur neue Impulse zu geben;

- Kenntnisse zu bewahren, zu vertiefen und zu verbreiten, und zwar durch internationale Abkommen zur Erhaltung und zum Schutze des Erbes der Welt in Büchern, Kunstwerken und Denkmälern der Geschichte und Wissenschaft, durch die Förderung der internationalen Zusammenarbeit in allen Bereichen des geistigen Lebens und durch Methoden, die es erlauben, allen Völkern die Veröffentlichungen aller anderen Völker zugänglich zu machen.

Die konkrete Umsetzung dieser Zielsetzungen erfolgt durch *sechsjährige mittelfristige Pläne* („C/4"-Dokumente) und *zweijährige Programme* mit entsprechenden Haushaltsplänen („C/5"-Dokumente). Die 28. Generalkonferenz hat im Spätherbst 1995 den neuen, vierten mittelfristigen Plan für 1996-2001 beschlossen; im Spätherbst 1999 werden das Zwei-Jahres-Programm 2000-2001 und der entsprechende Haushalt verabschiedet. Damit hat die UNESCO die Chance, ihren vierten

Mittelfristplan erfolgreich umzusetzen, der - in Anlehnung an die beiden Berichte des UN-Generalsekretärs (→ Generalsekretär) → „Agenda für den Frieden" und →„Agenda für Entwicklung" - Strategien im Rahmen ihrer Kompetenzbereiche zum Inhalt hat, die zur Friedensschaffung und zur Entwicklung beitragen sollen.

III. Mitgliedschaft

Nach der UNESCO-Verfassung berechtigt die → Mitgliedschaft in den Vereinten Nationen auch zur *Mitgliedschaft* in der UNESCO. Staaten, die nicht UN-Mitglied sind, können auf Empfehlung des Exekutivrates von der Generalkonferenz mit Zwei-Drittel-Mehrheit als Mitglieder ausgenommen werden. Die Bundesrepublik Deutschland ist seit dem 11. Juli 1951 Mitglied der UNESCO.

Die Mitgliederzahl der UNESCO stieg zwischen 1946 und 1956 von 28 auf 80 und erhöhte sich bis 1984 auf 161. Anfang der 90er Jahre erfolgte ein weiterer Anstieg durch die Veränderungen in Mittel- und Osteuropa sowie den Zerfall der ehemaligen UdSSR. Heute hat die UNESCO 186 Mitglieder sowie 3 assoziierte Mitglieder.

Die USA und Großbritannien traten Mitte der 80er Jahre aus der Organisation aus, der sie u.a. eine starke Politisierung und ein schlechtes internes Management vorwarfen. Während Großbritannien wieder in die Organisation zurückgekehrt ist, weigern sich die USA weiterhin, der UNESCO wieder beizutreten (→ USA, UN-Politik; → Großbritannien, UN-Politik)

IV. Organisationsstruktur

Organe der UNESCO sind die *Generalkonferenz*, der *Exekutivrat* und das *Sekretariat*, an deren Spitze der *Generaldirektor* steht: Die Generalkonferenz als oberstes Entscheidungs- und Kontrollorgan der UNESCO tritt (seit 1954) alle zwei Jahre zu einer ordentlichen Tagung zusammen. Es gilt zwar der Grundsatz „Ein Staat - eine Stimme", aber seit Mitte der 70er Jahre hat sich die Praxis durchgesetzt, Beschlüsse einvernehmlich, d. h. im Konsensus-Verfahren zu fassen. Die Generalkonferenz wählt auch die Mitglieder des Exekutivrates, der seit 1995 aus 58 Mitgliedstaaten besteht und mindestens zweimal jährlich zusammentritt. Er fungiert als Bindeglied zwischen Generalkonferenz und Sekretariat.

Im Laufe der letzten 50 Jahre ist eine zunehmende „Verstaatlichung" des *Exekutivrates* festzustellen, was einerseits zu einer stärkeren politisch-administrativen Kontrolle des Generaldirektors, andererseits zu einem deutlichen Abflachen des geistig-intellektuellen Niveaus der Debatten geführt hat - sehr zum Schaden der UNESCO. Bis 1954 wurden die Mitglieder als Privatpersonen, als Vertreter des Geisteslebens gewählt, die im Auftrage der Generalkonferenz handeln sollten. Danach - im Gefolge des Kalten Krieges eine Kompromißlösung - handelte es sich nicht mehr nur um unabhängige Vertreter der Generalkonferenz, sondern zugleich um Politiker, welche die Staaten vertreten, aus denen sie stammen; sofortige Wiederwahl nach vierjähriger Amtszeit war nicht möglich. Seit 1993 werden reine Staatenvertreter gewählt, „um die Effizienz der UNESCO zu erhöhen" (Japan); sofortige Wiederwahl ist möglich.

Das *Sekretariat* mit derzeit etwa 2200 Mitarbeitern (Hauptsitz: Paris) wird von einem Generaldirektor (seit 1987: Federico Mayor, Spanien) geleitet, der auf Vorschlag des Exekutivrates von der Generalkonferenz für eine Amtszeit von sechs Jahren gewählt wird; eine einmalige Wiederwahl ist möglich. Das Sekretariat ist in mehrere Abteilungen gegliedert, welche die unterschiedlichen Arbeitsbereiche der UNESCO abdecken. Angesichts der vielfältigen Aufgaben der UNESCO führt das konkurrierende Denken und Handeln in Abteilungen zu erheblichen Koordinierungsproblemen. Die Forderungen einerseits nach einer stärkeren Konzentration der Aktivitäten und andererseits nach einer Sicherung von multidisziplinärer Orientierung führen zu konfliktreichen Programmdiskussionen mit oftmals widersprüchlichen Kompromiß-Strategien.

Einzigartig unter den Sonderorganisationen der UN ist die in der UNESCO-Verfassung enthaltene Empfehlung, *Nationale UNESCO-Kommissionen* einzurichten, die in einer Brückenfunktion zwei Aufgaben in den Mitgliedstaaten erfüllen, nämlich einerseits Beratung der Regierung und Information der Öffentlichkeit und andererseits als UNESCO-Verbindungsstelle, um die vielfältigen Konflikte zu den zahlreichen nationalen nichtstaatlichen Organisationen (→ NGOs) zu pflegen und damit auch als Koordinierungsstelle für die Umsetzung des UNESCO-Programms zu fungieren.

V. Arbeitsschwerpunkte

Im *Bildungsbereich* liegen die Schwerpunkte weiterhin bei der Alphabetisierung und Grundbildung für alle sowie neuerdings bei der beruflichen Bildung. 1995 wurde der unter Leitung von Jacques Delors erstellte Bericht „Bildung für das 21. Jahrhundert" vorgestellt, von dem auch Impulse für eine neue Schwerpunktsetzung erwartet werden. Konkrete Arbeit im Rahmen einer internationalen Friedenserziehung leisten weltweit über 5000 UNESCO-Projektschulen in 159 Staaten, denen in Deutschland 126 Schulen angeschlossen sind.

In den Arbeitsbereichen *Natur- und Sozialwissenschaften* fördert die UNESCO insbesondere in den Entwicklungsländern den Auf- und Ausbau von wissenschaftlichen Forschungs- und Ausbildungsinstitutionen sowie von internationalen Netzwerken wissenschaftlicher und technischer Grundlagenforschung (u. a. in der Umweltforschung und der Gestaltung des gesellschaftlichen Wandels).

Im Arbeitsbereich *Kultur* ist der berühmteste Schwerpunkt die Liste des *Weltkulturerbes* zum Schutze bedeutender Kultur- und Naturstätten. Diese Liste umfaßt heute insgesamt 582 Denkmäler, darunter 20 in Deutschland (Stand: Januar 1999), die unter dem

Schutz der Internationalen Konvention für das Kultur- und Naturerbe der Menschheit stehen (→ Gemeinsames Erbe der Menschheit).

Im Arbeitsbereich *Kommunikation* setzt sich die UNESCO weltweit für das Recht auf Presse- und Informationsfreiheit ein. Fachbereichsübergreifend bemüht sich die UNESCO um die Verbesserung des internationalen Informationsaustausches.

Der Arbeitsbereich *Kultur des Friedens* widmet sich fachübergreifend und interdisziplinär der Entwicklung und Erprobung von Methoden nichtmilitärischer Konfliktvorbeugung und –vorsorge sowie der internationalen Friedenserziehung.

VI. Finanzierung

Die Generalkonferenz verabschiedet den durch den Generaldirektor gemeinsam mit dem Zwei-Jahres-Programm vorbereiteten und vom Exekutivrat empfohlenen Haushalt und legt die Beitragsschlüssel für die einzelnen Mitglieder zum ordentlichen Haushalt fest, die sich an der Beitragstabelle der UNO orientieren.

Bedingt durch die Nichtmitgliedschaft der USA liegen die Anteile der fünf größten Beitragszahler höher als in der UNO: 1998 zahlten Japan 26,653, Deutschland 12,668, Frankreich 8,543, Italien 7,096 und Großbritannien 6,677 Prozent. Der ordentliche Haushalt für 1998 betrug 272,184 Mill. US-Dollar; dies entspricht etwa 50 % einer mittelgroßen Universität in Deutschland. Der Beitrag Deutschlands an die UNESCO betrug 1998 etwa 34 Mill. US-Dollar.

VII. Ausblick

Das Arbeitsfeld der UNESCO ist unvergleichlich breit gefächert; ihre Aufgabenfelder wurden immer vielfältiger und sollen heute die großen Probleme mit einem sehr geringen Haushaltsvolumen weltweit abdecken - durch Artikulation ihrer globalen Abhängigkeiten und durch Lösungsvorschläge zu ihrer Beseitigung, durch Verstärkung der internationalen Solidarität, um das Überleben der Menschheit zu sichern.

Die UNESCO kann daher nur bescheidene Funktionen erfüllen - sie kann ein *intellektuelles Forum* anbieten, auf dem Ideen, Meinungen und Erfahrungen zu aktuellen Erziehungs-, Kultur- und Wissenschaftsproblemen ausgetauscht werden. Sie kann ferner in ihrer Funktion als Denkfabrik Anstöße liefern, Konzeptionen entwickeln und Projekte entwerfen sowie Versuchsprogramme finanzieren (Multiplikatorfunktion). Außerdem erfüllt die UNESCO eine Service-Funktion in der ständigen Informationsverarbeitung und -aufbereitung auf all ihren Arbeitsfeldern. Schließlich kann sie über Rechtsinstrumente, wie Konventionen, Abkommen und Protokolle, die internationale Zusammenarbeit fördern.

Klaus Hüfner

Lit.: *Bernecker, R.* (Hrsg.): Kultur und Entwicklung. Zur Umsetzung des Stockholmer Aktionsplans, Bonn 1998; *Deutsche UNESCO-Kommission* (Hrsg.): Lernfähigkeit: Unser verborgener Reichtum. UNESCO-Bericht zur Bildung für das 21. Jahrhundert, Neuwied 1997; *Deutsche UNESCO-Kommission* (Hrsg.): Kultur des Friedens. Ein neues UNESCO-Projekt zur Erhaltung des Weltfriedens, Bonn 1998; *Hüfner, K./Reuther, W.* (Hrsg.): UNESCO-Handbuch, Neuwied 1996; *UNESCO*: Mittelfristige Strategie der UNESCO 1996-2001. Bonn 1997.
Internet: Homepage der UNESCO: http://www.unesco.org

UNFPA – Bevölkerungsfonds der Vereinten Nationen

Der Bevölkerungsfonds der Vereinten Nationen (United Nations Population Fund) wurde ursprünglich 1967 als UN Trust Fund gegründet, nachdem die → Generalversammlung sich mit der Resolution 2211 (XXI) im Dezember 1966 für die Förderung bevölkerungspolitischer Programme ausgesprochen hatte. In den drei Jahrzehnten praktischer Arbeit hat sich UNFPA zum Zentrum der weltweiten Unterstützung von Bevölkerungspolitik und „reproductive health" entwickelt. Institutionell ist UNFPA mit → UNDP verschwistert und untersteht dem gleichen, vom →

Wirtschafts- und Sozialrat (ECOSOC) gewählten *Exekutivrat*. Im übrigen ist UNFPA ein eigenständiges Programm der Vereinten Nationen, das in jüngerer Zeit stärker in die Bemühungen um UN-Reform und -koordinierung (→ Reform der UN; → Koordinierungssystem der UN) einbezogen ist und in der gemeinsamen Entwicklungsgruppe der Vereinten Nationen (United Nations Development Group – UNDG) mit UNDP, → UNICEF und → WFP zusammenarbeitet (→ Sekretariat).

In den Industrieländern ist UNFPA vor allem durch die jährliche Herausgabe des *Weltbevölkerungsberichtes* und durch die Führungsrolle bei der Durchführung der im Abstand von zehn Jahren veranstalteten *Weltbevölkerungskonferenzen* (Bukarest 1974, Mexiko 1984) bekannt, die 1994 in der Konferenz der Vereinten Nationen über Bevölkerung und Entwicklung (ICPD) in Kairo gipfelten (→ Weltkonferenzen). Das dort verabschiedete ICPD-Aktionsprogramm soll im Februar 1999 im Rahmen einer internationalen Fachtagung in den Niederlanden evaluiert werden. Es enthält einen weitgespannten Katalog von Zielen und Maßnahmen bevölkerungs-, migrations-, frauen-, familien- und gesundheitspolitischer Ausrichtung. Industrie- und Entwicklungsländer verpflichten sich gleichzeitig zur Förderung von bevölkerungspolitischen Programmen auf nationaler und internationaler Ebene. Damit ist ein konkreter Rahmen für eine Weltbevölkerungspolitik mit quantitativen Zielen für Grundschulbildung, Müttersterblichkeit und Zugang zu Familienplanungsdiensten usw., aber auch für die Finanzierung der Programme vorgezeichnet. Ein Drittel der Kosten soll von den Geberländern des Nordens übernommen werden.

In den Entwicklungsländern kennt man UNFPA in erster Linie durch die mit der Regierung vereinbarten Länderprogramme. Je nach den Gegebenheiten des Landes kann deren Schwerpunkt im Bereich der Demographie (z.B. in der Hilfestellung bei der Durchführung von Volkszählungen und For-

schung), in der Familienplanung, in den Gesundheitsbereichen „Mutter und Kind" und „reproduktive Gesundheit", in der Sexualerziehung, in der Bekämpfung von HIV/AIDS oder auch in der Frauenförderung liegen. Hier arbeitet UNFPA eng mit den UN-Fachorganisationen (→ Sonderorganisationen) und anderen internationalen Organisationen (wie z. B. International Planned Parenthood Federation - IPPF) zusammen. Leitendes Prinzip ist stets die Förderung der Eigenständigkeit. Das UNFPA arbeitet in 150 Ländern und ist in den meisten von ihnen durch einen *Programmdirektor* (country director) vertreten. Fachliche Beratung wird von regionalen technischen Zentren des UNFPA geleistet.

Der Fonds finanziert sich durch freiwillige Beiträge von Regierungen und (in geringem Maße) durch Spenden von Privatpersonen und Stiftungen. Insgesamt wird UNFPA von über einhundert Regierungen unterstützt. Wegen der kulturell und politisch häufig sensitiven Bereiche dieser Arbeit ziehen die meisten Geberstaaten der OECD es vor, die Bevölkerungspolitik multilateral zu fördern. Dadurch kommt UNFPA als dem größten international finanzierten Programm eine deutliche Priorität in diesem Feld internationaler Entwicklungszusammenarbeit (→ Entwicklungszusammenarbeit der UN) zu.

Bedauerlicherweise ist das Verhältnis von UNFPA zu der Gastgebernation seiner New Yorker Zentrale durch unglückliche Irritationen getrübt. Obwohl der Bevölkerungsfonds seine Existenz nicht zuletzt der Initiative und ursprünglichen Unterstützung der Vereinigten Staaten verdankt, haben die USA in den letzten beiden Jahrzehnten wiederholt die Förderung von UNFPA abgelehnt. Während die US-Regierung auf der ICPD in Kairo und seither ihre inhaltliche und finanzielle Unterstützung signalisierte, hat der amerikanische Kongreß inzwischen wiederum mit der Verabschiedung des Entwicklungshilfeetats für das Haushaltsjahr 1999 sein Veto gegen eine Finanzierung von UNFPA verbunden. Zur Begründung dieser Entscheidung wird seit Jahren irrtümlich darauf hingewiesen, UNFPA unterstütze in China menschenrechtsfeindliche Bevölkerungsprogramme. Den Ausfall der Mittel hat UNFPA durch erhöhte Zuschüsse anderer Staaten im wesentlichen ausgleichen können. Aber der Vorgang zeigt doch an, daß die grundsätzlichen Bedenken gegen Familienplanung, die hinter einer solchen Entscheidung verborgen sein dürften, auch nach Kairo keineswegs überall ausgeräumt sind.

Es steht zu hoffen, daß der Clinton-Administration hier in Zukunft eine Korrektur gelingt. Jedenfalls darf der Fall nicht überbewertet werden. Insgesamt kann man sagen, daß es UNFPA in den drei Jahrzehnten seiner Tätigkeit gelungen ist,
- ein tragfähiges Konzept für eine Weltbevölkerungspolitik zu entwickeln und in der internationalen Gemeinschaft zu einem weitgehenden Konsens zu führen;
- die Abstimmung und Koordinierung der internationalen Förderung im Bevölkerungsbereich zu gestalten und
- in Partnerschaft mit den Regierungen der Entwicklungsländer solide und anerkannte Programme der Beratung und Unterstützung in diesem Bereich aufzubauen.

UNFPA gilt deshalb mit Recht als ein Erfolgsprojekt der Vereinten Nationen.

Manfred Kulessa

Lit.: Deutsche Gesellschaft für die Vereinten Nationen/Deutsche Stiftung Weltbevölkerung (Hrsg.) : Weltbevölkerung und Entwicklung - Eine Textsammlung, Bonn/ Hannover 1994; Deutsche Gesellschaft für die Vereinten Nationen (Hrsg.): Aktionsprogramm der Konferenz der Vereinten Nationen über Bevölkerung und Entwicklung, Bonn 1994; Deutsche Gesellschaft für die Vereinten Nationen (Hrsg.) : UNFPA-Informationsdienst, erscheint laufend; UNFPA (Hrsg.): Weltbevölkerungsbericht, erscheint jährlich in deutscher Ausgabe in Bonn; Wittrin, H.: UNFPA - Bevölkerungsfonds der Vereinten Nationen, in: Wolfrum, R. (Hrsg.): Handbuch Vereinte Nationen, 2. Aufl., München 1991, 925-931.
Internet: Homepage des UNFPA: http:// www.unfpa.org

UN-Guards

Die nach US-Polizeivorbild blau gekleideten „UN Guards" (offizielle dt. Übersetzung: „Sicherheitskräfte", de facto „Wachpersonal") der UN-Einrichtungen, insbesondere in dem „UN-Sitz New York sowie den UN-Büros in Genf, Wien und Nairobi, sind oft die für den Außenstehenden zuerst sichtbaren Vertreter der Weltorganisation. Ihre Aufgabe besteht vor allem im Wach- und Sicherungsdienst an den Eingängen und in den UN-Anlagen. Darüber hinaus sind „UN-Guards" auch in kleineren UN-Verwaltungszentren sowie in einzelnen UN-Missionen vor Ort zu finden.

Da es nach 1945 nicht gelang, stehende UN-Truppen zu errichten, schlug UN-Generalsekretär (→ Generalsekretär) Trygve Lie 1948 die Schaffung einer „UN Guard Force" zur Unterstützung von UN-Missionen im Feld vor, die zunächst 800 Mann zählen sollte. Dieser Plan,der UNO eine eigene (para)-militärische Komponente zu geben, scheiterte am Widerstand vor allem der Sowjetunion und ihrer Bündnispartner im Warschauer Pakt. Aus dem Plan von 1948 entstand schließlich der UN Field Service als nicht uniformierte Verwaltungs- und Versorgungskomponente für → Friedenstruppen bzw. → Friedensoperationen.

1991 wurde zum Schutz der → UNHCR-Hilfslieferungen für kurdische Flüchtlinge im Irak nach dem Golfkrieg ein eigenes „UN Guards Contingent in Iraq" aufgestellt, das 500 Mann zählte, die – neben einem Kern von UN Guards – von mehreren Mitgliedstaaten gestellt wurden. Da die Angehörigen dieser Formation nicht ihre nationalen Uniformen, sondern einheitlich die blauen Uniformen der UN Guards trugen, ist dieser Einsatz bemerkenswert als Experiment einer „internationalen Truppe". Allerdings erwiesen sich die UN Guards nicht als geeignete Trägerorganisation für einen Polizeieinsatz im Feld.

Erwin A. Schmidl

Lit.: *Schmidl, E.A:* Police in Peace Operations, Wien 1998.

UNHCR – Hoher Flüchtlingskommissar der Vereinten Nationen

Am 3. Dezember 1949 verabschiedete die UN-Generalversammlung (→ Generalversammlung) eine Resolution, in der die Verantwortung der UN für den internationalen Schutz von Flüchtlingen anerkannt wurde (GA Res. 319 (IV)). Gleichzeitig wurde beschlossen, zur Erfüllung dieser Aufgabe zum 1. Januar 1951 das Amt des Hohen Flüchtlingskommissars der Vereinten Nationen (United Nations High Commissioner for Refugees - UNHCR) einzurichten. Die UN-Generalversammlung hat in den folgenden fast 50 Jahren acht Hochkommissare an die Spitze dieses Amtes berufen.

Zunächst für nur drei Jahre ins Leben gerufen, ist das UNHCR-Mandat von der UN-Generalversammlung seit 1954 regelmäßig um fünf Jahre verlängert worden. Das derzeitige Mandat läuft bis zum 31. Dezember 2003.

Laut seiner Satzung (GA Res. 428 (V) vom 14.12.1950) ist UNHCR eine strikt humanitäre und unpolitische Organisation. Hauptfunktion: Flüchtlingen „internationalen Rechtsschutz" zu sichern. Die Statuten wurden seit der Gründung des Amtes nicht verändert. Seine Zuständigkeit erstreckt sich demnach zunächst auf jene Personen, die nach mehreren Abkommen aus den 20er und 30er Jahren und der Verfassung der UNHCR-Vorläuferorganisation IRO (International Refugee Organisation) als Flüchtlinge gelten sowie auf Staatenlose und Flüchtlinge, die aus begründeter Furcht vor Verfolgung wegen ihrer Rasse, Religion, Nationalität oder wegen ihrer politischen Meinung ihr Heimatland verlassen mußten und deshalb dorthin nicht zurückkehren können oder wollen. Später wurde das Aufgabengebiet des Amtes schrittweise auf bestimmte andere Kategorien von Personen ausgeweitet, die sich in flüchtlingsähnlichen Situationen befinden. Nicht unter das Mandat von UNHCR fallen jedoch Flüchtlinge, die unter der Obhut einer anderen UN-Organisation stehen, z.B. palästinensische Flüchtlinge (→ UNRWA).

Der internationale Schutz von Flüchtlingen ist bis heute das raison d´étre des Amtes, dessen Tätigkeit wiederum eng mit der *Genfer Flüchtlingskonvention* verbunden ist. Dieses Abkommen wird oftmals als Magna Charta des internationalen Flüchtlingsrechts bezeichnet. Sie wurde zeitgleich zur Gründung von UNHCR ausgearbeitet und am 28. Juli 1951 von einer UN-Bevollmächtigtenkonferenz verabschiedet (UNTS Bd. 189, 150; BGBl. II, 560). Anders als in den UNHCR-Statuten wurden von dem Abkommen lediglich Personen erfaßt, die als Folge der Ereignisse in Europa vor 1951 Flüchtlinge wurden. Durch ein Zusatzprotokoll wurden im Jahre 1967 diese bis dahin geltenden geographischen und zeitlichen Beschränkungen des Abkommens aufgehoben. 137 Staaten haben inzwischen das Abkommen bzw. das Protokoll unterzeichnet (Stand: 1.2.1999).

Die Konvention regelt die Rechte und Pflichten eines anerkannten Flüchtlings in seinem Aufnahmeland und bietet eine völkerrechtlich verbindliche Definition des Begriffs „Flüchtling", wortgleich jener aus der UNHCR-Satzung.

Kernstück der Genfer Flüchtlingskonvention ist das sog. N*on-refoulement*-Gebot, d.h. das Verbot der Ausweisung und Zurückweisung eines Flüchtlings in Staaten, „in denen sein Leben oder seine Freiheit wegen seiner Rasse, Religion, Staatsangehörigkeit, seiner Zugehörigkeit zu einer bestimmten Gruppe oder wegen seiner politischen Überzeugung bedroht sein würde". Ziel der Genfer Flüchtlingskonvention ist es, den Rechtsstatus von Flüchtlingen sowie die Rechte und Pflichten von Flüchtlingen in ihrem Zufluchtsland festzulegen. UNHCR obliegt nach der Präambel des Abkommens die Aufgabe, „die Durchführung der internationalen Abkommen zum Schutz der Flüchtlinge zu überwachen".

Eine weitere wichtige Grundlage für die Arbeit von UNHCR bilden *regionale Flüchtlingsabkommen* wie jenes der Organisation für Afrikanische Einheit (OAU) von 1969 oder für Lateinamerika die Cartagena-Deklaration von 1984. In beiden Dokumenten wird die Flüchtlingsdefinition gegenüber der Genfer Flüchtlingskonvention mit Blick auf innere Konflikte und Bürgerkriege ausdrücklich ausgedehnt.

Das *internationale Flüchtlingsrecht* bildet den unabdingbaren Rahmen für die Aktivitäten von UNHCR, die im Laufe der Jahrzehnte jedoch erheblich ausgeweitet wurden. Bereits in der Satzung war dem Amt über den *internationalen Rechtsschutz für Flüchtlinge* hinaus die Aufgabe zugewiesen worden, dauerhafte Lösungen für Flüchtlinge zu suchen. Diese beiden Aspekte des UNHCR-Mandats gehören in der Realität untrennbar zusammen: Denn es ist konkret das Ziel des internationalen Rechtsschutzes für Flüchtlinge, dauerhafte Lösungen für Flüchtlinge zu finden. Genannt werden drei Alternativen: Freiwillige Rückkehr in das Heimatland, Integration im Erstasylland, Weiterwanderung in ein Drittland.

Ursprünglich war von den Verfassern der Satzung nicht intendiert, dem UNHCR auch eine unmittelbare Rolle bei der Durchführung entsprechender materieller Hilfsmaßnahmen einzuräumen. Diese Einschätzung änderte sich jedoch, als vor allem im Zuge von → Entkolonialisierung und *nationbuilding* das Aktionsfeld des UNHCR sich von Europa auf andere Kontinente ausweitete.

Die Unterstützung von Flüchtlingen und der sie aufnehmenden Staaten durch die Finanzierung, Koordinierung und zunehmend Implementierung von Hilfsprogrammen erlangte für die Arbeit von UNHCR im Laufe der Zeit immer größeres Gewicht.

Dabei stand bis in die 80er Jahre hinein die dauerhafte Aufnahme von Flüchtlingen im Vordergrund bei der Suche nach Lösungen für deren Probleme. Seitdem gilt jedoch die freiwillige Rückkehr als die bevorzugte Lösung der internationalen Staatengemeinschaft, wann immer es die Bedingungen zulassen. UNHCR sieht dabei seine unterstützende Funktion für die Flüchtlinge nicht nur bei der Rückkehr selbst, sondern auch darin sicherzustellen, daß die hierzu notwendigen Bedingungen vorhanden sind um eine Reintegration im Heimatland zu ermöglichen. Insgesamt konnte UNHCR seit seiner Gründung rund 30 Millionen Menschen bei einem Neuanfang in ihrem Heimatland helfen.

Die UN-Generalsekretäre (→ Generalsekretär) haben im Laufe der Jahrzehnte UNHCR regelmäßig aufgefordert, auch Menschen zu unterstützen, die innerhalb ihres Heimatlandes fliehen mußten. Vor allem nach dem Ende des Kalten Krieges brachen weltweit eine Vielzahl von ethnischen und innerstaatlichen Konflikten aus, in denen Millionen von Menschen zu Binnenvertriebenen wurden. UNHCR war entsprechend gefordert, in Konfliktgebieten im Rahmen umfassender UN-Einsätze → humanitäre Hilfe zu leisten.

Die Entwicklung von UNHCR von einem europazentrierten Amt mit vornehmlich rechtlichen Aufgaben hin zu einer weltweit tätigen Flüchtlingsorganisation der Vereinten Nationen mit darüber hinausgehenden humanitären Aktivitäten spiegelt sich auch in statistischen Angaben wieder: Anfang der 70er Jahre wurden von UNHCR 2,5 Millionen Flüchtlinge gezählt, zehn Jahre später waren es 8,2 Millionen. Anfang 1998 wurden 22,3 Millionen. Personen von UNHCR statistisch erfaßt, vornehmlich Flüchtlinge und Asylsuchende, aber auch über 3,4 Millionen ehemalige Flüchtlinge, die in ihr Heimatland zurückgekehrt sind, zudem fast sechs Millionen Binnenvertriebene.

Lag das UNHCR-Jahresbudget im Jahre 1970 noch bei lediglich 8,3 Mill. US-Dollar, waren es zehn Jahre später knapp 500 Mill. US-Dollar. Vor dem Hintergrund der Massenflucht der Kurden aus dem Irak, dem Konflikt im ehemaligen Jugoslawien und dem Exodus aus Ruanda wuchs der UNHCR-Etat in den 90er Jahren auf 1,4 Mrd.

US-Dollar. Ende der 90er Jahre sind rund 4.500 Mitarbeiter/innen in 118 Ländern für die Organisation tätig.

Dabei hat sich der *Finanzierungsmodus* von UNHCR seit den Gründungstagen kaum verändert. Das Amt wird fast ausschließlich durch freiwillige Beiträge von Staaten und der Europäischen Kommission finanziert. Aus dem regulären UN-Budget (→ Haushalt) erhält UNHCR nur einen sehr begrenzten Betrag (rd. 2% des UNHCR-Gesamtbudgets) für administrative Zwecke.

Das UNHCR-Budget wird durch das *UNHCR-Exekutivkomitee* jedes Jahr geprüft und gebilligt. Dieses Gremium aus derzeit 53 Staaten (u.a Deutschland) trifft sich zu Plenarsitzungen einmal im Jahr in Genf, um sowohl die UNHCR-Programme als auch das Budget zu überprüfen. Zudem verabschiedet das Komitee jährlich Entschließungen zu allen Aspekten des internationalen Rechtsschutzes von Flüchtlingen, die zur Entwicklung des internationalen Flüchtlingsrechtes beitragen.

UNHCR arbeitet mit einer Reihe von UN-Organisationen zusammen. Zu nennen sind hier vor allem: das Welternährungsprogramm (→ WFP), das Kinderhilfswerk → UNICEF, die Weltgesundheitsorganisation (→ WHO), das UN-Entwicklungsprogramm (→ UNDP) und das Amt des Koordinators für humanitäre Angelegenheiten. Hinzu kommen das Internationale Komitee vom Roten Kreuz (IKRK), die Internationale Föderation der Rotkreuz- und Halbmondgesellschaften, die Internationale Organisation für Migration (IOM) sowie mehr als 450 nichtstaatliche Organisationen (→ NGOs). Diese Zusammenarbeit ist für die Durchführung von UNHCR-Einsätzen unabdingbar.

Darüber hinaus hat der direkte Einsatz in Konflikt- und Bürgerkriegsgebieten die Kooperation sowohl mit dem UN-Hochkommissariat für Menschenrechte (→ Menschenrechte, Zentrum für Menschenrechte/Hoher Kommissar für Menschenrechte) als auch mit UN-Friedenstruppen (→ Friedenstruppen)

und regionalen Friedensstreitkräften intensiviert. Mit der Weltbank (→ Weltbank/-gruppe) wurde ebenfalls eine Rahmenvereinbarung zur Kooperation getroffen. Ziel: durch koordiniertes Vorgehen Flüchtlingen zu helfen, die in Staaten zurückkehren, die durch jahrelange Konflikte zerstört sind.

Ausgehend von den Entwicklungen und Erfahrungen der letzten Jahre wird das Amt an der Schwelle zum 21. Jahrhundert vor der schwierigen Aufgabe stehen, die Funktionalität des internationalen Schutzsystems für Flüchtlinge angesichts restriktiver rechtlicher Tendenzen und schwindender finanzieller Ressourcen auf dem humanitären Sektor sicherzustellen. Wesentliches Ziel wird es auch sein, daß der Nothilfe für Flüchtlinge und Rückkehrer eine längerfristige Unterstützung folgt, die dauerhaften Frieden und nachhaltige Entwicklung fördert. Nur auf diese Weise können neue Konflikte und damit neue Flüchtlingsströme vermieden werden.

Sadako Ogata

Internet: http://www.unhcr.ch

UNICEF – Kinderhilfswerk der Vereinten Nationen

Mit dem Ziel, die von den Folgen des Zweiten Weltkriegs betroffenen Kinder in Europa durch Nahrung, Medikamente und Bekleidung zu unterstützen, rief die → Generalversammlung am 11.12.1946 mit der Resolution 57 (I) den „United Nations International Children's Emergency Fund" (UNICEF) ins Leben. Im Jahre 1953 wurde UNICEF zu einems Spezialorgan der UN (→ Haupt-/Neben-/Vertragsorgane) und in „United Nations Children's Fund", unter Beibehaltung ihrer Abkürzung UNICEF, umbenannt (GA Res. 802 (VIII) vom 6.10.1953).

Heute hilft UNICEF den Kindern in den ärmsten und am wenigsten entwickelten Ländern der Erde. Sein Aufgabengebiet ist breit gefächert. Den Schwerpunkt der Tätigkeit bilden langfristig angelegte Programme zur Verbesserung der Gesundheit, Ernährung, Wasserversorgung sowie Bildung von Kindern und der sozialen Infrastruktur in Entwicklungsländern. Auch an der Katastrophen- und Wiederaufbauhilfe des → UN-Systems ist das Kinderhilfswerk beteiligt.

Im Dezember 1989 wurde das *Übereinkommen über die Rechte des Kindes* durch die Generalversammlung verabschiedet (GA Res. 44/25, Annex, in: GAOR 44th Session, Resolutions, 166; dt. Fassung: BGBl. 1992 II, 122). Darin wird UNICEF die Aufgabe zugewiesen, den neu geschaffenen *Ausschuß für die Rechte des Kindes* zu unterstützen. Bis auf zwei Staaten, die USA und Somalia, haben alle Nationen die Konvention ratifiziert und somit ist sie die Menschenrechtskonvention mit der breitesten Unterstützung (→ Menschenrechtskonventionen, Übereinkommen über die Rechte des Kindes; → Menschenrechtsschutz).

Als ein Spezialorgan der UN mit halbautonomen Status und Hauptsitz in New York, berichtet UNICEF dem → Wirtschafts- und Sozialrat (ECOSOC) und der Generalversammlung. Dem *Verwaltungsrat* der Organisation gehören 36 UN-Mitgliedstaaten an, die vom ECOSOC alle drei Jahre nach regionalem Proporz gewählt werden. Der Rat tagt einmal pro Jahr und überprüft dabei die Arbeit von UNICEF, entscheidet über Maßnahmen, Anträge und Projekte und bewilligt Mittel für Programme und Verwaltung. Ein Großteil der UNICEF-Aktivitäten spielt sich in den acht *Regionalbüros* ab. Diese werden durch 125 *Außendienstbüros* und andere zentrale Büros in Kopenhagen, Florenz, Genf und Tokyo unterstützt. Die 37 *nationalen Komitees*, die ihren Sitz vorwiegend in Industrieländern haben, fördern das bessere Verständnis für die Arbeit von UNICEF. Zudem arbeitet das Kinderhilfswerk eng mit Ministerien, nichtstaatlichen Organisationen (→ NGOs) und → Sonderorganisationen der UN wie → ILO, → FAO, → UNESCO, → WHO, → UNDP, → UNFPA, IBRD (→Weltbank/-gruppe) und IFAD zusammen. Darüber hinaus

bestehen Arbeitsbeziehungen mit → UNEP, UNDRO (Katastrophenhilfe) und dem → UNHCR (Hoher Flüchtlingskommissar der Vereinten Nationen).

Die Finanzierung von UNICEF erfolgt fast ausschließlich durch freiwillige, staatliche und private Beitragsleistungen. 1997 standen dem Kinderhilfswerk insgesamt 902 Mill. US-Dollar zur Verfügung. Im Vergleich dazu belief sich das Vorjahresbudget auf 944 Mill. US-Dollar.

Zwei Drittel der Einnahmen machten die freiwilligen Beiträge der Regierungen und der nichtstaatlichen Organisationen aus. Hauptgeberstaaten waren die USA, Norwegen und Schweden. Ein Drittel der Einnahmen kam aus dem Erlös von privat organisierten Spendenkampagnen wie dem Verkauf von Grußkarten. (*UNICEF* 1998) Eine wichtige Rolle spielen dabei die 37 nationalen Komitees, die an die Regierungen und die Öffentlichkeit in den Industriestaaten appellieren, die nötigen Mittel für die Programme zu mobilisieren.

Die UNICEF ist derzeit weltweit die einzige Organisation, die sich ausschließlich um die Belange der Kinder kümmert. In den letzten 50 Jahren haben sich eine Vielzahl international bekannter Persönlichkeiten wie Danny Kaye, Audrey Hepburn, Sir Peter Ustinov und viele andere als Botschafter des guten Willens und Sondergesandte für die Belange der Kinder engagiert und dadurch weltweit den Bekanntheitsgrad des Kinderhilfswerks gesteigert. UNICEF hat sich zu einem der Zugpferde der UN entwickelt. Darüber hinaus trug die Verleihung des Friedensnobelpreises im Jahre 1965 zu ihrer positiven Reputation bei. Auch in der Zukunft ist UNICEF durch die ansteigenden Herausforderungen stärker gefordert als je zuvor. Zudem bieten der Aufbau und die Durchführung von Programmen in Osteuropa ein neues und breites Tätigkeitsfeld.

Jana Mittermaier

Lit.: *Eibach, G.:* UNICEF - Kinderhilfs-werk der Vereinten Nationen, in: Wolfrum, R. (Hrsg.): Handbuch Vereinte Nationen, 2. Aufl. München 1991, 934-939; Facts about UNICEF (jährlich); *Hüfner, K.:* Die Ver-einten Nationen und ihre Sonderorganisa-tionen, Strukturen, Aufgaben, Dokumente. Teil 2: Die Sonderorganisationen, Bonn 1995; *UNICEF:* The State of the World's Children Report (jährlich); UNICEF: Annu-al Report 1998, New York 1998.
Internet: Homepage von UNICEF: http://www.unicef.org; Homepage von UNICEF Deutschland: http://www.unicef. de

UNIDIR – Institut der Vereinten Nationen für Abrüstungsforschung

Aufgabenstellung

Das Institut der Vereinten Nationen für Abrüstungsforschung (United Nations Institute for Disarmament Research – UNIDIR) ist ein autonomes For-schungsinstitut innerhalb des Systems der Vereinten Nationen (→ UN-Sy-stem). Das Institut wurde von der UN-Generalversammlung (→ Generalver-sammlung) eingerichtet mit der Reso-lution 34/83 vom 11. Dezember 1979. Der Vorschlag zu seiner Gründung wurde vom damaligen französischen Staatspräsidenten Valery Giscard d'Estaing in einer Rede vor der 1. Son-dertagung der Generalversammlung über Abrüstung 1978 unterbreitet.

UNIDIR hat die Aufgabe, praxisori-entierte *Forschung* über Themen aus den Bereichen → *Abrüstung und inter-nationale Sicherheit* durchzuführen. Das Forschungsprogramm ist ausge-richtet an den Bedürfnissen der Ver-einten Nationen und seiner Mitglied-staaten. Bei der Durchführung seiner Aufgaben stützt sich das Institut auf das Fachwissen, die Einsichten und die empirischen Ergebnisse einer Vielzahl von Berufen. Das Feld ist interdiszipli-när und beschränkt sich nicht auf den akademischen Bereich. Bei der Aus-wahl seiner Mitarbeiter, der Verpflich-tung von Beratern und der Planung seiner Forschungsprojekte bemüht sich das Institut um eine angemessene geo-graphische Verteilung seiner Ressour-cen. Ebenso werden kontinuierlich Arbeitsbeziehungen mit den nichtstaat-lichen Organisationen (→ NGOs) ge-pflegt, die im Bereich der Abrüstung aktiv sind.

UNIDIR, das im Palais der Nationen in Genf untergebracht ist, befaßt sich mit der Tagesordnung der *Abrüstungs-konferenz (Conference on Disarmament – CD)*, die im gleichen Gebäude ihren Sitz hat, Während UNIDIR auch ge-genüber der Abrüstungskonferenz seine Unabhängigkeit wahrt, trägt es anderer-seits durchaus zur Klärung von Fragen bei, die in der Abrüstungskonferenz gerade behandelt werden oder dort zur Diskussion in naher Zukunft anstehen. Sobald sich jedoch die Abrüstungskon-ferenz auf ein bestimmtes Verhand-lungsmandat geeinigt hat, tritt UNIDIR in den Hintergrund. Dann stehen die politischen Implikationen der Verhand-lungsmaterie, die Kniffligkeiten und Details der Verhandlungsführung im Mittelpunkt und das Feld wird von den Diplomaten und ihren Regierungen beherrscht.

Arbeitsweise

Das Institut verfügt über ein kleines Kern-Team in Genf. Für die Durchfüh-rung seiner Forschungsprogramme greift es überwiegend auf projektbezo-gene Kurzzeit-Verträge zurück, mit denen es sich für diesen Zeitraum die Forschungsleistungen von bzw. die Forschungszusammenarbeit mit einzel-nen Forschern oder Forschungsinstitu-tionen sichert, während es zugleich sicherstellt, daß *multi-disziplinäre For-schungskonzepte* angewandt werden. Das Institut verfügt über ein Stipendia-ten-Programm, das es Gelehrten aus Staaten der Dritten Welt ermöglicht, nach Genf zu kommen und Forschun-gen über Fragen der Abrüstung und internationalen Sicherheit bei UNIDIR durchzuführen und das dazu beiträgt, die Beteiligung der Forscher an der Forschungsarbeit der UNIDIR auf der Basis einer angemessenen geographi-schen Verteilung zu sichern.

UNIDIR arbeitet eng mit der *Hauptabteilung für Abrüstungsfragen* im → Sekretariat in New York zusam-men, um die Koordination der Arbeit zu gewährleisten. Dabei wird von den technischen Dienstleistungen der UN umfassend Gebrauch gemacht, um Wirtschaftlichkeit und Kosteneinsparungen angesichts der Finanzprobleme der UNO (→ Finanzkrisen) zu erreichen.

UNIDIR zieht für sich einen großen Nutzen aus den engen Kontakten mit dem UN-Hauptquartier in New York und mit den Mitgliedsregierungen. Diese Kontakte sind die wesentlichste Grundlage für das Arbeits- und Forschungsprinzip des Instituts und üben einen entscheidenden Einfluß auf die Ausrichtung und Qualität der Forschung von UNIDIR aus. Die in der Satzung von UNIDIR festgeschriebene Autonomie innerhalb des Rahmens der Vereinten Nationen stellt deshalb eine optimale Kombination dar. Auf diese Weise genießt UNIDIR auf der einen Seite Unabhängigkeit, auf der anderen Seite hat es die Nähe zu Akteuren, denen es dienen soll. Das ist eine einzigartige und fruchtbare Grundlage, um praxisorientierte Forschung durchzuführen, insbesondere nachdem in den 90er Jahren sich die Rolle der Vereinten Nationen im Bereich der Sicherheitspolitik erheblich erweitert hat.

UNIDIR bekommt einen kleinen Zuschußbetrag aus dem regulären → Haushalt der Vereinten Nationen (von 220.000 US-Dollar im Jahr). Darüber hinaus bemüht es sich um freiwillige Beiträge von Mitgliedstaaten und Zuschüsse von öffentlichen und privaten Stiftungen. Diese Zuschüsse sind in der Regel zweckgebunden für bestimmte Projekte. Die *Mischfinanzierung* des Instituts ist ebenfalls ein Mittel, um die Autonomie des Instituts zu sichern: das Ansehen und das politische Gewicht der Veröffentlichungen von UNIDIR wird bestimmt durch die Unabhängigkeit, mit der das Institut in der Wahrnehmung der Öffentlichkeit seine Forschung durchführt. Angesichts des geringen Zuschusses von den Vereinten Nationen ist es jedoch eine anspruchsvolle, schwierige Aufgabe, die erforderlichen Finanzmittel für den Unterhalt des Instituts zu beschaffen. Es erfordert viel Arbeit und Findigkeit von Seiten der Leitung des Instituts.

Der erste Direktor des Instituts war Liviu Botha aus Rumänien. Ihm folgten Jayantha Dhanapala aus Sri Lanka (1987-1992), Sverre Lodgaard aus Norwegen (1992-1996) und Patricia Lewis aus Großbritannien (seit 1997).

Forschungsprogramm

Während der 90er Jahre wies das Forschungsprogramm von UNIDIR folgende Schwerpunkte auf:
- → *Kollektive Sicherheit* im Rahmen der Vereinten Nationen: Diese Forschungsrichtung umfaßte eine Reihe von Studien über das Waffen-Management im Zusammenhang mit UN-Friedensoperationen (→ Friedensoperationen) und Untersuchungen über die Rolle, die Abrüstung in der Konfliktprävention spielt. Innovative Konzepte wurden entwickelt hinsichtlich der Frage, auf welche Weise man eine sichere Umgebung für Entwicklungsprozesse in Westafrika schaffen könne – man präsentierte das Konzept eines Moratoriums für Export, Import und Produktion von leichten Waffen im Gebiet der ECOWAS;
- *Regionale Sicherheit*, darunter eine ständige Expertengruppe für die Rüstungskontrolle im Mittleren Osten sowie Studien über Sicherheits- und Abrüstungsfragen in anderen Regionen der Welt;
- *Nonproliferation (Nichtweitergabe)*, vor allem, aber nicht nur, in bezug auf Massenvernichtungswaffen: Dies ist immer eine *Hauptforschungsrichtung* im UNIDIR gewesen, oft in Verbindung mit der Arbeit der Abrüstungskonferenz auf diesem Gebiet;

Die *Vierte Sondertagung der Generalversammlung der Vereinten Nationen über Abrüstung:* UNIDIR trägt dazu bei, Fragen zu entwickeln, die bei der nächsten Sondertagung der Generalversammlung gestellt werden sollten, und integriert seine Arbeit über Abrüstungs- und Sicherheitsfragen in den Vorbereitungsprozeß für dieses Ereignis.

Das Institut stand dabei stets vor der schwierigen Aufgabe, den richtigen Ausgleich zu finden zwischen der Vielfalt von Forschungsaufträgen für Studien über eine große Zahl verschiedenster Probleme einerseits und der Beschränkung und Konzentration seiner Forschungsaktivitäten, die ihm die begrenzten Ressourcen nahelegen.

Zusammenarbeit mit und zwischen anderen Forschungseinrichtungen

Vier Aktivitäten von UNIDIR sind in dieser Rubrik zu nennen:
- Wartung und Erweiterung des computerisierten Informations- und Dokumentationssystems von UNIDIR, DATARIS, das darüber Auskunft gibt, wer was auf dem Gebiet der Sicherheits- und Abrüstungsforschung tut;
- Veröffentlichung des „Disarmament Forum", der Zeitschrift, die auf das „UNIDIR-Newsletter" folgte;
- Organisation regionaler Konferenzen, die mit einer doppelten Zielsetzung abgehalten werden, nämlich regionalspezifische Probleme der Sicherheit, Rüstungskontrolle und Abrüstung zu untersuchen und zugleich die Zusammenarbeit mit und zwischen den Forschungseinrichtungen in der betreffenden Region zu fördern;
- Organisation von Konferenzen und anderer kleiner Gruppenaktivitäten, um Initiativen zu unterstützen, welche die Kommunikation und den Zugang zu Informationen verbessern wollen.

Publikationen

Die von der UNIDIR herausgegebenen *Forschungsberichte* sind für die Veröffentlichung und weite Verbreitung durch Gratis-Vertrieb über diplomatische Vertretungen, Forschungsinstitute, internationale Organisationen und NGOs gedacht sowie für den Verkauf über die Verkaufsabteilung der Vereinten Nationen (→ Publikationen der UN) und andere Vertriebsstellen. Zusätzlich zu den Forschungsberichten, die größere, umfangreiche Veröffentlichungen sind, veröffentlicht UNIDIR Forschungstexte, die von Experten innerhalb von UNIDIR Forschungsarbeit geschrieben werden. Sie werden auf die gleiche Weise wie die Forschungsberichte vertrieben. Für eine ganze Reihe von Jahren bildete das vierteljährlich erscheinende „UNIDIR Newsletter" die dritte Kategorie von Publikationen. Allmählich wurde das Newsletter immer umfassender, umfaßte Kommentare und Analysen über Fragen der Rüstungskontrolle und Abrüstung. Seit 1998 wird es nun als Zeitschrift unter dem Namen „Disarmament Forum" veröffentlicht.

Zusammen mit jedem Forschungsbericht und jedem Forschungstext werden kurze Texte mit Zusammenfassungen veröffentlicht für jene, die nicht die Zeit haben, alle längeren UNIDIR-Veröffentlichungen zu lesen. Sie heißen „UNIDIR Briefs" und enthalten jeweils eine Zusammenfassung der Hauptergebnisse der Forschungspublikationen.

Wie andere Institute macht auch UNIDIR zunehmend Gebrauch vom Internet, unter anderem, indem es elektronische Konferenzen über die Hauptthemen seiner Forschungsarbeit durchführt.

Der Beirat des UN-Generalsekretärs für Abrüstungsfragen

Die erste Sondertagung der Generalversammlung der Vereinten Nationen über Abrüstung beschloß unter anderem, einen *Beirat für Abrüstungsstudien* einzurichten. Während der Kalte Krieg die Einigung über wichtige Punkte blockierte, konnten immerhin noch Studien über die kontroversen Themen durchgeführt werden. Der Beirat wurde gebeten, den Generalsekretär über verschiedene Aspekte der *Studien* und der Forschung zu beraten, die im Rahmen der Vereinten Nationen durchgeführt wurden. Er wurde auch gebeten, als *Verwaltungsrat für UNIDIR* zu fungieren, die Durchführung des *Abrüstungs-Informationsprogramms* der Vereinten Nationen (die von 1982 bis 1989 „Weltabrüstungskampagne" hieß) beratend zu begleiten; und – auf besonderen Wunsch des Generalsekretärs – über Fragen der Abrüstung und Rüstungsbegrenzung zu beraten.

Diese *Studien* wurden von Regierungsexperten durchgeführt und waren gewöhnlich voll von den offiziellen Argumentationsmustern und es mangelte an Empfehlungen, auf die man sich einigen konnte. Als der Kalte Krieg ein Ende fand und die Zusammenarbeit zwischen den Großmächten sich beträchtlich ausweitete, verloren die Studien von Regierungsexperten ihre Relevanz. Dementsprechend nahm dieser Teil des Mandats des Beirats an Bedeutung ab. Das gleiche gilt auch für das Abrüstungs-Informationsprogramm.

Zur Zeit ist der Beirat für Abrüstungsfragen aus über 20 Experten aus allen Regionen der Welt zusammengesetzt – eine Mischung aus erfahrenen Diplomaten und Akademikern. Der Beirat hat zwei Hauptaufgaben: Er berät den Generalsekretär über Abrüstungsfragen und er fungiert als Verwaltungsrat für UNIDIR. Er trifft sich in der Regel zweimal im Jahr, einmal in New York und einmal in Genf, in Anwesenheit des Generalsekretärs und/ oder seines Unter-Generalsekretärs für Abrüstungsfragen.

Fazit

Das UNIDIR hat sich im Laufe der Jahre zu einem wichtigen Element im Gefüge der Institutionen auf dem Gebiet der Abrüstung in den Vereinten Nationen entwickelt, das aufgrund seiner Autonomie und Fachkompetenz, aber auch seiner intensiven Kontakte mit den Mitgliedstaaten und NGOs in der Lage ist, auf den jeweiligen Stand der Abrüstungsverhandlungen ausgerichtete kompetente wissenschaftliche Beiträge und praxistaugliche Konzepte in die Abrüstungsdebatte einzubringen.

Zugleich ist UNIDIR mit seiner Organisations-, Personal- und Finanzstruktur ein Beispiel dafür, daß es auch bei knappen Ressourcen gelingen kann, durch eine flexible Planung in Zusammenarbeit mit anderen Forschungseinrichtungen und NGOs aus der Not eine Tugend zu machen, nämlich qualitativ hochwertige, an der Bedürfnissen der Mitgliedsländer der Vereinten Nationen

orientierte Forschung zu betreiben.

Sverre Lodgaard

Lit.: *UNIDIR:* Annual Reports 1995,1996, 1997, 1998 (UN Doc. A/50/150, Annex; A/51/364, Annex; A/52/2272, Annex; A/53/187, Annex)
Internet: Homepage des UNIDIR: http://www.unog.ch/unidir

UNIDO – Organisation der Vereinten Nationen für industrielle Entwicklung

Die UNIDO (United Nations Industrial Development Organization - Organisation der Vereinten Nationen für Industrielle Entwicklung), ist in den 60er Jahren aus einem Fachzentrum des → Sekretariats der UN entstanden. Bekannt wurde sie vor allem durch die „Erklärung von Lima" aus dem Jahre 1974, in der als Ziel die Anhebung der Industrieproduktion der Entwicklungsländer auf ein Viertel der Weltproduktion bis zum Jahre 2000 postuliert wurde. Seit 1985 ist die UNIDO eine → Sonderorganisation der UN. Die *Generalkonferenz* der derzeit 169 Mitgliedstaaten tagt alle zwei Jahre und wählt den aus 53 Mitgliedstaaten bestehenden *Rat für industrielle Entwicklung* und den *Generaldirektor*. Die Organisation hat ihren Sitz am → UN-Platz Wien.

Das Ziel ist die Förderung der industriellen Kompetenz und Kapazität der Entwicklungsländer und in jüngerer Zeit auch der Reformstaaten des ehemaligen Ostblocks. Dabei setzt sich die UNIDO für die internationale Zusammenarbeit im Bereich der industriellen Entwicklung ein und fördert z.B. Partnerschaften, Abkommen, Standards und Statistik. Darüber hinaus bietet die UNIDO Dienstleistungen im Rahmen technischer Zusammenarbeit an. Schließlich hat die UNIDO auch einen Dienst zur Förderung privater Investitionen eingerichtet, der in zunehmendem Maße der Süd-Süd-Kooperation gewidmet ist. Die UNIDO hat ein Netz von sechs internationalen Technologiezentren eingerichtet, um den Austausch neuer und fortgeschrittener Technologien weltweit zu unterstützen.

Die UNIDO ist in praktisch allen Bereichen der Industrie tätig geworden, häufig mit Austausch- und Ausbildungsprogrammen. Als Schwerpunkte der technischen Zusammenarbeit gelten Agrarindustrie, chemische Industrie und Maschinenbau. Priorität wird Programmen weltweiter wirtschaftlicher Integration, Umwelt und Energie, der Förderung der Kleinindustrie, der Investitions- und Technologieförderung und der ländlichen Industrie zuerkannt.

Im Zuge der Reformdebatte (→ Reform der UN) geriet die UNIDO in eine erhebliche Krise. In der Diskussion ging es nicht nur um die Frage, ob die UNIDO effiziente Arbeit leiste, sondern auch grundsätzlich darum, ob ihr Arbeitsbereich möglicherweise dem privaten Sektor überlassen bleiben solle. Die Vereinigten Staaten erklärten 1996 ihren Austritt, und in britischen wie deutschen Regierungskreisen wurde ein solcher Austritt 1997 ebenfalls erwogen, ohne daß es schließlich zu dieser Konsequenz kam. Die UNIDO führte ein Reformpaket mit erheblicher Straffung von Organisation, Aktionsprogramm und Haushalt ein, das seit dem Jahre 1998 realisiert wird. Es steht zu hoffen, daß die Handlungsfähigkeit der UNIDO im Kernbereich ihrer Arbeit erhalten bleibt.

Manfred Kulessa

Lit.: *UNIDO :* Wege in die Zukunft, Wien 1996; *Rau-Mentzen, B./ Koppenfels, G. von:* UNIDO, in: Wolfrum, R. (Hrsg.): Handbuch Vereinte Nationen, 2. Aufl., München 1991, 939-944; *Hobohm, S.:* UNIDO, in : Altmann, J./Kulessa, M. (Hrsg.): Internationale Wirtschaftsorganisationen, Stuttgart 1998, 239-247.
Internet: Homepage von UNIDO: http://www.unido.org

UNIFEM – Entwicklungsfonds der Vereinten Nationen für die Frau

UNIFEM (United Nations Development Fund for Women), der „Entwicklungsfonds der Vereinten Nationen für die Frau" mit Sitz in New York, ging 1985 auf Beschluß der UN-Generalversammlung (→ Generalversammlung) aus dem Voluntary Fund for the United Nations Decade for Women (VFDW) hervor. UNIFEM ist seither mit dem → UNDP assoziiert, aber rechtlich eigenständig. Der VFDW war 1976 auf Empfehlung der Weltkonferenz zum Internationalen Jahr der Frau in Mexico City (→ Weltkonferenzen) eingerichtet worden, um die Verwirklichung der Ziele der Frauendekade der Vereinten Nationen zu unterstützen (→ Frauen und die UN). Er nahm seine Arbeit 1978 auf.

UNIFEM leistet direkte technische und finanzielle Hilfe zur Unterstützung von Initiativen von Frauen in der Dritten Welt. Besondere Berücksichtigung finden Projekte für arme Frauen in den am wenigsten entwickelten Staaten. Ferner hat UNIFEM die Integration der Frau in den Entwicklungsprozeß durch die aktive Beteiligung bei der Projekt- und Programmplanung und bei der Projektbetreuung und –auswertung zum Ziel. Umstritten ist jedoch die 1994 aufgenommene Förderung von Projekten in Osteuropa. Bei der Planung und Durchführung von Projekten ist UNIFEM auf die Unterstützung des UNDP, der Regionalen Wirtschaftskommissionen (→ Wirtschaftskommissionen, regionale) und von UN-Sonderorganisationen (→ Sonderorganisationen) angewiesen.

Die Tätigkeiten von UNIFEM berühren teilweise die der Schwesterorganisation → INSTRAW, dem „Internationalen Forschungs- und Ausbildungsinstitut zur Förderung der Frau". Generalsekretär Boutros Boutros-Ghali hatte daher im Zuge der Reform (→ Reform der UN) der Vereinten Nationen 1993 eine Fusion von INSTRAW mit UNIFEM vorgeschlagen. Da jedoch die Vierte Weltfrauenkonferenz 1995 in Peking zu dieser Frage keine Stellung bezog, wurde sie nicht weiterverfolgt.

Die wichtigste Einnahmequelle von UNIFEM sind direkte freiwillige Beiträge der Mitgliedstaaten der UN, wobei die nordischen Staaten eine Vorreiterrolle spielen. Weitere Gelder kommen von Frauenorganisationen, Stiftungen, Körperschaften und Privatpersonen. Nach der Weltfrauenkonferenz

1980 in Kopenhagen hatte der Fonds mit einer ernsten finanziellen Krise zu kämpfen, da die offene Unterstützung der Konferenz für die PLO zum Verlust der Unterstützung der amerikanischen Frauenbewegung führte und schließlich die USA als wichtigster Geldgeber wegbrachen. Durch die Ergebnisse der Weltfrauenkonferenz 1985 in Nairobi und durch die Assoziation von UNIFEM an das UNDP konsolidierte sich jedoch die Situation. UNIFEM verfügte 1995 über einen Etat von ca. 13 Mio. US-$. UNIFEM unterstützt zahlreiche Projekte und Aktivitäten in etwa 100 Entwicklungsländern, wobei sich die Zuschüsse im Durchschnitt auf 130,000 US-$ belaufen.

Dabei sieht sich UNIFEM stets einer angespannten Haushaltslage gegenüber und kann nur die Hälfte aller förderungswürdigen Projekte unterstützen. Als kleines Entwicklungshilfeprogramm der Vereinten Nationen (→ Entwicklungszusammenarbeit der UN) kann UNIFEM nicht allein eine angemessene Berücksichtigung der Frau im Entwicklungsprozeß gewährleisten. Es ist daher notwendig, daß andere wichtige Träger von Entwicklungshilfe wie das UNDP oder die Weltbank in ihren Programmen Belange der Frau ebenso berücksichtigen.

Andreas Blätte

Lit.: *Kardam, N.:* Bringing Women in. Women's Issues in International Development Programms, London 1991; *Pietilä, H. u.a.:* Making Women matter. The Role of the United Nations, 2. Aufl., London u.a. 1994; *Snyder, M.:* Women, Poverty and Politics. A UN Fund for Women, London 1995; *United Nations:* Development Co-operation with Women. The Experience and Future Direction of the Fund, New York 1985; *United Nations:* The United Nations and the Advancement of Women 1945-1996, New York 1996; *Winslow, A. (Hrsg.):* Women, Politics, and the United Nations, Westport u.a. 1995.
Internet: http://www.unifem.undp.org

UNITAR – Ausbildungs- und Forschungsinstitut der Vereinten Nationen

Entstehungsgeschichte

Die Idee eines UN Ausbildungs- und Forschungsinstituts wurde zum ersten Mal 1962 in einer Resolution der → Generalversammlung (UN Doc. A/RES/1827/962) erwähnt. Im Mai des darauffolgenden Jahres legte der → Generalsekretär dem → Wirtschafts- und Sozialrat ein Bericht vor , in dem er die Errichtung eines Ausbildungs- und Forschungsinstituts der Vereinten Nationen (UNITAR) vorschlug (UN Doc. E/3780; 28 May 1963). Durch den Einfluß des Kalten Krieges auf das politische Klima innerhalb des → UN Systems wurde von westlichen Industriestaaten, allen voran den USA, Großbritannien, Deutschland, Belgien und einigen skandinavischen Ländern, die Idee vertreten, eine politisch und finanziell unabhängige Institution zu schaffen, die in den Dienst von Forschung und Ausbildung gestellt werden sollte. Davidson Nicol zufolge, UNITARs Generaldirektor von 1972 bis 1982, sollte ein neu zuschaffendes Forschungsinstitut vor allem ein Gegengewicht zum Büro für politische Angelegenheiten und Fragen des Sicherheitsrates des UN Sekretariats (→ Sekretariat) bilden, in dem westliche Regierungen einen zu hohen Einfluß sowjetischer und Vertreter anderer sozialistischer Länder vermuteten (*Nicol* 1990, 31). Die Entstehung UNITARs folgte schließlich der Empfehlung des Wirtschafts- und Sozialrats an die Generalversammlung, die den Generalsekretär im Jahr 1963 mit der Gründung eines Ausbildungs- und Forschungsinstituts beauftragte (GA Res 1934 (XVIII) vom 11.12.1963) (*Narasimhan* 1990, 7).

UNITAR nahm drei Jahre später seine Arbeit in New York auf, mit dem Mandat, die Vereinten Nationen sowohl in ihrem Engagement für die Wahrung des Weltfriedens und der Sicherheit als auch bei der Förderung von wirtschaftlicher und sozialer Entwicklung und Zusammenarbeit in den UN Mitgliedsstaaten zu unterstützen „...to enhance the effectivness of the United Nations in achieving the major objectives of the Organization..." (Statute of UNITAR, *UNITAR* 1990, 1). Zusammen mit der Universität der Vereinten Nationen (→ UNU) und der UN-Personalakademie (Staff College Project) steht es an der Spitze des Forschungs- und Ausbildungsbetriebs innerhalb des UN Systems.

Als Folge einer anhaltenden Finanzkrise des Instituts verursacht durch finanzielles Mißmanagement in den achtziger Jahren wurde ein Umstrukturierungsprozeß zu Anfang der neunziger Jahre eingeleitet, in dessen Verlauf die Größe des Instituts und die Anzahl des Personals drastisch reduziert wurden. Der Sitz des Instituts wurde auf Beschluß der Generalversammlung von New York nach Genf verlegt und dem dort ansässigen europäischen Verbindungsbüro angegliedert. (GA Res. 47/227 vom 4.5.1993) Nach einer Phase der institutionellen wie finanziellen Konsolidierung des Instituts erfolgte im Herbst des Jahres 1996 die Wiedereröffnung eines Verbindungsbüros am Sitz der Vereinten Nationen in New York.

Aufbau und Finanzierung

UNITAR ist *ein autonomes Institut* innerhalb des UN Systems. Seine Politik wird durch den *Generaldirektor* bestimmt, der vom UN-Generalsekretär nominiert an der Spitze des Instituts steht. Angeleitet wird er in seiner Arbeit von einem *Treuhänderrat*, ein mit 22 Repräsentanten aus Politik, Diplomatie und Wissenschaft besetztes Gremium, das zweimal jährlich am europäischen Sitz der Vereinten Nationen in Genf tagt. Derzeitige Mitglieder des Rates sind Vertreter aus Australien, Ägypten, Chile, China, Deutschland, Frankreich, Irland, Italien, Japan, Kamerun, den Niederlanden, Nigeria, Österreich, Pakistan, der Russischen Föderation, der Schweiz, Südafrika und Thailand. Der UN-Generalsekretär, die Präsidenten der Generalversammlung und des Wirtschafts- und Sozialrates sowie der Ge-

neraldirektor UNITARs dienen als Ex-officio-Mitglieder des Rates.

Zu den Aufgaben des Treuhänderrates gehört neben der politischen und inhaltlichen Beratung des Generaldirektors unter anderem auch die Revision des Finanzhaushaltes. UNITARs Haushalt, der sich jährlich auf rund 6 Millionen US-Dollar beläuft (*UNITAR* 1998, 3), finanziert sich vollständig aus freiwilligen, jährlichen Beiträgen, Spenden und Projektmitteln aus verschiedenen UN Mitgliedstaaten oder von anderen Partnerorganisationen. Im Gegensatz zu anderen Forschungseinrichtungen des UN-Systems erhält UNITAR keine finanziellen Mittel aus dem regulären UN-Haushalt (→ Haushalt) was merkliche Spuren in der Ausbildungspolitik des Instituts hinterläßt. In der Vergangenheit hat dieses System von freiwilligen Beitragszahlungen immer wieder zu finanzpolitischen Unsicherheiten geführt, da es eine hohe Abhängigkeit von wechselnden tagespolitischen Interessen vor allem einzelner Nationalstaaten zur Folge hat.

Aktivitäten und Struktur

UNITAR besteht aus verschiedenen *Ausbildungs-* und Forschungsfachbereichen, die durch die Entwicklung, Planung und Durchführung von Ausbildungskursen, Seminaren und Konferenzen unterschiedliche thematische Schwerpunkte setzen. Die Forschungskomponente wird innerhalb des UNITAR ausschließlich in ihrer Verbindung mit Ausbildung wahrgenommen. Im Gegensatz zu den traditionellen Forschungseinrichtungen des UN-Systems wie beispielsweise der Universität (UNU), dem Institut für soziale Entwicklung (UNRISD) und dem Forschungs- und Ausbildungsinstitut zur Förderung der Frau (→ INSTRAW) betreibt UNITAR keine Grundlagenforschung per se.

In einer bewußten Abwendung von traditionellen Ausbildungskonzepten vermeidet das Institut einen einseitigen Transfer von Wissen und entwickelt sein Ausbildungsprogramm in enger Zusammenarbeit mit Organisationen innerhalb und außerhalb des UN-Systems bei gleichzeitiger Einbindung regionaler Partner und nationaler Entwicklungsstrategien. Ausbildungsinitiativen basieren dabei auf der Nachfrage einzelner UN-Mitgliedstaaten und haben den dauerhaften Abbau von Entwicklungsdisparitäten und -hemmnissen zum Ziel. Das Institut übernimmt dabei in vielen Fällen die Ausbildungsfunktionen anderer UN-Organisationen wie zum Beispiel, des Entwicklungsprogramms (→ UNDP), des Umweltprogramms (→ UNEP) und des Bevölkerungsfonds (→ UNFPA) der Vereinten Nationen.

Im Durchschnitt organisiert UNITAR etwa 130 Trainingskurse jährlich, die weltweit mit rund 4,000 Teilnehmern durchgeführt werden. (*UNITAR* 1998, 3). In neun verschiedenen Fachbereichen sind innerhalb des Instituts 40 Mitarbeiter für die Umsetzung der Trainingsprogramme verantwortlich.

Die beiden Programme für Internationale Beziehungen und Präventivdiplomatie (→ Präventive Diplomatie) verkörpern den traditionellen Ausbildungsbereich UNITARs mit dem Ziel, Repräsentanten aus Politik, Diplomatie und Wissenschaft von Entwicklungs- und Schwellenländern auf die Herausforderungen und Aufgaben bi- und multilateraler Zusammenarbeit vorzubereiten.

Unter dem Einfluß einer sich verändernden globalen Agenda multilateraler Beziehungen verstärkte sich in der Ausbildungsmaxime UNITARs in den achtziger und neunziger Jahren der Trend hin zur Aufnahme tagespolitisch wichtiger Themen. Die Konsequenz war eine Orientierung hin zu umweltpolitischen Fragen innerhalb der Programmpolitik des Instituts. Zu Umweltthemen arbeiten heute die Fachbereiche Umweltrecht, Klimaveränderung, Chemikalien und Abfallmanagement, Katastrophenmanagement sowie das Zentrum für schwere Rohöle und Teersande. Weitere Fachbereiche des Instituts arbeiten in den Bereichen des Wirtschafts- und Finanzmanagements

sowie der neuen Kommunikationstechnologien.

Ein Forum für den globalen Austausch zu Fragen der friedenserhaltenden Maßnahmen (→ Friedensoperationen) der Vereinten Nationen hat UNITAR mit der Etablierung der Singapur-Konferenzserie geschaffen, die seit 1994 alljährlich Vertreter aus dem UN-System und den UN-Mitgliedstaaten aus den Bereichen der Politik, der Wissenschaft, dem Militär und von nichtstaatlichen Organisationen (→ NGOs) zusammenbringt.

Zielgruppen und Methodologie

Die Ausbildungsprogramme UNITARs richten sich an UN-Mitgliedstaaten. Unter Einbeziehung regionalspezifischer Aspekte wenden sich die Ausbildungsinitiativen in erster Linie an Personal von Ministerial-, Regierungsbürokratien und nichtstaatlichen Organisationen, Repräsentanten diplomatischer Dienste, wissenschaftliche Bedienstete aus dem Universitätsbereich sowie Mitarbeiter des privaten Sektors und UN-Organen und –Sonderorganisationen.

Ausbildungsmethodologie und –konzept werden in jedem Fall dem entsprechenden Kontext angepaßt und in Form von Seminaren, Workshops, Korrespondenzkursen, Stipendienprogrammen oder, a la carte'-Kursen umgesetzt. Ausbildungskomponenten umfassen unter anderem Handbücher, mehrbändige Ausbildungsmodule und Computerlernprogramme.

Die Ausbildungspolitik UNITARs folgt dabei einem strikten Prinzip kontinuierlicher Evaluierung nationaler Bedürfnisse. Als eines der erfolgreichsten Konzepte, das mittlerweile von verschiedenen Fachbereichen angewandt wird, hat sich dabei das Konzept des nationalen Länderprofils („national profile") etabliert, das mittlerweile in 36 Länder erfolgreich eingesetzt wird. Entwickelt vom Fachbereich für Chemikalien- und Abfallmanagement, wurde es zum ersten Mal 1994 eingesetzt und sieht die Evaluierung der nationalen Infrastruktur für das Management chemischer Abfälle unter Beteiligung von durchschnittlich 20-25 nationaler Repräsentanten in einem sogenannten Länderteam vor. Dabei wird in Zusammenarbeit mit und unter Einbeziehung sämtlicher nationaler Institutionen und Akteure (i.e. Ministerien, Forschungsinstitute, nichtstaatliche Organisationen etc.) der zukünftige Handlungsrahmen des jeweiligen Ausbildungsprojekts entwickelt („multi-stakeholder approach"). Ziel ist es dabei, auf der Basis eines breiten Konsenses zwischen nationalen und internationalen Akteuren den Grundstein für eine langfristige und dauerhafte Entwicklung zu legen.

Ausblick

Nach dem Ende der radikalen Umstrukturierung der vergangenen Jahre und der Kehrtwende in der Ausbildungspolitik des Instituts hat sich UNITAR heute fest im Ausbildungsbetrieb der Vereinten Nationen etabliert. Die Größe und relative Eigenständigkeit des Instituts innerhalb des Systems der Vereinten Nationen haben es möglich gemacht, mit einer für das UN-System ungewöhnlich hohen Flexibilität auf neue Herausforderungen in den Bereichen der Ausbildung und Forschung zu reagieren. Der pragmatische und praxisorientierte Ausbildungsansatz des Instituts hat sich bewährt und vor allem in den letzten sechs Jahren gelang UNITAR mit großem Erfolg der kontinuierliche Ausbau seiner Programmbereiche sowie die Etablierung institutioneller Kooperationen - zwei Trends, die gleichzeitig den Handlungsrahmen für die zukünftige Arbeit des Instituts bilden.

Marina Walter

Lit.: *Narasimhan, C.V.:* How and why UNITAR was established, in: „25 years of training and research for the United Nations", New York 1990, 7-11; *Nicol, D.:* Research and Training at the United Nations: A decade of experimentation and detente (1972-82), in: UNITAR (Hrsg.): 25 years of training and research for the United Nations, New York 1990, 31-39; *UNITAR:* Report of the Executive Director of the United Nations Institute for Training and Research, UN Doc. G/A/53/14, Supplement No. 4, New York 1998; *UNITAR:* Statute of UNITAR, as promulgated by the Secretary-General in November 1965 and amended in March 1967, June 1973, June 1979, May 1983, April 1988 and December 1989, New York 1990.
Internet: Homepage des UNITAR: http://www.unitar.org

Uniting-for-Peace-Resolution

Die „*Uniting-for-Peace-Resolution*" wurde als → Resolution 377 (V) von der UN-Generalversammlung (→ Generalversammlung) am 3. November 1950 mit 52 zu 5 Stimmen bei 2 Enthaltungen verabschiedet. Ihre besondere Bedeutung besteht darin, daß sie das System der → kollektiven Sicherheit der UN neu interpretierte, insbesondere die Kompetenzverteilung zwischen dem → Sicherheitsrat und der → Generalversammlung.

Den Hintergrund der Resolution bilden die Erfahrungen des Korea-Konflikts. Als der Konflikt im Juni 1950 ausbrach, boykottierte die UdSSR gerade alle Sitzungen des Sicherheitsrats, weil der Sitz Chinas (→ China, UN-Politik), ungeachtet entsprechender Forderungen der UdSSR, nicht von der Volksrepublik, sondern von Taiwan wahrgenommen wurde. Der Sicherheitsrat konnte deshalb schnell und entschieden reagieren. Im August 1950 kehrte die UdSSR in den Rat zurück; durch ihr Veto (→ Veto/-recht) verhinderte sie weitere Resolutionen zu Korea. Der Sicherheitsrat war blockiert. Insbesondere die USA hatten aber ein Interesse daran, daß die UN sicherheitspolitisch handlungsfähig blieben. Sie beantragten deshalb, einen Punkt „United Action for Peace" in die Agenda der Generalversammlung aufzunehmen, der letztlich zur Annahme der „Uniting-for-Peace-Resolution" führte.

Die Resolution 377 (V) besteht aus drei Einzelentschließungen (A,B und C), wobei die erste die wichtigste ist. Diese umfaßt eine Präambel und 15 Durchführungsbestimmungen, die in fünf Abschnitte (A-E) unterteilt sind. In der Präambel verweist die Generalversammlung auf die den UN in der Charta

(→ Charta der UN) gestellte Aufgabe der → Friedenssicherung und bekräftigt die *Hauptverantwortung des Sicherheitsrats für Frieden und Sicherheit* sowie die „Pflicht" der ständigen Mitglieder, „sich um Einstimmigkeit zu bemühen und bei der Ausübung des Vetorechts Zurückhaltung zu üben". Sie betont darüber hinaus, daß ein Versagen des Sicherheitsrates, dieser Verantwortung gerecht zu werden, weder die Mitglieder der UN noch die Generalversammlung von ihrer eigenen Verantwortung für die Wahrung des Weltfriedens und der internationalen Sicherheit befreit.

Als Konsequenz dieser Auffassung trifft die Generalversammlung in Durchführungsbestimmung 1 den Beschluß, daß „in allen Fällen, in denen eine Bedrohung des Friedens, ein Friedensbruch oder eine Angriffshandlung vorzuliegen scheint und in denen der Sicherheitsrat mangels Einstimmigkeit seiner ständigen Mitglieder seine Hauptverantwortung... nicht wahrnimmt, die Frage unverzüglich von der Generalversammlung behandelt wird, mit dem Ziel,... den Mitgliedstaaten geeignete Empfehlungen für Kollektivmaßnahmen zu geben. Sollte die Generalversammlung zu diesem Zeitpunkt nicht tagen, so kann sie... zu einer Notstandssondertagung zusammentreten". Während die meisten anderen Bestimmungen der Resolution in der Praxis keine größere Bedeutung gewannen, wurden in den vergangenen Jahrzehnten mehrmals Notstandssondertagungen einberufen - auch auf Initiative der UdSSR, die gegen die Resolution gestimmt und sie lange Zeit als rechtswidrig betrachtet hatte.

Insgesamt wurden bis heute Notstandssondertagungen zu den folgenden internationalen Konfliktregionen einberufen:

1.-10.11.1956	Nahost
4.-10.11.1956	Ungarn
8.-21.8.1958	Nahost
17.-19.9.1960	Kongo
17.6.-18.9.1967	Nahost
10.-14.1.1980	Afghanistan
22.-29.7.1980	Palästina
25.-26.6.1982	Palästina
16.-19.8.1982	Palästina
24.9.1982	Palästina
3.-14.9.1981	Namibia
29.1.-5.2.1982	Besetzte arabische Gebiete im Nahen Osten
24.-25.4.1997	Besetztes Ost-Jerusalem und sonstige besetzte palästinensische Gebiete.

Die Frage der *Rechtmäßigkeit der Resolution* und der entsprechenden Kompetenzen der GV war sowohl in den UN wie auch unter Völkerrechtlern umstritten, kann aber spätestens seit einem Urteil des Internationalen Gerichtshofes (→ IGH) von 1962 als weitgehend im Sinne der Generalversammlung entschieden gelten. Allerdings hat die Resolution seit Beginn der 90er Jahre an Bedeutung verloren, da der Sicherheitsrat mit dem Ende des Ost-West-Konflikts zumindest in gewissen Situationen an Handlungsfähigkeit hinzugewonnen hat.

Marc Schattenmann

Lit.: (a) *Dokumente:* Engl. u. dt. Text der Resolution in: *Knipping, F./Mangoldt, H.v./Rittberger,V. (Hrsg.):* The United Nations System and its Predecessors/Das System der Vereinten Nationen und seine Vorläufer, München 1995; (b) *Sekundärliteratur: Stein, E./Morrissey, R.C.:* Uniting for Peace Resolution, in: Bernhardt, R. (Hrsg.): EPIL, Bd. 5 (1983), 379-382; *Nolte, B.:* Uniting for Peace, in: Wolfrum, R. (Hrsg.): Handbuch Vereinte Nationen, 2. Aufl., München 1991, 950-956.

Universalität

Unter *Universalität* der Vereinten Nationen versteht man das Ziel der Organisation, möglichst alle Staaten der Welt zu ihren Mitgliedern zu zählen. Dieses Ziel ist heute so gut wie erreicht. Nur wenige Kleinstaaten gehören den UN nicht an; von ihnen fällt politisch - vom Sonderfall der Republik China (Taiwan) abgesehen - nur die Schweiz ins Gewicht. Dagegen blieb der → Völkerbund, die erste als „eine alle Staaten umfassende Arbeits- und Friedensgemeinschaft" gedachte Organisation

(*Walther Schücking*), schon wegen des Fernbleibens der USA und der nur kurzzeitigen Mitgliedschaft der UdSSR und Deutschlands von einer Universalität auch im Rahmen der damaligen Staatenwelt weit entfernt.

Das *Universalitätsprinzip* ergibt sich aus der → Charta der UN. Die in der Präambel und Art. 1 genannten Ziele, insbesondere die Wahrung des Weltfriedens, lassen sich nur mit einer möglichst universalen Mitgliederschaft erreichen. Universalität ist damit eine wesentliche Voraussetzung der Effektivität der UN. Entsprechend öffnet Art. 4 Abs. 1 der Charta die Organisation allen „friedliebenden Staaten", welche die in der Charta enthaltenen Verpflichtungen annehmen und auch bereit und in der Lage sind, sie zu erfüllen. Verfahrensmäßig erfordert die Aufnahme eines Staates zunächst eine Empfehlung des → Sicherheitsrats und nachfolgend einen Beschluß der → Generalversammlung (Art. 4 Abs. 2 UN-Charta). Die Empfehlung unterliegt dem Vetorecht (→ Veto/-recht) der ständigen Sicherheitsratsmitglieder (→ Mitgliedschaft/Repräsentation von Staaten).

Entgegen dem Universalitätsprinzip führte der Ost-West-Konflikt zwischen 1946 und 1955 zu einer wechselseitigen Blockade von Aufnahmeanträgen. Keine der beiden Seiten war bereit, die Aufnahme eines dem gegnerischen Lager zugerechneten Staates und damit die Vergrößerung des gegnerischen Einflusses in den UN zuzulassen - dies ungeachtet eines Rechtsgutachtens des → IGH vom 28.5.1948, das die Frage der Generalversammlung, ob ein Mitglied seine Zustimmung zur Aufnahme von anderen Bedingungen abhängig machen könne als den in Art. 4 der Charta niedergelegten, verneint hatte. So wurden in der genannten Zeit nur neun von 31 Bewerbern aufgenommen. Erst der „package deal" vom Dezember 1955, demzufolge der Sicherheitsrat der Generalversammlung die gleichzeitige Aufnahme von sechzehn Staaten empfahl, beendete den langen Streit (→ Geschichte der UN). In der Folgezeit führte die → Entkolonialisierung zu

einer starken Vermehrung der Mitgliederzahl. Führte das erste UN-Jahrbuch für 1947 noch 55 Mitgliedstaaten auf (darunter nur vier afrikanische), zählte die Organisation 1963 bereits 113 Mitglieder. 1975, nachdem die meisten überseeischen Kolonien unabhängig geworden waren, betrug die Zahl der Mitglieder 139. Insbesondere die Auflösung der UdSSR ließ sie bis 1995 auf 185 ansteigen. Es gelang den UN also, die seit 1945 entstandenen Staaten an sich zu binden; diese sahen in den UN geradezu den Garanten ihrer oft prekären Staatlichkeit.

Abgesehen von Indonesien (1965/66) hat auch kein Staat je den Versuch unternommen, die Organisation wieder zu verlassen. Die Charta regelt die Frage eines Austritts nicht, doch wurde die Möglichkeit eines solchen auf der Gründungskonferenz der UN in San Francisco (→ Entstehungsgeschichte der UN) grundsätzlich bejaht.

Im Zuge der Entkolonialisierung erstarkte das Universalitätsprinzip so sehr, daß es praktisch zur Aufhebung der Bedingung des Art. 4 Abs. 1 UN-Charta kam, ein Bewerber müsse auch tatsächlich in der Lage sein, den sich aus der Charta ergebenden Verpflichtungen nachzukommen, also insbesondere nach Kapitel VII der Charta militärisch zur Wahrung des Weltfriedens beizutragen (→ Kollektive Sicherheit). Insbesondere mit den Inselstaaten der Karibik und des Pazifik wurden sogenannte „Mikrostaaten" in die Weltorganisation aufgenommen, die jene Bedingung offenkundig nicht erfüllten. Im Falle der in den neunziger Jahren erfolgten Aufnahme der westeuropäischen Kleinstaaten Andorra, Liechtenstein und Monaco sowie der zuvor von den USA treuhänderisch verwalteten pazifischen Inseln (→ Treuhandrat) wurde selbst über mögliche Beeinträchtigungen der völkerrechtlichen → Souveränität großzügig hinweggesehen.

Ein besonderes Problem bildeten die geteilten Staaten Deutschland, Korea und Vietnam. Hier trafen in der Zeit des Ost-West-Konflikts die entgegengesetzten politischen Auffassungen und Ziele und die ihrer Durchsetzung dienenden Rechtsansprüche mit besonderer Schärfe aufeinander. Die beiden deutschen Staaten wurden erst aufgenommen (1973), nachdem sie - mit dem Einverständnis der vier Hauptsiegermächte - mit dem Grundlagenvertrag von 1972 ihre Beziehungen geordnet und sich wechselseitig völkerrechtlich anerkannt hatten. Ein vorheriger Aufnahmeantrag der DDR (1966) blieb trotz Berufung der DDR auf das Universalitätsprinzip erfolglos (→ Deutschland, UN-Politik, → DDR, UN-Politik).

Dem Universalitätsprinzip entspricht die Zuerkennung eines → Beobachterstatus an Staaten, die noch keinen Aufnahmeantrag gestellt haben, sowie Befreiungsbewegungen als Vertretern von Völkern, denen das → Selbstbestimmungsrecht zusteht und die sich auf dem Wege zu eigener Staatlichkeit befinden. Denn der Beobachterstatus erlaubt den betreffenden Staaten und Völkern eine begrenzte Mitwirkung in den UN und umgekehrt der Organisation eine Einwirkung im Sinne ihrer Ziele und Grundsätze.

Im Zusammenhang mit Universalität im Sinne einer umfassenden Mitgliedschaft der UN steht der universelle Regelungsanspruch der Organisation, wie er in Art. 2 Abs. 6 der Charta zum Ausdruck kommt. Nach dieser Bestimmung soll die Organisation sicherstellen, daß auch Nichtmitgliedstaaten in Übereinstimmung mit den Prinzipien der UN handeln, soweit dies für die Wahrung des Weltfriedens und der internationalen Sicherheit erforderlich ist. Seit 1977 richtet der Sicherheitsrat seine bindenden Beschlüsse nach Kapitel VII der Charta ausdrücklich an „alle Staaten", das heißt auch an Nichtmitglieder. Wenn nach einer im Vordringen befindlichen Ansicht heute ein Staat in seiner Eigenschaft als Mitglied der internationalen Gemeinschaft automatisch, das heißt auch ohne seine Zustimmung, an die Normen der Charta als der Verfassung dieser Gemeinschaft gebunden ist (*Tomuschat* 1993; *Fassbender* 1998), entspricht dieser Bindung ein Anspruch auf Mitgliedschaft und damit Mitwirkung in der Weltorganisation.

Begreift man die internationale Gemeinschaft als eine Verfassungsgemeinschaft, so kann es nicht im Belieben der UN-Mitglieder stehen, einem den UN noch nicht angehörigen Staat die Aufnahme zu gestatten oder zu verweigern. Art. 4 Abs. 1 der Charta gewährt daher jedem unabhängigen und friedliebenden Staat ein Recht auf Mitgliedschaft in den UN. Durch dieses Recht wird die Universalität der Vereinten Nationen verwirklicht. Allerdings steht es einem Staat frei, ob er das Recht geltend machen will oder nicht.

Die in Art. 6 der Charta vorgesehene Möglichkeit des Ausschlusses eines Staates aus den UN widerspricht dem Universalitätsprinzip. Bezeichnenderweise ist von ihr bisher niemals Gebrauch gemacht worden. Es erscheint in der Tat höchst problematisch, einen unabhängig von seinem Willen an die Charta gebundenen Staat dauerhaft von der Organisation auszuschließen, die sich die internationale Gemeinschaft gegeben hat. Vielmehr bietet die zeitweilige Suspendierung aller oder einzelner mitgliedschaftlicher Rechte (Art. 5 der Charta) eine ausreichende Sanktionsmöglichkeit für Verletzungen der Charta.

Bardo Fassbender

Lit.: *Czerwinski, G.:* Das Universalitätsprinzip und die Mitgliedschaft in internationalen universalen Verträgen und Organisationen, Berlin 1974; *Fassbender, B.:* UN Security Council Reform and the Right of Veto: A Constitutional Perspective, Den Haag 1998; *Ginther, K.:* Kommentar zu Art. 4 der Charta, in: Simma, B. (Hrsg.): Charta der Vereinten Nationen. Kommentar, München 1991, 118-131; *Tomuschat, C.:* Obligations Arising for States without or against Their Will, in: Recueil des cours de l'Académie internationale de la Haye Bd. 241 (1993-IV), 195-374.

UN-Planspiele/Model United Nations

Simulationen von politischen Prozessen, von Beratungs- und Beschluß-Gremien und deren Verfahrensweisen, sind ein altes analytisches und didaktisches Instrument - anwendbar auf Rathäuser, Parlamente, Gerichte u.a.m., zumal aber auf die kognitiv ferne Welt der internationalen Beziehungen. Meist als *Rollenspiele* konzipiert, dienen Simulationen zum einen der Auswertung von komplexen *Szenarien* (z.B. in militärstrategischer Absicht), zum anderen dem *Training von Verhandlungsteilnehmern und Entscheidungsträgern* (z.B. bei der Schulung von Diplomaten) sowie besonders der Ausbildung von Schülern und Studenten bzw. auch der allgemeinen politischen Bildung.

UN-Simulationen

Das Ziel von *UN-Simulationen* als Lehrmethode ist, den Spielern die Struktur und Funktionsweise der Gremien der Weltorganisation vertraut zu machen. Die Idee ist, daß durch die seriös simulierte Ausübung multinationaler Diplomatie und intergouvernementaler Entscheidungsfindung das Verständnis für internationale Beziehungen und deren Zusammenhänge intensiver gefördert wird als durch abstrakte Sachinformation und Problemanalyse allein. Die Spieler sollen Inhalte und Konflikte selbst aktiv erarbeiten und die Regeln und Restriktionen internationaler Verhandlungen „praktisch" erfahren, also insgesamt dank der spielerischen, auch emotionalen und gruppendynamischen Elemente, intensiver verstehen. Bloßes „So-tun-als-ob" genügt dafür nicht - nötig ist vielmehr eine intensive fachliche Vorbereitung auf die zu spielende Länder-Rolle im UN-Kontext und die Problematik der zu verhandelnden Themen; sie muß ferner der in der Natur des Rollenspiels liegenden Gefahr begegnen, daß einseitig die offiziellen Sichtweisen und Positionen von Staatenvertretern gelernt werden. Die Motivation zur harten Vorarbeit wird genährt durch das Engagement für das und im Spiel, die ersten praktischen Spiel-Erfahrungen (z.B. der Umgang mit Verfahrensfragen oder beim informellen Aushandeln von Resolutions-Texten zwischen Ländergruppen) führen dann zu tieferen und vielfältigeren Einsichten; die notwendige Zurückstellung eigener und Übernahme fremder Perspektiven zwingt zudem dazu, an Selbstgewißheiten und Vorurteilen zu arbeiten.

Die Vereinten Nationen, d.h. einzelne ihrer Organe bzw. deren Gremien (→ Haupt-/Neben-/Vertragsorgane) oder die verschiedensten Ausschüsse (→ Ausschußsystem) im → UN-System, werden weltweit hundertfach in kleinem (z.B. in Schulklassen) oder großem Rahmen (mit über hundert Spielern) simuliert. In den USA gibt es jährlich weit über hundert oft von Studenten selbst organisierte größere Simulationen mit mehreren zehntausend Teilnehmern. Einige sehr große renommierte *Model UNs*, meist veranstaltet von Universitäten (z.B. Harvard/ *HNMUN* oder American University Kairo/*CIMUN*) versuchen, die Aktivitäten auf nationaler und/ oder internationaler Ebene zusammenzuführen (in Europa z.B. Den Haag, Rom, Wien, aber auch in Osteuropa).

National Model United Nations (NMUN)

Das US-amerikanische *National Model United Nations (NMUN)* ist die größte und professionellste UN-Simulation - eigentlich ein ganzes Bündel großer und kleiner *Models*. Es setzt seit 1947 die Simulation des → Völkerbundes (*Model League of Nations* seit 1923) fort und findet nun jährlich in der Karwoche in New York z.T. an den Originalschauplätzen statt. Weit über 2000 ausgewählte Studenten US-amerikanischer und einiger Universitäten aus den übrigen Erdteilen nehmen teil. Die veranstaltende *National Collegiate Conference Association (NCCA)* arbeitet als nichtkommerzieller, von der UNO anerkannter NGO (→ NGOs) eng mit ihr und ihren Gliederungen zusammen; mitverantwortlich sind Studenten, die vorher erfolgreich am *NMUN* teilgenommen haben. Struktur, Themenschwerpunkte und Verfahrensweisen des *NMUN* spiegeln die Realität so wirklichkeitsgetreu wie möglich wider. Jede Universitätsgruppe vertritt eine Woche lang von früh bis spätabends ein

UN-Mitgliedsland, das sie Monate vorher zugeteilt bekam, möglichst rollengetreu in den verschiedenen Organen und Ausschüssen. Vor dem Beginn der Sitzungen konnten die „Delegierten" mit der diplomatischen Vertretung „ihres" Landes bei der UNO diskutieren und ihre Position mit dessen offiziellen Standpunkten abgleichen; möglicherweise wurden sie auch durch Diplomaten und UN-Mitarbeiter auf ihre Arbeit in den zu simulierenden Gremien vorbereitet.

Zum Abschluß der Konferenz werden - in den Räumen des UN-Hauptgebäudes - jeweils die von den verschiedenen Gremien verabschiedeten „Resolutionen" in Plenarsitzungen ihres übergeordneten Gremiums, der → Generalversammlung bzw. des → Wirtschafts- und Sozialrats (ECOSOC), diskutiert und abgestimmt. Die Konkurrenz mit den anderen Universitäten um die begehrten Auszeichnungen motiviert über die Freude am Spiel hinaus.

Für die nicht-amerikanischen Studenten liegt die besondere Herausforderung - aber auch der Lerngewinn - nicht zuletzt in der Auseinandersetzung mit den sprachlich gewandteren und unbekümmert (ggf. auch ungeachtet eigener Wissensdefizite) sich durchsetzenden amerikanischen Mitspielern. Studenten aus verschieden Regionen und Kulturen begegnen sich und lernen intensiv ihren jeweiligen Diskussions- und Arbeitsstil kennen. Schnell merken die Rollenspieler, daß viele wichtige Punkte nicht in den Sitzungen, sondern in den informellen Besprechungen, vor allem in jeweils interessierten Staatengruppen, diskutiert werden: Dort kommt es darauf an, sich als Sprecher einer Gruppe zu etablieren, was Fähigkeiten der Verhandlungsführung und strategisches Verhalten bei gleichzeitiger Einsicht in die Logik anderer Positionen zu entwickeln zwingt, wobei in jedem Fall diplomatische Verfahrens- und Verhaltensregeln einzuhalten sind. Eine intensive inhaltliche Vorbereitung - möglichst von vornherein englischsprachig - und eine daraus entstehende starke Gruppenidentität sind die Voraussetzungen dafür, in New York zu bestehen oder gar einen Preis zu gewinnen. Zur aktiven Vertretung der Interessen „ihres" Landes und zum Einbringen eigener Initiativen müssen die Spieler sowohl die Politik dieses Land wie das UN-System sehr gut kennen; was nur durch konsequente Teamarbeit effizient zu leisten ist. Das *NMUN* ist jedenfalls für die deutschen Studenten keine Spielwiese für Möchtegern-Diplomaten, sondern ein hartes Trainings-Programm, das analytische und soziale Kompetenzen entwickelt, die nicht zuletzt den heutigen Anforderungen in der Wirtschaft entsprechen, und das auf ein eigenständiges Arbeiten in einem internationalen Umfeld vorbereitet.

UN-Simulationen in Deutschland

In Deutschland werden an Schulen (z.B. Schülersplanspiel Vereinte Nationen (SPUN) Bonn) und Hochschulen UNO-Simulationen als Lehrmethode eingesetzt. Ein jährliches deutschlandweites *Model* (*GerMUN* bzw. *EUMUN*) scheint sich nun über 50 Jahre nach Gründung der UNO erfolgreich zu etablieren. An einigen Universitäten (FU Berlin, Bonn, Hamburg, München, Tübingen, eingeschränkt beide Bundeswehruniversitäten) arbeiten meist Politikwissenschaftler und Völkerrechtler regelmäßig an eigenen kleineren Simulationen und an der Teilnahme am *GerMUN* bzw. *EUMUN* und am klassischen New Yorker *NMUN*. Dabei hat sich bewährt, daß Teilnehmer des Vorjahres jeweils ein kleines Team bilden, das den nachfolgenden Kurs organisiert und betreut und so als soziales Gedächtnis die erworbenen Kenntnisse weitergibt. Die Kosten für eine gut organisierte Simulation sind hoch, die gut vorbereitete Teilnahme an einem internationalen *Model* sogar sehr hoch; damit begabte Studenten auch ohne großen Eigenbeitrag mitmachen können, ist eine Förderung durch öffentliche und private Geldgeber nötig. Etablierte *UN Models* müssen ständig die fachliche Qualität der Spielenden, aber auch der Veranstaltenden sichern und mit den realen Entwicklungen im internationalen bzw. UN-System mithalten; so werden z.Zt. neue „zivilgesellschaftliche" Elemente wie NGO-Rollen oder Presse/Medien eingebaut.

Reinhard Wesel

Lit.: Herz, D./Jetzlsperger, C.: Die Beteiligung der Universität München am National Model United Nations 1987-1997, in: Juristische Schulung 6 (1997), 11f.; Hüfner, K., UNO-Planspiele (DGVN-Texte 44), Bonn 1995; Muldoon, J.P., The Model United Nations Revisited, in: Simulation and Gaming, 26 (1995) 27-35.
Internet: www.teleport. com/~callen/ whatismun/unausa.html (UNA-USA), www. nmun.org (NMUN/NCCA), hcs.harvard. edu:80/~hnmun (Harvard), www.dgvn.de (DGVN/Berlin), ibm.rhrz.uni-bonn.de/~ups 50002/nmun.htm (Bonn), www.lrz-muenchen.de/~nmun (München), www.tiac. net/users/process/ modelun/conf.html (LHS-MUN Directory of Model UN Organizations); www.spun.de (Schülersplanspiel Bonn)

UN-Platz Bonn

Der *UN-Platz Bonn* wurde am 20.6.1996 mit der offiziellen Übergabe der „Villa Carstanjen" in den Besitz der Vereinten Nationen in Anwesenheit des damaligen UN-Generalsekretärs (→ Generalsekretär), Boutros Boutros-Ghali, eröffnet. Das Freiwilligenprogramm der Vereinten Nationen → UNV (United Nations Volunteers) war am 1.7.1996 die erste eigenständige UN-Organisation, die nach Umzug von Genf ihren Sitz im Gebäude der Vereinten Nationen in Bonn nahm. Ihm folgten am 12.8.1996 das *Sekretariat der Klimarahmenkonvention* (UNF CCC) und am 1.1.1999 das *Sekretariat der Konvention zur Bekämpfung der Wüstenbildung* (UNCCD). Das *Sekretariat des Übereinkommens zur Erhaltung der wildwandernden Tierarten* (CMS) ist bereits seit 1984 in Bonn tätig (→ Umweltschutz).

Mit diesen vier UN-Organisationen aus dem Bereich der Entwicklung und Umwelt hat sich Bonn mittlerweile zu einem wichtigen Standort im → UN-System entwickelt. Die Herausbildung dieser Bereiche als Schwerpunkte des UN-Platzes Bonn wird darüber hinaus durch jetzt oder zukünftig in Bonn tätige internationale und nationale Organisationen außerhalb des UN-Systems (z.B. Environmental Law Center der Weltnaturschutzunion IUCN, Deutsches Institut für Entwicklungspolitik (DIE), Deutscher Entwicklungsdienst (DED) und Teile der Deutschen Stiftung für internationale Entwicklung (DSE)) unterstützt.

Der gemeinsam von der Bundesregierung, dem Land Nordrhein-Westfalen und der Stadt Bonn geförderte Ausbau des UN-Platzes Bonn ist thematisch jedoch nicht auf diese oder andere Schwerpunktbereiche begrenzt. Mit dem „Gesetz zur Umsetzung des Beschlusses des Deutschen Bundestages vom 20. Juni 1991 zur Vollendung der Einheit Deutschlands", dem sog. Berlin/Bonn-Gesetz, hatte der Bundestag am 26.4.1994 beschlossen, der Region Bonn durch „Übernahme und Ansiedlung neuer Funktionen und Institutionen von nationaler und internationaler Bedeutung im politischen, wissenschaftlichen und kulturellen Bereich" einen Ausgleich für den Verlust von Parlaments- und Regierungssitz zu gewährleisten. In diesem Zusammenhang nennt das Gesetz als einen besonders hervorzuhebenden Bereich, in dem der Ausgleich realisiert werden soll, Bonn als „Standort für Entwicklungspolitik, nationale, internationale und supranationale Einrichtungen."

1) Die außenpolitische Bedeutung des UN-Platzes Bonn

Die Tatsache, daß Deutschland seit 1996 auch Sitzstaat der Vereinten Nationen (→ Sitzstaatsabkommen) ist, ist Ausdruck der Anerkennung unseres gewachsenen Engagements und unserer Verantwortung in den Vereinten Nationen. Die bisher angesiedelten Organisationen leisten einen wichtigen Beitrag zum Standort Bonn als Zentrum der internationalen Entwicklungs- und Umweltpolitik. Dadurch wird Deutschlands Gewicht in den Vereinten Nationen und gleichzeitig das Ansehen der Vereinten Nationen in Deutschland weiter gestärkt. Die Bundesregierung verknüpft mit der Ansiedlung von UN-Institutionen besonders das Interesse, als Geber an operationelle Aktivitäten der UN stärker hervorzutreten (→ Deutschland, UN-Politik).

1. UN-Organisationen in Bonn

a) Freiwilligenprogramm der Vereinten Nationen (United Nations Volunteers – UNV)

Das Freiwilligenprogramm der Vereinten Nationen wurde 1970 durch Beschluß der UN-Generalversammlung als Entwicklungshilfedienst unter Verwaltung durch das Entwicklungsprogramm der Vereinten Nationen (→ UNDP) zunächst mit Sitz in Genf gegründet. Seit dem 1.7.1996 koordiniert es von Bonn aus den Einsatz der jährlich ca. 4.000 unentgeltlich tätigen Fachleute, die auf Anforderung von Regierungen, nichtstaatliche Organisationen (→ NGOs), Basisgruppen oder der Vereinten Nationen selbst zur Durchführung von Projekten der Entwicklungszusammenarbeit bereitgestellt werden. Seit 1971 waren dies mehr als 14.500 Freiwillige aus 140 Nationen. Ihre Tätigkeit erstreckt sich auf fünf Bereiche:
- Technische Kooperation;
- Förderung der Entwicklungsinitiativen von örtlichen Nichtsregierungsorganisationen und anderen lokalen Einrichtungen (auch im Umweltbereich);
- Humanitäre Hilfe und Rehabilitation
- Unterstützung von UN-Operationen zur Sicherung des Friedens (→ Friedensoperationen) und zur Stärkung der → Menschenrechte und der Demokratie;
- Förderung von Unternehmertum im öffentlichen und privaten Sektor.

b) Sekretariat der Klimarahmenkonvention der Vereinten Nationen (United Nations Framework Convention on Climate Change, UNFCCC)

Im Sommer 1996 nahm in Bonn das Sekretariat der Klimarahmenkonvention seine Arbeit auf. Die Klimarahmenkonvention war auf der UN-Konferenz für Umwelt und Entwicklung 1992 in Rio de Janeiro (→ Weltkonferenzen) abgeschlossen worden. Ihr Ziel ist es, den Ausstoß von klimaverändernden Treibhausgasen zu begrenzen. Der größte Erfolg dieser Konvention ist bislang das Ende 1997 im japanischen Kioto abgeschlossene Protokoll, das erstmals rechtsverbindliche Reduzierungen von Treibhausgasemissionen für Industriestaaten um 5,2 % vorsieht. Das Sekretariat hat derzeit ca. 80 Bedienstete bereitet die Vertragstaatenkonferenzen der Konvention (z.B. Dezember 1998 in Buenos Aires) und die jährlich mehrfach tagenden Sitzungen anderer Konventionsorgane vor.

c) Sekretariat der Konvention zur Bekämpfung der Wüstenbildung (United Nations Convention to Combat Desertification, UNCCD)

Im Jahre 1997 beschlossen die Vertragstaaten der Konvention zur Bekämpfung der Wüstenbildung ebenfalls, ihr Sekretariat zum 1.1.1999 in Bonn einzurichten. Das Wüstenübereinkommen versucht, den globalen Verlaust von Bodenfruchtbarkeit, von dem weltweit über 100 Staaten und 900 Millionen Menschen betroffen sind, durch einen integrierten Ansatz (Armutsbekämpfung, Strukturanpassungsmaßnahmen, Geburtenkontrolle, Stärkung der Rolle der Frau) und eine verbesserte Koordinierung der Geberaktivitäten (u.a. Abschluß von Partnerschaftsverträgen zwischen multilateralen bzw. bilateralen Gebern und den betroffenen Entwicklungsländer) zu bekämpfen. Im Mittelpunkt der Arbeit steht bislang die Erarbeitung nationaler und internationaler Aktionspläne.

d) Sekretariat des Übereinkommens zur Erhaltung der wandernden wildlebenden Tierarten (Convention on the Conservation of Migratory Species of Wild Animals, UNEP/CMS)

Bereits 1984 wurde das Sekretariat der Bonner Konvention zum Schutz der wildwandernden Tierarten in Bonn heimisch. Das Sekretariat, das administrativ dem UN-Umweltprogramm → UNEP zugeordnet ist, beschäftigt sich mit der Vorbereitung von Vertragstaatenkonferenzen und der Dokumentation zur Konvention der wild wandernden Tierarten sowie ihrer Protokolle, die der Erhaltung von bestimmten gefährdeten Arten wie etwa Zugvögeln oder Fledermäusen dienen. So hat auch das Sekretariat des Abkommens zur Erhaltung der Fledermäuse in Europa (EUROBAT Secretariat) seinen Sitz in Bonn.

2. Verbindungsbüros des UN-Systems in Bonn

a) Informationszentrum der Vereinten Nationen (United Nations Information Center - UNIC)

Das Informationszentrum der Vereinten Nationen in Bonn, eine von 70 Außenstellen der in New York ansässigen UN-Hauptabteilung für Presse und Information, dient als Kontaktstelle zu den Vereinten Nationen in Deutschland. Es vermittelt aktuelle Informationen über die Tätigkeit der Vereinten Nationen, z.B. über Einsätze auf dem Gebiet der → Friedenssicherung, der → Menschenrechte, der → Entwicklungszusammenarbeit, der Katastrophenhilfe, der Drogen- und Kriminalitätsbekämpfung und der Sozialpolitik. Es organisiert Pressekonferenzen zu aktuellen Themen und sorgt für die Publikation von Informationsmaterial über die Vereinten Nationen in deutscher Sprache (→ Öffentlichkeitsarbeit; → Publikationen der UN).

b) Internationale Arbeitsorganisation (International Labour Organisation, ILO)

Bereits seit 1953 unterhält die Internationale Arbeitsorganisation → ILO mit Sitz in Genf ein Verbindungsbüro in Bonn, dessen Aufgabe es ist, die Beziehungen zwischen der ILO und der Regierung sowie den Arbeitnehmer- und Arbeitgeberverbänden in Deutschland durch Kontakte und Erfahrungsaustausch zu stärken, die Anliegen der ILO einer breiten Öffentlichkeit zugänglich zu machen und ihre wissenschaftlichen und technischen Publikationen zu verbreiten.

3. UN-Organisationen und Verbindungsbüros in Deutschland außerhalb Bonns

- Internationaler Seegerichtshof (→ ITLOS), Hamburg
- UNESCO-Institut für Pädagogik (→ UNESCO), Hamburg
- Verbindungsbüro des Hohen Flüchtlingskommissars der UN, → UNHCR, Berlin

4. Deutsche Organisationen mit UN-Bezug

- Deutsche Gesellschaft für die Vereinten Nationen, Bonn
- Deutsche UNESCO-Kommission, Bonn
- Deutsches Komitee für → UNICEF, Köln
- Deutsches Komitee für das UN-Umweltprogramm UNEP, Bonn
- Deutsche Welthungerhilfe, Bonn
- Deutsche Stiftung für UNO-Flüchtlingshilfe, Bonn
- Deutsches IDNDR-Komitee für Katastrophenvorbeugung
- Komitee für → UNIFEM (UN-Entwicklungsfonds für Frauen) in Deutschland, Bonn
- Projektstelle Umwelt und Entwicklung (Informationen zum Umweltgipfel, UNCED, und Welthandel),
- Bonn UNO-Verlag, Bonn

Günther Altenburg

Lit: *Auswärtiges Amt (Hrsg.):* ABC der Vereinten Nationen, 3. überarb. Aufl., Bonn 1998, 47-48.
Internet: Homepage des UN Informationszentrums Bonn: http://www.uno.de

UN-Platz Genf

Am 18. April 1946 löste sich der → Völkerbund formell auf, der zwar seit Ausbruch des Zweiten Weltkriegs praktisch untätig war, aber als Institution noch mit 43 Mitgliedern bestanden hatte, und übertrug das 1929 bis 1937 erbaute Palais des Nations im Norden von Genf den Vereinten Nationen als seiner Nachfolgeorganisation: mit vielen guten Wünschen für bessere Tage. Am selben Tag wurde das Sitzabkommen (→ Sitzstaatsabkommen) zwischen den Vereinten Nationen und dem Schweizer Bundesrat unterzeichnet, es trat am 1. Juli des gleichen Jahres in Kraft. Zuvor, am 12. Februar 1946 hatte die UN-Generalversammlung (→ Generalversammlung) in ihrer ersten Sitzungsperiode die Resolution XIV verabschiedet, mit der sie dem Votum eines während des Interregnums bestallten Ausschusses (League of Nations Committee) zustimmte und mit einer Reihe von Programmen und Konventionen des Völkerbunds auch einen größeren Teil seiner Liegenschaften für die UN übernahm.

Damit entstand, neben dem Sitz der UN in New York, ein zweiter Standort, ein „Büro" (engl. office) der neuen Weltorganisation, der nach der Konzeption der Gründerjahre zunächst vor allem regionale Aufgaben im kriegsverheerten Europa übernahm.

Im März 1974 wurde in Genf als erste eigenständige UN-Einrichtung dort die Wirtschaftskommission für Europa (ECE) ins Leben gerufen, die älteste der schließlich fünf regionalen Wirtschafts- und Sozialkommissionen (→ Wirtschaftskommissionen, regionale). Ihr gehören bis heute praktisch alle Staaten Europas und Nordamerikas an; damit wurde die Kommission im sich abzeichnenden Kalten Krieg bis hin zur Gründung der KSZE/OSZE (1974) die einzige multilaterale Organisation, in der Ost und West sich zu einem Minimum an wirtschaftlicher, später auch umweltpolitischer Zusammenarbeit trafen.

Auch die Neuerrichtung eines Hohen Kommissariats der Vereinten Nationen für Flüchtlinge (→ UNHCR) im Jahr 1953 stand noch stark im Zeichen der Hinterlassenschaften des Zweiten Weltkrieg in Europa.

Entsprechend trug das Genfer UN-Platz in den ersten zwei Jahrzehnten den offiziellen Namen eines „Europäischen Büros" der UN. Erst 1966, als seine regionale Rolle immer stärker durch weltweite Aufgaben ergänzt worden war (vor allem seit der Gründung der Welthandels- und Entwicklungskonferenz UNCTAD 1964) änderte sich

seine Bezeichnung in „Büro der Vereinten Nationen in Genf" (United Nations Office at Geneva - UNOG).

Außer den zentralen Administrationsbereichen,
- der allgemeinen Verwaltung, einschließlich Finanzen, Personalverwaltung, Gebäude- und Liegenschaftsverwaltung, Sicherheitsdienste, Informationsdienst, und
- dem Konferenzdienst einschließlich Publikations-, Dolmetscher- und Übersetzungsdienst, der auch die Bibliothek umfaßt,
- beherbergt der Genfer UN-Platz, der sich auf das Palais des Nations und weitere Gebäude in Genf verteilt, folgende funktionale Organisationen und Bereiche des UN-Sekretariats (→ Sekretariat; → Haupt-/Neben-/Vertragsorgane):
- den → Hohen Kommissar für Flüchtlinge (UNHCR);
- die → UN-Konferenz für Handel und Entwicklung (→ UNCTAD);
- das Büro des → Hohen Kommissars für Menschenrechte (UNHCHR) - seit 1998 im „Palais Wilson", dem ersten Sitz des Völkerbunds, untergebracht (→ Menschenrechte, Zentrum für Menschenrechte/Hoher Kommissar für Menschenrechte);
- das Sekretariat der Abrüstungskonferenz (CD), die zur Zeit 66 Staaten umfaßt (→ Abrüstung);
- das Sekretariat der UN-Wirtschaftskommission für Europa (ECE);
- das Büro des Koordinators für Humanitäre Fragen (OCHA) (→ Humanitäre Hilfe);
- das Internationale Handelszentrum (ITC), eine gemeinsame Organisation der → UNCTAD und des ehemaligen GATT (→ WTO/GATT) zur Unterstützung von Entwicklungsländern bei Export und Marketing;
- die Kommission des Sicherheitsrats für Kompensationen (UNCC) für Schäden, die Irak auf Grund der Resolutionen 687 und 692 (1991) an Kuwait zu leisten hat;
- das UN-Institut für Abrüstungsforschung (→ UNIDIR);

- das UN-Institut für Ausbildung und Forschung (→ UNITAR);
- das UN-Forschungsinstitut für soziale Entwicklung (UNRISD);
- UNAIDS, ein gemeinsames Programm von → UNICEF, → UNDP, → UNFPA, → UNESCO, → WHO und der Weltbank (→ Weltbank/-gruppe).

Eine Reihe von UN-Programmen, die von New York oder Nairobi aus geleitet werden, haben ihre Regionalbüros für Europa in Genf eingerichtet, darunter:
- das UN-Kinderhilfswerk (UNICEF);
- das UN-Entwicklungsprogramm (UNDP);
- das UN-Umweltprogramm (→ UNEP);
- der UN-Bevölkerungsfonds (UNFPA);
- HABITAT, das Programm für Wohnungs- und Siedlungswesen (→ UNCHS).

Das Büro der Vereinten Nationen in Genf, die fünf → Sonderorganisationen des → UN-Systems (→ ILO, WHO, → ITU, → WMO und → WIPO), die Welthandelsorganisation WTO (früher GATT) und die Internationalen Rotkreuzorganisationen (Liga und Komitee) haben zahlreiche weitere Institutionen in die Stadt und den Kanton gezogen, vor allem solche mit Themenschwerpunkten in den Bereichen Wirtschaft, → Menschenrechte und humanitäre Angelegenheiten. Sie stimmen sich in vielen Aspekten ihrer operativen Arbeit mit den VN-Gremien ab. Etwa 350 nichtstaatliche Organisationen (→ NGOs) sind neben 140 Mitgliedsländern (→ Ständige Vertretungen) und drei Beobachtermissionen (Schweiz, Heiliger Stuhl und Palästina) akkreditiert (→ Beobachterstatus).

An der Spitze des Genfer VN-Büros steht ein Generaldirektor im Rang eines Unter-Generalsekretärs (Under Secretary-General), der neben dieser Funktion in der Regel auch die eines Vertreters des Generalsekretärs bei einem spezifischen, in Genf konzentrierten Sonderbereich wahrnimmt. So ist der gegenwärtige Generaldirektor, der Russe

Wladimir Petrovski, zugleich Generalsekretär der Abrüstungskonferenz.

Genf, der zweitgrößte UN-Platz nach New York, beherbergt die meisten UN-Konferenzen; im Laufe eines Jahres finden etwa 7.000 einzelne Sitzungen im Palais des Nations mit etwa 25.000 Delegierten statt, darunter:
- die → Abrüstungskonferenz (CD) mit drei mehrwöchigen Sitzungsperioden pro Jahr;
- die Tagung der → Menschenrechtskommission (sechs Wochen März/April), ihrer Unterkommission, des → Menschenrechtsausschusses und der Vertragsgremien (über Rassismus, Folter, Religiöse Intoleranz, Recht des Kindes etc.) (→ Menschenrechtskonventionen und ihre Durchführungsorgane);
- Tagungen des → Wirtschafts- und Sozialrates (ECOSOC), alternierend mit New York;
- die jährliche Tagung der Völkerrechtskommission (→ ILC)
- und viele weitere technische Tagungen, vor allem im Bereich der ECE und der → UNCTAD.

Außerdem finden die Jahrestagungen der Internationalen Arbeitsorganisation (ILO) und der Weltgesundheitsorganisation (WHO) im Palais des Nations statt.

Hier kulminierten während der letzten fünfzig Jahre auch die meisten internationalen Friedensbemühungen bei großen regionalen Konflikten, von der Koreakonferenz Anfang der fünfziger Jahre über die Viermächtegipfel über Deutschland, die Laos- und Indochinakonferenz bis zu den Verhandlungen über Afghanistan, die Krisen des ehemaligen Jugoslawiens, die Beendigung des ersten Golfkriegs zwischen Iran und Irak. Auch die bilateralen Gespräche der USA und der Sowjetunion über START I und II sowie SALT fanden hier, wenngleich außerhalb des UN-Büros statt. Ob es der berühmte „Geist von Genf", der neutrale Boden der Schweiz (die den Vereinten Nationen nicht angehört) oder die relative geographische Nähe zu den Krisengebieten ist - Genf hat als Ort für Friedensgespräche eine ununterbrochene Tradition seit dem 19. Jahrhundert. Der Bau eines neuen Schweizer Konferenzzentrums in der Nähe des Palais des Nations in den siebziger Jahren sollte diese Tradition besonders pflegen. Auch große Fachkonferenzen über Rohstoffabkommen oder das Internationale → Seerecht tagten im Genfer Büro der UNO, wie auch bei - allerdings seltenen - Anlässen die → Generalversammlung und der → Sicherheitsrat.

Die Zahl der ständigen Mitarbeiter (→ Personal) beträgt in Genf etwa 3.000 (außer UNHCR), sie geht seit Mitte der neunziger Jahre im Zuge der UN-Reform (→ Reform der UN) leicht zurück.

Der Genfer UN-Informationsdienst (→ Öffentlichkeitsarbeit) betreut ca. 230 ständig akkreditierte Medienkorrespondenten und zahlreiche Journalisten, die zu besonderen Anlässen nach Genf reisen oder in ihren Heimatredaktionen mit Informationen versorgt werden.

Die ca. eine Million Bände, vier Millionen Dokumente und 9.000 Periodika umfassende Bibliothek, die auf eine Stiftung John D. Rockefellers bei der Gründung des Völkerbundes zurückgeht, gehört zu den umfangreichsten Repertorien zu Völkerrecht und Wirtschaft in Europa; sie bewahrt auch das Archiv des Völkerbundes.

Hans J. Lassen

Lit.: *Centre for Research on International Institutions (Hrsg.)*: International Geneva Yearbook. Vol. 1, Lausanne (1985); *Club Diplomatique de Genève (Hrsg.)*: La vocation internationale de Genève o.O (Genf), o.J. (1998); *Hay, A.(Hrsg.)*: Encyclopédie de Genève, Bd. 8:Genève, ville internationale, o.O. (Genf), o.J: (1990); *Pallas, J.-C.* : Listoire du Palais des Nation (Internet:http://unog.ch/frames/histoire); *Spinelli, P.P.*: Genève et la vie internationale o.O. (Genf), o.J. (1963); *United Nations Office at Geneva (Hrsg.)*: Aide -mémoire, Genf April 1997; *United Nations Office at Geneva (Hrsg.)*: The United Nations in Geneva; Questions and Answers, o.O. (Genf) o.J. (Juli 1998); *United Nations Department of Public Informatuon (Hrsg.)*: Basic Facts about the United Nations, New York 1998.

Internet: Homepage des United Nations Office at Geneva: http://www.unog.ch

UN-Platz Nairobi

Erst spät – im Jahr 1996 - fiel die Entscheidung, in Nairobi neben dem Hauptquartier in New York und den europäischen Büros der Vereinten Nationen (United Nations Offices) in Genf und Wien ein weiteres Büro (United Nations Office at Nairobi - UNON) einzurichten. Mit Wirkung vom 1.1.1996 beschloß die → Generalversammlung der Vereinten Nationen die zwei bisher in Nairobi befindlichen UN-Organisationen, das Umweltprogramm → UNEP und das Zentrum der Vereinten Nationen für Wohn- und Siedlungswesen → UNCHS (Habitat) in einem Büro der Vereinten Nationen zusammenzufassen, das unter der Leitung des Exekutivdirektors des UNEP steht. Das Büro versorgt beide Einrichtungen mit Verwaltungs- und Konferenzdienstleistungen.

UNEP wurde vor 26 Jahren in Nairobi eingerichtet, Habitat vor 21 Jahren. UNEP war die erste UN-Organisation, die ihren Sitz in einem Entwicklungsland nahm und ist bis heute noch immer die einzige größere UN-Institution, die ihren Sitz in einem Entwicklungsland hat. Daneben befinden sich nur noch die Sitze der regionalen Wirtschaftskommissionen und regionale Sekretariate des Wüstenbildungs-Übereinkommens in Entwicklungsländern.

Die Geschichte des UN-Platzes Nairobi ist also vor allem die Geschichte der Repräsentanz der UNO in der Dritten Welt. Es spricht für die Dominanz der Hauptbeitragszahler in der UNO, in den UN-Spezialorganen und in den → Sonderorganisationen, daß keine bedeutende Organisation außer UNEP bisher ihren Sitz in der Dritten Welt genommen hat – mit Ausnahme der → UNRWA, die vor kurzem ihren Hauptsitz von Wien nach Gaza verlegt hat, was aber angesichts ihres regional auf den Nahen Osten konzentrierten Aufgabengebietes eigentlich schon lange ratsam war.

Anfang der 90er Jahre gab es sogar Bestrebungen bei den Industrieländern des Westens, den Sitz der UNEP von Nairobi nach Genf zu verlegen. Nur die heftige Opposition der afrikanischen Staaten und anderer Staaten der Dritten Welt hat dies verhindert. Als dies entschieden war, wollte man zumindest UNEP und Habitat miteinander verschmelzen, um Kosten zu sparen. Als erste Maßnahme in diese Richtung, welche die Stellung von Nairobi erheblich schwächte, strich → Generalsekretär Boutros-Ghali die Stelle des Exekutivdirektors von Habitat, die Stelle eines Unter-Generalsekretärs, indem er die Leitung von UNEP und Habitat in Personalunion durch den Exekutivdirektor des UNEP ausüben ließ.

Erst UN-Generalsekretär Annan entschloß sich, die Stellung Nairobis durch die Einrichtung des dritten UN-Büros neben Genf und Wien (→ UN-Platz Genf; → UN-Platz Wien) aufzuwerten. Allerdings ist es bisher ein „Büro 2. Klasse"; es hat wenig Bedienstete im Vergleich zu den beiden anderen und verfügt über wenig Finanzmittel und wird auch haushaltstechnisch bisher diskriminiert. So mußten Diplomaten der Gruppe der 77 (→ Gruppe der 77 und die UN) ziemlichen Druck ausüben, damit das Büro in Nairobi nicht mehr überwiegend aus den Finanzmitteln für UNEP und Habitat finanziert wird, sondern – wie Genf und Wien – als ständiges Büro der UN aus dem regulären Haushalt. Die Generalversammlung forderte den Generalsekretär in Resolution 55/220 vom 22.12.1997 auf, die Finanzierung von Nairobi mit derjenigen von Genf und Wien auf eine Ebene zu stellen. Dennoch gelang es den Diplomaten nicht, sofort die gleiche Finanzierungsart wie für Genf und Wien durchzusetzen, sondern nur eine allmähliche Steigerung des Finanzierungs-Anteils aus dem regulären Haushalt um ca. 15%.

Die Debatte um die Verlagerung der beiden UN-Einrichtungen und damit implizit um eine mögliche Schließung des neuen Büros scheint auch noch nicht vom Tisch zu sein. Eine UN-Task Force aus Ministern, Botschaftern, UN-Beamten und NGO-Vertretern (→ NGOs) unter Leitung von UNEP-Generaldirektor Klaus Töpfer, welche im Auftrag des UN-Generalsekretärs die Koordinationsmöglichkeiten im Umweltbereich prüfen sollte, sah sich in ihrem Bericht an die 53. Tagung der Generalversammlung 1998 genötigt, den Vorschlag zurückzuweisen, UNEP und Habitat zu verschmelzen. Sie empfahl stattdessen, UNON entsprechend seinem Status als UN-Büro mehr mit Haushaltsmitteln aus dem regulären Haushalt auszustatten, die Kommunikationsmöglichkeiten auszubauen und die übrigen UN-Spezialorgane und Programme aufzufordern, Aktivitäten nach Nairobi zu verlagern, „um den UN-Standort in Nairobi in ein arbeitsfähiges, aktives UN-Büro zu verwandeln" (UN Task Force on Environment and Human Settlements 1998, 11f.). Nairobi sei der einzige Standort einer wichtigeren UN-Einrichtung in der Dritten Welt und es sei deshalb dringend geboten, den Statuts von UNON zu stärken. Den gleichen Standpunkt vertrat Klaus Töpfer auch bei der Vorstellung des Berichts vor der Presse im Juli 1998: Er lehnte Pläne, beide Organisationen aus Nairobi zu verlegen, ab und betonte, „Nairobi ist das einzige UN-Hauptquartier in der Dritten Welt." (IPS World News vom 5.7.1998).

Beachtenswert ist dabei der Zeitpunkt der Debatte um UNON: Eingerichtet wurde das Büro in Nairobi am 1.1.1996. Eineinhalb Jahre später muß sich Töpfer schon gegen Austrocknungspläne für Nairobi öffentlich wehren und die Gleichberechtigung fordern. Eigentlich ein starkes Stück, was die westlichen Staaten da mit den Staaten der Dritten Welt in der UNO machen: Wer das Geld gibt, bestimmt, wo die Institutionen hinkommen, so versuchen sie es wohl erneut zu praktizieren. Daß sie dabei viel Glaubwürdigkeit verspielen, was das Prinzip der Gleichheit in der UNO angeht, ist ihnen wohl nicht klar.

Interessant ist auch, daß bisher die Öffentlichkeit in den UN-Mitgliedstaaten und selbst viele UN-Bedienstete selber kaum Notiz davon genommen haben, daß es ein weiteres UN-Büro gibt, man findet auch kaum Veröffentlichungen im Internet oder Pressemitteilungen des DPI über UNON. Hier sollte die UNO selber wenigstens ihre Beschlüsse ernstnehmen und auch gegen den Widerstand westlicher Staaten Nairobi den Rücken stärken. Der UN-Platz Nairobi steht als Symbol für die Ernsthaftigkeit des Dialogs zwischen Nord und Süd. Es wäre zu wünschen, daß man bei den Regierungen der Industrieländer des „Nordens" aufhört mit den Versuchen, mit dem geschickt angesetzten Sparrotstift das einzige UN-Büro in der Dritten Welt langfristig wieder aufzulösen, sondern daß man im Gegenteil das Büro zu einem Konferenzzentrum aufwertet. Das ließe sich bei gutem Willen durchaus bewerkstelligen, man schaue sich nur Bonn an. Vielleicht sollten sich die deutschen Außenpolitiker an Klaus Töpfer orientieren. Er hat wohl verstanden, was das UN-Büro in Nairobi für die Dritte Welt bedeutet.

Helmut Volger

Lit.: *Deen, T.:* Environment: Task Force Rejects Merger Of Two U.N. Bodies, in: World News – InterPressService (IPS) 5.7.1998 (Internet: http://www.oneworld.org/ips2/jul98/05_13-007.htm); *United Nations:* Proposed programme budget for the biennium 2000-2001, Part VIII Common Support Services, Section 27G – Administration Nairobi, (UN Doc. A/54/6 (Section 27G) vom 23.3.1999); U.N. task force proposes new environment management group, in: Journal of the Group of 77, No. 2/1998 (über Internet: http:/www.g77.org/ Journal/2-98/6.htm); *United Nations Task Force on Environment and Human Settlements:* Report to the Secretary-General, 15 June 1998, New York 1998.
Internet: Homepage von UNON: http://www.unon.org

UN-Platz New York

Die Stadt New York ist der Hauptsitz der Vereinten Nationen. Hier befindet sich seit 1952 das permanente Hauptquartier mit fünf der sechs wichtigsten Organe der Organisation: → Sicherheitsrat, → Generalversammlung, → Wirtschafts- und Sozialrat, → Treuhandrat und → Sekretariat (→ Haupt-/Neben-/Vertragsorgane). Darüber hinaus tagen in New York die meisten ihrer Nebenorgane: Die ständigen und temporären Ausschüsse (→ Ausschußsystem) halten zum größten Teil hier ihre Sitzungen ab und ebenso haben viele Spezialorgane der UN (→ UN-System) ihren Sitz in New York (siehe Annex 1). Mehr als 6.000 Mitarbeiter (→ Personal) werden hier von den UN beschäftigt. Alle 185 Mitgliedstaaten der UN (→ Mitgliedschaft/Repräsentation von Staaten) unterhalten in New York → Ständige Vertretungen bei den Vereinten Nationen.

Geschichte

New York City wurde 1946 von der Generalversammlung zum Hauptsitz der Vereinten Nationen bestimmt (→ Geschichte der UN). Verschiedene Organe der Vereinten Nationen befanden sich bereits seit der Gründung der Organisation 1945 in New York. Als provisorisches Hauptquartier dienten in der Anfangszeit erst eine Mädchenschule in der Bronx, später eine Rollschuhbahn in Flushing und eine alte Fabrik in Lake Success (alle drei Orte sind Vororte von NewYork City).

Neben New York, das von Beginn an von Trygve Lie, dem ersten → Generalsekretär, befürwortet wurde, hatten sich unter anderem auch die drei amerikanischen Städte San Francisco, Boston und Philadelphia, sowie Prag, Den Haag, Genf und Wien als Standorte für die Organisation beworben. Die Frage des künftigen Sitzes der Vereinten Nationen sorgte sowohl innerhalb der dafür zuständigen Kommission, als auch in der Öffentlichkeit für Kontroversen.

Genf hatte dadurch, daß es bereits Sitz des → Völkerbundes gewesen war, in gewisser Weise einen historischen Anspruch, wurde aber mehrheitlich abgelehnt. Innerhalb der Kommission bestanden Ängste, Genf könnte mit dem Scheitern des Völkerbundes in Verbindung gebracht werden. Außerdem lehnte die Regierung der Schweiz es ab, den Sicherheitsrat zu beherbergen, da dessen Entscheidungen die Anwendung von Gewalt mit sich bringen könnten. Die anderen europäischen Bewerber, befürwortet vor allem von Frankreich und Großbritannien, wurden von den Regierungen Lateinamerikas und der UdSSR zugunsten eines Orts in den USA abgelehnt (die Staaten Lateinamerikas, Europas, die USA und die UdSSR stellten damals 4 (vier) Fünftel der Mitglieder der Vereinten Nationen). Wesentliches Argument gegen einen europäischen Sitz war, daß eine Organisation mit Sitz in Europa nicht der weltpolitischen Lage Ende des Zweiten Weltkrieges entspräche. Befürwortet wurde dagegen mehrheitlich ein Ort in den USA.

Die vorbereitende Kommission schlug dementsprechend am 28. Dezember 1945 die beiden Orte Greenwich und Westchester County an der Ostküste der USA vor. In beiden Orten stießen der Plan der Vereinten Nationen auf äußerst heftigen Widerstand der lokalen Bevölkerung. So schlugen die USA erneut San Francisco vor. Die Sowjetunion (→ Rußland, UN-Politik) aber setzte sich für einen Ort an der Ostküste der USA ein, und drohte sogar mit dem Austritt aus den Vereinten Nationen für den Fall, daß die Organisation nach San Francisco ziehe, da dieses deutlich weiter entfernt von Moskau liege.

In dieser Situation, in der kein Konsens in Sicht schien, brachte schließlich die Initiative eines Privatmanns die Entscheidung. Am 11 Dezember 1946 bot der amerikanische Industrielle und Multimillionär John D. Rockefeller Jr. den Vereinten Nationen einen Spende über 8,5 Millionen US-Dollar an. Mit der Summe sollte ein Grundstück für das Hauptquartier in Manhattan am East River zwischen 42. und 48. Straße in der Größe von sechs Häuserblöcken erworben werden. Auf diesem Grundstück, bekannt als „Schildkröten–Bucht", befanden sich heruntergekommene Behausungen und alte Schlachthäuser. Innerhalb von drei Tagen

Innerhalb von drei Tagen besichtigte eine Delegation der Vereinten Nationen das Gelände, verhandelte mit der Stadtverwaltung und legte die Empfehlung der Generalversammlung vor. Diese nahm den Vorschlag mit 46 zu 7 Stimmen am 14. Dezember 1946 an.

Bald darauf wurde ein Planungsbüro eingerichtet, das von Wallace Harrison geleitet wurde, der zuvor bereits das Rockefeller Center in New York entworfen hatte. Er benannte eine Gruppe internationaler Architekten für den Entwurf, unter ihnen so bekannte wie Le Corbusier und Oscar Niemeyer. Die Stadt New York erklärte sich bereit, die entsprechenden Straßen zu bauen und verbleibende Bewohner umzusiedeln. Darüber hinaus spendete die Stadt 20 Millionen US-Dollar zur Verschönerung des Viertels. Im Mai 1947 lag ein Plan der Architektengruppe vor und im September 1948 war Baubeginn. Die US-Regierung erklärte sich bereit, den Vereinten Nationen die Summe von 68 Millionen US-Dollar für den Bau zu leihen.

Gegenwart

Das heutige Sekretariatsgebäude wurde im Oktober 1952 fertiggestellt und besteht aus einem 39-stöckigen Wolkenkratzer, dem Generalversammlungs-Gebäude und der „Dag- Hammarskjöld"-Bibliothek. Es gilt als architektonisches Glanzstück, das sich nicht nur individuell aus der Silhouette New Yorks abhebt, sondern auch den funktionalen Ansprüchen der Vereinten Nationen entspricht. Bis heute vergrößerte sich der Verwaltungsapparat der Vereinten Nationen allerdings so sehr, daß zwischenzeitlich weiter Räumlichkeiten in anderen Gebäuden angemietet werden mußten. So zog Mitte der Neunziger Jahre ein großer Teil des Sekretariats in das neugebaute UN-Plaza-Gebäude unweit des Sekretariatsgebäudes.

Der Grund, auf dem die Gebäude stehen, gilt nicht als Teil des Hoheitsgebietes der USA. Die Organisation ist damit nicht an nationales Recht oder Stadtverordnungen gebunden (→ Sitzstaatsabkommen). Die Gebäude der Vereinten Nationen haben somit einen ähnlichen Status wie nationale Botschaftsgebäude. Darüber hinaus haben die Vereinten Nationen ihre eigene Feuerwehr, sowie eigene Polizeieinheiten. Zusätzlich stehen alle der etwa 20.0000 Diplomaten, die in New York leben, unter dem Schutz der New Yorker Polizei und es gelten die allgemeinen Regelungen betreffend des diplomatischen Schutzes. Die Stadt (New York) profitiert vom UN-Standort New York jährlich durch die jährlichen Ausgaben der Mitarbeiter der UN in Höhe von mehr als 500 Millionen US-Dollar. Darüber hinaus zieht das UN-Hauptquartier pro Jahr etwa 500.000 Touristen an. Somit profitiert die Stadt in verschiedenster Weise davon, daß die Vereinten Nationen ihr Hauptquartier am East River eingerichtet haben. New York hat eine „Stadt-Kommission Vereinte Nationen" eingerichtet, die versucht, optimale Arbeitsbedingungen für die Diplomaten zu gewährleisten. Darüber hinaus unterhält die Stadtverwaltung einen besonderen Service für Delegierte der Vereinten Nationen. Dieser ist den Diplomaten behilflich, Wohnungen zu finden oder Sprachschwierigkeiten zu überbrücken.

Probleme

Obwohl sich die Stadt in vieler Hinsicht um gute Arbeitsbedingungen bemüht, hat der Standtort New York den Vereinten Nationen in der Vergangenheit vielfach Probleme bereitet. Zwei Arten von Problemen aber bereiten den Vereinten Nationen praktische Schwierigkeiten: zum einen Auseinandersetzungen mit der New Yorker Lokalpolitik, zum anderen die UN-Politik der USA.

Auf lokaler Ebene beschäftigt die sogenannte „Parkzettel-Affäre" seit bald zehn Jahren die Diplomaten, die Stadtverwaltung und vor allem die Medien. Es geht dabei um die Frage, ob Diplomaten Strafzettel für Falschparken bezahlen müssen oder durch die diplomatische Immunität davon ausgenommen sind. Mehr als 500 Autofahrer sind davon jedes Jahr betroffen, und bei der

russischen Vertretung beispielsweise sammelten sich im Laufe der Jahre Strafzettel im Wert von mehreren Tausend US-Dollar. Sowohl der amtierende Bürgermeister von New York, Rudolph W. Giuliani (seit 1994 im Amt), als auch schon sein Vorgänger David N. Dinkins (1990-1993 im Amt) thematisierten diesen Sachverhalt während ihrer Wahlkämpfe. Genauso heftig wird diskutiert, inwieweit Angehörige von UN-Mitarbeitern Arbeitserlaubnisse in den Vereinigten Staaten beanspruchen können. Bislang gibt es in beiden Fragen keine Lösung.

Viel schwerwiegender wird das Verhältnis zwischen den Vereinten Nationen und dem Standort New York durch die gespannte Beziehung zwischen der Weltorganisation und den USA belastet (→ USA, UN-Politik). In der wechselhaften Geschichte der Großmacht und den Vereinten Nationen waren es nicht nur die politischen Entscheidungen der USA, welche die Ziele der Organisation in Frage gestellt haben, sondern auch einzelne Maßnahmen speziell in den 50er und 60er Jahren, aber auch in den 80er Jahren, welche die praktische Arbeit erschwerten.

So startete der republikanische Senator Joseph R. Mc Carthy 1958 eine Hetz-Kampange gegen die „kommunistischen Gefahr" (*Leopold* 1962, 42). Er konnte soviel Druck auf die Regierung ausüben, daß diese mehrfach sowjetischen UN-Diplomaten die Einreise in die USA verweigerte. Darüber hinaus griff er die Organisation der Vereinten Nationen direkt an und nannte sie eine Brutstätte für „kommunistische Spione" (*Leopold* 1962, 48).

Auch unter der Regierung des Präsidenten Ronald Reagan (1981-1989) wurde die Arbeit der Organisation behindert und internationalen Diplomaten aus unterschiedlichen Gründen ein Visum für die USA verweigert. So verbot 1988 der amerikanische Außenminister George Shultz die Einreise des Präsidenten der Palästinensischen Befreiungs-Organisation (PLO), Jassir Arafat, in die USA. Arafat war nach New York eingeladen worden, um eine Rede vor der Generalversammlung zu halten. Das Argument des Außenministers gegen die Visa-Erteilung war, daß eine Splittergruppe der PLO im Oktober 1985 das Kreuzfahrtschiff „Achille Lauro" entführt und einen amerikanischen Passagier getötet hatte. Arafat war für das Attentat in keiner Weise verantwortlich. Die Generalversammlung der Vereinten Nationen reagierte auf diesen Affront des Außenministers der USA, indem sie ausnahmsweise in Genf - statt in New York - tagte, wo der PLO-Führer einreisen und seine Rede halten konnte (vgl. *Volger* 1995, 37).

Das Verhältnis zwischen der Organisation und ihrem Standort ist nach all dem nicht problemlos. New York selbst trägt zwar mit seiner Infrastruktur, der relativ zentralen Lage zu allen wichtigen politischen Entscheidungszentren der Welt und auch mit seinem kosmopolitischer Charakter dazu bei, daß die Organisation entsprechend ihrer Zielsetzungen arbeiten kann. Es schadet allerdings der Beziehung zwischen der Stadt und den Vereinten Nationen, wenn der Standort der Organisation von der amerikanischen Politik instrumentalisiert wird.

Annex 1

I. Spezialorgane und Programme der UN mit Sitz in New York:

United Nations Children's Fund (UNICEF); United Nations Development Programme (→ UNDP); United Nations Office for Project Studies (UNOPS); United Nations Development Fund for Women (→ UNIFEM); United Nations Population Fund (→UNFPA)

II. Ausschüsse und andere Nebenorgane der UN, die in New York tagen:

Ad Hoc Interagency Meeting on Women; Administrative Commitee on Coordination (ACC) und mehrere seiner Unterausschüsse, Advisory Committee on Administrative and Budgetary Questions (ACABQ); Interagency Committee on Sustainable Development (IACSD): Interagency Meeting on Language Arrangements, Documentati-

on and Publications (IAMLADP); International Civil Service Commission (ICSC); Joint United Nations Information Committee (JUNIC); Panel of External Auditors; United Nations Board of Auditors; United Nations Joint Staff Pension Fund (UNJSPF).

Rahul Schwenk

Lit.: *Jackson, K.(Hrsg.):* The Encyclopedia of New York City, New Haven u.a. 1995; *Luard, E.:* A History of the United Nations, 2 Bände, London u.a. 1982/1989; *Leopold, R. W.:* The Growth of American Foreign Policy, New York 1962; *Moorehouse, G.:* Imperial City-The Rise and Rise of New York, London u.a. 1988; *Muller, A.S.:* International Organizations and their Host States, The Hague 1995; *Nicholas, H.G.:* The United Nations As A Political Institution, London u.a. 1975; *Volger, H.:* Geschichte der Vereinten Nationen, München/Wien 1995.

UN-Platz Wien

Wien ist neben New York und Genf einer der drei Amtssitze der Vereinten Nationen. Seit dem 23. August 1979 ist das Internationale Zentrum Wien (Vienna International Centre) Sitz verschiedener UN-Einheiten. Das Gebäude, vom österreichischen Architekten Johann Staber entworfen, wurde den Organisationen für 99 Jahre zu einer symbolischen Miete von 1 Schilling pro Jahr vermietet. Die Betriebskosten des Zentrums werden von den Organisationen selbst getragen. Fast 4.000 Beschäftigte aus über 100 Ländern arbeiten hier, etwa ein Drittel davon sind Österreicher. Eine Vielzahl internationaler Tagungen und Expertentreffen finden im Vienna International Centre (VIC) statt.

Folgende Organisationen, → Sonderorganisationen und UN-Einheiten sind im Vienna International Centre angesiedelt:

1. Büro der Vereinten Nationen in Wien (United Nations Office at Vienna - UNOV)

Das Büro der Vereinten Nationen in Wien ist der Amtssitz für alle Tätigkeiten der Weltorganisation auf dem Gebiet der internationalen Drogenkontrolle, der Verbrechensverhütung und Strafrechtspflege, der friedlichen Nutzung des Weltraums und des internationalen Handelsrechts. Das Wiener Büro sorgt für die administrative Unterstützung der verschiedenen Gremien und Einrichtungen der Vereinten Nationen, für Konferenzplanung und Dolmetschdienste für mehr als 2.000 Konferenzen und Sitzungen jährlich und für den Sicherheitsdienst im Internationalen Zentrum Wien (VIC).

Der UNOV-*Generaldirektor* vertritt den → Generalsekretär der Vereinten Nationen gegenüber dem Gastgeberland. Bei ihm sind 135 → Ständige Vertretungen der Mitgliedstaaten – einschließlich der Ständigen Vertretungen der PLO und des Vatikans, die keine UN-Mitglieder sind, sondern einen → Beobachterstatus haben, akkreditiert sowie Vertreter zahlreicher zwischenstaatlicher und nichtstaatlicher Organisationen (→ NGOs). (Stand: 1.9.1999)

Nähere Auskünfte über die Ständigen Vertretungen erhält man bei der Protokollabteilung des UNOV.

2. „Informationsdienst der Vereinten Nationen" (UNIS) Wien

Er unterrichtet die bei der UNO in Wien akkreditierten in- und ausländischen Korrespondenten über die Arbeit der Vereinten Nationen in Wien, berichtet in Pressemitteilungen (Englisch, Französisch und Deutsch) über alle größeren UN-Tagungen und Konferenzen im VIC, organisiert Pressekonferenzen und Interviews, veranstaltet Seminare und Informationsprogramme und betreut den Besucherdienst (rund 70.000 Besucher jährlich). Als Teil der UN-Hauptabteilung für Presse und Information (DPI) in New York dient UNIS auch als Informationszentrum der Vereinten Nationen für Österreich, die Slowakei, Slowenien und Ungarn.

3. Europa-Abteilung der „Postverwaltung der Vereinten Nationen" (UNPA)

Sie ist für die Ausgabe von → Briefmarken der Vereinten Nationen in Österreich verantwortlich und betreibt auch ein Postamt und einen Verkaufsschalter für Philatelie im Internationalen Zentrum Wien.

4. „Büro der Vereinten Nationen für Weltraumfragen" (Office for Outer Space Affairs - OOSA)

Das Büro, das 1993 von New York nach Wien verlegt wurde, dient der internationalen Zusammenarbeit bei der friedlichen Nutzung des Weltraums durch Studien (Satelliteneinsatz für Kommunikation, Fernerkundung, Umweltüberwachung, Nutzung der geostationären Umlaufbahn, Weltraummüll), Unterstützung der Entwicklungsländer bei der praktischen Anwendung der Weltraumtechnologie, Ausrichtung internationaler Konferenzen und Ausarbeitung internationaler Abkommen (Weltraumvertrag, Mondvertrag, Rettung von Astronauten; → Weltraumrecht).

5. Büro für Drogenbekämpfung und Verbrechensverhütung (Office for Drug Control and Crime Prevention - ODCCP)

Das Büro für Drogenbekämpfung und Verbrechensverhütung wurde mit 1. November 1997 eingerichtet und vereint nunmehr das „Programm der Vereinten Nationen für die internationale Drogenbekämpfung" (United Nations Drug Control Programme - UNDCP) und das „Zentrum für internationale Verbrechensverhütung" (Centre for International Crime Prevention - CICP). Dieses neue Büro wurde geschaffen, um sich vermehrt mit den Themen Drogenkontrolle, Verbrechensverhütung und Terrorismus auseinanderzusetzen.

UNDCP koordiniert weiterhin die weltweiten Maßnahmen gegen den illegalen Drogenhandel und Suchtstoffmißbrauch. Er erstellt Berichte über die aktuelle Drogensituation, berät Regierungen in Fragen der Anbaukontrolle, der Drogengesetzgebung, der Verhütung von Drogenkonsum und der Behandlung von Drogenabhängigen.

CICP ist für alle Aktivitäten im Bereich von Verbrechensverhütung und

Strafrechtspflege verantwortlich. Besondere Beachtung finden hierbei organisierte grenzüberschreitende Verbrechen, Terrorismus, Menschenhandel, Geldwäsche, Korruption und Gewalt gegen Frauen.

6. Weitere UN-Einheiten sind die Abteilung für Internationales Handelsrecht, die als Sekretariat einer UN-Kommission (→ UNCITRAL) durch internationale Abkommen zur Harmonisierung der Rechtsvorschriften zur Förderung des Welthandels beiträgt; der Wissenschaftliche Ausschuß der Vereinten Nationen zur Untersuchung der Auswirkungen radioaktiver Strahlung (UNSCEAR), der Fachstudien publiziert; der Hochkommissar der Vereinten Nationen für Flüchtlinge (→ UNHCR), der ein Regionalbüro für Österreich, die Tschechische Republik, die Slowakei und Polen unterhält, das Asylbewerbern Rechtshilfe leistet und langfristige Lösungen für Flüchtlinge und Asylbewerber fördert; ein Verbindungsbüro zur Organisation der Vereinten Nationen für Erziehung, Wissenschaft und Kultur (→ UNESCO), das für die Abstimmung der Aktivitäten zwischen Wien und der UNESCO in Paris sorgt; das Wiener Büro der Weltgesundheitsorganisation (→ WHO), das geschaffen wurde, um WHO-Programme in Zusammenarbeit mit anderen Organisationen des → UN-Systems und anderen zwischen- und nichtstaatlichen Organisationen zu fördern; das Entwicklungsprogramm der Vereinten Nationen (→ UNDP), das in Wien ein Büro für die Länder des ehemaligen Jugoslawien unterhält und gemeinsam mit UNOV humanitäre Hilfs- und Wiederaufbauprogramme in Bosnien und Kroatien betreut; und ein Büro für die Entwicklung des Donaubeckens zur Koordinierung von Umweltschutzprojekten der Donaustaaten.

7. Organisation der Vereinten Nationen für Industrielle Entwicklung (United Nations Industrial Development Organization - UNIDO)

Die Organisation der Vereinten Nationen für Industrielle Entwicklung (→ UNIDO) ist die Fachorganisation der Vereinten Nationen, die sich für die Förderung einer nachhaltigen und umweltverträglichen industriellen Entwicklung zum Ziel gesetzt hat, um Beschäftigung zu fördern und Armut zu verringern. Die Aktivitäten der UNIDO konzentrieren sich darauf, Pakete von integrierten Dienstleistungen anzubieten, welche die drei vorrangigen Elemente einer nachhaltigen industriellen Entwicklung auf politischer, institutioneller und Unternehmensebene enthalten: wettbewerbsfähige Wirtschaft, saubere Umwelt und produktive Beschäftigung.

8. Internationale Atomenergie-Organisation (International Atomic Energy Agency, - IAEA)

Seit 1957 ist die Internationale Atomenergie-Organisation (→ IAEA) in Wien als die weltweite zwischenstaatliche Schaltstelle für wissenschaftliche und technische Zusammenarbeit –auf dem Gebiet der friedlichen Nutzung der Kernenergie tätig. Die grundlegende Aufgabe der IAEO besteht darin, den Ländern bei der friedlichen Nutzung des Atoms in der Landwirtschaft, im Gesundheitswesen, bei der Energiegewinnung und auf anderen Gebieten behilflich zu sein und ihre Sicherungskontrollen anzuwenden. Sie überprüft, daß durch ihre Programme oder auf Anforderung von Mitgliedstaaten zur Verfügung gestellte Kernmaterialien und Kernenergieeinrichtungen nicht für militärische Zwecke verwendet werden.

9. Vorbereitende Kommission für die Organisation des Vertrages über das umfassende Verbot von Nuklearwaffen (Preparatory Commission for the Comprehensive Nuclear Test-Ban Treaty Organization, CTBTO)

Es laufen zur Zeit die Vorbereitungen für die Einrichtungen der Organisation für den umfassenden Atomteststopp-Vertrag (CTBTO), die seit dem 17. März 1997 in Wien angesiedelt ist. Sie überwacht die weltweite Einhaltung dieses Vertrages, der 1996 von der Generalversammlung beschlossen wurde. Die neue Organisation wird ihre Tätigkeit mit Hilfe seismographischer

Daten von Beobachtungsstationen in aller Welt durchführen. Der diesbezügliche Vertrag tritt nach der Unterzeichnung durch alle 44 Nuklearstaaten und atomaren Schwellenländer in Kraft (→ Abrüstung).

Ingrid Lehmann

Internet: Homepage des UNOV: http://www.un.or.at

UNRWA – Hilfswerk der Vereinten Nationen für Palästinaflüchtlinge im Nahen Osten

Mit fast 50 „Dienstjahren", rund 22.000 Angestellten und einem Jahresbudget von über 350 Millionen US-Dollar ist das UNRWA nicht nur eine der ältesten und größten UN-Einrichtungen, sondern auch außerhalb von Expertenkreisen eine der am wenigsten bekannten.

Das *Flüchtlingshilfswerk der Vereinten Nationen für Palästinaflüchtlinge im Nahen Osten (United Nations Relief and Works Agency for Palestine Refugees in the Near East - UNRWA)* nimmt im Rahmen der UN und ihrer Unterorganisationen (→ UN-System; → Haupt-/Neben-/Vertragsorgane) in mehrfacher Hinsicht eine Sonderstellung ein: Das Hilfswerk ist ein *Subsidiarorgan* der Vereinten Nationen. An seiner Spitze steht der *Generalkommissar*, der zwar vom → Generalsekretär der UN im Benehmen mit der *Beratenden Kommission* (Advisory Commission) ernannt wird, aber als einziger Leiter einer UN Einrichtung direkt der UN Generalversammlung (→ Generalversammlung) verantwortlich ist (siehe laufende UNRWA-Jahresberichte seit 1950).

Die *Beratende Kommission*, die sich aus Vertretern Ägyptens, Belgiens, Frankreichs, Japans, Jordaniens, Libanons, der Arabischen Republik Syrien, der Türkei, Großbritanniens, der USA und seit 1994 als Beobachter auch der Palästinensischen Befreiungsorganisation (PLO) zusammensetzt, hat, wie der Name andeutet, keinerlei Weisungsbefugnis gegenüber dem Generalkommis-

sar, sondern lediglich beratende Funktion.

Das UNRWA wurde im Gefolge des Israelisch-Arabischen Krieges von 1948 als provisorische Einrichtung geschaffen, um für Palästinaflüchtlinge im Rahmen eines zeitlich und personell begrenzten Mandats, unmittelbare humanitäre Hilfe zu leisten, verbunden mit kurzfristiger Beschäftigung durch öffentliche Arbeitsprogramme. Auf der Grundlage der Resolution 302 (IV) der Generalversammlung vom 8.12.1949 nahm das UNRWA schließlich am 1.5.1950 mit Sitz in Beirut ihre Arbeit auf.

Bedingt durch die Wirren des Bürgerkriegs im Libanon sah sich die Organisation 1978 gezwungen, ihre Zentralverwaltung von Beirut nach Wien zu evakuieren. Im Zuge einer politisch motivierten Entscheidung des UN-Generalsekretärs (symbolische Geste zur Unterstützung des Autonomieabkommens) wurde 1996 schließlich der Sitz von Wien nach Gaza und Amman verlegt. Ob damit auch die angestrebte organisatorische Straffung und Effizienzsteigerung erreicht wurde, ist derzeit noch nicht abzusehen.

Auf Grund der Unfähigkeit der internationalen Gemeinschaft und der unmittelbaren Konfliktparteien, eine politische Lösung für den Nahostkonflikt, im allgemeinen, und für das Problem der Palästinaflüchtlinge, im besonderen, herbeizuführen, war die Generalversammlung gezwungen, das ursprüngliche Dreijahres-Mandat regelmäßig zu erneuern. Das derzeitige Mandat endet am 30.6.2002.

Im Unterschied zur Definition von „Flüchtlingen" im Sinne der einschlägigen Konventionen, die die Grundlage bilden für die Arbeit des Hohen Flüchtlingskommissars der UN (→ UNHCR), beschränkt sich die von dem UNRWA verwendete Definition von Palästinaflüchtlingen auf *Personen, die zwischen Juni 1946 und Mai 1948 ihren ständigen Wohnsitz in Palästina hatten, und die als Folge des arabisch-israelischen Konflikts von 1948 nach*

Verlust ihrer Wohnung und Lebensgrundlage in Jordanien, Libanon und Syrien, bzw. in Gaza (unter ägyptischer Verwaltung) und der Westbank (unter jordanischen Herrschaft) als Flüchtlinge Aufnahme fanden. Wer unter diese Kategorie fällt und von dem UNRWA ordnungsgemäß registriert ist, hat Anspruch auf die Unterstützung und Dienstleistung des Hilfswerk. Die UNRWA-Definition erstreckt sich auch auf die Nachkommen der ursprünglichen Flüchtlinge von 1948. Die Zahl der registrierten Flüchtlinge ist daher von 914 000 im Jahre 1950 auf über 3,6 Millionen (1999) angewachsen (davon leben in Jordanien 1.487.449; im Libanon 367.610; in Syrien 370.035; in der Westbank 562.737; im Gazastreifen 785.551).

Heute lebt etwa ein Drittel dieser Flüchtlinge in 59 Lagern in den Gastländern Jordanien (10), Libanon (12), Syrien (10), sowie in der Westbank (19) und dem Gazastreifen (8), die auf Land errichtet wurden, welches die jeweiligen Regierungen dem UNRWA zur Verfügung stellen. Die Organisation ist lediglich verantwortlich für die Durchführung ihrer Programme (Erziehung, Gesundheit und Soziales) und der Verwaltung der entsprechenden eigenen Einrichtungen. Eine extrem hohe Bevölkerungsdichte, dürftige Lebensbedingungen und unzureichende Infrastruktur (Straßen und Kanalisation) kennzeichnen die Situation in den Lagern. Die UNRWA-Einrichtungen in den Lagern (u.a. 650 Schulen, 8 Berufsausbildungszentren und 122 Ambulatorien) stehen auch den etwa 2,4 Millionen Flüchtlingen zur Verfügung, die in den Städten der Gastländer zumeist in unmittelbarer Umgebung der Lager wohnen.

Mit einem Jahresetat von 352,8 Millionen US-Dollar(1999) versucht UNRWA die Grundbedürfnisse der registrierten Flüchtlinge in den Bereichen Ausbildung (Grund-, Hauptschulen, Berufsbildende Schulen), Primäre Gesundheitsfürsorge (Vorbeugung, Hygiene) und Sozialfürsorge (Nahrungsmittel-/Sozial-/Entwicklungshilfe) zu befriedigen.

Seit Beginn der 90er Jahre, insbesondere seit dem Autonomieabkommen von 1993, hat sich das Hilfswerk auch verstärkt im entwicklungspolitischen Bereich engagiert. Im Rahmen seines *„Peace Implementation Programme"* – PIP – (Gesamtvolumen 1993-1998 : 369 Millionen US-Dollar; geplante Projekte ab 1999: 221,7 Millionen US-Dollar) führt das Hilfswerk Projekte zur Verbesserung der Infrastruktur (Sanierung von Flüchtlingslagern, Wohnungsbau, Bau von Schulen und Ambulatorien, etc.), sowie Maßnahmen zur Schaffung von Einkommen und Arbeitsplätzen, dem sog. *Income Generation Programme* (Einrichtung von Kreditfonds für Klein- und Kleinstunternehmen) durch. Dieses Programm wird aus zusätzlichen Mitteln außerhalb des regulären Jahreshaushalts finanziert und soll sich ab Ende 1999 aus Rückzahlungen und Zinsen selber tragen.

Bis auf einen geringen Beitrag aus dem allgemeinen → Haushalt der UN speist sich der UNRWA Jahreshaushalt nahezu ausschließlich (95%) aus freiwilligen Beiträgen einer relativ begrenzten Gruppe von Geberländern. Neben der Europäischen Union (Kommission und Mitgliedstaaten) mit 47% finden sich hier die USA (29%), Japan (10%), die Golfstaaten (4,5%) und Kanada (2,5%).

Im Rahmen ihres Jahresbudgets verwendet die Organisation etwa zwei Drittel auf Löhne und Gehälter für die rund 22.000 Angestellten. Dabei muß jedoch berücksichtigt werden, daß, von 110 internationalen Bediensteten abgesehen, praktisch das gesamte UNRWA Personal aus lokal rekrutierten Palästinensern besteht, die wiederum nahezu alle anerkannte Flüchtlinge sind. Damit ist das UNRWA nicht nur die bei weitem größte UN Einrichtung im Nahen und Mittleren Osten, sondern auch einer der bedeutendsten Arbeitgeber in der Region. Hinzu kommt, daß die meisten Angestellten direkt im operativen Bereich, z.B. als Lehrer, Ärzte, Krankenpfleger, Sozialarbeiter, oder als Arbeiter im sanitären Sektor tätig sind. Der Anteil der allgemeinen Verwaltungskosten liegt bei etwa 12% des Gesamthaushalts.

Eingebettet in den Kontext eines der längsten und brisantesten Regionalkonflikte seit dem Zweiten Weltkrieg hat sich das UNRWA trotz, oder gerade wegen, ihres strikt humanitären Mandats zu einem politischen Faktor entwickelt, der sich auf die wirtschaftlich und sozial stabilisierende Funktion der Organisation vor allem in Gaza und der Westbank, aber auch im Libanon und Jordanien gründet. Die Zukunft des UNRWA, d.h. im Idealfall ihre Auflösung, ist daher unmittelbar mit dem weiteren Verlauf des Friedensprozesses im Nahen Osten verbunden.

Hans Peter Kotthaus

Annex: Alle Berechnungen und Zahlenangaben beziehen sich auf folgende Internet-Dokumente: a) *UNRWA Public Information Office:* UNRWA In Figures, Gaza February 1999, über Internet abrufbar: http://www. un.org/unrwa/pr/ pdf/ uif.pdf; (b) *UNRWA:* Homepage im Internet, http://www.un.org/ unrwa)

Lit.: *1. Gedruckte Veröffentlichungen: Morris, B.:* The Birth of the Palestinian Refugee Problem, Cambridge 1987; *Morris, B.:* 1948 and After: Israel and the Palestinians, Oxford 1999; *Said, E.:* The Question of Palestine, 2. erw. Aufl., New York 1992; *Schönborn, M. (Hrsg.):* Politisches Lexikon Nahost/Nordafrika, München 1994; *United Nations,* Report of the Commissioner-General of the United Nations Relief and Works Agency for Palestine Refugees in the Near East. 1 July 1997-30 June 1998, New York 1998 (UN Doc. A/53/13, 30 June 1998); *UNRWA Public Information Office:* UNRWA. A BRIEF HISTORY 1950 – 1982, Vienna 1982; *UNRWA Public Information Office:* Palestine Refugees and UNRWA – 45th Year, Vienna 1995; *Viorst, M.:* Reaching for the Olive Branch: UNRWA and Peace in the Middle East, Washington 1989; *2. Veröffentlichungen, die über das Internet abgerufen werden können: Brynen, R.:* Palestinian Refugees and the Middle East Peace Process. Paper originally prepared for the New Hampshire International Seminar/Yale-Maria Lecture in Middle East Studies, University of New Hamsphire, 3.4.1998; veröffentlicht im Internet im Palestine Refugee ResearchNet (PRRN), McGill University, Montreal 1998, Internet-Adresse: http://www.arts.mcgill.ca/ MEPP/PRRN/papers/UNH.htm; *Pulfer, G./Gassner, J.D.:* UNRWA – Between Refugee Aid and Power Politics. A Memorandum Calling Upon the International Responsibility for the Palestinian Refugee Question. Alternative Information Center (AIC) Project for Palestinian Residency & Refugee Rights, Jerusalem 1997; Internet-Adresse: http://www.badil.org/Refugee/ ref1.htm; *Tamari, S.:* Return, Resettlement, Repatriation: The Future of Palestinian Refugees in the Peace Negotiations (Final Status Strategic Studies of the Institute for Palestine Studies), Beirut/Washington/ Jerusalem 1996; veröffentlicht im Internet im Palestine Refugee ResearchNet (PRRN), McGill University, Montreal 1998, Internet-Adresse: http://www.arts.mcgill.ca/MEPP/ PRRN/ papers/tamari2.htm **Internet:** 1. Allgemeine Information: Homepage der UNRWA: http://www.un. org/unrwa und http./www.un.org/Depts/ dpa /qpal/index-f1.htm; 2. UNRWA-Dokumente und sonstige UN-Dokumente zum Palästina-Problem: http://www. un.org/Depts/dpa/ qpal/p_refugs.htm und http://domino. un.org/UNISPAL/NSF (UN Information System on the Question of Palestine); 3. Sonstige Links von Universitäten usw.: a) Homepage des AIC Projects for Palestinian Residency & Refugee Rights: http://www. badil.org/ Refugee/ref1.htm; b) Homepage des Palestinian Refugee ResearchNet der McGill University/Kanada: http://www. arts.mcgill.ca/MEPP/PRRN/prmepp.htm

UN-System

Inzwischen hat sich in den Dokumenten der Vereinten Nationen und auch in der Fachliteratur der Begriff „System der Vereinten Nationen" („United Nations system") bzw. „UN-System" durchgesetzt.

Damit wird zunächst deutlich, daß die Vereinten Nationen nicht identisch sind mit dem UN-System, zu dem außer den Vereinten Nationen einschließlich ihrer sechs Hauptorgane (→ Generalversammlung, → Sicherheitsrat, → Sekretariat, → Wirtschafts- und Sozialrat, → Treuhandrat, → Internationaler Gerichtshof) und deren Nebenorgane (→ Haupt-/Neben-/Vertragsorgane) und den von der Generalversammlung eingesetzten Spezialorganen auch die → Sonderorganisationen („specialized agencies") sowie die autonomen Organisationen → WTO/GATT und → IAEA gehören (vgl. Abbildung 1).

Diese Definition des UN-Systems, oftmals auch als „UN-Familie" bezeichnet, war keinesfalls unumstritten. Früher, d.h. vor dem Zusammenbruch des sozialistischen Lagers, blieben die sog. Bretton-Woods-Organisationen → IMF und IBRD, (→ Weltbank/-gruppe), ferner deren später gegründete „Töchter" IFC und IDA sowohl wegen ihrer Besonderheiten in bezug auf Mitgliedschaft, Finanzierung und interne Abstimmungsverfahren als auch wegen ihrer Distanz zu den UN in bezug auf ihre Aktivitäten unberücksichtigt, obwohl sie formalrechtlich stets zum UN-System gehörten.

Abbildung 1 bietet einen ersten Überblick über das UN-System; es handelt sich dabei lediglich um die „Spitze des Eisberges", die eine erste Annäherung an die reale Komplexität des Gesamt-Systems darstellt. Bei der Beschreibung des UN-Systems geht es sowohl um die Entstehungsgeschichte einer zunehmenden Zahl von bereits vor den UN existierenden und erst später gegründeten Institutionen als auch um die dadurch angestiegene Komplexität von Beziehungen, die zwischen diesen selbständigen Institutionen bestehen und die Struktur des Systems ausmachen.

Institutionenvielfalt

Beginnen wir zunächst mit der Identifizierung der Vielzahl der Institutionen, die das UN-System heute kennzeichnen. Dies ist einerseits ein Problem der horizontalen Abgrenzung des Systems, d.h. ein Problem der Definition von System und Umwelt, das im Falle einzelner UN-Institutionen einfacher zu beschreiben ist als für das Gesamtsystem der Vereinten Nationen. Andererseits ist es ein Problem der vertikalen Abgrenzung des Systems, d.h. der Systemhierarchie bzw. -tiefe.

Abbildung 1 ist insofern eine ungleichgewichtige Darstellung, als nur die Vereinten Nationen mit ihren in Artikel 7 Absatz 1 UN-Charta (→ Charta der UN) genannten sechs *Hauptorganen* plus 17 *Spezialorganen* sowie dem - keinesfalls vollständig aufgeführten - *„Unterbau"* der Hauptorgane Generalversammlung, Sicherheitsrat und Wirtschafts- und Sozialrat (ECOSOC) in einer „Systemtiefe" dargestellt werden, die im Falle der 16 autonomen Sonderorganisationen völlig fehlt. In den meisten Fällen verfügen die Sonderorganisationen über funktionale Äquivalente zu den Vereinten Nationen, wie z.B. drei *„Hauptorgane" (Versammlung, Rat, Sekretariat)* und deren *„Nebenorgane"* sowie über zahlreiche *„Spezialorgane"* (bei der → WHO und → FAO jeweils rund 20, bei der → UNESCO und → ILO jeweils über 10).

Ebenfalls „unsichtbar" bleibt - mit Ausnahme der Regionalkommissionen des Wirtschafts- und Sozialrats (→ Wirtschaftskommissionen, regionale), die ihrerseits jedoch noch 45 Nebenorgane haben - die *regionale Ausdifferenzierung*; dies gilt sowohl für die UNO und ihre Spezialorgane (das → UNDP verfügt über mehr als 120 Standorte „im Feld") als auch für die Sonderorganisationen mit ihrer Vielzahl von *Regionalbüros* (im Falle der UNESCO etwa 80). Mit anderen Worten: Das UN-System weist eine *funktional-institutionelle* und *regionalspezifische Ausdifferenzierung* sowohl innerhalb der UNO als auch in den Beziehungen zwischen der UNO und ihren autonomen Sonderorganisationen auf, die in Form eines einzigen Organisationsdiagramms überhaupt nicht dargestellt werden kann.

Sonderorganisationen

Neben der *formalrechtlichen Zuordnung* der einzelnen UN-Institutionen (im Unterschied zu den UN-Spezialorganen verfügen die autonomen Sonderorganisationen, die mit der UNO durch *Abkommen* in Beziehung gebracht werden (Artikel 57 und 63

593

UN-Charta), z.B. über eine eigene Mitgliedschaft und einen eigenen Haushalt) können *funktionale Unterscheidungen* vorgenommen werden, nämlich
- in *Institutionen mit allgemeiner Ausrichtung*, wie die UNO mit der Vielzahl ihrer Spezialorgane und die fünf „großen" Sonderorganisationen → FAO, → ILO, → UNESCO, → UNIDO und → WHO, die - obwohl mit der selektiven Wahrnehmung bestimmter ökomisch-sozialer Probleme beauftragt - tendenziell alle Aspekte behandeln;
- in die *sog. technischen Organisationen* mit von Anfang an sehr hohen Mitgliederzahlen sowie relativ kleinen Haushalten, die in Bereichen des weltweiten Interesses allgemeine Regeln aufstellen und überwachen (→ UPU, → ITU, → IMO, → WMO, → WIPO sowie die →IAEA); und
- in die *sog. Finanz-Organisationen* mit ihren Besonderheiten hinsichtlich Mitgliedschaft, Finanzierung und internen Entscheidungsregeln (IMF, IBRD, IDA, IFC, ferner auch IFAD).

Nichtstaatliche Akteure

Wenn von der Vielzahl der Institutionen des UN-Systems die Rede ist, dann handelt es sich in den meisten Fällen um *zwischenstaatliche Organisationen,* in denen die Vertreter von Regierungen mitwirken. Aber es gibt auch Ausnahmen, wie z.B. *Experten-Ausschüsse,* zu denen auch der Rat der → UNU gehört, ferner die nach dem Prinzip der Dreigliedrigkeit organisierte → ILO, an deren Arbeit pro Mitgliedstaat neben zwei Regierungsvertretern gleichberechtigt je ein Arbeitgeber- und Arbeitnehmervertreter teilnehmen. Auch die *„Grenzen"* des *UN-Systems* lassen sich keinesfalls eindeutig festlegen, wenn man z.B. an das weltweite Netzwerk der Universitäten und Forschungseinrichtungen denkt, die der → UNU angeschlossen sind. Ferner gehört eine Vielzahl von nichtstaatlichen Organisationen (→ NGOs) zum UN-System - sei es über Konsultationsabmachungen nach Artikel 71 Charta mit dem Wirtschafts- und Sozialrat, sei es über entsprechende Abmachungen mit einzelnen Sonderor-

ganisationen (z.B. besonders ausgeprägt im Falle der UNESCO).

Koordinierungsprobleme im UN-System

Die Beziehungen zwischen den UN und den Sonderorganisationen sind vor dem Hintergrund von drei Dokumenten zu analysieren: der UN-Charta, der Satzung der jeweiligen Sonderorganisation und dem entsprechenden Beziehungsabkommen. Dabei ist hervorzuheben, daß weder die Bestimmungen der UN-Charta noch die *Beziehungsabkommen* konkrete Regelungen zur Koordinierung der Arbeit der Sonderorganisationen im Rahmen einer abgestimmten Politik des UN-Systems enthalten (→ Koordinierungssystem der UN).

Die Generalversammlung kann haushaltsrechtlich den Sonderorganisationen gegenüber lediglich *Empfehlungen* aussprechen (Artikel 17 Absatz 3 UN-Charta); der ECOSOC kann die Aktivitäten der Sonderorganisationen nur durch *Empfehlungen* koordinieren (Artikel 63 Absatz 2 UN-Charta).

Die weitestgehend gleichlautenden *Beziehungsabkommen* stellen ebenfalls kein wirksames Koordinierungsinstrument dar. Darüber hinaus wird in den Abkommen mit den Bretton-Woods-Institutionen betont, daß bestimmte Informationen vertraulich seien - selbst gegenüber der UNO. Neben den Beziehungsabkommen bestehen zahlreiche *bilaterale Abkommen* einerseits zwischen Sonderorganisationen, andererseits zwischen einzelnen Sonderorganisationen und Spezialorganen. Diese Abkommen beziehen sich auf konkrete gemeinsame Tätigkeitsfelder und weisen daher einen anderen Charakter auf als die oben genannten Beziehungsabkommen.

Die UN-Charta geht einerseits von einer zentralistischen UN-Struktur mit der Generalversammlung an der Spitze, der der ECOSOC untergeordnet ist (Artikel 60 der Charta), andererseits von der Konzeption eines *dezentralisierten und funktional ausdifferenzierten Gesamt-Systems* aus. Deshalb entstanden im Laufe der Geschichte des UN-Systems zahlreiche *Koordinie-*

rungsgremien auf unterschiedlichen Ebenen des Systems, die allerdings nie die in sie gesetzten Erwartungen erfüllten.

Dabei sind drei komplementäre Ansätze zu unterscheiden:
- *inter-staatliche Koordinierung* durch die Generalversammlung und den ihr seit 1946 zugeordneten Beratenden Ausschuß für Verwaltungs- und Haushaltsfragen (ACABQ, Advisory Committee for Administrative und Budgetary Questions) einerseits und durch den Wirtschafts- und Sozialrat und seinen 1962 als Sonderausschuß gegründeten Programm- und Ko-ordinierungsausschuß (CPC, Committee for Programme and Co-ordination) andererseits, der seit 1987 als „Vorschalt-Stelle" bei der Festlegung des UN-Haushalts (→ Haushalt) im Konsensus-Prinzip eine herausragende Stellung einnimmt;
- *inter-organisatorische Koordinierung* vor allem durch den Verwaltungsausschuß für Koordinierung (ACC, Administrative Committee on Co-ordination), aber auch durch die 1974 von der Generalversammlung gegründete (Experten-) Kommission für den internationalen öffentlichen Dienst (ICSC, International Civil Service Commission) und durch den Beirat der externen Rechungsprüfer (Panel of External Auditors); sowie
- die *Gemeinsame Inspektionsgruppe (JIU, Joint Inspection Unit)*, die - 1968 eingerichtet - seit 1978 ein unabhängiges Kontrollsystem zur Überprüfung von Verwaltungs-, Personal- und Management-Problemen innerhalb des UN-Systems darstellt, an dem sich die Bretton-Woods-Organisationen und der IFAD allerdings nicht beteiligen. Zu nennen ist hier auch das 1994 eingerichtete *Amt für Interne Aufsichtsdienste (OIOS, Office of Internal Oversight Services)*, das allerdings nur für die UNO und die ihr zugeordneten Spezialorgane zuständig ist (→ Kontrolle in den UN, externe und interne).

Wegen der ständig praktizierten Autonomie der Sonderorganisationen ist es dem ACC, in dem der UN-Generalsekretär lediglich als „primus inter pares" agiert, nie gelungen, Zuständigkeitsüberschneidungen und Konkurrenzen zwischen ihnen und mit UN-Institutionen abzubauen. Der ACABQ hat seine jährliche Prüfung der Haushalte der Sonderorganisationen Anfang der 70er Jahre faktisch eingestellt, weil die Sonderorganisationen auf die Empfehlungen nicht reagierten. Der CPC, ursprünglich als Fachgremium des ECOSOC und der Generalversammlung für Planungs-, Programmierungs- und Koordinierungsprobleme konzipiert, kümmert sich heute nur noch um die Überwachung des Aufstellungsprozesses des UN-Haushalts.

Darüber hinaus gab es seit den 60er Jahren eine Vielzahl von Experten-Ausschüssen, die sich - oftmals veranlaßt durch sog. → Finanzkrisen - mit der Überprüfung der Arbeit von Einzelinstitutionen oder Teilen des UN-Systems befaßten und Reform-Vorschläge (→ Reform der UN) zur Restrukturierung des Gesamt-Systems, insbesondere im entwicklungspolitischen Bereich (→ Entwicklungszusammenarbeit der UN), unterbreiteten.

Von durchgreifenden Erfolgen kann jedoch nicht berichtet werden. Zu stark ist die Konkurrenz zwischen den Teilen des UN-Systems, das heißt sowohl unter den Sonderorganisationen und den Spezialorganen als auch zwischen ihnen. Auch die Interessenvielfalt unter den Mitgliedstaaten ermöglichte bisher keine umfassende Reform, etwa im Bereich des ECOSOC mit seinem umfangreichen „Unterbau" oder im Zusammenhang mit einer stärker zentralisierten Ausrichtung der multilateralen Entwicklungspolitik der Spezialorgane. Ob die unter dem Druck erheblicher finanzieller Restriktionen durchgeführten Reform-Bemühungen des → UN-Generalsekretärs, Kofi Annan, erfolgreicher sein werden als die seiner Vorgänger, kann noch nicht beurteilt werden.

Zusammenfassung

Die Probleme der Koordinierung haben angesichts der Aufgabenverschiebung und des Wachstums des Institutionengefüges vor allem in den 60er und 70er Jahren trotz aller Bemühungen um angemessene Lösungsmechanismen eher zugenommen. Dabei handelt es sich um *funktions-, institutions-, regional- und finanzspezifische Koordinierungsprobleme* sowohl auf als auch zwischen den einzelnen Ebenen des UN-Systems. Dies liegt unter anderem auch daran, daß die Regierungsvertreter in den verschiedenen Institutionen des UN-Systems aus unterschiedlichen nationalen Ministerien kommen, die sich ihrerseits durch einen Mangel an nationaler Koordinierung ihrer UN-Politik auszeichnen. Einerseits ist davon auszugehen, daß das UN-System in seinen Funktionen und Strukturen stets eine unvollkommene Verallgemeinerung des modernen Nationalstaates auf der Weltebene darstellen wird, andererseits ist eine Verbesserung der Koordinierungsmechanismen nur denkbar, wenn die Mitgliedstaaten fähig und willens sind, entsprechende Defizite sowohl auf nationaler Ebene als auch auf den Ebenen des UN-Systems abzubauen.

Vor dem Hintergrund dieser Ausführungen erscheint die Frage berechtigt, ob das UN-System tatsächlich ein „komplexes System" darstellt, das sich durch ein hohes Maß an Koordiniertheit auszeichnet. Vielmehr muß festgestellt werden, daß das UN-System sich heute durch eine kompliziert-diffuse Struktur auszeichnet, die eher als *Netzwerk* von sehr lose miteinander gekoppelten, teils de jure, teils de facto autonom agierender Institutionen zu kennzeichnen ist. Das Optimum zwischen zentralisierter Koordinierung und Steuerung der Programminhalte und regional-dezentralisierter Durchführung der Programme ist noch nicht gefunden; dies gilt sowohl für die Arbeit der Spezialorgane unter der Verantwortung der Generalversammlung und des ECOSOC und für die Sonderorganisationen untereinander als auch für das UN-System insgesamt.

Klaus Hüfner

Lit.: *Childers, E./Urquhart, B.:* Renewing the United Nations System, in: Development Dialogue, H.1/1994, 1-213; *Elmandjra, M.:* The United Nations System. An Analysis, London 1973; *Hüfner, K.:* UN-System, in: Wolfrum, R. (Hrsg.): Handuch Vereinte Nationen, 2. Aufl., München 1991, 966-971.
Internet: Homepage des Official Web Site Locator for the United Nations System of Organizations (mit einem alphabetischen Index und einer Klassifikation nach verschiedenen Kategorien von Organisationen: http://www.unsystem.org

Abbildung 1: Das System der Vereinten Nationen

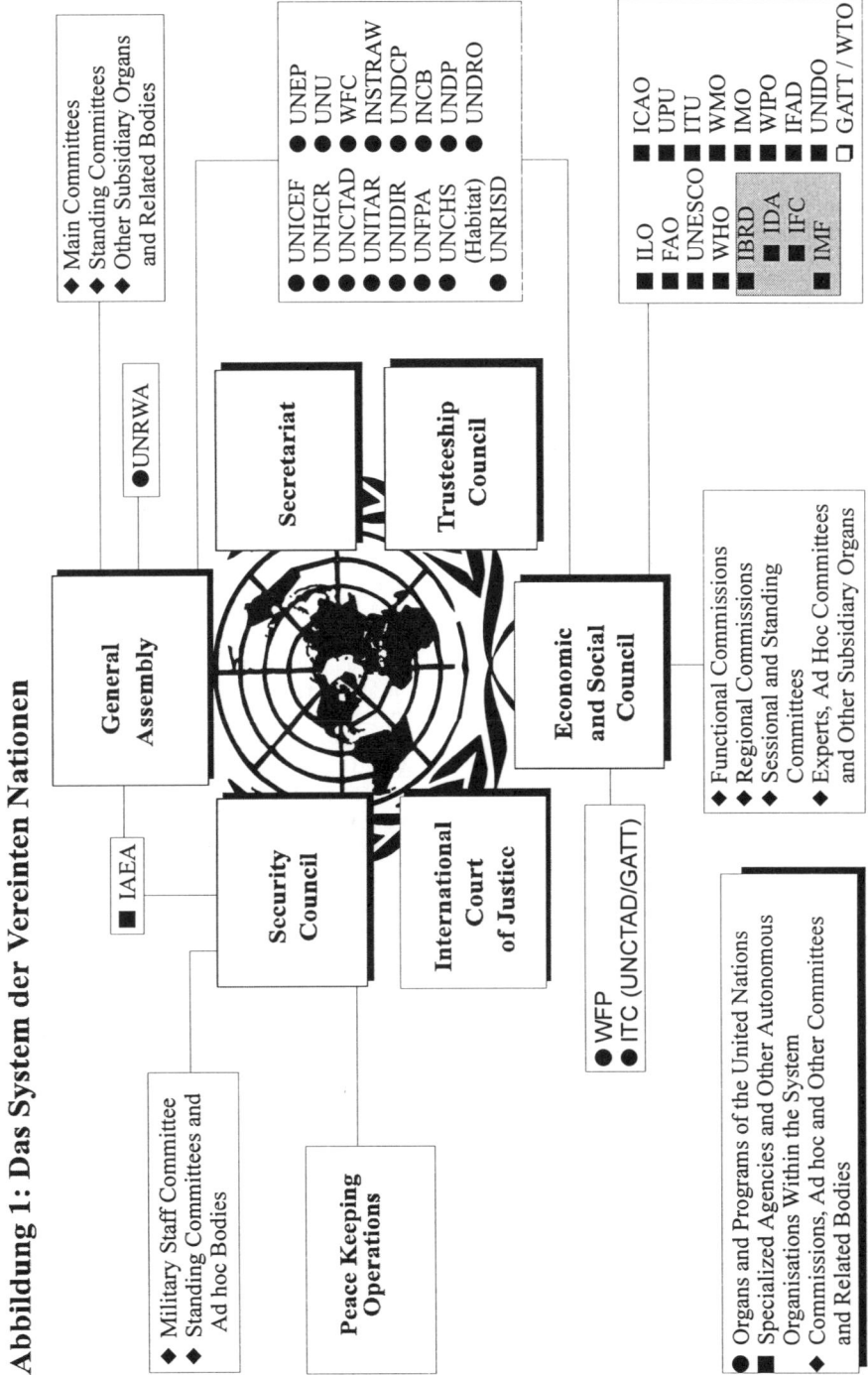

UNTS – United Nations Treaty Series

Art.102 der UN-Charta (→ Charta der UN) sieht vor, daß völkerrechtliche Verträge oder anderweitige internationale Übereinkommen beim → Sekretariat der UN anzuzeigen und von diesem zu veröffentlichen sind. Die Veröffentlichung dieser Abkommen erfolgt seit 1946 in der *United Nations Treaty Series* (UNTS) und ist ein wichtiges Mittel zur Systematisierung völkerrechtlicher Verträge. Bedeutung haben die Treaty Series darüber hinaus als umfassendes Nachschlagewerk mit mehr als 1450 Bänden (Stand. 31.12.1998).

Zweck dieser den Mitgliedstaaten auferlegten Anzeigepflicht ist, die internationalen Beziehungen transparent zu gestalten und den Gefahren der Geheimdiplomatie vorzubeugen – ein Ziel, welches bereits die Satzung des → Völkerbundes vorsieht.

Der Registrierungsvorgang ist durch Durchführungsbestimmungen geregelt. Die Bestimmung des Art. 102 Abs. I UN-Charta ist weit auszulegen, da man sich über eine Definitiopn des registrierungspflichtigen Vertrags nicht einigen konnte. Nach heutiger Praxis fallen unter die Registrierungspflicht alle völkerrechtlichen Abkommen, die von Völkerrechtssubjekten geschlossen wurden, bei denen eine rechtliche Bindung gewollt war und die mindestens zwischen zwei Parteien bereits in Kraft getreten sind. Nachfolgende Rechtsakte, die auf dem registrierungspflichtigen Vertrag beruhen, müssen ebenfalls gemäß Art. 2 der Durchführungsbestimmungen vorgelegt werden.

Der Vertragsabteilung des Amts für Rechtsangelegenheiten des UN-Sekretariats steht hierbei eine summarische Prüfungskompetenz zu, ob das vorgelegte Vertragswerk den Anforderungen des Völkerrechts oder praktizierten Rechtsauffassungen des Sechsten Ausschusses der → Generalversammlung genüge leistet. Nach einem Überprüfungsverfahren seitens des Sekretariats, welches gegebenenfalls mit dem betreffenden Staat Rücksprache hält, ist es Aufgabe des Sekretariats, die Verträge zu veröffentlichen. Gemäß Art. 12 der Durchführungsbestimmungen erfolgt diese Veröffentlichung in der UNTS in der Originalsprache sowie englischer und französischer Übersetzung. Aufgrund des enormen finanziellen und organisatorischen Aufwandes, den eine derartige Veröffentlichung erfordert, wurde Art. 12 der Durchführungsbestimmungen abgeändert, so daß nunmehr keine vollständige Veröffentlichung jedes Vertragstextes erforderlich ist, sondern nunmehr die wichtigsten Passagen zu übersetzen sind. Verträge, welche nicht der Registrierungspflicht unterworfen sind, können auf freiwilliger Basis gemäß Art. 10 der Durchführungsbestimmungen in einer besonderen Liste („filing and recording") aufgeführt werden, um eine größtmögliche Publizität zu erreichen.

Sofern es ein Mitgliedstaat unterläßt, einen Vertrag registrieren zu lassen, sind die Konsequenzen dieses Versäumnisses in Art.102 Abs. II UN-Charta normiert. Eine Berufung auf diesen Vertrag vor den Organen der UN ist dann ausgeschlossen. In der Praxis hingegen hat die Sanktion des Art.102 Abs. II keine Bedeutung erlangt, da der → IGH dessen Anwendung bislang nicht in Betracht gezogen hat.

Die UNTS ist seit einiger Zeit auch über das Internet abrufbar.

Claudia Shirin Weisser

Lit.: *Knapp, U.*: Kommentar zu Art. 102, in: Simma B. (Hrsg.): Charta der Vereinten Nationen. Kommentar, München 1991, 1052-1066; Schröder, M.: Völkerrechtsentwicklung im Rahmen der UN, in: Wolfrum R. (Hrsg.): Handbuch Vereinte Nationen, 2. Aufl., München 1991, 1020-1028; *Goodrich, L./Hambro, E./Simmons, A.P.*: A Charter of the UN. Commentary and Documents, New York 1969. **Internet:** www.un.org/Depts/Treaty

UNU – Universität der Vereinten Nationen

I. Einleitung

1969 schlug UN-Generalsekretär U Thant (→ Generalsekretär) die Gründung einer *Universität der Vereinten*

Nationen *(United Nations University -*
UNU) vor, um die internationale wissenschaftliche Zusammenarbeit auf der
Grundlage problemorientierter, multidisziplinärer Forschungsaktivitäten über
Weltprobleme (u. a. Bevölkerungswachstum und Welternährung, Management und Nutzung der natürlichen
Ressourcen, Energieprobleme, Rolle
von Wissenschaft und Technologie im
Entwicklungsprozeß) zu stärken. Zugleich sollten die Forschungs- und
Ausbildungskapazitäten in den Entwicklungsländern ausgebaut werden.

II. Gründung als Netzwerk / Stellung im
UN-System

Die Gründung der UNU mit Amtssitz in
Tokio wurde am 11. Dezember 1972
von der → Generalversammlung beschlossen. Faktisch nahm die UNU erst
im Herbst 1975 ihre Arbeit auf. Es handelt sich um ein weltweites *Netzwerk*
von akademischen und wissenschaftli-
chen Einrichtungen, die sich mit Welt-
problemen beschäftigen; dazu gehören
neben assoziierten Institutionen das
UNU World Institute for Development
Economies Research (UNU/WIDER) in
Helsinki, das UNU Institute for New
Technologies (UNU/INTECH) in Maastricht, das UNU International Institute
for Software Technology (UNU/IIST)
in Macau, das UNU Institute for Natural Resources in Africa (UNU/INRA) in
Accra, das UNU Institute of Advanced
Studies (UNU/IAS) in Tokio, das UNU
Programme for Biotechnology in Latin
America and the Caribbean (UNU/
BIOLAC) in Caracas, die UNU Inter-
national Leadership Academy
(UNU/ILA) in Amman und das UNU
International Network on Water, Envi-
ronment an Health (UNU/INWEH) in
Hamilton, Kanada.

Obwohl die UNU ein → Spezialorgan der → Generalversammlung (→
Haupt-/Neben-/Vertragsorgane; → UN-
System) ist und unter gemeinsamer
Schirmherrschaft der UNO und der →
UNESCO steht, handelt es sich nicht
um eine zwischenstaatliche Organisation, sondern um eine akademische Einrichtung, die entsprechend ihrer Sat-

zung „die zur Erreichung ihrer Ziele
erforderliche akademische Freiheit,
insbesondere in der Wahl der Themen
und Methoden in Forschung und Lehre,
der Auswahl der Personen und Institutionen, mit denen sie zusammenarbeitet,
und der Meinungsfreiheit" genießt.

III. Organisationsaufbau

Die UNU besteht aus (a) einem *Rat* als
Leitungsgremium der Universität, (b)
einem *Rektor*, (c) einem *Universitäts-*
zentrum mit einem dem Rektor unterstellten Stab von Mitarbeitern und (d)
den bereits oben genannten *Programm-*
men für Forschung und Ausbildung.

Der *Rat* setzt sich aus 24 Mitgliedern
zusammen, die ihm in ihrer persönlichen Eigenschaft angehören; er tritt
mindestens einmal im Jahr zusammen
und ist das wichtigste Entscheidungsgremium, das u. a. das Arbeitsprogramm billigt und den Haushalt verabschiedet.

Der *Rektor* (seit dem 1. September
1997: Hans van Ginkel, Niederlande)
wird auf fünf Jahre gewählt; eine einmalige Wiederwahl ist möglich. Er trägt
als der oberste akademische Amtsträger
und Verwaltungsbeamte die Gesamt-
verantwortung für die Leitung und Organisation sowie für die *Programme*
der UNU, wobei er vom *Universitäts-*
zentrum unterstützt wird.

IV. Finanzierung

Der größte Teil der Mittel stammt aus
den Zinserträgen eines ständigen *Stif-*
tungsfonds, der durch freiwillige staatliche Beiträge gespeist wird. Dieser, im
UN-System bisher einzigartige Finan-
zierungsmechanismus konnte nur durch
eine Zusage Japans von 1975 realisiert
werden, 100 Mill. US-Dollar innerhalb
von fünf Jahren einzuzahlen (*Hüfner*
1997, 200-202). Das für 1981 angestrebte Ziel von 500 Mill. US-Dollar
wurde jedoch bis heute nur zu etwa der
Hälfte erreicht; daneben erhält die UNU
zusätzliche Finanzmittel von Staaten
oder aus nichtstaatlichen Quellen (Stiftungen, Universitäten, Einzelpersonen)
für die Durchführung und Unterstützung besonderer Programmaktivitäten.
Ohne das besondere Engagement Ja-

pans wäre die Existenz der UNU gefährdet; 1997 stammten allein 18,7 Mill. US-Dollar der zusätzlichen Finanzmittel in Höhe von 21,5 Mill. US-Dollar aus staatlichen und privaten Quellen Japans. Die Bundesrepublik Deutschland beteiligte sich lediglich Anfang der 80er Jahre mit insgesamt 3,56 Mio US-Dollar am Stiftungsfonds (→ Deutschland, UN-Politik).

VI. Ausblick

Ohne Zweifel wäre die Funktion der UNU als Denkfabrik für die Vereinten Nationen von größter Wichtigkeit, aber die Vielzahl ihrer oftmals sehr heterogenen Forschungsaktivitäten einerseits und die finanziellen Probleme andererseits führten nicht dazu, daß die UNU die ihr zugedachte strategische Rolle sichtbar wahrnehmen konnte. Hinzu kommt die Tatsache, daß es auch zahlreiche andere Forschungsaktivitäten innerhalb anderer UN-Institutionen gibt. Von einer klaren Arbeitsteilung bzw. Zusammenarbeit kann nicht die Rede sein; im Gegensatz zum → Wirtschafts- und Sozialrat, der die UNU-Berichte lediglich zur Kenntnis nahm, hat die Generalversammlung mehrfach auf diese Schwächen hingewiesen. In Zukunft sollte eine engere inhaltliche Zusammenarbeit mit der UNESCO angestrebt werden, da sich sowohl ihre satzungsgemäßen Zielsetzungen sehr ähneln als auch ihre Ansprechpartner im (Welt-)Wissenschaftssystem identisch sind.

Klaus Hüfner

Lit.: *Hüfner, K.*: UNU - Universität der Vereinten Nationen, in: Wolfrum, R. (Hrsg.): Handbuch Vereinte Nationen, 2. Aufl., München 1991, 973-979; *Hüfner, K.*: Die Vereinten Nationen und ihre Sonderorganisationen: Teil 3: Finanzierung des Systems der Vereinten Nationen. Teil 3A: Vereinte Nationen - Friedensoperationen - Spezialorgane (DGVN-Texte 45), Bonn 1997; *Narasimhan, C. V.*: History of the United Nations University. A Personal Perspective, Tokyo 1994; *United Nations - General Assembly:* Report of the Council of the United Nations University, January-December 1997, New York 1998 (UN Doc. A/53/31); *United Nations – Joint Inspection Unit*: The United Nations University. Enhancing Its Relevance and Effectiveness, Geneva 1998 (UN Doc. JIU/REP/98/3). **Internet:** Homepage der United Nations University: http.www.unu.edu

UNV – Freiwilligenprogramm der Vereinten Nationen

Das Freiwilligenprogramm der Vereinten Nationen (United Nations Volunteers - UNV) wurde mit der Resolution 2659 (XXV) der → Generalversammlung vom 7. Dezember 1970 eingerichtet und vermittelte seit 1971 ca. 15000 berufserfahrene Fachleute in Projekte multilateraler Entwicklungszusammenarbeit (→ Entwicklungszusammenarbeit der UN). UNV gehört zu den von → UNDP verwalteten Programmen. Im Juli 1996 folgte UNV einer Einladung der Bundesrepublik und verlegte als erste UN-Organisation seine Zentrale nach Bonn (→ UN-Platz Bonn).

Derzeit arbeiten in jedem Jahr drei- bis viertausend UNV-Freiwillige (UNVs) in rund 130 Ländern, davon etwa die Hälfte in Afrika. In der Technischen Zusammenarbeit sind Regierungen und internationale Organisationen regelmäßig die Partner. Traditionell stehen hier die Fachbereiche Landwirtschaft, Wirtschaft, Technik, Gesundheit und Erziehung im Vordergrund. UNVs sind meist an der Basis tätig und leben häufig in Dörfern.

Seit dem Anfang der neunziger Jahre sind UNVs außerdem in zunehmendem Maße an → humanitärer Hilfe, Menschenrechtsarbeit (→ Menschenrechtsschutz), Demokratieförderung und friedenssichernden Operationen (→ Friedenssicherung; → Friedensoperationen) der Vereinten Nationen beteiligt gewesen, so in Kambodscha, Mosambik, Südafrika, Jugoslawien, Somalia, Ruanda und Angola. Inzwischen ist der Bereich von Krisenhilfe, Wiederaufbau, Rehabilitation und Katastrophenvorsorge ein Schwerpunkt des Programms geworden, der UNVs auch nach Zentralamerika und in einige der ehemaligen Sowjetrepubliken geführt hat.

Die Freiwilligen des UNV sind nicht, wie manchmal vermutet wird, hilfsbereite Jugendliche, sondern gut ausgebildete und gestandene Fachleute, die im Durchschnitt (wie im Deutschen Entwicklungsdienst) vierzig Jahre alt sind und auf eine zehnjährige Berufserfahrung zurückblicken können. Das Besondere des UNV ist die multilaterale Zusammensetzung des Freiwilligenkorps: UNVs kommen aus 125 Nationen, überwiegend aus Entwicklungsländern (über 70 Prozent). Sie erhalten kein Gehalt, sondern Kostenerstattung und Unterhaltsgeld. Verträge werden in der Regel für zwei Jahre abgeschlossen. Doch hat sich UNV die nötige Flexibilität erhalten, um auf den konkreten Bedarf der Anforderung zu reagieren: humanitäre Einsätze können auch kurzfristig sein.

Zu UNV gehören inzwischen auch zwei im UNDP entstandene Programme für Kurzzeitexperten: TOKTEN (Transfer of Knowledge Through Expatriate Nationals) und UNISTAR (UN Short Term Advisory Resources), die Experten, die im Ausland leben, in ihre Heimatländer vermitteln bzw. qualifizierte Wirtschaftsfachleute für eine freiwillige Beratungstätigkeit in Entwicklungsländern gewinnen. Mit deren Angliederung sind im UNV jetzt alle Einrichtungen der freiwilligen (non-salaried) Entwicklungsdienste des → UN-Systems zusammengefaßt.

Finanziert wird UNV aus UNDP-Programmmitteln (ca. 50 Prozent), aus anderen UN-Programmen, einem eigenen Sonderfonds (UNV Special Voluntary Fund) und zweckgebundenen Zuschüssen von Geberländern wie Belgien, Deutschland und Japan.

Manfred Kulessa

Lit.: *United Nations Volunteers - UNV (Hrsg.):* Freiwillige für Frieden, Bad Honnef 1998.
Internet: Homepage von UNV: http://www.unv.org

UPU – Weltpostverein

Der Weltpostverein (Universal Postal Union – UPU) wurde als Allgemeiner Postverein 1874 gegründet und erhielt 1878 seinen jetzigen Namen. Seit dem 1. Juli 1948 besitzt er aufgrund eines Abkommens mit den Vereinten Nationen den Status einer → Sonderorganisation der UN. Der Sitz der UPU befindet sich in Bern. Der UPU gehören 189 Mitgliedstaaten an (Stand: 1.1.1997).

Aufgaben

Der UPU sorgt für den Auf- und Ausbau der Postdienste und fördert die internationale Zusammenarbeit auf diesem Gebiet durch die Bildung eines einheitlichen Postgebiets für den gegenseitigen Austausch der Postsendungen. Es gibt weltweit ca. 670.000 Postämter, die jährlich ca. 430 Mrd. Postsendungen bearbeiten.

Zu der ursprünglichen Universalen Postkonvention über den Briefpostdienst sind später Abkommen über weitere Postdienste wie Paket-, Luftpost-, Postgiro-, Postsparkassen- und Postzeitungsdienste, gekommen, denen die Staaten jedoch unabhängig von der UPU-Mitgliedschaft ausdrücklich beitreten müssen, damit sie für sie rechtsverbindlich sind. Den weltweiten ungehinderten, schnellen Austausch der Postsendungen hat der UPU durch den Schutz des Posttransitverkehrs, durch die Vereinheitlichung der Gewichtseinheiten, der Zahlungs- und Abrechnungsgrundsätze u.a.m. zu erreichen versucht und war dabei recht erfolgreich. Dabei dient der UPU als finanzielle Clearingstelle für den Ausgleich unterschiedlicher finanzieller Aufwendungen. Fast 100 Jahre lang war man nämlich von dem einfachen Grundsatz ausgegangen, daß jede Postverwaltung die von ihr vereinnahmten Gebühren für Briefsendungen ungeteilt behielt und der Ausgleich für die Transportleistungen der Bestimmungspostverwaltung dadurch erreicht wurde, daß sie die Gebühren für die Sendungen in der Gegenrichtung behielt (Grundsatz der Nichtteilung bzw. Reziprozität). Voraussetzung für das Funktionieren dieses einfachen und unbürokratischen Prinzips war allerdings, daß in beiden Richtungen etwa gleich viel Briefsendungen verschickt wurden. Nachdem in den 50er und 60er Jahren viele Staaten der Dritten Welt unabhängig wurden, ergab sich jedoch ein Ungleichgewicht, sie erhielten mehr Briefe als sie absandten, hatten also mehr Zustellungskosten als Gebühreneinnahmen. Daher beschloß der UPU-Kongreß in Tokyo 1964, daß für die mehr empfangenen als versandten Sendungen ein finanzieller Ausgleich von den Absendepostverwaltungen über den UPU an die Empfängerpostverwaltung geleistet werden sollte; diese Ausgleichszahlungen wurden mehrfach erhöht. Daneben leistet die UPU Technische Hilfe in den Staaten der Dritten Welt bei der Modernisierung ihres Postwesens.

Organisationsstruktur

Der UPU verfügt über folgende Organisationsstruktur:

Kongreß: Er setzt sich aus den Vertretern der Mitgliedstaaten zusammen und ist das oberste Organ des UPU. Er tritt alle fünf Jahre zusammen, überprüft und revidiert das Vertragswerk des Weltpostvereins, legt das Arbeitsprogramm und die Finanzplanung fest und wählt den Vollzugsrat und den Generaldirektor.

Vollzugsrat: Er besteht aus 41 gewählten Mitgliedern, tritt einmal jährlich zusammen und funktioniert als Durchführungs- und Koordinationsorgan in der Zeit zwischen den Kongressen des UPU.

Rat für Postbetrieb: Er besteht aus 35 vom Kongreß ausgewählten Fachleuten, die technische, betriebliche und wirtschaftliche Probleme der Postdienste untersucht, dazu Studien und Berichte anfertigt und Normen ausarbeitet.

Internationales Büro: Es wird als Sekretariat und Zentralstelle von einem Generaldirektor geleitet und dient dem UPU als Auskunfts-, Beratungs- und Koordinationsorgan

Perspektiven

Die größte Herausforderung für den UPU, der sich als effiziente Planungs- und Clearingstelle im globalen Postverkehr bewährt hat, dürfte im Strukturwandel der Postsendungen bestehen,

der Reduzierung der Briefsendungen durch Telefax- und E-Mail-Sendungen mit dem damit verbundenen Rückgang der Gebühreneinnahmen bzw. ihrer Verlagerung in den Telekommunikationssektor. Hier würde sich eine Zusammenarbeit mit der → ITU empfehlen, um zu Lösungen der organisatorischen und wirtschaftlichen Probleme zu kommen.

Helmut Volger

Lit.: *Leinung, H.F.:* Der Weltpostverein im 110. Jahr. Zum XIX. Weltpostkongreß (Hamburg 1984), in: VN 32 (1984), 83-87; *Magiera, S.:* UPU – Weltpostverein, in: Wolfrum, R. (Hrsg.): Handbuch Vereinte Nationen, 2. Aufl., München 1991, 980-983, *Sasse, H.:* Der Weltpostverein, Frankfurt/M. 1959.
Internet: Homepage des UPU: http://www.upu.int

USA, UN-Politik

Die Vereinigten Staaten sind Geburtshelfer (→ Entstehungsgeschichte der UN), Gastgeber, Hauptbeitragszahler und wichtigster Mitgliedstaat der Vereinten Nationen. Washingtons Politik gegenüber den UN ist dabei von ausschlaggebender Bedeutung für die Entwicklung der Organisation. Traditionell betrachten die USA die Weltorganisation als integralen Bestandteil ihres eigenen außenpolitischen Apparates. Je nach nationaler Interessenlage wird die US-Regierung versuchen, die UN zu instrumentalisieren, zu marginalisieren oder gegebenenfalls sogar zu blockieren. Die jeweilige Vorgehensweise richtet sich nach den taktischen Möglichkeiten.

In der Sicherheitspolitik verfügen die USA schon durch ihren ständigen Sitz im → Sicherheitsrat der UN über weitgehende Kontrollmöglichkeiten. Weniger beherrschbar sind die wirtschaftspolitischen Diskussionen innerhalb der UN. Auf diesem Politikfeld haben sich der → IWF und die Weltbank (→ Weltbank/-gruppe), wegen der dort geltenden Privilegierung der westlichen Geberländer, zu den bevorzugten Verhandlungsforen Washingtons entwickelt. In der Umwelt- und Entwicklungspolitik schließlich hat die inhaltliche Vorreiterrolle der UN zu einer organisatorischen Eigendynamik geführt, deren Strukturen der US-Regierung kaum Kontrollmöglichkeiten bieten (→ Umweltschutz; → Entwicklungszusammenarbeit der UN). Hier favorisieren die USA die Nutzung bilateraler Kanäle.

Der UN-politische Entscheidungsprozeß in Washington wird vor allem durch ideologische, innenpolitische und institutionelle Faktoren bestimmt. Der Einfluß der Ideologie zeigt sich vor allem zu Beginn einer neuen Administration. Die frühen Initiativen des Präsidenten, seine Grundüberzeugungen und sein taktisches Verständnis sind von großer Bedeutung für die allgemeine Linie gegenüber den UN: Die US-Präsidenten setzen den richtungsweisenden Impuls in der UN-Politik, indem sie ihre Administration in dem theoretische Spektrum zwischen multi- und unilateralistischen Prämissen positionieren. Ihre ohnehin vorhandene Sonderstellung in der amerikanischen Außenpolitik wächst sich im Verhältnis zu den Vereinten Nationen zu einer eindeutigen Führungsrolle aus. Die außenpolitische Ideologie einer US-Regierung geht jedoch weit über den subjektiven Aspekt präsidialer Grundüberzeugungen hinaus. Die Ideologie gehört immer auch zu den strategischen Instrumenten der Außenpolitik. Hierin unterscheidet sich die UN-Politik nicht von anderen Politikfeldern. Der ideologische Faktor ist Teil der amerikanischen politischen Kultur und wird innen- wie außenpolitisch instrumentalisiert, entweder zur Legitimation der weltpolitischen Ziele Washingtons oder zur Bemäntelung anderweitig motivierter Sachentscheidungen.

Im Verlauf einer Präsidentschaft nimmt der Einfluß der Ideologie auf den Entscheidungsprozeß der Regierung rasch ab. Vor allem innenpolitische Anforderungen seitens der Medien und Interessengruppen, der Öffentlichkeit und Verwaltung sorgen bald nach Amtsantritt für eine Pragmatisierung der Außen- und UN-Politik. Überzoge-

ne Erwartungen werden zurückgesteckt, Kreuzzüge beendet und Sachzwänge der internationalen Politik zur Kenntnis genommen. Die spezifischen inhaltlichen und strukturellen Anforderungen des → UN-Systems an die US-Diplomatie in New York fördern diesen Prozeß. Die Vielzahl und die Bandbreite der dort diskutierten inhaltlichen Fragen, die Menge der beteiligten Akteure sowie die Vielschichtigkeit der Auseinandersetzungen wirken der Hauptfunktion ideologischer Systeme, Komplexität zu reduzieren, entgegen.

In dem Maße, in dem die Administration die Vereinten Nationen – positiv wie negativ – in das Zentrum ihrer außenpolitischen Rhetorik rückt, kann die Organisation zur Zielscheibe innenpolitischer „special interests" werden, zumal dann, wenn internationale Verhandlungen, bei denen die Weltorganisation die Funktion eines Akteurs übernimmt, die UN-Agenturen für einen begrenzten Zeitraum zu Ansprechpartnern und „Gegnern" innenpolitischer Interessengruppen aufwerten. Beispielhaft hierfür waren die internationalen → Seerechts- und Umweltschutzkonferenzen sowie der Streit innerhalb der → UNESCO über eine Neue Weltinformationsordnung Anfang der 80er Jahre. Die regelmäßige Entideologisierung der amerikanischen UN-Politik zieht umgekehrt den Einflußverlust der Interessengruppen nach sich. Die sicherheitspolitische Instrumentalisierung der Vereinten Nationen, eine pragmatische Haltung der US-Regierung in der UN-Reformdiskussion (→ Reform der UN) und die Ausschaltung der Organisation in der Abrüstungs- und Weltwirtschaftspolitik reduzieren auch die Einflußmöglichkeiten amerikanischer Interessengruppen. Eine Organisation, die von der US-Regierung lediglich als ein außenpolitisches Instrument unter vielen wahrgenommen und behandelt wird, verliert ihre Sonderstellung in der amerikanischen Innenpolitik – das Interesse der Lobbyisten erlischt.

In der amerikanischen Medienberichterstattung kommt den UN keine eigenständige Bedeutung zu. Das journalistische Interesse in den USA an der Organisation fluktuiert entsprechend dem jeweiligen Instrumentalisierungsgrad der UN durch die eigene Regierung. Die Ursache hierfür liegt einerseits im grundsätzlichen Außenpolitikverständnis von US-Journalisten: Internationale Entwicklungen werden in den US-Medien als Ergebnis traditioneller Machtpolitik verstanden. Andererseits haben die Vereinten Nationen bis in die allerjüngste Zeit vollständig auf eine eigene → Öffentlichkeitsarbeit im Gastland verzichtet. Während selbst kleinere Regionalmächte über ihre Botschaften und Auslandsvertretungen aktive Interessen- und Informationspolitik in Washington betreiben, überlassen die UN es weitgehend der amerikanischen Seite, die Entscheidungen, Diskussionen und Konflikte in New York zu kommentieren. Mißverständnisse in den USA über die Machtstrukturen und Verantwortlichkeiten innerhalb der Vereinten Nationen, etwa in bezug auf Somalia 1992-1993, sind die Folge. Die Organisation wird so zum „Sündenbock" für Fehlentscheidungen der Großmächte.

Sowohl die Interessengruppen und Medien als auch die Mitglieder des US-Kongresses und der Regierung richten ihre politischen Entscheidungen am Ziel einer möglichst großen öffentlichen Akzeptanz im eigenen Land aus. Obwohl die Aufmerksamkeitsspanne der Öffentlichkeit begrenzt ist, wie die Beispiele Somalia, Ruanda und Irak zeigen, setzt sie die öffentliche Meinung die US-Regierung doch prinzipiell unter Pragmatisierungsdruck. Langfristig wird eher ein sachorientierter Entscheidungsprozeß denn ideologisch motivierter Aktionismus honoriert. Gleichzeitig bewirkt der innergesellschaftliche Führungsanspruch des amerikanischen Präsidialsystems neben diesem Pragmatisierungstrend auch ein öffentliches Bedürfnis nach nationaler Führung und Geschlossenheit. Daraus erwachsen einerseits die Forderung nach Rationalität in der Außenpolitik und andererseits das Bedürfnis nach visionärer Führung. In diesem Dilemma werden die Präsidenten regelmäßig zur Anpassung ihrer UN-Politik an sich widersprechende öffentliche Bedürfnisse gezwungen.

In den 70er Jahren begannen sich die UN-politischen Prioritäten von Exekutive und Legislative in den USA voneinander zu entfernen. Eher als die Regierung reagierten Abgeordnete auf die zunehmende Skepsis der US-Bevölkerung gegenüber den Vereinten Nationen. Die traditionelle Rivalität zwischen Kongreß und Regierung um die Vorherrschaft in der Außenpolitik hat dabei zur Distanzierung vieler Abgeordneter von den UN beigetragen. Darüber hinaus war Präsident Carters Internationalismus Ende der 70er Jahre, vor dem Hintergrund der sowjetischen Invasion in Afghanistan und der Diskussion um eine Neue Weltwirtschaftsordnung (→ Weltwirtschaftsordnung/ NWWO), im Kongreß inhaltlich nicht mehrheitsfähig. Diese Entfremdung führte dazu, daß der Kongreß sein eigentliches Machtinstrument, die Haushaltshoheit, zunehmend gegen die UN anwandte. Vor allem hinsichtlich der Finanzausstattung der UN (→ Haushalt) betrieb der Kongreß in wachsendem Maße eine eigene, von der Regierung unabhängige – später sogar gegenläufige – UN-Politik. Ende der 80er Jahre kontrollierte der Kongreß durch seine Beitragsverweigerung weitgehend das Verhältnis zwischen den Vereinten Nationen und ihrem Hauptmitglied und versuchte, direkt in die Programmpolitik der UN einzugreifen (→ Finanzkrisen).

Prinzipiell bemüht sich der Kongreß immer dann, Einfluß auf die UN-Politik zu nehmen, wenn er sich davon eine Positionsverbesserung in der außenpolitischen Rivalität mit dem Weißen Haus verspricht. Überdies stellte der zunächst politisch motivierte Zahlungsboykott des Kongresses einen Sonderfall legislativer Beeinflussung der US-Regierung dar. Am 7. Juni 1985 verabschiedete der US-Senat das nach seiner Initiatorin benannte Kassebaum-Amendment. Damit wurden die regulären amerikanischen Beitragszahlungen

604

an die UN einseitig um 20% gekürzt. Nur unter der Bedingung, daß die UN bei haushaltsrelevanten Entscheidungen zu einer Stimmengewichtung übergehen sollten, die sich nach der Beitragshöhe der Mitgliedstaaten richtet, würden die regulären Zahlungen wieder aufgenommen. Selbst die ansonsten äußerst UN-kritische Reagan-Regierung beklagte seinerzeit den eindeutigen Völkerrechtsbruch und die unzumutbare Einengung ihres Handlungsspielraums durch das Kassebaum-Amendment.

Hinsichtlich der regierungsinternen Faktoren machen bereits ihre institutionellen Voraussetzungen die UN-Politik zu einem Sonderfall der amerikanischen Außenpolitik. Der herausgehobenen Stellung der UN-Botschaft (USUN) im außenpolitischen Apparat der US-Regierung kommt dabei eine entscheidende Bedeutung zu. Erstens erhöht der formale Status des UN-Botschafters, sein Kabinettsrang und der damit verbundene direkte Zugang zum Präsidenten, die Einflußmöglichkeiten der Diplomaten auf die US-Regierung. Zweitens kann gerade aus dieser Unabhängigkeit eine Rivalität zum State Department entstehen. Die UN-Botschafter lassen sich schwerer in die hierarchische Weisungsstruktur des Außenministeriums einbinden als nachgeordnete Berufsdiplomaten. Etliche UN-Botschafter, am effektivsten Andrew Young 1977-1979 und Jeane Kirkpatrick 1981-1984, betrieben eine regelrechte Nebenaußenpolitik und benutzten eigene direkte Kommunikationskanäle zum Weißen Haus und zum US-Kongreß. Drittens schließlich behindert diese Unabhängigkeit häufig die notwendige Koordination der amerikanischen Außenpolitik, deren Voraussetzung eine eindeutigen Vorherrschaft des State Department ist. Als Negativbeispiel dieser Rivalität kann die Auseinandersetzung zwischen Außenministerium und UN-Botschaft während des Falkland-Krieges 1982 gelten. Eine äußerst effektive Arbeitsteilung zwischen New York und Washington dagegen trug 1990/91 wesentlich zur voll-

ständigen Isolierung des Irak und zur Verabschiedung der historischen Sicherheitsratsresolutionen 678 (1990) und 687 (1991) bei.

Entscheidend für die Einflußmöglichkeiten der Vereinten Nationen auf die UN-Politik der USA ist jeweils eine Kombination verschiedener Faktoren. Vor allem in der Sicherheits- und Menschenrechtspolitik ist es wesentlich, welche Rolle die US-Regierung den UN zumißt. Sieht der Präsident in der Organisation ein Forum internationaler Kooperation, können die UN die Gesprächsbereitschaft der US-Regierung nutzen, um diese in den Diskussionsprozeß innerhalb der Organisation einzubinden und so auch die Meinungsbildung in Washington zu beeinflussen. Nimmt eine US-Regierung jedoch die Vereinten Nationen als Schauplatz ideologischer Auseinandersetzungen und „Sündenbock" wahr, verlieren die UN diese Möglichkeit. Hält der Präsident schließlich die Vereinten Nationen für ein politisches und strategisches Koordinationsforum unter vielen, sind sie automatisch auf diese Funktion beschränkt. Die UN können zwar versuchen, über eine Institutionalisierung der Zusammenarbeit einen strukturellen Anpassungsdruck zu erzeugen, sind dabei jedoch beinahe vollständig auf die Kooperationsbereitschaft der US-Regierung angewiesen.

Überdies hängt die Einschätzung des US-Präsidenten, welchen Stellenwert die UN im eigenen außenpolitischen Instrumentarium haben, natürlich auch von den Veränderungen in den internationalen Rahmenbedingungen ab. Die Phase nach Beendigung der Kalten Krieges führte zu einer unumstrittenen internationalen Vorherrschaft der USA. Deutlichen Ausdruck fand diese Dominanz der USA innerhalb der Vereinten Nationen während des zweiten Golfkrieges und im Sanktionsregime der UN gegen den Irak. Unter den damaligen Rahmenbedingungen ließen sich die UN leichter von der US-Regierung instrumentalisieren als vor 1988/89, als allein schon die permanente Rivalität mit Moskau der Einbeziehung der UN in die US-Außenpolitik enge Grenzen setzte. Seit 1992 – dem Auftreten neuer Differenzen mit Rußland (→ Rußland, UN-Politik) und China (→ China, UN-Politik), der internationalen Verärgerung über den sich inzwischen auf über eine Milliarde Dollar belaufenden Beitragsrückstand der USA sowie der sinkenden Kooperationsbereitschaft der Entwicklungsländermehrheit in den UN-Gremien – wird diese eindeutige US-Vorherrschaft in den UN wieder stärker in Frage gestellt.

Ergebnis dieser Entwicklung ist eine neuerliche Distanzierung Washingtons von den UN. Hatte Bill Clinton während des Präsidentschaft-Wahlkampfes 1992 beispielsweise selbst für die Schaffung einer Schnellen Eingreiftruppe der UN plädiert, lehnte er eben dies 1994 in einem Grundsatzpapier zur → kollektiven Friedenssicherung (Presidential Decision Directive 25, 1994) ebenso ab wie die Unterstellung amerikanischer Truppen unter UN-Kommando. Die US-Regierung behält sich zudem das Recht vor, in Krisensituationen einseitig aktiv zu werden, um nationale Interessen zu wahren. Vor allem wegen der Fehlschläge in Somalia, Ruanda und im ehemaligen Jugoslawien, der verlorenen Kongreßwahlen 1994 und mit Rücksicht auf die isolationistische Grundstimmung der US-Öffentlichkeit hat sich auch die Clinton-Regierung vom Primat kollektiver Friedenssicherung verabschiedet.

In den → Sonderorganisationen und Fachkonferenzen können die Vereinten Nationen den dort wirksamen funktionalen Konsensdruck für eine Beeinflussung der beteiligten Regierungen nutzen. Anders als in der Sicherheitspolitik, wo die USA jederzeit in der Lage sind, unerwünschte Beschlüsse zu verhindern (→ Veto/-recht), steht dieses Blockadeinstrument Washington hier nicht zur Verfügung. Wie die Umweltgipfel, besonders aber die Seerechtskonferenz (→ Seerecht) und die Verhandlungen über einen Internationalen Strafgerichtshof (→ ICC) gezeigt haben, sind Beschlüsse auch ohne Zustimmung der US-Regierung möglich.

Unter diesen Voraussetzungen ist es die US-Regierung, die unter Anpassungsdruck gerät.

Prinzipiell ist jedoch festzuhalten, daß die UN über keine Sanktionsinstrumente gegenüber der US-Regierung verfügen. Deren Entscheidungen werden vielmehr von der Wahrnehmung internationaler Entwicklungen, von den finanziellen und politischen Erfordernissen des US-Systems, von der Rivalität zwischen Exekutive und Legislative sowie von regierungsinternen Entscheidungsstrukturen bestimmt. Während der 70er und 80er Jahre übten institutionelle Faktoren – etwa inneradministrative Konflikte oder die Auseinandersetzungen zwischen Regierung und Kongreß – einen relativ großen Einfluß auf die UN-Politik aus. Seit 1990 spielen vor allem die öffentliche und veröffentlichte Meinung sowie die Bewertung außen- und innenpolitischer Sachzwänge durch den Präsidenten eine wachsende Rolle. Die Politik Washingtons gegenüber internationalen Organisationen ist zur Funktion der Innenpolitik geworden. Seit dem Wegfall des sowjetischen Rivalen sind die Vereinten Nationen in immer größere Abhängigkeit von den UN-politischen Entscheidungen Washingtons geraten, dennoch haben sie nach wie vor wenig Möglichkeiten, diese zu beeinflussen.

Frank Zitka

Lit.: *Bennis, P.*: Calling the Shots. How Washington Dominates Today's UN, New York 1996; *Coate, R. (Hrsg.):* U.S. Policy and the Future of the United Nations. New York 1994; *Gregg, R.W.*: About Face? The United States and the United Nations, Boulder/London 1993; *Maynes, C.W./ Williamson R.S. (Hrsg.):* U.S. Foreign Policy and the United Nations System, New York/London 1996; *Zitka, F.*: Wandel und Kontinuität. Amerikanische UNO-Politik 1977-1993, Frankfurt/M. 1997.
Internet: Ständige Vertretung der USA bei den UN: http://www.undp.org/missions/usa/usun.htm; Information über die UN-Politik der USA über das Global Policy Forum: http://www.globalpolicy.org und über die UN-Gesellschaft der USA UNAUSA: http://www.unausa.org

Veto/-recht

Wie wohl nur wenige Bestimmungen der → Charta der Vereinten Nationen steht das Vetorecht im Ruf, die Abhängigkeit der Weltorganisation vom Kooperationswillen der ständigen Mitglieder im → Sicherheitsrat zu symbolisieren. Die herausgehobene Stellung der vetoberechtigten Sicherheitsratsmitglieder hat immer wieder Anlaß zu Kritik gegeben. Dabei wird häufig übersehen, daß die Festschreibung des Vetorechts als Schutzmechanismus für die vitalen nationalen Interessen der ständigen Mitglieder im Sicherheitsrat überhaupt erst die Bedingungen für die Gründung der Vereinten Nationen hergestellt hat (→ Entstehungsgeschichte der Vereinten Nationen).

Das *Vetorecht* hat seine Rechtsgrundlage in Artikel 27 UN-Charta (→ Charta der UN), der das Abstimmungsverhalten der Mitglieder des Sicherheitsrats regelt. Dieser Artikel hat als sog. *„Jalta-Formel"* nach langwierigen Verhandlungen zwischen den USA, Großbritannien und der Sowjetunion auf der im Februar 1945 abgehaltenen Konferenz von Jalta Eingang in die Charta gefunden. Nach Art. 27 Abs. 1 UN-Charta hat jedes Mitglied des Sicherheitsrats eine Stimme (→ Stimmrecht/Abstimmungsverfahren). In den für das Vetorecht maßgeblichen Absätzen 2 und 3 des Art. 27 wird zwischen Verfahrens- und Nicht-Verfahrensfragen unterschieden. Art. 27 Abs. 2 bestimmt, daß Beschlüsse des Sicherheitsrats über Verfahrensfragen einer Zustimmung von neun Mitgliedern bedürfen (vor der 1965 erfolgten Erweiterung des Sicherheitsrats genügten sieben Stimmen). Art. 27 Abs. 3 regelt den Abstimmungsmodus über „alle sonstigen Fragen". Demnach müssen bei Beschlüssen des Sicherheitsrats über Nicht-Verfahrensfragen neun Mitglieder - einschließlich der ständigen Mitglieder – zustimmen. Als Veto gilt somit die Nein-Stimme eines ständigen Mitglieds zu einem Beschlußvorschlag (→ Resolution/Deklaration/Beschluß) über eine Sachfrage, auch wenn der Beschlußvorschlag formal neun Mindeststimmen erhält. Mit dem Einstimmigkeitsprinzip der fünf ständigen Mitglieder in Sachfragen wird den „Großen Fünf" eine Sonderstellung gegenüber den nichtständigen Mitgliedern eingeräumt. Jedes der fünf ständigen Mitglieder kann Beschlüsse des Sicherheitsrats verhindern, die nicht im engeren Sinne Verfahrensfragen berühren.

In der politischen Praxis des Sicherheitsrats hat sich die Abgrenzung zwischen Verfahrens- und Nicht-Verfahrensfragen als schwierig erwiesen. Unter den Bedingungen des Großmächteantagonismus hat dies dazu geführt, daß mit Ausnahme der rein technisch-organisatorischen Fragen, die die Arbeit des Sicherheitsrats berühren, der Kreis der politischen Sachfragen und damit der Einfluß des Vetorechts sehr weit definiert wurde. Bei Streitigkeiten hinsichtlich der Einordnung als Verfahrens- oder Sachfrage wird nach Maßgabe des Art. 27 Abs. 3 UN-Charta, d.h. mit Vetorecht für die ständigen Mitglieder, abgestimmt. Die ständigen Mitglieder verfügen mit dieser Steuerungsmöglichkeit in Abstimmungsfragen de facto über ein *doppeltes Vetorecht*.

Art. 27 Abs. 3 UN-Charta nennt explizit nur zwei Ausnahmen vom Vetorecht. Bei Beschlüssen, die auf Kapitel VI UN-Charta (friedliche Beilegung von Streitigkeiten) und auf Art. 52 Abs. 3 (friedliche Beilegung von Streitigkeiten durch regionale Abmachungen oder Einrichtungen) zurückgehen, müssen sich die Streitparteien, sofern sie selbst ständiges oder nichtständiges Sicherheitsratmitglied sind, der Stimme enthalten.

Die politische Praxis des Sicherheitsrats hat zwei weitere Ausnahmen herausgebildet. Entgegen dem Wortlaut des Art. 27 Abs. 3, der das Zustandekommen eines Beschlusses in einer Sachfrage explizit von der Zustimmung aller ständigen Mitglieder abhängig macht, wird *Stimmenthaltung* und *Abwesenheit* eines ständigen Mitglieds nicht als Veto ausgelegt. Letzteres hat insbesondere im Kontext des Koreakrieges politische Bedeutung erlangt.

Als die Sowjetunion zwischen dem 13.1.1950 und dem 1.8.1950 die Sitzungen des Sicherheitsrats boykottierte, um ihrer Forderung nach einem ständigen Sicherheitsratsitz für die Volksrepublik China anstelle von Taiwan Nachdruck zu verleihen, konnte der Sicherheitsrat - ohne die Gefahr der Blockade durch ein sowjetisches Veto - unter anderem das Mandat für eine internationale Eingreiftruppe der Vereinten Nationen beschließen.

Die historisch einmalige Konstellation im Sicherheitsrat bei der Mandatierung der UN-Eingreiftruppe für Korea machte deutlich, daß der Sicherheitsrat seiner ihm in der Charta übertragenen Hauptverantwortung bei der Wahrung des Weltfriedens und der internationalen Sicherheit (→Frieden/-sbegriff/-sbedrohung) nur nachkommen konnte, wenn er nicht durch ein Veto eines ständigen Mitglieds blockiert wurde. Die Charta gab der → Generalversammlung keine Möglichkeit, militärische oder sonstige Zwangsmaßnahmen zu verhängen. So wurde noch 1950 auf Initiative des damaligen US-Außenministers Dean Acheson mit der sogenannten → „Uniting for Peace-Resolution" die erste bedeutende De-facto-Änderung an der Charta vorgenommen. Die unter ihren einleitenden Worten bekannt gewordene Resolution 377 (V) vom 3.11.1950 stieß auf heftigen politischen Widerstand der Sowjetunion, weil die darin fixierte Kompetenzerweiterung der Generalversammlung bei der Friedenssicherung in der Substanz eine Umgehung des Vetorechts der ständigen Mitglieder im Sicherheitsrat und aus sowjetischer Sicht somit einen Verstoß gegen das Einstimmigkeitsprinzip der Großmächte bedeutete. Allerdings hat die reale Machtverteilung zwischen den Großmächten dafür gesorgt, daß die „Uniting for Peace-Resolution" nur in wenigen Fällen (z.B. bei der Suez-Krise 1956) zur Anwendung kam und letztlich nicht zur Aushebelung des Vetorechts geführt hat.

Die Vetopraxis weist über die Jahrzehnte seit der Gründung der Vereinten Nationen Diskontinuitäten sowohl hinsichtlich des Vetogebrauchs insgesamt als auch hinsichtlich des Vetogebrauchs unter den fünf ständigen Mitgliedern auf. Bis Ende 1998 haben die fünf ständigen Mitglieder insgesamt 235mal von ihrem Vetorecht Gebrauch gemacht. Allein 232 Vetos entfallen auf den Zeitraum zwischen 1946 und 1989 und spiegeln somit die Großmächtekonfrontation im Sicherheitsrat wider. 115 Vetos wurden in diesem Zeitraum von der Sowjetunion eingelegt, 67mal nutzten die USA ihr Vetorecht zwischen 1946 und 1989. Frankreich und Großbritannien legten in diesem Zeitraum nur 18 bzw. 30mal ihr Veto ein, China lediglich zweimal (Taiwan, bis 1971 ständiges Sicherheitsratsmitglied, und die Volksrepublik China je einmal).

Auch die zeitliche Vetoverteilung unter den fünf ständigen Mitgliedern unterstreicht, wie unterschiedlich das Instrument „Veto" in den verschiedenen Etappen des Großmächteantagonismus genutzt wurde. Der Schwerpunkt des sowjetischen Vetogebrauchs liegt mit 99 Vetos in der Hochphase des Kalten Krieges zwischen 1946 und 1961, also in einer Zeit weitgehender weltpolitischer Isolation der Sowjetunion. Von diesen 99 sowjetischen Vetos richteten sich 51 Vetos gegen neue Mitgliedsanträge (1955 allein siebzehn sowjetische Vetos gegen neue UN-Mitgliedschaften), da die Sowjetunion befürchtete, durch die Erweiterung der Weltorganisation um potentiell westlich orientierte Staaten an Einfluß zu verlieren (→ Mitgliedschaft/ Repräsentation von Staaten). Deutlich weniger sowjetische Vetos waren dagegen ab 1962 zu verzeichnen (1962-1989 insgesamt sechzehn sowjetische Vetos). Dies erklärt sich sowohl durch die stärkere sowjetische Nutzung der Vereinten Nationen als Forum der Zusammenarbeit mit den in die Unabhängigkeit entlassenen Staaten des Südens (→Entkolonialisierung) als auch durch die schrittweise Verbesserung des Großmächteklimas von der Konfrontation zur Kooperation.

Die USA, die sich während der Hochphase des Kalten Krieges in den ersten zwei Nachkriegsjahrzehnten auf die westliche Staatenmehrheit in der Generalversammlung stützen konnten, mußten erst 1970 erstmals von ihrem Vetorecht im Sicherheitsrat Gebrauch machen. Bis 1989 legten die USA insgesamt 67 Vetos ein. Auch die von Frankreich und Großbritannien eingelegten Vetos haben ihren überwiegenden zeitlichen Schwerpunkt zwischen 1970 und 1989.

Seit 1990 sind nur noch drei Vetos zu verzeichnen gewesen (USA zwei Vetos 1990 und 1995, Rußland, seit 1992 anstelle der Sowjetunion im Sicherheitsrat, ein Veto 1994). Das neue weltpolitische Klima, das sich insbesondere durch das verstärkte Bemühen um Konsensfindung zwischen den USA und Rußland auszeichnet (→ Geschichte der UN), hat das Veto als „Kampfinstrument" in den Hintergrund treten lassen.

Größere Bedeutung kommt nunmehr der „stillen Diplomatie" vor den Sitzungen des Sicherheitsrats zu. Beschlußentwürfe, die sich im Vorfeld als nicht mehrheitsfähig herausstellen, werden im Gegensatz zu früher erst gar nicht zur Abstimmung gestellt. Statt dessen wird unter dem Druck des Einstimmigkeitsprinzips der vetoberechtigten Mitglieder im Sinne der Konsensfindung hinter den Kulissen so lange weiter verhandelt, bis eine gemeinsame Position, vor allem unter den ständigen Mitgliedern, erreicht ist.

Ob eine seit langem diskutierte Reform der Vereinten Nationen (→ Reform der UN), insbesondere des Sicherheitsrats, zu einer Veränderung des Vetorechts führen wird, ist mehr als fraglich. Als Ultima-Ratio-Mechanismus zum Schutz nationaler Interessen in den Vereinten Nationen dürfte das Vetorecht auch in Zukunft aus Sicht der fünf ständigen Mitglieder nicht zur Disposition stehen.

Volker Löwe

Lit.: *Bailey, S.D./Daws, S.*: The procedure of the UN Security Council, 3. Aufl., Oxford 1998; *Fahl, G.*: Die Vetos im Sicher-heitsrat der Vereinten Nationen (1970-1982), in: VN 31 (1983), 84-90; *Löwe, V.*: Die Vetos im Sicherheitsrat der Vereinten Nationen (1983-1990), in: VN 39 (1991), 11-15; *Patil, A. V.*: The UN veto in world affairs, 1946-1990: a complete record and case history of the Security Council's veto, London 1992; *Sellen, K. L.*: The United Nations Security Council veto in the new world order, in: Military Law Review, 138 (1992), 187-262; *Skupnik, W.*: Die Vetos im Sicherheitsrat der Vereinten Nationen, in: VN 17 (1970), 13-16,55-57, 83-86, 129-131.

Völkerbund

Bereits in der Zeit vor dem Ersten Weltkrieg war das Bewußtsein entstanden, daß allgemeine Kriege der Staatengesellschaft für alle Beteiligten verlustreich sein könnten, daß alle oder wenigstens einige Kriege vermeidbar wären. Auf den Haager Friedenskonferenzen von 1899 (26 hauptsächlich europäische Staaten beteiligt) und 1907 (annähernd weltweiter Teilnehmerkreis der souveränen Staaten) kamen jedoch neben der Kodifizierung von Kriegsvölkerrecht nur vergleichsweise vage Vereinbarungen zur Schiedsgerichtsbarkeit (Haager Schiedsgerichtshof), Vermittlung und über Untersuchungskommissionen zustande. Die erschreckenden Erfahrungen des Ersten Weltkrieges legten für die Zukunft die Einrichtung einer neuen internationalen Ordnung nahe. Bereits während des Krieges waren in zahlreichen Staaten Friedensbewegungen für einen internationalen Neuanfang eingetreten, hatten Politiker und Völkerrechtler Entwürfe für einen neuen Bund der Völker o.ä. entworfen, so vor allem in den USA, Großbritannien, Frankreich und dem Deutschen Reich.

Der Völkerbund trat am 10. Januar 1920 formell ins Leben und wurde am 19. April 1946, ein Jahr nach Gründung der Vereinten Nationen, aufgelöst (→ Entstehungsgeschichte der UN). Seine Satzung wurde bereits in der ersten Phase der Pariser Friedenskonferenz am 28. April 1919 verabschiedet. Sie stellte im Kern einen Kompromiß US-amerikanischer und britischer Entwürfe dar. Der Völkerbund war demgemäß ein freiwilliger Zusammenschluß der Mitgliedstaaten und bildete als Organe ein *Ständiges Sekretariat* mit Sitz in Genf, eine *Bundesversammlung* der Mitglieder und einen (kleineren) *Völkerbundrat*. Er bestand aus ständigen Vertretern der Großmächte und wechselnden anderen Staaten. Als Ziel setzte sich der Völkerbund vornehmlich, äußeren Angriffen gegen territoriale Integrität und politische Unabhängigkeit mit kollektiven Mitteln des Bundes zu begegnen. Neben Schieds-, Vermittlungs- und Rechtsprechungsverfahren gehörten hierzu wirtschaftliche und militärische → Sanktionen gegen Aggressoren.

Tatsächlich konnte der Völkerbund diesen weitreichenden Ansprüchen nicht genügen. Das lag zunächst an seiner mangelnden → Universalität. Obwohl für den amerikanischen Präsidenten Woodrow Wilson der Völkerbund den Kern seines Friedenskonzepts bildete, traten ihm die USA aufgrund der Weigerung des Senats, die gesamte Versailler Friedensordnung zu ratifizieren (Versailler Vertrag), nicht bei. Das geschah auch bis zu seinem Ende nicht. Das Deutsche Reich (und andere Verlierer des Weltkrieges) wurde anfänglich nicht zugelassen, trat dann aber seinerseits zögernd 1926 bei und verließ den Völkerbund unter der Regierung Hitlers bereits im Oktober 1933. Die Sowjetunion wurde 1934 im Zuge einer allgemeinen Politik der → kollektiven Sicherheit aufgenommen; sie wurde jedoch 1940 wegen eines Aggressionskrieges gegen Finnland wieder ausgeschlossen. Japan verließ im Verlauf seiner ostasiatischen Expansionspolitik den Völkerbund 1933, Italien 1937. Wurden anfänglich insgesamt 45 Staaten zum Völkerbund gerechnet, von denen drei nicht beitraten, so kamen im Laufe der Jahre 21 weitere Mitglieder hinzu; jedoch verließen bis 1942 insgesamt 20 Staaten den Völkerbund wieder.

Nachteilig für den Völkerbund war es, daß er ursprünglich ein Pakt der Siegermächte des Weltkrieges war; seine Satzung stellte einen Bestandteil der Pariser Vorortverträge dar. Dies diskreditierte seinen universalen Anspruch in den Augen der Verlierer. Tatsächlich dominierten im Völkerbund nicht nur Großmächte mit einem ständigen Ratssitz, sondern insgesamt die europäischen Staaten, besonders Frankreich und Großbritannien. Diese waren jedoch ebensowenig wie die meisten anderen Mitglieder des Völkerbundes bereit, ihre Handlungsfähigkeit als Großmächte und ihre staatliche →Souveränität beschränken zu lassen. Die außerhalb des Völkerbunds ausgehandelten Verträge von Locarno (1925) stellten das markanteste Beispiel für eine Schwächung des Völkerbunds durch seine Protagonisten dar.

Vom Völkerbund gingen anfänglich durchaus Impulse in der Streitschlichtung (→ Streitbeilegung, friedliche) zwischen kleineren Staaten, in weniger bedeutenden Fragen sowie bei der Grenzziehung aus - hier oft in Verbindung mit Gremien der Siegermächte von 1918 wie dem Rat der Alliierten, der durch die Pariser Botschafterkonferenz abgelöst wurde. Als sich beim japanischen Einfall in China ab 1931 der Völkerbund nach einer vorangegangenen Untersuchung vor Ort nur zu einer verbalen Verurteilung aufraffte und Japan ihn dennoch verließ, begann der Niedergang. Gegen den italienischen Angriff auf Abessinien 1935/36 verhängte der Völkerbund zwar ökonomische Sanktionen; diese blieben jedoch wirkungslos. Fortan führte der Völkerbund nur noch ein Schattendasein. Gegenüber der deutschen Expansionspolitik im Frieden und sodann im Krieg vermochte er nichts auszurichten.

Zentrale Aufmerksamkeit widmete der Völkerbund der Abrüstungsfrage (→ Abrüstung), die bereits in Art. 8 der Satzung zur vordringlichen Aufgabe erklärt worden war. 1926 wurde eine vorbereitende Abrüstungskonferenz einberufen; ihr folgte von 1932-1934 eine allgemeine Abrüstungskonferenz, die jedoch nicht nur am deutschen Verlassen scheiterte. Keine Großmacht war zu substanziellen Kürzungen der eigenen Streitkräfte bereit, wenn nicht zuvor „Sicherheit" - so v.a. Frankreich - politisch hergestellt war. Der Völkerbund erzielte dadurch politische Wirkung, daß in Genf ein Forum zum internationalen Austausch von Meinungen und Informationen für offizielle Vertretungen und private Kontakte geschaffen wurde. Das galt zumal in der Zeit Aristide Briands, Austen Chamberlains und Gustav Stresemanns (1926-1930), als Genf auch für die allgemeine internationale Politik von Bedeutung war.

Neben den zentralen Fragen der Staatenpolitik von Krieg und Frieden entwickelte der Völkerbund darüber hinaus eine ganze Reihe weiterer Initiativen. Gemäß Art. 23 seiner Satzung schuf er eine Reihe sozialer, kultureller und wirtschaftlicher Einrichtungen, die um Verbesserung konkreter Lebensbedingungen im internationalen Kontext bemüht waren. Dazu gehörten unter anderem finanzielle und wirtschaftliche Fragen bei der Begründung neuer Nationalstaaten, Arbeitsschutz, Antisklaverei, Flüchtlinge, Minderheiten, der Schutz geistiger Arbeit, Frauen- sowie Drogenhandel. Hier wurde in Ausschüssen, Kongressen und zum Teil auch bindenden Abmachungen Bedeutendes geleistet. Einerseits wurden erstmals Einrichtungen für multilaterale Zusammenarbeit geschaffen, andererseits schlug sich auch die Zunahme transnationaler Beziehungen seit dem 19. Jahrhundert institutionell nieder. Vor allem nahn in deren Folge eine Reihe nicht-gouvernementaler internationaler Organisationen (→ NGOs) ihren Sitz in Genf.

Für das Deutsche Reich war es von besonderer Bedeutung, daß Danzig als „Freie Stadt" bis 1939 unter einem Hohen Kommissar des Völkerbundes stand. Ebenso wurde das Saargebiet bis 1935 von einer dem Völkerbund verantwortlichen internationalen Regierungskommission geleitet. Das Mandatssystem des Völkerbundes sollte neben ehemaligen Teilen des Osmanischen Reiches auch die vormals deutschen Kolonien auf Selbständigkeit vorbereiten. Jedoch blieb in diesen Fragen der Einfluß der Mandatsmächte, voran Großbritannien und Frankreich tatsächlich bestimmend.

Jost Dülffer

Lit.: *Allgemeines: Gerbet, P./Ghebali, V.-Y./Mouton, M.-R:* Société des Nations et Organisation des Nations Unies, Paris 1973; *Henig, R.B. (Hrsg.):* The League of Nations, Edinburgh 1973;- *Northedge, F.S.:* The League of Nations. Its Life and Times 1920-1936, Leicester 1986; *Pfeil, A.:* Der Völkerbund. Literaturbericht und kritische Darstellung seiner Geschichte, Darmstadt 1976; *Walters, F.P.:* A History of the League of Nations. 2 Bde, London 1952; The League of Nations in Retrospect. Proceedings of the Symposium Organized by the United Nations Library and the Graduate Institute of International Studies, Genf, 6.-9.11.1980, Berlin/New York 1983. *Spezialfragen: Barros, J.:* Betrayal from within: Joseph Avenol, Secretary-General of the League of Nations 1933-1940, New Haven 1969; *Barros, J.:* Office without Power: Secretary-General Sir Eric Drummond 1919-1933, Oxford 1979; *Haas, Ch.:* Die französische Völkerbundpolitik 1917-1926, Diss. Köln 1994; *Kimmich, Ch. M.:* Germany and the League of Nations, Chicago/London 1976; *Miller, D.H.:* The Drafting of the Covenant. 2 Bde., New York/London 1928, Nachdruck New York 1969;. *Ostrower, G.B.:* Collective Insecurity. The United States and the League of Nations during the Early Thirties, Lewisburg 1979; *Plettenberg, I.:* Die Sowjetunion im Völkerbund 1934 bis 1939. Bündnispolitik zwischen Staaten unterschiedlicher Gesellschaftsordnung in der internationalen Organisation für Friedenssicherung. Ziele, Voraussetzungen, Möglichkeiten, Wirkungen, Köln 1987; *Ramonat, W.:* Der Völkerbund und die Frei Stadt Danzig 1920-1934, Osnabrück 1979; *Shara, S.-K.:* Der Völkerbund und die Großmächte. Ein Beitrag zur Geschichte der Völkerbundpolitik Großbritanniens, Frankreichs und Deutschlands 1929-1933, Frankfurt/M. 1978; *Vieβhaus, E.:* Die Minderheitenfrage und die Entstehung der Minderheitenschutzverträge auf der Pariser Friedenskonferenz 1919, (o. Verlagsort) 1960.

Völkerrechtliches Vertragsrecht

Völkerrechtliche Verträge sind die *Hauptrechtsquelle des Völkerrechts* und dementsprechend das vorherrschende und wichtigste Instrument für die Entwicklung der internationalen Rechtsordnung. Diese Einschätzung spiegelt sich auch in Art. 13 Abs. 1 lit. a UN-Charta (→ Charta der UN) wider, wonach die → Generalversammlung Untersuchungen veranlaßt und Empfehlungen abgibt, um „die fortschreitende Entwicklung des Völkerrechts sowie seine Kodifizierung zu begünstigen". Definiert wird der *Vertrag als jede zwischen Staaten oder anderen Völkerrechtssubjekten getroffene Vereinbarung, die dem Völkerrecht unterliegt.* Dabei ist die konkrete *Bezeichnung* dieser Vereinbarung unerheblich. In der Staatenpraxis werden die unterschiedlichsten *Begriffe für Verträge* verwendet, wie beispielsweise *Abkommen, Konvention, Übereinkommen, Pakt, Charta, Protokoll.* Ob es sich dabei im konkreten Fall um Verträge handelt, ergibt sich aus dem Inhalt. Nach der Zahl der an einem völkerrechtlichen Vertrag beteiligten Vertragspartner wird zwischen *bilateralen* und *multilateralen Verträgen* unterschieden. An einem bilateralen (zweiseitigen) Vertrag sind nur zwei Völkerrechtssubjekte, an einem multilateralen (mehrseitigen) Vertrag sind mehr als zwei Völkerrechtssubjekte beteiligt.

Das *Völkerrechtliche Vertragsrecht*, das den Abschluß, die Geltung und die Beendigung von Verträgen regelt, galt lange Zeit nur gewohnheitsrechtlich und wurde erst in den 60er Jahren durch die UN-Völkerrechtskommission (→ ILC) kodifiziert. Dies erfolgte im wesentlichen in zwei voneinander unabhängigen Übereinkommen, deren Erarbeitung 17 bzw. 11 Jahre in Anspruch nahm. Das erste regelt ausschließlich die Verträge, die zwischen Staaten geschlossen wurden. Es handelt sich hierbei um das „*Wiener Übereinkommen vom 23.5.1969 über das Recht der Verträge" (WVÜT)* (UNTS Bd. 1155, Nr. 18232, 331), das seit 1980 in Kraft ist und dem heute 82 Staaten (Stand: 31.12.1998) angehören. Das zweite, das *„Wiener Übereinkommen vom 21.3.1986 über das Recht der Verträge zwischen Staaten und internationalen*

Organisationen oder zwischen internationalen Organisationen" (WVÜIO) (UN Doc. A/CONF. 129/15; auch: ILM 25 (1986), 543) ist bislang noch nicht in Kraft getreten. Dieser Umstand deutet bereits darauf hin, daß die Staaten lange zögerten, den internationalen Organisationen eine weitgehende Gleichberechtigung einzuräumen, obwohl sie sich der wachsenden Bedeutung dieser Völkerrechtssubjekte letztlich nicht mehr verschließen können. Im Bereich der internationalen Organisationen bedürfen vor allem → *Sitzstaatsabkommen* und die technische Hilfe durch internationale Organisationen einer völkerrechtlichen Regelung. Die beiden Wiener Übereinkommen zum Recht der Verträge enthalten weithin parallele Regelungen, um eine Aufspaltung des völkerrechtlichen Rechts der Verträge zu verhindern. Damit ist es zu einer grundsätzlichen Gleichstellung von Staaten und internationalen Organisationen gekommen. Nur wenige Artikel unterscheiden sich inhaltlich, mit denen die Besonderheiten der internationalen Organisationen Berücksichtigung finden. Ergänzt werden die genannten Konventionen durch das „Wiener Übereinkommen über die Staatennachfolge in Verträgen" vom 23.8.1978 (UN Doc. A/CONF.80/16/ Add.2). Es enthält Regelungen, die von den beiden anderen Wiener Vertragsrechtsübereinkommen ausdrücklich ausgenommen worden sind. Nachdem das Staatennachfolgeübereinkommen lange Zeit ebenfalls höchst umstritten war, trat es dann am 6.11.1996 überraschend in Kraft, da insbesondere die unabhängig gewordenen Staaten Ost- und Südosteuropas entweder Nachfolgeerklärungen abgegeben haben oder dem Übereinkommen beigetreten sind. Die praktische Bedeutung des letztgenannten Übereinkommens dürfte aber dennoch nur gering bleiben.

Abschluß und Inkrafttreten

Völkerrechtssubjekte, Staaten ebenso wie internationale Organisationen, können von ihrer Fähigkeit, Verträge zu schließen nur Gebrauch machen, indem sie durch *Organe* handeln. Die Völkerrechtssubjekte bestimmen die für sie handelnden Organe selbst und regeln ihre Beteiligung am Vertragsabschlußverfahren. Bisweilen fehlt es an eindeutigen Vorschriften über die handlungsbefugten Organe. Dies gilt selbst im Bereich der Vereinten Nationen. Als Beispiel kann auf Art. 63 Abs. 1 UN-Charta verwiesen werden, der nicht hinreichend deutlich festlegt, ob die Generalversammlung oder der → Wirtschafts- und Sozialrat die Kompetenz hat, Abkommen über die Beziehungen zwischen den Vereinten Nationen und den → Sonderorganisationen zu schließen. Die Organe müssen ihre Befugnis zu völkerrechtlich verbindlichem Handeln grundsätzlich durch eine Vollmacht nachweisen, wobei die Vollmacht Art und Umfang der Befugnis enthalten muß (Art. 7 Abs. 1 a WVÜ). Es werden aber auch solche Personen als Repräsentanten - also ohne besonderen Nachweise einer Vollmacht - als zum Vertragsabschluß berechtigt angesehen, bei denen aufgrund der Übung der von ihnen vertretenen Staaten oder aus anderen Umständen hervorgeht, daß diese Person als Vertreter des Staates anzusehen ist (Art. 7 Abs. 1 WVÜ). Schließlich wird für Staatsoberhäupter, Regierungschefs und Außenminister die Vertretungsbefugnis in vollem Umfang, für Chefs diplomatischer Missionen und Konferenzvertreter beschränkt vermutet (Art. 7 Abs. 2 WVÜ).

In bezug auf den *Abschluß völkerrechtlicher Verträge* ist zwischen dem *einfachen Verfahren* und dem *zusammengesetzten Verfahren* zu unterscheiden. Die Aushandlung des Vertragstextes erfolgt häufig in den Gremien internationaler Organisationen oder auf diplomatischen Konferenzen. Das vorläufige Ergebnis dieser Verhandlungen wird durch *Paraphierung* (Abzeichnung mit Initialen) bestätigt, soweit Verhandlungsführer und Unterzeichner verschiedene Personen sind. Beim *einfachen* Verfahren begründet die anschließende *Unterzeichnung* bereits die *Verbindlichkeit des Vertrages.* Zumeist findet allerdings das *zusammengesetzte*

Verfahren statt. In letzterem beurkundet die *Unterzeichnung nur die Einigung auf einen bestimmten Vertragstext,* der als authentisch gilt. Folgen muß dann noch die *Ratifikation,* d.h. zunächst das *innerstaatliche Zustimmungsverfahren,* die Mitwirkung der durch die Verfassung gesetzlich bestimmten Staatsorgane (vgl. z.B. Art. 59 Abs. 2 GG), und sodann die *völkerrechtliche Ratifikation,* also derjenige Akt, durch den der Vertragsschließende auf internationaler Ebene seinen Bindungswillen erklärt (Hinterlegung bzw. Austausch der Vertragsurkunden).

Das *Inkrafttreten* des Vertrages erfolgt zu dem von den Parteien bestimmten Zeitpunkt (Art. 24 Abs. 1 WVÜ) oder, wenn eine solche Vereinbarung fehlt, bei Vorliegen der Zustimmung aller Vertragsparteien, durch den Vertrag gebunden zu sein (Art. 24 Abs. 2 WVÜ). Für nach Inkrafttreten beitretende Staaten tritt der Vertrag in Kraft, wenn diese die Zustimmung, durch den Vertrag gebunden zu sein, erteilen (Art. 24 Abs. 3 WVÜ). In der Praxis ist für multilaterale Verträge meist vorgesehen, daß sie nach Ratifikation durch eine bestimmte Zahl von Staaten in Kraft treten. Nach dem WVÜ sind Vertragsurkunden und Willenserklärungen bei einem Depositar zu hinterlegen und von diesem zu verwahren (Art. 76 ff. WVÜ). Außerdem ist nach Art. 102 UN-Charta der Vertrag dem UN-Sekretariat (→ Sekretariat) zur *Registrierung* zu übermitteln. Die Bestimmung bezweckt, internationale Beziehungen offenzulegen und eine Geheimdiplomatie zu vermeiden. Die Mißachtung des Registrierungsgebots führt nicht zur Ungültigkeit des Vertrages, doch können sich die Parteien vor UN-Organen - d.h. auch dem → IGH - dann nicht auf den Vertrag berufen.

Geltungsbereich von Verträgen

Mit dem Inkrafttreten eines Vertrages stellt sich die Frage nach der *Reichweite der Bindung* für die Parteien. Grundsätzlich gilt der Vertrag - in räumlicher Hinsicht - für das gesamte Hoheitsgebiet (Art. 29 WVÜ) und - in zeitlicher

Hinsicht - *ex nunc* (Art. 28 WVÜ), soweit die Parteien nichts anderes beschließen. Betrifft ein nachfolgender Vertrag den gleichen Gegenstand wie der vorherige, so gilt grundsätzlich der neuere. Gehören bei multilateralen Verträgen nicht alle Mitgliedsstaaten dem neueren an, so bleibt der vorherige Vertrag zwischen den früheren Mitgliedsstaaten anwendbar. In jedem Fall haben die *Bestimmungen der UN-Charta* entsprechend Art. 103 *Vorrang vor späteren Verträgen der Mitgliedsstaaten der UN.*

Eine nur *teilweise Bindung* an einen Vertrag kann durch die Erklärung eines *Vorbehalts* erreicht werden. Darunter versteht man die Erklärung einer Partei eines multilateralen Vertrages vor dessen Inkrafttreten für diese Partei mit dem Ziel des Ausschlusses oder der Abänderung einzelnen Vertragsvorschriften. Der *Vorbehalt* ist zu unterscheiden von einer den Vertrag lediglich *interpretierenden Erklärung*; derartige Interpretationserklärungen spielen nur bei der Auslegung (s.u.) eine Rolle.

In der Regel sind Vorbehalte zulässig, es sei denn, der Vertrag verbietet den Vorbehalt, der Vertrag erlaubt nur bestimmte Vorbehalte, zu denen der betreffende nicht gehört oder der Vorbehalt ist mit dem Ziel und Zweck des Vertrages unvereinbar (Art. 19 WVÜ). Durch Vorbehalte ist es den Staaten möglich, ihre Interessen zu wahren und dennoch eine zahlreiche Mitgliedschaft in multilateralen Verträgen zu erreichen. Ein unwidersprochen gebliebener Vorbehalt bewirkt, daß die betroffene Vorschrift im Verhältnis zwischen dem Staat, der den Vorbehalt erklärt hat und den anderen Vertragsparteien nur in dem Umfang anwendbar ist, wie dies der Vorbehalt zuläßt. Erhebt ein Mitgliedstaat Einspruch gegen einen Vorbehalt, so gilt die in Frage stehende Vorschrift zwischen den betroffenen Staaten nicht. Im übrigen tritt der Vertrag zwischen beiden Parteien aber in Kraft, sofern nicht der den Einspruch erhebende Staat seine gegenteilige Absicht eindeutig zum Ausdruck bringt.

Werden gegen Gründungsverträge von internationalen Organisationen Vorbehalte eingelegt, so müssen diese in der Regel durch das zuständige Organ der Organisation angenommen werden, um Wirksamkeit zu erreichen. Bei der UNO ist dies die Generalversammlung, da sie auf der Grundlage einer Empfehlung des → Sicherheitsrates über die Aufnahme neuer Mitglieder beschließt (→ Mitgliedschaft/Repräsentation von Staaten). Gleichwohl enthält die UN-Charta keine Bestimmung zu Vorbehalten.

Auslegung völkerrechtlicher Verträge

Mit dem WVÜ bzw. WVÜIO wurden die völkergewohnheitsrechtlich anerkannten allgemeinen *Auslegungsregeln* kodifiziert. Art. 31 Abs. 1 WVÜ legt fest: „Ein Vertrag ist nach Treu und Glauben in Übereinstimmung mit der gewöhnlichen, seinen Bestimmungen in ihrem Zusammenhang zukommenden Bedeutung und im Lichte seines Zieles und Zweckes auszulegen." In Übereinstimmung mit der früher vertretenen „*objektiven Theorie*" folgt das WVÜ somit dem Grundsatz, daß der Parteiwille in erster Linie im *Vertragstext* zum Ausdruck kommt. Hinzu kommen Anlagen, Protokolle, auch spätere Übereinkünfte und Übungen sowie sonstige anwendbare Völkerrechtssätze (Art. 31 Abs. 2, 3 WVÜ). Die „*travaux préparatoires*" sind lediglich als „*ergänzende Auslegungsmittel*" heranzuziehen. Neben diesen allgemeinen Auslegungsregeln ist insbesondere für die Auslegung von Gründungsverträgen internationaler Organisationen der *Effektivitätsgrundsatz* von Bedeutung. Danach ist ein Vertrag so auszulegen, daß sein *Gestaltungsziel und sein Regelungszweck* bestmöglich erreicht werden, daß der intendierte *Nutzeffekt (effet utile)* eintritt. Schließlich wird auch für die UN-Charta mit *der Implied-powers-Lehre* ein Rückschluß von den in der Charta explizit festgelegten *Pflichten* auf die nicht ausdrücklich aufgeführten, aber zur *Pflichterfüllung notwendigen Rechte* begründet.

Vertragsendigung

Ein Vertrag kann zunächst aus Endigungsgründen aus dem Vertrag selbst enden, also bei Eintritt eines für die Vertragsendigung vorgesehenen Ereignisses, insbesondere bei Ablauf einer Frist. Ferner kann ein Vertrag durch den gemeinsamen Willen der Parteien, also mit Zustimmung aller Vertragsparteien beendet (Art. 54 WVÜ) oder suspendiert werden (Art 57, 58 WVÜ). Verträge über die Gründung einer internationalen Organisation sehen oft ein Verfahren zur Anpassung der Satzung an veränderte Umstände (Revision) vor, z.B. Art. 109 UN-Charta. Darüber hinaus kann ein Vertrag durch den Willensakt einer Vertragspartei beendet werden. Rücktritt und Kündigung sind nach Maßgabe der im Vertrag getroffenen Regelungen möglich (Art. 54 lit a. WVÜ). Schließlich kann ein Vertrag auch durch Einwirkungen späterer Entwicklungen außerhalb des Willens der Parteien beendet werden. Dies gilt zum einen, wenn eine neue *ius cogens*, d.h. zwingende Norm,, des allgemeinen Völkerrechts entsteht. Damit wird jeder bestehende Vertrag, der im Widerspruch zu dieser Norm steht, nichtig und erlischt (Art. 64 WVÜ). Zum anderen kann eine Änderung wesentlicher Umstände, die beim Vertragsschluß die Geschäftsgrundlage gebildet haben, unter bestimmten Voraussetzungen zum Rücktritt berechtigen (*clausula rebus sic stantibus*).

Brigitte Reschke

Lit.: *Bowman, M. J.:* The Multilateral Treaty Amendment Process - A Case Study, in: ICLQ 44 (1995), 540-559; *Gardiner, R:* Treaties and Treaty Materials: Role, Relevance and Accessibility, in: ICLQ 46 (1997), 643-662; *Gomaa, M.:* Suspension or Termination of Treaties on Grounds of Breach, The Hague 1996; *Heintschel von Heinegg, W.:* Die völkerrechtlichen Verträge als Hauptrechtsquelle des Völkerrechts, in: Ipsen, K.(Hrsg.): Völkerrecht, 4. Aufl., München 1999 (im Druck); *Hilpold, P.:* Das Vorbehaltsregime der Wiener Vertragsrechtskonvention, in: AVR 34 (1996), 376-425; *Klabbers, J.:* The Concept of Treaty in International Law, The Hague u.a. 1996; *Köck, H.F.:* Zur Interpretation völkerrechtlicher Verträge, in: ZÖR 53 (1998), 217-237; *Lim, C./Elias, O.:* The Role of Treaties in the Contemporary International Legal Order, Nordic JIL 66 (1997), 1-21; *Szasz, P. C.:* General Law-Making Process, in: Joyner, C.: The United Nations and International Law, Cambridge 1998, 27-64; *Torres-Bernárdez, S.:* Interpretation of Treaties by the International Court of Justice following the Adoption of the 1969 Vienna Convention on the Law of Treaties, in: Hafner, G. u.a (Hrsg.): Liber Amicorum, Professor Ignaz Seidl-Hohenveldern in honour of his 80th birthday, Den Haag u.a. 1998.

Völkerrechtsentwicklung im Rahmen der UN

I. Einführung

Die → Generalversammlung der UN verabschiedete auf ihrer 44. Tagung eine Resolution (→ Resolution/Deklaration/Beschluß) über die Völkerrechtsdekade für die Jahre 1990 bis 1999 (UN Doc. A/44/23). Zwar hat die Verkündung der Dekade keinen besonderen Impuls zur Beschleunigung der Rechtsetzung und Rechtsentwicklung gegeben, doch sind die Aktivitäten der → ILC (International Law Commission), die zur Verabschiedung eines Entwurfs eines internationalen Strafgesetzbuches der Verbrechen gegen den Frieden und die Sicherheit der Menschheit und der Annahme dieses Entwurfs durch die Generalversammlung im Jahre 1996 führten, sowie die Verabschiedung eines Statuts über einen Ständigen Internationalen Strafgerichtshof (→ ICC) auf einer Staatenkonferenz in Rom im Jahre 1998 zwei herausragende Ergebnisse der Völkerrechtsentwicklung, die in diesen Zeitraum fallen.

Unter Völkerrechtsentwicklung ist die *Entstehung, Ausformung und Bestätigung* völkerrechtlicher Normen zu verstehen. Sie vollzieht sich, anders als die innerstaatliche Rechtsentwicklung, durch eine direkte Beteiligung der Völkerrechtssubjekte und ohne eine zentrale Rechtssetzungsinstanz und spezielle Vollzugsinstitutionen, wie das in nationalen Rechtsordnungen der Fall ist. Anders als Staatsverfassungen bietet die UN-Charta (→ Charta der UN) keine Regelungsgrundlage zur Normenbildung und zum Normenvollzug von Völkerrecht. Für die Völkerrechtsentwicklung in den UN gehen die Initiativen von der Generalversammlung aus. Die Übertragung der Kompetenz zur Völkerrechtsentwicklung an die UN war von dem Bestreben geleitet, noch unter dem Eindruck der Schrecken und Leiden des Zweiten Weltkrieges eine auf die Herrschaft des Rechts gegründete internationale Ordnung aufzubauen, die den Weltfrieden und die internationale Sicherheit wirksam wahren kann. Zur Realisierung dieser Aufgaben bedient sich die Generalversammlung insbesondere der ILC als einem zu diesem Zweck geschaffenen Nebenorgan. Aber auch ein anderes, eigens zur Völkerrechtsentwicklung geschaffenes Nebenorgan, die → UNCITRAL (United Nations Commission on International Trade Law) hat zahlreiche Kodifikationen auf den Weg gebracht. Außerdem nehmen an der Völkerrechtsentwicklung insbesondere auch der ECOSOC (→ Wirtschafts- und Sozialrat), der → Sicherheitsrat, das → Sekretariat und der → IGH (Internationaler Gerichtshof) teil.

Die Generalversammlung soll Untersuchungen anstellen und Empfehlungen geben, um die fortschreitende Entwicklung des Völkerrechts und seine Kodifizierung zu fördern (Art. 13 Abs. 1) a). Der *ECOSOC* kann Empfehlungen zur Achtung und Verwirklichung der Menschenrechte und Grundfreiheiten abgeben (Art. 62 Abs. 2), unter seinen Verantwortungsbereich fallende Vertragsentwürfe ausarbeiten (Art. 62 Abs. 3) und Konferenzen einberufen (Art. 63 Abs. 4). Auch der *Sicherheitsrat*, der Beschlüsse zur Friedenssicherung verabschiedet, die für die Mitgliedstaaten bindend sind (Art. 25), wirkt auf diese Weise auf die Weiterentwicklung der völkerrechtlichen Grundsätze, insbesondere auf das → Gewaltverbot und die friedliche Streitbeilegung (→ Streitbeilegung, friedliche) ein. Das *Sekretariat* ist an der Völkerrechtsentwicklung durch die Ausarbeitung von Vertragsentwürfen auf

Ersuchen der Generalversammlung und anderer Organe der UN beteiligt (→ UN-System). Diese Zuständigkeit folgt aus Art. 98, wonach der Generalsekretär alle sonstigen ihm zugewiesenen Aufgaben wahrnimmt. Auch die Registrierung von Verträgen, an denen ein Mitgliedstaat der UN beteiligt ist, erfolgt durch das Sekretariat (Art. 102). Der *IGH* ist schließlich auch zu erwähnen, dessen Entscheidungen und Gutachten wichtige Hilfsmittel zur Ermittlung des geltenden Völkerrechts sind (Art. 38 Abs. 1 IGH-Statut), die zur Präzisierung der allgemeinen Rechtsgrundsätze und des Gewohnheitsrechts und damit zur Völkerrechtsentwicklung beitragen.

II. Entwicklung

Die ersten bedeutenden Kodifikationsbemühungen gehen auf den Wiener Kongreß von 1814/15 und die Haager Friedenskonferenzen von 1899 und 1907 zurück, initiiert und formuliert von einzeln oder im Rahmen wissenschaftlicher Vereinigungen wirkenden Gelehrten des Völkerrechts. Zwei internationale wissenschaftliche Vereinigungen zur Kodifizierung des Völkerrechts, das *Institut de Droit International* und die *International Law Association*, beide im Jahre 1873 gegründet, haben verschiedene Kodifikationsentwürfe vorgelegt, die den Staaten als Grundlage für ihre Kodifikationsarbeiten dienten. So haben die Staaten des Pariser Vertrages von 1814 Regelungen über die Schiffahrt auf internationalen Flüssen und zur Abschaffung des Sklavenhandels angenommen. Die *Haager Friedenskonferenz von 1899* brachte unter anderem die Haager Landkriegsordnung über die Sitten und Gebräuche im Kriege und das Abkommen zur friedlichen Erledigung internationaler Streitigkeiten hervor und die zweite *Haager Friedenskonferenz im Jahre 1907* legte nicht mehr als 13 Konventionen zum Recht der Kriegführung und zur Neutralität im Land- und Seekrieg vor, die allerdings zum größten Teil kein geltendes Völkerrecht wurden. Der → *Völkerbund* war bestrebt, auf Regierungsebene Kodifizierungen vorzunehmen, die im Jahre 1930 auf einer Kodifikationskonferenz erörtert wurden. Diese Konferenz wurde allerdings weithin als Mißerfolg gewertet, weil die vorgeschlagenen Regelungen zur Verantwortlichkeit im völkerrechtlichen Fremdenrecht nicht verabschiedet und aus dem Projekt über die Regelung der Territorialgewässer nur einige Artikel vorläufig angenommen wurden. Schließlich hat die Völkerbundversammlung im Jahre 1931 eine Resolution über das Verfahren bei Kodifizierungen zur Abstimmung gebracht, die eine Stärkung des Einflusses der Regierungen in jeder Phase der Kodifikationsverfahren forderte. Dieser Aspekt ist später in die Satzung der ILC aufgenommen und die Einrichtung von Expertenausschüssen zur Erarbeitung von Kodifikationen konkretisiert worden.

Die Gründungsväter der UN haben einzelnen Organen im Rahmen der UN das Mandat zur Völkerrechtsentwicklung erteilt, ohne daß ihnen eine wie auch immer geartete Legislativgewalt zukommen würde. Versuche etwa, die Generalversammlung als Quasi-Parlament auszugestalten, deren Dokumente Gesetzeskraft besäßen, haben auf der Konferenz von San Francisco nicht die erforderliche Zustimmung erhalten (→ Entstehungsgeschichte der UN). Vielmehr ist der Generalversammlung ein *Initiativrecht zur Völkerrechtsentwicklung* eingeräumt worden. Ganz überwiegend sind es die Aktivitäten der Generalversammlung und der von ihr eingesetzten Organe, die die Völkerrechtsentwicklung vorangebracht haben. Dabei lassen sich die zuständigen Organe von den durch die Präambel der Charta fixierten Zielbestimmungen leiten, *„künftige Geschlechter vor der Geißel des Krieges zu bewahren...", den „Glauben an die Grundrechte des Menschen... zu bekräftigen, Bedingungen zu schaffen, unter denen Gerechtigkeit und die Achtung vor den Verpflichtungen aus Verträgen und anderen Quellen des Völkerrechts gewahrt werden können"*

III. Kompetenzen zur Völkerrechtsentwicklung im Rahmen der Charta

Die Mitwirkung der UN an der Völkerrechtsentwicklung erstreckt sich im wesentlichen auf die *Verabschiedung von Empfehlungen* in Gestalt von *Resolutionen, auf Untersuchungen, und die Ausarbeitung von Vertragsentwürfen.* Mit diesen Aktivitäten sind die Organe der UN in unterschiedlicher Weise an der Rechtsbildung beteiligt - jede einzelne dieser Aktivitäten tragen zum Prozeß der Völkerrechtsentwicklung bei. Entwicklung des Völkerrechts bedeutet demzufolge nicht eine bloße Aufstellung von völkerrechtlichen Normen; das wäre eine Verkürzung auf die rechtstechnische Seite der Normsetzung. Vielmehr ist damit die Summe der Aktivitäten der an diesem Prozeß beteiligten Organe sowie eine Fülle der dazu erforderlichen einzelnen Schritte in ihrer Gesamtheit und damit die Dynamik völkerrechtlicher Rechtsbildung erfaßt. Keine internationale Organisation ist so intensiv und entscheidend am Entstehen und an der Entwicklung des Völkerrechts beteiligt, wie die UN – ihre Tätigkeit „motorisiert" die vertragliche und gewohnheitsrechtliche Entwicklung des Völkerrechts (*Simma* 1975,85). Die Vereinten Nationen halten ein breites Instrumentarium zur Schaffung völkerrechtlicher Normen bereit, die die Rechtssetzung vorbereiten bzw. bereits bestehende Normen ausformen. Freilich bleibt die Begründung der Rechtspflicht zur Einhaltung der geschaffenen Normen der Annahme durch die einzelnen Staaten vorbehalten. Es werden Texte formuliert und erörtert, die bestehendes Gewohnheitsrecht wiedergeben, neues Völkervertragsrecht schaffen oder als Empfehlungen ausgestaltet werden.

Der Generalversammlung, der als einzigem Organ im Rahmen der Charta ausdrücklich die Aufgabe der Völkerrechtsentwicklung zugewiesen wurde, bedient sich dafür bestimmter Nebenorgane. Als *Nebenorgane* (→ Ausschußsystem) stehen der Ausschuß für Rechtsfragen (Sechster Ausschuß), der

617

Politische Ausschuß, die ILC und die UNCITRAL sowie Sonderausschüsse, unter anderem für → Weltraumrecht, → Entkolonialisierung und für die Revision der Charta zur Verfügung (→ Reform der UN). Weiterhin wurden von der Generalversammlung *Ad-hoc-Ausschüsse* wie der Ausschuß zur Vorbereitung der Definition der Aggression (→ Aggressionsdefinition), der Ausschuß zur Erörterung der Prinzipien des Völkerrechts über freundschaftliche Beziehungen und Zusammenarbeit der Staaten in Übereinstimmung mit der Charta sowie der Abrüstungsausschuß eingerichtet (→ Abrüstung). Regelungsgrundlage für die Völkerrechtsentwicklung ist Art. 13 Abs. 1 a, der mit dem Ziel, *die internationale Zusammenarbeit auf politischem Gebiet zu fördern*, der Generalversammlung die Aufgabe der fortschreitenden Entwicklung des Völkerrechts sowie seine Kodifizierung zu begünstigen, überträgt. Diese Zielstellung steht in Beziehung zur allgemeinen Aufgabenstellung der Generalversammlung gemäß Art. 11 Abs. 1, sich mit den allgemeinen Grundsätzen der Zusammenarbeit zur Wahrung des Weltfriedens und der internationalen Sicherheit einschließlich der Grundsätze für die Abrüstung und Rüstungsregelung zu befassen. Dazu und um die internationale Zusammenarbeit auf den Gebieten der Wirtschaft, des Sozialwesens, der Kultur, der Erziehung und der Gesundheit zu fördern und zur Verwirklichung der Menschenrechte und Grundfreiheiten für alle beizutragen (Art. 13 Abs. 1 b) veranlaßt die Generalversammlung Untersuchungen und gibt Empfehlungen ab. Zur Erfüllung der Aufgaben der Generalversammlung aus Art. 13 Abs. 1 b verweist Art. 13 Abs. 2 auf die Kapitel IX und X der Charta, die die unter die Zuständigkeit des ECOSOC fallende Verwirklichung der internationalen Zusammenarbeit auf wirtschaftlichem und sozialem Gebiet zum Inhalt haben. Art. 22 regelt für die Generalversammlung die Möglichkeit, Nebenorgane einzusetzen und durch Art. 68 wird dem ECOSOC die Befugnis zur Schaffung von Kommissionen für wirtschaftliche und soziale Fragen sowie zur Förderung der Menschenrechte erteilt. Damit ist der rechtliche Rahmen für die intensive Arbeit der UN zur Entwicklung des Völkerrechts abgesteckt.

Die *ILC* als das wichtigste Nebenorgan der Generalversammlung hat in Art. 15 seines Statuts die in Art. 13 Abs. 1 a beschriebene Begünstigung der *fortschreitenden Entwicklung* des Völkerrechts sowie seine *Kodifizierung* ebenfalls als Aufgabe formuliert und präzisiert. Fortschreitende Entwicklung erfaßt danach Vorschläge und Empfehlungen zur Gestaltung von Völkerrecht, d. h. also die Vorbereitungen von Konventionsentwürfen auf Gebieten, die völkerrechtlich noch nicht normiert oder für die Staatenpraxis noch nicht ausreichend entwickelt wurden. Unter Kodifikation ist die Erfassung und Feststellung, aber auch die weitergehende Formulierung und Systematisierung bereits bestehender Völkerrechtsnormen zu verstehen. Warum allerdings eine solche Differenzierung in Art. 13 Abs. 1 a und Art. 15 ILC-Statut zwischen fortschreitender Entwicklung des Völkerrechts und Kodifizierung vorgenommen wurde, ist nicht nachzuvollziehen und weder theoretisch haltbar noch praktikabel. Die Kodifikationstexte enthalten in verschiedenen Graden *gleichzeitig* Elemente der Kodifizierung und fortschreitenden Entwicklung des Völkerrechts (*Fleischhauer* 1991, 229). Die Grenzen zwischen Rechtsbildung im Sinne von Neuschöpfung völkerrechtlicher Regeln und Kodifizierung sind fließend - neue Regeln erwachsen aus bereits bestehenden Kodifizierungen und diese enthalten immer auch Neuregelungen. Der Zusammenhang zwischen Weiterentwicklung des Völkerrechts und Kodifizierung erfordert deshalb vielmehr, beides *in Einheit* zu betrachten - vom Sinngehalt schließt Völkerrechtsentwicklung die Kodifizierung ein. Die Völkerrechtsentwicklung nimmt auf die verschiedenen Bereiche des Völkerrechts Einfluß, die sich auf eine Vielzahl der Mitglieder der internationalen

Staatengemeinschaft erstrecken. Exemplarisch sind die Gebiete des Vertragsrechts (→ Völkerrechtliches Vertragsrecht), des → Seerechts, des Rechts der diplomatischen und konsularischen Beziehungen oder die → Menschenrechte zu nennen. Insoweit unterscheidet sich auch das Völkerrecht der Gegenwart vom klassischen Völkerrecht, das weithin aus bilateralen Beziehungen der Staaten bestand. Mit dem Auftrag zur Völkerrechtsentwicklung ist für alle Mitgliedstaaten gleichermaßen die Möglichkeit zu *gemeinsamen Aktivitäten zur Ausgestaltung des Völkerrechts und zu Initiativen zu seiner Weiterentwicklung* gegeben. Dieser Aspekt hat für die durch die Entkolonialisierung neu entstandenen Staaten besondere Bedeutung.

IV. Aktivitäten zur Völkerrechtsentwicklung

Die Generalversammlung hat *erstens* die Kompetenz, *Staatenkonferenzen* einzuberufen, auf denen Kodifikationen verabschiedet werden. Dem geht die Erarbeitung der Kodifikationsentwürfe durch die Nebenorgane der Generalversammlung voraus. Die ILC erarbeitet Vertragsentwürfe, deren Gegenstände zum Teil von ihr selbst ausgewählt, aber auch von der Generalversammlung oder dem ECOSOC vorgeschlagen werden. Nach Fertigstellung ruft die Generalversammlung die Staatenkonferenzen in Form von diplomatischen Konferenzen ein, auf der die Konventionen fertiggestellt werden, die nach deren Annahme dann den Staaten zum Beitritt offen stehen. Aus der Fülle der Arbeiten zur Völkerrechtsentwicklung im Rahmen der ILC sollen folgende Kodifikationsarbeiten besonders erwähnt werden: Die Wiener Konventionen über diplomatische Beziehungen und über konsularische Beziehungen (1961 und 1963 in Wien); die Konvention über das Recht der Verträge (1969 in Wien); die Konvention über die Nachfolge von Staaten in bezug auf Verträge (1978 in Wien); die UN-Seerechtsübereinkommen (1982 in Montego Bay - Jamaika); die Konvention über die Nachfolge von Staaten in bezug auf Staatseigentum, Archive und Schulden (1983 in Wien) und das Statut für einen Ständigen Internationalen Strafgerichtshof (1998 in Rom).

Die UNCITRAL, 1966 von der Generalversammlung als Nebenorgan eingesetzt, spielt zur Erfüllung ihres Anliegens eine aktive Rolle bei *der Beseitigung und dem Abbau rechtlicher Handelshemmnisse*. Zu diesem Zweck arbeitet sie auch Konventionen und andere Vereinbarungen aus. So wurde der erste von der UNCITRAL ausgearbeitete Vertragstext zur Verjährung im internationalen Warenhandel im Jahre 1974 von einer von der Generalversammlung einberufenen Staatenkonferenz verabschiedet (→ Weltwirtschaftsordnung/NWWO; → WTO/ GATT). Zur Ergänzung des Vertragswerkes wurde 1980 ein Protokoll angenommen. Eine Konvention über das internationale Warenkaufrecht (Wiener Kaufrechtskonvention) wurde 1980 verabschiedet und die Konvention der UN über den Warentransport zur See im Jahre 1987 angenommen.

Zweitens wirkt die Generalversammlung *unmittelbar* an der Völkerrechtsentwicklung mit, wenn sie die von Organen der UN ausgearbeiteten Entwürfe völkerrechtlicher Verträge mit einer Resolution annimmt und die Staaten zur Unterzeichnung und Ratifizierung aufruft. Durch Nebenorgane wird der Vertragstext erarbeitet und der Generalversammlung vorgelegt. Dann gelangt der Vertragstext zur Annahme als Resolution, in der eine Empfehlung zur Unterzeichnung und Ratifizierung ausgesprochen wird. Die herausragendsten Beispiele von Kodifikationsentwürfen, die von Organen der UN erarbeitet und dann der Generalversammlung als Empfehlung vorgelegt und verabschiedet wurden, sind die von der → Menschenrechtskommission vorbereiteten Menschenrechtspakte, der → Internationale Pakt über bürgerliche und politische Rechte und der → Internationale Pakt über wirtschaftliche, soziale und kulturelle Rechte (GA Res. 2200 A (XXI) vom 16.12.1966) (Beide Verweise auf die Pakte beziehen sich auf das Hauptstichwort „Menschenrechtskonventionen"). Ein Beispiel eines Vertrages aus dem Bereich der Friedenswahrung, der auf diese unmittelbare Weise zur Abstimmung in die Generalversammlung gelangt ist, ist der Vertrag über die Nichtweiterverbreitung von Kernwaffen (GA Res. 2373 (XXII) vom 12.06.1968), dessen Entwurf im Abrüstungsausschuß erarbeitet wurde. Ein großer Wurf ist der ILC 1994 mit der Vorlage eines Entwurfs für das Statut eines ständigen internationalen Strafgerichtshofs (UN Doc. A/49/10, para. 91) und 1996 mit der Fertigstellung eines Kodex der Verbrechen gegen den Frieden und die Sicherheit der Menschheit (UN Doc. A/CN.4/L.532) gelungen. Für die UNCITRAL ist als aktuelles Beispiel das von der Generalversammlung im Jahre 1997 als Resolution angenommene Mustergesetz zur grenzüberschreitenden Insolvenz zu erwähnen.

V. Der Einfluß der Resolutionen der Generalversammlung auf die Völkerrechtsentwicklung

Neben der Einberufung von Staatenkonferenzen, der Verabschiedung von Resolutionen, die Kodifikationstexte zum Inhalt haben und der Verabschiedung von Kodifikationstexten in Gestalt von Resolutionen durch die Generalversammlung, nimmt sie auch die Möglichkeit wahr, Resolutionen zu Gegenständen zu verkünden, die einen besonders hohen Stellenwert in den Beziehungen zwischen den Staaten besitzen. Um die besondere Bedeutung dieser Resolutionen herauszustellen, werden sie zumeist als *Deklarationen* bezeichnet. Zu nennen sind insbesondere die Menschenrechtsdeklaration (Allgemeine Erklärung der Menschenrechte, GA Res. 217 (III) vom 10.12.1948), die Unabhängigkeitsdeklaration (Resolution über die Gewährung der Unabhängigkeit an Kolonialgebiete und Kolonialvölker, GA Res. 1514 (XV) vom 14.12.1960), die Prinzipiendeklaration (Resolution über die Prinzipien des Völkerrechts betreffend die freundschaftlichen Beziehungen und die Zu-

sammenarbeit zwischen den Staaten in Übereinstimmung mit der Charta der UN (GA Res. 2625 (XXV) vom 24.10.1970) und die Deklaration über das Recht auf Entwicklung (GA Res. 41/128 vom 04.12.1986).

An der Prinzipiendeklaration und der Unabhängigkeitsdeklaration sollen im folgenden der Einfluß, den die Resolutionen auf die Völkerrechtsentwicklung ausüben, verdeutlicht werden. Die Unabhängigkeitsdeklaration proklamiert unter ausdrücklicher Bezugnahme auf die Charta das Recht aller Völker auf Freiheit, Ausübung ihrer → Souveränität und auf territoriale Integrität ihres nationalen Gebietes und enthält das Recht unterdrückter Völker auf Widerstand gegen rassistische Regimes. Besondere Bedeutung und Wirkung erlangte die Unabhängigkeitsdeklaration durch die Arbeit im Entkolonialisierungsausschuß (Special Committee on Decolonization), in dem sie als *Orientierungshilfe* bei der Umsetzung seiner Aufgaben diente. Aber die in der Unabhängigkeitsdeklaration präzisierten und konkretisierten Grundsätze des Völkerrechts, insbesondere zum → Selbstbestimmungsrecht, fanden auch Aufnahme in späteren Resolutionen der Generalversammlung, völkerrechtlichen Verträgen und auch in Staatsverfassungen. Darin zeigt sich *die Wechselwirkung zwischen den sozialen Entwicklungsprozessen und der Völkerrechtsentwicklung*, zeigt sich ihre *rechtsfortbildende Wirkung*. Den am weitesten gehenden Einfluß auf die Völkerrechtsentwicklung hat die Prinzipiendeklaration, in der die in der Charta allgemein enthaltenen Grundsätze der Völkerrechtsordnung zusammengefaßt und spezifiziert wurden. Insoweit nimmt sie unter allen Resolutionen der Generalversammlung eine Sonderstellung ein – ist ihr Einfluß auf die Völkerrechtsentwicklung besonders weit. Zwar ist auch sie, wie alle Resolutionen der Generalversammlung, nicht selbst originäre Völkerrechtsquelle, doch wird in der Prinzipiendeklaration etwas zur Rechtsqualität der in der Charta verankerten Prinzipien gesagt. Sie sind als constitute basic principles in der Prinzipiendeklaration *Leitnormen* des Völkerrechts. Ganz in diesem Sinne hat die ILC die basic principles als unabdingbar begriffen und die Prinzipiendeklaration im Ergebnis ihrer vorbereitenden Arbeiten als *Kommentar* für ihre künftige Tätigkeit zur Völkerrechtsentwicklung bezeichnet (Report of the ILC on the second part of its 17th session, 03. - 28.01.1966, UN Doc. A/6309/Rev. 1, 76 f.). Insoweit ist die Prinzipiendeklaration selbst als Teil der Kodifikationsarbeit der ILC zu begreifen. Der IGH hat den hohen Stellenwert, den die ILC der Prinzipiendeklaration beimißt, in seiner Klage Australiens gegen Frankreich wegen der Atomversuche im Pazifischen Ozean bekräftigt. Er berief sich auf die Prinzipiendeklaration und hat bei der Klärung der Frage, ob es eine Streitigkeit politischen oder rechtlichen Charakters sei, die australische Begründung herangezogen und festgestellt, daß mit dem Zitieren der Prinzipiendeklaration normatives Material benutzt worden sei (ICJ Reports 1974, 361 u. 366). Der IGH, der gemäß Art. 38 Abs. 1 IGH-Statut nach dem Völkerrecht zu entscheiden hat, wirkt damit bei der Ermittlung des geltenden Völkerrechts auf die zu behandelnden Sachverhalte ein. Damit trägt der IGH durch die *Auslegung des geltenden Gewohnheitsrechts und der völkerrechtlichen Verträge* zur Konkretisierung und Weiterentwicklung des Völkerrechts ebenfalls bei. Indem die Prinzipiendeklaration diese Grundsätze und Ziele der Charta wiedergibt und in ihrer Systematik aufeinander bezieht, wird auf dieses Dokument der verbindliche Charakter der Prinzipien übertragen. Damit unterstützt sie die Staaten bei der Anwendung und inhaltlichen Auslegung der Prinzipien. Auch das Abstimmungsverhältnis ist hier zu berücksichtigen; die Resolution ist ohne Gegenstimmen und Stimmenenthaltungen angenommen worden.

Allgemein stellt sich hier die Frage nach dem Charakter der erwähnten Resolutionen, mit der sowohl die Problematik der Rechtsquellen des Völkerrechts als auch der Gestaltungskraft dieser Dokumente angesprochen ist. Mit dieser Fragestellung wird die Dynamik des Völkerrechts sichtbar. Resolutionen sind selbst Bestandteil der Völkerrechtsentwicklung und geeignet, völkerrechtliche Normen *anzureichern* oder einen *Beitrag* zur Entstehung neuer Normen zu leisten, wie es zum Beispiel beim Recht auf Entwicklung der Fall sein kann. Doch ist dabei nicht außer Acht zu lassen, daß Resolutionen nicht *per se* Völkerrechtsquellen sind, sondern nur auf diese Weise einen mehr oder weniger starken Einfluß ausüben können. Völkerrecht ist Vereinbarungsrecht in Gestalt von Vertragsrecht und Gewohnheitsrecht; dies sind die beiden einzig existierenden Rechtsquellen. Die Mitgliedstaaten der UN können der Generalversammlung den Auftrag zur Völkerrechtsentwicklung erteilen und damit den Prozeß der Rechtsschöpfung einleiten und unterstützen, diesen aber nicht gewährleisten und garantieren. Allein die Vereinbarung ist Geltungsgrund des Völkerrechts. Allerdings kann es im konkreten Fall Zweifel geben, ob es sich bereits um eine völkergewohnheitsrechtliche Norm handelt, die durch eine Resolution bekräftigt worden ist oder ob die Resolution das Entstehen einer solchen Norm befördern hilft und sich diese Norm damit auf dem Weg zu einer völkerrechtlichen Vereinbarung befindet. Die Gemeinsamkeit im Zustandekommen von völkerrechtlichen Vereinbarungen und Resolutionen besteht in der Koordinierung des Willens der Staaten und der Abstimmung ihrer Interessen. Jedoch nur dann, wenn Rechtsüberzeugung und bestimmte Rechtsvorstellungen in eine Vereinbarung einmünden, erwachsen Rechte und Pflichten für die Staaten, ist die Norm verbindlich geworden. Eine Resolution liegt damit gewissermaßen im Vorfeld völkerrechtlicher Vereinbarungen, stets sind es Empfehlungen zu einem bestimmten Verhalten. Nur so kann auch die Formulierung des Internationalen Gerichtshofs in seinem Namibia-Gutachten von einem *operative design* (ICJ Reports 1971, 50) bei Resolutionen zu sprechen, verstanden werden. Diese Wirkung haben die Resolutionen erst dann, wenn ihr Inhalt *allgemeine Anerkennung* gefunden hat. Allerdings handelt es sich bei ihnen auch nicht um bloße Vorschläge oder Desiderata, sondern um Rechtsforderungen und damit um konkrete Beiträge zur Völkerrechtsentwicklung.

Aus der Fülle und Vielfalt der Inhalte von Resolutionen folgt auch die Differenziertheit im Hinblick auf den Einfluß, den diese Normen auf die Herausbildung, Durchsetzung, Festigung und Weiterentwicklung des Völkerrechts gewinnen. Will man die Resolutionen der Generalversammlung inhaltlich umreißen, so kann man feststellen, daß sie sich auf folgende Problemkreise beziehen: *erstens* auf eine Völkerrechtspraxis, die als Völkergewohnheitsrecht bestätigt wird (Menschenrechtsdeklaration), *zweitens* auf gewohnheitsrechtliche Normen, die interpretiert werden (Prinzipiendeklaration), *drittens* auf einen Standard oder Maßstab, der für den Prozeß der Rechtsentwicklung gesetzt wird (Unabhängigkeitsdeklaration) und *viertens* auf Situationen im Hinblick auf internationale Konflikte (Namibia-Resolution) oder einen aktuellen Fragenkomplex (Umweltschutz). Insofern wird man sagen können, daß zum Beispiel die Menschenrechtsdeklaration und die Prinzipiendeklaration - auch wenn sie nicht selbst völkerrechtliches Vereinbarungsrecht sind - auf die Völkerrechtsentwicklung größeren Einfluß genommen haben, als manche Konventionen. Resolutionen liegen in der *Grauzone zwischen Rechtsforderung und Rechtsnorm*, das Abstimmungsverhalten (→ Stimmrecht/Abstimmungsverfahren; → Geschäftsordnungen) zu einer Resolution ist bei der Bewertung der Einflußnahme auf die Völkerrechtsentwicklung ebenso zu berücksichtigen, wie der Umstand, ob die Resolution weitgehend bestehendes Völkerrecht *bekräftigen* oder die Herausbildung neuer Normen *begünstigen* will - die Resolution insoweit als autoritative Stellungnahme wirkt (*Frowein* 1976) und law-making-

Funktion ausübt (*Brownlie* 1979, 14). Resolutionen wirken auf diese Weise *mittelbar rechtserzeugend.* In ihrer Vermittlerstellung zwischen Forderung und Norm ist der Resolution ein Direktionswert für das Zustandekommen völkerrechtlicher Vereinbarungen *und* für die Erarbeitung weiterer Resolutionen zuzuschreiben.

Schließlich ist eine Tendenz zu erkennen, daß die langwierige Herausbildung von Völkergewohnheitsrecht teilweise durch die Formulierung von *Rechtsüberzeugungen* in Resolutionen ergänzt wird. Die Rechtsüberzeugung (*opinio iuris*) kann auf diese Weise als Katalysator im Prozeß der Bildung von Gewohnheitsrecht betrachtet werden. Objektiv hat sich das Tempo der internationalen Zusammenarbeit beschleunigt und die internationale Verflechtung weiter zugenommen. Die Berufung auf Rechtsüberzeugungen, die früher in langer Tradition gewachsen sind und die auch aus unterschiedlichen Quellen fließen können, ersetzt weithin den Zeitablauf. Ein dem höheren Entwicklungstempo angepaßter schnellerer Weg als über Gewohnheitsrecht wurde mit der Verabschiedung von Resolutionen gefunden. Die Praxis in den Organen der UN, bestimmte Resolutionen ständig wiederkehrend zu erwähnen, liefert das Element der Wiederholung, das für die Entstehung gewohnheitsrechtlicher Normen von Bedeutung ist. So läßt sich in gewisser Weise unter dem Aspekt der Wiederholung eine *Analogie* zur Entstehung von Gewohnheitsrecht auf Resolutionen anwenden. Das heißt nicht, daß eine ständige Wiederholung der Inhalte von Resolutionen oder aber ihre ständige Zitierung automatisch Gewohnheitsrecht schafft, wohl aber, daß durch diese Praxis Gewohnheitsrecht *stimuliert* wird. Erst durch den zum Ausdruck gebrachten Willen mit einer bestimmten Praxis übereinzustimmen und der ausdrücklichen rechtlich verpflichteten Anerkennung, sind die Voraussetzungen erfüllt, daß die Rechtsqualität von Gewohnheitsrecht erreicht wurde. Dies ist durch eine Übung, einen Brauch oder aber durch ausdrückliche Zustimmung zu einer Kodifikation von Gewohnheitsrecht der Fall. Resolutionen haben also Wirkung auf das Völkerrecht ohne selbst Rechtsnormen zu sein. Ihr Einfluß auf die Völkerrechtsentwicklung nimmt zu. Wenn auch der juristische Bindungswillen durch die Staaten bei der Verabschiedung von Resolutionen fehlt, haben sie doch einen Einfluß auf den Rechtsbildungsprozeß. Sie können nicht unmittelbar selbst Rechtspflichten setzen, aber diese im Hinblick auf die formulierten Erwartungen auf künftiges Verhalten *erzeugen*. Ohne selbst unmittelbar Rechtscharakter zu besitzen, sind sie rechtlich relevant.

Martina Haedrich

Lit.: *Brownlie, I :* Principles of Public International Law, 3. Aufl., Oxford 1979; *Dicke, K.*: Völkerrechtspolitik und internationale Rechtssetzung. Grundlagen-Verfahren-Entwicklungstendenzen, in: Z.G.3 (1988), 193-224; *Fischer, P. /Köck, H.* Völkerrecht, 4. Aufl., Wien 1994, 43-56; *Fleischhauer, C.-A.:* Art. 13, in: Simma, B. (Hrsg.): Charta der Vereinten Nationen, Kommentar, München 1991, 224-229; *Frowein, J. A.:* Der Beitrag der internationalen Organisationen zur Entwicklung des Völkerrechts, in: ZaöVR 36 (1976), 147-167; *Haedrich, M.:* Die Wirkung von Resolutionen der UN-Vollversammlung auf den völkerrechtlichen Rechtsbildungsprozeß, in: Neue Justiz 40 (1986), 441-444; *Ramcharan, H. G.:* The International Law Commission. Its approach to the codification and progressive development of international law, Den Haag 1977; *Rosenne, S.:* Codification of International Law, in: Bernhardt, R. (Hrsg.), EPIL 7 (1984), 67-68; *Schreuer, C. :* Recommandations and the Traditional Sources of International Law, in: GYIL 20 (1977), 108-118; *Schröder, M.:* Völkerrechtsentwicklung im Rahmen der UN, in: Wolfrum, R. (Hrsg.): Handbuch Vereinte Nationen, 2. Aufl., München 1991, 1020-1028; *Simma, B.:* Methodik und Bedeutung der Arbeit der Vereinten Nationen für die Fortentwicklung des Völkerrechts, in: Kewenig, W.A. (Hrsg) Die Vereinten Nationen im Wandel, Berlin 1975, 79-101; *Steinberger, H.:* Bemühungen zur Kodifizierung und Weiterbildung des Völkerrechts im Rahmen der Organisation der Vereinten Nationen, in: ZaöVR 28 (1968), 617-644; *Singh, N.:* The United Nations and the Development of International Law, in: Roberts, A./Kingsbury, B. (Hrsg.): United Nations, Divided World, 2. Aufl., Oxford 1993, 384-419.

Wahlbeobachtung

Formen der Wahlhilfe

Die *Wahlbeobachtung* ist eine von vier verschiedenen Methoden der *Wahlhilfe*, die demokratische Regierungen, überstaatliche Organisationen und nichtstaatliche Organisationen (→ NGOs) den nach Unabhängigkeit strebenden Kolonien und sich neu etablierenden Demokratien gewähren. Die international eingesetzten *Wahlbeobachter* haben den Auftrag, sowohl die Vorwahlperiode, also den Wahlkampf, die Wählerregistrierung, die Einteilung der Wahlkreise und die Registrierung der Kandidaten zu beobachten (*langfristige Wahlbeobachtung*), als auch das eigentliche Hauptereignis: den Wahltag, also die Stimmabgabe und - auszählung (*kurzfristige Wahlbeobachtung*). Die Wahlbeobachter haben bei Regelverstößen nicht die Möglichkeit, in den Prozeß einzugreifen. Sie können lediglich die Unregelmäßigkeiten vermerken sowie diese der Wahlkommission und der Öffentlichkeit zur Kenntnis bringen.

Neben dieser passiven Art der *Wahlhilfe* existieren noch *drei weitere Formen*, die aber einen wesentlich geringeren Stellenwert in der praktischen Anwendung haben.

Die *materielle* und *personelle Unterstützung* bei der Durchführung von Wahlen, die von der Beratung bei der Abfassung eines Wahlgesetzes über die Bereitstellung von notwendigen technischen Hilfsmitteln wie Stimmzetteln und Wahlurnen bis hin zur Schulung und Beratung der Wahlbeteiligten reicht;
- die *Wahldurchführung*, dem stärksten Eingriff, bei dem eine externe Institution die Verantwortung und Durchführung der gesamten Wahl übernimmt; und schließlich
- die *Wahlüberwachung*, bei der die Wahlüberwacher vor Ort umfassend in die Wahldurchführung eingebunden werden und die Möglichkeit haben, bei

Regelverstößen zu intervenieren. (*Mair* 1994, 4/5)

Im angelsächsischen Sprachgebrauch werden für den Begriff Wahlbeobachtung die Termini *observing* und *monitoring* verwandt, wobei das passive observing mit dem deutschen Begriff Wahlbeobachtung und das aktivere monitoring mit der Wahlüberwachung vergleichbar sind. Die 1992 gegründete Electoral Assistance Unit (EAU) der Vereinten Nationen wiederum differenziert zwischen sechs *Formen der Wahlhilfe*: *Organisation und Durchführung* (organisation and conduct); *Überwachung* (supervision); *Überprüfung* (verification); *Koordinierung internationaler Beobachter*; *Begleitung und Berichterstattung* (follow and report) und *technische Hilfe* (*Beigbeder* 1994, 111-114)

Wandel der Wahlbeobachtung

Die Wahlbeobachtung ist seit dem Ende des Ost-West-Konfliktes zu einem fest etablierten Instrument der Demokratisierungshilfe avanciert, die dem moralischen Impetus folgt, daß faire Wahlen ein → Menschenrecht sind. Trotz ihrer häufigen Anwendung liegen kaum systematisierende Publikationen vor. Das mag auch darin begründet sein, daß „die Überwachung von Wahlen stets eher eine Kunst als ein Wissenschaft sein wird" (*Garber* 1993, 7). Die geleistete Wahlhilfe änderte ihren Charakter von der ersten Mission 1948 in Korea bis hin zu den Wahlbeobachtungseinsätzen der 90er Jahre entscheidend.

In der Phase der → Entkolonialisierung der späten 50er und Anfang der 60er Jahre wurde Wahlhilfe nur in selbständig werdenden Treuhandgebieten (→ Treuhandrat) angewandt, in denen die Macht von den alten Kolonialherren an die Bevölkerung dieser Länder übergeben werden sollte und zwar in Übereinstimmung mit der freien Äußerung ihres Willens. Diese Eingriffe in die inneren Angelegenheiten eines Staates widersprachen nicht dem internationalen Recht, da die Missionen nur in nicht souveränen Staaten durchgeführt wurden. Die Mandate wurden entweder von

der → Generalversammlung der UN oder dem Treuhandrat erteilt. Besonders aktiv zeigte sich in dieser Phase das Commonwealth, das die Wahlen in seinen Einflußgebieten begleitete.

Mit Beginn der Demokratisierungswelle Ende der 80er Jahre in Afrika startete die *zweite Generation* der Wahlbeobachtung Erstmalig wurden auch in souveränen Staaten wie Namibia, Nikaragua und später den osteuropäischen Transformationsländern Wahlbeobachtung durchgeführt. Der erste Schritt vor der Annahme eines Wahlbeobachtermandats in souveränen Staaten ist die Einladung des jeweiligen Staates. Weitere Vorbedingungen der UN, um sich für die Gewährung von Wahlhilfe zu entscheiden, sind eine klare internationale Dimension der Wahlen und die Möglichkeit der Beobachtung des gesamten Prozesses von der Wählerregistrierung bis zur Bekanntgabe des Ergebnisses. Als eine der erfolgreichsten Wahlhilfen wird die einjährige UN-Mission (1.04.1989 bis 1.4.1990) in Namibia bezeichnet, die zugleich militärische und zivile Elemente einschloß (*Szasz* 1993). Besonders negativ fiel die Wahlbeobachtung in Kenia (Dezember 1992) auf. Den Commonwealth-Beobachtern wurde Parteilichkeit und politisches Eigeninteresse vorgeworfen, nachdem sie nicht auf die vielfältigen Beschwerden nationaler und internationaler Beobachter der NGOs reagiert hatten (*Geisler* 1993). Die Wahlhilfe in den Transformationsländern Osteuropas wird vom „Office for Democratic Institutions and Human Rights" (ODIHR), einer 1990 gegründeten Einrichtung der Organisation für Sicherheit und Zusammenarbeit in Europa (OSZE), organisiert. Sie besteht aus vorbereitenden Seminaren und langfristiger sowie kurzfristiger Wahlbeobachtung.

Beobachtet werden Wahlen, deren Legitimität in Frage steht und die deshalb ein „Gütesiegel" neutraler Beobachter benötigen. „In der Regel sind dies die ersten Wahlen nach der Unabhängigkeitserklärung eines Territoriums, nach einem Bürgerkrieg oder nach dem Übergang von autoritären zu demokratischen Strukturen." (*Engel et al.* 1996, 29) Mit der Demokratisierungswelle nach Beendigung des Ost-West Konflikts sind auch die Anfragen auf Wahlhilfe bei den UN immer stärker gestiegen, so daß Wahlbeobachtung durch regionale Abmachungen der UN, die Organisation Amerikanischer Staaten (OAS), die Organisation der Afrikanischen Einheit (OAU) und die OSZE durchgeführt werden. Ebenso involviert sind der Europarat und NGOs wie das US-amerikanische National Democratic Institute for International Affairs (NDI), die International Human Rights Law Group sowie Kirchen und Gewerkschaften.

Die *Ziele der Wahlbeobachtung* sind sehr ehrgeizig und vielfältig. Auf der einen Seite sollen die an der Wahl Beteiligten psychologisch unterstützt werden. Weiter sollen Manipulationen bei der Stimmabgabe und der Stimmauszählung aufgedeckt, die internationale Öffentlichkeit über die Fairneß eines Wahlprozesses unterrichtet und bei festgefahrenen Meinungsverschiedenheiten vermittelt werden. Um den Zielen gerecht werden zu können, bedarf es gut geschulter und unterrichteter nationaler und internationaler Wahlbeobachter, deren Zusammenarbeit von der die Wahlbeobachtung ausrichtenden Organisation koordiniert werden muß. Zu den Anforderungen an die Wahlbeobachter gehören Sprach- und Landeskenntnis sowie ein guter Informationsstand über die jüngsten politischen Entwicklungen. Von Vorteil sind zudem Kontakte im Land und eine strapazierfähige Gesundheit. (*Mair* 1994, 29)

Ablauf der Wahlbeobachtung

Vor ihrem Einsatz sollten die Wahlbeobachter über die aktuellen Geschehnisse im Einsatzort informiert und mit Materialien wie dem Wahlgesetz und Informationen zu den Kandidaten versorgt werden. An ihrem konkreten Einsatzort sollten sie Gespräche mit Vertretern aller politischen Richtungen und der Medien führen, um sich so ein Bild über den Verlauf des Vorwahlkampfes

zu verschaffen. Der Haupteinsatz einer kurzfristigen Wahlbeobachtung – der meistangewandten Form – erfolgt am Wahltag selbst. Überprüft wird, ob die Urnen zum Zeitpunkt ihrer Versiegelung leer sind, die Wahllokale gemäß den Anforderungen ausgestattet sind, keine Agitation in ihnen erfolgt und niemand an ihrem Betreten gehindert wird. Nach der Schließung der Wahllokale wird die Auszählung überwacht und die Übergabe der Urnen an die übergeordnete Wahlkommission verfolgt. Abgeschlossen ist die Mission mit der Bekanntgabe des offiziellen Endergebnisses. Direkt nach der Wahl übersenden die Wahlbeobachter eine kurze Information an die zentrale Wahlbeobachtungskoordination, damit diese eine erste Beurteilung vornehmen kann. Als Leitfaden sowohl für das Verhalten und die Aufgaben während der Beobachtungsmission als auch zum Schreiben des Abschlußberichts existieren unterschiedliche Handbücher. (*Europarat* 1992; *Garber* 1984) Detaillierte Angaben werden in einem nachfolgenden Abschlußbericht niedergelegt.

Die abschließende Beurteilung der Wahlen stellt den wichtigsten und sensibelsten Teil der Wahlbeobachtung dar. Dabei sollen die beiden Adjektive „free and fair" den gesamten Wahlverlauf zusammenfassen. Als „free" werden Wahlen bezeichnet, wenn - bis auf akzeptable Ausnahmen – alle Bürger über Stimmrecht verfügen und dieses auch wahrnehmen können. Als „fair" gelten sie, wenn alle Wähler die gleiche Anzahl von Stimmen haben, keine politischen Gruppen in diskriminierender Weise von der Wahlteilnahme ausgeschlossen wurden und alle an der Wahl beteiligten Gruppen die Möglichkeit haben, in gleicher Weise für ihr Anliegen zu werben.(*Engel et al.* 1996, 39) Die deutschen Kriterien sind enger umrissen (allgemein, gleich, geheim und frei) werden aber bei der internationalen Bewertung nicht verwandt. Problematisch an der abschließenden Beurteilung ist, daß der komplexe Wahlvorgang am Ende von allen beteiligten Beobachtern mit zwei Worten bewertet werden soll. Dies führt zwangsläufig zu Konflikten, da sich die Realität in den jungen Demokratien niemals anhand von Schwarz-Weiß Kriterien wiedergeben läßt. *Garber* (1993, 8) geht vielmehr davon aus, daß viele Übergangswahlen eher der Kategorie grau zuzuordnen seien. Aus diesem Grund wird immer mehr dazu übergegangen, Kompromißformeln für die abschließende Bewertung zu finden, die die besondere Situation des Landes mit einbeziehen. Zum anderen sind die Grenzen, in denen eine Wahl noch als „free and fair" bezeichnet werden kann, nicht klar abgesteckt. Von Seiten der Wahlbeobachter kam es gerade über die Art und Weise der Gesamtbeurteilung der Wahlen zu Kritik. Sie plädierten für differenziertere Aussagen und lehnten das bloße Verkünden der Formel: „Die Wahlen waren free and fair" ab.

Bedeutung der Wahlbeobachtung

Problematisch und nicht vereinheitlicht sind die Konsequenzen, die sich aus dem nicht demokratischen Verlauf der beobachteten Wahl ergeben. Zwar knüpfen sowohl die Weltbank (→ Weltbank/-gruppe) als auch der Internationale Währungsfonds (→ IWF) seit 1989 und die Organisation für wirtschaftliche Zusammenarbeit und Entwicklung (OECD) seit 1992 die Vergabe von Entwicklungsgeldern an die Bereitschaft eines Staates, ein demokratisches System zu etablieren, doch werden diese Maßstäbe nicht konsequent angewandt. Im Zweifelsfall wird eine Wahl lieber als demokratisch anerkannt, als das entsprechende Land von der Entwicklungshilfe auszuschließen. Ein weiteres Problem stellt die Überforderung der UN mit Anträgen zur Wahlbeobachtung dar. Um das Instrument als Element der Demokratisierungshilfe nicht zu entkräften, muß es sinnvoll eingesetzt und in kritischen Fällen auch verweigert werden. Grundvorraussetzung für eine effiziente Planung der Operation ist eine rechtzeitige Einladung durch die Regierung. Weiter müssen den Beobachtern freie Betätigungs- und Bewegungsmöglichkeiten

sowie ausreichende Sicherheit gewährt werden. Abschließend muß die Veröffentlichung der Ergebnisse im Land gewährleistet sein. Wird einer der genannten Punkte nicht erfüllt, muß überlegt werden, ob es nicht sinnvoller ist, die Wahlbeobachtung abzusagen. Denn Wahlbeobachter, die nur mit Abstrichen eine Beurteilung vornehmen können, diskreditieren das Gütesiegel „free and fair" zu einem Blankourteil.

Kritik wurde an der *kurzfristigen Wahlbeobachtung* vor allem in folgenden Punkten laut: Sie konzentriert sich zu stark auf den Wahltag selbst, an dem aber in den seltensten Fällen offen manipuliert wird. Viel gravierender sind die nicht demokratischen Verhaltensweisen im Vorfeld, wenn beispielsweise, wie in Kenia geschehen, bereits ein Teil der Wähler absichtlich nicht registriert wird oder oppositionelle Kandidaten an der Ausübung ihres Wahlkampfes gehindert werden. Daher ist es sinnvoll, die kurzfristige Wahlbeobachtung um einige langfristige Wahlbeobachter zu ergänzen. Weiter ist die Zahl der internationalen Wahlbeobachter oft zu gering, um eine flächendeckende Wahlbeobachtung zu gewährleisten. So kann entweder nur über einen Ausschnitt berichtet werden oder muß die Zusammenarbeit mit nationalen Beobachtern besser koordiniert werden. Einer der Hauptkritikpunkte richtet sich auf das politische Eigeninteresse der entsendenden Organisation, das bei den Wahlen in Ghana (November 1992) soweit ging, daß die abschließende Beurteilung bereits vor der Schließung der Wahllokale vorgenommen wurde.(*Geisler* 1993, 619)

UN-Generalsekretär Boutros Boutros-Ghali stellte in seiner →„Agenda für den Frieden" 1992 klar heraus, daß ein Zusammenhang zwischen demokratischen Praktiken und einem friedlichen politischen System besteht. In diesem Sinne gelte es, die Demokratisierung weltweit voranzubrigen. *McGoy, Garber und Pastor* (1991) betrachten die Durchführung von Wahlen als ein wichtiges Element der → Demokratisierung, mit deren Scheitern sowohl der nationale als auch der internationale Frieden bedroht sei. Vor diesem Hintergrund ist die Notwendigkeit von Wahlbeobachtungsmissionen unbestritten und sind siezweifellos ein wichtiges Instrument der Internationalen Politik. Sie stellen eine geeignete Maßnahme und ein relativ billiges Instrument der vorbeugenden Konfliktverhütung dar. Allerdings darf nicht vergessen werden, daß sie nur ein Element der Demokratisierungshilfe sind, das von weiteren Maßnahmen flankiert werden muß. Dazu gehört auch die Beobachtung der weiteren Wahlen, die Zeugnis über den Grad der Konsolidierung eines demokratischen Systems ablegen.

Simone Schwanitz

Lit.: *Beigbeder, Y.:* International Monitoring of Plebiscites, Referenda and National Elections. Self-determination and Transition to Democracy, Dordrechtu.a. 1994; *Council of Europe:* Handbook for observers of elections, Strasbourg 1992; *Engel, U./Hofmeier, R./Kohnert, D./Mehler, A. (Hrsg.):* Wahlobachtung in Afrika: Erfahrungen deutscher Wahlbeobachter, Analysen und Lehren für die Zukunft (Arbeiten aus dem Institut für Afrika-Kunde; Bd. 90), 2. aktual. u.. erw. Aufl., Hamburg 1996; *Garber, L.:* Eher Kunst als Wissenschaft, in: Der Überblick, 29 (1993), 5-8; *Garber, L.:* Guidelines for International Election Observation, Washington D.C. 1984; *Geisler, G.:* Fair? What Has Fairness Got to Do with It? Vagaries of Election Observations and Democratic Standards, in: JMAS, H. 4/1993, 613-637; *McCoy, J./ Garber, L./Pastor, R.:* Pollwatching and Peacemaking, in: Journal of Democracy 2 (1991), 102-114; *Mair, S.:* International election observation: One form of democratization assistance. Political and institutional considerations on Germany´s contribution, Ebenhausen 1994; *OSZE-ODIHR* (Hrsg.): Election Observation Handbook, Warschau o.J.; *Szasz, P.:* Vorbild oder Sonderfall? Lehren aus der UN-Mission für Namibia, in: Der Überblick 29 (1993), 19-23; *(ohne Autorenangabe):* Rußland: Wahlen '95, in: Osteuropa 46 (1996), 430-529; *(ohne Autorenangabe):* Themenschwerpunkt: Wahlbeobachtung, in: Der Überblick 29 (1993), H.1.
Internet: ODIHR-Homepage: http://www. osce.org/inst/odihr; Auswärtiges Amt, Stichwort Wahlbeobachtung als Demokratisierungshilfe: http://www.auswaertiges-amt. de

Weltbank/-gruppe (IBRD/IFC/IDA/MIGA/ICSID)

I. Entstehung

Im Juli 1944 fand in Bretton Woods (New Hampshire, USA) eine internationale Währungs- und Finanzkonferenz statt, auf der sich die insgesamt 44 teilnehmenden Staaten über eine Neuordnung der Weltwirtschaft in der Nachkriegszeit einigten. Sie schlossen dort Verträge über die Errichtung eines internationalen Währungs- und Handelssystems ab, bekannt unter dem Namen „Bretton-Woods-System". Neben der Verabschiedung der „Havanna-Charta" über die Errichtung einer Internationalen Handelsorganisation (International Trade Organisation – ITO), die später vom US-Kongreß nicht ratifiziert wurde, so daß die ITO nicht zustandekam und durch das Provisorium GATT ersetzt wurde (→ WTO/GATT), wurden außer dem Internationalen Währungsfonds → IWF (International Monetary Fund – IMF) auch die *International Bank for Reconstruction and Development (IBRD)*, kurz „Weltbank" genannt, errichtet, und zwar mit den „Articles of Agreement of the International Bank for Reconstruction" (UNTS Bd. 2 Nr. 20 (b)), das am 27.12.1945 in Kraft trat. Die Weltbank nahm im Juni1946 ihre Arbeit auf.

Die *Weltbankgruppe* besteht neben der *Weltbank* selbst aus der *International Finance Corporation (IFC)*, der *International Development Association (IDA)* und der *Multilateral Investment Guarantee Agency (MIGA)*. Die IFC wurde 1955 gegründet, gefolgt von der IDA im Jahre *1960* und der MIGA 1988. Das *International Centre on the Settlement of Investment Disputes (ICSID)*, dessen Gründung 1965 erfolgte, ist der Weltbank unterstellt. Da die Satzung der Weltbank bestimmt, daß ihr Sitz sich auf dem Territorium des Mitglieds mit dem größten Anteil am Grundkapital befinden muß, ist die Hauptgeschäftsstelle der Weltbank sowie ihrer Töchter seit ihrer Gründung in Washington, D.C. (USA) angesiedelt. Sollte die Satzung nicht geändert und die der Euro-Zone angehörenden Länder zukünftig als eine Einheit betrachtet werden, kann es durchaus zu einer Verlegung der Hauptgeschäftsstelle nach „Euroland", d.h. in das Währungsgebiet des Euros in Westeuropa, kommen, da allein die Euro-11-änder zusammen einen Anteil am Grundkapital an der IBRD von 18,81% halten, während auf die USA lediglich 17,15% entfallen (Stand: 30.06.1998).

II. Ziele

Die IBRD selbst verfolgt folgende Ziele:
(a) Unterstützung des Wiederaufbaus der durch Krieg zerstörten Ökonomien;
(b) Unterstützung des weltweiten Wirtschaftswachstums;
(c) Unterstützung des wirtschaftlichen und sozialen Fortschritts, insbesondere in Entwicklungsländern (vgl. Articles of Agreement of the IBRD, Art. I).

Die Aktivitäten der drei Weltbank-Töchter ergänzen die jeweiligen Zielsetzungen der IBRD, indem sie sich auf einzelne Aspekte der IBRD-Tätigkeit sowie vorwiegend auf die am wenigsten entwickelten Länder (LLDCs) konzentrieren. Im einzelnen handelt es sich hierbei um:
(a) Förderung von privaten, nicht durch staatliche Garantien abgedeckte Investitionen in Entwicklungsländern (IFC);
(b) Verringerung der Armut und Förderung der wirtschaftlichen Entwicklung in den LLDCs durch Bereitstellung von hoch-konzessionären Krediten, sogenannten „soft loans" (IDA);
(c) Förderung ausländischer Direktinvestitionen für produktive Zwecke, insbesondere in LLDCs durch Absicherung nicht-kommerzieller Risiken (MIGA);
(d) Vermittlung und Schlichtung von Investitionsstreitigkeiten zwischen ausländischen Investoren und den jeweiligen Empfängerländern (ICSID).

III. Mittelherkunft und Verwendung

Beim Beitritt zur IBRD zahlen die Mitgliedsländer 10% des ihnen zugeteilten Anteils am Grundkapital (1% in Gold oder konvertibler Währung und 9% in Landeswährung) ein, wobei sich der Anteil aus der Einstufung nach der Wirtschaftskraft des Mitgliedslandes bemißt, die anhand von Daten wie dem Bruttoinlandsprodukt, der Entwicklung der Leistungsbilanz sowie den Devisenreserven ermittelt wird. Die restlichen 90% des Anteils am Grundkapital verbleiben als Haftungskapital jederzeit abrufbar bei den Mitgliedsländern. Die umfassendste und wichtigste Finanzierungsquelle der IBRD jedoch ist der private internationale Kapitalmarkt, auf dem sie sich mit Anleihen zu marktüblichen Zinsen verschuldet. Das umfangreiche Volumen des Haftungskapitals zeichnet die hohe Reputation und Kreditwürdigkeit der IBRD aus, deren Anleihen durch Kreditrating-Agenturen bislang immer als triple-A, d.h. sehr gut eingestuft wurden. Darüber hinaus fließen der IBRD noch Mittel aus dem Verkauf von Schuldverschreibungen der Darlehensnehmer (sog. Swap-Geschäfte) und der Rückzahlung bereits gewährter Darlehen zu. Die IBRD vergibt nicht-konzessionäre Darlehen an ihre Mitgliedsländer zu marktüblichen Zinsen.

Basierend auf den Articles of Agreement weist die Darlehensvergabe der IBRD 5 Besonderheiten auf:
(a) Darlehen dürfen im Einklang mit den Zielsetzungen der IBRD nur für Wiederaufbau- und Entwicklungsinvestitionen genehmigt werden. Eindeutige Kriterien zur Klassifizierung von solchen Investitionen fehlen jedoch;
(b) für die Rückzahlung muß eine staatliche Garantie vorliegen, unabhängig davon, ob es sich um einen staatlichen oder privaten Darlehensnehmer handelt;
(c) der Darlehensnehmer muß nachweisen, daß er bei den vorherrschenden Marktverhältnissen keine wirtschaftlich tragbare Finanzierung der beantragten Investition außerhalb der IBRD erhalten würde;
(d) an die Darlehensvergabe darf seitens der IBRD keinerlei Lieferbindung geknüpft werden;

(e) die Entscheidung über die Darlehensgewährung soll ausschließlich nach ökonomischen Gesichtspunkten getroffen werden und darf nicht durch politische Überlegungen beeinflußt werden, wobei auch hier eindeutige Kriterien zur Differenzierung von politischen und ökonomischen Aspekten fehlen (vgl. Articles of Agreement of the IBRD, Art. III).

Das Grundkapital der IFC muß im Gegensatz zur IBRD zu 100% eingezahlt werden und wird als Finanzierungsmittel verwendet. Die IFC stellt Kapital für Unternehmen in Entwicklungsländern zur Verfügung, wobei jedoch der IFC-Anteil ausschließlich als Fremdkapital und nicht als Eigenkapitalbeteiligung dienen darf. Ebensowenig darf die IFC Managementfunktionen innerhalb derjenigen Unternehmen ergreifen, an denen sie mit Kapitalanteilen beteiligt ist. Abgesehen davon, daß eine staatliche Garantie für die Kreditrückzahlung nicht notwendig ist, gelten alle für die IBRD genannten Einschränkungen ebenfalls für die IFC-Tätigkeit (siehe Articles of Agreement of the IFC, Art. III). Da die Geschäftstätigkeit der IFC auf dem Grundsatz der Substanzerhaltung basiert, muß eine real positive Verzinsung sowie eine an dem Kreditausfallrisiko orientierte Streuung ihres Kapitals erfolgen.

Die IDA-Kredite dagegen erfolgen zinslos, mit Laufzeiten zwischen 35 und 50 Jahren, wobei die ersten 10 Jahre tilgungsfrei sind. Es wird lediglich eine Verwaltungsgebühr von 0,75% und eine Zusagegebühr von 0,5% auf die Kreditsumme erhoben. Die Kreditnehmer der IDA gehören alle dem staatlichen Sektor an. Das Zuschußelement der IDA-Kredite beträgt über 80%, womit sie als öffentliche Entwicklungshilfe gelten, die ein Zuschußelement von mindestens 25% voraussetzt. Lediglich die am wenigsten entwickelten Länder mit einem Pro-Kopf-Einkommen von zur Zeit bis zu 925 US Dollar (Stand: 15.02.1999) pro Jahr haben Zugang zu IDA-Krediten. Da das Kapitalvermögen durch die Vergabe von hoch-konzessionären Kredite stetig dekapitalisiert, muß in regelmäßigen Abständen eine Aufstockung vorgenommen werden, die in sogenannten Wiederauffüllungsrunden erfolgt. Sowohl das Volumen der Kreditrückzahlungen als auch das Grundkapital der IDA, das aus Einzahlungen der Mitglieder bei ihrem Beitritt stammt, sind für die Finanzierung ihrer Kredite bislang relativ bedeutungslos.

Dagegen bilden die beim Beitritt zur MIGA gezeichneten Anteile am Grundkapital, von denen 10% mehrheitlich in konvertibler Währung sowie 10% in Schuldverschreibungen eingezahlt werden müssen, und 80% abrufbar bei den Mitgliedern verbleiben können, das Haftungskapital für aus abgeschlossenen Garantien entstehende Verbindlichkeiten. Der Versicherungsnehmer muß jedoch nachweisen, daß er durch den Eintritt eines nicht-kommerziellen Versicherungsrisikos in Form von Devisenverkehrskontrollen, Enteignungen, Vertragsverletzungen durch die Gastregierung der Direktinvestitionen sowie Kriegen und Unruhen geschädigt wurde. Insbesondere hinsichtlich des letztgenannten Risikos ist dies nicht immer eindeutig zu belegen, wie die Hungerrevolten im Zuge von IWF-Strukturanpassungsmaßnahmen in Afrika oder die Unruhen in Indonesien und Malaysia im Rahmen der Asienkrise vielfach zeigen.

IV. Stellung im UN-System, Mitgliedschaft und Organe

Mit dem Erhalt des Status einer → Sonderorganisation innerhalb des Systems der Vereinten Nationen im Jahre 1947 verfügt die IBRD über eine eigene Rechtspersönlichkeit und kann deshalb Verträge mit völkerrechtlichem Charakter abschließen. Ebenfalls zuerkannt wurde der Status der Sonderorganisation der IFC (1957) und der IDA (1961). Die Weltbank ist darüber hinaus mit allen Rechten einer autonomen zwischenstaatlichen Organisation ausgestattet, einschließlich der Aufstellung eines eigenen Budgets, der Rekrutierung des Personals sowie der Aufnahme neuer Mitglieder.

Voraussetzung für den Beitritt zur IBRD ist die Mitgliedschaft im IWF, wobei die dem Mitglied zugeteilte Quote im IWF gleichzeitig den Anteil am Grundkapital der IBRD und den Anteil an Stimmen bestimmt, mit dem das Land am internen Entscheidungsbildungsprozeß teilnehmen kann. Neben den 250 Grundstimmrechten erhält ein Mitglied für jeden gezeichneten Kapitalanteil eine weitere Stimme. Eine Mitgliedschaft in den Weltbank-Töchtern ist an die Mitgliedschaft in der IBRD und damit dem IWF geknüpft. Der IBRD gehören 181 Länder an, während die IFC 174, die IDA 160 bzw. die MIGA 147 Mitglieder aufweisen (Stand: 30.06.1998).

Die drei zentralen Führungsgremien der IBRD bestehen aus dem *Board of Governors (Gouvneursrat)*, den *Executive Directors (Direktorium)* und dem *President (Präsidenten)*. Der Gouverneursrat ist das oberste beschlußfassende Organ der IBRD und tritt einmal jährlich anläßlich der Jahrestagung von IBRD und IWF zusammen. In ihm sind alle Mitgliedstaaten entsprechend ihrer Quote mit gewichtetem Stimmrecht vertreten. Der Gouverneursrat entscheidet explizit über die Aufnahme und den Ausschluß von Mitgliedern, Grundkapitalveränderungen und die Gewinnverwendung (Art. V). Alle darüber hinausgehenden Tätigkeiten können und werden auch in aller Regel an das Direktorium delegiert, das für die eigentliche Geschäftsführung verantwortlich ist. Ihm gehören 24 Mitglieder an, von denen 5 von den Ländern mit den höchsten Anteilen am Grundkapital (USA, Japan, Deutschland, Großbritannien, Frankreich) bzw. je ein Vertreter von China, der Russischen Föderation und Saudi-Arabien ernannt sowie weitere 16 von den restlichen IBRD-Mitgliedern turnusgemäß gewählt werden. Das Direktorium wählt einen Präsidenten, der entsprechend den Weisungen der Direktoren für die laufende Geschäftsführung verantwortlich ist. Der Präsident, zur Zeit James Wolfenson, darf weder Mitglied des Gouverneursrates noch des Direktoriums sein. Alle Präsidenten der

IBRD seit ihrer Gründung kamen ausnahmslos aus den USA. IFC, IDA sowie MIGA verfügen mit einem Gouverneursrat, dem ihm unterstellten Direktorium und dem Präsidenten, der die laufende Geschäfte führt, über die gleiche Organisationsstruktur wie die IBRD. Da die Gouverneursräte sowie Direktoren der IBRD, die von einem Mitglied der IBRD, das ebenfalls Mitglied von IFC und IDA ist, ernannt wurden, von Amts wegen Gouverneure und Direktoren von IFC und IDA sind, und der Präsident der IBRD gleichzeitig diese Funktion in den beiden Töchtern ausübt, werden IFC und IDA faktisch von der IBRD verwaltet. Eine Personalunion zwischen der Weltbank und der MIGA besteht lediglich hinsichtlich ihres Präsidenten. Alle drei Weltbanktöchter weisen jedoch das nach Kapitalanteilen gewichtete Stimmrecht analog der IBRD auf, wobei die Mitglieder sowohl der IDA als auch der MIGA in zwei unterschiedliche Gruppen von einerseits Entwicklungs- und andererseits Industrieländern aufgeteilt sind. Die Gruppe der Industrieländer hält erwartungsgemäß jeweils die Mehrheit am Grundkapital von IDA und MIGA.

V. Geschäftstätigkeit der Weltbank

Die Haupttätigkeit der IBRD besteht im eigentlichen Bankgeschäft, um damit multilaterale, vorwiegend langfristige Finanzmittel für einzelne Projekte zur Verfügung zu stellen. Dabei verfolgt die IBRD seit der Aufnahme ihrer Geschäftstätigkeit unterschiedliche Strategien, die einzelnen historischen Phasen zuzuordnen sind:

(1) 1946-1967: Vorherrschend in dieser Phase war die Strategie der *nachholenden Entwicklung*, die sich ausschließlich auf die Beschleunigung des Wirtschaftswachstums stützte. Dabei wurden die geringen heimischen Ersparnisse als Haupthindernis für die Angleichung der Pro-Kopf-Einkommen zwischen Industrie- und Entwicklungsländern identifiziert. Es wurde davon ausgegangen, daß der prognostizierte Investitionsbedarf für eine Erhöhung der Einkommen der unterentwickelten

Länder das Volumen ihrer Ersparnisse weit übersteigt. Darüber hinaus wurde ein Mangel an modernem Know-how in Entwicklungsländern konstatiert. Um eine nachholende Entwicklung überhaupt einzuleiten, wurde es als notwendig erachtet, die heimischen Ersparnisse der Entwicklungsländer durch externe Ersparnisse in Form von Krediten zu komplementieren sowie moderne Technologie bereitzustellen. Der von der IBRD zur Verfügung gestellte Kapital- sowie vermehrt Technologietransfer im Rahmen ihrer Technischen Hilfe hatten die Funktion, die obengenannte Kapital- und Technologielücke zu schließen. Die IBRD konzentrierte sich dabei hauptsächlich auf die technische Vorbereitung, Finanzierung und Überwachung der Implementierung von kapitalintensiven Großprojekten, insbesondere in der Landwirtschaft, im Energie- und Verkehrswesen. Auf diesem Hintergrund ist auch die Etablierung der IFC, die Kapital von privaten Unternehmen mobilisieren sollte, und der IDA einzuordnen, die Entwicklungsländer, die nicht in der Lage waren, sich zu marktüblichen Konditionen zu verschulden, dennoch in die Lage versetzen sollte, Investitionen zur Initiierung einer nachholenden Entwicklung zu tätigen. In den 60er Jahren jedoch kristallisierte sich zunehmend ein Scheitern dieser Strategie, gemessen an der Verringerung der Armut und einer egalitäreren Einkommensverteilung in Entwicklungsländern, heraus. Nur wenige Entwicklungsländer hatten das Stadium sogenannter „Schwellenländer" erreicht, und die wirtschaftliche sowie soziale Lage der Bevölkerungen in den Entwicklungsländern hatte sich kaum verbessert.

(2): 1968-1979: Verbunden mit dem Amtsantritt des neuen Weltbank-Präsidenten Robert McNamara erfolgte eine Hinwendung zu einer Strategie der *„distribution with growth"* (Umverteilung *mit*, und nicht nur *durch* Wachstum). McNamara beauftragte 1968 die *Commission for International Development* unter dem Vorsitz von Lester Pearson (Kanada) mit der Entwicklung einer neuen Konzeption für die zweite Entwicklungsdekade in den 70ern, die 1969 in dem nach Pearson benannten Report vorgelegt wurde. Die Empfehlungen sahen Investitionen vor, von denen vor allem die armen Bevölkerungsschichten profitieren sollten. Dabei handelte es sich um eine Finanzierung der ländlichen integrierten Entwicklung und der sozialen Infrastruktur im Erziehungswesen, in der Gesundheits- und Wasserversorgung sowie der Stadtentwicklung. Darüber hinaus wurde die Notwendigkeit einer hohen Partizipation der Betroffenen betont. In der tatsächlichen Kreditvergabepraxis der IBRD überwogen jedoch noch immer Infrastrukturprojekte in den Bereichen Energie und Verkehr, was auch auf die Vorbehalte der Regierungen der Empfängerländer hinsichtlich der Empfehlungen des Pearson-Report zurückzuführen ist. Bei einer konsequenten Umsetzung der Vorschläge waren Einkommens- und Vermögensverluste in nicht unerheblichem Ausmaße für die ökonomisch besser gestellten Schichten zu erwarten, aus denen sich die Regierungen rekrutierten. Trotz geringer Implementierung in der Praxis hatte der Pearson-Report einen nicht zu unterschätzenden Einfluß auf die Programmdiskussionen anderer im → UN-System angesiedelter Organisationen. Seine Empfehlungen schlugen sich in der *Grundbedürfnisstrategie* der International Labour Organization (|ILO) nieder, die dann in den 80er Jahren von dem United Nations Development Programme (|UNDP) im Rahmen des von ihr entwickelten Human Development Index (vgl. dazu → Human Development Reports) wieder aufgenommen wurden.

(3) 1980 bis heute: Angesichts zunehmender Verschuldung und geringer werdender Verteilungsspielräume erfolgte eine Aufgabe der Strategie, die eine soziale Prioritätensetzung in den Vordergrund gerückt hatte, und eine Hinwendung zum *Schuldenmanagement*. Das Schuldenmanagement ist darauf ausgerichtet, die Zahlungsfähigkeit der verschuldeten Entwicklungs-

länder wieder herzustellen. Dafür wurden 1980 spezielle Instrumente wie die Structural Adjustment Loans (SAL) mit Laufzeiten bis zu 6 Jahren und die Sectoral Adjustment Loans (SECAL) eingeführt. Damit ist der Finanzierungshorizont deutlich kürzer als in den sonst üblichen IBRD-Darlehen mit vorgesehenen durchschnittlichen Laufzeiten von 12-15 Jahren. Gleichzeitig erfolgte eine Abkehr von der Projekthin zur allgemeinen Programmfinanzierung. Die SECAL-Darlehen stehen nicht für die Finanzierung einzelner Projekte zur Verfügung, sondern haben die Umstrukturierung ganzer Sektoren wie beispielsweise der Landwirtschaft, der Industrie, des Außenhandels oder des Finanzsystems zum Inhalt. Die SAL dienen zur Durchführung von strukturellen Anpassungsmaßnahmen und als Finanzierung eines Leistungsbilanzdefizites während des Anpassungszeitraumes und fallen somit eigentlich in den Kompetenzbereich des IWF. Die an die Kreditvergabe geknüpften Bedingungen wurden entsprechend der vom IWF aufgestellten *ökonomischen* und *politischen Konditionalität* verschärft und in einem sogenannten „Letter for Development" festgehalten, der zwischen dem kreditsuchenden Land und der IBRD geschlossen wird. Die Anbindung der IBRD an den IWF bzw. die Aufwertung des IWF gegenüber der IBRD kommt auch darin zum Ausdruck, daß die Genehmigung eines SAL- oder SECAL-Darlehens in aller Regel erst nach Abschluß eines Standby-Abkommens mit dem IWF erfolgt bzw. sich das kreditsuchende Land für ein solches Abkommen qualifiziert. Die zwischen IBRD und IWF ursprüngliche Arbeitsteilung von langfristiger Entwicklungsfinanzierung einerseits und kurzfristigen Zahlungsbilanzhilfen andererseits wurde in den 80er Jahren zunehmend zugunsten einer gemeinsamen *Strukturanpassungspolitik* aufgegeben, deren Implementierung eine Voraussetzung für Umschuldungen oder einen weiteren Zugang von Entwicklungsländern zu öffentlichem oder privatem Kapital darstellt. Das von der Öffentlichkeit weniger beachtete zweite Tätigkeitsfeld der IBRD, das in der Vergabe von Technischer Hilfe besteht, hat in den letzten Jahren einen starken Anstieg erfahren. Mittlerweile vergibt die IBRD jährlich Technische Hilfe im Umfang von über 2 Milliarden US Dollar für die Selektion und Implementierung von mit der Kreditvergabe verbundenen Projekten und Programme. Damit übersteigt das Budget der IBRD für Technische Hilfe bei weitem das des United Nations Development Programme, das eigentlich die Funktion einer zentralen Koordinierungsstelle des UN-Systems für Technische Hilfe einnehmen soll. Während demnach im Haupttätigkeitsfeld der IBRD eine weitreichende Angleichung ihrer Vorgehensweise und Politikmaßnahmen an die des IWF erfolgt ist, in der sich erst seit der Asienkrise auf verbaler Ebene eine leichte Distanzierung abzeichnet, ist das Verhältnis zwischen IBRD und UNDP von einer zunehmenden Konkurrenz geprägt.

Martina Metzger

Lit.: *Bretton Woods Commission (Hrsg.):* Bretton Woods: Looking to the Future. Commission Report, Staff Review, Background Papers, Washington, D.C. 1994; *Commission on International Development:* Partners in Development: Report of the Commission on International Development, New York 1969; *Ernst, M., Freiberg, R., Jürgens, T., Koll, T.U. (Hrsg.):* Weltbankgruppe und Internationaler Währungsfonds - Gründungsdokumente, Berlin 1988; *Hüfner, K.:* Die Vereinten Nationen und ihre Sonderorganisationen: Strukturen, Aufgaben, Dokumente. Teil 2 Die Sonderorganisationen, Bonn 1992; *Hüfner, K.:* Die Vereinten Nationen und ihre Sonderorganisationen: Finanzierung des Systems der Vereinten Nationen 1971-1995. Teil 3B Sonderorganisationen - Gesamtdarstellungen - Alternative Finanzierungsmöglichkeiten, Bonn 1997; *IBRD:* Articles of Agreement of the International Bank for Reconstruction and Development (As Amended Effective February 16, 1989), Washington, D.C. 1989; *Tetzlaff, R.. in Zusammenarbeit mit A. Nord:* Weltbank und Währungsfonds - Gestalter der Bretton-Woods-Ära, Opladen 1996; *Toussaint, E., Drucker, P. (Hrsg.):* IMF/Worldbank/WTO: The Free Market

Fiasco, Notebooks for Study and Research No. 24/25, Amsterdam 1995; *World Bank: Structural and Sectoral Adjustment: World Bank Experience, 1980-92*, Washington, D.C. 1995.
Internet: Homepage der Weltbank (IBRD): http://www.worldbank.org; Homepage der IFC: http://www.ifc.org; Homepage der IDA: http://www.worldbank.org/ida; Homepage der MIGA: http://www.miga.org; Homepage des ICSID: http://www.worldbank.org/icsid

Weltberichte

Die Vereinten Nationen und ihre → Sonderorganisationen veröffentlichen Berichte – seit den 80er Jahren in wachsender Zahl -, die sich mit der Weltsituation in einem bestimmten Bereich befassen und sich als „Weltbericht" bezeichnen. Dabei sind die Grenzen zwischen Jahresberichten von UN-Organisationen und „Weltberichten" fließend: Sobald in den Jahresberichten umfangreiche Interpretationen der Weltsituation in einem Bereich mit aufbereitetem statistischem Datenmaterial vorgenommen werden, könnte man von „Weltberichten" sprechen. (Dementsprechend sind in der nachfolgenden Aufstellung von Weltberichten auch einige Berichte enthalten, die sich nicht als „Weltbericht" bezeichnen).

Ferner sind die „Weltberichte" zu unterscheiden von den Berichten der Unabhängigen Kommissionen (→ Unabhängige Kommissionen, Berichte), z.B. der Brandt-Kommission (Unabhängige Kommission für internationale Entwicklungsfragen) 1990 „North-South: A Programme for Survival", der Palme-Kommission (Unabhängige Kommission für Abrüstungs- und Sicherheitsfragen) 1982 oder der Brundtland-Kommission (Weltkommission zu Umwelt und Entwicklung 1987 „Our Common Future": Dies waren Berichte, die Gruppen von unabhängigen Persönlichkeiten aus Politik und Wirtschaft aus den westlichen Industriestaaten und der Dritten Welt auf Anregung verschiedener UN-Organe zu bestimmten Themen – Entwicklungshilfe (→ Entwicklungszusammenarbeit der UN), → Abrüstung und Sicherheit

bzw. Umwelt und Entwicklung (→ Umweltschutz) - verfaßt haben, um sozusagen „von außen" dem → UN-System neue Anregungen für seine Arbeit zu geben und Reformvorschläge (→ Reform der UN) zu machen.

Die Weltberichte aus dem UN-System sollen dagegen mehrere Aufgaben zugleich erfüllen:
- als Rechenschaftsbericht der jeweiligen Organisation gegenüber den Regierungen der Mitgliedsländer;
- als Diskussionsgrundlage für die Debatten im → Wirtschafts- und Sozialrat (ECOSOC) und der → Generalversammlung der Vereinten Nationen;
- als Information für die zunehmend interessierte Öffentlichkeit in den Mitgliedsländern, v.a. für die nichtstaatlichen Organisationen (→ NGOs), die auf dem jeweiligen Gebiet (z.B. Welternährung, Umweltschutz) tätig sind.

Stellten die „Weltberichte" anfangs überwiegend nur Rechenschaftsberichte und UN-interne Diskussionsgrundlagen dar, hat ihre dritte Funktion, die Weltöffentlichkeit zu informieren, im Lauf der Zeit immer mehr an Bedeutung gewonnen, werden ihre Berichte auch zunehmend in den Massenmedien der Mitgliedstaaten vorgestellt und kommentiert. Dieser Trend läßt hoffen, daß damit das Verständnis und die Unterstützung für die Arbeit der UN-Organisationen in ihren Aufgabenbereichen wächst und sich irgendwann auch in stärkerer finanzieller Unterstützung durch die Mitgliedsländer niederschlägt.

Zu einem zunehmenden Problem, das die erhofften nützlichen Wirkungen der Weltberichte – Politikberatung für die Regierungen der Mitgliedsländer und Aufklärung der Öffentlichkeit – zum Teil wieder aufheben kann, wird die große Zahl der Berichte, ihr sehr unterschiedliches methodisches Konzept und die unterschiedlichen politischen Intentionen ihrer Herausgeber:

Die Verfasser benutzen unterschiedliche theoretische Konzepte, statistische und prognostische Verfahren und kommen so zu unterschiedlichen Bewertungen der aktuellen Situation hinsichtlich ihrer Bedeutung für die wirtschaftliche und soziale Lebensqualität sowie hinsichtlich ihrer Risiken und Chancen für die Zukunft. Das wiederum mündet in unterschiedliche politische Empfehlungen, die zudem von der übergeordneten, längerfristigen Interessenposition der herausgebenden Institution, z.B. der Weltbank (→ Weltbank/-gruppe) oder des → UNDP, beeinflußt werden können.

Hier sollte die Diskussion innerhalb der UNO, aber auch in den Mitgliedsländern, die Weltberichte für ein Fachgebiet miteinander vergleichen, auf die Divergenzen hinweisen und sie erläutern, weil sie auch Ausdruck unterschiedlicher Standpunkte und Interessenlagen sind, die zur Lösung der anstehenden Probleme offen diskutiert werden sollten.

Während sich die Mehrzahl der Weltberichte auf die Situationsanalyse in ihrem Themengebiet unter wirtschaftlichen Gesichtspunkten beschränkt, kommt einzelnen Weltberichten das Verdienst zu, zunehmend die Analyse wirtschaftlicher Daten mit der Analyse sozialer und kultureller Lebensdimensionen zu verbinden in integrativen Konzepten: Dies gilt vor allem für die „Reports on the World Social Situation" der Hauptabteilung für Wirtschaftliche und Soziale Angelegenheiten des → Sekretariats und für die → „Human Development Reports" des UNDP.

Den „Human Development Reports" ist es dabei gelungen, durch ihr integratives Konzept von Entwicklung, das sich nicht mehr an Wirtschaftsdaten allein, sondern an einem mehrdimensionalen Index von wirtschaftlicher, sozialer und kultureller Lebensqualität orientiert, zu einem Wandel des Entwicklungsverständnisses beizutragen und weltweit eine große öffentliche und politische Aufmerksamkeit zu erlangen.

Das Beispiel der „Human Development Reports" macht deutlich, daß die wichtigste Bedeutung der Weltberichte neben der aktuellen Information über die globale Situation in den Aufgabengebieten der Vereinten Nationen darin liegt, die Diskussion über die Konzepte zum Verständnis und zur Lösung der drängenden wirtschaftlichen, sozialen und kulturellen Probleme der Menschheit in ihrer Interdependenz voranzutreiben.

Eine Auswahl der wichtigsten Weltberichte

Beschäftigung:

ILO: World Labour Report, unregelmäßig, seit 1984

Bevölkerung:

UNFPA: Report by the Executive-Director of the United Nations Funds for Population Activities, jährlich,seit 1969;

Bildung/Erziehung:

UNESCO: World Education Report; jährlich, seit 1991;

Entwicklung:

IBRD (Weltbank): World Development Report, jährlich, seit 1978; UNDP: Human Development Report, jährlich, seit 1990;

Ernährung:

FAO: World Food Report, jährlich, seit 1983;

Frauen:

UN: World Survey on the Role of Women in Development; ungefähr alle fünf Jahre, seit 1985;

Gesundheit:

WHO: World Health Report,

Handel:

GATT/WTO: International Trade, jährlich, seit 1952; bis 1994 hrsg. vom GATT, seit 1995 von der WTO; UNCTAD: Trade and Development Report, jährlich, seit 1981;

Industrie:

UNIDO: Industry and Development Global Report, jährlich, seit 1985;

Kinder:

UNICEF: The State of the World's Children, jährlich, seit 1980;

Soziale Situation:

UN: Report on the World Social Situation, etwa alle drei Jahre, seit 1952;

Umwelt:

UNEP: The State of the Environment, jährlich, seit 1974;
UNEP: The State of the World Environment, alle fünf Jahre, seit 1982;

Weltwirtschaft:

IMF (Internationaler Währungsfonds): World Economic Outlook, seit 1980, seit 1984 halbjährlich;
UN: World Economic and Social Survey, jährlich, seit 1948; bis 1993 unter dem Titel „World Economic Survey";

Wohnung:

UN Centre for Human Settlements/HABITAT: Global Report on Human Settlements, jährlich, seit 1986.

Helmut Volger

Lit.: *Hüfner, K.:* Weltberichte, in: Wolfrum, R. (Hrsg.): Handbuch Vereinte Nationen, 2. Aufl., München 1991, 1033-1038; *Messner, D./Nuscheler, F. (Hrsg.):* Weltkonferenzen und Weltberichte. Ein Wegweiser durch die internationale Diskussion, Bonn 1996.

Welthandelsrecht

1. Einführung

Eine verbindliche Definition des Begriffs „*Welthandelsrecht*" existiert nicht. Hier wird darunter die Gesamtheit der auf den internationalen Handel bezogenen Bestimmungen im multilateralen Völkervertrags- und Völkergewohnheitsrecht verstanden. Der Begriff „*Welthandelsrecht*" ist dem des „*Internationalen Handelsrechts*" vorzuziehen, der je nach Betrachtungsweise auch die handelsbezogenen Bereiche des (nationalen) *Internationalen Privatrechts* (*IPR*) umfassen kann. Zum IPR, nicht zum Welthandelsrecht im hier verstandenen Sinn, gehören beispielsweise Fragen zu internationalen Handelsbräuchen (lex mercatoria). Verschränkungen zwischen IPR und Welthandelsrecht bestehen gleichwohl in Gestalt von kollisions- oder sachrechtsvereinheitlichen Verträgen (EWG-Schuldrechtsübereinkommen, UN-Kaufrecht). In institutioneller Hinsicht sind völkerrechtliche Organisationen (→ WTO, → ITU, → ICAO etc.) von → NGOs wie der Internationalen Handelskammer (ICC) abzugrenzen. Das Welthandelsrecht - für sich genommen ein Ausschnitt aus dem Weltwirtschaftsrecht - stellt sich nicht als scharf abgrenzbarer Teilbereich des Völkerrechts, sondern als vielgestaltige Querschnittsmaterie dar. Der Begriff „Handel" nimmt nicht nur auf den Warenverkehr, sondern auch auf Erbringung von Dienstleistungen („trade in services") Bezug.

Kennzeichnend für das Welthandelsrecht sind eine deutliche Prägung durch die UN und ihre → Sonderorganisationen, die Dominanz des Völkervertragsrechts (→ Völkerrechtliches Vertragsrecht) sowie ein niedriger Institutionalisierungsgrad. Obschon die Existenz einzelner multilateraler Handelsverträge bis ins 19. Jahrhundert zurückreicht, ist die eigentliche „Geburtsstunde" des Welthandelsrechts mit dem Abschluß des *Allgemeinen Zoll- und Handelsabkommens* (*GATT*) im Jahre 1947 anzusetzen. Dieses wurde 1994 mit weiteren handelsbezogenen Vereinbarungen zum WTO-Komplex verbunden (→ WTO/GATT). Spätestens der Beitritt der meisten ehemals zentralverwaltungswirtschaftlich ausgerichteten Staaten und zahlreicher Entwicklungsländer hat das GATT zur „Magna Charta des Welthandels" (*Hailbronner/Bierwagen* 1988) erhoben. Mit der *Welthandelsorganisation* (*World Trade Organization - WTO*) verfügt der Welthandel zugleich erstmals über ein institutionelles Dach. Die meisten Bestimmungen des Welthandelsrechts sind zielbezogen, primär also auf die Liberalisierung des Welthandels gerichtet. Unmittelbar auf den Abbau von Handelsschranken zielen *GATT, GATS* (*General Agreement on Trade in Services* – Allgemeines Übereinkommen über den Handel mit Dienstleistungen) und *TRIPs* (*Agreement on Trade-Related Aspects of Intellectual Property Rights* – Übereinkommen über die handelsbezogenen

Aspekte des Rechts des geistigen Eigentums) ab. Entwicklungs- oder umweltpolitische Ziele gebieten jedoch vielfach Beschränkungen des freien Handels; Zielkonflikte sind insoweit für das Welthandelsrecht typisch. Auch regionale Handelsorganisationen (Zollunionen und Freihandelszonen) stehen, da die Öffnung nach innen eine stärkere Abschottung nach außen erfordert, im gewissen Gegensatz zum Ziel der *allgemeinen* Liberalisierung des Welthandels. Das WTO/GATT-System versucht diesen konträren Belangen, vor allem durch Gestattung allgemeiner und bereichsspezifischer Ausnahmen, Rechnung zu tragen.

2. WTO/GATT: Die „Magna Charta" des freien Welthandels

Für den WTO/GATT '94-Komplex kann auf den entsprechenden Abschnitt in diesem Lexikon verwiesen werden. Die Grundinhalte des Systems werden hier dennoch knapp umrissen, da andere handelsbezogene Instrumente auf dieses entweder Bezug nehmen oder mit ihm in Einklang gebracht werden müssen.

Der seit 1.1.1995 in Kraft befindliche WTO/GATT-Regelungskomplex, Verhandlungsergebnis der seit 1986 tagenden sog. Uruguay-Runde, umschließt 16 „multilaterale" (für alle Parteien geltende) Verträge, unter denen das im Wortlaut unverändert übernommene GATT, GATS und TRIPs hervorzuheben sind. Hinzu kommen vier lediglich „plurilaterale" Verträge, das sog. Marrakesch-Protokoll zum GATT, eine (in steter Erweiterung begriffene) Reihe gegenstandsbezogener „understandings" (u.a. zur erweiterten Streitschlichtung) und - alle Vereinbarungen verklammernd - das WTO-Übereinkommen, durch das für den Welthandel eine - eigentlich schon in der gescheiterten Havanna-Charta von 1948 vorgesehene - Internationale Organisation als Verhandlungs- und Streitschlichtungsforum begründet wurde (*Senti* 1994; *Hauser* 1995). Die WTO fungiert als Sonderorganisation der UN (Art. 57 UN-Charta). Mit 133 Mitgliedstaaten

(20.12.1998) befindet sie sich auf dem Weg zur „Quasi-Universalität".

Die zum GATT/WTO-Komplex zählenden Instrumente listen *Grundprinzipien* des Welthandels auf, die auch für nachfolgende handelsbezogene Vereinbarungen bestimmend waren und ihr regionales Pendant innerhalb von Zollunionen und Freihandelszonen finden, etwa in den Grundfreiheiten und Wettbewerbsbestimmungen des EG-Vertrags. Im Mittelpunkt stehen die Grundsätze der Meistbegünstigung, der Gegenseitigkeit und der Inländerbehandlung, das Diskriminierungsverbot sowie das „Tariffs only"-Prinzip. Die vor allem im GATT bedeutsamen Ausnahmebestimmungen lassen sich in die Kategorien allgemeine Ausnahmen, warenbezogene Sonderregelungen und Schutzklauseln einteilen.

Eine Ausnahme ist auch das Recht zur Begründung von *Zollunionen und Freihandelszonen* (Art. XXIV Abs. 4, 5, 8 GATT). Pate steht die Erkenntnis, daß rasche Fortschritte bei der Liberalisierung des Handels zunächst vornehmlich in wirtschaftlich homogeneren Blöcken erwartet werden dürfen, die ihrerseits auf die Liberalisierung des Welthandels förderlich einwirken. Innerhalb dieser Blöcke, aber auch zwischen ihnen wird heute ein Großteil des Welthandels abgewickelt. Zu unterscheiden sind Zollunionen (Art. XXIV Abs. 8 lit. a GATT; Staatenverbindungen ohne Binnenzölle, aber mit gemeinsamem Außenzoll), Freihandelszonen (Art. XXIV Abs. 8 lit. b GATT; Staatenverbindungen mit abgebauten Binnenhandelshemmnissen bei potentiell fortbestehenden Binnenzöllen und Fehlen eines gemeinsamen Außenzolls; Beispiel: EFTA, NAFTA), auf höchstem Integrationsniveau schließlich der Gemeinsame Markt (Verbindung von Zollunion und rechtlicher Harmonisierung, Liberalisierung und Integration erfassen alle Wirtschaftsbereiche; Beispiel: EU/EG) (*Herdegen* 1995, § 9; *Graf Vitzthum* 1997, Rn. 205 ff.). Das Neben- und Miteinander dieser regionalen Vereinbarungen prägt die handelspolitische Realität auf dem Globus in hohem Maße.

3. Bereichsbezogene vertragliche Ordnungen

Obschon der WTO/GATT-Komplex potentiell für fast alle Formen des Handels mit Gütern und Dienstleistungen gilt, unterliegen manchen Handelsgegenstände eigenen Vertragsregimes (meist älteren Datums). Einige von ihnen begründen Internationale Organisationen, andere legen nur materielle Regeln fest. Vertragsgegenstand sind vorwiegend netzgebundene Güter und Dienstleistungen, in bezug auf welche die Freiheit des Handels durch infrastruktur- und technikbezogene Regelungen untermauert werden muß.

Der *Weltpostverein* (*Universal Postal Union - UPU*) besteht seit 1874 und agiert heute als UN-Sonderorganisation für das *Postwesen*; das materielle Recht ist in einer Mehrzahl von Vereinbarungen (Weltpostvertrag, Postpaketabkommen, Postüberweisungsabkommen u.a.) niedergelegt.

Für Fragen der *Telekommunikation* ist die (1865 unter dem Namen „Internationale Telegraphen-Union" gegründete) *Internationale Fernmeldeunion* (*International Telecommunications Union - ITU*) zuständig. Die ITU, ebenfalls eine UN-Sonderorganisation, ist als Kooperations- und Koordinationsforum der Staaten und Standardisierungsinstanz mehr ein Instrument der Kontrolle als der Freigabe des Handels mit Dienstleistungen. Für den Telekommunikationsbereich ist hierzu mit dem GATS-Annex über Telekommunikation vom 15. Februar 1997 ein wichtiger Schritt hin zur Öffnung der fast allenthalben durch Monopolstrukturen geprägten Telekommunikationsmärkte vollzogen. Die ITU hat gegenüber dem WTO-Komplex dabei deutlich an Bedeutung verloren (*vgl. Grewlich* 1997, 165 ff.).

Für *internationale Transporte* (als Handels*vorgang*) existiert eine Vielzahl von Übereinkommen, die sich - ausgenommen nur das UN-Übereinkommen zum internationalen multimodalen Gü-

tertransport vom 24.5.1980 (ILM 1980, 928) - auf bestimmte Transportmittel und - gegenstände beziehen. Zum Teil steht die Nutzbarkeit der „Handelswege" (Straße, Schiene, Gewässer, Luftraum), zum Teil stehen transportspezifische Handelsregeln im Vordergrund. Umfassende Normenwerke regeln insbesondere den internationalen Zivilluftverkehr: Das Chikagoer Abkommen über die Internationale Zivilluftfahrt vom 7.12.1944 (BGBl. 1956 II, 411) und die mit ihm verbundenen Regelungen garantieren die Freiheit internationaler Personen- und Gütertransporte durch die Luft („Luftfreiheiten"). Das Chikagoer Abkommen ist Gründungsstatut der Internationalen Zivilluftfahrt-Organisation (International Civil Aviation Organization - ICAO), einer für Fragen der Sicherheit des Luftverkehrs und der Wirtschaftlichkeit der Transporte zuständigen UN-Sonderorganisation.

Das *Seefrachtrecht* wird von den „Haager Regeln" des Internationalen Übereinkommen zur Vereinheitlichung von Regeln über Konnossemente vom 25.8.1924 (RGBl 1939 II, 1049), 1968 modifiziert durch die „Visby Rules", bestimmt; die Handelsförderung beruht hier auf der Uniformisierung von Normen und Verfahrensweisen. Das 1992 in Kraft getretene UN-Abkommen über den Internationalen Seefrachtverkehr vom 30.3.1978 (U.N. Convention on the Carriage of Goods by Sea, kurz: „Hamburg Rules"; ILM 1978, 608) stellt, vor allem im Interesse der Entwicklungsländer, weiterführende einheitliche Regeln für den Seegütertransport auf.

Obschon an ganz anderen Punkten ansetzend, dienen auch die internationalen Vereinbarungen zur Vereinheitlichung des IPR oder des materiellen Handelsrechts dem Welthandel. Die 1966 gegründete *U.N. Commission on International Trade Law* (→ UNCITRAL), ein Nebenorgan der Generalversammlung, hat sich durch Erarbeitung von Konventionen (etwa der „Hamburg Rules"), Richtlinien und Regelungsmodellen (wie 1996 des

„Model Law on Electronic Commerce") Verdienste erworben. Auf UNCITRAL geht auch das (Wiener) UN-Übereinkommen über Verträge über den Internationalen Warenkauf vom 11. April 1980 (BGBl. 1989 II, 588, bzw. *Jayme/Hausmann* 1988, Nr. 48 - kurz: „UN-Kaufrecht"; U.N. Convention on Contracts for the International Sale of Goods - CISG) zurück (*Herdegen* 1995,§ 10 Rn. 11ff.; *von Caemmerer/Schlechtriem* 1995; → UN-Platz Wien). Das Übereinkommen - dem Gegenstand nach IPR - ist zugleich ein handelsbezogener völkerrechtlicher Vertrag. Seine vereinheitlichten kaufrechtlichen Bestimmungen gelten für Warenkaufverträge zwischen Parteien mit Niederlassung in verschiedenen Staaten, wenn diese Staaten Vertragsstaaten sind oder wenn die Regeln des IPR zur Anwendung des Rechts eines der (Anfang 1998) 48 Vertragsstaaten führen (Art. 1 CISG).

4. Welthandel und Entwicklungshilfe

Entwicklungshilfeleistungen vermögen die „Startchancen" der Entwicklungsländer auf dem Weltmarkt zu verbessern und dienen so mittelbar der Förderung des Welthandels; umgekehrt kann die umfassende Einbeziehung der Entwicklungsländer in den Welthandel selbst als Entwicklungshilfe wirken („aid by trade"). Erforderlich ist dabei allerdings, in Abweichung von den Welthandelsprinzipien, eine Bevorzugung der Entwicklungsländer. Die 1964 als UN-Nebenorgan gegründete *Handels- und Entwicklungstagung der Vereinten Nationen* (*United Nations Conference on Trade and Development* - → *UNCTAD*) setzte 1967 die Freistellung dieser Länder vom Gegenseitigkeits- und Meistbegünstigungsprinzip (Art. XXXVI Abs. 8 GATT) durch. Viele der im folgenden näher betrachteten Rohstoffabkommen verdanken ihre Existenz Anstößen durch die UNCTAD. In den siebziger Jahren war deren Arbeit von der Diskussion um das (konturenarme) Postulat der Entwicklungsländer nach einer „Neuen Weltwirtschaftsordnung" (→ Weltwirtschaftsordnung/

NWWO) bestimmt, das letztlich auf Einschränkung des freien Welthandels zugunsten der ärmeren Staaten gerichtet war. Die ideologisch aufgeladene Auseinandersetzung mit den Industrieländern blieb für alle Beteiligten ohne greifbares Ergebnis (*Bryde/ Kunig/Oppermann* 1986).

Internationale Rohstoffabkommen haben nicht die Beschränkung des Handels, wohl aber seine produktbezogene Lenkung im Interesse rohstofferzeugender Entwicklungsländer zum Ziel. Indem sie dem weltweiten Preisverfall entgegenwirken, gewährleisten Rohstoffabkommen diesen Staaten eine gewisse Sicherung der wirtschaftlichen Existenz. An solchen Rohstoffabkommen im engeren Sinn sind Erzeuger- wie Abnehmerstaaten beteiligt. Sie sind von den *Rohstoffkartellen* zu unterscheiden, zu denen sich allein Erzeugerländer mit dem Ziel, einheitlich hohe Rohstoffpreise zu erwirken, zusammengeschlossen haben.

Die OPEC (1960), das weltweit bekannteste dieser Kartelle, ist eine von erdölexportierenden Staaten gegründete Internationale Organisation. Rohstoffkartelle entsprechen nicht dem Entwicklungshilfeideal: Von Entwicklungs- oder Schwellenländern begründet, schaden sie Industriestaaten nur wenig, beeinträchtigen aber mit künstlich hochgehaltenen Preisen die Entwicklungschancen rohstoffarmer Entwicklungsländer (*Ipsen-Gloria* 1990, § 42 Rn. 41).

Zu den bedeutsamsten Errungenschaften der Handels- und Entwicklungspolitik der Vereinten Nationen zählt der Ausbau des Netzes internationaler Rohstoffabkommen. Zwar wurden bereits nach dem Zweiten Weltkrieg mehrere dieser Abkommen geschlossen (für Weizen, Zucker, Zinn, Kaffee, Olivenöl), doch wirkten vor allem die Resolutionen der 1964 eingerichteten UN-Konferenz für Handel und Entwicklung auf das Zustandekommen vieler der bestehenden Rohstoffabkommen katalysierend ein. Das durch die per Consensus angenommene Res. 93 (IV) im Jahre 1976 von der

UNCTAD geschaffene *Integrierte Roh-stoffprogramm* blieb für sich genommen aber zunächst ohne wesentliche Wirkung (*Tomuschat* 1992b, 687). Die von der UNCTAD initiierten Rohstoffabkommen weisen zum Teil die Gestalt Internationaler Organisationen auf, gehören rechtlich aber nicht zur „UN-Familie". Ihre Funktionsmechanismen sind unterschiedlich. In manchen Fällen werden nur Informations- und Konsultationspflichten statuiert, andere Abkommen sind auf die Optimierung von Marktstrukturen gerichtet. Unter den Abkommen mit *Interventionsmechanismus* sind zwei Grundtypen - Buffer-Stock-Systeme und Quotensysteme - zu unterscheiden (*Pelikahn* 1990, 174ff., 264ff.; *Tomuschat* 1992a; *Herdegen* 1995, § 8).

Bei der in logistischer Hinsicht aufwendigen *Buffer-Stock*-Variante agiert die Rohstofforganisation wie ein Unternehmen. Um den Preis stabil zu halten, reguliert sie die Marktbestände. Sie speichert Überschüsse, die sie ankauft, in Ausgleichslagern und verkauft sie wieder, wenn der Rohstoff auf dem Weltmarkt knapp wird. Zur Finanzierung von „buffer stocks" sowie zur Kreditbeschaffung wurde 1980 auf der Basis des „Integrierten Rohstoffsystems" der UNCTAD der „*Gemeinsame Rohstoff-Fonds*" (*Common Fund*) als internationale Finanzorganisation ins Leben gerufen (BGBl. 1985 II, 715). Der Konzeption nach ehrgeizig, verfügt der Fonds nur über eine unzureichende Finanzbasis und hat in der Praxis daher nur wenig Bedeutung erlangt (*Pelikahn* 1990, 606ff.; *Tomuschat* 1992a).

Bei dem stärker verbreiteten Organisationstypus des *Quotensystems* interveniert die Rohstofforganisation nicht selbst am Markt, sondern es werden für die Mitgliedstaaten verbindliche marktbezogene Zieldaten - Produktions-, Verkaufs-, oder Import-, meist jedoch Exportkontingente - festgelegt. Quotensysteme verzichten auf logistischen Aufwand, entbehren jedoch der Möglichkeit flexibler Handhabung. Wirtschaftliche Stabilität wird zudem mit

Einschnitten in den freien Handel erkauft, während das „Buffer-Stock"-System sich handelskonformer Mechanismen bedient.

Rohstoffonds mildern die Auswirkungen ökonomischer Schwankungen für die Entwicklungsländer und ermöglichen ihnen so, als Partner im Welthandel zu agieren. Doch auch die Fonds operieren nicht ohne ökonomisches Risiko, was das Scheitern des Internationalen Zinnrats im Jahre 1985 zeigt, der sich damals - als erste Internationale Organisation überhaupt - zahlungsunfähig bekannte (*Pelikahn* 1990, 222ff.; *Herdegen* 1995, § 8 Rn. 2).

5. Handelsembargos: Eingriffe in den Welthandel

Dem Welthandelsrecht zugehörig ist auch das Recht der Handelsembargos als Sonderform der wirtschaftlichen Diskriminierung. Durch ein Handelsembargo wird die Einfuhr und/oder Ausfuhr von Waren, Dienstleistungen, Know-how oder Kapital aus einem bzw. in einen anderen Staat gegenüber dem Staat, seinen Staatsangehörigen oder staatszugehörigen Unternehmen beschränkt oder unterbunden, um dadurch oder vermittelt durch den erzeugten politischen Druck ein nicht-handelsbezogenes außenpolitisches Ziel zu erreichen. Das Embargo ist, anders als der Boykott, eine staatliche Maßnahme (*Gornig* 1990, 114f.). Zum Teil wird zwischen den Unterformen des Im- und Exportembargos sowie des Kapital- und Transportembargos differenziert. Es handelt sich um ein traditionelles außenpolitisches Instrument, das primär politisch-strategische Funktion haben kann (wie das nach dem Zweiten Weltkrieg von 14 westlichen Staaten gegenüber staatssozialistischen Ländern verhängte Handelsembargo für strategische Güter; sog. „COCOM-Liste"), aber auch als Strafmaßnahme eingesetzt wird (Beispiel: Verhängung eines Getreideembargos durch die USA nach dem Einmarsch der UdSSR in Afghanistan) (*Kausch* 1985/1995, 60).

Das Handelsembargo („vollständige oder teilweise Unterbrechung der Wirtschaftsbeziehungen") gehört zu den gewaltlosen Sanktionen, zu deren Ergreifung der UN-Sicherheitsrat (→ Sicherheitsrat) nach Art. 41 UN-Charta die Mitgliedstaaten verpflichten kann (P Sanktionen). Von diesem Recht wird erst seit 1990 intensiverer Gebrauch gemacht (Handelssanktionen gegen Irak, Jugoslawien, Libyen, Somalia etc.) (*Langenfeld* 1995, 64ff.). Auch die → Generalversammlung hat wiederholt durch (nichtbindende) Resolutionen zu Embargos aufgerufen (etwa gegen Südafrika zur Zeit der Apartheid). Eine ausschließliche Befugnis der UN-Organe, zu Embargos zu ermächtigen, besteht nicht. Auch Einzelstaaten sind grundsätzlich zu Embargomaßnahmen befugt, sofern sie dabei keine vertraglichen (vor allem des WTO-Komplexes) oder völkergewohnheitsrechtlichen Pflichten verletzen. Eine Rechtspflicht, Handel mit anderen Staaten zu treiben oder auch nur bestehende Handelsverbindungen fortzuführen, gibt es grundsätzlich nicht. Insoweit ist das Handelsembargo ein rechtlich irrelevanter unfreundlicher Akt. In extremen Fällen („Aushungern" durch Handelsblockade) kann ein Embargo nach herrschender Aufassung als Verstoß gegen das → Gewaltverbot oder das → Interventionsverbot (Art. 2 Nr. 4, 7 UN-Charta) gewertet werden (*Gornig* 1990, 115ff.). Umstritten ist, ob Embargos gegen dritte Staaten verhängt werden dürfen, weil sie sich der Ächtung eines Staates wegen Menschenrechtsverletzungen oder Förderung des Terrorismus widersetzen („exterritoriale Jurisdiktion"; Bsp.: „Helms-Burton-Gesetz" und „D'Amato-Gesetz" der USA, 1996), oder vielmehr als unzulässige Einmischung in ihre innere Angelegenheiten zu gelten haben (*Meng* 1997, 275ff.).

Für GATT/WTO-Mitgliedstaaten ist die autonome Befugnis zur Verhängung von Handelsembargos erheblich beschränkt; solche Maßnahmen stehen mit den grundlegenden Welthandelsprinzipien nicht im Einklang. Immerhin lassen die Ausnahmeregeln des GATT, vor allem Art. XXI, einen gewissen Aktionsfreiraum bestehen. Handelsem-

bargos, die WTO/GATT-Regeln oder dem Gewalt- oder Interventionsverbot zuwiderlaufen, können im Einzelfall als Repressalien gerechtfertigt sein (*Hahn* 1996). Dies setzt u.a. eine (nicht unbedingt handelsbezogene) Völkerrechtsverletzung durch den anderen Staat und die Proportionalität der Gegenmaßnahme voraus.

Jörn Axel Kämmerer

Lit.: *Bryde, B.-O./Kunig, P./Oppermann, T. (Hrsg.):* Neuordnung der Weltwirtschaft? Baden-Baden 1986; *Caemmerer, E. von/Schlechtriem, P.:* Kommentar zum einheitlichen UN-Kaufrecht, 2. Aufl., hrsg. v. P. Schlechtriem. München 1995; *Gornig, G.:* Die völkerrechtliche Zulässigkeit eines Handelsembargos, in: JZ 45 (1990), 113-123; *Grewlich, K. W.:* Konflikt und Ordnung in der globalen Kommunikation. Wettstreit der Staat und Wettstreit der Unternehmen, Baden-Baden 1997; *Hahn, M. J:* Die einseitige Aussatzung von GATT-Verpflichtungen als Repressalie, Berlin et al. 1996; *Hailbronner, K./Bierwagen, R.M.:* Das GATT - Die Magna Charta des Welthandels,in: JA 20 (1988), 318-329; *Hauser, H.:* Das neue GATT: Die Welthandelsordnung nach Abschluß der Uruguay-Runde, München 1995; *Herdegen, M.:* Internationales Wirtschaftsrecht, 2. Aufl. München 1995; *Ipsen, K.:* Völkerrecht, 3. Aufl., München 1990; *Jayme, E./Hausmann, R.:* Internationales Privat- und Verfahrensrecht (Textsammlung), 9. Aufl., München 1998; *Kausch, H. G:*, Embargo, in: EPIL II (1995), 58-63 (zitiert: Kausch 1985/1995); *Meng, W.:* Wirtschaftssanktionen und staatliche Jurisdiktion - Grauzonen im Völkerrecht, in: ZaöRV 57 (1997),269-327; *Langenfeld, C.:* Embargo (Addendum 1995), in: EPIL II (1995), 63-67; *Pelikahn, H.-M.:* Internationale Rohstoffabkommen, Hamburg 1990; *Seidl-Hohenveldern, I.:* International Economic Law, 2. Aufl. Dordrecht et al. 1992; *Senti, R.:* GATT-WTO: Die neue Welthandelsordnung nach der Uruguay-Runde, Zürich 1994; *Tomuschat, C.:* Commodities, Common Fund, in: EPIL I (1992), 683-686 (zitiert: Tomuschat 1992a); *Tomuschat, C.:* Commodities, International Regulation of Production and Trade, in: EPIL I (1992), 686-692 (zitiert: Tomuschat 1992b); *Vitzthum, W. Graf:* Raum, Umwelt und Wirtschaft im Völkerrecht, in: *Vitzthum, W. Graf* (Hrsg.): Völkerrecht, Berlin, u.a. 1997, 393-524.

Weltkonferenzen

Als *Weltkonferenzen* gelten internationale Konferenzen, die unter der Ägide der Vereinten Nationen mit breiter Beteiligung der Staaten stattfinden und sich mit globalen Problemen beschäftigen, in der Regel im Konsensverfahren Deklarationen (→ Resolution/Deklaration/Beschluß) und Aktionsprogramme verabschieden, die Vorstufen zu völkerrechtlich verbindlichen Konventionen und Regimen bilden können (→ Völkerrechtsentwicklung im Rahmen der UN). Rechnet man die vier Klimakonferenzen hinzu, die im Rahmen der von der UNCED in Rio de Janeiro verabschiedeten *Klimarahmenkonvention* in Berlin (1995), Genf (1996), Kyoto (1997) und Buenos Aires (1998) stattfanden (→ Umweltschutz; → Umweltvölkerrecht), dann wurden von 1990 bis Ende 1998 in rascher Folge 14 Weltkonferenzen veranstaltet, die sich in verschiedener Weise von einer „ersten Generation" von Weltkonferenzen unterschieden:

Im September 1990 der „*Weltkindergipfel*" in New York unter Beteiligung einer großen Zahl von Staats- oder Regierungschefs, die in einem spektakulären Akt die Deklaration zum Schutz und zur Entwicklung von Kindern unterzeichneten. → UNICEF erkannte in diesem Präludium zur „Kinderkonvention" (→ Menschenrechtskonventionen, Übereinkommen über die Rechte des Kindes) einen großen Fortschritt im Kampf gegen die Ausbeutung von Kindern.

Im Juni 1992 die *UN-Konferenz zu Umwelt und Entwicklung* (UNCED). Dieser sog. „*Erdgipfel*", an dem 15000 Delegierte aus 178 Staaten, 115 Staats- oder Regierungschefs sowie 7000 Journalisten und Vertreter von rund 1400 nicht-staatlichen Organisationen (→ NGOs) teilnahmen, gilt nicht nur als die bisher größte und teuerste, sondern auch als Konferenz mit der größten internationalen Aufmerksamkeit und Nachwirkung. Sie verabschiedete neben der „Agenda 21", einem umfassenden Aktionsplan für nachhaltige Entwicklung (sustainable development), und der „Rio-Deklaration" als Ersatz für eine nicht konsensfähige völkerrechtsverbindliche „Erd-Charta" die Klimarahmenkonvention, die Konvention zur biologischen Vielfalt, eine „Walderklärung" und den Beschluß zur Erarbeitung einer Wüstenkonvention. Sie beschloß außerdem die Einrichtung der Kommission für Nachhaltige Entwicklung (→ CSD) innerhalb des → Wirtschafts- und Sozialrats (ECOSOC), die den UNCED-Nachfolgeprozeß und die Umsetzung der „Agenda 21" überwachen sollte.

Im Juni 1993 die *Weltkonferenz über Menschenrechte* in Wien, die sich in der „Wiener Erklärung" zu den Prinzipien der Universalität und Unteilbarkeit der → Menschenrechte bekannte, außerdem im Konsensverfahren das lange umstrittene „Recht auf Entwicklung" anerkannte. Frauenorganisationen erkannten in der Anerkennung von universellen Frauenrechten (→ Frauen und die UN) einen Fortschritt in der Entwicklung der Menschenrechte. Kritiker vermißten dagegen hinter der Inflationierung von Postulaten eine Verbesserung des → Menschenrechtsschutzes. Konkretes Ergebnis war die von Menschenrechtsorganisationen schon lange geforderte Einrichtung eines UN-Hochkommissariats für Menschenrechte.(→ Menschenrechte, Zentrum für Menschenrechte/Hoher Kommissar für Menschenrechte)

Im April/Mai 1994 die *UN-Konferenz über „nachhaltige Entwicklung der kleinen Inselstaaten*" auf Barbados, die sich im Nachfolgeprozeß der Rio-Konferenz mit dem Spezialproblem des von der Erwärmung der Erdatmosphäre bewirkten Anstiegs des Meeresspiegels befaßte und energische Maßnahmen zur Reduktion des Ausstoßes von Treibhausgasen forderte.

Im September 1994 die *UN-Konferenz zu Bevölkerung und Entwicklung* in Kairo, an der 3.500 Regierungsvertreter, fast 4.000 NGO-Vertreter und 3.800 Journalisten teilnahmen. Diese sog. „*Weltbevölkerungskonferenz*" verabschiedete einen umfassenden Aktionsplan zur Verringerung des Bevölkerungswachstums, zur „reproduktiven Gesundheit" und zur Frauenförderung. Die Konferenz verdeutlichte den Zusammenhang von Lebensbedingungen und generativem Verhalten (→ UNFPA).

Im März 1995 die *UN-Konferenz über Soziale Entwicklung* in Kopenhagen. Dieser sog. *„Weltsozialgipfel"* verkündete den „Krieg gegen die Armut" und verabschiedete eine „Strategie gegen Armut, Arbeitslosigkeit und soziale Ausgrenzung", die den Primat der Armutsbekämpfung in der internationalen Entwicklungspolitik forderte (→ Entwicklungszusammenarbeit der UN).

Im September 1995 die *Vierte Weltfrauenkonferenz* in Beijing, die eine „Aktion für Gleichheit, Entwicklung und Frieden" verabschiedete. Sie machte zwar vor allem durch Proteste von Frauenorganisationen, die von der chinesischen Regierung vom Verhandlungsort und potentiellen Protestort ferngehalten wurden, Schlagzeilen, rückte aber wieder – wie schon die Weltmenschenrechts- und Weltbevölkerungskonferenz – die strategische Rolle von Frauen im Entwicklungsprozeß in das Bewußtsein.

Im Juni 1996 *HABITAT II* (→ UNCHS), der sog. *„Städtegipfel"* in Istanbul, der Probleme der Verstädterung, Obdachlosigkeit und Migration behandelte. Diese Konferenz ließ schon deutliche Ermüdungserscheinungen erkennen.

Im Juni 1996 der *„Pflanzengipfel"* über pflanzengenetische Ressourcen in Leipzig, der – wie die vier Klimakonferenzen und die Barbados-Konferenz – als Nachfolgekonferenz der Rio-Konferenz gelten kann.

Im November 1996 die *Welternährungskonferenz* in Rom, die einen Aktionsplan zur weltweiten Ernährungssicherung verabschiedete. Die verbindende Klammer aller Weltkonferenzen der 90er Jahre bildete *„Entwicklung"*.

Den Hauptkonferenzen gingen jeweils Vorbereitungskonferenzen auf nationaler, regionaler und globaler Ebene voraus, auf denen Positionen definiert und Kompromißmöglichkeiten ausgelotet wurden. So bemühte sich die jeweilige EU-Präsidentschaft um eine einheitliche EU-Verhandlungsposition, konnte sie aber nicht immer erreichen. Noch schwieriger war die Abstimmung zwischen der EU und den USA, die in der Regel ihre hegemonialen Interessen durchzusetzen versuchten. Auch die NGOs wurden bereits in dieser Vorphase in den Konsultationsprozeß einbezogen. Auch sie mußten sich untereinander in einem häufig mühsamen Diskussionsprozeß abstimmen, um ihre Einflußmöglichkeiten zu vergrößern und gegenüber den diplomatischen Profis verhandlungsfähig zu werden.

Die erste und zweite Generation von Weltkonferenzen

Mit Ausnahme des „Weltkindergipfels" und des Kopenhagener „Weltsozialgipfels" fanden die Weltkonferenzen zu den einzelnen Themenbereichen bereits zum zweiten Mal (wie UNCED, HABITAT, die Weltmenschenrechts- und Welternährungskonferenz), zum dritten Mal (wie die Weltbevölkerungskonferenz) oder sogar zum vierten Mal (wie die Weltfrauenkonferenz) statt, allerdings in einer veränderten Weltlage und mit einer neuen Dramaturgie. Vor allem aus zwei Gründen wird eine erste und zweite Generation der Weltkonferenzen unterschieden:

Erstens fanden die frühen Weltkonferenzen unter der Doppelbelastung des Kalten Krieges und einer konfrontativen Phase des Nord-Süd-Konflikts statt. Der ideologische Schlagabtausch verhinderte problemlösende und zukunftsweisende Ergebnisse. Der Westen beklagte die „Majorisierungstyrannei" der Entwicklungsländer, denen der Osten opportunistischen Flankenschutz gab.

Zweitens wuchsen sich die jüngsten Weltkonferenzen zu Mammutkonferenzen mit mehreren tausend Teilnehmern aus. Neu war vor allem die neue Rolle der zunehmend transnational vernetzten NGOs. Sie blieben zwar weiterhin von den Verhandlungen zwischen den Regierungsdelegationen ausgeschlossen, wurden aber von vielen Regierungen bei den Vor- und Hauptkonferenzen in einen mehr oder weniger intensiven Konsultationsprozeß einbezogen, teilweise sogar in Regierungsdelegationen inkorporiert. Sie verdanken diese Aufwertung vor allem ihrer meinungsbildenden Repräsentation von gesellschaftlichen Gruppen, aber auch ihrer wachsenden Sachkompetenz in den verhandelten Themenbereichen.

Wenn das Wesensmerkmal von *„Global Governance"* nach der Definition der *Commission on Global Governance* in Zusammenwirken von staatlichen und nicht-staatlichen Akteuren besteht, dann wurde auf den Weltkonferenzen bereits ein Stück *Global Governance* praktiziert. Die Staaten können nicht mehr wie auf dem Wiener Kongreß in diplomatischer Exklusivität schalten und walten. Die Wirtschafts- und Gesellschaftswelt bildet nicht nur eine Staffage der Staatenwelt, sondern interagiert mit ihr. Allerdings haben die Weltkonferenzen demonstriert, daß die Staaten immer noch das letzte Sagen haben, weil sie allein verbindliches Völkerrecht setzen können. Gelegentlich überschätzen die NGOs ihren Einfluß auf das Verhandeln und Handeln der Staaten.

Teure „Gipfelei" ohne Folgen?

In Politik, Medien und Wissenschaft umstritten blieb der Nutzen der teuren Großveranstaltungen, die in ihrer Häufung einem Wanderzirkus glichen und sowohl die gastgebenden Länder als auch die teilnehmenden Staaten, NGOs und Medienunternehmen mit erheblichen Kosten belasteten. Schlagzeilen lauteten so oder ähnlich: „Außer Spesen nichts gewesen?" oder „Palaver ohne Folgen?" Den jüngsten Weltkonferenzen können trotz aller Kritik am Mißverhältnis zwischen Aufwand und Ertrag die folgenden Funktionen und Wirkungen zugeschrieben werden:

Erstens bilden sie *Foren internationaler Kommunikation*, des Austausches von Problemsichten, der Sondierung von Kompromiß- und Kooperationschancen und der Suche nach gemeinsamen Problemlösungen. Im Unterschied zu Beratungen in der UN-Generalversammlung (→ Generalversammlung) treffen sich auf Weltkonferenzen Experten aus Fachministerien mit Experten aus internationalen Organisationen, Fachverbänden und spezialisierten NGOs.

Zweitens bildet die Suche nach Kompromissen einen wichtigen *Lernprozeß*. Die Entwicklungsländer lernten aus den konfrontativen Nord-Süd-Konferenzen der 70er Jahre, daß sie mit Stimmenmehrheiten und Maximalforderungen die Machtstrukturen in Weltpolitik und Weltwirtschaft (→ Weltwirtschaftsordnung/NWWO) nicht verändern können. Die Industrieländer mußten lernen, daß durch die machtgestützte Verweigerung von Kompromissen keine gemeinsamen Problemlösungen, die auch in ihrem Eigeninteresse liegen, gefunden werden können. Dennoch überschatteten die Interessenkonflikte zwischen Industrie- und Entwicklungsländern die Verhandlungen, sei es über Reduktionsziele bei den CO_2-Emissionen, über die Nutzung der tropischen Regenwälder, über die Universalität der Menschenrechte und das „Recht auf Entwicklung", über die Legitimation von politischen Konditionalitäten bei der Vergabe von Entwicklungshilfe, über Bedingungen des Schuldenmanagements oder über neue Methoden der Entwicklungsfinanzierung. Dieser Nord-Süd-Konflikt erschwerte auch den NGOs das Finden gemeinsamer Positionen. Bei ihnen schuf auch die organisatorische und finanzielle Überlegenheit der „Nord-NGOs" Konflikte.

Drittens erfüllen die von einem großen Medienaufgebot begleiteten Weltkonferenzen eine wichtige *Informations- und Aufklärungsfunktion* über Weltprobleme. Sie haben neben einer *„Treffpunkt-Funktion"* auch eine *„Brennpunkt-Funktion"*, indem sie die Aufmerksamkeit der Weltöffentlichkeit zumindest kurzfristig brennpunktartig auf das jeweils verhandelnde Problem lenken. Allerdings blieb das Medieninteresse kurzatmig, zumal die Häufigkeit von Weltkonferenzen einen hastigen Szenen- und Themenwechsel erzwang.

Viertens zeigt die Geschichte der Weltkonferenzen, daß zunächst unverbindliche Deklarationen schrittweise eine normative Kraft entwickelten. Die von der Rio-Konferenz verabschiedete „Agenda 21" besitzt zwar keine völkerrechtliche Verbindlichkeit, beflügelte aber internationale Bemühungen um die Erarbeitung von umweltpolitischen Regimen und Konventionen. Die „lokale Agenda 21" hat weltweit kommunale Initiativen für einen schonenderen Umgang mit der Umwelt animiert und die Formel „Global denken – lokal handeln" mit konkreten Handlungsanweisungen angereichert. Verschiedene Staaten haben Landes-Agenden für nachhaltige Entwicklung erarbeitet, die sich an den Zielen der „Agenda 21" orientierten. Daß die OECD 1996 eine Strategie zur Halbierung der Armen bis zum Jahr 2015 vorlegte, ist dem Kopenhagener „Weltsozialgipfel" zu verdanken.

Fünftens bemühten sich einzelne Regierungen, zumindest Teile der Selbstverpflichtungen, die sie in Aktionsprogrammen unterzeichnet haben, in Taten umzusetzen. So halfen die Empfehlungen der Rio-Konferenz, der Kairoer Weltbevölkerungskonferenz und der Beijinger Weltfrauenkonferenz nach, daß das BMZ die Umweltpolitik und die Frauenförderung zu entwicklungspolitischen Schwerpunktprogrammen aufwertete. Gleichzeitig dienen diese Selbstverpflichtungen als normative Orientierung für Kritik. Die parlamentarische Opposition und NGOs können die Regierungen mit dem Hinweis auf diese Referenzdokumente des internationalen Wohlverhaltens unter Handlungsdruck setzen.

Fazit: Die Weltkonferenzen als Dramaturgie des Globalismus

Den Weltkonferenzen wurde vorgeworfen, lediglich Meisterwerke der „Papierdiplomatie" aus unverbindlichen Absichtserklärungen zustande gebracht zu haben. Diese Pauschalkritik übersieht, daß sie teilweise richtungsweisende Problemanalysen und Aktionsprogramme verabschiedet und in Teilbereichen neue Initiativen zu gemeinsamen Problemlösungen befördert haben. Auch Hegemone mußten erkennen, daß sie sich Kooperationszwängen, die aus den sich verdichtenden Interdependenzen erwachsen, nicht entziehen können.

Die von den Weltkonferenzen verabschiedeten Aktionsprogramme machten deutlich, daß es der Staatengemeinschaft und Weltgesellschaft nicht an Wissen und materiellen Ressourcen, sondern am politischen Willen mangelt, um gemeinsame Lösungen für die verschiedenen Weltprobleme anzustreben. Wenn die Staaten nur einen Teil ihrer Erkenntnisse und Selbstverpflichtungen in Handeln umsetzen würden, könnten sie die Welt verändern. Insofern hinterließen die Weltkonferenzen eine Mischung aus Hoffnungen, daß die Weltprobleme lösbar sind, und aus Enttäuschungen über die Widersprüche zwischen Einsichten, Absichtserklärungen und Handeln.

Es wird auch weitere Weltkonferenzen geben, z.B. über Global Governance, weil der Problemdruck zu Versuchen zwingt, Lösungen für Weltprobleme zu suchen. Zunächst stehen Überprüfungskonferenzen zu den Weltkonferenzen der 90er Jahre an, die nicht an Weitsicht, sondern an Vollzugsdefiziten litten. Die „Gipfelei" gehört zur Dramaturgie des Globalismus (→ Globalisierung), dieser zur Zukunft der Weltpolitik. Die Vereinten Nationen bilden das Forum.

Franz Nuscheler

Lit.: *Bohnet, M.:* Weltkonferenzen sind keine Papiertiger, in: epd-Entwicklungspolitik, 1996, H.22, d8-d15; *Messner, D./ Nuscheler, F. (Hrsg.):* Weltkonferenzen und Weltberichte, Bonn 1996.

Weltraumrecht

Das Weltraumrecht besteht aus einer Reihe von internationalen Instrumenten, die die Tätigkeit der Staaten und Privater im hoheitsfreien Weltall regeln. Es wurde im Rahmen der Vereinten Nationen geschaffen. Die Generalversammlung gründete zu diesem Zweck 1958 den Ausschuß zur friedlichen Nutzung des Weltraums (COPUOS). Grundsätzliche Bedeutung hat der *Vertrag vom 27.1.1967 über die Grundsätze zur Regelung der Tätigkeiten von Staaten bei der Erforschung und Nutzung des Weltraums einschließlich des Mondes und anderer Himmelskörper* (UNTS Bd. 610, 205; dt. Fassung: BGBl. 1969 II, 1967). Er wird gemeinhin als *Weltraumvertrag* bezeichnet. Er bestimmt, daß die Erforschung und -nutzung des Weltraums dem Vorteil aller Staaten und der gesamten Menschheit (→ Gemeinsames Erbe der Menschheit) dienen muß.

Der Weltraum unterliegt nicht der nationalen Aneignung (→ Souveränität) und darf nur zu friedlichen Zwecken genutzt werden. Ein Vertragsstaat ist für seine Aktivitäten im Weltraum ebenso verantwortlich wie für die privater Rechtsträger, über die er die Aufsicht hat. Er haftet folglich auch für Schäden. Daher wird der Staat von den Privaten bei deren Weltraumaktivitäten einen entsprechenden Versicherungsschutz verlangen (*Reijnen* 1992). Das *Übereinkommen vom 29.3.1972 über die völkerrechtliche Haftung für Schäden durch Weltraumgegenstände* legt erstmals eine unlimitierte völkerrechtliche Gefährdungshaftung fest. Demzufolge haftet der Startstaat für die Schäden, die auf der Erdoberfläche oder an Flugzeugen verursacht wurden. Für Schadensfälle im Weltraum gilt demgegenüber die Verschuldenshaftung, was wegen der mangelnder Praktikabilität vielfach kritisiert wurde. Das *Übereinkommen vom 18. Dezember 1979 zur Regelung der Tätigkeiten von Staaten auf dem Mond und anderen Himmelskörpern* legt fest, daß der Mond und seine Naturschätze gemeinsames Erbe der Menschheit sind und folglich nur auf der Grundlage einer internationalen Ordnung ausgebeutet werden dürfen, wenn dies technisch möglich ist. Damit entspricht der Mondvertrag dem Konzept einer neuen Weltwirtschaftsordnung (Weltwirt-

schaftsordnung/NWWO), weshalb er auch von den führenden Weltraummächten nicht ratifiziert wurde. Das *Übereinkommen vom 14.1.1975 über die Registrierung von in den Weltraum gestarteten Gegenständen* verpflichtet alle Vertragsstaaten, ein Verzeichnis dieser Objekte zu führen und den Vereinten Nationen die Registriernummer, Datum und Ort des Startes, grundlegende Parameter der Umlaufbahn sowie die allgemeine Funktion anzugeben. Dies erscheint wegen möglicher Haftungsfragen sinnvoll. In der Praxis befolgen die Weltraummächte diese Verpflichtungen bislang aber nicht ordnungsgemäß. Das *Übereinkommen vom 22.4.1968 über die Rettung und Rückführung von Raumfahrern sowie die Rückgabe von in den Weltraum gestarteten Gegenständen* soll die internationale Hilfeleistung in Notfällen sicherstellen. Neben diesen Verträgen gehören wegen ihrer grundlegenden Bedeutung auch eine Reihe von Resolutionen der UN-Generalversammlung zum Weltraumrecht. Zu nennen ist vor allem GA Res. 37/92 vom 10.12.1982, die die Prinzipien für den Einsatz von Satelliten für internationale *Direktfernsehsendungen* enthält. Dieses Instrument legt fest, daß Sendungen über fremden Staaten der vorherigen Zustimmung des betroffenen Staates bedürfen. Darin sehen westliche Staaten eine Einschränkung der Informationsfreiheit, weshalb sie gegen diese Resolution stimmten. Demgegenüber wurden die „Prinzipien über die *Erdfernerkundung* aus dem Weltraum" (GA Res. 41/65 vom 2.12.1986) im Konsens angenommen. Danach bedarf es der vorherigen Zustimmung des beobachteten Staates zwar nicht, wohl aber seiner umgehenden Information über die Beobachtung. Allerdings ist der Prinzipienkatalog mit einer Reihe von Mängeln behaftet, die seine Bedeutung einschränken. So ist er lediglich auf die zivile Fernerkundung anwendbar. Militärische Satelliten sind damit ebensowenig erfaßt wie der zunehmende dual use (die gleichzeitige zivile und militärische Nutzung) dieser Himmelskörper. Auch die Kommerzialisierung der Fernerkundung ist nicht berücksichtigt (*von Kries* 1996). Schließlich kann die Einhaltung der Prinzipien nicht kontrolliert werden. Mit der Resolution 47/68 vom 14.12.1992 wurden Prinzipien für die *Nutzung nuklearer Antriebsquellen* im Weltraum angenommen. Sie stellen einen Schritt zur Zurückdrängung nuklearer Antriebsquellen auf das absolut Notwendige dar und sollen den Weg für rechtlich verbindliche Regeln vorbereiten (*Benkö* et al. 1993). Bislang sind diese allerdings noch vereinbart. Die Deklaration über die *Nutzung des Weltraums zum Wohle aller Staaten* (GA Res. 51/122 vom 13.12.1996) ist das Ergebnis eines seit 1988 andauernden Nord-Süd-Dialogs, der über lange Zeit konfrontativ geführt wurde. Die Deklaration formt die Kooperationsverpflichtungen aus dem Weltraumvertrag aus, indem die Weltraummächte zur gegenseitig vorteilhaften Zusammenarbeit bei der Nutzung des Alls aufgefordert werden. Der damit erreichte Abbau von Konfrontation ist symptomatisch für das moderne W (*Heintze* 1994). Auch die III. UN-Weltraumkonferenz 1999 wird dem Ziel der gemeinsamen und gegenseitig vorteilhaften Nutzung der Weltraumforschung dienen. Weitere aktuelle Probleme des Weltraumrechts sind die Regelung des Space debris (Weltraummüll) und der Schutz des Lebens auf der Erde gegenüber gefahren aus dem All (*Benkö/Schrögl* 1997). Gleichwohl ist der exakte Geltungsbereichs des Weltraumrechts immer noch nicht konkret vereinbart: die genaue Grenzziehung zwischen dem hoheitsfreien Weltraum und dem dem Staatsgebiet zugehörigen Luftraum ist bislang nicht kodifiziert, so daß die Staaten nach wie vor von einer gewohnheitsrechtlichen Grenzziehung bei 100-110 km über der Erdoberfläche ausgehen.

Hans-Joachim Heintze

Lit.: *Abeyratne, P.:* The Use of Nuclear Power Sources in Outer Space and its Effect on Environmental Protection, in: JSL 25 (1997), 17-28; *Benkö, M./K. Schrogl:* The UN Committee on the Peaceful Uses of Outer Space: Adoption of a Declaration on 'Space Benefits' and Other Recent Developments, in: ZLW 46(1997), 228-248; *Dallmeyer, D. G./ Tsipis, K.(Hrsg.):* Heaven and Earth: Civilian Uses of Near-Earth Space, The Hague 1996; *Diederiks-Verschoor, I.:* An Introduction to Space Law, Gif sur Yvette 1993; *Goedhart, R.:* The Never-Ending Dispute: Delimitation of Air Space and Outer Space, Gif-sur-Yvette 1996; *Gorove, S.:* Cases on Space Law: Texts, Comments and References, Mississipi 1996; *Heintze, H.-J.:* Entwicklungstendenzen des Weltraumrechts, in: ZLW 43 (1994), 293-306; *Jasani, B. (Hrsg.):* Peaceful and Non-Peaceful Uses of Space, New York 1991; *Kries, W.von:* The UN Remote Sensing Principles of 1986 in Light of Subsequent Developments, in: ZLW 45 (1996), 166-179; *Malanczuk, P.:* Review of the Regulatory Regime Governing the Space Environment: The Problem of Space Debris, in: ZLW 45 (1996), 37-62; *Meredit, P.L.:* Space Law: A Case Study for the Practitioner, Dordrecht, 1992.; *Reijnen, B.:* The United Nations Space Treaties Analysed, Gif sur Yvette 1992.; *Mosteshar, S. (Hrsg.):* Research and Invention in Outer Space: Liability and Intellectual Property Rights, Dordrecht 1995; *Wertz, J. R. (Hrsg.):* Reducing Space Mission Cost, Dordrecht 1996.

Weltwirtschaftsordnung /NWWO

Mit den Worten „Wir, die Mitglieder der Vereinten Nationen –... verkünden feierlich unsere gemeinsame Entschlossenheit, nachdrücklich auf die Errichtung einer neuen Weltwirtschaftsordnung hinzuwirken, die auf Gerechtigkeit, souveräner Gleichheit, gegenseitiger Abhängigkeit, gemeinsamem Interesse und der Zusammenarbeit aller Staaten ungeachtet ihres wirtschaftlichen und gesellschaftlichen Systems beruht, die Ungleichheiten behebt und bestehende Ungerechtigkeiten beseitigt, die Aufhebung der sich vertiefenden Kluft zwischen den entwickelten Ländern und den Entwicklungsländern ermöglicht und eine sich ständig beschleunigende wirtschaftliche und soziale Entwicklung in Frieden und Gerechtigkeit für heutige und künftige Generationen sicherstellt" verabschiedete die 6. Sondertagung der → Generalversammlung (9. April bis 2. Mai

1974) am 1. Mai gegen die Stimmen der USA, der EG-Staaten (Bundesrepublik Deutschland, Großbritannien, Belgien, Luxemburg und Dänemark) mit 117 Stimmen aus den Ländern der Zweiten und Dritten Welt - bei Stimmenthaltung von 10 weiteren, zur westlichen Gruppe gehörenden Ländern - die „Erklärung und [das] Aktionsprogramm zur Errichtung einer *neuen Weltwirtschaftsordnung*" (UN-Doc.A/Res 3201 (S-VI) und 3202 (S-VI)). Für die postkolonialen Länder des Südens bedeutete dies vor allem, daß Fragen der Wirtschaftsentwicklung in den Vordergrund rückten.

Obgleich die Vorschläge von „Erklärung und Aktionsprogramm" die allgemeinen Ziele der internationalen Entwicklungsstrategie und die seit vielen Jahren von den Entwicklungsländern in → UNCTAD und anderen Foren dringend geforderten Ziele wiederholten, findet sich doch eine Anzahl neuer Gedanken: die Forderung, daß die Entwicklungsländer über ihre natürlichen Ressourcen verfügen können und Produzentenkartelle bilden; die Forderung nach einer wirksamen Beteiligung der Entwicklungsländer am Entscheidungsprozeß internationaler Finanzinstitutionen wie → IWF, nach einer Indexierung der Rohstoff-Preise in Verbiindung mit denen der Fertigwaren und schließlich nach Kontrolle der transnationalen Unternehmen.

Das Programm zur Errichtung einer neuen Weltwirtschaftsordnung (NW WO) versteht sich als ein Versuch, einige der für eine Reorganisierung der Weltwirtschaft notwendigen Maßnahmen in die Diskussion zu bringen. Betrachtet man den historischen Zusammenhang, in dem die Diskussion um die NWWO stattfand, so treten die folgenden Faktoren deutlich hervor. Noch bei Erlangung der Unabhängigkeit herrschte zunächst allenthalben der Glaube, daß viele Probleme der jungen Staaten vornehmlich eine Funktion ihrer bisherigen politischen Abhängigkeit gewesen wären und mit Erreichen der Unabhängigkeit, der vollen Teilnahme an den internationalen Wirtschaftsbeziehungen

und mit Unterstützung einer Reihe regionaler und internationaler Entwicklungsprogramme die wirtschaftliche Situation sich rapide verbessern würde. Am Ende der sechziger Jahre hatten sich diese Hoffnungen zerschlagen.

Trotz der florierenden Weltwirtschaft sowie bi- und multinationaler Hilfsprogramme hatte sich nicht nur das Wohlstandsgefälle zwischen den Industrieländern und der Masse der Entwicklungsländer vertieft, sondern die wirtschaftliche Lage der Entwicklungsländer blieb weiterhin katastrophal. Die regionalen und internationalen Entwicklungsprogramme und generell die Mechanismen des internationalen Wirtschaftssystems hatten nicht das erreicht, was sie zu versprechen schienen: Die 1961 mit hohen Erwartungen von der Generalversammlung der Vereinten Nationen verkündete erste *Entwicklungsdekade* erwies sich ebenso als Fehlschlag wie die im August 1961 von der Kennedy-Administration mit großem Enthusiasmus kreierte „Allianz für den Fortschritt" zwischen den Vereinigten Staaten und Lateinamerika. Auch die Assoziierungsverträge der EWG mit 17 frankophonen Staaten Afrikas und Madagaskar (Jaunde I 1963, Jaunde II 1969) hatten die daran geknüpften Erwartungen nicht erfüllt. Die *Handels- und Entwicklungskonferenz der Vereinten Nationen* (→ UNCTAD) machte nach einem vielversprechenden Anfang im Jahre 1964 während der folgenden zweiten Konferenz (1968) kaum Fortschritte und erhöhte nur noch die Frustration der Entwicklungsländer.

Die Entwicklungsländer begannen zu erkennen, daß politische Unabhängigkeit eine Illusion bleibt, wenn sie nicht durch ein Mindestmaß an wirtschaftlicher Unabhängigkeit untermauert wird. Die Einsicht verbreitete sich, daß die internationalen Mechanismen und Strukturen, durch welche die Dritte-Welt-Staaten mit den Industrieländern verbunden waren, sich als unfähig erwiesen, ihren spezifischen Interessen gerecht zu werden. Insbesondere die sich verschlechternden Austauschverhältnisse infolge der stetig sinkenden Rohstoffpreise einerseits und steigender Preise für Industriegüter andererseits (*terms of trade*) weckten die Kritik am bestehenden Weltwirtschaftssystem. Bei den neuen Staaten begann sich daher die Ansicht zu verfestigen, daß dieses System nicht *für,* sondern *gegen* sie arbeitete oder sie zumindest als die wirtschaftlich Schwächeren erheblich benachteiligte.

Die Folge war, daß die Forderungen nach grundlegenden Eingriffen und Umstrukturierungen zugunsten der Entwicklungsländer im Rahmen einer noch zu schaffenden „*Neuen Weltwirtschaftsordnung*" (NWWO) immer vernehmbarer wurden.

Dem wachsenden Selbstbewußtsein der Länder der Dritten Welt und der Durchsetzung der Erklärung zur Errichtung einer NWWO im Rahmen der UN gingen allerdings eine Reihe von politischen Entwicklungen und Gruppenbildungen innerhalb der Dritten Welt voraus. Hierzu gehört sicherlich die Entstehung der „*Gruppe der 77*", die in den folgenden Jahren zum Wortführer dieser Forderungen avancierte (→ Gruppe der 77).

Ihren Forderungen schloß sich Anfang der 70er Jahre auch die „Bewegung der Blockfreien" (→ Blockfreienbewegung und die UN) an, die sich seit dem Treffen von Bandung 1955 und ihrer offiziellen Gründung in Belgrad 1961 zu einer der einflußreichsten Interessenvertretungen (pressure groups) der Dritten Welt entwickelt hatte.

Die hervorstechende Manifestierung dieses Wandels findet sich wohl in der „Erklärung über Blockfreiheit und wirtschaftlichen Fortschritt" der 3. Gipfelkonferenz der Staats- und Regierungschefs der Blockfreienbewegung in Lusaka/Sambia 1970 und in der Verpflichtung der Teilnehmerstaaten: „(i) den Geist der Self-Reliance zu pflegen und zu diesem Zweck eine entschiedene Politik zur Organisation des eigenen sozio-ökonomischen Fortschritts einzuschlagen und ihr den Rang eines vorrangigen Aktionsprogramms einzuräumen; (ii) ihre Rechte zur Sicherung der bestmöglichen Ausnutzung der natürlichen Ressourcen in ihren Hoheitsgebieten und den angrenzenden Meeren voll auszuüben und ihre Verpflichtung dazu für die Entwicklung ihrer Völker zu erfüllen; (iii) die wirtschaftlichen Beziehungen zu den anderen Nationen auszubauen und zu diversifizieren, um so eine echte Interdependenz zu fördern". Ferner „die gegenseitige Zusammenarbeit zwischen den Entwicklungsländern zu fördern, um deren nationalen Bestrebungen um Stärkung ihrer Unabhängigkeit Kraft zu verleihen;... Kooperations- und Integrationsbewegung zwischen den Entwicklungsländern auf subregionaler und interregionaler Ebene im größtmöglichen Ausmaß, zu intensivieren und auszuweiten..." (zitiert nach *Matthies/Khushi* 1978, 78f.).

Daß es allerdings erst im Jahre 1974 zur Präsentation einer konzeptionell kompakten und politisch massiven Forderung der Staaten der Dritten Welt nach einer Neuordnung der Weltwirtschaft kam, hängt mit einer Reihe ökonomischer wie politischer Faktoren zusammen, deren wesentlichster zum einen die „Energiekrise" 1973/74 und der Erfolg der OPEC war, den Rohstoff „Erdöl" als Instrument zur Erlangung wirtschaftlicher und politischer Macht einzusetzen. Zum anderen trug auch die Gewichtsverlagerung innerhalb der UNO weg von den Fragen des Ost-West-Konflikts hin zu der Nord-Süd-Problematik dazu bei. Denn im Zuge der → Entkolonialisierung weiter Teile Asiens und Afrikas in den sechziger Jahren traten immer mehr junge Staaten der Dritten Welt den Vereinten Nationen bei (→ Mitgliedschaft/Repräsentation von Staaten) und machten diese in wachsendem Maße zu einem politischen Forum, auf dem sie ihre spezifischen Interessen und Anliegen diskutierten und verhandelten (→ Geschichte der UN). Nach dem Prinzip des „Ein Staat - Eine Stimme" konnte insbesondere die UN-Generalversammlung im Laufe der Zeit von den Staaten der Dritten Welt dominiert werden.

Ungeachtet der unterschiedlichen Bewertungen dieser Entwicklungen ist unbestreitbar, daß die sogenannte „Ölkrise" den Zeitpunkt für die Forderung nach einer NWWO mitbestimmte. Denn im Gegenzug zu der von den USA für Februar 1974 in Washington einberufenen Energiekonferenz forderte der amtierende Präsident der Blockfreien-Bewegung, der algerische Staatschef Boumedienne, die Einberufung einer Sonderkonferenz der UN-Generalversammlung über Rohstoffe und Entwicklung, die dann als 6. Sondertagung der Generalversammlung der Vereinten Nationen vom 9. April bis 2. Mai 1974 abgehalten und bei der „Erklärung und Aktionsprogramm zur Errichtung einer neuen internationalen Wirtschaftsordnung" verabschiedet wurden. Die wesentlichsten Forderungen der „Erklärung" (E) und des „Aktionsprogramms" (A) lassen sich wie folgt zusammenfassen:

„souveräne Gleichheit der Staaten, Selbstbestimmung aller Völker, Unzulässigkeit des Gebietserwerbs durch Gewalt, territoriale Unversehrtheit und Nichteinmischung in die inneren Angelegenheiten anderer Staaten (E: 4 a);

„jedes Land hat das Recht, das wirtschaftliche und soziale System anzunehmen, das es für seine eigene Entwicklung als am besten geeignet erachtet; es darf deshalb nicht diskriminiert werden (E: 4 d);

„volle und ständige Souveränität jedes Staates über seine natürlichen Hilfsquellen... einschließlich des Rechts der Verstaatlichung... oder der Eigentumsübertragung an seine eigenen Staatsangehörigen" (E: 4 e);

„Regelung und Überwachung der Tätigkeit transnationaler Gesellschaften durch Maßnahmen im Interesse der Volkswirtschaft der Länder, in denen derartige Gesellschaften tätig sind, und zwar auf der Grundlage der uneingeschränkten Souveränität" (E: 4 g; A: V, a-e);

„gerechte und faire Relationen zwischen den Preisen von Rohstoffen... die von Entwicklungsländern ausgeführt werden und den Preisen von Rohstoffen, Grundstoffen.... die von ihnen eingeführt werden" (E: 4 j; A: I.1.d);

„Ausdehnung der aktiven Hilfe an Entwicklungsländer... ohne irgendwelche politischen oder militärischen Bedingungen." (E: 4 k)

„präferentielle und nicht auf Gegenseitigkeit beruhende Behandlung von Entwicklungsländern... (E: 4 n);

„Zugang zu den Errungenschaften der modernen Technologie für die Entwicklungsländer... und Schaffung einer einheimischen Technologie... nach Verfahren, die ihren Volkswirtschaften entsprechen" (E: 4 p; A: IV. a-e);

„Stärkung... der wirtschaftlichen, kommerziellen, finanziellen und technischen Zusammenarbeit der Entwicklungsländer hauptsächlich auf der Grundlage von Präferenzen" (E: 4 s; A:VII 1. a-h);

„Zulassung von Rohstofferzeugerkartellen" (E: 4 t; A: I.1.c)

„Beschleunigte Ausarbeitung von Grundstoffabkommen..., um die Weltmärkte für Roh- und Grundstoffe soweit erforderlich zu regulieren und zu stabilisieren (A: 1.1. a iii) und Ausarbeitung eines integrierten Gesamtprogramms für eine umfassende Reihe von Grundstoffen, an denen die Entwicklungsländer ein Exportinteresse haben." (A: I.3. a iv)

Errichtung von Marktausgleichslagern (buffer stocks) im Rahmen von Grundstoffabkommen... mit dem Ziel der Begünstigung der erzeugenden und verbrauchenden Entwicklungsländer und der Leistung eines Beitrags zur Erweiterung des Welthandels insgesamt (A: I.3. a xi);

Verbesserung des Zugangs zu den Märkten in den entwickelten Ländern durch schrittweise Beseitigung von tarifären und nicht-tarifären Hemmnissen und restriktiven Geschäftspraktiken (A: I.3. a ii);

Reform des Welternährungssystems (A: II. 1. a-i);

„Maßnahmen zur Entwicklungsfinanzierung und zur Überwindung der Zahlungsbilanzkrisen der Entwicklungsländer..." (A: II. 2. a-i);

Förderung der „Industrialisierung der Entwicklungsländer" (A: III. a-d);

„Stärkung der Rolle der Vereinten Nationen bei der internationalen wirtschaftlichen Zusammenarbeit....", insbesondere der „Tätigkeit der Konferenz der Vereinten Nationen für Handel und Entwicklung..." (A: IX 1-8).

„Erklärung" und „Aktionsprogramm" enthalten ferner in einem Sonderprogramm (Teil X) eine Reihe von Forderungen hinsichtlich der am wenigsten entwickelten (und am schwersten betroffenen) Länder (LLDC) wie:

Warenhilfe einschließlich Nahrungsmittel (3.c);

langfristige Lieferkredite zu günstigen Bedingungen (3.d);

Herstellung einer Verbindung (link) zwischen der Schaffung von Sonderziehungsrechten und der Entwicklungshilfe (3.g);

Übereinkünfte über Schuldenerlaß, Moratorien oder Umschuldung (3.i)

Die Forderung nach einer NWWO stellte für die Industrieländer zweifellos eine gewichtige politische und wirtschaftliche Herausforderung dar, weil sie im Kern auf eine Änderung des überkommenen Nord-Süd-Verhältnisses zugunsten der Interessen der Entwicklungsländer abzielte und damit die althergebrachten Privilegien der Industrieländer in Frage stellte. Doch bei nüchterner Betrachtung verwundert die Reaktion der westlichen Industrieländer, die darin einen Angriff auf die „freie" Marktwirtschaft sahen und die Errichtung einer „dirigistischen" Welt-Planwirtschaft befürchteten. Denn weder die „Erklärung" noch das „Aktionsprogramm" zielten auf die Schaffung einer grundlegenden neuen Ordnung ab, sondern hielten im Prinzip an den überkommenen Mechanismen der internationalen Arbeitsteilung fest und war prinzipiell „handelsorientiert". Lediglich die rohstoffpolitischen Zielsetzungen enthielten Aspekte, die dazu geeignet wären, die Rohstoffproduzenten mit größeren Stücken als bisher an dem zu verteilenden Kuchen zu beteiligen.

Selbst das Gespenst von Rohstoffkartellen nach dem Muster der OPEC war von Beginn an gegenstandslos, da es fraglich erschien, ob alle vorhandenen Rohstoffe jene positiven Eigenschaften hervorbringen, die das Erdöl besaß, um sich als „Rohstoffproduzenten-Kartell" gegenüber den Industrieländern mit Schlagkraft durchsetzen zu können.

Obwohl die Entwicklung seit 1974 innerhalb des Nord-Süd-Dialoges einen Wechsel von einer Ära der „Petition" zu einer Ära der „Aktion" vollzogen hat, blieben – gemessen an dem Umfang und der Reichweite des Forderungskatalogs der Entwicklungsländer – „die materiellen Ergebnisse der bisherigen Bemühungen um eine Verwirklichung der NWWO relativ gering... Im Vergleich zu der euphorischen Aufbruchstimmung auf Seiten der Entwicklungsländer und der hektischen politischen Nervosität auf Seiten der Industrieländer im Jahre 1974 werden heute allenthalben eher Ermüdungs- und Abnutzungserscheinungen sichtbar" (*Matthies* 1980, 27).

Die Gründe hierfür lassen sich auf folgende Faktoren und Entwicklungen zurückführen:

- die mangelnde Stimmigkeit und Prioritätensetzung des Forderungskatalogs;

- die teilweise bewußte Verzettelung der Forderungen durch Verteilung der Verhandlungen auf verschiedenen Konferenzen und Foren durch die Industrieländer;

- die wachsenden Interessendivergenzen innerhalb der Entwicklungsländer durch zunehmende Differenzierungsprozesse und die dadurch bedingte geschwächte Verhandlungsposition;

- die gravierenden strukturellen Ungleichgewichte im Verhältnis der Industrieländer und der Entwicklungsländer, die sich nicht durch Verhandlungen überwinden ließen.

Vor dem Hintergrund der veränderten weltpolitischen Großwetterlage nach dem Zerfall des Sowjetimperiums bzw. dem Ende des Ost-West-Konfliktes, den die Staaten der Dritten Welt auch innerhalb der UN zur Durchsetzung ihrer

Forderungen instrumentalisiert hatten, zeichnete sich seit Beginn der neunziger Jahre ein Umdenken über die Neugestaltung der internationalen Wirtschaftsbeziehungen ab. Indizien hierfür lieferte die am 1. Mai 1990 von der UN-Generalversammlung in Konsens angenommene Resolution über die „Wirtschaftliche Zusammenarbeit der Staaten", in der die Verantwortung jedes einzelnen Staates für seine eigene Entwicklung ebenso hervorgehoben wird wie die besonderen Einflußmöglichkeiten der Industrienationen auf die Weltwirtschaft und die sich hieraus ergebenden Konsequenzen, aber auch die Ergebnisse der UNCTAD-IX-Konferenz in Midrand 1996, wo in den Abschlußdokumenten nicht nur die Forderung nach der Errichtung einer neuen Weltwirtschaftsordnung keine Erwähnung mehr fand, sondern auch im Konsens das neoliberale Ziel einer wachstumsorientierten Wirtschaft in den Industrieländern gutgeheißen wurde, von dem aus positive Impulse für alle Entwicklungsländer erwartet wurden. Darüber hinaus wurde die Behebung der Defizite zur eigenverantwortlichen Aufgabe jedes Staates erklärt. Damit dürfte die Debatte um die Schaffung einer Neuen Weltwirtschaftsordnung, die auch den Vorstellungen und Bedürfnissen der Staaten des Südens entsprochen hätte, endgültig der Vergangenheit angehören.

Mir A. Ferdowsi

Lit.: *Bhagwati, J. N. (Hrsg.):* The New International Economic Order: The North-South Debate, Cambridge 1977*; Bundesministerium für Wirtschaftliche Zusammenarbeit:* Journalisten Handbuch Entwicklungspolitik, Bonn 1988; *Galtung, J.:* Arme Länder gegen reiche; arme Menschen gegen reiche: Wem wird die Neue Weltwirtschaftsordnung nützen? in: Senghaas, D. (Hrsg.): Kapitalistische Weltökonomie. Kontroversen über ihren Ursprung und ihre Entwicklungsdynamik, Frankfurt/M 1979, 337-375; *Galtung, J.:* Überlegungen zu einer neuen Weltwirtschaftsordnung.- Die alte, neue und zukünftige Ordnung, in: Ferdowsi, M. A.(Hrsg.): Johan Galtung: Self-Reliance. Beiträge zu einer alternativen Entwicklungsstrategie, München 1983, 19-

45; *Graham, A.:* Die Neue internationale Wirtschaftsordnung – eine schwindende Vision? in: VN 27 (1979), 162-167; *Hüfner, K./Naumann, J.:* Neue Weltwirtschaftsordnung? Der Nord-Süd-Konflikt im UNO-System, Landeszentrale für politische Bildungsarbeit: Politik in Schaubildern, Heft 7; 2. überarb u. erw. Aufl., Berlin 1980; *Jonas, R./Tietzel, M.:* Die Neuordnung der Weltwirtschaft, Bonn-Bad Godesberg 1967; *Khushi, M K/Matthies, V. (Hrsg.):* Collective Self-Reliance: Programme und Perspektiven der Dritten Welt, München u.a. 1978; *Matthies, V.:* Neue Weltwirtschaftsordnung. Hintergründe – Positionen – Argumente, Opladen 1980; *Sauvant, K. P./Hasenpflug, H. (Hrsg.):* The New International Economic Order: Confrontation or Cooperation between North and South? Boulder 1978; *Sauvant, K. P.:* Von der politischen zur wirtschaftlichen Unabhängigkeit? Die Ursprünge des Programms der NWWO, in:. VN 27 (1979), 49-52; *Tetzlaff, R.:* Perspektiven und Grenzen der Neuen Weltwirtschaftsordnung, in: Nohlen, D./Nuscheler, F. (Hrsg.): Handbuch der Dritten Welt, Bd. 1: Unterentwicklung und Entwicklung: Theorien – Strategien – Indikatoren, Hamburg 1982, 273-291; *Williams, M.:* International Economic Organisation and the Third World, New York u.a.1996.

WFC – Welternährungsrat

Nach einer Empfehlung der Welternährungskonferenz (→ Weltkonferenzen) von 1974 richtete die → Generalversammlung der UN den *Welternährungsrat (World Food Council – WFC)* als eines ihrer Spezialorgane (→ Haupt-/Neben-/Vertragsorgane) ein, das die Arbeit des → UN-Systems in Welternährungsfragen leiten und koordinieren soll. Die eigentlichen Hilfsmaßnahmen werden von → Sonderorganisationen der UN wie → FAO, IFAD oder → WFP durchgeführt. Nach einem regionalen Schlüssel nehmen insgesamt 36 Mitglieder an den jährlichen Tagungen des Rates teil. Eine der *Hauptaufgaben* des WFC besteht darin die Welternährungssituation zu beobachten, Verbesserungsvorschläge zu machen und das Ernährungsproblem in der Weltöffentlichkeit präsent zu halten. Seine *Funktionen* sind nur beratender und initiierender Art. Sein Konzept der „nationalen Ernährungsstrategien" zielt darauf ab, die Entwicklungsländer bezüglich der Nahrungsproduktion auf eigene Füße zu stellen. Darüber hinaus sucht er nach einer Verbesserung der Mechanismen zur Verteilung von Nahrungsmitteln, um langfristig Ernährungssicherheit herzustellen. Die *Finanzierung* des WFC kommt aus dem ordentlichen → Haushalt der UN und beträgt für zwei Jahre etwa 5 Millionen US-$.

Durch die vergleichsweise späte Schaffung des WFC und die vorhandenen Kompetenzstreitigkeiten zwischen den anderen Institutionen des selben Bereiches, wurde es ihm in den letzten Jahren nicht einfach gemacht seinen Aufgabenbereich innerhalb des UN-Systems zu definieren. Der Rat hat sich deshalb im wesentlichen auf die → Öffentlichkeitsarbeit für das Welternährungsproblem spezialisiert, in der er große Erfolge vorzuweisen hat. Dennoch könnte eine zukünftige Aufgabe des WFC darin bestehen Vorschläge zur Verbesserung des Systems der Nahrungsmittel- und Entwicklungshilfe zu erarbeiten, die sich an der aktuellen Lage des Welternährungsproblems orientieren.

Barbara Hofner

Lit.: *Hüfner, K.:* Die Vereinten Nationen und ihre Sonderorganisationen. Strukturen, Aufgaben, Dokumente. Teil 1: Die Haupt- und Spezialorgane, DGVN-Texte 40, 2. unveränd. Aufl., Bonn 1995; 171; *Talbot, RB:* Historical dictionary of the international food agencies: FAO, WFP, WFC, IFAD, Metuchen NJ 1994; *Wolf, K.D.:* WFC - Welternährungsrat, in: Wolfrum, R. (Hrsg.): Handbuch Vereinte Nationen, 2. Aufl., München 1991; 1089-1094.

WFP – Welternährungsprogramm

Zur effektiveren Bekämpfung von Hunger, Armut und Unterernährung wurde 1961 durch die UN und die → FAO das *Welternährungsprogramm (World Food Programme –WFP)*, die Nahrungsmittelhilfe-Organisation der UN gegründet. Nach dreijähriger Experimentierphase wurde es 1966 zur permanenten Organisation mit Sitz in Rom.

Die *Hauptaufgabe* des WFP ist die direkte Hilfe durch den Transfer von in Industriestaaten überproduzierten Nahrungsmitteln in Entwicklungsländer. Obwohl das WFP eigentlich autonom ist, ist es bei der Bereitstellung von Nahrungsmittelnothilfe von deren Gewährung durch den Generaldirektor der FAO abhängig.

Im Jahr 1994 definierte das Programm seine *Mission* für die nächsten Jahre im wesentlichen in drei Kategorien: (1) Nahrungsmittelhilfe in Notsituationen, die 1997 55% der Hilfe durch das WFP ausmachte und z.B. an Flüchtlinge (→ UNHCR) oder Opfer von Naturkatastrophen ging ("Food for Life"), (2) Hilfe für die am stärksten Betroffenen wie Kinder, Mütter und Alte ("Food for Growth") und (3) Unterstützung von Programmen, die auf die selbständige Versorgung der unterernährten Menschen abzielen und Arbeit mit Nahrungsmitteln bezahlen ("Food for Work").

Das Leitorgan des WFP ist der *Ausschuß für Nahrungsmittelhilfepolitik und -programme ("Committee on Food Aid Policies and Programmes", CFA)*, in dem 27 Entwicklungsländer und 15 entwickelte Länder vertreten sind und der unter einem *Exekutivdirektor* über die Richtlinien und den Haushalt entscheidet.

Finanziert wird das Programm durch freiwillige Beiträge von etwa 60 Ländern, die sowohl in Nahrungsmitteln als auch in Geld- oder Dienstleistungsform erfolgen können. Die größten Beitragszahler sind die USA und die EU. Im Jahr 1997 beliefen sich die Ausgaben für die Projekte in 84 Ländern auf 1,2 Milliarden US-$ und auf rund 2,7 Millionen Tonnen Nahrungsmittel.

Im Jahr 1997 hat die Hilfe des WFP 53 Millionen Menschen erreicht. Insgesamt hat es in den letzten 30 Jahren 20 Milliarden US-$ und 43 Millionen Tonnen Nahrung in seine Projekte investiert. Etwa ein Drittel der weltweiten Nahrungsmittelhilfe wird mittlerweile über das WFP abgewickelt, wobei mehr als die Hälfte davon in die Katastrophenhilfe wandert. Diese wird oft durch die, unter WFP Verwaltung stehende *Internationale Notstands-Nahrungsmittel-Reserve („International Emergency Food Reserve", IEFR)* gestellt. Obwohl diese Zahlen für die effiziente Arbeit des WFP sprechen, wird es immer wieder bezüglich seines Ansatzes kritisiert. Nach Meinung von Kritikern wirken Nahrungunsmittellieferungen der Selbstversorgung von Entwicklungsländern durch eigene Produktion von Nahrungsmitteln, entgegen. Hier muß allerdings gesehen werden, daß sich das WFP in erster Linie dem Verteilungsproblem von Nahrung annimmt und daß es der Umverteilung von Nahrungsmitteln dienen soll, aber keine Entwicklungshilfeorganisation ist (→ Entwicklungszusammenarbeit der UN). Das WFP zielt vor allem darauf ab dem Einzelnen zu helfen und es argumentiert, daß Hunger in einer Welt des Überflusses unakzeptierbar sei.

Barbara Hofner

Lit.: *Hüfner, K.:* Die Vereinten Nationen und ihre Sonderorganisationen. Strukturen, Aufgaben, Dokumente. Teil 1: Die Haupt- und Spezialorgane, DGVN-Texte 40, 2. unveränd. Aufl., Bonn1995, 172-175; *Talbot, RB:* Historical dictionary of the international food agencies: FAO, WFP, WFC, IFAD. Metuchen, NJ 1994; *Wolf, K.D.:* WFP - Welternährungsprogramm, in: Wolfrum, R. (Hrsg.): Handbuch Vereinte Nationen 2. Aufl., München 1991, 1094-1999; *World Food Programme:* World Food Programme News; *World Food Programme:* Tackling hunger in a world full of food: Tasks ahead for food aid, Rome 1996.
Internet: Homepage des WFP: http://www.wfp.org

WFUNA – Weltföderation der Gesellschaften für die Vereinten Nationen

I. Einleitung

Die Weltföderation der Gesellschaften für die Vereinten Nationen (World Federation of United Nations Associations - WFUNA) mit Sitz in Genf wurde am 2. August 1946 auf Initiative der britischen UN-Gesellschaft gegründet. Grundlegender Gedanke zur Gründung der WFUNA war der Bezug auf die Präambel zur Charta der Vereinten Nationen („Wir, die Völker der Vereinten Nationen"). In diesem Sinne versteht sich die WFUNA als eine „Bewegung der Völker für die Vereinten Nationen", die sich auf freiwilliger, ehrenamtlicher Grundlage und als einzige internationale nichtstaatliche Organisation (→ NGOs) ausschließlich darauf konzentriert, die (Welt-)Öffentlichkeit für die Ziele und Prinzipien der UNO und ihrer → Sonderorganisationen zu mobilisieren und deren Arbeit zu unterstützen.

II. Mitgliedschaft

Nach der WFUNA-Verfassung kann je Staat eine nationale UN-Gesellschaft (United Nations Association; UNA) Mitglied werden, wenn sie die allgemeinen Zielsetzungen der Föderation akzeptiert. Gegenwärtig unterscheidet die Organisation zwischen Mitgliedern (91) sowie assoziierten Organisationen (5); dazu gehören internationale Organisationen, wie z.B. International Academy of Ecological Reconstruction und Sokka Gakkai International, und die International Youth and Student Movement for the United Nations (ISMUN) als Beobachter-Organisation.

Die Deutsche Gesellschaft für die Vereinten Nationen (DGVN) mit Sitz in Bonn ist seit 1966 Mitglied der WFUNA; sie gehört - neben der britischen und den skandinavischen UN-Gesellschaften - zu den aktivsten UN-Gesellschaften in der Föderation.

Die obengenannten Zahlen deuten bereits darauf hin, daß die WFUNA niemals in der Lage war, ihre Mitgliedschaft entsprechend der Entwicklung in den Vereinten Nationen zu erhöhen. Mit 35 Mitgliedern (= 38,5%) überwiegt das Interesse Europas an der WFUNA. Die höchste Fluktuationsrate weist Afrika mit derzeit 24 Mitgliedern auf, von denen 11 seit drei Jahren keinen Beitrag gezahlt haben.

III. Organisationsstruktur

Nach der WFUNA-Verfassung sind die Organe der Föderation die *Vollversammlung*, der *Exekutiv-Ausschuß* und das *Sekretariat* mit einem *Generalsekretär* an seiner Spitze. Aber die gegenwärtige, tiefgreifende Finanzkrise der Föderation hat zu erheblichen Organisationsdefiziten und einer Legitimationskrise geführt.

Die Vollversammlung als oberstes Organ, die alle zwei Jahre stattfinden soll, tagte letztmals 1995 in San Francisco bzw. 1996 - anläßlich des 50-jährigen Bestehens - in Luxemburg zu einer außerordentlichen Sitzung. Die nächste Vollversammlung soll Ende Oktober 1999 in Oslo stattfinden. Der Exekutiv-Ausschuß, bestehend aus 17 Einzelpersönlichkeiten, die auf vier Jahre gewählt werden, trifft sich zweimal jährlich; er ist gegenwärtig das einzige funktionstüchtige Organ der Föderation. Auf seiner letzten Sitzung Anfang November 1998 in Wien entschied er, seinen gegenwärtigen Vorsitzenden auch mit den Aufgaben zu betrauen, die ein Generalsekretär der WFUNA zu erfüllen hätte (aus finanziellen Gründen bleibt diese Position derzeit unbesetzt).

IV. Ausblick

Angesichts der geringen, geographisch unausgewogenen Mitgliederzahl und des bescheidenen Finanzaufkommens (der Haushalt 1999 rechnet mit lediglich 150.000 Schweizer Franken) fällt es schwer, positive Zukunftsperspektiven der Föderation zu sehen. Nicht nur ein Generationenwechsel, sondern auch eine neue Schwerpunktorientierung ist dringend notwendig. Während bis Ende der 80er Jahre die Überwindung des Ost-West-Konfliktes im Mittelpunkt des Interesses stand, der nationalen NGOs unterschiedlicher „Regierungsnähe" mit der WFUNA ein Forum des informellen und inoffiziellen Meinungsaustausches bot, entstand Anfang der 90er Jahre plötzlich eine Lücke in vielfacher Hinsicht:

Die ökonomisch nicht mehr abgesicherten UNAs des ehemaligen sozialistischen Lagers sind mit einem komplexen Transformationsprozeß konfrontiert, welcher die gesellschaftlichen Kräfte zur Lösung ihrer Binnenprobleme bindet.

Die Nord-Süd-Problematik wird gegenwärtig von Globalisierungsprozes-

sen überlagert, die ebenfalls zur Marginalisierung der Föderation beigetragen haben.

Die Mitgliederzahl ist im Sinken begriffen.

Die Finanzdecke der Föderation ist immer dünner geworden.

Offensichtlich liegt die Zukunft der WFUNA in einem Regionalisierungsansatz, wie er von der UNA/EU Liaision Group in Europa unternommen wird, um sich dann über interregionale Kooperationsmuster wieder aktuellen Weltproblemen des → UN-Systems widmen zu können.

Klaus Hüfner

Lit.: Hüfner, K.: WFUNA - Weltverband der Gesellschaften für die Vereinten Nationen, in: Wolfrum, R. (Hrsg.): Handbuch Vereinte Nationen, 2. Aufl., München 1991, 1099-1104; Ignatieff, P.: Quo Vadis WFUNA: Moving Ahead. Report of the Secretary-General of WFUNA, 9 October 1998, Genf 1998 (über Internet: http://www.wfuna.gla.ac.uk/documents/quovwfuna.htm).
Internet: Homepage der WFUNA: http://www.wfuna.org

WHO – Weltgesundheitsorganisation

Geschichte der WHO

Zu Beginn des 20. Jahrhunderts wurden als Vorläufer der Weltgesundheitsorganisation verschiedene internationale Organe gegründet. 1902 errichtete man in Washington D.C. das International Sanitary Bureau, das später in die Panamerikanische Gesundheitsorganisation (PAHO) umgebildet wurde. 1907 wurde in Paris das L'office Internationale d'Hygiène Publique (OIHP) geschaffen und dann 1919 parallel zu dem Pariser Büro in Genf die Health Organization of the League of Nations.

Es dauerte mehr als 25 Jahre, bevor man beschloß, eine neue, unabhängige internationale Gesundheitsorganisation zu gründen. Die Internationale Gesundheitskonferenz, die 1946 in New York zusammentrat, verabschiedete die Satzung der Weltgesundheitsorganisation, die am 7. April 1948 in Kraft trat.

Mandat und Aufgabe der WHO

Ziel der WHO ist es zu erreichen, daß sich alle Menschen der bestmöglichen Gesundheit erfreuen. Nach der Definition der WHO-Satzung ist Gesundheit „ein Zustand völligen körperlichen, seelischen und sozialen Wohlbefindens und nicht nur das Freisein von Krankheit oder Gebrechen."

Zur Unterstützung dieses übergeordneten Ziels erfüllt die Organisation zwei Hauptfunktionen, nämlich:
- als Leit- und Koordinierungsstelle für die internationale Gesundheitsarbeit tätig zu sein und
- den Regierungen auf Verlangen geeignete fachliche Unterstützung zu leisten.

Diese beiden Hauptaufgaben ergänzen einander und bilden eine tragfähige Grundlage für die Arbeit der WHO. Die WHO bringt auch Vorschläge für Übereinkommen, Vereinbarungen und Bestimmungen ein. Sie gibt Empfehlungen zur internationalen Klassifikation der Krankheiten ab und entwickelt, bestimmt und fördert internationale Standards, Kriterien und Leitlinien für Lebensmittel und biologische Substanzen, Arzneimittel sowie chemische und physikalische Wirkstoffe.

Die Struktur der WHO

Die Weltgesundheitsversammlung (WHA) ist das oberste Entscheidungsorgan der Organisation. Sie tritt normalerweise in Genf im Mai jeden Jahres zusammen. Teilnehmer sind Delegationen aus allen Mitgliedstaaten.

Zur Zeit hat die WHO 191 Mitgliedstaaten. Da sie eine für die Gesundheitsarbeit zuständige → Sonderorganisation der Vereinten Nationen ist, setzen sich die Delegationen für die Weltgesundheitsversammlung hauptsächlich, jedoch nicht notwendigerweise, aus Vertretern des Gesundheitssektors der Mitgliedstaaten zusammen. Hauptaufgabe der Weltgesundheitsversammlung ist es:
- den zweijährlichen Programmhaushalt zu verabschieden und
- Grundsatzentscheidungen zu treffen.

Der Exekutivrat besteht aus 32 Mitgliedern, die jeweils von einem Mitgliedstaat benannt werden und die sechs Regionen der WHO vertreten, nämlich:
- die Amerikanische Region (6);
- die Afrikanische Region (7);
- die Region Östliches Mittelmeer (5);
- die Europäische Region (7);
- die Südostasiatische Region (3); und
- die Westpazifische Region (4).

Die Mitgliedstaaten benennen ihre Kandidaten jeweils für eine Amtszeit von drei Jahren. Der Exekutivrat tritt mindestens zweimal jährlich zusammen, wobei die Haupttagung normalerweise im Januar stattfindet und eine zweite, kürzere im Mai abgehalten wird. Die Hauptfunktionen des Exekutivrats bestehen darin:
- den Beschlüssen und Konzepten der Weltgesundheitsversammlung Wirkung zu verleihen und
- die Weltgesundheitsversammlung zu beraten und deren Arbeit allgemein zu erleichtern.

Das Sekretariat der WHO umfaßt etwa 3800 Experten für gesundheitliche Fragen und aus anderen Fachgebieten, die im Hauptbüro in Genf, in den sechs Regionalbüros und auf Länderebene im höheren Dienst und im allgemeinen Verwaltungsdienst arbeiten. Das Sekretariat wird vom Generaldirektor/der Generaldirektorin geleitet, der/die nach der Nominierung durch den Exekutivrat von der Weltgesundheitsversammlung ernannt wird. Generaldirektorin ist zur Zeit Dr. Gro Harlem Brundtland, die ehemalige norwegische Premierministerin.

Ein besonderes Kennzeichen der WHO ist ihre dezentralisierte Struktur. Die sechs Regionen (s.o.) bestehen jeweils aus einem Regionalkomitee und einem Regionalbüro. Die Regionalbüros haben ihren Sitz in:
- Washington, D.C., USA (Amerikanische Region);
- Harare, Zimbabwe (Afrikanische Region);
- Alexandria, Ägypten (Region Östliches Mittelmeer);
- Kopenhagen, Dänemark (Europäische Region);

- Neu Delhi, Indien (Südostasiatische Region); und
- Manila, Philippinen (Westpazifische Region).

An der Spitze eines jeden Regionalbüros steht ein/e Regionaldirektor/in. Die Regionalbüros sind zuständig für:
- die Festlegung von Konzepten mit regionalem Charakter und
- die laufende Verfolgung der regionalen Tätigkeiten.

In etwa 130 Ländern gibt es eine/n dort ansässige/n WHO-Vertreter/in oder eine/n WHO-Verbindungsreferent/in, der/die für die WHO Ländertätigkeiten zuständig ist und die jeweilige Regierung bei der Planung und Leitung nationaler Gesundheitsprogramme unterstützt. Daneben hat die WHO auch in Brüssel im WHO-Büro bei der Europäischen Union Vertreter, die für die Verbindung zur Organisation für wirtschaftliche Zusammenarbeit und Entwicklung (OECD), dem Europarat sowie der Organisation für Sicherheit und Zusammenarbeit in Europa (OSZE) zuständig sind. Weitere Vertreter hat die WHO in New York im WHO-Büro bei den Vereinten Nationen und in Addis Abeba bei der Organisation der Afrikanischen Union.

Etwa 46% aller Mitarbeiter der WHO arbeiten weltweit auf Länderebene, entweder in konkreten Länderprogrammen oder als WHO-Vertreter. 24% arbeiten in den sechs Regionalbüros, 30% im Hauptbüro in Genf.

Die Struktur des Hauptbüros gründet sich auf neun Programmbereiche, nämlich:
- Gesundheitssysteme und Gesundheit der Bevölkerung;
- Übertragbare Krankheiten;
- Nichtübertragbare Krankheiten;
- Nachhaltige Entwicklung und gesunde Umwelt;
- Gesundheitstechnik und Arzneimittel;
- Sozialer Wandel und psychische Gesundheit;
- Fakten und Information für die Grundsatzarbeit;
- Externe Beziehungen und leitende Organe sowie
- Management.

Die Programmbereiche werden von Exekutivdirektoren/Exekutivdirektorinnen geleitet, die zusammen das Kabinett bilden, in dem der Generaldirektor/die Generaldirektorin den Vorsitz führt.

Kennzeichnend für die WHO ist die Tatsache, daß sie sich auf das Wissen und die Erfahrungen von über 800 WHO-Kooperationszentren stützen kann, deren Auswahl nach strengen Kriterien erfolgt. Darüber hinaus haben zahlreiche nichtstaatliche Organisationen (→ NGOs) offizielle Beziehungen zur WHO. Die Beziehungen zwischen der WHO und diesen NGOs folgen den von den leitenden Organen der WHO festgelegten Prinzipien.

Der Haushalt der WHO

Der Haushalt der WHO setzt sich aus den Pflichtbeiträgen ihrer Mitgliedstaaten zusammen, deren Höhe sich nach Bevölkerungszahl und Wirtschaftskraft des jeweiligen Landes richtet und von der → Generalversammlung der Vereinten Nationen festgelegt wird. Er reicht von 25% für die Vereinigten Staaten bis zu 0,01% für die Mehrheit der Entwicklungsländer. Die Pflichtbeiträge bilden den Ordentlichen Haushalt der WHO.

Darüber hinaus erhält die WHO aber auch freiwillige Beiträge aus den Mitgliedstaaten und anderen Quellen, die oft als „außerordentliche Beiträge" bezeichnet werden. Der von der 50. Weltgesundheitsversammlung im Mai 1997 einvernehmlich verabschiedete Ordentliche Haushalt für den Rechnungszeitraum 1998–1999 beträgt 842 Millionen US-Dollar. Dazu kommen freiwillige Beiträge aus anderen Quellen von schätzungsweise 950 Millionen US-Dollar, was für den Gesamthaushalt der Organisation im Rechnungszeitraum 1998–1999 annähernd 1,8 Milliarden US-Dollar ausmacht.

Dieser Haushalt verteilt sich nach dem in Tabelle 1 ausgewiesenen Schlüssel auf das Hauptbüro (global/interregional) und die sechs Regionalbüros.

Struktur des WHO-Hauptbüros

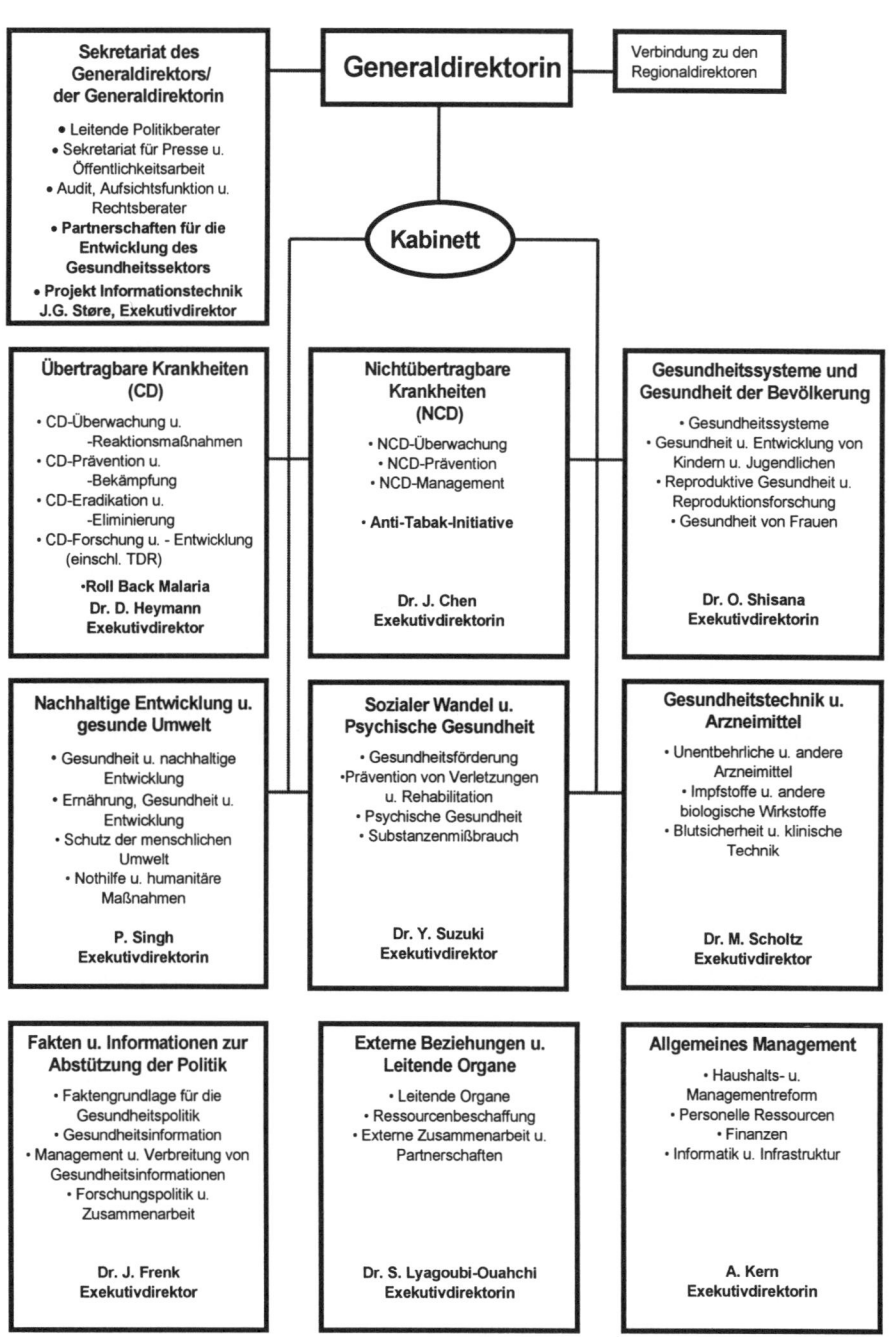

Sekretariat des Generaldirektors/ der Generaldirektorin

- Leitende Politikberater
- Sekretariat für Presse u. Öffentlichkeitsarbeit
- Audit, Aufsichtsfunktion u. Rechtsberater
- **Partnerschaften für die Entwicklung des Gesundheitssektors**
- **Projekt Informationstechnik**

J.G. Støre, Exekutivdirektor

Generaldirektorin

Verbindung zu den Regionaldirektoren

Kabinett

Übertragbare Krankheiten (CD)

- CD-Überwachung u. -Reaktionsmaßnahmen
- CD-Prävention u. -Bekämpfung
- CD-Eradikation u. -Eliminierung
- CD-Forschung u. - Entwicklung (einschl. TDR)

- **Roll Back Malaria**

Dr. D. Heymann Exekutivdirektor

Nichtübertragbare Krankheiten (NCD)

- NCD-Überwachung
- NCD-Prävention
- NCD-Management

- **Anti-Tabak-Initiative**

Dr. J. Chen Exekutivdirektorin

Gesundheitssysteme und Gesundheit der Bevölkerung

- Gesundheitssysteme
- Gesundheit u. Entwicklung von Kindern u. Jugendlichen
- Reproduktive Gesundheit u. Reproduktionsforschung
- Gesundheit von Frauen

Dr. O. Shisana Exekutivdirektorin

Nachhaltige Entwicklung u. gesunde Umwelt

- Gesundheit u. nachhaltige Entwicklung
- Ernährung, Gesundheit u. Entwicklung
- Schutz der menschlichen Umwelt
- Nothilfe u. humanitäre Maßnahmen

P. Singh Exekutivdirektorin

Sozialer Wandel u. Psychische Gesundheit

- Gesundheitsförderung
- Prävention von Verletzungen u. Rehabilitation
- Psychische Gesundheit
- Substanzenmißbrauch

Dr. Y. Suzuki Exekutivdirektor

Gesundheitstechnik u. Arzneimittel

- Unentbehrliche u. andere Arzneimittel
- Impfstoffe u. andere biologische Wirkstoffe
- Blutsicherheit u. klinische Technik

Dr. M. Scholtz Exekutivdirektor

Fakten u. Informationen zur Abstützung der Politik

- Faktengrundlage für die Gesundheitspolitik
- Gesundheitsinformation
- Management u. Verbreitung von Gesundheitsinformationen
- Forschungspolitik u. Zusammenarbeit

Dr. J. Frenk Exekutivdirektor

Externe Beziehungen u. Leitende Organe

- Leitende Organe
- Ressourcenbeschaffung
- Externe Zusammenarbeit u. Partnerschaften

Dr. S. Lyagoubi-Ouahchi Exekutivdirektorin

Allgemeines Management

- Haushalts- u. Managementreform
- Personelle Ressourcen
- Finanzen
- Informatik u. Infrastruktur

A. Kern Exekutivdirektorin

22.1.99

657

Programme

1977 beschloß die Weltgesundheitsversammlung, daß es sich die Regierungen und die WHO zum wichtigsten sozialen Ziel machen sollten, daß alle Menschen der Welt ein gesundheitliches Niveau erreichen, das es ihnen erlaubt, ein gesellschaftlich und wirtschaftlich produktives Leben zu führen. 1981 verabschiedete die Weltgesundheitsversammlung einstimmig die globale Strategie „Gesundheit für alle" bis zum Jahr 2000. Damit war die Bewegung „Gesundheit für alle" geboren.

„Gesundheit für alle" heißt nun nicht, daß alle Krankheiten und Behinderungen verschwinden oder daß Ärzte und Pflegende sich um alle kümmern können. Gemeint ist damit vielmehr, daß die gesundheitlichen Ressourcen gerecht verteilt werden müssen und allen Menschen eine Grundversorgung offen stehen muß. „Gesundheit für alle" heißt, daß Gesundheit zu Hause, in der Schule und am Arbeitsplatz beginnt und daß die Menschen es besser lernen, Krankheiten zu verhüten und unvermeidbare Krankheiten und Behinderungen zu lindern. Es heißt auch, daß die Menschen erkennen, daß Krankheit nicht unausweichlich ist und sie deshalb ihr eigenes Leben und das Leben ihrer Familie so gestalten können, daß es nicht durch vermeidbare Krankheiten belastet wird.

1998 verabschiedete die Weltgesundheitsversammlung eine Erklärung, in der u. a. anerkannt wird, daß die Veränderungen, die sich seit 1981 in der Weltgesundheitslage vollzogen haben, die Mitgliedstaaten dazu zwingt, durch die geeigneten regionalen und nationalen Politikkonzepte und Strategien dem neuen gesundheitspolitischen Rahmenkonzept „Gesundheit für alle" für das 21. Jahrhundert Wirkung zu verleihen. Dieses neue gesundheitspolitische Rahmenkonzept „Gesundheit für alle" wurde vom WHO-Sekretariat 1996–1998 in Konsultation mit den Mitgliedstaaten erarbeitet.

Die Arbeit der WHO verteilt sich auf 35 Programme (s. Tabelle 2). In den meisten Fällen entsprechen sie den Programmen auf Regionalbüroebene, wobei sie jedoch nicht notwendigerweise überall zu den gleichen Programmbereichen zusammengefaßt sind.

Erfolge

Die Weltgesundheitsorganisation hat seit ihrer Gründung im Jahre 1948 Wichtiges erreicht, was die Welt gesünder gemacht hat. Das bekannteste Beispiel ist die Ausrottung der Pocken. Als die WHO 1967 ihre internationalen Bemühungen zur Ausrottung der Pocken anlaufen ließ, waren schätzungsweise bis zu 15 Millionen Menschen jährlich von dieser Krankheit betroffen. Etwa 2 Millionen starben, Millionen andere mußten entstellt und zuweilen blind weiterleben. 1980 war die WHO imstande zu zertifizieren, daß die Krankheit ausgerottet worden war.

Durch das erweiterte Immunisierungsprogramm, das die WHO 1974 anlaufen ließ, wurden jedes Jahr Millionen von Kindern gerettet. Es geht dabei um die Impfung gegen Kinderkrankheiten, die durch eine Immunisierung verhindert werden können, beispielsweise Diphtherie, Tetanus, Masern und Poliomyelitis. Das Programm wurde in vielen Ländern aufgegriffen. Heute erreicht man weltweit fast 90% der Kinder mit diesen Impfungen, was weitgehend dazu beigetragen hat, daß die Kindersterblichkeit, die 1970 noch 134 pro 1000 Lebendgeburten betrug, 1998 auf etwa 75 zurückgegangen war.

Bedeutende Fortschritte wurden auch im Kampf gegen die Onchozerkose (river blindness), eine Tropenkrankheit und weltweit die zweitgrößte Infektionsursache von Erblindungen, erzielt. 1974 begründete die WHO gemeinsam mit drei anderen Organisationen der Vereinten Nationen das Programm zur Bekämpfung der Onchozerkose (OCP). Heute, 25 Jahre später, sind bei etwa 1,5 Millionen Menschen, die einst davon betroffen waren, keine Spuren der Krankheit mehr zu erkennen. Um die Jahrhundertwende werden mit dem OCP fast 300 000 Fälle von Erblindung verhindert worden sein.

Die WHO setzt jedoch auch Normen. In den letzten 50 Jahren hat sie im Rahmen der Codex-Alimentarius-Kommission über 200 biologische Standards aufgestellt. Die WHO und die Ernährungs- und Landwirtschaftsorganisation der Vereinten Nationen (→ FAO) haben gemeinsam 237 Lebensmittelstandards und 3350 Grenzwerte für Pestizidrückstände und andere Lebensmittelkontaminanten entwickelt.

Überall in den WHO-Mitgliedstaaten benutzt man die von der WHO aufgestellten Leitlinien für die Trinkwassergüte, wenn es um sauberes Trinkwasser und eine unbedenkliche Abwasserentsorgung geht. Ähnliche Leitlinien erarbeitete die WHO auch für die Luftgüte.

Im Bereich Chemikaliensicherheit wurden im Rahmen des internationalen Programms für Chemikaliensicherheit (IPCS), das die WHO praktisch leitet, über 200 Dokumente mit Kriterien für den umweltbezogenen Gesundheitsschutz erstellt, die als die umfassendsten, einer internationalen kollegialen Prüfung unterzogenen Dokumente über die Risikoabschätzung im Hinblick auf wichtige Chemikalien und andere Umweltsubstanzen gelten.

Dies sind nur einige wenige Beispiele der Erfolge, die die WHO im Laufe der letzten 50 Jahre erzielt hat.

Die künftigen Aufgaben

Die Generaldirektorin der WHO, Dr. Gro Harlem Brundtland, hat beschlossen, die künftige Arbeit der Organisation schwerpunktmäßig auf die folgenden kritischen Bereiche auszurichten:
- laufende Überwachung, Eliminierung und möglichst Ausrottung übertragbarer Krankheiten;
- Bekämpfung und Verringerung von nichtübertragbaren Krankheiten;
- Schaffung zukunftsfähiger Gesundheitssysteme, die dazu beitragen können, daß man die Ziele der Verteilungsgerechtigkeit erreicht und allen qualitativ gute Leistungen bieten kann, wobei man besonderes Gewicht auf die Lage von Frauen und Müttern legen sollte, deren Möglichkeit, Kin-

dern einen sicheren und gesünderen Lebensbeginn zu geben, entscheidend ist;
- Bereitstellung von Informationen und der wissenschaftlichen Faktengrundlage für Konzepte, die gesundheitliche Anliegen in allen Sektoren schützen und fördern, und
- Bekämpfung von Armut und sozialer Benachteiligung.

Um diesen vorrangigen Anliegen Wirkung zu verleihen, wurden beispielsweise die folgenden Maßnahmen ergriffen.

Die WHO und ihre Mitgliedstaaten haben sich das Ziel gesetzt, bis zum Jahr 2000 mehrere Krankheiten auszurotten oder zu eliminieren:
- Drakunkulose;
- Poliomyelitis;
- Lepra;
- Neugeborenen-Tetanus;
- Chagas-Krankheit und
- Jodmangelstörungen.

Außerdem wurde von der WHO die Initiative „Roll Back Malaria" (RBM) ins Leben gerufen, die sich auf eine weltweite partnerschaftliche Zusammenarbeit mit multilateralen, bilateralen und nichtstaatlichen Organisationen sowie mit dem Privatsektor gründet und bewirken soll, daß die mit der Malaria verbundene Krankheitsbelastung verringert wird. Erreicht werden soll das durch einen besseren Zugang zu verschiedenen Anti-Malaria-Interventionen, und zugleich sollen die Gesundheitssysteme gestärkt werden.

Zur Bekämpfung von nichtübertragbaren Krankheiten, darunter Krebs und Herz-Kreislauf-Krankheiten, wurde eine Anti-Tabak-Initiative angeregt, bei der die WHO weltweit anführt und nationale und internationale Maßnahmen ins Leben ruft, um den Tabakgebrauch zu verhindern oder einzudämmen.

Die WHO wird auch dazu beitragen, Armut und soziale Benachteiligung zu verringern, und zwar u. a. durch die Analyse der gesundheitlichen Auswirkungen von makroökonomischen Politikkonzepten und Entwicklungsstrategien. Außerdem will sie zeigen, wie sich die → Globalisierung der Wirtschaft und der globale Wandel auf die Gesundheit der Menschen auswirken, und die Unterschiede im Gesundheitszustand der Bevölkerungen, die unterschiedliche Gefährdung durch gesundheitliche Risiken und den Zugang zu gesundheitlich unbedenklichem und ausreichendem Essen und Wasser überwachen, die Abwasserentsorgung verfolgen und auf gesunde Lebens- und Arbeitsbedingungen hinwirken.

Die größte Aufgabe wird jedoch vor allem darin bestehen sicherzustellen, daß Gesundheit im Rahmen der nachhaltigen Entwicklung einen wesentlichen Stellenwert erhält, denn damit hält man den Schlüssel zur „Gesundheit für alle" in der Hand.

Wilfried Kreisel

Internet: Homepage der WHO: http://www. who.ch

Tabelle 1: Programmhaushalt 1998–1999 - Ordentlicher Haushalt und außerordentliche Ressourcen auf regionaler und globaler/interregionaler Ebene, 1998–1999 (in 1000 US-$)

Region	Ordent- licher Haushalt	%	Andere Quellen	%	Insgesamt	%
Afrika	157 413	18,68	66 447	6,94	223 860	12,43
Gesamt- amerika	82 686	9,81	222 311	23,20	304 997	16,94
Südostasien	99 251	11,78	15 811	1,65	115 062	6,39
Europa	49 823	5,91	36 037	3,76	85 860	4,77
Östliches Mittelmeer	90 249	10,71	6 905	0,72	97 154	5,40
Westpazifik	80 279	9,53	17 127	1,79	97 406	5,41
Global / Interregional	282 953	33,58	593 453	61,94	876 406	48,67
Insgesamt	842 654	100,00	958 091	100,00	1 800 745	100,00

WIPO – Weltorganisation für geistiges Eigentum

Die WIPO (World Intellectual Property Organization) wurde am 14.7.1967 in Stockholm gegründet. Am 17.12.1974 wurde sie durch ein Abkommen mit den Vereinten Nationen zu einer der 16 → Sonderorganisationen der UN. Sie hat ihren Sitz in Genf.

Zweck der WIPO ist es, den Schutz des geistigen Eigentums durch Zusammenarbeit der Staaten weltweit zu fördern. Geistiges Eigentum wird dabei sehr weit definiert und umfaßt alle Rechte, die sich aus der geistigen Tätigkeit auf gewerblichem, wissenschaftlichem, literarischem oder künstlerischem Gebiet ergeben. Das gewerbliche Eigentum bezieht sich auf den Schutz von Erfindungen, Warenzeichen und gewerblichen Mustern und Modellen, das Urheberrecht auf den Schutz von Werken der Literatur, der Musik, der bildenden Kunst, der Photographie, der Filmkunst und der Audiovision.

Die WIPO verwaltet „*Verbände*" (Staatenzusammenschlüsse) als interantionale Verwaltungsunionen und *Verträge* zum Schutz einzelner Bereiche des geistigen Eigentums. Die beiden Verbände sind der Pariser Verband zum Schutz gewerblichen Eigentums (1883 gegründet) und der Berner Verband zum Schutz von Werken der Kunst und Literatur (1886 gegründet), wobei unter dem Dach des Pariser Verbandes in der Folgezeit weitere Verbände für Teilbereiche des gewerblichen Rechtsschutzes gegründet wurden. Auf der Stockholmer Konferenz zur Gründung einer internationalen Organisation in diesem Bereich wurden sie in die WIPO integriert.

Das Ziel der WIPO ist die weltweite Förderung des geistigen Eigentums durch internationale Zusammenarbeit

und Gewährleistung der verwaltungs-
mäßigen Zusammenarbeit der Verbände
für geistiges Eigentum.

Ihre *Aufgaben* sind:
- Abschluß neuer internationaler Verträge und die Modernisierung der nationalen Gesetzgebungen auf dem Gebiet des Schutzes des geistigen Eigentums;
- Technische Hilfe an die Entwicklungsländer ;
- Sammlung und Verbreitung von Informationen;
- Unterstützung bei dem Bemühen,
einen gleichzeitigen Schutz in mehreren
Ländern für Erfindungen, Warenzeichen und gewerblichen Mustern oder
Modellen zu erlangen;
- Förderung der administrativen Zusammenarbeit der Mitgliedsländer.

Mitgliedschaft
Die Mitgliedschaft steht jedem Staat
frei, der einem der Verbände (Paris
oder Bern) angehört, sowie jedem anderen Staat, der Mitglied der Vereinten
Nationen oder einer ihrer Sonderorganisationen ist oder Vertragspartei des →
IGH oder der von der Generalversammlung der WIPO eingeladen wird,
der WIPO beizutreten. Sie hat 171 Mitglieder (Stand: 7.5.1999).

Strukturen
Unter dem Dach der WIPO bestehen
alle Verbände fort, mit eigenen Versammlungen und Exekutivausschüssen
und eigener Kompetenz für ihren Haushalt und ihre Programmplanung.

Die WIPO selbst als Dachverband
verfügt über eine *Generalversammlung*,
und eine *Konferenz*, einen *Koordinierungsausschuß*, ein *Sekretariat* und
einen *Generaldirektor*. Die *Generalversammlung* besteht den Mitglieder, die
wenigstens einem der beiden Verbände
angehören. Sie gewährleistet die verwaltungsmäßige Zusammenarbeit zwischen den Verbänden und kann dem
Generalsekretär und dem Exekutivausschuß Weisungen erteilen. Die *Konferenz* ist die Versammlung aller WIPO-
Mitglieder, auch jener, die keinem Verband angehören. Sie widmet sich den
allgemeinen Fragen des Schutzes des

geistigen Eigentums und tagt im Abstand von drei Jahren gleichzeitig mit
der Versammlung und den Versammlungen der Verbände an einem Ort. Der
Koordinierungsausschuß übernimmt
die Verwaltungs- und Finanzplanung
der Organisation. Das wichtigste Organ
der WIPO ist das „*Internationale Büro
für geistiges Eigentum*", das die Aufgaben eines Sekretariats der WIPO, aber
auch für die Verbände wahrnimmt. Es
unterhält fünf internationale Registrie-
rungsdienste (Patente, Marken, gewerbliche Muster oder Modelle, Ur-
sprungsbezeichnungen, audiovisuelle
Werke). An der Spitze des Internationalen Büros steht der *Generalsekretär*
der WIPO als höchster Beamter der
WIPO und seiner Verbände. Er wird
von der Generalversammlung der
WIPO gewählt. Der Generaldirektor übt
die Funktion der Hinterlegungsstelle für
die Mehrzahl der von der WIPO verwalteten internationalen Verträge für
den Schutz des geistigen Eigentums
aus. Die WIPO finanziert sich durch
Mitgliedsbeiträge und Gebühren für die
Registrierung von internationalen An-
meldungen für den Schutz geistigen
Eigentums.

Perspektiven
Die WIPO steht wie viele andere UN-
Organisationen im Zeichen handelspo-
litischer Konflikte zwischen den Industrieländern des Westens und der Dritten Welt (→ Nord-Süd-Beziehungen
und die UN; → Weltwirtschaftsord-
nung/NWWO). Während die Industrieländer auf verstärkten Schutz ihres
geistigen Eigentums drängen, verlangen
die Entwicklungsländer einen verstärkten Transfer dieses geistigen Eigentums, v.a. im Bereich technischer Erfindungen, um ihre wirtschaftliche
Entwicklung zu fördern. Da nach Ansicht der Industrieländer die WIPO den
Aspekten der technologischen Innovationen und ihrer Bedeutung für den
Welthandel nicht genügend Rechnung
trug, brachten sie das Problem bei der
Uruguay-Verhandlungsrunde des Allgemeinen Zoll- und Handelsabkommens GATT (→ WTO/ GATT) ein und

erreichten dort den Abschluß eines Abkommens über handelsbezogene Rechte an geistigem Eigentum (Trade-Related Intellectual Property Rights – TRIPS), das mit unter das Dach der neugegründeten Welthandelsorganisation WTO (World Trade Organization) gebracht wurde. Im TRIPS-Abkommen werden die Rechte detailliert ausgeführt und auch die Frage des Rechtsschutzes behandelt, den die Staaten dem Rechtsinhaber an geistigem Eigentum gewähren sollen. Die Bestimmungen des TRIPS-Abkommen treten nun völkerrechtlich neben die Bestimmungen der WIPO, die weniger umfassend sind, und es bleibt abzuwarten, was dies für die Aufgaben der WIPO in diesem Bereich bedeutet.

Eine sinnvolle, wenn auch schwierige Aufgabe wäre es für die WIPO, statt die Zusammenarbeit beim weltweiten Schutz nationaler Patente zu fördern, regionale einheitliche Patente, die in allen Staaten der Region denselben Schutz gewähren, durchzusetzen und als weiteres Ziel die Schaffung von Weltpatenten zu erreichen. Dies würde sowohl die Innovationen als auch die Ausweitung des Welthandels fördern.

Helmut Volger

Lit.: *Bachmann, D./Philipp, C./Stoll, T.:* WIPO – Weltorganisation für geistiges Eigentum, in: Wolfrum, R. (Hrsg.): Handbuch Vereinte Nationen, 2. Aufl., München 1991, 1108-1117; *Pfanner, K.:* Die Weltorganisation für geistiges Eigentum, in: VN 25 (1977), 143-151.
Internet: Homepage der WIPO: http://www.wipo.int

Wirtschafts- und Sozialrat (ECOSOC)

Der *Wirtschafts- und Sozialrat* der UN (*Economic and Social Council – ECOSOC*) ist eines der sechs *Hauptorgane* der UN (→ Haupt-/Neben-/Vertragsorgane), die in der → Charta der UN festgelegt worden sind. Er besteht seit 1971 aus 54 Mitgliedern (ursprünglich waren es 18; von 1965 bis 1970 waren es 27 Mitglieder). Jedes Jahr wählt die → Generalversammlung der UN 18 Mitglieder für drei Jahre.

Ausscheidende Mitglieder sind sofort wiederwählbar. Jedes Mitglied besitzt im ECOSOC eine Stimme; bei Abstimmungen entscheidet die einfache Mehrheit. Der ECOSOC übt seine Tätigkeit unter der Oberaufsicht der Generalversammlung aus (Art. 60). Er kann dem → Sicherheitsrat der UN Auskünfte erteilen und ihn auf dessen Ersuchen unterstützen (Art. 65) und nimmt alle Aufgaben wahr, die ihm in der Charta der UN oder durch die Generalversammlung der UN zugewiesen werden (Art. 66). Der ECOSOC hat die Aufgabe, die *Tätigkeit der UN auf wirtschaftlichem, sozialem, kulturellem und humanitärem Gebiet zu erörtern und anzuleiten sowie zu koordinieren.* Nach den Art. 62 bis 64 kann der ECOSOC *Untersuchungen* über internationale Angelegenheiten auf den genannten Gebieten verfassen oder veranlassen, *Empfehlungen* an die *Generalversammlung* und die → *Sonderorganisationen* abgeben, um die Achtung und Verwirklichung der → *Menschenrechte* und Grundfreiheiten für alle zu fördern, Übereinkommen zur Regelung der internationalen Zusammenarbeit auf den o.g. Gebieten vorzulegen sowie *Verträge* mit Genehmigung der Generalversammlung mit den *Sonderorganisationen* der UN abzuschließen und deren Tätigkeit im Rahmen des Gesamtsystems der UN (→ UN-System) zu koordinieren.

Der ECOSOC ist dazu angehalten, zur Schaffung von Verhältnissen beizutragen, die für friedliche, auf der Achtung des Prinzips der Gleichberechtigung und des → Selbstbestimmungsrechts der Völker beruhenden Beziehungen zwischen den Staaten notwendig sind. Der ECOSOC hat somit gemäß der Charta der UN die Funktion zu erfüllen, für die Generalversammlung auf den genannten Gebieten *Gesamtstrategien und –konzepte* sowie Regeln und Prinzipien der Zusammenarbeit zu entwerfen und zur Entscheidung vorzulegen und darüber hinaus eine effektive *Koordinierung* der Tätigkeit der UN auf diesen Gebieten und zwar einschließlich der Tätigkeit der mit den UN verbundenen Sonderorganisationen vorzunehmen. Für die Wahrnehmung dieser Aufgaben und Funktionen hat sich der ECOSOC eine Vielzahl von *Nebenorganen* geschaffen (Art. 68). Er hat sich eine Geschäftsordnung gegeben, in der er auch das Verfahren für die Wahl seines Präsidenten, der Vizepräsidenten und der Berichterstatter, die jeweils für die Dauer eines Jahres gewählt werden, geregelt wird (Art. 72 UN-Charta). Die Nebenorgane (→ Ausschußsystem) lassen sich in sechs Gruppen einteilen: *Tagungsausschüsse*; *Ad-Hoc-Ausschüsse*; *ständige Ausschüsse*, die auf Dauer mit einem bestimmten Aufgabenbereich betraut sind (z.B. Ausschuß für Programme und Koordinierung, Ausschuß für natürliche Ressourcen, Ausschuß für nichtstaatliche Organisationen); *Regionale Wirtschaftskommissionen* (ECE – Wirtschaftskommission für Europa; ESCWA – Wirtschafts- und Sozialkommission für Westasien; ECA – Wirtschaftskommission für Afrika; ESCAP – Wirtschafts- und Sozialkommission für Asien und den Pazifik; ECLAC – Wirtschaftskommission für Lateinamerika und die Karibik; → Wirtschaftskommissionen, regionale); *Funktionale Kommissionen* (z.B. → Menschenrechtskommission; Kommission zur Rechtsstellung der Frau); *Expertengremien* (z.B. Ausschuß für Entwicklungsplanung, Ausschuß für wirtschaftliche, soziale und kulturelle Rechte).

In den 60er und 70er Jahren hatte die Zahl der Nebenorgane des ECOSOC sowie weiterer zwischenstaatlicher Organe im Bereich der wirtschaftlichen, sozialen, humanitären sowie ökologischen Tätigkeit der UN beträchtlich zugenommen. Das war einerseits Ausdruck des Heranreifens vieler neuer Probleme in den internationalen Beziehungen, die globale und regionale Lösungen erforderten. Auch hatte sich der Einfluß der Entwicklungsländer auf den Inhalt der Tätigkeit der UN erheblich verstärkt. Diese Staatengruppe forderte zurecht eine stärkere Hinwendung auf dringende Fragen der Beseitigung der Unterentwicklung, der Armut und des Elends, der nichtgleichberechtigten Stellung ihrer Länder in der Weltwirtschaft. Neue Herausforderungen entstanden auf Grund der verheerenden Folgen der Zerstörung der menschlichen Umwelt durch die Wirtschafts- und Kapitalexpansion der Industrieländer und der Folgen der Unterentwicklung in der Mehrzahl der Staaten Asiens, Afrikas und Lateinamerikas (→ Umweltschutz). Andererseits führte die Expansion der Zahl der Organe und Institutionen des UN-Systems, die sich mit solchen Fragen beschäftigten, nicht zu einer Erhöhung der Wirksamkeit der UN, insbesondere jenes Hauptorgans, das für Konzepte und die Schaffung günstiger internationaler Rahmenbedingungen für nachhaltige Lösungen zuständig war und ist, des ECOSOC.

Der ECOSOC ist bisher nicht in der Lage, seine Aufgaben und Funktionen gemäß der Charta der UN zu erfüllen. Darüber gibt es in den UN weitgehende Übereinstimmung. Eine der Ursachen für diese Lage ist das Zustandekommen einer nicht mehr zu überschauenden Vielzahl von Organen und Institutionen und die mangelnde Fähigkeit des ECOSOC, die Tätigkeit dieser Organe und Institutionen zu leiten und zu koordinieren (→ Koordinierungssystem der UN). Die entscheidende Ursache für das Scheitern des ECOSOC liegt jedoch in der fehlenden politischen Bereitschaft von Mitgliedstaaten der UN, die Dominanz der Finanzorganisationen, wie der Weltbank (→ Weltbank/-gruppe) und des Internationalen Währungsfonds (→ IWF), zugunsten des ECOSOC aufzugeben.

Es gibt inzwischen eine Vielzahl von Vorschlägen, um den ECOSOC zu beleben und zu befähigen, eine zentrale Rolle bei der Lösung der anstehenden wirtschaftlichen, sozialen, humanitären und ökologischen Probleme dieser Welt zu spielen. Einige dieser Vorschläge gehen tatsächlich das Kernproblem an, das einer Lösung bedarf: die Autorität des ECOSOC gegenüber den internationalen Finanzorganisationen (IWF; Weltbank/-gruppe) zu stärken, seine Kompetenzen zu erhöhen und Prioriten festzulegen sowie solche internationalen Rahmenbedingungen zu schaffen, die eine nachhaltige wirtschaftliche, soziale und ökologische Entwicklung ermöglichen und zu einer gerechteren Weltwirtschaft (→ Weltwirtschaft/NWWO) beitragen. So wird z.B. die Umwandlung des ECOSOC in einen „Wirtschaftssicherheitsrat" oder einen „Sicherheitsrat für Entwicklung" vorgeschlagen. Andere Überlegungen gehen nicht so weit. So wird empfohlen, der ECOSOC solle sich auf politische Grundfragen zur Förderung der internationalen Zusammenarbeit auf wirtschaftlichem und sozialem sowie auf ökologischem Gebiet und weniger auf operative Tätigkeiten konzentrieren. Es wird weiter vorgeschlagen, ein „erweitertes Büro" oder ein „Exekutivkomitee des ECOSOC" zu schaffen, das auch zwischen den ECOSOC-Tagungen zusammenkommt und dazu beitragen soll, Kontinuität und Effektivität des ECOSOC zu erhöhen. Es gibt auch den Vorschlag, den ECOSOC in einen Wirtschaftsrat und einen Sozialrat aufzuteilen.

Einige dieser Vorschläge könnten im Rahmen der Charta der UN realisiert werden, wie überhaupt die bestehende Charta noch große Spielräume für eine → Reform der UN bietet. Andere Vorschläge bedürfen einer Revision der Charta. Gegenüber einer Revision der Charta der UN verhalten sich viele Mitgliedstaaten, vor allem die ständigen Mitglieder des Sicherheitsrats, sehr zurückhaltend bzw. ablehnend. Gemäß Art. 108 der UN-Charta treten Änderungen dieser Charta für alle Mitglieder der UN nur in Kraft, wenn diese nach der Zustimmung einer Zweidrittelmehrheit in der Generalversammlung mit Zweidrittelmehrheit der Mitgliedstaaten der UN einschließlich aller ständigen Mitglieder des Sicherheitsrats ratifiziert werden.

Jeder Schritt in Richtung auf eine Stärkung des ECOSOC ist zudem mit sensiblen politischen Entscheidungen verknüpft. So geht es um gemeinsame politische Positionen zur Rolle der Staaten bei der Entwicklung der internationalen Wirtschafts-, Währungs- und Finanzbeziehungen, um eine weitere Deregulierung oder eine Stärkung der Einwirkung der Staaten auf diese Beziehungen, um die Ausarbeitung und Vereinbarung völkerrechtlicher Normen, Prinzipien und Mechanismen für diese Beziehungen. Angesichts der dominierenden Rolle transnationaler Konzerne in nahezu allen Bereichen der internationalen Wirtschaftsbeziehungen sowie der Dominanz neoliberaler Theorien und Konzepte in der Politik der führenden Industriestaaten sind die Chancen für grundlegende Reformen des ECOSOC und eine Stärkung des ECOSOC gering. Dies wird durch die Einengung des Sicherheitsbegriffs auf den Bereich der militärischen Sicherheit und die Unterbewertung bzw. das völlige Ignorieren der wirtschaftlichen, ökologischen und sozialen Sicherheit als Elemente internationaler Sicherheit noch verstärkt. Somit werden sich Reformen im Bereich des ECOSOC wahrscheinlich auf eine Rationalisierung der vorhandenen Strukturen und der Arbeitsweise des ECOSOC konzentrieren. Dazu hat die Generalversammlung der UN unter anderem in den Resolutionen 50/227 vom 1.7.1996 und 52/12B vom 19.12.1997 Orientierungen gegeben und Beschlüsse gefaßt. Ein Reorganisations- und Rationalisierungsprozeß im Bereich des → Sekretariats und des ECOSOC ist seit einigen Jahren im Gange. Kommissionen oder Komitees wurden zusammengelegt, die Zahl der Mitglieder von Nebenorganen wurde reduziert, Dauer und Häufigkeit der Tagungen verringert, Namen von Nebenorganen verändert. Auch diese „technisch-organisatorischen" Veränderungen sind meist mit politischen Fragen verknüpft, da sie oft mit der Fixierung von anderen Schwerpunkten und der Eliminierung bzw. der Umprofilierung von Nebenorganen des ECOSOC verbunden werden.

Wolfgang Spröte

Lit: 1. UN-Dokumente: *United Nations: Report of the Economic and Social Council for the Year 1998*, GAOR Fifty-third sessi-

on, Suppl. No 3, UN Doc. A/53/3, New York 1998; *United Nations:* Proposed Basic Programme Of Work Of The Council For 1998 And 1999, UN Doc. E/1998/1, 9 January 1998; *United Nations:* Restructuring and Revitalization of the United Nations in the Economic, Social and Related Fields, UN Doc. E/1999/1, 2 February 1999. 2. Sekundärliteratur: *Albrecht, U./ Volger, H.:* Lexikon der Internationalen Politik, München/Wien 1997; *Hüfner, K.:* Die Reform der Vereinten Nationen, Opladen 1994; *Hüfner, K.:* Die Vereinten Nationen und ihre Sonderorganisationen, Teil 1: Die Haupt- und Spezialorgane, DGVN-Texte 40, 2. unv. Aufl., Bonn 1995.
Internet: Homepage des ECOSOC mit Hinweisen auf Nebenorgane und relevante Dokumente: http://www.un.org/esa/coordination/ecosoc

Wirtschaftskommissionen, regionale

Entwicklung und Übersicht

Wirtschaftliche und soziale Fragen sind anders als im → Völkerbund in den Vereinten Nationen aus der geschichtlichen Erfahrung und im Bewußtsein für ihre Bedeutung für den Weltfrieden institutionell deutlich repräsentiert. Dafür steht deutlich der → Wirtschafts- und Sozialrat - der ECOSOC.

Eine regionale Substruktur sieht das → UN-System allerdings nur sehr beschränkt vor. Skeptisch betrachtete der ECOSOC deshalb auch erste und provisorische Ansätze, für die Bedürfnisse des Wiederaufbaus nach dem Weltkrieg für Europa und für Asien und den fernen Osten solche Strukturen zu schaffen. Die → Generalversammlung erzwang dann aber die Einrichtung dieser beiden regionalen Wirtschaftskommissionen und später in der Sogwirkung dieses Beschlusses weiterer drei regionaler Wirtschaftskommissionen, die sich bald einen permanenten Status sicherten. Ihnen gehören jeweils die UN-Mitglieder der betreffenden Regionen, oft aber auch andere UN-Mitglieder entweder mit vollem mitgliedschaftlichen Status (→ Mitgliedschaft/Repräsentation von Staaten) oder als Beobachter (→ Beobachterstatus) an.

Ihre Ziele sind nur grob dahingehend umrissen, daß sie die Kooperation in der Region fördern sollen. Sie verfügen in der Regel über eine *Hauptversammlung* als Hauptorgan, während die laufenden Arbeiten von *Ausschüssen* und *Kommissionen* wahrgenommen werden. Daneben verfügen sie über eigene und zum Teil gut ausgebaute *Sekretariate*. Sie werden aus dem allgemeinen → Haushalt der UNO finanziert, hinzu treten Projektmittel. Aus der Sicht des UN-Systems handelt es sich um Nebenorgane (→ Haupt-/Neben-/Vertragsorgane) der Vereinten Nationen nach Art. 7 Abs. 2 der UN-Charta (→ Charta der UN). Sie stehen unter der Aufsicht des ECOSOC und sind diesem berichtspflichtig.

Im sog. *Wirtschafts- und Sozialbereich* der Vereinten Nationen, zu dem der ECOSOC, aber zum Beispiel auch das → UNDP gehören, nehme die Kommissionen *planende und koordinierende Aufgaben* und daneben vielfältige Aufgaben der Statistik wahr, sind zum Teil aber auch mit der Überprüfung und Durchführung von Projekten der Entwicklungshilfe (→ Entwicklungszusammenarbeit der UN) betraut. Im Rahmen der vielfachen Ansätze zur Reform dieses Bereichs (→ Reform der UN) ist es bisher nicht gelungen, ihre Aufgaben weiter zu konkretisieren oder einzugrenzen.

Zum Teil stehen die Kommissionen in engem Kontakt mit regionalen Sicherheitsstrukturen, Organisationen der Wirtschaftsintegration und Entwicklungsbanken.

ECA-Wirtschaftskommission für Afrika

Die ECA ist maßgeblich an der regionalen Entwicklung und Entwicklungsplanung beteiligt, unterhält gute Kontakte zur Organisation für afrikanische Einheit (OAU) und verfügt über mehrere Außenstellen.

ESCAP- Wirtschaftskommission für Asien und pazifischen Raum

Zur ESCAP gehörten neben Australien und den Großmächten ursprünglich nur China, Indien, die Philippinen und Thailand, inzwischen aber alle asiatischen Staaten und auch die in diesen Raum gehörigen ehemals sowjetischen Republiken. Wegen der großen kulturellen und politischen Unterschiede hat sich die Kommission schwer getan und zunächst als eine Art Forschungsinstitution fungiert.

ECE - Wirtschaftskommission für Europa

Die ECE, der auch die USA und Kanada und seit jüngerer Zeit auch Israel angehören, wurde ursprünglich für Zwecke des europäischen Wiederaufbaus geschaffen. Sie mußte diese Rolle aber mit Beginn des Kalten Krieges an die OECD abtreten. Die blockübergreifende Mitgliederstruktur, die ihr insoweit zum Nachteil gereichte, war in der Folge Grundlage ihres großen Erfolges: Als lange Zeit einziges Gremium für eine blockübergreifende regionale Kooperation hat sie insbesondere in der Verkehrspolitik und beim Umweltschutz große Erfolge vorzuweisen. Zu ihrem Tätigkeitsfeld gehört auch die Kooperation im Mittelmeer.

ECLAC-Wirtschaftskommission für Lateinamerika und den karibischen Raum

Der ECLAC gehören alle Nord-, mittel- und südamerikanischen Staaten, aber auch einzelne europäische Staaten an. Ihr Verhältnis zur Organisation Amerikanischer Staaten (OAS) ist ungeklärt. Ihre starke wirtschaftliche und entwicklungspolitische Ausrichtung hat bis hin zu einer eigenen Theoriebildung - dem sog. „Cepalismo" geführt - eine Verbindung weltwirtschaftlicher und entwicklungspolitischer Aussagen, die die Politik der Entwicklungsländer in den Vereinten Nationen im Ganzen nachhaltig geprägt hat.

Diese Theorie, zu deren Vertretern unter anderem Raul Prebisch gehörte, nimmt Elemente der marxistischen Welthandelstheorie auf, entwickelt sie aber eigenständig weiter. Sie sieht die Industrieländer als Zentrum und die Entwicklungsländer an der Peripherie des internationalen Systems und postuliert im wesentlichen, daß eine Weltwirtschaftsintegration der Entwick-

lungsländer deren Interessen und ihrer Entwicklung schadet. Große Bedeutung hat für die Theorie das Postulat tendenziell fallender Rohstoffpreise und damit fallender Außenhandelserträge der Entwicklungsländer.

ESCWA- Wirtschaftskommission für das westliche Asien

Der ESCWA gehören dreizehn Staaten der Golfregion und Nordafrikas und die PLO bzw. die palästinensische Selbstverwaltungseinheit an. Ihre Arbeit steht auch im Zeichen des Nahostkonflikts.

Bewertung

Die Kommissionen spielen heute eine relativ beschränkte Rolle. Im Bereich der Wirtschaftsförderung stehen sie oft den regionalen Entwicklungsbanken nach. Was die Zusammenarbeit in wirtschaftlichen Fragen und im Bereich des Handels anbelangt, sind heute vielfach regionale Wirtschafts- und Freihandelszonen (u.a. Andenpakt, APEC, ASEAN, Mercosur und SADCC) weitaus bedeutender. Das allgemeine Thema der Entwicklung liegt im Rahmen der Vereinten Nationen weiterhin überwiegend in den Händen des UNDP. Fragen der Nord-Süd-Wirtschaftsordnung (→ Nord-Süd-Beziehungen und die UN) werden überwiegend von der → UNCTAD z.T. auch von der → UNIDO wahrgenommen, wobei letztere zunehmend allerdings in den Schatten der WTO (→ WTO/GATT) gerät. In diesem beschränkten Rahmen haben die Wirtschaftskommissionen oft regional und institutionell spezifische Tätigkeitsbereiche gefunden. Dabei haben sie manchmal ihre Aufgabe gerade in der Überwindung regionaler Spannungsverhältnisse gefunden.

Peter Tobias Stoll

Lit.: *Szasz, P.C./Willisch, J.:* Regional Commissions of the United Nations, in : Bernhardt, R. (Hrsg.): EPIL, Bd. 6, Amsterdam 1983, 296-301; *Stoll, T.:* Wirtschaftskommissionen, regionale, in: Wolfrum, R. (Hrsg.): Handbuch Vereinte Nationen, 2. Aufl., München 1991, 1117-1133.
Internet: Homepages: ECA: http://www.un.org/Depts/eca; ECE: http://www.unece.org; ECLAC: http://www.eclac.org;

ESCAP: http://www.unescap.org; ESCWA: http://www.escwa.org.lb

WMO – Weltorganisation für Meteorologie

Die Weltorganisation für Meteorologie WMO (World Meteorological Organization) wurde 1950 mit der Ratifizierung des „Übereinkommens über die Weltorganisation für Meteorologie" von 1947 gegründet als Nachfolgerin der 1879 gegründeten halbstaatlichen Internationalen Meteorologischen Organisation (IMO). Die WMO ist eine der → Sonderorganisationen der Vereinten Nationen und hat ihren Sitz in Genf.

Sie befaßt sich mit dem weltweiten Aufbau und der Standardisierung meteorologischer Beobachtungstechnologien, um deren Einsatz zum Wohle der Menschheit zu koordinieren.

Mitgliedschaft

Mitglieder können alle Staaten mit einem eigenen meteorologischen Dienst werden, die Mitglieder der UNO sind; bei Nichtmitgliedern der UN bedarf der Aufnahmeantrag der Zustimmung von zwei Dritteln der WMO-Mitgliedstaaten. Mitglieder können übrigens nicht nur souveräne Staaten, sondern auch nicht-souveräne Territorien werden, so sind z.B. die Niederländischen Antillen und Französisch-Polynesien Mitglieder der WMO. Die WMO zählt mit 185 Mitgliedern (Stand: Juni 1996) zu den mitgliederstärksten Sonderorganisationen der UN.

Organisationsstruktur

Die WMO besteht aus fünf Hauptorganen, dem *Meteorologischen Weltkongreß*, dem *Exekutivausschuß*, den sechs *Regionalverbänden*, den acht *Fachkommissionen* und dem *Sekretariat*. Der *Meteorologische Weltkongreß* als Versammlung aller Mitglieder der WMO tritt alle vier Jahre zusammen, um in Langzeitplänen die Politik der Organisation sowie den Vier-Jahres-Haushalt zu beschließen. Darüber hinaus verabschiedet er technische Normen für die meteorologische Praxis, wählt den *Präsidenten* der WMO und die Mitglieder des Exekutivausschusses und ernennt den Generalsekretär auf Vorschlag des Präsidenten. Das ausführende Organ des Kongresses ist der *Exekutivausschuß*, der sich aus 26 Direktoren nationaler Meteorologiedienste, dem Präsidenten, dem Vizepräsidenten und den Präsidenten der sechs Regionalverbände zusammensetzt. Er leitet die Tätigkeit der Organisation im Sinne der Beschlüsse des Kongresses. Die sechs *Regionalverbände* (Afrika, Asien, Europa, Nord- und Mittelamerika, Südamerika, Westpazifik) koordinieren die Durchführung der Kongreßbeschlüsse in ihrer Region, diskutieren meteorologische Fragen aus regionaler Sicht und legen dem Kongreß und dem Exekutivausschuß dazu Empfehlungen vor. Die *Fachkommissionen* befassen sich mit einzelnen Bereichen der Meteorologie wie Instrumente und Beoabachtungssysteme, Atmosphärologie, Klimatologie oder maritime Meteorologie und legen dem Kongreß und dem Exekutivausschuß dafür Empfehlungen vor. Das *Sekretariat* wird von einem Generalsekretär geleitet. Es dient als Informations- und Dokumentationszentrum und ist für die Öffentlichkeitsarbeit zuständig.

Aufgaben

Die wichtigsten Hauptprogramme der WMO sind:

Die Welt-Wetter-Wacht (World Weather Watch Programme), das wichtigste aller WMO-Programme, kombiniert Datenverarbeitung und koordiniert von den Mitgliedern betriebene Beobachtungs- und Kommunikationssysteme, um meteorologische und damit zusammenhängende geophysische Informationen den meteorologischen und hydrologischen Diensten in den Mitgliedsländern für kurz-, mittel- und langfristige Wetterprognosen zur Verfügung stellen zu können. Das Programm bezieht ein Warnsystem für tropische Wirbelstürme für über fünfzig Länder sowie ein Beobachtungsprogramm für Instrumente und Methoden mit ein.

667

Das Welt-Klima-Programm (World Climate Programme) fördert das Verständnis klimatischer Prozesse durch international koordinierte Forschung und Beobachtung von klimatischen Veränderungen, um die Regierungen vor möglichen klimatischen Auswirkungen auf Land und Menschen warnen zu können. Seine Studien über die Klimatischen Auswirkungen werden mit dem Umweltprogramm der Vereinten Nationen → UNEP koordiniert.

Weitere Hauptprogramme befassen sich mit den Wasservorräten der Welt, der Beobachtung der Ozonschicht, der praktischen Nutzung meteorologischer Erkenntnisse für Landwirtschaft, Luft- und Seefahrt, mit der Ausbildung und der Technischen Zusammenarbeit.

Perspektiven

Die Meterologie hat in den letzten Jahrzehnten durch die Entwicklung der Datenverarbeitung und der Beobachtungstechnologie an Möglichkeiten für die Grundlagenforschung und die Wettervorhersage gewonnen. Die vordringlichste Aufgabe der WMO dürfte es sein, diese Möglichkeiten zu nutzen, um einen Beitrag zu leisten bei der Erforschung und Problemlösung in folgenden Bereichen:
- steigende Probleme der Nahrungsmittel- und Wasserversorgung in vielen Teilen der Welt, evtl. in Zusammenhang mit möglichen langfristigen Veränderungen des Klimas;
- globale Verschmutzung der Atmosphäre (Treibhauseffekt, Zerstörung der Ozonschicht u.a.m.) mit seinen Folgen für die Sonneneinstrahlung und den Wärmehaushalt;
- massive Eingriffe in ökologische Systeme (Abholzung der Regenwälder usw.) mit ihren Auswirkungen.

Weil die Erforschung dieser Problemkomplexe und die Entwicklung von Lösungsansätzen interdisziplinäre Forschung und gemeinsames politisches Vorgehen erfordert, weil viele gesellschaftliche Bereiche betroffen sind, ist zu hoffen, daß die Sonderorganisationen der UN in Zukunft noch stärker zusammenarbeiten, um die Kräfte zu bündeln. Sinnvoll wäre z.B. eine enge Zusammenarbeit von WMO, UNEP, FAO, UNDP und der Weltbankgruppe, weil sie bei ihrer Projektarbeit alle mit den Auswirkungen klimatischer Veränderungen konfrontiert sind und am ehesten im Sinne einer „Grass-Roots"-Strategie gemeinsam zu einem „Klimabewußtsein" beitragen können.

Helmut Volger

Lit.: *Flohn H.:* Mensch und Klima. Das Weltklimaforschungsprogramm der Weltorganisation für Meteorologie (WMO), in: VN 35 (1987), 89-93; *Koenig, C.:* WMO – Weltorganisation für Meteorologie, in: Wolfrum, R. (Hrsg.): Handbuch Vereinte Nationen, 2. Aufl., München 1991, 1142-1147; *Ott, E.:* Die Weltorganisation für Meteorologie (WMO), Berlin 1976.
Internet: Homepage der WMO: http://www.wmo.ch

WTO/GATT – Welthandelsorganisation/Allgemeines Zoll- und Handelsabkommen

A. Geschichte und Entwicklung

Die Erfahrung der Weltwirtschaftskrise spielte bei der Entwicklung des internationalen Systems nach dem zweiten Weltkrieg eine wichtige Rolle. Im Rahmen der Vereinten Nationen wurde ein besonderes Hauptorgan - der → Wirtschafts- und Sozialrat (ECOSOC) - vorgesehen, um wirtschaftlichen und sozialen Fragen und ihrer Bedeutung für den Weltfrieden gerecht zu werden (→ Haupt-/Neben-/Vertragsorgane). Mit der Konferenz von Bretton Woods 1944 wurden für die Weltfinanzbeziehungen zwei besondere Institutionen: Weltbank (IBRD) (→ Weltbank/-gruppe)und Weltwährungsfonds (→ IWF) geschaffen. Eine ähnliche Institution wollte der ECOSOC für den Bereich des Handels schaffen. Er berief deswegen eine Konferenz der Vereinten Nationen für Handel und Beschäftigung ein, die 1948 die sogenannte *„Havanna-Charta für eine internationale Handelsorganisation"* (Havanna Charta for

an International Trade Organization)
verabschiedete.

Die Havanna-Charta schuf eine umfassende institutionelle und sachliche Ordnung für die Weltwirtschaftsbeziehungen von beispielloser Dichte und geradezu prophetischer Weitsicht. Sie sprach neben Zöllen und Handelshemmnissen Fragen der wirtschaftlichen Entwicklung, des Rohstoffhandel und sogar der Wettbewerbsbeziehungen an, die sich in der weiteren Entwicklung der Weltwirtschaftsordnung als zentral und konfliktträchtig erwiesen.

Ein wesentliches Zwischenergebnis der Konferenz waren umfangreiche Verpflichtungen der einzelnen Staaten zu Zollsenkungen. Um ihnen sofort Wirksamkeit zu verschaffen, wurde ein besonderes, als Provisorium gedachtes *Abkommen* geschaffen, das neben den Listen mit den Zollzugeständnissen auch einige Bestimmungen aus dem Entwurf der Havanna-Charta enthielt - das *Allgemeine Zoll- und Handelsabkommen* (*General Agreement on Tariffs and Trade, GATT*). Da bald klar wurde, daß die Havanna-Charta nicht in Kraft treten würde, entwickelte sich die Welthandelsordnung auf der Grundlage des GATT.

Die Sekretariatsfunktion übernahm eine *Interimskommission* - später *GATT-Sekretariat* genannt -, die noch die Konferenz für Handel und Beschäftigung für den ganz anderen Zweck eingesetzt hatte, nämlich das Inkrafttreten der Havanna-Charta zu verwalten. Regelmäßig fanden *Verhandlungsrunden* - sogenannte *GATT-Runden* - statt, auf denen weitere Zollsenkungen und zum Teil neue Regelungen - wegen unterschiedlicher Mehrheitsverhältnisse meist als gesonderte Abkommen - beschlossen wurden.

In den sechziger und siebziger Jahren kehrten erneut und in größerer Schärfe diejenigen Fragen wieder, die die Havanna-Charta angesprochen, die aber im GATT keinen Niederschlag gefunden hatten. Sie fanden ihr Forum in der von der UN-Generalversammlung (→ Generalversammlung) eingerichteten

Handels- und Entwicklungskonferenz der Vereinten Nationen → *UNCTAD*, die wenig später (1974) eine „*Neue Weltwirtschaftsordnung*" ausrief, die wesentlich von den Interessen der Entwicklungsländer geprägt war (→Weltwirtschaftsordnung/ NWWO). Sie sah besondere Regelungen und Mechanismen für Rohstoffe und eine vielfältig ausdifferenzierte Vorzugsbehandlung dieser Länder vor. Bis auf eine Förmlichkeit, nämlich die Freistellung von Zollpräferenzen für Entwicklungsländer vom allgemeinen Meistbegünstigungsprinzip spielte das GATT in dieser Entwicklung kaum eine Rolle und wurde mitunter abschätzig als „rich men's club" bezeichnet.

Dieser Bedeutungsverlust, der beschränkte Gegenstandsbereich und der provisorische Status führten Mitte der achtziger Jahre in eine Krise, der eine neue *GATT-Runde* - die sogenannte *Uruguay-Runde* abhelfen sollte. Sie führte zu einer bemerkenswerten Konsolidierung und zur Erweiterung der Welthandelsordnung.

Sie wurde wesentlich auch dadurch ermöglicht, daß inzwischen eine große Ernüchterung im Hinblick auf Ziele und Mechanismen der „Neuen Weltwirtschaftsordnung" eingetreten war, die die Bedeutung der Welthandelskonferenz UNCTAD und ihrer Ergebnisse in Frage stellte. Der augenfällig gewordene unterschiedliche wirtschaftliche und soziale Erfolg der einzelnen Entwicklungsländer, die damit verbundene Interessenverschiebung, aber auch eine Verlagerung der Machtverhältnisse führte zu einer anderen Prioritätensetzung: Unter dem zunehmenden diplomatischen Druck großer Industrieländer forderten die Entwicklungsländer nun nicht mehr eine Vorzugsbehandlung, sondern Freihandel und Marktzugang. Sie und die vielen kleineren Staaten des Nordens stritten in wechselnden Koalitionen mit oder gegen die großen Handelsmächte für Freihandel und eine starke multilaterale, auf die Geltung des Rechts gegründete internationale Handelsordnung.

669

In ihrem Mittelpunkt stand die Gründung einer neuen Organisation - der *Welthandelsorganisation* (*World Trade Organization*, WTO) und eine wesentliche Stärkung der rechtlichen Grundlagen und ihrer Durchsetzbarkeit mit den Mitteln der Streitschlichtung. Außerdem wurden neue Regeln für den Bereich der *Dienstleistungen* (Allgemeines Abkommen für den Handel mit Dienstleistungen - General Agreement on Trade in Services - GATS) und für *geistiges Eigentum* (Übereinkommen über handelsbezogene Aspekte des geistigen Eigentums, Agreement on Trade-related Aspects of Intellectual Property Righs - TRIPs) beschlossen.

B. Der institutionelle und rechtliche Rahmen

Hauptorgane der WTO sind die in zweijährigem Turnus tagende *Ministerkonferenz*, der *Allgemeine Rat* als ständiges Organ, der ihre Befugnisse zwischen den Tagungen wahrnimmt und das *Sekretariat*, dem ein *Generaldirektor* vorsteht. Weitere Ratsorgane, Ausschüsse und Arbeitsgruppen ergänzen das institutionelle Tableau. Dazu gehören insbesondere drei dem Allgemeinen Rat untergeordnete Ratsorgane für den Handel mit Gütern, mit Dienstleistungen und für handelsbezogene Aspekte des geistigen Eigentums.

Das sogenannte *Streitschlichtungsgremium (Dispute Settlement Body)*, dem die Verwaltung des Streitschlichtungssystems unterliegt, ist dagegen nicht wirklich ein eigenständiges Organ. Seine Aufgaben werden vom Allgemeinen Rat wahrgenommen, der allerdings insoweit gesondert und mit eigener Geschäftsordnung tagt und seinen eigenen Vorsitzenden wählen kann. Das gleiche gilt für das *Organ zur Überprüfung der Handelspolitiken (Trade Policy Review Body)*. In der besonderen Konstruktion dieser beiden Gremien kann man Ansätze einer institutionellen Verselbständigung sehen. Die WTO hat vom GATT die Tradition von Konsensentscheidungen übernom-

men. Abstimmungen sind nur in besonderen Fällen vorgesehen.

Die WTO hat zur Zeit 134 Mitglieder. Zu den bedeutendsten Nichtmitgliedern zählen die russische Förderation, Saudi Arabien und China. Neue Mitglieder können mit einer Zweidrittelmehrheit in der Ministerkonferenz aufgenommen werden. Da die Mitgliedschaft in der WTO nicht nur zur Einhaltung des WTO-Rechts verpflichtet, sondern die Mitglieder alle untereinander auch durch Liberalisierungskonzessionen berechtigt und verpflichtet sind, erfordert der Beitritt, daß der entsprechende Staat vor Eintritt in Liberalisierungsverhandlungen eintritt und entsprechende Zugeständnisse macht. Zur Zeit laufen solche Verhandlungen mit insgesamt 30 Staaten, darunter den oben genannten.

Die WTO hat zahlreiche Verbindungen zu anderen internationalen Organisationen geknüpft. Im System der Vereinten Nationen (→ UN-System) nimmt sie - wie zuvor das GATT - die Stellung einer De-facto-Sonderorganisation (→ Sonderorganisationen) ein. Enge Beziehungen bestehen auch zum Weltwährungsfonds. Im WTO-Vertrag („Agreement on the Establishment of the World Trade Organization"; dt. Fassung in: BGBl. 1994 II, 1625) ist ausdrücklich auch die Zusammenarbeit mit nichtstaatlichen Organisationen (→ NGOs) vorgesehen. Entsprechende Richtlinien hat der Rat jüngst verabschiedet. Sie sehen eine verbesserte Information der Öffentlichkeit vor, geben den NGOs aber kein Recht auf Teilnahme an Sitzungen. Auch in Streitfällen können NGOs sich nicht unmittelbar beteiligen. Sie können aber Stellungnahmen einreichen, die die Panels oder die Berufungsinstanz berücksichtigen können. Nicht selten machen sich auch die beteiligten Staaten das Vorbringen der NGOs zu eigen und reichen es als Anhänge zu ihren eigenen Schriftsätzen ein.

Das unübersichtlich gewachsene Regelwerk des GATT mit verschiedenen Abkommen ist unter der WTO mit

Blick auf den Mitgliederstand vereinheitlicht worden - alle Staaten mußten sich verpflichten, die oftmals entscheidend revidierten alten und die neu verhandelten Abkommen im Ganzen anzunehmen. Trotzdem sind fast 30 völkerrechtliche Abkommen zu beachten, wobei in modifizierter Form auch das alte GATT-Abkommen inkorporiert worden ist. Zusätzlich sind viele Entscheidungen und Beschlüsse des GATT übernommen worden.

C. Prinzipien und Mechanismen

Als Ziel und Zweck der WTO wird oft der Freihandel angesehen. Damit werden Programmatik und Erfolge dieser Organisation und der in ihr verfaßten Welthandelsordnung in allgemeiner Hinsicht zutreffend wiedergegeben. Die Zuschreibung ist auch sinnvoll, um die Stellung der WTO im Gesamtgefüge der Weltwirtschaftsbeziehungen und ihrer institutionellen Strukturen zu charakterisieren.

Bei genauer Betrachtung ist jedoch diese Kennzeichnung im Hinblick auf *Ziele* und *Funktionen* der WTO stark korrekturbedürftig. Was die Ziele anbelangt, so geht der Anspruch der WTO zutreffenderweise weiter. Die *Präambel des WTO-Vertrages* nennt übergeordnete wirtschaftliche *Ziele* wie: Erhöhung des Lebensstandards, Vollbeschäftigung, wirksame Nachfrage, Ausweitung der Produktion und des Handels, optimale Nutzung der Hilfsquellen der Welt im Einklang mit dem Ziel einer nachhaltigen Entwicklung, Schutz und Erhaltung der Umwelt und Entwicklung.

Was seine *Mechanismen* anbelangt, so ist die WTO bescheidener angelegt - was ihren Erfolg erklärt. Sie verpflichtet die Staaten grundsätzlich nicht selbst und unbedingt zur Liberalisierung des Handels, sondern akzeptiert die wirtschaftspolitischen Vorgaben der einzelnen Staaten und überläßt es ihnen darüber hinaus selbst, auf der Grundlage wechselseitiger Zugeständnisse Schritte zu einer Liberalisierung des Handels zu vereinbaren. Sie gibt aber einen Rahmen für die Welthandelsbeziehungen und das Handeln der Staaten vor.

Rechtsbindung

Dazu gehört an erster Stelle die Geltung des Rechts und seine Durchsetzbarkeit. Sie gilt für die WTO-Regeln einschließlich der Liberalisierungszugeständnisse und wird wesentlich durch das Instrument der Streitschlichtung gewährleistet. In vielfältiger Form verlangen WTO-Regeln aber auch, daß die Staaten in ihrem eigenen innerstaatlichen Rahmen in Ausführung der WTO-Vorgaben Regeln setzen und rechtsstaatliche Grundsätze der Vorhersehbarkeit und Tranparenz wahren und eine Beteiligung der Betroffenen und Rechtsschutz vorsehen.

Nichtdiskriminierung

Darauf aufbauend gilt ein striktes Gebot der Nichtdiskriminierung: Vergünstigungen, die einem Staat eingeräumt werden, müssen unterschiedslos allen anderen ausländischen Waren und Dienstleistungen auch eingeräumt werden (Meistbegünstigung). Neben den weiterhin zulässigen und gegebenenfalls durch Konzessionen gebundenen Handelsbeschränkungen dürfen die ausländischen Waren auf dem internen Markt nicht mehr diskriminiert, sondern müssen den inländischen Waren gleichgestellt werden (Inländerbehandlung).

Verhältnismäßigkeit und Effizienz handelspolitischer Maßnahmen

Ein weiteres Prinzip der WTO ist der Grundsatz der Verhältnismäßigkeit und Effektivität von handelspolitischen Maßnahmen. Mit einer Reihe von Einzelregelungen werden die Staaten dazu angehalten, ihre wirtschaftspolitischen - auch protektionistischen - Zwecke mit möglichst effektiven Mitteln zu verfolgen. So sind zum Beispiel mengenmäßige Einfuhrbeschränkungen weitgehend verboten, weil der Schutz des eigenen Marktes meist sehr viel weniger eingreifend durch Zölle erreicht werden kann (Tarifierung).

Liberalisierung durch wechselseitige Zugeständnisse

Auf diese Prinzipien stützt sich das System eines wechselseitig ausgehandelten Marktzugangs. Nach besonderen Regeln verhandeln dabei die Staaten in regelmäßigen Abständen über Liberalisierungen des Güterhandels - meist in Form von Zollkonzessionen - bzw. Dienstleistungen, wobei sehr viel komplizierte Faktoren des Marktzugangs definiert und verhandelt werden müssen. Über das Meistbegünstigungsprinzip kommen diese oft zwischen wenigen Staaten ausgehandelten Zugeständnisse - abgesehen von einigen Ausnahmen im Dienstleistungsbereich - allen anderen Mitgliedern zugute. Die WTO schützt diese wechselseitigen Zugeständnisse und ihren Wert unter anderem durch Regeln über die Definition des Ursprungs von Waren, der Zollwertberechnung durch Verfahren der Anpassung bei geänderten Umständen oder bei Enttäuschung berechtigter Erwartungen.

Schutz der Fairneß im Handel

Schließlich enthält die WTO Regeln, die den Handel gegen unfaire Maßnahmen durch Staaten (Subventionen) und Verkauf unter Einstandspreis durch Private (antidumping) schützen sollen und es den Staaten in beiden Fällen erlauben, unter allerdings strikt geregelten Bedingungen und Verfahren Strafzölle zu erheben.

Das System der Ausnahmen

Den festgefügten Verpflichtungen und Bindungen stehen in der WTO verschiedene *Ausnahmen* gegenüber, die genaue Regeln über Gründe, Verfahren und gegebenenfalls Kompensationen vorsehen. Eine erste Gruppe von Ausnahmen betrifft Maßnahmen im Hinblick auf die internationale Sicherheit und die nationale öffentliche Ordnung. Zu letzterer zählen insbesondere der Gesundheits- und Umweltschutz. Eine zweite Gruppe von Ausnahmen bezieht sich auf volkswirtschaftliche Krisensituationen. Bei Zahlungsbilanzkrisen können nach Konsultation mit einem eigens dafür eingerichteten WTO-Ausschuß Maßnahmen einschließlich mengenmäßiger Beschränkungen ergriffen werden. Sofern sie einen inländischen Industriezweig gefährden, dürfen Zollzugeständnisse abgeändert oder zurückgenommen werden, wobei jedoch gegebenenfalls Anpassungsverhandlungen stattfinden müssen. Weitere Ausnahmetatbestände betreffen den Handel mit Entwicklungsländern: die dort gewährten Sondervergünstigungen unterfallen nicht dem Meistbegünstigungsprinzip und müssen deswegen nicht an andere Staaten weitergegeben werden. Schließlich gilt die Meistbegünstigung nicht für Vorteile, die sich Staaten im Rahmen der Gründung einer regionalen Freihandelszone untereinander zubilligen.

Durchsetzung und Streitschlichtung

Das *Streitschlichtungssystem* der WTO gilt im Vergleich zu anderen Rechtsdurchsetzungsmechanismen internationaler Regime als außerordentlich wirksam. Mit ihm können Staaten Rechtsverletzungen anderer Staaten rügen und am Ende gegebenenfalls ermächtigt werden, gegen den Rechtsverletzer Handelssanktionen zu verhängen. Anders als im GATT ist dieses System stark an gerichtlichen Vorstellungen orientiert. Zwar wird das System immer noch von einem eigentlich politischen Organ, dem DSB verwaltet. Er ist aber an strikte Zeitvorgaben gebunden und kann die Einsetzung eines Streitschlichtungsausschusses (Panel) ebenso wie die Abnahme seines Endberichts (Report) bzw. des Berichts der ohne weiteres anrufbaren Berufungsinstanz (Appellate Body Report) und schließlich auch die Erlaubnis zu Handelssanktionen nur im Konsens verweigern. Von der ehemals unter dem GATT stärker politischen Ausrichtung insbesondere mit genau entgegengesetzten Beschlußfassungsanforderungen ist nur der pflichtige Versuch einer gütlichen Beilegung durch Konsultationen am Anfang des Verfahrens und die Möglichkeit einer anderweitigen Kompensation zur Abwendung von Handelssanktionen geblieben.

Daneben tritt als Instanz der *präventiven politischen Kontrolle und Durchsetzung* der Mechanismus zur Überprüfung der Handelspolitiken (Trade Policy Review Mechanism), der in genau festgelegten regelmäßigen Abständen die Handelspolitik einzelner Staaten anhand von Staatenberichten und parallel dazu erstellten Berichten des Sekretariats überprüft und die Berichte und Ergebnisse veröffentlicht.

Innovation

Die WTO verfügt über unterschiedliche und weitreichende Instrumente, um ihre Politik und ihre Regeln fortzuschreiben, den Bedingungen anzupassen und weitere Liberalisierungen zu erzielen. Die Übereinkommen selbst enthalten eine Reihe von Überprüfungs- und Verhandlungsaufträgen - die sogenannte *eingebaute Tagesordnung der WTO* („in-built agenda"). Daneben gehen von der Ministerkonferenz oft entscheidende Impulse aus. Neben besonderen und regelmäßigen Liberalisierungsverhandlungen sind schließlich auch zusätzliche „große" *außerordentliche WTO-Runden* im Stil der vormaligen GATT-Runden vorgesehen. Den geänderten Vorstellungen kann durch Interpretation oder Änderung bestehender, durch Abschluß neuer Verträge und auch durch Beschlüsse und Entscheidungen Rechnung getragen werden. Demgegenüber ist das Streitschlichtungssystem bewußt und ausdrücklich auf die behutsame Klärung und Pflege der bestehenden Rechtsregeln angelegt und ausdrücklich nicht befugt, diese aktiv weiterzuentwickeln.

D. Handel mit Gütern

Umfangreich und detailliert sind auf Grund der langen Entwicklung schon im GATT die weitgehend von der WTO übernommenen und noch weiter ausgebauten Vorschriften über den *Handel mit Gütern*. Hier sind alle angesprochenen Mechanismen und Prinzipien bereits voll entwickelt und geregelt. Hin-

zuweisen ist insbesondere auf Regelungen über technische Handelshemmnisse, die sicherstellen sollen, daß die berechtigten Schutzinteressen und politischen Vorgaben der Mitgliedstaaten den Handel nicht unverhältnismäßig beeinträchtigen. Große Bedeutung kommt dabei dem *Übereinkommen über die Anwendung Gesundheitspolizeilicher und Pflanzenschutzrechtlicher Maßnahmen (Agreement on the Application of Sanitary and Phytosanitary Measures, sog. SPS-Agreement)* zu, daß solche Maßnahmen erlaubt, aber verlangt, daß die entsprechenden Staaten sie durch eine rationale Risikoabschätzung rechtfertigen können. Daneben betrifft das *Abkommen über Technische Handelsbarrieren (Agreement on Technical Barreers to Trade, sog. TBT-Agreement)* die Geltung, Anerkennung und Harmonisierung von technischen Standards.

E. Geistiges Eigentum

Der Schutz von *Rechten des geistigen Eigentums* ist bisher Sache der *Weltorganisation für geistiges Eigentum (World Intellectual Property Organization, → WIPO)* gewesen, wurde aber nach Ansicht technologisch fortgeschrittener Staaten den Erfordernissen des Welthandels nicht ausreichend gerecht. Tendenzen, die Schutzinteressen unilateral mit Handelssanktionen durchzusetzen begegnete die Uruguay-Runde mit einer eigenen Regelung, dem *TRIPs-Übereinkommen.* Ursprünglich auf Bekämpfung der Markenpiraterie und der Nachahmung angelegt, enthält das TRIPs-Abkommen in seiner jetzigen Form umfangreiche Schutzstandards für Urheberrechte, Marken, Herkunftsangaben, Gebrauchsmuster, Patente, das Design von Computerchips und Geschäftsgeheimnissen. Sie treten weitgehend neben die bestehenden Konventionen in diesem Bereich, die in der Weltorganisation für geistiges Eigentum ausgehandelt und dort verwaltet werden. Von großer Bedeutung sind daneben außerordentlich detaillierte Bestimmungen über den Rechtsschutz,

den die Staaten einem Rechtsinhaber
zur Durchsetzung seines geistigen Eigentums gewähren sollen und die bis
hin zu Regelungen über einstweilige
Verfügungen reichen.

F. Handel mit Dienstleistungen

War das GATT allein auf den Warenhandel ausgerichtet, so forderte die
zunehmende Bedeutung von *Dienstleistungen* eine Regelung auch für diesen
Bereich, die wegen der Unterschiede in
einem vollständig neuen und unabhängigen Abkommen erfolgte, das der
Struktur des GATT folgt. Es verfolgt zu
Recht einen außerordentlich anspruchsvollen Ansatz, in dem es neben den
Fällen der grenzüberschreitenden Erbringung von Diensten auch den Fall
der Dienstleistung an einen Ausländer
im Land des Dienstleistungserbringers
und umgekehrt eine Dienstleistung
durch Ausländer im Heimatstaat des
Kunden einschließt. Damit stellen sich
aber auch neue und komplexe Probleme, so unter anderem Fragen des Ein-
reise- und Aufenthaltsrechts. Außerdem
ist die Liberalisierung hier weit schwieriger zu verhandeln. Eine Marktöffnung
läßt sich nicht einfach durch Senkung
der Zollsätze erreichen, sondern hängt
von vielfältigen Faktoren ab, bei denen
der Wert von Konzessionen und Ge-
genleistungen nur schwer zu ermessen
ist. Trotzdem ist es gelungen in einigen
Sektoren, so bei den Telekommunika-
tions- und Finanzdienstleistungen weitreichende und verbindliche Liberalisierungen zu erreichen, die in besonderen
Zusatzprotokollen zum GATS niedergelegt sind.

G. Neue Aspekte und Probleme

1. Von der Handelsordnung zur Wirt-
schaftsordnung

Liberalisierungen und die zunehmende
internationale Verflechtung des Handels werfen nicht selten weitere Probleme auf, die eine Zusammenarbeit der
Staaten erfordern. Die WTO hat eine
umfangreiche „in-built agenda". Daneben ist aber schon absehbar, daß weitere und neue Themen in der WTO be-

handelt werden müssen. Arbeitsgruppen
beschäftigen sich einerseits mit Fragen
der Wettbewerbspolitik und andererseits mit Investitionsfragen. Wie zuvor
schon das TRIPs-Abkommen und in
Teilen auch das GATT, weisen diese
Themen über den begrenzten Bereich
des reinen Handels hinaus. In ihnen ist
eine Erweiterung des Gegenstandsbe-
reichs auf allgemeine Fragen der Weltwirtschaftsordnung angelegt.

2. Umwelt und soziale Standards

Die zunehmende internationale Han-
delsverflechtung wirft aber auch Fragen
nach der Schnittstelle der Welthandelsordnung zu anderen Politikberei-
chen, besonders der Umwelt- und Sozialpolitik auf. Zunehmender internationaler Handel kann die Wirksamkeit
einzelstaatlicher Maßnahmen schwächen. Außerdem bietet die Welthandelsordnung ein wirksames Instrument
der Durchsetzung, das den bisherigen
Durchsetzungsmechanismen in der internationalen Umwelt- und Sozialpolitik deutlich überlegen ist. Spannungsla-
gen treten besonders dann auf, wenn
der Verstoß gegen nationale und internationale Standards und Vorstellungen
einen direkten Wettbewerbsvorteil bieten.

Im Umweltbereich (→ Umwelt-
schutz) ist dies besonders dann der Fall,
wenn Produkte in einer Weise hergestellt werden, die der Umwelt schadet,
aber zugleich kostengünstig ist. Sofern
Umweltgüter im Importland direkt
durch das Produkt gefährdet werden,
kann sich ein Staat auf Ausnahmen
berufen und den Import stoppen. Wo
aber Tierarten außerhalb seines Ho-
heitsbereiches oder internationale Umweltgüter betroffen sind und besonders
dann, wenn keine verbindlichen internationalen Standards anwendbar sind,
hat er kaum eine Handhabe, seine Vorstellungen durchzusetzen. Gefordert ist
hier eine bessere Abstimmung des internationalen Umweltrechts (→ Umweltvölkerrecht) mit der WTO - unter
anderem auch deshalb weil das Umweltrecht zum Teil Handelssanktionen

vorsieht, die mit dem WTO-Recht nicht ohne weiteres in Einklang zu bringen sind. Diese Fragen werden ausgiebig in einem besonderen *Ausschuß für Handel und Umwelt (Committee for Trade and Environment, CTE)* diskutiert.

Niedrige Arbeitskosten stellen in der Welthandelsordnung einen legitimen Wettbewerbsvorteil dar. Probleme ergeben sich aber, wenn diese niedrigen Kosten darauf beruhen, daß den Menschen soziale Rechte vorenthalten werden. Die WTO erlaubt bisher Gegenmaßnahmen nur im Fall von Gefangenenarbeit. Es wurde bisher vergeblich gefordert, weitere soziale Standards, so unter anderem das Mindestalter, das Recht auf gewerkschaftliche Organisation und kollektive Interessenwahrnehmung in die WTO aufzunehmen.

Mit der WTO ist das Konzept einer Welthandelsordnung in beeindruckender Form bestärkt und weiter in Richtung auf eine Weltwirtschaftsordnung ausgebaut worden. Mit ihrer institutionellen Struktur und vielen einzelnen Regelungen und Themen nimmt die WTO nach fast fünfzig Jahren viele Ansätze der Havanna-Charta wieder auf. Ob ihr auf die Dauer Erfolg beschieden sein wird, hängt auch davon ab, ob sie in der Lage ist, Anliegen der wirtschaftlichen Entwicklung zur Geltung zu bringen.

Peter Tobias Stoll

Lit.: *1. Dokumente: Hummer, W./Weiss, F.:* Vom GATT '47 zur WTO '94: Dokumente zur alten und zur neuen Welthandelsordnung, Baden-Baden 1997; Übereinkommen zur Errichtung der Welthandelsorganisation (WTO) vom 15.3.1994, BGBl. 1994 II, 1625; *WTO:* The Results of the Uruguay Round of Multilateral Trade Negotiations: The Legal Texts, Genf 1994; *WTO:* Legal Instruments embodying the Results of the Uruguay Round, 34 Vols., Genf 1994; *WTO/GATT:* Basic Instruments and Selected Documents, Genf o.J.; *WTO:* Guide to GATT Law and Practice 1947-1994, Analytical Index, Genf 1995; *WTO/GATT:* Basic Instruments and Selected Documents, 1948 et seq.; *WTO:* The World Trade Organization : trading into the future, 2. Aufl., Genf 1998. *Sekundärliteratur: Bhagwati, J./Hudec, R.E. (Hrsg.):* Fair trade and harmonization : prerequisites for free trade?, Cambridge/USA 1996; *Cameron, J.(Hrsg.):* Trade and the Environment, London 1997; *Hudec, R.E.:* Developing Countries in the GATT Legal System, o. Ort 1987; *Jackson, J.H.:* The world trade organization : constitution and jurisprudence, London 1998; *Jackson, J.H./Davey, W.J./Sykes, A.O.:* Legal problems of international economic relations, 3. Aufl., St. Paul, Minn. 1995; *Pescatore, P./Davey, W.J./Lowenfeld, A.F.:* Handbook of WTO, GATT dispute settlement, Ardsley-on-Hudson, N.Y., loose leaf; *Petersmann, E.U. (Hrsg.):* International trade law and the GATT/WTO dispute settlement system, London 1997; *Petersmann, E.U.:* International and European trade and environmental law after the Uruguay Round, London 1995; *R. Senti, R./Conlan, P.:* WTO : Regulation of World Trade after the Uruguay Round, Zürich 1998; *Senti, R.:* GATT: Allgemeines Zoll- und Handelsankommen als System der Welthandelsordnung, Zürich 1986; *Stoll, T.:* Die WTO: Neue Welthandelsorganisation, neue Welthandelsordnung. Ergebnisse der Uruguay-Runde des GATT, in: ZaöRV 54 (1994), 241 – 339; *Wolfrum, R.:* § 15 - Das Internationale Recht für den Austausch von Waren und Dienstleistungen, in: Schmidt, R. (Hrsg.): Öffentliches Wirtschaftsrecht, Besonderer Teil 2, Berlin u.a. 1996, 535 – 656; *Zohlnhöfer, W. (Hrsg.):* Zukunftsprobleme der Weltwirtschaftsordnung, Berlin 1996.

Internet: Homepage der WTO: http://www.wto.org

Charta der Vereinten Nationen

(Amtliche Fassung der Bundesrepublik Deutschland, BGBl. 1973 II S. 431)

Präambel

WIR, DIE VÖLKER DER VEREINTEN NATIONEN - FEST ENTSCHLOSSEN, künftige Geschlechter vor der Geißel des Krieges zu bewahren, die zweimal zu unseren Lebzeiten unsagbares Leid über die Menschheit gebracht hat,
unseren Glauben an die Grundrechte des Menschen, an Würde und Wert der menschlichen Persönlichkeit, an die Gleichberechtigung von Mann und Frau sowie von allen Nationen, ob groß oder klein, erneut zu bekräftigen,
Bedingungen zu schaffen, unter denen Gerechtigkeit und die Achtung vor den Verpflichtungen aus Verträgen und anderen Quellen des Völkerrechts gewahrt werden können,
den sozialen Fortschritt und einen besseren Lebensstandard in größerer Freiheit zu fördern,
UND FÜR DIESE ZWECKE
Duldsamkeit zu üben und als gute Nachbarn in Frieden miteinander zu leben,
unsere Kräfte zu vereinen, um den Weltfrieden und die internationale Sicherheit zu wahren,
Grundsätze anzunehmen und Verfahren einzuführen, die gewährleisten, daß Waffengewalt nur noch im gemeinsamen Interesse angewendet wird, und
internationale Einrichtungen in Anspruch zu nehmen, um den wirtschaftlichen und sozialen Fortschritt aller Völker zu fördern -
HABEN BESCHLOSSEN, IN UNSEREM BEMÜHEN UM DIE ERREICHUNG DIESER ZIELE ZUSAMMENZUWIRKEN.
Dementsprechend haben unsere Regierungen durch ihre in der Stadt San Franzisko versammelten Vertreter, deren Vollmachten vorgelegt und in guter und gehöriger Form befunden wurden, diese Charta der Vereinten Nationen angenommen und errichten hiermit eine internationale Organisation, die den Namen "Vereinte Nationen" führen soll.

Kapitel I
Ziele und Grundsätze

Artikel 1

Die Vereinten Nationen setzen sich folgende Ziele:
1. den Weltfrieden und die internationale Sicherheit zu wahren und zu diesem Zweck wirksame Kollektivmaßnahmen zu treffen, um Bedrohungen des Friedens zu verhüten und zu beseitigen, Angriffshandlungen und andere Friedensbrüche zu unterdrücken und internationale Streitigkeiten oder Situationen, die zu einem Friedensbruch führen könnten, durch friedliche Mittel nach den Grundsätzen der Gerechtigkeit und des Völkerrechts zu bereinigen oder beizulegen;
2. freundschaftliche, auf der Achtung vor dem Grundsatz der Gleichberechtigung und Selbstbestimmung der Völker beruhende Beziehungen zwischen den Nationen zu entwickeln und andere geeignete Maßnahmen zur Festigung des Weltfriedens zu treffen;
3. eine internationale Zusammenarbeit herbeizuführen, um internationale Probleme wirtschaftlicher, sozialer, kultureller und humanitärer Art zu lösen und die Achtung vor den Menschenrechten und Grundfreiheiten für alle ohne Unterschied der Rasse, des Geschlechts, der Sprache oder der Religion zu fördern und zu festigen;
4. ein Mittelpunkt zu sein, in dem die Bemühungen der Nationen zur Verwirklichung dieser gemeinsamen Ziele aufeinander abgestimmt werden.

Artikel 2

Die Organisation und ihre Mitglieder handeln im Verfolg der in Artikel 1 dargelegten Ziele nach folgenden Grundsätzen:
1. Die Organisation beruht auf dem Grundsatz der souveränen Gleichheit aller ihrer Mitglieder.
2. Alle Mitglieder erfüllen, um ihnen allen die aus der Mitgliedschaft erwachsenden Rechte und Vorteile zu sichern, nach Treu und Glauben die Verpflichtungen, die sie mit dieser Charta übernehmen.
3. Alle Mitglieder legen ihre internationalen Streitigkeiten durch friedliche Mittel so bei, daß der Weltfriede, die internationale Sicherheit und die Gerechtigkeit nicht gefährdet werden.
4. Alle Mitglieder unterlassen in ihren internationalen Beziehungen jede gegen die territoriale Unversehrtheit oder die politische Unabhängigkeit eines Staates gerichtete oder sonst mit den Zielen der Vereinten Nationen unvereinbare Androhung oder Anwendung von Gewalt.
5. Alle Mitglieder leisten den Vereinten Nationen jeglichen Beistand bei jeder Maßnahme, welche die Organisation im Einklang mit dieser Charta ergreift; sie leisten einem Staat, gegen den die Organisation

Vorbeugungs- oder Zwangsmaßnahmen ergreift, keinen Beistand.

6. Die Organisation trägt dafür Sorge, daß Staaten, die nicht Mitglieder der Vereinten Nationen sind, insoweit nach diesen Grundsätzen handeln, als dies zur Wahrung des Weltfriedens und der internationalen Sicherheit erforderlich ist.

7. Aus dieser Charta kann eine Befugnis der Vereinten Nationen zum Eingreifen in Angelegenheiten, die ihrem Wesen nach zur inneren Zuständigkeit eines Staates gehören, oder eine Verpflichtung der Mitglieder, solche Angelegenheiten einer Regelung auf Grund dieser Charta zu unterwerfen, nicht abgeleitet werden; die Anwendung von Zwangsmaßnahmen nach Kapitel VII wird durch diesen Grundsatz nicht berührt.

Kapitel II
Mitgliedschaft

Artikel 3
Ursprüngliche Mitglieder der Vereinten Nationen sind die Staaten, welche an der Konferenz der Vereinten Nationen über eine Internationale Organisation in San Franzisko teilgenommen oder bereits vorher die Erklärung der Vereinten Nationen vom 1. Januar 1942 unterzeichnet haben und nunmehr diese Charta unterzeichnen und nach Artikel 110 ratifizieren.

Artikel 4
(1) Mitglied der Vereinten Nationen können alle sonstigen friedliebenden Staaten werden, welche die Verpflichtungen aus dieser Charta übernehmen und nach dem Urteil der Organisation fähig und willens sind, diese Verpflichtungen zu erfüllen.
(2) Die Aufnahme eines solchen Staates als Mitglied der Vereinten Nationen erfolgt auf Empfehlung des Sicherheitsrats durch Beschluß der Generalversammlung.

Artikel 5
Einem Mitglied der Vereinten Nationen, gegen das der Sicherheitsrat Vorbeugungs- oder Zwangsmaßnahmen getroffen hat, kann die Generalversammlung auf Empfehlung des Sicherheitsrats die Ausübung der Rechte und Vorrechte aus seiner Mitgliedschaft zeitweilig entziehen. Der Sicherheitsrat kann die Ausübung dieser Rechte und Vorrechte wieder zulassen.

Artikel 6
Ein Mitglied der Vereinten Nationen, das die Grundsätze dieser Charta beharrlich verletzt, kann auf Empfehlung des Sicherheitsrats durch die Generalversammlung aus der Organisation ausgeschlossen werden.

Kapitel III
Organe

Artikel 7
(1) Als Hauptorgane der Vereinten Nationen werden eine Generalversammlung, ein Sicherheitsrat, ein Wirtschafts- und Sozialrat, ein Treuhandrat, ein Internationaler Gerichtshof und ein Sekretariat eingesetzt.
(2) Je nach Bedarf können in Übereinstimmung mit dieser Charta Nebenorgane eingesetzt werden.

Artikel 8
Die Vereinten Nationen schränken hinsichtlich der Anwartschaft auf alle Stellen in ihren Haupt- und Nebenorganen die Gleichberechtigung von Männern und Frauen nicht ein.

Kapitel IV
Die Generalversammlung

Zusammensetzung

Artikel 9
(1) Die Generalversammlung besteht aus allen Mitgliedern der Vereinten Nationen.
(2) Jedes Mitglied hat höchstens fünf Vertreter in der Generalversammlung.

Aufgaben und Befugnisse

Artikel 10
Die Generalversammlung kann alle Fragen und Angelegenheiten erörtern, die in den Rahmen dieser Charta fallen oder Befugnisse und Aufgaben eines in dieser Charta vorgesehenen Organs betreffen; vorbehaltlich des Artikels 12 kann sie zu diesen Fragen und Angelegenheiten Empfehlungen an die Mitglieder der Vereinten Nationen oder den Sicherheitsrat oder an beide richten.

Artikel 11
(1) Die Generalversammlung kann sich mit den allgemeinen Grundsätzen der Zusammenarbeit zur Wahrung des Weltfriedens und der internationalen Sicherheit einschließlich der Grundsätze für die Abrüstung und Rüstungsregelung befassen und in bezug auf diese Grundsätze Empfehlungen an die Mitglieder oder den Sicherheitsrat oder an beide richten.
(2) Die Generalversammlung kann alle die Wahrung des Weltfriedens und der internationalen Sicherheit betreffenden Fragen erörtern, die ihr ein Mitglied der Vereinten Nationen oder der Sicherheitsrat oder nach Artikel 35 Absatz 2 ein Nichtmitgliedstaat der Vereinten Nationen vorlegt; vorbehaltlich des Artikels 12 kann sie zu diesen Fragen Empfehlungen an den oder die betreffenden Staaten oder den Sicherheitsrat oder an beide richten. Macht eine derartige Frage

Maßnahmen erforderlich, so wird sie von der Generalversammlung vor oder nach der Erörterung an den Sicherheitsrat überwiesen.
(3) Die Generalversammlung kann die Aufmerksamkeit des Sicherheitsrats auf Situationen lenken, die geeignet sind, den Weltfrieden und die internationale Sicherheit zu gefährden.
(4) Die in diesem Artikel aufgeführten Befugnisse der Generalversammlung schränken die allgemeine Tragweite des Artikels 10 nicht ein.

Artikel 12
(1) Solange der Sicherheitsrat in einer Streitigkeit oder einer Situation die ihm in dieser Charta zugewiesenen Aufgaben wahrnimmt, darf die Generalversammlung zu dieser Streitigkeit oder Situation keine Empfehlung abgeben, es sei denn auf Ersuchen des Sicherheitsrats.
(2) Der Generalsekretär unterrichtet mit Zustimmung des Sicherheitsrats die Generalversammlung bei jeder Tagung über alle die Wahrung des Weltfriedens und der internationalen Sicherheit betreffenden Angelegenheiten, die der Sicherheitsrat behandelt; desgleichen unterrichtet er unverzüglich die Generalversammlung oder, wenn diese nicht tagt, die Mitglieder der Vereinten Nationen, sobald der Sicherheitsrat die Behandlung einer solchen Angelegenheit einstellt.

Artikel 13
(1) Die Generalversammlung veranlaßt Untersuchungen und gibt Empfehlungen ab,
a) um die internationale Zusammenarbeit auf politischem Gebiet zu fördern und die fortschreitende Entwicklung des Völkerrechts sowie seine Kodifizierung zu begünstigen;
b) um die internationale Zusammenarbeit auf den Gebieten der Wirtschaft, des Sozialwesens, der Kultur, der Erziehung und der Gesundheit zu fördern und zur Verwirklichung der Menschenrechte und Grundfreiheiten für alle ohne Unterschied der Rasse, des Geschlechts, der Sprache oder der Religion beizutragen.
(2) Die weiteren Verantwortlichkeiten, Aufgaben und Befugnisse der Generalversammlung in bezug auf die in Absatz 1 Buchstabe b genannten Angelegenheiten sind in den Kapiteln IX und X dargelegt.

Artikel 14
Vorbehaltlich des Artikels 12 kann die Generalversammlung Maßnahmen zur friedlichen Bereinigung jeder Situation empfehlen, gleichviel wie sie entstanden ist,

wenn diese Situation nach ihrer Auffassung geeignet ist, das allgemeine Wohl oder die freundschaftlichen Beziehungen zwischen Nationen zu beeinträchtigen; dies gilt auch für Situationen, die aus einer Verletzung der Bestimmungen dieser Charta über die Ziele und Grundsätze der Vereinten Nationen entstehen.

Artikel 15
(1) Die Generalversammlung erhält und prüft Jahresberichte und Sonderberichte des Sicherheitsrats; diese Berichte enthalten auch eine Darstellung der Maßnahmen, die der Sicherheitsrat zur Wahrung des Weltfriedens und der internationalen Sicherheit beschlossen oder getroffen hat.
(2) Die Generalversammlung erhält und prüft Berichte der anderen Organe der Vereinten Nationen.

Artikel 16
Die Generalversammlung nimmt die ihr bezüglich des internationalen Treuhandsystems in den Kapiteln XII und XIII zugewiesenen Aufgaben wahr; hierzu gehört die Genehmigung der Treuhandabkommen für Gebiete, die nicht als strategische Zonen bezeichnet sind.

Artikel 17
(1) Die Generalversammlung prüft und genehmigt den Haushaltsplan der Organisation.
(2) Die Ausgaben der Organisation werden von den Mitgliedern nach einem von der Generalversammlung festzusetzenden Verteilungsschlüssel getragen.
(3) Die Generalversammlung prüft und genehmigt alle Finanz- und Haushaltsabmachungen mit den in Artikel 57 bezeichneten Sonderorganisationen; sie prüft deren Verwaltungshaushalt mit dem Ziel, Empfehlungen an sie zu richten.

Abstimmung

Artikel 18
(1) Jedes Mitglied der Generalversammlung hat eine Stimme.
(2) Beschlüsse der Generalversammlung über wichtige Fragen bedürfen einer Zweidrittelmehrheit der anwesenden und abstimmenden Mitglieder. Zu diesen Fragen gehören: Empfehlungen hinsichtlich der Wahrung des Weltfriedens und der internationalen Sicherheit, die Wahl der nichtständigen Mitglieder des Sicherheitsrats, die Wahl der Mitglieder des Wirtschafts- und Sozialrats, die Wahl von Mitgliedern des Treuhandrats nach Artikel 86 Absatz 1 Buchstabe c, die Aufnahme neuer Mitglieder in die Vereinten Nationen, der zeitweili-

ge Entzug der Rechte und Vorrechte aus der Mitgliedschaft, der Ausschluß von Mitgliedern, Fragen betreffend die Wirkungsweise des Treuhandsystems sowie Haushaltsfragen.

(3) Beschlüsse über andere Fragen, einschließlich der Bestimmung weiterer Gruppen von Fragen, über die mit Zweidrittelmehrheit zu beschließen ist, bedürfen der Mehrheit der anwesenden und abstimmenden Mitglieder.

Artikel 19

Ein Mitglied der Vereinten Nationen, das mit der Zahlung seiner finanziellen Beiträge an die Organisation im Rückstand ist, hat in der Generalversammlung kein Stimmrecht, wenn der rückständige Betrag die Höhe der Beiträge erreicht oder übersteigt, die dieses Mitglied für die vorausgegangenen zwei vollen Jahre schuldet. Die Generalversammlung kann ihm jedoch die Ausübung des Stimmrechts gestatten, wenn nach ihrer Überzeugung der Zahlungsverzug auf Umständen beruht, die dieses Mitglied nicht zu vertreten hat.

Verfahren

Artikel 20

Die Generalversammlung tritt zu ordentlichen Jahrestagungen und, wenn die Umstände es erfordern, zu außerordentlichen Tagungen zusammen. Außerordentliche Tagungen hat der Generalsekretär auf Antrag des Sicherheitsrats oder der Mehrheit der Mitglieder der Vereinten Nationen einzuberufen.

Artikel 21

Die Generalversammlung gibt sich eine Geschäftsordnung. Sie wählt für jede Tagung ihren Präsidenten.

Artikel 22

Die Generalversammlung kann Nebenorgane einsetzen, soweit sie dies zur Wahrnehmung ihrer Aufgaben für erforderlich hält.

Kapitel V
Der Sicherheitsrat

Zusammensetzung

Artikel 23

(1) Der Sicherheitsrat besteht aus fünfzehn Mitgliedern der Vereinten Nationen. Die Republik China, Frankreich, die Union der Sozialistischen Sowjetrepubliken, das Vereinigte Königreich Großbritannien und Nordirland sowie die Vereinigten Staaten von Amerika sind ständige Mitglieder des Sicherheitsrats. Die Generalversammlung wählt zehn weitere Mitglieder der Vereinten Nationen zu nichtständigen Mitgliedern des

Sicherheitsrats; hierbei sind folgende Gesichtspunkte besonders zu berücksichtigen: in erster Linie der Beitrag von Mitgliedern der Vereinten Nationen zur Wahrung des Weltfriedens und der internationalen Sicherheit und zur Verwirklichung der sonstigen Ziele der Organisation sowie ferner eine angemessene geographische Verteilung der Sitze.

(2) Die nichtständigen Mitglieder des Sicherheitsrats werden für zwei Jahre gewählt. Bei der ersten Wahl der nichtständigen Mitglieder, die nach Erhöhung der Zahl der Ratsmitglieder von elf auf fünfzehn stattfindet, werden zwei der vier zusätzlichen Mitglieder für ein Jahr gewählt. Ausscheidende Mitglieder können nicht unmittelbar wiedergewählt werden.

(3) Jedes Mitglied des Sicherheitsrats hat in diesem einen Vertreter.

Aufgaben und Befugnisse

Artikel 24

(1) Um ein schnelles und wirksames Handeln der Vereinten Nationen zu gewährleisten, übertragen ihre Mitglieder dem Sicherheitsrat die Hauptverantwortung für die Wahrung des Weltfriedens und der internationalen Sicherheit und erkennen an, daß der Sicherheitsrat bei der Wahrnehmung der sich aus dieser Verantwortung ergebenden Pflichten in ihrem Namen handelt.

(2) Bei der Erfüllung dieser Pflichten handelt der Sicherheitsrat im Einklang mit den Zielen und Grundsätzen der Vereinten Nationen. Die ihm hierfür eingeräumten besonderen Befugnisse sind in den Kapiteln VI, VII, VIII und XII aufgeführt.

(3) Der Sicherheitsrat legt der Generalversammlung Jahresberichte und erforderlichenfalls Sonderberichte zur Prüfung vor.

Artikel 25

Die Mitglieder der Vereinten Nationen kommen überein, die Beschlüsse des Sicherheitsrats im Einklang mit dieser Charta anzunehmen und durchzuführen.

Artikel 26

Um die Herstellung und Wahrung des Weltfriedens und der internationalen Sicherheit so zu fördern, daß von den menschlichen und wirtschaftlichen Hilfsquellen der Welt möglichst wenig für Rüstungszwecke abgezweigt wird, ist der Sicherheitsrat beauftragt, mit Unterstützung des in Artikel 47 vorgesehenen Generalstabsausschusses Pläne auszuarbeiten, die den Mitgliedern der Vereinten Nationen zwecks Errichtung eines Systems der Rüstungsregelung vorzulegen sind.

Abstimmung

Artikel 27

(1) Jedes Mitglied des Sicherheitsrats hat eine Stimme.

(2) Beschlüsse des Sicherheitsrats über Verfahrensfragen bedürfen der Zustimmung von neun Mitgliedern.

(3) Beschlüsse des Sicherheitsrats über alle sonstigen Fragen bedürfen der Zustimmung von neun Mitgliedern einschließlich sämtlicher ständigen Mitglieder, jedoch mit der Maßgabe, daß sich bei Beschlüssen auf Grund des Kapitels VI und des Artikels 52 Absatz 3 die Streitparteien der Stimme enthalten.

Verfahren

Artikel 28

(1) Der Sicherheitsrat wird so organisiert, daß er seine Aufgaben ständig wahrnehmen kann. Jedes seiner Mitglieder muß zu diesem Zweck jederzeit am Sitz der Organisation vertreten sein.

(2) Der Sicherheitsrat tritt regelmäßig zu Sitzungen zusammen; bei diesen kann jedes seiner Mitglieder nach Wunsch durch ein Regierungsmitglied oder durch einen anderen eigens hierfür bestellten Delegierten vertreten sein.

(3) Der Sicherheitsrat kann außer am Sitz der Organisation auch an anderen Orten zusammentreten, wenn dies nach seinem Urteil seiner Arbeit am dienlichsten ist.

Artikel 29

Der Sicherheitsrat kann Nebenorgane einsetzen, soweit er dies zur Wahrnehmung seiner Aufgaben für erforderlich hält.

Artikel 30

Der Sicherheitsrat gibt sich eine Geschäftsordnung; in dieser regelt er auch das Verfahren für die Wahl seines Präsidenten.

Artikel 31

Ein Mitglied der Vereinten Nationen, das nicht Mitglied des Sicherheitsrats ist, kann ohne Stimmrecht an der Erörterung jeder vor den Sicherheitsrat gebrachten Frage teilnehmen, wenn dieser der Auffassung ist, daß die Interessen dieses Mitglieds besonders betroffen sind.

Artikel 32

Mitglieder der Vereinten Nationen, die nicht Mitglied des Sicherheitsrats sind, sowie Nichtmitgliedstaaten der Vereinten Nationen werden eingeladen, an den Erörterungen des Sicherheitsrats über eine Streitigkeit, mit der dieser befaßt ist, ohne Stimmrecht teilzunehmen, wenn sie Streitpartei

sind. Für die Teilnahme eines Nichtmitgliedstaats der Vereinten Nationen setzt der Sicherheitsrat die Bedingungen fest, die er für gerecht hält.

Kapitel VI
Die friedliche Beilegung von Streitigkeiten

Artikel 33

(1) Die Parteien einer Streitigkeit, deren Fortdauer geeignet ist, die Wahrung des Weltfriedens und der internationalen Sicherheit zu gefährden, bemühen sich zunächst um eine Beilegung durch Verhandlung, Untersuchung, Vermittlung, Vergleich, Schiedsspruch, gerichtliche Entscheidung, Inanspruchnahme regionaler Einrichtungen oder Abmachungen oder durch andere friedliche Mittel eigener Wahl.

(2) Der Sicherheitsrat fordert die Parteien auf, wenn er dies für notwendig hält, ihre Streitigkeit durch solche Mittel beizulegen.

Artikel 34

Der Sicherheitsrat kann jede Streitigkeit sowie jede Situation, die zu internationalen Reibungen führen oder eine Streitigkeit hervorrufen könnte, untersuchen, um festzustellen, ob die Fortdauer der Streitigkeit oder der Situation die Wahrung des Weltfriedens und der internationalen Sicherheit gefährden könnte.

Artikel 35

(1) Jedes Mitglied der Vereinten Nationen kann die Aufmerksamkeit des Sicherheitsrats oder der Generalversammlung auf jede Streitigkeit sowie auf jede Situation der in Artikel 34 bezeichneten Art lenken.

(2) Ein Nichtmitgliedstaat der Vereinten Nationen kann die Aufmerksamkeit des Sicherheitsrats oder der Generalversammlung auf jede Streitigkeit lenken, in der er Partei ist, wenn er im voraus hinsichtlich dieser Streitigkeit die in dieser Charta für eine friedliche Beilegung festgelegten Verpflichtungen annimmt.

(3) Das Verfahren der Generalversammlung in Angelegenheiten, auf die ihre Aufmerksamkeit gemäß diesem Artikel gelenkt wird, bestimmt sich nach den Artikeln 11 und 12.

Artikel 36

(1) Der Sicherheitsrat kann in jedem Stadium einer Streitigkeit im Sinne des Artikels 33 oder einer Situation gleicher Art geeignete Verfahren oder Methoden für deren Bereinigung empfehlen.

(2) Der Sicherheitsrat soll alle Verfahren in Betracht ziehen, welche die Parteien zur Beilegung der Streitigkeit bereits angenommen haben.

(3) Bei seinen Empfehlungen auf Grund dieses Artikels soll der Sicherheitsrat ferner berücksichtigen, daß Rechtsstreitigkeiten im allgemeinen von den Parteien dem Internationalen Gerichtshof im Einklang mit dessen Statut zu unterbreiten sind.

Artikel 37

(1) Gelingt es den Parteien einer Streitigkeit der in Artikel 33 bezeichneten Art nicht, diese mit den dort angegebenen Mitteln beizulegen, so legen sie die Streitigkeit dem Sicherheitsrat vor.

(2) Könnte nach Auffassung des Sicherheitsrats die Fortdauer der Streitigkeit tatsächlich die Wahrung des Weltfriedens und der internationalen Sicherheit gefährden, so beschließt er, ob er nach Artikel 36 tätig werden oder die ihm angemessen erscheinenden Empfehlungen für eine Beilegung abgeben will.

Artikel 38

Unbeschadet der Artikel 33 bis 37 kann der Sicherheitsrat, wenn alle Parteien einer Streitigkeit dies beantragen, Empfehlungen zu deren friedlicher Beilegung an die Streitparteien richten.

Kapitel VII
Maßnahmen bei Bedrohung oder Bruch des Friedens und
bei Angriffshandlungen

Artikel 39

Der Sicherheitsrat stellt fest, ob eine Bedrohung oder ein Bruch des Friedens oder eine Angriffshandlung vorliegt; er gibt Empfehlungen ab oder beschließt, welche Maßnahmen auf Grund der Artikel 41 und 42 zu treffen sind, um den Weltfrieden und die internationale Sicherheit zu wahren oder wiederherzustellen.

Artikel 40

Um einer Verschärfung der Lage vorzubeugen, kann der Sicherheitsrat, bevor er nach Artikel 39 Empfehlungen abgibt oder Maßnahmen beschließt, die beteiligten Parteien auffordern, den von ihm für notwendig oder erwünscht erachteten vorläufigen Maßnahmen Folge zu leisten. Diese vorläufigen Maßnahmen lassen die Rechte, die Ansprüche und die Stellung der beteiligten Parteien unberührt. Wird den vorläufigen Maßnahmen nicht Folge geleistet, so trägt der Sicherheitsrat diesem Versagen gebührend Rechnung.

Artikel 41

Der Sicherheitsrat kann beschließen, welche Maßnahmen - unter Ausschluß von Waffengewalt - zu ergreifen sind, um seinen Beschlüssen Wirksamkeit zu verleihen; er

kann die Mitglieder der Vereinten Nationen auffordern, diese Maßnahmen durchzuführen. Sie können die vollständige oder teilweise Unterbrechung der Wirtschaftsbeziehungen, des Eisenbahn-, See- und Luftverkehrs, der Post-, Telegraphen- und Funkverbindungen sowie sonstiger Verkehrsmöglichkeiten und den Abbruch der diplomatischen Beziehungen einschließen.

Artikel 42

Ist der Sicherheitsrat der Auffassung, daß die in Artikel 41 vorgesehenen Maßnahmen unzulänglich sein würden oder sich als unzulänglich erwiesen haben, so kann er mit Luft-, See- oder Landstreitkräften die zur Wahrung oder Wiederherstellung des Weltfriedens und der internationalen Sicherheit erforderlichen Maßnahmen durchführen. Sie können Demonstrationen, Blockaden und sonstige Einsätze der Luft-, See- oder Landstreitkräfte von Mitgliedern der Vereinten Nationen einschließen.

Artikel 43

(1) Alle Mitglieder der Vereinten Nationen verpflichten sich, zur Wahrung des Weltfriedens und der internationalen Sicherheit dadurch beizutragen, daß sie nach Maßgabe eines oder mehrerer Sonderabkommen dem Sicherheitsrat auf sein Ersuchen Streitkräfte zur Verfügung stellen, Beistand leisten und Erleichterungen einschließlich des Durchmarschrechts gewähren, soweit dies zur Wahrung des Weltfriedens und der internationalen Sicherheit erforderlich ist.

(2) Diese Abkommen haben die Zahl und Art der Streitkräfte, ihren Bereitschaftsgrad, ihren allgemeinen Standort sowie die Art der Erleichterungen und des Beistands vorzusehen.

(3) Die Abkommen werden auf Veranlassung des Sicherheitsrats so bald wie möglich im Verhandlungswege ausgearbeitet. Sie werden zwischen dem Sicherheitsrat einerseits und Einzelmitgliedern oder Mitgliedergruppen andererseits geschlossen und von den Unterzeichnerstaaten nach Maßgabe ihres Verfassungsrechts ratifiziert.

Artikel 44

Hat der Sicherheitsrat die Anwendung von Gewalt beschlossen, so lädt er ein in ihm nicht vertretenes Mitglied, bevor er es zur Stellung von Streitkräften auf Grund der nach Artikel 43 übernommenen Verpflichtungen auffordert, auf dessen Wunsch ein, an seinen Beschlüssen über den Einsatz von Kontingenten der Streitkräfte dieses Mitglieds teilzunehmen.

Artikel 45

Um die Vereinten Nationen zur Durchführung dringender militärischer Maßnahmen zu befähigen, halten Mitglieder der Organisation Kontingente ihrer Luftstreitkräfte zum sofortigen Einsatz bei gemeinsamen internationalen Zwangsmaßnahmen bereit. Stärke und Bereitschaftsgrad dieser Kontingente sowie die Pläne für ihre gemeinsamen Maßnahmen legt der Sicherheitsrat mit Unterstützung des Generalstabsausschusses im Rahmen der in Artikel 43 erwähnten Sonderabkommen fest.

Artikel 46

Die Pläne für die Anwendung von Waffengewalt werden vom Sicherheitsrat mit Unterstützung des Generalstabsausschusses aufgestellt.

Artikel 47

(1) Es wird ein Generalstabsausschuß eingesetzt, um den Sicherheitsrat in allen Fragen zu beraten und zu unterstützen, die dessen militärische Bedürfnisse zur Wahrung des Weltfriedens und der internationalen Sicherheit, den Einsatz und die Führung der dem Sicherheitsrat zur Verfügung gestellten Streitkräfte, die Rüstungsregelung und eine etwaige Abrüstung betreffen.

(2) Der Generalstabsausschuß besteht aus den Generalstabschefs der ständigen Mitglieder des Sicherheitsrats oder ihren Vertretern. Ein nicht ständig im Ausschuß vertretenes Mitglied der Vereinten Nationen wird vom Ausschuß eingeladen, sich ihm zu assoziieren, wenn die Mitarbeit dieses Mitglieds für die wirksame Durchführung der Aufgaben des Ausschusses erforderlich ist.

(3) Der Generalstabsausschuß ist unter der Autorität des Sicherheitsrats für die strategische Leitung aller dem Sicherheitsrat zur Verfügung gestellten Streitkräfte verantwortlich. Die Fragen bezüglich der Führung dieser Streitkräfte werden später geregelt.

(4) Der Generalstabsausschuß kann mit Ermächtigung des Sicherheitsrats nach Konsultation mit geeigneten regionalen Einrichtungen regionale Unterausschüsse einsetzen.

Artikel 48

(1) Die Maßnahmen, die für die Durchführung der Beschlüsse des Sicherheitsrats zur Wahrung des Weltfriedens und der internationalen Sicherheit erforderlich sind, werden je nach dem Ermessen des Sicherheitsrats von allen oder von einigen Mitgliedern der Vereinten Nationen getroffen.

(2) Diese Beschlüsse werden von den Mitgliedern der Vereinten Nationen unmittelbar sowie durch Maßnahmen in den geeigneten internationalen Einrichtungen durchgeführt, deren Mitglieder sie sind.

Artikel 49

Bei der Durchführung der vom Sicherheitsrat beschlossenen Maßnahmen leisten die Mitglieder der Vereinten Nationen einander gemeinsam handelnd Beistand.

Artikel 50

Ergreift der Sicherheitsrat gegen einen Staat Vorbeugungs- oder Zwangsmaßnahmen, so kann jeder andere Staat, ob Mitglied der Vereinten Nationen oder nicht, den die Durchführung dieser Maßnahmen vor besondere wirtschaftliche Probleme stellt, den Sicherheitsrat zwecks Lösung dieser Probleme konsultieren.

Artikel 51

Diese Charta beeinträchtigt im Falle eines bewaffneten Angriffs gegen ein Mitglied der Vereinten Nationen keineswegs das naturgegebene Recht zur individuellen oder kollektiven Selbstverteidigung, bis der Sicherheitsrat die zur Wahrung des Weltfriedens und der internationalen Sicherheit erforderlichen Maßnahmen getroffen hat. Maßnahmen, die ein Mitglied in Ausübung dieses Selbstverteidigungsrechts trifft, sind dem Sicherheitsrat sofort anzuzeigen; sie berühren in keiner Weise dessen auf dieser Charta beruhende Befugnis und Pflicht, jederzeit die Maßnahmen zu treffen, die er zur Wahrung oder Wiederherstellung des Weltfriedens und der internationalen Sicherheit für erforderlich hält.

Kapitel VIII
Regionale Abmachungen

Artikel 52

(1) Diese Charta schließt das Bestehen regionaler Abmachungen oder Einrichtungen zur Behandlung derjenigen die Wahrung des Weltfriedens und der internationalen Sicherheit betreffenden Angelegenheiten nicht aus, bei denen Maßnahmen regionaler Art angebracht sind; Voraussetzung hierfür ist, daß diese Abmachungen oder Einrichtungen und ihr Wirken mit den Zielen und Grundsätzen der Vereinten Nationen vereinbar sind.

(2) Mitglieder der Vereinten Nationen, die solche Abmachungen treffen oder solche Einrichtungen schaffen, werden sich nach besten Kräften bemühen, durch Inanspruchnahme dieser Abmachungen oder Einrichtungen örtlich begrenzte Streitigkeiten friedlich beizulegen, bevor sie den Sicherheitsrat damit befassen.

682

(3) Der Sicherheitsrat wird die Entwicklung des Verfahrens fördern, örtlich begrenzte Streitigkeiten durch Inanspruchnahme dieser regionalen Abmachungen oder Einrichtungen friedlich beizulegen, sei es auf Veranlassung der beteiligten Staaten oder auf Grund von Überweisungen durch ihn selbst.

(4) Die Anwendung der Artikel 34 und 35 wird durch diesen Artikel nicht beeinträchtigt.

Artikel 53

(1) Der Sicherheitsrat nimmt gegebenenfalls diese regionalen Abmachungen oder Einrichtungen zur Durchführung von Zwangsmaßnahmen unter seiner Autorität in Anspruch. Ohne Ermächtigung des Sicherheitsrats dürfen Zwangsmaßnahmen auf Grund regionaler Abmachungen oder seitens regionaler Einrichtungen nicht ergriffen werden; ausgenommen sind Maßnahmen gegen einen Feindstaat im Sinne des Absatzes 2, soweit sie in Artikel 107 oder in regionalen, gegen die Wiederaufnahme der Angriffspolitik eines solchen Staates gerichteten Abmachungen vorgesehen sind; die Ausnahme gilt, bis der Organisation auf Ersuchen der beteiligten Regierungen die Aufgabe zugewiesen wird, neue Angriffe eines solchen Staates zu verhüten.

(2) Der Ausdruck "Feindstaat" in Absatz 1 bezeichnet jeden Staat, der während des Zweiten Weltkriegs Feind eines Unterzeichners dieser Charta war.

Artikel 54

Der Sicherheitsrat ist jederzeit vollständig über die Maßnahmen auf dem laufenden zu halten, die zur Wahrung des Weltfriedens und der internationalen Sicherheit auf Grund regionaler Abmachungen oder seitens regionaler Einrichtungen getroffen oder in Aussicht genommen werden.

Kapitel IX
Internationale Zusammenarbeit auf wirtschaftlichem und sozialem Gebiet

Artikel 55

Um jenen Zustand der Stabilität und Wohlfahrt herbeizuführen, der erforderlich ist, damit zwischen den Nationen friedliche und freundschaftliche, auf der Achtung vor dem Grundsatz der Gleichberechtigung und Selbstbestimmung der Völker beruhende Beziehungen herrschen, fördern die Vereinten Nationen

a) die Verbesserung des Lebensstandards, die Vollbeschäftigung und die Voraussetzungen für wirtschaftlichen und sozialen Fortschritt und Aufstieg;

b) die Lösung internationaler Probleme wirtschaftlicher, sozialer, gesundheitlicher und verwandter Art sowie die internationale Zusammenarbeit auf den Gebieten der Kultur und der Erziehung;

c) die allgemeine Achtung und Verwirklichung der Menschenrechte und Grundfreiheiten für alle ohne Unterschied der Rasse, des Geschlechts, der Sprache oder der Religion.

Artikel 56

Alle Mitgliedstaaten verpflichten sich, gemeinsam und jeder für sich mit der Organisation zusammenzuarbeiten, um die in Artikel 55 dargelegten Ziele zu erreichen.

Artikel 57

(1) Die verschiedenen durch zwischenstaatliche Übereinkünfte errichteten Sonderorganisationen, die auf den Gebieten der Wirtschaft, des Sozialwesens, der Kultur, der Erziehung, der Gesundheit und auf verwandten Gebieten weitreichende, in ihren maßgebenden Urkunden umschriebene internationale Aufgaben zu erfüllen haben, werden gemäß Artikel 63 mit den Vereinten Nationen in Beziehung gebracht.

(2) Diese mit den Vereinten Nationen in Beziehung gebrachten Organisationen sind im folgenden als "Sonderorganisationen" bezeichnet.

Artikel 58

Die Organisation gibt Empfehlungen ab, um die Bestrebungen und Tätigkeiten dieser Sonderorganisationen zu koordinieren.

Artikel 59

Die Organisation veranlaßt gegebenenfalls zwischen den in Betracht kommenden Staaten Verhandlungen zur Errichtung neuer Sonderorganisationen, soweit solche zur Verwirklichung der in Artikel 55 dargelegten Ziele erforderlich sind.

Artikel 60

Für die Wahrnehmung der in diesem Kapitel genannten Aufgaben der Organisation sind die Generalversammlung und unter ihrer Autorität der Wirtschafts- und Sozialrat verantwortlich; dieser besitzt zu diesem Zweck die ihm in Kapitel X zugewiesenen Befugnisse.

Kapitel X
Der Wirtschafts- und Sozialrat

Zusammensetzung

Artikel 61

(1) Der Wirtschafts- und Sozialrat besteht aus vierundfünfzig von der Generalversammlung gewählten Mitgliedern der Vereinten Nationen.

(2) Vorbehaltlich des Absatzes 3 werden alljährlich achtzehn Mitglieder des Wirtschafts- und Sozialrats für drei Jahre gewählt. Ein ausscheidendes Mitglied kann unmittelbar wiedergewählt werden.

(3) Bei der ersten Wahl, die nach Erhöhung der Zahl der Ratsmitglieder von siebenundzwanzig auf vierundfünfzig stattfindet, werden zusätzlich zu den Mitgliedern, die anstelle der neun Mitglieder gewählt werden, deren Amtszeit mit dem betreffenden Jahr endet, siebenundzwanzig weitere Mitglieder des Wirtschafts- und Sozialrats gewählt. Die Amtszeit von neun dieser siebenundzwanzig zusätzlichen Mitglieder endet nach einem Jahr, diejenige von neun weiteren Mitgliedern nach zwei Jahren; das Nähere regelt die Generalversammlung.

(4) Jedes Mitglied des Wirtschafts- und Sozialrats hat in diesem einen Vertreter.

Aufgaben und Befugnisse

Artikel 62

(1) Der Wirtschafts- und Sozialrat kann über internationale Angelegenheiten auf den Gebieten der Wirtschaft, des Sozialwesens, der Kultur, der Erziehung, der Gesundheit und auf verwandten Gebieten Untersuchungen durchführen oder bewirken sowie Berichte abfassen oder veranlassen; er kann zu jeder derartigen Angelegenheit an die Generalversammlung, die Mitglieder der Vereinten Nationen und die in Betracht kommenden Sonderorganisationen Empfehlungen richten.

(2) Er kann Empfehlungen abgeben, um die Achtung und Verwirklichung der Menschenrechte und Grundfreiheiten für alle zu fordern.

(3) Er kann über Angelegenheiten, für die er zuständig ist, Übereinkommen entwerfen und der Generalversammlung vorlegen.

(4) Er kann nach den von den Vereinten Nationen festgesetzten Regeln internationale Konferenzen über Angelegenheiten einberufen, für die er zuständig ist.

Artikel 63

(1) Der Wirtschafts- und Sozialrat kann mit jeder der in Artikel 57 bezeichneten Organisationen Abkommen schließen, in denen die Beziehungen der betreffenden Organisation zu den Vereinten Nationen geregelt werden. Diese Abkommen bedürfen der Genehmigung durch die Generalversammlung.

(2) Er kann die Tätigkeit der Sonderorganisationen koordinieren, indem er Konsultationen mit ihnen führt und an sie, an die Generalversammlung und die Mitglieder der Vereinten Nationen Empfehlungen richtet.

Artikel 64

(1) Der Wirtschafts- und Sozialrat kann geeignete Schritte unternehmen, um von den Sonderorganisationen regelmäßig Berichte zu erhalten. Er kann mit den Mitgliedern der Vereinten Nationen und mit den Sonderorganisationen Abmachungen treffen, um Berichte über die Maßnahmen zu erhalten, die zur Durchführung seiner Empfehlungen und der Empfehlungen der Generalversammlung über Angelegenheiten getroffen werden, für die er zuständig ist.

(2) Er kann der Generalversammlung seine Bemerkungen zu diesen Berichten mitteilen.

Artikel 65

Der Wirtschafts- und Sozialrat kann dem Sicherheitsrat Auskünfte erteilen und ihn auf dessen Ersuchen unterstützen.

Artikel 66

(1) Der Wirtschafts- und Sozialrat nimmt alle Aufgaben wahr, für die er im Zusammenhang mit der Durchführung von Empfehlungen der Generalversammlung zuständig ist.

(2) Er kann mit Genehmigung der Generalversammlung alle Dienste leisten, um die ihn Mitglieder der Vereinten Nationen oder Sonderorganisationen ersuchen.

(3) Er nimmt alle sonstigen Aufgaben wahr, die ihm in dieser Charta oder durch die Generalversammlung zugewiesen werden.

Abstimmung

Artikel 67

(1) Jedes Mitglied des Wirtschafts- und Sozialrats hat eine Stimme.

(2) Beschlüsse des Wirtschafts- und Sozialrats bedürfen der Mehrheit der anwesenden und abstimmenden Mitglieder.

Verfahren

Artikel 68

Der Wirtschafts- und Sozialrat setzt Kommissionen für wirtschaftliche und soziale Fragen und für die Förderung der Menschenrechte sowie alle sonstigen zur Wahrnehmung seiner Aufgaben erforderlichen Kommissionen ein.

Artikel 69

Behandelt der Wirtschafts- und Sozialrat eine Angelegenheit, die für ein Mitglied der Vereinten Nationen von besonderem Belang ist, so lädt er es ein, ohne Stimmrecht an seinen Beratungen teilzunehmen.

Artikel 70

Der Wirtschafts- und Sozialrat kann Abmachungen dahingehend treffen, daß Vertreter der Sonderorganisationen ohne Stimmrecht an seinen Beratungen und an den Beratungen der von ihm eingesetzten Kommissionen teilnehmen und daß seine eigenen Vertreter an den Beratungen der Sonderorganisationen teilnehmen.

Artikel 71
Der Wirtschafts- und Sozialrat kann geeignete Abmachungen zwecks Konsultation mit nichtstaatlichen Organisationen treffen, die sich mit Angelegenheiten seiner Zuständigkeit befassen. Solche Abmachungen können mit internationalen Organisationen und, soweit angebracht, nach Konsultation des betreffenden Mitglieds der Vereinten Nationen auch mit nationalen Organisationen getroffen werden.

Artikel 72
(1) Der Wirtschafts- und Sozialrat gibt sich eine Geschäftsordnung; in dieser regelt er auch das Verfahren für die Wahl seines Präsidenten.
(2) Der Wirtschafts- und Sozialrat tritt nach Bedarf gemäß seiner Geschäftsordnung zusammen; in dieser ist auch die Einberufung von Sitzungen auf Antrag der Mehrheit seiner Mitglieder vorzusehen.

Kapitel XI
Erklärung über Hoheitsgebiete ohne Selbstregierung

Artikel 73
Mitglieder der Vereinten Nationen, welche die Verantwortung für die Verwaltung von Hoheitsgebieten haben oder übernehmen, deren Völker noch nicht die volle Selbstregierung erreicht haben, bekennen sich zu dem Grundsatz, daß die Interessen der Einwohner dieser Hoheitsgebiete Vorrang haben; sie übernehmen als heiligen Auftrag die Verpflichtung, im Rahmen des durch diese Charta errichteten Systems des Weltfriedens und der internationalen Sicherheit das Wohl dieser Einwohner aufs äußerste zu fördern; zu diesem Zweck verpflichten sie sich,
a) den politischen, wirtschaftlichen, sozialen und erzieherischen Fortschritt, die gerechte Behandlung und den Schutz dieser Völker gegen Mißbräuche unter gebührender Achtung vor ihrer Kultur zu gewährleisten;
b) die Selbstregierung zu entwickeln, die politischen Bestrebungen dieser Völker gebührend zu berücksichtigen und sie bei der fortschreitenden Entwicklung ihrer freien politischen Einrichtungen zu unterstützen, und zwar je nach den besonderen Verhältnissen jedes Hoheitsgebiets, seiner Bevölkerung und deren jeweiliger Entwicklungsstufe;

c) den Weltfrieden und die internationale Sicherheit zu festigen;
d) Aufbau- und Entwicklungsmaßnahmen zu fördern, die Forschungstätigkeit zu unterstützen sowie miteinander und gegebenenfalls mit internationalen Fachorganisationen zusammenzuarbeiten, um die in diesem Artikel dargelegten sozialen, wirtschaftlichen und wissenschaftlichen Ziele zu verwirklichen;
e) dem Generalsekretär mit der durch die Rücksichtnahme auf Sicherheit und Verfassung gebotenen Einschränkung zu seiner Unterrichtung regelmäßig statistische und sonstige Informationen technischer Art über das Wirtschafts-, Sozial- und Erziehungswesen in den nicht unter die Kapitel XII und XIII fallenden Hoheitsgebieten zu übermitteln, für die sie verantwortlich sind.

Artikel 74
Die Mitglieder der Vereinten Nationen sind sich ferner darin einig, daß die Politik, die sie für die unter dieses Kapitel fallenden Hoheitsgebiete verfolgen, nicht minder auf dem allgemeinen Grundsatz der guten Nachbarschaft in sozialen, wirtschaftlichen und Handelsangelegenheiten beruhen muß als die Politik, die sie für ihr Mutterland verfolgen; hierbei sind die Interessen und das Wohl der übrigen Welt gebührend zu berücksichtigen.

Kapitel XII
Das internationale Treuhandsystem

Artikel 75
Die Vereinten Nationen errichten unter ihrer Autorität ein internationales Treuhandsystem für die Verwaltung und Beaufsichtigung der Hoheitsgebiete, die auf Grund späterer Einzelabkommen in dieses System einbezogen werden. Diese Hoheitsgebiete werden im folgenden als Treuhandgebiete bezeichnet.

Artikel 76
Im Einklang mit den in Artikel 1 dieser Charta dargelegten Zielen der Vereinten Nationen dient das Treuhandsystem hauptsächlich folgenden Zwecken:
a) den Weltfrieden und die internationale Sicherheit zu festigen;
b) den politischen, wirtschaftlichen, sozialen und erzieherischen Fortschritt der Einwohner der Treuhandgebiete und ihre fortschreitende Entwicklung zur Selbstregierung oder Unabhängigkeit so zu fördern, wie es den besonderen Verhältnissen eines jeden dieser Hoheitsgebiete und seiner Bevölkerung sowie deren frei geäußerten Wünschen entspricht und in dem diesbe-

685

züglichen Treuhandabkommen vorgesehen ist;

c) die Achtung vor den Menschenrechten und Grundfreiheiten für alle ohne Unterschied der Rasse, des Geschlechts, der Sprache oder der Religion zu fördern und das Bewußtsein der gegenseitigen Abhängigkeit der Völker der Welt zu stärken;

d) die Gleichbehandlung aller Mitglieder der Vereinten Nationen und ihrer Staatsangehörigen in sozialen, wirtschaftlichen und Handelsangelegenheiten sowie die Gleichbehandlung dieser Staatsangehörigen in der Rechtspflege sicherzustellen, ohne jedoch die Verwirklichung der vorgenannten Zwecke zu beeinträchtigen; Artikel 80 bleibt unberührt.

Artikel 77
(1) Das Treuhandsystem findet auf die zu den folgenden Gruppen gehörenden Hoheitsgebiete Anwendung, soweit sie auf Grund von Treuhandabkommen in dieses System einbezogen werden:
a) gegenwärtig bestehende Mandatsgebiete;
b) Hoheitsgebiete, die infolge des Zweiten Weltkriegs von Feindstaaten abgetrennt werden;
c) Hoheitsgebiete, die von den für ihre Verwaltung verantwortlichen Staaten freiwillig in das System einbezogen werden.
(2) Die Feststellung, welche Hoheitsgebiete aus den genannten Gruppen in das Treuhandsystem einbezogen werden und welche Bestimmungen hierfür gelten, bleibt einer späteren Übereinkunft vorbehalten.

Artikel 78
Das Treuhandsystem findet keine Anwendung auf Hoheitsgebiete, die Mitglied der Vereinten Nationen geworden sind; die Beziehungen zwischen Mitgliedern beruhen auf der Achtung des Grundsatzes der souveränen Gleichheit.

Artikel 79
Für jedes in das Treuhandsystem einzubeziehende Hoheitsgebiet werden die Treuhandbestimmungen einschließlich aller ihrer Änderungen und Ergänzungen von den unmittelbar beteiligten Staaten, zu denen bei Mandatsgebieten eines Mitglieds der Vereinten Nationen auch die Mandatsmacht zählt, in Form eines Abkommens vereinbart; sie bedürfen der Genehmigung nach den Artikeln 83 und 85.

Artikel 80
(1) Soweit in einzelnen, auf Grund der Artikel 77, 79 und 81 geschlossenen Treuhandabkommen zur Einbeziehung eines Treuhandgebiets in das Treuhandsystem

nichts anderes vereinbart wird und solange derartige Abkommen noch nicht geschlossen sind, ist dieses Kapitel nicht so auszulegen, als ändere es unmittelbar oder mittelbar die Rechte von Staaten oder Völkern oder in Kraft befindliche internationale Übereinkünfte, deren Vertragsparteien Mitglieder der Vereinten Nationen sind.
(2) Aus Absatz 1 kann keine Rechtfertigung dafür abgeleitet werden, Verhandlungen über Abkommen zu der in Artikel 77 vorgesehenen Einbeziehung von Mandatsgebieten und sonstigen Hoheitsgebieten in das Treuhandsystem oder den Abschluß solcher Abkommen zu verzögern oder aufzuschieben.

Artikel 81
Jedes Treuhandabkommen enthält die Bestimmungen, nach denen das Treuhandgebiet zu verwalten ist, und bezeichnet die verwaltende Obrigkeit. Diese, im folgenden als "Verwaltungsmacht" bezeichnet, kann ein Staat oder eine Staatengruppe oder die Organisation selbst sein.

Artikel 82
Jedes Treuhandabkommen kann eine oder mehrere strategische Zonen bezeichnen, die das ganze Treuhandgebiet, für welches das Abkommen gilt, oder einen Teil davon umfassen; Sonderabkommen nach Artikel 43 bleiben unberührt.

Artikel 83
(1) Alle Aufgaben der Vereinten Nationen in bezug auf strategische Zonen, einschließlich der Genehmigung der Treuhandabkommen sowie ihrer Änderungen und Ergänzungen, nimmt der Sicherheitsrat wahr.
(2) Die in Artikel 76 dargelegten Hauptzwecke gelten auch für die Bevölkerung jeder strategischen Zone.
(3) Unter Beachtung der Treuhandabkommen nimmt der Sicherheitsrat vorbehaltlich der Sicherheitserfordernisse die Unterstützung des Treuhandrats in Anspruch, um im Rahmen des Treuhandsystems diejenigen Aufgaben der Vereinten Nationen wahrzunehmen, die politische, wirtschaftliche, soziale und erzieherische Angelegenheiten in den strategischen Zonen betreffen.

Artikel 84
Die Verwaltungsmacht hat die Pflicht, dafür zu sorgen, daß das Treuhandgebiet seinen Beitrag zur Wahrung des Weltfriedens und der internationalen Sicherheit leistet. Zu diesem Zweck kann sie freiwillige Streitkräfte, Erleichterungen und Beistand von dem Treuhandgebiet in Anspruch nehmen, um die Verpflichtungen zu erfüllen, die sie

in dieser Hinsicht gegenüber dem Sicherheitsrat übernommen hat, und um die örtliche Verteidigung und die Aufrechterhaltung von Recht und Ordnung innerhalb des Treuhandgebiets sicherzustellen.

Artikel 85

(1) Die Aufgaben der Vereinten Nationen in bezug auf Treuhandabkommen für alle nicht als strategische Zonen bezeichneten Gebiete, einschließlich der Genehmigung der Treuhandabkommen sowie ihrer Änderungen und Ergänzungen, werden von der Generalversammlung wahrgenommen.

(2) Bei der Durchführung dieser Aufgaben wird die Generalversammlung von dem unter ihrer Autorität handelnden Treuhandrat unterstützt.

Kapitel XIII
Der Treuhandrat

Zusammensetzung

Artikel 86

(1) Der Treuhandrat besteht aus folgenden Mitgliedern der Vereinten Nationen:

a) den Mitgliedern, die Treuhandgebiete verwalten;

b) den in Artikel 23 namentlich aufgeführten Mitgliedern, soweit sie keine Treuhandgebiete verwalten;

c) so vielen weiteren von der Generalversammlung für je drei Jahre gewählten Mitgliedern, wie erforderlich sind, damit der Treuhandrat insgesamt zur Hälfte aus Mitgliedern der Vereinten Nationen besteht, die Treuhandgebiete verwalten, und zur Hälfte aus solchen, die keine verwalten.

(2) Jedes Mitglied des Treuhandrats bestellt eine besonders geeignete Person zu seinem Vertreter im Treuhandrat.

Aufgaben und Befugnisse

Artikel 87

Die Generalversammlung und unter ihrer Autorität der Treuhandrat können bei der Wahrnehmung ihrer Aufgaben

a) von der Verwaltungsmacht vorgelegte Berichte prüfen;

b) Gesuche entgegennehmen und sie in Konsultation mit der Verwaltungsmacht prüfen;

c) regelmäßige Bereisungen der einzelnen Treuhandgebiete veranlassen, deren Zeitpunkt mit der Verwaltungsmacht vereinbart wird;

d) diese und sonstige Maßnahmen in Übereinstimmung mit den Treuhandabkommen treffen.

Artikel 88

Der Treuhandrat arbeitet einen Fragebogen über den politischen, wirtschaftlichen, sozialen und erzieherischen Fortschritt der Einwohner jedes Treuhandgebiets aus; die Verwaltungsmacht jedes Treuhandgebiets, für das die Generalversammlung zuständig ist, erstattet dieser auf Grund des Fragebogens alljährlich Bericht.

Abstimmung

Artikel 89

(1) Jedes Mitglied des Treuhandrats hat eine Stimme.

(2) Beschlüsse des Treuhandrats bedürfen der Mehrheit der anwesenden und abstimmenden Mitglieder.

Verfahren

Artikel 90

(1) Der Treuhandrat gibt sich eine Geschäftsordnung; in dieser regelt er auch das Verfahren für die Wahl seines Präsidenten.

(2) Der Treuhandrat tritt nach Bedarf gemäß seiner Geschäftsordnung zusammen; in dieser ist auch die Einberufung von Sitzungen auf Antrag der Mehrheit seiner Mitglieder vorzusehen.

Artikel 91

Der Treuhandrat nimmt gegebenenfalls die Unterstützung des Wirtschafts- und Sozialrats und der Sonderorganisationen in Angelegenheiten in Anspruch, für die sie zuständig sind.

Kapitel XIV
Der Internationale Gerichtshof

Artikel 92

Der Internationale Gerichtshof ist das Hauptrechtsprechungsorgan der Vereinten Nationen. Er nimmt seine Aufgaben nach Maßgabe des beigefügten Statuts wahr, das auf dem Statut des Ständigen Internationalen Gerichtshofs beruht und Bestandteil dieser Charta ist.

Artikel 93

(1) Alle Mitglieder der Vereinten Nationen sind ohne weiteres Vertragsparteien des Statuts des Internationalen Gerichtshofs.

(2) Ein Staat, der nicht Mitglied der Vereinten Nationen ist, kann zu Bedingungen, welche die Generalversammlung jeweils auf Empfehlung des Sicherheitsrats festsetzt, Vertragspartei des Statuts des Internationalen Gerichtshofs werden.

Artikel 94

(1) Jedes Mitglied der Vereinten Nationen verpflichtet sich, bei jeder Streitigkeit, in

der es Partei ist, die Entscheidung des Internationalen Gerichtshofs zu befolgen.

(2) Kommt eine Streitpartei ihren Verpflichtungen aus einem Urteil des Gerichtshofs nicht nach, so kann sich die andere Partei an den Sicherheitsrat wenden; dieser kann, wenn er es für erforderlich hält, Empfehlungen abgeben oder Maßnahmen beschließen, um dem Urteil Wirksamkeit zu verschaffen.

Artikel 95

Diese Charta schließt nicht aus, daß Mitglieder der Vereinten Nationen auf Grund bestehender oder künftiger Abkommen die Beilegung ihrer Streitigkeiten anderen Gerichten zuweisen.

Artikel 96

(1) Die Generalversammlung oder der Sicherheitsrat kann über jede Rechtsfrage ein Gutachten des Internationalen Gerichtshofs anfordern.

(2) Andere Organe der Vereinten Nationen und Sonderorganisationen können mit jeweiliger Ermächtigung durch die Generalversammlung ebenfalls Gutachten des Gerichtshofs über Rechtsfragen anfordern, die sich in ihrem Tätigkeitsbereich stellen.

Kapitel XV
Das Sekretariat

Artikel 97

Das Sekretariat besteht aus einem Generalsekretär und den sonstigen von der Organisation benötigten Bediensteten. Der Generalsekretär wird auf Empfehlung des Sicherheitsrats von der Generalversammlung ernannt. Er ist der höchste Verwaltungsbeamte der Organisation.

Artikel 98

Der Generalsekretär ist in dieser Eigenschaft bei allen Sitzungen der Generalversammlung, des Sicherheitsrats, des Wirtschafts- und Sozialrats und des Treuhandrats tätig und nimmt alle sonstigen ihm von diesen Organen zugewiesenen Aufgaben wahr. Er erstattet der Generalversammlung alljährlich über die Tätigkeit der Organisation Bericht.

Artikel 99

Der Generalsekretär kann die Aufmerksamkeit des Sicherheitsrats auf jede Angelegenheit lenken, die nach seinem Dafürhalten geeignet ist, die Wahrung des Weltfriedens und der internationalen Sicherheit zu gefährden.

Artikel 100

(1) Der Generalsekretär und die sonstigen Bediensteten dürfen bei der Wahrnehmung ihrer Pflichten von einer Regierung oder von einer Autorität außerhalb der Organisation Weisungen weder erbitten noch entgegennehmen. Sie haben jede Handlung zu unterlassen, die ihrer Stellung als internationale, nur der Organisation verantwortliche Bedienstete abträglich sein könnte.

(2) Jedes Mitglied der Vereinten Nationen verpflichtet sich, den ausschließlich internationalen Charakter der Verantwortung des Generalsekretärs und der sonstigen Bediensteten zu achten und nicht zu versuchen, sie bei der Wahrnehmung ihrer Aufgaben zu beeinflussen.

Artikel 101

(1) Die Bediensteten werden vom Generalsekretär im Einklang mit Regelungen ernannt, welche die Generalversammlung erläßt.

(2) Dem Wirtschafts- und Sozialrat, dem Treuhandrat und erforderlichenfalls anderen Organen der Vereinten Nationen werden geeignete ständige Bedienstete zugeteilt. Sie gehören dem Sekretariat an.

(3) Bei der Einstellung der Bediensteten und der Regelung ihres Dienstverhältnisses gilt als ausschlaggebend der Gesichtspunkt, daß es notwendig ist, ein Höchstmaß an Leistungsfähigkeit, fachliche Eignung und Ehrenhaftigkeit zu gewährleisten. Der Umstand, daß es wichtig ist, die Auswahl der Bediensteten auf möglichst breiter geographischer Grundlage vorzunehmen, ist gebührend zu berücksichtigen.

Kapitel XVI
Verschiedenes

Artikel 102

(1) Alle Verträge und sonstigen internationalen Übereinkünfte, die ein Mitglied der Vereinten Nationen nach dem Inkrafttreten dieser Charta schließt, werden so bald wie möglich beim Sekretariat registriert und von ihm veröffentlicht.

(2) Werden solche Verträge oder internationalen Übereinkünfte nicht nach Absatz 1 registriert, so können sich ihre Vertragsparteien bei einem Organ der Vereinten Nationen nicht auf sie berufen.

Artikel 103

Widersprechen sich die Verpflichtungen von Mitgliedern der Vereinten Nationen aus dieser Charta und ihre Verpflichtungen aus anderen internationalen Übereinkünften, so haben die Verpflichtungen aus dieser Charta Vorrang.

Artikel 104

Die Organisation genießt im Hoheitsgebiet jedes Mitglieds die Rechts- und Geschäftsfähigkeit, die zur Wahrnehmung ihrer Aufgaben und zur Verwirklichung ihrer Ziele erforderlich ist.

Artikel 105

(1) Die Organisation genießt im Hoheitsgebiet jedes Mitglieds die Vorrechte und Immunitäten, die zur Verwirklichung ihrer Ziele erforderlich sind.

(2) Vertreter der Mitglieder der Vereinten Nationen und Bedienstete der Organisation genießen ebenfalls die Vorrechte und Immunitäten, deren sie bedürfen, um ihre mit der Organisation zusammenhängenden Aufgaben in voller Unabhängigkeit wahrnehmen zu können.

(3) Die Generalversammlung kann Empfehlungen abgeben, um die Anwendung der Absätze 1 und 2 im einzelnen zu regeln, oder sie kann den Mitgliedern der Vereinten Nationen zu diesem Zweck Übereinkommen vorschlagen.

Kapitel XVII
Übergangsbestimmungen betreffend die Sicherheit

Artikel 106

Bis das Inkrafttreten von Sonderabkommen der in Artikel 43 bezeichneten Art den Sicherheitsrat nach seiner Auffassung befähigt, mit der Ausübung der ihm in Artikel 42 zugewiesenen Verantwortlichkeiten zu beginnen, konsultieren die Parteien der am 30. Oktober 1943 in Moskau unterzeichneten Viermächte-Erklärung und Frankreich nach Absatz 5 dieser Erklärung einander und gegebenenfalls andere Mitglieder der Vereinten Nationen, um gemeinsam alle etwa erforderlichen Maßnahmen zur Wahrung des Weltfriedens und der internationalen Sicherheit im Namen der Organisation zu treffen.

Artikel 107

Maßnahmen, welche die hierfür verantwortlichen Regierungen als Folge des Zweiten Weltkriegs in bezug auf einen Staat ergreifen oder genehmigen, der während dieses Krieges Feind eines Unterzeichnerstaats dieser Charta war, werden durch diese Charta weder außer Kraft gesetzt noch untersagt.

Kapitel XVIII
Änderungen

Artikel 108

Änderungen dieser Charta treten für alle Mitglieder der Vereinten Nationen in Kraft, wenn sie mit Zweidrittelmehrheit der Mitglieder der Generalversammlung angenommen und von zwei Dritteln der Mitglieder der Vereinten Nationen einschließlich aller ständigen Mitglieder des Sicherheitsrats

nach Maßgabe ihres Verfassungsrechts ratifiziert worden sind.

Artikel 109

(1) Zur Revision dieser Charta kann eine Allgemeine Konferenz der Mitglieder der Vereinten Nationen zusammentreten; Zeitpunkt und Ort werden durch Beschluß einer Zweidrittelmehrheit der Mitglieder der Generalversammlung und durch Beschluß von neun beliebigen Mitgliedern des Sicherheitsrats bestimmt. Jedes Mitglied der Vereinten Nationen hat auf der Konferenz eine Stimme.

(2) Jede Änderung dieser Charta, die von der Konferenz mit Zweidrittelmehrheit empfohlen wird, tritt in Kraft, sobald sie von zwei Dritteln der Mitglieder der Vereinten Nationen einschließlich aller ständigen Mitglieder des Sicherheitsrats nach Maßgabe ihres Verfassungsrechts ratifiziert worden ist.

(3) Ist eine solche Konferenz nicht vor der zehnten Jahrestagung der Generalversammlung nach Inkrafttreten dieser Charta zusammengetreten, so wird der Vorschlag, eine solche Konferenz einzuberufen, auf die Tagesordnung jener Tagung gesetzt; die Konferenz findet statt, wenn dies durch Beschluß der Mehrheit der Mitglieder der Generalversammlung und durch Beschluß von sieben beliebigen Mitgliedern des Sicherheitsrats bestimmt wird.

Kapitel XIX
Ratifizierung und Unterzeichnung

Artikel 110

(1) Diese Charta bedarf der Ratifizierung durch die Unterzeichnerstaaten nach Maßgabe ihres Verfassungsrechts.

(2) Die Ratifikationsurkunden werden bei der Regierung der Vereinigten Staaten von Amerika hinterlegt; diese notifiziert jede Hinterlegung allen Unterzeichnerstaaten sowie dem Generalsekretär der Organisation, sobald er ernannt ist.

(3) Diese Charta tritt in Kraft, sobald die Republik China, Frankreich, die Union der Sozialistischen Sowjetrepubliken, das Vereinigte Königreich Großbritannien und Nordirland und die Vereinigten Staaten von Amerika sowie die Mehrheit der anderen Unterzeichnerstaaten ihre Ratifikationsurkunden hinterlegt haben. Die Regierung der Vereinigten Staaten von Amerika errichtet sodann über die Hinterlegung der Ratifikationsurkunden ein Protokoll, von dem sie allen Unterzeichnerstaaten Abschriften übermittelt.

(4) Die Unterzeichnerstaaten dieser Charta, die sie nach ihrem Inkrafttreten ratifizieren,

werden mit dem Tag der Hinterlegung ihrer Ratifikationsurkunde ursprüngliche Mitglieder der Vereinten Nationen.

Artikel 111

Diese Charta, deren chinesischer, französischer, russischer, englischer und spanischer Wortlaut gleichermaßen verbindlich ist, wird im Archiv der Regierung der Vereinigten Staaten von Amerika hinterlegt. Diese übermittelt den Regierungen der anderen Unterzeichnerstaaten gehörig beglaubigte Abschriften.

ZU URKUND DESSEN haben die Vertreter der Regierungen der Vereinten Nationen diese Charta unterzeichnet.

GESCHEHEN in der Stadt San Franzisko am 26. Juni 1945.

[Unterschriften]

Mitgliedstaaten der Vereinten Nationen

Mitgliedstaaten (alphabetisch geordnet)	Eintrittsdatum
Ägypten[1]	24.10.1945
Äquatorial-Guinea	12.11.1968
Äthiopien	13.11.1945
Afghanistan	19.11.1946
Albanien	14.12.1955
Algerien	08.10.1962
Andorra	28.07.1993
Angola	01.12.1976
Antigua und Barbuda	11.11.1981
Argentinien	24.10.1945
Armenien	020.3.1992
Aserbaidschan	02.03.1992
Australien	01.11.1945
Bahamas	180.9.1973
Bahrain	21.09.1971
Bangladesch	17.09.1974
Barbados	09.12.1966
Belgien	27.12.1945
Belize	25.09.1981
Benin	20.09.1960
Bhutan	21.09.1971
Bolivien	14.11.1945
Bosnien-Herzegowina	22.05.1992
Botswana	17.10.1966
Brasilien	24.10.1945
Brunei	21.09.1984
Bulgarien	14.12.1955
Burkina Faso[2]	20.09.1960
Burundi	18.09.1962
Chile	24.10.1945
China[3]	24.10.1945
Costa Rica	02.11.1945
Côte d'Ivoire[4]	20.09.1960
Dänemark	24.10.1945
Deutschland[5]	18. 09.1973
Dominica	18.12.1978
Dominikanische Republik	24.10.1945

---

1 Ägypten und Syrien, beide Staaten Gründungsmitglieder der Vereinten Nationen, schlossen sich nach einer Volksabstimmung am 21.2.1958 zur Vereinigten Arabischen Republik (VAR) zusammen. Demzufolge wurde ihre Mitgliedschaft ab dem 1.3.1958 zur Mitgliedschaft der VAR vereinigt. Am 13.10.1961 nahm Syrien nach dem Austritt aus der VAR ohne neues Aufnahmeverfahren seine individuelle Mitgliedschaft wieder auf, während Ägypten weiterhin unter dem Namen VAR Mitglied blieb. Am 2.9.1971 änderte Ägypten seine offizielle Bezeichnung von VAR zu Arabische Republik Ägypten.

2 Bis 1984 Obervolta.

3 Von der Gründung der Vereinten Nationen bis zum 25.10.1971 nahm Taiwan (Nationalchina) die Mitgliedschaft Chinas in den Vereinten Nationen wahr. Am 25.10.1971 beschloß die UN-Generalversammlung in Resolution 2758 (XXVI), die Volksrepublik China als einzigen rechtmäßigen Vertreter Chinas in den Vereinten Nationen anzuerkennen. Taiwan mußte die Vereinten Nationen verlassen.

4 Früher Ivory Coast (Elfenbeinküste), seit 1986: Côte d'Ivoire.

5 Die Bundesrepublik Deutschland und die Deutsche Demokratische Republik wurden 1973 jeweils als souveräner Staat Mitglied. Durch den Beitritt der Deutschen Demokratischen Republik zur Bundesrepublik Deutschland am 3.10.1990 dann vereinigt. Ihre Mitgliedschaft in den Vereinten Nationen wird unter der Bezeichnung Deutschland fortgeführt.

Mitgliedstaaten (alphabetisch geordnet)	Eintrittsdatum
Dschibuti	20.09.1977
Ecuador	21.12.1945
El Salvador	24.10.1945
Eritrea[6]	28.05.1993
Estland	17.09.1991
Fidschi	13.10.1970
Finnland	14.12.1955
Frankreich	24.10.1945
Gabun	20.09.1960
Gambia	21.09.1965
Georgien	31.07.1992
Ghana	08.03.1957
Grenada	17.09.1974
Griechenland	25.10.1945
Großbritannien	24.10.1945
Guatemala	21.11.1945
Guinea	12.12.1958
Guinea-Bissau	17.09.1974
Guyana	20.09.1966
Haiti	24.10.1945
Honduras	17.12.1945
Indien	30.10.1945
Indonesien[7]	28.09.1950
Irak	21.12.1945
Iran	24.10.1945
Irland	14.12.1955
Island	19.11.1946
Israel	11.5.1949
Italien	14.12.1955
Jamaica	18.9.1962
Japan	18.12.1956
Jemen[8]	30.9.1947
Jordanien	14.12.1955
Jugoslawien[9]	24.10.1945
Kambodscha	14.12.1955
Kamerun	20.9.1960
Kanada	9.11.1945

---

6 Am 24.5.1993 wird in der ehemaligen äthiopischen Provinz Eritrea die unabhängige Republik Eritrea ausgerufen, die am 28.5.1993 in die Vereinten Nationen aufgenommen wird.

7 Indonesien zog sich mit Wirkung vom 1.3.1965, wie es in einem Brief am 20.1.1965 mitteilte, "zu diesem Zeitpunkt und unter den gegenwärtigen Umständen" aus den Vereinten Nationen zurück, kündigte jedoch am 19.9.1966 per Telegramm seine Entscheidung an, „ die vollständige Zusammenarbeit mit den Vereinten Nationen wiederaufzunehmen und an ihren Aktivitäten sich wieder zu beteiligen", was die UN-Generalversammlung am 28.9.1966 zustimmend zur Kenntnis nahm und Indonesien einlud, seinen Sitz in der Generalversammlung wiedereinzunehmen.

8 Die Arabische Republik Jemen, Mitglied seit 30.9.1947, und die Demokratische Republik Jemen, Mitglied seit dem 14.12.1967, vereinigten sich am 22.5.1990 zur Republik Jemen, die seither unter dem Namen „Jemen" in den Vereinten Nationen vertreten ist.

9 Mit Resolution 47/1 hat die VN-Generalversammlung am 22.9.1992 auf Empfehlung des Sicherheitsrats (SC Res. 777 (1992) vom 19.9.1992) festgestellt, daß "die Föderative Republik Jugoslawien (Serbien und Montenegro) nicht automatisch die Mitgliedschaft der ehemaligen Sozialistischen Föderativen Republik Jugoslawien in den Vereinten Nationen fortführen kann" und beschlossen, "daß die Föderative Republik Jugoslawien (Serbien und Montenegro) einen Antrag auf Aufnahme in die Vereinten Nationen stellen soll und nicht an der Arbeit der Generalversammlung teilnehmen wird."

Mitgliedstaaten (alphabetisch geordnet)	Eintrittsdatum
Kap Verde	16.9.1975
Kasachstan	2.3.1992
Katar	21.9.1971
Kenia	16.12.1963
Kirgisien (Kirgistan)	2.3.1992
Kolumbien	5.11.1945
Komoren	12.11.1975
Kongo	20.9.1960
Demokratische Republik Kongo[10]	20.9.1960
Demokratische Volksrepublik Korea	17. 9.1991
Republik Korea	17. 9.1991
Kroatien	22.3.1992
Kuba	24.10.1945
Kuwait	14.3.1963
Laos	14.12.1955
Lesotho	17.10.1966
Lettland	17.9.1991
Libanon	24.10.1945
Liberia	2.11.1945
Libyen	14.12.1955
Liechtenstein	18.9.1990
Litauen	17.9.1991
Luxemburg	24.10.1945
Madagaskar	20.9.1960
Malawi	1.12.1964
Malaysia[11]	17. 9.1957
Malediven	21.9.1965
Mali	28.9.1960
Malta	1.12.1964
Marokko	12.11.1956
Marshall Inseln	17.9.1991
Mauretanien	7.10.1961
Mauritius	24.4.1968
Ehemalige jugoslawische Republik Mazedonien[12]	8.4.1993
Mexiko	7.11.1945
Micronesien	17.9.1991
Moldawien	2.3.1992
Monaco	28.5.1993
Mongolei	27.10.1961
Mozambique	16.9.1975
Myanmar[13]	19. 4.1948
Namibia	23.4.1990
Nepal	14.12.1955
Neuseeland	24.10.1945
Nicaragua	24.10.1945
Niederlande	10.12.1945
Niger	20.9.1960
Nigeria	7.10.1960
Norwegen	27.11.1945

---

[10] Bis Mai 1997 Republik Zaire.
[11] Die Föderation von Malaya, die am 17.9.1957 Mitglied der Vereinten Nationen geworden war, wurde am 16.9.1963 durch die Vereinigung mit Singapur, Sarawak und Sabah (Nordborneo) zur Föderation von Malaysia erweitert. Nach der Trennung von der Föderation von Malaysia am 9.8.1965 wurde Singapur am 21.9.1965 selbständiges Mitglied der Vereinten Nationen.
[12] Provisorischer Name, entschieden durch die GV der VN am 8.4.1993.
[13] Seit 1974 offizielle Bezeichnung: Union von Myanmar, früher Birma.

Mitgliedstaaten (alphabetisch geordnet)	Eintrittsdatum
Österreich	14.12.1955
Oman	7.10.1971
Pakistan	30.9.1947
Palau	15.12.1994
Panama	13.11.1945
Papua Neuguinea	10.10.1975
Paraguay	24.10.1945
Peru	31.10.1945
Philippinen	24.10.1945
Polen[14]	24.10.1945
Portugal	14.12.1955
Ruanda	18.9.1962
Rumänien	14.12.1955
Russische Föderation (Rußland)[15]	24.10.1945
Salomonen	19.9.1978
Sambia	1.12.1964
Samoa	15.12.1976
St. Kitts u. Nevis	23.9.1983
St. Lucia	18.9.1979
St. Vincent u. die Grenadinen	16.9.1980
San Marino	2.3.1992
Sao Tomé und Principe	16.9.1975
Saudi Arabien	24.10.1945
Schweden	19.11.1946
Senegal	28.9.1960
Seychellen	21.9.1976
Sierra Leone	27.9.1961
Simbabwe	25.8.1980
Singapur[16]	21. 9.1965
Slowakische Republik[17]	19. 1.1993
Slowenien	22.5.1992
Somalia	20.9.1960
Spanien	14.12.1955
Sri Lanka	14.12.1955
Sudan	12.11.1956
Südafrika	7.11.1945
Surinam	4.12.1975
Swasiland	24.9.1968
Syrien[18]	24.10.1945
Tadschikistan	2.3.1992

14 Obwohl Polen nicht auf der Gründungskonferenz in San Francisco vertreten war, einigte man sich in San Francisco, daß Polen die Charta als Gründungsmitglied unterzeichnen sollte.

15 Die UdSSR war ein Gründungsmitglied seit dem 24.10.1945. In einem Brief informierte B. Jelzin, der Präsident der Russischen Föderation den UN-Generalsekretär im Dezember 1991, daß die Mitgliedschaft der UdSSR im Sicherheitsrat und in allen anderen UN-Organen von der Russischen Föderation (Rußland) mit Unterstützung der 11 Mitgliedstaaten der Gemeinschaft der Unabhängigen Staaten (GUS) fortgesetzt werde.

16 Die Föderation von Malaya, die am 17.9.1957 Mitglied der Vereinten Nationen geworden war, wurde am 16.9.1963 durch die Vereinigung mit Singapur, Sarawak und Sabah (Nordborneo) zur Föderation von Malaysia erweitert. Nach der Trennung von der Föderation von Malaysia am 9.8.1965 wurde Singapur am 21.9.1965 selbständiges Mitglied der Vereinten Nationen.

17 Nach der Auflösung der Tschechoslowakei, einem Gründungsmitglied der Vereinten Nationen, und der Gründung der Tschechischen Republik und der Slowakischen Republik am 1.1.1993 sind beide Staaten ab 19.1.1993 in den Vereinten Nationen vertreten.

18 Vgl. Anmerkung 1 (Ägypten).

Mitgliedstaaten (alphabetisch geordnet)	Eintrittsdatum
Vereinigte Republik Tansania[19]	14.12.1961
Thailand	16.12.1946
Togo	20.9.1960
Trinidad und Tobago	18. 9.1962
Tschad	20.9.1960
Tschechische Republik [20]	19.1.1993
Türkei	24.10.1945
Tunesien	12.11.1956
Turkmenien (Turkmenistan)	2.3.1992
Uganda	25.10.1962
Ukraine[21]	24.10.1945
Ungarn	14.12.1955
Uruguay	18.12.1945
Usbekistan	2.3.1992
Vanuatu	15.9.1981
Venezuela	15.11.1945
Vereinigte Arabische Emirate	9.12.1971
Vereinigte Staaten von Amerika (USA)	24.10.1945
Vietnam	20.9.1977
Weißrußland (Belarus)[22]	24.10.1945
Zentralafrikanische Republik	20.9.1960
Zypern	20.9.1960

[19] Früher Tanganyika, das am 14.12.1961 Mitglied der Vereinten Nationen wurde. Tanganyika schloß sich am 26.4.1964 mit Sansibar, das Mitglied der Vereinten Nationen seit dem 16.12.1963 war, zur Vereinigten Republik von Tanganyika und Sansibar zusammen. Dadurch wurde die Mitgliedschaft der beiden Staaten zu einer Mitgliedschaft vereinigt. Am 1.11.1964 änderte die Republik ihren Namen in Vereinigte Republik Tansania.

[20] Nach der Auflösung der Tschechoslowakei (Gründungsmitglied seit 14.10.1945) und der Gründung der Tschechischen Republik und der Slowakischen Republik am 1.1.1993 sind beide Staaten ab 19.1.1993 in den Vereinten Nationen vertreten.

[21] Früherer Name: Ukrainische Sozialistische Republik.

[22] Ab 19.9.1991 ist laut Mitteilung seiner Regierung an die Vereinten Nationen die offizielle Bezeichnung des früheren Bjelorußlands (Weißrußlands) Belarus.

Informationsmöglichkeiten über die Vereinten Nationen

I. Allgemeine Anfragen

1) in englischer Sprache:

United Nations Headquarters
New York, NY 10017
USA
Tel.: (001-212) 963-1234
Fax: (001-212) 963-4879

2) in deutscher Sprache:

Informationszentrum der Vereinten Nationen
United Nations Information Centre - UNIC
Haus Carstanjen
Martin-Luther-King-Str. 8
D-53175 Bonn
Tel.: (0049 228) 815-2770
Fax: (0049 228) 815-2777
E-Mail: unic@uno.de
Internet: http://www.uno.de

Informationsdienst der Vereinten Nationen
United Nations Information Service - UNIS
Internationales Zentrum Wien
Postfach 500
A-1400 Wien
Tel.: (0043-1) 21345-4666
(0043-1) 21345-5139
Fax: (0043-1) 21345-5899
E-Mail: agiusb@un.org

Auswärtiges Amt der Bundesrepublik Deutschland
Abteilung für Vereinte Nationen, Menschenrechte, humanitäre Hilfe und globale Fragen
Postfach 1148
53001 Bonn
Tel.: (0228) 17-0
Fax: (0228) 17-3402
E-Mail: poststelle@auswaertiges-amt.de
Internet-Adresse:
http://www.auswaertiges-amt.de/3_auspol/3/index.htm

Deutsche Vertretung bei den Vereinten Nationen - Permanent Mission of Germany to the United Nations
871 United Nations Plaza
New York, N.Y. 10017
Tel.: (001-212) 9400-400
Fax: (001-212) 9400-402
E-Mail: German-mission-consulate-gic-1@netlink1.net
Internet: http://www.germany-info.org/UN/index.htm

Deutsche Vertretung bei den Vereinten Nationen - Permanent Mission of Germany to the United Nations
P.O. Box 171
CH-1211 Geneva 19
Switzerland
Tel.: (0041-22) 7301111
Fax: (0041-22) 7343043
E-Mail: mission.germany@ties.intu.int
Internet: http://www3.itu.int/ Missions/Germany

Deutsche Gesellschaft für die Vereinten Nationen (DGVN)
Dag-Hammarskjöld-Haus
Poppelsdorfer Allee 55
53115 Bonn
Tel.: (0228) 949000
Fax: (0228) 217492
Internet: http://www.dgvn.de

II. Anfragen zu deutschen Übersetzungen und zur deutschen UN-Terminologie

Anfragen zu deutschen Übersetzungen und zur deutschen UN-Terminologie können direkt an den Deutschen Übersetzungsdienst gesandt werden:

United Nations
German Translation Section
(Deutscher Übersetzungsdienst)
Room DC2-0702
New York, N.Y. 10017
U.S.A.
Fax: (001-212) 963-2577
E-mail: deutsch@un.org
Tel: (001-212) 963-4268 Monika Torrey (Leitung)
(001-212) 963-4489 Karl Scharf (Terminologie)
(001-212) 963-8025 Mario Gatti (Dokumentation)

Alle Anfragen an den Deutschen Übersetzungsdienst sollten mindestens die folgenden Informationen enthalten:
a) Identität der anfragenden Person oder Stelle
b) Genaue Angabe des benötigten Dokuments (Titel, UN-Organ, Datum, Dokumentnummer)

Bei terminologischen Anfragen:
a) Fundstelle des benötigten Begriffs,
b) Angabe des Kontexts
c) Telefon- und Faxnummer sowie E-Mail-Adresse der anfragenden Person oder Stelle
Als terminologische Veröffentlichung wurde vom Deutschen Übersetzungsdienst 1986 die vierbändige „Dreisprachenliste Vereinte Nationen (Englisch-Französisch-Deutsch)" herausgegeben. Sie ist im Buchhandel oder bei den Vertriebsstellen der Vereinten Nationen unter der Bestellnummer (Sales No.) E/F/G.86.I.20 erhältlich (Preis: US-Dollar 75.-). Das Werk enthält die Organisationsnamen der UN und anderer internationaler Organisationen, Bezeichnungen von UN-Dienststellen, Titel von Konferenzen, Abkürzungen sowie ausgewählte allgemeine Terminologie. Nähere Informationen dazu auch im Beitrag „Terminologie" in diesem Lexikon.

III. Anfragen zu einzelnen Themenbereichen aus den Vereinten Nationen

Anfragen zu einzelnen Themenbereichen:

1) UN-Institutionen und Verbindungsbüros des UN-Systems in Deutschland:

United Nations Volunteers (UNV)
Freiwilligenprogramm der Vereinten Nationen
Haus Carstanjen
Martin-Luther-King-Str. 8
53175 Bonn
Tel: (0228) 815-2000
Fax: (0228) 815-2001
E-mail: enquiry@unv.org
Internet: http://www.unv.org

Secretariat of the United Nations Framework Convention on Climate Change (UNFCCC)
Sekretariat der Klimarahmenkonvention
Haus Carstanjen
Martin-Luther-King-Str. 8
53175 Bonn
Tel: (0228) 815-1000

Fax: (0228) 815-1999
E-mail: secretariat@unfccc.de
Internet: http://www.unfccc.de

Secretariat of the United Nations Convention to Combat Desertification (UNCCD)
Sekretariat der Konvention zur Bekämpfung der Wüstenbildung
Haus Carstanjen
Martin-Luther-King-Str. 8
53175 Bonn
Tel: (0228) 815-2800
Fax: (0228) 815-2899
E-mail: secretariat@unccd.de
Internet: http://www.unccd.de

United Nations Environment Programme/Convention on Migratory Species (UNEP/CMS)
Sekretariat des Übereinkommens zur Erhaltung der wandernden wildlebenden Tierarten
Haus Carstanjen
Martin-Luther-King-Str. 8
53175 Bonn
Tel: (0228) 815-2401
Fax: (0228) 815-2449
E-mail: cms@unep.de
Internet: http://www.wcmc.org.uk/cms

United Nations High Commissioner for Refugees (UNHCR)
(Der Hohe Flüchtlingskommissar)
Wallstr. 9-13
10179 Berlin
Tel: (030) 202202-0
E-mail: gfrbe@unhcr.de
Internet: http://www.unhcr.de

UNHCR-Informationsbüro
Martin-Luther-King-Str. 8
53175 Bonn
Tel: (0228) 815-2751/50
Fax: (0228) 815-2755

International Labour Organisation (ILO)
(Internationale Arbeitsorganisation)
Hohenzollernstr. 21
53173 Bonn
Tel: (0228) 362322
Fax: (0228) 352186
E-mail: bonn@ilo.org
Internet: http://www.ilo.org

UNESCO-UNEVOC
International Project
on Technical and Vocational Education
Fehrbelliner Platz 3
10707 Berlin
Tel: (030) 86491511
Fax: (030) 86491541
E-mail: info@unevoc.de oder
berlin@unesco.org
Internet: http://www.unevoc.de

International Finance Corporation (IFC)
(World Bank Group)
Bockenheimer Landstr. 109
60325 Frankfur a. M.
Tel: (069) 743482-30
Fax: (069) 743482-39

International Tribunal for the Law of the
Sea (ITLOS)
(Internationaler Seegerichtshof)
Wexstr. 4
20355 Hamburg
Tel: (040) 35607-0
Fax: (040) 35 607-245
E-mail: itlos@itlos.hamburg.de
Internet: http://www.un.org/Depts/los

UNESCO Institute for Education (UIE)
(UNESCO-Institut für Pädagogik)
Feldbrunnenstr. 58
20148 Hamburg
Tel: (040) 4480410
Fax: (040) 4107723
E-mail: uie@unesco.org
Internet: http://www.unesco.
org/education/uie/

2) Deutsche Organisationen mit UN-Bezug:

Deutsche Stiftung für UNO-
Flüchtlingshilfe e.V.
Rheinallee 49
53173 Bonn
Tel.: (0228) 3550-58

Fax: (0228) 3550-59

Deutsche UNESCO-Kommission
Colmantstr. 15
53115 Bonn
Tel.: (0228) 692091
Fax: (0228) 636912
Internet: http://www.unesco.de

Deutsche Welthungerhilfe
Adenauerallee 134
53113 Bonn
Tel.: (0228) 2288-0
Fax: (0228) 220710

Deutsches IDNDR-Komitee für Katastrophenvorbeugung
(IDNDR- International Decade for Natural Disaster Reduction)
c/o Deutsches Rotes Kreuz
Friedrich-Ebert Allee 71
53113 Bonn
Tel.: (0228) 541257
Fax: (0228) 541303

Deutsches Komitee für das Umweltpro-
gramm der Vereinten Nationen (UNEP)
Adenauerallee 214
53113 Bonn
Tel.: (0228) 2692216
Fax: (0228) 2692252

Deutsches Komitee für UNICEF
Höninger Weg 104
50939 Köln
Tel.: (0221) 93650-0
Fax: (0221) 93650-279

Komitee für UNIFEM (Entwicklungsfonds der Vereinten Nationen für Frau-
en)
Simrockstraße 5
53113 Bonn
Tel.: (0228) 223008
Fax: (0228) 218819

Projektstelle Umwelt und Entwicklung
(Informationen zum Umweltgip-
fel/UNCED
und Welthandel)
Am Michaelshof 8-10
53177 Bonn
Tel.: (0228) 359704
Fax: (0228) 359096

UNO-Verlag
Poppelsdorfer Allee 55
53115 Bonn
Tel.: (0228) 949020
Fax: (0228) 217492
Internet: http://www.uno-verlag.de

IV. Praktika bei den Vereinten Nationen

Informationen in deutscher Sprache über Praktika bei den Vereinten Nationen:
a) im Internet beim Informationszentrum der Vereinten Nationen in Bonn unter http://www.uno.de/allgemein/praktika/index.htm
b) Broschüre „Praktika bei den Vereinten Nationen und ihren Sonderorganisationen", herausgegeben vom Informationszentrum zusammen mit dem Fachbereich Politische Wissenschaft an der Freien Universität Berlin (September 1998). Bestellung bei folgender Adresse: Informationszentrum der Vereinten Nationen, Martin-Luther-King-Straße 8, 53175 Bonn.

V. Informationen über Arbeitsmöglichkeiten und Stellenausschreibungen bei den Vereinten Nationen

1. im gesamten UN-System:

Auf der Homepage der Vereinten Nationen in New York (http://www.un.org) unter http://www.un.org/Depts/OHRM:
- allgemeine Informationen zu Arbeitsmöglichkeiten bei den Vereinten Nationen
- Stellenausschreibungen der Vereinten Nationen
- Informationen zum „National Competitive Recruitment Examination"

Eine deutschsprachige Broschüre mit dem Titel „Die Mitarbeit von Deutschen in Internationalen Organisationen" ist erhältlich bei:
Zentralstelle für Arbeitsvermittlung der Bundesanstalt für Arbeit
- Büro Führungskräfte zu Internationalen Organisationen -
Postfach 17 05 45
60079 Frankfurt am Main
Tel: (069) 7111-0
Fax: (069) 7111-540

2. bei den Institutionen der Vereinten Nationen in Deutschland:

Adressen aller UN-Organisationen in Deutschland -

a) im Internet unter http://www.uno.de/deutschland/blick.htm sowie
b) weiter oben in diesem Informationstext (UN-Institutionen in Deutschland).

Verschiedene UN-Organisationen in Deutschland veröffentlichen ihre Stellenausschreibungen auch auf ihren Homepages:
United Nations Volunteers (UNV)
- Employment Opportunities:
http://www.unv.org/hqvacs/index.html
- Volunteer Vacancies:
http://www.unv.org/unvols/vac6.htm

Secretariat of the United Nations Framework Convention on Climate Change (UNFCCC) http://www.unfccc.de/fccc/sect/opp.htm

Secretariat of the United Nations Convention to Combat Desertification (UNCCC) http://www.unccd.de/vacancies/vacancies.htm

VI. UN-Dokumente und sonstige UN-Publikationen

1. Anfragen und Ausleihe

Anfragen zu UN-Dokumenten und sonstigen UN-Publikationen in deutscher Sprache richtet man am zweckmäßigsten an die Depot-Bibliotheken der Vereinten Nationen in Deutschland:
Die UN-Texte können dort von auch den Benutzern eingesehen bzw. ausgeliehen oder fotokopiert werden.
Eine Liste der Depotbibliotheken in den deutschsprachigen Ländern ist weiter unten im Anhang abgedruckt. Nähere Informationen zu den Depotbibliotheken finden Sie auch im Beitrag „Depotbibliotheken".

2. Bestellung von UN-Dokumenten und Publikationen

UN-Dokumente und Publikationen der Vereinten Nationen können erworben werden vom UN-Verkaufsbüro in Genf:
United Nations Publications Sales Office and Bookshop - Palais des Nations
CH-1211 Genf 10
Tel.: (0041-22) 917-2613/14, Fax: (0041-22) 917-0027 oder (0041-22) 917-0084
E-mail: unpubli@unog.ch

Die Sonderorganisationen wie die Welt-bank, die Weltgesundheitsorganisation oder UNESCO vertreiben ihre Publikationen über Verkaufsbüros oder Buchhandlungen unabhängig von den Vereinten Nationen. Die folgenden Agenturen vertreiben sowohl UN-Publikationen als auch Veröffentli-chungen der Sonderorganisationen:

UNO-Verlag
Poppelsdorfer Allee 55
53115 Bonn
Tel.: (0228) 949020
Fax: (0228) 217492
Internet: http://www.uno-verlag.de
E-Mail: unoverlag@aol.com

Gerold & Co.
Graben 31
A-1011 Wien
Tel.: (0043-1) 5124731-0
Fax: (0043-1) 5124731-29

Editions techniques Van Diermen
ADECO
Ch. du Lacuez 41
CH-1807 Blonay
Tel.: (0041-21) 9432673
Fax: (0041-21) 9433605
E-mail: mvandier@worldcom.ch

VII. Informationen über das Internet

1) Informationen über die Vereinten Natio-nen und Organisationen des UN-Systems in deutscher Sprache im Internet:
- beim Deutschen Übersetzungsdienst bei den Vereinten Nationen. Seine Home-page enthält u.a. ein Verzeichnis der vor-handenen deutschsprachigen UN-Dokumente: http://www.un.org/Depts/german/index.html
- auf den Homepages der folgenden Institutionen:
- http://www.unesco.de/Info/Duk.htm (Deutsche Unesco-Kommission)
- http://www.unicef.de/ (Unicef Deutschland)
- http://www.unhcr.de/ (Hoher Flücht-lingskommissar)
- http://www.auswaertiges-amt.de/
- (Webseite des Auswärtigen Amtes der Bundesrepublik Deutschland)
- http://www.bmaa.gv.at/aussenpolitik/aussenindex.html.de

- (Webseite des Außenamtes der Bun-desrepublik Österreich)
- http://www.eda.admin.ch/
- (Webseite des Eidgenössischen De-partements für auswärtige Angelegenhei-ten)

2) in englischer Sprache:
über die Homepage der Vereinten Nationen (http://www.un.org) hat man Zugang zu den Internetseiten der Vereinten Nationen und über die Homepage des UN-Systems (http://www.unsystem.org/) Zugriff auf die Internetseiten der Organisationen des UN-Systems und sonstiger internationaler Orga-nisationen sowie zu Suchmaschinen und Bibliothekskatalogen:
- Aktuelle Informationen aus dem Be-reich der UN, Presseerklärungen, Presse-konferenzen, Reden des Generalsekretärs und anderer UN-Organe: http://www.un.org/News/
- Dokumente der verschiendenen UN-Organe: http://www.un.org/Docs
- Liste der vorhandenen UN-Seiten im Internet enthält folgende Kategorien: Alphabetischer Index • Offizielle Klas-sifikation der UN • Häufig gestellte Fragen • neue UN-Seiten • Suchma-schinen • UN-relevante Informationen. Ebenso enthalten ist ein Link zu ande-ren internationalen Organisationen (Nicht UN-Organisationen): http://www.unsystem.org/
- Übersichtskarte der existierenden UN-Seiten (per Klick anwählbar): http://www.un.org/search/map/
- Globale Suchmaschine nach UN-Dokumenten, -Presseerklärungen, Presse-konferenzen usw.: http://www.un.org/search/
- Allgemeine Suchmaschine UNIONS (United Nations Organizations Network Search): http://www3.itu.int/cgi-bin/unions/nph-search.cgi
- UN-Reformseite: http://www.un.org/reform
- Homepage Dag Hammarskjöld Library http://www.un.org/Depts/dhl/ enthält:
  - Suchmaschinen
  - Landkarten (UN-Friedensoperationen)
  - Dokumentenliste
  - Datenbanken und Veröffentlichungen
  - Liste der UN-Depositar-Bibliotheken
  - Nachschlagewerke

Nähere Informationen zu weiteren Internet-Adressen zum Thema Vereinte Nationen im Beitrag „Internet-Zugang/Homepage der UN" in diesem Lexikon.

VIII. Wichtige Nachschlagewerke für den Bereich der Vereinten Nationen

1) aktuell:

United Nations Handbook, hrsg. vom New Zealand Ministry of Foreign Affairs and Trade.
Es enthält in knapper Form die wichtigsten, aktuellen Informationen zu den Vereinten Nationen, ihren Organen, Sonderorganen wie Geschichte, Gliederung, Mitglieder. Bezugsadresse: Botschaft von Neuseeland, Bundeskanzlerplatz 2-10, 53113 Bonn, Tel.: (0228) 228070, Fax: (0228) 221687.

2) historisch:

Yearbook of the United Nations, hrsg. v. Office of Public Information, United Nations, New York.
Das jährlich erscheinende Werk gibt einen umfassenden Überblick über die Aktivitäten der Vereinten Nationen im jeweiligen Jahr.

3) laufend:

„Vereinte Nationen", Zeitschrift für die Vereinten Nationen und ihre Sonderorganisationen (Nomos Verlagsgesellschaft, Waldseestraße 3-5, 76530 Baden-Baden) berichtet kontinuierlich über die Tätigkeiten der Weltorganisation, analysiert globale Probleme, veröffentlicht sämtliche Resolutionen des Sicherheitsrates sowie wichtige Entschließungen der Generalversammlung

und anderer UN-Gremien im vollständigen deutschen Wortlaut mit Abstimmungsergebnissen, publiziert Tabellen über den jeweiligen Stand der UN-Mitgliedschaft, über Beitrittsdaten und über die Zusammensetzung der wichtigsten Gremien der Vereinten Nationen

4) für Grundsatzfragen:

a) Charta der Vereinten Nationen Kommentar, hrsg. v. Bruno Simma, München 1991 (wichtiger deutschsprachiger Chartakommentar)

b) Handbuch der Vereinten Nationen, hrsg. v. Rüdiger Wolfrum, (2. neubearb. Aufl.) München 1991 (umfassendes grundsätzliches Werk zu den Vereinten Nationen)

c) Die UNO – Aufgaben und Strukturen der Vereinten Nationen (Autor: Günther Unser), 6. Aufl., München 1997 (präzises Nachschlagewerk in Taschenbuchformat über Aufbau, Aufgaben und Geschichte der UNO)

d) Die Vereinten Nationen (Autor: Helmut Volger), München 1994 (Einführung in die Hauptaufgabenfelder der Vereinten Nationen)

f) Geschichte der Vereinten Nationen (Autor: Helmut Volger), München 1995 (umfassender Überblick über die Gründung und die Geschichte der Vereinten Nationen

Adressenliste der Depotbibliotheken der Vereinten Nationen in der Bundesrepublik Deutschland, Österreich und der Schweiz

Um Informationen über die Vereinten Nationen weltweit zu verbreiten und einem breiten Publikum Zugang zu den Dokumenten und den Publikationen der Vereinten Nationen zu bieten, unterhält die UNO ein Netz von Bibliotheken, die offiziell als Depotbibliotheken ausgewiesen sind und denen UN-Dokumente und –Publikationen regelmäßig zugesandt werden. Die UN-Texte können dort von den Benutzern eingesehen werden. Nähere Informationen zu den Depotbibliotheken finden Sie auch im Beitrag „Depotbibliotheken".

Bundesrepublik Deutschland
Berlin

Freie Universität Berlin
Universitätsbibliothek
Garystr. 39
D-14195 Berlin 33
Tel. (030) 8382399
Fax: (030) 8382067
E-mail: uneu-dok.@ub.fu-berlin.de
Internet: http://www.ub.fu-berlin.de
- DL-135 (Mai 1956)
- UN-Dokumente und Publikationen in englischer Sprache
- Dokumente der Europäischen Wirtschaftskommission
- UNBIS Plus on CD-ROM

Staatsbibliothek zu Berlin Preussischer Kulturbesitz
Abteilung Amtsdruckschriften und Internationaler Ämtlicher Schriftentausch
Potsdamer Str. 33
D-10785 Berlin
Tel. (030) 2662471
Fax: (030) 2662341
E-mail: internat.organisationen@sbb.spk-berlin.de
Internet: http://www.sbb.spk-berlin.de
- DL-129 (Mai 1956)
- UN-Publikationen in englischer Sprache
- Dokumente der Europäischen Wirtschaftskommission
- UNBIS Plus on CD-ROM
Bochum

Ruhr-Universität Bochum
Universitätsbibliothek
Universitätsstr. 150

D-44780 Bochum
Tel. (0234) 7004035
Fax: (0234) 7094213
E-mail: Hans.J.Kamphausen@rz.ruhr-uni-bochum.de
Internet: http://www.ub.ruhr-uni-bochum.de/Dienstleistungen/eu_un.htm
- DL-310 (Juli 1978)
- UN-Dokumente und Publikationen in englischer Sprache
- Dokumente der Europäischen Wirtschaftskommission
- Zugang zum optischen Speicherplattensystem der UNO

Bonn

Deutscher Bundestag
Bibliothek
Internationale Organisationen
Görresstr. 15
D-53113 Bonn
Tel. (0228) 1625135
Fax: (0228) 1626087
E-mail: @wd2.bundestag.dbp.de
- PL-34 (Februar 1962)
- UN-Dokumente und Publikationen in englischer Sprache
- Dokumente der Europäischen Wirtschaftskommission
- UNBIS Plus on CD-ROM

Informationszentrum der Vereinten Nationen
Martin-Luther-King-Str. 8
D-53175 Bonn
Tel. (0228) 8152770
Fax: (0228) 8152777
E-mail: unic@uno.de
Internet: http://www.uno.de
- Zugang zum optischen Speicherplattensystem der UNO

Hamburg

HWWA-Institut für Wirtschaftsforschung-Hamburg
Bibliothek
Neuer Jungfernstieg 21
D-20347 Hamburg
Tel. (040) 3562419
Fax: (040) 3562550
E-mail: potichen@hwwa.uni-hamburg.de
Internet: http://www.hwwa.uni-hamburg.de
- DL-192 (EX) (Oktober 1948)
- UN-Dokumente und Publikationen in englischer Sprache
- Dokumente der Europäischen Wirtschaftskommission

Heidelberg

Max Planck-Institut für ausländisches öffentliches Recht und Völkerrecht
Im Neuenheimer Feld 535
D-69120 Heidelberg
Tel. (06221) 482226
Fax: (06221) 482497
E-mail: pweiler@mpiv-hd.mpg.de
Internet: http://www.virtual-institute.de oder
http://www.mpiv-hd.mpg.de
- DL-202 (EX) (Oktober 1949)
- UN-Dokumente und Publikationen in englischer Sprache
- Dokumente der Europäischen Wirtschaftskommission
- Zugang zum optischen Speicherplattensystem der UNO; UNBIS Plus on CD-ROM

Jena

Friedrich-Schiller-Universität Jena
Thüringer Universitäts-und Landesbibliothek
Depositarbibliothek der Vereinten Nationen
Postfach
Carl-Zeiss-Str. 3
D-07740 Jena
Tel. (03641) 940426
Fax: (03641) 940032
E-mail: j33rr@thulb10.biblio.uni-jena.de
- DL-119 (April 1957)
- UN-Publikationen in englischer Sprache
- Dokumente der Europäischen Wirtschaftskommission

Kiel

Walther-Schücking-Institut für Internationales Recht
Christian-Albrechts-Universität zu Kiel
United Nations Depository Library
Olshausenstr. 40
D-24118 Kiel
Tel. (0431) 8802154
Fax: (0431) 8801619
E-mail: uno@internat-recht.uni-kiel.de
Internet: http://www.uni-kiel.de:8080/internat-recht/
- DL-191 (Oktober 1948)
- UN-Dokumente und Publikationen in englischer Sprache
- Dokumente der Europäischen Wirtschaftskommission

Leipzig

Die Deutsche Bibliothek / Deutsche Bücherei Leipzig
Deutscher Platz
D-04103 Leipzig
Tel. (0341) 2271294
Fax: (0341) 2271444
E-mail: info@dbl.ddb.de
Internet: http://www.ddb.de
- DL-168 (November 1964)
- UN-Dokumente und Publikationen in englischer Sprache
- Dokumente der Europäischen Wirtschaftskommission

München

Bayerische Staatsbibliothek
Ludwigstr. 16
D-80539 München
Tel. (089) 28638307
Fax: (089) 28638309
E-mail: dir@bvbnt1.bib-bvb.de
Internet: http://www.bsb.badw-muenchen.de
- DL-130 (April 1956)
- UN-Publikationen in englischer Sprache
- UNBIS Plus on CD-ROM

Potsdam

Universität Potsdam
Universitätsbibliothek
UNO-Dokumentationsstelle
August-Bebel-Str. 89, Haus 1
Postfach 900327
D-14439 Potsdam
Tel. (0331) 9773266 oder 9773568
Fax: (0331) 9773816
E-mail: sstolz@rz.uni-potsdam.de
Internet: http://info.ub.uni-potsdam.de/ueber_die-ub/UNO/UNO.htm
- DL-346 (November 1995)
- UN-Dokumente und Publikationen in englischer Sprache
- Dokumente der Europäischen Wirtschaftskommission
- UNBIS Plus on CD-ROM

Österreich
Salzburg

Dr.-Herbert-Batliner-Europainstitut in Salzburg
Bibliothek
Griesgasse 17
A-5020 Salzburg

Tel.(0043-662) 846666
Fax: (0043-662) 841200
E-mail: manfred.straberger@sbg.ac.at
Internet: http://www.sbg.ac.at/whbib
- DL-350 (Juni 1996)
- UN-Publikationen in englischer Sprache

Wien

Österreichische Nationalbibliothek
Josefsplatz 1
A-1015 Vienna
Tel. (0043-1) 53410
Fax: (0043-1) 53410/280
E-mail: aldrian@onb.ac.at
- DL-20 (Januar 1948)
- UN-Publikationen in englischer Sprache

United Nations Information Service
UN Office at Vienna
Postfach 500
Vienna International Centre
Wagramer Str. 5
A-1400 Vienna
Tel: +43-1-21345-4666
Fax: +43-1-21345-5899
- Zugang zum optischen Speicherplattensystem der UNO

Schweiz
Bern

Eidgenössische Parlaments- und Zentralbibliothek
Bundeshaus West
CH-3003 Bern
Tel. (0041-31) 3223784
Fax: (0041-31) 3227807
- DL-65 (Juni 1947)
- UN-Publikationen in englischer und französischer Sprache
- Dokumente der Europäischen Wirtschaftskommission

Genf

Bibliothek des UN-Büros in Genf
Palais des Nations
8-14, Avenue de la paix
CH-1211 Genf 10
Tel. (0041-22) 917-1234
Fax: (0041-22) 917-0028
E-mail: unlib@itu.ch

Internet: http://www.unog.ch/frames/-library/start.htm
- Öffentlich zugängliche Bibliothek der UNO in Genf
- Vollständige Sammlung von UN-Dokumenten und Publikationen in allen Amtssprachen
- Zugang zum optischen Speicherplattensystem der UNO; UNBIS Plus on CD-ROM

Institut universitaire des hautes études internationales
Bibliothèque
132, rue de Lausanne
Case postale 36
CH-1211 Genf 21
Tel. (0041-22) 7311730
Fax: (0041-22) 7382904
E-mail: library@hei.unige.che oder vilmen@hei.unige.che
Internet: http://heiwww.unige.ch/Library
- DL-189 (EX) (Juni 1947)
- UN-Dokumente und Publikationen in französischer Sprache
- Dokumente der Europäischen Wirtschaftskommission
- Zugang zum optischen Speicherplattensystem der UNO; UNBIS Plus on CD-ROM

Bibliothèque publique et universitaire de Genève
Les Bastions
CH-1211 Genf 4
Tel. (0041-22) 4182809
Fax: (0041-22) 4182801
E-mail: etienne.burgy@bpu.ville-ge.ch
Internet: http://www.geneva-city.ch:80/bpu/
- DL-205 (Mai 1947)
- UN-Publikationen in französischer Sprache
- Dokumente der Europäischen Wirtschaftskommission

United Nations Information Service
United Nations Office at Geneva
Palais des Nations
CH-1211 Genf 10
Tel. (0041-22) 9172300
Fax: (0041-22) 9170030
- Zugang zum optischen Speicherplattensystem der UN

Übersicht über die UN-Dokumentennummern

Struktur der Kennungen

Die Dokumentkennungen der Vereinten Nationen bestehen aus eine Kombination von Nummern und Buchstaben (Großbuchstaben), die kennzeichnen, welche Stelle das Dokument herausgibt. Generell gibt die Kennung keinen Hinweis auf das Thema des Dokuments. Alle Sprachversionen eines Dokuments tragen das gleiche Symbol.

Das erste Element der Kennung, auch Serienkennung genannt, gibt normalerweise das Ursprungsorgan an, welches das Dokument herausgegeben hat oder welchem Organ es zugeleitet wird.

A/-	Generalversammlung
S/-	Sicherheitsrat
E/-	Wirtschaft- und Sozialrat
ST/-	Sekretariat

Es gibt einige Ausnahmen bei Organen, bei denen eine Reihe von speziellen Symbolen festgelegt wurden, die nicht das Ursprungsorgan widerspiegeln. Zum Beispiel:

CRC/C/-	Ausschuß für die Rechte des Kindes (gemäß der Konvention über die Rechte des Kindes
DP/-	Entwicklungsprogramm der Vereinten Nationen
TD/-	Handels- und Entwicklungskonferenz der Vereinten Nationen
UNEP/-	Umweltprogramm der Vereinten Nationen

Zweite und dritte Elemente zeigen Nebenorgane (der davor gekennzeichneten übergeordneten Hauptorgane) an:

-/AC. .../-	Ad-hoc-Ausschuß
-/C. .../-	Ständige und permanente Ausschüsse, Haupt-, Tagungsausschüsse
-/CN. .../-	Kommission
-/CONF. .../-	Konferenz
-/GC. .../-	Verwaltungsrat
-/PC. .../-	Vorbereitungsausschuß
-/SC. .../-	Unterausschuß
-/Sub. .../-	Unterkommission
-/WG. .../-	Arbeitsgruppe (working group)

Andere Elemente kennzeichnen die Art des Dokuments:

-/INF/-	Informationsreihe
-/L. ...	begrenzte Verteilung (in der Regel Dokumente in Form von Entwürfen)
-/NGO/-	Dokumente, die Mitteilungen von nichtstaatlichen Organisationen enthalten
-/PET/-	Petitionen
-/PRST/-	Erklärungen des Präsidenten des Sicherheitsrats
-/PV. ...	Wortprotokolle von Sitzungen
-/R. ...	eingeschränkte Verteilung
-/RES/-	(Verabschiedete) Resolutionen
-/SR. ...	Kurzprotokolle von Sitzungen
-/WP. ...	Arbeitspapiere

Das letzte Element, das als nachgestelltes Element nach der eigentlichen Dokumentenkennung folgt, kennzeichnet Änderungen des Originaltextes:

-/Add. ...	Addendum: Zusätze zum Text des Hauptdokuments
-/Amend. ...	Amendment -- Änderung eines Teiles eines verabschiedeten offiziellen Textes durch Beschluß eines befugten Organs

-/Corr. ...	Corrigendum: Veränderung eines bestimmten Teiles eines bestehenden Dokuments zur Verbesserung von Fehlern, tur Abänderung einer Formulierung oder zur Umstellung des Textes, gleichviel, ob dies aus fachlichen oder technischen Gründen geschieht (diese Korrektur mag nicht für alle Sprachversionen gelten)
-/Rev. ..	Revision – Neuer Wortlaut, der an die Stelle desjenigen eines früher herausgegebenen Dokuments tritt und diesen ersetzt
-/Summary	Zusammenfassende Version
-/-*	Unveränderte Neuausgabe eines Dokuments aus technischen Gründen

Beispiele für Dokumentenkennungen:

A/52/1: Generalversammlung, 52. Tagung, Dokument Nr. 1

A/CONF.151/PC/INF.8: Generalversammlung, Konferenz der Vereinten Nationen für Umwelt und Entwicklung, Vorbereitungsausschuß, Informationsreihe, Dokument Nr. 8

E/CN.4/Sub.2/AC.2/1987/WP.4/Add.1: Wirtschafts- und Sozialrat, Menschenrechtskommission, Unterkommission für die Verhütung von Diskriminierung und den Schutz von Minderheiten, Arbeitsgruppe) für moderne Formen der Sklaverei, Jahr: 1987, Arbeitspapier Nr. 4, Addendum Nr. 1

UNEP/GC.18/29/Corr.1: Umweltprogramm der Vereinten Nationen, Verwaltungsrat, 18. Sitzung, Dokument Nr. 29, Corrigendum Nr. 1

Seit der 31. Tagung (1976) begann die Generalversammlung die Tagungsnummer in die Kennung ihrer Dokumente mit aufzunehmen. (z.B. A/31/99). In ähnlicher Weise begann 1978 der Wirtschafts- und Sozialrat das Jahr in die Kennung seiner Dokumente mitaufzunehmen (z.B. E/1978/99); 1994 begann der Sicherheitsrat dasselbe zu tun (z.B. S/1994/), mit Ausnahme der Resolutionen und Tagungsprotokolle.

Das Datum der Dokumente

Das Datum, das unter dem Kennungssymbol eines Masthead-Dokuments steht, bezieht sich nicht auf das Datum der Publikation des Dokuments selbst, sondern ist das Datum der Herausgabe durch die entsprechende Abteilung bzw. das entsprechende Organ. Mit diesem Datum ist das Dokument in der Dokumentenkontrolle registriert und der weitere Bearbeitungsprozeß beginnt. (z.B. Übersetzung, Redaktionelle Bearbeitung, Computer-Textverarbeitung, Druck). Nahe bei der Arbeitsnummer, die festgehalten wird in der unteren linken Ecke eines Dokuments , befindet sich ein Datum im ISO-Format (TT-MM-JJ), das auf das Datum hinweist, an dem der Bearbeitungsprozeß abgeschlossen wurde. In Abhängigkeit vom Umfang des Dokuments kann es eine beträchtliche zeitliche Lücke zwischen dem Registrierungsdatum und dem Ende der Bearbeitung des Dokuments geben:

Dokumenten kennung	Titel des Dokuments	Datum unter der Kennung	Fertigstellungsdatum
A/53/100	Kommentierte, vorläufige Liste von Tagesordnungs-punkten, die in die provisori-sche Tagesordnung der 53. Sitzung der Generalver-sammlung aufgenommen werden sollen	15. Juni 1998	040898 = 4.August 1998
A/48/824-S/26915	Brief der Vereinigten Repu-blik Tansania (Übermittlung des Friedensübereinkommen für Ruanda	23. Dez. 1993	070294 = 7.Feb. 1994

Das tatsächliche Datum der Herausgabe ist definiert als das Datum der entsprechenden Ausgabe der Tagesliste der Dokumente, in welcher das betreffende Dokument erscheint. Da es schwierig ist herauszufinden, wann ein Dokument in der Liste erschienen ist, wurde das Datum unter der Kennung traditionell für das Datum benutzt, welches in der Impressuminformation enthalten ist. Die UN-Bibliothek hält sich auch an diese Konvention in ihren gedruckten Registern und den Online-Datenbanken. Soweit wie Generalversammlungsresolutionen in Masthead-Format betroffen sind, darf das Registrationsdatum über der Kennung nicht verwechselt werden mit dem Annahmedatum, welches am Ende des Textes steht. In den bibliographischen Zusammenstellungen der UN-Bücherei ist das Registrationsdatum im Impressum-feld aufgeführt, wohingegen das Annahmedatum in einem Anmerkungsfeld erscheint: Bibliograpische Angaben für das Dokument A/RES/52/91 (Masthead-Version der Resolution der Generalversammlung 52/91 vom 12. Dezember 1997) enthalten in UNBIS PLUS auf CD-ROM:

- UNBIS PLUS auf CD-ROM
  Copyright © 1995-1998 Chadwyck-Healey Inc.
  Data Copyright © 1995-1998 United Nations
- A/RES/52/01
- Verbrechensbekämpfung und Strafrecht. – Vorbereitungen für den 10. Kongreß der Ver-einten Nationen zum Schutz vor Verbrechen und der Behandlung der Verbrecher: Resolu-tion / angenommen von der Generalversammlung. – [New York]: UN, 4. Feb. 1998.
- 3 Seiten
- angenommen auf der 70. Plenarsitzung, 12. Dezember 1997
- erschienen in GAOR, 52nd Sitzungsperiode, Nachtrag Nr. 49.
- Sprachversionen: Arabisch; Chinesisch; Englisch; Französisch; Russisch; Spanisch.
- Verteilung: Allgemein

Die Vorschriften für das Ausgabedatum von Dokumenten, die für parlamentarische Doku-mente (ausgenommen Sitzungsprotokolle) angewendet werden, wurden in der Dokumenta-tions-Verordnung ST/CS/SER.A/35 veröffentlicht, die auf ein Mandat Bezug nimmt, welches in der Resolution der Generalversammlung 46/190 vom 20. Dezember 1991 festgehalten wurde, die in Paragraph 25 den Generalsekretär und die Exekutivdirektoren der Programme und Fonds der Vereinten Nationen und die Sekretariate der Organe der Vereinten Nationen auffordert, „dafür zu sorgen, daß jedes offizielle Dokument auf seiner Frontseite und in einer geeigneten Art und Weise die Daten enthält, welche die folgenden Stadien des Dokumentati-onsprozesses betreffen: Herausgabe durch die entsprechende Abteilung, Fertigstellung der Übersetzung in die spezifische Sprache; Druck; Ausgabe."

(Nachdruck – (gekürzt und redaktionell bearbeitet) in deutscher Übersetzung des Herausge-bers - des Abschnitts über „Document Symbols" aus dem United Nations Documentation Research Guide mit Genehmigung des United Nations Department of Public Information, United Nations Publications, External Publications Office.)

Dreisprachenliste der wichtigsten UN-Institutionen

(Englisch/Französisch/Deutsch)

ACABQ → **Advisory Committee on Administrative and Budgetary Questions**
ACC → **Administrative Committee on Coordination**
ACPAQ → **Advisory Committee on Post Adjustment Questions**
ADB → **African Development Bank**
ADB → **Asian Development Bank**
Ad Hoc Committee of Experts to Examine the Finances of the United Nations and the Specialized Agencies - *Comité ad hoc d'experts chargé d'examiner les finances de l'Organisation des Nations Unies et des institutions spécialisées* - Ad-hoc-Sachverständigenausschuß für die Prüfung der Finanzen der Vereinten Nationen und der Sonderorganisationen
Ad Hoc Committee on a Nuclear Test Ban - *Comité spécial sur l'interdiction des essais nucléaires* - Ad-hoc-Ausschuß für das Verbot von Kernversuchen
Ad Hoc Committee on Chemical Weapons - *Comité spécial des armes chimiques* - Ad-hoc-Ausschuß für chemische Waffen
Ad Hoc Committee on Effective International Arrangements to Assure Non- Nuclear-Weapon States against the Use or Threat of Use of Nuclear Weapons - *Comité spécial chargé d'élaborer des arrangements internationaux efficaces pour garantir les États non dotés d'armes nucléaires contre l'emploi ou la menace d'armes nucléaires* - Ad-hoc-Ausschuß für wirksame internationale Vereinbarungen zur Sicherung der Nichtkernwaffenstaaten gegen den Einsatz oder die Androhung des Einsatzes von Kernwaffen
Ad Hoc Committee on Forced Labour - *Comité spécial du travail forcé* - Ad-hoc-Ausschuß zur Frage der Zwangsarbeit
Ad Hoc Committee on International Terrorism - *Comité spécial du terrorisme international* - Ad-hoc-Ausschuß zur Frage des internationalen Terrorismus
Ad Hoc Committee on Nuclear Disarmament - *Comité special du désarmement nucléaire* - Ad-hoc-Ausschuß für nukleare Abrüstung
Ad Hoc Committee on Periodic Reports (Human Rights) - *Comité spécial des rapports périodiques (Droits de l'homme)* - Ad-hoc-Ausschuß für regelmäßige Berichte (über Menschenrechtsfragen)
Ad Hoc Committee on the Indian Ocean - *Comité spécial de l'océan Indien* - Ad-hoc-Ausschuß für den Indischen Ozean
Ad hoc expert group on developing a methodology for assessing the consequences incurred by third States as a result of preventive or enforcement measures and on exploring innovative and practical measures of international assistance to the affected third States - *groupe spécial d'experts sur l'élaboration d'une méthode d'évaluation des répercussions sur les États tiers de l'application de mesures préventives ou coercitives et sur la recherche de mesures novatrices et pratiques d'assistance internationale aux États tiers touchés* - Ad-hoc-Sachverständigengruppe für die Erarbeitung einer Methodik zur Bewertung der Auswirkungen von Vorbeugungs- oder Zwangsmaßnahmen auf Drittstaaten und die Untersuchung innovativer und praktischer internationaler Hilfsmaßnahmen für die betroffenen Drittstaaten
Ad Hoc Expert Group on Strategies to Deal with Transnational Crime - *Groupe spécial d'experts sur les stratégies de lutte contre la criminalité transnationale* - Ad-hoc-Sachverständigengruppe für Strategien zur Bekämpfung der grenzüberschreitenden Kriminalität
Ad-hoc Open-ended Working Group on an Agenda for Development - *Groupe de travail ad hoc à composition non limitée sur un agenda pour le développement* - Allen Mitgliedstaaten offenstehende Ad-hoc-Arbeitsgruppe zur Ausarbeitung einer Agenda für Entwicklung

Ad Hoc Panel on Military Budgeting - *Groupe spécial sur l'établissement des budgets militaires* - Ad-hoc-Gruppe für Militärhaushalte

Ad Hoc Working Group on Early Warning regarding New Flows of Refugees and Displaced Persons - *Groupe de travail spécial chargé de la question de l'alerte rapide en cas de nouveaux courants de réfugiés et de personnes déplacées* - Ad-hoc-Arbeitsgruppe für Frühwarnung in bezug auf neue Ströme von Flüchtlingen und Vertriebenen

Administrative and Budgetary Committee (Fifth Committee) - *Commission des questions administratives et budgétaires (Cinquième Commission)* - Verwaltungs- und Haushaltsausschuß (Fünfter Ausschuß)

Administrative Committee on Coordination: ACC - *Comité administratif de coordination: CAC* - Verwaltungsausschuß für Koordinierung

Administrative Rules of the United Nations Joint Staff Pension Fund - *Règlement administratif de la Caisse commune des pensions du personnel des Nations Unies* - Verwaltungsvorschriften des Gemeinsamen Pensionsfonds der Vereinten Nationen

Administrator - *Administrateur* - Administrator

Advisory Board on Disarmament Matters - *Conseil consultatif pour les questions de désarmement* - Beirat für Abrüstungsfragen

Advisory Committee on Administrative and Budgetary Questions: ACABQ - *Comité consultatif pour les questions administratives et budgétaires: CCQAB* - Beratender Ausschuß für Verwaltungs- und Haushaltsfragen: ACABQ

Advisory Committee on Post Adjustment Questions: ACPAQ - *Comité consultatif pour les questions d'ajustements: CCPQA* - Beratender Ausschuß für Fragen des Kaufkraftausgleichs

Advisory Committee on Science and Technology for Development - *Comité consultatif de la science et de la technique au service du développement* - Beratender Ausschuß für Wissenschaft und Technologie im Dienste der Entwicklung

Advisory Committee on the United Nations Educational and Training Programme for Southern Africa - *Comité consultatif du Programme d'enseignement et de formation des Nations Unies pour l'Afrique australe* - Beratender Ausschuß für das Bildungs- und Ausbildungsprogramm der Vereinten Nationen für das südliche Afrika

Advisory Committee on the United Nations Programme of Assistance in the Teaching, Study, Dissemination and Wider Appreciation of International Law - *Comité consultatif pour le Programme d'assistance des Nations Unies aux fins de l'enseignement, de l'étude, de la diffusion et d'une compréhension plus large du droit international* - Beratender Ausschuß des Hilfsprogramms der Vereinten Nationen für Lehre, Studium, Verbreitung und besseres Verständnis des Völkerrechts

Advisory Group on Financial Flows to Africa - *Groupe consultatif des apports financiers à l'Afrique* - Beratungsgruppe für Kapitalzuflüsse nach Afrika

Advisory Group on Greenhouse Gases - *Groupe consultatif sur les gaz à l'origine de l'effet de serre* - Beratungsgruppe für Treibhausgase

Afghanistan Emergency Trust Fund - *Fonds d'affectation spéciale d'urgence pour l'Afghanistan* - Nothilfe-Treuhandfonds für Afghanistan

African Alternative Framework to Structural Adjustment Programmes for Socio-Economic Recovery and Transformation - *Cadre alternatif africain de référence pour les programmes d'ajustement structurel en vue du redressement et de la transformation socio-économiques* - Afrikanische Rahmenkonzeption als Alternative zu Strukturanpassungsprogrammen für Gesundung und Wandel im sozioökonomischen Bereich

African Capacity-building Initiative - *Initiative pour le renforcement des capacités en Afrique* - Initiative für den Aufbau afrikanischer Kapazitäten

African Charter for Popular Participation in Development and Transformation - *Charte africaine de la participation populaire au développement et à la transformation* - Afrikanische Charta für die Mitwirkung der Bevölkerung an Entwicklung und Wandel

African Conference of National Institutions for the Promotion and Protection of Human Rights - *Conférence africaine des institutions nationales pour la promotion et la protection des droits de l'homme* - Afrikanische Konferenz der nationalen Institutionen zur Förderung und zum Schutz der Menschenrechte

African Development Bank: ADB - *Banque africaine de développement: BAD* - Afrikanische Entwicklungsbank: AfDB

Africa's Priority Programme for Economic Recovery 1986-1990 - *Programme prioritaire de redressement économique de l'Afrique 1986-1990* - Afrikas Prioritätenprogramm für die wirtschaftliche Gesundung 1986-1990

Agenda and Programme of Specific Action for Sustainable Development - *agenda et programme d'action concret en vue du développement durable* - Agenda und Programm für konkrete Maßnahmen zugunsten einer nachhaltigen Entwicklung

Agenda for Action for the Asian and Pacific Decade of Disabled Persons, 1993-2002 - *Programme d'action de la Décennie Asie-Pacifique pour les handicapés (1993-2002)* - Aktionsagenda für die Asiatisch-pazifische Behindertendekade (1993-2002)

Agreement between the United Nations and the Carnegie Foundation concerning the Use of the Premises of the Peace Palace at The Hague and Supplementary Agreement - *Accord entre l'Organisation des Nations Unies et la Fondation Carnegie concernant l'usage des locaux du Palais de la Paix à La Haye et Accord supplémentaire* - Abkommen zwischen den Vereinten Nationen und der Carnegie-Stiftung über die Nutzung der Räumlichkeiten des Friedenspalastes in Den Haag mit Zusatzabkommen

Agreement between the United Nations and the International Fund for Agricultural Development - *Accord entre l'Organisation des Nations Unies et le Fonds international de développement agricole* - Abkommen zwischen den Vereinten Nationen und dem Internationalen Fonds für landwirtschaftliche Entwicklung

Agreement between the United Nations and the United Nations Industrial Development Organization - *Accord entre l'Organisation des Nations Unies et l'Organisation des Nations Unies pour le développement industriel* - Abkommen zwischen den Vereinten Nationen und der Organisation der Vereinten Nationen für industrielle Entwicklung

Agreement between the United Nations and the United States of America regarding the Headquarters of the United Nations: Headquarters Agreement - *Accord entre l'Organisation des Nations Unies et les États-Unis d'Amérique relatif au Siège de l'Organisation des Nations Unies* - Abkommen zwischen den Vereinten Nationen und den Vereinigten Staaten von Amerika über den Amtssitz der Vereinten Nationen: Amtssitzabkommen

Agreement between the United Nations and the World Intellectual Property Organization - *Accord entre l'Organisation des Nations Unies et l'Organisation mondiale de la propriété intellectuelle* - Abkommen zwischen den Vereinten Nationen und der Weltorganisation für geistiges Eigentum

Agreement concerning the Relationship between the United Nations and the International Seabed Authority - *Accord sur les relations entre l'Organisation des Nations Unies et l'Autorité internationale des fonds marins* - Abkommen über die Beziehungen zwischen den Vereinten Nationen und der Internationalen Meeresbodenbehörde

Agreement Governing the Activities of States on the Moon and Other Celestial Bodies: Moon Agreement - *Accord régissant les activités des États sur la Lune et les autres corps célestes* - Übereinkommen zur Regelung der Tätigkeiten von Staaten auf dem Mond und anderen Himmelskörpern: Mondvertrag

Agreement on Cooperation and Relationship between the United Nations and the International Tribunal for the Law of the Sea - *Accord sur la coopération et les relations entre l'Organisation des Nations Unies et le Tribunal international du droit de la mer* - Abkommen über die Zusammenarbeit und die Beziehungen zwischen den Vereinten Nationen und dem Internationalen Seegerichtshof

Agreement on Cooperation and Relationships between the United Nations and the World Tourism Organization - *Accord sur la coopération et les relations entre l'Organisation des Nations Unies et l'Organisation mondiale du tourisme* - Abkommen über die Zusammenarbeit und die Beziehungen zwischen den Vereinten Nationen und der Weltorganisation für Tourismus

Agreement on the Rescue of Astronauts, the Return of Astronauts and the Return of Objects Launched into Outer Space - *Accord sur le sauvetage des astronautes, le retour des astronautes et la restitution des objets lancés dans l'espace extra-atmosphérique* - Übereinkommen über die Rettung und Rückführung von Raumfahrern sowie die Rückgabe von in den Weltraum gestarteten Gegenständen

Alma-Ata Declaration on Primary Health Care - *Déclaration de la Conférence d'Alma-Ata sur les soins de santé primaires* - Erklärung von Alma-Ata über primäre Gesundheitsversorgung

Amendment Conference of the States Parties to the Treaty Banning Nuclear Weapon Tests in the Atmosphere, in Outer Space and under Water - *Conférence des États parties chargée d'examiner un amendement au Traité interdisant les essais d'armes nucléaires dans l'atmosphère, dans l'espace extra-atmosphérique et sous l'eau* - Änderungskonferenz der Vertragsstaaten des Vertrages über das Verbot von Kernwaffenversuchen in der Atmosphäre, im Weltraum und unter Wasser

Appeals Chamber - *Chambre d'appel* - Berufungskammer

Arbitration Rules of the United Nations Commission on International Trade Law: UNCITRAL Arbitration Rules - *Règlement d'arbitrage de la Commission des Nations Unies pour le droit commercial international: Règlement d'arbitrage de la CNUDCI* - Schiedsordnung der Kommission der Vereinten Nationen für internationales Handelsrecht: UNCITRAL-Schiedsordnung

Arusha Programme for Collective Self-Reliance and Framework for Negotiations - *Programme d'Arusha pour l'autonomie collective et cadre de négociations* - Programm für kollektive Eigenständigkeit und Verhandlungsrahmen von Aruscha

AsDB → **Asian Development Bank**

AsDF → **Asian Development Fund**

Asian Development Bank: ADB - *AsDB: Banque asiatique de développement: BAsD* - AsDB: Asiatische Entwicklungsbank

Asian Development Fund: AsDF - *Fonds asiatique de développement: FAsD* - Asiatischer Entwicklungsfonds: AsDF

Assembly of Heads of State and Government of the Organization of African Unity - *Conférence des chefs d'État et de gouvernement de l'Organisation de l'unité africaine* - Versammlung der Staats- und Regierungschefs der Organisation der afrikanischen Einheit

Barbados Conference → **Global Conference on the Sustainable Development of Small Island Developing States**

Barbados Declaration and Programme of Action for the Sustainable Development of Small Island Developing States → **Declaration of Barbados and Programme of Action for Sustainable Development of Small Island Developing States**

Basic Principles for the Treatment of Prisoners - *Principes fondamentaux relatifs au traitement des détenus* - Grundprinzipien für die Behandlung der Gefangenen

Basic Principles on the Independence of the Judiciary: Principles on the Judiciary - *Principes fondamentaux relatifs à l'indépendance de la magistrature* - Grundprinzipien der Unabhängigkeit der Richterschaft

Basic Principles on the Role of Lawyers: Principles on Lawyers - *Principes de base relatifs au rôle du barreau* - Grundprinzipien betreffend die Rolle der Rechtsanwälte

Basic Principles on the Use of Force and Firearms by Law Enforcement Officials: Principles on the Use of Force - *Principes de base sur le recours à la force et l'utilisation des armes à feu par les responsables de l'application des lois* - Grundprinzipien für die Anwendung von Gewalt und den Gebrauch von Schußwaffen durch Beamte mit Polizeibefugnissen

Beijing Declaration and the Platform for Action - *Déclaration de Beijing et le Programme d'action* - Erklärung von Beijing und die Aktionsplattform

Beijing Rules → **United Nations Standard Minimum Rules for the Administration of Juvenile Justice (The Beijing Rules)**

Biological Weapons Convention → **Convention on the Prohibition of the Development, Production and Stockpiling of Bacteriological (Biological) and Toxin Weapons and on Their Destruction**

Body of Principles for the Protection of All Persons under Any Form of Detention or Imprisonment: Principles on Detention - *Ensemble de principes pour la protection des personnes soumises à une forme quelconque de détention ou d'emprisonnement* - Grundsatzkatalog für den Schutz aller irgendeiner Form von Haft oder Strafgefangenschaft unterworfenen Personen

Bonn Peace Implementation Conference - *Conférence de Bonn sur la mise en oeuvre de la paix* - Bonner Konferenz für die Umsetzung des Friedens: Bonner Bosnien-Konferenz

Bureau of the Governing Council - *Bureau du Conseil d'administration* - Präsidium des Verwaltungsrats

Cairo Guidelines and Principles for the Environmentally Sound Management of Hazardous Wastes - *Lignes directrices et Principes du Caire concernant la gestion écologiquement rationnelle des déchets dangereux* - Kairoer Richtlinien und Grundsätze für die umweltgerechte Behandlung gefährlicher Abfälle

CAP → **Consolidated Appeal Process**

CARIBANK → **Caribbean Development Bank**

Caribbean Development Bank: CDB-CARIBANK - *Banque de développement des Caraïbes: BDC-CARIBANK* - Karibische Entwicklungsbank: CDB-CARIBANK

CAT → **Committee against Torture**

CCAQ → **Consultative Committee on Administrative Questions**

CCISUA → **Coordinating Committee for International Staff Unions and Associations of the United Nations System**

CCOL → **Coordinating Committee on the Ozone Layer**

CCPI → **Consultative Committee on Public Information**

CCPOQ → **Consultative Committee on Programme and Operational Questions**

CD → **Conference on Disarmament**

CDB → **Caribbean Development Bank**

CDP → **Committee for Development Planning**

CEDAW → **Committee on the Elimination of Discrimination against Women**

Central Emergency Revolving Fund: CERF - *fonds central autorenouvelable d'urgence* - zentraler revolvierender Nothilfefonds

CERD → **Committee on the Elimination of Racial Discrimination**

CERF → **Central Emergency Revolving Fund**

CFC → **Common Fund for Commodities**

Chamber of Summary Procedure - *Chambre de procédure sommaire* - Kammer für das abgekürzte Verfahren

Charter for Sustainable Tourism - *charte du tourisme durable* - Charta für einen nachhaltigen Tourismus

Charter of Economic Rights and Duties of States - *Charte des droits et devoirs économiques des États* - Charta der wirtschaftlichen Rechte und Pflichten der Staaten

Charter of the United Nations - *Satzung der Vereinten Nationen* - Charta der Vereinten Nationen

SVN Charte des Nations Unies

Charter of the United Nations University - *Charte de l'Université des Nations Unies* - Satzung der Universität der Vereinten Nationen

Chicago Convention → **Convention on International Civil Aviation**

712

Chief Coordinator of United Nations (Peacekeeping) Missions in the Middle East - *Coordonnateur en chef des missions des Nations Unies (chargées du maintien de la paix) au Moyen-Orient* - Chefkoordinator der (Friedenssicherungs-)Einsätze der Vereinten Nationen im Nahen Osten

CIAV → International Support and Verification Commission

CISG → United Nations Convention on Contracts for the International Sale of Goods

City Summit → Second United Nations Conference on Human Settlements (Habitat II)

Climate Change Secretariat → Secretariat of the United Nations Framework Convention on Climate Change

CND → Commission on Narcotic Drugs

Code of Conduct for Law Enforcement Officials - *Code de conduite pour les responsables de l'application des lois* - Verhaltenskodex für Beamte mit Polizeibefugnissen

Code of Conduct for United Nations Staff - *Code de conduite des fonctionnaires des Nations Unies* - Verhaltenskodex für Bedienstete der Vereinten Nationen

Code of Conduct on Transnational Corporations - *Code de conduite des sociétés transnationales* - Verhaltenskodex für transnationale Unternehmen

Code of Crimes against the Peace and Security of Mankind (draft) - *code des crimes contre la paix et la sécurité de l'humanité (projet de ~)* - Strafgesetzbuch der Verbrechen gegen den Frieden und die Sicherheit der Menschheit (Entwurf eines ~)

Code of Practice on the International Transboundary Movement of Radioactive Waste: IAEA Code of Practice - *Code de bonne pratique sur le mouvement transfrontière international de déchets radioactifs* - Verfahrenskodex für die internationale grenzüberschreitende Verbringung radioaktiver Abfälle

Commission against Apartheid in Sports - *Commision contre l'apartheid dans les sports* - Kommission gegen Apartheid im Sport

Commissioner-General - *Commissaire général* - Generalbeauftragter

Commission for Conventional Armaments - *Commission des armements de type classique* - Kommission für konventionelle Rüstung

Commission for Social Development - *Commission du développement social* - Kommission für soziale Entwicklung

Commission of Experts established pursuant to Security Council resolution 780 (1992) - *Commission d'experts créée aux termes de la résolution 780 (1992) du Conseil de Securité* - Sachverständigenkommission nach Resolution 780 (1992) des Sicherheitsrats

commission of good offices, mediation or conciliation within the United Nations - *commission de bons offices, de médiation ou de conciliation dans le cadre des Nations Unies* - Kommission für Gute Dienste, Vermittlung und Vergleich im Rahmen der Vereinten Nationen

Commission of Inquiry established under resolution 496 (1981) of the Security Council - *Commission d'enquête créée en application de la résolution 496 (1981) du Conseil de sécurité* - Untersuchungskommission nach Resolution 496 (1981) des Sicherheitsrats

Commission of Inquiry in Rwanda - *Commission d'enquête au Rwanda* - Untersuchungskommission in Ruanda

Commission on Crime Prevention and Criminal Justice - *Commission pour la prévention du crime et la justice pénale* - Kommission für Verbrechensverhütung und Strafrechtspflege

Commission on Human Rights - *Commission des droits de l'homme* - Menschenrechtskommission

Commission on Human Settlements - *Commission des établissements humains* - Kommission für Wohn- und Siedlungswesen

Commission on Narcotic Drugs: CND - *Commission des stupéfiants* - Suchtstoffkommission

Commission on Population and Development - *Commission de la population et du développement* - Kommission für Bevölkerung und Entwicklung

Commission on Science and Technology for Development - *Commission de la science et de la technique au service du développement* - Kommission für Wissenschaft und Technologie im Dienste der Entwicklung

Commission on Sustainable Development: CSD - *Commission du développement durable* - Kommission für Nachhaltige Entwicklung

Commission on the Limits of the Continental Shelf - *Commission des limites du plateau continental* - Kommission zur Begrenzung des Festlandsockels

Commission on the Status of Women: CSW - *Commission de la condition de la femme* - Kommission für die Rechtsstellung der Frau

Committee against Torture: CAT - *Comité contre la torture* - Ausschuß gegen Folter

Committee for Development Planning: CDP - *Comité de la planification du développement* - Ausschuß für Entwicklungsplanung

Committee for Programme and Coordination: CPC - *Comité du programme et de la coordination: CPC* - Programm- und Koordinierungsausschuß

Committee on Applications for Review of Administrative Tribunal Judgements - *Comité des demandes de réformation de jugements du Tribunal administratif* - Ausschuß für Anträge auf Überprüfung von Urteilen des Verwaltungsgerichts

Committee on Conferences - *Comité des conférences* - Konferenzausschuß

Committee on Contributions - *Comité des contributions* - Beitragsausschuß

Committee on Economic, Social and Cultural Rights - *Comité des droits économiques, sociaux et culturels* - Ausschuß für wirtschaftliche, soziale und kulturelle Rechte

Committee on Information - *Comité de l'information* - Informationsausschuß

Committee on Natural Resources - *Comité des ressources naturelles* - Ausschuß für natürliche Ressourcen

Committee on Negotiations with Intergovernmental Agencies - *Comité chargé des négociations avec les institutions intergouvernementales* - Ausschuß für Verhandlungen mit zwischenstaatlichen Organisationen

Committee on New and Renewable Sources of Energy and on Energy for Development - *Comité des sources d'énergie nouvelles et renouvelables et de l'énergie pour le développement* - Ausschuß für neue und erneuerbare Energiequellen und Energie im Dienste der Entwicklung

Committee on Non-Governmental Organizations - *Comité chargé des organisations non gouvernementales* - Ausschuß für nichtstaatliche Organisationen

Committee on Public Administration and Development - *Commission de l'administration publique et du développement* - Ausschuß für öffentliche Verwaltung und Entwicklung

Committee on Relations with the Host Country - *Comité des relations avec le pays hôte* - Ausschuß für die Beziehungen zum Gastland

Committee on the Admission of New Members - *Comité d'admission de nouveaux Membres* - Ausschuß für die Aufnahme neuer Mitglieder

Committee on the Elimination of Discrimination against Women: CEDAW - *Comité pour l'élimination de la discrimination à l'égard des femmes* - Ausschuß für die Beseitigung der Diskriminierung der Frau

Committee on the Elimination of Racial Discrimination: CERD - *Comité pour l'élimination de la discrimination raciale* - Ausschuß für die Beseitigung der Rassendiskriminierung

Committee on the Exercise of the Inalienable Rights of the Palestinian People - *Comité pour l'exercice des droits inaliénables du peuple palestinien* - Ausschuß für die Ausübung der unveräußerlichen Rechte des palästinensischen Volkes

Committee on the Peaceful Uses of Outer Space: COPUOS: Outer Space Committee - *Comité des utilisations pacifiques de l'espace extra-atmosphérique Comité de l'espace extra-atmosphérique* - Weltraumausschuß - Ausschuß für die friedliche Nutzung des Weltraums

Committee on the Peaceful Uses of the Sea-Bed and the Ocean Floor beyond the Limits of National Jurisdiction: Sea-Bed Committee - *Comité des utilisations pacifiques du fond des mers et des océans au-delà des limites de la juridiction nationale Comité du fond des mers* - Ausschuß für die friedliche Nutzung des Meeresbodens und des Meeresuntergrunds jenseits der Grenzen des Bereichs nationaler Hoheitsbefugnisse - Meeresbodenausschuß

Committee on the Protection of the Rights of All Migrant Workers and Members of Their Families - *Comité pour la protection des droits de tous les travailleurs migrants et des membres de leur famille* - Ausschuß zum Schutz der Rechte aller Wanderarbeitnehmer und ihrer Familienangehörigen

Committee on the Rights of the Child - *Comité des droits de l'enfant* - Ausschuß für die Rechte des Kindes

Common Fund for Commodities: CFC - *Fonds commun pour les produits de base* - Gemeinsamer Fonds für Rohstoffe

Comprehensive Multidisciplinary Outline of Future Activities in Drug Abuse Control - *Schéma multidisciplinaire complet pour les activités futures de lutte contre l'abus des drogues* - Umfassende multidisziplinäre Konzeption für künftige Aktivitäten zur Bekämpfung des Drogenmißbrauchs

Comprehensive New Programme of Action for the Least Developed Countries - *Nouveau programme global d'action en faveur des pays les moins avancés* - Umfassendes neues Aktionsprogramm für die am wenigsten entwickelten Länder

Comprehensive Nuclear-Test-Ban Treaty Organization: CTBTO - *Organisation du Traité d'interdiction complète des essais nucléaires* - Organisation des Vertrags über das umfassende Verbot von Nuklearversuchen

Conciliation Rules of the United Nations Commission on International Trade Law: UNCITRAL Conciliation Rules - *Règlement de conciliation de la Commission des Nations Unies pour le droit commercial international: Règlement de conciliation de la CNUDCI* - Schlichtungsregeln der Kommission der Vereinten Nationen für internationales Handelsrecht: UNCITRAL-Schlichtungsregeln

Concluding Document of the Twelfth Special Session of the General Assembly - *Document de clôture de la douzième session extraordinaire de l'Assemblée générale* - Abschließendes Dokument der zwölften Sondertagung der Generalversammlung

Conference of Foreign Ministers of Non-Aligned Countries → **Conference of Ministers for Foreign Affairs of Non-Aligned Countries**

Conference of Heads of State and Government of the Organization of African Unity and the League of Arab States - *Conférence des chefs d'État et de gouvernement de l'Organisation de l'unité africaine et de la Ligue des États arabes* - Konferenz der Staats- und Regierungschefs der Organisation der afrikanischen Einheit und der Liga der arabischen Staaten

Conference of Heads of State or Government of Non-Aligned Countries - *Conférence des chefs d'État ou de gouvernement des pays non alignés* - Konferenz der Staats- und Regierungschefs der nichtgebundenen Länder

Conference of Ministers for Foreign Affairs of Non-Aligned Countries: Conference of Foreign Ministers of Non-Aligned Countries - *Conférence des ministres des affaires étrangères des pays non alignés* - Konferenz der Außenminister der nichtgebundenen Länder

Conference of the Committee on Disarmament - *Conférence du Comité du désarmement* - Konferenz des Abrüstungsausschusses

Conference of the Parties to the Convention on the Conservation of Migratory Species of Wild Animals - *Conférence des parties à la Convention sur la conservation des espèces migratrices appartenant à la faune sauvage* - Konferenz der Vertragsparteien des Übereinkommens zur Erhaltung der wandernden wildlebenden Tierarten

Conference on Disarmament: CD - *Conférence du désarmement* - Abrüstungskonferenz

Conference on Saving the Ozone Layer - *Conférence sur la protection de la couche d'ozone* - Konferenz zum Schutz der Ozonschicht

Conference on security, stability and development in the Great Lakes region - *Conférence sur la sécurité, la stabilité et le développement dans la région des Grands Lacs* - Konferenz über Sicherheit, Stabilität und Entwicklung im ostafrikanischen Zwischenseengebiet

Conference on the Indian Ocean - *Conférence sur l'océan Indien* - Konferenz über den Indischen Ozean

Conference to Support Middle East Peace - *Conférence de soutien à la paix au Moyen-Orient* - Konferenz zur Unterstützung des Friedens im Nahen Osten

Congress on International Trade Law - *Congrès sur le droit commercial international* - Kongreß über internationales Handelsrecht

Consolidated Appeal Process: CAP - *Procédure d'appel global* - Prozeß der konsolidierten Beitragsappelle

Consultative Committee on Administrative Questions: CCAQ - *Comité consultatif pour les questions administratives: CCQA* - Beratungsausschuß für Verwaltungsfragen

Consultative Committee on Programme and Operational Questions: CCPOQ - *Comité consultatif pour les questions programmatiques et opérationnelles* - Beratungsausschuß für Programmfragen und operative Fragen

Consultative Committee on Public Information: CCPI - *Comité consultatif de l'information: CCI* - Beratungsausschuß für Presse und Information

Consultative Group for Desertification Control - *Groupe consultatif de la lutte contre la désertification* - Beratungsgruppe für die Bekämpfung der Wüstenbildung

Consultative Panel on Public Information: CPPI - *Groupe consultatif de l'information* - Beirat für Informationswesen

Convention against Torture and Other Cruel, Inhuman or Degrading Treatment or Punishment - *Convention contre la torture et autres peines ou traitements cruels, inhumains ou dégradants* - Übereinkommen gegen Folter und andere grausame, unmenschliche oder erniedrigende Behandlung oder Strafe

Convention for the Suppression of the Traffic in Persons and of the Exploitation of the Prostitution of Others - *Convention pour la répression de la traite des êtres humains et de l'exploitation de la prostitution d'autrui* - Konvention zur Unterbindung des Menschenhandels und der Ausnutzung der Prostitution anderer

Convention on Consent to Marriage, Minimum Age for Marriage and Registration of Marriages - *Convention sur le consentement au mariage, l'âge minimum du mariage et l'enregistrement des mariages* - Übereinkommen über die Erklärung des Ehewillens, das Heiratsmindestalter und die Registrierung von Eheschließungen

Convention on International Civil Aviation: Chicago Convention - *Convention relative à l'aviation civile internationale* - Abkommen über die Internationale Zivilluftfahrt: Chikagoer Abkommen

Convention on International Liability for Damage Caused by Space Objects - *Convention sur la responsabilité internationale pour les dommages causés par des objets spatiaux* - Übereinkommen über die völkerrechtliche Haftung für Schäden durch Weltraumgegenstände

Convention on Registration of Objects Launched into Outer Space: Registration Convention - *Convention sur l'immatriculation des objets lancés dans l'espace extra- atmosphérique* - Übereinkommen über die Registrierung von in den Weltraum gestarteten Gegenständen: Registrierungs-Übereinkommen

Convention on Special Missions and Optional Protocol concerning the Compulsory Settlement of Disputes - *Convention sur les missions spéciales et Protocole de signature facultative concernant le règlement obligatoire des différends* - Übereinkommen über Sondermissionen und Fakultativprotokoll über die obligatorische Beilegung von Streitigkeiten - Übereinkommen über Spezialmissionen und Fakultativprotokoll über die obligatorische Beilegung von Streitigkeiten

716

Convention on the Elimination of All Forms of Discrimination against Women - *Convention sur l'élimination de toutes les formes de discrimination à l'égard des femmes* - Übereinkommen zur Beseitigung jeder Form von Diskriminierung der Frau

Convention on the International Right of Correction - *Convention relative au droit international de rectification* - Konvention über den internationalen Anspruch auf Richtigstellung

Convention on the Law of the Non-navigational Uses of International Watercourses - *Convention sur le droit relatif aux utilisation des cours d'eau internationaux à des fins autres que la navigation* - Übereinkommen über das Recht der nichtschiffahrtlichen Nutzung internationaler Flußgebiete

Convention on the Nationality of Married Women - *Convention sur la nationalité de la femme mariée* - Übereinkommen über die Staatsangehörigkeit verheirateter Frauen

Convention on the Non-Applicability of Statutory Limitations to War Crimes and Crimes against Humanity - *Convention sur l'imprescriptibilité des crimes de guerre et des crimes contre l'humanité* - Konvention über die Nichtanwendbarkeit von Verjährungsvorschriften auf Kriegsverbrechen und Verbrechen gegen die Menschlichkeit

Convention on the Political Rights of Women - *Convention sur les droits politiques de la femme* - Übereinkommen über die politischen Rechte der Frau

Convention on the Prevention and Punishment of Crimes against Internationally Protected Persons, including Diplomatic Agents - *Convention sur la prévention et la répression des infractions contre les personnes jouissant d'une protection internationale, y compris les agents diplomatiques* - Übereinkommen über die Verhütung, Verfolgung und Bestrafung von Straftaten gegen völkerrechtlich geschützte Personen einschließlich Diplomaten: Diplomatenschutzübereinkommen

Convention on the Prevention and Punishment of the Crime of Genocide - *Convention pour la prévention et la répression du crime de génocide* - Konvention über die Verhütung und Bestrafung des Völkermordes

Convention on the Privileges and Immunities of the Specialized Agencies - *Convention sur les privilèges et immunités des institutions spécialisées* - Übereinkommen über die Vorrechte und Immunitäten der Sonder- organisationen

Convention on the Privileges and Immunities of the United Nations: General Convention - *Convention sur les privilèges et immunités des Nations Unies: Convention générale* - Übereinkommen über die Vorrechte und Immunitäten der Vereinten Nationen: Allgemeines Übereinkommen

Convention on the Prohibition of Military or Any Other Hostile Use of Environmental Modification Techniques: ENMOD Convention - *Convention sur l'interdiction d'utiliser des techniques de modification de l'environnement à des fins militaires ou toutes autres fins hostiles* - Übereinkommen über das Verbot der militärischen oder einer sonstigen feindseligen Nutzung umweltverändernder Techniken: Umweltkriegs-Übereinkommen

Convention on the Prohibition of the Development, Production and Stockpiling of Bacteriological (Biological) and Toxin Weapons and on Their Destruction: Biological Weapons Convention - *Convention sur l'interdiction de la mise au point, de la fabrication et du stockage des armes bactériologiques (biologiques) ou à toxines et sur leur destruction* - Übereinkommen über das Verbot der Entwicklung, Herstellung und Lagerung bakteriologischer (biologischer) Waffen und von Toxinwaffen sowie über die Vernichtung solcher Waffen

Convention on the Rights of the Child - *Convention relative aux droits de l'enfant* - Übereinkommen über die Rechte des Kindes

Convention on the Safety of United Nations and Associated Personnel - *Convention sur la sécurité du personnel des Nations Unies et du personnel associé* - Übereinkommen über die Sicherheit von Personal der Vereinten Nationen und beigeordnetem Personal

Convention to Combat Desertification → **United Nations Convention to Combat Desertification in Those Countries Experiencing Serious Drought and/or Desertification, Particularly in Africa**

Coordinating Committee for International Staff Unions and Associations of the United Nations System: CCISUA - *Comité de coordination des syndicats et associations internationaux du personnel du système des Nations Unies* - Koordinierungsausschuß der internationalen Personalgewerkschaften und Personalvereinigungen des Systems der Vereinten Nationen

Coordinating Committee on the Ozone Layer: CCOL - *Comité de coordination pour la protection de la couche d'ozone* - Koordinierungsausschuß für die Ozonschicht

Copenhagen Declaration on Social Development and Programme of Action of the World Summit for Social Development - *Déclaration de Copenhague sur le développement social et Programme d'action du Sommet mondial pour le développement social* - Kopenhagener Erklärung über soziale Entwicklung und Aktionsprogramm des Weltgipfels für soziale Entwicklung

COPUOS → **Committee on the Peaceful Uses of Outer Space**

CPC → **Committee for Programme and Coordination**

CPPI → **Consultative Panel on Public Information**

Credentials Committee - *Commission de vérification des pouvoirs* - Vollmachtenprüfungsausschuß

CSD → **Commission on Sustainable Development**

CSW → **Commission on the Status of Women**

CTBTO → **Comprehensive Nuclear-Test-Ban Treaty Organization**

DC → **Disarmament Commission**

DDA → **Department for Disarmament Affairs**

Declaration and Programme of Action on the Establishment of a New International Economic Order - *Déclaration et Programme d'action concernant l'instauration d'un nouvel ordre économique international* - Erklärung und Aktionsprogramm zur Errichtung einer neuen internationalen Wirtschaftsordnung

Declaration in Commemoration of the Fiftieth Anniversary of the End of the Second World War - *Déclaration pour la célébration du cinquantième anniversaire de la fin de la seconde guerre mondiale* - Erklärung anläßlich der Begehung des fünfzigsten Jahrestages des Endes des Zweiten Weltkriegs

Declaration of Barbados and Programme of Action for Sustainable Development of Small Island Developing States: Barbados Declaration and Programme of Action for the Sustainable Development of Small Island Developing States - *Déclaration de la Barbade et Programme d'action pour le développement durable des petits États insulaires en développement* - Erklärung von Barbados und Aktionsprogramm für die nachhaltige Entwicklung der kleinen Inselstaaten unter den Entwicklungsländern

Declaration of Basic Principles of Justice for Victims of Crime and Abuse of Power - *Déclaration des principes fondamentaux de justice relatifs aux victimes de la criminalité et aux victimes d'abus de pouvoir* - Erklärung über Grundprinzipien der rechtmäßigen Behandlung von Verbrechensopfern und Opfern von Machtmißbrauch

Declaration of Legal Principles Governing the Activities of States in the Exploration and Use of Outer Space - *Déclaration des principes juridiques régissant les activités des États en matière d'exploration et d'utilisation de l'espace extra-atmosphérique* - Erklärung über die Rechtsgrundsätze für das Verhalten von Staaten bei der Erforschung und Nutzung des Weltraums

Declaration of Principles Governing the Sea-Bed and the Ocean Floor, and the Subsoil Thereof, beyond the Limits of National Jurisdiction - *Déclaration des principes régissant le fond des mers et des océans, ainsi que leur sous-sol, au-delà des limites de la juridiction nationale* - Erklärung von Grundsätzen für den Meeresboden und den Meeresuntergrund jenseits der Grenzen des Bereichs nationaler Hoheitsbefugnisse

Declaration of Principles on Interim Self-Government Arrangements, including its Annexes and Agreed Minutes - *Déclaration de principes sur des arrangements intérimaires d'autonomie, y compris ses annexes et le Mémorandum d'accord y relatif* - Grundsatzerklärung über Regelungen betreffend eine vorläufige Selbstregierung samt Anhängen und Einvernehmlichem Protokoll

Declaration of Principles on Tolerance - *Déclaration de principes sur la tolérance* - Grundsatzerklärung über die Toleranz

Declaration of the 1990s as the Third Disarmament Decade - *Déclaration faisant des années 1990 la troisième Décennie du désarmement: proclamation de la décennie commençant en 1990 comme troisième Décennie du désarmement* - Erklärung der neunziger Jahre zur Dritten Abrüstungsdekade

Declaration of the Indian Ocean as a Zone of Peace - *Déclaration faisant de l'océan Indien une zone de paix* - Erklärung des Indischen Ozeans zur Friedenszone

Declaration of the Principles of International Cultural Cooperation - *Déclaration des principes de la coopération culturelle internationale* - Erklärung über die Grundsätze der internationalen kulturellen Zusammenarbeit

Declaration of the Rights of the Child - *Déclaration des droits de l'enfant* - Erklärung der Rechte des Kindes

Declaration on Apartheid and its Destructive Consequences in Southern Africa - *Déclaration sur l'apartheid et ses conséquences destructrices en Afrique australe* - Erklärung über Apartheid und deren zerstörerische Folgen im südlichen Afrika

Declaration on Conservation of Flora, Fauna and Their Habitats - *Déclaration sur la conservation de la flore, de la faune et de leur habitat* - Erklärung über die Erhaltung der Pflanzen- und Tierwelt und ihres Lebensraums

Declaration on Fact-finding by the United Nations in the Field of the Maintenance of International Peace and Security - *Déclaration concernant les activités d'établissement des faits de l'Organisation des Nations Unies en vue du maintien de la paix et de la sécurité internationales* - Erklärung über die Tatsachenermittlung durch die Vereinten Nationen auf dem Gebiet der Wahrung des Weltfriedens und der internationalen Sicherheit

Declaration on Foreign Investment in South Africa - *Déclaration sur les investissements étrangers en Afrique du Sud* - Erklärung über Auslandsinvestitionen in Südafrika

Declaration on Fundamental Principles concerning the Contribution of the Mass Media to Strengthening Peace and International Understanding, to the Promotion of Human Rights and to Countering Racialism, Apartheid and Incitement to War - *Déclaration sur les principes fondamentaux concernant la contribution des organes d'information au renforcement de la paix et de la compréhension internationales, à la promotion des droits de l'homme et à la lutte contre le racisme, l'apartheid et l'incitation à la guerre* - Erklärung über die Grundprinzipien für den Beitrag der Massenmedien zur Stärkung des Friedens und der internationalen Verständigung, zur Förderung der Menschenrechte und zur Bekämpfung von Rassismus, Apartheid und Kriegshetze

Declaration on Guiding Principles for Humanitarian Assistance - *Déclaration sur les Principes directeurs concernant l'aide humanitaire* - Erklärung über die Leitlinien für die humanitäre Hilfe

Declaration on International Cooperation for Disarmament - *Déclaration sur la coopération internationale pour le désarmement* - Erklärung über internationale Zusammenarbeit mit dem Ziel der Abrüstung

Declaration on International Cooperation in the Exploration and Use of Outer Space for the Benefit and in the Interest of all States, Taking into Particular Account the Needs of Developing Countries - *Déclaration sur la coopération internationale en matière d'exploration et d'utilisation de l'espace au profit et dans l'intérêt de tous les Etâts, compte tenu en particulier des besoins des pays en développement* - Erklärung über internationale Zusammenarbeit bei der Erforschung und Nutzung des Weltraums zum Vorteil und im Interesse aller Staaten, unter besonderer Berücksichtigung der Bedürfnisse der Entwicklungsländer

Declaration on International Economic Cooperation, in particular the Revitalization of Economic Growth and Development of the Developing Countries - *Déclaration sur la coopération économique internationale, et en particulier la relance de la croissance économique et du développement dans les pays en développement* - Erklärung über internationale wirtschaftliche Zusammenarbeit, insbesondere über die Neubelebung des Wirtschaftswachstums und der Entwicklung in den Entwicklungsländern

Declaration on Measures to Eliminate International Terrorism - *Déclaration sur les mesures visant à éliminer le terrorisme international* - Erklärung über Maßnahmen zur Beseitigung des internationalen Terrorismus

Declaration on Namibia and Programme of Action in Support of Self- Determination and National Independence for Namibia - *Déclaration sur la Namibie et Programme d'action pour l'autodétermination et l'indépendance nationale de la Namibie* - Erklärung über Namibia und Aktionsprogramm zur Unterstützung der Selbstbestimmung und nationalen Unabhängigkeit Namibias

Declaration on Principles of International Law concerning Friendly Relations and Co-operation among States in accordance with the Charter of the United Nations - *Déclaration relative aux principes du droit international touchant les relations amicales et la coopération entre les États conformément à la Charte des Nations Unies* - Erklärung über völkerrechtliche Grundsätze für freundschaftliche Beziehungen und Zusammenarbeit zwischen den Staaten im Einklang mit der Charta der Vereinten Nationen

Declaration on Race and Racial Prejudice - *Déclaration sur la race et les préjugés raciaux* - Erklärung über Rasse und Rassenvorurteile

Declaration on Social and Legal Principles relating to the Protection and Welfare of Children, with Special Reference to Foster Placement and Adoption Nationally and Internationally - *Déclaration sur les principes sociaux et juridiques applicables à la protection et au bien-être des enfants, envisagés surtout sous l'angle des pratiques en matière d'adoption et de placement familial sur les plans national et international* - Erklärung über die sozialen und rechtlichen Grundsätze für den Schutz und das Wohl von Kindern unter besonderer Berücksichtigung der Unterbringung in Pflegestellen und der Adoption auf nationaler und internationaler Ebene

Declaration on Social Progress and Development - *Déclaration sur le progrès et le développement dans le domaine social* - Erklärung über Fortschritt und Entwicklung auf sozialem Gebiet

Declaration on Territorial Asylum - *Déclaration sur l'asile territorial* - Erklärung über territoriales Asyl

Declaration on the Critical Economic Situation in Africa - *Déclaration relative à la situation économique critique en Afrique* - Erklärung über die kritische Wirtschaftslage in Afrika

Declaration on the Deepening and Consolidation of International Détente - *Déclaration sur l'affermissement et la consolidation de la détente internationale* - Erklärung über die Vertiefung und Festigung der internationalen Entspannung

Declaration on the Elimination of All Forms of Intolerance and of Discrimination Based on Religion or Belief - *Déclaration sur l'élimination de toutes les formes d'intolérance et de discrimination fondées sur la religion ou la croyance* - Erklärung über die Beseitigung aller Formen von Intoleranz und Diskriminierung aufgrund der Religion oder der Überzeugung

Declaration on the Elimination of Discrimination against Women - *Déclaration sur l'élimination de la discrimination à l'égard des femmes* - Erklärung über die Beseitigung der Diskriminierung der Frau

Declaration on the Elimination of Violence against Women - *Déclaration sur l'élimination de la violence à l'égard des femmes* - Erklärung über die Beseitigung der Gewalt gegen Frauen

Declaration on the Enhancement of Cooperation between the United Nations and Regional Arrangements or Agencies in the Maintenance of International Peace and Security - *Déclaration sur le renforcement de la coopération entre l'Organisation des Nations Unies et les accords ou organismes régionaux dans le domaine du maintien de la paix et de la sécurité internationales* - Erklärung über die Verstärkung der Zusammenarbeit zwischen den Vereinten Nationen und regionalen Abmachungen oder Einrichtungen bei der Wahrung des Weltfriedens und der internationalen Sicherheit

Declaration on the Enhancement of the Effectiveness of the Principle of Refraining from the Threat or Use of Force in International Relations - *Déclaration sur le renforcement de l'efficacité du principe de l'abstention du recours à la menace ou à l'emploi de la force dans les relations internationales* - Erklärung über die Verstärkung der Wirksamkeit des Grundsatzes der Unterlassung einer Androhung oder Anwendung von Gewalt in den internationalen Beziehungen

Declaration on the Establishment of a New International Economic Order - *Déclaration concernant l'instauration d'un nouvel ordre économique international* - Erklärung über die Errichtung einer neuen internationalen Wirtschaftsordnung

Declaration on the Establishment of a New World Information and Communication Order - *Déclaration sur l'instauration d'un nouvel ordre mondial de l'information et de la communication* - Erklärung über die Errichtung einer neuen Weltinformations- und Kommunikationsordnung

Declaration on the Granting of Independence to Colonial Countries and Peoples - *Déclaration sur l'octroi de l'indépendance aux pays et aux peuples coloniaux* - Erklärung über die Gewährung der Unabhängigkeit an koloniale Länder und Völker

Declaration on the Guiding Principles of Drug Demand Reduction - *Déclaration sur les principes fondamentaux de la réduction de la demande de drogues* - Erklärung über die Leitgrundsätze für die Senkung der Drogennachfrage

Declaration on the Human Rights of Individuals Who are not Nationals of the Country in which They Live - *Déclaration sur les droits de l'homme des personnes qui ne possèdent pas la nationalité du pays dans lequel elles vivent* - Erklärung über die Menschenrechte von Personen, die nicht Staatsangehörige des Landes sind, in dem sie leben

Declaration on the Inadmissibility of Intervention and Interference in the Internal Affairs of States - *Déclaration sur l'inadmissibilité de l'intervention et de l'ingérence dans les affaires intérieures des États* - Erklärung über die Unzulässigkeit der Intervention und der Einmischung in die inneren Angelegenheiten von Staaten

Declaration on the Inadmissibility of Intervention in the Domestic Affairs of States and the Protection of Their Independence and Sovereignty - *Déclaration sur l'inadmissibilité de l'intervention dans les affaires intérieures des États et la protection de leur indépendance et de leur souveraineté* - Erklärung über die Unzulässigkeit der Intervention in die inneren Angelegenheiten der Staaten und über den Schutz ihrer Unabhängigkeit und Souveränität

Declaration on the Occasion of the Fiftieth Anniversary of the United Nations - *Déclaration du cinquantième anniversaire de l'Organisation des Nations Unies* - Erklärung anläßlich des fünfzigsten Jahrestages der Vereinten Nationen

Declaration on the Occasion of the Fiftieth Anniversary of United Nations Peacekeeping - *Déclaration à l'occasion du cinquantième anniversaire des opérations de maintien de la paix des Nations Unies* - Erklärung anläßlich des fünfzigsten Jahrestages der Friedenssicherungseinsätze der Vereinten Nationen

Declaration on the Participation of Women in Promoting International Peace and Cooperation - *Déclaration sur la participation des femmes à la promotion de la paix et de la coopération internationales* - Erklärung über die Mitwirkung der Frau an der Förderung des Weltfriedens und der internationalen Zusammenarbeit

Declaration on the Preparation of Societies for Life in Peace - *Déclaration sur la préparation des sociétés à vivre dans la paix* - Erklärung über die Vorbereitung der Menschen und Völker auf ein Leben in Frieden

Declaration on the Prevention and Removal of Disputes and Situations Which May Threaten International Peace and Security and on the Role of the United Nations in this Field - *Déclaration sur la prévention et l'élimination des différends et des situations qui peuvent menacer la paix et la sécurité internationales et sur le rôle de l'Organisation des Nations Unies dans ce domaine* - Erklärung über die Verhütung und Beseitigung von Streitigkeiten und Situationen, die den Weltfrieden und die internationale Sicherheit bedrohen können, und über die Rolle der Vereinten Nationen auf diesem Gebiet

Declaration on the Prevention of Nuclear Catastrophe - *Déclaration sur la prévention d'une catastrophe nucléaire* - Erklärung über die Verhütung einer atomaren Katastrophe

Declaration on the Prohibition of the Use of Nuclear and Thermonuclear Weapons - *Déclaration sur l'interdiction de l'emploi des armes nucléaires et thermonucléaires* - Erklärung über das Verbot der Anwendung nuklearer und thermonuklearer Waffen

Declaration on the Promotion among Youth of the Ideals of Peace, Mutual Respect and Understanding between Peoples - *Déclaration concernant la promotion parmi les jeunes des idéaux de paix, de respect mutuel et de compréhension entre les peuples* - Erklärung über die Förderung der Ideale des Friedens, der gegenseitigen Achtung und der Völkerverständigung bei der Jugend

Declaration on the Protection of All Persons from Being Subjected to Torture and Other Cruel, Inhuman or Degrading Treatment or Punishment - *Déclaration sur la protection de toutes les personnes contre la torture et autres peines ou traitements cruels, inhumains ou dégradants* - Erklärung über den Schutz aller Personen vor Folter und anderer grausamer, unmenschlicher oder erniedrigender Behandlung oder Strafe

Declaration on the Protection of All Persons From Enforced Disappearance - *Déclaration sur la protection de toutes les personnes contre les disparitions forcées* - Erklärung über den Schutz aller Personen vor dem Verschwindenlassen

Declaration on the Protection of Women and Children in Emergency and Armed Conflict - *Déclaration sur la protection des femmes et des enfants en période d'urgence et de conflit armé* - Erklärung über den Schutz von Frauen und Kindern in Zeiten eines Notstands und im bewaffneten Konflikt

Declaration on the Right and Responsibility of Individuals, Groups and Organs of Society to Promote and Protect Universally Recognized Human Rights and Fundamental Freedoms - *Déclaration sur le droit et la responsabilité des individus, groupes et organes de la société de promouvoir et protéger les droits de l'homme et les libertés fondamentales universellement reconnus* - Erklärung über das Recht und die Verpflichtung von Einzelpersonen, Gruppen und Organen der Gesellschaft, die allgemein anerkannten Menschenrechte und Grundfreiheiten zu fördern und zu schützen

Declaration on the Right of Peoples to Peace - *Déclaration sur le droit des peuples à la paix* - Erklärung über das Recht der Völker auf Frieden

Declaration on the Rights of Disabled Persons - *Déclaration sur les droits des personnes handicapées* - Erklärung über die Rechte der Behinderten

Declaration on the Rights of Indigenous People - *déclaration sur les droits des populations autochtones* - Erklärung über die Rechte autochthoner Bevölkerungsgruppen

Declaration on the Rights of Mentally Retarded Persons - *Déclaration des droits du déficient mental* - Erklärung über die Rechte der geistig Zurückgebliebenen

Declaration on the Rights of Persons Belonging to National or Ethnic, Religious and Linguistic Minorities - *Déclaration sur les droits des personnes appartenant à des minorités nationales ou ethniques, religieuses et linguistiques* - Erklärung über die Rechte von Personen, die nationalen oder ethnischen, religiösen und sprachlichen Minderheiten angehören

Declaration on the Strengthening of International Security - *Déclaration sur le renforcement de la sécurité internationale* - Erklärung über die Festigung der internationalen Sicherheit

Declaration on the Use of Scientific and Technological Progress in the Interests of Peace and for the Benefit of Mankind - *Déclaration sur l'utilisation du progrès de la science et de la technique dans l'intérêt de la paix et au profit de l'humanité* - Erklärung über die Nutzung des wissenschaftlich-technischen Fortschritts im Interesse des Friedens und zum Wohle der Menschheit

Declaration to Supplement the 1994 Declaration on Measures to Eliminate International Terrorism - *Déclaration complétant la Déclaration de 1994 sur les mesures visant à éliminer le terrorisme international* - Zusatzerklärung zu der Erklärung von 1994 über Maßnahmen zur Beseitigung des internationalen Terrorismus

Decolonization Committee → **Special Committee on the Situation with regard to the Implementation of the Declaration on the Granting of Independence to Colonial Countries and Peoples**

Department for Disarmament Affairs: DDA - *Département des affaires de désarmement* - Hauptabteilung Abrüstungsfragen

Department of Economic and Social Affairs: DESA - *Département des affaires économiques et sociales* - Hauptabteilung Wirtschaftliche und Soziale Angelegenheiten

Department of General Assembly Affairs and Conference Services: DGAACS - *Département des affaires de l'Assemblée générale et des services de conférence* - Hauptabteilung Angelegenheiten der Generalversammlung und Konferenzdienste

Department of Management: DM - *Département de la gestion: DG* - Hauptabteilung Management

Department of Peacekeeping Operations: DPKO - *Département des opérations de maintien de la paix* - Hauptabteilung Friedenssicherungseinsätze

Department of Political Affairs: DPA - *Département des affaires politiques* - Hauptabteilung Politische Angelegenheiten

Deputy Registrar - *greffier adjoint* - Stellvertretender Kanzler

DESA → **Department of Economic and Social Affairs**

DGAACS → **Department of General Assembly Affairs and Conference Services**

Disarmament and International Security Committee (First Committee): First Committee - *Commission des questions de désarmement et de la sécurité internationale (Première Commission): Première Commission* - Ausschuß für Abrüstung und internationale Sicherheit (Erster Ausschuß): Erster Ausschuß

Disarmament Commission: DC - *Commission du désarmement* - Abrüstungskommission

DM → **Department of Management**

DPA → **Department of Political Affairs**

DPKO → **Department of Peacekeeping Operations**

Earth Summit → **United Nations Conference on Environment and Development**

Earth Summit + 5 → **Special Session of the General Assembly to Review and Appraise the Implementation of Agenda 21**

ECA → **Economic Commission for Africa**

ECE → **Economic Commission for Europe**

ECG → **Ecosystem Conservation Group**

ECLAC → **Economic Commission for Latin America and the Caribbean**

Economic and Financial Committee (Second Committee) - *Commission économique et financière (Deuxième Commission)* - Wirtschafts- und Finanzausschuß (Zweiter Ausschuß)

Economic and Social Commission for Asia and the Pacific: ESCAP - *Commission économique et sociale pour l'Asie et le Pacifique: CESAP* - Wirtschafts- und Sozialkommission für Asien und den Pazifik: ESCAP

Economic and Social Commission for Western Asia: ESCWA - *Commission économique et sociale pour l'Asie occidentale: CESAO* - Wirtschafts- und Sozialkommission für Westasien: ESCWA

Economic and Social Council: Ecosoc - *Conseil économique et social* - Wirtschafts- und Sozialrat: WSR

Economic Commission for Africa: ECA - *Commission économique pour l'Afrique: CEA* - Wirtschaftskommission für Afrika: ECA

Economic Commission for Europe: ECE - *Commission économique pour l'Europe: CEE* - Wirtschaftskommission für Europa: ECE

Economic Commission for Latin America and the Caribbean: ECLAC - *Commission économique pour l'Amérique latine et les Caraïbes: CEPALC* - Wirtschaftskommission für Lateinamerika und die Karibik: ECLAC

Ecosoc → **Economic and Social Council**

Ecosystem Conservation Group: ECG - *Groupe de la conservation des écosystèmes* - Gruppe für die Erhaltung der Ökosysteme

ENMOD Convention → **Convention on the Prohibition of Military or Any Other Hostile Use of Environmental Modification Techniques**

Environmental Perspective to the Year 2000 and Beyond - *Étude des perspectives en matière de l'environnement jusqu'à l'an 2000 et au-delà* - Umweltperspektive bis zum Jahr 2000 und danach

Environment Fund - *Fonds pour l'environnement* - Umweltfonds

ESCAP → **Economic and Social Commission for Asia and the Pacific**

ESCWA → **Economic and Social Commission for Western Asia**

Executive Board of the World Food Programme - *Conseil d'administration du Programme alimentaire mondial* - Exekutivrat des Welternährungsprogramms

Executive Committee of the Programme of the United Nations High Commissioner for Refugees - *Comité exécutif du Programme du Haut Commissaire des Nations Unies pour les réfugiés* - Exekutivausschuß des Programms des Hohen Flüchtlingskommissars der Vereinten Nationen

FAO → **Food and Agriculture Organization of the United Nations**

Federation of International Civil Servants' Associations: FICSA - *Fédération des associations de fonctionnaires internationaux* - Bund der Personalverbände der Internationalen Beamten

FICSA → **Federation of International Civil Servants' Associations**

Fifth Committee (Administrative and Budgetary Questions) - *Cinquième Commission (Questions administratives et budgétaires)* - Fünfter Ausschuß (Verwaltungs- und Haushaltsfragen)

Final Document of the first special session of the General Assembly devoted to disarmament - *Document final de la première session extraordinaire de l'Assemblée générale consacrée au désarmement* - Schlußdokument der ersten Sondertagung der Generalversammlung über Abrüstung

Final Document of the International Conference on the Relationship between Disarmament and Development - *Document final de la Conférence internationale sur la relation entre le désarmement et le développement* - Schlußdokument der Internationalen Konferenz über den Zusammenhang zwischen Abrüstung und Entwicklung

Final Document of the Tenth Special Session of the General Assembly - *Document final de la dixième session extraordinaire de l'Assemblée générale* - Schlußdokument der zehnten Sondertagung der Generalversammlung

Financial Regulations and Rules of the United Nations - *Règlement financier et règles de gestion financière de l'Organisation des Nations Unies* - Finanzordnung und Finanzvorschriften der Vereinten Nationen

First Committee → **Disarmament and International Security Committee (First Committee)**

First (Economic) Committee - *Premier Comité (économique)* - Erster (Wirtschafts-) Ausschuß

First special session of the General Assembly devoted to disarmament - *première session extraordinaire de l'Assemblée générale consacrée au désarmement* - erste Sondertagung der Generalversammlung über Abrüstung

Food and Agriculture Organization of the United Nations: FAO - *Organisation des Nations Unies pour l'alimentation et l'agriculture: FAO* - Ernährungs- und Landwirtschaftsorganisation der Vereinten Nationen: FAO

Forest Principles → **Non-legally Binding Authoritative Statement of Principles for a Global Consensus on the Management, Conservation and Sustainable Development of All Types of Forests**

Fourth Committee (Questions relating to Non-Self-Governing Territories) - *Quatrième Commission (Questions se rapportant aux territoires non autonomes)* - Vierter Ausschuß (Fragen im Zusammenhang mit den Gebieten ohne Selbstregierung)

Fourth special session of the General Assembly devoted to disarmament - *quatrième session extraordinaire de l'Assemblée générale consacrée au désarmement* - vierte Sondertagung der Generalversammlung über Abrüstung

Fourth World Conference on Women: Action for Equality, Development and Peace - *quatrième Conférence mondiale sur les femmes: lutte pour l'égalité, le développement et la paix* - Vierte Weltfrauenkonferenz: Maßnahmen für Gleichberechtigung, Entwicklung und Frieden

framework for cooperation and coordination between the Secretariat of the United Nations and the Conference on Security and Cooperation in Europe - *cadre de coopération entre le Secrétariat de l'Organisation des Nations Unies et la Conférence sur la sécurité et la coopération en Europe* - Rahmen für Zusammenarbeit und Koordinierung zwischen dem Sekretariat der Vereinten Nationen und der Konferenz über Sicherheit und Zusammenarbeit in Europa

Fund of the United Nations International Drug Control Programme - *Fonds du Programme des Nations Unies pour le contrôle international des drogues* - Fonds des Programms der Vereinten Nationen für internationale Drogenkontrolle

GEF → **Global Environment Facility**

General Assembly - *Assemblée générale* - Generalversammlung

General Committee - *Bureau* - Präsidialausschuß

General Convention → **Convention on the Privileges and Immunities of the United Nations**

General principles to serve as guidelines for the sharing of the costs of future peacekeeping operations involving heavy expenditures - *Principes généraux destinés à servir de guide pour la répartition du coût de futures opérations de maintien de la paix entraînant de lourdes dépenses* - Allgemeine Grundsätze, die als Leitlinien für die Kostenaufteilung bei künftigen Friedenssicherungseinsätzen dienen sollen, die mit großen Ausgaben verbunden sind

General Regulations of the World Food Programme - *Règles générales du Programme alimentaire mondial* - Allgemeine Regeln des Welternährungsprogramms

Global Conference on the Sustainable Development of Small Island Developing States: Barbados Conference - *Conférence mondiale sur le développement durable des petits États insulaires en développement* - Weltkonferenz über die nachhaltige Entwicklung der kleinen Inselstaaten unter den Entwicklungsländern

Global Consultation on Safe Water and Sanitation for the 1990s - *Consultation mondiale sur l'eau salubre et l'assainissement pour les années 90* - Weltweite Konsultation über hygienische Wasserversorgung und Abwasserbeseitigung für die neunziger Jahre

Global Consultation on the Realization of the Right to Development as a Human Right - *Consultation mondiale sur la jouissance effective du droit au développement en tant que droit de l'homme* - Weltweite Konsultation über die Verwirklichung des Rechts auf Entwicklung als Menschenrecht

Global Environment Facility: GEF - *Fonds pour l'environnement mondial: FEM* - Globale Umweltfazilität

Global Strategy for Health for All by the Year 2000 - *Stratégie mondiale de la santé pour tous d'ici à l'an 2000* - Globale Strategie zur Gewährleistung der Gesundheit aller Menschen bis zum Jahr 2000

Global Strategy for Shelter to the Year 2000 - *Stratégie mondiale du logement jusqu'à l'an 2000* - Globale Wohnraumstrategie bis zum Jahr 2000

Global Strategy for the prevention and control of AIDS - *Stratégie mondiale de lutte contre le SIDA* - Globale Strategie zur Aidsverhütung und -bekämpfung

Governing Council of the United Nations Compensation Commission - *conseil d'administration de la Commission d'indemnisation des Nations Unies* - Verwaltungsrat der Entschädigungskommission der Vereinten Nationen

Governing Council of the United Nations University - *Conseil de l'Université des Nations Unies* - Verwaltungsrat der Universität der Vereinten Nationen

Group of 18 → **Group of High-Level Intergovernmental Experts to Review the Efficiency of the Administrative and Financial Functioning of the United Nations**

Group of 77 - *Groupe des 77* - Gruppe der 77

Group of Experts to Prepare a Draft Treaty on an African Nuclear-Weapon-Free Zone - *Groupe d'experts chargé de rédiger un projet de traité sur une zone exempte d'armes nucléaires en Afrique* - Sachverständigengruppe zur Ausarbeitung des Entwurfs eines Vertrages über eine kernwaffenfreie Zone in Afrika

Group of Governmental Experts on International Cooperation to Avert New Flows of Refugees - *Groupe d'experts gouvernementaux sur la coopération internationale en vue d'éviter de nouveaux courants de réfugiés* - Gruppe von Regierungssachverständigen für die internationale Zusammenarbeit zur Vermeidung neuer Flüchtlingsströme

Group of High-Level Intergovernmental Experts to Review the Efficiency of the Administrative and Financial Functioning of the United Nations: Group of 18 - *Groupe d'experts intergouvernementaux de haut niveau chargé d'examiner l'efficacité du fonctionnement administratif et financier de l'Organisation des Nations Unies* - Gruppe hochrangiger zwischenstaatlicher Sachverständiger für die Überprüfung der administrativen und finanziellen Effizienz der Vereinten Nationen: Gruppe der Achtzehn

Guidelines and recommendations for objective information on military matters - *Directives et recommandations pour une information objective sur les questions militaires* - Leitlinien und Empfehlungen betreffend objektive Informationen über militärische Angelegenheiten

Guidelines and recommendations for regional approaches to disarmament within the context of global security - *Directives et recommandations concernant des approches régionales du désarmement dans le contexte de la sécurité mondiale* - Leitlinien und Empfehlungen für regionale Ansätze zur Abrüstung im Kontext der weltweiten Sicherheit

Guidelines for appropriate types of confidence-building measures and for the implementation of such measures on a global or regional level - *Directives pour des types appropriés de mesures propres à accroître la confiance et pour l'application de ces mesures sur un plan mondial et régional* - Richtlinien für geeignete Arten vertrauenbildender Maßnahmen und für die Anwendung solcher Maßnahmen auf globaler oder regionaler Ebene

Guidelines for consumer protection - *Principes directeurs pour la protection du consommateur* - Richtlinien für den Verbraucherschutz

Guidelines for Medical Doctors concerning Torture and other Cruel, Inhuman or Degrading Treatment or Punishment in relation to Detention and Imprisonment - *Directives à l'intention des médecins en ce qui concerne la torture et autres peines ou traitements cruels, inhumains ou dégradants en relation avec la détention et l'emprisonnement* - Richtlinien für Ärzte für das Verhalten im Hinblick auf Folter und andere grausame, unmenschliche oder erniedrigende Behandlung oder Strafe bei Haft oder Strafgefangenschaft

Guidelines for Programme Monitoring and Evaluation - *directives pour le suivi et l'évaluation des programmes* - Leitlinien für die Programmüberwachung und -evaluierung

Guidelines for the protection of those detained on the grounds of mental ill-health - *Principes directeurs pour la protection des personnes détenues au motif de troubles mentaux* - Leitlinien für den Schutz von Personen, die mit der Begründung inhaftiert sind, sie seien geisteskrank

Guidelines for the Review of Policies and Procedures concerning Technical Cooperation among Developing Countries - *Directives pour l'examen des politiques et procédures relatives à la coopération technique entre pays en développement* - Richtlinien für die Überprüfung der Grundsätze und Verfahren für die technische Zusammenarbeit zwischen Entwicklungsländern

Guidelines on the Role of Prosecutors - *Principes directeurs applicables au rôle des magistrats du parquet* - Richtlinien betreffend die Rolle der Staatsanwälte

Guidelines to Facilitate Full International Implementation of paragraphs 24, 25, and 27 of Security Council resolution 687 (1991) - *Directives visant à faciliter l'application intégrales, à l'échelon international des paragraphes 24, 25 et 27 de sa résolution 687 (1991)* - Richtlinien zur Erleichterung der vollen internationalen Anwendung der Ziffern 24, 25 und 27 der Resolution 687 (1991) des Sicherheitsrats

Guiding Principles for Crime Prevention and Criminal Justice in the Context of Development and a New International Economic Order - *Principes directeurs relatifs à la prévention du crime et à la justice pénale dans le contexte du développement et d'un nouvel ordre économique international* - Leitlinien für Verbrechensverhütung und Strafrechtspflege im Kontext der Entwicklung und einer neuen internationalen Wirtschaftsordnung

Guiding Principles for Developmental Social Welfare Policies and Programmes in the Near Future - *Principes directeurs pour les politiques et programmes de protection sociale orientés vers le développement dans un avenir proche* - Leitlinien für Strategien und Maßnahmen einer entwicklungsorientierten Sozialpolitik in naher Zukunft

Habitat Agenda - *Programme pour l'habitat* - Habitat-Agenda

Habitat II → **Second United Nations Conference on Human Settlements (Habitat II)**

Habitat: United Nations Conference on Human Settlements - *Habitat: Conférence des Nations Unies sur les établissements humains* - Habitat: Konferenz der Vereinten Nationen über Wohn- und Siedlungswesen

Headquarters Agreement → **Agreement between the United Nations and the United States of America regarding the Headquarters of the United Nations**

High-level Advisory Board on Sustainable Development - *Conseil consultatif de haut niveau sur le développement durable* - Hochrangiger Beirat für Nachhaltige Entwicklung

High-level Committee on the Review of Technical Cooperation among Developing Countries - *Comité de haut niveau pour l'examen de la coopération technique entre pays en développement* - Hochrangiger Ausschuß für die Überprüfung der technischen Zusammenarbeit zwischen den Entwicklungsländern

High-Level Group of Experts on Procurement - *Groupe de haut niveau composé d'experts en matière d'achats* - Hochrangige Sachverständigengruppe für das Beschaffungswesen

High-level Open-ended Working Group on the Financial Situation of the United Nations - *Groupe de travail de haut niveau à composition non limitée sur la situation financière des Nations Unies* - Hochrangige, allen Mitgliedstaaten offenstehende Arbeitsgruppe für die Finanzlage der Vereinten Nationen

High Representative - *Haut Représentant* - Hoher Beauftragter

HRFOFY → **Human Rights Field Operation in the former Yugoslavia**

HRFOR → **Human Rights Field Operation in Rwanda**

Human Rights Committee - *Comité des droits de l'homme* - Menschenrechtsausschuß

Human Rights Field Operation in Rwanda: HRFOR - *Opération sur le terrain pour les droits de l'homme au Rwanda* - Feldmission für Menschenrechte in Ruanda

Human Rights Field Operation in the former Yugoslavia: HRFOFY - *Opération sur le terrain pour les droits de l'homme dans l'ex-Yougoslavie* - Feldmission für Menschenrechte im ehemaligen Jugoslawien

IACB → **Inter-Agency Consultative Board**

IACC → **Inter-Agency Consultative Committee**

IACSD → **Inter-Agency Committee on Sustainable Development**

IAEA → **International Atomic Energy Agency**

IAEA Code of Practice → Code of Practice on the International Transboundary Movement of Radioactive Waste

IASC → Inter-Agency Standing Committee

IBRD → International Bank for Reconstruction and Development

ICAO → International Civil Aviation Organization

ICARA → International Conference on Assistance to Refugees in Africa

ICC → International Criminal Court

ICFY → International Conference on the former Yugoslavia

ICJ → International Court of Justice

ICPD → International Conference on Population and Development

ICSC → International Civil Service Commission

ICTR → International Criminal Tribunal for the Prosecution of Persons Responsible for Genocide and Other Serious Violations of International Humanitarian Law Committed in the Territory of Rwanda and Rwandan citizens responsible for genocide and other such violations committed in the territory of neighbouring States, between 1 January 1994 and 31 December 1994

ICTY → international tribunal for the prosecution of persons responsible for serious violations of international humanitarian law committed in the territory of the former Yugoslavia since 1991

IDA → International Development Association

Identification Commission - *Commission d'identification* - Identifizierungskommission

IFAD → International Fund for Agricultural Development

IFC → International Finance Corporation

ILC → International Law Commission

ILO → International Labour Organization

IMF → International Monetary Fund

INCB →INC/FCCC → Intergovernmental Negotiating Committee for a Framework Convention on Climate Change

Informal Working Group of the Security Council concerning the Council's documentation and other procedural questions - *Groupe de travail officieux du Conseil de sécurité sur la documentation du Conseil et autres questions de procédure* - Informelle Arbeitsgruppe des Sicherheitsrats für die Dokumentation des Rates und andere Verfahrensfragen

INSTRAW → International Research and Training Institute for the Advancement of Women

Inter-Agency Committee for the Response to Nuclear Accidents - *Comité interorganisations d'intervention à la suite d'accidents nucléaires* - Interinstitutioneller Ausschuß für die Intervention bei nuklearen Unfällen

Inter-Agency Committee on Sustainable Development: IACSD - *Comité interorganisations du développement durable* - Interinstitutioneller Ausschuß für Nachhaltige Entwicklung

Inter-Agency Committee on Women and Gender Equality - *Comité interorganisations sur les femmes et l'égalité entre les sexes* - Interinstitutioneller Ausschuß für Frauen und Gleichberechtigung

Inter-Agency Consultative Board: IACB - *Bureau consultatif interorganisations: BCI* - Interinstitutioneller Beirat

Inter-Agency Consultative Committee: IACC - *Comité consultatif interorganisations* - Interinstitutioneller Beratungsausschuß

Inter-Agency Standing Committee: IASC - *Comité permanent interorganisations* - Ständiger interinstitutioneller Ausschuß

Inter-Agency Task Force on El Niño - *Équipe spéciale interinstitutions sur El Niño* - Interinstitutionelle Arbeitsgruppe für El Niño

Inter-Agency Task Force on Forests: ITFF - *Équipe de travail interorganisations sur les forêts* - Interinstitutionelle Arbeitsgruppe über Wälder

Inter-Agency Task Force on the Newly Independent States - *Équipe spéciale interinstitutions sur les nouveaux États indépendants* - Interinstitutionelle Arbeitsgruppe für die neuen unabhängigen Staaten

Inter-Agency Working Group on Desertification - *Groupe de travail interinstitutions de lutte contre la désertification* - Interinstitutionelle Arbeitsgruppe für das Problem der Wüstenbildung

Intergovernmental Negotiating Committee for a Framework Convention on Climate Change: INC/FCCC - *Comité intergouvernemental de négociation d'une convention-cadre sur les changements climatiques: CIN: CIN/CCCC* - Zwischenstaatlicher Verhandlungsausschuß für ein Rahmenübereinkommen über Klimaänderungen

Intergovernmental Panel on Climate Change: IPCC - *Groupe d'experts intergouvernemental sur l'évolution du climat: GIEC* - Zwischenstaatliche Sachverständigengruppe über Klimaänderungen

Intergovernmental Panel on Climate Change Trust Fund - *Fonds d'affectation spéciale du Groupe intergouvernemental d'experts pour l'étude du changement climatique* - Treuhandfonds der Zwischenstaatlichen Sachverständigengruppe über Klimaänderungen

International Advisory Board of the University for Peace - *Conseil consultatif international de l'Université pour la paix* - Internationaler Beirat der Friedensuniversität

International Atomic Energy Agency: IAEA - *Agence internationale de l'énergie atomique: AIEA* - Internationale Atomenergie-Organisation: IAEO

International Bank for Reconstruction and Development: IBRD: World Bank - *Banque internationale pour la reconstruction et le développement: BIRD: Banque mondiale* - Internationale Bank für Wiederaufbau und Entwicklung: IBRD: Weltbank

International Centre for Documentation and Information for Peace - *Centre international de documentation et d'information pour la paix* - Internationales Dokumentations- und Informationszentrum für Friedensfragen

International Civil Aviation Organization: ICAO - *Organisation de l'aviation civile internationale: OACI* - Internationale Zivilluftfahrt-Organisation: ICAO

International Civilian Mission in Haiti: MICIVIH - *Mission civile internationale en Haïti: MICIVIH* - Internationale Zivilmission in Haiti

International Civil Service Commission: ICSC - *Commission de la fonction publique internationale: CFPI* - Kommission für den internationalen öffentlichen Dienst: ICSC

International Code of Conduct for Public Officials - *Code international de conduite des agents de la fonction publique* - Internationaler Verhaltenskodex für Amtsträger

International code of conduct for responsible fishing - *code international de conduite pour la pêche responsable* - internationaler Verhaltenskodex für verantwortungsvolle Fischerei

International Code of Conduct on the Distribution and Use of Pesticides and accompanying guidelines - *Code international de conduite pour la distribution et l'utilisation des pesticides et Lignes directrices techniques connexes* - Internationaler Verhaltenskodex für das Inverkehrbringen und den Gebrauch von Pflanzenschutzmitteln nebst technischen Richtlinien

International conference of plenipotentiaries to examine the draft articles on jurisdictional immunities of States and their property - *conférence internationale de plénipotentiaires pour étudier le projet d'articles sur les immunités juridictionnelles des Etats et de leurs biens* - internationale Bevollmächtigtenkonferenz zur Prüfung der Artikelentwürfe über die Immunität der Staaten und ihres Vermögens von der Gerichtsbarkeit

International Conference on Adult Education - *Conférence internationale pour l'éducation des adultes* - Internationale Konferenz über Erwachsenenbildung

International Conference on Assistance to Refugees in Africa: ICARA - *Conférence internationale sur l'assistance aux réfugiés en Afrique* - Internationale Konferenz über Hilfe für Flüchtlinge in Afrika

International Conference on Central American Refugees - *Conférence internationale sur les réfugiés d'Amérique centrale* - Internationale Konferenz über zentralamerikanische Flüchtlinge

International Conference on Child Labour - *Conférence internationale sur le travail des enfants* - Internationale Konferenz über Kinderarbeit

International Conference on Drug Abuse and Illicit Trafficking - *Conférence internationale sur l'abus et le trafic illicite des drogues* - Internationale Konferenz über Drogenmißbrauch und unerlaubten Suchtstoffverkehr

International Conference on Governance for Sustainable Growth and Equity - *Conférence internationale sur la gestion des affaires publiques en vue d'une croissance durable et de l'équité* - Internationale Konferenz über Staatsführung für nachhaltiges Wachstum und Gerechtigkeit

International Conference on Namibia - *Conférence internationale sur la Namibie* - Internationale Namibia-Konferenz

International Conference on Peace and Development in Central America - *Conférence internationale sur la paix et le développement en Amérique centrale* - Internationale Konferenz über Frieden und Entwicklung in Zentralamerika

International conference on peace, security and stability in the Great Lakes region - *conférence internationale sur la paix, la sécurité et la stabilité dans la région des Grands Lacs* - internationale Konferenz über Frieden, Sicherheit und Stabilität im ostafrikanischen Zwischenseengebiet

International Conference on Population and Development: ICPD - *Conférence internationale sur la population et le développement* - Internationale Konferenz über Bevölkerung und Entwicklung: Kairoer Bevölkerungskonferenz

International Conference on Preventing and Controlling Money Laundering and the Use of the Proceeds of Crime: A Global Approach - *Conférence internationale sur la prévention et le contrôle du blanchiment de l'argent et de l'utilisation du produit du crime: une approche mondiale* - Internationale Konferenz über die Verhütung und Bekämpfung der Geldwäsche und der Verwendung der Erträge aus Straftaten: ein globaler Ansatz

International Conference on the former Yugoslavia: ICFY - *Conférence internationale sur l'ex-Yougoslavie* - Internationale Konferenz über das ehemalige Jugoslawien

International Conference on the Plight of Refugees, Returnees and Displaced Persons in Southern Africa - *Conférence internationale sur la situation tragique des réfugiés, rapatriés et personnes déplacées en Afrique australe* - Internationale Konferenz über die Not der Flüchtlinge, Rückkehrer und Vertriebenen im südlichen Afrika

International Conference on the Question of Palestine - *Conférence internationale sur la question de Palestine* - Internationale Konferenz über die Palästinafrage

International Conference on the Relationship between Disarmament and Development - *Conférence internationale sur la relation entre le désarmement et le développement* - Internationale Konferenz über den Zusammenhang zwischen Abrüstung und Entwicklung

International Congress on Education for Human Rights and Democracy - *Congrès international sur l'éducation pour les droits de l'homme et la démocratie* - Internationaler Kongreß über die Erziehung zu Menschenrechten und Demokratie

International Convention against Apartheid in Sports - *Convention internationale contre l'apartheid dans les sports* - Internationale Konvention gegen Apartheid im Sport

International Convention against the Taking of Hostages - *Convention internationale contre la prise d'otages* - Internationales Übereinkommen gegen Geiselnahme

International Convention for the Suppression of Terrorist Bombings - *Convention internationale pour la répression des attentats terroristes à l'explosif* - Internationales Übereinkommen zur Bekämpfung terroristischer Bombenanschläge

International Convention on the Elimination of All Forms of Racial Discrimination - *Convention internationale sur l'élimination de toutes les formes de discrimination raciale* - Internationales Übereinkommen zur Beseitigung jeder Form von Rassendiskriminierung

International Convention on the Protection of the Rights of All Migrant Workers and Members of Their Families - *Convention internationale sur la protection des droits de tous les travailleurs migrants et des membres de leur famille* - Internationale Konvention zum Schutz der Rechte aller Wanderarbeitnehmer und ihrer Familienangehörigen

International Convention on the Suppression and Punishment of the Crime of Apartheid - *Convention internationale sur l'élimination et la répression du crime d'apartheid* - Internationale Konvention über die Bekämpfung und Bestrafung des Verbrechens der Apartheid

International Court of Justice: ICJ - *Cour internationale de Justice: CIJ* - Internationaler Gerichtshof: IGH

International Covenant on Civil and Political Rights - *Pacte international relatif aux droits civils et politiques* - Internationaler Pakt über bürgerliche und politische Rechte

International Covenant on Economic, Social and Cultural Rights - *Pacte international relatif aux droits économiques, sociaux et culturels* - Internationaler Pakt über wirtschaftliche, soziale und kulturelle Rechte

International Criminal Court: ICC - *Cour pénale internationale* - Internationaler Strafgerichtshof: IntStGH

International Criminal Tribunal for Rwanda → **International Criminal Tribunal for the Prosecution of Persons Responsible for Genocide and Other Serious Violations of International Humanitarian Law Committed in the Territory of Rwanda and Rwandan citizens responsible for genocide and other such violations committed in the territory of neighbouring States, between 1 January 1994 and 31 December 1994**

International Criminal Tribunal for the Former Yugoslavia → **international tribunal for the prosecution of persons responsible for serious violations of international humanitarian law committed in the territory of the former Yugoslavia since 1991**

International Criminal Tribunal for the Prosecution of Persons Responsible for Genocide and Other Serious Violations of International Humanitarian Law Committed in the Territory of Rwanda and Rwandan citizens responsible for genocide and other such violations committed in the territory of neighbouring States, between 1 January 1994 and 31 December 1994: ICTR: International Criminal Tribunal for Rwanda - *Tribunal criminel international chargé de juger les personnes présumés responsables d'actes de génocide ou d'autre violations graves du droit international humanitaire commis sur le territoire du Rwanda et les citoyens rwandais présumés responsables de tels actes ou violations commis sur le territoire d'États voisins entre le 1 janvier et le 31 décembre 1994: Tribunal pénal international pour le Rwanda* - Internationales Strafgericht zur Verfolgung der Personen, die für Völkermord und andere schwere Verstöße gegen das humanitäre Völkerrecht im Hoheitsgebiet Ruandas zwischen dem 1. Januar 1994 und dem 31. Dezember 1994 verantwortlich sind, sowie ruandischer Staatsangehöriger, die für während desselben Zeitraums im Hoheitsgebiet von Nachbarstaaten begangenen Völkermord und andere derartige Verstöße verantwortlich sind: Internationales Strafgericht für Ruanda

International Declaration against Apartheid in Sports - *Déclaration internationale contre l'apartheid dans les sports* - Internationale Erklärung gegen Apartheid im Sport

International Development Association: IDA - *Association internationale de développement: IDA* - Internationale Entwicklungsorganisation: IDA

International Development Strategy for the Fourth United Nations Development Decade - *Stratégie internationale du développement pour la quatrième Décennie des Nations Unies pour le développement* - Internationale Entwicklungsstrategie für die Vierte Entwicklungsdekade der Vereinten Nationen

International Fact-Finding Commission - *Commission internationale d'établissement des faits* - Internationale Ermittlungskommission

International Finance Corporation: IFC - *Société financière internationale: SFI* - Internationale Finanz-Corporation: IFC

International Fund for Agricultural Development: IFAD - *Fonds international de développement agricole: FIDA* - Internationaler Fonds für landwirtschaftliche Entwicklung: IFAD

International Labour Organization: ILO - *Organisation internationale du Travail: OIT* - Internationale Arbeitsorganisation: IAO

731

International Law Commission: ILC - *Commission du droit international: CDI* - Völkerrechtskommission: VRK

International Monetary Fund: IMF - *Fonds monétaire international: FMI* - Internationaler Währungsfonds: IWF

International Narcotics Control Board: INCB - *Organe international de contrôle des stupéfiants: OICS* - Internationales Suchtstoff-Kontrollamt: INCB

International Plan of Action on Ageing: Vienna International Plan of Action on Ageing - *Plan d'action international sur le vieillissement* - Internationaler Aktionsplan zur Frage des Alterns

International Police Task Force: IPTF - *Groupe international de police: GIP* - Internationale Polizeieinsatztruppe: IPTF

International Research and Training Institute for the Advancement of Women: INSTRAW - *Institut international de recherche et de formation pour la promotion de la femme* - Internationales Forschungs- und Ausbildungsinstitut zur Förderung der Frau

International Seabed Authority: ISA - *Autorité internationale des fonds marins: AIFM* - Internationale Meeresbodenbehörde

International Support and Verification Commission: CIAV - *Commission internationale d'appui et de vérification: CIAV* - Internationale Unterstützungs- und Verifikationskommission

International Telecommunication Union: ITU - *Union internationale des télécommunications: UIT* - Internationale Fernmeldeunion: ITU

international tribunal for the prosecution of persons responsible for serious violations of international humanitarian law committed in the territory of the former Yugoslavia since 1991: ICTY: International Criminal Tribunal for the Former Yugoslavia - *tribunal international chargé de poursuivre les personnes présumées responsables de violations graves du droit international humanitaire commises sur le territoire de l'ex-Yougoslavie depuis 1991: Tribunal pénal international pour l'ex-Yougoslavie* - internationales Gericht zur Verfolgung der Verantwortlichen für die seit 1991 im Hoheitsgebiet des ehemaligen Jugoslawien begangenen schweren Verstöße gegen das humanitäre Völkerrecht: Internationales Strafgericht für das ehemalige Jugoslawien

IPCC → **Intergovernmental Panel on Climate Change**

IPTF → **International Police Task Force**

Iraq-Kuwait Boundary Demarcation Commission - *Commission de démarcation de la frontière entre l'Iraq et le Koweït* - Grenzkommission für Irak und Kuwait

ISA → **International Seabed Authority**

ITFF → **Inter-Agency Task Force on Forests**

ITU → **International Telecommunication Union**

JCGP → **Joint Consultative Group on Policy**

JIU → **Joint Inspection Unit**

Joint Consultative Group on Policy: JCGP - *Groupe consultatif mixte des politiques* - Gemeinsame Beratungsgruppe für Grundsatzfragen

Joint IAEA/Special Commission Nuclear Inspection Team - *équipe mixte d'inspection Agence internationale de l'énergie atomique/Commission spéciale* - gemeinsame Nukleare Inspektionsgruppe der IAEO und der Sonderkommission

Joint Inspection Unit: JIU - *Corps commun d'inspection: CCI* - Gemeinsame Inspektionsgruppe

Joint United Nations Information Committee: JUNIC - *Comité commun de l'information des Nations Unies: CCINU* - Gemeinsamer Informationsausschuß der Vereinten Nationen

Joint United Nations/Organization of African Unity Special Representative for the Great Lakes region - *Représentant spécial conjoint de l'Organisation des Nations Unies et de l'Organisation de l'unité africaine pour la région des Grands Lacs* - gemeinsamer Sonderbeauftragter der Vereinten Nationen und der Organisation der afrikanischen Einheit für das ostafrikanische Zwischenseengebiet

JUNIC → **Joint United Nations Information Committee**

Legal Committee (Sixth Committee) - *Commission juridique (Sixième Commission)* - Rechtsausschuß (Sechster Ausschuß)

London Conference → **Peace Implementation Conference (London Conference)**

London Guidelines for the Exchange of Information on Chemicals in International Trade - *Directives de Londres applicables à l'échange de renseignements sur les produits chimiques qui font l'objet du commerce international* - Londoner Leitlinien für den Austausch von Informationen über Chemikalien im internationalen Handel

London stage of the International Conference on the former Yugoslavia - *partie de la Conférence internationale sur l'ex-Yougoslavie qui s'est tenue à Londres* - Londoner Etappe der Internationalen Konferenz über das ehemalige Jugoslawien

Long-Term Strategy to Implement the World Programme of Action concerning Disabled Persons to the Year 2000 and Beyond - *Stratégie à long terme pour la mise en oeuvre du Programme d'action mondial concernant les personnes handicapées d'ici à l'an 2000 et au-delà* - Langfristige Strategie zur Durchführung des Weltaktionsprogramms für Behinderte bis zum Jahr 2000 und danach

Main Committees of the General Assembly - *Grandes Commissions de l'Assemblée générale* - Hauptausschüsse der Generalversammlung

Manila Communiqué of the World Food Council: A Programme of Action to Eradicate Hunger and Malnutrition - *Communiqué de Manille du Conseil mondial de l'alimentation: Programme d'action pour l'élimination définitive de la faim et de la malnutrition* - Manila-Kommuniqué des Welternährungsrats: Ein Aktionsprogramm zur Beseitigung von Hunger und Unterernährung

Manila Communiqué on a Human Settlement Movement - *Communiqué de Manille concernant un mouvement pour les établissements humains* - Kommuniqué von Manila über eine Bewegung für den Wohn- und Siedlungssektor

Manila Declaration on the Peaceful Settlement of International Disputes - *Déclaration de Manille sur le règlement pacifique des différends internationaux* - Erklärung von Manila über die friedliche Beilegung von internationalen Streitigkeiten

Manila Declaration on World Tourism - *Déclaration de Manille sur le tourisme mondial* - Erklärung von Manila über den Welttourismus

Meeting of Ministers for Foreign Affairs and Heads of Delegation of the Non-Aligned Countries - *Réunion des ministres des affaires étrangères et des chefs de délégation des pays non alignés* - Treffen der Außenminister und Delegationsleiter der nichtgebundenen Länder

Meeting of persons chairing human rights treaty bodies - *réunion des présidents des organes créés en vertu d'instruments internationaux relatifs aux droits de l'homme* - Tagung der Vorsitzenden der Vertragsorgane auf dem Gebiet der Menschenrechte

MICIVIH → **International Civilian Mission in Haiti**

Military Staff Committee - *Comité d'état-major* - Generalstabsausschuß

MINURCA → **United Nations Mission in the Central African Republic**

MINURSO → **United Nations Mission for the Referendum in Western Sahara**

MINUSAL → **Mission of the United Nations in El Salvador**

MIPONUH → **United Nations Civilian Police Mission in Haiti**

Mission of the United Nations in El Salvador: MINUSAL - *Mission des Nations Unies en El Salvador: MINUSAL* - Mission der Vereinten Nationen in El Salvador: MINUSAL

MNF → **Multinational Force in Haiti**

Model Agreement on the Transfer of Foreign Prisoners - *Accord type relatif au transfert des détenus étrangers* - Musterabkommen über die Überstellung ausländischer Gefangener

Model Law on International Credit Transfers - *Loi type sur les virements internationaux* - Mustergesetz über den internationalen Überweisungsverkehr

Model Law on Procurement of Goods and Construction - *Loi type sur la passation des marchés de biens et de travaux* - Mustergesetz über die öffentliche Auftragsvergabe für Güter und Bauleistungen

733

Model status-of-forces agreement for peacekeeping operations - *modèle d'accord sur le statut des forces pour les opérations de maintien de la paix* - Muster-Abkommen über die Rechtsstellung der Truppen für Friedenssicherungseinsätze

Model Strategies and Practical Measures on the Elimination of Violence against Women in the Field of Crime Prevention and Criminal Justice - *Stratégies et mesures concrètes types relatives à l'élimination de la violence contre les femmes dans le domaine de la prévention du crime et de la justice pénale* - Modellhafte Strategien und praktische Maßnahmen auf dem Gebiet der Verbrechensverhütung und Strafrechtspflege zur Beseitigung der Gewalt gegen Frauen

Model text for national legislation in the field of human rights in the administration of justice - *texte pouvant servir d'exemple pour les dispositions nationales législatives relatives aux droits de l'homme dans l'administration de la justice* - Musterwortlaut für innerstaatliche Rechtsvorschriften auf dem Gebiet der Menschenrechte in der Rechtspflege

Model Treaty on Extradition - *Traité type d'extradition* - Muster-Auslieferungsvertrag

Model Treaty on Mutual Assistance in Criminal Matters and Optional Protocol to the Model Treaty on Mutual Assistance in Criminal Matters concerning the proceeds of crime - *Traité type d'entraide judiciaire en matière pénale et Protocole facultatif au Traité type d'entraide judiciaire en matière pénale concernant les fruits d'activités criminelles* - Mustervertrag über die Rechtshilfe in Strafsachen und Fakultativprotokoll zu dem Mustervertrag über die Rechtshilfe in Strafsachen betreffend Erträge aus Straftaten

Model Treaty on the Transfer of Proceedings in Criminal Matters - *Traité type sur le transfert des poursuites pénales* - Mustervertrag betreffend die Übertragung von Verfahren in Strafsachen

Model Treaty on the Transfer of Supervision of Offenders Conditionally Sentenced or Conditionally Released - *Traité type relatif au transfert de la surveillance des délinquants bénéficiant d'un sursis à l'exécution de la peine ou d'une libération conditionnelle* - Mustervertrag betreffend die Übertragung der Aufsicht über bedingt verurteilte oder bedingt entlassene Straftäter

MONUA → **United Nations Observer Mission in Angola**

Moon Agreement → **Agreement Governing the Activities of States on the Moon and Other Celestial Bodies**

Moscow Nuclear Safety and Security Summit - *sommet tenu à Moscou sur la sûreté et la sécurité en matière nucléaire* - Moskauer Gipfeltreffen über nukleare Sicherheit und Sicherung

Multinational Force in Haiti: MNF - *Force multinationale en Haiti* - Multinationale Truppe in Haiti

Nairobi Forward-looking Strategies for the Advancement of Women - *Stratégies prospectives d'action de Nairobi pour la promotion de la femme* - Zukunftsstrategien von Nairobi zur Förderung der Frau

Nairobi Programme of Action for the Development and Utilization of New and Renewable Sources of Energy - *Programme d'action de Nairobi pour la mise en valeur et l'utilisation de sources d'énergie nouvelles et renouvelables* - Aktionsprogramm von Nairobi für die Erschließung und Nutzung neuer und erneuerbarer Energiequellen

Naples Political Declaration and Global Action Plan against Organized Transnational Crime - *Declaration politique de Naples et Plan mondial d'action contre la criminalité transnationale organisée* - Politische Erklärung und Weltaktionsplan von Neapel gegen die grenzüberschreitende organisierte Kriminalität

Nationhood Programme for Namibia - *Programme d'édification de la nation namibienne* - Programm zum Aufbau der namibischen Nation

Non-legally Binding Authoritative Statement of Principles for a Global Consensus on the Management, Conservation and Sustainable Development of All Types of Forests: Forest Principles - *Déclaration de principes, non juridiquement contraignante mais faisant autorité, pour un consensus mondial sur la gestion, la conservation et l'exploitation écologiquement viable de tous les types de forêts* - Nicht rechtsverbindliche, maßgebliche Grundsatzerklärung für einen weltweiten Konsens über die Bewirtschaftung, Erhaltung und nachhaltige Entwicklung aller Arten von Wäldern

Non-Proliferation Treaty → **Treaty on the Non-Proliferation of Nuclear Weapons**

NPT → **Treaty on the Non-Proliferation of Nuclear Weapons**

OCHA → **Office for the Coordination of Humanitarian Affairs**

OCSS → **Office of Central Support Services**

ODCCP → **Office for Drug Control and Crime Prevention**

OESP → **Office of Evaluation and Strategic Planning**

Office for Drug Control and Crime Prevention: ODCCP - *Bureau pour le contrôle des drogues et la prévention du crime* - Büro für Drogenkontrolle und Verbrechensverhütung

Office for Outer Space Affairs: OOSA - *Bureau des affaires spatiales* - Büro für Weltraumfragen

Office for the Coordination of Humanitarian Affairs: OCHA - *Bureau de la coordination des affaires humanitaires* - Amt für die Koordinierung humanitärer Angelegenheiten

Office of Central Support Services: OCSS - *Bureau des services centraux d'appui* - Bereich Zentrale Unterstützungsdienste

Office of Evaluation and Strategic Planning: OESP - *Bureau de l'évaluation et de la planification stratégique* - Büro für Evaluierung und strategische Planung

Office of Human Resources Management: OHRM - *Bureau de la gestion des ressources humaines* - Bereich Personalwesen und -management

Office of Internal Oversight Services: OIOS - *Bureau des services de contrôle interne* - Amt für interne Aufsichtsdienste: AIAD

Office of Legal Affairs: OLA - *Bureau des affaires juridiques* - Bereich Rechtsangelegenheiten

Office of Programme Planning, Budget and Accounts: OPPBA - *Bureau de la planification des programmes, du budget et ...* - Bereich Programmplanung, Haushalt und Rechnungswesen

Office of the Coordinator of Assistance for the Reconstruction and Development of Lebanon - *Bureau du Coordonnateur pour l'aide à la reconstruction et au développement du Liban* - Büro des Koordinators für Hilfe beim Wiederaufbau und bei der Entwicklung Libanons

Office of the Special Coordinator for Africa and the Least Developed Countries: OSCAL - *Bureau du Coordonnateur spécial pour l'Afrique et les pays les moins avancés* - Büro des Sonderkoordinators für Afrika und die am wenigsten entwickelten Länder

Office of the Special Coordinator for Least Developed, Landlocked and Island Developing Countries - *Bureau du Coordonnateur spécial pour les pays en développement les moins avancés, sans littoral ou insulaires* - Büro des Sonderkoordinators für die am wenigsten entwickelten Länder und die Binnen- und Inselentwicklungsländer

Office of the United Nations High Commissioner for Human Rights: OHCHR - *Haut Commissariat des Nations Unies aux droits de l'homme* - Amt des Hohen Kommissars der Vereinten Nationen für Menschenrechte

Office of the United Nations High Commissioner for Refugees: UNHCR - *Haut Commissariat des Nations Unies pour les réfugiés: HCR* - Amt des Hohen Flüchtlingskommissars der Vereinten Nationen: UNHCR: Hohes Flüchtlingskommissariat der Vereinten Nationen

OHCHR → **Office of the United Nations High Commissioner for Human Rights**

OHRM → **Office of Human Resources Management**

OIOS → **Office of Internal Oversight Services**

OLA → **Office of Legal Affairs**

ONUCA → **United Nations Observer Group in Central America**

ONUMOZ → United Nations Operation in Mozambique

ONUSAL → United Nations Observer Mission in El Salvador

ONUV → United Nations Office of Verification

ONUVEH → United Nations Observer Group for the Verification of Elections in Haiti

ONUVEN → United Nations Observer Mission to Verify the Electoral Process in Nicaragua

OOSA → Office for Outer Space Affairs

OPCW → Organization for the Prohibition of Chemical Weapons

Open-Ended Ad-hoc Intergovernmental Panel on Forests - *Groupe intergouvernemental spécial à composition non limitée sur les forêts* - Allen Mitgliedstaaten offenstehende Zwischenstaatliche Ad-hoc-Sachverständigengruppe für Wälder

Open-ended High-level Working Group of the General Assembly on the Strengthening of the United Nations System - *Groupe de travail de haut niveau à composition non limitée de l'Assemblée générale chargé d'examiner le renforcement du système des Nations Unies* - Allen Mitgliedstaaten offenstehende hochrangige Arbeitsgruppe der Generalversammlung zur Stärkung des Systems der Vereinten Nationen

open-ended inter-sessional working group on the elaboration of a draft optional protocol to the Convention on the Rights of the Child related to the involvement of children in armed conflict - *groupe de travail intersessions à composition non limitée chargé d'élaborer un projet de protocole facultatif à la Convention relative aux droits de l'enfant concernant la participation d'enfants aux conflits armés* - allen Mitgliedstaaten offenstehende, zwischen den Tagungen zusammentretende Arbeitsgruppe zur Ausarbeitung des Entwurfs eines Fakultativprotokolls zu dem Übereinkommen über die Rechte des Kindes betreffend die Beteiligung von Kindern an bewaffneten Konflikten

Open-ended Working Group on an Agenda for Peace - *Groupe de travail à composition non limitée sur l'Agenda pour la paix* - Allen Mitgliedstaaten offenstehende Arbeitsgruppe über eine Agenda für den Frieden

Open-ended Working Group on the Question of Equitable Representation on and Increase in the Membership of the Security Council and Other Matters Related to the Security Council - *Groupe de travail à composition non limitée chargée d'examiner la question de la représentation équitable au Conseil de sécurité et de l'augmentation du nombre de ses membres ainsi que d'autres questions ayant trait au Conseil de sécurité* - Allen Mitgliedstaaten offenstehende Arbeitsgruppe zur Frage der ausgewogenen Vertretung und der Erhöhung der Zahl der Mitglieder im Sicherheitsrat und zu anderen mit dem Sicherheitsrat zusammenhängenden Fragen

Open-ended Working Group on the Review of Arrangements for Consultations with Non-Governmental Organizations - *Groupe de travail à composition non limitée chargé de l'examen des dispositions relatives aux consultations avec les organisations non gouvernementales* - Allen Mitgliedstaaten offenstehende Arbeitsgruppe für die Überprüfung der Regelungen betreffend Konsultationen mit den nichtstaatlichen Organisationen

Operating Fund - *fonds des opérations courantes* - Betriebsmittelfonds

OPPBA → Office of Programme Planning, Budget and Accounts

Optional Protocol to the Model Treaty on Mutual Assistance in Criminal Matters concerning the proceeds of crime - *Protocole facultatif au Traité type d'entraide judiciaire en matière pénale concernant les fruits d'activités criminelles* - Fakultativprotokoll zu dem Mustervertrag über die Rechtshilfe in Strafsachen betreffend Erträge aus Straftaten

Organizational Committee - *Comité d'organisation* - Organisationsausschuß

Organization for Security and Cooperation in Europe: OSCE - *Organisation pour la sécurité et la coopération en Europe: OSCE* - Organisation für Sicherheit und Zusammenarbeit in Europa: OSZE

Organization for the Prohibition of Chemical Weapons: OPCW - *Organisation pour l'interdiction des armes chimiques* - Organisation für das Verbot chemischer Waffen: OPCW

OSCAL → Office of the Special Coordinator for Africa and the Least Developed Countries

OSCE → Organization for Security and Cooperation in Europe

Outer Space Committee → Committee on the Peaceful Uses of Outer Space

Outer Space Treaty → Treaty on Principles Governing the Activities of States in the Exploration and Use of Outer Space, including the Moon and Other Celestial Bodies

Ozone Secretariat - *Secrétariat de l'ozone* - Ozon-Sekretariat

Panel of External Auditors - *Groupe de vérificateurs externes des comptes* - Beirat der externen Rechnungsprüfer

Paris Conference on Cambodia: PCC - *Conférence de Paris sur le Cambodge* - Pariser Kambodscha-Konferenz

Paris Declaration and the Programme of Action for the Least Developed Countries for the 1990s - *Déclaration de Paris et Programme d'action pour les années 90 en faveur des pays les moins avancés* - Pariser Erklärung und Aktionsprogramm für die neunziger Jahre zugunsten der am wenigsten entwickelten Länder

PCC → Paris Conference on Cambodia

Peace Conference on the Middle East - *Conférence de la Paix sur le Moyen-Orient* - Friedenskonferenz über den Nahen Osten

Peace Implementation Conference (London Conference): London Conference - *Conférence sur la mise en oeuvre de la paix (Conférence de Londres): Conférence de Londres* - Konferenz zur Umsetzung des Friedens (Londoner Konferenz): Londoner Konferenz

Peacekeeping Reserve Fund - *Fonds de réserve pour les opérations de maintien de la paix* - Reservefonds für Friedenssicherungsmaßnahmen

Periodical Meeting on International Humanitarian Law - *Réunion périodique consacrée au droit international humanitaire* - Regelmäßige Tagung über humanitäres Völkerrecht

Plan of Action for Drug Control in Africa, 1997-2001 - *Plan d'action africain de lutte contre la drogue 1997-2001* - Aktionsplan für die Drogenbekämpfung in Afrika für den Zeitraum 1997-2001

Plan of Action for the Elimination of Harmful Traditional Practices Affecting the Health of Women and Children - *Plan d'action visant à l'élimination des pratiques traditionnelles préjudiciables affectant la santé des femmes et des enfants* - Aktionsplan für die Beseitigung schädlicher traditioneller Praktiken, die die Gesundheit von Frauen und Kindern beeinträchtigen

Plan of Action for the Eradication of Illiteracy by the Year 2000 - *Plan d'action pour éliminer l'analphabétisme d'ici à l'an 2000* - Aktionsplan für die Beseitigung des Analphabetentums bis zum Jahr 2000

Plan of Action for the Full Implementation of the Declaration on the Granting of Independence to Colonial Countries and Peoples - *Plan d'action pour l'application intégrale de la Déclaration sur l'octroi de l'indépendance aux pays et aux peuples coloniaux* - Aktionsplan für die vollständige Verwirklichung der Erklärung über die Gewährung der Unabhängigkeit an koloniale Länder und Völker

Plan of Action for the United Nations Decade for Human Rights Education (1995-2005) - *Plan d'action en vue de la Décennie des Nations Unies pour l'éducation dans le domaine des droits de l'homme, 1995-2005* - Aktionsplan für die Dekade der Vereinten Nationen für Menschenrechtserziehung (1995-2005)

Plan of Action on World Food Security - *Plan d'action relatif à la sécurité alimentaire mondiale* - Aktionsplan für die Welternährungssicherung

Plan of Action to Combat Desertification - *Plan d'action pour lutter contre la désertification* - Aktionsplan zur Bekämpfung der Wüstenbildung

Political Declaration and Global Programme of Action on international cooperation against illicit production, supply, demand, trafficking and distribution of narcotic drugs and psychotropic substances - *Déclaration politique et Programme d'action mondial sur la coopération internationale contre la production, l'offre, la demande, le trafic et la distribution illicites de stupéfiants et de substances psychotropes* - Politische Erklärung und Weltweites Aktionsprogramm betreffend die internationale Zusammenarbeit gegen die unerlaubte Gewinnung von Suchtstoffen und psychotropen Stoffen, das unerlaubte Angebot dieser Stoffe, die unerlaubte Nachfrage danach, den unerlaubten Verkehr damit und die unerlaubte Verteilung dieser Stoffe

Preparatory Commission for the International Sea-Bed Authority and for the International Tribunal for the Law of the Sea - *Commission préparatoire de l'Autorité internationale des fonds marins et du Tribunal international du droit de la mer* - Vorbereitungskommission für die Internationale Meeresbodenbehörde und den Internationalen Seegerichtshof

Preparatory Commission for the Organization on the Prohibition of Chemical Weapons - *Commission préparatoire de l'Organisation pour l'interdiction des armes chimiques* - Vorbereitungskommission für die Organisation für das Verbot chemischer Waffen

Preparatory Commission of the United Nations - *Commission préparatoire des Nations Unies* - Vorbereitungskommission der Vereinten Nationen

Preparatory Committee on the Establishment of an International Criminal Court - *Comité préparatoire pour la création d'une cour criminelle internationale* - Vorbereitungsausssschuß für die Schaffung eines internationalen Strafgerichtshofs

President of the General Assembly - *Président de l'Assemblée générale* - Präsident der Generalversammlung

Principles for the Protection of Persons with Mental Illness and for the Improvement of Mental Health Care: Principles on Protection of the Mentally Ill - *Principes pour la protection des personnes atteintes de maladie mentale et pour l'amélioration des soins de santé mentale* - Grundsätze für den Schutz von psychisch Kranken und die Verbesserung der psychiatrischen Versorgung

Principles Governing the Use by States of Artificial Earth Satellites for International Direct Television Broadcasting - *Principes régissant l'utilisation par les États de satellites artificiels de la Terre aux fins de la télévision directe internationale* - Grundsätze zur Regelung des Einsatzes künstlicher Erdsatelliten für die internationale Fernsehdirektübertragung durch Staaten

Principles of international cooperation in the detection, arrest, extradition and punishment of persons guilty of war crimes and crimes against humanity - *Principes de la coopération internationale en ce qui concerne le dépistage, l'arrestation, l'extradition et le châtiment des individus coupables de crimes de guerre et de crimes contre l'humanité* - Grundsätze für die internationale Zusammenarbeit bei der Ermittlung, Festnahme, Auslieferung und Bestrafung von Personen, die Kriegsverbrechen und Verbrechen gegen die Menschlichkeit begangen haben

Principles of Medical Ethics relevant to the role of health personnel, particularly physicians, in the protection of prisoners and detainees against torture and other cruel, inhuman or degrading treatment or punishment - *Principes d'éthique médicale applicables au rôle du personnel de santé, en particulier des médecins, dans la protection des prisonniers et des détenus contre la torture et autres peines ou traitements cruels, inhumains ou dégradants* - Grundsätze ärztlicher Ethik im Zusammenhang mit der Rolle von medizinischem Personal, insbesondere von Ärzten, beim Schutz von Strafgefangenen und Inhaftierten vor Folter und anderer grausamer, unmenschlicher oder erniedrigender Behandlung oder Strafe

Principles on Detention → **Body of Principles for the Protection of All Persons under Any Form of Detention or Imprisonment**

Principles on Lawyers → **Basic Principles on the Role of Lawyers**

738

Principles on Prevention of Executions → Principles on the Effective Prevention and Investigation of Extra-legal, Arbitrary and Summary Executions

Principles on Protection of the Mentally Ill → Principles for the Protection of Persons with Mental Illness and for the Improvement of Mental Health Care

Principles on the Effective Prevention and Investigation of Extra-legal, Arbitrary and Summary Executions: Principles on Prevention of Executions - *Principes relatifs à la prévention efficace des exécutions extra-judiciaires, arbitraires et sommaires et aux moyens d'enquêter efficacement sur ces exécutions* - Grundsätze für die wirksame Verhütung und Untersuchung von außergesetzlichen, willkürlichen und summarischen Hinrichtungen

Principles on the Judiciary → Basic Principles on the Independence of the Judiciary

Principles on the Use of Force → Basic Principles on the Use of Force and Firearms by Law Enforcement Officials

Principles Relating to Remote Sensing of the Earth from Outer Space - *Principes sur la télédétection* - Grundsätze betreffend die Erdfernerkundung aus dem Weltraum

Principles Relating to the Status of National Institutions for the Promotion and Protection of Human Rights - *Principes concernant le statut des institutions nationales pour la promotion et la protection des droits de l'homme* - Grundsätze betreffend die Stellung nationaler Institutionen zur Förderung und zum Schutz der Menschenrechte

Principles Relevant to the Use of Nuclear Power Sources in Outer Space - *Principes relatifs à l'utilisation de sources d'énergie nucléaires dans l'espace* - Grundsätze für den Einsatz nuklearer Energiequellen im Weltraum

Principles that should govern further actions of States in the field of the freezing and reduction of military budgets - *Principes qui devraient régir l'action future des États en matière de gel et de réduction des dépenses militaires* - Grundsätze, von denen sich die Staaten bei ihren künftigen Maßnahmen zur Einfrierung und Reduzierung der Militärhaushalte leiten lassen sollten

Procedures for the effective implementation of the Standard Minimum Rules for the Treatment of Prisoners - *dispositions visant à assurer l'application effective de l'Ensemble de règles minima pour le traitement des détenus* - Maßnahmen zur effektiven Anwendung der Mindestgrundsätze für die Behandlung der Gefangenen

Proclamation of Teheran - *Proclamation de Téhéran* - Proklamation von Teheran

Proclamation on Ageing - *Proclamation sur le vieillissement* - Proklamation über das Altern

Programme for the Further Implementation of Agenda 21 - *Programme relatif à la poursuite de la mise en oeuvre d'Action 21* - Programm für die weitere Umsetzung der Agenda 21

Programme of Action for the Elimination of the Exploitation of Child Labour - *Programme d'action pour l'élimination de l'exploitation de la main-d'oeuvre enfantine* - Aktionsprogramm zur Beseitigung der Ausbeutung der Kinderarbeit

Programme of Action for the Full Implementation of the Declaration on the Granting of Independence to Colonial Countries and Peoples - *Programme d'action pour l'application intégrale de la Déclaration sur l'octroi de l'indépendance aux pays et aux peuples coloniaux* - Aktionsprogramm für die vollständige Verwirklichung der Erklärung über die Gewährung der Unabhängigkeit an koloniale Länder und Völker

Programme of Action for the Least Developed Countries for the 1990s - *Programme d'action pour les années 90 en faveur des pays les moins avancés* - Aktionsprogramm für die neunziger Jahre zugunsten der am wenigsten entwickelten Länder

Programme of Action for the Prevention of the Sale of Children, Child Prostitution and Child Pornography - *Programme d'action pour la prévention de la vente d'enfants, de la prostitution des enfants et de la pornographie impliquant des enfants* - Aktionsprogramm zur Verhütung von Kinderhandel, Kinderprostitution und Kinderpornographie

Programme of Action for the Sustainable Development of Small Island Developing States - *Programme d'action pour le développement durable des petits États insulaires en développement* - Aktionsprogramm für die nachhaltige Entwicklung der kleinen Inselstaaten unter den Entwicklungsländern

Programme of Action for the Third Decade to Combat Racism and Racial Discriminati-on - *Programme d'action pour la troisième Décennie de la lutte contre le racisme et la discrimination raciale* - Aktionsprogramm für die Dritte Dekade zur Bekämpfung von Rassismus und Rassendiskriminierung

Programme of Action in Support of Self-Determination and National Independence for Namibia - *Programme d'action pour l'autodétermination et l'indépendance nationale de la Namibie* - Aktionsprogramm zur Unterstützung der Selbstbestimmung und nationalen Unabhängigkeit Namibias

Programme of Action of the International Conference on Population and Development - *Programme d'action de la Conférence internationale sur la population et le développe-ment* - Aktionsprogramm der Internationalen Konferenz über Bevölkerung und Entwick-lung

Programme of Action of the World Conference on Agrarian Reform and Rural Deve-lopment - *Programme d'action de la Conférence mondiale sur la réforme agraire et le développement rural* - Aktionsprogramm der Weltkonferenz über Agrarreform und ländli-che Entwicklung

Programme of Action of the World Summit for Social Development - *Programme d'action du Sommet mondial pour le développement social* - Aktionsprogramm des Weltgipfels für soziale Entwicklung

Programme of Action on Namibia - *Programme d'action concernant la Namibie* - Namibia-Aktionsprogramm

Programme of Action on the Establishment of a New International Economic Order - *Programme d'action concernant l'instauration d'un nouvel ordre économique internatio-nal* - Aktionsprogramm zur Errichtung einer neuen internationalen Wirtschaftsordnung

Programme of Action to Eradicate Hunger and Malnutrition - *Programme d'action pour l'élimination définitive de la faim et de la malnutrition* - Aktionsprogramm zur Ausrottung von Hunger und Mangelernährung

Prosecutor of the International Tribunal - *Procureur du Tribunal international* - Anklä-ger(in) bei dem Internationalen Gericht: Leiter der Anklagebehörde bei dem Internationa-len Gericht

Recommendations on international cooperation for crime prevention and criminal ju-stice in the context of development - *recommandations relatives à la coopération inter-nationale en matière de prévention du crime et de justice pénale dans le contexte du développement* - Empfehlungen für die internationale Zusammenarbeit auf dem Gebiet der Verbrechensverhütung und der Strafrechtspflege im Kontext der Entwicklung

Recommendations on the treatment of foreign prisoners - *recommandations sur le traite-ment des détenus étrangers* - Empfehlungen für die Behandlung ausländischer Gefangener

Refugee Law Documentation Centre - *Centre de documentation sur le droit applicable aux réfugiés* - Dokumentationszentrum für Flüchtlingsrecht

Regional Action Programme for Environmentally Sound and Sustainable Development, 1996-2000 - *Programme d'action régional 1996-2000 pour un développement écologi-quement rationnel et durable* - Regionales Aktionsprogramm 1996-2000 für eine umwelt-schonende und nachhaltige Entwicklung

Regional conference on assistance to refugees, returnees and displaced persons in the Great Lakes region - *conférence régionale d'assistance aux réfugiés, aux rapatriés et aux personnes déplacées dans la région des Grands Lacs* - Regionalkonferenz über Hilfe für Flüchtlinge, Rückkehrer und Vertriebene im ostafrikanischen Zwischenseengebiet

Regional Conference on Security, Stability and Development in the Great Lakes Region of Central Africa - *Conférence régionale sur la sécurité, la stabilité et le développement dans la région des Grands Lacs d'Afrique centrale* - Regionalkonferenz über Sicherheit, Stabilität und Entwicklung im ostafrikanischen Zwischenseengebiet

Regional Conference to Address the Problems of Refugees, Displaced Persons, Other Forms of Involuntary Displacement and Returnees in the Countries of the Commonwealth of Independent States and Relevant Neighbouring States - *Conférence régionale pour l'examen des problèmes des réfugiés, des personnes déplacées, des personnes contraintes à d'autres formes de déplacement involontaire et des rapatriés dans les pays de la Communauté d'États indépendants et dans certains États voisins* - Regionalkonferenz über die Probleme der Flüchtlinge, Vertriebenen, anderen unfreiwilligen Migranten und Rückkehrer in den Ländern der Gemeinschaft Unabhängiger Staaten und den betroffenen Nachbarstaaten

Registration Convention → **Convention on Registration of Objects Launched into Outer Space**

Regulations and Rules Governing Programme Planning, the Programme Aspects of the Budget, the Monitoring of Implementation and the Methods of Evaluation - *règlement et règles régissant la planification des programmes, les aspects du budget qui ont trait aux programmes, le contrôle de l'exécution et les méthodes d'évaluation* - Regeln und Ausführungsbestimmungen für die Programmplanung, die Programmaspekte des Haushalts, die Überwachung der Programmdurchführung und die Evaluierungsmethoden

Regulations and Rules of the United Nations Joint Staff Pension Fund - *Statuts et règlements de la Caisse commune des pensions du personnel des Nations Unies* - Satzung des Gemeinsamen Pensionsfonds der Vereinten Nationen (mit Verwaltungsvorschriften und Geschäftsordnung)

Regulations of the United Nations Joint Staff Pension Fund - *Statuts de la Caisse commune des pensions du personnel des Nations Unies* - Satzung des Gemeinsamen Pensionsfonds der Vereinten Nationen

Review and Extension Conference of the Parties to the Treaty on the Non-Proliferation of Nuclear Weapons - *Conférence des Parties au Traité sur la non-prolifération des armes nucléaires chargée d'examiner le Traité et la question de sa prorogation* - Konferenz der Vertragsparteien zur Überprüfung und Verlängerung des Vertrages über die Nichtverbreitung von Kernwaffen

Review Conference of the Parties to the Treaty on the Non-Proliferation of Nuclear Weapons - *Conférence des parties chargée de l'examen du Traité sur la non- prolifération des armes nucléaires* - Konferenz der Vertragsparteien zur Überprüfung des Vertrages über die Nichtverbreitung von Kernwaffen

Revised Programme of Action for the Third Decade to Combat Racism and Racial Discrimination (1993-2003) - *Programme d'action révisé pour la troisième Décennie de la lutte contre le racisme et la discrimination raciale (1993-2003)* - Überarbeitetes Aktionsprogramm für die Dritte Dekade zur Bekämpfung von Rassismus und Rassendiskriminierung (1993-2003)

Rio Declaration on Environment and Development - *Déclaration de Rio sur l'environnement et le développement* - Rio-Erklärung über Umwelt und Entwicklung

Rio Summit → **United Nations Conference on Environment and Development**

Riyadh Guidelines → **United Nations Guidelines for the Prevention of Juvenile Delinquency (The Riyadh Guidelines)**

Rome Statute of the International Criminal Court - *Statut de Rome de la Cour pénale internationale* - Römisches Statut des Internationalen Strafgerichtshofs

Rules Committee - *Comité du Règlement* - Ausschuß für die Verfahrensordnung

Rules of Court - *Règlement de la Cour* - Verfahrensordnung des Gerichtshofs

Safeguards guaranteeing protection of the rights of those facing the death penalty - *Garanties pour la protection des droits des personnes passibles de la peine de mort* - Garantien zum Schutz der Rechte von Personen, denen die Todesstrafe droht

Sea-Bed Committee → **Committee on the Peaceful Uses of the Sea-Bed and the Ocean Floor beyond the Limits of National Jurisdiction**

Sea-Bed Treaty → Treaty on the Prohibition of the Emplacement of Nuclear Weapons and Other Weapons of Mass Destruction on the Sea-Bed and the Ocean Floor and in the Subsoil Thereof

Second Committee (Economic and Financial Questions) - *Deuxième Commission (Questions économiques et financières)* - Zweiter Ausschuß (Wirtschafts- und Finanzfragen)

Second Optional Protocol to the International Covenant on Civil and Political Rights, aiming at the abolition of the death penalty - *Deuxième Protocole facultatif se rapportant au Pacte international relatif aux droits civils et politiques, visant à abolir la peine de mort* - Zweites Fakultativprotokoll zu dem Internationalen Pakt über bürgerliche und politische Rechte zur Abschaffung der Todesstrafe

Second (Social) Committee - *Deuxième Comité (social)* - Zweiter (Sozial)-Ausschuß

Second special session of the General Assembly devoted to disarmament - *deuxième session extraordinaire de l'Assemblée générale consacrée au désarmement* - zweite Sondertagung der Generalversammlung über Abrüstung

Second United Nations Conference on Human Settlements (Habitat II): Habitat II: City Summit - *deuxième Conférence des Nations Unies sur les établissements humains (Habitat II): Sommet sur la ville* - Zweite Konferenz der Vereinten Nationen über Wohn- und Siedlungswesen (Habitat II): Habitat II: Städtegipfel

Second United Nations Conference on the Exploration and Peaceful Uses of Outer Space: UNISPACE II - *deuxième Conférence des Nations Unies sur l'exploration et les utilisations pacifiques de l'espace extra-atmosphérique* - Zweite Konferenz der Vereinten Nationen über die Erforschung und friedliche Nutzung des Weltraums

Second United Nations Conference on the Least Developed Countries - *deuxième Conférence des Nations Unies sur les pays les moins avancés* - Zweite Konferenz der Vereinten Nationen über die am wenigsten entwickelten Länder

Second World Conference to Combat Racism and Racial Discrimination - *deuxième Conférence mondiale de la lutte contre le racisme et la discrimination raciale* - Zweite Weltkonferenz zur Bekämpfung von Rassismus und Rassendiskriminierung

Secretariat of the United Nations Conference on Trade and Development - *Secrétariat de la Conférence des Nations Unies sur le commerce et le développement* - Sekretariat der Handels- und Entwicklungskonferenz der Vereinten Nationen

Secretariat of the United Nations Framework Convention on Climate Change: Climate Change Secretariat - *Secrétariat de la Convention-cadre des Nations Unies sur les changements climatiques* - Sekretariat des Rahmenübereinkommens der Vereinten Nationen über Klimaänderungen

Security Council Committee established by resolution 724 (1991) concerning Yugoslavia - *Comité du Conseil de sécurité créé par la résolution 724 (1991) concernant la Yougoslavie* - Ausschuß des Sicherheitsrats nach Resolution 724 (1991) betreffend Jugoslawien

Security Council Committee established pursuant to resolution 1132 (1997) concerning Sierra Leone - *Comité du Conseil de sécurité créé par la résolution 1132 (1997) concernant la Sierra Leone* - Ausschuß des Sicherheitsrats nach Resolution 1132 (1997) betreffend Sierra Leone

Security Council Committee established pursuant to resolution 1160 (1998) - *Comité du Conseil de sécurité créé par la résolution 1160 (1998)* - Ausschuß des Sicherheitsrats nach Resolution 1160 (1998)

Security Council Committee established pursuant to resolution 421 (1977) concerning the question of South Africa - *Comité du Conseil de sécurité créé par la résolution 421 (1977) concernant la question de l'Afrique du Sud* - Ausschuß des Sicherheitsrats nach Resolution 421 (1977) zur Südafrikafrage

Security Council Committee established pursuant to resolution 661 (1990) concerning the situation between Iraq and Kuwait - *Comité du Conseil de sécurité créé par la résolution 661 (1990) concernant la situation entre l'Iraq et le Koweït* - Ausschuß des Sicherheitsrats nach Resolution 661 (1990) zur Situation zwischen Irak und Kuwait

Security Council Committee established pursuant to resolution 748 (1992) concerning the Libyan Arab Jamahiriya - *Comité du Conseil de sécurité créé par la résolution 748 (1992) concernant la Jamahiriya arabe libyenne* - Ausschuß des Sicherheitsrats nach Resolution 748 (1992) betreffend die Libysch-Arabische Dschamahirija

Security Council Committee established pursuant to resolution 751 (1992) concerning Somalia - *Comité du Conseil de sécurité créé par la résolution 751 (1992) concernant la Somalie* - Ausschuß des Sicherheitsrats nach Resolution 751 (1992) betreffend Somalia

Security Council Committee established pursuant to resolution 864 (1993) concerning Angola - *Comité du Conseil de sécurité créé par la résolution 864 (1993) concernant l'Angola* - Ausschuß des Sicherheitsrats nach Resolution 864 (1993) betreffend Angola

Security Council Committee established pursuant to resolution 918 (1994) concerning Rwanda - *Comité du Conseil de sécurité créé par la résolution 918 (1994) concernant le Rwanda* - Ausschuß des Sicherheitsrats nach Resolution 918 (1994) betreffend Ruanda

Sessional Working Group of Governmental Experts on the Implementation of the International Covenant on Economic, Social and Cultural Rights - *Groupe de travail de session d'experts gouvernementaux chargé d'étudier l'application du Pacte international relatif aux droits économiques, sociaux et culturels* - Tagungsgebundene Arbeitsgruppe von Regierungssachverständigen für die Verwirklichung des Internationalen Paktes über wirtschaftliche, soziale und kulturelle Rechte

Set of Multilaterally Agreed Equitable Principles and Rules for the Control of Restrictive Business Practices - *Ensemble de principes et de règles équitables convenus au niveau multilatéral pour le contrôle des pratiques commerciales restrictives* - Katalog multilateral vereinbarter ausgewogener Grundsätze und Regeln zur Bekämpfung restriktiver Geschäftspraktiken

Sixth Committee (Legal Questions) - *Sixième Commission (Questions juridiques)* - Sechster Ausschuß (Rechtsfragen)

Social, Humanitarian and Cultural Committee (Third Committee) - *Commission des questions sociales, humanitaires et culturelles (Troisième Commission)* - Ausschuß für soziale, humanitäre und kulturelle Fragen (Dritter Ausschuß)

Social Summit - *Sommet social* - Sozialgipfel

Special Commemorative Meeting of the General Assembly on the occasion of the fiftieth anniversary of the United Nations - *Réunion commémorative extraordinaire de l'Assemblée générale à l'occasion du cinquantième anniversaire de l'Organisation des Nations Unies* - Sondergedenksitzung der Generalversammlung anläßlich des fünfzigsten Jahrestags der Vereinten Nationen

Special Commission of the Economic and Social Council on the In-depth Study of the United Nations Intergovernmental Structure and Functions in the Economic and Social Fields - *Commission spéciale du Conseil économique et social chargée d'entreprendre l'étude approfondie de la structure et des fonctions du mécanisme intergouvernementale de l'Organisation des Nations Unies dans les domaines économique et social* - Sonderkommission des Wirtschafts- und Sozialrats für die eingehende Studie des zwischenstaatlichen Apparats der Vereinten Nationen und dessen Aufgaben im Wirtschafts- und Sozialbereich

Special Committee against Apartheid - *Comité spécial contre l'apartheid* - Sonderausschuß gegen Apartheid

Special Committee of 24 → **Special Committee on the Situation with regard to the Implementation of the Declaration on the Granting of Independence to Colonial Countries and Peoples**

Special Committee on Decolonization → **Special Committee on the Situation with regard to the Implementation of the Declaration on the Granting of Independence to Colonial Countries and Peoples**

Special Committee on Enhancing the Effectiveness of the Principle of Non-Use of Force in International Relations - *Comité spécial pour le renforcement de l'efficacité du principe du non- recours à la force dans les relations internationales* - Sonderausschuß zur Verstärkung der Wirksamkeit des Grundsatzes der Nichtanwendung von Gewalt in den internationalen Beziehungen

Special Committee on Methods and Procedures of the General Assembly - *Commission spéciale des méthodes et des procédures de l'Assemblée générale* - Sonderausschuß für die Methoden und Verfahren der Generalversammlung

Special Committee on Peacekeeping Operations - *Comité spécial des opérations de maintien de la paix* - Sonderausschuß für Friedenssicherungseinsätze

Special Committee on Review of Administrative Tribunal Judgements - *Comité spécial chargé d'étudier la question de la réformation des jugements du Tribunal administratif* - Sonderausschuß für die Überprüfung von Urteilen des Verwaltungsgerichts

Special Committee on the Charter of the United Nations and the Strengthening of the Role of the Organization - *Comité spécial de la Charte des Nations Unies et du raffermissement du rôle de l'Organisation* - Sonderausschuß für die Charta und die Stärkung der Rolle der Vereinten Nationen

Special Committee on the Rationalization of the Procedures and Organization of the General Assembly - *Comité spécial pour la rationalisation des procédures et de l'organisation de l'Assemblée générale* - Sonderausschuß für die Rationalisierung der Verfahren und der Organisation der Generalversammlung

Special Committee on the Situation with regard to the Implementation of the Declaration on the Granting of Independence to Colonial Countries and Peoples: Special Committee on Decolonization: Special Committee of 24: Decolonization Committee - *Comité spécial chargé d'étudier la situation en ce qui concerne l'application de la Déclaration sur l'octroi de l'indépendance aux pays et aux peuples coloniaux: Comité spécial de la décolonisation: Comité spécial des Vingt-Quatre: Comité de la décolonisation* - Sonderausschuß für den Stand der Verwirklichung der Erklärung über die Gewährung der Unabhängigkeit an koloniale Länder und Völker: Entkolonialisierungsausschuß

Special Committee to Investigate Israeli Practices Affecting the Human Rights of the Palestinian People and Other Arabs of the Occupied Territories - *Comité spécial chargé d'enquêter sur les pratiques israéliennes affectant les droits de l'homme du peuple palestinien et des autres Arabes des territoires occupés* - Sonderausschuß zur Untersuchung israelischer Praktiken, die die Menschenrechte des palästinensischen Volkes und anderer Araber der besetzten Gebiete beeinträchtigen

Special high-level meeting of the Economic and Social Council in 1991 - *réunion spéciale de haut niveau du Conseil économique et social en 1991* - Wirtschafts- und Sozialrats-Sonderkonferenz auf hoher Ebene im Jahre 1991

Special International Meeting on Chernobyl - *Réunion internacional extraordinaire sur Tchernobyl* - Internationale Sondertagung über Tschernobyl

Special Measures Fund for the Least Developed Countries - *Fonds pour les mesures spéciales en faveur des pays les moins avancés* - Sondermaßnahmenfonds für die am wenigsten entwickelten Länder

Special Political and Decolonization Committee (Fourth Committee) - *Commission des questions politiques spéciales et de la décolonisation (Quatrième Commission)* - Ausschuß für besondere politische Fragen und Entkolonialisierung (Vierter Ausschuß)

Special Rapporteur on contemporary forms of racism, racial discrimination, xenophobia and related intolerance - *rapporteur spécial sur les formes contemporaines de racisme, de discrimination raciale, de xénophobie et de l'intolérance qui y est associée* - Sonderberichterstatter über moderne Formen des Rassismus, der Rassendiskriminierung, der Fremdenfeindlichkeit und damit zusammenhängender Intoleranz

Special Rapporteur on disability - *rapporteur spécial sur la situation des handicapés* - Sonderberichterstatter über Behindertenfragen

Special Rapporteur on extrajudicial, summary or arbitrary executions - *Rapporteur spécial sur les exécutions extrajudiciaires, sommaires ou arbitraires* - Sonderberichterstatter über außergerichtliche, summarische oder willkürliche Hinrichtungen

Special Rapporteur on freedom of opinion and expression - *Rapporteur spécial chargé d'examiner les questions relatives à la liberté d'opinion et d'expression* - Sonderberichterstatter über Meinungsfreiheit und das Recht der freien Meinungsäußerung

Special rapporteur on human rights and extreme poverty - *Rapporteur spécial sur les droits de l'homme et l'extrême pauvreté* - Sonderberichterstatter über Menschenrechte und extreme Armut

Special Rapporteur on religious intolerance - *Rapporteur spécial sur la question de l'intolérance religieuse* - Sonderberichterstatter über religiöse Intoleranz

Special Rapporteur on the independence of judges and lawyers - *Rapporteur spécial chargé de la question de l'indépendance des juges et des avocats* - Sonderberichterstatter über die Unabhängigkeit von Richtern und Anwälten

Special Rapporteur on the sale of children, child prostitution and child pornography - *Rapporteur spécial sur la vente d'enfants, la prostitution des enfants et la pornographie impliquant des enfants* - Sonderberichterstatter über Kinderhandel, Kinderprostitution und Kinderpornographie

Special Rapporteur on the situation of human rights in Afghanistan - *Rapporteur spécial sur la situation des droits de l'homme en Afghanistan* - Sonderberichterstatter über die Menschenrechtssituation in Afghanistan

Special Rapporteur on the situation of human rights in Iraq - *Rapporteur spécial sur la situation des droits de l'homme en Iraq* - Sonderberichterstatter über die Menschenrechtssituation in Irak

Special Rapporteur on the situation of human rights in the Democratic Republic of the Congo - *Rapporteur spécial sur la situation des droits de l'homme en République démocratique du Congo* - Sonderberichterstatter über die Menschenrechtssituation in der Demokratischen Republik Kongo

Special Rapporteur on the situation of human rights in the territories of Bosnia and Herzegovina, the Republic of Croatia and the Federal Republic of Yugoslavia (Serbia and Montenegro) - *Rapporteur spécial concernant la situation des droits de l'homme dans les territoires de la République de Bosnie-Herzégovine, de la République de Croatie et de la République fédérative de Yougoslavie (Serbie et Monténégro)* - Sonderberichterstatterin über die Menschenrechtssituation in den Hoheitsgebieten Bosnien und Herzegowinas, der Republik Kroatien und der Bundesrepublik Jugoslawien (Serbien und Montenegro)

Special Rapporteur on the situation of human rights in the territories of the successor States of the former Yugoslavia - *Rapporteur spécial sur la situation des droits de l'homme dans les territoires des États successeurs de l'ex-Yougoslavie* - Sonderberichterstatter über die Menschenrechtssituation in den Hoheitsgebieten der Nachfolgestaaten des ehemaligen Jugoslawien

Special Rapporteur on the situation of human rights in the territory of the former Yugoslavia - *Rapporteur spécial sur la situation des droits de l'homme dans le territoire de l'ex-Yougoslavie* - Sonderberichterstatter über die Menschenrechtssituation im Hoheitsgebiet des ehemaligen Jugoslawien

Special Rapporteur on the use of mercenaries as a means of impeding the execise of the right of peoples to self-determination - *Rapporteur spécial sur l'utilisation de mercenaires comme moyen d'empêcher l'exercice du droit des peuples à l'autodétermination* - Sonderberichterstatter über den Einsatz von Söldnern als Mittel zur Verhinderung der Ausübung des Rechts der Völker auf Selbstbestimmung

Special Rapporteur on torture - *Rapporteur spécial sur la question de la torture* - Sonderberichterstatter über Folter

Special Rapporteur on violence against women - *Rapporteur spécial sur la violence contre les femmes* - Sonderberichterstatter über Gewalt gegen Frauen

Special Rapporteur on violence against women, its causes and consequences - *Rapporteur spécial sur la violence à légard des femmes, ses causes et ses conséquences* - Sonderberichterstatterin über Gewalt gegen Frauen, deren Ursachen und deren Folgen

Special representative on the situation of human rights in El Salvador - *représentant spécial pour étudier la situation des droits de l'homme en El Salvador* - Sonderbeauftragter für die Menschenrechtssituation in El Salvador

Special Representative on the situation of human rights in the Islamic Republic of Iran - *Représentant spécial chargé d'examiner la situation des droits de l'homme en République islamique d'Iran* - Sonderbeauftragter für die Menschenrechtssituation in der Islamischen Republik Iran

Special session for an overall review and appraisal of the implementation of the outcome of Habitat II - *session extraordinaire chargée de procéder à un examen et à une évaluation d'ensemble de l'application des décisions d'Habitat II* - Sondertagung zur Gesamtüberprüfung und -bewertung der Umsetzung der Ergebnisse von Habitat II

Special session of the General Assembly devoted to disarmament - *session extraordinaire de l'Assemblée générale consacrée au désarmement* - Sondertagung der Generalversammlung über Abrüstung

Special session of the General Assembly devoted to international economic cooperation, in particular to the revitalization of economic growth and development of the developing countries - *session extraordinaire de l'Assemblée générale, consacrée à la coopération économique internationale, en particulier à la relance de la croissance économique et du développement dans les pays en développement* - Sondertagung der Generalversammlung über internationale wirtschaftliche Zusammenarbeit, insbesondere über die Neubelebung des Wirtschaftswachstums und der Entwicklung in den Entwicklungsländern

Special session of the General Assembly devoted to the fight against the illicit production, sale, demand, traffic and distribution of narcotic drugs and psychotropic substances and related activities - *session extraordinaire de l'Assemblée générale consacrée à la lutte contre la production, la vente, la demande, le trafic et la distribution illicites de stupéfiants et de substances psychotropes et les activités connexes* - Sondertagung der Generalversammlung über die Bekämpfung der unerlaubten Gewinnung von Suchtstoffen und psychotropen Stoffen, den unerlaubten Verkauf dieser Stoffe, die unerlaubte Nachfrage danach, den unerlaubten Verkehr damit und ihre unerlaubte Verteilung sowie damit zusammenhängende Aktivitäten

Special session of the General Assembly, devoted to the question of international cooperation against illicit production, supply, demand, trafficking and distribution of narcotic drugs and psychotropic substances - *session extraordinaire de l'Assemblée générale, consacrée à la question de la coopération internationale contre la production, l'offre, la demande, le trafic et la distribution illicites de stupéfiants et de substances psychotropes* - Sondertagung der Generalversammlung zur Behandlung der Frage der internationalen Zusammenarbeit gegen die unerlaubte Gewinnung von Suchtstoffen und psychotropen Stoffen, das unerlaubte Angebot dieser Stoffe, die unerlaubte Nachfrage danach, den unerlaubten Verkehr damit und die unerlaubte Verteilung dieser Stoffe

Special session of the General Assembly for an overall review and appraisal of the implementation of the outcome of the Summit - *session extraordinaire de l'Assemblée générale chargée de procéder à un examen et une évaluation d'ensemble de la mise en oeuvre des résultats du Sommet* - Sondertagung der Generalversammlung zur Gesamtüberprüfung und -bewertung der Umsetzung der Ergebnisse des Gipfels

Special session of the General Assembly on apartheid and its destructive consequences in southern Africa - *session extraordinaire consacrée à l'apartheid et à ses conséquences destructrices en Afrique australe* - Sondertagung der Generalversammlung über Apartheid und deren zerstörerische Folgen im südlichen Afrika

Special Session of the General Assembly to Review and Appraise the Implementation of Agenda 21: Earth Summit + 5 - *Session extraordinaire de l'Assemblée générale des Nations Unies consacrée à un examen et à une évaluation de la mise en oeuvre d'Action 21: Sommet Planète Terre+5* - Sondertagung der Generalversammlung zur Überprüfung und Bewertung der Umsetzung der Agenda 21: Rio plus 5

Special session on disarmament: SSOD - *session extraordinaire consacrée au désarmement* - Abrüstungssondertagung

Special United Nations Fund for Economic Development: SUNFED - *Fonds spécial des Nations Unies pour le développement économique: SUNFED* - Sonderfonds der Vereinten Nationen für die wirtschaftliche Entwicklung

Special Voluntary Fund of the United Nations Volunteers - *Fonds bénévole spécial du programme des Volontaires des Nations Unies* - Freiwilliger Sonderfonds des Freiwilligenprogramms der Vereinten Nationen

SSOD → special session on disarmament

Staff Regulations and Rules of the United Nations - *Statut et Règlement du personnel de l'Organisation des Nations Unies* - Personalstatut und Personalordnung der Vereinten Nationen

Staff Regulations of the United Nations and Staff Rules 101 to 112.8 - *Dispositions 101 à 112.8 (du Règlement du personnel) et Statut du personnel de l'Organisation des Nations Unies* - Personalstatut der Vereinten Nationen und Personalordnung (Bestimmungen 101 bis 112.8)

Staff Rules - *Règlement du personnel* - Personalordnung

Standard Minimum Rules for the Treatment of Prisoners - *Ensemble des règles minima pour le traitement des détenus* - Mindestgrundsätze für die Behandlung von Gefangenen

Standard Rules on the Equalization of Opportunities for Persons with Disabilities - *Règles pour l'égalisation des chances des handicapés* - Rahmenbestimmungen für die Herstellung der Chancengleichheit für Behinderte

Standing Committee on Petitions - *Comité permanent des pétitions* - Ständiger Petitionsausschuß

Statement of principles and programme of action of the United Nations crime prevention and criminal justice programme - *Déclaration de principes et programme d'action du programme des Nations Unies en matière de prévention du crime et de justice pénale* - Grundsatzerklärung und Aktionsprogramm des Programms der Vereinten Nationen auf dem Gebiet der Verbrechensverhütung und der Strafrechtspflege

Statute of the International Court of Justice - *Statut de la Cour internationale de Justice* - Statut des Internationalen Gerichtshofs

Statute of the United Nations Administrative Tribunal - *Statut du Tribunal administratif des Nations Unies* - Statut des Verwaltungsgerichts der Vereinten Nationen

Stockholm Conference → United Nations Conference on the Human Environment

strategic plan of action for the improvement of the status of women in the Secretariat (1995-2000) - *Plan d'action stratégique pour l'amélioration de la condition de la femme au Secrétariat (1995-2000)* - strategischer Aktionsplan für die Verbesserung der Situation der Frauen im Sekretariat (1995-2000)

Subcommission on Illicit Drug Traffic and Related Matters in the Near and Middle East - *Sous-Commission du trafic illicite des drogues et des problèmes apparentés pour le Proche et le Moyen-Orient* - Unterkommission für unerlaubten Drogenverkehr und damit zusammenhängende Fragen im Nahen und Mittleren Osten

Subcommission on Prevention of Discrimination and Protection of Minorities - *Sous-Commission de la lutte contre les mesures discriminatoires et de la protection des minorités* - Unterkommission für die Verhütung von Diskriminierung und den Schutz von Minderheiten

Subcommittee on Good-Neighbourliness - *Sous-Commission des relations de bon voisinage* - Unterausschuß für Gutnachbarlichkeit

Subcommittee on Petitions, Information and Assistance - *Sous-Comité des pétitions, de l'information et de l'assistance* - Unterausschuß für Petitionen, Information und Unterstützung

Subcommittee on Small Territories - *Sous-Comité des petits territoires* - Unterausschuß für die kleinen Hoheitsgebiete

Substantial New Programme of Action for the 1980s for the Least Developed Countries - *Nouveau programme substantiel d'action pour les années 1980 en faveur des pays les moins avancés* - Neues substantielles Aktionsprogramm für die achtziger Jahre zugunsten der am wenigsten entwickelten Länder

SUNFED → **Special United Nations Fund for Economic Development**

System-wide Plan of Action for African Economic Recovery and Development - *plan d'action, applicable à l'échelle du système, pour le redressement économique et le développement de l'Afrique* - Systemweiter Aktionsplan für die wirtschaftliche Gesundung und Entwicklung Afrikas

Task Force on Basic Social Services for All - *Équipe spéciale sur les services sociaux de base pour tous* - Arbeitsgruppe über soziale Grundversorgung für alle

Task Force on Full Employment and Sustainable Livelihoods - *Équipe spéciale sur le plein emploi et les moyens de subsistance durables* - Arbeitsgruppe über Vollbeschäftigung und dauerhafte Lebensgrundlagen

Task Force on Internally Displaced Persons - *Équipe spéciale sur les personnes déplacées dans leur propre pays* - Arbeitsgruppe für Binnenvertriebene

TFAP → **Tropical Forestry Action Plan**

Third Committee (Social, Humanitarian and Cultural Questions) - *Troisième Commission (Questions sociales, humanitaires et culturelles)* - Dritter Ausschuß (Soziale, humanitäre und kulturelle Fragen)

Third (Programme and Coordination) Committee - *Troisième Comité (Programme et coordination)* - Dritter Ausschuß (Programm und Koordinierung)

Third special session of the General Assembly devoted to disarmament - *troisième session extraordinaire de l'Assemblée générale consacrée au désarmement* - dritte Sondertagung der Generalversammlung über Abrüstung

Third United Nations Conference on the Law of the Sea - *troisième Conférence des Nations Unies sur le droit de la mer* - Dritte Seerechtskonferenz der Vereinten Nationen

Tokyo Rules → **United Nations Standard Minimum Rules for Non-custodial Measures (The Tokyo Rules)**

Trade and Development Board - *Conseil du commerce et du développement* - Handels- und Entwicklungsrat

Treaty on Principles Governing the Activities of States in the Exploration and Use of Outer Space, including the Moon and Other Celestial Bodies: Outer Space Treaty - *Traité sur les principes régissant les activités des États en matière d'exploration et d'utilisation de l'espace extra-atmosphérique, y compris la Lune et les autres corps célestes* - Vertrag über die Grundsätze zur Regelung der Tätigkeiten von Staaten bei der Erforschung und Nutzung des Weltraums einschließlich des Mondes und anderer Himmelskörper: Weltraumvertrag

Treaty on the Non-Proliferation of Nuclear Weapons: NPT: Non-Proliferation Treaty - *Traité sur la non-prolifération des armes nucléaires* - Vertrag über die Nichtverbreitung von Kernwaffen: Nichtverbreitungs-Vertrag: NV-Vertrag: NVV: "Atomwaffensperrvertrag"

Treaty on the Prohibition of the Emplacement of Nuclear Weapons and Other Weapons of Mass Destruction on the Sea-Bed and the Ocean Floor and in the Subsoil Thereof: Sea-Bed Treaty - *Traité interdisant de placer des armes nucléaires et d'autres armes de destruction massive sur le fond des mers et des océans ainsi que dans leur sous-sol* - Vertrag über das Verbot der Anbringung von Kernwaffen und anderen Massenvernichtungswaffen auf dem Meeresboden und im Meeresuntergrund: Meeresbodenvertrag

Tropical Forestry Action Plan: TFAP - *Plan d'action pour la protection de la fôret tropicale* - Tropen-Forstwirtschafts-Aktionsplan

Trusteeship Council - *Conseil de tutelle* - Treuhandrat: Treuhandschaftsrat

Trust Fund for German Language Translation - *Fonds d'affectation spéciale pour le Groupe allemand de traduction* - Treuhandfonds für den Deutschen Übersetzungsdienst

Trust Fund for the Fiftieth Anniversary Celebrations: Trust Fund for the Fiftieth Anniversary of the United Nations - *Fonds d'affectation spéciale pour la célébration du cinquantième anniversaire* - Treuhandfonds für die Begehung des fünfzigsten Jahrestags

Trust Fund for the Fiftieth Anniversary of the United Nations → Trust Fund for the Fiftieth Anniversary Celebrations

Trust Fund for the Follow-up to the World Summit for Social Development - *Fonds d'affectation spéciale pour le suivi du Sommet mondial pour le développement social* - Treuhandfonds für Folgemaßnahmen zum Weltgipfel für soziale Entwicklung

Trust Fund for the United Nations Programme of Assistance in the Teaching, Study, Dissemination and Wider Appreciation of International Law - *Fonds d'affectation spéciale pour le Programme d'assistance des Nations Unies pour l'enseignement, l'étude, la diffusion et une compréhension plus large du droit international* - Treuhandfonds für das Hilfsprogramm der Vereinten Nationen für Lehre, Studium, Verbreitung und besseres Verständnis des Völkerrechts

Trust Fund of the Secretary-General to assist States in resolving their disputes through the International Court of Justice - *Fonds d'affectation spéciale du Secrétaire général destiné à aider les États à régler leurs différends en faisant appel à la Cour internationale de Justice* - Treuhandfonds des Generalsekretärs zur Unterstützung der Staaten bei der Regelung ihrer Streitigkeiten durch den Internationalen Gerichtshof

UNAFEI → United Nations Asia and Far East Institute for the Prevention of Crime and the Treatment of Offenders

UNAMIC → United Nations Advance Mission in Cambodia

UNAMIR → United Nations Assistance Mission for Rwanda

UNARDOL → United Nations Coordinator of Assistance for the Reconstruction and Development of Lebanon

UNASOG → United Nations Aouzou Strip Observer Group

UNAVEM → United Nations Angola Verification Mission

UNAVEM II → United Nations Angola Verification Mission II

UNC → United Nations Command in Korea

UNCC → United Nations Compensation Commission

UNCCD → United Nations Convention to Combat Desertification in Those Countries Experiencing Serious Drought and/or Desertification, Particularly in Africa

UNCCP → United Nations Conciliation Commission for Palestine

UNCDF → United Nations Capital Development Fund

UNCED → United Nations Conference on Environment and Development

UNCHS → United Nations Centre for Human Settlements (Habitat)

UNCITRAL → United Nations Commission on International Trade Law

UNCITRAL Arbitration Rules → Arbitration Rules of the United Nations Commission on International Trade Law

UNCITRAL Conciliation Rules → Conciliation Rules of the United Nations Commission on International Trade Law

UNCITRAL Model Law on Cross-Border Insolvency - *Loi type de la CNUDCI sur l'insolvabilité internationale* - UNCITRAL-Mustergesetz über grenzüberschreitende Insolvenzen

UNCITRAL Model Law on Electronic Commerce - *Loi type de la CNUDCI sur le commerce électronique* - UNCITRAL-Mustergesetz über den elektronischen Geschäftsverkehr

UNCITRAL Model Law on International Commercial Arbitration - *Loi type de la CNUDCI sur l'arbitrage commercial international* - UNCITRAL-Mustergesetz über die internationale Handelsschiedsgerichtsbarkeit

UNCITRAL Model Law on Procurement of Goods, Construction and Services - *Loi type de la CNUDCI sur la passation des marchés de biens, de travaux et des services* - UNCITRAL-Mustergesetz über die öffentliche Auftragsvergabe für Güter, Bau- und Dienstleistungen

UNCITRAL Notes on Organizing Arbitral Proceedings - *Aide-mémoire de la CNUDCI sur l'organisation des procédures arbitrales* - UNCITRAL-Hinweise zur Gestaltung von Schiedsverfahren

UNCIVPOL → **United Nations Civilian Police**

UNCLOS → **United Nations Convention on the Law of the Sea**

UNCRO → **United Nations Confidence-Restoration Operation in Croatia**

UNCTAD → **United Nations Conference on Trade and Development**

UNCTAD Special Programme for the Least Developed Countries - *Programme spécial de la CNUCED sur les pays les moins avancés* - UNCTAD-Sonderprogramm für die am wenigsten entwickelten Länder

UNDCP → **United Nations International Drug Control Programme**

UNDOF → **United Nations Disengagement Observer Force**

UNDP → **United Nations Development Programme**

UNEF → **United Nations Emergency Force**

UNEP → **United Nations Environment Programmme**

UNERG → **United Nations Conference on New and Renewable Sources of Energy**

UNESCO → **United Nations Educational, Scientific and Cultural Organization**

UNFICYP → **United Nations Peacekeeping Force in Cyprus**

UNFPA → **United Nations Population Fund**

UNGCI → **United Nations Guards Contingent in Iraq**

UNGEGN → **United Nations Group of Experts on Geographical Names**

UNHAC → **United Nations Humanitarian Assistance Coordinator**

UNHCR → **Office of the United Nations High Commissioner for Refugees**

UNHHSF → **United Nations Habitat and Human Settlements Foundation**

UNICEF → **United Nations Children's Fund**

UNICRI → **United Nations Interregional Crime and Justice Research Institute**

UNIDCP → **United Nations International Drug Control Programme**

UNIDIR → **United Nations Institute for Disarmament Research**

UNIDO → **United Nations Industrial Development Organization**

UNIFEM → **United Nations Development Fund for Women**

Unified Command in Korea → **United Nations Command in Korea**

Unified Task Force: UNITAF - *Force d'intervention unifiée* - Vereinter Eingreifverband: UNITAF

UNIFIL →→ **United Nations Interim Force in Lebanon**

UNIIMOG → **United Nations Iran-Iraq Military Observer Group**

UNIKOM → **United Nations Iraq-Kuwait Observation Mission**

UN-IPTF → **United Nations International Police Task Force**

UNISPACE II → **Second United Nations Conference on the Exploration and Peaceful Uses of Outer Space**

UNITAF → **Unified Task Force**

UNITAR → **United Nations Institute for Training and Research**

United Nations Advance Mission in Cambodia: UNAMIC - *Mission préparatoire des Nations Unies au Cambodge* - Vorausmission der Vereinten Nationen in Kambodscha

United Nations African Institute for the Prevention of Crime and the Treatment of Offenders - *Institut africain des Nations Unies pour la prévention du crime et le traitement des délinquants* - Afrikanisches Institut der Vereinten Nationen für Verbrechensverhütung und die Behandlung Straffälliger

United Nations Angola Verification Mission: UNAVEM - *Mission de vérification des Nations Unies en Angola* - Verifikationsmission der Vereinten Nationen für Angola: UNAVEM

750

United Nations Angola Verification Mission II: UNAVEM II - *Mission de vérification des Nations Unies en Angola II* - Verifikationsmission der Vereinten Nationen für Angola II: UNAVEM II

United Nations Aouzou Strip Observer Group: UNASOG - *Groupe d'observateurs des Nations Unies dans la bande d'Aouzou: GONUBA* - Beobachtergruppe der Vereinten Nationen im Aouzoustreifen

United Nations Asia and Far East Institute for the Prevention of Crime and the Treatment of Offenders: UNAFEI - *Institut des Nations Unies d'Asie et de l'Extrême-Orient pour la prévention du crime et le traitement des délinquants* - Institut der Vereinten Nationen für Verbrechensverhütung und die Behandlung Straffälliger in Asien und dem Fernen Osten

United Nations Assistance Mission for Rwanda: UNAMIR - *Mission des Nations Unies pour l'assistance au Rwanda: MINUAR* - Hilfsmission der Vereinten Nationen für Ruanda: UNAMIR

United Nations Capital Development Fund: UNCDF - *Fonds d'équipement des Nations Unies: FENU* - Kapitalentwicklungsfonds der Vereinten Nationen

United Nations Centre for Human Settlements (Habitat): UNCHS - *Centre des Nations Unies pour les établissements humains (Habitat)* - Zentrum der Vereinten Nationen für Wohn- und Siedlungswesen (Habitat)

United Nations Children's Fund: UNICEF - *Fonds des Nations Unies pour l'enfance: UNICEF* - Kinderhilfswerk der Vereinten Nationen: UNICEF

United Nations Civilian Police: UNCIVPOL - *Police civile de la Force des Nations Unies* - Zivilpolizei der Vereinten Nationen

United Nations Civilian Police Mission in Haiti: MIPONUH - *Mission de police civile des Nations Unies en Haïti* - Zivilpolizeimission der Vereinten Nationen in Haiti

United Nations Command in Korea: UNC: Unified Command in Korea - *Commandement unifié en Corée: Commandement des Nations Unies en Corée* - Vereinigtes (Ober-)Kommando in Korea: Oberkommando der Vereinten Nationen in Korea

United Nations Commissioner for Namibia - *Commissaire des Nations Unies pour la Namibie* - Beauftragter der Vereinten Nationen für Namibia

United Nations Commission on International Trade Law: UNCITRAL - *Commission des Nations Unies pour le droit commercial international: CNUDCI* - Kommission der Vereinten Nationen für internationales Handelsrecht: UNCITRAL

United Nations Commission on Palestine - *Commission des Nations Unies pour la Palestine* - Kommission der Vereinten Nationen für Palästina

United Nations Commission on Permanent Sovereignty over Natural Resources - *Commission des Nations Unies pour la souveraineté permanente sur les ressources naturelles* - Kommission der Vereinten Nationen zur Frage der permanenten Souveränität über natürliche Ressourcen

United Nations Compensation Commission: UNCC - *Commission d'indemnisation des Nations Unies* - Entschädigungskommission der Vereinten Nationen

United Nations Compensation Fund - *Fonds d'indemnisation des Nations Unies* - Entschädigungsfonds der Vereinten Nationen

United Nations Conciliation Commission for Palestine: UNCCP - *Commission de conciliation des Nations Unies pour la Palestine* - Vergleichskommission der Vereinten Nationen für Palästina

United Nations Conference on Desertification - *Conférence des Nations Unies sur la désertification* - Konferenz der Vereinten Nationen über die Wüstenbildung

United Nations Conference on Environment and Development: UNCED: Rio Summit: Earth Summit - *Conférence des Nations Unies sur l'environnement et le développement* - Konferenz der Vereinten Nationen über Umwelt und Entwicklung: Umweltgipfel von Rio: Rio-Konferenz

United Nations Conference on Human Settlements → Habitat: United Nations Conference on Human Settlements

751

United Nations Conference on New and Renewable Sources of Energy: UNERG - *Conférence des Nations Unies sur les sources d'énergie nouvelles et renouvelables* - Konferenz der Vereinten Nationen über neue und erneuerbare Energiequellen

United Nations Conference on Science and Technology for Development - *Conférence des Nations Unies sur la science et la technique au service du développement* - Konferenz der Vereinten Nationen über Wissenschaft und Technologie im Dienste der Entwicklung

United Nations Conference on the Human Environment: Stockholm Conference - *Conférence des Nations Unies sur l'environnement* - Konferenz der Vereinten Nationen über die Umwelt des Menschen

United Nations Conference on the Least Developed Countries - *Conférence des Nations Unies sur les pays les moins avancés* - Konferenz der Vereinten Nationen über die am wenigsten entwickelten Länder

United Nations Conference on the Representation of States in Their Relations with International Organizations - *Conférence des Nations Unies sur la représentation des États dans leurs relations avec les organisations internationales* - Konferenz der Vereinten Nationen über die Vertretung von Staaten in ihren Beziehungen mit internationalen Organisationen

United Nations Conference on the Standardization of Geographical Names - *Conférence des Nations Unies sur la normalisation des noms géographiques* - Konferenz der Vereinten Nationen über die Standardisierung geographischer Namen

United Nations Conference on Trade and Development: UNCTAD - *Conférence des Nations Unies sur le commerce et le développement: CNUCED* - Handels- und Entwicklungskonferenz der Vereinten Nationen: UNCTAD

United Nations Confidence-Restoration Operation in Croatia: UNCRO - *Opération des Nations Unies pour le rétablissement de la confiance en Croatie: ONURC* - Operation der Vereinten Nationen zur Wiederherstellung des Vertrauens in Kroatien: UNCRO

United Nations Congress on the Prevention of Crime and the Treatment of Offenders - *Congrès des Nations Unies pour la prévention du crime et le traitement des délinquants* - Kongreß der Vereinten Nationen für Verbrechensverhütung und die Behandlung Straffälliger

United Nations Consolidated Appeal for Emergency Humanitarian Assistance for Afghanistan - *Appel conjoint pour une aide humanitaire d'urgence à l'Afghanistan lancé par les Nations Unies* - Konsolidierter Appell der Vereinten Nationen zur Gewährung humanitärer Nothilfe für Afghanistan

United Nations Consolidated Inter-Agency Appeal for Persons Affected by the Crisis in Rwanda - *appel interinstitutions commun des Nations Unies en faveur des personnes touchées par la crise au Rwanda* - konsolidierter interinstitutioneller Beitragsappell der Vereinten Nationen für die von der Krise in Ruanda betroffenen Menschen

United Nations Convention against Illicit Traffic in Narcotic Drugs and Psychotropic Substances - *Convention des Nations Unies contre le trafic illicite des stupéfiants et des substances psychotropes* - Übereinkommen der Vereinten Nationen gegen den unerlaubten Verkehr mit Suchtstoffen und psychotropen Stoffen

United Nations Convention on Contracts for the International Sale of Goods: CISG - *Convention des Nations Unies sur les contrats de vente internationale de marchandises* - Übereinkommen der Vereinten Nationen über Verträge über den internationalen Warenkauf

United Nations Convention on Independent Guarantees and Stand-by Letters of Credit - *Convention des Nations Unies sur les garanties indépendantes et les lettres de crédit stand-by* - Übereinkommen der Vereinten Nationen über unabhängige Garantien und Stand-by Letters of Credit

United Nations Convention on International Bills of Exchange and International Promissory Notes - *Convention des Nations Unies sur les lettres de change internationales et les billets à ordre internationaux* - Konvention der Vereinten Nationen über internationale Wechsel

752

United Nations Convention on the Law of the Sea: UNCLOS - *Convention des Nations Unies sur le droit de la mer* - Seerechtsübereinkommen der Vereinten Nationen: SRÜ

United Nations Convention to Combat Desertification in Those Countries Experiencing Serious Drought and/or Desertification, Particularly in Africa: UNCCD: Convention to Combat Desertification - *Ü Convention des Nations Unies sur la lutte contre la désertification dans les pays gravement touchés par la sécheresse ou la désertification, en particulier en Afrique* - Übereinkommen der Vereinten Nationen zur Bekämpfung der Wüstenbildung in den von Dürre und/oder Wüstenbildung schwer betroffenen Ländern, insbesondere in Afrika: bereinkommen zur Bekämpfung der Wüstenbildung

United Nations Coordinator of Assistance for the Reconstruction and Development of Lebanon: UNARDOL - *Coordonnateur des Nations Unies pour l'aide à la reconstruction et au développement du Liban* - Koordinator der Vereinten Nationen für Hilfe beim Wiederaufbau und bei der Entwicklung Libanons

United Nations Coordinator of International Cooperation for Chernobyl - *Coordonnatrice des Nations Unies pour la coopération internationale en faveur des zones touchées par l'accident de Tchernobyl* - Koordinatorin der Vereinten Nationen für die internationale Zusammenarbeit zugunsten von Tschernobyl

United Nations Crime Prevention and Criminal Justice Fund - *Fonds des Nations Unies pour la prévention du crime et la justice pénale* - Fonds der Vereinten Nationen für Verbrechensverhütung und Strafrechtspflege

United Nations Declaration against Corruption and Bribery in International Commercial Transactions - *Déclaration des Nations Unies sur la corruption et les actes de corruption dans les transactions commerciales internationales* - Erklärung der Vereinten Nationen gegen Korruption und Bestechung bei internationalen Handelsgeschäften

United Nations Declaration on Crime and Public Security - *Déclaration des Nations Unies sur le crime et la sécurité publique* - Erklärung der Vereinten Nationen über Kriminalität und öffentliche Sicherheit

United Nations Declaration on the Elimination of All Forms of Racial Discrimination - *Déclaration des Nations Unies sur l'élimination de toutes les formes de discrimination raciale* - Erklärung der Vereinten Nationen über die Beseitigung aller Formen der Rassendiskriminierung

United Nations Development Fund for Women: UNIFEM - *Fonds de développement des Nations Unies pour la femme* - Entwicklungsfonds der Vereinten Nationen für die Frau

United Nations Development Programme: UNDP - *Programme des Nations Unies pour le développement: PNUD* - Entwicklungsprogramm der Vereinten Nationen: UNDP

United Nations Diplomatic Conference of Plenipotentiaries on the Establishment of an International Criminal Court - *Conférence diplomatique de plénipotentiaires des Nations Unies sur la création d'une cour criminelle internationale* - Diplomatische Bevollmächtigtenkonferenz der Vereinten Nationen zur Errichtung eines Internationalen Strafgerichtshofs

United Nations Disarmament Information Programme - *Programme d'information des Nations Unies sur le désarmement* - Abrüstungsinformationsprogramm der Vereinten Nationen

United Nations Disengagement Observer Force: UNDOF - *Force des Nations Unies chargée d'observer le dégagement: FNUOD* - Beobachtertruppe der Vereinten Nationen für die Truppenentflechtung: UNDOF

United Nations Educational, Scientific and Cultural Organization: UNESCO - *Organisation des Nations Unies pour l'éducation, la science et la culture: UNESCO* - Organisation der Vereinten Nationen für Erziehung, Wissenschaft und Kultur: UNESCO

United Nations Emergency Force: UNEF - *Force d'urgence des Nations Unies: FUNU* - Noteinsatztruppe der Vereinten Nationen: UNEF

United Nations Environment Programmme: UNEP - *Programme des Nations Unies pour l'environnement: PNUE* - Umweltprogramm der Vereinten Nationen: UNEP

753

United Nations Fund for Namibia - *Fonds des Nations Unies pour la Namibie* - Namibia-Fonds der Vereinten Nationen

United Nations Fund for Science and Technology for Development - *Fonds des Nations Unies pour la science et la technique au service du développement* - Fonds der Vereinten Nationen für Wissenschaft und Technologie im Dienste der Entwicklung

United Nations Fund for Special Industrial Services - *Fonds des Nations Unies pour les services industriels spéciaux* - Fonds der Vereinten Nationen für Sonderleistungen für industrielle Entwicklung

United Nations Group of Experts on Geographical Names: UNGEGN - *Groupe d'experts des Nations Unies pour les noms géographiques* - Sachverständigengruppe der Vereinten Nationen für geographische Namen

United Nations Guards Contingent in Iraq: UNGCI - *Contingent de(s) gardes des Nations Unies en Iraq* - Sicherheitskontingent der Vereinten Nationen in Irak

United Nations Guidelines for the Prevention of Juvenile Delinquency (The Riyadh Guidelines): Riyadh Guidelines - *Principes directeurs des Nations Unies pour la prévention de la délinquance juvénile (Principes directeurs de Riyad): Principes directeurs de Riyad* - Leitlinien der Vereinten Nationen für die Verhütung der Jugendkriminalität (Riad-Leitlinien): Riad-Leitlinien

United Nations Habitat and Human Settlements Foundation: UNHHSF - *Fondation des Nations Unies pour l'habitat et les établissements humains* - Stiftung der Vereinten Nationen für Wohn- und Siedlungswesen: Habitat-Stiftung

United Nations High Commissioner for Refugees - *Haut Commissaire des Nations Unies pour les réfugiés* - Hoher Flüchtlingskommissar der Vereinten Nationen

United Nations Humanitarian Assistance Coordinator: UNHAC - *Coordonnateur de l'assistance humanitaire des Nations Unies* - Koordinator der Vereinten Nationen für humanitäre Hilfe

United Nations Humanitarian Coordinator for Rwanda - *Coordonnateur des Nations Unies pour l'aide humanitaire des Nations Unies au Rwanda* - Koordinator der Vereinten Nationen für die humanitären Maßnahmen in Ruanda

United Nations human rights verification mission - *mission de vérification des Nations Unies en matière de droits de l'homme* - Verifikationsmission der Vereinten Nationen für Menschenrechte

United Nations Industrial Development Organization: UNIDO - *Organisation des Nations Unies pour le développement industriel: ONUDI* - Organisation der Vereinten Nationen für industrielle Entwicklung: UNIDO

United Nations Institute for Disarmament Research: UNIDIR - *Institut des Nations Unies pour la recherche sur le désarmement: UNIDIR* - Institut der Vereinten Nationen für Abrüstungsforschung: UNIDIR

United Nations Institute for Training and Research: UNITAR - *Institut des Nations Unies pour la formation et la recherche* - Ausbildungs- und Forschungsinstitut der Vereinten Nationen: UNITAR

United Nations Inter-Agency Assessment Mission to Djibouti - *Mission d'évaluation interinstitutions des Nations Unies organisée à Djibouti* - Interinstitutionelle Bewertungsmission der Vereinten Nationen in Dschibuti

United Nations Interim Force in Lebanon: UNIFIL - *Force intérimaire des Nations Unies au Liban: FINUL* - Interimstruppe der Vereinten Nationen in Libanon: UNIFIL

United Nations International Drug Control Programme: UNDCP: UNIDCP - *Programme des Nations Unies pour le contrôle international des drogues: PNUCID* - Programm der Vereinten Nationen für internationale Drogenkontrolle: VN-Drogenkontrollprogramm

United Nations International Police Task Force: UN-IPTF - *Groupe international de police: GIP* - Internationale Polizeieinsatztruppe der Vereinten Nationen: UN-IPTF

United Nations Interregional Crime and Justice Research Institute: UNICRI - *Institut interrégional de recherche des Nations Unies sur la criminalité et la justice* - Interregionales Forschungsinstitut der Vereinten Nationen für Kriminalität und Rechtspflege

United Nations Iran-Iraq Military Observer Group: UNIIMOG - *Groupe d'observateurs militaires des Nations Unies pour l'Iran et l'Iraq: GOMNUII* - Militärische Beobachtergruppe der Vereinten Nationen für Irak und Iran: UNIIMOG

United Nations Iraq-Kuwait Observation Mission: UNIKOM - *Mission d'observation des Nations Unies pour l'Iraq et le Koweït: MONUIK* - Beobachtermission der Vereinten Nationen für Irak und Kuwait: UNIKOM

United Nations Joint Staff Pension Fund: UNJSPF - *Caisse commune des pensions du personnel des Nations Unies* - Gemeinsamer Pensionsfonds der Vereinten Nationen

United Nations Korean Reconstruction Agency: UNKRA - *Agence des Nations Unies pour le relèvement de la Corée* - Amt der Vereinten Nationen für den Wiederaufbau Koreas

United Nations Latin American Institute for the Prevention of Crime and the Treatment of Offenders: UNLAI - *Institut latino-américain des Nations Unies pour la prévention du crime et le traitement des délinquants* - Lateinamerikanisches Institut der Vereinten Nationen für Verbrechensverhütung und die Behandlung Straffälliger

United Nations Logistics Base: UNLB - *base des Nations Unies pour l'appui logistique: base logistique des Nations Unies* - Versorgungsbasis der Vereinten Nationen

United Nations Military Liaison Team in Cambodia: UNMLT - *Équipe de liaison militaire des Nations Unies au Cambodge* - Militärische Verbindungsgruppe der Vereinten Nationen in Kambodscha

United Nations Military Observer Group in India and Pakistan: UNMOGIP - *Groupe d'observateurs militaires des Nations Unies dans l'Inde et le Pakistan* - Militärbeobachtergruppe der Vereinten Nationen in Indien und Pakistan

United Nations Mission for the Referendum in Western Sahara: MINURSO - *Mission des Nations Unies pour l'organisation d'un référendum au Sahara occidental: MINURSO* - Mission der Vereinten Nationen für das Referendum in Westsahara: MINURSO

United Nations Mission in Bosnia and Herzegovina: UNMIBH - *Mission des Nations Unies en Bosnie-Herzégovine: MINUBH* - Mission der Vereinten Nationen in Bosnien und Herzegowina: UNMIBH

United Nations Mission in Haiti: UNMIH - *Mission des Nations Unies en Haïti: MINUHA* - Mission der Vereinten Nationen in Haiti: UNMIH

United Nations Mission in the Central African Republic: MINURCA - *Mission des Nations Unies en République centrafricaine: MINURCA* - Mission der Vereinten Nationen in der Zentralafrikanischen Republik: MINURCA

United Nations Mission of Observers in Prevlaka: UNMOP - *Mission d'observation des Nations Unies à Prevlaka: MONUP* - Beobachtermission der Vereinten Nationen in Prevlaka: UNMOP

United Nations Mission of Observers in Tajikistan: UNMOT - *Mission d'observation des Nations Unies au Tadjikistan: MONUT* - Beobachtermission der Vereinten Nationen in Tadschikistan: UNMOT

United Nations Model Rules for the Conciliation of Disputes between States - *Règlement type de conciliation des Nations Unies applicable aux différends entre États* - Musterregeln der Vereinten Nationen für Vergleichsverfahren bei Streitigkeiten zwischen Staaten

United Nations New Agenda for the Development of Africa in the 1990s: UN-NADAF - *nouvel Ordre du jour des Nations Unies pour le développement de l'Afrique dans les années 90* - Neue Agenda der Vereinten Nationen für die Entwicklung Afrikas in den neunziger Jahren

United Nations Observation Group in Lebanon: UNOGIL - *Groupe d'observation des Nations Unies au Liban: GONUL* - Beobachtergruppe der Vereinten Nationen in Libanon: UNOGIL

United Nations Observer Group for the Verification of Elections in Haiti: ONUVEH - *Groupe d'observateurs des Nations Unies pour la vérification des élections en Haïti: ONUVEH* - Beobachtergruppe der Vereinten Nationen für die Verifikation der Wahlen in Haiti: ONUVEH

United Nations Observer Group in Central America: ONUCA - *Groupe d'observateurs des Nations Unies en Amérique centrale: ONUCA* - Beobachtergruppe der Vereinten Nationen in Zentralamerika: ONUCA

United Nations Observer Mission in Angola: MONUA - *Mission d'observation des Nations Unies en Angola: MONUA* - Beobachtermission der Vereinten Nationen in Angola: MONUA

United Nations Observer Mission in El Salvador: ONUSAL - *Mission d'observation des Nations Unies en El Salvador: ONUSAL* - Beobachtermission der Vereinten Nationen in El Salvador: ONUSAL

United Nations Observer Mission in Georgia: UNOMIG - *Mission d'observation des Nations Unies en Géorgie: MONUG* - Beobachtermission der Vereinten Nationen in Georgien: UNOMIG

United Nations Observer Mission in Liberia: UNOMIL - *Mission d'observation des Nations Unies au Libéria: MONUL* - Beobachtermission der Vereinten Nationen in Liberia: UNOMIL

United Nations Observer Mission in Sierra Leone: UNOMSIL - *Mission d'observation des Nations Unies en Sierra Leone: MONUSIL* - Beobachtermission der Vereinten Nationen in Sierra Leone: UNOMSIL

United Nations Observer Mission in South Africa: UNOMSA - *Mission d'observation des Nations Unies en Afrique du Sud: MONUAS* - Beobachtermission der Vereinten Nationen in Südafrika: UNOMSA

United Nations Observer Mission to Verify the Electoral Process in Nicaragua: ONUVEN - *Mission d'observation des Nations Unies chargée de la vérification du processus électoral en Nicaragua: ONUVEN* - Beobachtermission der Vereinten Nationen für die Verifikation des Wahlprozesses in Nicaragua: ONUVEN

United Nations Observer Mission to Verify the Referendum in Eritrea: UNOVER - *Mission d'observation des Nations Unies chargée de la vérification du référendum en Érythrée: ONUVER* - Beobachtermission der Vereinten Nationen zur Verifikation des Referendums in Eritrea: UNOVER

United Nations Observer Mission Uganda-Rwanda: UNOMUR - *Mission d'observation des Nations Unies Ouganda-Rwanda: MONUOR* - Beobachtermission der Vereinten Nationen für Uganda und Ruanda: UNOMUR

United Nations Office of Verification: ONUV - *Bureau de vérification des Nations Unies* - Verifikationsbüro der Vereinten Nationen

United Nations Operation in Mozambique: ONUMOZ - *Opération des Nations Unies au Mozambique: ONUMOZ* - Operation der Vereinten Nationen in Mosambik: ONUMOZ

United Nations Operation in Somalia: UNOSOM - *Opération des Nations Unies en Somalie: ONUSOM* - Operation der Vereinten Nationen in Somalia: UNOSOM

United Nations Peace Forces: UNPF - *Forces de paix des Nations Unies: FPNU* - Friedenstruppen der Vereinten Nationen

United Nations Peacekeeping Force in Cyprus: UNFICYP - *Force des Nations Unies chargée du maintien de la paix à Chypre* - Friedenstruppe der Vereinten Nationen in Zypern: UNFICYP

United Nations Police Support Group - *Groupe d'appui de la police des Nations Unies* - Polizeiunterstützungsgruppe der Vereinten Nationen

United Nations Population Fund: UNFPA - *Fonds des Nations Unies pour la population: FNUAP* - Bevölkerungsfonds der Vereinten Nationen: UNFPA

United Nations Preventive Deployment Force: UNPREDEP - *Force de déploiement préventif des Nations Unies: FORDEPRENU* - Präventiveinsatztruppe der Vereinten Nationen: UNPREDEP

United Nations Principles for Older Persons - *Principes des Nations Unies pour les personnes âgées* - Grundsätze der Vereinten Nationen für ältere Menschen

United Nations Programme of Action for African Economic Recovery and Development 1986-1990 - *Programme d'action des Nations Unies pour le redressement économique et le développement de l'Afrique, 1986-1990* - Aktionsprogramm der Vereinten Nationen für die wirtschaftliche Gesundung und Entwicklung Afrikas 1986-1990

United Nations Programme of Assistance in the Teaching, Study, Dissemination and Wider Appreciation of International Law - *Programme d'assistance des Nations Unies pour l'enseignement, l'étude, la diffusion et une compréhension plus large du droit international* - Hilfsprogramm der Vereinten Nationen für Lehre, Studium, Verbreitung und besseres Verständnis des Völkerrechts

United Nations Protection Force: UNPROFOR - *Force de protection des Nations Unies: FORPRONU* - Schutztruppe der Vereinten Nationen: UNPROFOR

United Nations Relief and Works Agency for Palestine Refugees in the Near East: UNRWA - *Office de secours et de travaux des Nations Unies pour les réfugiés de Palestine dans le Proche-Orient* - Hilfswerk der Vereinten Nationen für Palästinaflüchtlinge im Nahen Osten: UNRWA

United Nations Research Institute for Social Development: UNRISD - *Institut de recherche des Nations Unies pour le développement social* - Forschungsinstitut der Vereinten Nationen für soziale Entwicklung

United Nations Rules for the Protection of Juveniles Deprived of their Liberty - *Règles des Nations Unies pour la protection des mineurs privés de liberté* - Regeln der Vereinten Nationen für den Schutz von Jugendlichen, denen ihre Freiheit entzogen ist

United Nations Rwanda Emergency Office - *Bureau des Nations Unies pour les secours d`urgence au Rwanda* - Büro der Vereinten Nationen für Nothilfemaßnahmen für Ruanda

United Nations Scientific Advisory Committee: UNSAC - *Comité consultatif scientifique des Nations Unies* - Wissenschaftlicher Beratungsausschuß der Vereinten Nationen

United Nations Scientific Committee on the Effects of Atomic Radiation: UNSCEAR - *Comité scientifique des Nations Unies pour l'étude des effets des rayonnements ionisants* - Wissenschaftlicher Ausschuß der Vereinten Nationen zur Untersuchung der Auswirkungen der atomaren Strahlung

United Nations Special Commission: UNSCOM - *Commission spéciale des Nations Unies* - Sonderkommission der Vereinten Nationen

United Nations Special Mission to Afghanistan: UNSMA - *Mission spéciale des Nations Unies en Afghanistan* - Sondermission der Vereinten Nationen in Afghanistan

United Nations Standard Minimum Rules for Non-custodial Measures (The Tokyo Rules): Tokyo Rules - *Règles minima des Nations Unies pour l'élaboration de mesures no privatives de liberté (Règles de Tokyo): Règles de Tokyo* - Rahmenbestimmungen der Vereinten Nationen für nichtfreiheitsentziehende Maßnahmen (Tokio-Regeln): Tokio-Regeln

United Nations Standard Minimum Rules for the Administration of Juvenile Justice (The Beijing Rules): Beijing Rules - *Ensemble de règles minima des Nations Unies concernant l'administration de la justice pour mineurs ("Règles de Beijing"): Règles de Beijing* - Rahmenbestimmungen der Vereinten Nationen für die Jugendgerichtsbarkeit ("Beijing-Regeln"): Beijing-Regeln

United Nations Standing Advisory Committee on Security Questions in Central Africa - *Comité consultatif permanent des Nations Unies chargé des questions de sécurité en Afrique centrale* - Ständiger beratender Ausschuß der Vereinten Nationen für Sicherheitsfragen in Zentralafrika

United Nations Support Mission in Haiti: UNSMIH - *Mission d'appui des Nations Unies en Haïti: MANUH* - Unterstützungsmission der Vereinten Nationen in Haiti: UNSMIH

United Nations System-Wide Action Plan on Drug Abuse Control - *Plan d'action à l'échelle du système des Nations Unies pour la lutte contre l'abus des drogues* - Systemweiter Aktionsplan der Vereinten Nationen zur Bekämpfung des Drogenmißbrauchs

United Nations Transitional Administration for Eastern Slavonia, Baranja and Western Sirmium: UNTAES - *Administration transitoire des Nations Unies pour la Slavonie orientale, la Baranja et le Srem occidental: ATNUSO* - Übergangsverwaltung der Vereinten Nationen für Ostslawonien, die Baranja und Westsirmien: UNTAES

United Nations Transitional Authority in Cambodia: UNTAC - *Autorité provisoire des Nations Unies au Cambodge: APRONUC* - Übergangsbehörde der Vereinten Nationen in Kambodscha: UNTAC

United Nations Transition Assistance Group: UNTAG - *Groupe d'assistance des Nations Unies pour la période de transition: GANUPT* - Unterstützungseinheit der Vereinten Nationen für die Übergangszeit: UNTAG

United Nations Transition Mission in Haiti: UNTMIH - *Mission de transition des Nations Unies en Haiti* - Übergangsmission der Vereinten Nationen in Haiti

United Nations Truce Supervision Organization: UNTSO - *Organisme des Nations Unies chargé de la surveillance de la trêve: ONUST* - Organisation der Vereinten Nationen zur Überwachung des Waffenstillstands: UNTSO

United Nations Trust Fund for Economic and Social Information - *Fonds d'affectation spéciale des Nations Unies pour l'information économique et sociale* - Treuhandfonds der Vereinten Nationen für Informationen aus dem Wirtschafts- und Sozialbereich

United Nations Trust Fund for Electoral Observation - *Fonds d'affectation spéciale des Nations Unies pour l'observation du processus électoral* - Treuhandfonds der Vereinten Nationen für Wahlbeobachtung

United Nations Trust Fund for Improving Preparedness for Conflict Prevention and Peacekeeping in Africa - *Fonds d'affectation spéciale des Nations Unies destiné à améliorer la capacité de prévention des conflits et de maintien de la paix en Afrique* - Treuhandfonds der Vereinten Nationen für die Verbesserung der Bereitschaft im Bereich der Konfliktverhütung und der Friedenssicherung in Afrika

United Nations Trust Fund for the International Research and Training Institute for the Advancement of Women - *Fonds d'affectation spéciale des Nations Unies pour l'Institut international de recherche et de formation pour la promotion de la femme* - Treuhandfonds der Vereinten Nationen für das Internationale Forschungs- und Ausbildungsinstitut zur Förderung der Frau

United Nations University: UNU - *Université des Nations Unies: UNU* - Universität der Vereinten Nationen: UVN

United Nations Verification Mission in Guatemala - *Mission de vérification des Nations Unies au Guatemala* - Verifikationsmission der Vereinten Nationen in Guatemala

United Nations Vocational Training Centre for Namibia - *Centre de formation professionnelle des Nations Unies pour la Namibie* - Berufsausbildungszentrum der Vereinten Nationen für Namibia

United Nations Voluntary Fund for Indigenous Populations - *Fonds de contributions volontaires des Nations Unies pour les populations autochtones* - Freiwilliger Fonds der Vereinten Nationen für autochthone Bevölkerungsgruppen

United Nations Voluntary Fund for Technical Cooperation in the Field of Human Rights - *Fonds de contributions volontaires des Nations Unies pour les services consultatifs et l'assistance technique dans le domaine des droits de l'homme* - Freiwilliger Fonds der Vereinten Nationen für technische Zusammenarbeit auf dem Gebiet der Menschenrechte

United Nations Voluntary Fund for Victims of Torture - *Fonds de contributions volontaires des Nations Unies pour les victimes de la torture* - Freiwilliger Fonds der Vereinten Nationen für Opfer der Folter

United Nations Voluntary Fund on Disability - *Fonds de contributions volontaires des Nations Unies pour les handicapés* - Freiwilliger Behindertenfonds der Vereinten Nationen

United Nations Voluntary Trust Fund for Assistance in Mine Clearance - *Fonds d'affectation spéciale des Nations Unies pour l'assistance au déminage* - Freiwilliger Treuhandfonds der Vereinten Nationen zur Unterstützung bei der Minenräumung

United Nations Voluntary Trust Fund on Contemporary Forms of Slavery - *Fonds de contributions volontaires des Nations Unies pour la lutte contre les formes contemporaines d'esclavage* - Freiwilliger Treuhandfonds der Vereinten Nationen für die Bekämpfung der modernen Formen der Sklaverei

United Nations Volunteers Programme: UNV - *Programme des Volontaires des Nations Unies* - Freiwilligenprogramm der Vereinten Nationen: UNV

United Nations World Conference for the International Youth Year - *Conférence mondiale des Nations Unies pour l'Année internationale de la jeunesse* - Weltkonferenz der Vereinten Nationen für das Internationale Jahr der Jugend

Universal Congress on the Panama Canal - *Congrès universel sur la question du canal de Panama* - Weltkongreß über den Panamakanal

Universal Declaration of Human Rights - *Déclaration universelle des droits de l'homme* - Allgemeine Erklärung der Menschenrechte: AEMR

Universal Declaration on the Eradication of Hunger and Malnutrition - *Déclaration universelle pour l'élimination définitive de la faim et de la malnutrition* - Allgemeine Erklärung über die Ausrottung von Hunger und Mangelernährung

Universal Declaration on the Human Genome and Human Rights - *Déclaration universelle sur le génome humain et les droits de l'homme* - Allgemeine Erklärung zum menschlichen Genom und zu den Menschenrechten

Universal Postal Union: UPU - *Union postale universelle: UPU* - Weltpostverein: WPV

University for Peace - *Université pour la paix* - Friedensuniversität

UNJSPF → United Nations Joint Staff Pension Fund

UNKRA → United Nations Korean Reconstruction Agency

UNLAI → United Nations Latin American Institute for the Prevention of Crime and the Treatment of Offenders

UNLB → United Nations Logistics Base

UNMIBH → United Nations Mission in Bosnia and Herzegovina

UNMIH → United Nations Mission in Haiti

UNMLT → United Nations Military Liaison Team in Cambodia

UNMOGIP → United Nations Military Observer Group in India and Pakistan

UNMOP → United Nations Mission of Observers in Prevlaka

UNMOT → United Nations Mission of Observers in Tajikistan

UN-NADAF → United Nations New Agenda for the Development of Africa in the 1990s

UNOGIL → United Nations Observation Group in Lebanon

UNOMIG → United Nations Observer Mission in Georgia

UNOMIL → United Nations Observer Mission in Liberia

UNOMSA → United Nations Observer Mission in South Africa

UNOMSIL → United Nations Observer Mission in Sierra Leone

UNOMUR → United Nations Observer Mission Uganda-Rwanda

UNOSOM → United Nations Operation in Somalia

UNOVER → United Nations Observer Mission to Verify the Referendum in Eritrea

UNPF → United Nations Peace Forces

UNPREDEP → United Nations Preventive Deployment Force

UNPROFOR → United Nations Protection Force

UNRISD → United Nations Research Institute for Social Development

UNRWA → United Nations Relief and Works Agency for Palestine Refugees in the Near East

UNSAC → United Nations Scientific Advisory Committee

UNSCEAR → United Nations Scientific Committee on the Effects of Atomic Radiation

UNSCOM → United Nations Special Commission

UNSMA → United Nations Special Mission to Afghanistan

UNSMIH → United Nations Support Mission in Haiti

UNTAC → United Nations Transitional Authority in Cambodia

UNTAES → United Nations Transitional Administration for Eastern Slavonia, Baranja and Western Sirmium

UNTAG → United Nations Transition Assistance Group

UNTMIH → United Nations Transition Mission in Haiti

UNTSO → United Nations Truce Supervision Organization

UNU → United Nations University

UNU/WIDER → World Institute for Development Economics Research

UNV → United Nations Volunteers Programme

UPU → Universal Postal Union

Vancouver Declaration on Human Settlements - *Déclaration de Vancouver sur les établissements humains* - Erklärung von Vancouver über Wohn- und Siedlungswesen

Vienna Affirmative Action Plan - *Plan d'action positive de Vienne* - Wiener Aktionsplan für positive Maßnahmen

Vienna International Plan of Action on Ageing → International Plan of Action on Ageing

Vienna Programme of Action on Science and Technology for Development - *Programme d'action de Vienne pour la science et la technique au service du développement* - Wiener Aktionsprogramm für Wissenschaft und Technologie im Dienste der Entwicklung

Voluntary Trust Fund for Assistance in Mine Action - *Fonds d'affectation spéciale pour l'assistance à l'action antimines* - Freiwilliger Treuhandfonds zur Unterstützung bei der Minenbekämpfung

Voluntary Trust Fund for the Promotion of South-South Cooperation - *Fonds bénévole spécial pour la promotion de la coopération Sud-Sud* - Freiwilliger Treuhandfonds für die Förderung der Süd-Süd-Zusammenarbeit

WCARRD → World Conference on Agrarian Reform and Rural Development

WFC → World Food Council

WFP → World Food Programme

WHO → World Health Organization

WIDER → World Institute for Development Economics Research

WIPO → World Intellectual Property Organization

WMO → World Meteorological Organization

Working Group of Experts on Environmental Law - *Groupe de travail d'experts en droit de l'environnement* - Sachverständigen-Arbeitsgruppe für Umweltrecht

Working Group of Governmental Experts on the Right to Development - *Groupe de travail d'experts gouvernementaux sur le droit au développement* - Arbeitsgruppe von Regierungssachverständigen zur Frage des Rechts auf Entwicklung

Working Group on Arbitrary Detention - *Groupe de travail sur la détention arbitraire* - Arbeitsgruppe für willkürliche Inhaftierungen

Working Group on Communications - *Groupe de travail chargé d'examiner les communications* - Arbeitsgruppe für die Prüfung von Mitteilungen

Working Group on Contemporary Forms of Slavery - *Groupe de travail sur les formes contemporaines d'esclavage* - Arbeitsgruppe für moderne Formen der Sklaverei

Working Group on Detention - *Groupe de travail sur la détention* - Arbeitsgruppe Inhaftierung

Working Group on Enforced or Involuntary Disappearances - *Groupe de travail sur les disparitions forcées ou involontaires* - Arbeitsgruppe zur Frage des Verschwindenlassens von Personen

Working Group on Indigenous Populations - *Groupe de travail sur les populations autochtones* - Arbeitsgruppe für autochthone Bevölkerungsgruppen

Working Group on International Commercial Arbitration - *Groupe de travail de l'arbitrage commercial international* - Arbeitsgruppe für internationale Handelsschiedsgerichtsbarkeit

Working Group on International Contract Practices - *Groupe de travail des pratiques en matière de contrats internationaux* - Arbeitsgruppe für internationale Vertragspraktiken

Working Group on International Liability for Injurious Consequences Arising out of Acts not Prohibited by International Law - *Groupe de travail sur la responsabilité internationale pour les conséquences préjudiciables découlant d'activités qui ne sont pas interdites par le droit international* - Arbeitsgruppe für die internationale Haftung für schädliche Folgen von nach dem Völkerrecht nicht verbotenen Handlungen

Working Group on Irregular Movements - *Groupe de travail sur les déplacements irréguliers* - Arbeitsgruppe für irreguläre Flüchtlingsbewegungen

Working Group on Minorities - *Groupe de travail sur les minorités* - Arbeitsgruppe für Minderheiten

Working Group on Remote Sensing of the Earth by Satellites - *Groupe de travail de la téléobservation de la Terre par satellite* - Arbeitsgruppe Erdfernerkundung durch Satelliten

Working Group on Situations → **Working Group on Situations which appear to reveal a consistent pattern of gross violations of human rights**

Working Group on Situations which appear to reveal a consistent pattern of gross violations of human rights: Working Group on Situations - *Groupe de travail chargé d'étudier les situations qui révèlent des violations flagrantes et systématiques des droits de l'homme* - Arbeitsgruppe zur Untersuchung von Situationen, die eine ständige Praxis systematischer grober Menschenrechtsverletzungen erkennen lassen

Working Group on Slavery - *Groupe de travail sur l'esclavage* - Arbeitsgruppe für Sklaverei

Working Group on the equitable geographical representation of Member States in the Secretariat - *Groupe de travail chargé d'examiner la répartition géographique équitable des États Membres au Secrétariat* - Arbeitsgruppe für die ausgewogene geographische Vertretung der Mitgliedstaaten im Sekretariat

Working Group on the Status of Women in the United Nations system - *Groupe de travail sur la situation de la femme dans le système des Nations Unies* - Arbeitsgruppe für die Situation der Frauen im System der Vereinten Nationen

Working Group on Voluntary Repatriation - *Groupe de travail sur le rapatriement librement consenti* - Arbeitsgruppe für freiwillige Repatriierung

World Bank → **International Bank for Reconstruction and Development**

World Charter for Nature - *Charte mondiale de la nature* - Weltcharta für die Natur

World Climate Conference - *Conférence mondiale sur le climat* - Weltklimakonferenz

World Commission on Culture and Development - *Commission mondiale sur la culture et le développement* - Weltkommission für Kultur und Entwicklung

World Conference against Racism, Racial Discrimination, Xenophobia and Related Intolerance - *conférence mondiale contre le racisme, la discrimination raciale, la xénophobie et l'intolérance qui y est associée* - Weltkonferenz gegen Rassismus, Rassendiskriminierung, Fremdenfeindlichkeit und damit zusammenhängende Intoleranz

World Conference of the International Women's Year - *Conférence mondiale de l'Année internationale de la femme* - Weltkonferenz zum Internationalen Jahr der Frau

World Conference on Agrarian Reform and Rural Development: WCARRD - *Conférence mondiale sur la réforme agraire et le développement rural: CMRADR* - Weltkonferenz über Agrarreform und ländliche Entwicklung

World Conference on Education for All - *Conférence mondiale sur l'éducation pour tous* - Weltkonferenz über Bildung für alle

World Conference on Fisheries Management and Development - *Conférence mondiale sur l'aménagement et le développement des pêches* - Weltkonferenz über Fischereiwirtschaft und -entwicklung

World Conference on Human Rights - *Conférence mondiale sur les droits de l'homme* - Menschenrechtsweltkonferenz - Weltkonferenz über Menschenrechte

World Conference on Natural Disaster Reduction - *Conférence mondiale sur la prévention des catastrophes naturelles* - Weltkonferenz für Katastrophenvorbeugung

World Conference on Sanctions against Racist South Africa - *Conférence mondiale sur l'adoption de sanctions contre l'Afrique du Sud raciste* - Weltkonferenz über Sanktionen gegen das rassistische Südafrika

World Conference on Sustainable Tourism - *Conférence mondiale sur le tourisme durable* - Weltkonferenz über nachhaltigen Tourismus

World Conference to Combat Racism and Racial Discrimination - *Conférence mondiale de la lutte contre le racisme et la discrimination raciale* - Weltkonferenz zur Bekämpfung von Rassismus und Rassendiskriminierung

World Conference to Review and Appraise the Achievements of the United Nations Decade for Women: Equality, Development and Peace - *Conférence mondiale chargée d'examiner et d'évaluer les résultats de la Décennie des Nations Unies pour la femme: égalité, développement et paix* - Weltkonferenz zur Überprüfung und Bewertung der Ergebnisse der Frauendekade der Vereinten Nationen für Gleichberechtigung, Entwicklung und Frieden

World Congress against Commercial Sexual Exploitation of Children - *Congrès mondial contre l'exploitation sexuelle des enfants à des fins commerciales* - Weltkongreß gegen die gewerbsmäßige sexuelle Ausbeutung von Kindern

World Declaration on Education for All - *Déclaration mondiale sur l'éducation pour tous* - Welterklärung über Bildung für alle

World Declaration on the Survival, Protection and Development of Children - *Déclaration mondiale en faveur de la survie, de la protection et du développement de l'enfant* - Welterklärung über das Überleben, den Schutz und die Entwicklung der Kinder

World Food Conference - *Conférence mondiale de l'alimentation* - Welternährungskonferenz

World Food Council: WFC - *Conseil mondial de l'alimentation* - Welternährungsrat

World Food Programme: WFP - *Programme alimentaire mondial: PAM* - Welternährungsprogramm: WEP

World Health Organization: WHO - *Organisation mondiale de la santé: OMS* - Weltgesundheitsorganisation: WHO

World Institute for Development Economics Research: WIDER: UNU/WIDER - *Institut mondial de recherche sur les aspects économiques du développement* - Weltforschungsinstitut für Entwicklungsökonomie

World Intellectual Property Organization: WIPO - *Organisation mondiale de la propriété intellectuelle: OMPI* - Weltorganisation für geistiges Eigentum: WIPO

World Meteorological Organization: WMO - *Organisation météorologique mondiale: OMM* - Weltorganisation für Meteorologie: WOM

World Plan of Action for the Application of Science and Technology to Development - *Plan d'action mondial pour l'application de la science et de la technique au développement* - Weltaktionsplan für die Nutzung von Wissenschaft und Technologie im Dienste der Entwicklung

World Plan of Action for the Implementation of the Objectives of the International Women's Year - *Plan d'action mondial en vue de la réalisation des objectifs de l'Année internationale de la femme* - Weltaktionsplan zur Verwirklichung der Ziele des Internationalen Jahres der Frau

World Plan of Action on Education for Human Rights and Democracy - *Plan d'action mondial sur l'éducation pour les droits de l'homme et la démocratie* - Weltaktionsplan für die Erziehung zu Menschenrechten und Demokratie

World Plan of Action on the Ozone Layer - *Plan mondial d'action pour la couche d'ozone* - Weltaktionsplan für die Ozonschicht

World Population Conference - *Conférence mondiale de la population* - Weltbevölkerungskonferenz

World Population Plan of Action - *Plan d'action mondial sur la population* - Weltbevölkerungsaktionsplan

World Programme of Action concerning Disabled Persons - *Programme d'action mondial concernant les personnes handicapées* - Weltaktionsprogramm für Behinderte

World Programme of Action for Youth to the Year 2000 and Beyond - *Programme d'action mondial pour la jeunesse à l'horizon 2000* - Weltaktionsprogramm für die Jugend bis zum Jahr 2000 und danach

World Summit for Children - *Sommet mondial pour les enfants* - Weltkindergipfel

World Summit for Social Development: WSSD - *Sommet mondial pour le développement social* - Weltgipfel für soziale Entwicklung

World Tourism Organization: WTO - *Organisation mondiale du tourisme: OMT* - Weltorganisation für Tourismus

World Trade Organization: WTO - *Organisation mondiale du commerce: OMC* - Welthandelsorganisation: WTO

WSSD → World Summit for Social Development

WTO → World Tourism Organization

WTO → World Trade Organization

Sachregister

Die Stichworte des Lexikons und die entsprechenden Seitenzahlen sind halbfett gedruckt.

Autorenverzeichnis

Altenburg, Günther, Dr. iur., Ministerialdirektor und Leiter der Abteilung für Vereinte Nationen, Menschenrechte, humanitäre Hilfe und globale Fragen, Auswärtiges Amt, Bonn

Arnold, Hans, Dr., Botschafter a.D., Dozent an der Hochschule für Politik München

Baum, Gerhart R., Rechtsanwalt, Bundesminister a.D., Leiter der Deutschen Delegation in der Menschenrechtskommission der Vereinten Nationen 1993-1998, ebenso bei der Weltmenschenrechtskonferenz 1993; Herausgeber des Sammelbands „Der Menschenrechtsschutz in der Praxis der Vereinten Nationen" (Baden-Baden 1998)

Betz, Volker, PD Dr. rer. soc., Leitender Wissenschaftlicher Mitarbeiter am Deutschen Übersee-Institut in Hamburg und Privatdozent für politische Wissenschaft an der Universität Hamburg

Beyerlin, Ulrich, Professor Dr. iur., Max-Planck-Institut für ausländisches öffentliches Recht und Völkerrecht, Heidelberg und Universität Heidelberg

Blätte, Andreas, Student, Studium der Politischen Wissenschaft am Geschwister-Scholl-Institut für Politische Wissenschaft an der Ludwig-Maximilians Universität München

Boven, Theo van, Professor Dr. iur., M.L., Dr. h. c. mult., Professor für Völkerrecht an der Juristischen Fakultät der Universität Maastricht; Vertreter der Niederlande in der Menschenrechtskommission der Vereinten Nationen 1970-1975; Direktor des Menschenrechtszentrums der Vereinten Nationen 1977-1982, Sonderberichterstatter in Bezug auf das Recht auf Wiedergutmachung bei Opfern massiver Verletzungen der Menschenrechte 1989-1993; Registrar beim Internationalen Ad-Hoc-Strafgerichtshof für die ehemalige Republik Jugoslawien 1994; Mitglied des Ausschusses der Konvention für die Beseitigung der Rassendiskriminierung seit 1992

Brauch, Hans Günter, PD Dr. phil. habil., Privatdozent am Otto-Suhr-Institut für Politikwissenschaft der Freien Universität Berlin, Vorsitzender der AG Friedensforschung und Europäische Sicherheitspolitik (AFES-PRESS) e.V., seit 1990 Mitglied des Advisory Board der UNESCO Studies on Peace and Conflict in Paris

Brecht, Eberhard, Dr. rer. nat., Quedlinburg, Mitglied des Deutschen Bundestages, Vorsitzender des Unterausschusses Vereinte Nationen/Internationale Organisationen, Stellvertretender Außenpolitischer Sprecher der SPD-Bundestagsfraktion

Dicke, Klaus, Professor Dr., Institut für Politikwissenschaft, Friedrich-Schiller-Universität Jena

Dippel, Anne Kathrin, Studentin, Studium der Politischen Wissenschaft, der Volkswirtschaftslehre und des Öffentlichen Rechts an der Ludwig-Maximilians Universität München

Dülffer, Jost, Professor Dr., Professor für Neuere Geschichte am Historischen Seminar der Univerität zu Köln

Ehrhart, Wolfgang, Wissenschaftlicher Mitarbeiter von Dr. Eberhard Brecht, MdB (Vorsitzender des Unterausschusses Vereinte Nationen/Internationale Organisationen des Deutschen Bundestages)

Eisele, Manfred, Assistant Secretary-General for Planning and Support (Ret.) Department of Peacekeeping Operations, United Nations, New York; Freiberufliche

Vorlesungstätigkeit u.a. bei dem NATO Defence College Rom, der Führungs-
akademie der Bundeswehr, Hamburg, Universitäten, Politischen Akademien und
Stiftungen, Berater für die Bereiche Internationale Politik, Strategie, Logistik,
Träger der Dag-Hammarskjöld-Ehrenmedaille der Deutschen Gesellschaft für die
Vereinten Nationen

Fassbender, Bardo, Dr. iur., LL.M., Institut für Völker- und Europarecht der Hum-
boldt-Universität zu Berlin

Fastenrath, Ulrich, Professor Dr., Juristische Fakultät der Technischen Universität
Dresden

Ferdowsi, Mir A., Dr., Akad. Oberrat und Leiter der Forschungsstelle Dritte Welt am
Geschwister-Scholl-Institut für Politische Wissenschaft der Ludwig-Maximilians-
Universität München

Goderbauer, Johannes, Student, Studium der Politischen Wissenschaft am Geschwi-
ster Scholl Institut für Politische Wissenschaft der Ludwig-Maximilians Universität

Göthel, Dieter, Direktor bei der IAEO in Wien; seit mehr als 27 Jahren im UN-
System in leitenden Funktionen tätig, darunter als Personalchef bei der ICAO in
Montreal; Vorsitzender des Beratungsausschusses für Verwaltungsfragen und des
Aufsichtsrats für den Pensionsfonds im UN-System

Haedrich, Martina, Professor Dr. iur., Rechtswissenschaftliche Fakultät der Friedrich-Schiller-Universität Jena

Heideking, Jürgen, Professor Dr., Anglo-Amerikanische Abteilung des Historischen
Seminars der Universität zu Köln

Heintze, Hans-Joachim, Dr. iur. habil., Institut für Friedenssicherungsrecht und Humanitäres Völkerrecht, Ruhr-Universität Bochum

Henn, Heike, Dipl.-Sozialwiss., Aktionsgemeinschaft Solidarische Welt e.V. Berlin

Hofner, Barbara, Studentin, Studium der Politischen Wissenschaft, des Rechts für
Sozialwissenschaftler und der Interkulturellen Kommunikation an der Ludwig-
Maximilians-Universität München

Hüfner, Klaus, Professor Dr., Fachbereich Wirtschaftswissenschaft der Freien Universität Berlin; Ehrenpräsident der WFUNA (Genf/New York); Präsident der
Deutschen UNESCO-Kommission, Bonn

Jetzlsperger, Christian, M.A., Doktorand, Wissenschaftlicher Mitarbeiter am Seminar
für Politische Wissenschaft der Rheinischen Friedrich-Wilhelms-Universität
Bonn

Kämmerer, Jörn Axel, Dr. iur., Maître en droit, Wissenschaftlicher Assistent, Lehrstuhl für Öffentliches Recht, Juristische Fakultät der Universität Tübingen

Kaul, Inge, Dr., Direktorin des Office for Development Studies, UNDP, New York

Klein, Eckart, Professor Dr. iur., Inhaber des Lehrstuhls für Staatsrecht, Völkerrecht
und Europarecht an der Universität Potsdam, Direktor des Menschenrechtszentrums der Universität Potsdam; Mitglied des Menschenrechtsausschusses der
Vereinten Nationen seit 1995

Klingebiel, Stephan, Dr., Wissenschaftlicher Mitarbeiter am Deutschen Institut für
Entwicklungspolitik (DIE), Berlin

Knapp, Manfred, Professor Dr., Institut für Internationale Politik an der Universität der Bundeswehr in Hamburg

Kohrs, Ramona, Dipl.-Bibliothekarin, Dag Hammarskjöld Library am Hauptsitz der Vereinten Nationen in New York, seit 1993 im Auskunftsdienst für Dokumente und Publikationen der Vereinten Nationen in New York

Kolk, Gregor, Student, Studium der Politischen Wissenschaft am Geschwister-Scholl-Institut für Politische Wissenschaft der Ludwig-Maximilians-Universität München

Koppe, Karlheinz, Dr. h. c., Lehrbeauftragter an der Universität Münster, International Peace Research Association (IPRA)

Kotthaus, Hans Peter, Leiter des Büros für Außenbeziehungen der UNRWA Wien/Gaza 1991–1998; ehemaliger UN-Diplomat, Generalsekretär der Parlamentarischen Vereinigung für Euro-Arabische Zusammenarbeit, Brüssel 1984–1991

Kreisel, Wilfried, Dr. rer. nat., WHO-Advisor for Air Quality Management and Environmental Health in Asien 1977-1986; Director of the Divison of Environmental Health bei derWHO in Genf 1986-1993; Executive Director of Health and Environment bei der WHO in Genf 1993-1998, Executive Director of theWHO Office at the European Union, Brüssel seit 1998

Kulessa, Manfred, Dr. iur., Geschäftsführer der Gemeinsamen Konferenz Kirche und Entwicklung in Bonn; Hauptgeschäftsführer des Deutschen Entwicklungsdienstes 1969-1974; Direktor im UNDP 1974-1988, zuletzt als Vertreter der Vereinten Nationen in China

Lassen, Hans J., Mitarbeiter in der außenpolitischen Abteilung der Friedrich-Ebert-Stiftung bis 1969, ab 1969 im Pressereferat des Bundesministeriums für Wirtschaftliche Zusammenarbeit und Entwicklung (BMZ)in Bonn; ging 1974 zur Einrichtung einer deutschsprachigen Informationseinheit nach Genf; von 1985 bis 1996 Sprecher der UN-Wirtschaftskommission für Europa (ECE), 1997 zeitweise im Informationsstab der UN-Verwaltung für Ostslawonien UNTAES; seit April 1999 als freier Journalist und Organisationsberater in Genf

Lehmann, Ingrid, Dr. phil., Direktorin des Informationsdienstes der Vereinten Nationen in Wien seit 1999; seit 1975 in verschiedenen Positionen im UN-System tätig, u.a. als Direktorin der Informationszentren der Vereinten Nationen in Athen und Washington, als Leiterin der Sektion für nichtstaatliche Organisationen sowie der Programmabteilung für Frieden und Sicherheit in der Hauptabteilung für Presse und Information; Teilnahme an Operationen der Vereinten Nationen in Zypern und Namibia; Autorin zahlreicher Publikationen über Friedenserhaltung

Lodgaard, Sverre, M.A., Direktor der European Security and Disarmament Studies des Stockholm International Peace Research Institute (SIPRI) 1980-1986; Mitglied der Delegation Norwegens bei der Ersten Sondertagung der Generalversammlung der Vereinten Nationen über Abrüstung 1978; Direktor des International Peace Research Institute, Oslo (PRIO) 1987-1992; Direktor des United Nations Institute for Disarmament Research (UNIDIR) 1992-1996; Direktor des Norwegian Institute of International Affairs Oslo seit 1997; Mitglied des Beirats für Abrüstungsfragen der Generalversammlung der Vereinten Nationen

Löwe, Volker, Dr., Europareferent in der Senatskanzlei des Landes Berlin.

Maier, Jürgen, Geschäftsführer des Forums Umwelt & Entwicklung in Bonn

Melchers, Konrad, Dr. rer. pol., Redakteur bei epd-Entwicklungspolitik, Frankfurt

Metzger, Martina, Dipl.-Volksw., Wissenschaftliche Mitarbeiterin am Institut für Wirtschaftspolitik und -geschichte am Fachbereich Wirtschaftswissenschaft der Freien Universität Berlin; Forschungsschwerpunkte: Währungstheorie und -politik, Entwicklungstheorie

Mittermaier, Jana, Studentin, Studium der Politischen Wissenschaft, des Völkerrechts und Kommunikationswissenschaften an der Ludwig-Maximilians-Universität München

Naumann, Jens, Professor Dr., Fachbereich Erziehungswissenschaft und Sozialwissenschaften der Westfälischen Wilhelms-Universität Münster

Neugebauer, Bernhard Robert, Dr. rer. pol., Dipl.-Pol., Diplomatischer Dienst der DDR 1953 –1990, darunter: Vertreter der DDR bei den UN, Präsident verschiedener UN-Gremien; Vorsitzender der UNESCO-Kommission der DDR; Stellvertreter des Ministers für Auswärtige Angelegenheiten der DDR

Nuscheler, Franz, Professor Dr., Professor für Internationale Politik an der Gerhart-Mercator-Universität Duisburg, Direktor des Instituts für Entwicklung und Frieden

Oellers-Frahm, Karin, Dr. iur., Wissenschaftliche Referentin am Max-Planck-Institut für ausländisches öffentliches Recht und Völkerrecht, Heidelberg; Lehrbeauftragte der Juristischen Fakultät der Universität Heidelberg

Ogata, Sadako, Professor Dr., Sondergesandte und bevollmächtigte Ministerin bei der Ständigen Vertretung Japans bei den Vereinten Nationen in New York1978/1979; Vorsitzende des UNICEF-Verwaltungsrates 1978/1979; Leiterin der Delegation Japans bei der UN-Menschenrechtskommission 1982-1985; Mitglied der Unabhängigen Kommission zu Internationalen Humanitären Fragen 1983-1987; Unabhängige Expertin der UN-Menschenrechtskommssion für die Menschenrechtssituation in Myanmar 1990; seit 1991 Hohe Flüchtlingskommissarin der Vereinten Nationen (UNHCR)

Opitz, Peter J., Professor Dr. phil., Geschwister-Scholl-Institut für Politische Wissenschaft der Ludwig-Maximilians-Universität München

Ott, Patrick Oliver, M.A, Doktorand, Visiting Fellow at the Harvard University, Graduate School for Arts and Sciences. Fachgebiet: Intern. Steuerpolitik und Int. Handel

Paqué, Ruprecht, Dr., Gründungsleiter des Deutschen Übersetzungsdienstes der Vereinten Nationen in New York 1975 - 1985

Reichenstein, Birgit, Dipl.-Volksw., Wissenschaftliche Mitarbeiterin am Institut für Wirtschaftspolitik, Fachbereich Wirtschaftswissenschaft der Freien Universität Berlin

Reinery, Isabelle, Studentin, Studium der Politischen Wissenschaft am Geschwister-Scholl-Institut für Politische Wissenschaft der Ludwig-Maximilians-Universität München

Reschke, Brigitte, Assessorin, Wissenschaftliche Mitarbeiterin am Lehrstuhl für Öffentliches Recht (Völkerrecht), Ruhr-Universität Bochum

Ropers, Norbert, Dr. phil., Leiter des Berghof-Forschungszentrums für konstruktive Konfliktbearbeitung, Berlin

Roth, Andrea, M.A., Journalistin, freie Mitarbeiterin beim Bayerischen Rundfunk, München

Schattenmann, Marc, M.A., Doktorand, Visiting Fellow am Department of Philosophy der Harvard University

Schmidl, Erwin A., Dr. phil., Historiker, Leiter Forschung des Militärwissenschaftlichen Büros des Bundesministeriums für Landesverteidigung in Wien, seit 1990 Forschungsschwerpunkt Friedensoperationen; 1991/92 in der UN-Abteilung des österreichischen Außenministeriums; 1994 als UN-Beobachter in Südafrika (UNOMSA)

Schöpp-Schilling, Hanna Beate, Dr., Sachverständige im UN-Ausschuß zur Beseitigung jeder Form der Diskriminierung der Frau (CEDAW), Wohltorf b. Hamburg

Schorlemer, Sabine von, Dr. iur., Dr. rer. pol. habil., Universität Lausanne (Schweiz), Gastprofessorin am Institute De Hautes Etudes Internationales/The Graduate Institute of International Studies, Genf

Schulze, Peter M., Dr. paed., M.A. (Notre Dame), Lehrer, Zeuthen

Schwanitz, Simone, Dr. phil., Wissenschaftliche Mitarbeiterin am Otto-Suhr-Institut und am Osteuropa-Institut der Freien Universität Berlin

Schwenk, Rahul, Student, Studium der Politischen Wissenschaft, des Völkerrechts und der Philosophie am Geschwister-Scholl-Institut für Politische Wissenschaft der Ludwig-Maximilians-Universität München; z.Zt. Studium an der University of Manchester, Manchester, Großbritannien

Simma, Bruno, Professor Dr. iur., o. Univ.-Professor an Juristischen Fakultät der Ludwig-Maximilians-Universität München, geschäftsführender Direktor des Instituts für Internationales Recht – Völkerrecht; Mitglied des UN-Ausschusses für Wirtschaftliche, Soziale und Kulturelle Rechte 1987-1996; Mitglied der Völkerrechtskommission der Vereinten Nationen seit 1996

Spröte, Wolfgang, Dr. sc. pol., Professor (em.) für Internationale Wirtschaftsorganisationen; Teilnahme an Tagungen der Generalversammlung und anderer Organe der Vereinten Nationen; Vice-Chairman u.a. der Sondertagung der Kommission für Transnationale Gesellschaften von 1983 bis 1990; Vizepräsident der Liga der Vereinten Nationen der DDR

Stiel, Ursula, Studentin, Studium der Politischen Wissenschaft am Geschwister-Scholl-Institut für Politische Wissenschaft der Ludwig-Maximilians-Universität München

Stoll, Peter Tobias, Dr., Wissenschaftlicher Referent am Max-Planck-Institut für ausländisches öffentliches Recht und Völkerrecht, Heidelberg

Strauß, Ekkehard, Ass. iur., Senior Legal Advisor on Human Rights Institutions, OSCE Mission to Bosnia and Herzegovina

Swamy, Gita, Dipl.-Pol., Gesellschaft für Technische Zusammenarbeit, Eschborn

Talmon, Stefan, Dr. phil. (Oxford), LL.M. (Cambridge), Wissenschaftlicher Assistent, Lehrstuhl für Öffentliches Recht, Juristische Fakultät der Universität Tübingen

Theodoridis, Alexander, Student, Studium der Politischen Wissenschaft am Geschwister-Scholl-Institut, für Politische Wissenschaft der Ludwig-Maximilians-Universität München

Unser, Günther, Dr. rer. pol., Akademischer Oberrat am Institut für Politische Wissenschaft der Rheinisch-Westfälischen Technischen Hochschule Aachen

Urquhart, Sir Brian, Scholar-in-Residence beim International Affairs Programme der Ford Foundation, New York; Mitglied des Sekretariats der Vereinten Nationen 1945-1986, Under-Secretary-General for Special Political Affairs 1974-1986

Volger, Helmut, Dr. phil., Studiendirektor i.R., Berlin

Walter, Marina, Dipl.-Pol., M.A., Programmreferentin im Ausbildungsprogramm für Multilaterale Diplomatie und Internationale Beziehungen am Ausbildungs- und Forschungsinstitut der Vereinten Nationen in Genf

Weggel, Oskar, Dr. iur., Institut für Asienkunde Hamburg, Referent für China- und Indochinafragen

Weiß, Norman, Dr., Ass. iur., Menschenrechtszentrum der Universität Potsdam

Weisser, Claudia Shirin, Rechtsreferendarin, Deisenhofen

Wesel, Reinhard, M.A., Wissenschaftlicher Mitarbeiter am Geschwister-Scholl-Institut für Politische Wissenschaft der Ludwig-Maximilians-Universität München; Akademischer Betreuer der NMUN-Projektgruppe am Geschwister-Scholl-Institut seit 1997

Winkelmann, Ingo, Dr., Botschaftsrat, Ständiger Vertreter des Leiters der Botschaft der Bundesrepublik Deutschland in Sarajewo (Bosnien-Herzegowina); Politischer Referent an der Ständigen Vertretung der Bundesrepublik Deutschland bei den Vereinten Nationen in New York 1995 – 1998

Wölte, Sonja, Wissenschaftliche Mitarbeiterin am Institut für Vergleichende Politikwissenschaft und Internationale Beziehungen am Fachbereich Gesellschaftswissenschaften der Johann-Wolfgang-Goethe-Universität Frankfurt/M.

Wüstenhagen, Axel, Dr. iur., Direktor des Informationszentrums der Vereinten Nationen in Bonn seit 1996; davor Leiter des UNO-Informationsdienstes in Wien und des Informationszentrums in Athen; seit 27 Jahren im UN-System tätig; davor Generalsekretär der Österreichischen Liga für die Vereinten Nationen 1966-1972

Zayas, Alfred de, J.D. (Harvard), Dr. phil. (Göttingen), Sekretär des UN-Menschenrechtsausschusses, Genf; seit 19 Jahren beim Zentrum für Menschenrechte/Büro des Hochkommissars für Menschenrechte; Gastprofessor des Völkerrechts an vielen Universitäten in den USA und Europa, Senior Fellow am International Human Rights Law Institute, Chicago, Mitglied des Kuratoriums der Internationalen Gesellschaft für Menschenrechte, Frankfurt/M.

Zitka, Frank, Dr. phil., Journalist, Berlin